中国年鉴资源全文数据库核心年鉴

2004

蘇州年鑑

2004 SUZHOU YEARBOOK

苏州年鉴编纂委员会 编

古吴轩出版社

图书在版编目（CIP）数据

苏州年鉴. 2004 / 苏州年鉴编纂委员会编. —苏州：古吴轩出版社，2004.10
ISBN 7-80574-869-1

Ⅰ.苏… Ⅱ.苏… Ⅲ.苏州市—2004—年鉴
Ⅳ.Z525.33

中国版本图书馆CIP数据核字(2004)第102541号

责任编辑：谭燕玲
钱晓燕
吴 斐
封面设计：林元良

书 名：苏州年鉴 2004
编 者：苏州年鉴编纂委员会
出版发行：古吴轩出版社
地址： 苏州市十梓街458号 邮编：215006
E-mail:gwxcbs@126.com
电话：0512-65232286 传真：0512-65220750
印 刷：苏州工业园区美柯乐制版印务有限责任公司
开 本：787x1092 1/16
印 张：36.5 插页 176 字数 1385千
印 数：0001-2000册
版 次：2004年10月第1版 第1次印刷
书 号：ISBN 7-80574-869-1/G·237
定 价：150.00元

如有印装质量问题，请与出版社联系。

苏州年鉴编纂委员会

主任委员	黄炳福	市委副书记
副主任委员	徐国强	市委常委、秘书长
	朱永新	市政府副市长
	王少东	市政府秘书长
委　　员	蔡静娟	市人大常委会副秘书长
	徐伟荣	市政协副秘书长
	崔可嘉	市纪委常委、秘书长
	朱玉文	市委组织部副部长、老干部局局长
	高志罡	市委宣传部副部长
	谢建红	市委统战部副部长
	顾新华	市委政法委副书记
	姚福年	市委党史工办主任
	常　新	《苏州日报》副总编辑
	祖　苏	市档案局副局长
	何坚忠	市发展计划委副主任
	刘庆龙	市经贸委副主任
	袁　迪	市教育局副局长
	明　亮	市科技局副局长
	胡伟华	市民政局副局长
	钱金泉	市财政局副局长
	方培华	市人事局副局长
	王庆华	市劳动和社会保障局副局长
	姜利荣	市建设局副局长

谢正才　市交通局党委副书记、纪委书记
陈国清　市水利局副局长
张献民　市农业局副局长
李宝祥　市外经贸局副局长
朱水南　市文广局党委委员、纪委书记
马耀庭　市卫生局党委书记
徐建明　市环保局副局长
袁永球　市体育局副局长
张建兴　市统计局副局长
张　梅　市新闻出版局副局长
郦梅坤　市旅游局副局长
陈正新　市园林和绿化管理局副局长
谈工皎　市外办副主任
何光耀　市体改办副主任
徐刚毅　市地方志办主任
钱官荣　市地税局副局长
沈天荣　苏州工商局副局长
丁锦姝　中国人民银行苏州市中心分行副行长
莫登林　苏州军分区政治部副主任
方文浜　苏州工业园区管委会副主任、管委会办公室主任
薛贯清　苏州高新区党政办公室副主任

办公室主任　祖　苏　（兼）

《苏州年鉴》编审人员

主　　审　徐国强

主　　编　翟晓声

特约审稿　徐伟荣　戴贤良　黄介眉

副 主 编　祖　苏　肖　进（常务）　朱伟民（兼）

编辑部主任　朱伟民

编辑部副主任　哈幸凌

编　　辑　（按姓氏笔划为序）

朱伟民　肖　进　陈　亮　哈幸凌

徐　敏

特约编辑　沈积芝　徐仁官

英文目录翻译　苏　鉴

《苏州年鉴》编辑部地址:苏州市三香路998号7号楼
邮政编码:215004 电话:(0512)68617105

分目审稿人员名单

（按姓氏笔划为序）

丁　艾	丁冬根	马耀庭	王元仁	王兰凤	王庆华
王荣泉	王科军	王剑锋	王　炯	王根伟	王　新
王　澄	贝念娇	毛文元	毛昌宁	方文浜	尹思坤
尹剑峰	平钰贞	田晓明	史苏宁	冯一评	邢　婷
过忠良	朱　丹	朱水南	朱水根	朱金兆	朱建德
朱耀明	任　辉	刘　丹	刘文洪	刘庆龙	刘宝锦
刘　标	汤钰林	许玉连	许培强	孙红根	阮根兴
严文奎	杜杭宇	杨国兵	杨振华	杨益中	李向阳
李克诚	李忠军	李剑锋	李　真	李景林	李　蓁
吴　军	吴金鹏	吴建华	吴培华	何光耀	何坚忠
何建兴	邱岭梅	余仁庆	宋家龙	汪永健	汪　瑜
沈天荣	沈玉宝	沈　忱	闵　锐	张文英	张世龙
张厚和	张　浩	张菊娥	张澄国	陆伟跃	陆震宇
陈士山	陈子京	陈灿明	陈建荣	陈铁民	陈　维
陈维明	陈瑾芸	陈德昌	邵建林	林新民	范成标
明　亮	季永伟	金　明	金　洁	金德柱	金海龙
周向群	周迅由	周欣福	周　泓	周金荣	周勤芳
庞古洲	郑太白	孟咸华	赵红骑	赵志凯	赵宪苏
赵锦星	夏建铃	郦梅坤	钟勤华	俞兴通	俞晓薇
施　晨	姜华明	姜利荣	娄德铭	洪　晔	祖　苏
姚森铭	姚福年	秦永清	秦建国	袁永球	袁　迪
袁洪滨	顾心铭	钱东东	钱向军	倪苏平	徐文涛
徐正玉	徐刚毅	徐建荣	徐铭阳	高志罡	郭家云
郭建新	唐才兴	唐国奎	陶孙贤	陶纪利	陶列平
陶向阳	陶　洪	曹友德	曹毅军	黄玉侯	黄海文
黄雪球	黄梅晴	龚士高	崔可嘉	章德基	彭根华
董　柏	曾海根	谢　鸣	鲍　鹏	蔡裕如	谭明华
潘正云	薛贯清	薛霞云	糜冠荣	戴春朴	

中共中央政治局常委、全国政协主席贾庆林于2003年8月30~31日视察苏州（图为贾庆林在昆山市与小昆班小演员亲切握手）（沈锡锡摄）

中共中央政治局常委、中纪委书记吴官正于2003年8月13~14日视察苏州（图为吴官正在苏州市行政服务中心）
（郭　筠摄）

国务院副总理李岚清于2003年2月24~26日视察苏州（图为李岚清在苏州博物馆） （沈锡锡摄）

中共中央政治局委员、上海市委书记陈良宇(前排中)和上海市委副书记、市长韩正(前排右)率领上海市党政代表团于2003年12月9~10日考察张家港市[图为陈良宇在浦项（张家港）不锈钢有限公司]　　（徐志强摄）

国务委员陈至立于2003年8月25~26日视察苏州（图为陈至立视察环古城风貌保护工程）　（沈锡锡摄）

江苏省委书记李源潮（前排中）来苏考察调研（图为李源潮在吴江与民营企业家亲切交谈）　（沈锡锡摄）

江苏省委副书记、省长梁保华(前排中)来苏调研(图为梁保华在苏州飞利浦消费电子公司考察) (沈锡锡摄)

江苏省委常委、苏州市委书记王珉在农村调研时与农民亲切交谈　（徐志强摄）

苏州市委副书记、市长杨卫泽（中）了解定销商品房进展情况　（杭兴微摄）

苏州市人大常委会主任周福元（左四）率部分市人大代表对《苏州园林保护和管理条例》及《苏州市城市绿化条例》贯彻情况进行执法检查　（人大提供）

苏州市政协主席冯瑞渡（前排右五）及部分市政协委员考察市区路桥建设　（政协提供）

厄瓜多尔共和国总统卢西奥·古铁雷斯·博武阿于2003年8月30日访问苏州(陈伟礼摄)

罗马尼亚图尔恰县代表团于2003年10月24日访问苏州 (陈伟礼摄)

市属国企公开转让首场拍卖会于2003年7月18日举行　　（杭兴微摄）

北大方正参与苏钢集团资产重组签字仪式于2003年7月17日举行　　（苏　钢提供）

苏州（张家港）精细化工园奠基仪式于2003年5月30日在江苏省扬子江国际化学工业园举行 （张保提供）

飞索半导体（苏州）有限公司于2003年8月14日开业 （张 帆提供）

苏州国际博览中心开工典礼于2003年9月27日举行 （杭兴微摄）

苏州国际博览中心效果图 （杭兴微摄）

中国百佳国家环保单位——芬欧汇川（常熟）纸业有限公司
[芬欧汇川（常熟）纸业有限公司提供]

苏州金龙汽车公司一期工程新型客车生产线于2003年7月26日投产　（杨海石摄）

东瑞制药（控股）有限公司于2003年7月11日在香港联合交易所主板上市 （东瑞制药提供）

苏州市私营企业销售十强之一——好孩子集团有限公司（好孩子集团提供）

2003中国经济增长论坛于2003年11月8~10日在苏州举行　（杭兴微摄）

中国企业发展高峰论坛于2003年11月15日在苏州举行　（杭兴微摄）

2003中国房地产(苏州)高峰论坛于2003年11月14日在苏州举行　　（杭兴微摄）

长三角（太湖）发展论坛于2003年12月4日在苏州举行　　（杭兴微摄）

第二届中国苏州电子信息博览会于2003年10月21~24日举行 （徐志强摄）

全市加快发展民营经济工作会议于2003年2月10日召开，一批民营企业和民营企业家受到市委、市政府表彰 （杭兴微摄）

苏州港太仓港区一期工程 （杨海石摄）

环古城风貌保护工程 （杭兴微摄）

人民路改造工程

（杭兴微摄）

索山大桥

桐泾公园 （张　岚摄）

（张　岚摄）

苏嘉杭高速公路北段（北互通）　（交通局提供）

南环高架快速路　（张　岚摄）

严阵以待，抗击“非典” （杭兴微摄）

科普下乡，预防“非典” （高建刚摄）

山塘历史文化保护区保护性修复试验段工程 （张 岚摄）

独墅湖高等教育区 （张 帆提供）

苏州专家咨询团成立 （常 华提供）

苏州市青少年科技创新大赛机器人比赛（常 华提供）

中国首届粉画展于2003年4月18日在苏州开幕　　（姚永强摄）

苏州日报报业集团于2003年9月28日成立　　（报　社提供）

苏州博物馆新馆奠基仪式于2003年11月5日举行　　（姚永强摄）

2003年中国苏州国际旅游节暨“江南丽人”评选总决赛颁奖晚会　　（杭兴微摄）

中国昆曲博物馆于2003年11月2日在苏州揭牌　（姚永强摄）

苏州工艺美术博物馆于2003年1月16日开馆（图为苏州工艺美术博物馆珍品精品馆）
（苏州工艺美术博物馆提供）

首批中国历史文化名镇——周庄　（印祖庆摄）

首批中国历史文化名镇——同里　（张维明摄）

首批中国历史文化名镇——角直　（汪梅生摄）

2003年“相城杯”全国花样游泳锦标赛 （体育局提供）

2003年“EGO”杯第18届全国速度轮滑锦标赛和第18届全国花样轮滑锦标赛 （体育局提供）

人头攒动的房交会
（汪　炎摄）

平江路街道“一家人”互助超市　　　　（沈锡锡摄）

世界轮椅基金会与苏州市残联向全市残疾人捐献6000辆轮椅　　　　（残联提供）

娄江污水处理厂
（水利局提供）

长江堤防
（水利局提供）

城区河道保洁
（水利局提供）

市区北部供水工程
（水利局提供）

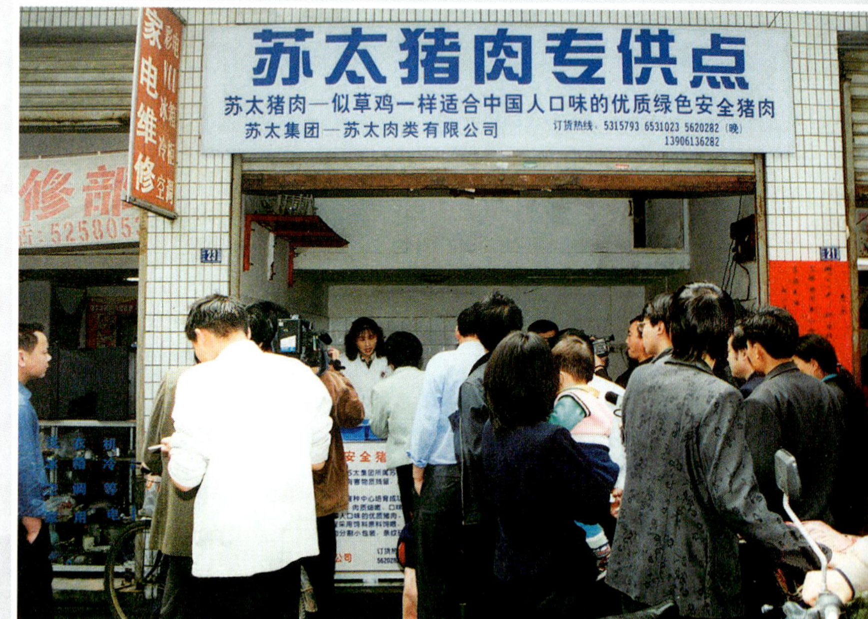

苏太猪肉专供点
（农林局提供）

新品洞庭红柑橘
（科技局提供）

西山国家农业示范区
（农林局提供）

昆山市国家农业综合开发现代化示范区组培车间（农林局提供）

苏州年鉴编纂委员会第一次会议暨庆祝苏州年鉴编辑出版20周年座谈会于2003年12月26日举行(图为中国版协年鉴研究会副会长陈仁礼（右八）与苏州年鉴编委会领导、历届主审、主编及编辑人员合影) （陈　亮摄）

全国实际利用外资前十名城市(2003)

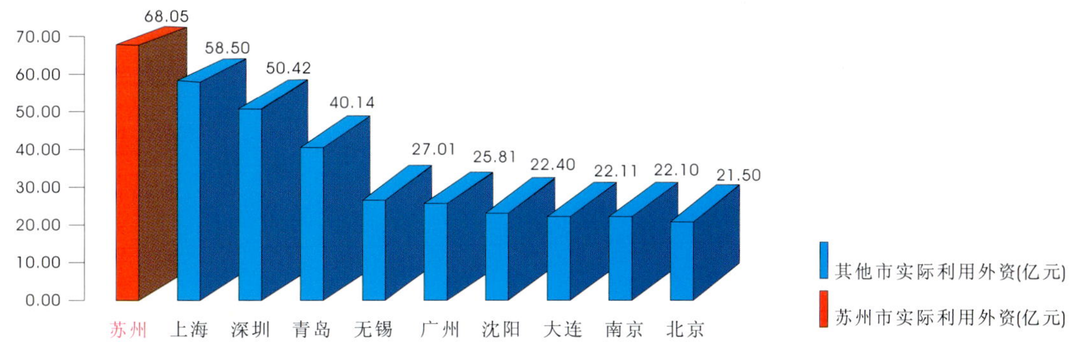

全国固定资产投资额前十名城市(2003)

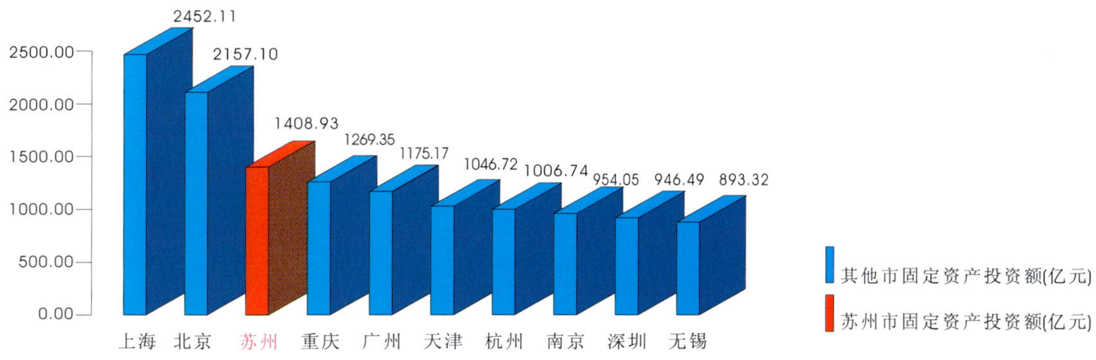

全国地区生产总值前十名城市(2003)

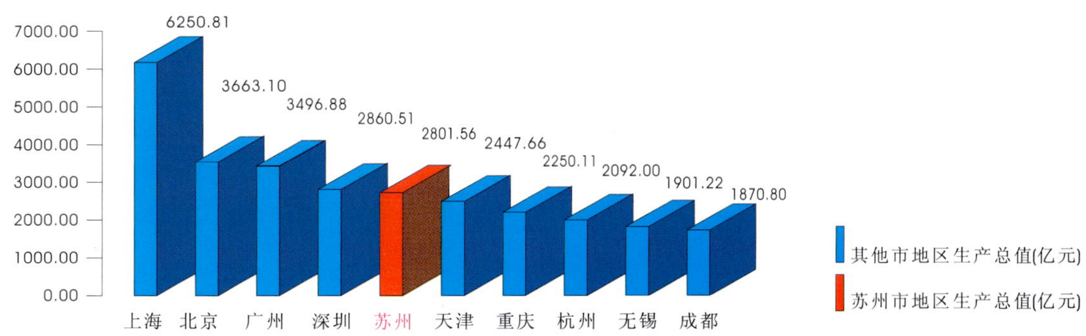

历年苏州市实际利用外资情况

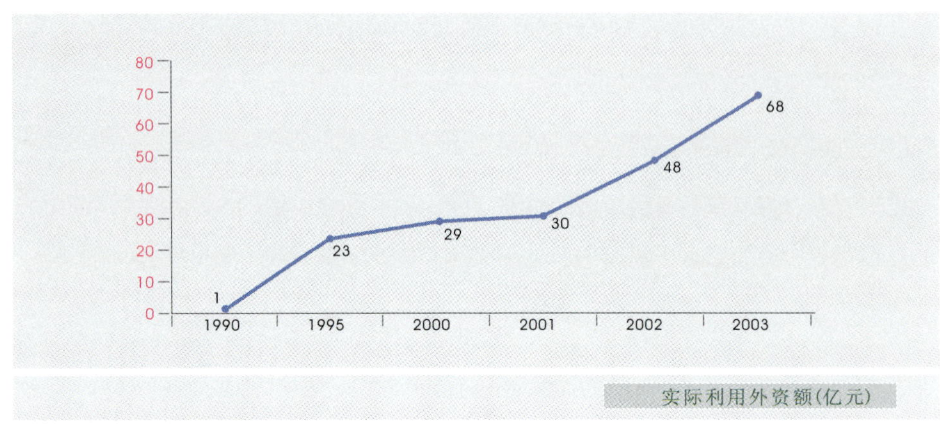

历年苏州市全社会固定资产投资完成额情况

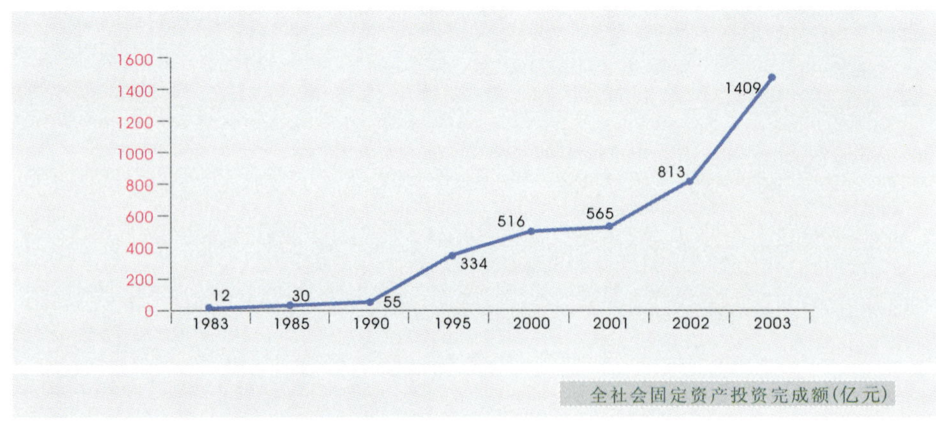

历年苏州市生产总值情况

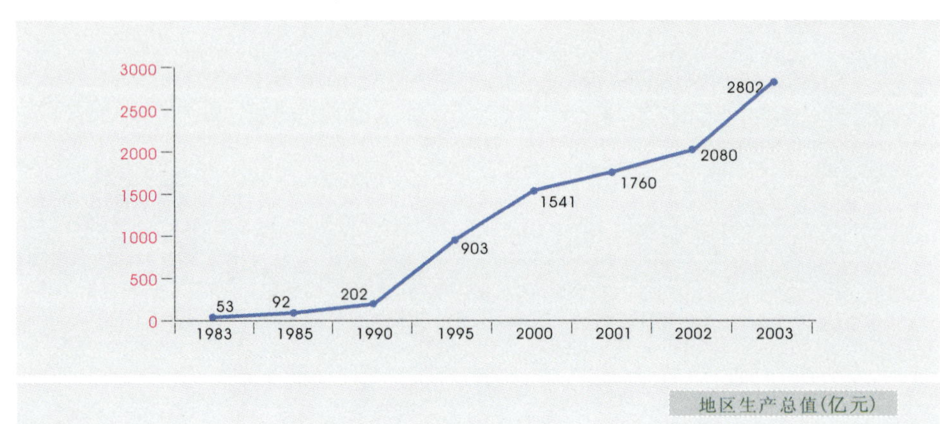

苏州市主要指标占江苏省的比重(2003)

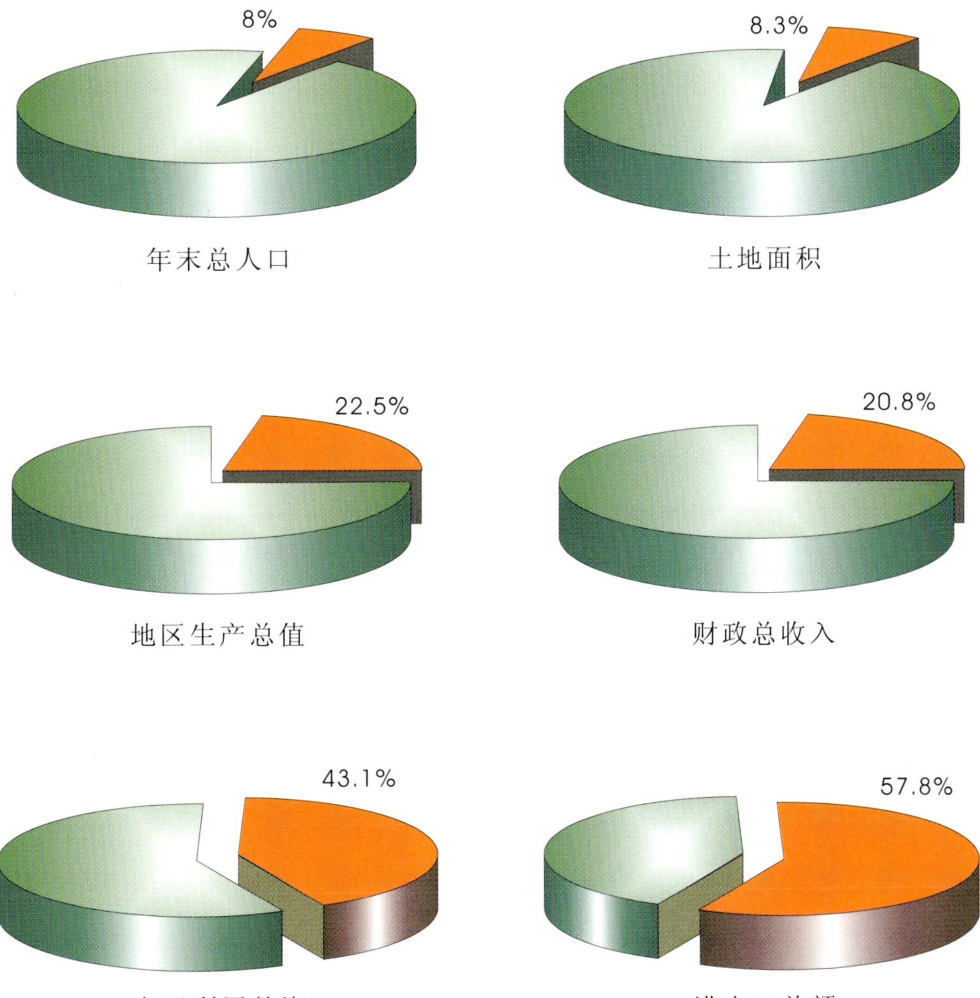

2003年苏州市主要指标增长率(%)

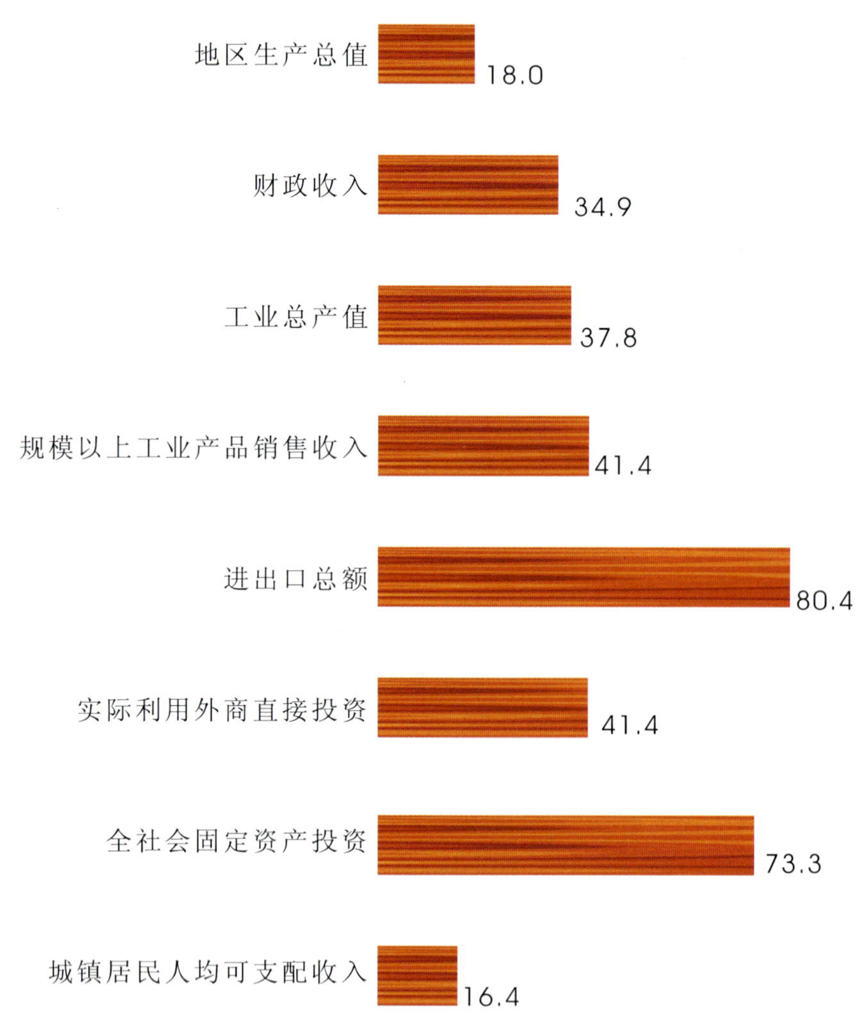

地区生产总值构成(%)

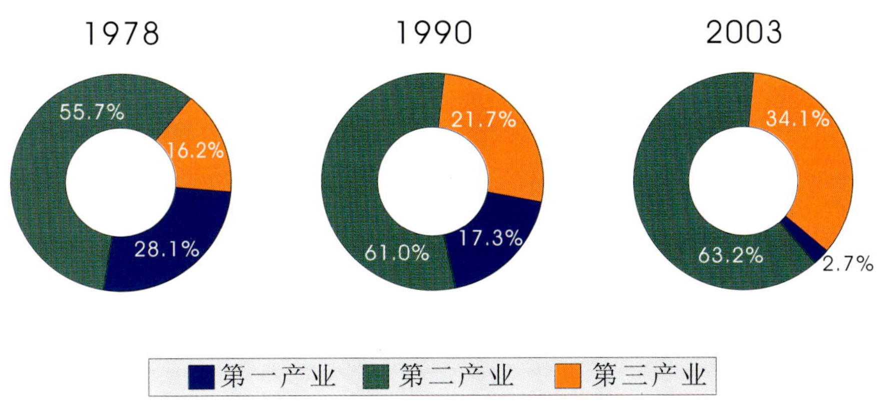

历年财政收支情况

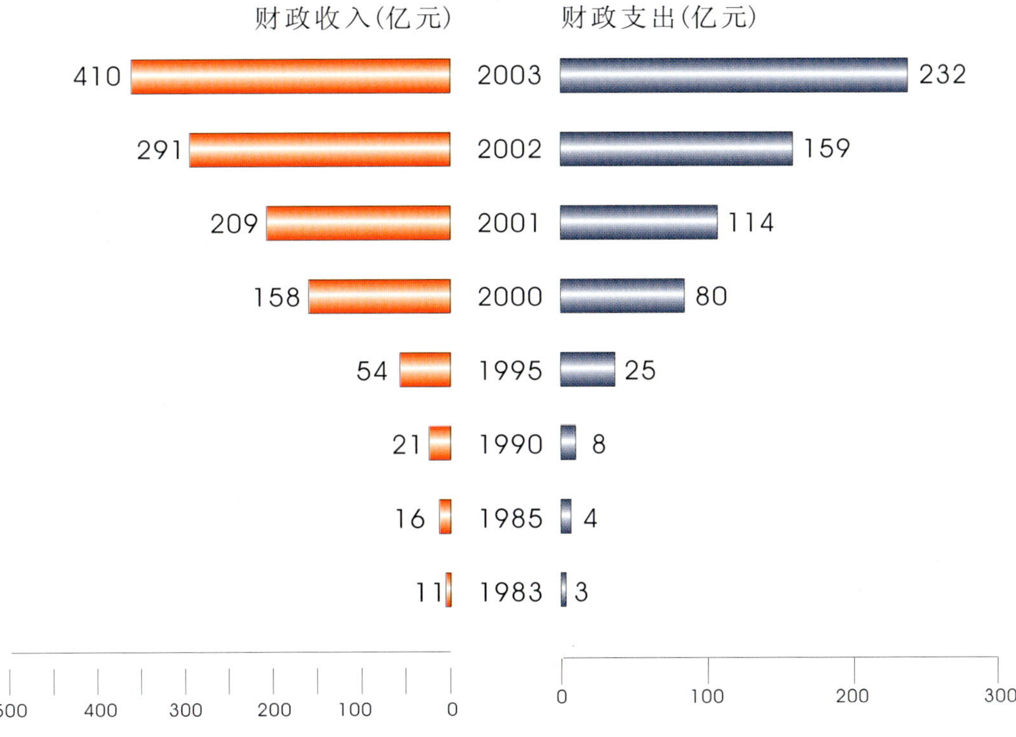

每百人电话拥有数(部)

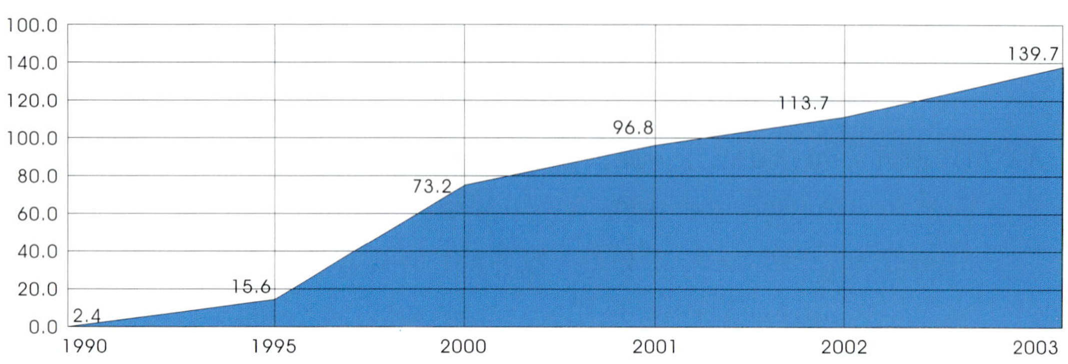

市区绿化覆盖率(%)

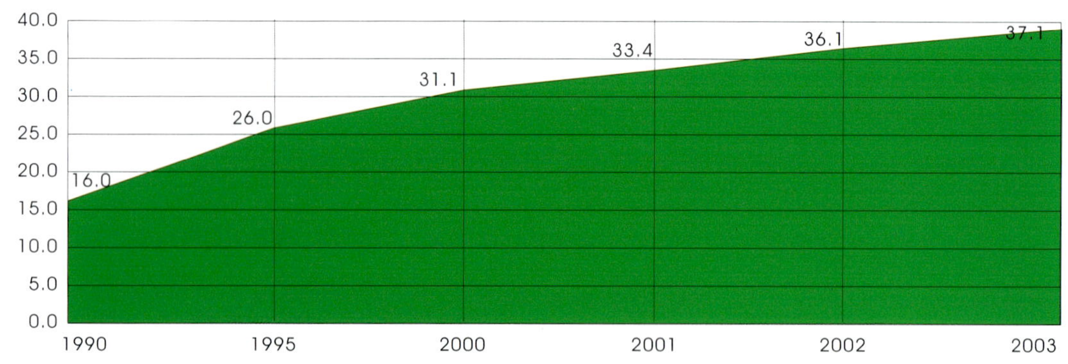

城乡居民收入(元)

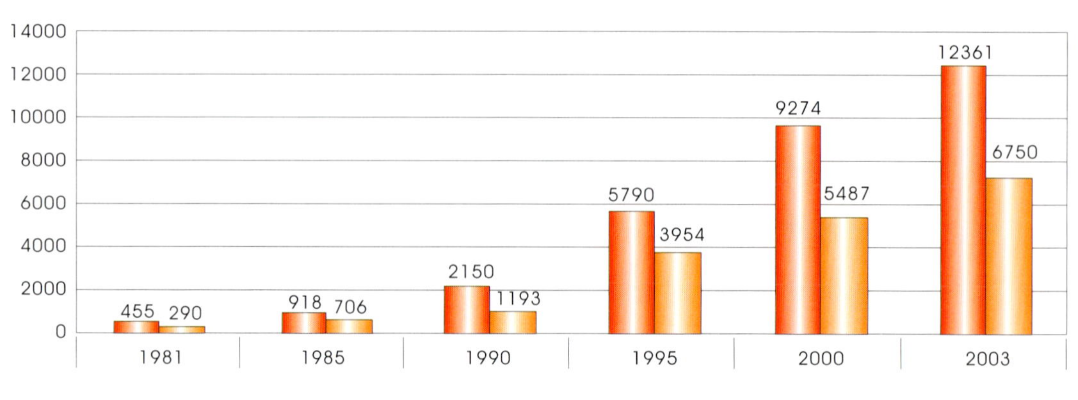

编 辑 说 明

一、《苏州年鉴》是苏州市综合性地方资料工具书。自1983年出版起，每年编印一册，旨在逐年记载苏州市区和所辖市（县）、区改革开放和现代化建设的历史进程，记载苏州经济与社会的基本面貌和发展状况，资料丰富翔实，为宣传苏州、总结苏州、研究苏州、建设苏州提供服务。

二、《苏州年鉴》采用分类编辑法。以部类（如苏州概貌、对外开放、科学、教育、社会生活等）为一级类目；以分目（如在对外开放部类下设综述、外商投资等）为二级类目；以条目为三级类目，是记述内容的实体，其标题用黑体字加【】表示。内容较长的条目，加层次性小标题。

三、《苏州年鉴》（2004）共列特辑、特载、党和国家领导人在苏活动、苏州概貌、中国共产党苏州市委员会、苏州市人民代表大会、苏州市人民政府、政协江苏省苏州市委员会、民主党派和工商联、人民团体、军事、政法、外事民族宗教侨务台务、苏州工业园区及各开发区、对外开放、体制改革、私营个体经济、工业、农业、商务物流、经济管理与监督、城市建设与管理、苏州园林、交通、信息化建设、水利水务、财政税收、金融、科学、教育、文化、新闻出版、医药卫生、体育、社会生活、市（县）区概况、人物、地方法规、大事记、统计资料和附录41个部类，全面、系统、翔实地记载了2003年苏州市政治、经济、文化、社会等方面的发展情况和各行各业取得的新进展、新成就和新经验。

四、《苏州年鉴》的内容按年鉴编辑部的组稿计划和撰稿要求，由市各有关部门、单位和各市（县）区指定专人负责撰写并经主管领导审核，所提供的事实、资料、数据具有相当的准确性和权威性。书内涉及的主要数据以《苏州统计年鉴》（2004）为准。

五、《苏州年鉴》配备双重检索系统，书前刊有要目和详细目录，书后备有主题分析索引。索引采用内容分析法，款目按汉语拼音字母顺序（同音词按声调）排列，索引范围详及条目和图表。

六、《苏州年鉴》在编辑过程中得到市委、市政府领导的关怀指导和全市各有关方面的真诚合作，以及一些专家学者的热情鼓励和帮助，在此深表谢意。本年鉴在编印过程中的疏漏、错误之处，诚请有关方面和广大读者批评指正。

要　　目

目 录

特 辑

特 载

党和国家领导人在苏活动

苏州概貌

中国共产党苏州市委员会

苏州市人民代表大会

苏州市人民政府

政协江苏省苏州市委员会

民主党派和工商联

人 民 团 体

军　事

政 法

外事民族宗教侨务台务

苏州工业园区及各开发区

对外开放

体制改革

私营个体经济

工　业

农 业

商务物流

经济管理与监督

城市建设与管理

苏州园林

交　通

信息化建设

水利水务

财政税收

金　融

科学技术

教 育

文　化

新闻出版

医药卫生

体　育

社会生活

市（县）区概况

人　物

地方法规

大事记

统计资料

附 录

索　引

彩页索引

苏州日报报业集团
苏州广播电视总台
苏州大学
苏州市职业大学
中国科学技术大学苏州研究院
苏州经贸职业技术学院
苏州市第十中学
苏州市第六中学
苏州市第五中学
苏州市第一初级中学
江苏省外国语学校
苏州市盲聋哑学校
江苏省张家港职业教育中心校、职业高级中学、市中等专业学校
张家港市护漕港中学
江苏省常熟农副职业高级中学
吴中区郭巷中学
吴中区车坊职业中学、吴中区车坊成教中心校
苏州市第二人民医院母子主楼
苏州市第五人民医院
苏州市普济医院
张家港市第一人民医院
张家港市锦丰红十字医院
苏州市相城人民医院
苏州市科学技术协会
中国人民财产保险股份有限公司
中国农业银行苏州分行
信诚人寿保险有限公司
中国建设银行苏州分行、苏州市规划设计研究院有限责任公司
苏州供电公司
江苏常熟发电有限公司
苏州恒丰进出口有限公司
苏州市城市信息化建设有限公司
苏州风景园林投资发展集团有限公司
苏州物流中心有限公司
苏州市苏创集团有限公司
苏州诚信基建造价咨询事务所有限公司
东南大学建筑设计研究院苏州分院
苏州市南环桥市场发展有限公司、苏州市南环桥农副产品批发市场
苏州市粮食批发交易市场
金龙联合汽车工业（苏州）有限公司
苏州万事得汽车有限公司
苏州一光仪器有限公司
金华盛纸业（苏州工业园区）有限公司、金红叶纸业（苏州工业园区）有限公司
西门子听力集团（中国）
友达光电（苏州）有限公司
苏州石川制铁有限公司
苏州东瑞制药有限公司
江苏国泰针棉公司
昆山钞票纸厂
科林集团吴江宝带除尘有限公司
苏州朗力福保健品有限公司
苏州原创旅行社有限公司
苏州木渎旅游发展实业公司
苏州迪欧餐饮管理有限公司
江苏苏州梁丰律师事务所
江苏公证会计师事务所苏州分所、苏州市兴瑞税务师事务所（有限公司）
苏州易通房地产开发有限公司
苏州工业园区顺驰置地有限公司
苏州锦华苑建设发展管理有限公司
苏州市新沧浪房地产开发有限公司
常熟市经济实用房开发中心

Main Contents

Special Section

Special Report

The Leaders of the Party and State Inspecting Suzhou

General Situation of Suzhou

Suzhou Municipal Committee of the CPC

Suzhou Municipal People's Congress

Suzhou Municipal People's Government

Suzhou Municipal Committee of the Chinese People's Political Consultative Conference

Democratic Parties and the Federation of Industry and Commerce

Demos Organizations

Military Affairs

Legal System

Foreign Affairs, Nations, Religions, Overseas Chinese Affairs, Taiwan Affairs

Suzhou Industrial Park and other Development Zones

Opening to the Outside World

System Reform

Private and Individual Economy

Industry

Agriculture

Commerce and Materials Circulation

Economic Management and Supervision

Urban Construction and Administration

Suzhou Gardens

Communication

Construction of Information

Water Conservancy and Supply

Finance and Tax

Banking

Science

Education

Culture

Press and Publication

Hygiene

Sports

Society and Life

General Situation of Counties and Districts

Personality

Local Laws and Regulations

Chronological Events

Statistical Data

Appendix

Index

特　辑

2003年苏州一瞥

’03苏州之最

1、名列全国首位的指标

★新增合同外商直接投资位居全国城市之首，达到124.96亿美元。合同外资占全省的40.6%，占全国的10.9%。

★实际利用外商直接投资位居全国城市之首，达到68.05亿美元。实际利用外资占全省的43.1%，占全国的12.7%。投资苏州的世界500强跨国公司增加至91家。全市有38家企业进入2002～2003年度中国最大500家外商投资企业行列。

★规模以上工业完成产值4976.51亿元，增长39.1%，增长率位居全国20个大中城市之首，产值位居全国第三位。全部工业产值7010.77亿元，比上年增长37.8%，总量位居全国第二位，仅次于上海。沙钢、创元、亨通等8家企业(集团)名列“2003中国企业（集团）500强”。

★固定资产投资增长速度73.3%，居全国20个大中城市之首。投资总量首次跻身全国三甲，列上海、北京之后，达到1408.93亿元，是近年来投资力度最大的一年。从投资主体看，国资、外资、民资实现三驾齐驱。国有经济投资353.49亿元，增长100.7%；三资企业投资429.16亿元，增长84.1%；私营个体经济投资331.08亿元，增长40.8%。从投资种类看，基本建设投资966.8亿元，增长88.6%；更新改造投资246.24亿元，增长45.5%；房地产开发投资177.94亿元，增长65.8%。从产业结构看，第三产业完成投资560.41亿元，增长87.6%；第二产业完成投资845.61亿元，增长65.5%。

★出口326.34亿美元，出口增幅76.2%，增幅名列全国20个大中城市首位。进出口总额居深圳、上海之后，位列全国城市第三位，总额达到656.63亿美元，比上年增长80.4%。

★地方财政一般预算收入170.5亿元，增长43.2%，增长率位居全国20个大中城市首位。财政收入达409.9亿元，位居全国第六位，同口径增长34.9%。

2、名列全国前列的指标

★地区生产总值(GDP)2802亿元，位居全国第五位，比

全国实际利用外资前十名城市（2003）

城　市	苏州	上海	深圳	青岛	无锡	广州	沈阳	大连	南京	北京
实际利用外资（亿元）	68.05	58.50	36.23	28.10	27.01	25.81	22.42	22.11	22.10	21.50
比上年增长（%）	41.4	30.1	13.6	21.7	55.2	13.0	59.2	37.9	47.2	19.8

全国规模以上工业总产值前十名城市(2003)

城　市	上海	深圳	苏州	天津	广州	北京	无锡	杭州	宁波	青岛
规模以上工业总产值（亿元）	10342.82	5073.77	4976.51	4049.61	4017.83	3677.19	3284.73	3198.51	2627.39	2559.30
比上年增长（%）	31.4	29.1	39.1	26.1	29.4	15.9	29.4	31.3	28.1	27.2

全国全社会固定资产投资额前十名城市（2003）

城　市	上海	北京	苏州	重庆	广州	天津	杭州	南京	深圳	无锡
全社会固定资产投资额（亿元）	2452.11	2157.10	1408.93	1269.35	1157.77	1046.72	1006.18	954.04	946.49	893.32
比上年增长（%）	12.1	18.9	73.3	27.5	14.7	29.0	30.7	58.2	20.1	66.1

全国出口总额前十名城市（2003）

城　市	深圳	上海	苏州	广州	北京	天津	青岛	宁波	杭州	厦门
出口总额（亿美元）	629.62	484.82	326.34	168.89	168.52	143.74	123.90	120.74	109.50	105.54
比上年增长（%）	35.2	51.2	76.2	22.6	33.6	24.0	17.2	47.9	29.2	20.0

全国地区生产总值（GDP）前十名城市（2003）

城　市	上海	北京	广州	深圳	苏州	天津	重庆	杭州	无锡	成都
地区生产总值（亿元）	6250.81	3611.94	3466.63	2860.51	2802.00	2386.94	2250.11	2090.00	1901.22	1870.80
比上年增长（%）	11.8	10.5	15.0	17.3	18.0	14.5	11.4	15.0	15.4	13.0

全国地方财政一般预算收入前十名城市（2003）

城　市	上海	北京	深圳	广州	天津	苏州	重庆	杭州	宁波	南京
地方财政一般预算收入(亿元)	899.28	592.54	290.46	274.75	204.52	170.50	161.40	150.39	139.41	136.48
比上年增长（%）	32.5	18.2	15.6	15.5	24.8	43.2	28.0	31.3	32.4	21.9

注：表中数据均为初步统计数。

上年增长18%。

★苏州市位居“中国最具竞争力城市”第五位。由中国社会科学院、湖南卫视和社会科学文献出版社编制的《中国城市竞争力报告№2》公布，在中国200个城市综合竞争力排名中，上海、北京、深圳、广州、苏州、杭州、天津、宁波、南京、温州名列前十位。苏州还位居“人才本体竞争力”排名第五位、“企业本体竞争力”排名第四位、“生活环境竞争力”排名第九位。

★城镇居民人均可支配收入达到12361元，位居全国20个大中城市第十位，居长三角16个城市第七位，位次前移。

3、名列全省首位的指标

★新增无公害农产品193只，绿色、有机食品34只，总量名列全省第一位。

★实现社会消费品零售总额523亿元，比上年增长15.7%，增幅列全省第一。

★拥有的中国驰名商标、中国名牌产品和国家免检产品数量均居全省首位。

★被列为全国专利工作试点城市，专利申请量、授权量保持全省第一。

'03苏州之誉

★苏州市获得国际花园城市和全国首届绿化先进市称号，苏州市区和张家港、昆山市被评为国家园林城市，建成全省第一个省级园林城市群。张家港、常熟、昆山市和吴中区通过创建全国生态示范区国家级考核验收。

★吴江市进入国家环保模范城市行列，苏州成为全国首批建成国家环保模范城市群的地区之一。

★苏州市和各县级市全部成为全国文明城市创建工作先进市。

★苏州市和张家港市第三次被评为全国双拥模范城，常熟市获得全国双拥模范城称号。

★苏州市被列为全国人口与计划生育综合改革试点市。

★苏州市成为全国政务公开先进地区。

★苏州市入选由国际著名调查资询机构仲量联行评选的“全球最具潜力城市”。

★苏州市成为世界卫生组织健康城市联盟理事城市。

★周庄、同里、甪直被列为中国历史文化名镇，舞剧《干将与莫邪》、喜剧《青春跑道》双获全国“五个一工程”奖，《苏州杂志》被评为全国百种重点期刊，5个县级市全部进入省有线电视示范县（市）行列。

★平江区、沧浪区被民政部、中国残联命名为全国社区残疾人工作示范区。

★太仓、昆山市第三次成为全国村民自治模范县（市），常熟、张家港市也进入这一行列。

★5个县级市全部成为省社区建设示范市。

'03苏州之绩

★农业结构继续优化，粮食、蔬菜、林果、水产、畜牧五大主导产业基本形成。产业化经营取得成效，龙头企业带动作用不断增强。

★农村“三大合作”改革收到实效，新建了一批社区股份合作社、承包土地股份合作社和专业合作经济组织。

★苏州工业园区保税物流园、苏高新物流园等专业物流园加快建设。

★苏州工业园区出口加工区和昆山出口加工区继续走在全国前列，苏州高新区出口加工区封关运作。

★制定出台《关于加快国际新兴科技城市建设的决定》，常熟高分子新材料、昆山精密模具等国家火炬计划产业基地顺利建成，一批创业园、重点实验室、工程技术研究中心投入使用。高新技术产业产值增长65.5%，占规模以上工业总产值的比重达到37.4%。科技进步对工业、农业经济增长的贡献率分别达到49.7%和57.1%。在全省率先设立科技专项资金。

★制定实施《关于推进农村十项实事的意见》，取消农业税附加和农业特产税，农业税改由镇村代缴，农民合同内负担全部减免。

★实现了所有需用代步工具的残疾人都拥有一辆轮椅的目标。

★全力破除体制性障碍，在深化改革中增添发展动力。以产权制度为改革的突破口，全力组织市属国有（集体）企业改革攻坚，已有98%的企业完成改制，82家市属生产经营型事业单位全面完成转企改制。

★深化投融资体制改革，一批政府投资工程实行项目代建制和财务代理制。扎实抓好企业资本市场融资工作，"华芳纺织"、"亨通光电"、"江南高纤"3只股票首发上市，苏州工业园区成功发行企业债券。

★切实抓好国有资产重组工作，苏州城市建设投资公司实施了增资扩股，苏州国发集团调整重组为以金融投资为主业的国有控股公司。

★引进内资规模空前，到账外地资本增长2倍以上，70多家国内著名企业投资苏州。

★放手发展私营个体经济，健全政府管理、信用担保、社会服务三大体系，全市新增私营企业2.1万户、个体工商户6.8万户，新增注册总资本329.4亿元，私营个体经济上缴税金占全市税收总额的比重达到25.7%，比上年提高3.9个百分点。

★贯彻积极的促进就业政策，建立城乡统筹的就业制度和政府扶持就业专项资金，广泛拓展就业渠道，全市新增劳动就业岗位超过37万个，其中面向本市城镇劳动力的就业岗位15.8万个，城镇登记失业率为3.9%，扩大了"4048"等特困人员的再就业。

★加快推进城市化进程，在统筹发展中缩小城乡差距。市委、市政府出台了《关于加快城市化进程的决定》及配套办法，抓紧修编苏州市城市总体规划，一批分区规划编制完成。着力抓好保护历史文化名城十大工程和提升城市现代化水平十大工程。

★调整优化生产力布局，在资源整合中壮大经济规模。制定实施《关于加快推进苏州沿江地区综合开发的意见》，着力培育新的经济增长极，初步构筑起一条以基础产业为主体的临江国际先进制造业集聚带。沿沪宁线高新技术产业带优势凸现。

★积极推行科教兴市，在科教创新中提升经济增长质量。切实抓好各类科技创新载体建设，初步形成由国家级和省级开发区、高科技特色产业基地、科技企业孵化器、公共科研平台、科技中介服务机构构成的创新体系。加快建设苏州研究生城和苏州国际教育园，已有学校入驻。

★致力于缓解瓶颈制约，在破解难题中加快发展步伐。针对电力制约比较突出、交通拥堵严重、用地指标紧缺、经济发展中环境压力加大、就业和再就业形势严峻等问题，及时采取有力措施予以解决，维护了改革、发展、稳定的大局。

★学习型城市建设力度加大，人才政策环境和柔性流动机制逐步完善，全年引进人才4万多名，新增5个企业博士后科研工作站。

★中国昆曲博物馆一期工程如期建成，苏州博物馆新馆等重大文化设施开工建设。环古城风貌保护一期工程顺利完工，制定并试行城市紫线管理办法，进一步落实文物、古建筑保护措施。

★制定了《关于加快健康城市建设的决定》及行动计划，苏州城区50多家社区卫生服务站全部安装信息管理系统软件，实现机构、编制、人员、经费、场所、制度六到位。

★建立城市居民住房保障体系，市区建成定销商品房40万平方米，修缮危旧住房10.2万平方米，重点解决低保家庭的住房困难。

★制定实施《苏州市服务型政府建设纲要》，行政审批制度改革不断推进，第二轮审批事项清理工作如期完成。

'03苏州之忧

▲经济和社会发展的体制性障碍仍然存在，经济体制和行政管理体制还不适应市场经济的要求。

▲中心城市的集聚辐射功能不强，城市化滞后于工业化，服务业发展滞后于制造业发展。

▲人力资源的规模、能力和水平跟不上快速发展的需要，科技创新能力不强。

▲历史文化和生态环境保护工作存在薄弱环节，电力、交通、市政等基础设施的"瓶颈"制约比较明显。

▲居民收入总体水平不高，农民持续增收难度较大，部分群众的生活比较困难，就业和社会保障压力加大。

▲化解人民内部矛盾的难度有所增加，治安形势不容乐观。

▲政府职能转变任重道远，一些部门还存在职能错位、越位、缺位和行政不作为、乱作为现象，群众对义务教育、医疗、公共交通等方面的意见比较集中。

'03苏州之思

◆坚持以人为本，牢固树立全面、协调、可持续的科学发展观。协调发展是苏州一贯坚持的方针，今后，要实现"两个率先"，不仅要保持较快的经济增长速度，而且要实现速度和结构、质量、效益的有机统一；不仅要提高开放型经济水平，而且要加快发展民营经济；不仅要促进经济的发展，而且要促进社会事业全面进步，满足人民日益增长的物质文化生活的需要和生命健康安全的需要；不仅要重视城市的发展，而且要高度重视并认真解决"三农"问题。

◆坚持"五个统筹"，在完善社会主义市场经济体制上下功夫。相对于发展而言，苏州一些重大的改革才刚刚破题，体制机制创新完善的任务还很艰巨，建立完善的社会主义市场经济体制还有很多工作要做。要始终坚持解放思想、实事求是，坚决冲破一切妨碍发展的思想观念，坚决克服一切害怕权利调整的心态，坚决革除一切影响发展的体制弊端，坚决改变一切束缚发展的做法和规定，为"两个率先"提供有力的体制保证。

◆坚持富民优先，切实把最广大人民的根本利益实现好、维护好、发展好。“两个率先”的最终目的在于富民，加快富民是各级党委政府的第一责任。我们要始终坚持党的群众路线，坚持把不断改善人民生活作为正确处理改革发展稳定关系的重要结合点，坚持把经济发展速度与居民富裕程度统一起来，提高居民的投资和经营收益，增加居民的劳动收入，解决部分社会成员收入差距过分扩大的问题，不断提高保障标准和保障能力，高度关注并努力解决好因失业、失地、失居而产生的城乡困难群众的生活问题。

◆坚持把“学习上海、服务上海、接轨上海、依托上海”作为重要的战略方针。虚心学习上海、浙江等先进地区的经验，弘扬“张家港精神”，拓展“昆山之路”，促进以上海为龙头的长江三角洲地区的共同发展。

◆坚持立足当前，着眼长远。针对苏州进入“重工业化”阶段面临的新机遇、新挑战，用发展的眼光、创新的办法和统筹的思路，加大结构调整力度，深入研究事关苏州发展的全局性、战略性、长远性、关键性问题。

（苏　鉴）

十大新闻

2003年苏州十大新闻

1、世界遗产大会 再度花落苏州
2、“活力苏州”再显经济奇迹 各项指标名列全国前茅
3、全省首例“非典”疑似现苏州 众志成城打赢“防非”保卫战
4、苏州荣膺国际花园城市
5、古城交通大改造 催生美丽新苏州
6、英雄王慈萍 血染追捕路
7、建筑大师家乡封笔 苏博新馆隆重奠基
8、石路步行街精彩亮相
9、慈善超市“一家人” 温暖千户贫困心
10、文化苏州再传喜讯 新闻事业蓬勃发展

注：“中国移动通信杯”2003年苏州十大新闻评选由中共苏州市委宣传部主办，苏州日报报业集团、苏州广播电视总台、苏州市新闻工作者协会承办，是继2002年度十大新闻评选以来的第二届。

2003年苏州十大民心工程

1、完成环古城风貌保护一期工程，包括建成百个小游园和桐泾公园等一批市级公园

建设单位：苏州市城投公司、苏州市园林绿化管理局

2、建成苏嘉杭高速公路苏州北段

建设单位：苏州市交通局

3、建成定销房43万平方米，苏州首创

建设单位：苏州市土地储备中心

4、完成西塘河引水工程，实现长江引水冲刷古城河网，实现环古城运河航船改道

建设单位：苏州市水利局、苏州市交通局

5、新增城镇劳动力就业岗位10万个

建设单位：苏州市劳动和社会保障局

6、建成沪宁高速公路苏州西出入口，建成南环、友新高架快速干道及石湖桥、索山桥、寒山桥、澹台湖大桥

建设单位：苏州市建设局、苏州市市政公用局、苏州市城投公司等

7、解决低收入家庭的住房困难，市区改造旧危房10万平方米，完成彩香新村环境改造

建设单位：苏州市房管局、苏州市金阊区人民政府

8、解决国有集体企业拖欠职工医疗费总额40%

建设单位：苏州市经贸委

9、完善农村大病医疗统筹模式，建立农村特困人群医疗救助制度

建设单位：苏州市卫生局

10、建成苏州市规划展示馆、伍子胥纪念园

建设单位：苏州市规划局、苏州市文广局

注：“2003年苏州电信小灵通杯第二届苏州十大民心工程”评选活动由苏州市人大常委会办公室与苏州广播电视总台联合主办，苏州广电总台社会经济频道、交通经济频率、苏州广播电视报和名城苏州网站四大强势媒体承办。

2003百姓关注的十大民生新闻

1、同舟共济战非典
2、朝九晚五变奏曲
3、苏州巨资打造大交通
4、城市地位节节攀升
5、“苏州通”先行公交
6、羊年楼市“抢”字当头
7、粮油价格波动果断平息
8、警方“捕狼”创建平安苏州
9、资源危机迫近家门
10、太仓肉松曝光全国

注：“东方渔港杯”2003百姓关注的十大民生新闻评选由苏州广播电视报、电视新闻综合频道、东方渔港大酒店有限公司主办。

2003年苏州实事项目

2003年度苏州市16项实事共分解为35个子项，总的情况是：除1个子项的实施计划调整外，其余34个子项都较好地完成了年度工作任务，其中13个子项完成，10个子项超额完成年度目标。在全市上下的高度重视和大力支持下，通过各责任单位的共同努力，2003年度16项实事项目顺利完成。

■全市城镇劳动力就业岗位新增15.82万个；就业援助人次大幅增长

全市新增就业岗位37万个，其中面向本市城镇劳动力的就业岗位15.82万个，为年度目标的158%；就业援助的工作力度不断加大，全年为4.68万人次的下岗失业人员提供了免费职业指导，其中，免费培训1.27万人次，创业培训2111人；超过10万的下岗失业人员实现了再

就业，3300名下岗失业人员享受了社区公益性岗位补贴，7000多人享受了社会保险补贴，上述各类就业援助人次均比上年有较大幅度的增长。

■《苏州市农村合作医疗保险管理办法》开始施行；农村特困人群医疗救助全面启动

新修订的《苏州市农村合作医疗保险管理办法》于7月1日起施行，统一了全市农村合作医疗模式，加大了财政对农村合作医疗的投入，全年财政投入5074.6万元，比上年增长106.4%。10月份，市政府下发了《批转市卫生局等部门关于苏州市农村特困人群医疗救助管理办法》，农村特困人群的医疗救助工作在全市范围内全面启动。

■50多家社区卫生服务站安装管理软件，统一制作了社区卫生服务站标识，机构、编制、人员、经费、场所、制度六到位，建立了劳动保障网络信息平台

苏州城区50多家社区卫生服务站全部安装了信息管理系统软件，预防、医疗、保健、康复、健康教育、计生服务等功能得到了充实和完善，统一制作了社区卫生服务站标识，市区全年有55.8万人次在社区卫生服务站接受了医疗服务。全市134个街道、镇全部建立了劳动保障工作机构，其中市区22个街道、33个镇劳动保障机构实现了机构、编制、人员、经费、场所、制度六到位。投入资金800多万元，建立了劳动保障网络信息平台，网络延伸至区和街道，并在社区招聘录用了150名劳动保障协管员，其中“4048”大龄人员得到优先录用。

■市区改造修缮旧危房10.2万平方米；定销房主体竣工43.08万平方米

市区直管公房非成套旧危房改造、修缮10.2万平方米，完成目标的102%，并进行了古建筑的修缮工作。定销商品房建设克服了“非典”和建筑材料大幅涨价所带来的困难，开工地块10块，开工面积63.98万平方米，主体竣工43.08万平方米，完成目标的107.7%。

■解决468户低收入家庭住房困难

8月5日，市政府颁布了《苏州市市区低保家庭住房保障办法》，市房管局制订了《苏州市市区居民低保家庭住房保障实施细则》，全年通过租金补贴、标准租金转为廉租租金、实物配房等方式解决了468户家庭的住房困难，其中实物配房7户，租金补贴75户，租金减免386户。

■市区新增绿地500公顷，农村新增林地绿地9667公顷

市区新增绿地500公顷，超额完成年度目标25%，建成了桐泾、江枫洲、广济、东汇路4个市级公园，文庙公园等26座区公园和52座街道小游园。农村绿化工作完成较好，全年新增林地绿地9667公顷，为上年的154%，其中，10项农村绿化重点工程绿化造林625公顷。

■封井805眼，累计已关闭开山采石企业110家，所有化工企业全部签订搬迁合同

实施全市超采区全面禁采地下水工作，封井805眼，其中市区70眼，完成目标的100%。关闭开山采石企业的年度计划在上半年即已全面完成，累计已关闭开山采石企业110家，同时，对张家港凤凰镇马鞍山、吴中尧南天然居、高新区华山路高景山、东渚镇龙山等以往年度采石山体进行整治复绿工作，总面积36.4万平方米。出台了《关于加快城区市属工业布局调整的若干意见》，落实了搬迁优惠政策，市区所有化工企业全部签订了搬迁合同。

作为实事工程中惟一一个没有按期完成的子项，苏化农药车间搬迁治理工作，由于搬迁方案调整、农药车间重新选址等因素影响，新址选在宿迁，土地征用等已经完成，预计2004年上半年完成。

■敷设引水管道19.5公里，污水管道23.7公里，建成城南污水泵站；西塘河引水工程达到通水要求；17个片区污水支管到户

市区水环境综合治理完成投资28627万元，为年度计划的104%，敷设引水管道19.5公里，污水管道23.7公里，建成城南污水泵站。西塘河引水工程完成投资27537万元，为年计划的108%，完成了17.87公里河道挖掘和裴家圩枢纽等水利工程，达到了通水要求。污水支管到户工程实施了17个片区，敷设污水管道147公里、雨水管道26公里，合计敷设管道占全年目标的173%。

■共淘汰燃油助力车、摩托车33165辆；市区新辟12条公交线路，新增公交车辆285辆

2003年5月30日，市政府发布了《关于加强城市道路交通管理的通告》，规定了摩托车、助力车的禁行时间和线路，同时市交警部门加大对无证、无牌及失效牌证摩托车（轻摩）、助力车的路面检查和查扣力度，强化了车辆检验和报废制度，市区共淘汰燃油助力车、摩托车33165辆，为全年任务的110.6%，其中燃油助力车27674辆；市区新辟了27、34、36、37、41、48、70、78、81、82、83、91路等12条公交线路，超额完成2条，新增公交车辆285辆，超额完成85辆。结合城市道路改建，建设了人民路公交专用道，南门路、三香路等道路均建设和设置了港湾式公交站台。

■30个市级绿色、无公害农产品基地注册品牌；新获证无公害农产品193只；100多家食品生产企业完成市场准入审查

7～10月份，市农林、财政等部门对30个市级绿色、无公害农产品标准化重点示范基地进行了逐个验收，30个基地都注册了商标品牌。在基地的示范带动下，全市新获证无公害农产品193只、A级绿色食品17只、有机食品11只，创省级名牌农产品6只、市级名牌农产品31只。全市全面实施“三放心”工程的农产品市场有385个，实现了基本全覆盖，其中设立检测室的299个，开展快速检测的79个，建立了南环桥蔬菜农药残留检测中心，建立了肉制品交易确认单和信誉卡，配置了8辆“三放心”流动检测车。从大米、小麦粉、食用植物油、酱油、食醋等五类食品入手，严格执行仪器质量准入制度，已对100多家食品生产企业完成市场准入审查，五类食品审核发证工作结束，从2004年1月1日起全面进入市场查处阶段。

■市残疾人活动中心完成建设；发放轮椅19500辆；新建项目均配套无障碍设施

集培训、康复、文化娱乐于一体的市残疾人活动中心11月底完成建设，12月26日正式对全市25万残疾人免费开放。整个中心建筑面积达6000平方米，拥有国内最好的残疾人培训、康复和娱乐活动设施。按照共同对等捐赠的原则，苏州市与世界轮椅基金会各出资400万元，为全市残疾人捐赠轮椅2万辆，实际发放19500辆，还有500辆供备用，全市所有需用轮椅代步的下肢残疾人均已领到了一辆轮椅。转发了《苏州市区创建全国无障碍设施示范城实施意见》，明确了部门分工并将建设任务分解到各个相关部门和单位，市区新建公共厕所、道路、绿地公园、规划展示馆等新建项目均按标准配套建设了无障碍设施。

■市属企业清欠职工医药费7784万元

结合企业改制，调整清欠工作思路，多渠道筹措资金，市属企业全年清欠职工医药费7784万元，占国有（集体）企业历年拖欠医药费总额的51%，超额完成全年任务11%，加上2002年度的清欠额，两年已清欠医药费13104万元，占总拖欠额的85%。

■市行政服务中心实现网上审批；推出两种"苏州通"卡

完成了市行政服务中心审批事项的编码、网上审批工作流程、软件开发等工作，外网上已实现查询、咨询和表单下载服务，10月1日起开始网上审批试运行，12月底在网上受理的试点部门和审批事项分别增加至19个和64项。成立了苏州城市信息化建设有限公司作为"苏州通"建设主体，确定了农业银行苏州分行等作为项目合作单位，建立了"苏州通"结算中心，推出联名卡和非联名卡两种"苏州通"卡，11月1日起，市区所有无人售票车、一票制线路、部分翻牌线路等1000多辆公交车上开始使用"苏州通"卡，12月28日"苏州通"又与一百放心早餐签约并开始在部分销售点试用。

■教育信息中心功能得到完善充实；全市523所农村中心小学建制以上学校建有班班通校园网

市教育信息中心迁入新址，投资400万元完成了二期改造工程，使市教育信息中心具备了资源中心、管理中心、信息交流中心和远程教育中心四大功能。新建金阊、沧浪、工业园区等5个区级教育信息中心，吴江等原有的7个县市区级教育信息中心的功能得到完善和充实；全市建有班班通校园网的农村中心小学建制以上学校已达523所，占总数的91.11%，其中146所通过验收达标成为教育信息化先进学校。

■改造13.5万户居民水表，相城区10个镇全部通水

完成市区27个新村（小区）13.5万户的自来水一户一表改造工程，占全年目标的158.8%，同时改造屋顶水箱2450只。全面完成市区北部供水工程供水主管网和二级管网建设，建设凤凰泾增压站，相城区10个镇6月份全部通水。

■市区公厕全部免费开放；新建、改建公共厕所30座

市区平江、沧浪、金阊环卫行业的公厕自2003年1月1日已全部免费开放，对2002年新建的38座公厕（公共卫生间）保洁、管理进行了招投标，6月1日起中标者正式上岗，出台了环卫行业外的收费公厕免费开放的规定。新建、改建公共厕所30座，其中11座为星级，合理设置了男女蹲位比例和无障碍设施，全面完成了公厕建设的年度工作目标。

外国人看苏州

文化历史是苏州第一优势

——访美国驻沪总领事史伯明博士

苏州日报记者　陈晓蓝

采访精通中文的美国驻沪总领事史伯明博士是一件愉快的事，因为交流没有障碍，而且，在他的言谈举止中，总能感受到他对中国、对苏州的感情。3月1日晚，记者在史伯明博士对苏州做短暂访问的间隙采访了他。

这是他第三次来到苏州。1973年，当他第一次来到中国观光的时候，他就到过苏州。那是个很难得的机会。上世纪七十年代初，中国对于绝大多数美国人来说，都是遥远而陌生的。1972年，中国乒乓球队到美国去的时候，史伯明先生跟几个朋友帮忙翻译。后来他们就申请签证来中国访问。因为帮过一些忙，所以中国方面就请他们来了。那次来华主要的是观光，他们跑了很多个城市，包括苏州。第二次是在2003年，他就任美国驻沪总领事以后。谈到苏州30年来的变化，史伯明博士深有感触地说：太大了，主要是经济上的发展很快，城市看上去也更加整齐和美丽了。

史伯明博士此次在苏州访问先是去了工业园区参观安德鲁公司，之后与苏州美国商会人士共进午餐，听取他们的意见和建议。在苏州大学用中文为学生们作了关于中美关系的演讲后，他又赶到吴宫喜来登大酒店，与苏州计委、外经局以及规划局的官员进行座谈，全面了解苏州现在情况和发展计划。这个紧密的行程是由他此次访问的目的决定的：多了解苏州，当好桥梁和纽带。

在史伯明博士的记忆里，30年前的苏州是一座古老的花园城市，而现在，则变成了新兴的工业城市。他说，我很高兴看到苏州与美国的交流相当广泛和活跃。现在，很多美国工商界人士都知道苏州的环境好，不仅自己前来投资，还介绍新的公司来。

记者希望他透露一些在苏州的美国商会人士对苏州的看法，他肯定地说："评价相当高。我几乎没有听到他们有什么困难和抱怨，他们发展得都很好。据我所知，美国公司在苏州的投资越来越多。"史伯明博士说，苏州在美国有一定的的知名度。以前是因为它是历史文化名城，而现在引起大家关注的，则是它的经济发展。曾在美国伯克奈尔大学教授过中国历史的史伯明博士是这样看待苏州保护历史和发展经济的关系的。他说，苏州其实是一座很特别的城市，有历史，有文化，所以在发展现代经济的同时，千万不能忘记自己的历史背景。

他说，有些人认为苏州吸引外资、发展经济优势在于商业成本低。其实，这只是暂时的，随着经济的发展，苏州也会遇到和上海一样的问题：商业成本越来越高。他觉得，文化和历史才是苏州第一位的优势，而且是独特的优势。投资者来这里，不仅可以发展事业，也能享受这里的文化传统，非常有吸引力。他看到苏州已经开始保护原来的历史街区和房屋，感到很高兴。他认为，苏州现在就要开始关注上海等大城市在发展中出现的情况，在预先的规划中加以考虑，扬长避短。

（原载2004年3月3日《苏州日报》A1版）

中国经济展台正飞速发展

——基础设施项目正转变一个吸引长期投资者的地区

马利德·理查德·迈克格莱哥

作为中国的“龙头”，位于中国大陆最长河流下游的长江三角洲，在十年的快速发展中转变为国家经济的展台。

拥有近8千万，占全国6%的人口，长江三角洲地区创造了全国20%的国内生产总值。到2001年共吸引了三分之一的海外投资。

江苏，这个正对着上海的省份，在80年代率先在全国开展经济改革，建立了乡镇企业，一种由私人管理公有制企业的经济形式。

随着原始、边界资本主义被后来的邓小平所放开，大批的外国投资涌入了上海及其周边城市。

对于那些目标瞄准出口和国内市场的外国投资者而言，无锡、杭州，尤其是苏州成为了他们最心仪的投资地。

一些诸如昆山的小城市也通过集中引进台湾高质量的技术公司而顺利转型。目前，在长江三角洲居住或工作的台湾人口高达40万，占台湾人口的2%。

“来长江地区投资的台湾公司有着长远的战略。他们看到了7到10年后的经济回报”，迪齐·易普，汇丰银行中国部首席执行官说，“那些在中国南部珠江三角洲投资的香港公司普遍只有短期战略。”

[节选，摘自江苏省外事办公室2004年1月编《外国记者看江苏》（第二辑），原载英国《金融时报》]

苏州像一口井一座桥一幅画

薛依云

来苏州近一年了，我感觉就像一滴水汇入大海；那里有浩瀚三千年历史文化的积淀，优美的江南景致，伴随经济腾飞的大舞台。

我喜欢苏州，她就像是一口井，所有炎黄子孙都熟悉牵挂的那口故乡的井，甘醇而凉沁；涌动着源远流长的中华文化，孕育着整个民族的骄傲，她是我的精神家园。我喜欢苏州，她就像是一座桥，跨过去就是大家熟悉的江南，纵浦横塘，湖堤柳飞，妩媚俏丽。“人人都说江南好，游人只合江南老，春水碧于天，画船听雨眠。”我喜欢苏州，她就像是一幅传统的中国水墨画，烟波浩渺如山水长袖，水巷小桥，驳岸埠头，粉墙黛瓦，飞檐翘角，临河贴水，高低错落，渲染出浓淡深浅的水墨画效果。苏州更以精致典雅的园林著称于世，假山、楼阁、亭台、回廊、轩榭，是人和自然的完美融合。吴侬软语伴随评弹流韵是一幕又一幕政治舞台巨型的演出，穿插其中的是吴越春秋，范蠡西施的故事，还有忧国忧民的伍子胥和范仲淹，广为民间传颂的唐伯虎和金圣叹，当然你更不会忘记张继枫桥夜泊的钟声，姜夔的箫声吹出“燕雁无心，太湖西畔随云去，数峰清苦，商略黄昏雨。”

苏州作为江南水乡，东临上海，北依长江，京杭运河贯通南北，太湖、阳澄湖镶嵌其间，这使苏州很早就从耕作经济步入以商品生产与市场流通为显著特点的商品经济，她带动了整个江南文化的辉煌，也推动了丝绸刺绣等轻工业和手工艺品的蓬勃发展。

上世纪九十年代以来，随着开发政策的深化，苏州工业园区和苏州高新技术开发区的发展，引来国际投资的大热潮，也吸引了更多人才来苏创业。苏州城区的景点和人文环境越加容光焕发，她是人居的最佳选择，也是许多人事业的大舞台。

苏州目前正在积极筹备“第二十八届世界遗产大会”，她的脚步正走向世界，苏州也因为有你而更加美丽。如果时间流转，再将我带回一年前，我仍将对你说：“苏州，我来了……”

（作者简介：薛依云，新加坡籍，2002年10月来苏州工作，现任苏州工业园区美资“旭电科技有限公司”人力资源总监。原载2003年12月6日《苏州日报》）

中国人看苏州

奋进直上看苏州

人民日报记者　费伟伟 杨晴初 顾兆农

1月12日，江南初晴，记者登上苏州工业园区国际大厦。远处，千年虎丘古塔依稀可见；近处，金鸡湖波光潋滟，一幢幢厂房错落有致，一处处脚手架井然林立。十年前这里还是水乡泽国，如今一个以电子信息为主，包括精密机械、生物制药和新材料在内的新兴高科技产业群正在急速成长，仅吸引的外资就已超过66亿美元，正成为我国发展速度最快、最具竞争力的开发区之一。

有人说，苏州好像架在了车轮子上。此言不虚。

且看引资。去年苏州新增注册外资120亿美元，实际利用外资70亿美元，均居全国大中城市第一。

且看进出口。去年苏州完成进出口额620亿美元，其中出口303亿美元，增幅居全国大中城市第一。

再看经济总量。去年苏州GDP达到2700多亿元，增长18%；财政收入409．9亿元，增长42%；全社会固定资产投资突破1400亿元，增长72%，其中工业投入880亿元，又是一个居全国大中城市第一。而且这个880亿元的工业固定资产投入，其产出效应又将影响好几年。

统计显示的仅是表象，与这些数字相对应的，是怎样一个奋进直上的新苏州呢？

“双龙”并进

“日批三家企业，日进千万美元”。苏州台湾同胞投资企业协会会长王勋辉，在统计苏州台资投资情况时这样概括。目前苏州的台资企业已逾4400家。

而台资只占苏州吸引境外资金的1/3。截至2003年底，苏州累计实际利用境外资金347亿美元。

如果说，前些年外资在苏州还是投石问路，如今则已放心地视为投资乐园。仅以信息产业为例，飞利浦，摩托罗拉，诺基亚，超微半导体……国际业界巨头大多已到。一大批跨国集团把苏州作为其全球产业整合的重要基地，世界500强企业里，91家在苏州投资了246个项目。飞利浦、日立、三星、旭电、葛兰素史克、爱默生等纷纷在苏州落户。日立公司先后投下了12个项目，索尼新建的第二工厂，规模是一厂的1．5倍……去年500强仅新增超亿美元的项目就有16个。

然而，人们近年来发现，自上个世纪90年代以来引进外资工作一直走在前列的苏州，正在引进内资方面迈开大步，改外向型经济为更加全面的开放型经济。

苏州所属各市、区这些年纷纷跑上海、进浙江、下广东。张家港保税区一年里组织参与境外招商推介会10次，而赴上海、深圳、东莞等地举办的国内招商活动则超过10次。昆山和苏州工业园区还特别设立了“温州民企工业园区”。

针对外商的“亲商、富商、安商”政策，一视同仁地用到内资、民营经济上。已高效运行一年多的市行政服务中心，40个部门、82个对外窗口集中于一个敞开式服务大厅，搞“一站式办公”，原则是有事即办、急事快办、特事特办、难事帮办。一位广东东莞的客商到浒墅关开发区投资办公司，手下的人在行政服务中心没多长时间就跑完工商、国税、地税、质监四个局的窗口。这位客商感慨地说，原以为能用一个礼拜跑完这几个局就蛮不错了呢。

自1999年以来，苏州与上海的合作亮点频闪，吸引投资近60亿元。常熟与上海一次就签订合作项目24项，投资达23亿元；太仓与上海一次签合作项目43项，金额更高达30亿元。

内资历来为苏州的短腿，而今发展之快，其势直追外资。去年初计划引入内资100亿元，年底一算总账：250亿元，增长2倍以上！目前已有20多家国有大中型企业在苏州落户。苏州工业园区、新区等都开辟了国有大中型企业产业园。苏州工业园2003年引进内资翻一番，达18亿元以上。

对此，江苏省委常委、苏州市委书记王珉称之为“双龙并进”。他说，跨国公司的投资企业是“车轮上的工厂”，梯次转移是其规律。我们一方面要通过产业链配套，形成关联度很高的企业集群，以及优化环境等，让尽可能多的外资企业舍不得离开苏州，落地生根；另一方面，必须加快发展我们的本土经济，培植有自主知识产权、有规模的“大树”。“双龙并进，两条腿走路，苏州经济才会后劲十足，越走越高”。

“错位”扬长

到过苏州的人说，苏州古城好似一件古色古香的唐装，工业园区和新区则犹如两件帅气新潮的西装。苏州在发展中没有换上“洋装”就丢了“唐装”，而揽玉抱珠各扬所长，这得益于“错位”发展战略。

同样是发展信息产业，上海发展软件，苏州就主攻硬件。这就叫“错位”。目前，个人电脑的所有配件在苏州都可以生产，苏州已成为国内最大的电脑硬件和电子基础材料生产基地之一，去年信息产业的销售额已达1570亿元。

同样是发展钢铁业，苏州不碰宝钢的强项，用新产品打开新市场，已建成全国最大的电炉钢、螺纹钢、硬质高速线、冷轧不锈钢薄板生产基地。

“错位”，首先是自己要准确定位。苏州素有上海后花园之称，地缘优势显著。定位准，近水楼台先得月；定位不准，大树底下无杂草。苏州提出“大树底下种好‘碧螺春’”，围绕提高自己的综合竞争力和核心竞争力这一目标，趟出了一条借势上海、错位互动，同时打造自己优势的发展新路。

苏州工业园区、苏州高新区早已是名播天下，依托江尾海头的地利优势，依托长江黄金水道和张家港、常熟、太仓三个深水良港，苏州近年来临江工业搞得红红火火，包括造纸、汽车、建材、木材、重化工、精细化工、钢铁等在内的产业带、产业链正在苏州沿江地区快速崛起。市长杨卫泽充满信心地说，到2005年，苏州在沿江地区可形成1000万吨钢材生产能力，比肩上海；形成1000万吨高档纸生产能力，占全国的1/3。到2008年，要在沿江和沿沪宁线“再造两个新苏州”。

对外讲错位，对内讲特色。苏州的开发区无一虚热，个个有特色，讲品牌，每个工业园你一看名称就知特色何在。张家港搞国际化工园，常熟就搞氟化学工业园。各自围绕跨国公司的不同重大项目布局地方经济，发展区域性产业集群。“错”中扬长，“错”出特色。

苏州精细化工集团，是苏州城区第一个产值上百亿元的头牌企业，由于古城保护要搬迁，市里没把它放在工业园区，放在高新区，而是迁到位于张家港、已初具规模的江苏扬子江国际化学工业园，5年里计划投资146亿元，使这个以化学工业为招牌的工业园牌子更亮。

“错位”扬长，不仅造就了一批各具特色的产业板块，增强了活力，而且降低了风险，东方不亮西方亮。

协调发展

相城，苏州最年轻的行政区，刚建3年。然而“后生可畏”：3年GDP每年增长20%，财政收入每年增长45%，增幅居江苏各县（市）区第二。

“起步晚了，当然速度要快点。但发展不能光看盖多少房、建多少厂，而要看是不是上了档次，是不是协调。”区委书记顾子然说。相城立区之初，就请国内外专家做整体规划，水面、绿化、商住、工厂产业，各占1/4。短短3年，相城建成万亩生态林，是苏州市最大的“绿肺”；各镇建成40多个生态园；以产大闸蟹闻名的阳澄湖，相城占八分，水质一年比一年好，因为3年里搬迁、关闭了180座小电镀、小锅炉、小化工……“相城要打造一个‘水苏州’，发展目标锁定‘绿色、生态、花园’。”

相城的发展选择，正是今日苏州“加快发展、协调发展”观的生动诠释。

驱车沪宁高速公路，两侧不时闪过苏州有关部门竖立的宣传牌，其一为“争当全国率先发展排头兵”，另一则为“坚定地走循环经济发展之路”。

去年下半年，苏州以地方法规的形式，推出“城市绿线”，规定“绿线”内每一块土地都不得随意改作他用，不得随意开发建设。农村也有“绿线”。王珉书记三令五申：380万亩基本农田不许动，这是底线！

2002年初，苏州在全省率先向社会公布政府的“红头文件”，将不涉及国家机密的政府规章、文件、措施等，一律通过地方各主要媒体和政府网站公布，并向各级机关、社团、在苏州投资的重要企业、纳税大户等，赠送了4万份市政府公报。

就在2002年下半年，苏州又在全国首开追究行政不作为和乱作为的先例，至今有34位懒政、庸政的不作为者和乱作为者，付出了丢“乌纱”或受处罚的代价。

在增长方式、政府职能转变的背后，是新发展观的确立。

“要把坚持以人为本，富民为先，牢固树立全面、协调、可持续的科学发展观，作为开创各项工作新局面的指导原则”。去年以来，市委书记王珉、市长杨卫泽在一个个大小会议上反复强调。

观念更新，带来思想解放，政策放宽，工作放手。

苏州快速发展得益于工业化，但苏州考核干部并不都看工业经济指标，而是分类考察，对旅游区和山水比较好的区域，主要考察环境保护指标和旅游服务业指标。

苏州的国有经济很有活力，这活力来自改革。苏州94%的市属国有（集体）企业已完成产权制度改革，在全省领先。85家生产经营型事业单位也已全部完成转企改制任务。

苏州民营经济发展迅速。眼下，“民营经济腾飞计划”全面实施，一项项鼓励市民创业、发展民本经济的政策相继出台。去年苏州市私营个体经济的注册资本已超过1000亿元，从业人员超过130万，上缴税收已占全市税收近1/4。去年年底作过一个统计，1～9月苏州市区居民人均可支配收入增长，已首次超过同期GDP增速，这意味着苏州市“富民为先、协调发展”的战略初见成效。

苏州提出，发展民营经济也要能快则快，能先则先，能超则超。

君到姑苏见，处处是新颜。而最让人耳目一新的，还是苏州人这种思想解放、永不满足、砥砺奋进的精神风貌。

春萌而动，秋至而获。苏州，又将迎来一个快速发展高潮。

（原载2004年1月20日《人民日报》头版头条）

只有平稳　才能飞驰

——苏州发展方式的启示（上）

新华社记者　李　灿

在我国几百座城市中，苏州是个“赶超明星”、“全能选手”。苏州的发展既快又稳，就像平稳飞驰的磁悬浮列车。人们注意到：苏州的经济腾飞，是在夺得精神文明、社会事业、环境保护等方面大多数国家级先进称号的同时实现的。

全面发展的和谐画卷

作为一个地级市，苏州市的GDP在20多年内超过了除上海、北京、广州、深圳以外的国内所有大城市。2003年，苏州市的GDP、财政收入、出口总额分别居国内城市第五、六、三位；全年实际利用外资。68.1亿美元，高居全国城市榜首。今天的苏州，不断输出美味的大闸蟹、银鱼；丝绸产量和出口量占全国1/3；笔记本电脑、电脑主机板、显示器、鼠标产量居全国首位；精密机械、精细化工、生物制药、新材料产业的实力，也在国内名列前茅。

更让人赞叹的，是苏州的全面、协调、可持续发展——放眼姑苏大地，田野赏心悦目，路边花木扶疏，街巷常年洁净。苏州市区和5个县级市均为国家卫生城市、国家环境保护模范城市。久负盛名的苏州古城、古镇、古典园林、苏绣、评弹、昆曲、桃花坞年画，还是那样典雅迷人。

作为全国科技进步、文化、社区建设、双拥、群众体育先进市，苏州是国内第一个市、县“文明城市群”。每天早晚，各公园内都有许多自娱自乐的戏迷；节假日里，街头常见文艺表演、体育竞赛、科普宣传。丰富多彩的精神文明创建活动，提升了市民的精神境界，全市医院93%的临床用血量来自义务献血。

苏州市市长杨卫泽欣慰地说，苏州的人口、就业、社会保障、治安压力都不大。因为苏州在5年前就实现了人口零增长；仅外资企业就提供了50多万个就业岗位；养老、医疗、失业、工伤、生育5项社保基金已经收大于支；偶有群体上访，也能在很短时间内化解。

从“短腿”中寻找发展动力

“苏州民营经济比温州差得多，科技实力远不如京、沪，和青岛、大连相比，至少存在6方面差距：城市国际化、城市建设管理、生态环境、软件业和品牌企业、利用日韩资金技术、现代旅游和港口发展。”刚从外地考察归来的杨卫泽市长坦率地说。

市委书记王珉告诉记者，“见短就补”是苏州市历届领导班子制定发展战略时的重要思路。他们不断主动寻找自己的“短腿”，并尽快加以弥补。补短，既是为了寻求发展的平衡，更是为了给发展注入新动力。

工业曾是苏州的“短腿”，市里就大力发展乡镇工业，很快使工业占GDP的比重从不到50%上升到“三分天下有其二”。随着二、三产业高速增长，农业比重急剧下降，市委、市政府就把农产品生产、食品安全、农民增收定为农村工作的重点；在政府机构改革中，许多部门被撤销、缩编，农业部门的编制、经费却增加了。这些年，苏州农村从未“告急”，去年农民人均纯收入6750元，远远超过全国平均水平。

上世纪90年代初，苏州下辖的县级市经济迅猛发展，市区则相形见绌。为了改变这种局面，他们于1992年、1994年相继创办了高新技术产业密集的苏州高新区和苏州工业园区，使市区再次成为引领全市发展的火车头。

2002年，苏州外向型经济已经驰名全国，而民营经济和具有自主知识产权的规模经济又成了“短腿”。对此，市委、市政府提出了外向、民营、规模经济“三足鼎立”的发展战略。去年，全市新增民营企业2.1万家，民营企业税收已占全市的1/4。

为了保持生态环境，今年初市政府又提出，今后对市内的风景名胜区，在考核干部政绩时降低经济指标，重点考核环保成绩。

平时不闲，忙时不乱

苏州市各级干部的工作有个特点：平时不闲，忙时不乱。

去年非典疫情期间，苏州不但没有出现非典病例，而且经济秩序没有丝毫扰乱，全面加速：上半年GDP增长18%，外贸出口增长56.2%，实际利用外资猛增70.8%！因为苏州早已建立了严密的疾病防控体系，市疾控中心的经费就达1000万元。消毒、隔离与生产经营两不误。

征地、拆迁是容易引起社会动荡的敏感问题，可是在苏州，十多年来各大开发区征地拆迁面积超过360平方公里，由于坚持先安置、后拆迁，多数拆迁农户都补偿了两三套房子，因而从未发生过极端事件和打乱工作节奏的情况。苏州工业园区管委会副主任徐明说："我们在拆迁之前做了多少工作啊！"

在苏州，搞经济的干部很有成就感，"非经济"部门的干部也同样很有成就感。

沧浪区文体局主管群众文体工作的副局长王斌，担任的是所谓"闲职"，可他却一年忙到头。建团队、找场所、排练、演出、展览、比赛，节假日也很难休息。近两年，他在区内创办了家庭才艺展示馆、党员事迹陈列馆等6个群众文化场馆，又指导9个社区开展社区文化活动，一个社区一个特色。王斌一脸得意地对记者说："上头对我们考核又严又细，稍不小心就完不成任务！全国精神文明先进不好当哟！"

（原载2004年2月29日新华网）

虽然辉煌　却很宁静

——苏州发展方式的启示（下）

新华社记者 李 灿

苏州吴文化研究所所长吴恩培认为，20多年来，苏州市经济和社会全面、协调、持续发展，成为国内城市竞争中的佼佼者，重要原因之一是历届领导集体都保持了一种宁静致远的理性心态。虽然成就辉煌，心态始终宁静。

心态宁静才能理性执政

苏州有两个现象：20多年来，没有任何一位市委书记、市长成为国内媒体竞相报道的"风云人物"；同时，市和县的党委、政府、人大、政协一把手无人任职期间出过腐败问题。

苏州还有一个现象：领导干部个人兴趣普遍多元化。市委书记王珉是位金属抗疲劳专家、博士生导师，从政之隙仍坚持科学研究；市委副书记黄炳福几乎每天读20页《辞海》，15年坚持不辍；副市长朱永新教授还指导着心理学研究生……即使不当官，他们照样有事可干。

在苏州，很多干部退休之后，又开始了充满情趣的新生活。原张家港市委书记秦振华退休后，促成苏南企业家在西北创办了一批扶贫项目；原市委副书记周治华退休后深入钻研集邮，现已成为国内生肖邮票专家；原市委副书记府培生退休后致力研究长寿问题，到处给老年朋友做报告，还出版了专著《百岁通途——百篇长寿经》……不恋官，不贪功，故能理性执政，这是许多人对苏州领导干部的评价。

苏州工业园区总规划师时匡说："今天的园区，几乎和10年前所规划的完全一样！市领导从没干涉过园区的规划，因为他们尊重专家，尊重科学，喜欢按规矩办事。"

苏州市劳动和社会保障局副局长华建中说，苏州市之所以能够做到社保基金收大于支，关键是基本做到了应收尽收，敢于按规矩办事，敢于对"有来头"而想逃缴社保基金的老板说"不"。1997年，一家有3000多名外地工的外资木业公司想出各种名目，不为这些工人交社保金。市委、市政府指示社保局：不对任何企业搞例外！谁为企业"打招呼"就处理谁！这块"硬骨头"啃下之后，全市社保金收缴工作一帆风顺。

原市委副书记府培生说："一个人格健全的干部，不会把升官作为惟一的人生目标，也就不会哗众取宠，搞短期行为、'形象工程'。"

文雅民风润及官员

苏州吴文化研究所所长吴恩培说："苏州的官员办事讲规矩，注重文化修养，与这里的民风大有关系。几百万安静而有文化的市民，是苏州产生一批又一批德才兼备官员的沃土。"

从外地调来苏州任市委副书记的杜国玲说，她发现苏州人乐于为追求文化品位付出大量时间，一幅一尺见方的刺绣，有时需要绣一年！而全市从事刺绣欣赏品生产的妇女竟多达10万！在苏州农村，许多乡镇都有自己的"特色文化"，例如胥口是书画之乡，塘桥是围棋之乡，白茆是山歌之乡，徐市是灯谜之乡，唐市是评弹之乡……

作为国内引进外资最多的地区之一，苏州现有外资企业近万家，常住的海外人士数万人，可是这里的"夜生活"却发展缓慢。下班就回家，管孩子，学知识，做家务，是苏州人的普遍习惯。去年有个老板想在苏州经营一项替喝醉酒的私家车主开车回家的业务，被苏州人嘲笑不已！苏州人对他说，这里的人极少喝醉，你会饿死的！

自称"静思园主人"的苏州私营企业老板陈金根说："富而从文，才是苏州有钱人的正道。"去年，他用20多年积累下的资金，建成一座面积100多亩、颇受专家称赏的文化园林——静思园。

苏州市委宣传部部长周向群告诉记者，培养全市人民热爱家乡，珍惜幸福生活，用大量健康向上的文化活动丰富群众的生活，一直是他们在群众性精神文明创建工作中坚持的重点。

次要矛盾也要高度重视

原苏州市委副书记府培生认为，全面、协调、可持续的科学发展观，从哲学角度说，就是既要抓主要矛盾，又不放松次要矛盾的解决。有些人以为只要抓住了经济这个"牛鼻子"，就会万事顺遂，可是如果牛腿断了，你就是把牛鼻子拉掉，牛也不会跟你走!

苏州市市长杨卫泽说:“次要矛盾也是矛盾，解决不好就会影响全局。有些人认为，有限的人力、资金，又要搞经济，又要搞精神文明、社会事业、环境保护，岂不是哪一样都干不痛快？其实社会是一个整体，坚持全面发展，日久自见辉煌！”

杨市长说，苏州形成全面、协调、可持续的发展观，是总结历史经验教训的结果。比如，正是吸取了上世纪六七十年代搞乡镇工业时，村村点火、户户冒烟，环境遭到很大破坏的惨痛教训，苏州人才树立了牢固的环保意识，才能逐步把市区和各县级市全部建成国家环保模范城，才在全国最早引入ISO14000区域环境管理体系，并以此获得大批从事高新技术产业的外商的青睐。

也许是因为地处江南水乡，看惯了太多的“飘风不终朝，暴雨不终夕”，又看到太多的“水滴石穿”，苏州人对协调和谐的生活方式特别眷恋，对短期行为、单项冒进特别警惕，对循序渐进的最终成功特别坚信。

（原载2004年3月1日新华网）

苏州“先行示范区”的探索

——新华日报记者　陆剑　嵇元　顾雷鸣　陈家根　陈钢

加入WTO后，政府究竟该扮演什么样的角色？怎样才能扮演好这个角色？江苏省委、省政府去年给经济国际化程度最高的苏州市下达了一个重大课题：加快建设应对WTO“先行示范区”。

世贸规则就是改革的方向。苏州市长杨卫泽日前在接受记者采访时说:“由于世贸规则绝大部分是用来规范政府行为的，苏州在探索建立‘先行区’时，先行的就是加快政府职能转变，按照现代市场经济的要求构建新的体制和机制，创造良好的市场环境和法制环境，建立为民亲商、以提供公共服务和公共产品为己任的服务型政府。”

一年多来，苏州市找准突破口，积极推进政府职能转变，在许多领域进行了可贵探索，创下了一串全省乃至全国“之最”。

不遗余力推行政务公开，自揭政府“神秘面纱”。在全省首家向社会开放政府“红头文件”，建立群众与政府直接交流的快速通道，并真正把监督政府的权利交给广大群众。

世贸规则对政府的一大挑战就是如何促进公开，确保企业和群众的信息自由权。苏州市推进职能转变的第一件大事，就是自揭“神秘面纱”，大力推行政务公开，从制度上保障广大人民群众的知情权、参与权和监督权。

去年初，苏州市在全省首家向社会公开发布政府的“红头文件”，将不涉及国家机密的市政府规章、规范性文件、行政措施、各部门重要规范性文件等，一律通过地方各主要媒体和政府网站在第一时间公开发布。至今为止，市政府向社会公开发布与企业生产和群众生活密切相关的各类法规、规章、文件58件，向社会公开派送的政府公报达4万份。

“红头文件”公开后，苏州出现了一个有趣的现象：托关系打听“内部政策”的人少了，而通过各种公开渠道主动参政议政者却大大增加。政府通过与群众的良性互动，提高了决策的科学性，为苏州经济社会可持续发展创造了良好环境。如去年8月，《苏州市犬类管理办法》征求意见稿公开发布后，10天内就收到各界反映的近500条意见，有关部门从善如流，随即对9个条款作了修改，群众十分满意。

政务公开的另一出重头戏，就是建立社会监督机制，把政务公开的效果评判权交给群众。连续3年来，全市机关结合效能建设深入开展纳税人评议政风行风活动，围绕公开办事的效率、程序、结果、质量，服务态度，规范执法管理以及廉洁奉公4个方面，广泛征求社会各界意见，促使各机关服务质量连年不断提高。2002年，各部门、行业社会服务满意度在上年高基数上再提高2.5个百分点，平均达93.4%。

政府身体力行，做先进生产力的实践者和推动者。率先启动建设高标准“电子政府”，建立新型、高效、透明的公共行政平台，坚决破除部门间的“信息壁垒”和伴生的“权力壁垒”。

毋庸讳言，由于政府组织结构和工作流程复杂，苏州和其他地区一样，政府部门之间各类信息资源交流不畅，形成严重的“信息壁垒”。这种“信息壁垒”不除，就会伴生出与世贸规则格格不入的“权力壁垒”，严重阻碍政府职能转变。

政府应勇当先进生产力的实践者和推动者。苏州借助现代信息技术手段，率先启动建设高标准“电子政府”。市政府决定，用2~3年时间，建成横联各党政部门，纵贯省、县、乡的电子政务基础网络平台，以彻底突破时间、空间和部门分隔的限制，全方位向社会提供优质、高效、透明的服务，促进政府职能转变和管理方式创新。

本届政府年初上任伊始，就全力推进“电子政府”建设。根据市政府确定的时间表，今年10月1日起，政府各部门实行纸质文档和电子文档双轨制办公；明年1月1日起，全面实行无纸化办公，所有会议通知、信息简报、统计资料乃至领导批件，一律实行无纸化流转。在解释市政府为什么自念“紧箍咒”时，杨卫泽说，现在社会的竞争实际上也是政府之间的竞争，而建设“电子政府”可以促进政府转变职能，提高竞争力。因此，政府部门掌握的信息化程度越高，工作效率、为民服务的水平、各项决策水平就越高，如此经济发展的软环境就越好，地区竞争优势就会越明显。

排除重重阻力“革自己的命”，大刀阔斧推行行政审批制度改革。在全省率先倡导以全方位“服务”取代单纯“审批”的理念，高起点组建政府行政服务中心网络。

一个时期以来，许多政府部门最看重的职能就是审批收费，或以“审批”为借口设置“权力壁垒”，捞取部门利益甚至中饱私囊。不合时宜的行政审批制度实际上已经成为经济发展的“绊脚石”，彻底改革原有审批制度势在必行。

从去年开始，苏州市政府就排除重重阻力进行“自我革命”，遵循“合法、合理、效能、责任、监督”的原则，深化行政审批制度改革，坚决取消不符合世贸规则和妨碍市场开放的行政审批事项。经过两次大规模清理，全市原55%的行政审批事项被削减，目前市一级保留的审批事项已不足700项，在同类城市中最少。

苏州行政审批制度改革的第二“板斧”，就是率先倡导以全方位“服务”取代单纯“审批”的理念，市、县级政府已全部建立的集中审批场所统一改行政“审批”中心为“服务”中心。这样取名，就是为了时刻提醒人们，政府以往的审批职能必须转变为实实在在的服务职能。

已高效运行14个月的苏州市行政服务中心还创下了一项全国之最——40个部门、596项审批事项、82个窗口设在同一个敞开式服务大厅，各部门选派的150多名精兵强将同厅竞技，比业务知识、工作水平，赛服务技能、办事效率。目前，该中心平均每天受理的各类审批事项超过1300件，75%可以当天办结，群众满意率高达99%。今年初，百万市民在公选十大“民心工程”时，行政服务中心高票当选，名列第二。前不久到中心视察的国家监察部领导，以及在苏州投资的外商，都对中心的服务赞不绝口。

率先建立起“严厉”的效能监察机制，以打通政府行政效能“梗阻”。严格责任追究，严惩“缺位”和“越位”的行政行为，追究行政不作为和行政乱作为震惊全国。

时下，“缺位”或“越位”，成为政府行政效能出现“梗阻”的根本原因。改革在深化，政府职能究竟转变了没有，转变的成效如何，根据省委常委、市委书记王珉同志的要求，苏州市率先建立起“严厉”的效能监察机制，为海内外所有投资者创造一个公平有序的竞争环境。

尽管苏州大力推行政府职能转变，但阳奉阴违的行为仍时有发生，突出表现在行政不作为和行政乱作为。自去年下半年起，苏州在全国首开追究行政不作为和乱作为先例，个别懒政、庸政的不作为者，和错位、越位的滥作为者付出沉重代价。如去年底虎丘区吴山岭墓区未经有关部门审核、审批，擅自毁林扩建公墓，遭到媒体曝光。经过调查，对此事睁一眼、闭一眼的分管副区长、区民政局长、墓区分管副镇长、村支书等人，因行政不作为分别受到党纪、政纪处分。此前，市规划局一名处长因擅自阻挠城管执法，被追究乱作为而丢“乌纱帽”。苏州市严肃查处行政不作为和行政乱作为，有力推进了机关效能建设，受到中央和省领导的肯定。

为从源头堵住不规范的行政行为，真正解决重审批、轻监管“一手硬、一手软”的问题，苏州还尝试推行行政相对集中执法，收效明显。针对城市化进程中城市管理方面出现的新问题，该市去年专门组建城市管理和城管行政执法局，将原分散于规划、市政、工商等七部门的处罚权统一交由城管执法局执行，且规定罚没金额不与单位及个人收入挂钩。职责明确后，市、区两级420名队员严格担负起全市城市日常管理执法任务，当年就纠处各类违章23.39万起，违章搭建、无证经营、违法广告等得到有效遏制，群众交口称赞。

苏州积极探索转变政府职能，不断提高行政效率和服务水平，进一步优化了投资环境，更提升了地区综合竞争力。权威机构最新调查表明，苏州已成为全国外商最具吸引力的地区之一。去年，全市合同利用外资100.66亿美元，实际利用外资48.14亿美元，均位居全国第二，全球500强中已有85家落户苏州；今年，大量外资潮涌苏州的势头仍持续不减。

（原载2003年8月23日《新华日报》）

战SARS抓GDP　苏州经济与非典“赛跑”

解放日报记者 谭新政

这似乎是一项“不可能完成的任务”，在萨斯(SARS)的愁云惨雾中，苏州经济的现状却翘楚如昔：前4月，苏州实际利用外资21.4亿美元，同比增长57.8%；第一季度GDP达到569亿元，同比增长18.4%。已开业投产的6000余家外企“两手抓”不放松，迄今没有一家撤资、停产。正如苏州佳能有限公司副董事长出沼所言：“对中国抗击萨斯（SARS）的信心，令我们安心！”

4月23日，苏州市长杨卫泽给所有外企的一封信，至今仍为众多外企老板们所津津乐道。“坚持正常的生产经营活动，众志成城战胜非典”，该信无疑给落户苏州的外企吃了一颗“定心丸”。与此同时，苏州各级外经贸部门还分别与重点联系企业建立起预防非典联络员制度，开辟信息交流的“绿色通道”，确保企业和市政府能每天进行信息交换。

外资企业也纷纷投身阻击非典的战斗中，对企业的办公、生产、仓库等工作场地进行了严格的卫生消毒，对参加广交会回来的代表，以及来自港台地区的外企人员均采取了必要的隔离观察和检查。鸿海昆山厂所有员工都接受了血液和X光检查，为了防止员工隐匿病情，厂方甚至悬赏10000元作为检举奖金；苏州飞利浦消费电子有限公司全体职工每天均要接受体温检测；苏州爱普生给9000多名员工每人发放了2个口罩……

“不仅没有一家外企停产，而且几乎所有的外籍人员都留守苏州！”苏州一官员话语间感慨丛生。在“五·一”回日本短暂休假后，包括副董事长出沼在内的60多名苏州佳能的日籍管理、技术人员纷纷振翅归来，忙碌于各自的岗位上。去年10月才投产的佳能，生产线上已然忙成一片，月产彩色数码复印机100多台。据悉，这仅是其设计生产能力的十几分之一，产能将在接下来的时间里逐步释放。而对非典带来的航班取消、货物流转速度减慢、订单进不来等不利影响，外企纷纷变通加以应对：或加班加点减少损失，或主动出击开辟新市场，或热线联络安抚客户。

非典时期，非常举措。苏州对境外投资者采取“盯防战术”：一天一封邮件、三天一个电话，通过无形的网络传递感情、洽谈合作。眼下，苏州的外向型经济依旧雄风不减，据初步统计，1至4月苏州外资企业自营出口63.9亿美元，同比增长49%；自营进口73.2亿美元，同比增长72.5%；合同利用外资63.5亿美元，同比增长20.4%，实际到账外资21.4亿美元，同比增长57.8%。甚至在非典肆虐的4月，苏州合同外资金额也高达6.04亿美元，实际外资5.45亿美元。

苏州高新区卫生防疫站的工作人员深入各企事业单位、建筑工地、学校和农村，广泛宣传防“非”知识，指导落实预防措施。

（原载2003年5月12日《解放日报》）

感悟苏州招商引资

徐绍川

招商引资是当前发展经济的重要抓手，是加快工业化进程的有效途径，也是聚集社会资本发展工业经济的现实选择。笔者耳闻目睹苏州大招商、大开发、大发展的骄人业绩，通过解读，获益匪浅。

苏州人的“位置感”

“上有天堂，下有苏杭”，苏州的招商引资，苏州的迅猛发展，首先得益于得天独厚的区域位置，这是无可非议的，苏州确是一片天所厚赋的土地。然而，和苏州相似区位的地区在上海周边不在少数，苏州在招商引资上能高人一筹，快人一拍，关键在于他们充分有效地发挥了区位优势。

苏州人善于定位。区位是历史形成的，区位的功能在定位。上海是一座国际大都市，根据“沙堆原理”，周边发展应该是梯次递减的状况。苏州人的思维是：上海是“参天大树”，苏州要种好自己的“碧螺春”；上海是“前门庭院”，苏州甘做上海的“后花园”。昆山人讲：细小精致的盆景照样惹人喜爱，价值连城。他们称昆山是江苏的体制、上海的政治、台湾的经济，目前昆山的台资企业约占全国的十分之一，成为全国台资企业最密集的地区之一。苏州人这样主动接受辐射，甘当配角的意识十分强烈。准确的定位，为苏州的发展赢得了空间，使苏州产生了上海城市副中心的功能。上海人节假日都喜欢到苏州走走，在上海的台商都喜欢到昆山看看。苏州的金鸡湖、水上乐园让上海人流连忘返，苏州阳澄湖的大闸蟹让上海人回味无穷，乃至上海人百老归后也希望到苏州找个归宿。

苏州人乐于错位。区位是一成不变的，而区位的特色在人创造。不挤在一条道上争先后，另辟蹊径，独树一帜，自创特色，错位争先，这也是苏州人的精明所在。苏州工业园区着力发展高新技术产业，平均每个项目投资额超过3000万美元，20%投资来自世界经济500强企业，已有200多家外国公司在园区安家落户，它们大多是电子、电器、医药、精密机械等。全世界销售的鼠标1/5来自园区，而张家港的临港经济，常熟的服装产业链等，也都着力在产业结构的某一方面或产业链某一环节创造其特色，夺取“单打冠军”，形成了极强的凝聚力和辐射力。

苏州人敢于越位。区位是地之所秉，而区位的潜力在人发掘。冲破地界，冲破束缚，勇于争先，一往无前，这是苏州人敢于越位的精神气概，这种精神，让一个个小镇走向了辉煌。“日出万匹，衣被天下”的盛泽镇，全镇总面积118平方公里，集镇建设区接近80平方公里，其中正在开发的各类园区达50多平方公里，去年全镇上缴财政4.25亿元，今年要达7亿元，去年用电量16亿千瓦时，丝绸出口占全国的1/3，去年引进投入15亿元以上的项目2个，今年在建的一个项目投入超50亿元。该镇党委姚书记在谈到盛泽发展方向时说：“我们的目标是要把盛泽建成一个中等规模的城市，建成一个世界级的纺织品基地……”这种敢于越位的精神给区位增添了灵性，人与自然融融合一，人间天堂锦上添花。

以人文为底蕴

谋事在人，做事在人，成事在人，坚持以人为本，最大限度地发掘人的潜力，是苏州大招商、大发展的重要方略之一。

思想立足“率先发展”。苏州人的“抢先、率先、领先、争先”意识特别强烈。什么在全国第一，什么在同行第一，什么在全省第一，不仅胸中有数，而且关注变数，力争胜数。苏州工业园区是中国惟一的中外国家政府合作开发项目，1994年开工建设，去年的财政收入已达32.6亿元。园区内允许管理人员在不违法的情况下，拥有最大的权限。正所谓管得越少，活力越强，发展越快。历史证明他们没有错。“历史不会惩罚成功者”。

用人突破“时空界限”。“古人今用，洋人中用，名人重用，能人多用，外人内用”，苏州人在用人上“拿来主义”十分突出。只要对招商有利，只要对发展有益，不拘一格启用各方人才，为我所用。他们编志写史，挖掘历史名人，排寻名人后裔，沟通联络感情；他们著书立传，培植现代名人，扩大社会影响；他们漂洋过海，到世界各地设立办事机构，不惜重金引进高级人才；他们面向全国招贤纳士，广聚天下之才；他们创造一流的人居环境、创业环境，吸引有财之人“安营扎寨”。他们还聘请国内经济界资深人士担任经济顾问“委托招商”，最大限度地挖掘社会潜能，调动一切积极因素，为苏州经济超常发展提供人力资源保障，创造“人和”的发展优势。

文化财富博大精深。在创造物质财富的同时，也创造着精神财富。苏州是吴文化的发祥地，是著名历史文化名城，悠久的历史、深厚的文化底蕴，传承几百年，影响数代人。吴王金戈越王剑，青青吴山依旧，记录着金戈铁马的铿锵；月落乌啼江枫渔火，寂寂寒山寺依旧，至今回荡着千古诗音、袅袅钟声……名甲江苏的园林文化，是融入中国诗、画意境的立体艺术。往者未矣，来者不断。“常熟牡丹花会”、“同里龙舟节”、“尚湖龙舟赛”，文艺晚会、书画展、诗会、香会等各种文化艺术活动层出不穷，极大地丰富了人们的精神生活，陶冶了人们的情操，吸引了八方游客。苏州人坚信，“人气旺则地气旺，地气旺则财气旺，人气、地气、财气旺，这个地方有希望”，正是这种理念，营造了这个城市的灵魂，形成了一个强大的吸引力和凝聚力。

环境是第一品牌

苏州人认为，政府的第一职能是营造环境，提供平台。

在软环境建设方面，首先，营造开明开放的思想环境。苏州人牢固确立“投资者是上帝，引资者是功臣，妨碍投资是罪人”的意识，敢于更新一切有碍发展的观念，改变一切束缚生产力的体制，支持一切创造性的实践，坚持以发展论英雄，以项目论成败，以求实为本、实干为荣，着力营造全社会亲商富商的思想理念。其次，营造公平公正的法制环境。把民主法制建设、廉政建设、市民言行规范、社会治安状况等均纳入招商引资的环境建设，统一部署，统一要求，在法制上保护投资者利益，严禁吃拿卡要、强装强卸、乱套乱罚等扰商现象发生，让投资者项目办得顺心，生意做得安心，钞票赚得开心，日子过得舒心。再次，营造知人善任的人才环境。善于创新引才、育才、用才机制，营造尊重知识、尊重人才、尊重创造的社会氛围，不问东西南北中，只要是才就重用，使各类人才能“引得来、留得住，用得上”。第四是营造透明公开的政策环境。昆山规定乡镇不得出台招商政策，服从市里统一规划，乡镇园区可作为市开发区的配套区，合理使用土地资源。他们在政策上做到了可操作性、透明性、连续性和一体性相结合，形成了局部地区的垄断优势。最后是营造优质高效的服务环境。苏州人有一句话“招商竞争，重在服务”，对客商的服务，不仅仅是招商过程的服务，也包括企业发展全过程的服务。在各大园区设立了“六个一”服务体系，即“审批一站式、收费一揽子、优待一卡行、求助一线通、政策一张文、检查一个头”。

在硬环境建设方面：一是大力度建设创业载体。苏州流行一句民语：“没钱人存钱，有钱人借钱”，原因很简单，本大利宽。到苏州城乡走一走，到处是七通、八通乃至九通一平的成片土地，污水处理厂、垃圾焚烧场一应俱全，标准厂房鳞次栉比。二是大力度建设人居环境。他们着力在硬化、绿化、美化、亮化上下功夫，为外商建设“六个点”，即办公食宿点、集中居住点、休闲娱乐点、子女就学点、涉外就医点、人力资源培训点。三是大力度改善乡村环境。他们以创建省级卫生镇为抓手，从治违、治脏、治乱、治污做起，在“绿色通道”、“小游园”建设上下功夫，注重实施“蓝天碧水、青山绿地”工程，集田园、家园、花园、公园、乐园于一体，靓丽的苏州真的使居之者忘老，游之者忘归，满眼的绿、满眼的花不得不让人陶醉，作为投资者又怎能不纷至沓来。

（作者单位：盐城县伍佑镇政府 原载《江苏经济》2003年第9期 有删节）

苏州人看苏州

高平台上快速发展的苏州：回眸与前瞻

——省委常委、苏州市委书记王珉访谈

新华日报记者 周正荣 缪小星 金伟忻 任志强 嵇元 周铮

走过2003年，在高平台上快速发展的苏州，尽显“两个率先”先行军的风采，又一次成为全省乃至全国瞩目的焦点。岁末回望，苏州取得怎样的业绩？应对当前，面向未来，他们对新一轮发展又有何超前的战略谋划？日前，本报记者采访了省委常委、苏州市委书记王珉。

盘点2003年的苏州

苏州上下与时俱进，创新发展，再次创造了一组组辉煌的纪录。

2003年，苏州地区生产总值达到2700多亿元，同比增长17.9%；财政收入409.9亿元，增长42.1%。全社会固定资产投资再创新纪录，突破1400亿元，增长72.2%，其中工业投入880亿元，居全国大中城市第一位。完成外贸进出口总额620亿美元，其中出口303亿美元，增幅均列全国大中城市第一。新增注册外资和实际利用外资分别达120亿美元、70亿美元，均列全国大中城市第一。

王珉用平静的语气报出这一串数字之后说，我们觉得2003年是苏州历史上发展最好的一年，但这要归功于前四五年的投入，它为近两年的发展奠定了很好的基础。从1997年开始，苏州实际利用外资每年都在25～30亿美元之间，2002年一下子升到48亿美元，2003年达到了70亿美元。固定资产投入也是如此，1997年已经达到400亿元，2000年超过500亿元，2002年增到800亿元，2003年超过了1400亿元。工业增加值2003年超过1200亿元，工业总产值超过7000亿元。这个盘子与前四五年引进外资和固定资产投入有很大的关系。2003年880亿元的工业固定资产投入，对苏州今后几年的工业增长都将具有重大的意义。

对于投资构成，王珉分析说，主要是两块，一块是内资，全市2003年私营个体经济的注册资本已经超过1000亿元，从业人员超过130万，上缴税收占全市税收的比重达24%，比上年提高4．5个百分点；私企投资占全社会固定资产投资的比重提高到24%。引进内资规模空前，到账外地资本超过250亿元，增长2倍以上。另一块是外资，新增注册外资和实际利用外资居全国前列，新增超亿美元项目16个。这两块对苏州的投资最大，政府投资相对要小得多，以20%～30%这个速度增长。总之，开放型经济、民营经济、规模型经济竞相发展，“三足鼎立”的发展格局正在形成。当前也有不足，由于投资和工业的拉动太大，三产下降了3个百分点。

苏州的市属国有（集体）企业产权制度改革在全省领先。到目前，94%的市属国有（集体）企业完成了产权制度改革，85家生产经营型事业单位全部完成转企改制任务。

决不能放弃发展的勇气和信心

针对当前土地开发过热、货币信贷增长过快以及部分行业出现的重复建设等问题，国家在金融、税收、土地等方面进行了较大幅度的政策调整。对此，王珉强调，宏观政策调整，长期来看是必要的，但短期内将会对我市地方财力、企业效益和招商引资带来一定影响。苏州经济外向依存度较高，因此经济增长也隐藏着风险，交通、电力、土地、人才、资金等“瓶颈”将给今后的发展带来制约。在这种情况下，苏州决不能放弃发展的勇气和信心。一定要全面辩证地看待和分析形势，寻找契机，迎难而上，发展的劲头不松，发展的速度不缓，发展的水平不降。

王珉笑言，我们对2004年的发展很有信心，因为2003年投入这么大，肯定有产出。现在市里对下面有压力有要求，比如民营经济发展有个“腾飞计划”。具体说，就是力争通过3年的努力，民营经济固定资产投入、上缴税收占全市总量的45%，民营经济占全省的份额达到30%左右，争做江苏民营经济的“龙头”。争取全年新增私企1万户，个体工商户2万户，私营企业固定资产投入、上缴税收分别占到全市总量的25%和26%。

王珉满怀欣慰地说，现在我们市四套班子、全市上下精诚团结，心齐气顺劲足，这是最宝贵的。还有一个是一定要搞好廉政，我每次都讲不要小看这个问题，比如土地运作，一定要阳光、透明，不能有“猫腻”。如果领导干部出一个大的案子，这个地方的经济好几年都缓不过气来。

不能轻言放弃工业化

对于2004年大的发展思路，王珉说，仍然是以工业化和城市化带动现代化，这个目标不能转移。他强调，现在苏州绝对不能轻言放弃工业化，这个要坚定，要统一思想。对苏州来讲，工业化在近几年还是最大的重点，但工业化要提高水平，要搞新型工业化，要以信息化来带动。

工业化过程中要解决缺项问题。苏州的IT、钢铁、造纸、石油化工、机械、纺织等行业都不错，还会有更大的发展。我们要有所为有所不为，但21世纪能领衔的工业项目一定要想办法抓到手，比如说石油化工、钢铁、造纸、建材等。但是我们发现苏州工业有一些缺项，一是机械制造装备业，二是汽车，三是软件产业。所以2004年在造船、汽车、飞机制造等方面都要加大力度，要把这些东西引进来，这些是21世纪最有前途的工业。

工业化过程中我们有几个“两手抓”，一是高新技术产业与新型传统产业两手抓，按照省委的要求，争做江苏沿沪宁线高新技术产业带的“龙头”，争做江苏沿江制造业基地的“龙头”。二是在资本集聚上要内资、外资两手抓，不但要大量吸引外资，还要吸引中国的内资、上市公司。民营经济很有活力，要作为一个重点来发展。

发展工业开始挑挑拣拣

发展工业，土地使用和环境保护无疑是当前最为引人关注的焦点问题。王珉说，在加快推进新型工业化的过程中，我们已经充分注意到集约化使用土地，把环境保护好，把水变清，这方面的投入相当大。现在发展工业要挑挑拣拣。

如何才能做到这一点?关键是要提高管理水平。王珉说，苏州在工业化后期一定要提高管理水平，不能再用那些很老的方法来管理。以前都按工业经济指标来考察，你这个镇长、镇党委书记工业经济指标不完成，就不给你发奖金，他当然要拼命搞工业。一个乡镇，如果他一边搞旅游，一边又在抓工业开发小区，那是搞不好的。我们现在提出分类考察，对旅游区和山水比较好的区域不再考察工业经济指标，而是主要考察环境保护指标和旅游服务业指标。不要你搞工业，只要你发展旅游服务业，周庄、同里、甪直、东山、西山就要搞好旅游业。当然有条件的可以搞一些标准厂房，标准厂房是集体来搞，然后把房子出租。但决不能把土地70年、50年地卖给人家造工厂。我们要靠旅游业收入为主，不搞环境保护，就要出问题。

王珉说，要坚持节约使用土地。农民集中居住，原来有特色的自然村落要保护，自然的河道、路面都弄好。还有一类就是集中迁出来，形成新的社区，这种情况开发区比较多。他算了一笔账，原来农民一户一个宅基，集中居住以后6层楼、7层楼地砌上去，用地大幅度减少，如果有50万户农民这样做的话，我们就能节约一二十万亩的土地。

城市化：提高管理水平

城市化发展对城市管理水平提出了更高的要求。王珉说，我们的管理水平远远没跟上，还要向上海、杭州学习，向南京、无锡学习，提高管理水平。同时要大力发展和提升服务业，现在服务业水平还比较低。

他介绍说，2004年要构建以特大城市为核心、中心城市为枢纽、小城市为基础的区域城市框架，做好规划。与此同时，要做大做强苏州中心城市。苏州要建东、西两个副中心，一个是以金鸡湖为中心，一个是以18公里的太湖大道为主轴。现在要增强苏州工业园区和苏州高新区城市副中心的功能，用这两个副中心来分流主城区人口。5个县级市中，现在常熟、昆山、张家港全部拉开框架，2004年吴江、太仓也将全部拉开框架。2004年世遗大会对苏州是个机遇，要做好这篇文章。现在城区有将近200亿的投资，104个项目，2004年3月份开始逐步竣工。

保护古城的原则不能变。现在对古城的保护力度还在加大，颜色风格、色调的定位是“淡、素、雅”和“灰、黑、白”。古城区周边全部用统一格调的宫灯来亮化。2004年借世遗大会的机会搞好环古城风光带建设，以后古城区的改造逐步推进。

“四沿”发展不变，与上海“无缝对接”

我们的“四沿”发展不变，王珉坦言，江苏的沿江开发战略在长江三角洲、在全国乃至全世界都已经起了很大反响，这个战略绝对不能变。苏州2004年还将重点抓好沿沪、沿浙的发展，实现与上海的“无缝对接”。王珉解释说，苏州处在上海最好的辐射点上，上海对苏州的辐射还有很大的空间。怎样真正接受上海辐射?人流、车流的畅通是最大的对接，只有交通全面对接，才能全方位接受上海辐射。我们的沿江高速、滨江大道、204国道、209国道、沪宁高速、312国道、机场路、318国道、苏沪浙高速、苏沪高速等等，仅公路线一共就有来回64个线道跟上海对接。所以要高水平地做好沿沪和沿浙的总体规划。只有做到与上海“无缝对接”，才能真正做到与上海接轨。很多上海大公司现在在苏州发展，比如绿地集团，建了一个18万人的居民小区，不在苏州卖，只在上海卖。

招商引资：到全国全世界去敲门

面对外向型经济增势迅猛的势态，王珉依然保持着特有的冷静和理性。他说，首先是搞好规划，要有一个高标准的规划；其次是准备好载体，这个载体不光是要准备土地，还要注入集约使用的理念。现在全国各地土地供应都紧张，但是我们的载体已经超前规划，道路、框架全部拉开，所以大量的外商向我们这里涌来。

王珉特别强调说，苏州还是要到全国全世界去敲门，我们的招商经是敲门敲出来的，不能坐在家里等。苏州引进外资要解决地区差异的问题。台资我们很多，现在韩国、日本许多大型企业开始向我们转移，算下来日资企业有1400多家。当然与青岛、大连、天津相比，日资和韩资的总量还有距离。2004年要力争有一个大的突破。

切切实实解决让农民有资产有收入的问题

在推进工业化、城市化过程中，“三农”问题如何处理?王珉的回答是，要高度重视并切实解决好失地、失居农民的问题，使其有资产有收入。首先是380万亩基本农田不许动，这个底线要确保。其次，要解决农民的低保、医保和养老保险，低保和医保苏州实现了全覆盖，养老保险覆盖面达43%，到2005年我们想达到100%。发展的过程中我们培养了大量的老板，富裕人群增长得很快，农民收入增加也比较快，但是一定要把最底层的低收入群体、困难群体的生产生活问题认真解决好。

除三项保险“兜底”之外，苏州在保证农民有稳定收入上进行了有效的探索。王珉介绍，苏州部分地方已经提出农村要有“三有”，即有工作、有技能、有物业。农民失去土地后增加物业这方面做得比较好，分几大块，一是基础设施建设如高速公路，让农民参股；二是在拆迁中拆一还一，给农民自己居住100平方米左右，然后给他1套物业出租，或者是农民自己盖标准厂房出租，每年分红。1亩至少有800元的收入。因为前几年操作不规范，苏州也有一部分失地农民征地补偿不到位，现在我们在做弥补，财政拿多少钱也要做弥补。经过几年努力，我们要力争把农民有资产、有收入的问题切实解决好。

苏州发展的“三大法宝”

苏州持续、快速而健康的发展势头令人鼓舞。那么，到底是什么样的内在力量在驱动着这样的发展?王珉分析说，苏州学习“三个代表”、力争“两个率先”，在实践中可以归结到自己的“三大法宝”，即张家港精神、昆山之路和亲商理念。不光要亲外商，也要亲内商，继续加大外资的引进力度，大力加速民营经济的发展。苏州无论是在过去，还是将来，都要弘扬张家港精神，走昆山之路，同时融入亲商理念。

苏州承载着我省“两个率先”先行军的重托，苏州寄托着我省率先发展“排头兵”的更高期待。从苏州市委、市政府对工作着力点和发展思路的调整与定位上，我们感受到了决策层审时度势的前瞻眼光，永不满足的勇气与坚忍不拔的信心。

2003年的辉煌，必定成为苏州又一个非凡发展的肇始。

（原载2004年1月5日《新华日报》头版头条）

坚持富民优先　推动社会进步

——市人大代表、政协委员分组审议和讨论政府工作报告

苏州日报记者　张波　高岩　新华　秀雅

2月9日下午，参加市十三届人大二次会议的人大代表和参加市政协十一届二次会议的委员们开始分组审议和讨论政府工作报告和计划、财政报告。

在各审议和讨论会场，代表和委员们以强烈的政治责任感和历史使命感，各抒己见，回顾过去一年取得的成就，共同描绘新的蓝图。

代表们认为，2003年，苏州各方面取得的成就非同寻常。物质文明、政治文明、精神文明建设协调推进，经济发展迈上了新台阶，各项社会事业全面进步，人民生活水平继续提高。瞩目的成绩为苏州市争当全省“两个率先”先行军、全国率先发展排头兵的新征程迈出了坚实的第一步。张建忠代表说，2003年苏州的发展，老百姓可以从苏州翻天覆地的变化中切身感受到。苏州各项经济指标的增长都超过了两位数，引起了全国乃至世界的关注。作为一名来自常熟的代表，他很关注农民的生活问题。2003年减轻农民负担的政策，使常熟全市农民得益4000万。此外，农村养老保险的全面实施，使广大农村老人得到了真正的实惠。

张家港市代表团审议时认为，2003年苏州的不少经济指标在全国争先进位，让广大干部群众倍感振奋，今年提出包括生产总值同比增长12%等的指标，在高平台上继续保持高增长的发展态势，令人鼓舞的同时，也使人感到责任和担子的重大。报告通篇体现了能快则快、求真务实的发展思路，令人眼前一亮。

王福康代表认为，杨市长的政府工作报告中2004年的工作思路体现了“创新”，目标体现了“率先”，措施体现了“务实”。经济发展上了新台阶，可持续发展是关键。在发展过程中，他认为要注意协调推进，注意全面发展。在实行富民政策中，尤其要充分考虑广大农民的切身利益，真正做到富民、为民。这一点报告已经在“坚持富民优先、提高人民生活水平”中得到了很好的表现，相信政府能给市民一个满意的答复。

李蓁代表说，报告首次写入了“坚持‘男女平等’、‘儿童优先’、妇女儿童‘十五’发展规划顺利实施”，这使广大妇女工作者十分振奋。近年来，苏州经济社会的高速发展给妇女儿童的生存发展提供了良好的环境，苏州妇女儿童各项发展指标都处在全省乃至全国的前列。经济社会的协调发展中人的发展，也包括占总人口三分之二的妇女儿童的全面、协调发展。苏州的妇女儿童工作者对此充满了信心。

董柏代表认为，报告中2004年的目标任务主题明确，全市上下要继续高扬“发展”这一主题，以城市化和工业化为两大抓手，使苏州经济实现持续稳定的发展。董柏认为，在深化企业经营机制改革中，要在培育主导产业的基础上，继续深化控股公司的改革，对产业进行保护，让员工充分就业。

讨论中，政协委员们一致认为，2003年是苏州市开启争当全省“两个率先”先行军、全国率先发展排头兵

新征程取得显著成绩的一年。政府工作经受住了包括非典疫情在内的诸多严峻考验，各方面都有新的进展，胜利完成了2003年的既定工作目标。委员们对于政府工作报告及其计划、财政报告中体现出的求真务实精神给予高度肯定。大家一致认为，杨卫泽市长所作的政府工作报告内容丰富实在，对2004年的经济社会发展既有微观上的可操作性，又具有宏观指导意义。报告用相当篇幅谈到了苏州紧紧围绕富民强市、“两个率先”的主题，突出推进新型工业化和城市化，继续打造体制、产业和人才三大平台等工作思路，体现了责任感和紧迫感，是符合苏州实际的发展思路。

在充分肯定报告的同时，委员们坚持“议政为民”的宗旨，围绕加快城市化进程、发展民营经济、关注弱势群体等问题，提出了许多中肯的意见和建议。其中，委员们提出市民普遍关注的城市交通、老城区改造、实事工程建设项目、再就业优惠政策、“三农”问题等，都是目前我市经济和社会发展中的重点、热点和难点问题。这些和人民群众的生活息息相关，倍受委员关注。委员们在讨论中，认为报告中提出的坚持富民优先、坚持协调发展，推动社会全面进步非常重要，大家畅所欲言，为政府工作如何进一步亲民为民富民，切实维护群众利益提出了不少真知灼见。

（原载2004年2月10日《苏州日报》）

群策群力　再创辉煌

——政协委员分组讨论王珉讲话、审议常委会工作报告

苏州日报记者 梅　蕾　陈晓蓝

2月8日下午，参加市政协十一届二次会议的全体委员分成26个组，热烈讨论中共江苏省委常委、苏州市委书记王珉在开幕式上的重要讲话，审议市政协常委会工作报告和提案工作报告，并就苏州发展建设中的热点问题进行了充分的交流。委员们畅所欲言，知无不言，言无不尽，发表了许多真知灼见。

在讨论中，委员们说，王珉同志的讲话立足苏州，实事求是，鼓舞人心，目标明确，催人奋进。姚东明、陆昌生委员说，王珉书记在讲话中回顾了2003年所取得的成绩。工业产值、全社会固定资产投资、新增注册外资等一连串数据鼓舞人心，确实让每个苏州人感到自豪。谈起2004年的发展，工作思路清晰、工作目标具体，催人奋进。按照这个思路和目标努力，本市完成“十五”计划和率先全面建成高水平小康社会必将取得突破性进展。

陆炳英、王云健委员在讨论中说，要完成2004年的各项目标和任务，需要全市上下的共同努力，也需要我们政协委员发挥重要作用。在今后的工作中，我们要进一步增强责任感，加强自身的学习，围绕群众关注的热点问题，开展多种形式的参政议政活动，更好地履行政协委员的职责。

徐鹤年、秦因华委员认为，2003年的成绩喜人，但我们在成绩面前也要保持谦虚谨慎的心态。政协工作要把民主监督作为基本职能，同时，如何结合实际予以落实也很重要。作为政协委员，一定要深入基层开展调研，掌握第一手资料。在2004年的调研工作中，我们准备针对建筑市场混乱问题进行调研，对“三农”问题也会重点关注。

陈星委员在讨论中用“激动、感动、主动”三个词来描述自己的想法。他说，王珉书记在报告中首先谈到了2003年是重要而不寻常的一年，全市各项主要经济指标都实现了历史性的跨越和突破，在全国大中城市的排名进一步前移。听了这些，作为一个苏州人、作为苏州市的政协委员我非常激动，而且对苏州的变化深有体会。我记得2003年开政协会议的时候，王珉书记提出要让苏州市民的收入与苏州的发展相一致，要让老百姓的收入有较大的提高，要富民强市，这一点从2003年的数字以及自己的切身体会来讲，确实取得了较好的成绩。

委员们在审议常委会工作报告时认为，常委会工作报告总结全面深入，令人印象深刻。提案工作报告显示，市政协十一届一次会议期间和大会闭幕以来，共收到提案500多件，分别由71个部门和单位承办，2003年10月份全部办理结束。委员们的提案很好地把握了市委市政府的大事要事、百姓关注的热点难点，落实和答复都比较快，取得了满意的结果。

秦因华委员说，政协常委会对2003年的工作进行了很好的总结，对2004年工作提出了目标。这些都是与实际相符、切实可行的。2003年政协的工作成效显著，无论是组织的视察工作还是开展的调研，都是从群众关心的问题出发，力争贴近群众，营造了政协工作“理直气和”的良好氛围。

姜正平等委员说，在常委会工作报告中提出要发挥优势，不断增强政协工作的活力，这点很好。在新的形势下要做好政协工作，就是要以“三个代表”为指导，议政为民、亲民、富民。在苏州的改革发展中，一方面形势大好，另一方面也有很多需要我们解决的问题，政协一方面可以做些协调工作，反映社情民意。希望政协今后要进一步加强各民主党派、工商联和各人民团体的团结合作，鼓励他们围绕市委、市政府的中心工作开展调查研究，踊跃建言献策，同时继续加强富民强市方面的建议，群策群力，让苏州的百姓富起来，口袋鼓起来。

（原载2004年2月9日《苏州日报》）

温柔婉约新苏州人

徐德清

作为一名海外留学并归国工作人员，从美国的“新天堂”到中国的“人间天堂”，一年多的苏州生活令我感触颇深。我在体味富有中国特色的传统文化的无穷魅力的同时，也深深感受到了现代化发展的步伐。

苏州是一个有着巨大发展潜质和活力的城市，尤其是工业园区，不仅在国内，在国外也有着良好的声誉和较高的知名度。苏州与上海毗邻，有得天独厚的地理条件。当前，苏州正凭借其地理、人才等方面的强大优势，逐渐成为以高新技术为主的制造业基地、产学研相结合的研发基地、自然风光与传统相结合的旅游基地，成为有志者们的创业天堂。同时我也领略了新苏州人的勤奋好学和温柔婉约。这些都使我不禁深深地爱上了这块美

丽富饶的土地。

苏州的领导非常开明。历届苏州的领导人都不同程度地集智慧与胆识于一身，在任上都做出了不菲的功绩。当前市领导为了改善投资环境，建设新苏州而大举投资市政建设，正以其务实求新的开创精神吸引着更多的外来资金，创造着更大的发展机遇。

新苏州人集勤奋好学、温柔婉约于一身。苏州人素来以温柔婉约著称。无论是男人还是女人，都非常的恭敬谦逊，温文有礼，与之相处，有种如沐春风的美好感觉。我经常加班到很晚，为了陪我，他们也常常呆到深夜，这常常会令我感动不已，新苏州人依旧是温柔甜蜜的，同时更是勤奋好学，积极进取的。为了提高专业知识和进一步提升自身素质，他们不断地进修、学习和积极参加各种培训；为了完成工作或组织任务，他们自愿加班，毫无怨言。正是在他们的不懈努力下，苏州才有了如此辉煌的今天。

苏州不仅坐拥天时和地利，更是齐集了人和的因素。这使得在苏工作的我们都在不知不觉中深深地为其所吸引。我庆幸，自己能在这里工作；我激动，因为我将继续为建设新苏州而贡献自己的微薄之力！

（原载2003年9月23日《苏州日报》）

苏州论坛

【2003中国经济增长论坛】 苏州经济的飞速增长吸引了海内外经济学家关注的目光。2003年11月9日上午，2003中国经济增长论坛在苏州市会议中心隆重举行。全国人大常委会副委员长蒋正华，省委副书记、省长梁保华，国家统计局局长李德水，中国人民银行副行长李若谷，中国银行业监督管理委员会副主席史纪良，省委常委、市委书记王珉，副省长何权，以及诺贝尔经济学奖得主克莱因教授、世界大型企业联合会首席经济学家福斯勒、日本贸易振兴机构北京事务所所长江原规由等出席了开幕式。市委副书记、市长杨卫泽主持仪式，梁保华和李德水先后致辞。

本届中国经济增长论坛由国家统计局、江苏省人民政府、苏州市人民政府主办，世界大型企业联合会、日本贸易振兴机构协办。鉴于中国经济目前正处于以全面建设小康社会为目标的新增长时期，经济全球化和中国入世又将中国经济与世界经济紧密地联系在一起，本届论坛确定以“中国经济增长：一个新的时代”为主题。

梁保华在致辞中简要介绍了江苏省经济发展的情况。他说，江苏经济与全球经济的联系日益紧密，开放型经济已成为江苏经济发展的重要推动力，对促进结构调整，提升产业层次，增强综合竞争力发挥了极其重要的作用。江苏经济增长的动力源于全面推进市场取向的改革，全省以公有制为主体、多种所有制经济共同发展的格局基本形成，江苏将进一步加大改革力度，从根本上消除束缚生产力发展的体制性障碍，为经济持续增长、社会全面进步增添新的动力，开放的江苏将更加开放，发展的江苏充满商机，未来的江苏前景一定更加美好。

李德水在致辞中说，中国的发展正处在一个关键的时期，必须加快完善社会主义市场经济体制，加入WTO标志着中国的对外开放进入了一个新时期，面临着更多的机遇和挑战，有许多新问题需要我们去研究应对。中国经济能否保持长期、稳定、快速的增长，不仅关系到中国的前途和命运，对亚洲乃至世界经济的发展都有着重大影响。他表示，中国经济增长论坛再次选择在苏州召开，有着特殊的意义，因为长江三角洲是中国最具活力、最有生气、发展最快的地区，而苏州处在长江三角洲的中心地带。苏州的主要经济指标在中国大中城市中名列前茅，其经济增长在相当程度上就是中国经济增长的缩影。他还说，苏州有着悠久的历史文化，苏州人非常聪明，充满才气，选择在苏州召开论坛，将使大家充分感受这里深厚的文化底蕴，并启发与会者的智慧。

本届论坛共有来自海内外知名企业的高层管理人士、著名经济学家和政府高级官员300多人参加。论坛围绕中国经济与全球经济、经济增长的环境、中国企业的国际化和走出去、产业集聚与营商环境、中国主导产业发展前瞻、数据见证经济增长、企业家精神与公共责任、2004年的中国经济和世界经济前景等多个热点问题等进行专题交流研讨，提出关于中国经济增长最具代表性和前瞻性的发展思路，以帮助与会各方更好地理解中国经济、中国政策以及中国的商业机会。论坛采取专题报告和互动讨论相结合的形式，营造一种思想交流、碰撞的积极氛围。

论坛上，全国人大常委会副委员长蒋正华作了“中国经济与世界经济的双赢”的主题讲演；计量经济学大师、诺贝尔经济学奖获得者劳伦斯·克莱因作了“中国经济增长——数据准确吗？”的主题讲演；苏州市市长杨卫泽作了“发展、创新、富民”的主题演讲；国家发展和改革委员会副主任朱之鑫、日本IYBANK银行株式会社社长安齐隆、亚洲开发银行驻华首席经济学家汤敏、世界大型企业联合会首席经济学家福斯勒就2004年中国经济和世界经济的前景发表了主题讲演。国家统计局副局长邱晓华作了总结。

此次论坛达成了9点共识：①在未来十多年里，中国经济有望继续保持持续稳健的增长；②中国经济的快速增长是世界的福音，而不是世界的祸害，中国经济与世界经济完全有可能实现双赢；③维护金融稳定、创造就业机会、完善收入分配是我们需要特别面对的问题；④中国企业已有走出去的条件，也只有走出去，才能培养真正的竞争力；⑤地方政府对创造良好的营商环境负有特别的责任，真正的竞争优势在产业集聚和优良的软环境；⑥中国经济过去的持续增长得益于主导产业的支撑，主导产业的选择和培养关系未来的增长；⑦中国经济的发展，寄希望于企业的成长，而中国企业的成长寄希望于企业家的成长，而企业家的成长首先需要培养和弘扬真正的企业家精神；⑧尽管中国的统计数据存在这样那样的问题，但总体而言，是值得信赖的；⑨中国经济增长正在进入一个新的阶段，一个新的时代。

（燕　冰　周建越　陈　森）

【2003中国企业发展高峰论坛】 2003年11月15～16日，2003中国企业发展高峰论坛在苏州市会议中心隆重

举行。围绕“新型工业化进程中的中国企业”这一主题，各界精英人士共同探索中国企业的新型工业化之路，以提升中国企业的竞争力，迎接经济全球化的挑战。

全国政协副主席、全国工商联主席黄孟复，全国人大常委会环资委副主任冯之浚，博鳌亚洲论坛秘书长龙永图，科技日报社社长尚勇，国务院国资委副秘书长马建堂等先后在论坛上发表主题报告。省委常委、市委书记王珉出席开幕式，副省长李全林宣布论坛开幕。市委副书记、市长杨卫泽作开幕词，他代表市委、市政府和全市人民向光临这次论坛的企业家、政府部门领导和经济界专家学者表示热烈的欢迎。他说，本次论坛的举办将通过借鉴国内优秀企业成功发展的经验，进一步促进苏州地方经济与国内优势企业的合作，共同发展，推动苏州加快实现“新型工业化”先锋示范区的步伐。

市长杨卫泽在题为《新型工业化与苏州经济》的主题报告中说，苏州将加快调整结构，优化生产力布局，为此要建立四个产业带，即新型基础产业带、高新技术产业带、产业配套经济带、旅游及服务经济带。同时，苏州将保持开放型经济快速发展，促进民营企业做大做强，大力培育自主知识产权的规模经济，形成“三足鼎立”的格局。

本次论坛由全国工商联、国家科技部、省政府共同主办，苏州市政府、省工商联、省科技厅承办，苏州大学协办。

出席本次论坛开幕式的领导和嘉宾还有：全国工商联副主席、东方集团董事局主席张宏伟，全国工商联副主席、新疆德隆董事局副主席唐万里，省人大常委会副主任叶坚，省政协副主席、省工商联主席李仁，省政府副秘书长韩庆华，南京大学副校长洪银兴，复旦大学中国经济研究中心主任张军，中国卫星通讯总公司总经理张海南，中铝公司总经理郭声琨，中国化工建设总公司总经理陈力华，中国丝绸集团总公司总经理杨永元，中国航空工业第一集团公司副总经理胡问鸣等。市委副书记杜国玲，市人大常委会主任周福元，市政协主席冯瑞渡，副市长赵俊生也参加了开幕式。

应邀参加这次论坛的企业有200多家，其中120多家企业来自苏州以外，包括中国卫星通讯公司、中国航空工业第一集团、上海石化等中央直属企业，东方希望集团、新疆德隆、浙江正泰集团等著名民营企业，青岛啤酒、熊猫电子、清华同方等上市公司。还有80多家来自苏州当地，包括江苏沙钢集团、江苏波司登、江苏永鼎等。这次论坛上还举办了苏州对内经贸合作洽谈暨签约仪式。

（俞愉　叶辉　王建平）

【长三角（太湖）发展论坛】　2003年12月4~5日，长三角（太湖）发展论坛首届年会在苏州举行。全国政协副主席郝建秀，江苏省政协副主席吴冬华，上海市政协副主席王新奎，苏州市政协主席冯瑞渡，市委常委、常务副市长汪国兴，市政协副主席孙中浩、赵文娟、姚东明及中科院院士吴传均等专家学者参加了开幕式。

市委常委、常务副市长汪国兴在开幕式上致辞。他说，长三角已经成为当今中国经济发展水平最高、综合经济实力最强、最具发展活力和潜力的地区之一。以上海为龙头、苏南浙北为主体的长江三角洲地区，已被世人誉为世界第六大城市圈和拉动中国新一轮发展的三大经济航母之一。只有立足环太湖，面向长三角，才能谋求双赢局面。汪国兴进一步指出，苏州要在高平台上实现新跨越，就必须进一步提高与长三角合作与交流的层次与水平。在经济一体化、竞争全球化的宏观背景下，只有携起手来，把“合作、发展、共赢”作为一种集体意识去精心培育，长三角的旗帜才会高高飘扬。

开幕式上，省政协副主席吴冬华作了重要讲话。他说，本次年会采用论坛的形式开创了政协参政议政的新途径。论坛立足环太湖，放言长三角，搭建起长三角各城市交流与合作的平台，与会者总结经验、探讨问题、建言献策、共谋发展，这对于加快长三角区域经济一体化进程，无疑会起到极大的促进作用。

此次年会上，来自全国政协、国家有关部委，上海、江苏、浙江以及长三角其他城市的50多位国内知名专家和400多位长三角城市的专家及行业代表，共同探讨“加快长三角区域经济一体化和环太湖城市圈发展”这一重要课题。

本次论坛由苏州市政协与国家发改委投资研究所、北京决策咨询中心共同举办，年会的主题是“相约太湖，共谋发展”。

（周建越　王建平）

苏州电博会

【开幕式】　2003年10月21日上午，位于相城区的苏州南亚国际会展中心彩旗招展，人流如潮，中国IT产业的盛会2003中国苏州电子信息博览会在此隆重开幕。苏州市市长杨卫泽主持开幕式，并介绍嘉宾。商务部副部长魏建国致辞后，省委常委、苏州市委书记王珉受江苏省委、省政府委托，代表苏州市委、市政府和苏州人民，向各位领导和来宾的光临，表示热烈的欢迎和衷心的感谢！他说，电博会为古老的苏州增添了新的亮丽风景，更为苏州增进与世界各地的科技交流与合作筑起了新的桥梁和纽带。电博会既是海内外IT产业的盛会，又是展示苏州IT产业发展前景的良好机会。我们决心通过电博会的持续举办，推动IT产业再上新台阶，进一步展示科技苏州的产业魅力，提升城市竞争力。国务院台湾事务办公室副主任王在希、国家质量监督检验检疫总局副局长蒲长城、江苏省副省长李全林等部、省、市领导，以及重点企业、参展企业代表等近5000人，参加了开幕式。

2002年，苏州市成功地举办了首届中国苏州电子信息博览会，在国内外产生了良好的反响。2003年，经国务院批准，国家商务部、国务院台湾事务办公室和江苏省人民政府主办，苏州市政府、江苏省外经贸厅和江苏省台湾事务办公室承办的2003中国苏州电子信息博览会，吸引了更多的国内外IT企业参加，本届电博会开设的展位和参展的企业，分别比上年增加18%和20%，共有来自台湾地区、日本、欧美和中国大陆的302家企业，在817个展位上展示门类众多、新品缤纷的各类电子产品，通过现场开展信息交流、采购销售等，与国际市场全面接触，进一步推动电子信息业的繁荣和发展。本届电博会共有主题区、光电区、成品区、零部件和新材料区、软件区等5个大区，以电子信息产品的专业展示为主体，以高峰论坛、合作洽谈、商务旅游为配套，形成系列活动。（姚萍 陈森）

【IT高峰论坛】 10月21日下午，电博会举行IT高峰论坛。市委副书记、市长杨卫泽致辞，市委常委、副市长周伟强主持高峰论坛。中国电子学会副理事长、全国通信协会常务理事杨千里作了专业主持。

杨卫泽在致辞中说，苏州近年来IT产业发展迅猛，投资规模不断扩大，与之相关的软件业、IC产业和光电业，也开始集聚苏州。目前，全市IT企业已达到1500多家，比上年底增加了近500家。IT产品销量占到全国销量的8%。苏州举办电博会就是为了集中展示苏州电子信息产业的产业优势，整合信息产业资源，提升科技新兴城市形象，构建世界电子信息产业的制造和营销中心。他说，本次高峰论坛是电子信息产业的学术盛会，最新的科技成果和学术信息将通过论坛得到交流和沟通，论坛对于苏州IT产业的建设将会产生巨大的推动作用。

在此次高峰论坛上，力晶集团总裁、台北市电脑公会理事长黄崇仁围绕“遽变的IT产业与对应之道”，阐述了当今IT产业正在走向转折点、跨国科技联盟势不可挡的发展趋势；微软（中国）公司总裁唐骏就“与国内IT行业共迎信息产业新时代”的主题，分析了目前国内信息业面临重硬件轻软件、重制造轻研发、重表面轻实际的问题；中国电子学会副理事长、全国通信协会常务理事杨千里也作了“军事通信发展与军民合作”的主题演讲。（高岩）

【IC高峰论坛】 10月22日上午，电博会举行IC高峰论坛，主题是两岸半导体产业合作与发展。论坛听取了来自两岸地区的业内人士、权威专家沈绪榜、徐涛、周欢等人发表的演讲。副市长周伟强在会前致辞。

中科院院士、IC专家沈绪榜，威盛电子股份有限公司中国区行政长徐涛，上海硅知识产权交易所营运总监周欢演讲的题目分别是：《嵌入式流处理器的发展与设计》、《IC = Internet + China ——中国IC产业的发展》、《SIP的复用在中国》。来自参展商、高等院校、科研机构的近百位专业人士认真听取报告，大家就共同关心的问题进行交流探讨。（宓晓文）

【软件业高峰论坛】 10月22日下午，电博会举行软件业高峰论坛，金蝶、用友、神州数码等国内软件业巨头纷纷与会，就中国软件产业发展趋势这一主题展开研讨。市人大常委会副主任吴文元出席并致辞。

在高峰论坛上，金蝶软件集团主席徐少春提出中国软件企业面对WTO的挑战，应该加快国际化的步伐，“树立全球化思维，以提升国际竞争力”；用友软件集团总裁何经华以“企业信息化竞争策略”为题，指出企业在市场竞逐中，应该尽快提高各类信息的能见度、准确度、及时度和智慧度。神州数码软件集团副总裁钱卫列和甲骨文（Oracle）大中华区政府级公用行业总经理何炳麟则分别以“IT服务电子政务”和“数字城市的基础架构”为题发表了演讲。（周韬）

【闭幕式】 10月24日下午，2003中国苏州电子信息博览会（eMEX2003）落幕，并与所有的参展商和观众相约，明年金秋苏州再见。

本次电博会观众多，人气旺，成效明显，各项指标都达到甚至超出预期。电博会成功地搭建了一个展示苏州IT产业发展前景的平台，为苏州增进与世界各地的科技交流与合作筑起了新的桥梁和纽带。

在为期4天的展期里，共有4.5万人次进场，其中以商业采购和收集产业产品信息为主要目的的专业人士达3.1万人次，分别比上年增长了50%。特别是最后一天对市民开放时，大量的观众涌进现场，场面振奋人心。

本次电博会，参展的大企业多，大的跨国公司多，共有302家来自中国大陆、台湾、香港、日本、韩国、新加坡及欧美等国家和地区的企业或组织参加了本次电博会，共使用817个展位，其中60多个精心布展的特装区展位数占到了总展位的68%左右，装修总值估计在4000万元左右，比上年增加了近1000万元。

一些新的产业成功亮相电博会，拓宽了展示领域。上年的电博会展品主要是零部件。2003年，IC、光电产业、通讯产业则“异军突起”，风光无限。同时，新产品也层出不穷，很有可看性。展会期间，近10家企业都全面展示了数码电视、液晶电视等产品，各具风采。数码相机以及数码相机的延伸产品也备受关注，一些厂商还推出了数码相机的显示技术，能随即打印数码照片，很有“人缘”。佳能、爱普生等数码视听产品非常吸引人，明基公司还推出一种像火柴盒大小的数码视听设备。这也从一个侧面展示了数码家电的广阔前景。计算机升级的步伐加快，九大公司参加了笔记本电脑的展示，显示出了苏州作为笔记本电脑主要制造基地的雄厚实力，联想则首推了关联应用方案。另外，软件业成为了今年的新热点，金蝶、用友等著名的企业都在此汇聚。

本次电博会取得的成效也令人关注。展会本身的效果非常明显。参观人数的剧增显示出电博会得到了专业人士的认同，电博会为众厂商精心构建的商务平台也越来越强大。电博会期间，明基公司的全球经销商大会在苏州召开，邀请了公司300多个全球伙伴来苏看展。华科公司邀请了所有的重要客户参观展会，并举办了11场专题研讨会。联想集团还借苏州电博会之际，举办“联想科技巡回展2003苏州行”活动，发布新品，展示“关联应用”的科技创新理念。

除此以外，会展经济的效果也体现得淋漓尽致。18日后，苏州市区所有的宾馆都接近饱和，有的客人住到了吴江、无锡以及上海等地，宾馆业和餐饮业通过本届电博会的强烈加温，创下历史新高。

对于广大市民来说，电博会也使他们有了参与和感受的机会。eMEX动感激情夜吸引了近2万人，很多商家也借电博会之势来展销产品，出现了内外联动、上下联动、左右联动的良好局面。（陈晓蓝）

特　载

关于市委常委会工作情况的报告

——2003年12月18日在市委九届六次全会上

市委书记　王　珉

同志们：

下面，我代表市委常委会，向全会报告2003年工作。

一、关于全市经济和社会发展情况

2003年是重要而不寻常的一年。面对国内外宏观环境的新变化，面对非典疫情的影响，面对改革发展中出现的新情况，全市各级党组织团结带领广大干部群众，坚持以邓小平理论和“三个代表”重要思想为指导，认真贯彻落实中央和省委的决策部署，围绕市委九届四次、五次全会确定的目标任务，抓住经济建设这个中心不动摇，高扬发展这个主题不松劲，突出改革和城市化两个抓手，构建产业、体制、人才三大平台，努力争当全省“两个率先”的先行军、全国率先发展的排头兵，实现了经济持续快速健康发展，社会事业全面进步，物质文明、政治文明和精神文明建设都取得了新的成绩，社会保持稳定。我们朝着“两个率先”的目标迈出了坚实的一步。

1、经济运行速度与结构、效益、质量比较协调，发展水平不断提高。预计（下同）全市完成国内生产总值2700亿元，增长17.5%；财政收入390亿元，同口径增长33%。农业结构继续调整优化，农业效益有所提高，基本形成粮食、水产、林果、蔬菜和畜牧五大主导产业，无公害农产品、绿色食品数量名列全省第一，省、市级农业产业化龙头企业发展到42家，农业注册外资3.5亿美元，增长150%。工业经济的支撑作用明显增强，全年完成规模以上工业增加值1274亿元，增长27.6%，工业经济综合效益指数提高12个百分点；工业用电量增长30%，工业投资占全社会固定资产投资的60%。新兴主导产业加快发展，规模以上电子信息产业产值突破1500亿元，增长72%。生产力布局进一步优化，电子信息产业加速向沿沪宁线高新技术产业带集聚，冶金、电力、化工等基础工业加快向沿江地区集聚，市属工业“退城进区”布局调整全面启动。华芳纺织、亨通光电、江南高纤3家企业上市，全市上市公司达到11家。物流、会展等现代服务业迅速崛起，成功举办第二届“中国（苏州）电子信息博览会”。“数字苏州”加快建设，城市“一卡通”工程开始实施。金融信贷比年初增长50%，各项本外币存款余额净增930亿元，各项本外币贷款余额净增1000亿元。城镇居民人均可支配收入12350元，增长16.3%，农民人均纯收入6750元，增长10%。

2、投资、出口和消费需求全面增长，发展后劲进一步增强。全社会固定资产投资再创新纪录，突破1400亿元，增长72.2%。完成外贸进出口总额620亿美元，增长70.4%，其中出口303亿美元，增长63.6%，增幅均居全国大中城市首位。外经合作稳步发展，新签外经合同额增长40%，完成营业额增长32%。全年实现社会消费品零售总额523亿元，增长15.7%，增幅列全省第一。住房、汽车、旅游等消费热点持续升温，商品房销售金额增长25%，私家车拥有量新增5.5万辆，旅游总收入增长11%。

3、开放型经济、民营经济和规模型经济竞相发展，“三足鼎立”格局正在形成。全市新增注册外资120亿美元、实际利用外资68亿美元，均列全国大中城市首位。新增注册外资超亿美元项目16个，在苏投资的世界500强跨国公司累计91家。国家级和省级开发区功能建设继续加强，引资规模继续扩大，新增注册外资、实际利用外资分别占全市总额的62.5%和65.2%。苏州工业园区基本完成70平方公里的基础设施建设，引进外资再创新高，借鉴新加坡经验等各项工作取得新进展。民营经济呈现出蓬勃发展的好势头，全市私营企业累计7万多户、个体工商户累计20多万户，注册总资本近1000亿元，从业人员超过130万，上缴税收占全市税收的比重达到24%，比上年提高4.5个百分点；私营企业投资占全社会固定资产投资的24%。引进内资规模空前，到账外地资本超过250亿元，增长2倍以上，中化国际、北大方正等一批大企业在苏投资超过128亿元。规模型经济亮点增多，沙钢、创元、亨通等8家企业名列2003中国企业（集团）500强。销售收入前50位的工业企业完成销售1950亿元，占规模以上工业企业销售总量的40%。中国驰名商标和中国名牌产品数量均名列全省第一。

4、企事业单位改革、农村改革、社会保障制度改革和行政管理体制改革整体推进，发展活力日益显现。按照“四到位一基本”的改制要求，94%的市属国有（集体）企业完成产权制度改革，85家生产经营型事业单位全部完成转企改制任务。全面实施农业税征收方式改革，农民合同内负担全部减免。农村“三大合作”改革取得新进展，新建一批农村社区股份合作社、承包土地股份合作社、专业合作经济组织和富民合作社。劳动和社会保障制度继续完善，所有的镇、街道都建立了劳动和社会保障工作机构，养老、医疗、失业、工伤、生育等五大保险参保职工都超过百万人。农村社会保障体系框架初步确立，农村最低生活保障、合作医疗保险实现全覆盖，养老保险覆盖面达43%，老年农民养老补贴覆盖率达50%。再就业工作力度进一步加大，城镇登记失业率保持在4.5%以内，新增就业岗位37万个。行政管理体制改革进一步推进，制定了《苏州市服务型政府建设纲要》，加大了(乡)镇行政区划调整和行政村合并的力度。经过两轮行政审批事项清理，市级机关的审批总事项削减960项，减幅达58.5%，市县两级都建立了行政审批中心，行政效率和服务水平明显提高。

5、城市规划、建设和管理水平不断提升，城市化进程明显加快。围绕城市化发展，加快中心城市详规和市区城市化先导区规划的编制，全面启动沿江开发、临沪经济带、市区西部地区的规划工作。城乡建设力度空前，116项重点建设项目完成投资300亿元。苏嘉杭高速公路北段、沪宁高速公路西出入口、苏虞张连接线一期、三香路桐泾路立交和寒山、索山大桥等工程相继完成，沿江、绕城、苏沪高速公路和南环、东环、西环、友新路高架快速路以及金鸡湖大桥等工程加紧建设，环古城风貌保护、山塘历史文化保护区修复等工程稳步推进。苏州博物馆新馆、国际博览中心、演出中心等重大项目均已开工。苏州港建设力度加大，常熟第二发电厂、华能电厂二期等项目加快建设。市区水环境综合治理、城市天然气等工程进展顺利，生态治水工程方案列入国家“863”计划。“绿色苏州”行动加快实施，农村绿化净增14.5万亩，市区新建小游园52座，新增绿地500万平方米，绿化覆盖率达到37.1%，绿地率达到32.2%。建成全省第一个省级园林城市群，荣获国际花园城市和全国首届绿化先进市称号。城市管理工作进一步加强，“两级政府、三级管理”体制继续完善，综合执法水平不断提升，社区管理和外来人口管理等逐步纳入法制化轨道，五个县级市全部通过省级社区示范县区验收。

6、物质文明、政治文明和精神文明共同进步，经济社会协调发展。民主法制建设继续推进，人大、政协的职能作用充分发挥。工会、共青团、妇联等群众团体工作积极开展。统战工作，民族、宗教、侨务和对台工作，双拥和地方军事工作，老干部和老年人工作等都取得了新的成果。政法和维护稳定工作力度加大，严重刑事犯罪活动得到有效遏制，全市治安状况良好。信访工作进一步加强，各类人民内部矛盾得到妥善处理。以创建“全国文明城市群”为目标，深入推进精神文明建设，开展了学习“三个代表”重要思想、力争“两个率先”和牢记“两个务必”的主题教育活动，倡导学习郑培民、李元龙先进事迹，组织“苏州城市精神”大讨论。教育事业欣欣向荣，全市初中毕业生升学率、高考录取率和高等教育毛入学率分别达到96.3%、88.3%和45%，研究生城和国际教育园首批进驻院校开学运转，全市组建一所理工学院和四所职业技术学院，在苏高校总数跃居全省第二。全年吸引各类人才总量4万人，其中本科以上超过2万人。文化事业和文化产业取得新突破，舞剧《干将与莫邪》、喜剧《青春跑道》获得中宣部“五个一工程奖”，苏州日报报业集团顺利组建。健康城市建设、全国人口与计划生育综合改革试点市工作全面启动，众志成城抗击非典取得阶段性重大胜利，公共卫生体系建设加快推进，应对公共卫生突发事件的能力增强。科技、体育、外事、保密、史志、档案、广播电视、新闻出版等工作都取得新进展。

回顾一年来的历程，通过全市上下的共同努力，市委九届四次、五次全会确定的经济社会发展主要目标已经全面实现，并超出预期，引进外资、工业增加值、外贸、国内生产总值、财政收入等指标继续在全国大中城市中领先。

但是，越是形势好，我们越要保持清醒的头脑，越要看到在发展中存在的矛盾和问题。从发展格局看，民营经济在规模和层次上与浙江、广东等地区相比还有较大差距，具有自主知识产权的规模企业还不多，上市融资和资本扩张能力还不强，引进外资的质量和水平仍需继续提高。从产业结构看，农业和农村经济结构调整力度仍需加大，科技创新水平还不高，运用高新技术改造传统产业的步伐有待加快，服务业发展明显滞后于工业化。从城市化进程看，中心城市集聚辐射功能还不强，古城保护任务艰巨，城市规划和管理水平有待进一步提高；电力、交通等制约因素比较突出，环境保护压力依然较大，资源集约利用还需加强。从提高人民生活水平看，居民收入总体增长不快，农民持续增收的难度较大；社会保障体系有待继续完善，就业与再就业工作任务繁重。从人才现状看，高新技术、企业经营管理、服务业专业人才严重不足，人才培养、引进、使用机制有待继续健全。从社会稳定看，社会治安形势比较严峻，外来人口管理有待加强，因征地拆迁、企业改制等引发的各类矛盾和突发性、群体性事件增多，维护社会稳定的任务依然十分繁重。上述问题既有多年积累的，又有发展中新出现的，都需要我们认真对待，努力解决。

二、关于市委常委会工作

一年来，市委常委会坚持以邓小平理论和“三个代表”重要思想为指导，坚定不移地贯彻党的路线、方针、政策，认真落实中央、省委的决策部署，认真执行市委九届四次、五次全会的决议，带领全市各级党组织和广大干部群众，解放思想、实事求是、与时俱进，集中主要精力抓好全局性、战略性、前瞻性的重大问题，较好地发挥了总揽全局、协调各方的领导核心作用。

一是坚持以经济建设为中心，抢抓机遇、加快发展。市委常委会牢牢把握经济建设这个中心，突出富民强市、率先发展这个主线，坚持加快发展不动摇。年初市委九届四次全会明确提出“高扬发展主题，突出两个抓手，构建三大平台”的工作思路，坚持能快则快、能上则上、能先则先，并相继就深化改革、城市化、沿江开发、民营经济等重点工作进行部署，加快构筑“三足鼎立”发展格局，着力做大做强“六大经济板块”，在全市形成加快发展的浓厚氛围。第二季度，面对非典疫情的影响，坚持一手抓防治非典，一手抓发展经济，为经济的恢复增长赢得了先机，保持了良好的发展态势。年中，根据中央、省委的要求，市委九届五次全会提出苏州新世纪头十年“率先全面建成高水平小康社会、率先基本实现现代化”的总目标和总任务，使之成为新时期凝聚全市人民智慧和力量的一面旗帜。围绕“两个率先”的目标，提出“实施四大战略”、“争做四个龙头”等发展方略，努力使各项工作先人一拍、保持主动。针对开放型经济面临的新形势，切实加强对招商引资工作的组织领导，加快各类开发区的功能和载体建设，充分发挥保税区、出口加工区的政策优势，对省级开发区实行比照国家级开发区政策权限，实施24小时通关制度改革，提高通关速度，实现高新区出口加工区当年申报、当年封关运作，有力地提升了开放型经济的水平。

二是坚持着眼大局，统筹兼顾、协调发展。市委常委会始终注重着眼于改革发展稳定大局，统筹城乡发展、统筹经济社会发展，努力促进三个文明协调发展，实现可持续发展。坚持以城市化为抓手，推动城乡共同发展。积极实施新一轮区划调整，进一步做强做大中心城市，优化中心城市“一体两翼”的格局，提升五个县级市和中心镇的发展水平，全市呈现出“六大经济板块”各展所长、共同发展的生动局面。在促进经济发展的同时，市委常委会十分注重推动社会事业全面进步，今年以来先后研究部署了建设国际新兴科技城市、文化强市、健康城市等工作，突出人才队伍建设，大力加强公共卫生事业建设，广泛开展全民健身活动。通过努力争取，获得了第28届世界遗产大会的承办权。市委常委会始终坚持在加强物质文明建设的同时，切实加强精神文明建设和民主法制建设。坚持以人为本，大力推进群众性精神文明建设，深入开展爱国主义、集体主义、社会主义思想教育，注重抓好文明社区、文明行业、文明村镇创建等基础工作，不断提高公民思想道德素质和科学文化素质。大力实施依法治市，切实加强政法工作，积极开展创建“平安苏州”活动，改进对外来人口的管理，妥善化解各类社会矛盾，及时研究解决事关稳定的重大问题。坚持把可持续发展放在突出位置，稳步推进生态城市创建工作，进一步加强对太湖、阳澄湖等的综合治理和生态保护，实施市区清水工程，增加保护资源和环境的投入，发展循环经济，倡导健康文明的生活方式，促进经济发展与人口、资源和环境相适应，努力走生产发展、生活富裕、生态良好的文明发展道路。市委常委会重温“两个务必”，牢固树立“群众利益无小事”的观念，时刻把群众的安危冷暖放在心上，切实减轻农民负担，积极推进农村十项实事工程，从政策和措施上认真解决好土地征用、拆迁安置、下岗失业人员再就业等关系群众切身利益的迫切问题，保证困难群众和低收入家庭的正常生活。

三是坚持与时俱进，大胆探索、创新发展。市委常委会反复强调，面对新形势新任务，要大力弘扬“张家港精神”、“昆山之路”精神，坚持从苏州的实际出发，创造性地贯彻中央和省委的决策部署，不断在实践中探索，在探索中创新，在创新中前进，开创各项工作的新局面。今年以来，先后组团考察上海、浙江、广东等地，学习借鉴各地的先进经验。市委常委会成员带头学习理论，带头调查研究，提出了许多好的工作建议，从而推动了发展思路的创新。如，在发展战略上，明确提出坚定不移地接轨上海，借鉴浙江；在发展全局上，突出深化改革和加快城市化两大抓手；在资本聚集上，注重一手抓外资，一手抓民资；在产业发展上，坚持一手抓高新技术产业，一手抓新型传统产业。通过发展思路的创新，积极推动制度创新、科技创新、文化创新以及其他各方面的创新，使苏州的经济建设、社会发展和各方面工作继续走在全省乃至全国的前列。

四是坚持民主集中制，凝心聚力、团结奋进。市委常委会坚持民主集中制，在议事和决策中处理好全委会、常委会、书记办公会之间的关系。在实际工作中实行集体领导和个人分工负责相结合的工作制度。今年以来，共召开了23次常委会，对涉及贯彻党的路线、方针、政策等重大事项，事关苏州经济社会发展和党的建设的重大举措，以及干部任免，都坚持集体研究讨论，做到“集体领导、民主集中、个别酝酿、会议决定”。围绕推进决策的科学化、民主化，市委常委会进一步完善领导、专家和群众相结合的决策机制，建立健全党内情况通报制度、情况反映制度和重大决策征求意见制度。对于制定《关于学习贯彻“三个代表”重要思想、争当全省“两个率先”先行军的决定》、加快沿江开发和临沪经济带建设等重大举措，对于博物馆新馆、规划展示馆、城市轨道交通等重大工程，市委常委会都认真听取人大、政府、政协的意见，认真听取下级党组织的意见，认真听取民主党派、工商联、无党派人士和人民团体的意见，并组织专家学者进行论证，实行社会公示，广泛听取群众的意见和建议，集思广益，群策群力，努力使各项决策更加正确、科学。市委常委会坚持集中精力议大事、抓大事，对市委每个月的工作重点都作出明确安排，精简不必要的会议和文件，尽量减少事务性活动和应酬，实行“朝九晚五”工作制，提高工作效率。市委常委会成员坚持自觉加强党性修养，带头执行领导干部廉洁自律的各项规定，认真开好民主生活会，倡导艰苦创业、勤俭节约的作风。按照党章、宪法和有关章程的规定，进一步明确市委与市人大常委会、市政府、市政协三个党组的职责，加强对人大、政府、政协工作的领导，全力支持人大、政府和政协开展工作，切实保证人大及其常委会依法履行国家权力机关的职能，切实保证政府依法行政、履行职责，充分发挥人民政协在政治协商、民主监督、参政议政中的作用。市委常委会十分注意珍惜和维护常委之间、四套班子成员之间的团结，进一步形成了互相信任、互相理解、互相支持、互相帮助的工作环境。

五是坚持加强党的建设，党要管党、从严治党。市委常委会坚持把思想建设、组织建设和作风建设有机结合起来，把制度建设贯穿其中，既立足于做好经常性工作，又抓紧解决突出问题，提高党的领导水平和执政水平。把学习贯彻“三个代表”重要思想和党的十六大精神作为首要政治任务来抓，市委先后作出了《关于学习贯彻十六大精神的安排意见》、《关于在全市兴起学习贯彻“三个代表”重要思想新高潮的通知》等一系列指导性文件，并成立市和县级市、区两级学习“三个代表”重要思想和十六大精神宣讲团，推动全市形成学习贯彻

“三个代表”重要思想和十六大精神的浓厚氛围。市委常委会把深化理论学习作为加强自身建设的根本措施来抓，全年常委会共安排12次中心组学习，多次邀请专家学者作报告、作讲座，不断拓宽视野，增长知识。坚持以县处级以上领导干部为重点，推动各级党组织的学习贯彻，组织举办8期县处级领导干部学习“三个代表”重要思想和十六大精神研讨班，集中培训了835名县处级干部，并选送各类干部赴国外进行专题培训。市委常委会坚持党管干部原则，制定下发了《市委常委会讨论干部任免事项投票表决办法（试行）》、《市委全委会对县级市、区党委、政府领导班子正职拟任人选表决办法（试行）》、《苏州市党政领导任期制暂行规定》、《苏州市党政领导干部辞职暂行规定》和《苏州市党政领导干部选拔任用工作监督检查实施意见》五个文件，进一步加强了干部选拔任用的民主化和规范化。顺利完成市和县级市、区人大、政府、政协的换届选举工作，绝大多数班子配备了女干部，县级市、区政府班子中都配备了35岁左右的年轻干部和党外干部。公开选拔县处级领导干部工作有序进行，选派部分干部到基层挂职锻炼。坚持党管人才原则，重点抓好党政人才、企业经营管理人才和专业技术人才三支队伍建设，着力构筑适应苏州发展需要的人才平台。市委常委会十分重视农村、企业、社区的基层组织建设。适应镇村合并及农村党员就业结构的新变化，改进和完善镇村党组织设置。认真做好市属企业改制后党组织的设置和隶属关系的调整，积极推进向非公经济组织选派党建指导员工作。确定吴江市进行党代会代表常任制试点，探索党代会代表在大会闭会期间发挥作用的途径和形式。整顿经济薄弱村党组织，全市84.4%的经济薄弱村实现了预期转化目标。以加强党风廉政建设责任制为龙头，全面落实领导干部廉洁自律各项规定，加大查办违纪违法案件力度，深化纠风和专项治理工作。全面实施乡镇机关公务用车改革，继续深化纳税人评议政风行风工作，大力推进政务公开，严肃查纠行政不作为、乱作为行为，深入推进机关效能建设，强化对国有（集体）企业改制工作的监督。按照不仅经济建设要走在全省前列，而且党风廉政建设也要走在全省前列的要求，积极探索建立健全与社会主义市场经济体制相适应的教育、制度和监督并重的惩治和预防腐败体系，党风廉政建设和反腐败工作得到中央纪委和省委的充分肯定。

同志们，以上报告的是市委常委会今年以来的主要工作。需要强调的是，我们所取得的成绩，归功于中央和省委的正确领导，归功于全市各级党组织、各级领导干部和广大群众的齐心奋斗。全市各地区、各部门、广大干部群众倾注了比以往更大的热情，付出了比以往更多的艰辛。在此，我代表市委常委，向同志们和全市干部群众表示真诚的感谢！

在肯定成绩的同时，我们也清醒地认识到，市委常委会的工作还存在许多缺点和不足，还有不少需要改进的地方。对照新形势新任务和“两个率先”的要求，市委常委会在领导方式和执政方式上还需要继续改进和完善，“五种能力”还有待继续提高；深入基层、深入实际、深入群众的面还不够广，思想作风、工作作风建设还有待继续改进；群众工作特别是正确处理新形势下人民内部矛盾的方法还不多，保障人民群众利益的机制还不完善；对经济社会生活中一些深层次矛盾还缺乏深入研究，对一些长期积累的困难和问题缺乏系统解决的办法。常委会自身建设还有差距，在世界观、人生观、价值观的改造上还要继续努力。这些都需要我们在今后的工作中高度重视，认真解决。

实践使我们深深体会到，要做好苏州的工作，必须始终以邓小平理论和“三个代表”重要思想为指导，依靠中央和省委的正确领导，依靠市委全委会的集体领导，依靠全市各级党组织和580万人民的合力奋斗。希望同志们对市委常委会的工作提出意见和建议，以便我们共同努力，把苏州的工作做得更好。

政府工作报告（摘要）

——2004年2月9日在市十三届人大二次会议上

市 长 杨卫泽

各位代表：

现在，我代表苏州市人民政府向大会报告工作，请予审议，并请市政协各位委员和其他列席人员提出意见。

一、2003年的工作回顾

过去的一年是非同寻常的一年，是我市开启争当全省“两个率先”先行军、全国率先发展排头兵新征程并取得显著成绩的一年。新一届市政府坚持以邓小平理论和“三个代表”重要思想为指导，认真贯彻党的十六大、十六届三中全会精神，积极落实中共江苏省委、省政府和中共苏州市委的决策部署，迎难而上，开拓进取，经受住了非典型肺炎疫情的严峻考验，克服了诸多制约因素的严重影响，胜利完成了市十三届人大一次会议确定的2003年的目标任务。这一年里，物质文明、政治文明、精神文明建设协调推进，经济发展迈上新台阶，改革和城市化取得新突破，对外对内开放实现新跨越，各项社会事业全面进步，人民生活水平继续提高。去年上半年，面对突如其来的非典疫情，各级政府坚持把保障人民群众身体健康和生命安全放在首位，全市人民和衷共济，众志成城，迅速构筑防控体系，实现了零病例发生、零医护人员感染的目标。

（一）经济持续快速增长，综合实力进一步增强。全市完成地区生产总值2802亿元，按可比价计算比上年增长18%；财政收入409.9亿元，同口径增长34.9%，按出口退税机制改革后口径，地方财政一般预算收入149.7亿元，增长42.2%；全社会固定资产投资1409亿元，增长73.3%。农业结构继续优化，粮食、蔬菜、林果、水产、畜牧五大主导产业基本形成。

产业化经营取得成效，龙头企业带动作用不断增强。农产品质量建设步伐加快，市场准入制度逐步建立。全市新增无公害农产品193只，绿色、有机食品34只，总量名列全省第一。抓好粮食生产、储备和供应，确保了市场稳定。工业经济增速加快，运行质量明显提高。全市工业总产值增长37.8%；规模以上工业产品销售收入增长41.4%，利税总额增长29.2%。制定实施《关于加快推进苏州沿江地区综合开发的意见》，着力培育新的经济增长极，冶金、电力、化工等基础工业加速向沿江地区集聚。沿沪宁线高新技术产业带优势凸现。工业企业“退城进区”布局调整全面启动。我市拥有的中国驰名商标、名牌产品和国家免检产品数量均居全省首位，沙钢、创元、亨通等8家企业（集团）名列2003中国企业（集团）500强。服务业发展势头良好，增加值增长14.8%。推出旅游新品，开拓旅游市场，改善旅游环境，旅游总收入增长19%。市场繁荣活跃，社会消费品零售总额增长16.5%。市区居民消费价格指数为100.8，物价总体保持稳定。房地产业快速发展，商品房销售额增长26.2%。苏州工业园区保税物流园、苏高新物流园等专业物流园区加快建设。本外币信贷投放1020亿元；保费收入64.2亿元，增长36.5%。邮政通信、中介咨询、社区服务等行业健康发展。

（二）经济体制改革不断深化，对外对内开放进一步扩大。以建立现代产权制度为重点，全力组织市属国有（集体）企业改革攻坚，已有98%的企业完成改制，82家市属生产经营型事业单位全面完成转企改制。做大国有投资主体，苏州国际发展集团有限公司组建为以金融投资为主业的国有控股公司，苏州城市建设投资发展有限公司实施增资扩股。深化投融资体制改革，一批政府投资工程实行项目代建制和财务代理制，“华芳纺织”、“亨通光电”、“江南高纤”3家企业A股股票首发上市，“苏园地产”成功发行10亿元企业债券。农村“三大合作”改革收到实效，新建了一批社区股份合作社、承包土地股份合作社和专业合作经济组织。改革金融管理体制，设立了中国银行业监督管理委员会苏州监管分局。

经济国际化水平明显提升，对内开放步伐加快。全市完成进出口总额656.6亿美元，其中出口326.3亿美元，分别增长80.4%和76.2%。江苏国泰国际集团自营出口总额连续三年位居省级外贸集团首位。在主要通关现场落实全天候通关措施，物流环境得到优化。实际利用外资68.1亿美元，增长41.4%，投资苏州的世界500强跨国公司累计达到91家，农业、服务业利用外资规模明显扩大。38家企业进入2002～2003年度中国最大500家外商投资企业行列，4家侨资企业被评为全国百家明星侨资企业。赴日本、韩国和香港地区的招商活动取得成功。新签对外承包工程劳务合同额增长35.2%，完成营业额增长32.8%。苏州工业园区基本完成70平方公里的基础设施建设，各类功能载体加快构建，引进外资再创新高，借鉴新加坡经验等工作取得新进展。苏州高新区二期开发目标如期实现，新一轮建设加紧实施。苏州工业园区出口加工区和昆山出口加工区继续走在全国前列，苏州高新区出口加工区封关运作。引进内资规模空前，到账外地资本增长2倍以上。中国（苏州）电子信息博览会、中国苏州国际旅游节和丝绸节、古韵今风——外国记者苏州行、外国人才艺大赛等涉外活动成功举办，外事、对台事务、侨务、经济协作等工作在扩大开放中发挥了重要作用。

（三）城乡建设力度空前，城市化水平进一步提高。制定了《关于加快城市化进程的决定》和市区城市建设“双十大工程”计划。市域城镇体系规划继续完善，苏州市城市总体规划新一轮修订工作全面开展，一批分区规划编制完成，各类专项规划抓紧制定，城市设计得到加强，规划管理力度加大。苏嘉杭高速公路北段建成通车，使常熟市实现了高速公路零的突破。沪宁高速公路苏州西出入口等一批城市道路和石湖大桥、索山大桥等城市桥梁相继建成，绕城、苏沪、苏昆太高速公路和沪宁高速公路、312国道扩建工程开工建设，轨道交通试验段启动实施。编制了苏州市城市公共交通规划，市区新增公交车285辆，新辟公交线路12条。苏州港总体布局规划编制完成，开发建设步伐加快，太仓港区一期工程和常熟兴华港区二期工程竣工。华能电厂二期工程和华润电力（常熟）一期工程抓紧建设。市区完成13.5万户自来水一户一表改造任务，北部供水工程提前竣工，相城区实现自来水统一供水。金阊区石路步行街一期工程建成开街。新竣工人防设施6.95万平方米，人均拥有人防设施达到0.32平方米。太湖、阳澄湖水环境保护不断加强，市区水资源综合治理工程加紧实施，娄江污水处理厂一期工程、西塘河引水工程顺利建成，污水支管到户工程加快建设。通过采取引长江水冲刷古城水网和环古城河运输船舶绕行等措施，使环古城河水质明显改观。企业清洁生产审计和ISO14000体系认证积极推行，机动车尾气排放管理继续强化，市区淘汰燃油助力车、摩托车33165辆。吴江市进入国家环保模范城市行列，苏州成为全国首批建成国家环保模范城市群的地区之一。“绿色苏州”行动加快实施，市区新增绿地500公顷，农村新增绿地林地9667公顷，我市获得国际花园城市称号，苏州市区和张家港、昆山市被评为国家园林城市。生态市建设全面启动，张家港、常熟、昆山市和吴中区通过创建全国生态示范区国家级考核验收。循环经济发展试点取得成效，土地、山体和水资源得到有效保护。气象和各类自然灾害预测预报工作进一步加强。镇村区划调整有序推进，共撤并镇48个、村553个。户籍制度改革、宅基地管理等工作扎实开展。“两级政府、三级管理”体制逐步完善，街道、社区在城市管理中的基础性作用进一步发挥，城市环境长效管理机制基本形成，相对集中行政处罚权工作在全市整体推进。社区建设成效明显，5个县级市全部成为省社区建设示范市。

（四）科教兴市战略深入实施，各项社会事业进一步发展。制定出台《关于加快国际新兴科技城市建设的决定》，明确了主要任务和关键措施。常熟高分子新材料、昆山精密模具等国家火炬计划产业基地顺利建成，一批创业园、重点实验室、工程技术研究中心投入使用。高新技术产业产值增长65.5%，占规模以上工业总产值的比重达到37.4%。科技进步对工业、农业经济增长的贡献率分别达到49.7%和57.1%。加强与科研机构、高等院校的合作，新建产学研合作项目146个。我市被列为全国专利工作试点城市，专利申请量、授权量保持全省第一。组建了苏州市科技创业投资公司，并在全省率先设立科技专项资金。新一轮中小学布局调整全面启动，英语教育和信息知识教育广泛普及，双语教育试点继续扩大，基础教育水平不断提高，全市初中毕业生升学率、高考录取率、高等教育毛入学率分别达到96.3%、88.3%和45%。农村中心小学以上建制学校建成“班班通”校园网。苏州研究生城和苏州国际教育园加快建设，已有300名学生进入研究生城、2000名学生进入教育园。南京大学苏州研究生院得到教育部批准。新组建4所职业技术学院。苏州大学新增6个一级学科博士点，33个二级学科博士点，34个硕士点，本科教学被教育部评为优秀。苏州科技学院获得4个硕士点授予权。常熟高等专科学校获准筹建常熟理工学院。市属本科普通高校着手筹建。学习型城市建设力度加大，覆盖全社会的终身教育体系正在形成。人才政策环境和柔性流动机制逐步完善，全年引进人才4万多名，新增5个企业博士后科研工作站。中国昆曲博物馆一期工程如期建成，苏州博物馆新馆等重大文化设施开工建设。环古城风貌保护一期工程顺利完工，周庄、同里、甪直被列为中国历史文化名镇。成立苏州市文物局，制定并试行城市紫线管理办法，进一步落实文物、古建筑保护措施。民间工艺美术和特色文化普查工作积极开展。第二届中国昆剧艺术节、评弹艺术节和首届中国粉画展成功举办，舞剧《干将与莫邪》、喜剧《青春跑道》双获全国“五个一工程”奖，一批作品获文化部和省重要奖项，《苏州杂志》被评为全国百种重点期刊。新闻出版、广播电视事业进一步繁荣，苏州日报报业集团组建成立，5个县级市全部进入省有线电视示范县(市)行列。报刊治理整顿效果明显，知识产权保护、文化市场管理和“扫黄”、“打非”取得实效，档案、地方志等工作有了新的进步。

防治非典工作取得阶段性胜利，并转入常态长效管理，疾病预防控制体系逐步完善，公共卫生应急能力明显提高。制定了《关于加快健康城市建设的决定》及行动计划，各项工作积极开展，苏州成为世界卫生组织健康城市联盟理事城市。医疗卫生体制改革稳步推进，社区卫生服务功能不断增强，苏州城区50多家社区卫生服务站全部安装信息管理系统软件，实现机构、编制、人员、经费、场所、制度六到位。成功举办了第五届世界华人业余足球大赛、全国速度轮滑和花样轮滑锦标赛等重大赛事。建成6个全民健身工程、215个健身点，市全民健身活动中心向市民开放。苏州被列为全国人口与计划生育综合改革试点市。

（五）富民工程大力推进，人民生活进一步改善。城镇居民人均可支配收入12361元，增长16.4%；农民人均纯收入6750元，增长10%。市十三届人大一次会议确定的16项实事项目顺利完成。放手发展私营个体经济，健全政府管理、信用担保、社会服务三大体系，全市新增私营企业2.1万户、个体工商户6.8万户，新增注册总资本329.4亿元，私营个体经济上缴税金占全市税收总额的比重达到25.7%，比上年提高3.9个百分点。贯彻积极的促进就业政策，建立城乡统筹的就业制度和政府扶持就业专项资金，广泛拓展就业渠道，全市新增劳动就业岗位超过37万个，其中面向本市城镇劳动力的就业岗位15.8万个，城镇登记失业率为3.9%。通过落实再就业优惠政策，采取政府购买公益性就业岗位，实行社会保险补贴，建立再就业援助基地，开展免费职业指导和技能培训等措施，扩大了“4048”等特困人员的再就业。加强社会保障体系建设，城镇职工养老、医疗、失业、工伤、生育保险参保人数均超过100万人，企业基本养老保险费、城镇职工基本医疗保险费收缴率分别达到97.9%和98.8%。市属企业清欠职工医药费7784万元。完善城镇居民最低生活保障制度，做到了“应保尽保”。《苏州市农村合作医疗保险管理办法》开始施行，农村特困人群医疗救助全面启动，最低生活保障制度已经建立，基本养老保险覆盖率达到43%，老年农民养老补贴覆盖率达到50%。制定实施《关于推进农村十项实事的意见》，取消农业税附加和农业特产税，农业税改由镇村代缴，农民合同内负担全部减免。建立城市居民住房保障体系，市区建成定销商品房40多万平方米，修缮危旧住房10.2万平方米；采取租房补贴、廉租租金、实物配房等办法，重点解决低保家庭的住房困难。新建改建了一批养老机构和老年人活动场所，市社会福利院康复指导中心和市残疾人活动中心顺利建成。平江区、沧浪区被民政部、中国残疾人联合会命名为全国社区残疾人工作示范区；为下肢残疾者捐赠轮椅近2万辆，实现了所有需用代步工具的残疾人都拥有一辆轮椅的目标。

（六）精神文明建设广泛开展，民主法制建设进一步加强。深入贯彻《公民道德建设实施纲要》，组织开展窗口行业优质服务竞赛和各类群众性精神文明创建活动，苏州市和各县级市全部成为全国文明城市创建工作先进市。组织“城市精神”大讨论，增强了广大干部群众的积极性和责任感。认真贯彻《苏州市2001～2005年依法治市工作规划》，抓好“四五”普法和“法律进社区”工作，市民法律意识逐步提高。加强社区科普协会建设，科普网络正在形成。苏州市和张家港市第三次被评为全国双拥模范城，常熟市获得全国双拥模范城称号。社区侨务工作进入全国领先行列。坚持“男女平等”、“儿童优先”，妇女儿童“十五”发展规划顺利实施。

市政府自觉接受人大、政协监督，正副市长牵头督办人大议案、代表建议和政协建议案、委员提案，注重发挥各民主党派、无党派人士、工商联、人民团体的参政议政作用，促进了工作水平的提高。加强政府法制工作，提请市人大常委会审议通过危险废物污染环境防治、城市排水管理、公共汽车客运管理等地方性法规3件，颁布政府规章15件；大力开展综合执法，依法治理不断深化。制定实施《苏州市服务型政府建设纲要》，推动了政府职能的转变。加强机关效能建设，开展“创优争先、建功立业”活动和纳税人评议政风行风工作，群众对政府部门的满意程度继续提高。行政审批制度改革不断推进，第二轮审批事项清理工作如期完成，市级机关行政审批事项再次削减35.4%，两轮清理累计削减58.5%，后续监管得到加强。市行政服务中心日办件量超过1500件，办理时间比承诺期缩短三分之一，网上审批开始试行，办结率和群众满意率保持在99%以上。建立新闻发布制度，扩大政务公开范围，苏州成为全国政务公开先进地区。完善“收支两条线”管理、国库集中支付、政府采购等制度，推行药品集中招标采购，强化工程建设监管，纠正行业不正之风，廉政建设扎实推进。政府采购规模达到27.4亿元，比上年增长3倍；药品集中招标采购金额11.3亿元，让利患者8654万元。党政领导干部经济责任审计制度全面建立。通过加强审计监督，增加财政性资金3亿元，节约财政性资金和建设资金2.1亿元。加强基层民主政治建设，太仓、昆山市第三次成为全国村民自治模范县（市），常熟、张家港市也进入这一行列；厂务公开、村务公开继续推行。依法加强税务、工商行政管理、质量技术监督、药品监督管理和检验检疫等工作，有效维护了市场秩序，促进了经济发展。健全安全生产责任制，努力保障人民生命财产安全。高度重视群众来信来访，市民反映的突出问题得到妥善处理。做好人民调解和法律援助工作，有效维护了群众的切身利益。对城市生活无着、流浪乞讨人员的救助管理得到加强。认真贯彻党的民族宗教政策，促进民族团结和进步，积极引导宗教与社会主义社会相适应，确保了民族宗教领域的稳定。落实社会治安综合治理各项措施，严厉打击各类严重刑事犯罪活动和敌对势力、邪教组织的破坏活动，营造了稳定的社会环境。

各位代表，过去一年的成绩来之不易。这凝聚着全市人民的勤劳和智慧，得益于方方面面的支持和奉献。在此，我代表苏州市人民政府向全市人民，向人大代表、政协委员，向离退休老同志，向各民主党派、工商联和无党派人士，向各人民团体，向驻苏解放军和武警官兵，向国家和省驻苏单位，向所有参与、支持和关心苏州现代化建设的海内外朋友，表示衷心的感谢和崇高的敬意！

回顾过去的一年，我们也看到，前进中还面临不少矛盾和困难，工作中还存在一些问题和不足，主要是：经济和社会发展的体制性障碍仍然存在，经济体制和行政管理体制还不适应市场经济的要求；中心城市的集聚辐射功能不强，城市化滞后于工业化，服务业发展滞后于制造业发展；人力资源的规模、能力和水平跟不上快速发展的需要，科技创新能力不强；历史文化和生态环境保护工作存在薄弱环节，电力、交通、市政等基础设施的“瓶颈”制约比较明显；居民收入总体水平不高，农民持续增收难度较大，部分群众的生活比较困难，就业和社会保障压力加大；化解人民内部矛盾的难度有所增加，治安形势不容乐观；有的政府部门还存在职能错位、越位、缺位和行政不作为、乱作为现象，群众对义务教育、医疗、公共交通等方面的意见比较集中。对此，我们将大力弘扬求真务实、艰苦奋斗的作风，加倍努力工作，切实加以解决。要在深化改革、扩大开放、加快发展中，使越来越多的人民群众得到越来越多的实惠，使经济、社会和人得到全面发展。

二、2004年的主要任务

根据中共苏州市委九届六次全会精神，2004年工作的总体要求是：以邓小平理论和“三个代表”重要思想为指导，全面深入贯彻党的十六大、十六届三中全会和中央经济工作会议精神，紧紧围绕富民强市、“两个率先”的目标，始终高扬发展这一主题，突出推进新型工业化和城市化两大抓手，继续打造体制、产业和人才三大平台，全力构建开放型经济、民营经济和具有自主知识产权的规模经济“三足鼎立”发展格局，提升中心城市和县级市的整体实力，保持经济增长的良好势头，推动经济社会全面、协调、可持续发展。

2004年经济社会发展的主要预期目标是：地区生产总值增长12%以上；地方财政一般预算收入增长16%；全社会固定资产投资增长15%；进出口总额和出口总额增长15%；实际利用外资增长12%；吸引内资、民资增长20%；社会消费品零售总额增长15%；城镇居民人均可支配收入增长14%；农民人均纯收入增长8%；城镇登记失业率控制在4.5%左右；新增劳动就业岗位25万个；高等教育毛入学率提高1个百分点，达到46%；市区绿化覆盖率提高1个百分点，达到38.1%；农村森林覆盖率提高2个百分点，达到15%；环境质量综合指数达到86；科学研究与试验发展经费支出占地区生产总值的比重超过1.3%；环境保护和生态建设投资占地区生产总值的比重超过2%。在新的一年里，我们拟着力做好事关人民群众生活的实事18项，抓好事关经济社会发展全局的建成和新开工重点建设项目22项。

我们将树立科学的发展观和正确的政绩观。坚持以人为本和为民亲商的理念，坚持把富民和发展民营经济摆在突出位置。始终牢记政府的一切权力都是人民赋予的、一切工作都是为了人民，始终把实现好、维护好、发展好最广大人民群众的根本利益作为一切工作的出发点和落脚点。

我们将坚持把“学习上海、服务上海、接轨上海、依托上海”作为重要的战略方针。虚心学习上海、浙江等先进地区的经验，弘扬“张家港精神”，拓展“昆山之路”，发挥优势，保持特色，博采众长，取长补短，促进以上海为龙头的长江三角洲地区的共同发展。

我们将立足当前，着眼长远。针对我市进入“重工业化”阶段面临的新机遇、新挑战，用发展的眼光、创新的办法和统筹的思路，加大结构调整力度。增强前瞻性、预见性和主动性，结合规划体制改革试点、城市总体规划新一轮修订和“十一五”计划编制等工作，深入研究事关苏州发展的全局性、战略性、长远性、关键性问题。

我们将大力弘扬求真务实精神、大兴求真务实之风，进一步解放思想、抢抓机遇，克服困难、乘势而上，坚决冲破一切妨碍发展的思想观念，坚决革除一切影响发展的体制弊端，坚决改变一切束缚发展的陈规旧习，以不断创新求得新的突破。以《中共中央关于完善社会主义市场经济体制若干问题的决定》为指针，促进经济体制改革的新突破；以推动民营经济腾飞为切入点，促进富民和民营经济发展的新突破；以苏州工业园区设立十周年为动力，促进开放型经济的新突破；以第28届世界遗产委员会大会在苏州召开为契机，促进历史文化保护和城市建设的新突破；以《中华人民共和国行政许可法》为准绳，促进服务型政府建设的新突破。

2004年，重点抓好以下九个方面的工作：

（一）坚持优化结构，推进产业协调发展（略）

（二）坚持深化改革，增强体制机制活力（略）

（三）坚持双向拓展，扩大对外对内开放（略）

（四）坚持城乡统筹，加快城市化进程（略）

（五）坚持可持续发展，建设生态城市（略）

（六）坚持科教兴市，构筑更高发展平台（略）

（七）坚持富民优先，提高人民生活水平（略）

（八）坚持协调发展，推动社会全面进步（略）

（九）坚持执政为民，塑造良好政府形象（略）

各位代表，回顾过去，倍感自豪；展望未来，任重道远。让我们紧密团结在以胡锦涛同志为总书记的党中央周围，在中共江苏省委、省政府和中共苏州市委的正确领导下，时刻牢记“两个务必”，以更加坚定的信心，更加务实的作风，鼓足干劲，奋发进取，为早日实现富民强市、“两个率先”的目标而努力奋斗！

党和国家领导人在苏活动

【贾庆林在苏出席座谈会并进行工作视察】 2003年8月28～31日，中共中央政治局常委、全国政协主席贾庆林一行到苏州出席政协章程修改工作座谈会并进行工作视察。随同到苏的有全国政协副主席王忠禹、全国政协副秘书长李昌鉴等领导。在苏期间，贾庆林主席、王忠禹副主席等出席了在东山宾馆召开的政协章程修改工作座谈会第一～第三次会议。贾庆林主席主持会议并发表重要讲话。30～31日，贾庆林主席先后视察了市区的盘门景区、刺绣研究所、和舰科技（苏州）有限公司、湖滨大道、环古城风貌保护工程和昆山市的出口加工区、仁宝电脑公司、新港湾花园居民小区、亭林公园、顾炎武纪念馆、昆曲艺术博物馆，观看了小昆班小演员的现场表演，听取了关于苏州工业园区的情况汇报。贾庆林对江苏经济社会发展和苏州市各项工作取得的成绩给予了充分肯定。他说，改革开放以来，特别是党的十三届四中全会以来，江苏经济一直保持较快的发展势头，社会事业全面进步，人民生活显著改善。党的十六大以来，江苏广大干部群众认真学习“三个代表”重要思想全面贯彻十六大精神，各项工作在过去的基础上，又有新的突破、新的进展。苏州的发展更是令人振奋。江苏制定的“率先全面建成小康社会、率先基本实现现代化”的发展目标，既符合江苏的工作实际，也与中央的总体部署相一致，相信江苏的各项工作会做得更好。省及苏州市领导李源潮、梁保华、许仲林、任彦申、赵少麟、杨卫泽、杜国玲、王金华、孙中浩等陪同视察。

【吴官正在苏视察】 2003年8月13～14日，中共中央政治局常委、中纪委书记吴官正一行到苏州进行工作视察。在苏期间，吴官正听取了省委书记李源潮关于江苏省的情况汇报，省委常委、市委书记王珉关于苏州市的工作汇报，市委副书记、纪委书记沈荣法关于苏州市纪检工作的汇报，市委副书记、工业园区工委书记、管委会主任王金华关于工业园区的情况汇报，先后视察了盘门景区、市行政服务中心、市纪委、环古城风貌保护工程、苏州工业园区、苏州高新区、拙政园、虎丘。吴官正对苏州经济社会发展和反腐倡廉工作所取得的成绩给予了充分肯定，对苏州干部群众始终保持争先赶超、加快发展的强烈发展意识给予了高度评价，并就今后如何进一步深入贯彻“三个代表”重要思想，夺取党风廉政建设和反腐败斗争新成绩，提出了殷切希望。他要求苏州市委、市政府和纪检监察部门继续开拓进取，大胆创新，努力探索建立起与经济发展相协调，与市场经济相适应，以思想道德教育、制度法规建设和权力制约监督等为主要内容的惩治腐败和预防腐败的有效体系，使苏州不仅在改革开放和现代化建设上走在全国前列，而且在党风廉政建设和反腐败斗争方面也走在全国前列。省及苏州市领导李源潮、梁保华、王寿亭、赵少麟、王珉、杨卫泽、沈荣法、王金华等陪同视察。

【回良玉在苏视察】 2002年12月31日～2003年1月2日，中共中央政治局委员回良玉一行到苏州视察。省委书记李源潮专程到苏看望了回良玉一行。回良玉一行视察了昆山市的生态公园、大上海高尔夫球场和常熟市的翁同龢纪念馆、虞山风景区、兴福禅寺。省及苏州市领导赵少麟、王珉、杨卫泽、周福元、杜国玲、黄炳福、沈荣法、黄俊度、范育民、徐国强等陪同视察。

【陈良宇在苏考察】 2003年12月9日～10日，中共中央政治局委员、上海市委书记陈良宇率上海市党政代表团到张家港市进行工作考察。随行的上海市领导有：市委副书记、市长韩正，市人大常委会主任龚学平，市政协主席蒋以任，市委副书记刘云耕等。陈良宇一行考察了东海粮油工业（张家港）公司、陶氏化工项目、浦项（张家港）不锈钢公司、沙钢集团、世纪广场、体育中心和国泰展馆，听取了苏州市、张家港市经济社会发展情况的汇报。省及苏州市领导李源潮、梁保华、冯敏刚、赵少麟、蒋定之、王珉、杨卫泽、冯瑞渡、徐国强、陆云泉等陪同考察。

【李岚清在苏视察】 2003年2月24～26日，国务院副总理李岚清一行到苏州视察工作。在苏期间，李副总理主持召开了苏州工业园区中新联合协调理事会中方理事会议，视察了工业园区二、三期开发概貌和苏州现代物流园，视察了苏州高新区、苏州博物馆，并在文化苏州沁兰厅观看了昆曲演出，还视察了昆山市锦溪古镇、出口加工区和生态森林公园。省及苏州市领导李源潮、梁保华、许仲林、任彦申、王珉、张卫国、王荣炳、陆军、杨卫泽、包国新、汪国兴、王金华、徐国强等陪同考察或参加接待。

【华建敏在苏参观】 2003年10月2日，国务委员、国务院秘书长华建敏一行到苏州参观。华建敏一行先后参观了市区的拙政园、苏州博物馆、苏州工艺博物馆，吴中区的启园、雕花楼、紫金庵和苏州工业园区湖滨大道。省及苏州市领导梁保华、王珉、杨卫泽、徐国强、秦兴元等看望或陪同参观。

【陈至立在苏视察】 2003年8月25～26日，国务委员陈至立一行到苏州视察工作。在苏期间，陈至立一行听取了苏州市情况汇报以及苏州工业园区和苏州研究生城概况介绍，先后视察了昆山出口加工区及网进科技有限公司、苏州博物馆、文化苏州、苏州高级工业学校、市图书馆、工业园区国际科技园、苏州研究生城、和舰科技有限公司，乘船视察了环古城风貌保护工程，观看了昆剧演出。省及苏州市领导梁保华、任彦申、王珉、张桃林、杨卫泽、杜国玲、徐国强、朱永新、赵俊生等陪同视察。

【全国人大常委会副委员长在苏考察活动】 2003年，全国人大常委会共有4位副委员长到苏州考察、活动。

成思危途经苏州。9月6日，全国人大常委会副委员长成思危一行途经苏州，省及苏州市领导叶坚、周福元、周性光等参加接待。

盛华仁在苏考察。10月5～6日，全国人大常委会副委员长盛华仁一行到苏州考察。盛华仁一行考察了工业园区、市区的环古城风貌保护工程，参观了工业园区的湖滨大道、红枫林，市区的寒山寺、虎丘、拙政园和吴中区的雕刻大楼、启园。省委常委、市委书记王珉看望了盛华仁一行，市人大常委会主任周福元陪同考察。

蒋正华在苏出席会议。11月9日，全国人大常委会副委员长蒋正华一行到苏州出席2003中国经济增长论坛活动，蒋正华在会上作了《中国经济与世界经济的双赢》的演讲。市领导王珉、杨卫泽、周福元、谢慧新等看望或参加接待。

顾秀莲在苏视察。11月17～18日，全国人大常委会副委员长、全国妇联主席顾秀莲一行到苏州视察。顾秀莲一行听取了苏州市和苏州工业园区的情况汇报，先后视察了工业园区的新加花园幼儿园、湖滨大道、欧莱雅化妆品公司和昆山市的科博中心、新港湾小区、好阿姨服务中心，乘船参观了环古城风貌保护工程。省及苏州市领导张艳、叶坚、杨卫泽、周福元、黄炳福、谢慧新等看望或陪同视察。

【全国政协副主席在苏考察活动】 2003年，全国政协共有3位副主席到苏州考察、出席会议。

王忠禹在苏出席会议。8月28～30日，全国政协副主席王忠禹陪同中共中央政治局常委、全国政协主席贾庆林到苏州出席政协章程修改工作座谈会。

黄孟复在苏出席会议并视察。11月15～16日，全国政协副主席、全国工商联主席黄孟复一行到苏州参加2003中国企业发展高峰论坛活动并视察。黄孟复在会上作了《新型工业化进程中的中国民营企业》的报告，并先后视察了昆山市的出口加工区、科博中心、三牛集团、周庄古镇，吴江市的吴江化纤总厂、祥盛印染有限公司和市区的盘门景区、拙政园。省及苏州市领导王珉、李仁、杨卫泽、杜国玲、冯瑞渡、姚东明等看望或参加接待。

郝建秀在苏视察。11月21日～12月5日，全国政协副主席郝建秀一行到苏州休息并视察工作。在苏期间，郝建秀一行出席了长三角（太湖）发展论坛首届年会开幕式，并视察了吴中区。省及苏州市领导许仲林、王珉、王荣炳、杨卫泽、杜国玲、冯瑞渡、秦兴元、赵俊生、孙中浩、盛家振、吴砚池、苏慧心、程耀寰、赵文娟、蔡镜浩等看望或参加接待。

（苏　鉴）

苏州概貌

自然地理

【位置与面积】 苏州市位于长江三角洲中部、江苏省东南部，东经119° 55’~121° 20’，北纬30° 47’~32° 02’之间，东邻上海，西傍无锡，南接浙江，北枕长江，总面积8488.42平方公里，占全省面积的8.27%。市区土地面积1649.72平方公里，其中建成区149.06平方公里，古城区14.2平方公里。

苏州市下辖5个县级市，其土地面积为：张家港市，772.40平方公里；常熟市，1094.00平方公里；太仓市，620.00平方公里；昆山市，864.90平方公里；吴江市，1092.90平方公里。

苏州地处以太湖为中心的浅碟形平原的底部，地势低平，平原占总面积的54.9%，海拔4米左右。东南部地势低洼，西南部多小山丘，穹窿山主峰高351.7米，为全市最高点。丘陵占总面积的2.7%。境内河流纵横，湖泊众多，京杭运河贯通南北，吴淞江、娄江、太浦河等连接东西，阳澄湖、昆承湖、淀山湖等散布其间，太湖水面绝大部分在苏州市境内，全市水域占总面积的42.5%，是著名的江南水乡。

注：全市总面积中含太湖、阳澄湖、淀山湖等大型湖泊水域面积，有关县级市土地面积中未包括。

【气候】 苏州地处温带，属亚热带湿润性季风海洋性气候，四季分明，气候温和，雨量充沛。年平均气温17℃上下，年降水量1300毫米左右，无霜期230天左右，日照约2000小时，农作物生长期长达9个月。土地肥沃，物产丰富，自然条件优越。气候特点：春夏之交多梅雨，夏末秋初多台风，3~8月降水量占全年雨量的63%。

2003年全市气温持续偏高，雨量偏少且分布不均，梅雨量北多南少差异明显，强对流天气较常年偏多并造成一定的灾害，日照时数明显偏少。

（苏 鉴）

【水文】 苏州境内地势由西向东南微微倾斜，平原广阔，水源充沛，山丘点缀。烟波浩淼的太湖承接上游南溪、苕溪水系来水，通过苏州的河网入江入海。苏州是太湖洪水下泄归海的必经廊道，太湖又是苏州供水的可靠水源。境内的河流、湖泊受上游来水、下游江海潮汐和人类活动的影响，水文情势比较复杂。梅雨和台风雨是适成洪涝灾害的主要因素。城市化进程的加快、人类活动的影响带来水污染造成的水质型缺水的矛盾渐趋突出。2003年苏州市面平均降水量864.2毫米，比多年平均值偏少20.4%，河网蓄水量减少。境内各主要河道的V类和超V类水质监测断面占总监测断面的71.9%，导致许多水体失去了应有的使用功能，形成了水质型缺水。污染物主要是有机物，以高锰酸盐指数和氨氮为主。

（徐明德）

【资源】 自然资源　全市现有耕地面积281.09千公顷，人均占有耕地低于全省、全国平均水平。耕地中有水田244.82千公顷，主要种植水稻、麦子、油菜；旱地主要出产棉花、蚕桑、林果等。低洼塘田较多，出产席草、莲藕、芡实、茭白等水生作物。特产有鸭血糯、白蒜、柑桔、枇杷、板栗、梅子、桂花、茶花、碧螺春茶等。

苏州拥有各级河道2万多条，大小湖泊300多个，全市水域面积达3609.4平方公里，水产资源十分丰富，共出产30多种淡水鱼类。长江白吉、鲥鱼、刀鱼，太湖银鱼、白虾、梅鲚鱼，阳澄湖大闸蟹，吴江紫须蟹，内塘鳜鱼、鲫鱼、青鱼、塘鳢鱼、鳗鲡以及莼菜、珍珠等为著名特产。

苏州矿产资料现已探明的有高岭土、硫、花岗石、石灰石、石英、煤、天然气、铜、铁、铅、锌、铟、镉、银、磁铁等15种，已开采的以非金属矿产为主，其中高岭土、花岗石以储量丰富、质量优异而名冠全国。

旅游资源　苏州是全国重点旅游城市、国家园林城市和国际花园城市，拥有苏州、常熟两座国家历史文化名城，周庄、同里、角直3个中国历史文化名镇和东山、西山、木渎、光福、震泽、沙溪6个江苏省历史文化名镇，历史遗存丰富。苏州市级以上文物保护单位有487处，其中国家级15处，省级101处，数量仅次于北京和西安。文保机构文物藏品10915件，其中一级品59件。苏州古城坐落在水网之中，众多湖泊像晶莹的宝石镶嵌在城区四周；街道依河而建，水陆并行；建筑临水而造，前巷后河，形成“小桥、流水、人家”的独特风貌。“苏州园林甲天下”。现有园林60多个，其中拙政园、留园、网师园、环秀山庄、沧浪亭、狮子林、艺圃、耦园、退思园等9个古典园林被联合国列入《世界文化遗产名录》。苏州园林是建筑、山水、花木、雕刻、书画的综合艺术品，集自然美和艺术美于一体，构成了曲折迂回、步移景换的画面。苏州既有园林之美，又有山水之胜。寺观名刹，遍布城乡；文物古迹，交相辉映，加以文人墨客题咏铭记、作画书联，更使之名扬中外。虎丘山、灵岩山、天平山、洞庭东西山、邓尉山、虞山、玉山等处，都是天然的风景胜地。苏州市建有10个博物馆，成为旅游新热点。

（苏 鉴）

行政区划

【概况】 2003年，苏州市下辖张家港市、常熟市、太仓市、昆山市、吴江市5个县级市，吴中区、相城区、沧浪区、平江区、金阊区、苏州高新区·虎丘区、苏州工业园区7个区。2003年末，全市共有79个镇、21个街道、1736个村、746个居委会。其中市区有32个镇、21个街道、435个村、316个居委会。

附表：全市行政区划（2003）

地　区	镇	村	街道	居委会
全　市	79	1736	21	746
市　区	32	435	21	316
吴中区	13	125	–	90
相城区	10	109	–	24
沧浪区	–	8	8	71
平江区	–	8	6	42
金阊区	–	15	5	39
高新区虎丘区	5	113	2	20
工业园区	4	57	–	30
县级市	47	1301	–	430
张家港市	8	313	–	85
常熟市	12	322	–	128
太仓市	7	218	–	49
昆山市	10	205	–	102
吴江市	10	243	–	66

注：2003年全市区划调整较多，本表数据以各市（县）、区报送的年鉴材料为准。

（苏　鉴）

【区划调整】 ①常熟市调整部分镇行政区划。经省政府批准，苏州市政府于2003年2月9日、4月18日、6月16日、10月8日、11月17日分别批复同意常熟市调整部分镇行政区划：将古里镇、淼泉镇、白茆镇合并设立古里镇；将新港镇、东张镇合并设立新港镇；将支塘镇、任阳镇、何市镇合并设立支塘镇；将董浜镇、徐市镇合并设立董浜镇；将辛庄镇、杨园镇合并设立辛庄镇；将沙家浜镇、唐市镇合并设立沙家浜镇；将王庄镇、冶塘镇合并设立王庄镇；将练塘镇、张桥镇合并设立练塘镇；将虞山镇、谢桥镇、莫城镇合并设立虞山镇。

②张家港市调整部分镇行政区划。经省政府批准，苏州市政府于2003年3月17日、8月27日分别批复同意张家港市调整部分镇行政区划：撤销东莱镇、晨阳镇，将原东莱镇的东莱居委会及庆东等14个村和原晨阳镇的晨阳居委会及晨南等7个村划归杨舍镇管辖；将原晨阳镇东北部的晨北等5个村划归大新镇管辖；将三兴镇、合兴镇、锦丰镇及原东莱镇的定丰等3个村合并设立锦丰镇；将港区镇、后塍镇、德积镇及原晨阳镇西部的长埭等5个村合并设立金港镇；将妙桥镇、鹿苑镇、塘桥镇合并设立塘桥镇；将兆丰镇、乐余镇合并设立乐余镇；将港口镇、西张镇、凤凰镇合并设立凤凰镇。

③太仓市调整部分镇行政区划。经省政府批准，苏州市政府于2003年8月4日批复同意太仓市调整部分镇行政区划：将沙溪镇、归庄镇、岳王镇合并设立沙溪镇；将璜泾镇、鹿河镇合并设立璜泾镇；将浮桥镇、浏家港镇、金浪镇合并设立浮桥镇。

④吴江市调整部分镇行政区划。经省政府批准，苏州市政府于2003年12月18日批复同意吴江市调整部分镇行政区划：将盛泽、南麻两镇合并设立盛泽镇；将横扇、菀坪两镇合并设立横扇镇；将七都、庙港两镇合并设立七都镇；将震泽、八都两镇合并设立震泽镇；将桃源、铜罗两镇合并设立桃源镇；将芦墟、金家坝两镇合并设立芦墟镇；将黎里、北厍两镇合并设立黎里镇；将平望、梅堰两镇合并设立平望镇。

⑤昆山市调整部分镇行政区划。经省政府批准，苏州市政府于2003年12月25日批复同意昆山市调整部分镇行政区划：撤销玉山镇、正仪镇、陆杨镇建制，以原玉山镇行政区域、原正仪镇娄江以南的马庄等7个村和原陆杨镇杨林河以南、皇仓泾河以西的唐龙等3个村合并设立玉山镇；将原陆杨镇的陆杨社区居委会及许家等6个村划归周市镇管辖；撤销巴城镇、石牌镇，以两镇原行政区域和原正仪镇娄江以北的绰墩山等7个村以及银杏等5个社区居委会合并设立巴城镇；将花桥镇、蓬朗镇合并设立花桥镇；将千灯镇、石浦镇合并设立千灯镇。

⑥相城区调整部分镇行政区划。经省政府批准，苏州市政府于2003年12月19日批复同意：撤销元和镇、黄桥镇，以原黄桥镇行政区域、原元和镇相城大道以西的蠡口等8个居委会和朱巷等8个村以及朱泾、古巷2个村相城大道以西区域合并设立元和街道办事处；撤销太平镇，以原太平镇行政区域和原元和镇相城大道以东的胡巷等8个村以及朱泾、古巷2个村相城大道以东区域合并设立太平街道办事处。

⑦苏州工业园区调整娄葑、跨塘两镇行政区划。经省政府批准，苏州市政府于2003年7月23日批复同意：将跨塘镇的临湖村划归娄葑镇管辖。

⑧平江区调整街道管理区域。苏州市政府于2003年3月10日、9月2日分别批复同意：将皮市街道、观前街道合并设立观前街道，并将北寺塔街道平门社区居委会护城河以南、西北街以北、齐门河以西、平四河以东区域划归观前街道管辖；将东北街道、平江路街道合并设立平江路街道，并将北寺塔街道齐门社区居委会护城河以南、东北街河以北、齐门河以东区域划归平江路街道管辖；将北寺塔街道的梅巷社区居委会和齐门社区居委会护城河以北、齐门河以东区域划归娄门街道管辖，并将调整后的北寺塔街道更名为苏锦街道；将原苏锦街道更名为城北街道；将金门街道、桃坞街道合并设立桃花坞街道。

⑨金阊区调整虎丘镇行政区划。经省政府批准，苏州市政府于2003年12月19日批复同意：撤销虎丘镇，以其原辖区域设立虎丘街道办事处。

⑩金阊区调整街道管理区域。苏州市政府于2003年12月19日批复同意：撤销石路街道建制，以原石路街道桐泾北路以东的三乐湾等3个社区居委会和彩香街道桐泾北（南）路以东的彩香路等5个社区居委会合并设立石路街道；撤销三元街道、彩香街道建制，以原三元街道管理区域和原彩香街道桐泾北（南）路以西的彩香二村南区等6个社区居委会以及原石路街道毛家桥社区居委会合并设立彩香街道；撤销留园街道建制，以原留园街道管理区域和白洋湾街道路南村北环西路以南区域合并设立留园街道；撤销山塘街道、虎丘街道建制，以原山塘街

道管理区域和原虎丘街道虎丘等4个村委会合并设立虎丘街道；撤销白洋湾街道建制，以原白洋湾街道管理区域(除路南村北环西路以南区域外)和原虎丘街道的新渔等5个村委会及长青社区居委会合并设立白洋湾街道。（莫俊洪）

附表：全市人口构成（2003）

地　区	总户数	总人口	男	女
苏州市	2049073	5909656	2927836	2981820
市辖区	746064	2168663	1078784	1089879
县级市	1303009	3740993	1849052	1891941
常　熟	341877	1037962	507615	530347
张家港	334609	860195	428384	431811
昆　山	221491	619534	308853	310681
吴　江	251796	772186	384422	387764
太　仓	153236	451116	219778	231338

人　口

【概况】 2003年，苏州市总人口590.97万人，其中市辖区216.87万人，比上年增加4.47万人，增长率为2.10%；总户数204.91万户，户均人数2.88人。总人口中，男性2927836人，女性2981820人，男女性别比为98.19∶100。人口自然增长率为0.08‰。

【人口分布】 2003年，苏州市人口分布:市辖区216.87万人，其中沧浪区32.59万人，平江区23.92万人，金阊区21.10万人，吴中区54.91万人(含太湖旅游度假区10.39万人)，相城区33.95万人，高新区·虎丘区28.10万人，工业园区22.29万人；张家港市86.02万人，常熟市103.80万人，太仓市45.11万人，昆山市61.95万人，吴江市77.22万人。

【人口变动】 2003年，苏州市共出生42786人，出生率为7.28‰，比上年上升0.40个千分点；死亡42308人，死亡率为7.20‰，比上年上升0.05个千分点。人口自然增长率由上年的-0.27‰上升为0.08‰。苏州市除昆山、张家港两市自然增长率分别为1.53‰、0.94‰外，其他县级市自然增长率均为负数，其中太仓市自然增长率仍保持苏州市最低，为-2.56‰。市辖区出生人口16910人，死亡14020人，人口的自然增长率由上年的0.39‰上升到1.35‰。全市由省内外迁入104853人，迁往省内外33281人，人口机械增长率12.18‰，比上年上升5.01个千分点。其中市辖区人口机械增长幅度较快，增长42969人，增长率为19.81‰，比上年增加了3.09个千分点。5个县级市中，昆山市人口机械增长率位居榜首，为18.63‰，其余分别为张家港市7.78‰、太仓市6.58‰、吴江市5.31‰、常熟市3.34‰。

【农业人口和非农业人口】 根据省政府批转省公安厅《关于进一步深化户籍管理制度改革意见的通知》精神，全省打破城乡分割的户籍管理二元结构，取消户口性质，按照实际居住地登记户口，统称“居民户口”。所以，2003年的人口年报统计不再以户口性质统计农业人口和非农业户口，统一以居民户口作总人口统计。（廖亚萍）

历　史

【政区沿革】 苏州有文字记载的历史已有4000多年，夏代分天下为九州，苏州属扬州的一部分。商代末年，泰伯、仲雍来到江南，建号句吴。春秋时，寿梦于公元前585年称王，建吴国。吴王阖闾于公元前514年始建苏州城，为吴国都城。战国时先后属越、楚。秦代建置吴县，为会稽郡治所。汉代设吴郡。三国时属孙权吴国。两晋南北朝的大部分时间为吴郡治所。隋开皇九年（589年）始称苏州。宋时为平江府，元改平江路，均为治所；1356年张士诚改称隆平府。明洪武二年（1369年）称苏州府。清代续为苏州府。民国元年撤苏州府，设吴县；1928年建苏州市，1930年撤销，复称吴县。新中国成立后，苏州分为苏州市和苏州专区两个行政区。1953年1月之前和1958年7月至1962年6月，苏州市曾两次划归苏州专区。1953年至1957年，无锡、江阴、宜兴和武进4县划归苏州专区。1956年初，宜兴划归镇江专区。1958年初，苏州专区又同松江专区合并。是年7月，武进县划归镇江专区。11月原松江专区所属各县又划归上海市。1961年，从常熟、江阴划出部分公社，成立沙洲县。1983年初，江阴、无锡两县划归无锡市，苏州市实行市管县新体制，下辖常熟、沙洲（后更名为张家港）、太仓、昆山、吴县、吴江6个县和平江、沧浪、金阊、郊区（后更名为虎丘）4个区。之后6个县先后撤县建市。1992年和1994年，先后从吴县及郊区划出部分乡镇，设立苏州新区和苏州工业园区。2001年2月，撤销吴县市，分设吴中区、相城区。2002年9月，苏州新区、虎丘区区划调整，成立苏州高新区·虎丘区。

【城市性质】 苏州是国务院首批命名的历史文化名城和重要的风景游览城市，是长江三角洲重要的中心城市之一。苏州城自公元前514年建城以来，虽历经2500多年沧桑，但古城池仍坐落在春秋时代的位置上，基本保持着古代“水陆并行、河街相邻”的双棋盘格局，“三纵三横一环”的河道水系和“小桥流水、粉墙黛瓦、史迹名园”的独特风貌。苏州古城区现有河道总长35公里，桥梁168座，是中国河、桥最多的城市，被誉为“东方威尼斯”。苏州又是沿海经济开放区。1985年1月，中央决定将长江三角洲、珠江三角洲和闽南厦漳泉三角地区开辟为沿海经济开放区。从此，苏州进入了改革开放的新时期。1993年4月，国务院批准苏州为全国“较大的市”，从而拥有了部分立法权。现列为全国一级城市。

【传统文化】 苏州是吴文化的发祥地和人文荟萃之地。千百年来，姑苏文坛贤才辈出，百花竞艳。代表人物有西晋文学家陆机，宋代政治家范仲淹、诗人范成大，明代小说家冯梦龙，“吴门画派”沈周、唐寅、文征明、仇英，清代及近代文人顾炎武、俞樾、章太炎等，都在苏州留下了传世佳作。

苏州的绘画、书法、篆刻、诗文流派纷呈，各有千秋，形成了具有独特魅力的吴文化。苏州是全国最古老剧种之一——昆曲的诞生地。昆曲已有400多年的历史，人称“中国戏曲之母”。2001年5月，昆曲被联合国教科文组织列入“人类口述和非物质遗产代表作”。评弹是用苏州方言表演的说唱艺术，已在江、浙、沪一带流传了300余年，至今仍为群众喜闻乐见。常熟“虞山琴派”是中国古琴的一个重要流派。2003年11月，中国古琴被联合国教科文组织列入第二批“人类口述和非物质遗产代表作”。

苏州工艺品闻名中外，苏绣与湘、蜀、粤绣同被誉为“四大名绣”；桃花坞木刻年画与天津杨柳青木刻齐名，世称“南桃北杨”。苏州缂丝、雕塑、宋绵、苏扇、红木雕刻等工艺品，争妍斗艳、巧夺天工。 （苏 鉴）

经济与社会

【概况】 2003年，全市人民在市委、市政府的正确领导下，经历了“非典”危机和伊拉克战争双重考验，确立了率先全面建成高水平小康社会和率先基本实现现代化的发展目标，经济社会发展和城市建设都取得了令人瞩目的成就，进入了新一轮快速健康发展的增长周期。

全市经济克服了“非典”影响，运行质量稳步提高，经济发展速度创10年来最高水平。全年实现生产总值2801.56亿元，按可比价计算比上年增长18%。人均生产总值达到4.77万元（按户籍人口计算），按现行汇率折算为5762美元。全市三次产业比例由上年的4.4:58.2:37.4调整为2.7:63.2:34.1。全年实现财政收入突破400亿元，达409.9亿元，同口径增长34.9%，其中地方财政收入220.31亿元，同口径增长44.1%。地方财政一般预算收入170.5亿元，同口径增长43.2%。财政收入占生产总值的比重连续8年持续上升，达到14.6%，比上年提高0.6个百分点。

破除体制性障碍，在深化改革中增添发展活力，逐步建立符合社会主义市场经济要求的管理体制和运行机制，对外对内开放进一步扩大。城乡基础设施建设力度空前，城乡规划管理、环境保护和综合整治取得明显成效，城市公用事业快速发展。

城市化水平进一步提高。围绕“两个率先”发展目标，大力实施可持续发展战略，推动经济发展与社会文明的协调共进，科学、教育、文化、卫生、体育等社会事业取得长足进步。全市坚持以人为本、富民优先的发展战略，人口与计划生育、劳动就业等工作进一步加强，城乡居民收入增加较快，社会福利和保障事业进一步发展。

【农林牧渔业】 2003年，全市以“发展农业、致富农民、繁荣农村”为中心，切实加强对农业的科技指导、信息引导和市场疏导，全年实现农林牧渔业总产值156.27亿元。农业生产结构继续优化，粮食与经济作物种植面积比例由上年的55:45调整为51.9:48.1，粮食、蔬菜、林果、水产、畜牧五大主导产业基本形成。农业标准化生产全面推进，农产品质量不断提高。全市已有272个无公害农产品产地通过认定，全市通过国家和省级认证的无公害农产品、绿色食品和有机食品标志累计达427个。农产品市场准入制度全面展开。

农田水利工程建设超额完成计划，开展以防洪保安和水环境整治为重点的农村水利建设，全年完成农田水利总土石方3252万立方米。新开、疏浚河道1890公里，结合河道疏浚，加高加固圩堤488公里，增砌护岸工程163公里。全市农业机械化综合水平进一步提高。全年农林牧渔业用电量3. 87亿千瓦时，年末拥有农业机械总动力217.25万千瓦，全年农机化资金总投入5500多万元，新发展了一批收割、机插、烘干、保鲜等先进适用农业机械。主要农林牧渔业产品产量如下:

产品名称	产品产量(吨)	比上年±%
粮食	1127665	-23.0
棉花	6816	-9.4
油料	62418	-20.1
蚕茧	3437	-40.6
禽蛋	30312	-5.8
肉类	155991	-3.6
#猪肉	93809	-13.1
牛奶	100266	-4.6
水产品	338707	-5.2
#养殖产品	281770	-5.1

【工业和建筑业】 2003年全市工业经济在内、外需求的共同推动下，出现了历史上少有的高增长态势，工业经济总量及发展速度均创近年新高。全市实现工业总产值7010.77亿元，其中国有及年销售收入500万元以上非国有工业企业（以下简称规模以上工业企业）实现总产值4976.51亿元，分别比上年增长37.8%和39.1%。全年工业用电量304.13亿千瓦时，比上年增长30%。各类所有制工业呈现良好发展，外资企业一路领跑，私营经济跃上新台阶。全市规模以上工业总产值中，国有工业总产值128.74亿元，集体工业总产值59.44亿元，三资工业总产值3011.91亿元，私营工业总产值942.22亿元，分别比上年增长17.7%、13.3%、48.7%和27.9%。重工业化水平继续提高，全市规模以上工业中，重工业产值32.8.65亿元，轻工业产值1767.86亿元，分别比上年增长49.3%和23.7%，重工业化水平达到64.5%，比上年上升9.1个百分点。工业经济运行质量进一步提高，规模以上工业企业实现产品销售收入4924.87亿元，同比增长41.4%；实现利税343.32亿元，同比增长29.2%，其中利润219.44亿元，同比增长35.8%。规模以上工业经济效益综合指数达159.3%，创近年新高。规模型经济继续推进，骨干企业对全市工业的引领作用明显。工业百强企业实现销售收入2524亿元，同比增长56.2%，占规模以上工业的比重达51.3%；利税总额180亿元，增长38.8%，占比达54.0%，其中利润总额132亿元，增长48.2%，占比达61.5%。全市规模以上工业企业主要产品产量如下:

产品名称	计量单位	产品产量	比上年±%
化学农药	吨	44486	2.8
生铁	万吨	189.59	19.3
钢	万吨	612.40	34.6
钢材	万吨	926.24	23.7
自行车	万辆	479.59	18.2
家用电冰箱	万台	138.34	12.5
房间空调机	万台	158.53	32.6
彩色电视机	万部	163.59	83.0
显示器	万部	1731.96	26.2
机制纸及纸板	万吨	61.29	9.1
发电量	亿千瓦时	170.96	18.4

建筑施工企业全年施工面积4552.58万平方米，竣工面积2486.69万平方米，分别比上年增长39.7%和41.6%。实现施工产值315.44亿元，比上年增长44.8%。

【运输通信】 全市机动车辆激增，社会运输能力大幅提高。年末拥有机动车113.69万辆，其中汽车28.6万辆，分别比上年增长12.1%和36.2%。全年完成客运量2.29亿人次，旅客周转量151.81亿人公里，分别比上年增长9.0%和26.6%；完成货运量7354万吨，比上年下降11.9%，货物周转量45.49亿吨公里，比上年下降5.0%。

全市邮政业务收入6.69亿元，比上年增长5.5%；全年发送函件11410万件，特快专递265万件，报刊2.49亿份；年末邮政储蓄余额87.03亿元，比上年增长19.5%。年末市话和农话交换机总容量299.47万门；市话和农话用户280.06万户，比上年增长28.0%，其中小灵通用户50.47万户，住宅电话217.10万户，比上年增长30.4%；移动电话用户383.65万户，比上年增长39.8%。城乡话机普及率达到每百人143.95部，比上年增加30.25部。

【国内贸易】 随着居民收入水平的提高，居民消费结构调整幅度进一步加大，新一轮消费升级特征明显，汽车以及与住房相关的商品销售尤为突出，虽然商贸领域一度受SARS影响，但在消费需求扩张与消费水平提升的条件下，借助于全方位的营销活动，市场快速复苏。全市实现社会消费品零售总额526.1亿元，比上年增长16.5%，增幅比上年提高1.2个百分点，其中批发零售贸易业零售额438.32亿元，餐饮业零售额85.2亿元，分别比上年增长15.6%和26.9%。城市消费品零售额372.1亿元，农村消费品零售额154.0亿元，分别比上年增长17.3%和14.5%。从限额以上贸易业分类零售额情况看，木材及制品类增长89.1%；汽车类增长117.4%；家具类增长75.5%；通讯器材类增长96.5%；洗涤用品类增长126.5%；体育、娱乐用品类增长147.5%。商贸业态在大卖场、超市、便利店规范化、规模化建设的同时，加快了百货业、专业店、专卖店的调整与发展，商贸流通业形成规模取胜、错位竞争的新格局。在推进业态升级的同时，现代信息技术在商品采购、销售结算、仓储配送、库存管理的运用，促进了商贸流通业的信息化进程，网上采购和网上销售获得新发展。

【市场物价】 居民消费价格指数为100.8，SARS时期出现了短暂的价格波动，通过强有力的干预措施得到了平抑，全年价格总水平延续了上年微升格局，分类指数四升四降。食品类、衣着类、医疗保健和个人用品、居住类价格分别比上年上升3.2%、1.6%、3.0%和0.9%；烟酒及用品、家庭设备用品及维修服务、交通及通讯、娱乐教育文化用品及服务价格分别比上年下降0.5%、3.4%、5.7%和1.5%。商品零售价格总水平比上年下降0.5%。分类价格指数（上年为100）如下：

类　别	2003年	2002年
居民消费价格总指数	100.8	100.4
服务项目价格指数	102.6	103.8
消费品价格指数	100.4	99.5
一、食品	103.2	101.5
#粮食	104.1	99.2
油脂	111.3	98.0
肉禽及其制品	105.2	97.5
蛋	101.9	106.7
水产品	98.9	101.4
菜	108.5	115.1
#鲜菜	109.3	118.2
二、烟酒及用品	99.5	101.5
三、衣着	101.6	97.5
四、家庭设备用品及维修服务	96.6	101.9
五、医疗保健和个人用品	103.0	99.5
六、交通及通讯	94.3	96.6
七、娱乐教育文化用品及服务	98.5	99.8
八、居住	100.9	99.7
#水、电、燃料	101.7	103.3
商品零售价格总指数	99.5	99.5

【金融业】 在提供丰富多样金融产品和优质高效金融服务的同时，金融业务发展迅猛。金融机构各项存贷款业务增长迅速，年末金融机构人民币存、贷款余额分别为3149.79亿元和2359.28亿元，比年初分别增长41.1%和58.2%，外币存、贷款余额31.6亿美元和33.58亿美元，比年初增长8.4%和117.9%。各项贷款余额增长幅度高于存款余额增长幅度。全年银行现金收入7930.39亿元，现金支出8173.02亿元，分别比上年增长36.1%和36.4%。

全年股市行情总体低迷，但是全市证券开户数已经达到53万户，比上年增加1.1万户，全年股票和基金成交金额为818.3亿元，比上年增长6%。全市证券营业部发展到32家，比上年增加3家。本地最大的券商东吴证券取得了较好的成绩，营业利润率在上海证券交易所统计排名中跻身全国第四。

保险业继续高速发展。年末全市保险机构有12家，全年保险公司保费收入64.2亿元，比上年增长36.4%，已决赔款及给付13.9亿元。在保费收入总额中，人寿保险份额继续提高，财产险与人寿险的比例由上年的24.7:75.3调整为22.7:77.3。

【房地产业】 城市品位的提升，住宅消费能力的提高以及旧城改造、道路建设等城市基础设施建设的加快，促进全市房地产市场继续保持快速增长。全年房地产开发投资177.94亿元，比上年增长65.8%，商品房施工面积2661.97万平方米，增长81.4%，竣工面积825.89万平方米，增长48.0%。商品房销售额158.25亿元，增长36.0%，其中住宅销售额131.6亿元，增长34.1%；商品房销售面积614.86万平方米，增长13.9%，其中住宅销售面积530.38万平方米，增长10.5%。全市商品住宅平均售价达到2481元／平方米，增长21.4%，其中市区商品住宅销售均价为3099元／平方米，增长35.9%房屋二级市场置换交易活跃，全市旧住宅成交过户面积达304.49万平方米，成交额41.27亿元。全市拍卖、招标和挂牌交易经营性用地596宗（工业项目用地除外），共计1651公顷。

【旅游业】 全市旅游业在春季旅游旺季受到“非典”严重影响，第3、第4季度积极拓展国内旅游市场，努力弥补国际旅游的损失。全年实现旅游总收入235.96亿元，比上年增长19%。全市接待境外旅游者81.57万人次，比上年下降8.5%；旅游外汇收入2.91亿美元，增长4.5%。接待国内游客2350.17万人次，比上年增长16.9%。由各旅行社组织市民出游69.34万人次，比上年增长13.6%。全市实施大旅游发展战略，围绕旅游结构的调整，加大旅游资源整合和开发力度，提升优化“三古一湖”旅游品牌，推出了环古城水上游、大型现代月光芭蕾杂技舞剧“梦苏州”等旅游新品。全市新增星级饭店5家，年末拥有星级饭店94家，其中四星级及以上饭店20家，星级饭店总床位数逾2万张。全市旅游景区标准化建设进入了全面发展阶段，全市AAAA级景区达到13家。

【体制改革】 全力打造服务型政府，开展了第二轮行政审批制度清理工作，市级机关行政审批事项再次削减35.4%，经过两轮清理累计减少审批事项58.5%，市行政服务中心办理审批事项的时间比承诺期缩短三分之一以上。政风行风建设取得成效，纳税人评议政风行风调查综合满意率达到96.9%。以产权制度改革为突破口，全力组织市属国有（集体）企业改革攻坚，目前已有98%的企业完成整体改制任务，82家生产经营型事业单位实行转企改制。深化投融资体制改革，对6个政府类非经营性投资项目实行了代建制和代理制。切实抓好国有资产重组工作，苏州城市建设投资公司实施增资扩股，苏州国发集团调整组建成为以金融投资为主业的国有控股公司。企业在资本市场的融资渠道进一步拓宽，“华芳纺织”、“亨通光电”、“江南高纤”三只股票首发上市，共募集资金9.92亿元，苏州工业园区成功发行10亿元企业债券。全市新进入上市辅导期的企业有4家，结束辅导5家，处于上市辅导期的企业12家。

【对外贸易】 全市开放型经济保持了良好的态势，全年实现进出口总额突破600亿美元，达到656.63亿美元，比上年增长80.4%，其中出口总额326.34亿美元，比上年增长76.2%。外商投资企业出口额281.63亿美元，内资企业出口额44.68亿美元，其中外贸公司出口额26.12亿美元，私营企业出口额6.89亿美元，分别比上年增长84.8%、36.4%、19.6%和150.1%。对亚洲、北美、欧洲三大洲的出口额占出口总额的比重达95.9%，其中对亚洲出口额149.36亿美元，增长71.6%；对北美洲出口额82.04亿美元，增长67.7%；对欧洲出口额81.61亿美元，增长105.2%。美国、欧盟、日本成为本市主要出口市场，出口额分别为78.41亿美元、75.9亿美元和52.69亿美元，出口增幅分别达68%、107.7%和56.3%。全年机电产品出口额250.89亿美元，增长95.6%，机电产品出口额占全市出口总额的比重达76.9%，比上年提高7.7个百分点。高新技术产品出口178.95亿美元，比上年增长108.9%，占全市出口总额的比重为54.8%，比上年提高8.4个百分点。在出口总额中，一般贸易出口64.32亿美元，进料加工贸易出口215.04亿美元，来料加工装配贸易出口46.43亿美元，占比分别为19.7%、65.9%和14.2%。

【利用外资】 通过构建亲商、安商、富商的投资环境，改进招商方式，对外引资工作取得历史性突破。全年新增合同外资124.96亿美元，实际利用外资68.05亿美元，分别比上年增长24.1%和41.4%。外资项目规模扩大。新批超千万美元以上的项目716个，合同外资金额85.9亿美元，占全市的68.7%，其中园区英飞凌科技、常熟华润电力和吴江腾龙石化等22个项目超亿美元。902家外商投资企业先后增资，增加合同外资达23.09亿美元。三次产业新增合同外资分别为0.75、111.97和12.24亿美元，三次产业合同外资之比由上年的0.5:92.5:7.0变为0.6:89.6:9.8。至2003年末，全市累计实际利用外资347亿美元。世界500强跨国公司中已有91家先后落户苏州。全市有38家外资企业进入全国外商投资企业500强行列。全年涉外税收129.79亿元，占全市税收的比重达40.5%。

【外经合作】 全市对外经济技术合作稳步发展。全年新签对外劳务承包合同额2.49亿美元，完成营业额2.26亿美元，分别比上年增长35.2%和32.8%。年末在外劳务人员6579人，其中当年新派劳务人员3205人。当年新办境外企业7家，其中新开业1家。对外劳务合作向高层次迈进，国内目前惟一的苏州外派医护人员培训中心正式成立。

【开发区建设】 开发区建设加快推进。全市5个国家级开发区和11个省级开发区全年共新增合同外资81.71亿美元，实际利用外资44.12亿美元，分别比上年增长27.6%和23.3%，占全市的65.4%和64.8%。至2003年末，累计开发面积366.16平方公里，投入基础设施建设资金594.16亿元，批准进区三资企业5438个。苏州工业园区基本完成70平方公里的基础设施建设，国际科技园、软件园、信息产业园等功能载体加快构建。全区实现财政收入46.2亿元，进出口总额144.59亿美元，其中出口额59.83亿美元，分别比上年增长40.1%、138.4%和126.9%。苏州高新区出口加工区封关运作，二期物流中心投入运行。全区实现财政收入35.11亿元，进出口总额159.37亿美元，其中出口额87.58亿美元，分别比上年增长20.6%、83.9%和103.6%。昆山开发区实现财政收入37.27亿元，进出口总额90.27亿美元，其中出口额48.77亿美元，分别比上年增长65.4%、59.1%和68.4%。沿江开发全面启动，产业特色进一步增强，常熟经济开发区的江苏华虞国际造纸产业园和张家港经济开发区的江苏扬子江国际冶金工业园获准设立。

【私营个体经济】 发展民营经济成效明显。成立了中小企业局和中小企业担保公司，从导向、政策、服务上对个私经济加大扶持力度。全年新增私营企业2.1万家，个体工商户6.8万户，分别比上年增长11.7%和15.2%，当年私营企业新登记注册资金306亿元，个体工商户新登记注册资金23.4

亿元。2003年末，私营企业登记注册户数发展到7.27万家，注册资金889.88亿元，分别比上年增长22.8%和96.2%；个体工商户登记注册户数达到20.2万户，注册资金70.15亿元，分别比上年增长7.0%和33.9%。私营个体经济固定资产投资331.08亿元，增长40.8%，占全社会固定资产投资的23.5%。全年私营个体经济上交税金82.37亿元，增长55.4%，占全市税收的比重达到25.7%，比上年提高3.9个百分点。全市私营个体经济从业人员135.5万人，增长35.4%。

【吸引内资】 全市大力实施"内外并举、双轮驱动"的发展战略，引进内资工作成效显著。全年共引进内资项目3232个，增长2.18倍。协议引进内资投资总额为715.91亿元，增长4.62倍，其中外地资本投资总额637.76亿元，增长3.66倍。内资项目注册资本172.44亿元，其中外地注册资本145.83亿元。实际到帐内资337.5亿元，其中外地资金299.65亿元，增长2.63倍。从产业分类来看，一、二、三次产业协议投资额分别为1.33亿元、403.16亿元和311.42亿元，占比分别为0.2%、56.3%和43.5%。

【固定资产投资】 在城市建设、房地产开发、工业三大主流投资的带动下，固定资产投资规模创下新高。全社会固定资产投资1408.93亿元，比上年增长73.3%，增幅提高29.4个百分点。从投资主体来看，国资、外资、民资实现三驾齐驱。国有经济投资353.49亿元，增长100.7%；三资企业投资429.16亿元，增长84.1%；私营个体经济投资331.08亿元，增长40.8%。从投资种类看，基本建设投资966.8亿元，增长88.6%，更新改造投资246.24亿元，增长45.5%，房地产开发投资177.94亿元，增长65.8%。从产业结构来看，第三产业完成投资560.41亿元，增长87.6%，增幅高于全社会14.3个百分点，第二产业完成投资845.61亿元，增长65.5%，其中工业投入842.31亿元，增长65.3%，主要集聚在黑色金属冶炼及压延加工业、电力工业、电子及通讯设备制造业和纺织业。全市116个重点建设项目共完成投资362亿元，完成年计划的119%。

全年施工房屋面积6485.85万平方米，增长50.9%，竣工房屋面积2932.59万平方米，房屋竣工率为45.2%，新增固定资产814.44亿元，固定资产交付使用率为57.8%。全市新增生产能力和效益主要有：纯碱5万吨／年，家用空调15万台／年，化学纤维2000吨／年，高速公路90公里，城市自来水供水能力55.2万吨／日，污水处理能力24.5万吨／日，变电设备205万千伏安。

【建设和规划管理】 完成了苏州城镇体系规划、苏州城市绿地系统规划、火车站地区综合规划等项目的编制工作。以规划为龙头大力实施城市化战略，完善城市布局，改善城市环境，进一步增强中心城市聚集、辐射、带动功能。市区建成区面积达到149.06平方公里，比上年增加19.65平方公里。努力打造城市建设精品工程，环古城风貌保护一期工程竣工，南门路景观大道、南环路友新路高架快速干道、苏州规划馆、伍子胥纪念园、山塘历史街区保护性修复工程试验段、石路步行街，苏州港太仓港区一期等重点工程和实事项目完成。以公共绿地、路桥绿化为重点，市区新增绿地500万平方米，绿化覆盖率达37.1%，比上年提高1.1个百分点，人均公共绿地面积7.7平方米，比上年增加0.9平方米。桐泾公园、江枫洲、广济公园、东汇公园等4个市级公园和文庙公园等26个区级公园全面建成，在上年建成48个小游园的基础上，又建成52个，完成了"百园"目标。苏州市区、昆山市、张家港市获得国家园林城市称号；苏州顺利通过在荷兰举行的国际花园城市E组（100万人口以上城市）决赛，成为全国7个国际花园城市之一。

天然气管网建设顺利推进。苏嘉杭高速公路北段、沪宁高速苏州西出入口及快速连接道路相继建成，轨道交通一期工程完成一系列筹备工作，一号线试验段正式开工，绕城、苏沪、苏昆太高速公路、苏震桃一级公路、太仓港区二期、常熟第二电厂、华宇电厂、科技文化艺术中心、国际会展中心等一大批重点工程开工建设。

主要市政道路等设施得到整治，市区新建、改建、整治道路路面430万平方米，铺设人行道板94万平方米，敷设污水、雨水管道173公里，同时还对城市路灯等市政设施进行了维护。市区新增公交营运线路12条，新增公交车285辆，全年运客总量2.36亿人次，市区年末营运出租汽车2403辆。市区北部供水工程完成敷设二、三级管道510公里，相城区10个乡镇已全部通自来水，市区一户一表改造工程完成13.5万户。全年煤气供气总量8136万立方米，家庭燃气普及率为89.9%。

【环境保护】 加快推进创建国家生态示范区工作，张家港、常熟、昆山市和吴中区的生态示范区建设通过国家环保总局考核验收。加强太湖沿岸自然生态保护和恢复工作，建成全长6公里的环太湖绿色长廊。开展以急水港、千灯浦、京杭运河（苏州段）等省界断面上游和望虞河周边地区水质达标为重点的流域水环境治理工作，建成纳入全市太湖流域计划的污水处理厂4个，西塘河引水工程完成投资2.75亿元，长江水可直抵苏州环城河。加强城市环境综合治理，实施可持续发展战略，大力推进企业清洁生产和ISO14000体系认证。改善环境空气质量，市区环境空气质量总体达到Ⅱ级标准。

【历史文化名城保护】 全市拥有苏州、常熟两座国家历史文化名城，拥有甪直、同里、周庄3个中国历史文化名镇和东山、西山、木渎、光福、震泽、沙溪6个省级历史文化名镇以及一批风貌保存较好的古镇、古村落。全市现有各级各类文物保护单位487处，古城区还拥有平江、拙政园、怡园、山塘、阊门5个历史街区，200处控制保护建筑，790余处古桥、古井、古牌坊等构筑物。为了加强对历史文化名城名镇的管理，严格保护优秀的历史文化遗产，制定出台了《苏州市历史文化名城名镇保护办法》，在全国率先推出《苏州市城市紫线管理办法（试行）》。再次赢得因"非典"而易地的世遗大会承办权，第28届世界遗产大会的各项筹备工作有序展开。完成了苏州园林最大的输出海外项目洛杉矶"中国园"的图纸设计工作，为保护世界遗产和在海外传播中国文化做出了贡献。

【科技事业】 全市深入实施科教兴市战略，以建设国际新兴科技城市为目标，全面提升区域科技综合实力，科学技术对工业、农业经济增长贡献率达49.7%和57.1%。全市组织实施科技攻关、应用研究技术开发、火炬计划、星火计划、成果推广、国际科技合作等科技项目437项，其中国家级项目75项，省级项目143项，市级项目219项。147项科技成果获市级以上科技进步奖，其中江苏省奖17项。苏州市被列为全国专利工作试点城市，全年专利申请量3780件，专利授权量2593件，分别比上年增长21.6%和11.6%。区域科技创新体系进一步推进。常熟高分子新材料、昆山精密模具等国家火炬计划产业基地顺利建成，一批创业园、重点实验室、工程技术研究中心投入使用，组建科技创业投资公司，并在全省率先设立科技专项资金。高新技术产业发展迅猛。全市高新技术产业产值达1860亿元，增长65.5%，占规模以上工业比重达37.4%，其中通信设备、计算机及其电子设备制造业产值1566亿元，增长77.5%，占全市高新技术产业比重达84.2%。全市新认定省级以上高新技术产品224个，累计已达1221个。当年新增省级以上高新技术企业80家，实有总数达到555家。30多家著名跨国公司在本市设立研发中心和研发机构，企业与84所高校、科研所新签合作协议144项。大力开展群众性科普活动，科普组织网络日益完善。全市引进各类专业技术人才4.38万人，人才政策环境和柔性流动机制逐步完善。

【教育事业】 教育资源进一步整合，高等教育、基础教育、职业教育布局调整取得重大进展。素质教育全面推进，基础教育水平不断提高。全市初中毕业生升学率为96.3%，高考录取率为88.3%，高等教育毛入学率达45%，高等教育普及化程度提高。2003年，全市小学在校学生38.15万人，初中在校学生25.17万人，普通高中在校学生11.58万人，职业中学在校学生2.11万人；技工学校在校学生2.21万人，毕业生0.3万人；中等专业学校在校学生6.36万人，毕业生0.86万人；普通高等学校在校学生8.05万人，毕业生1.52万人；成人高等学校在校学生2.7万人，毕业生2万人。民办教育继续快速发展，现有民办大学2所，民办普通中小学25所，民办职业学校5所，企业办学3所。苏州研究生城和苏州国际教育园加快建设，已有300名学生进入研究生城、2000名学生进入苏州国际教育园。

【文化事业】 “文化苏州”品牌建设硕果累累，世界建筑大师贝聿铭设计的苏州博物馆新馆开工建设。滑稽戏《一二三、起步走》被初选入“国家舞台精品工程”，舞剧《干将与莫邪》、青春喜剧《青春跑道》分别进入中宣部第9届精神文明建设“五个一工程”优秀作品和入选作品奖名单。电视片《苏州水》、《江南》获全国“星光奖”评比一等奖。中国古琴被联合国教科文组织列入第二批“人类口述和非物质遗产代表作”名录。昆曲得到大力弘扬，中国昆曲博物馆一期工程竣工，引进台资编排昆曲名剧《长生殿》、青春版《牡丹亭》。特色文化建设取得成效，昆山市获国家级“民间艺术之乡”（昆曲），常熟市（古琴）、太仓市（江南丝竹）、昆山市锦溪（民间博物馆）等获省级“特色文化之乡”。文艺演出、文化出版市场管理进一步加强，广电事业有序发展。年末全市有文艺表演团体18个，群众艺术馆、文化馆（站）116个，公共图书馆10个，出版社2家，公开出版报纸14种，其中新增1种，杂志26种，广播电台6座，电视台6座，数字电视用户达1.9万户，电影放映单位45家。

【卫生事业】 针对2003年上半年我国部分地区发生的“非典”疫情，市委、市政府切实把保护人民群众的身体健康和生命安全放在第一位，迅速构筑起六大防控体系，狠抓组织指挥、医疗救治、预防控制、技术指导、后勤保障和信息宣传等各项措施的落实，妥善处理疑似病例，实现了“零病例发生、零医护人员感染”的目标。为加快公共卫生体系建设，全市投入1.2亿元新建市疾病控制中心和市卫生监督所，以提高公共卫生监测能力和应急处理能力。出台了《苏州市农村合作医疗保险管理办法》，推动农村合作医疗建设，农村合作医疗行政村覆盖率达98%。医疗卫生条件继续改善，服务水平进一步提高。全市投入专项经费用于社区卫生服务站信息化建设，市母子医疗保健中心建成使用，投资5亿元拥有600多张床位的首家侨资九龙医院开工建设。继续加强无偿献血工作，实现无偿献血占临床用血量的90%，建成骨髓配型实验室。年末全市拥有医疗卫生机构1450个，其中医院、卫生院199个，专业卫生技术人员2.78万人，其中医生1.17万人，卫生机构医疗床位2.06万张。健康城市建设开始启动，苏州成为世界卫生组织健康城市联盟理事城市。

【体育事业】 “环太湖体育圈”建设框架初现，已建成水星游艇俱乐部等7个户外健身项目，苏州太湖体育休闲公园奠基。改革体育中心经营管理体制，推动体育产业发展。苏州市体育中心承办了八一女篮主场季后赛、全国城运会女子举重比赛、全国女排锦标赛、全国速度轮滑赛、全国花样游泳锦标赛等重大活动。八一男排、青岛澳柯玛足球俱乐部落户苏州。常熟籍国际健将苏懿萍夺得亚洲田径锦标赛女子百米跨栏冠军，5支运动队夺得2个全国锦标赛冠军、2个全国冠军赛冠军。在全国首创“三中心一卡通”系统，构建全民健身新平台，开展主题为“全民参与，积极健身，科学锻炼，抗击非典”的全民健身周活动。全年销售电脑体育彩票2.33亿元，销售即开型体育彩票4700万元，体育彩票公益金斥资412万元建成全民健身工程6个，健身点215个，至2003年末全市的全民健身工程共有58个，健身点509个。

【人口和就业】 全市以被列为国家人口与计划生育综合试点城市为契机，深入研究实施人口发展战略，稳定保持低生育水平，努力提高出生人口素质。2003年全市出生42786人，出生率为7.28‰，人口自然增长率为0.08‰。年末全市户籍总人口590.97万人，比上年增加7.11万人，其中市区总人口216.87万人，比上年增加4.47万人。

年末全市城镇以上国有、集体及其他经济单位从业人员86.57万人，其中国有单位26.85万人，集体单位5.23万人，其他经济单位54.50万人。以市场为导向的就业机制逐步形成，实现了下岗保障与失业保障的并轨，通过采取政府购买公益性就业岗位、实行社会保险补贴、建立再就业援助基地等各项优惠措施，扩大了特困人员的再就业。全市新增劳动就业岗位37万个，新增城镇劳动就业岗位15.8万个，城镇登记失业率为3.93%。

【人民生活】 经济快速稳定增长给城乡居民带来更多实惠，居民收入继续增加，市区城市居民人均可支配收入12361元，全市农民人均纯收入6750元，分别比上年增长16.4%和10%。居民消费水平进一步提高，市区居民人均生活消费支出9272.5元，农民人均生活费支出4641元，分别比上年增长20.7%和9.8%。食品消费支出占生活消费支出的比重(恩格尔系数)市区居民为37.8%，农民为37.6%。年末城乡居民储蓄存款余额1470.50亿元，人均储蓄存款2.49万元。年末私人汽车拥有量达15.84万辆，比上年增长52.3%，其中新增私人客车5.11万辆，私客拥有量达13.07万辆，增长64%。住房条件进一步改善，市区城镇居民人均住房使用面积为27.4平方米，比上年增加1.8平方米，住宅成套率达87.84%。

【社会保障】 全市社会保险扩大覆盖面工作取得历史最好成绩。城镇职工养老、失业、医疗、工伤和生育五大保险参保人数均超过100万人。年末全市参加城镇基本养老保险的单位31693户，参保职工146.15万人，增长28.4%；参加城镇职工基本医疗保险单位29748户，参保人数174.7万人，增长20.7%。企业基本养老保险费、城镇职工基本医疗保险费收缴率分别达到97.9%和98.8%。农村社会保障制度实现重大突破，首次出台了《农村基本养老保险管理办法》，全市有92.27万农村居民参加了养老保险，占农村劳动力的43.9%，39.1万人领到基本养老金或养老补贴。

城乡最低生活保障水平比上年有所提高，城镇低保标准由月人均220元提高到260元，建立了农村低保家庭备案制度，制定了农村低保月人均120元的指导标准。全市共有24056户51575人纳入低保范围，其中城镇7889户16098人，农村16167户35477人，各级发放低保资金4896.9万元。新建改建一批养老服务机构和老年人活动场所。目前，全市建有养老服务机构近200家，总床位近万张。市社会福利院康复指导中心和市残疾人活动中心建成。市政府与世界轮椅基金会各出资400万元，为全市残疾人捐赠近2万辆轮椅，实现了每个需用代步工具的残疾人都拥有一辆轮椅的目标。

【突出矛盾和问题】 苏州经济突飞猛进，进入了一个新的快速发展时期，但同时再次出现了电力、交通以及其他城市服务功能、设施的瓶颈制约。居民收入总体水平不高，就业再就业依然是个难题。城乡建设任重道远，农民持续增收难度较大。商品房有效供给相对不足，房地产价格上涨过快。相信在市委、市政府的正确领导下，苏州能够充分吸引各类人才、优化产业结构，有效利用各种资源，提升内生增长能力，缓解直至消除“瓶颈”制约，实现持续、快速、健康、协调发展，实现率先全面建成高水平小康社会的目标。

注：1、原国内生产总值指标按照国家统计局的规定改为地区生产总值。各产业增加值绝对数按当年价格计算，增长速度按可比价格计算。

2、2003年农林牧渔业总产值按新口径计算。

3、规模以上工业企业相关指标的增幅均按同口径计算。 （苏统）

精神文明建设

【概况】 2003年，苏州市群众性精神文明建设根据党的十六大“发展要有新思路，改革要有新突破，开放要有新局面，各项工作要有新举措”的精神，积极贯彻省文明委工作意见，围绕市委、市政府提出实现“两个率先”的目标和建设“六个城市”的要求，坚持以人的全面发展为主题，在巩固已有成绩基础上，研究新形势，解决新问题，总结新经验，开创新局面，努力在实效上下功夫，各项工作取得了新的进展。

①深化公民道德教育。各地、各单位加强以社区市民学校、农村村民学校为重点的教育阵地建设，全市已建立市(村)民学校两千余所，发挥了较好的作用。市文明办组织编印下发了《中华道德歌》一书。抓住9月20日全国第一个“公民道德日”契机，在全市集中开展“公德与生活”主题活动，进行《公民道德建设实施纲要》的集中再宣传。团市委召开了全市纪念学雷锋40周年大会，开通了“苏州市青年志愿者网站”，举办了“雷锋精神伴我行”大型图片展，组织全市13个系统的“青年文明号”服务集体参与的志愿者大型广场服务，并成立了首批15个苏州市青年志愿者服务站。市科协等单位联合举办了“科普宣传周”活动，组织了大型“科教进社区”咨询宣传。市总工会等联合表彰了苏州市“五一文明岗”(班组)和“百名文明职工”。市妇联在全市开展了“婚育新风进万家”活动。常熟市开通了“文明市民教育网”，在城乡利用70个邮政报刊亭设立了“精神文明、综合治理宣传岗”。

②加强文明城市创建工作。2003年初，苏州市及所辖5个县级市被中央文明委确认为“全国创建文明城市工作先进城市”，初步实现了“创建全国文明城市群”的目标。市文明委抓住苏州被列为创建全国文明城市试点城市的契机，围绕建设“六个环境”(廉洁高效的政务环境、公平公正的法制环境、规范守信的市场环境、健康向上的人文环境、安居乐业的生活环境、可持续发展的生态环境)，在提高创建标准、制定新的创建措施上下功夫。张家港市受中央文明办委托，开展了全国文明城市测评体系试点工作。上半年，市文明办配合中央和省文明办开展了深化文明城市创建的调研工作。7月，省文明委在苏州市召开了“全省文明创建要素建设经验交流会”，苏州市文明委、吴江市文明委、亨通集团公司、常熟市梦兰村分别介绍了经验。

③“三创”(创建文明社区、文明行业、文明村镇)工作成绩显著。各市(县)、区按照创建要求，坚持以人为本，以抓社区建设为突破口，高起点规划，分步骤实施，梯次式推进，美化社区环境，强化社区教育，优化社区功能。以完善社区教育体系、社区文化建设、社区服务中心、社区志

愿者组织等为特色的一批先进社区已在全市逐步形成。沧浪区在全市率先推出了“一品一区”的社区创建模式，并取得了明显成效。行业创建在巩固基础的前提下，努力向扩大服务外延、提升服务内涵方面拓展。切实抓好行业特别是重点窗口行业的文明创建工作，使行业创建向基层一线延伸，向机关内部延伸，向社区延伸。“行业进社区”活动正在逐步推开。全市各行业普遍开展了“树文明形象、展行业风采”优质服务竞赛活动。全市各风景旅游区加强了精神文明建设。6月，市文明委在吴江市召开了“文明创建质量管理体系”现场会，总结推广了吴江市国税局深化文明行业创建的经验。市文明办会同市贸易局等单位做好了“顾客满意度指数测评体系”试点的工作。进一步做好对行业服务质量的监督，及时处理群众投诉，行业投诉电话“8999”接到各类投诉约2000件，其中近九成得到解决。适应城乡一体化进程的步伐，坚持以城市的要求抓农村，用市民的标准育农民。以科技、卫生为重点的为农服务进一步深入。全市大力开展清洁家园、清洁河道、清洁村庄，优化了农村生活环境。各市(县)、区还注重结合实际，全面推动城市文明向镇村延伸辐射，进一步推进了文明村镇的创建工作。

④推进“诚信”建设。各级政府发挥诚信的表率作用，全面实行政府各部门公共信息向社会开放，做到政务信息、政务活动、政务程序三公开，进一步促进行政行为规范化、程序化、法制化。市区及所辖5市（县）全部成立了行政审批中心和外商投资服务中心，实行一条龙服务制，建立和推行了行政审批首问负责制、限时办结制、程序事项告给制、交办督办查办制等制度。工商部门对“重合同、守信用”企业免于年检，金融系统对守信用企业给予信贷额度优惠，海关对守信单位享受通关便利等。常熟市制作了3万份《诚信常熟从我做起——致全市市民的一封公开信》分发到社会各界，传播诚信文化，普及信用知识；张家港市以“共建诚信城市，争做诚信市民”为主题，利用全市500多所市民学校，编印下发30多万册《张家港市文明市民读本》，有针对性地开展培训教育活动；太仓市编印下发了《诚信在太仓学习手册》，并坚持诚信教育从娃娃抓起，在全市中小学中开展“诚信进校园”活动；吴江市以开展“一创四信”活动为抓手（创建金融安全区，建设信用客户、信用企业、信用村、信用镇），全面建立诚信档案。市文明办会同质量技术监督局、卫生局等部门在总结经验的基础上，加大食品卫生监督力度，继续开展“365食品安全行”活动。

⑤加强对精神文明建设工作的宣传。市文明委开展“相约健康”主题活动后，各新闻媒体利用各自优势，广泛引导居民建立科学文明的生活方式和行为习惯，在全社会形成了爱卫生、重健康、讲文明的良好风尚。“苏州市第二届社区文化艺术节”一启动，8家新闻媒体和宣传部门网站就在全市进行了有组织、有计划、有节奏的报道，营造了浓厚的社区文明氛围。市文明办设计印刷了1.4万张“苏州市第二届社区文化艺术节”招贴画，在全市“社区之窗”上进行宣传。各新闻单位在突出对热点问题的正面引导的同时，充分发挥先进典型的幅射效应。先后对“苏州市第十一届社会主义精神文明建设十佳新人新事”、抗“非典”期间卫生战线涌现出来的新典型、平江区“一家人”慈善超市等精神文明建设亮点新闻组织专题报道。并对个私企业精神文明建设工作先进典型和先进行业、单位、村镇、小区等进行了系列报道。

【“苏州城市精神”大讨论】 2003年春节后，市文明委把塑造具有苏州特色的城市精神作为当前和今后一个时期苏州市精神文明建设的一项重要任务。为此，组成了苏州城市精神评审小组，制定了城市精神研究和讨论的实施方案，整个活动分为广泛征集、专家筛选、再征集、再筛选几个阶段。至年底，共收到市民来信约1500封，城市精神主题词3016条；中国联通用户发主题词短信约3800条；电话投稿约1000个；共收到市民来稿约8000条。在此期间，苏州日报辟出专栏刊登“金螳螂杯”城市精神征文、“中国联通杯”苏州城市精神主题词，共发征文稿30篇，选登城市精神主题词10次，累计103条。苏州城市精神研究和讨论的过程，引起了社会各界的广泛关注，得到了全市广大群众的积极参与，成为弘扬民族精神，激励和凝聚人心的过程。经专家筛选，选出了20条苏州城市精神候选词供市民评选。

【省级文明行业、文明村镇、文明单位评选活动】 全市组织开展了2001～2002年度江苏省文明行业、创建文明行业工作先进行业、文明村镇、文明单位评选申报工作。市文明办对全市各地、各系统申报的名单进行了资格审查，各申报单位从7月10日～8月底，分别张贴了申报公示，接受社会各界的监督。市文明办还以书面形式征求了市纪委、市委组织部、市委政法委等11个部门的意见。年内，全市受到省委、省政府表彰的2001～2002年度江苏省文明单位标兵15个；受到省文明委表彰的文明行业54个、创建文明行业工作先进行业17个、文明镇35个、文明村82个、文明单位183个，受到表彰的总数列全省第一。市文明办组织开展了全市2002～2003年度文明社区、文明“示范窗口”的申报评比工作。

【第2届社区文化艺术节】 2003年8月～11月上旬，全市举办了“苏州市第二届社区文化艺术节”。这次艺术节，主题鲜明，持续时间长，参与面广，活动内容丰富，有演出、书画、花艺等十多类活动，其中创作节目约180个，演出约2300场，近200万人次参加艺术节期间的活动。以居委会为组织单位的社区文化活动遍及全市各个社区，仅苏州城区174个社区居委会在艺术节期间就开展了约800个活动。10月中下旬，艺术节组委会集中组织了《走进十月的阳光》9场集中性演出，并设置了组织、创新、演出等多个奖项。吴江市“走进社区走进乡村”百场文艺演出、昆山市“天天演”广场文艺活动、张家港市“沿江四市”社区文化展演、金阊区“新市民”文艺特色汇演、吴中区邀请江浙沪16市（区）参加吴中友好城市歌会等活动受到基层群众广泛欢迎。

【“一家人”慈善互助超市】 在全市大力倡导“献爱心、送温暖”活动的同时，积极探索扶贫帮困的常态、长效机制，市委宣传部、市文明办协助平江区创立了全省首家“‘一家人’慈善互助超市”，将现代超市理念引入扶贫帮困领域，实行社会化筹集、自选式发放、人情化操作、市场化运作的方式，使捐受双方由“你捐我受”的被动方式向“按需捐助”的互动方式转变，在募捐种类上由单一性向多样化方向转变，在捐助物品管理上由封闭型向开放式转变，在发放方式上从显性化捐助向经常化捐助转变，有效地提高了社会救助水平，受到捐受双方和社会各界的广泛认同与欢迎。该超市已吸引社会捐助80余万元，发放“爱心申领卡”1000多张，惠及对象超过3000人。“苏州市建起全省首家‘一家人’慈善互助超市”被评为江苏省第7届精神文明建设新人新事。

【“文明交通工程”活动】 为了加强市区道路交通管理，保证城市道路交通正常运转，营造良好的交通和人居环境，市文明办、公安局、交通局、教育局、城管局等相关单位结合新发布的《关于加强城市道路交通管理的通告》，于4月中旬开始至年底，分两个阶段在全市广泛开展“文明交通工程”活动。一是从文明行车、文明乘车、文明骑车、文明行路入手，通过新闻媒体等大力开展宣传活动，强化市民公德意识和规则意识。二是由市文明办牵头协调公安、交通、城管、城建、驻苏部队和各区先后对严重影响苏州文明形象的“八类”交通违章进行整治。三是广电总台交通经济频率每天10小时不间断为市民提供路况信息服务，鼓励支持交通有关部门组建“爱心车队”，对出租车司机道德实践进行正确引导。四是针对市区主干道附近学校门口经常发生交通堵塞问题，市文明办组织有关部门在市实小、平江实验学校、沧浪实小等6所学校现场办公，对学校周边交通秩序进行规范整顿。五是招募“文明交通工程”志愿者，在城区主要道口及22个主要公交站台值勤，维持道口交通秩序和公交站台候车秩序，引导有序上车。六是开展“小手牵大手，齐做文明交通参与者”活动，以学生联结家庭、以家庭带动社会，不断延伸交通安全知识和法规条例的宣传教育触角，形成文明交通的整体合力。12月，省文明委在常熟市召开了“全省文明交通工程现场会”。

【“相约健康”主题活动】 “非典”期间，市文明办、城管局、爱卫办、科协联合发出通知，在全市开展“相约健康”主题活动。要求全市充分利用“抗非”时期全民防疫的有利时机，大力倡导文明新风，革除不文明陋习。一是从个人卫生、市容环境卫生、单位和行业卫生三方面着手，大力开展爱国卫生运动。二是普及卫生知识，加强市民健康教育。市卫生局、爱卫办、城管局、科协等举办了“相约健康社区行”健康知识演讲比赛等系列活动。三是依据《苏州市城市管理相对集中行政处罚权试行办法》，认真做好依法监督工作。四是以人为本，着力提高市民文明素质。

【第12届（2003）新人新事评选】 2003年，在各单位推荐的基础上，经评审小组研究，组委会审核，登报公示，市民评选等程序，苏州市第12届社会主义精神文明建设“十大新事”、“十佳新人”产生。“十大新事”为：苏州广泛开展城市精神大讨论、苏州初步实现创建全国文明城市群的目标、“一家人”慈善互助超市、苏州第一支“爱心车队”、免费“公共卫生间”、情深轮椅、特殊护村队、社区民间收藏博物馆、阳光观前、家庭养老院；“十佳新人”为：在儿童文学领域独领风骚的金曾豪、昆山市第一人民医院护士周萍、致富不忘乡亲的苏州新燕集团董事长王欣南、赴内蒙古抗击“非典”的苏州大学附属第一医院呼吸内科副主任医师朱晔涵、背着父亲上大学的苏州大学商学院2001级学生黄昆、平民英雄王慈萍、复活“山塘雕花楼”的周炳中、激情创业的下岗工人樊军、服装设计师鲍晓莉、冰河救人的外来工陈文喜和李成军。

【首个公民道德宣传日】 2003年9月20日，中央文明委确定在全国开展首个“公民道德日”活动，以后每年的9月20日定为全国“公民道德日”。为此，市文明办在全市部署开展“公德与生活”主题活动，集中进行《纲要》宣传活动，并组织专场文艺宣传演出。活动要求各级各单位从公民基本道德规范抓起，引导市民遵守基本道德，规范基本行为，提升道德水平。活动期间，还组织24家窗口单位编辑50余块文明宣传展板在观前街进行了现场展出。活动结束后，文明宣传展板在市区各社区进行流动展出。

【文明创建管理体系】 省级文明行业吴江国税局围绕地方经济发展和本行业实际，借鉴IS09000的做法，提出了“文明创建管理体系”的创建理念。通过“过程控制，全员参与，持续改进”的科学管理，成功走出了一条融创建要求于管理之中，以信息化拓展文明创建的新路子。这种创建模式，实现了创建工作全方位覆盖、全过程控制、全员性参与的要求，真正使创建工作做到了经常化、制度化、规范化和公开化。为此，市文明委于6月26日在该局召开全市现场会，在文明行业创建工作中，推广了他们这一经验。

【苏通沿江共建】 6月18日，苏州、南通两市文明办、交通局在通沙汽渡举行“苏州—南通沿江汽渡文明通道共建活动”签字仪式，部署沿江汽渡文明通道共建活动，组织太海—海太、常通—通常、通沙汽渡南北渡口等汽渡签订结对共建协议。签字仪式的举行，标志着苏州—南通沿江汽渡文明通道共建活动正式启动。这是苏州认真贯彻全省沿江开发战略和沿江文明带建设、联片共建、深化文明城市创建等工作的创新之举，也是两市在南北联动、条块结合、整合资源、区域共建、协调发展的实际行动，力争用2年时间，共同把苏通汽渡建设成区域发展的大通道、精神文明的大窗口、通道经济的大亮点。 （高 平）

组织机构及负责人名录

（负责人任职时间截至2004年2月29日）

中国共产党苏州市委员会

书　　记　王　珉
副 书 记　杨卫泽　杜国玲　黄炳福
　　　　　沈荣法　王金华
常　　委　王　珉　杨卫泽　杜国玲
　　　　　黄炳福　沈荣法　王金华
　　　　　周向群　程云清　汪国兴
　　　　　徐国强　邱岭梅　周伟强
　　　　　陈振一
秘 书 长　徐国强
副秘书长　吴云高　陈振刚　汪长根
　　　　　翟晓声

苏州市人民代表大会常务委员会

主　　任　周福元
副 主 任　陆云泉　宋胜龙　谢慧新
　　　　　陈炳斯　周性光　孟焕民
　　　　　秦兴元　吴文元
秘 书 长　章立荣
副秘书长　蔡静娟　魏之光　徐洪斌

苏州市人民政府

市　　长　杨卫泽
副 市 长　汪国兴　周伟强　朱永新
　　　　　江　浩　姜人杰　赵俊生
　　　　　谭　颖
秘 书 长　王少东
副秘书长　董宙宙　韩天伦
　　　　　朱　民(兼)　陈振刚(兼)
　　　　　夏嘉梅　王国祥　张　旗
　　　　　邵建林(兼)　孙林夫(兼)
　　　　　徐美健　王　飚
　　　　　楼成刚(兼)　吴文祥
　　　　　凌　鸣

中国人民政治协商会议江苏省苏州市委员会

主　　席　冯瑞渡
副 主 席　孙中浩　刘振夏　盛家振
　　　　　吴砚池　苏慧心　程耀寰
　　　　　赵文娟　钱海鑫　蔡镜浩
　　　　　姚东明
秘 书 长　郑太白
副秘书长　徐伟荣　刘锦平　吴伟荣
　　　　　纪渭如　顾康平
　　　　　章德基(兼)　蒋冶棠(兼)
　　　　　谷公胜(兼)　金兴中(兼)
　　　　　姜丹青(兼)　平钰贞(兼)
　　　　　王仲钧(兼)

中国共产党苏州市纪律检查委员会

书　记　沈荣法
副书记　季忠正　张锡九　周立群
常　委　焦红兰　张　彪　缪红梅
　　　　崔可嘉
秘书长　崔可嘉

苏州市中级人民法院

院　长　鲁国强
副院长　向　阳　宋冬青　凌永兴
　　　　周冬冬　何士良
派驻纪检组长　何士良

苏州市人民检察院

检 察 长　范　佐
副检察长　赵志凯　张晓东　吴雪芳
　　　　　李　赞　徐鸣岳
派驻纪检组长　徐德章
反贪局局长　王建华

市 委 机 构

市委办公室

主　任　陈振刚
副主任　徐　蕙　金　洁　程华国
　　　　查颖冬　王新华

市委组织部

部　长　邱岭梅
副部长　张厚和　朱玉文　温祥华

市委宣传部

部　长　周向群
副部长　高志罡　缪学为　郦　方

市委统一战线工作部

部　长　金　明
副部长　孟家栋　谢建红
　　　　王科军(兼)

市委政法委员会

书　记　陈振一
副书记　江　浩(兼)　邵斌华(兼)
　　　　朱清义　顾新华

市委农村工作办公室

主　任　顾　杰
副主任　倪春鑫　金玉林　陈建荣

市委台湾工作办公室（市政府台湾事务办公室）

主　任　谢　鸣
副主任　章文熬　刘长乐　谢敏尔

市委市级机关工作委员会

书　记　陆震宇
副书记　吴晨潮　肖　芃

市接待办公室

主　任　钮雪林
副主任　郁裕铭　徐　力

市委老干部局

局　长　朱玉文（兼）
副局长　唐国奎　宋复兴　李存钧

市委研究室

主　任　潘卫祖
副主任　王冬爱　陈楚九

市委办公室机要局

局　长　商惠荣

市委保密委员会办公室（市国家保密工作局）

主任(局长)　李贤清

市委党史工作办公室
主　任　姚福年
副主任　王　琛　戴国兴

市委党校(市行政学院)
校　长　王　珉(兼)
常务副校长、院长　孙艺兵
副校长、副院长　娄德铭　邬才生
副院长　薛金坤(兼)
教育长　郭学文

市委610办公室
主　任　姜苏威
副主任　周众坤

市档案局(市档案馆)
局长(馆长)　翟晓声（兼）
副局长（副馆长）　祖　苏　虞平健

苏州日报社
社　长　李天岐
副社长　吉　克　张建雄　张志琳
《苏州日报》总编辑　刘文洪
《苏州日报》副总编辑　王文标
王晓宏　常　新
《姑苏晚报》总编辑　凡晓旺
《姑苏晚报》副总编辑　陆玉方
吴纪康
《城市商报》总编辑　黄漪沦
报社社务委员　林晓予

市人大常委会机构

办公室
主　任　徐铭阳
副主任　韦斌纯

研究室
主　任　朱佩霞
副主任　张家安

法制工作委员会
主　任　邱一民
副主任　陈巧生

人事代表联络工作委员会
主　任　朱林一
副主任　许英俊　戴玲芬

外事民宗侨台工作委员会
主　任　朱金媛
副主任　周炳源

内务司法工作委员会
主　任　袁国良
副主任　孔江明　王国平

财政经济工作委员会
主　任　时裕福
副主任　张小鹰

农村经济工作委员会
主　任　陶若伦
副主任　徐正如

城建环保工作委员会
主　任　陈顺金
副主任　曹　靖

科教文卫工作委员会
主　任　邵永华
副主任　顾九生　陈明生

市政府机构

办公室
主　任　韩天伦
副主任　陈为军　陆俊秀　陆伟跃
陶列平　蔡公武(兼)

市政府研究室
主　任　张　旗(兼)
副主任　梁书丰　万智慧

市发展计划委员会(市信息化办公室)
主　任　朱　民
副主任　范敬中　李淞泉　周小东
何坚忠　石建农　周旭东
派驻纪检组长　杭国政
信息化办公室主任　朱　民(兼)
信息化办公室副主任　朱国强

市经济贸易委员会(市乡镇企业管理局、市安全生产监督局、市中小企业局)
主　任　黄　钦
副主任　陈卫明　华仁杰　刘庆龙
万嗣洪　谢锡良(兼)
陈建红
派驻纪检组长　成建华
乡镇企业管理局局长　陈卫明(兼)
安全生产监督局局长　华仁杰(兼)
中小企业局局长　陈卫明(兼)

市教育局(市委教育工作委员会)
局　长　申建华
副局长　鲍寅初　袁　迪　顾月华
高国华　皇甫志新
纪工委书记　袁　迪

市科学技术局（市知识产权局）
局长、党组书记　徐敢峰
党组副书记　陈　维
副局长　陆丽华　王鸿声　马　刚
明　亮　刘春奇
派驻纪检组长　明　亮
党组成员　柏京红
知识产权局局长　明　亮(兼)
知识产权局副局长　王鸿声(兼)

市公安局
局　长　邵斌华
副局长　张中兴　王方林　陈　度
王锡忠　张志敏　蒋国忠
党组成员　姜苏威
派驻纪检组长　张中兴
政治部主任　孙　焱
交巡警支队支队长　张仁发
交巡警支队政委　王林林
治安警支队支队长　郑　敏
治安警支队政委　蔡鑫生
刑警支队支队长　万伟平
刑警支队政委　陆金生
水上支队支队长　（缺）
水上支队政委　朱建敏
经侦支队支队长　徐奇立
经侦支队政委　徐嘉良
国保支队支队长　许金根
国保支队政委　王毓强
警察学校校长　顾尚能

市监察局
局　长　季忠正
副局长　焦红兰　钱祖源　吴　亮

市民政局(市老龄工作委员会办公室)
局　长　顾开文
副局长　胡伟华　唐剑鸣　庞剑萍
派驻纪检组长　周其生
老龄委办主任　庞剑萍(兼)

市司法局
局　长　陈顺余
副局长　倪桂霞　张菊娥　韦　锋
派驻纪检组长　王洪标

市财政局[市国有（集体）资产管理委员会办公室、市财务总监管理办公室]

局　长　严文奎
副局长　陈雄伟　朱晓平　周志豪
　　　　谢新富　钱金泉　黄济美
派驻纪检组长　朱晓平
国资委办主任　严文奎(兼)
国资委办副主任　周志豪(兼)
财务总监办主任　严文奎(兼)
财务总监办副主任　喻雪萍　曲林庚

市人事局（市编委办）
局　长　张厚和
副局长　薛金坤　蒋坚民　方培华
派驻纪检组长　郑如源
编委办主任　张厚和(兼)
编委办副主任　陆一飞　钱建民

市劳动和社会保障局
局　长　谢家灿
副局长　王庆华　沙立平　华建中
　　　　赵　坚
派驻纪检组长　华建中

市国土资源局
局　长　张文根
副局长　赵法宝　沈元冈　周　春
　　　　祝万清　杜建华
派驻纪检组长　姚森铭

市建设局(市地震局)
局　长　陶纪利
副局长　姜利荣　邱晓翔　朱建明
　　　　邵　庆　周勇华
派驻纪检组长　姜利荣
地震局局长　姜利荣(兼)

市规划局
局　长　邵建林
副局长　周建中　李新佳　施　旭
总规划师　相秉军
派驻纪检组长　周建中

市市政公用局
局　长　曾海根
副局长　袁依群　张民人
纪委书记　袁依群

市房产管理局
局　长　范成标
副局长　尹思坤　顾蟾光　杨建国
　　　　费元龙
派驻纪检组长　杨建国

市城市管理局(市城市管理行政执法局)
局　长　黄　炜
副局长　于旭辉　王　京　周满林
　　　　汤以成
派驻纪检组长　姚阿龙
城管行政执法局局长　黄　炜(兼)

市交通局(苏州港务管理局)
局　长　陆留生
副局长　严蔚峰　王新南　严　冬
　　　　张　云　袁国清　陈建新
纪委书记　谢正才
港务管理局局长　陆留生(兼)
港务管理局副局长　严蔚峰(兼)

市水利局(市水务局)
局　长　黄雪球
副局长　陈国清　何绍明　蒋小欣
　　　　夏　坚　赵瑞龙
纪委书记　陈国清
水务局局长　黄雪球(兼)

市农林局(市农业资源开发局、市农业机械局)
局　长　陆云福
副局长　秦建国　朱兴农　蒋金龙
　　　　张献民　朱伟新　李能安
纪委书记　秦建国
农业资源开发局局长　陆云福(兼)
农业机械局局长　陆云福(兼)

市对外贸易经济合作局
局　长　刘　涛
副局长　李宝祥　梁建华　薛镠中
　　　　王志明　管爱琴
纪委书记　李宝祥

市文化广播电视管理局(市文物局)
局　长　高福民
副局长　吴国良　陆　凯　成从武
　　　　陈　嵘　周矩敏
纪委书记　朱水南
文物局局长　高福民(兼)
文物局副局长　陈　嵘(兼)

市卫生局
局　长　府采芹
党委书记　马耀庭
纪委书记　单　弘
副局长　王烨源　洪志成　韩　卫

市计划生育委员会
主　任　徐　玲
副主任　谭伟良　钟勤华
派驻纪检组长　钟勤华

市审计局
局　长　陶孙贤
副局长　卢国柱　陈鼎昌　周雨晨
派驻纪检组长　曾锦杰
总审计师　许华柱

市环境保护局
局　长　陈铁民
副局长　袁鸿柏　王承武　徐建明
　　　　赵　阳　费永华
派驻纪检组长　袁鸿柏

市体育局
局　长　王根伟
副局长　李悦宁　鲍东东　龚冀铭
　　　　袁永球
派驻纪检组长　朱心衍

市统计局
局　长　周　泓
副局长　黄正栋　张建兴　张善祥

市新闻出版局(市版权局)
局　长　汤钰林
副局长　韩为兵　张　梅　王燕红
纪检组长　张　梅
版权局局长　汤钰林(兼)

市旅游局
局　长　沈文娟
副局长　朱俊彪　陶金龙　郦梅坤
　　　　蔡盘麟

市物价局
局　长　王元仁
副局长　励启中　张惠楠　马　俊
　　　　陈炳善

市粮食局
局　长　戴锦明
副局长　唐斌新　陆荣林　谢国珍
纪委书记　唐斌新

市民族宗教事务局
局　长　王科军
副局长　沈福荣　周远哲　季云钢

市园林和绿化管理局（市绿化委员会办公室）
局　长　徐文涛
党委书记、副局长　衣学领
副局长　陈正新　吴素芬　茅晓伟
　　　　徐春明　方佩和
纪委书记　吴素芬

市信访局
局　长　陈维明
副局长　林海燕　陈德生

市人民防空办公室
主　任　杜杭宁
副主任　陈荣芳　徐荣根　童　岩
莫登林(兼)

市外事办公室
主　任　金海龙
副主任　谈工皎　潘　越　唐元生
赵　萍
派驻纪检组长　谈工皎

市政府侨务办公室
主　任　顾伯铭
副主任　毕增祄　朱火男

市政府法制办公室
主　任　朱耀明
副主任　钱新中　张永瑞

市经济体制改革办公室(市企业上市工作办公室)
主　任　孙林夫
副主任　顾　浩　陆文刚

市贸易局
局　长　谢锡良
副局长　夏伟雄　庄建东　相　炎
纪委书记　夏伟雄

市供销合作总社
主　任　程　健
副主任　徐爱平　胡鑫元　卞明明
纪委书记　胡鑫元

市级机关事务管理局
局　长　季志昕
副局长　陈　刚　杨海群　成益义

市地方志编纂委员会办公室(市方志馆)
主　任　徐刚毅

驻京联络处
主　任　蔡公武

驻沪联络处
主　任　姚德才

驻深办事处
主　任　宋志深

驻宁办事处
主　任　洪卫波

市政协机构

办公室
主　任　杨　颖
副主任　丁铭松　吴建生

提案委员会
主　任　潘忠东
副主任　王维晋　金铁峰(兼)
张锡九(兼)　陆伟跃(兼)
平钰贞(兼)

研究室（文史委员会）
主　任　徐俊明
副主任　惠海鸣　汪连兴(兼)
金问涛(兼)　周　秦(兼)
谷公胜(兼)

经济科技委员会
主　任　赵一民
副主任　虞建平　何坚忠(兼)
华仁杰(兼)　朱伟新(兼)
王鸿声(兼)　陈雄伟(兼)
杨鼎美(兼)　顾康平(兼)

外事委员会（民族宗教委员会）
主　任　吴嘉哲
副主任　陈宗器　谢　鸣(兼)
王科军(兼)　谈工皎(兼)
毕增祄(兼)　夏宗懿(兼)

文教卫生体育委员会
主　任　汪雪麟
副主任　张晟伟　张澄国(兼)
皇甫志新(兼)
李悦宁(兼)　金兴中(兼)
马耀庭(兼)　陆　凯(兼)

社会法制委员会
主　任　李勤方
副主任　朱　英　张菊娥(兼)
唐剑鸣(兼)　赵　坚(兼)

城乡建设委员会
主　任　万德佑
副主任　华以丹　徐刚毅(兼)
邵　庆(兼)　袁依群(兼)
李新佳(兼)

苏州工业园区党工委、管委会

书记、主任　王金华
副书记、纪工委书记、副主任　沈明德
副书记、副主任　施玉初　潘云官
杨建中
副书记　陆卫中
工委委员、副主任　沈小鹰　杨知评
徐　明　方文浜
黄继跃
工委委员　顾玉坤　李亦农　苏　波
工业园区法院院长　石水根
工业园区检察院检察长　薛盘霖

苏州高新区党工委、管委会 虎丘区委、人大、政府、政协

工委（区委）书记　王竹鸣
工委（区委）副书记　管爱国
胡正明　韩金根
工委（区委）副书记、纪工委（区纪委）书记　孙　瑛
工委委员（区委常委）　吴新范
郦小萍　陆治元　袁永生
朱建森　王蔼先
虎丘区人大主任　王福康
虎丘区人大副主任　龚全英　张觉民
桑　前(兼)
管委会主任（区长）　管爱国
管委会副主任（副区长）　胡正明
吴新范　王蔼先　钮跃鸣
缪文学　吴易达　孙晓红
虎丘区政协主席　王仁元
虎丘区政协副主席　朱达勇
李笑天(兼)　徐　萍(兼)
虎丘区法院院长　王　侃
虎丘区检察院检察长　郭振荣

市集团公司和市属企事业单位

市工业投资发展有限公司
监事会主席　赵俊生(兼)
监事会副主席　周志豪(兼)
书记、董事长　黄　钦(兼)
副书记、副董事长、总经理　董　柏
副书记、纪委书记、工会主席　惠寿华

副董事长　朱　丹
副总经理　朱新培
总会计师　朱　剑
副总经理　王卫兵

创元(集团)有限公司
副书记、董事长　葛维玲
书记、副董事长　张志忠
副书记、副董事长、总经理　王自德
副总经理　曹　进　任荣桂　曹新彤
副书记、纪委书记、监事会主席　陆炳英
副总经理　褚德伟　宋锡武

苏州物资控股(集团)有限公司
书记、董事长　王嘉林
副书记、总经理　陆树焜
总会计师　杨　松
副总经理　蒋纪周　孔　华
副书记、纪委书记　庞古洲

东吴证券有限公司
书记、董事长　吴永敏
副书记、总裁　王彦国
副书记、纪委书记　朱汝玉
副总裁［聘］　徐建平
工会主席　范　力

苏州市商业银行
党组书记、董事长、行长　顾心铭
副行长　程建新　张文斌
纪检组长　孙禧仁

苏州国际发展集团有限公司
董事长　汪国兴(兼)
书记、副董事长、总经理　张国庆
副书记、副董事长　徐　进
副书记、纪委书记、副总经理　王金奎
副总经理、总会计师　朱立教
副总经理　唐少文
副董事长　顾心铭(兼)　吴永敏(兼)

苏州进出口(集团)有限公司
书记、董事长、总经理　刘　涛(兼)
副董事长　王润德
副总经理、总会计师　孙　磊

苏州城市建设投资发展有限公司
董事长　姜人杰(兼)
书记、总经理　黄建林
副总经理　盛维正　孙黎峰
副书记、纪委书记、工会主席　陈家宝

苏州市水务投资发展有限公司
董事长　黄雪球(兼)
总经理　倪士群

苏州风景园林投资发展集团有限公司
董事长　徐文涛(兼)
总经理　张树多

苏州市会议中心
书记、董事长　季志昕(兼)

市国贸中心
董事长　周兴林(兼)
总经理　于少军

张家港港务集团有限公司
书记、董事长　吴正信
总经理　王和达

苏州教育学院
书　记　鲍寅初(兼)
副书记、纪委书记、副院长　刘谦忠
副院长　陈宇光　吴嘉程

市广播电视大学(市职工大学)
书记、校长　李小平
副书记、纪委书记、副校长　徐明辉
副校长　过忠良　顾　豫

市职业大学
书记、校长　王建华
副书记、纪委书记　徐　坚
副校长　姜　左　胡中刚　程宜康

市农村干部学院
书记、院长　张济康
副书记、纪委书记　马　路
副院长　张　伟　孙坚峰　费春元

太湖地区农业科学研究所
书记、所长　姚月明
副所长　惠茂新　刘敬阳　沈国清

市广播电视总台
书记、台长　瞿长林
副书记、纪委书记、副台长　詹　刚
副书记　任协成
副台长　叶正亭　顾　强
总会计师　沈　新

市行政服务中心
书记、主任　王少东(兼)
副主任　陶列平　吴　亮　黄建华

市土地储备中心
主　任　张文根(兼)
副主任　陈士林　吴维群

市社会保险基金管理中心
主　任　王庆华(兼)

市住房公积金管理中心
主　任　黄济群

市国库支付中心
主　任　朱建强

市体育中心
主　任　李悦宁(兼)

市体育专业运动队管理中心
主　任　鲍东东(兼)

市人才服务中心（市企业经营者人才服务中心）
主　任　秦崇篪

市统计调查中心
主　任　俞冠群

市信息中心
主　任　朱国强(兼)

市石湖景区管理处（上方山林果场）
主任（场长）　徐春明(兼)

市图书馆
馆　长　邱冠华

市博物馆
馆　长　张　欣

市社会福利院
院　长　王云琴

市物价局检查分局
局　长　赵长华

沙洲工学院
院　长　宋岳清
书　记　邵建华

部省属单位

苏州市国家税务局
书记、局长　糜冠荣
副局长　刘炳元　施　忠　凌曙明

纪检组长　苏　纬

苏州工业园区国家税务局
书　记　糜冠荣（兼）
局　长　姜跃生
副局长　孙中南　孙建平

苏州市地方税务局
局　长　华雅琴
副局长　潘伟辰　严衍森　孟咸华　钱官荣
纪检组长　严衍森（兼）

苏州工业园区地方税务局
局　长　华雅琴(兼)
党组书记、副局长　高坚梁
副局长　陈金方　赵　新

苏州工商行政管理局
书记、局长　戴亚东
副局长　沈天荣　邵鹤鸣　陈栋贤
纪检组长　吴辰光

苏州工业园区工商行政管理局
局　长　孔永林
副局长　朱　江

苏州质量技术监督局
局　长　申爱军
副局长　丁晓宁　杨菊兴　王忠兴　王　新
党组成员　朱兆雨
纪检组长　陆卫平

苏州市国家安全局
局　长　楼成刚
副局长　魏荣昌　杨治安　倪寿宏　陈　峰
纪委书记　宋卫华

苏州药品监督管理局
局　长　吕　奇
副局长　童小平　陈建民
纪检组长　罗夏波

苏州出入境检验检疫局
局　长　陶向阳
副局长　朱建明　朱柏生　徐　瑞
党组成员　孟家祺　樊新华

苏州海关
关　长　柏冰华
副关长　马金平　王　龙　金志良　顾晨光

苏州工业园区海关
关　长　（缺）
副关长、副书记　钱建中
副关长　孙爱敏　季　光　樊　堃　薛小星

苏州供电局（江苏省电力公司苏州供电分公司）
局长、总经理　施广华
书　记　陆智刚
副局长、副总经理　郑博明　沈仲华　褚培根　王锡平　唐红兵
副书记、纪委书记　宋志强
党委委员、工会主席　江　静
总工程师　郭建伟
总会计师　刘汉理

苏州电信局（江苏省电信公司苏州分公司）
局长、总经理　李　利
副局长、副总经理　祁　鸣　金　羿　黄　斌
纪委书记、工会主席　祁　鸣

中国联通苏州分公司
书记、总经理　黄明富
副书记、副总经理　吕笃公
副总经理　沈克家　凌文斌

江苏移动通信公司苏州分公司
总经理　沈　杰
副总经理　黄丛伟　周志坚
纪委书记、工会主席　张学芹

江苏通信股份有限公司苏州分公司
书记、总经理　张春源
党委委员　周　斌　文　波　丰志祥　黄野萍

苏州邮政局
局　长　潘裕宁
副局长　黄一芳　韩　电　王承东
副书记、纪委书记、工会主席　曹玠如

苏州市气象局
局　长　（缺）
副局长　黄小林　杨金彪
纪检组长　黄小林(兼)

苏州市烟草专卖局（江苏省烟草公司苏州分公司）
局长、经理　沈昌炘
副经理　许亚楠
副局长、纪检组长　王娅琴

苏州市盐务管理局（江苏省盐业集团苏州有限公司）
书记、董事长、局长　罗福龙
副书记、总经理　田宗供
副书记、纪委书记、工会主席　张永嘉
副总经理　王志华　姜华明
党委委员　孙忠武　李晓鹏　王世元

中国人民银行苏州市中心支行
行　长　凌霄华
副行长　丁锦姝　聂振平
纪委书记　陈崇珥
工会主任　王荣兴

中国工商银行苏州分行
行　长　施　刚
副行长　言源晋　王亚丹　赵玉梅　朱春华　谢志华　徐正方
纪委书记　沈正全
总 稽 核　陈本泰

中国农业银行苏州分行
行　长　吴国兴
副行长　杨鼎美　黄思国　陆晓江　钱志华　郭建良　张建良

中国农业发展银行苏州市分行
行　长　（缺）
副行长　顾欣舞　顾长林　韩正亚

中国建设银行苏州分行
行　长　张宝根
副行长、纪委书记　吕伟民
副行长　杜文和　黄松鹤
工会主任　凌洪兴

中国银行苏州分行
行　长　钱建忠
副行长　刘振兴　盛林生　程泽宇
纪委书记　李滨申

交通银行苏州分行
行　长　朱鹤新
副行长、纪委书记　陆小原
副行长　曹闻尧　梁建明

中信实业银行苏州分行
行　长　左伟国
副行长　温金祥
总会计师　杨殿虎

华夏银行苏州支行
行　长　沈　佐
副行长　马　众　邢　婷

纪检组长 沈 佐

浦东发展银行苏州分行
行 长 严 琪
副行长 詹定国

光大银行苏州直属支行
行 长 王兰凤
副行长 沈洪辉
党委委员 倪文华

招商银行苏州支行
行 长 张 建
副行长 陈世青

中国人民保险公司苏州分公司
总经理 徐林南
副总经理 林幼竹 沈丽敏 任麟法

中国人寿保险公司苏州分公司
总经理 从临瓯
副总经理 张晓刚 龚永敏
纪委书记、工会主任 纪曼筠
党委委员 卢永明 李伟民

中国太平洋人寿保险公司苏州中心支公司
总经理 钱仲华
副总经理 夏建阳 陈美琴 周建刚 陈 岚
党委委员 李宝兰 费旭东 戴蓝天

中国太平洋保险公司苏州分公司(产险)
总经理 张 渝
副总经理 李景林 席于林 孙海洋
工会主席 吴介正

苏州工业园区华能发电有限公司
总经理 童旭生
书记、纪委书记、副总经理 陈志昌
副总经理 朱永旺 朱洪兴
总工程师 廖成虎
总会计师 张承益
工会主席 王秀美

望亭发电厂
厂 长 毛锡书
书 记 钱洪根
副厂长 吕国强 齐崇勇 陈海斌 吴菊生
总工程师 张克纯

常熟发电有限公司
总经理 罗德勇
书 记 张云贵
副总经理 高 政 余 兵 严卫平 程 衡
纪委书记、工会主席 龚根宝
总工程师 徐光煜
总会计师 吴锡林

人民团体

苏州市总工会
主 席 蔡裕如
副主席 秦因华 蔡建军 沈 华

青年团苏州市委员会
书 记 蔡丽新
副书记 徐华东 杜小刚

苏州市妇女联合会
主 任 李 蓁
副主任 梁玉华 钱 玲 徐 娟

苏州市文学艺术界联合会
主 席 张澄国
副主席 吕锦华 朱建华 胡韵荪 陆 凯（兼） 朱栋霖（兼） 顾 芗（兼） 杨守松（兼） 王 芳（兼）

苏州市哲学社会科学联合会
会 长 苏简亚（兼）
副会长 刘伯高

苏州市科学技术协会
主 席 陈 维
副主席 柏京红 崔志明（兼） 谭伟良（兼） 朱新培（兼） 张济康（兼）

苏州市归国华侨联合会
主 席 张乃平
副主席 陈宗器（兼） 吴 洁（兼） 杨大男（兼） 古瑞琦（兼）

苏州市残疾人联合会执行理事会
理事长 叶舒习
副理事长 杨金祺 朱水根

中国国贸促进会苏州市支会
会 长 刘 涛(兼)
副会长 卢义忠

民主党派、工商联

中国国民党革命委员会苏州市委员会
主 委 陈炳斯
副主委 章德基 王鸿声 周 秦 章念翔

中国民主同盟苏州市委员会
主 委 蔡镜浩
副主委 周村女 蒋冶棠 顾莹惠 汪连兴

中国民主建国会苏州市委员会
主 委 苏慧心
副主委 张乐只 顾康平 陈瑾芸 刘邦彦

中国民主促进会苏州市委员会
主 委 刘振夏
副主委 朱永新 谷公胜 栾梅健 盛小云 曹友德

中国农工民主党苏州市委员会
主 委 程耀寰
副主委 金兴中 郁炳贤 周幽心 卜 秋

中国致公党苏州市委员会
主 委 赵鹤鸣
副主委 夏宗懿 姜丹青

九三学社苏州市委员会
主 委 钱海鑫
副主委 张菊娥 平钰贞 戴 洁 倪根来 陈蓉健

苏州市工商业联合会
会 长 姚东明
副会长、党组书记 孟家栋
副会长 金铁峰 颜久勇 王仲钧 贝聿综(兼) 陈栋贤(兼) 高德康(兼) 张亦斌(兼) 盛友泉(兼) 李兴华(兼) 王立占(兼) 沈晓春(兼) 陶国平(兼) 许 华(兼)

（苏组干）

中国共产党苏州市委员会

综　述

【2003年全市工作指导思想】 高举邓小平理论伟大旗帜，全面贯彻“三个代表”重要思想，认真落实党的十六大精神，始终坚持把发展作为第一要务，把富民强市放在突出位置，把改革开放作为根本动力，进一步解放思想，实事求是，与时俱进，开拓创新，力争在经济结构调整、体制机制创新、城市化发展、经济国际化等方面有新的突破，切实做好就业和社会保障工作，坚持物质文明、政治文明、精神文明协调发展，推进各项事业全面进步，继续加强党的建设，全力维护社会稳定，努力构筑更高发展平台，进一步开创苏州经济社会发展新局面。

【2003年全市工作重点】 ①构筑更高发展平台，进一步增强综合竞争力。进一步提高城乡协调发展水平，构建“三足鼎立”格局，让“六大经济板块”各展所长，优势互补，共同发展。一是全面繁荣农村经济。大力实施农业结构战略性调整，加大制度创新力度，推进农村现代化建设，提高农民整体素质。二是全力构建“三足鼎立”格局。在保持和增强开放型经济优势的同时，加快做强做大规模经济和私营个体经济。三是加快推进城市化进程。加强对城市化工作的领导，科学规划城镇体系框架，大胆创新城镇管理体制，加快发展服务业，加快基础设施建设，大力改善生态环境。

②推进各项体制改革，进一步释放经济发展活力。加快国有（集体）企事业单位改革，加大投融资体制改革力度，加强社会保障体系建设，进一步转变政府职能，加强政府服务职能，积极推进政行为法制化，构建具有苏州特点的公共财政框架，加强中介组织和行业协会建设。

③提高对外开放水平，进一步加快经济国际化进程。以更大的力度扩大利用外资，以更高的水平发展对外贸易，以更多的方式加快“走出去”步伐。

④加强精神文明建设，进一步推动社会全面进步。切实加强思想道德建设，积极推进文化强市建设，努力构筑人才平台，全面推动各类社会事业发展。

⑤加强民主法制建设，进一步维护安定团结的良好局面。加强社会主义民主政治制度建设。加大依法治市力度，坚决维护社会稳定。

【2003年全市工作主要成果】 2003年面对国内外宏观环境的新变化，面对“非典”疫情的影响，面对改革发展中出现的新情况，各级党组织团结带领广大干部群众，认真贯彻落实中央和省委的决策部署，围绕市委九届四次、五次全会确定的目标任务，坚持经济建设这个中心不动摇，高扬发展这个主题不松劲，突出改革和城市化两个抓手，构建产业、体制、人才三大平台，努力争当全省“两个率先”的先行军、全国率先发展的排头兵，实现了经济持续快速健康发展，社会事业全面进步，物质文明、政治文明、精神文明建设都取得了新的成绩，社会保持稳定。

①经济运行速度与结构、效益、质量比较协调，发展水平不断提高。

②投资、出口和消费需求全面增长，发展后劲进一步增强。

③开放型经济、民营经济和规模经济竞相发展，“三足鼎立”格局正在形成。

④企事业单位改革、农村改革、社会保障制度改革和行政管理体制改革整体推进，发展活力日益显现。

⑤城市规划、建设和管理水平不断提升，城市化进程明显加快。

⑥物质文明、政治文明和精神文明共同进步，经济社会协调发展。

（王建方）

市委全体会议及其他重要会议

【中共苏州市委九届四次全体会议】 会议于2003年1月11日举行。会议的主题是：回顾总结2002年工作，分析当前形势，结合苏州实际，深入学习贯彻党的十六大精神，贯彻落实中央、全省经济工作会议精神和省委十届三次、四次全体会议精神，研究部署2003年工作，动员全市各级党组织和广大干部群众，进一步解放思想，实事求是，与时俱进，开拓创新，全面建设高水平小康社会，为富民强市、率先基本实现现代化而努力奋斗。

全会认真讨论并一致通过王珉同志代表市委常委会所作的题为《聚精会神搞建设，一心一意谋发展，为率先基本实现现代化而努力奋斗》的报告。会议认为报告认真贯彻落实了党的十六大及中央、全省经济工作精神，对当前本市改革开放和现代化建设所面临形势的分析符合实际，提出的目标任务和工作措施切实可行，全市各级党组织一定要结合各自实际，在抓落实上下功夫。

全会认为，2002年是苏州经济社会发展快、亮点多、突破大的一年，是改革进度加快、开放成效明显、投资力度增强的一年，是城乡环境显著改善、社会事业全面发展、人民生活水平继续提高的一年，也是物质文明、政治文明、精神文明建设同步推进，党的建设取得新进展的一年。全市各级党组织团结带领广大干部群众，以邓小平理论和“三个代表”重要思想为指导，认真贯彻落实中央和省委的各项工作部署，紧紧围绕市委九届二次全会确定的各项目标和任务，坚持以经济建设为中心，牢固确立率先发展意识；坚持从所处时代特点和本地实际出发，调整发展思路；坚持发扬奋发有为、勇于创新的精神，用改革的办法解决前进中的问题；坚持协调发展方针，持续推进社会全面进步，保持了经济社会持续快速健康发展的良好势头。经济总量实现新的攀升，三次产业保持协调发展，增长亮点日益凸显，城乡建设步伐明显加快，各项改革力度加大，社会事业全面进步，党的建设、精神文明建设、民主法制建设取得新的进展，社会保持稳定。在取得成绩的同时，工作中也存在着许多矛盾和不足，需要切实加以解决。

全会同意报告提出的2003年全市工作的总体要求和经济社会发展的主要预期目标。总体要求是：高举邓小平理论伟大旗帜，全面贯彻“三个代表”重要思想，认真落实党的十六大精神，始终坚持把发展作为第一要务，把富民强市放在突出位置，把改革开放作为根本动力，进一步解放思想，实事求是，与时俱进，开拓创新，力争在经济结构调整、体制机制创新、城市化发展、经济国际化等方面有新的突破，切实做好就业和社会保障工作，坚持物质文明、政治文明、精神文明协调发展，推进各项事业全面进步，继续加强党的建设，全力维护社会稳定，努力构筑更高发展平台，进一步开创苏州经济社会发展新局面。主要预期目标是：国内生产总值增长12%以上，财政收入 增长15%以上，全社会固定资产投资增长20%以上，进出口总额增长15%以上，实际利用外资和吸引民资增长20%以上，社会消费品零售总额增长11%，市区居民人均可支配收入增长10%，农民人均纯收入增长6%，城镇登记失业率控制在4.5%左右，新增劳动就业岗位20万个。

全会提出，2003年和今后一个时期，全市各级党组织和党员领导干部要按照胡锦涛总书记提出的“高举旗帜、与时俱进、发扬民主、团结统一、艰苦奋斗、求真务实、清正廉洁、一心为民”的要求，始终高扬发展这一主题，突出深化改革和加快城市化进程这两个抓手，全力构建体制、产业和人才这三大平台。重点组织实施好5个方面的工作：一是全面繁荣农村经济，全力构建“三足鼎立”格局，优化“六大经济板块”结构，加快推进城市化进程，进一步增强综合竞争力；二是加快国有（集体）企事业单位改革，加大投融资体制改革力度，加强社会保障体系建设，切实转变政府职能，进一步释放经济发展活力；三是以更大的力度扩大利用外资，以更高的水平发展对外贸易，以更多的方式加快“走出去”步伐，进一步加快经济国际化进程；四是切实加强思想道德建设，积极推进文化强市建设，努力构筑人才平台，全面推动各类社会事业发展，进一步提高精神文明建设水平；五是加强社会主义民主政治制度建设，加大依法治市力度，坚决维护社会稳定，进一步维护安定团结的良好局面。

全会强调，面对新形势新任务，一定要切实加强和改进党的领导，以“三个代表”重要思想统领党的建设，坚持党要管党、从严治党的方针，注重加强党的思想理论建设，认真抓好领导班子和干部队伍建设，切实做好基层党建工作，大力加强党的作风建设，加大从源头上预防和解决腐败问题的力度，全面推进党的建设新的伟大工程，努力开创各项工作的新局面。

全会号召，全市各级党组织和全体共产党员要紧密团结在以胡锦涛同志为总书记的党中央周围，认真贯彻中央和省委的决策部署，进一步解放思想，开拓创新，奋发进取，为把苏州建设成为高水平的小康社会，率先基本实现现代化而努力奋斗！

【中共苏州市委九届五次全体会议】 会议于2003年7月2～3日举行。会议的主题是：以“三个代表”重要思想为指导，认真学习贯彻党的十六大和胡锦涛同志“7·1”重要讲话精神，全面落实省委关于加快实现“两个率先”的要求，回顾总结上半年工作，研究部署下半年工作，明确今后一个阶段的主要任务，动员全市各级党组织和广大干部群众，进一步解放思想，实事求是，与时俱进，开拓创新，坚持率先发展不动摇，以完成和超额完成全年目标任务的实际行动，争当全省“两个率先”的先行军，争当全国率先发展的排头兵。

全会同意王珉同志代表市委常委会所作的题为《努力夺取全年工作更大胜利，争当全省“两个率先”的先行军》的工作报告。与会代表用一天半时间参观了5个县级市、4个区的开发建设情况，对全市大开发、大建设的发展态势倍感振奋、深受鼓舞。与会同志一致认为，王珉同志的报告以“三个代表”重要思想为指导，认真贯彻党的十六大精神，全面总结和客观分析了全市上半年的工作，对实现“两个率先”目标明确、思路清晰，对下半年工作提出的任务和措施切实可行，全市各级党组织一定要结合实际，狠抓落实。

全会认为，2003年上半年，全市各级党组织团结带领广大干部群众，认真贯彻“三个代表”重要思想，按照省委“两个率先”的要求和年初市委全委会确定的目标，坚持聚精会神搞建设、一心一意谋发展，特别是面对突如其来的“非典”疫情的影响，坚持一手抓“非典”防治、一手抓经济建设，坚持率先发展、迎难而上、狠抓重点、团结奋进，实现了“时间过半、完成任务超半”，经济呈现出十多年来最好发展态势，城乡建设力度空前，体制机制创新步伐加快，党的建设、精神文明建设和民主法制建设全面推进，各项社会事业取得了新的进步，社会保持稳定。同时，在工作中还存在着不少矛盾和问题，需要我们高度重视，认真研究，切实加以解决。

全会指出，新世纪初叶，苏州要按照中央的部署和省委的要求，以“两个率先”统领全市各项工作，进一步增强历史责任感，进一步解放思想，确立更高发展目标，明确发展思路，积极争当全省“两个率先”的先行军，争当全国率先发展的排头兵，力争到2005年率先全面建成高水平小康社会，2010年率先基本实现现代化，实现综合实力较强、科教文化进步、民主法制健全、社会事业协调、生态环境优美、人民生活富裕的目标，同时把苏州建设成为国际新兴科技城市、社会主义法治城市、学习型城市、社会主义文化强市、最适宜人居和创业的城市、国家园林城市和健康城市。

全会要求，下半年，我们要咬定目标不放松，加快发展不停步，乘势而上，团结奋进，扎实工作，确保完成和超额完成全年各项目标任务，为实现“两个率先”打下坚实基础。着力做好6个方面的工作：一要抢抓发展先机，加大投资力度，扩大消费需求，精心组织生产，确保经济全面快速增长。二要加快“四个龙头”建设，争做江苏沿江制造业基地、沿沪宁线高新技术产业带、规模企业和民营经济的“龙头”，构筑更高发展平台。三要坚定不移推进市场取向改革，打好国有（集体）企事业单位改革攻坚战，深化投融资体制改革，健全城乡社会保障制度，推进政府职能转变，一鼓作气把各项改革引向深入。四要提高对外开放水平，进一步提升招商引资规模和质量，做强做大开发区经济，扩大外贸出口和外经合作，充分发挥开放型经济对全局的支撑作用。五要加快城市化进程，抓紧制定各项规划，重视基础设施和环境建设，完善城市管理体制，进一步提高城市规划、建设、管理水平。六要加强社会主义精神文明建设和民主法制建设，坚决维护政治稳定和社会稳定。

全会强调，面对新形势、新任务，必须进一步加强和改进党的建设。要认真学习胡锦涛同志“7·1”重要讲话精神，兴起学习贯彻“三个代表”重要思想的新高潮，大力加强领导班子和干部队伍、人才队伍建设，扎实推进基层党组织建设，切实加强党的作风建设，为苏州市实现“两个率先”提供强有力的政治保证。

全会号召，全市各级党组织和全体共产党员要紧密团结在以胡锦涛同志为总书记的党中央周围，认真贯彻中央和省委的决策部署，进一步坚定信心，团结拼博，努力夺取全年工作更大胜利，为率先全面建成高水平小康社会、率先基本实现现代化而努力奋斗！

【中共苏州市委九届六次全体会议】会议于2003年12月18～19日举行。会议的主题是：以邓小平理论和“三个代表”重要思想为指导，学习贯彻党的十六届三中全会、中央经济工作会议和省委十届六次全会精神，结合苏州实际，认真总结2003年工作，正确分析当前形势，研究部署2004年工作，重点是经济工作，动员全市各级党组织和广大干部群众，进一步解放思想，改革创新，开拓进取，扎实工作，为实现率先发展、富民强市，夺取改革发展的新胜利而努力奋斗。

全会认真听取并审议通过了王珉同志向全会所作的《关于市委常委会工作情况的报告》和题为《坚持率先发展富民强市，夺取改革发展的新胜利》的讲话，认真听取并审议通过了杨卫泽同志关于2004年全市经济工作部署的讲话，认真听取并审议通过了沈荣法同志向全会所作的《中共苏州市委常委会关于落实党风廉政建设责任制和廉洁从政情况的报告》。市委各常委还在全会上进行了书面述职述廉。

全会认为，这次会议总结情况实事求是，部署任务明确务实，所提措施切实可行，在内容和形式上都有所创新，体现了解放思想、与时俱进的时代精神，体现了凝心聚力、真抓实干的坚定决心，体现了增创新优势、开创新局面的必胜信心。

全会认为，2003年是重要而不寻常的一年。面对国内外宏观环境的新变化，面对“非典”疫情的影响，面对改革发展中出现的新情况，全市各级党组织团结带领广大干部群众，认真贯彻落实中央和省委的决策部署，围绕市委九届四次、五次全会确定的目标任务，坚持经济建设这个中心不动摇，高扬发展这个主题不松劲，突出改革和城市化两个抓手，构建产业、体制、人才三大平台，努力争当全省“两个率先”的先行军、全国率先发展的排头兵，实现了经济持续快速健康发展，社会事业全面进步，物质文明、政治文明和精神文明建设都取得了新的成绩，社会保持稳定。全市朝着“两个率先”的目标迈出了坚实的一步。

全会指出，2004年是全面贯彻落实党的十六大和十六届三中全会精神，进一步深化改革、扩大开放、促进发展的重要一年，也是实现“十五”计划和率先全面建成高水平小康社会的关键一年。展望国际国内形势，宏观环境总体比较有利，但是也面临不少新情况、新变化和新矛盾。我们一定要保持清醒头脑，全面辩证地看待和分析形势，坚持在宏观形势有利时抢占先机、乘势而上；在宏观形势不利时寻找契机、迎难而上，努力做到发展干劲不松、发展力度不减、发展速度不缓、发展水平不降。

全会同意2004年全市工作的总要求和经济社会发展的主要预期目标。总要求是：以邓小平理论和“三个代表”重要思想为指导，认真贯彻落实党的十六大、十六届三中全会和中央经济工作会议精神，树立和落实全面、协调、可持续的科学发展观，始终高扬发展主题，紧紧围绕率先发展、富民强市的目标，坚持改革开放、加快发展不动摇，坚持科教兴市和人才强市战略不放松，积极推进经济结构调整和新型工业化、城市化进程，继续打造“三个平台”，全面构建“三足鼎立”发展格局，优化“四沿”生产力布局，着力增强“六大经济板块”整体实力，保持经济持续快速健康发展，坚持物质文明、政治文明和精神文明协调发展，维护改革发展稳定大局，为“两个率先”奠定坚实基础。主要预期目标是：国内生产总值增长12%以上，地方财政一般预算收入增长16%，全社会固定资产投资增长15%，进出口总额和出口总额增长15%，实际利用外资增长12%，吸引内资、民资增长20%，社会消费品零售总额增长15%，市区居民人均可支配收入增长14%，农民人均纯收入增长8%，城镇登记失业率控制在4.5%左右，新增劳动就业岗位25万个。

全会提出，各级领导干部在工作中必须认真贯彻中央提出的“稳定政策、适度调整，深化改革、扩大开放，把握全局、解决矛盾，统筹兼顾、协调发展”的要求，始终坚持率先发展、富民强市，加快推进新型工业化和城市化，不断促进三个文明协调发展。2004年重点抓好5个方面的工作：一是深化各项改革，全面完成市属国有（集体）企业改制，继续积极稳妥地推进事业单位改革，加快完善社会保障体系，转变政府职能，进一步激发率先发展的内生动力；二是扩大对外对内开放，继续保持开放型经济领先地位，全面实施“民营经济腾飞计划”，积极发展具有自主知识产权的规模经济，进一步构建“三足鼎立”发展格局；三是统筹城乡发展，加快新型工业化步伐，坚定不移地实施城市化战略，全面提高服务业质量和水平，高度重视并切实解决“三农”问题，进一步增强综合实力；四是实施科教兴市和人才强市战略，加快建设国际新兴科技城市，坚定不移地把人才作为发展的第一资源，进一步构筑适应经济发展的科技平台和人才平台；五是增创环境优势，积极打造“法治苏州”、“诚信苏州”、“平安苏州”、“文化苏州”、“生态苏州”，进一步展现苏州城市新形象。

全会强调，面对新形势、新任务，一定要用改革的精神、创新的思路、务实的作风，全面推进党的建设新的伟大工程。注重理论联系实际，切实把兴起学习贯彻“三个代表”重要思想新高潮活动不断引向深入；加强执政能力建设，努力提高各级党委的领导水平和执政水平；加强干部队伍建设，进一步增强干部队伍的整体活力；加快改革创新步伐，不断增强新形势下基层党组织的创造力、凝聚力和战斗力；坚持为民、务实、清廉，牢固树立正确的政绩观，保持共产党人的蓬勃朝气、昂扬锐气和浩然正气，为实现全年目标和“两个率先”提供强有力的思想保证、政治保证和组织保证。

全会号召，全市各级党组织和全体共产党员要在邓小平理论和“三个代表”重要思想指引下，紧密团结在以胡锦涛同志为总书记的党中央周围，认真贯彻中央和省委的决策部署，进一步解放思想、实事求是、与时俱进，为苏州率先全面建成高水平小康社会、率先基本实现现代化而努力奋斗！

【重要会议】 1月12日，全市工业经济工作会议暨市属工业布局调整动员大会召开。省委常委、副省长、市委书记王珉，市委副书记、市长杨卫泽出席会议并讲话，市委常委、副市长王金华主持会议，市领导范育民、荀直中等出席会议。会议表彰了22家先进工业企业和55名优秀厂长（经理）。

2月10日，全市开放型经济工作会议召开。会议明确了全市发展开放型经济的主要思路和目标任务，努力实现由外经贸大市向外经贸强市的跨跃。省委常委、副省长、市委书记王珉作重要讲话，市委副书记、市长杨卫泽作工作报告。副市长汪国兴主持会议，市领导周福元、杜国玲、黄炳福、包国新、沈荣法、冯瑞渡、徐国强等出席会议。

2月10日，全市加快发展私营个体经济工作会议暨表彰大会召开，提出要在个私经济发展上做到“四有、四不限、五平等”。省委常委、副省长、市委书记王珉到会作重要讲话，市委副书记、市长杨卫泽主持会议，市领导周福元、杜国玲、黄炳福、包国新、沈荣法、冯瑞渡、汪国兴、赵俊生、姚东明等出席会议。

2月12日，全市宣传思想工作会议召开。市委副书记杜国玲到会讲话，市委常委、宣传部长周向群作工作报告。

2月12日，全市政法工作会议召开，市领导包国新、宋胜龙、江浩、赵文娟等出席会议。

2月27日，全市财税工作表彰大会在张家港举行，表彰百家纳税大户。省委常委、副省长、市委书记王珉出席会议并讲话，强调2003年必须保持财政收入继续高位增长。市委副书记、市长杨卫泽主持大会。市领导周福元、黄炳福、包国新、冯瑞渡、徐国强、秦兴元、赵文娟等出席会议。

2月27日～28日，全市农村工作会议在张家港召开。省委常委、副省长、市委书记王珉出席会议并讲话，市委副书记、市长杨卫泽作农村工作报告，市委副书记黄炳福主持会议并作总结发言。市领导周福元、包国新、冯瑞渡、徐国强、邱岭梅、孟焕民、秦兴元、江浩、谭颖、赵文娟等出席会议。

3月21日，全市领导干部大会召开，传达学习全国“两会”精神，省委常委、市委书记王珉主持会议并传达省委书记李源潮在全省领导干部大会上的讲话精神，对学习、贯彻全国“两会”期间胡锦涛同志、江泽民同志在江苏代表团的重要讲话精神提出了要求，全国人大代表、市委副书记、市长杨卫泽传达了十届全国人大一次会议精神，全国政协常委、副市长朱永新传达了全国政协十届一次会议精神。

3月26日，全市经济体制改革工作会议召开，确定全市改革下阶段总体要求。省委常委、市委书记王珉到会讲话，市委副书记、市长杨卫泽作工作部署。市领导黄炳福、包国新、周福元、冯瑞渡、周向群、汪国兴、王金华、徐国强、邱岭梅、赵俊生等出席会议。

4月3日，全市党委办公系统会议召开。省委常委、市委书记王珉到会要求党委办公系统要进一步提高效率，办事力求三句话OK。市领导黄炳福、徐国强出席了会议。

4月30日，市委组织收看全省防“非典”电视电话会议，听取省委书记李源潮、省长梁保华对当前全省“防非”形势的分析和下一阶段的工作部署。省委常委、市委书记王珉在会议结束后对本市下一阶段防“非典”工作作了部署，要求严格控制人员大范围流动，打赢“防非”硬仗。市委副书记、市长杨卫泽在会上要求构筑全市动员、全城部署、全民联防的“防非”防线。

6月16日，苏州市加快城市化发展工作会议召开，提出主要目标：建设以特大城市（苏州中心城市）为核心、中等城市（5个县级市城区）为枢纽、现代化的区域城市框架。省委常委、市委书记王珉到会作重要讲话，市委副书记、市长杨卫泽作工作部署。市领导杜国玲、黄炳福、沈荣法、周福元、冯瑞渡等出席会议。

6月23日，全市培养选拔优秀年轻干部工作电视电话会议召开。省委常委、市委书记王珉结合全市当前的目标任务和经济社会发展的新形势，对今后一个阶段领导班子和干部队伍建设提出明确要求，即要面对新形势，面向苏州的未来，培养选拔优秀年轻干部，优化党政领导班子结构。市委副书记黄炳福主持会议，市委常委、组织部长邱岭梅作具体部署。会议还下发了《中共苏州市委关于加快培养选拔优秀年轻干部优化领导班子结构的意见》。

6月27日，市委举行纪念建党八十二周年座谈会，省委常委、市委书记王珉到会讲话，市委副书记、市长杨卫泽宣读中共苏州市委《关于表彰苏州市先进基层党组织、优秀共产党员和优秀党务工作者的决定》。

7月11日，市委、市政府召开全市农村实事工作会议，决定用3～7年时间，做好10项惠及农民和农村的实事，内容包括保护城市化进程中农民利益，增加农民收入，改善农民生活质量，提高农村社会保障水平，优化农村生活、生产、生态和投资环境等。省委常委、市委书记王珉到会讲话，市委副书记、市长杨卫泽对10项实事进行全面部署。市领导黄炳福、周福元、冯瑞渡、江浩、赵文娟等出席会议。

7月17日，全市开发区工作会议召开。省委常委、市委书记王珉到会强调，要进一步明确开发区建设发展目标，把各开发区建设成为全市实现"两个率先"的先行区、示范区，市委副书记、市长杨卫泽作工作报告，就今后一个时期的开发区工作作了部署。会议明确了发展目标：到2010年，国内生产总值达到4000亿元，年均增长21.5%；财政收入460亿元，年均增长18.9%；出口额和实际利用外资分别占到全市总额的80%和75%。市领导王金华、周伟强、谢慧新、赵文娟等出席会议。

7月29日，全市组织工作会议召开。省委常委、市委书记王珉到会强调，要为发展配班子，把最强的干部用到发展一线的岗位上。市委副书记、市长杨卫泽主持会议，市委副书记黄炳福对当前和今后一个阶段的组织工作作了部署。市领导沈荣法、周向群、徐国强、邱岭梅、陆云泉、秦兴元、盛家振等出席会议。

7月29日，全市人才工作会议召开。省委常委、市委书记王珉到会要求，苏州要成为一流人才的集聚地。市委副书记、市长杨卫泽作工作报告，市委副书记黄炳福主持会议。市领导沈荣法、王金华、汪国兴、徐国强、邱岭梅、谢慧新、秦兴元、吴砚池等出席会议。会上，市委、市政府下发了《关于进一步加强人才工作意见》、《苏州市人才培养工程实施意见》及《苏州市人才开发资金管理使用暂行办法》等3个配套文件。

7月30日，全市沿江地区综合开发工作会议召开。省委常委、市委书记王珉到会讲话，提出用5年时间再造一个新苏州；用10年时间使苏州的GDP达到1万亿元，财政收入达1400亿元。市委副书记、市长杨卫泽就沿江开发战略作了具体部署，指出苏州沿江要建成上海国际航运中心的重要组合港、长江三角洲地区集装箱干线港和江苏第一大外贸港，要建成国际先进制造业集聚带，现代化、国际化滨江城镇带和沿江风光带。市领导周福元、徐国强、周性光、姜人杰、赵俊生、吴砚池等出席会议，市委常委、常务副市长汪国兴主持会议。

8月1日，全市服务"两个率先"、建设平安苏州动员部署电视电话会议召开，提出要通过3年努力，争取全市90%以上的村（社区）、镇（街道）和县（市、区）达到"社会治安安全村（社区）、镇（街道）和县（市、区）"的创建标准，实现"社会治安安全市"的奋斗目标。市领导王珉、杨卫泽、冯瑞渡、陈振一、陆云泉、江浩、苏慧心等参加会议。

10月20日，市委召开全市领导干部会议，传达贯彻党的十六届三中全会精神和全省各市负责同志会议精神。省委常委、市委书记王珉主持会议并代表市委常委会就学习贯彻提出要求，市委副书记、市长杨卫泽传达了三中全会和全省各市负责同志会议精神，市领导沈荣法、王金华、周福元、冯瑞渡等出席会议。

11月6日，市委、市政府召开加快建设国际新兴科技城市动员大会。省委常委、市委书记王珉，市委副书记、市长杨卫泽，省科技厅厅长王永顺到会讲话，市委副书记杜国玲主持会议。市领导冯瑞渡、陈炳斯、赵俊生，中国工程院院士阮长耿、潘君骅等出席会议。

11月26日，市委、市政府召开"绿色苏州"建设动员大会。省委常委、市委书记王珉，市委副书记、市长杨卫泽到会作动员，号召全社会各方面力量、资金参与到这项绿色事业中来。市委副书记黄炳福主持动员会，市领导秦兴元、程耀寰出席会议。会议提出了奋斗目标，即到2010年，全市新增森林覆盖面积86.7千公顷，森林覆盖率达到23.5%以上，超过全省和全国平均水平，并构建起城乡一体的现代森林生态系统，居民出行300～500米就能步入一个游园。

11月28日，市委召开全市领导干部务虚会，深入学习贯彻党的十六届三中全会精神，总结交流前阶段调查研究工作成果，讨论2004年全市经济和社会发展工作思路。省委常委、市委书记王珉在会上强调，要从"率先发展、富民强市"的高度，将实现"两个率先"落实到明年各项工作中去，力求以新的思维谋求新的发展。杨卫泽、杜国玲、黄炳福、王金华等分别作了《关于借上海之势寻求苏州新发展的研究》、《关于苏州对台经济工作若干问题的调查与研究》、《"城中村"改革改造问题研究》和《苏州工业园区可持续发展问题研究》的交流发言。市领导周福元、冯瑞渡等出席务虚会。（王建方）

市委重要决策

【市委重要决策】 1月21日，市委、市政府作出《关于大力推进职业教育改革和发展的决定》，进一步明确职业教育改革和发展的指导思想和目标任务，抓好创新、国际融合、布局优化三大工程，实施就业创业培训、高技能（高素质）人才培养、现代农民教育、外来务工人员培训4项计划，努力为职业教育改革与发展提供可靠保障。

4月11日，市委、市政府发出《关于进一步做好下岗失业人员再就业工作的意见》，明确再就业工作目标和责任，努力开辟就业门路，积极创造就业岗位；鼓励下岗失业人员自谋职业和自主创业；建立再就业援助制度；强化再就业培训。

4月29日，市委、市政府作出《关于加快城市化进程的决定》，明确推进城市化的总体要求和原则，构建起以特大城市（苏州中心城市）为核心、中等城市（5个县级市城区）为枢纽、小城市（10多个中心镇）为基础的，国际化、现代化的区域城市框架。

4月29日，市委、市政府印发《2003年全市经济体制改革工作要点》，要求继续推进国有（集体）企业产权制度改革，加快社会公益型、准公益型事业单位改革，深化国有资产管理体制改革，切实抓好投融资体制改革，稳步推进农村各项改革，深化城市化进程中的城市管理体制改革，加快行业协会、中介机构的改革和发展，不断完善社会保障制度改革，积极实施行政管理体制改革。

5月4日，市委、市政府发出《转发省委、省政府关于全力抗击“非典”疫情的紧急通知》，提出本市“防非”7项规定。市“非典”防治工作指挥部为此召开全体成员紧急会议，传达省、市紧急通知精神，并部署全市“防非”工作。

6月30日，市委、市政府作出《关于进一步调整优化镇（街道）、村（社区）行政区划的意见》，提出镇（街道）、村（社区）行政区划调整优化的原则、设置基本标准，要求做好建制镇调整优化、城市规划区内建制镇撤镇改设街道、行政村撤村建立社区等3方面工作。

7月4日，市委批转市纪委《关于建立市纪委负责人同下级党政主要负责人谈话制度的意见》。按照立足教育、着眼防范、主动监督、关口前移的要求，从关心爱护、严格要求干部出发，围绕加强党风廉政建设、保证廉洁从政等情况，明确谈话的对象、内容、组织领导和注意事项，开展谈心活动、沟通思想、交换意见，研究问题，共同做好反腐倡廉工作。

7月9日，市委、市政府发出《关于推进农村十项实事的意见》，十项实事是：取消农业特产税、改革农业税和农业税附加的征收办法；加快实施改水、改厕和农村道路等级化、灰黑化工程；建立健全农村最低生活保障、农村合作医疗保险和农村基本养老保险制度；大力发展社区股份合作社、土地股份合作社和农村专业合作经济组织；调整完善户籍制度、农村宅基地管理制度和用地政策；建立城乡统筹的就业机制、城乡统一的劳动力市场和劳动预备制；持续开展“清洁村庄、清洁家园、清洁河道”的活动；全面推进“绿色通道、绿色基地、绿色家园”活动；积极推行村主要干部基本报酬和社会保险费的三级统筹；大力发展农村教育、科技、卫生、文化事业。通过这十项实事，努力在推进城市化进程中保护好农民利益，促进农民增收，改善农民生活质量，提高农村社会保障水平，优化农村的生活环境、街道环境、生态环境和投资环境。

7月28日，市委、市政府发出《关于进一步加强人才工作的意见》，提出从完善人才服务体系、加快人才载体建设、加大人才培养力度、优化人才发展环境、坚持党管人才原则，建立完善高效的人才工作保障体系等方面，分两个阶段，用8年时间，构筑一个与苏州国际、国内地位相当，与苏州产业特点、人文特色相一致，与苏州经济社会发展相适应的人才新平台。

7月29日，市委、市政府发出《关于加快推进苏州沿江地区综合开发的意见》。要求推进港口、城镇、基础设施、产业园、生态区的综合开发，集约利用岸线资源，加大港口开发力度，建成上海国际航运中心的重要组合港、长江三角洲地区集装箱干线港和江苏第一大外贸港；依托沿江港口，建成临江国际先进制造业集聚带、滨江城镇带、沿江风光带，力争5年再造一个新苏州，8年基本实现现代化。

9月9日，市委作出《关于学习贯彻“三个代表”重要思想争当全省“两个率先”先行军的决定》，要求兴起学习贯彻“三个代表”重要思想新高潮，推动新一轮思想大解放，明确实现“两个率先”的总体思路、奋斗目标和指导原则。

9月15日，市委、市政府作出《关于加快健康城市建设的决定》，通过政府组织、部门共建、行业促进、群众参与，营造健康环境、优化健康服务、构建健康社会、培育健康人群，把苏州建成创业者向往、投资者留恋、居住者舒心的城市。

10月21日，市委、市政府作出《关于加快国际新兴科技城市建设的决定》，明确建设国际新兴科技城市的指导思想和阶段性目标；大力提升城市的产业层次、科技创新能力、科技国际化水平、知识化水平、城市的基础承载能力。

11月13日，市委印发《苏州市党政领导职务任期制暂行规定》、《苏州市党政领导干部辞职暂行规定》、《中共苏州市委常委会讨论干部任免事项投票表决办法（试行）》，明确党政领导的任期、辞职的适用范围和具体规定，明确常委会讨论任免干部投票表决的适用范围、程序、有关规定等。

12月12日，市委作出《关于建立惩治和预防腐败体系，保证“两个率先”顺利实现的决定》，围绕“两个率先”，立足苏州实际，建立健全教育防范、公共权力处置、公共财产管理、公平择优用人、监督管理、查案惩处、廉政激励、测评预警等机制，形成与社会主义市场经济体制相适应、具有苏州特色的教育、制度、监督并重的惩治和预防腐败体系。

【重要决定、通知】 1月3日，市委、市政府、苏州军分区印发《苏州市深化城市民兵工作改革实施方案》、《关于加强苏州市基层人民武装工作规范化建设的实施意见》。

1月13日，市委印发《苏州市贯彻落实党风廉政建设责任制情况汇报》。

1月21日，市委、市政府发出《关于大力推进职业教育改革和发展的决定》。

1月23日，市委办公室、市政府办公室转发市中级人民法院、市司法局《关于进一步加强新时期人民调解工作的意见》。

1月27日，市委、市政府作出《关于表彰2002年度苏州市先进私营企业、个体工商户、集体和个人的决定》，表彰先进私营企业80家、先进个体工商户20个、私营经济工作先进集体20家、私营经济工作先进个人30名。

1月27日，市委办公室、市政府办公室印发《关于认真实施2003年实事项目的通知》。

1月27日，市委、市政府作出《关于表彰1997～2002年度苏州市社会治安综合治理先进集体和先进工作者的决定》，表彰社会治安综合治理先进集体250个、先进工作者98名。

2月14日，市委、市政府作出《关于进一步加强和改进体育工作率先基本实现体育现代化的决定》。

2月19日，市委办公室、市政府办公室印发《关于开展苏州古城申报世界遗产筹备工作的意见》。

2月25日，市委、市政府作出《关于表彰2002年度财政收入超收（增长）先进市、区和镇（街道）的决定》，表彰财政收入超收先进市、区4家，财政收入增长先进市、区4家，财政收入超5亿元镇（街道）4家、超3亿元镇（街道）2家、超亿元镇（街道）21家。

2月25日，市委、市政府作出《关于授予苏州市财政局、苏州市国税局、苏州市地税局“2002年度财税工作先进单位”的决定》。

2月26日，市委办公室、市政府办公室印发《苏州市关于加强新时期侨务工作的意见》。

3月4日，市委办公室印发《关于2003年度市级领导重点调查研究课题的通知》。

3月24日，市委办公室、市政府办公室转发市委知识分子工作领导小组制定的《关于苏州市党政领导联系专家制度》、《关于县级市、区党政领导干部科技、人才工作目标责任制的意见（试行）》。

3月25日，市委办公室、市政府办公室作出《关于表彰奖励2002年度苏州市党政信息工作先进单位、先进个人的决定》，表彰党政信息工作先进单位48个、先进个人33名。

3月25日，市委办公室、市政府办公室转发《关于清理整顿党政机关所办宾馆（饭店、招待所）和培训中心工作的实施意见的通知》。

3月26日，市委办公室、市政府办公室印发《苏州市2003年政务公开工作实施意见》。

3月26日，市委、市政府作出《关于市属国有（集体）企事业单位第一阶段改制的表彰决定》，其中市属国有（集体）企事业单位第一阶段改制先进单位10家、表扬单位12家。

4月1日，市委办公室、市政府办公室转发《关于市属企事业单位改制后离休干部管理及有关经费的实施办法》。

4月4日，市委办公室、市政府办公室转发市委统战部、市民族宗教事务局《关于我市开展专项治理乱建寺庙工作的意见》。

4月11日，市委、市政府发出《关于进一步做好下岗失业人员再就业工作的意见》。

4月14日，市委、市政府作出《关于表彰全市人口与计划生育先进集体先进个人的决定》，表彰人口与计划生育先进集体150家、先进个人202名。

4月21日，市委办公室、市政府办公室转发《省委办公厅、省政府办公厅关于加强非典型肺炎预防控制工作的通知》。

4月24日，市委办公室、市政府办公室印发《关于建立非典型肺炎防治工作联系制度的通知》。

4月29日，市委、市政府印发《关于加快城市化进程的决定》、《2003年全市经济体制改革工作要点》。

5月19日，市委办公室、市政府办公室印发《关于当前一手抓非典防治一手抓经济建设的意见》。

5月26日，市委办公室印发《关于进一步改进我市会议和领导同志活动新闻报道的意见》。

6月2日，市委印发《关于加快培养选拔优秀年轻干部优化党政领导班子结构的意见》。

6月2日，市委办公室、市政府办公室转发《中共中央纪委、监察部关于坚决刹住用公款大吃大喝歪风的紧急通知》。

6月16日，市委印发《关于表彰苏州市先进基层党组织、优秀共产党员和优秀党务工作者的决定》，表彰先进基层党组织135个、优秀共产党员320名、优秀党务工作者120名。

6月18日，市委办公室、市政府办公室印发《关于下达2003年我市与宿迁市挂钩合作工作任务的通知》。

6月24日，市委、市政府印发《关于表彰2000～2002年度全市信访工作先进集体和先进工作者的决定》，表彰信访工作先进集体70家、先进工作者40名。

6月30日，市委、市政府印发《关于进一步调整优化镇（街道）、村（社区）行政区划的意见》。

7月7日，市委印发《关于在农村进一步深入开展“三级联创”活动的意见》。

7月8日，市委办公室、市政府办公室印发关于分解落实省委、省政府《关于加强生态环境保护和建设的意见工作任务的通知》。

7月9日，市委印发《关于推进农村十项实事的意见》。

7月10日，市委批转市纪委《关于建立市纪委负责人同下级党政主要负责人谈话制度的意见》。

7月10日，市委、市政府印发《关于表彰全市防治非典型肺炎工作先进集体和先进个人的决定》，表彰先进集体27个、先进个人32名。

7月18日，市委办公室、市政府办公室印发《关于在全市实行农村主要干部基本报酬和社会保险费统筹的意见》。

7月28日，市委办公室、市政府办公室转发《苏州市人才培训工程实施意见》。

7月28日，市委、市政府印发《关于进一步加强人才工作的意见》。

7月29日，市委、市政府印发《关于加快推进苏州沿江地区综合开发的意见》。

8月1日，市委印发《苏州市文学艺术奖励暂行办法》。

8月1日，市委办公室、市政府办公室转发《苏州市人才开发资金管理使用暂行办法》。

8月7日，市委办公室印发《关于进一步加强督促检查工作的意见》。

8月12日，市委办公室、市政府办公室印发《关于开展服务“两个率先”建设“平安苏州”活动的意见》。

8月25日，市委办公室、市政府办公室印发《关于全市乡镇机关实施公务用车制度改革的意见》。

8月25日，市委办公室转发市委组织部制定的《2003年苏州市公开选拔县处级领导干部的实施意见》。

8月25日，市委印发《关于苏州市市级机关部门党组指导机关党组织工作的意见》。

8月27日，市委办公室、市政府办公室印发《关于加强苏州市区城市环境长效管理工作的意见》。

9月9日，市委印发《关于学习贯彻“三个代表”重要思想争当全省“两个率先”先行军的决定》。

9月11日，市委、市政府印发《苏州市党政领导干部任期经济责任审计实施办法》。

9月11日，市委、市政府印发《关于全面推进人口与计划生育综合改革的意见》。

9月15日，市委办公室、市政府办公室转发市水利局、市编委办公室《关于落实全市水务一体化管理体制的意见》。

9月15日，市委、市政府印发《关于加快健康城市建设的决定》。

9月16日，市委办公室、市政府办公室印发《关于成立中国企业发展高峰论坛苏州筹备工作领导小组的通知》、《关于采取切实措施做好当前部分企业军转干部等方面人员稳定工作的紧急通知》。

9月17日，市委办公室、市政府办公室转发《关于贯彻落实中办、国办〈关于进一步治理党政部门报刊散滥和利用职权发行减轻基层和农民负担的通知〉精神的实施意见》。

9月22日，市委、市政府印发《关于授予徐伟才等同志苏州市“人民满意的公仆”的称号的决定》。

9月30日，市委办公室、市政府办公室印发《关于进一步做好当前信访工作的通知》、《关于认真做好市政协提案办理工作的通知》。

10月21日，市委、市政府印发《关于加快国际新兴科技城市建设的决定》。

10月21日，市委办公室、市政府办公室转发《苏州市电子文件归档及管理暂行办法》。

10月25日，市委办公室、市政府办公室转发《关于加强电子信息制造业人才队伍建设的意见》。

11月4日，市委办公室、市政府办公室转发市文明办、旅游局《关于在全市旅游行业开展创建文明行业活动的实施意见》。

11月13日，市委印发《学习中心组学习贯彻十六届三中全会精神的计划》。

11月13日，市委印发《中共苏州市委全体会议对县级市、区党委、政府领导班子正职拟任人选和推荐人选表决办法（试行）》。

11月13日，市委印发《苏州市党政领导职务任期制暂行规定》和《苏州市党政领导干部辞职暂行规定》。

11月13日，市委印发《常委会讨论干部任免事项投票表决办法（试行）》。

11月24日，市委、市政府印发《关于加快建设“绿色苏州”的决定》。

12月8日，市委、市政府印发《关于进一步加强全市农村卫生工作的意见》。

12月15日，市委办公室、市政府办公室转发市委组织部等7部门《关于进一步深化完善党员干部与特困家庭结对帮扶的意见》。

12月23日，市委发出《关于建立惩治和预防腐败体系，保证“两个率先”顺利实现的决定》。

12月31日，市委、市政府印发《关于实行党风廉政建设责任制情况的报告》。

12月24日，市委办公室转发市委组织部制定的《苏州市选调生管理暂行办法》、《苏州市挂职干部管理暂行办法》。

12月31日，市委办公室、市政府办公室转发市劳动和社保局等部门《关于苏州市企业退休人员社会化管理服务工作实施意见》。

（王建方）

市委重要活动

【书记调研】 1月2日，省委常委、副省长、市委书记王珉赴吴中区、相城区调研，强调要做优城市大环境，拓展发展新空间。市委常委、秘书长徐国强陪同调研。

1月7日～8日，省委常委、副省长、市委书记王珉赴常熟、吴江调研，要求努力实现开门红，为新一年发展布好局、开好头。市委常委、秘书长徐国强参加调研。

3月7日，省委常委、市委书记王珉赴平江、金阊、沧浪3城区进行实地调研，强调指出要全面整合古城资源，提升中心城区的集聚辐射和带动功能，加快城区发展。市委常委、秘书长徐国强等参加调研。

3月14日，省委常委、市委书记王珉赴园区、高新区，就加快推进城市化进程中东园西区如何进一步发挥优势，提升城市整体形象作实地调研。市委常委、园区工委书记、管委会主任王金华，副市长、高新区工委、虎丘区委书记赵俊生分别介绍情况。市委常委、秘书长徐国强陪同调研。

4月7日，省委常委、市委书记王珉赴吴江调研，强调要倡导开短会、写短文、说短话，全力构建“阳光型政府”、“服务型政府”。市委常委、秘书长徐国强参加调研。

4月9日，省委常委、市委书记王珉赴相城区调研，市委常委、秘书长徐国强陪同调研。

6月6～18日，省委常委、市委书记王珉，市委副书记、市长杨卫泽等市领导对全市贯彻、落实党风廉政建设责任制情况进行检查考核。

6月19日，省委常委、市委书记王珉赴部分学校考察教育发展情况。

8月11日，省委常委、市委书记王珉赴政法系统调研，了解当前政法工作情况，强调当前要突出抓好街头“两抢”等治安问题，为苏州经济社会发展提供有力保障。市领导徐国强、陈振一、江浩等陪同调研。

10月13～15日，省委常委、市委书记王珉先后到常熟、太仓、张家港市，就加快沿江开发建设、推进全市“两个率先”进行调研，市委常委、秘书长徐国强陪同调研。

10月21日，省委常委、市委书记王珉赴相城区调研，市委常委、秘书长徐国强陪同调研。

10月27日，省委常委、市委书记王珉赴平江区调研，市委常委、秘书长徐国强等陪同调研。

10月29日，省委常委、市委书记王珉赴金阊区、苏州工业园区调研，市委常委、秘书长徐国强等陪同调研。

10月31日，省委常委、市委书记王珉赴吴中、沧浪区调研，市委常委、秘书长徐国强等陪同调研。

11月26日，省委常委、市委书记王珉赴高新区调研，强调要坚持工业化与城市化互动、开发区建设与新城区建设同步、高新技术产业发展与生态环境保护并重，进一步完善全区域总体规划，统筹城乡协调发展，按照“一体两翼”城市发展格局，把高新区建成山川秀美、最适宜人居和创业的新城区，建成设施齐全、功能完善的现代化城市副中心。市委常委、秘书长徐国强，副市长、高新区工委书记赵俊生等参加调研。

【专项重要活动】 4月18日，2003年中国苏州国际旅游节开幕式暨江苏吴中杯“江南丽人”评选总决赛颁奖晚会在市体育中心体育馆举行。市委常委、副市长汪国兴主持开幕式，市委副书记、市长杨卫泽致辞。省委常委、市委书记王珉，国家、省旅游局及其他有关部门领导，市领导周福元、冯瑞渡等出席开幕式。

10月21日，由商务部、国务院台湾事务办公室和省政府主办，市政府和省对外经济贸易合作厅、省台办共同承办的2003年中国苏州电子信息博览会开幕，300多家IT企业汇聚苏州南亚会展中心。开幕式上，商务部副部长魏建国，国台办副主任王在希，国家质量监督检验检疫总局副局长蒲长城，省委常委、市委书记王珉，省人大常委会副主任叶坚，副省长李全林，省政协副主席陆军，台北电脑公会理事长黄崇仁，联想集团总裁兼首席执行官杨元庆以及微软中国总裁唐骏等共同为电博会揭幕。开幕式由市委副书记、市长杨卫泽主持，市领导沈荣法、王金华、周福元、冯瑞渡、周向群、徐国强、周伟强等出席开幕式。21日，电博会举行IT高峰论坛。22日，电博会举行IC高峰论坛和软件业高峰论坛。24日，2003中国苏州电子信息博览会在接待了4.5万名观众后落幕。

【市委主要领导组团出访】 2月13日，由省委常委、副省长、市委书记王珉，市委副书记、市长杨卫泽率领的苏州市党政代表团赴浙江省宁波市考察该市在城市建设、港口开发、民营经济发展等方面的经验和做法。市领导周福元、杜国玲、包国新、沈荣法、冯瑞渡、姜人杰、赵俊生等参加考察。

8月18日，由省委常委、市委书记王珉，市委副书记、市长杨卫泽率领的苏州市友好代表团赴新加坡访问，代表团成员还有市委副书记、园区工委书记、管委会主任王金华及有关部门负责人。抵达当日，新加坡《联合早报》采访了王珉书记，代表团拜访了中国驻新加坡大使馆。

8月28日～9月7日，省委常委、市委书记王珉，市委常委、秘书长徐国强率团赴欧洲访问。

11月1日～3日，省委常委、市委书记王珉，市委副书记、市长杨卫泽率各市（县）、区和市有关部门的领导赴浙江省温州、台州市学习考察，市领导沈荣法、周福元、冯瑞渡、秦兴元、赵俊生等参加考察。

（王建方）

纪检监察

【市纪委第四次全体会议】 于3月1日举行，主要议题是：传达中央纪委二次全会和省纪委三次全会精神，回顾2002年全市党风廉政建设和反腐败工作情况，进一步明确2003年工作任务和要求。市委副书记、市纪委书记沈荣法代表市纪委常委会就贯彻落实中央纪委二次全会、省纪委三次全会明确的各项任务，进一步做好纪检监察工作提出意见。省委常委、市委书记王珉到会作重要讲话，提出了5方面要求：一是认真学习胡锦涛同志重要讲话精神，充分认识深入推进党风廉政建设和反腐败工作的极端重要性；二是准确把握“两个务必”的本质要求，坚持勤政为民、廉洁自律；三是加强监督和防范，从源头上预防和治理腐败；四是坚决查处大案要案，依纪依法严厉打击腐败分子；五是进一步加强组织领导，切实把党风廉政建设和反腐败工作落到实处。市委副书记、市长杨卫泽以及周福元、包国新、冯瑞渡、程云清、汪国兴、王金华、徐国强等市领导参加会议。

【市纪委第五次全体会议】 于7月4日举行，主要议题是：回顾总结上半年全市党风廉政建设和反腐败工作情况，部署下半年工作任务，动员全市各级党政组织和纪检监察组织，深入学习贯彻“三个代表” 重要思想和党的十六大精神，按照市委九届五次全体（扩大）会议的要求和上级纪检监察机关的部署，奋发有为，扎实工作，全面落实反腐倡廉各项任务，为苏州实现“两个率先”的目标作出新的贡献。市委副书记、市纪委书记沈荣法在会上讲话。

【市纪委第六次全体会议】 于12月26日举行，主要议题是：传达学习12月12日九届市委第57次常委会讨论通过的《关于建立惩治和预防腐败体系，保证“两个率先”顺利实现的决定》，以及省委常委、市委书记王珉就贯彻实施体系、推动全市党风廉政建设走在全省全国前列所作的有关指示，研究贯彻落实的意见和措施。市委副书记、市纪委书记沈荣法在会上讲话，提出3点要求：一是认真组织实施惩治和预防腐败体系，全面系统地开展反腐倡廉工作；二是按照惩治和预防腐败体系的要求，认真谋划好明年工作；三是集中精力，着力抓好维护社会稳定、防治节日期间不正之风等当前工作。张家港市、相城区纪委及水利、建设、工商等部门主要负责同志作了交流发言。会上审议通过了全会《决议》。

【市委作出《关于建立惩治和预防腐败体系，保证“两个率先”顺利实现的决定》】 2003年8月，中共中央政治局常委、中央纪委书记吴官正来苏考察，要求苏州党风廉政建设和经济建设都要为全国作贡献。省委书记李源潮多次要求苏州党风廉政建设和经济建设都走在全省前列。为落实中央、省领导的一系列指示，认真贯彻党的十六届三中全会精神，

2003年8月13～14日，中共中央政治局常委、中纪委书记吴官正（前右二）在苏州视察期间亲临苏州市纪委、市监察局机关，听取全市党风廉政建设和反腐败工作情况汇报。

（沈锡锡摄）

市委成立了由王珉任组长，杨卫泽、沈荣法、汪国兴、徐国强任副组长，市惩腐倡廉领导小组成员单位有关领导为成员的课题组。在充分调查研究、认真思考总结的基础上，市委于同年12月作出了《关于建立惩治和预防腐败体系，保证“两个率先”顺利实现的决定》，明确了建立惩治和预防腐败体系的总体思路、奋斗目标、指导原则、实施步骤和组织保障，提出了建立和完善教育防范机制、公共权力配置机制、公共财政管理机制、公平择优的用人机制、监督管理机制、查案惩处机制、廉政激励机制、测评预警机制等8个方面的战略举措。

【领导干部廉洁自律】 2003年，全市各级党政组织认真学习胡锦涛同志一系列重要讲话精神，掀起了学习贯彻十六大精神和“三个代表”重要思想的新高潮。深入开展党风廉政宣传教育，坚持以“两个务必”为主题，突出理想信念、党纪条规、正反典型和“打招呼”教育，注重丰富党风廉政宣传教育形式，有效开展了“两个务必”主题演讲比赛、集中开展警示教育、廉洁从政知识和党纪条规测试等活动。在市委、市政府的领导下，市纪委、市委组织部、市委宣传部和市文广局共同组编公演大型现代剧《笑着和明天握手》，在社会上引起了较好的反响，并专程赴宁演出，获得好评。建立纪委负责人同下级党政主要负责人谈话制度，推行了领导班子和领导干部述职述廉制度。全市共有43名市（厅）级领导干部、444名县（处）级领导干部、2490名乡（科）级干部进行了述职述廉，市纪委主要负责同志与全市新任市、区和市直党政机关40名主要负责人进行了集体廉政谈话，各级纪委负责人与1214名乡（科）级党政主要负责人进行了谈话。全市广大党员干部特别是领导干部廉洁从政和接受监督的意识进一步增强，廉洁自律各项规定得到较好落实。全市县（处）级以上领导干部主动上缴礼金27万余元，“510廉政账户”收到上交款131万余元；各级党政机关共查纠公款购置或挂靠单位的“小灵通”手机1458部，追回违纪款40万余元；党政机关纠正了购买使用的超标车41辆；各级严格控制公费出国（境）活动，压缩团组26个190人次，节约资金286万多元。

【执纪查案】 2003年，市委成立了反腐败协调小组，进一步加强对查办大案要案工作的领导与协调。各级纪检监察机关不断加大工作力度，严肃查处违纪违法案件。全市共立案查处违纪违法案件813件，其中经济案件303件。查处县（处）级干部10人，乡（科）级干部65人。通过查案，挽回经济损失8622万余元。查处有影响的案件有：原张家港市委常委、宣传部长范平贪污受贿案，原常熟市国土局局长李金保受贿案等。同时，严肃查纠行政不作为、乱作为行为，有102人受到责任追究，其中立案查处34件，6人被移送司法机关处理。

【纠风和专项治理】 2003年，各地各部门针对一些影响和损害群众切身利益的问题，认真开展纠风治乱工作。继续开展医药纠风工作，全市医疗卫生机构实行药品集中招标采购金额达11亿元，让利患者8654万元。认真治理教育乱收费行为，清退不合理收费165万元。全面实施农业税征收方式改革，农民合同内负担全部减免。普遍建立企业减负监控网，实行企业收费公示制，企业总负担水平继续保持在控制目标以内。同时，继续深入开展纳税人评议政风行风工作。全市社会测评综合满意率达到96.9%，比2002年高出1.9个百分点，市发计委、侨办、经贸委、科技局、民政局等单位满意率名列前茅。市委、市政府加大奖惩力度，对社会测评综合满意率居前5名的单位进行了表彰奖励，对后5名的单位由市领导进行诫勉谈话。

【源头治腐】 2003年，全市各级纪检监察机关坚持从改革体制机制制度入手，不断加大工作力度，铲除腐败滋生的土壤。一是深化行政审批制度改革，进驻市行政服务中心的审批事项已占保留项目的85%，承诺办事时限提速33%，群众满意率达到99%。二是推进财政管理制度改革，完善部门预算，加大国库集中支付工作力度，一级预算单位已全部纳入支付中心。三是深化干部人事制度改革，市委出台了《中共苏州市委全体会议对县级市、区党委、政府领导班子正职拟任人选和推荐人选表决办法（试行）》、《中共苏州市委常委会讨论干部任免事项投票表决办法（试行）》、《苏州市党政领导干部辞职暂行规定》、《苏州市党政领导职务任期制暂行规定》等，促进了全市干部选拔任用工作民主、公开机制的形成。四是市场化运作逐步完善。政府采购范围不断扩大，操作不断规范，共节约采购资金2.8亿元。工程建设领域实现了由专项治理向整顿和规范建筑市场秩序过渡，进一步规范招投标行为。经营性用地招标拍卖和挂牌交易工作全面推进。五是政务公开工作进一步完善。苏州市级和5个县级市、7个区政府及所属职能部门全部推行了政务公开，所有乡镇全部推行了政务公开，国有、集体及其控股企业和事业单位都实行了事务公开，非公企业中有1199家已建立厂务公开制度。在9月份召开的全国政务公开电视电话会议上，市委副书记、市纪委书记沈荣法代表苏州市在主会场作了题为《大力推进政务公开，营造良好政务环境》的交流发言。

【行政监察】 2003年，全市各级监察机关坚持围绕发展，贴近政府工作，贴近经济建设，贴近改革开放，充分发挥行政监察职能作用。进一步加大效能监察力度，推进机关效能建设。认真督查“创优争先，建功立业”活动的开展情况，促进机关作风转变。加强对环古城风貌保护工程、定销商品房、绕城高架等重点建设项目的执法监察，确保重点工程建设项目优质、高效完成。加大对国有（集体）企业改制工作的监督，及时化解矛盾，纠正违规行为，为国家（集体）挽回经济损失1.16亿元，保证了改制工作健康顺利推进。规范效能投诉的接诉和处理，全市共受理效能投诉335件，查结322件。严明“抗非”纪律要求，开展对抗击“非典”工作的监督检查。苏州市纪委、市监察局加强效能监察、服务第一要务的工作经验分别在中央纪委三次全会和省纪委三次全会上作了书面交流，一些新闻媒体也作了报道。江苏卫视台记者受中央电视台委托，于2月份来苏州就本市如何加强效能监察、严肃查处行政不作为、推进机关效能建设等专题采访市委副书记、市长杨卫泽和市纪委副书记、市监察局局长季忠正，当月22日在中央电视台一套《新闻联播》中头条播出。

【党风廉政建设责任制】 市委、市政府坚持把落实党风廉政建设责任制作为反腐倡廉“龙头”工程来抓，先后制定了责任制报告、检查考核和责任追究等配套制度，市委常委、党员副市长等15名市领导分别带队，结合民主生活会对各县级市、区及水利局等5个市级单位贯彻落实党风廉政建设责任制工作作全面检查。市委领导同志带头执行领导干部廉洁自律各项规定，在抗击“非典”的关键时刻，深入一线，检查指导工作。在市委九届六次全会上，市委常委会向全会报告落实党风廉政建设责任制和廉洁从政情况，自觉接受监督。

【公务用车管理和改革】 2003年，全市各级纪检监察机关把加强公务用车管理和改革作为推进领导干部廉洁自律工作的重要着子，积极会同有关部门采取切实措施，力求抓出成效。一是摸清家底。全市310个党政机关和事业单位的2657辆公务用车被登记造册，建立了公务车辆档案数据库，为下一步公务用车定编、改革作了准备。二是严格把关。进一步加强党政机关和事业单位申请购买车辆的审核工作，严格控制超标车和超编车。对违规使用超标车问题进行调查，纠正了22名县（处）级干部、19名乡（科）级干部违规使用的41辆超标车。三是实施车改。市委、市政府两办下发了《关于全市乡镇机关实施公务用车制度改革的意见》，全面启动乡镇车改工作。在车改中，注重抓好车辆处置、交通费核发和驾驶员安置等重点环节，并制定出台了《关于公务用车制度改革的纪律规定》，保证车改工作平稳健康推进。全市97个乡镇出售和拍卖公务用车1270辆，回收资金8726万余元，公务用车费用普遍下降了30%。

【清房工作全面完成】 自2002年6月起，全市各级各部门按照全省统一部署，在前几年工作的基础上，严格按照省清房政策及具体实施方案，深入开展清房工作，进一步清理纠正干部职工在住房方面的违规问题。一是摸清了住房底数。全市有21.44万人填报了《江苏省干部职工住房情况登记表》，登记率、公示率均达100%，1942个科以上单位全部通过省、市验收，形成完整、规范的住房档案593卷。二是纠正了违规问题。全市共有58人退出58套住房，496人补交超面积房款，6人调整房租，368人因多领补贴款而补交工龄差，45人补交公费购买的汽车库款、4320人补办各类房改手续等，共涉及款项20020万元。三是巩固了工作成果。对清退出来的住房及单位的存量公房通过市场评估、公开挂牌上市、竞价出售等方式进行处置，全市共出售1933套住房，收回房款8737万元。

【中央纪委、监察部华东地区纪检监察工作座谈会在苏召开】 9月15～18日，中央纪委、监察部华东地区纪检监察工作座谈会在苏州召开。中央纪委副书记夏赞忠、江苏省委书记李源潮出席会议并讲话。省委副书记、省纪委书记王寿亭代表省委、省政府致辞。省委常委、苏州市委书记王珉到会致辞并介绍苏州情况。来自中央纪委第7纪检监察室等有关部门的负责同志，华东6省1市的纪委书记、监察厅长及分管案件检查工作的常委、室主任等近100人参加会议。市委副书记、市纪委书记沈荣法作了题为《围绕第一要务，强化执纪查案》的交流发言。

【15城市纪检监察理论研讨会在苏举行】 10月17～18日，15城市纪检监察理论研讨会在苏州举行。省纪委副书记周继业，市委副书记、市纪委书记沈荣法分别代表省纪委、省监察厅和苏州市委、市政府、市纪委、市监察局致辞，15城市代表分别围绕如何履行党章赋予纪委的组织协调职能、如何深入开展效能监察工作两个课题进行了研讨，市监察局局长季忠正在会上作了题为《深入开展效能监察的实践与思考》的交流发言。

（程　波）

组织工作

【概况】 2003年，全市领导班子和干部队伍建设进一步加强，干部人事制度改革扎实推进，党管人才工作迈出新步伐，基层党组织建设取得新成效，党员队伍的整体素质进一步提高，为全市经济社会发展提供了有力的组织保证和人才支持。

截至2004年2月，由市一级管理的领导班子共有191个，其中一级局建制147个、二级局建制44个，各县级市、区、苏州工业园区、苏州高新区领导班子共59个，副处级建制以上经济开发区领导班子17个。市委及市委组织部管理的干部总数为1294名（市委管理1254名），其中现职领导921名。各县级市、区、苏州工业园区、苏州高新区党政领导班子成员平均年龄46岁，市级机关党政领导班子成员平均年龄47.6岁。到2003年底，全市共有基层党组织17631个，其中党委543个，党总支1389个，党支部15699个；全市党员总数363049名，其中女党员64602名，占17.79%；35岁以下的党员67416名，占18.57%；大专文化以上的党员91409名，占25.18%。2003年，全市发展党员9056名，比上年增长15%。其中，35岁以下青年党员7123名，占78.7%；女党员3970名，占43.8%；高中以上文化程度的8370名，占92.4%；生产一线的4163名，占46.0%。全市有入党积极分子31800名，比上年增长10.9%。

【领导班子建设】 切实加强领导班子思想政治建设，以党员领导干部为重点，深入开展坚持“两个务必”主题教育活动和学习郑培民、谷文昌、李云龙先进事迹活动，不断改进领导干部的思想和工作作风。年初，市和县级市、区人大、政府、政协进行了换届选举，省、市委提名的273名候选人全部当选。通过换届，各县级市、区党委、人大、政府、政协领导班子的平均年龄下降了3.4岁，绝大多数班子配备了女干部，县级市、区政府班子中都配备了35岁左右的年轻干部和非中共党员干部，民主建设得到进一步推进，市中级人民法院、市人民检察院和市监察局都按规定配备了非中共党员干部，市政府工作部门非中共党员干部必配部门配备率达到90%。全年共对113个领导班子进行了调整，调整干部464名，其中提拔137名，干部交流使用52名。

【干部培养选拔】 注重系统地抓后备干部队伍建设，年初市委组织部会同市委统战部、市妇联对各县级市、区培养选拔年轻干部、非中共党员干部、女干部工作进行了督查。市委下发了《关于加快培养选拔优秀年轻干部、优化党政领导班子结构的意见》，召开了全市培养选拔优秀年轻干部工作电视电话会议。分别举办了全市青年干部、非中共党员干部和女干部培训班。选派了29名市级机关优秀年轻干部到乡镇挂职锻炼。调整县处级后备干部队伍名单，经民主推荐、市委组织部会审、单位党委（党组）研究和公示，形成新一轮县处级后备干部名单，共466名，平均年龄37.5岁，其中女干部116名、非中共党员干部39名、大学本科以上学历414名，分别占总数的24.9%、8.4%和88.8%。落实选调生教育培养措施，制定了《苏州市选调生管理暂行办法》。

【干部教育培训】 组织各级领导干部认真学习党的十六大、十六届三中全会精神和“三个代表”重要思想，举办了8期县处级领导干部学习“三个代表”重要思想和十六大精神研讨班，共有835名县处级领导干部参加了集中轮训。做好县处级单位党委（党组）理论学习中心组学习情况的检查考评工作。坚持大规模培训干部，当年全市共举办各类培训班291期，培训人数48690人次，其中市级机关举办培训班培训人数14585人次，比上年增长112%。参加各类培训的县处级领导干部人数占全市县处级领导干部总数的78.1%。结合党校主体班次试行了县处级领导干部政治理论水平考试制度。举办了全市乡镇长政治理论培训班、信息化与电子政务骨干培训班、村镇建设规划培训班和工商管理职业资格培训班等。继续探索选送干部出国培训的新途径，举办了现代物流、公积金管理、国有资产管理等4期专题培训班和乡镇领导干部赴新加坡专题培训班。

【人才队伍建设】 按照党管人才的要求，积极探索建立党委统一领导，组织部门牵头抓总，有关部门各司其职、密切配合的人才工作新机制。市委、市政府召开了全市人才工作会议，市委知识分子工作领导小组调整更名为市人才工作领导小组，进一步明确了市人才工作领导小组工作制度及成员单位工作职责；充实了市人才工作领导小组成员单位和办公室的力量，调整了工作机构设置。市委下发了《关于进一步加强人才工作的意见》，市委组织部会同有关部门下发了《苏州市人才培养工程实施意见》、《苏州市人才开发资金管理使用暂行办法》、《关于加快推进我市紧缺专业人才培养若干问题的意见》、《关于对在职参加研究生学历（学位）学习进行资助的通知》4个配套性文件。加强对科技、人才工作的考核检查，制定了《关于县级市、区党政领导干部科技、人才工作目标责任制的意见》。制定了《关于加强电子信息制造业人才队伍建设的意见》。建立了《苏州市党政领导联系专家制度》，成立了由44名专家组成的苏州专家咨询团，发挥专家在全市经济社会发展中的参谋咨询作用。着力抓好高层次人才队伍建设。认真抓好省“333工程”培养对象、苏州市优秀专业技术拔尖人才、新世纪高级青年专技人才3支队伍，建立了人才开发资金，加大对人才的项目资助力度。拓宽选拔高层次人才的渠道，通过开发区和社团组织的推荐，年内推荐了42名人才为省“333二期工程”第3批培养对象，增补了14名同志为苏州市拔尖人才。进一步加强与中科院及著名高校的合作，配合省委搞好“江苏高校校长沿江行”活动，做好“江苏沿江7市与17所高校科技合作”的有关工作。苏州留学人员创业园（含昆山留学人员创业园）及3位同志获全国留学回国人员先进工作单位和先进个人称号。苏州高新区被确定为省“333工程”科研成果转化基地。

【干部人事制度改革】 确定各县级市、区和部分市级机关、国有企业共15家单位为干部人事制度改革试点单位，对各地改革工作加强指导。健全和完善干部选拔任用制度。市委下发了《中共苏州市委常委会讨论干部任免事项投票表决办法（试行）》、《中共苏州市委全体会议对县级市、区党委、政府领导班子正职拟任人选和推荐人选表决办法（试行）》、《苏州市党政领导职务任期制暂行规定》和《苏州市党政领导干部辞职暂行规定》4个文件。开展了2003年苏州市公开选拔县处级领导干部工作，按照公开、公平、公正原则，经过报名、资格审查、考试、组织考察等程序，有11名年轻干部被选拔到县处级领导岗位上，并在公选考察人选中选拔了3名县处级领导助理。认真做好2003年度领导干部考核工作，进一步改进考核方法，将年度考核和领导干部述廉工作有机结合，增强了考核工作的针对性。制定了《关于加强我市国家级、省级开发区领导干部管理的意见》，加强对开发区干部的规范化管理。配合企事业单位改革进程，就市属生产经营型事业单位转企改制中市管已退休领导干部管理关系转移工作提出了具体意见，积极稳妥地做好企业改制中市管领导干部分流等有关工作。指导水务集团、园林集团完成企业高级经营管理者内部竞聘工作。

【干部监督】 建立了市委组织部谈话制度，加强对领导干部平时的谈心沟通和提醒教育。制定实施《苏州市党政领导干部选拔任用工作监督检查实施意见（试行）》，市委组织部组成5个督查组，对各县级市、区及12个市级机关和企业集团学习贯彻《干部任用条例》的情况进行了督查。建立干部选拔任用工作监督员制度，从社会各界选聘监督员（任期2年），参与对干部选拔任用工作的监督。制定了《苏州市党政领导干部任期经济责任审计实施办法》，进一步规范了对党政领导干部的经济责任审计工作。年内对12个单位的主要领导实施了任期经济责任审计。

【干部宏观管理】 对干部双重管理工作进行了自查，进一步规范工作程序。对1200多名市委管理干部的出生时间、参加工作时间、入党时间进行了核定。对近年来因公出国

（境）审查工作进行了回顾分析，制定了加强和改进市管干部因私出国（境）管理的意见。认真做好挂职干部工作，拟订了《苏州市挂职干部管理办法》，全年安排各地来苏挂职干部共72人，组织市内21名干部赴大连、淮安、宿迁等地挂职。做好军转干部安置工作，全年安置正团职以上军转干部22人，其中师职干部4人。做好工资审批、干部档案等工作，制定了《关于在市属国有（集体）企业改制中做好人事档案处置工作的通知》。认真做好1994～2001年全市党的组织史续编工作。切实做好老干部工作，加强改制企事业单位老干部的管理服务工作，组织老干部开展活动，落实老干部的政治生活待遇。

【基层党组织建设】 ①加强农村基层组织建设。运用农村“三个代表”重要思想学习教育活动经验，实施农村基层组织建设“先锋工程”，召开了加强基层组织建设、推进农村城市化工作会议，制订下发了《关于在农村进一步深入开展“三级联创”活动的意见》及《考核细则》。全面总结全市2000～2002年整顿经济薄弱村党组织工作，3年中共有193个村达到了预期转化目标，占薄弱村总数的84.3%。制订下发了《苏州市2003～2005年整顿经济薄弱村党组织规划》，启动实施了新一轮薄弱村党组织整顿工作。举办了全市乡镇组织委员培训班。配合省委组织部对吴江市党代会常任制试点工作进行指导。在村党组织换届选举中，全面实行由党员直接民主推荐委员候选人，由村民代表对推荐的委员候选人投信任票，再由党员大会选举产生党组织委员的“两推一选”的选举办法。对全市村务公开和村党组织换届选举“两推一选”工作进行督查和指导。农民群众对村务公开的满意率达96%以上，全市共有1403个村在村党组织换届选举中实行了“两推一选”。

②大力推进非公有制经济组织党的建设。对各县级市、区非公有制经济组织党建工作基本情况进行了分析和通报，加强面上工作指导和督查。召开了全市非公有制经济组织“党建带工建，工建促党建”工作经验交流会，下发了工作意见，提出了进一步加强非公有制经济组织党建和工建工作的措施。制定了《关于选派非公有制经济组织党建工作指导员的意见（试行）》。全市各级共选派非公有制经济组织党建工作指导员7129人，覆盖正式职工25人以上、尚不具备单独建立党组织条件的非公有制经济组织20755家，占总数的100%。举办了党建工作指导员骨干培训班，编印了《非公有制经济组织党建工作指导员工作指南》。全市3769家具备建立党组织条件的非公有制经济组织全部建立了党组织。2003年，在非公有制经济组织中发展党员1880名，占全年发展党员总数的20.8%；非公有制经济组织中从业党员56595人。总结了全市加强外商投资企业党建工作的经验，在中组部召开的全国非公有制企业党建工作经验交流会上作了书面交流。

③认真做好市属国有（集体）企业产权制度改革中党组织设置调整等有关工作。制定下发了《关于在市属国有（集体）企业改制中做好党组织设置等工作的通知》，坚持在企业改制中同步调整党组织设置，明确党组织的隶属关系，并同步加强城区和街道非公有制经济组织党的工作机构建设，各城区都成立了非公有制经济组织党工委，各街道都成立了非公有制经济组织党总支。年内共有97个改制企业党组织关系由主管部门调整到所属区和街道，其中独立建制的党委6个、总支5个、支部86个，转移在职党员组织关系2029人。

④积极探索和加强社区、社团和其他社会组织的党建工作。对全市社区党建工作进行了督查和调研，并抓紧研究制订有关政策文件。市委组织部加强了与民政、工商、司法等有关部门的联系，掌握全市社团、社会中介组织党建工作开展情况，会同有关部门共同做好社团、社会中介组织党建工作。进一步加强机关和学校党建工作。总结了全市在科研院所改制工作中同步加强和改进党建工作的经验，在省有关会议上作了交流。

【党员教育管理】 认真抓好广大党员干部“两个务必”主题教育活动，在全市党员干部中开展了坚持“两个务必”主题演讲比赛。成立了苏州市农村党员、基层干部科技素质培训工作协调小组。举办了全市首批非公有制经济组织党员业主培训班。“七一”前夕，建成了“苏州党建”对外网站，《党的生活》电视栏目更名改版为《七月阳光》，进一步丰富了党建宣传的形式和内容。加强了对2002年度民主评议党员工作的督促和检查，加大处置不合格党员工作力度。根据十六大精神和新党章要求，修订完善了《党员手册》。召开了全市农村党员经纪人发展工作座谈会，总结交流了工作经验。制定下发了《苏州市2003～2005年发展党员工作规划》。继续做好关心老党员工作。改进党员组织关系接转工作，下发了《关于党员组织关系转移有关问题的通知》，对苏州大学等8个单位党员组织关系转移工作作了相应授权。注重发挥基层党组织和广大党员在抗击“非典”斗争中的作用，及时转发了中组部《关于为防治非典型肺炎工作提供强有力组织保证的通知》，下发了《关于在防治“非典”斗争中充分发挥共产党员先锋模范作用的通知》，动员全市基层党组织和广大党员在防治非典型肺炎工作中充分发挥战斗堡垒作用和先锋模范作用。召开了全市纪念中国共产党成立82周年座谈会，在“七一”期间表彰135个先进基层党组织、320名优秀共产党员和120名优秀党务工作者。与此同时，筛选确定了7名各具时代特色的优秀共产党员代表，在“七一”期间进行集中宣传报道。

【组织部门开门评部集中学习教育活动】 根据中组部、省委组织部的统一部署，从2003年7月底开始，在市和县级市、区两级组织部门开展了以树立公道正派形象为主要内容的开门评部集中学习教育活动。组织组工干部认真学习党的十六大、十六届三中全会精神和“三个代表”重要思想，举办了全市组工干部培训班，深化对公道正派内涵的学习，着力提高组工干部的思想认识。市委组织部通过委托征求意见、召开座谈会、个别访谈、发放征求意见表等形式，广泛征求各方面的意见和建议，共召开座谈会65个，个别访谈271人，发放征求意见表2991份，征集意见和建议528条，梳理汇总后形成意见和建议232条。针对干部群众的意见和建议，认真进行对照检查和剖析反思，研究落实整改措施。通过一个阶段的集中学习教育活动，组工干部公道正派的意识得到了明显增强，对在公道正派方面存在的不足有了比较清醒的认识，联系实际解决问题的作风有了明显改进，组织部门的自身建设得到进一步加强。按照中组部提出的学教活动“再扎扎实实地抓一年”的要求，公道正派集中学习教育活动还将进一步深化和拓展。（苏 组）

宣传思想工作

【概况】 2003年是全面贯彻落实党的十六大精神的第一年，也是市委提出并实施“两个率先”目标的第一年。一年来，全市宣传思想战线在市委和上级宣传部门的正确领导下，坚持以“三个代表”为统领，突出学习贯彻“三个代表”重要思想、促进实现“两个率先”这条主线，在继承中创新，在改革中前进，兴起了学习贯彻“三个代表”重要思想的新高潮，唱响了“两个率先”的主旋律，较好地完成了年初确定的各项目标任务。

【学习贯彻“三个代表”重要思想】 根据市委的统一部署，市委宣传部将学习宣传贯彻十六大精神和“三个代表”重要思想作为首要的政治任务，紧密联系苏州实际，区分3个阶段，不断把学习宣传活动引向深入。上半年突出以学习宣传贯彻十六大精神为重点；胡锦涛总书记发表“七一”讲话、中央印发《“三个代表”重要思想学习纲要》以及《关于在全党兴起学习贯彻“三个代表”重要思想新高潮的通知》后，迅速兴起学习贯彻“三个代表”重要思想新高潮；十六届三中全会召开后，又及时组织学习宣传十六届三中全会精神。在具体工作中，区分不同对象，有针对地进行学习宣传。①以党委中心组学习为抓手，推动领导干部带头学。市委宣传部协助市委制定起草了十六大精神、“三个代表”重要思想和十六届三中全会等专题学习计划，编印了12期《党委中心组学习参考材料》和“两个务必”及“郑培民先进事迹”两个专题学习材料，组织实施并进一步完善党委中心组学习的旁听制度。6月18日，邀请上海社科院院长尹继佐为市委理论学习中心组作《“三个代表”重要思想学习纲要》辅导报告。②以基层党校为阵地，抓好一般党员干部的学习。编写《2003年党员教育读本》，举办了两期党员骨干培训班，有600多名党员骨干参加培训。③以“三进”工程为依托，抓好青年大学生的学习教育。④以新闻媒体宣传为渠道，抓好面上的学习教育，各新闻媒体分别开设了专题专栏，进行高密度、高强度、连续性地宣传报道。与此同时，还通过组织理论宣讲团，提高全市干部群众学习宣传水平。7月30日，中央宣讲团来苏举行首场报告会，中国人民大学校长纪宝成作“三个代表”重要思想辅导报告，市四套班子领导及各地、各部门负责人1000余人听取了报告。市里也组织宣讲团于8月分赴各地宣讲，举办报告会40余场，2万多人参加。

【唱响“两个率先”主旋律】 2003年上半年，结合学习贯彻党的十六大精神和省委关于苏州要争当全省“两个率先”先行军、全国率先发展排头兵的要求，在市各新闻媒体开辟“学习贯彻十六大精神，加快建成高水平小康社会”、“话发展大计、谋率先之策”等专题专栏，组织了市领导开展“两个率先”集中调研和赴上海、杭州、温州等地学习考察活动的宣传报道，为“两个率先”营造了浓厚氛围。下半年，围绕兴起学习贯彻“三个代表”重要思想新高潮和市委出台《关于学习贯彻“三个代表”重要思想，争当全省“两个率先”先行军的决定》，在市各新闻媒体开辟“贯彻‘三个代表’，实现‘两个率先’”、“沿江沿线天天行”等专题专栏，大力宣传全市“两个率先”的宏伟目标、主要任务和各项具体措施，大力宣传全市各地的新思路、新举措和新成效，扎实推动贯彻“三个代表”、实现“两个率先”的新高潮。在全市精心策划开展“学习‘三个代表’，力争‘两个率先’”主题教育活动，组织开展“两个率先看苏州”系列活动，组织10万多名基层干部、群众参加“环古城风貌水上游”活动。围绕“两个率先”，邀请国内知名专家、学者先后组织6次形势任务报告会，帮助干部群众学习领会国内外形势，认清加快“两个率先”的重大意义，明确推进“两个率先”所要解决的关键问题，进一步把干部群众的思想和行动凝聚到“两个率先”的目标上来。

【抗击“非典”宣传报道】 2003年上半年，面对突如其来的“非典”疫情，全市宣传思想战线迅速行动起来，认真做好舆论引导工作，维护社会稳定，动员干部群众全力以赴抗击“非典”。切实加强对“抗非”期间新闻宣传工作的协调指导，及时提出和实施“一天一报”制，及时报道“非典”疫情信息，大力宣传全市“一手抓抗击非典，一手抓经济建设”的重大举措和苏州安全、稳定、有序的投资环境和社会秩序，为夺取防治疫病和经济建设双胜利营造良好氛围。抽调有关人员参加全市防治非典工作领导小组，切实加强宣传报道的扎口管理。积极引导“非典”时期人们的生活、娱乐、学习方式，在全市开展“2003家庭读书活动”，及时推出丰富多彩的优秀文艺节目，丰富群众生活，舒缓紧张情绪。牵头举办全市文艺界“抗非典、献爱心”慰问演出和书画义卖活动，共筹集“抗非”义款15万元。以抗击“非典”为契机，在全市大力开展以“大整治、改陋习、树新风”为主要内容的“相约健康”活动，及时发放《防治非典基本知识》，弘扬爱卫生、重健康、讲文明的社会风尚。“非典”过后，大力宣传“万众一心、众志成城，团结互助、和衷共济，迎难而上、敢于胜利”的“抗非”精神，激发干部群众夺回“非典”造成的损失，完成年初确定的各项目标和任务。

【学习型城市建设】 2003年，市委宣传部通过抓重点、抓关键，推动学习型城市建设全面有序地开展；总结2002年度学习型城市建设情况，对涌现出来的先进集体和先进个人进行表彰；组织开展学习型城市建设调研，组织赴省内外学习考察，撰写调研报告，进一步理清工作重点和思路；加强对全市学习型城市建设工作的协调指导，与机关党委联

附：2003年形势任务系列报告会

内　容	主讲人	时间
《国际政治经济形势及对我们的机遇与挑战》	黄仁伟（上海社科院博士生导师）	2月26日
《当前国际形势》	吕蓬（上海国际战略研究会副会长）	3月17日
《学习“三个代表” 力争“两个率先”》	周锦尉（上海市委宣传部理论处长）	8月15日
《长三角地区经济发展现状和未来趋势》	石磊（复旦大学党委宣传部长、复旦大学中国经济研究中心主任）	8月29日
《学习贯彻党的十六届三中全会精神 力争实现“两个率先”目标》	张正宪（半月谈杂志社副总编）	12月16日
《学习中央经济工作会议精神 力争实现“两个率先”目标》	周振华（上海社科院经济研究所副所长、上海市政府决策咨询专家）	12月25日

合召开创建学习型机关工作会议，与贸易局开展“科学生活、健康生活、美化生活”社区科普活动，与总工会联合开展“争创学习型组织、争做知识型职工、树时代职工形象”活动；切实加强社科理论研究，组织开展“苏州城市化进程中的若干问题与对策”、“苏州富民强市的问题与对策”、“太湖文化旅游资源的整体性开发”三大重点课题招标与研究；组织开展第7次社科理论优秀成果评奖工作，经过成果申报、学科组初审、市评委会评审及获奖成果公示4个阶段，共评出获奖成果183项。

【探索外宣与经贸活动相结合的新路子】 2003年10月和11月，苏州市分别在日本、韩国和香港举办了历史上规模最大的海外招商活动。与以往不同的是，这次招商活动与对外宣传和对外文化交流紧密结合，市政府新闻办配合招商活动牵头实施对外宣传、文化交流活动卓有成效。一是对外宣传突破常规，成效显著。在日韩港三地分别举办了由当地主流媒体参加的新闻记者见面会，并对代表团作了专访，为招商活动营造舆论声势，代表团所到之处劲吹“苏州风”。许多海外友人表示，苏州这次招商活动所引发出的宣传效应堪称空前。二是精品展览巧夺天工、震撼人心。充分发挥苏州传统文化资源丰厚的优势，在日、韩布置了两台“古韵今风”苏州工艺精品展，在香港会展中心布置了近1200平方米的“古韵今风苏州展”，让每一个观众都感受到了浓郁的姑苏风情，从苏州文化中感到了苏州的魅力和活力。三是文艺演出雅致精美、古韵醉人。专门组织了来自市昆剧院、评弹团、歌舞团的年轻演员组成的“吴歈雅韵新民乐组合”随团出访，在东京、大阪、汉城、釜山先后进行了7场以江南丝竹和昆曲评弹为主要内容、充满吴地风韵和现代生机的表演，给日本、韩国1000多位工商企业界、新闻界人士和当地社会名流展示了苏州独特的传统艺术。这是苏州市第一次专门组成宣传文化团随市政府招商团出访，是中国城市第一次在日本东京召开记者见面会，是市政府新闻办第一次携工艺精品展和江南民乐表演团随海外招商团出访展演，开创了文化与经济相结合推进对外宣传的先例。

【多出优秀作品】 2003年，市委宣传部以申报全国第9届、省第8届“五个一工程”奖为龙头，进一步加强对全市优秀作品生产工作的规划指导和奖励、扶持力度。年初市有关部门与各市属文艺院团和创作单位签定精品创作责任书，明确精品创作的目标、内容、步骤及责任人，并加大对重点作品的投入力度，跟踪和打磨一批优秀作品。《一二三、起步走》经再次修改加工名列“国家舞台艺术精品工程”评选第11名，大型舞剧《干将与莫邪》、现代喜剧《青春跑道》分别获中宣部第9届“五个一工程”优秀奖和入选奖，电视艺术片《苏州水》和电视艺术系列片《江南》分别获得第16、17届全国电视文艺星光奖一等奖，电视艺术片《水天堂》、《水磨昆曲》分别获第17届电视文艺星光奖二、三等奖。电视专题片《苏州水》、滑稽戏《姑苏一家》等8件作品获全省第八届“五个一工程”奖，市委宣传部获组织工作一等奖并在全省作典型发言。大型现代喜剧《笑着和明天握手》、中篇评弹《大脚皇后》、滑稽戏《钱笃笤求雨》、舞蹈《井》以及小品《面试》、《小泥人》等在全国、全省有关重大展演活动中也获得了优异奖项。积极探索优秀作品多元化投入机制，支持帮助苏州昆剧院与台湾石头股份有限公司和美籍华裔作家白先勇先生合作编排昆剧经典《长生殿》和青春版《牡丹亭》，走出利用外部资金共同打造文化精品的新路。进一步加大对优秀作品的奖励力度，恢复设立“苏州市文学艺术奖”，开展了第3届文学艺术奖的评奖工作。

附：苏州市优秀精神产品创作获奖情况

近10年来，苏州各级宣传文化部门以“优秀的作品鼓舞人”的要求，从苏州文化建设的实际出发，认真抓好了以“五个一工程”为龙头的优秀精神产品创作生产工作，先后有6部作品荣获全国“五个一工程奖”，在全国同等城市中名列前茅；有36部作品获省“五个一工程奖”，成为全省省辖市中惟一荣获省“五个一工程”优秀组织工作奖五连冠的单位。市委宣传部还会同有关部门先后策划主办了“喜迎香港回归”、“庆祝建国五十周年”、“纪念建党七十周年《红的畅想》”、“十五届省运会开幕式《这方水土》”等一系列大型文艺晚会，受到了各级领导和有关专家的高度赞扬，提升了全市文艺精品创作的综合水平。与此同时，还加强了传统文化保护，加大对传统戏曲昆曲、评弹的研究、宣传和保护力度。大力推进和繁荣全市群众文化工作，广泛开展了丰富多彩的群众文化活动，以社区、乡镇为中心的广场文化、特色文化建设取得了丰硕的成果、不断满足了人民群众日益增长的精神文化需求，树立了良好的城市文化形象，为推动文化强市建设发挥了积极的作用。

苏州市近年来优秀作品

1、获全国第8届、第9届“五个一工程”奖作品（共3部）

①电视文艺专题片《苏园六纪》（2001年获第8届全国“五个一工程奖”，2000年获全国电视文艺“星光奖”电视文艺一等奖、优秀撰稿奖、优秀摄像奖）

②大型舞剧《干将与莫邪》（1997年获全国舞剧观摩剧目奖，1998年获省第3届“五个一工程奖”，1999年获省第4届音舞节剧目大奖，2000年获文化部第9届“文华新剧目奖”、第6届中国艺术节大奖，2004年获全国第9届“五个一工程奖”优秀作品奖）

③青春滑稽戏《青春跑道》（2004年获全国第9届“五个一工程”入选作品奖）

2、获2003年省第5届 “五个一工程”奖作品（共8部）

①电视文艺专题片《苏州水》（另获全国电视文艺“星光奖”一等奖、匈牙利国际电视音乐节评审团大奖）

②电视专题片《生命20小时》

③电视连续剧《相思成云烟》

④广播剧《月亮船》

⑤滑稽戏《姑苏一家》

⑥图书《君到姑苏见》

⑦图书《鹤唳》

⑧歌曲《如今的菜蓝子》

苏州市优秀精神产品选介

大型舞剧《干将与莫邪》

（获2004年全国第9届“五个一工程奖”）

以马家钦为总编导，由苏州歌舞团演出的大型舞剧《干将与莫邪》，是一部色彩瑰丽情景交融的大型舞剧，舞剧根据吴文化中记载的一个古老传说，以铸剑和爱情为主体，赞美了吴地人民至美的人性和崇高的献身精神。从“发思古之幽情”中开掘了吴文化的深厚底蕴；同时也开创了本市用舞剧形式表现苏州悠久历史文化的先例。

全国政协委员、著名舞蹈家资华筠著文指出：自古吴人能歌善舞，但是随着文明的演进吴舞却失传已久，编导为了求索这部舞剧的形象载体，勇敢地以此走上探索 “吴舞”复新的漫漫之路。这部感人肺腑的舞剧以其恢宏的气势，古朴的格调，华美的形式感而具有很高的观赏价值。也不愧是一部题材与形式贴切，情感与审美冲击力俱强的精湛之作。舞剧演出后，深受国内外广大观众的欢迎和专家的好评。

滑稽戏《青春跑道》

（获2004年全国第9届“五个一工程奖”入选作品奖）

2000年初，《人民日报》发表了题为《全社会都要关心支持教育事业》的评论员文章，在各级领导的关心下，苏州滑稽剧团从中敏锐地感觉到，素质教育已成为中国未来教育的走向，于是在全体编创人员的努力下，开始了铺设这条平凡又不平凡的《青春跑道》的工程。

从2000年11月到2003年12月，经过边演边改，16次易其稿，终于将这条充满活力的《青春跑道》成功地奉献给广大青少年

时代气息，青春气息，生活气息，校园气息，一个多元化的戏剧观念催生了这台五彩缤纷的校园喜剧，滑稽戏《青春跑道》紧紧抓住当前青少年成长过程中的“早恋”和沉缅于“网络”的两大热点问题，从中展开喜剧冲突，满怀真诚地探索青少年时期他们面临的激情和困惑。引起了广大中学生观众的直接的感爱和带有思辨意义的感悟。在表现手法上，这部戏以多彩的综合艺术力量征服了观众，强烈的舞台形式，使整台演出充满青春灵动和现代美感，既有思想艺术性，又有很强的观赏性和娱乐性。

图书《鹤唳》

（获2003年省第5届“五个一工程奖”）

热爱自然，关爱生命，是当代文学艺术创作的广阔主题。由本市作家金曾豪创作、湖南人民出版社出版的少儿图书《鹤唳》，以跟踪报告式的笔法逼真地描绘了一个丹顶鹤群充满内忧外患的生活环境。作品带着人类的情感和关怀，对大自然动物的生命状态给予了凝视思考和领悟。

评论界认为在这本书中，金曾豪崇尚的是对自然生命的理性关注和真诚热爱，这种新的儿童文学样式，有助于少年儿童对生命有更深层次的理解，能让他们从中获得可贵而生动的形象启蒙。

金曾豪以他社会责任心和人格力量，以他充满探索精神的作品，实践了他“文学应当使人高尚，使人高明”的文学主旨。

该作品还获第5届国家图书奖提名奖。

图书《君到姑苏见》

（获2003年省第5届“五个一工程奖”）

这是一部反映古城苏州的历史精神和吴地文化神韵的作品集。被评论家誉为“以充沛情感抒写的苏州历史文化与现代文明交相辉映的抒情画卷。

作家山谷怀着对苏州的浑厚感情，充分关注当代尤其是改革开放二十多年来，苏州经济文化事业突飞猛进的发展变化，诗意浓郁地展示了现代苏州的活力和魅力。作品从自然地理、城市风貌、人文精神、经济建设、文化渊源、水乡环境等多视角多层面，深入探究了苏州当代发展的底蕴和成因，给人以历史文化的启迪与联想。

该书文章情理交融，文笔流畅清丽，具有较高的审美情趣和史料价值。

歌曲《如今的菜篮子》

（获2003年省第5届“五个一工程奖”）

歌曲《如今的菜篮子》是由苏州市音乐家协会副主席、昆山市文化馆杨瑞庆创作的。

“群众利益无小事。”老百姓的“菜篮子”一直是各级政府常抓不懈的实事工程，关注民生已成为当前各级领导干部的共识。为此，歌曲作者以艺术工作者特有的敏锐和责任感，深入生活，通过细心体察，真切感受，开掘了这个平常但又充满生活情韵的主题，以小见大反映了改革开放以来群众生活水平的提高，歌颂了“家家好日子，天天好日子”的美好生活。

作品吸收了民间音乐的旋律，具有浓浓的民族风格，唱来活泼生动亲切感人。

电视文艺专题片《苏州水》

（获2003年省第5届“五个一工程奖”）

假如你能来苏州，最好能乘一条小船，沿着曲曲弯弯的水巷，感受苏州水的灵性，假如你想纵目苏州，不妨先从寻访这座古城的水开始。

荣获2003年省第5届“五个一工程奖”的电视艺术片《苏州水》，就是这样一部通过水来开掘古城苏州的外向和内涵的优秀作品。这部电视艺术片，以精美的镜头，隽永的画面，亲切生动的注说，带着观众从池塘、水巷、河流、泉井去觅寻苏州之水的源头，从水与古城，水与平民，水与园林中去发掘这座城市更深的文化源头。

著名评论家仲呈祥指出：“《苏州水》其解说词的思想精深，文辞的精美，其画面构图的匠心、用光的考究，交融出整个作品具有难能可贵的思想品位，文化品格和美学风貌。”《苏州水》让人真切感受到，苏州水，从古至今不仅繁荣了经济，而且滋养了文化，更影响到人的性格和精神。

电视专题片《生命20小时》

（获2003年省第5届“五个一工程奖”）

20小时，在时间概念中只是短短的一瞬，然而对于挽救一位青年的生命来说，这是惊心动魄令人难忘的一个时刻。

为了挽救大陆青年陈霞的年轻生命，2001年6月13日，从台北到香港，从上海到苏州，结成了海峡两岸同胞魂萦梦绕的共同牵念。多少炎黄子孙为此伸出友情的手，多少中华儿女为此作出了无私的奉献。电视艺术片《生命20小时》——记录下了一个关于拯救生命，催人泪下的故事；同时对中国白血病群体作了首次全景式的揭示；电视片也记下了这次两岸三地互动式的全程直播；记下了华语著名电视人对这个动人事件的倾情演绎……

【城乡群众文化】 2003年，以举办全市社区文化艺术节为载体，以评比“十佳社区”、“十佳广场文化”、“十佳业余团队”、“十佳辅导员”为推动，全市进一步加强对群众文化活动的扶持，引入社会化、市场化的运作机制，采取市县联动、县区联动、城乡联动的形式，繁荣活跃城乡群众文化。8月~11月上旬，在全市举办了历时3个月的苏州市第2届社区文化艺术节。整个活动分为演出、书画、花艺等十大类，创作节目180多个，演出2300多场，有近200万人次参加。十月中、下旬，集中组织《走进十月的阳光》9场集中性演出，并设置了组织、创新、演出等多个奖项，对所有获奖单位和个人进行了奖励。吴江市“走进社区走进乡村”百场文艺演出、昆山市“天天演”广场文艺晚会、张家港市“沿江四市”社区文化展演、金阊区“新市民”文艺特色汇演等也受到基层群众的广泛欢迎。为丰富群众节日文化生活，打造苏州节日文化品牌，采用政府主导与市场运作相结合的方式举办了“苏州市首届新年音乐文化周”，共安排苏州市新年合唱音乐会、苏州市新年交响音乐会、齐秦个人演唱会、萧雅越剧专场等4场大型演出。其中，新年交响音乐会特邀世界著名的奥地利莫扎特交响乐团来苏演出，新年合唱音乐会则是苏州市近年来参与人数最多、涉及面最广、水平最高的一次合唱活动，共有来自各市区及在苏高校共22支队伍近1400人参加，15支队伍参加了在市广电总台举办的决赛并于元旦期间进行了电视转播。 （汪 军）

统 战 工 作

【概况】 2003年，市委统战部按照市委和省委统战部对全年工作的总体部署和要求，继续贯彻落实全国和省、市统战工作会议和宗教工作会议精神，围绕中心，服务大局，与时俱进，开拓创新，有条不紊地推进各项统战工作的开展。全市统一战线团结稳定，振奋活跃，为全市改革、发展、稳定，为实现“两个率先”的目标作出了新贡献。在2003年度全省统战工作创新奖评比中，市委统战部获二等奖。

【民主党派工作】 2003年，市委统战部支持和帮助各民主党派进一步加强自身建设，推动各民主党派认真学习党的十六大精神、胡锦涛总书记“七一”重要讲话、党的十六届三中全会精神和民主党派全国代表大会精神，组织了多场学习报告会；根据上级统战部的要求，在统一战线成员中组织开展了“三增强”、“四热爱”教育活动；继续组织市各民主党派负责人开展“熟悉市情、了解国情”活动，组织各种国情、市情报告会。市委副书记杜国玲带队，率领各民主党派、工商联负责人赴陕西榆林、延安等地参观学习，接受革命传统教育。年内市委就全市经济体制改革工作情况、“非典”防治工作情况、民营经济发展情况以及市委重要会议、重要人事安排等内容举行“双月座谈会”，通报情况，征求意见。市政府也召开了与市各民主党派、工商联对口联系工作会议。市委统战部做好市委、市政府召开的协商会、通报会和座谈会的有关准备工作，还鼓励和支持党外人士立足本职，多作贡献，形成立岗奉献为荣的良好氛围，支持市各民主党派开展调查研究，反映社情民意，积极向市委、市政府及有关部门报送。市委统战部协助市各民主党派、工商联隆重召开了为三个文明建设服务经验交流暨表彰大会，表彰了45个先进集体和232名先进个人。继续帮助各民主党派改善工作条件。年内市委、市政府决定，调整民主党派办公大楼，改善办公条件，市财政拨出700多万元，将位于五卅路96号的原中共苏州市委大院进行整体规划装修后调整给各民主党派等单位使用。

【民族宗教工作】 根据全国和省、市宗教工作会议精神，全市建立健全了宗教工作协调机制，完善了三级宗教事务管理网络和两级宗教工作责任制。市委统战部贯彻省委、省政府办公厅《关于对我省农村宗教突出问题开展专项治理的意见》精神，在调查研究的基础上，在全市范围内部署开展了乱建寺庙、假僧假道乱做佛事道场和基督教私设聚会点治理工作。专项治理乱建寺庙工作，从4月份开始至6月底结束。全市共治理乱建寺庙（烧香点）2294处，其中拆除1902处，封存93处，改作他用274处，保留批准25处。专项治理假僧假道乱做佛事道场和基督教私设聚会点工作，从7月份开始至8月底结束。全市148名假僧假道中有相当一部分已改行，有41个基督教私设聚会点已停止活动和被劝散。在这次对宗教突出问题专项治理中，各地还通过建立健全制度、落实责任制、设立举报奖励基金等措施，狠抓长效管理，巩固专项治理成果。通过专项治理，有效遏止了非法宗教活动的蔓延，维护了宗教界的合法权益，维护了信教与不信教群众的根本利益，维护了社会稳定。市委统战部协助市民族宗教局贯彻落实党的各项民族宗教政策。在市委、市政府领导的重视下，市基督教、道教有关教产问题、堂点开放问题得到了很好解决；及时协调和处理了因各种因素引发的民族矛盾和纠纷，使10多起可能发生的事端解决在萌芽之中，促进了民族团结和进步。全市民族宗教领域继续保持稳定。

【经济领域统战工作】 2003年，市委统战部会同市工商联抓住各个有利时机，深入开展思想政治工作，引导非公经济人士爱国、敬业、诚信、守法，做合格的中国特色社会主义事业建设者；多次召开民营企业家座谈会，学习中共十六届三中全会精神，学习省委李源潮书记在苏调研时的讲话精神，鼓励他们进一步认清形势，坚定发展信心；引导和鼓励非公经济人士积极参与光彩事业和社会公益事业。9月，市光彩事业促进会进行了换届。5年来，全市私营个体经济人士从事光彩事业的项目投资数、捐赠数均在全省名列前茅，累计达2.9亿元。市委统战部开展非公经济人士情况调查，初步建立起由600余人组成的非公经济代表人士队伍，并实行动态管理；支持市工商联完善商会职能，改善会员结构，加强基层组织建设，与工商联联合召开"基层组织、行业商会建设经验交流暨表彰会"；支持市工商联面向企业，全面构筑融资担保服务、人才招聘服务、法律服务、财会管理服务、教育培训服务、诚信服务六大平台。

【港澳台和海外统战工作】 2003年，市委统战部密切与苏州籍港澳地区各级人大代表、政协委员和各界代表人士的联系和交流。苏州海外联谊会与10多个国家和地区的华人社团建立了经常性联系，并为他们在苏兴办实业和捐资兴办公益事业做好牵线搭桥和协调工作。如，以苏州海外联谊会名义与市教育局、市三中联合举办香港周忠继先生捐赠100万元暨"纵横楼"奠基仪式；与苏州大学联合举办周氏医学教育科研基金及第3届音乐作品比赛颁奖典礼；与苏州卫校联合举办周氏优秀医护生奖学金颁奖暨《护士赞》VCD赠送仪式；与苏州中学联合举办第10届洪亮宇奖学金颁奖仪式等。为进一步做好海外统战工作，10月16日，苏州海外联谊会召开三届一次理事会，审议通过了第二届理事会工作报告，选举产生了第三届理事会。

【党外代表人物队伍建设】 在市委的正确领导和有关部门的密切配合下，市委统战部做好市政协换届的人事安排工作，确保换届工作圆满成功。为帮助市政协新委员能尽快掌握人民政协和统一战线的基本理论和基本政策，市委统战部与市政协联合举办了市政协新委员培训班。开展归国留学人员、自由择业知识分子等调研工作，分层次建立了党外代表人物人才库，向省委统战部推荐了党外代表人物后备人选30余人。进一步抓好《苏州市2001～2005年培养选拔党外领导干部工作规划》的贯彻落实工作。市委组织部、市委统战部、市妇联联合组成检查组，对各县级市、区年轻干部、党外干部、女干部的培养选拔工作进行督查。市委组织部、市委统战部、市委党校联合举办苏州市第8期党外干部培训班，还选送部分党外干部参加中央和省社会主义学院学习。至2003年底，苏州市政府部门党外实职干部达13人，各县级市、区政府部门党外实职干部达87人，两级法院、检察院党外干部达8人。

【调研宣传工作】 2003年，市委统战部先后就全国统战工作会议精神贯彻落实情况、统战宣传工作情况、社区统战工作情况、社团统战工作情况、归国留学人员情况、港澳和海外华侨华人统战工作情况、民主党派基层组织情况、黄埔同学及主要亲属情况、原国民党起义投诚人员情况等进行调研和工作总结。在省统战理论研究会三届一次理事会上，苏州市委统战部获优秀组织单位奖，2篇文章分获优秀成果二、三等奖。市委统战部还密切与新闻单位的联系，及时宣传报道统一战线开展的各项活动，扩大统一战线在社会上的影响。重视办好《统战情况》。多次召开宣传信息工作会议，推动统战信息工作上质量、上水平。市委统战部信息工作在省委统战部信息评比中获得二等奖。

【苏州海外联谊会三届一次理事会】 2003年10月16日，苏州海外联谊会召开三届一次理事大会。会议审议通过了苏州海外联谊会第二届理事会工作报告，选举产生了苏州海外联谊会第三届理事会。市委统战部部长金明当选为第三届理事会会长。16位海外人士安排为名誉会长、名誉理事 。自1993年以来，苏州海外联谊会按照中央关于加强新形势下海外联谊工作的精神和市委提出的"开拓视野、扩大联谊、宣传苏州、多办实事"的工作要求，高举爱国主义旗帜，紧密结合苏州实际，发挥纽带和窗口作用，积极开展海外联谊活动，使更多的海内外人士了解苏州，推动了港澳台及海外与苏州的经济、文化、科技等各个方面的交流与合作。副市长朱永新代表市政府对会议的召开表示祝贺。

【苏州市光彩事业促进会二届一次理事会】 2003年9月12日，苏州市光彩事业促进会召开二届一次理事会。会议回顾总结了市光彩事业促进会成立5年来的工作和成绩，研究部署全市光彩事业今后的发展方向和工作任务，选举产生了市光彩事业促进会第二届领导机构和领导班子。市委统战部部长金明当选为新一届理事会会长。苏州市光彩事业促进会自1998年成立以来，动员广大非公有制经济人士发扬"致富思源、富而思进，扶危济困、乐善好施，义利兼顾、德行并重，发展企业、回馈社会"的光彩精神，积极参与光彩事业，推动光彩事业的发展，项目投资、捐赠等累计达2.9亿元，树立了良好的社会形象，赢得了社会的广泛赞誉。为进一步推动苏州市光彩事业的深入开展，更好地集聚广大非公有制经济人士和社会各界人士的力量，形成一定的投资实力，实现光彩事业社会和经济效益最大化，会议决定设立光彩事业捐赠资金，并通过了资金管理办法。

【对口联系工作会议】 2003年9月23日，市政府召开与各民主党派、工商联对口联系工作会议。市各委办局和市各民主党派、工商联负责人参加会议。会议总结交流各部门和单位开展对口联系工作的经验和体会，明确下一阶段对口联系工作的具体任务和要求。会上，市教育局、科技局、劳动和社会保障局、民盟、农工党、工商联等单位作了交流发言。市委常委、常务副市长汪国兴出席会议并讲话。

【中央组织无党派人士来苏考察】 7月31日～8月1日，由中央统战部副部长陈喜庆任领队，科技部原副部长惠永正为团长，中国网络通讯有限公司董事长严义埙、国家环保总局副局长汪纪戎为副团长的无党派人士考察团来苏州考察。这次考察活动是经中央领导同志批准，由中央统战部组织，主要就农村社会保障体系情况进行考察。在苏期间，考察团全体同志在昆山先后听取了苏州市副市长赵俊生、昆山市市长张国华有关农村社会保障体系情况的汇报，考察了昆山市乡镇农保档案库，参观了古镇周庄。市委副书记杜国玲、副市长赵俊生等市领导分别参加了情况汇报会和

有关考察活动。（周显芳）

机关党建

【概况】 2003年，市级机关各级党组织在市委的正确领导下，紧紧围绕富民强市、"两个率先"的目标，以邓小平理论和"三个代表"重要思想为指导，深入学习贯彻党的十六大和十六届三中全会精神，与时俱进，开拓创新，推进机关党的思想建设、组织建设和作风建设，为市级机关全年各项任务的顺利完成提供了坚强有力的思想政治和组织保证。

【思想建设】 ①坚持用发展着的马克思主义武装机关党员干部，兴起学习贯彻十六大精神和"三个代表"重要思想的新高潮。7月，机关工委及时下发《关于在市级机关兴起学习"三个代表"重要思想新高潮的通知》，组织120余名机关党员干部聆听中央"三个代表"重要思想宣讲团的宣讲报告。胡锦涛总书记"七一"重要讲话发表后和十六届三中全会召开后，机关工委还分别组织召开了学习座谈会，分发有关学习辅导材料，指导和促进市级机关的学习教育活动。

为了推动面上的深入学习，机关工委于3月举办了市级机关学习十六大精神骨干培训班，邀请市委副书记黄炳福等领导和苏州大学专家教授作辅导报告，帮助机关党务干部加深对十六大精神的理解。机关工委还举办了8期市级机关学习十六大精神科级干部轮训班，1100多名机关科级干部参加了学习。轮训班编印了《市级机关党员干部学习十六大精神辅导材料》，印发了500道"市级机关党员干部学习十六大精神自测题"。

②大力推进学习型机关创建工作，努力提升机关干部综合素质。机关工委在机关干部中倡导推广了"一日一读"，"一年一考"，"党员干部读书论坛"等活动。继续办好"世纪大课堂"，围绕国际、国内形势和市委、市政府的重点工作选择讲题，帮助广大党员干部开拓视野，增长知识，受到机关各级党组织和机关党员干部的好评。同时，《苏州机关党建》杂志改刊，苏州机关党建网站不断完善，市级机关图书阅览室扩容重建，为创建学习型机关提供了新的载体。市级机关各单位还结合实际，开展各种学习培训，促进机关干部更新知识，完善知识结构，推进了学习型机关的创建活动。

③交流学习贯彻"三个代表"重要思想的情况和经验，机关党建理论研讨工作得到加强。机关工委召开了"实践'三个代表'，服务'两个率先'，加强机关党建"经验交流暨理论研讨会，收到论文81篇，其中市委常委、组织部长邱岭梅等16位副处级以上领导干部撰写了论文。通过交流研讨活动，对机关党组织进一步学习贯彻"三个代表"重要思想，开创机关党建工作新局面起到了积极的推动作用。

【组织建设】 ①全力抗击"非典"，发挥两个作用。2003年上半年，在抗击"非典"的斗争中，机关工委贯彻中央精神和市委、市政府的要求，第一时间发出了《关于在抗击非典型肺炎斗争中发挥机关党组织战斗堡垒作用和共产党员先锋模范作用的通知》，要求各级机关党组织立即调整工作思路，调整工作布局，调整活动安排，在"抗非"斗争中展现共产党员的良好形象，发挥机关党组织的积极作用。机关各级党组织从讲政治、讲大局的高度，切实做到思想到位、工作到位、措施到位，充分发挥了战斗堡垒作用；机关共产党员更是发扬不怕困难、勇于战胜一切艰难险阻的英雄气概，在保持和维护好社会稳定和政治安定的同时，带领周围群众，立足本职，出色完成各自的工作任务，取得了防治"非典"和经济发展的双胜利。期间，涌现出一批先进基层党组织和优秀共产党员，树立了机关党组织和广大党员在人民群众中的良好形象，增强了机关党组织的凝聚力和战斗力。

②表彰先进，树立典型，开展"创先争优"评比表彰活动。"七一"前夕，机关工委开展了两年一度的"创先争优"评比表彰活动，评比表彰了27个先进基层党组织、104名优秀共产党员、30名优秀党务工作者。向市委推荐表彰了8个先进基层党组织、21名优秀共产党员、9名优秀党务工作者。机关工委将他们的先进事迹汇编成册，编辑了《为党旗增辉》一书，发至每个党支部。在此基础上还开展了"十佳"先进基层党组织和"十佳"优秀共产党员的评选活动。本次评比不仅注重评选的结果，同时注重评选的过程，把评选的过程作为宣传先进、弘扬先进、学习先进的过程。活动得到了各级领导的普遍重视，省委常委、市委书记王珉和市委副书记、市长杨卫泽等10多名市领导参加了评选投票。为进一步掀起学先进、比先进、赶先进的热潮，机关工委还以"实践'三个代表'，力争'两个率先'"为主题，组织市级机关优秀共产党员先进事迹巡回报告团到市级机关各单位进行巡回报告，先后深入到市级机关40多个单位宣讲，4000多名机关干部受到了教育，营造了"远学郑培民，近学身边先进典型"的良好氛围。"创先争优"活动从内容到形式的创新实践，充分表明了苏州机关党建迈开了工作创新的坚实步伐。

③贯彻落实《条例》，提升机关党的组织建设水平。2003年是《中国共产党党和国家基层组织工作条例》（以下简称《条例》）颁布实施五周年。为贯彻落实《条例》精神，进一步加强市级机关党的建设，市委印发了《苏州市市级机关部门党组指导机关党组织工作的意见》，对部门党组指导机关党组织工作提出了明确要求。机关工委以此为动力，对市级机关贯彻落实《条例》的情况进行了一次大检查，总结经验，分析问题，提出对策。一年来，按照《条例》要求，认真督促落实基层党组织换届选举和党组织负责人的调整；适应苏州改革开放、经济发展和社会事业发展形势的需要，及时新建、调整了一大批基层党组织的设置，加强对机关下属改制的企事业单位党组织和非公经济组织的党组织的管理和指导，从组织上确保经济工作和党建工作协调发展，同步加强；加大了对党务干部业务培训力度，注重提高基层党务骨干的工作能力，举办了由新任党支部书记和部分离退休干部党支部书记参加的党务干部培训班，取得了较好的成效；加强了党员目标管理和民主评议党员工作，共有83个单位10182名党员参加了评议，参评率达97.12%，评出

优秀党员543名，有4名党员被评为不合格党员，并分别给予限改处理；重视了发展党员工作，认真制定了发展党员3年规划，举办了5期党的基础知识学习班，共有648名发展对象和入党积极分子参加了培训，全年新发展党员234名。

【作风建设】 ①深入开展党风廉政教育，牢固构筑抵制腐败的思想道德防线。机关工委坚持教育在先、预防为主的方针，进一步加大市级机关党风廉政教育的工作力度，结合市级机关党员干部比较集中，领导干部多，手中握有一定权力的情况，采用党员干部易于接受、乐于参加、丰富多彩的教育形式，增强教育的针对性，提高教育的感染力、渗透力和吸引力，注重教育的效果，帮助广大党员干部牢固构筑抵制腐败的思想道德防线。一是开展坚持“两个务必”主题教育活动。为了认真学习贯彻胡锦涛总书记在西柏坡学习考察时的讲话精神，市级机关各级党组织大力开展坚持“两个务必”主题教育活动，进一步增强机关党员干部立党为公、执政为民的意识。在面上活动的基础上，市级机关工委举办了坚持“两个务必”主题演讲比赛，共有35个单位的47名选手参加了比赛。为了扩大活动的效果，机关工委将演讲比赛的内容制作成光盘和材料汇编，下发到市级机关各级党组织，成为开展党风廉政教育的好教材。二是开展以党风党纪为主要内容的培训教育活动，将党风党纪作为科级干部轮训班和党的基础知识培训班的一项重要内容，推动了源头防腐机制的建立和完善。三是开展“立党为公、勤政为民”征文比赛活动，共收到27篇参赛文章。四是开展警示教育活动。机关工委在苏州监狱召开了警示教育现场会，4名职务犯罪人员的现身说法，使到会的170余名市级机关科级党员干部受到了深刻的教育和强烈的震憾。

②加强监督，严肃执纪，坚决查处党员违纪案件。一是加强了对市级机关党政领导干部民主生活会的管理和督查工作。根据市纪委、市委组织部的要求，机关工委对党组织关系隶属于市级机关工委的单位的领导干部民主生活会情况，进行了认真收集，对上报的材料（包括群众座谈会纪录），认真登记阅看，梳理汇总，对没有及时上报材料或没有按时召开的单位，进行提醒和督促，认真履行了党内监督职能。二是认真查处党员违纪案件，维护党纪的严肃性。坚持“证据确凿、定性准确、处理恰当、手续完备、程序合法”的原则，2003年共立案查处党员违纪案件8件，已全部结案。受开除党籍处分的5人，受党内严重警告处分的3人，被依法追究刑事责任的3人。

【精神文明建设】 ①深化“三优三满意”创建文明机关活动。该活动以“规范、巩固、拓展、提高”为目标，在转变工作职能，加强作风建设，提高行政效能上下功夫，与正在开展的机关效能建设紧密结合，做到相互促进，相互补充，相得益彰。一是根据市政府效能建设的要求，对“三优三满意”创建文明单位考评细则进行了修改，增加了对效能建设这一部分工作的考核。二是加强了对“文明单位”和“三优三满意”文明机关创建工作的督促检查和指导工作，对有关创建单位上门进行了检查、指导。三是做好省级文明单位的推荐申报工作，市级机关有5家单位被评为2001～2002年度的省级文明单位，1家单位被评为省文明单位标兵。为了保证文明单位的申报质量，机关工委实行了公示制，使各创建单位受到社会各界的监督。四是举办市级机关“三优三满意”创建文明机关成果展示会，共有37个单位报名参展。市领导王珉、杨卫泽、杜国玲、周向群、徐国强、邱岭梅等莅会指导。展示会因形式新颖、宣传效果好，受到广大机关干部的好评。

②加强和改进新形势下机关党的群众工作，发挥群团组织在机关精神文明创建活动中的作用。在精神文明建设活动中，市级机关各单位发挥群团组织的作用，健全帮扶机制，建立社会义工队伍，动员机关干部关心弱势群体，把帮扶工作进一步延伸到社区。在全年的扶贫帮困慈善捐款活动中，市级机关共募集慈善基金、帮助苏北抗洪救灾款等650余万元，同时还认真落实帮困机制，不断深化帮扶内涵，对帮扶对象定期走访、定额资助、扶贫扶智，为维护苏州的改革、发展、稳定大局做出了一定的贡献。

【群团工作】 2003年，市级机关群团组织围绕中心工作，准确定位，突出重点，强化服务意识和职能意识，全面加强自身建设，做了大量工作。机关工会推荐评选出了三年一度的苏州市劳动模范，开展了争创“五一文明岗”、争当“百佳文明职工”活动和“优秀工会网页设计大赛”；本着寓教于乐的精神，积极开展各类文体健身活动，举办了“学习宣传十六大，阔步迈向现代化”为主题的元旦长跑活动、市级机关“地税杯”首届领导干部乒乓球比赛和市级机关第2届游泳比赛。机关团工委加强对“号手”活动争创情况的自查和互查，组建抗击“非典”青年志愿者服务队，达到了内强素质，外塑形象的目的；开展了“拓展训练”、“植绿护绿”、读书征文比赛等活动，丰富了团员青年的精神文化生活，增强了机关团工作的活力。机关妇工委坚持每月开展社会义工活动，揭开了市级机关党员干部社会主义道德实践活动的崭新一页；各级妇女组织还加大了市级机关“巾帼建功”和“巾帼文明示范岗”的创建力度，推荐评比了省、市级的先进集体和个人；切实加强机关和家庭文化建设，开展了“家庭双看”、帮困助学等社会公益性活动和家庭文化建设活动。

（吴洪斌）

老干部工作

【概况】 2003年，市委、市政府十分关心老干部、重视老干部工作，主要领导和分管领导多次提出要把老干部工作做好的明确要求。市委老干部工作领导小组专门召开会议，研究老干部工作的重大事项，对新形势下加强苏州老干部工作、改善苏州老干部生活及活动条件作出了许多重大决定。各级党委、政府进一步落实了老干部工作责任制，把老干部工作列入议事日程，摆上重要位置，加大领导力度，及时研究解决老干部工作中出现的重大问题。各地、各单位的党政领导经常过问老干部工作，亲自协调解决老干部工作中的重点、难点问题，为苏州老干部工作率先发展奠定了坚实基础。全市老干部工作部门和老干部工作人员全面贯彻省、市老干部工作会议精神，顺利完成了全年工作任务，取得较好成绩。市委老干部局开展了“与时俱进、争先创优”和“树组工干部形象”活动，按照中组部和省委老干部局的要求，从指导思想、组织领导、主要内容、实施步骤、时间安排等方面制订了详细、周密、系统的工作方案，全市各老干部工作部门动员全体工作人员以积极的态度、饱满的热情牢记“两个务必”、树立“公仆”意识，全心全意为老干部服务。这两项活动的开展，促进了老干部工作人员作风进一步转变。开展了“双先”评比活动，评选出2000～2003年苏州老干部工作的20个先进集体、69名先进个人。

各市、区老干部局注意围绕中心工作，主动与老干部工作领导小组成员单位的宣传、财政、劳保、房管等有关部门协调，形成老干部工作合力，并根据全年工作目标和机构改革、企业改制进程，及时下发通知，指导基层做好阶段性的老干部工作。全市老干部工作部门加强了制度建设，吴中区委老干部局的科以下干部实行了轮岗制度；高新区、虎丘区合并后组建的老干部局适应新情况，形成上下联动左右配合的整体合力，工作出现了新的局面。

市委老干部局加强了老干部工作人员培训，4、8月份两次举办老干部工作人员业务培训班，邀请省局领导和新闻专家讲课，147人参加了学习。工作调研取得了丰硕成果，在苏州市局召开的调研成果交流会上，有19篇文章参加了交流，为上级机关和领导科学决策提供了有价值的参考资料。

【政治待遇】 ①组织开展老干部“学习十六大精神，与时俱进做表率”的主题学习教育活动。市委老干部局3月18日转发省委老干部局的通知，成立了领导小组，对全市老干部的主题学习教育活动进行了总体部署，指导各地、各单位组织老干部围绕“学”、“看”、“议”、“树”、“争”5个字，逐步把学习十六大精神引向深入。分发了十六大报告、新《党章》，翻录并下发了中宣部副部长雒树刚、中央党校副校长李君如学习十六大精神辅导报告光盘；全市给老干部征订《银潮》杂志6511份，赠送地方党报、《党建导刊》等报刊人手2份以上。抓好骨干，以点带面，先后5次组织340人次参加老干部党支部负责人学习班，播放十六大辅导报告，邀请市委党校校长、苏大教授讲课，请参加过省委老干部局十六大精神学习班的老同志交流学习十六大精神的心得体会，还请市园林和绿化管理局的领导介绍苏州城市绿化重点工程及“园林城市”的蓝图，实地考察苏州改革发展的新成就。苏州及各市（县）分别组织老干部参观考察，拓宽老干部的视野，加深对十六大精神理解。搞好问答，深化效果，市委老干部局编写了学习十六大精神问答题，各级老干部工作部门组织老干部围绕主题开展知识竞赛活动，并通过座谈会、理论辅导会、心得交流会等，引导老干部抓住重点，把握灵魂，牢记精神实质。常熟市老干部局组织了1246名老干部参加了中组部老干部局组织的学习十六大精神和“三个代表”重要思想知识竞赛，并获得了优秀组织奖。

②严格执行老干部政治待遇的有关制度。各地各单位及时向老干部传达中央、省、市重要文件和重要会议精神，让老干部了解党和国家的大政方针；邀请老干部参加重要会议和重大活动，让老干部感受到社会的关爱和敬重；定期组织形势报告会，通报工作情况，让老干部了解国际国内和本地本单位的发展情况；定期走访慰问老干部，沟通思想，交换意见，增进了解，密切感情；组织座谈会、茶话会等，征求老干部的意见和建议，争取老干部参与改革发展大业，支持一线工作。

③老干部思想政治工作进一步改善。通过加强老干部党支部建设，健全老干部党支部（小组），过好组织生活，发挥支部的战斗堡垒作用，解决老干部的思想问题，教育老干部牢记“两个务必”，做到政治坚定，思想常新，理想永存，与时俱进。2003年全市有7名老干部被评为苏州市优秀共产党员。加大老干部宣传工作力度，提升老干部和老干部工作的新形象，定期编辑刊出《苏州老干部工作》、宣传画廊和活动快讯，经常撰写报道文章，在报刊杂志、广播电台上宣传老干部，宣传老干部工作。在《城市商报》为苏州老干部和老年人开辟“夕阳正红”专栏，引导老同志学会生活、积极养老、安度晚年。做好信访工作，做到解决老干部的实际困难同解决思想问题有机结合，事事有结果，件件有着落，结案率100%。信访接待工作中，注意结合老干部的思想实际，宣传有关政策，开展思想政治工作，化解老干部的思想疙瘩。

【生活待遇】 ①老干部管理服务工作迈向新的领域。随着苏州市企业和生产经营型事业单位产权制度改革的加速进行，改制单位的老干部工作出现了许多新情况，老干部的管理服务工作遇到了新问题，理顺和加强改制企事业单位老干部管理服务工作的任务紧迫。春节过后，市委老干部局全体人员分成4个小组，深入粮食、贸易、纺织、丝绸等改制单位比较多的系统，对改制企事业单位的老干部工作情况和老干部“人由谁管、钱由谁出”的问题进行深入调研，在全面掌握第一手资料的基础上，研究初步方案提交市委老干部工作领导小组讨论，形成了《关于市属企事业单位改制后离休干部管理及有关经费的实施办法》，以市“两办”的名义发文贯彻。各有关单位按照市委、市政府办公室的通知精神，结合本单位实际，量体裁衣，有的实行归口集中管理，有的实行委托管理，有的采取集中管理与委托管理相结合，形式多种多样。市粮食局、市工投公司等单位党委重视改制单位老干部的管理工作，他们经过深入调研和反复研究，采用集中管理或归口集中管理的办法，人员编制、车辆，老干部活动的场所、设备设施以及有关经费等逐步到位，使老干部管理服务工作与企事业转制同步到位。

②老干部费用从根本上得到保障。年初，市“两办”下发的【2003】26号文件中，对改制企业离休干部未列入社保系统统筹发放的慰问金、电话费、特需费等费用和老干部管理服务费用的筹措、管理和使用做出了明确规定。7月下旬，市委组织部、老干部局，市财政局、劳动和社会保障局下发对老干部“两费”检查的通知并对有关单位进行了抽查，没有发现拖欠情况。至年底，市区改制企事业单位离休干部的费用基本

到位。张家港市企业离休干部一次性提取5年费用实行社会化发放；昆山市离休干部提取10年费用实行社会化发放；吴江、太仓、吴中等市（区）将企业离休干部的所有费用实行财政包干、社保发放。年初，市委老干部局会同市房管局研究了市区企业离休干部购房补贴现金化发放问题，经市委老干部工作领导小组和市政府常务会议讨论，解决了750位老干部2.62万平方米的住房货币补贴，补贴金额1667万元，这项工作在苏州市区已基本完成。

③防治“非典”工作成效显著。面对突然爆发的非典型肺炎，全市老干部工作部门以最快的速度转发了省委老干部局《关于认真做好老干部预防非典型肺炎工作的紧急通知》，按照要求，成立“抗非”领导小组，部署老干部防范“非典”工作。市委老干部局向市区老干部致“珍爱生命、关注健康”的公开信。太极集团、天士力集团等上市公司向苏州市4000多名离休干部赠送价值8万余元的“防非”用品，并开展健康咨询活动。

④老干部高龄养老提上了议事日程。全市各级老干部工作部门组织老干部身体健康检查，举办医疗保健知识讲座，邀请专家给老干部传授预防老年性疾病、健康养老等方面的科学知识，努力提升老干部的养老质量。市局开展送温暖活动，陪同市四套班子领导及时慰问生病住院治疗的老干部203人次，协助有关单位按照丧事简办的原理处理好老干部的丧事。组织慰问易地安置的141名老干部，走访慰问了红军老干部。常熟市完善单位、家庭、社区三位一体照顾老干部生活的服务网络；金阊区建立了老干部高龄养老联系卡；沧浪区发动社区为老干部服务等，对全市老干部高龄养老工作都有很好的借鉴作用。

【老干部活动】 老干部活动坚持统一部署，分步实施，努力做到科学、规范、有序。市老干部活动中心全年组织约2500名老干部参观杭州改革发展新面貌，举办了春秋两季“商品供货会”、“书画拥军”、“老干部团队协会交流联欢”、电脑培训班等，开展了蕴含尊老爱老之情的古镇游，书画家写生交流和球类、棋类比赛等活动，还承办了市老年运动会的部分比赛项目。园林寺庙对老干部免费开放。各市（区）老干部活动中心（室）的条件有了很大改善。昆山市、吴江市、吴中区、沧浪区和金阊区的老干部活动中心经过维修改造，面貌发生了新的变化，更加适应老干部活动需求。 （陈德昌）

党史工作

【概况】 2003年，苏州市各级党史部门在市委和各级党委领导下，在上级党史部门指导下，做了大量工作，取得了可喜成绩。

①认真学习，更新观念，工作思路有了新拓展。中央对党史工作有一系列重要指示，反映了时代对党史工作的新要求。苏州市各级党史部门对中央这些指示及时组织传达、学习和贯彻。江泽民同志给中央党史研究室的信中要求“充分发挥党史资政育人的作用”。依据江泽民同志对党史工作的重要指示和“三个代表”重要思想，各级党史部门进一步提出要把“资政育人”作为党史工作的根本任务，党史工作者要走出书斋，深入沸腾的现实生活，把潜心研究历史与密切关注现实结合起来。

②统筹兼顾，确保重点，党史研究取得新成果。苏州市各级党史部门在全面完成各项党史任务的同时，坚持以党史研究为中心，以征编社会主义时期党史专题为重点，投入大量精力，取得了一批新的成果。

③形式多样，方法创新，宣传教育展现新气象。各级党史部门结合重大节日、重要党史人物和党史事件的纪念日开展形式多样的纪念活动。如：吴江举办“张应春烈士生平事迹展”、苏州举行“抗美援朝胜利50周年座谈会”、常熟召开“常熟人民抗日自卫队成立65周年纪念大会”、太仓举办“浦太福革命生涯研讨会”、张家港举行“迎七一党的十六大知识竞赛”、并在《张家港日报》上创办“史志春秋“专栏，各地党史部门还在毛泽东诞辰110周年之际，分别召开“纪念毛泽东诞辰110周年座谈会”，举办“毛泽东诞辰110周年纪念展”。党史部门充分利用各种宣传形式，特别是重视借助大众传媒的力量，扩大党史宣传的教育面和影响力。

④加强建设，注重培养，队伍素质有了新提高。苏州市各级党史部门坚持思想建设与业务建设并举，学习培训与工作锻炼相结合，努力建设一支政治素质高、业务能力强的党史干部队伍。在党委重视下，不少党史部门调整了领导班子，队伍进行了新老交替，一批有较高学历的年轻同志进入党史部门，党史队伍逐步年轻化、知识化。

【纪念抗美援朝胜利五十周年座谈会】 7月17日，市委党史工办与华东军大苏州校史研究会联合召开“抗美援朝胜利五十周年座谈会”。出席座谈会的有市委副书记黄炳福及市委老干部局、市民政局等有关部门的代表共60余人，黄炳福在座谈会上作了重要讲话。

【常熟人民抗日自卫队成立六十五周年纪念大会】 8月27日，“常熟人民抗日自卫队（简称‘民抗’）成立六十五周年纪念大会”在常熟梅李镇召开。常熟市委、市政协领导，苏州市新四军研究会、常熟市新四军研究会领导及原“江抗”、“民抗”老战士代表，烈士家属代表共130余人出席了会议。常熟人民抗日自卫队成立于1938年7月，它配合新四军东进抗日，形成了以常熟东乡和阳澄湖地区为中心的抗日游击根据地。“民抗”的建立标志着常熟人民在中国共产党领导下抗击日本侵略者武装斗争的开始。苏州市新四军研究会会长焦康寿和老战士代表先后在会上发言。

【“上海战役指挥机关旧址”纪念标志碑建成揭幕】 2003年5月12日是解放上海战役发起54周年纪念日。当天，“上海战役指挥机关旧址”纪念标志碑建成揭幕仪式在苏州市五卅路96号（原市委机关大院）举行。1949年5月10日，解放军第三野战军指挥机关在苏州金城新村（后为市委机关办公地）发出了“淞沪战役作战命令”。5月12日，解放上海的战斗正式打响。

苏州不仅是三野上海战役指挥机关所在地，而且是解放军参战部队的后方基地之一。当时第三野战军十兵团约20万人驻扎在苏州地区。为了纪念这一在苏州革命史上具有重要意义的旧址，苏州市政府决定将“上海战役指挥机关旧址”作为革命遗址予以勒石纪念，使苏州又增添了一处爱国主义教育基地。

【党史研究新成果】 2003年，苏州市各级党史部门挖掘、利用党史资源，探索党史存史资政育人新路子。在征集社会主义党史专题资料的基础上，陆续编辑出版了一批党史研究新成果。

《苏州党史工作20年》一书由苏州市委党史工作办公室编辑出版，该书全面反映苏州党史工作20年来的历程和取得的成果，既是苏州党史工作的一份总结，也是苏州党史研究成果的检阅。全书分苏州党史工作概况和论文选两大部分，共25万字。

《昆山妇运》一书由昆山市委党研室和昆山市妇联编辑出版。全书共50万字，反映了昆山妇女运动的发展历史。

《昆山市场》一书由昆山市委党研室和昆山市工商局联合编辑出版。全书共40万字，记述了昆山各类市场51年来建设发展的历史。

《昆山人口与计划生育》一书由昆山市委党研室和昆山市计划生育委员会联合编辑出版。全书共40余万字，记述了昆山市人口与计划生育发展的历史。全国人大常委会副委员长彭佩云亲自审阅了该书有关书稿内容，并题写了书名。

《新昆山五十一年》(1949~2000年）一书由昆山市委党研室编辑出版。全书共165万字，记述和反映了昆山半个世纪来政治、经济、文化等各个方面的发展历史，是一部集历史书、资料书、工具书于一体的昆山地方党史著作。

《吴江市历届人民代表大会常务委员会工作报告选编》、《政协吴江市历届委员会第一次会议文件选编》两书由吴江市委党史工办和有关部门联合编辑出版。

【纪念毛泽东同志诞辰110周年系列活动】 2003年12月26日是毛泽东同志诞辰110周年纪念日，为学习毛泽东的创新精神和科学思想，弘扬党的优良传统和作风，进一步全面贯彻党的十六大精神和“三个代表”重要思想，苏州各级党史部门与有关单位联合举办了一系列纪念活动，以缅怀毛泽东等老一辈无产阶级革命家的丰功伟绩。

由市委宣传部、市委党史工办等单位具体筹办，市委于12月25日召开“纪念毛泽东同志诞辰110周年座谈会”。参加座谈会的有经历过战争年代的老同志代表，曾受到毛泽东接见过的老劳模代表，市委、市政府有关部门的负责同志，各区委宣传部的负责同志及理论工作者、党史工作者代表共60余人。市委常委、宣传部长周向群主持会议，市委副书记黄炳福在会上讲话。

由市委宣传部、党史工办、机关党工委、市教育局、市文联等单位联合举办的“毛泽东同志诞辰110周年纪念展”于12月17日在苏州革命博物馆举行隆重的开展仪式。市领导黄炳福、周向群、周伟强、陆云泉、盛家振和主办单位领导、老同志代表、学生代表、社区居民代表共300余人出席了开幕仪式。市委常委、宣传部长周向群主持仪式，市委副书记黄炳福代表市委致辞。该纪念展由韶山毛泽东故居纪念馆提供的“毛泽东家史家事展”，浙江桐乡侯波、徐肖冰摄影艺术馆提供的“伟人风采——侯波、徐肖冰摄影展”，苏州市书画爱好者夏雷根提供的“毛泽东诗词书画藏品展”和苏州市职工收藏协会提供的“毛泽东像章珍品展”4个部分组成。整个展览从开幕到12月底结束共有2万余人次前往参观。

苏州市新四军研究会、常熟市新四军研究会于12月16日、12月26日分别召开“纪念毛泽东同志诞辰110周年座谈会”。参加座谈会的新四军老同志分别结合自己的革命经历，畅谈了毛泽东同志为中国革命和建设所作出的历史性贡献和崇高革命精神。 （徐　云）

党校工作

【概况】 中共苏州市委党校（苏州市行政学院）坐落在苏州高新区何山，占地3.5公顷（53亩），建筑面积2万平方米，拥有教职工87人，其中行政人员31人，教师35人（教授5名，副教授14名，讲师12名）。学校教学生活设施齐全，可同时容纳450名学员。2003年12月召开了全市党校系统第3次行政后勤工作会议，表彰了8个先进集体和14名先进个人。

【主体班教学】 2003年，市委党校、市行政学院共举办各类主体班次21期，其中县处级干部进修班2期，中青年干部班1期，县处级干部学习十六大精神轮训班8期，党外干部培训班1期，正科级公务员任职培训班2期。市委党校与市委办公室、政研室联合举办历时2个月的秘书班1期，均取得了良好的教学效果。2003年，市委党校进一步加强省委党校在职研究生的招生工作，全年共有86名新学员入学深造，研究生班在校学员达到245名。

【科研工作】 2003年，市委党校全体教研人员，刻苦钻研、开拓进取，共完成科研成果132项，其中省级以上科研成果98项。在科研工作中，学校注重加强学术研究与交流，出色完成了省社科“十五”题目《“三个代表”重要思想研究》和其他课题。编辑出版了《职务犯罪案例》和《建设21世纪的苏州》两本书，同时出版了校刊《领导理论与实践》7期(含专辑1期)。

【函授教育】 函授教育是党校工作的重要组成部分。2003年，通过广泛宣传、群策群力，市委党校共招收函授学员1065名，继续保持较大的办学规模。在办好函授教育的同时，抓住发展网络教育的机遇，与华东理工大学网络教育学院合作办班，共招收新学员145名。

【办学条件改善】 2003年，市委党校投资1450多万元的学员楼和多功能教学楼同时竣工投入使用，从根本上改善了学员的学习和住宿条件。学校利用山坡地形，因地制宜，凿池堆山，造桥建亭，栽花种树，形成了一个小桥流水、假山飞瀑、花草曲径的园林景观，加之新增的几十盏路灯、草坪灯等，使校园环境更加美丽亮化。学校建成了宽带校园网和机房，并与市政府电子政务网联网，实现了电子公文流传和无纸化办公，同时，增加了多媒体教学设备，使信息化和教学办公自动化建设跃上新的平台。

【人事制度改革】 根据苏州市事业单位管理制度改革的要求，对30余名专业教师实行全员聘任，对副教育长、办公室主任等5个中层岗位实行竞争上岗，同时公开招考、招聘、引进各类岗位人员3名，进一步改善了教研、行政队伍的整体结构。

（钱根泉）

档案工作

【概况】 2003年，全市档案部门加强档案法制化建设、档案信息化建设、档案资源建设、档案业务建设和档案干部队伍建设，档案工作取得了新突破，实现了全市档案事业的持续健康发展。常熟市档案局被评为全国档案工作先进集体，苏州市档案局、太仓市档案局被评为全省档案工作先进集体。苏州市档案局举办了档案人员岗位培训班，与苏州大学联办了“档案学专业特色教学班”，培养了一批适应现代档案工作需要的高素质人才。市档案学会完成了社团年检，举办了 “档案进社区”、“家庭档案”讲座等一系列活动。对全市1987~2003年所有获得档案职称的人员进行登记并建立了专技人员台帐，完成了当年的职称评审工作，评审通过高级职称7名、中级职称26名、初级职称20名。苏州市档案局被评为省信息工作先进集体。

【档案馆主体建设】 2003年，全市各级各类档案馆全面加强档案资源建设，不断加大对党和国家具有保存价值档案资源的保护和监管力度，使馆藏档案更加丰富，基础业务建设得到加强。

①馆库基础设施进一步完善。全市档案部门加快基础设施的投入。苏州市档案馆新建了礼品室。常熟市档案馆通过省级爱国主义教育基地验收。吴江市档案馆新馆建设工程被省档案局确定为省示范性档案馆建设项目，已正式开工。吴中区档案馆新设立了声像档案室和实物档案室。沧浪区档案馆完成了旧馆改造。

②馆内业务工作进一步规范。苏州市档案馆开展档案鉴定、划控工作，对开放档案做好开放标记，编制了《晚清苏州商会档案抢救方案》，做好了抢救的前期准备工作。苏州园林档案馆通过了档案馆目标管理省一级考评。吴江市城建档案馆通过建设部考评，苏州市由此成为全国国家一级城建馆最多的地区。

③现行文件服务中心更加完善。常熟市、张家港市档案局继续加强“现行文件服务中心”文件的收集工作。太仓市、吴中区档案局新成立了现行文件中心，以“文件超市”的形式提供社会各界查阅，为政府和群众搭起了一座沟通的桥梁。

④征集接收工作取得新进展。苏州市档案局作为“世遗会”领导小组成员制定了档案收集范围和归档要求，做好“2003中国苏州国际丝绸节”、“第二届电子博览会”等重大活动档案资料收集工作。完成机构变动的市级机关中27家单位共29017卷档案接收进馆工作，完成苏州振亚集团、苏州太和面粉公司两家传统特色型企业档案的接收工作。全市档案部门在“抗非”斗争中，把“防非”档案资料征集工作作为头等大事来抓，协助“防非”指挥部做好“防非”档案的收集归档工作，为抗击“非典”作出了贡献。全市档案部门继续开展名人、名产、名胜档案征集工作，使馆藏结构更为合理，更贴近时代，更具地方特色。

⑤信息化建设走出新路。苏州市档案局制定了本单位办公自动化和全市电子文件档案管理系统应用软件的开发方案，并列入全市信息化建设投资项目。研制开发了《归档文件整理规则》计算机管理软件，促进了基层档案现代化建设。对开发商制作的OA系统软件进行了研究和调研，对全局人员进行了软件使用培训，保证了电子文件的按时运转。制作完成在政府外网上的主页，通过了注册和审核。常熟市档案局要求机关、直属事业单位全部配备电脑和档案管理软件，实现1990年以前档案制作文件级电子目录和1990年以后档案全部制成数据库光盘。制定了《常熟市数字化档案馆建设方案》，被列入2004年全市“十大基础设施工程”之一的“社会事业建设工程”中。国家档案局来常调研肯定了常熟市档案局馆在全国县级档案馆数字化建设方面已步入先进行列。张家港市档案局制发了文件，统一了数据录入格式和标准，为馆室联网和建设数字化档案馆打好了基础。太仓档案信息网正式对外开放。昆山市档案局完成中心机房改造和局域网升级。吴江市档案局申报的“多媒体电子文件归档技术方法研究”项目被国家档案局批准立项，计划用两年时间研究解决多媒体电子文件的归档格式、归档方式、存储、检索、安全等问题，并开发一套多媒体电子文件管理软件。吴中区档案局承建了“苏州吴中信息网”。全市各级档案部门进一步做好目录数据库扩充工作，为信息化建设打好基础。

⑥档案信息开发利用成效明显。苏州市档案馆做好《苏州商会档案丛编》第二辑编辑出版准备工作，参与举办费新我书画展和出版《费新我书画集》，基本完成了《苏州市档案馆指南》重新编修工作。成立《苏州年鉴》编纂委员会，标志着年鉴编辑工作跃上新台阶。常熟市档案馆编辑出版《超越——2002常熟市大事综览》，举办了《常熟市增创“五大新优势”成果展》。张家港市档案馆续编了《党和国家领导人、省(部)级领导人、国内外知名人士视察张家港情况汇编》(1997~2002)。太仓市档案馆制作了《历史的沧桑巨变、腾飞的太仓港城、悠久的人文景观》、《东方居里夫人吴健雄》等专题展览，出版《太仓港——长江第一港》。昆山市档案馆编辑出版《外向昆山》，得到了社会各界好评。全市各级各类档案馆加强查档接待窗口建设，2003年共接待查档52078人次，利用档案资料119627卷次。

【档案法制工作】 全市各级档案部门大力加强档案法制建设。《苏州市档案管理办法》于2003年12月16日经市政府第19次常务会议讨论通过，以市政府令颁发，自2004年2月1日起实行，使全市档案法制化管理水平上了一个新台阶。苏州市档案局对全市1980年以来所制发的档案工作文件进行全面清理，共废止11个已过时效或被新的规范性文件所替代的文件。全市档案部门围绕中心工作，出台了一系列行政规范，包括破产、改制企事业单位、撤并乡镇档案处置办法，会计档案管理、现行文件报送、社区档案工作、信用文件收集、爱国主义教育基地建设、加快数字化建设等规范性文件，确保了全市档案工作的规范开展。常熟市档案局顺利通过了国家档案局执法检查。各级档案部门继续加大行政执法力度，会同当地人大、法制等部门开展了档案行政执法检查，促进了当地档案工作的开展，履行了档案部门的依法行政职责。

【机关、企事业单位档案工作】 市档案局专门举办5期培训班，全面推行文书立卷改革，全市机关文书归档按时完成率达87.3%。2003年，全市档案目标管理升省一级46家、省二级59家、省三级102家。

附：江苏省档案工作目标管理一级单位（2003）

中共苏州市委办公室
苏州市人事局
苏州市建设局
苏州市园林和绿化管理局
苏州园林档案馆
苏州市寒山寺
苏州市发展计划委员会
中共苏州市纪律检查委员会（监察局）
苏州市工商行政管理局
江苏省电信有限公司苏州分公司
苏州市锅炉压力容器检验研究所
苏州工业园区地方税务局
苏州市金阊区人民检察院
苏州市平江区人民法院
苏州市虎丘区人民法院
苏州市平江区人民检察院
苏州市高新区（虎丘）工商行政管理局
中共苏州市沧浪区纪律检查委员会（监察局）
中共吴江市纪律检查委员会（监察局）
吴江市人民政府办公室
吴江市水利局
吴江市经济贸易委员会
吴江市国家税务局第五管理分局
吴江市人民法院
中国人民财产保险股份有限公司吴江支公司
中共吴江市芦墟镇委员会　吴江市芦墟镇人民政府
昆山市统计局
昆山市科学技术局　昆山市科学技术协会
昆山市建设局
中共昆山市纪律检查委员会（监察局）
中国农业银行昆山市支行
昆山市玉山镇人民政府
昆山市人事局
太仓市人民法院
太仓市地方税务局第三税务分局
太仓市地方税务局第五税务分局
中共太仓市城厢镇委员会
太仓市沙溪镇人民政府
江苏省常熟市国家税务局
国营常熟市虞山林场
张家港市人民法院
张家港市文化广播电视管理局
张家港市地方税务局
江苏省张家港保税区国家税务局
中共张家港市委办公室
张家港市环境保护局

【重点建设项目档案工作】 2003年，全市各级档案部门将做好重点建设项目档案工作作为工作重点，按照要求做好档案登记备案、跟踪指导、考核验收等工作，有3个项目竣工档案被评为苏州市优秀建设项目竣工档案。

【新领域档案工作】 2003年，市档案局对新领域档案工作进行了部署，实行各市(县)、区分工负责、分头落实，共同摸索新的管理模式和管理办法，全面推进社区档案、信用档案、民营企业档案、电子档案、开发区档案等新领域档案工作。完成了苏州工业园区科技园、西山太湖国家现代化农业示范园区、昆山阳澄湖度假区、常熟经济开发区、太仓港口开发区等5家单位的省级档案工作目标管理验收。常熟市档案局把民营企业建档作为考核乡镇机关档案工作的重要内容，引导一批条件成熟的企业建档。张家港市档案局下发了社区建档文件，城区24个社区档案目标管理全部达到了张家港市级标准。 （张海雷）

【城建档案】 2003年，全市建设工程各项档案审批事项纳入市行政服务中心统一办理，将工程建设档案纳入建设工程报批法定程序。市建设局制定了《建设工程档案立卷程序与标准》等规范。吴江市城建档案馆顺利通过建设部考评，成为本市第5家国家级城建档案馆，苏州也成为全国国家一级城建档案馆最多的地区。 （张勇坚）

附：苏州市优秀建设项目竣工档案(2003)

单　位	项　目
苏州市航道管理处	苏申外港线(江苏段)航道整治工程
苏州宝化炭黑有限公司	苏州宝化炭黑有限公司一期工程
苏州市苏州公园管理处	苏州公园改造工程

苏州市人民代表大会

综　　述

【县、乡人大工作指导】 搞好县、乡两级人大工作是推进本级人大工作的基础。2002年底和2003年初，苏州市各县级市、区人大进行了换届选举。在这项工作后，市人大常委会召开会议，认真交流总结了换届选举工作的经验，并在全省人大换届选举工作总结会议上作了交流。为加强市、县两级人大的联系，市人大常委会两次召开各县级市、区人大常委会主任会议，对如何合力推进新的一届全市人大工作进行了座谈与研究，对需要两级人大联动开展的工作进行了衔接。全省人大工作座谈会、全省人大信访工作座谈会等会议召开以后，市人大常委会又及时召开同类会议，就会议精神进行了传达贯彻。换届以后，市人大常委会继续坚持乡镇人大联系点制度，通过不定期走访联系点，增进对乡镇人大工作情况的了解，掌握指导乡镇人大工作的主动权。年内，还组织了35名乡镇人大主席、副主席参加了由省人大举办的全省乡镇人大主席培训活动。

【调查研究】 市人大常委会把加强调查研究作为实施工作监督的重要形式。2003年，常委会把党委、政府放上议事日程的发展问题和人民群众普遍关心的热点问题列为调研的课题，力求从理论和实践的结合上对推进工作和解决社会热点问题，提出有质量、有份量的思路和建议。年内，先后开展了关于苏州如何实现“两个率先”目标、关于个私经济如何适应世贸规则新形势、关于国企改革改制、关于新区与虎丘区合并后如何搞好开发区建设、关于城市化建设进程中如何保障失地农民的权益、关于如何建设“诚信苏州”的等方面课题的调研。上述各类调研课题的开展及调查报告的提出，对推动政府工作提供了完善工作思路方面的帮助，对促进苏州三个文明建设的发展产生了积极影响。

（陆启鑫）

【市人大常委会设立代表接待日】 2003年3月11日，是市人大换届以来的第一个市人大常委会领导接待代表日。市委副书记、市人大常委会主任周福元认真接待来访代表，并要求有关部门认真对待代表提出的每个问题和提出的相关意见，将保障代表反映意见的渠道始终畅通的这一工作制度有效地坚持下去。为了进一步加强与市人大代表的联系，畅通代表反映意见的渠道，以更好地发挥代表作用，不断推进市人大常委会的工作，在3月上旬召开的市人大常委会第5次主任会议决定，将每个月第2周的星期二定为市人大常委会主任、副主任、秘书长轮值接待代表日。市人大代表可在接待日凭代表证出入市行政中心大院，到接待室与值班的市人大常委会领导进行面对面的情况交流，提出意见和建议。

（苏任达　宓晓文）

【外国议会来访】 2003年，市人大常委会共接待外国议会来苏访问的代表团7批83人。

1月22～23日，乌拉圭众议院议长阿尔瓦雷斯一行访苏。应全国人大常委会委员长李鹏的邀请，乌拉圭众议院议长阿尔瓦雷斯一行2人来华访问，于1月22日下午抵达苏州。当晚，市人大常委会主任黄俊度会见并宴请了阿尔瓦雷斯一行。阿尔瓦雷斯一行参观了苏州工业园区和拙政园。

3月30～31日，俄罗斯莫斯科州杜马代表团访苏。应江苏省人大常委会的邀请，瓦·彼·库利科夫副主席率领的俄罗斯莫斯科州杜马代表团一行6人来江苏访问，3月30日抵达苏州。当晚，市人大常委会主任周福元会见并宴请了代表团一行。客人参观了苏州工业园区，游览了古典园林。

8月26日，哥伦比亚法院代表团访苏。当晚，市人大常委会主任周福元会见了由最高法院院长戈麦斯和宪法法院院长蒙特亚莱格雷率领的哥伦比亚法院代表团一行13人。

10月29日，日本鸟羽市友好访中团来苏。当晚，市人大常委会主任周福元出席了市政府在会议中心举行的宴会，欢迎日本鸟羽市市长井村均率领的日本鸟羽市友好访中团一行。

11月25日，日本池田市干部职员访苏。当晚，市人大常委会副主任吴文元会见了日本池田市干部职员访中团一行5人。日本池田市是苏州市的国际友好合作城市，10多年来，两市在经济、文化和体育等多种领域内开展了广泛而有益的合作交流活动。

11月26日，智利参议院外委会代表团访苏。11月26日，由智利参议院外委会主席、智中友好小组主席努涅斯率领的智利参议院外委会代表团一行5人抵达苏州访问，此次来访是应全国人大外事委员会邀请的。代表团参观访问了苏州工业园区和苏州园林。当晚，市人大常委会主任周福元会见并宴请了代表团一行。

12月2～3日，澳大利亚维多利亚州议会代表团访苏。12月2日晚，市人大常委会副主任陆云泉会见了

附：市人大常委会出访情况（2003）

出访时间	人　员	往访国家	团组名称
2003.10	谢慧新、袁国良	荷兰	市人大经贸考察团
2003.11	许英俊、尤俊明	欧洲	省贸促会考察团
2003.11	查美珠	法国	参加市水务局在法国巴黎召开的水处理项目洽谈会
2003.11	陶若伦	澳大利亚、新西兰	贸促会苏州支会赴外考察团
2003.12	周福元	巴西、阿根廷	城市友好交流代表团
2003.12	周炳源	西班牙、奥地利	省人大外事委组
2003.12	徐铭阳	澳大利亚、新西兰	市经贸考察团

以肯·斯密斯议员为首的澳大利亚维多利亚州议会代表团一行4人。江苏省与澳大利亚维多利亚州1979年正式建立友好省州关系，双方在经济、科技、农业、文化和教育等领域都进行了友好交流与合作。

（陆启鑫）

市人大及其常委会会议

【市十三届人大一次会议】 苏州市第十三届人民代表大会第一次会议于2003年1月18～23日在苏州人民大会堂举行。会议的主要任务是：以邓小平理论、"三个代表"重要思想为指导，全面贯彻落实党的十六大精神，围绕经济建设这个中心，依法履行职权，充分发扬民主，认真审议各项工作报告，把会议开成团结、鼓劲、民主、奋进的大会，动员全市人民，在中共苏州市委的领导下，团结一致，开拓创新，扎实工作，为圆满完成2003年的各项工作任务，为全面建设高水平的小康社会、率先基本实现现代化而努力奋斗。

18日上午，大会开幕。会议由主席团常务主席、大会执行主席黄俊度主持，市长杨卫泽向大会作政府工作报告。会议还听取了市发展计划委员会主任吴文元所作的关于苏州市2002年国民经济和社会发展计划执行情况与2003年国民经济和社会发展计划草案的报告，听取了市财政局局长赵文娟所作的关于苏州市2002年财政预算执行情况和2003年本级财政总预算草案的报告。18日下午～19日上午，各代表团组织代表审议政府3个报告。

19日下午，举行第二次大会。会议由主席团常务主席、大会执行主席谢慧新主持。市十二届人大常委会主任黄俊度作市人大常委会工作报告，市中级人民法院院长鲁国强作市中级人民法院工作报告，市人民检察院检察长范佐作市人民检察院工作报告，会议还表决通过了《选举办法》和《通过市十三届人大法制委员会组成人员人选办法》。20～22日，代表分组审议上述3个工作报告、审议各项决议草案，酝酿各项候选人建议名单和推选选举工作人员。

23日上午，举行第三次大会。大会由主席团常务主席、大会执行主席黄俊度主持。大会通过了选举工作人员名单；对出席省十届人民代表大会代表候选人，市十三届人大常委会主任、副主任、秘书长和市人民政府市长、副市长等候选人进行了选举。新当选的市国家机关领导人员与全体代表见面。

23日下午，大会举行第四全体会议。会议由主席团常务主席、大会执行主席周福元主持。首先将上午选举出席省十届人民代表大会代表的结果向大会报告。其次对市十三届人大常委会委员和市中级人民法院院长、市人民检察院检察长的候选人进行选举，对2位得票数相同的出席省十届人民代表大会代表候选人再次进行了投票。新当选的市中级人民法院院长、市人民检察院检察长与全体代表见面。大会还表决通过市十三届人大法制委员会组成人员名单，通过了各项报告决议。大会闭幕前，市委书记王珉作了重要讲话。

会议期间，大会秘书处编发《情况综合》3期，收到代表10人以上联名提出的议案14件。大会决定将关于"呼吁全社会都来关心和支持社区居委会的建议"的议案交市人大常委会在本次会议闭会后研究处理，其余13件议案作为重要的代表建议、批评和意见交各有关承办单位办理。大会秘书处共收到代表建议188件，接待信访140件（批）。

市十三届人大一次会议在圆满完成预定的各项议程后，于1月23日

附：苏州市第十三届人民代表大会常务委员会名单

主　任：周福元
副主任：陆云泉　宋胜龙　谢慧新　陈炳斯　周性光　孟焕民　秦兴元　吴文元
秘书长：章立荣
委　员：(32名，按姓氏笔划排列)
冯正功　邢春根　吕锦华　朱玉文　朱林一　朱金媛　纪向群　杨忠伟
杨积德　李　蓁　肖汉涛　时裕福　邱一民　张　昕　张乐只　陈顺金
邵永华　郁炳贤　周村女　赵鹤鸣　祝士正　袁国良　徐洪斌　徐铭阳
陶若伦　盛友泉　路　军　蔡裕如　蔡静娟　颜久勇　戴　洁　魏之光

苏州市第十三届人民代表大会法制委员会名单

主任委员：陆云泉
副主任委员：邱一民　魏之光
委　　员：(9名，按姓氏笔划排列)
王自德　杨晓东　杨积德　邱一民　陆云泉　陈　燕　徐铭阳
黄学贤　魏之光

苏州市第十三届人民代表大会第一次会议
选出的市人民政府市长、副市长名单

市　长：杨卫泽

副市长：包国新　汪国兴　朱永新　江　浩　姜人杰　赵俊生　谭　颖

苏州市第十三届人民代表大会第一次会议
选出的市中级人民法院院长名单

院　长：鲁国强

苏州市第十三届人民代表大会第一次会议
选出的市人民检察院检察长名单

（须报经江苏省人民检察院检察长提请省人民代表大会常务委员会批准）

检察长：范　佐

苏州市第十三届人民代表大会第一次会议
选出的出席江苏省第十届人民代表大会代表名单

（70名，按姓氏笔划为序排列）

马明龙　王　珉　王　颖　王竹鸣　王庚申　王金华　王建康　王哲翔　王跃山　韦　楚
文晓明　包国新　邢春宁　朱　民　孙孜平　孙黎峰　杜国玲　杨士武　杨任远　李兴华
何文钊　邹宝如　闵春发　沈长全　沈锦亚　宋七棣　宋郑还　张　导　张　健　张国华
张素珍　张菊娥　陆丽瑾　陈炳斯　陈晓萍　陈焕友　邵玉祥　周玉龙　周冬冬　周伟强
周建明　周美凤　周矩敏　周晓红　周福元　段绪申　俞　奕　姜丹青　姜道远　贺凤春
秦大乾　顾　芗　顾仙根　顾莹惠　顾康平　夏宗懿　钱协寅　倪根来　徐之伟　徐建明
浦荣皋　黄　健　黄春娅　黄维华　梁保华　董启梅　惠建林　程耀寰　樊金龙　薛　峰

下午在苏州人民大会堂胜利闭幕。会议号召，全市人民紧密地团结在以胡锦涛同志为总书记的党中央周围，认真贯彻中共苏州市委九届四次全体(扩大)会议精神，凝心聚力、埋头苦干，与时俱进、开拓创新，为圆满完成今年的各项任务，为夺取我市改革开放和社会主义现代化建设的新胜利而努力奋斗!

【市人大常委会会议】 2003年，苏州市人大常委会共召开8次会议（即市十二届人大常委会第四十次会议、市十三届人大常委会第一～第七次会议），作出7项决定和1项决议。

①市十二届人大常委会第四十次会议于1月15日举行。会议听取和审议了市人大常委会副主任周彩宝所作的关于市十三届人大一次会议准备工作情况的汇报。会议认为，作为新一届人大的第一次会议，在各有关部门的密切配合下，各项准备工作现基本就绪。会议对此表示满意，并希望人大机关和有关部门继续集中精力、再接再厉做好各项准备工作，进一步提高会议服务水平，保证人代会如期召开并取得圆满成功。会议审议并原则通过了市人大常委会工作报告草案。会议审议并通过了市十三届人大一次会议建议议程和建议日程。上述两个草案将分别提请市十三届人大一次会议预备会议和主席团第一次会议通过。会议听取并审议了市人大常委会副主任许树东所作的关于市十三届人大一次会议主席团和秘书长等各项建议名单的说明，通过了主席团和秘书长、主席团常务主席、议案审查委员会、预算审查委员会等各项建议名单，同意将上述名单分别提请市十三届人大一次会议预备会议和主席团第一次会议通过。会议听取并审议了市人大常委会代表资格审查委员会副主任委员王溢所作的关于苏州市第十三届人民代表大会代表的代表资格的审查报告。会议通过了这个报告，确认新当选十三届人大代表的代表资格全部有效。会议还通过有关人事任免事项。

②市十三届人大常委会第一次会议于1月23日晚举行。会议审议并通过了市人大常委会主任周福元、市人民政府市长杨卫泽、市人民检察院检察长范佐分别提请的人事任命事项。

③市十三届人大常委会第二次会议于2月14日举行。会议听取了市人大常委会法制工作委员会主任邱一民所作的关于苏州市人大常委会2003年立法计划草案的说明，审议并通过了苏州市人大常委会2003年立法计划。会议听取了市人大常委会研究室副主任张家安所作的关于苏州市人大常委会2003年度工作要点草案的说明，审议并通过了苏州市人大常委会2003年度工作要点。会议听取了市人大常委会副秘书长蔡静娟所作的关于苏州市人大常委会关于加强自身建设的意见草案的说明，审议并通过了苏州市人大常委会关于加强自身建设的意见。

④市十三届人大常委会第三次会议于3月26～27日举行。会议听取了关于《苏州市危险废物污染防治条例（草案）》的说明及其审查意见的报告，并审议了该项法规草案。组成人员认为，为了有效地保护生态和生活环境，实现可持续生产和消费，制定一部切合本市实际的有关危险废物污染防治方面的地方性法规，十分必要。会议要求常委会有关工委、室会后认真研究吸收各位组成人员的意见，并在进一步开展调研论证的基础上，对法规草案进行修改，提交法制委审查，提请常委会再次审议。

会议听取和审议了关于县级市、区人大换届选举工作情况汇报。组成人员对此项工作表示满意。鉴于这项工作已经完成，会议同意撤销市人大常委会选举办公室。

会议听取和审议了关于“呼吁全社会都来关心和支持社区居委会建设”代表议案处理意见的报告。会议同意报告提出的建议，决定将“呼吁全社会都来关心和支持社区居委会建设”代表议案交市政府办理。会议要求市政府及有关部门按照决定的要求，认真组织实施，并在规定时间内将议案决定的实施情况向常委会汇报。

会议审议并通过了市人大常委会各工作委员会委员名单。

会议听取和审议了关于在工业园区设立法院和检察院的情况汇报。组成人员认为在工业园区设立法院、检察院是十分必要。现鉴于各方面的条件已经成熟，会议通过了相关决定。

⑤市十三届人大常委会第四次会议于5月15～16日举行。会议审议并通过了《苏州市危险废物污染环境防治条例》，同意授权主任会议对这项法规作个别修改，定稿后报请省人大常委会审批。

会议审议了关于废止《苏州市外商投资企业管理条例》的议案。会议认为，该条例自1995年颁布实施以来，对促进本市开放型经济的发展发挥了积极作用。但随着中国加入世贸组织，《条例》施行的依据和情况已发生变化，制定该《条例》所依据的法律、法规已作了重大修改。该《条例》部分规定与上位法的规定不一致，而且该《条例》的其他规定基本上为相关上位法所覆盖。今后，本市将根据国家现行的相关法律、法规，来规范外商投资企业的管理。因此，会议做出了关于废止《苏州市外商投资企业管理条例》的决定，并将在省人大常委会批准后公布施行。

会议审议了《苏州市城市排水管理条例（草案）》。会议认为，近些年来，随着经济的快速发展和城市人口的增加，污染总量剧增，本市水体污染日趋严重。市政府虽然投入了大量财力进行治水，收到了一定实效，但目前本市对排水设施的建设还缺乏统一的规划、对城市排水的管理和监督还相对薄弱。因此，制定一部关于加强城市排水管理的地方性法规，对于改善城市水环境，增强城市防洪能力，促进社会经济发展，十分必要。会议要求常委会有关工委要认真研究并充分吸收委员们的意见，同时进一步听取各方面意见，对法规草案进行修改，提交市人大法制委员会审查和提请常委会会议再次审议。

会议听取并审议了市审计局局长陶孙贤受市政府委托所作的关于苏州市2002年本级财政预算执行及其他财政收支情况的审计工作报告。会议要求市审计部门不断总结经验，进一步强化审计职能，加强审计监督，为推动本市经济和社会事业的全面发展发挥应有的作用。

会议听取并审议了市财政局局长严文奎受市政府委托所作的关于苏州市2002年本级财政决算草案的报告。会议认为，2002年，市政府及有关部门认真执行市人代会批准的年度预算安排，积极依法理财，并根据不断出现的新情况对预算进行必要调整，保证了当年预算任务的圆满完成。对此，会议表示满意，并作出相应决定，批准了苏州市2002年本级财政决算。

会议听取并审议了市人大常委会副主任周性光所作的关于《苏州园林保护和管理条例》和《苏州市城市绿化条例》执法检查报告。会议认为，报告所反映的情况和提出意见切合实际。这两个条例颁布实施以来，市政府及有关部门认真加以贯彻实施，做了大量的工作，进一步提升了城市文化品位，改善了城市生态环境，使本市获得了全省绿化先进城市和省级园林城市的称号，并确保了9个苏州园林申报世界遗产获得成功。会议同时指出，这次执法检查还发现一些存在的问题。对此，市政府及有关部门应当针对执法检查报告指出的问题和提出的意见，采取有力措施，认真加以整改，努力使本市的园林保护和管理、绿化工作再上一个新台阶。依照市人大常委会关于执法检查的规定，市政府应在规定时间内将整改情况，向常委会作出报告。

会议审议并通过了市十三届人大常委会代表资格审查委员会名单。

会议分别接受了包国新辞去市人民政府副市长职务、路军辞去市十三届人大常委会委员职务的请求，并通过了相应决定。会议对包国新同志和路军同志在任职期间的工作和做出的贡献，给予充分肯定，并希望他们在新的工作岗位上再接再厉，努力工作，为实现“两个率先”目标作出更大的贡献。会议还通过有关人事任职事项。

⑥市十三届人大常委会第五次会议于7月21～23日举行。会议审议并通过了《苏州市城市排水管理条例》。会后，这项法规将依法报请省人大常委会审批。会议同时要求市政府落实相关措施，抓紧理顺本市的排水管理体制，并切实制定住宅小区排水设施养护和维修管理办法，确保法规顺利实施。

会议审议了《苏州市公共汽车客运管理条例（草案）》。会议认为，近年来，全市公共汽车行业有了较快发展，但在基础设施、管理水平、经营效益、服务质量等方面还存在不少问题，市民行车难、出行难的问题依然比较突出。因此，制定一部有关公共汽车客运管理方面的法规，对于更好地实施公交优先发展战略，调整、规范政府与企业、企业与企业之间的权利和义务，加强对公共汽车的统一有效管理，维护公交乘客的合法权益十分必要。会议要求常委会有关工委要认真研究并充分吸收委员们的意见，同时进一步听取各方面意见，对法规草案进行修改，提交市人大法制委员会审查和提请常委会会议再次审议。

会议听取并审议了市发展计划委员会主任朱民所作的关于苏州市2003年上半年国民经济和社会发展计划执行情况的报告。会议要求市政府及有关部门要按照市委九届五次全体（扩大）会议的要求，切实有效措施，争取超额完成全年各项目标任务，为苏州实现“两个率先”打下坚实基础。

会议听取并审议了市财政局局长严文奎关于苏州市2003年上半年本级财政总预算执行情况的报告。会议要求市政府及财政部门要加强财政宏观调控，努力挖掘税源，落实节支措施，强化预算约束，严格控制支出，保证重点建设，加强预算外资金管理，确保本市当年的财政目标顺利实现。

会议确认了主任会议关于徐金泉因涉嫌受贿犯罪许可对其采取强制措施和逮捕的报告。

会议还通过有关人事任免事项。

⑦市十三届人大常委会第六次会议于9月17～19日举行。会议审议并通过了《苏州市公共汽车客运管理条例》，这项法规将依法报请省人大常委会审批。

会议听取和审议了“关于呼吁全社会都来关心和支持社区居委会建设”代表议案处理意见的决定实施情况的汇报。会议认为，市政府对议案办理工作比较重视，加强组织领导，制定政策，确定目标，明确分工，落实具体措施，议案的实施取得了一定成效。会议建议市、区两级政府落实有效措施，使尚未达标的居委会办公用房得到落实。会议还要求进一步落实居委会干部的管理社区的工作职责，加强社区居委会的自身建设，全面推广居委会干部直接选举，不断提高社区管理水平，改善市民生活环境和生活质量。

会议听取和审议了关于市十三届人大一次会议代表建议办理情况的汇报。会议认为，市政府及有关部门在办理今年人代会的代表建议中，做到了领导重视，重点突出，措施得力，成效明显。会议要求政府及有关部门从人民代表大会根本制度的高度，来看待代表的建议，防止将其作为一般人民来信来处理。要强化跟踪检查办理结果，落实市政府每一位分管市长重点抓好1~2件代表建议办理做法，对涉及到几个部门办理的代表建议要明确一个部门牵头会办，要把办理工作列入政府对部门年度考核的内容，要注意讲求对代表建议落实交办部门的切实性。会议还建议市政府办公室明确一个部门专门负责代表建议的办理工作。

会议听取和审议了关于预算外资金管理情况的汇报。会议指出，年初以来，市政府和财政部门加大了针对预算外资金的管理力度，使预算外资金管理取得了较好成效。会议同时指出，预算外资金管理还存在不少问题。政府和财政部门要规范和加强预算外资金收支管理，进一步规范行政事业单位收费行为，加强对重点部门的检查监督，严格票据管理，严肃财经纪律，着力做好日常管理工作，充分发挥预算外资金的使用效益。

会议听取和审议了关于全市科技工作汇报。会议认为，市政府及有关部门认真实施“科教兴市”战略，以“三个代表”重要思想为指导，紧紧围绕全市经济工作大局，坚持深化科技体制改革，积极探索适应市场经济和区域经济快速发展的科技工作的新机制和新方法，科技创新的体制机制有了新的发展，全市科技工作有了很大进步。会议对此表示满意。会议同时要求市政府及有关部门认真研究深化科技工作的办法，制定有效的工作措施，加强对科技人才的培养，加快科技创新步伐，提升科技综合实力，为实现“两个率先”的目标，把苏州建设成为国际新兴科技城市，作出应有的贡献。

会议还通过有关人事免职事项。

⑧市十三届人大常委会第七次会议于11月20~21日举行。会议听取并审议了市政府副秘书长吴文祥所作的关于苏州市区定销商品房建设的情况汇报。会议认为，定销商品房是市政府在推进城市化进程中，按照“三个代表”重要思想，坚持把人民利益放在首位，妥善解决被拆迁户住房问题的一项实事工程和民心工程。一年来，市政府和有关部门做了大量工作，措施得力，初见成效。会议要求，市政府及有关部门进一步完善定销商品房的政策，把定销商品房这件实事办实、好事办好。

会议听取并审议了市财政局副局长陈雄伟关于调整2003年市本级财政预算的报告。会议认为，2003年是苏州历史上经济发展最好的时期，经济保持了在高平台上继续高速发展的良好势头。财政收入大大超过年初人代会预算，但因“非典”和一些政策性因素也引起财政支出增加，在确保全年财政收支平衡的前提下，调整当年预算是合理的，也是必要的。会议做出关于批准调整2003年市本级财政预算的决定。

会议听取并审议了市政府法制办主任朱耀明关于全市行政执法情况的汇报。会议认为，近年来，市政府和有关部门紧紧围绕转变政府职能，建设法治政府，推进依法行政的目标，在健全行政执法机构，完善各项规章制度，规范行政执法程序，强化队伍建设等方面，做了大量的工作，取得了显著成效。会议要求，市政府及有关部门要继续加强队伍建设，加快罚缴分离制度的推广和执法体制创新的探索，为实现“两个率先”提供良好的法制环境。

会议听取并审议了市人大常委会副主任谢慧新所作的关于《中小企业促进法》执法检查情况的报告。会议认为，一年来，市政府和有关部门为贯彻实施《中小企业促进法》做了大量工作，取得了初步成效。执法检查报告对政府和有关部门工作的评价是恰如其分的，指出的问题和提出的建议也是中肯的。会议要求市政府按照执法检查报告中所指出的问题和建议进行整改，并依照关于执法检查的规定，向常委会做出报告。

会议听取了市人大常委会法制工委主任邱一民所作的关于苏州市人大常委会2004年立法计划草案的说明，审议并通过了市人大常委会2004年立法计划。

会议通过了关于召开市十三届人大二次会议的决定。

会议还通过有关人事任免事项。

附：关于“呼吁全社会都来关心和支持社区居委会建设”代表议案处理意见的决定

（2003年3月27日市十三届人大常委会第三次会议通过）

苏州市第十三届人大常委会第三次会议审议了市人大常委会内务司法工委关于“呼吁全社会都来关心和支持社区居委会建设”代表议案处理意见的报告。会议同意这个报告提出的建议，决定将“呼吁全社会都来关心和支持社区居委会建设”代表议案交市政府组织实施。市政府及其有关部门要根据《苏州市人民代表大会代表议案工作条例》的规定，在6个月内将实施情况向市人大常委会报告。

关于设立苏州工业园区人民法院的决定

（2003年3月27日市十三届人大常委会第三次会议通过）

苏州市第十三届人民代表大会常务委员会第三次会议审议了苏州市中级人民法院关于设立苏州工业园区人民法院的情况汇报。根据中华人民共和国最高人民法院的有关批复精神，决定设立苏州工业园区人民法院，行使基层人民法院职权，依法管辖苏州工业园区区域内的案件，其上一级法院为苏州市中级人民法院。

关于设立苏州工业园区人民检察院的决定

（2003年3月27日市十三届人大常委会第三次会议通过）

苏州市第十三届人民代表大会常务委员会第三次会议审议了苏州市人民检察院关于设立苏州工业园区人民检察院的情况汇报。根据中华人民共和国最高人民检察院的有关批复精神，决定设立江苏省苏州工业园区人民检察院，作为江苏省苏州市人民检察院的派出机构，行使县一级人民检察院的职权，依法管辖苏州工业园区区域内的案件。

关于接受包国新辞去苏州市副市长职务的请求的决定

（2003年5月16日市十三届人大常委会第四次会议通过）

苏州市第十三届人民代表大会常务委员会第四次会议决定，接受包国新辞去苏州市副市长职务的请求，并报苏州市第十三届人民代表大会第二次会议备案。

关于接受路军辞去市人大常委会委员职务的请求的决定

（2003年5月16日市十三届人大常委会第四次会议通过）

苏州市第十三届人民代表大会常务委员会第四次会议决定，接受路军辞去苏州市第十三届人民代表大会常务委员会委员职务的请求，并报苏州市第十三届人民代表大会第二次会议备案。

关于批准苏州市2002年本级财政决算的决议

（2003年5月16日市十三届人大常委会第四次会议通过）

苏州市第十三届人民代表大会常务委员会第四次会议听取了市财政局局长严文奎受市人民政府委托所作的《关于苏州市2002年本级财政决算（草案）的报告》。经过审议，决定批准苏州市2002年本级财政决算。

关于废止《苏州市外商投资企业管理条例》的决定

（2003年5月16日市十三届人大常委会第四次会议通过，
2003年6月24日省十届人大常委会第三次会议批准）

苏州市第十三届人民代表大会常务委员会第四次会议审议了废止《苏州市外商投资企业管理条例》的议案，决定废止《苏州市外商投资企业管理条例》。

本决定自公布之日起施行。

关于批准调整2003年市本级财政预算的决定

（2003年11月21日市十三届人大常委会第七次会议通过）

苏州市第十三届人大常委会第七次会议，听取了市财政局副局长陈雄伟受市人民政府委托所作的《关于调整2003年市本级财政预算的报告》，经过认真审议，决定批准市人民政府提出的《关于调整2003年市本级财政预算的报告》。

市人大常委会决定任命的市政府组成人员（2003）

时　间	会议名称	姓　名	任命职务
1月23日	市十三届人大常委会第一次会议	王少东	任命为市政府秘书长
		朱　民	任命为市发展计划委员会主任
		黄　钦	任命为市经济贸易委员会主任
		申建华	任命为市教育局局长
		管爱国	任命为市科技局局长
		邵斌华	任命为市公安局局长
		季忠正	任命为市监察局局长
		顾开文	任命为市民政局局长
		陈顺余	任命为市司法局局长
		严文奎	任命为市财政局局长
		张厚和	任命为市人事局局长
		谢家灿	任命为市劳动和社会保障局局长
		张文根	任命为市国土资源局局长
		陶纪利	任命为市建设局局长
		邵建林	任命为市规划局局长
		曾海根	任命为市市政公用局局长
		韩天伦	任命为市房产管理局局长
		黄　炜	任命为市城市管理局局长
		陆留生	任命为市交通局局长
		黄雪球	任命为市水利局局长
		陆云福	任命为市农林局局长
		刘　涛	任命为市对外贸易经济合作局局长
		高福民	任命为市文化广播电视管理局局长
		府采芹	任命为市卫生局局长
		徐　玲	任命为市计划生育委员会主任
		陶孙贤	任命为市审计局局长
		陈铁民	任命为市环境保护局局长
		王根伟	任命为市体育局局长
		周　泓	任命为市统计局局长
		汤钰林	任命为市新闻出版局局长
		沈文娟	任命为市旅游局局长
		王元仁	任命为市物价局局长
		戴锦明	任命为市粮食局局长
		王科军	任命为市民族宗教事务局局长
		徐文涛	任命为市园林和绿化管理局局长
		陈维明	任命为市信访局局长
		杜杭宁	任命为市人民防空办公室主任
		金海龙	任命为市外事办公室主任
		顾伯铭	任命为市政府侨务办公室主任
		朱耀明	任命为市政府法制办公室主任
		孙林夫	任命为市经济体制改革办公室主任
5月16日	市十二届人大常委会第四次会议	周伟强	任命为市人民政府副市长

市人大常委会任免的有关人员（2003）

时间	会议名称	姓名	任免职务
1月15日	市十二届人大常委会第四十次会议	许小澜	任命为市中级人民法院立案庭庭长、审判委员会委员，免去其立案庭副庭长职务
		杨晓春	任命为市中级人民法院民事审判第一庭副庭长、审判员
		钱建国	任命为市中级人民法院民事审判第二庭副庭长
		朱吉纯	任命为市中级人民法院民事审判第三庭副庭长、审判员
		韦　炜	任命为市中级人民法院执行庭副庭长、审判员
		李　丹	任命为市中级人民法院审判监督庭副庭长
		顾迎庆	任命为市中级人民法院立案庭副庭长
		潘　亮	任命为市中级人民法院立案庭副庭长、审判员
		陈长奉	免去其市中级人民法院审判员职务
1月23日	市十三届人大常委会第一次会议	朱佩霞	任命为市人大常委会研究室主任
		许英俊	任命为市人大常委会人事代表联络工作委员会副主任
7月23日	市十三届人大常委会第五次会议	沈燕虹	任命为市中级人民法院民事审判第一庭庭长、审判委员会委员、审判员
		王　侃	任命为市中级人民法院审判委员会委员
		王平荣	任命为市中级人民法院审判员
		刘正方	任命为市中级人民法院审判员
		倪云开	任命为市中级人民法院审判员
		刘冬梅	任命为市中级人民法院审判员
		娄　强	任命为市中级人民法院审判员
		周冬冬	免去其市中级人民法院民事审判第一庭庭长职务
		王德春	免去其市中级人民法院审判员职务
9月19日	市十三届人大常委会第六次会议	李俊士	免去其市中级人民法院审判员职务
11月21日	市十三届人大常委会第七次会议	徐鸣岳	任命为市人民检察院副检察长、检察委员会委员
		舒志明	任命为市人民检察院检察委员会委员
		王子清	免去其市人民检察院检察委员会委员、检察员职务

市人大常委会批准任命的有关人员（2003）

时间	会议名称	姓名	任命职务
1月23日	市十三届人大常委会第一次会议	陈兆祥	任命为张家港市人民检察院检察长
		薛盘霖	任命为常熟市人民检察院检察长
		王建华	任命为太仓市人民检察院检察长
		张　斌	任命为昆山市人民检察院检察长
		俞军民	任命为吴江市人民检察院检察长
		范　群	任命为苏州市平江区人民检察院检察长
		顾烈驹	任命为苏州市沧浪区人民检察院检察长
		蔡来荣	任命为苏州市金阊区人民检察院检察长
		郭振荣	任命为苏州市虎丘区人民检察院检察长

市人大常委会接受其辞去相关职务的有关人员（2003）

时间	会议名称	姓名	辞去职务
5月16日	市十三届人大常委会第四次会议	包国新	辞去市人民政府副市长职务
		路　军	辞去市人大常委会委员职务

（陆启鑫）

地方法规建设

【立法工作】 2003年市人大常委会继续把立法工作放在重要位置。一年来，常委会审议并通过了《苏州市危险废物污染环境防治条例》、《苏州市城市排水管理条例》、《苏州市公共汽车客运管理条例》等3项地方性法规，废止了《苏州市外商投资企业管理条例》。这些法规均已报经省人大常委会批准施行。还对市政府报送的10件规章进行了备案审查。

此外，市人大常委会还积极参与国家和省的立法工作，对《中华人民共和国宪法》、《银行业监督管理法》、《江苏省招投标条例》等16项法律法规草案，广泛征求修改意见，汇总整理上报。

【执法检查】 2003年，市人大常委会围绕市委确定的工作重点，本着"依法监督、实事求是、一抓到底"的精神，开展了两次执法检查。

5月上旬，市人大常委会组织开展了《苏州园林保护和管理条例》、《苏州市城市绿化条例》执法检查，听取了市政府关于两个条例实施情况的汇报，进行了实地检查。检查组充分肯定了市政府及有关部门贯彻落实两个条例的成绩，同时指出了在依法加强园林保护和城市绿化方面所存在的问题，要求市政府加大依法行政的力度。政府主要领导对常委会提出的意见十分重视，责成有关部门抓紧整改，集中整治，使部分园林周边脏乱差以及路面破损等问题得到了解决，整治难度较大的问题也有了具体改造方案。下半年，主任会议还听取了政府关于这次执法检查后的整改工作情况汇报，进一步推进了两个条例的贯彻落实。

大力发展私营个体经济，是本市形成"三足鼎立"格局的重要举措。为进一步创造有利于促进以个私经济为主体的中小企业健康发展的外部环境，市人大常委会于10月组织开展了《中小企业促进法》执法检查。检查组先后听取了苏州市和常熟市政府关于贯彻实施《中小企业促进法》情况的汇报，市中小企业局、人民银行、劳动和社会保障局、科技局书面汇报了贯彻实施《中小企业促进法》的情况，并到苏州市和常熟市的一些企业和担保公司了解贯彻实施《中小企业促进法》的情况。检查组在肯定市政府及有关部门所取得的成绩的同时，还指出了本市各级各部门在贯彻实施《中小企业促进法》和促进中小企业发展中存在的问题。要求市政府及有关部门要进一步宣传贯彻《中小企业促进法》，为中小企业营造更好的发展环境；要进一步加大对中小企业的扶持力度，促进中小企业更快、更好的发展；要强化规划导向和产业指导，不断提高中小企业的发展水平；要进一步增强服务意识，完善服务体系，提高服务水平；要加强行业自律组织建设，规范企业经营行为，促进中小企业健康发展。

此外，年内市人大常委会有关工委也分别组织开展了对《政府采购法》、《律师法》等10项法律、法规的执法检查；对《苏州市禁止开山采石条例》、《苏州市阳澄湖水源水质保护条例》等法规开展了跟踪督查，促进了相关法规的有效贯彻实施；配合全国人大和省人大对《土地承包法》、《建筑法》、《未成年人保护法》、《测绘法》等6项法律、法规在本市的贯彻实施情况开展了执法检查。

（陆启鑫）

监督工作

【视察活动】 2003年，市人大常委会组织了两次较大规模的视察活动。

9月26～27日，市人大常委会视察组对市区水环境治理情况进行了视察。视察组在听取了市政府的汇报后，实地察看了西塘河引水工程、娄江污水处理厂等处。视察结束后，视察组成员进行了座谈。视察组在肯定市政府水环境治理工作取得成效的基础上，针对当前水环境治理中存在的一些问题提出了要求，要求市政府进一步加强宣传教育，增强治理水环境的责任感；要从全局考虑水环境保护规划；要进一步理顺管理体制，推进市、县（区）一体化管理；要做好《苏州市城市排水管理条例》和《苏州市市区河道保护条例》的起草和修订工作，为常委会审议做好准备，逐步健全和完善有关水环境建设和保护方面的法律体系。

11月26～27日，市人大常委会组织部分组成人员，采取了视察与工作评议相结合的方法对2003年市政府实事工程和重点工程视察。视察组在听取市政府及市有关部门的工作汇报后，对桐泾公园、官渎里立交景观工程、三香路无障碍设施、新康花园西侧定销商品房、寒山桥、索山桥、石湖大桥、友新立交、三香路桐泾立交等市政府实事工程和重点项目进行了实地视察，并就路桥建设重点工程方面的政府工作进行了评议。视察组对政府的工作给予了很高评价，认为市政府为推进城市化和经济发展，正确决策、科学规划，集中民智，下大决心、用大手笔，各项工程大都胜利完成，为全市的城市建设和经济发展做出了很大贡献。同时，组成人员对于实事工程和路桥工程建设中存在的一些不尽如人意的地方，也本着实事求是的态度予以指出，提出了意见和建议。

此外，市人大常委会还组织了对交通工程建设情况、工商行政管理工作等的视察。有关工委对《台湾同胞投资保护法》、《苏州市有线电视条例》实施情况和市体育产业发展情况等进行了视察。

【听取和审议专题工作汇报】 2003年，市人大常委会把对财经工作的监督作为工作监督的重要内容。上半年，听取审议了2002年市本级财政决算草案的报告和2002年市本级财政预算执行及其他财政收支情况的审计报告，并批准了2002年市本级财政决算。下半年，先后听取审议了2003年上半年国民经济、社会发展计划执行情况的报告和本级财政总预算执行情况的报告，听取审议了关于加强预算外资金管理情况的汇报，听取审议了关于调整2003年市本级财政预算的报告，要求政府认真落实各项措施，强化财政预算的前瞻性和科学性，规范和加强对预算外资金收支管理，努力增收节支，确保全年财政收支平衡。常委会有关工委还对10个部门的部门预算开展了跟踪监督，指出问题，并督促整改。

市人大常委会还听取和审议了全

市科技工作汇报，要求市政府进一步加强对科技人才的培养，加快科技创新步伐，提升科技综合实力，为把苏州建设成为国际新兴科技城市作出贡献；听取和审议了定销房建设安置情况的汇报，要求市政府按照以人为本、安居乐业的思路，进一步完善定销商品房政策，并切实解决好中低收入拆迁户的住房问题；还听取和审议了全市行政执法情况的汇报，要求市政府继续加强行政执法队伍建设、执法监督管理工作、加大法制宣传力度和积极探索行政执法新体制。

主任会议听取了关于“非典”防治、下岗失业人员再就业、农业标准化建设和无公害基地建设、贯彻执行《行政诉讼法》、苏州博物馆新馆建设、出版物市场管理、民族宗教事务、平江区新城等建设规划等多项工作汇报，并就如何做好这些工作提出了意见和建议。

【代表议案和代表建议督办】 2003年的人代会上，部分代表提出了“呼吁全社会都来关心和支持社区居委会建设”的议案。闭会以后，常委会根据人代会的要求和处理议案的有关规定，对该议案的必要性和可行性开展调查论证，在听取了市政府汇报和实地察看部分社区居委会的建设现状以后，作出了将该议案交市政府办理的决定。下半年，常委会听取了市政府关于代表议案办理工作的情况汇报，在肯定成绩的同时，要求市政府落实有效措施，尽快解决尚未达标的居委会办公用房等问题，并进一步落实居委会的社区管理职责，不断提高社区管理水平。市政府主要领导对常委会转达的审议意见进行了批示，推进了这项工作的深化。2003年的人代会上，代表共提出建议188件，涉及代表352人次，承办单位52个。常委会把办好代表建议作为尊重代表参与议事决策的民主权利，提高代表工作质量的重要环节来抓，按照“重点突破，整体推进，多为群众办实事办好事”的总体要求，采取常委会领导重点督办和面上督办相结合方法组织实施，使代表建议办理工作的质量有了新的提高。其中，常委会领导通过对9件代表建议重点督办，使一批群众普遍关心的问题得到了解决或部分解决。对于面上办理过程中出现的对代表答复不满意的代表建议，及时反馈给政府和承办单位，责成重新办理，并进行跟踪督办，从而使代表建议的满意和基本满意率达到98%。（陆启鑫）

苏州市人民政府

综　述

【2003年全市经济工作指导思想】 根据中共苏州市委九届四次全体（扩大）会议的总体要求和工作部署，高扬发展这一主题，突出深化改革和加快城市化进程这两个抓手，全力构建体制、产业和人才这三大平台，能快则快，奋勇争先，推动经济社会向更高层面发展。

【2003年全市经济和社会发展的主要目标】 国内生产总值增长12%以上，财政收入增长15%以上，全社会固定资产投资增长20%以上，进出口总额增长15%以上，实际利用外资和吸引民资增长20%以上，社会消费品零售总额增长11%，城镇居民人均可支配收入增长10%，农民人均纯收入增长6%，城镇登记失业率控制在4.5%左右，新增劳动就业岗位20万个。同时，完成与人民群众生活生产密切相关的实事项目。

【2003年全市经济工作重点】 ①大力调整产业结构。加快农业产业化步伐，推进现代生产组织方式，扶持壮大龙头企业，发展农产品精深加工。推进农业开发区建设，促进外向农业发展，新建扩建一批绿色和无公害农产品标准化生产重点示范基地。加快培育发展具有国际竞争力的大企业集团。加快沿江基础产业和传统产业发展步伐，规划建设冶金工业园和造纸工业园。全面启动实施市属工业企业扩张性搬迁。加快发展服务业，扩大内需，促进消费。整合开发旅游资源，大力拓展旅游市场。培育和引进物流企业，完善物流服务系统。培植专业化中介服务机构。

②大力实施体制创新。抓好以国有（集体）企业产权制度改革和投融资体制改革为重点的各项改革。年内完成市属国有（集体）企业中非工业企业、75%以上的工业企业和市属生产经营型事业单位改制任务，推进市政公用等公益性事业单位的转企改制和管办分离。深化国有资产管理体制改革，重组市国有资产授权经营公司，组建市国有资产经营公司和信息化投资公司、科技创业投资公司，做大做强苏州城市建设投资有限公司。加大投融资体制改革力度，扩大融资渠道，对政府财政性投资试行“拨改投”和项目“代建制”，广泛吸引境内外资本进入基础设施和公益设施建设领域。大力吸引私营企业参与国有（集体）企业改制，鼓励民间资本投资经营性公共领域和垄断行业。

③大力提升对外开放水平。进一步提升各个国家级开发区、省级开发区和各专业园区的发展水平，启动新一轮建设高潮。精心组织好重大招商活动，有针对性地加大对台湾地区和日本、韩国等国家的招商引资力度。

④大力推进城市化进程。抓紧修编苏州市城市总体规划和城镇体系规划，完成各县级市城市总体规划修编工作，完善分区规划和各专项规划。加大城市管理力度，完善“两级政府、三级管理”体制，把城管执法的触角延伸到街道，形成快速反应机制。切实保护好历史文化遗产和古建筑，加强城市环境整治和风貌建设。

⑤大力发展科技教育事业。新建一批企业博士后科研工作站和省、市级技术中心，完成900项新产品开发项目。办好第2届中国苏州电子信息博览会。实行更加开放的人才政策，加大招才引智力度，年内引进人才超过2万名。整体推进素质教育，全面提高教育质量。

⑥大力改善生态环境。认真实施太湖、阳澄湖水污染防治计划。加强农村环境保护，治理农业面源污染。加大环保执法力度，严格防止污染反弹。广泛开展城乡绿化，各项指标达到国家园林城市标准。

⑦大力抓好就业和社会保障工作。办好就业培训机构，推行灵活多样的就业形式。加强用工管理，高度重视外来人员管理。扩大社会保障覆盖范围，加快企业下岗职工基本生活保障向失业保险保障转变，制定农村养老保险方案。

⑧大力推进社会进步。加快基层文化设施建设，开展群众文化活动，推动文化繁荣。强化社会公德、职业道德和家庭美德教育。加强社会治安综合治理，健全安全生产监督保障工作制度，加强社区建设，做好双拥工作。

⑨大力加强政府自身建设。研究制定并认真落实服务型政府建设实施纲要，加快政府职能转变。深化行政审批制度改革，完善市行政服务中心运行机制。强化行政效能建设，加强公务员的教育和培训，提高公务员的整体素质。认真落实廉政建设责任制。严格执行廉洁自律的各项规定。

【2003年全市经济、社会取得的主要成果】 2003年，新一届政府坚持以邓小平理论和“三个代表”重要思想为指导，认真贯彻党的十六大、十六届三中全会精神，积极落实中共江苏省委、省政府和中共苏州市委的决策部署，迎难而上，开拓进取，经

受住了非典型肺炎疫情的严峻考验，克服了诸多制约因素的严重影响，胜利完成年初确定的目标任务。这一年里，物质文明、政治文明、精神文明建设协调推进，经济发展迈上新台阶，改革和城市化取得新突破，对外对内开放实现新跨越，各项社会事业全面进步，人民生活水平继续提高。

①经济持续快速增长，综合实力进一步增强。全市完成地区生产总值2802亿元，按可比价计算比上年增长18%；财政收入409.9亿元，同口径增长34.9%，按出口退税机制改革后口径，地方财政一般预算收入149.7亿元，增长42.2%；全社会固定资产投资1409亿元，增长73.3%。农业结构继续优化，粮食、蔬菜、林果、水产、畜牧五大主导产业基本形成。农产品质量建设步伐加快，市场准入制度逐步建立。全市新增无公害农产品193只，绿色、有机食品34只，总量名列全省第一。工业经济增速加快，运行质量明显提高。全市工业总产值增长37.8%；规模以上工业产品销售收入增长41.4%，利税总额增长29.2%。冶金、电力、化工等基础工业加速向沿江地区集聚。服务业发展势头良好，增加值增长14.8%，旅游总收入增长19%。市场繁荣活跃，社会消费品零售总额增长16.5%。房地产业快速发展，商品房销售增长26.2%。

②经济体制改革不断深化，对外对内开放进一步扩大。市属国有(集体)企业已有98%完成改制，82家市属生产经营性事业单位全面完成转企改制。做大国有投资主体，苏州国际发展集团有限公司组建为以金融投资为主业的国有控股公司，苏州城市建设投资发展有限公司实施增资扩股。深化投融资体制改革，一批政府投资工程实行项目代建制和财务代理制。农村“三大合作”改革收到实效，新建一批社区股份合作社，承包土地股份合作社和专业合作经济组织。经济国际化水平明显提升，对内开放步伐加快。全市完成进出口总额656.6亿美元，其中出口326.3亿美元，分别增长80.4%和76.2%。实际利用外资68.1亿美元，增长41.4%，投资苏州的世界500强跨国公司累计达到91家。38家企业进入2002~2003年度中国最大500家外商投资企业行列，4家侨资企业被评为全国百家明星侨资企业。新签对外承包工程劳务合同额增长35.2%。

③城乡建设力度空前，城市化水平进一步提高。制定了《关于加快城市化进程的决定》和市区城市建设“双十大工程”计划。苏州市城市总体规划新一轮修订工作全面开展。城市公路、桥梁、港口建设加快。“绿色苏州”行动加快实施，苏州市获得国际花园城市称号，苏州市区和张家港、昆山市被评为国家园林城市。镇村区划调整有序推进，共撤并镇48个、村553个。户籍制度改革、宅基地管理等工作扎实开展。“两级政府，三级管理”体制逐步完善，相对集中行政处罚权工作在全市整体推进。

④科技兴市战略深入实施，各项社会事业进一步发展。制定出台《关于加快国际新兴科技城市建设的决定》，明确了主要任务和关键措施。组建了苏州市科技创业投资公司，并在全省率先设立科技专项资金。苏州研究生城和苏州国际教育园加快建设。人才政策环境和柔性流动机制逐步完善，全年引进人才4万多名，新增5个企业博士后科研工作站。成立苏州市文物局，制定并试行城市紫线管理办法，进一步落实文物、古建筑保护措施。苏州日报报业集团组建成立，5个县级市全部进入省有线电视示范县(市)行列。防治“非典”工作取得阶段性胜利，并转入常态长效管理，疾病预防控制体系逐步完善，公共卫生应急能力明显提高。

⑤富民工程大力推进，人民生活进一步改善。城镇居民人均支配收入12361元，增长16.4%，农民人均纯收入6750元，增长10%。市十三届人大一次会议确定的16项实事项目顺利完成。全市新增劳动就业岗位超过37万个，其中面向本市城镇劳动力的就业岗位15.8万个，城镇登记失业率为3.9%。加强社会保障体系建设，城镇职工养老、医疗、失业、工伤、生育保险参保人数均超过100万人，企业基本养老保险费、城镇职工基本医疗保险费收缴率分别达到97.9%和98.8%。制定实施《关于推进农村十项实事的意见》，取消农业税附加和农业特产税，农业税改由镇村代缴，农民合同内负担全部减免。建设城市居民住房保障体系，市区建成定销商品房40多万平方米，修缮危旧住房10.2万平方米。

⑥精神文明建设广泛开展，民主法制建设进一步加强。苏州市和各县级市全部成为全国文明城市创建工作先进市。制定实施《苏州市服务型政府建设纲要》，推动政府职能的转变。行政审批制度改革不断推进，第二轮审批事项清理工作如期完成。建立新闻发布制度，扩大政务公开范围，苏州成为全国政务公开先进地区。党政领导干部经济责任审计制度全面建立。加强基层民主政治建设，厂务公开、村务公开继续推行。落实社会治安综合治理各项措施，严厉打击各类严重刑事犯罪活动和敌对势力、邪教组织的破坏活动，营造了稳定的社会环境。

(张锦亮)

市政府全体会议

【市政府第一次全体会议】 2003年2月8日，新一届市政府在昆山市召开第一次全体(扩大)会议，会议主题是：认真贯彻市委九届四次全体(扩大)会议精神，紧紧围绕市十三届人大一次会议确定的五年目标和当年任务，动员政府各部门以过去的业绩为起点，以人民的信任为鞭策，努力开创政府工作的新局面。市长杨卫泽在会上指出，在全球化的背景下，在新一轮的竞争中，一个地方的体制机制如何，特别是政府的行为规范不规范、服务到位不到位、办事效率高不高，事关投资环境的好与差、事关综合竞争力的强与弱。为此，围绕建成法治化、服务型政府的目标，在政府自身建设上率先创新，在政府职能转变上率先突破。一是深化行政审批制度改革，完善行政服务中心运行机制。二是推进电子政府建设、改进行政管理方式。力争今年在网上审批和文件、信息的无纸化流转等方面取得突破。杨卫泽特别指出，从10月1日开始，市级机关各部门实行书面文档和电子文档“双轨制”，2004年1月1日开始，会议通知、信息简报、统计资料实行无纸化流转。三是抓好政府效能建设，争创一流服务效率。要继续开展优质服务，落实各项便民措施。要深化政务公开工作，办好《苏州市人民政府公报》并扩大免费发送范围。要抓好纳税人评议政风行风工作。要加强各级效能投诉中心的建设。四是加强政府法制建设、提高依法行政水平。要抓紧制定本市经济社会发展急需、符合国际惯例、具有苏州特色的地方性法规和规章。要大力开展执法检查和执法监督。要进一步加强法制宣传教育，开展学法活动。杨卫泽还提出了上半年的重点工作：要认真抓好“三农”工作；积极推动工业经济发展；大力开展招商引资工作；进一步深化体制改革；不断加快城市化进程建设；着力培养和引进人才；全力创建国家园林城市；全面实施重点建设项目和实事项目；精心组织各项重大活动。杨卫泽最后在会上对各级领导干部提出了要求：要居安思危，做到艰苦奋斗、永不满足；要加强学习，做到与时俱进、开拓创新；要注重实效，做到真抓实干、求真务实；要坚持团结，做到同心同德、步调一致；要弘扬正气，做到勤政为民、两袖清风。会议期间，与会人员参观了昆山市的市容市貌和出口加工区、吴淞江工业园及部分企业。

【市政府第二次全体会议】 2003年8月15日，市政府在吴江市召开第二次全体（扩大）会议，会议的主要任务是：认真贯彻省委十届五次全会、全省领导干部会议、省政府第二次全体（扩大）会议和市委九届五次全会精神，研究部署今后一阶段政府工作的主要任务，动员各级各部门和全体公务员，积极采取富民优先、创新竞争、服务取胜策略，为富民强市、“两个率先”争先创优、建功立业。会议期间，与会人员参观了苏州市和吴江市行政服务中心，考察了享通集团。市政府秘书长王少东在会上就《苏州市服务型政府建设纲要（征求意见稿）》作了说明。吴江市政府和苏州市计委、经贸委、统计局、市政府研究室等单位负责人作了交流发言。市长杨卫泽在会上明确了下半年要全力抓好国际丝绸节、电博会、企业高峰会、经济增长论坛和赴日、韩招商等活动，组织开展第28届世界遗产大会的各项准备工作，超前研究2004年的工作思路和主要措施。杨卫泽指出，各项工作必须坚持以邓小平理论和“三个代表”重要思想为指导，全面贯彻落实党的十六大精神，以发展为第一要务，以富民为第一责任，以创新为第一动力，积极采取“富民优先、创新竞争、服务取胜”策略，加快建设服务型政府，充分发挥市场“无形之手”与政府“有形之手”的作用，营造廉洁勤政、务实高效的行政服务环境，明礼诚信的人文环境，最为适宜的人居和创业环境，构筑更高发展平台，确保在本届政府任期内全面实现第一个率先，并向第二个率先加速迈进。一是解决一个发展瓶颈。要加快电力建设步伐，保障经济快速增长。要发展大交通，构建快速便捷的现代交通网络。要加大环保设施建设力度，增加环境承载能力。二是抓好两件大事。坚定不移推进市场取向改革，增添体制活力和发展动力。要积极推进国有企业改革、事业单位改革、投融资体制改革、中介机构改革等工作。找准工作切入点，全面加快城市化进程。要抓紧修编市域城镇体系规划和城市总体规划。精心做好镇村区划调整、户籍制度改革、宅基地管理和农村社会保障等方面的试点工作。重点建设“双十”工程。三是落实三个富民措施。要支持群众自主创业，发展壮大民营经济。大力提高消费率，逐步形成与经济发展相适应的收入增长机制。切实抓好农村十项实事，努力促进农民增收，改善农民生活质量。四是促进四个集聚。要充分利用国际国内两个资源、两个市场，促进资本、产业、人才和人口的集聚。五是实施五个行动计划。要在建设国际新兴科技城市、文化强市、健康城市、生态城市和“平安苏州”等方面落实行动计划，求得实质性进展，营造最适宜人居和创业的环境，进一步增加城市魅力和竞争力。最后，杨卫泽要求各地区、各部门在工作中要体现创新精神，体现依法行政，体现发展要求，体现以民为本。

【市政府第三次全体会议】 2003年12月24日，市政府召开第三次全体会议，认真贯彻市委九届六次全会精神，总结市政府2003年工作，并对2004年工作进行部署。会议听取各市长述职述廉报告并进行了民意测评。市长杨卫泽要求政府机关和全体工作人员紧紧围绕“两个率先”，按照胡锦涛总书记提出的“为民、务实、清廉”的要求，切实改进工作作风，进一步转变政府职能，提高服务效能，扎扎实实、兢兢业业地做好2004年工作。一是促进经济体制改革的新突破。在市属国有（集体）企业改革向纵深推进的基础上，2004年要全面、善始善终地完成国（集）企改革，实现国有资本从一般竞争性领域和中小企业退出，同时重点推进事业单位改革，实行“政事分开、管办分离”。二是开放型经济发展的新突破。要提升国家级、省级开发区的规划建设水平，加快扩容升级，功能完善和科技创新步伐；针对国家出口退税机制的转变，利用好现有出口加工区，推动加工贸易转型升级；在招商引资上，主攻日本、韩国资本，同时进一步扩大服务业、现代农业的引资力度。三是民营经济发展的新突破。紧紧抓住“民营经济腾飞计划”实施的契机，建设促进民营经济发展的技术、信息、人才等服务平台，激发民众创业热情，同时推动现有个体私营经济做大做强。四是历史文化保护和城市建设的新突破。利用承办第28届世界遗产大会的机会，充分展示苏州的文明成果，为苏州水乡古城、古镇申报世界文化遗产创造条件；全面改善城市面貌，进一步提升苏州城市形象。五是政府行政管理的新突破。利用《行政许可法》实施的契机，进一步推动政府改革，创新行政管理体制，重点是推行相对集中的行政许可行为，提高依法行政水平和服务水平。会上，杨卫泽还就丰富群众节日物质文化生活、做好扶贫帮困工作、抓好安全生产等工作提出了具体要求。

（张锦亮）

市政府重要决策

【批准发布的规章】 2003年，市政府共批准发布规章16件。

3月28日，市长杨卫泽签署第32号《苏州市人民政府令》，发布《市政府各部门（单位）第二批取消和保留的行政审批事项》。

4月10日，市长杨卫泽签署第33号《苏州市人民政府令》，发布《苏州市历史文化名城名镇保护办法》，共5章38条，自2003年6月1日起施行。

5月10日，市长杨卫泽签署第34号《苏州市人民政府令》，发布《苏州市农村合作医疗保险管理办法》，共6章31条，自2003年7月1日起施行。

6月4日，市长杨卫泽签署第35号《苏州市人民政府令》，发布《苏州市客运出租汽车管理办法》，共6章43条，自2003年7月1日起施行。

6月4日，市长杨卫泽签署第36号《苏州市人民政府令》，发布《苏州市货运出租汽车运输管理办法》，共6章36条，自2003年7月1日起施行。

6月6日，市长杨卫泽签署第37号《苏州市人民政府令》，发布《苏州市公墓管理办法》，共29条，自公布之日起施行。

6月21日，市长杨卫泽签署第38号《苏州市人民政府令》，发布《苏州市人民政府关于修改〈苏州市城市管理相对集中行政处罚权试行办法〉的决定》，自公布之日起施行。

7月24日，市长杨卫泽签署第40号《苏州市人民政府令》，发布《苏州市人民政府规章制定规定》，共39条，自2003年9月1日起施行。

7月28日，市长杨卫泽签署第39号《苏州市人民政府令》，发布《苏州市人民政府关于废止〈苏州市收容遣送管理办法〉的决定》，自公布之日起生效。

9月10日，市长杨卫泽签署第41号《苏州市人民政府令》，发布《苏州市房地产中介管理办法》，共5章44条，自2003年11月1日起施行。

9月16日，市长杨卫泽签署第42号《苏州市人民政府令》，发布《苏州市生猪屠宰销售管理办法》，共7章39条，自2003年10月15日起施行。

11月22日，市长杨卫泽签署第43号《苏州市人民政府令》，发布《苏州市燃气管理办法》，共8章63条，自2004年1月1日起施行。

11月23日，市长杨卫泽签署第44号《苏州市人民政府令》，发布《苏州市建筑施工安全监督管理办法》，共9章45条，自2004年1月1日起施行。

12月6日，市长杨卫泽签署第46号《苏州市人民政府令》，发布《苏州市教师申诉办法》，共22条，自2004年1月15日起施行。

12月10日，市长杨卫泽签署第45号《苏州市人民政府令》，发布《苏州市环古城河水上游管理办法》，共5章37条，自2004年1月15日起施行。

12月18日，市长杨卫泽签署第47号《苏州市人民政府令》，发布《苏州市档案管理办法》，共6章41条，自2004年2月1日起施行。

【批转的办法、规定、意见、决定】 1月8日，市政府办公室转发市园林和绿化管理局制定的《关于开展居住区和单位绿化综合整治工作的实施意见》。

1月9日，印发《关于加快城区市属工业布局调整的若干意见》。

1月16日，市政府办公室印发《关于进一步规范我市毕业生就业市场管理的若干意见》。

1月28日，批转市水利局制定的《苏州市2003年度水利工作意见》。

2月13日，印发《苏州市重点项目管理暂行办法》，共6章36条，自公布之日起施行。

2月13日，批转市物价局《关于实施苏州市2003年价格调控目标责任制的意见》。

2月14日，批转市建设局制定的《苏州市城市房屋拆迁纠纷行政裁决办法》共3章19条，自2003年2月10日起施行。

2月14日，印发《关于留学人员来苏州创业的若干规定》，共25条，自发布之日起施行。

2月14日，市政府办公室转发市体改办《关于市属企事业单位改制中职工安置费计提问题的补充意见》。

2月18日，市政府办公室印发《关于加快我市信息化带动工业化的意见》。

2月25日，市政府办公室转发市文广局、公安局、工商局、教育局制定的《苏州市互联网服务营业场所规范管理实施意见》。

2月26日，印发《苏州市市区国家公务员医疗补助暂行办法》，共9条，自2003年4月1日起施行。

3月6日，批转市城市管理局、市政公用局《关于深入开展城市管理创优活动的意见》。

3月10日，印发《苏州市安全生产行政领导责任暂行规定》，共12条，自2003年1月1日起施行。

3月18日，市政府办公室转发市创建金融安全区协调小组办公室制定的《苏州市创建信用村和信用镇活动实施意见》。

3月28日，市政府办公室转发市经贸委等6部门《关于认真做好企业产权制度改革中军队转业干部再就业等工作的意见》。

4月15日，市政府办公室转发苏州市盐务局制定的《关于加强当前盐业市场整治工作的意见》。

4月17日，印发《关于进一步加强基层文化建设的意见》。

4月21日，市政府办公室转发市财政局、墙改办制定的《关于加强土地招标拍卖中墙改基金管理的意见》。

4月22日，市政府办公室转发市公安局、安监局制定的《苏州市人员密集场所消防安全专项整治方案》。

4月25日，印发《苏州港口管理委员会章程》，共6章18条。

4月25日，市政府办公室转发市计委、市政公用局、物价局制定的《苏州市区公共厕所全天候免费开放工作的实施意见》。

4月29日，印发《苏州市城市规划若干强制性内容的暂行规定》，共17条，自发布之日起施行。

4月30日，印发《苏州市农村基本养老保险管理暂行办法》，共21条，自发布之日起施行。

4月30日，印发《苏州市宅基地管理暂行办法》，共19条，自公布之日起施行。

4月30日，印发《苏州市户籍准入登记暂行办法》，共15条，自公布之日起施行。

5月4日，市政府办公室转发市劳动和社会保障局、教育局、财政局制定的《苏州市市区职业教育和培训经费使用办法》。

5月14日，市政府办公室印发《关于加快发展农业龙头企业的意见》。

5月14日，市政府办公室转发市科技局制定的《关于苏州及各市各区十五期间开展科技进步考核工作的意见》。

5月14日，市政府办公室转发市计委《关于开展苏州市十五计划中期评估工作的意见》。

5月27日，市政府办公室转发市计委（信息办）制定的《苏州市综合办公自动化系统建设和管理实施意见》。

5月27日，市政府办公室转发市计委（信息办）制定的《苏州市电子政务基础网络建设实施意见》。

5月27日，市政府办公室转发市计委（信息办）制定的《“中国苏州”政府门户网站建设与管理实施意见》。

5月27日，市政府办公室印发《关于严格科学综合管理城市道路交通的意见》。

5月28日，市政府办公室转发市旅游局《关于在市内有限度开展苏州人游苏州活动的意见》。

5月29日，印发《苏州市2003年信息化工作意见》。

5月30日，批转市建设局、规划局、市政公用局、民政局、老龄委办公室、残疾人联合会制定的《苏州市区创建无障碍设施建设示范城实施意见》。

6月4日，市政府办公室转发市体改办等部门制定的《苏州市市属国有资产公开转让暂行办法实施细则》。

6月5日，印发《苏州市在地统计工作实施意见》。

6月5日，批转市外经贸局、财政局制定的《关于进一步支持开放型经济发展若干政策的意见》，自2003年1月1日起试行。

6月5日，批转市外经贸局、财政局制定的《苏州市“走出去”扶持资金使用办法》。

6月16日，印发《关于加强我市邮政服务网点设施建设管理的若干意见》。

6月18日，市政府办公室印发《关于简化科级及以下人员赴台湾经贸考察团组审批程序的实施意见》。

6月18日，市政府办公室印发《关于简化科级以下人员赴日本韩国新加坡和香港地区经贸招商团组审批程序的实施意见》。

6月20日，批转市城管局、规划局、公安局、工商局、交通局制定的《关于对市区主要道路窗口地区摩托车助动车修理业铝合金塑钢和木器加工业开展专项整治的实施意见》。

6月23日，印发《关于进一步扩大对内开放若干政策的意见》，共20条。

6月23日，市政府办公室转发市公安局、建设局、交通局制定的《2003年苏州市实施城市道路交通畅通工程的意见》。

6月24日，批转市廉政办制定的《苏州市2003年纳税人评议政风行风工作实施意见》。

6月26日，印发《苏州市城市公厕管理办法》，共34条，自2003年8月1日起施行。

6月26日，市政府办公室转发市环保局制定的《关于进一步加强各类开发区和工业小区环境保护工作的若干意见》。

7月1日，印发《苏州市政府公共工程审计监督办法》，共5章35条，自公布之日起施行。

7月1日，印发《苏州市轨道交通线网一期工程的实施意见》。

7月1日，市政府办公室印发《关于鼓励部省属工业企业布局调整和退城进区的实施意见》。

7月4日，市政府办公室转发市地税局《关于进一步做好代扣代缴个人所得税工作的意见》。

7月4日，市政府办公室印发《苏州市商品房价格管理实施细则》，共21条，自发布之日起执行。

7月7日，批转市编委办、农林局等部门《关于加强和改进乡镇农技推广服务体系建设意见》。

7月10日，市政府办公室转发市城管局、体改办制定的《苏州市市区城市管理行政执法工作延伸到街道的实施意见》。

7月11日，市政府办公室印发《关于进一步加强外国记者来我市采访的归口管理的有关规定》。

7月15日，市政府办公室转发市经贸委（中小企业局）《关于贯彻中小企业促进法的实施意见》。

7月18日，印发《关于贯彻〈江苏省气象管理办法〉的实施意见》。

7月18日，印发《关于加快农村改水改厕工作的实施意见》。

7月18日，市政府办公室印发《关于开展农村清洁村庄清洁家园清洁河道活动的实施意见》。

7月25日，印发《苏州市鼓励外资参与改组重组和合并收购国有集体企业的实施意见》。

7月25日，印发《苏州市古城河水上交通管制安全监督办法》，共19条，自2003年7月28日起施行。

7月28日，批转市交通局《关于312国道（苏州段）改建工程、沿江开发高等级公路（苏州段）建设工程的实施意见》。

7月30日，批转市交通局《关于收购改造市区营运中巴车的实施方案》。

8月4日，市政府办公室印发《关于处置行政中心发生群体性治安事件的暂行办法》。

8月5日，印发《苏州市市区居民低保家庭住房保障办法》，共19条，自公布之日起施行。

8月12日，印发《关于加快苏州市区定销商品房建设的实施意见》。

8月14日，批转市城市环境综合整治工作领导小组办公室制定的《关于加快古城区和周边地区城市环境综合整治的实施意见》。

8月15日，印发《关于进一步提升国家级省级开发区发展水平的若干意见》。

8月18日，市政府办公室印发《关于完善水域养殖证制度的实施意见》。

8月25日，印发《关于进一步加强土地管理规范市场秩序的意见》。

8月27日，印发《苏州市市区定销商品房销售管理暂行办法》，共17条，自发布之日起施行。

8月28日，印发《关于加强全市疾病预防控制体系建设的意见》。

8月28日，市政府办公室转发市文广局制定的《关于苏州西部山区春秋古城址群保护意见》。

9月2日，印发《关于进一步加快幼儿教育改革与发展的决定》。

9月8日，印发《关于部分行政审批事项取消后改变管理方式和加强后续监管的若干意见》。

9月10日，市政府办公室转发市技监局《关于加速推进采用国际标准工作的意见》。

9月11日，市政府办公室印发《关于在全市实施标准地名标志设置工作的意见》。

9月15日，印发《关于加快实施现代农民教育工程的意见》。

9月16日，印发《苏州市市属国

有独资公司财务总监管理办法》，共7章23条，自印发之日起施行。

9月23日，印发《苏州市城市绿线管理实施细则》，共20条，自2003年11月1日起施行。

9月25日，批转市国土资源局《关于贯彻实施〈苏州市宅基地管理暂行办法〉的意见》。

9月29日，印发《关于进一步加强预算外资金管理的意见》，自2004年1月1日起执行。

10月10日，批转市人事局、财政局、劳动和社会保障局制定的《关于市区全额差额拨款事业单位新进人员参加基本养老保险的意见》。

10月21日，印发《关于鼓励和吸引国（境）内外研发机构的意见》，共18条，自公布之日起实施。

10月21日，印发《关于促进软件产业发展的若干意见》，共25条，自发布之日起实施。

10月21日，印发《关于加快区域科技创新体系建设的意见》。

10月21日，印发《关于加快推进科技兴农工作的实施意见》。

10月22日，印发《关于苏州市城市中心区防洪工程建设的实施意见》。

10月22日，批转市卫生局、民政局、财政局、农林局制定的《关于苏州市农村特困人群医疗救助管理办法》，共11条，自2004年1月1日起施行。

10月24日，印发《关于实施名牌带动战略的若干意见》。

10月24日，市政府办公室转发市环保局、水利局《关于加快实施阳澄湖水源保护区城镇污水治理的意见》。

11月6日，市政府办公室印发《关于加快苏州有线广播电视网络整合的实施意见》。

11月10日，苏州市人民政府、苏州军分区发布《2003年冬季征兵命令》。

11月17日，批转市体改办、水利局等部门制定的《关于我市水利工程管理体制改革的实施意见》。

11月19日，市政府办公室印发《关于加强农村文化广播电视事业建设的实施意见》。

11月27日，市政府办公室转发市劳动和社会保障局、经贸委、财政局、人事局、总工会制定的《苏州市高技能人才评选奖励办法》，共5章15条，自2004年1月起执行。

11月28日，印发《关于推进苏州地区通关现场全天候通关的实施意见》。

12月2日，印发《苏州市实施〈突发公共卫生事件应急条例〉细则》，共7章38条，自发布之日起施行。

12月9日，市政府办公室转发市国土资源局、墙改办制定的《关于进一步深化砖瓦窑业治理整顿工作的实施意见》。

12月12日，市政府办公室转发市环保局、体改办制定的《苏州市开展创建绿色社区活动的实施意见》。

12月17日，市政府办公室印发《关于进一步加强历史文化名城名镇和文物保护工作的意见》。

12月18日，印发《苏州市古建筑抢修保护实施细则》。

12月18日，印发《苏州市城市紫线管理办法（试行）》，共16条，自2004年1月1日起施行。

12月22日，市政府办公室印发《苏州市市属国有独资公司财务总监联签和报告制度实施细则（试行）》，共21条，自2004年1月1日起实施。

12月31日，印发《苏州市深化投融资体制改革工作意见》。

【重要批复】 1月3日，对苏州城市建设投资发展有限责任公司发出《关于苏州市城市建设投资发展有限责任公司增资方案的批复》。

1月7日，对吴中区人民政府发出《关于灵岩山风景区周边地区环境整治规划的批复》。

1月8日，对苏州城市建设投资发展有限责任公司发出《关于采取BT方式建设宝带西路大桥和澹台湖大桥工程的批复》。

1月10日，对市国土资源局发出《关于同意吴中区等2幅土地出让方案的批复》。

1月13日，对金阊区人民政府发出《关于同意撤销金阊区虎丘镇第一村民小组建制的批复》。

1月13日，对平江区人民政府发出《关于同意撤销平江区苏锦街道苏站村第十四村民小组建制的批复》。

1月16日，对市国土资源局发出《关于同意定销商品房用地挂牌竞价出让方案的批复》。

1月26日，对相城区人民政府、市规划局发出《关于苏州市相城分区规划的批复》。

1月26日，对苏州工业园区管委会发出《关于苏州工业园区二三区控制性详细规划的批复》。

1月27日，对市国土资源局发出《关于同意将金阊区白洋湾街道自由村和路南村部分集体土地置换为存量国有土地的批复》。

1月27日，对金阊区人民政府发出《关于同意撤销白洋湾街道路南村第8组等3个村民小组建制的批复》。

2月9日，对常熟市人民政府发出《关于同意将常熟市古里镇与淼泉镇合并设立古里镇的批复》。

2月18日，对市国土资源局发出《关于同意虎丘正山门改造项目用地挂牌竞价出让方案的批复》。

2月27日，对市贸易局发出《关于同意对苏州人民商场股份有限公司国有股权转让中土地成本予以补偿的批复》。

2月27日，对吴江市人民政府发出《关于同意撤销同里镇蔬菜村行政建制和北厍镇浮楼村六组村民小组建制的批复》。

2月27日，对张家港市人民政府发出《关于同意撤销张家港市杨舍镇城东村西区村民小组建制的批复》。

3月10日，对平江区人民政府发出《关于同意平江区调整部分街道管理区域的批复》。

3月17日，对张家港市人民政府发出《关于调整张家港市部分镇行政区划的批复》。

3月27日，对市国土资源局发出《关于同意苏州市区6幅土地拍卖出让方案的批复》。

3月27日，对市国土资源局发出《关于同意苏州工业园区唯亭镇1幅商业用地出让方案的批复》。

4月4日，对平江区、沧浪区人民政府发出《关于同意平江区人民政府和沧浪区人民政府联合勘定行政区域界线协议书的批复》。

4月4日，对相城区、虎丘区人民政府发出《关于同意相城区人民政府和虎丘区人民政府联合勘定行政区域界线（西段）协议书的批复》。

4月4日，对沧浪区、金阊区人民政府发出《关于同意沧浪区人民政府和金阊区人民政府联合勘定行政区域界线协议书的批复》。

4月4日，对平江区、金阊区人民政府发出《关于同意平江区人民政府和金阊区人民政府联合勘定行政区域界线协议书的批复》。

4月4日，对吴中区、虎丘区人民政府发出《关于同意吴中区人民政府和虎丘区人民政府联合勘定行政区域界线(西段)协议书的批复》。

4月4日，对沧浪区人民政府、苏州工业园区管委会发出《关于同意沧浪区人民政府和苏州工业园区管委会联合勘定行政区域界线协议书的批复》。

4月4日，对平江区、苏州工业园区管委会发出《关于同意平江区人民政府和苏州工业园区管委会联合勘定行政区域界线协议书的批复》。

4月6日，对苏州市会议中心发出《关于同意苏州市会议中心更名为苏州市(国际)会议中心的批复》。

4月6日，对昆山市人民政府发出《关于同意设立昆山方向发展股份有限公司的批复》。

4月10日，对相城区人民政府发出《关于同意撤销相城区元和镇娄北村第五村民小组建制的批复》。

4月14日，对市外经贸局发出《关于同意接收中化江苏苏州进出口公司的批复》。

4月18日，对常熟市人民政府发出《关于同意调整常熟市部分镇行政区划的批复》。

4月21日，对市土地储备中心发出《关于同意市区2003年度土地招标拍卖挂牌出让计划的批复》。

4月24日，对苏州高新区管委会、虎丘区、沧浪区人民政府发出《关于同意苏州高新区管委会虎丘区人民政府和苏州市沧浪区人民政府联合勘定行政区域界线协议书的批复》。

4月28日，对苏州高新区管委会、虎丘区、金阊区人民政府发出《关于同意苏州高新区管委会虎丘区人民政府和苏州市金阊区人民政府联合勘定行政区域界线协议书的批复》。

5月7日，对市国土资源局发出《关于同意将苏州高新区浒墅关镇保卫村13组部分集体土地置换为存量国有土地的批复》。

5月8日，对相城区人民政府发出《关于同意撤销相城区元和镇夏圩村第1组等7个村民小组建制的批复》。

5月10日，对昆山市人民政府发出《关于同意筹建民办昆山登云职业技术学院的批复》。

5月20日，对市土地储备中心发出《关于同意苏州市区等5幅土地挂牌竞价出让方案的批复》。

5月21日，对市贸易局发出《关于同意转让苏州人民商场股份有限公司国有股权的批复》。

5月22日，对市建设局、财政局发出《关于2003年市区城市建设项目及资金计划安排的批复》。

5月22日，对常熟市人民政府发出《关于同意江苏省常熟外向型农业综合开发区增挂江苏省常熟东南经济开发区牌子的批复》。

5月27日，对市文广局发出《关于同意组建苏州市文化影视艺术学校的批复》。

5月27日，对市外办发出《关于同意向美国西雅图市赠送太湖石的批复》。

6月16日，对市教育局发出《关于同意成立苏州新草桥中学的批复》。

6月16日，对常熟市人民政府发出《关于同意调整常熟市部分镇行政区划的批复》。

6月19日，对市国土资源局发出《关于同意苏州市区等15幅土地拍卖和挂牌竞价出让方案的批复》。

6月20日，对苏州工业园区管委会发出《关于同意撤销娄葑镇金湖村和二一四村两个村民委员会合并设立金益居民委员会的批复》。

6月20日，对各市和吴中区、相城区人民政府发出《关于同意部分重点中学调整高中招收择校生比例的批复》。

6月24日，对昆山市人民政府发出《关于同意江苏水乡周庄旅游股份有限公司增资扩股的批复》。

6月25日，对市教育局发出《关于同意筹建苏州新苏通才高级中学的批复》。

7月1日，对太仓市人民政府发出《关于同意国营太仓铜材厂整体改制的批复》。

7月10日，对市建设局发出《关于同意增加拆迁5年以上9年以下多层公寓式住宅补偿金额的批复》。

7月10日，对市国土资源局发出《关于同意苏州工业园区唯亭镇1幅商业用地出让方案的批复》。

7月11日，对苏州高新区管委会发出《关于同意苏州新区高新技术产业股份有限公司非发起人国有法人股股权转让的批复》。

7月14日，对昆山市人民政府发出《关于同意建立苏州托普信息职业技术学院的批复》。

7月21日，对市国土资源局发出《关于同意苏州市区等两幅定销商品房用地出让方案的批复》。

7月23日，对苏州工业园区管委会发出《关于同意苏州工业园区跨塘镇临湖村划归娄葑镇管辖的批复》。

7月29日，对市国土资源局发出《关于同意将平江区城北街道新塘村等集体土地置换为存量国有土地的批复》。

8月4日，对太仓市人民政府发出《关于同意调整太仓市部分镇行政区划的批复》。

8月11日，对平江区人民政府发出《关于同意撤销平江区城北街道新塘村7组等7个村民小组建制的批复》。

8月12日，对市交通局发出《关于同意组建苏州交通投资有限责任公司并授予国有资产投资主体的批复》。

8月12日，对市水务局发出《关于同意组建苏州水务投资发展有限公司并授予国有资产投资主体的批复》。

8月22日，对市国土资源局发出《关于同意吴中区等12宗土地挂牌竞价出让方案的批复》。

8月25日，对张家港市人民政府发出《关于同意张家港中东石化码头对外开放的批复》。

8月26日，对吴中区人民政府发出《关于同意撤销苏州太湖国家旅游度假区香山村1组等15个村民小组的批复》。

8月27日，对张家港市人民政府发出《关于同意调整张家港市部分镇行政区划的批复》。

8月28日，对市园林和绿化管理局发出《关于同意向法国巴黎怡黎园赠送苏州园林建筑小品的批复》。

9月2日，对平江区人民政府发出

《关于同意将金门桃坞两个街道合并设立桃花坞街道的批复》。

9月3日，对吴中区人民政府发出《关于同意撤销吴中经济开发区莫舍村第2组等2个村民小组建制的批复》。

9月16日，对市计委发出《关于同意组建苏州市信息化投资公司的批复》。

9月18日，对吴中区人民政府发出《关于同意江苏吴中集团公司所持上市公司法人股处置方案的批复》。

9月25日，对市国土资源局发出《关于同意将沧浪区友新街道友联村部分集体土地置换为存量国有土地的批复》。

9月25日，对市国土资源局发出《关于同意苏州市区等21幅土地出让方案的批复》。

9月29日，对市国土资源局发出《关于同意苏州工业园区胜浦镇一幅商住用地出让方案的批复》。

10月8日，对常熟市人民政府发出《关于同意常熟市部分行政区划调整的批复》。

10月9日，对吴中区人民政府发出《关于追认沈德宇同志为革命烈士的批复》。

10月9日，对市规划局发出《关于苏州拙政园历史文化保护区保护整治规划的批复》。

10月16日，对市国土资源局发出《关于同意撤销土地使用权收回通知和出让合同并调整土地受让方的批复》。

10月22日，对市规划局发出《关于苏州市轨道交通线网研究与规划及轨道交通线网总体构成研究的批复》。

11月4日，对太仓市人民政府发出《关于在太仓市开展相对集中行政处罚权工作的批复》。

11月4日，对市民族宗教局、苏州工业园区管委会发出《关于重建苏州工业园区唯亭镇重元寺的批复》。

11月11日，对吴江市人民政府发出《关于同意江苏吴江丝绸集团有限公司实施改制的批复》。

11月17日，对常熟市人民政府发出《关于调整常熟市部分行政区划的批复》。

11月20日，对沧浪区人民政府发出《关于同意撤销友新街道友联村红联村民小组建制的批复》。

11月20日，对市国土资源局发出《关于同意撤销收回苏州市复合人造革厂等单位国有土地使用权手续的批复》。

11月20日，对常熟市人民政府发出《关于同意撤销虞山镇张坝村第3组等6个村民小组建制的批复》。

11月25日，对常熟市人民政府发出《关于常熟港兴华港区二期泊位对外开放的批复》。

12月1日，对吴江市人民政府发出《关于在吴江市开展相对集中行政处罚权工作的批复》。

12月1日，对张家港市人民政府发出《关于在张家港市开展相对集中行政处罚权工作的批复》。

12月15日，对市规划局、园林和绿化管理局发出《关于同意苏州市城市绿地系统（调整）规划的批复》。

12月18日，对吴江市人民政府发出《关于调整吴江市部分行政区划的批复》。

12月19日，对金阊区人民政府发出《关于撤销金阊区虎丘镇设立虎丘街道办事处的批复》。

12月19日，对金阊区人民政府发出《关于同意调整金阊区街道管理区域的批复》。

12月19日，对相城区人民政府发出《关于调整相城区部分行政区划的批复》。

12月22日，对张家港市人民政府发出《关于张家港海力钢铁码头4号泊位对外开放的批复》。

12月22日，对张家港市人民政府发出《关于张家港永恒钢铁码头对外开放的批复》。

12月23日，对市国土资源局发出《关于同意撤销苏州特种链条厂部分土地使用权收回手续的批复》。

12月23日，对市国土资源局发出《关于同意市区等17幅土地出让方案的批复》。

12月25日，对昆山市人民政府发出《关于调整昆山市部分行政区划的批复》。

12月30日，对市国土资源局发出《关于同意市区等5幅土地出让方案的批复》。

【重要通知、通告、通报】 1月3日，发出《关于成立苏州市高速公路建设指挥部的通知》。

1月9日，市政府办公室发出《关于成立2003年全市春运工作领导小组的通知》。

1月12日，发出《关于加强节日和春运期间交通运输安全工作的紧急通知》。

1月13日，发出《关于进一步加强市区血寄地防工作的通知》。

1月21日，市政府办公室发出《关于调整充实市行政服务中心进驻事项的通知》。

1月24日，市政府办公室发出《关于建立苏州市沿江地区综合开发协调联席会议制度的通知》。

1月28日，发出《关于正副市长工作分工的通知》。

1月28日，发出《关于成立苏州市智能交通系统建设领导小组的通知》。

2月8日，发出《关于分解落实苏州市今后5年政府工作目标任务的通知》。

2月8日，发出《关于分解落实苏州市2003年政府工作任务的通知》。

2月9日，发出《关于成立苏州市水环境质量改善与综合示范工程项目管理领导小组的通知》。

2月10日，发出《关于成立市推进城市化进程工作领导小组的通知》。

2月12日，发出《关于成立市属工业布局调整工作领导小组的通知》。

2月13日，苏州市人民政府、苏州军分区发出《关于下达2003年度民兵军事训练任务的通知》。

2月13日，市政府办公室发出《关于苏州市2003年重点项目计划的通知》。

2月14日，市政府办公室转发市经贸委《关于我市组团参加第7届中国东西部合作与投资贸易洽谈会的意见的通知》。

2月18日，市政府办公室转发市经贸委《关于我市组织参加中国国际电子信息技术博览会的意见的通知》。

2月18日，市政府办公室转发市经贸委《关于组织苏州接轨上海经济合作恳谈活动的意见的通知》。

2月24日，市政府办公室发出《关于分解落实苏州市现代物流规划工作任务的通知》。

2月25日，发出《关于今后5年(2003~2007年)市区古城外道路建设实施计划的通知》。

2月25日，发出《关于成立苏州市规划展示馆布展领导小组的通知》。

2月25日，市政府办公室发出《关于认定苏州市第6批市级技术中心的通知》。

3月3日，市政府办公室发出《关于印发苏州市2003年人口与计划生育任务分解表的通知》。

3月4日，发出《关于做好2000~2002年度苏州市劳动模范推荐评选工作的通知》。

3月6日，市政府办公室转发省政府《支持高新工程建设确保绿色通道畅通的意见的通知》。

3月10日，发出《关于建立苏州市高新工程协调小组的通知》。

3月17日，市政府办公室发出《关于成立苏州市人事争议仲裁委员会的通知》。

3月21日，发出《关于实施苏州市2003年太湖水污染防治工作计划的通知》。

3月21日，发出《关于实施苏州市2003年阳澄湖水污染防治工作计划的通知》。

3月28日，发出《关于加强城市道路交通管理的通告》，自2003年7月1日起施行。

3月29日，发出《关于进一步加强阳澄湖涉渔活动管理的通告》。

4月1日，市政府办公室转发《2003年中国苏州国际旅游节总体方案的通知》。

4月3日，发出《关于成立苏州市历史文化名城名镇保护管理委员会的通知》。

4月3日，市政府办公室转发《苏州市第十五届科普宣传周暨全国第三届科技活动周的意见的通知》。

4月4日，发出《关于暂停太湖地区有关开发建设的紧急通知》。

4月10日，发出《关于成立市电力供需协调领导小组的通知》。

4月11日，发出《关于成立苏州市山体资源保护工作领导小组的通知》。

4月12日，市政府办公室发出《关于建立苏州市公共卫生应急处理联席会议制度的通知》。

4月17日，市政府办公室发出《关于分解下达我市今年劳动和社会保障工作目标的通知》。

4月18日，发出《关于将苏州市禁毒工作领导小组更名为苏州市禁毒委员会的通知》。

4月18日，市政府办公室转发市公安局、民政局制定的《苏州市城市社区消防建设标准的通知》。

4月19日，市政府办公室发出《关于苏州市传染性非典型肺炎防治工作三项制度的通知》。

4月20日，市政府办公室发出《关于对传染性非典型肺炎防治工作开展督查的通知》。

4月22日，发出《关于成立苏州市传染性非典型肺炎防治工作领导小组的通知》。

4月24日，发出《关于进一步加强传染性非典型肺炎防治工作的通告》。

4月24日，转发省政府《关于在全省大力开展以预防控制非典型肺炎为重点的群众性爱国卫生运动的通知》。

4月28日，市政府办公室转发市计委等部门《关于进一步加强我市生产性废旧金属管理工作的通知》。

4月28日，市政府办公室转发《省政府办公厅贯彻〈国务院办公厅关于动员北京等地高等学校学生和农民工就地学习务工的紧急通知〉的通知》。

4月29日，市政府办公室发出《关于贯彻〈省政府办公厅关于动员在江苏的大中专院校学生和民工就地学习务工休假的紧急通知〉的通知》。

5月4日，转发省政府《关于加强非典型肺炎防治一线医护检查人员保障工作的通知》。

5月4日，发出《关于临时征用房屋用于控制和预防非典型肺炎的通知》。

5月6日，发出《关于公共娱乐场所暂停营业的通告》。

5月8日，市政府办公室转发《省政府关于保障市场供应维护市场稳定的紧急通知》。

5月9日，发出《关于切实加强苏州市农村非典型肺炎防治工作的紧急通知》。

5月9日，市政府办公室发出《关于公布苏州市2003年度市级农业龙头企业名单的通知》。

5月12日，市政府办公室发出《关于成立苏州市促进中小企业发展领导小组的通知》。

5月15日，市政府办公室转发省委办、省府办《关于加强因公出国(境)管理切实做好非典型肺炎预防控制工作的通知》。

5月15日，市政府办公室发出《关于加强防治非典型肺炎社会捐赠工作的通知》。

5月18日，发出《关于汪国兴周伟强同志工作分工的通知》。

5月21日，发出《关于采取政策扶持投资拉动服务促进三项重点措施推动全市经济持续快速健康发展的通知》。

5月23日，发出《关于苏州市区居民粮食应急保供预案的通知》。

5月24日，发出《关于加强公共娱乐场所非典防治工作的通告》》

5月24日，发出《关于苏州市生态示范区建设规划实施方案的通知》。

5月26日，发出《关于成立市区农产品市场准人工作协调小组的通知》。

5月27日，市政府办公室发出《关于确定我市重点培育具有国际竞争力大型企业集团和小巨人企业名单的通知》。

5月27日，市政府办公室发出《关于加强防非期间港澳台、外商投资企业和省市重点工程建设用工管理的通知》。

5月29日，发出《关于认真做好市区2002年冬季退役士兵安置工作的通知》。

5月30日，发出《关于成立苏州市疾病预防控制中心工程建设领导小组的通知》。

6月2日，发出《关于建立苏州市防治重大动物疫病指挥部的通知》。

6月3日，发出《关于追认王慈萍同志为革命烈士的通知》。

6月4日，发出《关于调整全市防治传染性非典型肺炎部分规定的通知》。

6月9日，转发省政府《关于大力开展爱国卫生运动进一步做好非典防治工作的通知》。

6月12日，发出《关于进一步开展经营性用地清理工作的通知》。

6月16日，发出《关于加强苏州中心城市规划区农村集体所有土地上居民住房建设规划管理的通知》。

6月17日，市政府办公室转发市旅游局《关于切实加强当前旅游业工作加快旅游业复苏振兴的计划的通知》。

6月23日，市政府办公室发出《关于成立第2届中国苏州电子信息博览会筹备工作指挥部的通知》。

6月25日，市政府办公室发出《关于加强市区街道社区劳动保障工作机构建设的通知》。

6月25日，市政府办公室发出《关于下岗失业人员从事个体经营有关收费优惠政策的通知》。

7月1日，发出《关于适当调整临时安置补助费发放标准的通知》。

7月3日，市政府办公室发出《关于苏州市参加江苏省第十六届运动会备战方案的通知》。

7月3日，市政府办公室发出《关于开展苏州市区无障碍设施建设统计工作的通知》。

7月7日，市政府办公室发出《关于成立市社会保障监督委员会的通知》。

7月10日，发出《关于加强非典防治工作常态长效管理的通告》。

7月11日，发出《关于成立苏州市涉台事务协调小组的通知》。

7月11日，市政府办公室发出《关于苏州市禁毒委员会成员单位主要职责的通知》。

7月16日，发出《关于在市推进城市化进程工作领导小组下设立中心城区三个指挥部的通知》。

7月24日，市政府办公室发出《关于进一步规范市政府领导活动安排的意见的通知》。

7月25日，发出《关于成立苏州市促进汽车产业发展工作领导小组的通知》。

7月25日，发出《关于成立促进苏州软件产业发展领导小组的通知》。

7月30日，发出《关于市区税收属地管理后财政体制调整的通知》。

7月31日，市政府办公室发出《关于加强对西藏林周县对口帮扶工作的通知》。

8月1日，发出《关于公布苏州市区控制保护建筑名单的通知》。

8月4日，市政府办公室发出《关于进一步加强节约用电和安全用电的紧急通知》。

8月4日，市政府办公室发出《关于下达市区接收安置2003年军队转业干部计划的通知》。

8月4日，市政府办公室发出《关于成立苏州市诚信体系建设领导小组的通知》。

8月10日，发出《关于调整苏州市市区城市房屋拆迁区位基准价的通知》。

8月12日，发出《关于分配帮扶宿迁市农村草危房改造资金任务的通知》。

8月19日，发出《关于2003年中国苏州国际丝绸节暨黄金旅游月活动总体方案的通知》。

8月22日，发出《关于成立苏州市实施名牌带动战略领导小组的通知》。

8月26日，发出《关于2003年提前开工道路和2004年实施道路计划的通知》。

8月26日，市政府办公室发出《关于切实加强食品卫生管理工作的紧急通知》。

8月28日，发出《关于成立苏州市人口与计划生育综合改革领导小组的通知》。

8月28日，市政府办公室转发市体改办等部门《关于在国企改革中对职工安置政策的几点说明的通知》。

8月28日，市政府办公室发出《关于苏州市疾病预防控制体系建设规划纲要的通知》。

8月29日，发出《关于苏州市城市建设双十大工程实施计划的通知》。

9月2日，发出《苏州市服务型政府建设纲要的通知》。

9月2日，发出《关于严格禁止高尔夫球场建设的通知》。

9月2日，发出《苏州市严重洪涝风雹灾害救灾预案的通知》。

9月2日，市政府办公室发出《关于"十五"太湖流域水污染防治工作进展情况的通报》。

9月5日，市政府办公室发出《关于加强豆制品行业管理的通知》。

9月8日，市政府办公室发出《关于苏州市打击走私专项斗争和联合行动方案的通知》。

9月9日，发出《关于开展创优争先建功立业活动的实施方案的通知》。

9月10日，发出《关于第2届中国苏州电子信息博览会总体方案的通知》。

9月10日，市政府办公室发出《关于成立苏州市农村合作医疗保险管理委员会的通知》。

9月10日，市政府办公室转发市外经贸局制订的《苏州市17个服务业领域对港招商引资工作措施的通知》。

9月11日，市政府办公室发出《关于成立苏州市毒鼠强专项整治工作领导小组的通知》。

9月15日，发出《关于苏州市建设健康城市行动计划的通知》。

9月15日，市政府办公室转发市物价局制定的《关于调整5市城市污水处理费的意见的通知》。

9月16日，市政府办公室转发市房管局等部门《关于苏州市市区2003年度房改有关政策的调整意见的通知》。

9月25日，发出《关于做好2003年"十一"旅游黄金周工作的通知》。

9月25日，发出《关于成立苏州市服务业招商引资工作领导小组的通知》。

9月27日，市政府办公室发出《关于做好紧急、重要信息报送工作的通知》。

10月16日，发出《关于绕城高速公路西南段绿色通道工程建设实施意见的通知》。

10月18日，发出《关于苏州市城市总体规划修编工作方案的通知》。

10月20日，市政府办公室发出《关于做好毒鼠强专项整治督查工作的紧急通知》。

10月31日，发出《关于实施苏州市建设国际新兴科技城市十大工程的通知》。

11月3日，市政府办公室发出《关于成立苏州市结核病防治领导小组的通知》。

11月8日，市政府办公室发出《关于进一步做好市十三届人大一次会议代表建议办理工作的通知》。

11月19日，发出《关于苏州市2004年政府集中采购目录和采购限额标准的通知》。

11月21日，市政府办公室转发

联通无限

精 彩 之 源

中国联通苏州分公司是中国联通在苏州地区的分支机构，负责中国联通在苏州地区的电信网络建设和业务发展。8年来，在联通总部的总体规划部署下，苏州联通秉承“信心、责任、创新”的企业精神，在苏州全区逐步建成了一个覆盖范围广、通话质量好、服务功能全、技术起点高、涵盖移动、数据、互联网和无线寻呼的综合通信网络，为苏州广大企事业单位和市民提供了优质高效的综合通信服务。

2003年，苏州联通业务发展取得突破性成果：用户总数突破100万户，年通信收入突破10亿元。在大力拓展业务的同时，公司积极开展“精品网络、精心服务、精确计费”创建活动，完善网络覆盖，强化网络优化，加大客服软硬件投入，成倍扩充1001人工座席，增加营业网点，加强人员培训，提升服务水平，取得了一定的成绩，也受到了社会各界的广泛认可。

江苏移动通信有限责任公司苏州分公司

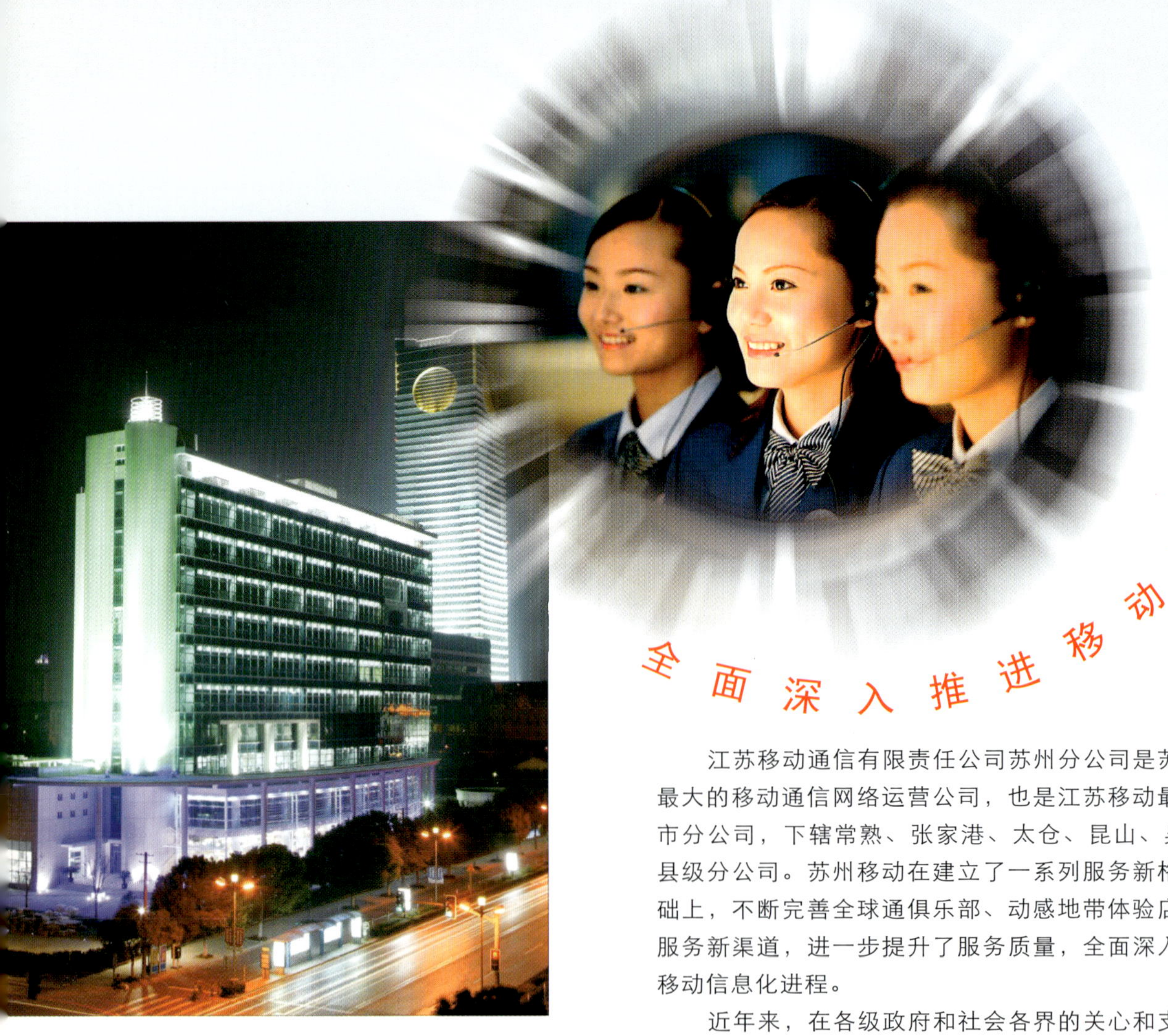

全面深入推进移动信息化进程

江苏移动通信有限责任公司苏州分公司是苏州地区最大的移动通信网络运营公司，也是江苏移动最大的地市分公司，下辖常熟、张家港、太仓、昆山、吴江5个县级分公司。苏州移动在建立了一系列服务新格局的基础上，不断完善全球通俱乐部、动感地带体验店等品牌服务新渠道，进一步提升了服务质量，全面深入推进了移动信息化进程。

近年来，在各级政府和社会各界的关心和支持下，苏州分公司不断追求客户满意服务，提升服务质量，加强精神文明建设，先后获得了全国信息产业系统先进集体、全国用户满意服务、全国青年文明号、江苏省文明单位、江苏省服务质量奖、江苏省“五一”劳动奖状等多项荣誉。

全公司上下将继续秉承“沟通从心开始”的服务理念，不断追求“客户满意服务”，通过进一步实施服务与业务双领先战略，为争创世界一流通信企业而努力。

争 创 世 界 一 流 通 信 企 业

董事长顾建平

江苏香塘集团有限公司是一条龙生产工艺拖鞋的国家级企业集团，其前身是太仓市香塘鞋厂，建于1980年。年生产各类工艺拖鞋4000万双，各类垫子500万套，95%以上的产品远销日本、意大利、美国、韩国和香港、澳门等国家和地区。企业通过了ISO9002质量体系的认证，并获得江苏省明星企业，江苏省重合同、守信用企业，全国出口创汇先进乡镇企业，出口商品质量信得过企业等荣誉称号。生产的“美太”工艺鞋荣获江苏省名牌产品称号，第三届中国出口商品展览优秀产品奖。

香塘集团是一个跨地区、跨行业、多元化经营的集团型企业，以集团所属的15家生产经营公司为载体，涉足进出口贸易、货运、金融投资、化纤、制药等多个行业。至2003年底，集团资产总额6.7亿元，净资产3.3亿元，在职职工3050人。

公司以一流的设备，一流的管理，一流的产品，一流的服务迎接市场的挑战。公司董事长顾建平、总经理顾振其竭诚欢迎国内外客户光临惠顾。

WE LEAD.
WE LEARN.

领先
进取

芬欧汇川（常熟）纸业有限公司

二期扩建项目奠基仪式现场

拥有上百年历史的芬欧汇川集团(UPM-Kymmene Group)是世界上最领先的造纸公司之一。位于中国的常熟纸厂是该集团独资拥有的高级文化用纸的生产企业。常熟纸厂目前的设计年生产能力为35万吨，主要生产高质量的印刷纸。随着常熟纸厂的进一步扩资，预计到2005年生产能力将翻一番。新纸机将在2005年夏投入生产，年产45万吨的办公用纸和印刷纸。

芬欧汇川(常熟)纸厂座落在江苏常熟，距上海约100公里的扬子江畔，厂区占地超过184公顷。除了主体造纸生产设备外，还配备了一个自属的发电厂和专用码头，专用码头保证了原料输入和成品输出的畅通。

我们的使命

先进的商业理念、优质的产品及卓越的客户服务，使芬欧汇川(常熟)纸厂赢得了业内市场广大客户的信任和青睐。

公司通过生产高质量的印刷用纸和办公用纸，致力于在中国和亚太地区的文化交流和教育的发展。

公司的目标是创建一家超越任何竞争对手且能不断满足和超越客户需求的成功企业。

造纸生产

目前，常熟纸厂拥有一台8.6米幅宽的纸机，年生产35万吨涂布和未涂布的胶印纸和复印纸。常熟纸厂还拥有后整理车间，主要用于平版纸和复印纸的裁切。

生产原料纸浆是采用目前最先进的打浆和漂白技术生产出的100%原木浆。

新的纸机，幅宽将达9.6米，年产能力为45万吨非涂布纸，计划于2005年夏投入生产。

主要产品

未涂布纸　用于平版印刷的平张纸和胶版印刷的卷筒纸

涂布纸　用于平版印刷的平张纸和胶版印刷的卷筒纸

复印纸

主要复印纸品牌

UPM Premium Jetset(UPM世纪佳印) - 特白纸
UPM Jetset (UPM佳印)
UPM Copy Kid (UPM欣乐)

UPM复印纸具有白度高、良好的挺度以及卓越的运转性能等特性，特别适用于喷墨打印机、激光打印机和传真机。

UPM胶版纸同样适用于以下不同的最终用途：
书本和教科用书
杂志，宣传(手)册和产品目录
广告材料和插页
日历、地图、时刻表
海报
信封和簿册

销售网络

常熟纸厂在亚太地区的产品销售主要通过芬欧汇川集团建立的全球销售网络。国内销售体系包括设在北京、广州、武汉和上海的销售办事处以及仓储机构；同时，芬欧汇川集团在日本、韩国、香港、新加坡和澳大利亚等国家和地区也设有销售机构，确保能及时满足当地客户需求，提供良好服务。

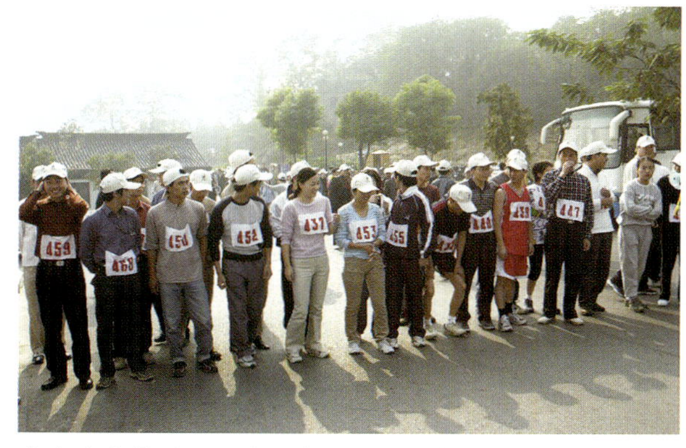

丰富多彩的员工活动—金秋登山比赛

环保成就

芬欧汇川集团在常熟纸厂投资建设了全球最先进的环保设备和技术，包括污水废气排放处理设备、噪音控制、固体废弃物回收系统等。常熟纸厂的环境管理系统获得了ISO-14001认证。

芬欧汇川(常熟)纸厂在环保领域连年获得的荣誉有：
江苏省环保先进单位
江苏省十佳环保单位
中国百佳国家环保单位

芬欧汇川承诺致力于其在全球的所有生产单位的可持续发展。

"开放日"—总经理尤汉诺先生和职校学生及家长亲切交谈

江苏长江润发集团有限公司

JIANGSU CHANGJIANG RUNFA GROUP

党委书记、董事长、总裁
全国乡镇企业家、江苏省、苏州市劳动模范
江苏省、苏州市明星企业家

江苏长江润发集团座落于被誉为“长江名花”的张家港市长江村，位于中国经济发达的长江三角洲腹地，与上海、苏州、南京、南通相连，东临著名的国际贸易商港——张家港港，西接江阴长江大桥，紧靠国内第一个内河型保税区——张家港保税区，紧邻沪宁高速、沿江高速、张家港大运河，位于长江水域南岸，水陆交通十分便利。

集团自1994年组建以来，始终坚持“创业—艰苦奋斗，成功—八方相助，信誉—效益之本，发展—永不自满”的发展宗旨，不断创新经营机制、管理机制和用人机制，企业规模不断壮大。现有子公司22家，企业资产总额超10亿元，员工近4100人，工程技术人员500余人，是集机械、建材、型钢、电子、港机、棉纺、修船、造船等产业，以及房地产开发、三星级涉外酒店、建筑装潢、水电安装等三产单位为一体，具有一定自主研发产品能力的国家级乡镇企业集团。连年被评为江苏省、苏州市明星企业、管理示范企业、重合同守信用企业、江苏省金融系统AAA级企业，连续获得江苏省和苏州市文明单位、张家港市双文明单位称号。

机械工业园

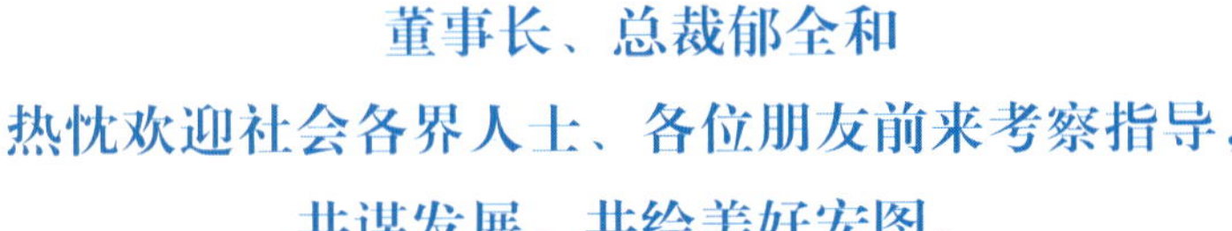

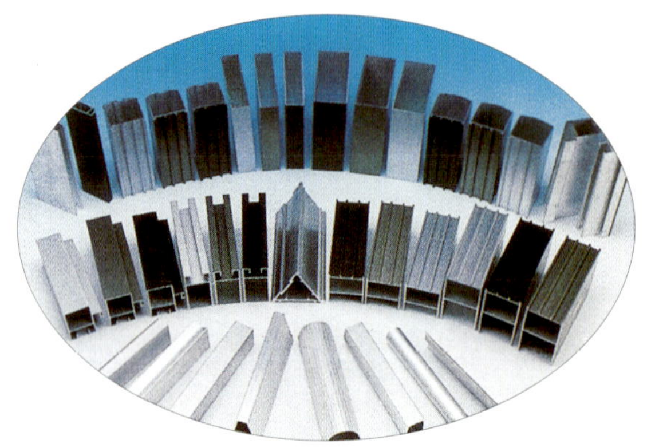

铝型材

地址：江苏省张家港市金港镇长江村（长江西路98号）
邮编：215633
电话：(0512) 58332588（千门总机）
传真：(0512) 58332355
电子信箱：cjrf@VIP.163.com
网址：www.cjrf.com

钱月宝

九届、十届全国人大代表
中国十大女杰
全国质量管理突出贡献者
全国乡镇企业家
2003中国经济女性年度人物
中国家用纺织品行业协会 副理事长
江苏梦兰集团 董事长、总经理

江苏梦兰集团是中国家纺行业“十强”企业，以专业生产床上用品为主。集团推出的金梦兰、银梦兰、绿梦兰纯天然全棉、真丝、亚麻系列产品，体现了现代人“自由奔放”的个性，引领了新一轮“绿色家居”潮流。“梦兰”先后被命名为中国驰名商标、中国名牌产品；集团被命名为全国质量效益型先进企业，全国实施用户满意工程先进单位、全国守合同重信用企业和省优秀民营企业。面临入世以后新的挑战和考验，梦兰集团通过不断提升主体产业，提高自主创新能力，进一步拓展国内外市场空间；同时稳步推进跨行业多元化经营，与中科院联合建立龙芯产业化基地的项目进入实质性启动，相继引进了中科梦兰、同飞梦兰、中光梦兰、立达梦兰等一批高科技项目，开始了由传统产业向高科技领域的跨越。

“梦兰”产品展示厅

中国驰名商标

中国名牌产品

中国环境标志认证产品

地址：江苏省常熟市梦兰工业园　邮编：215558
电话：（0512）52831881　52838037
网址：www.menglan.com
E-mail:support@menglan.com

江苏梦兰集团外景

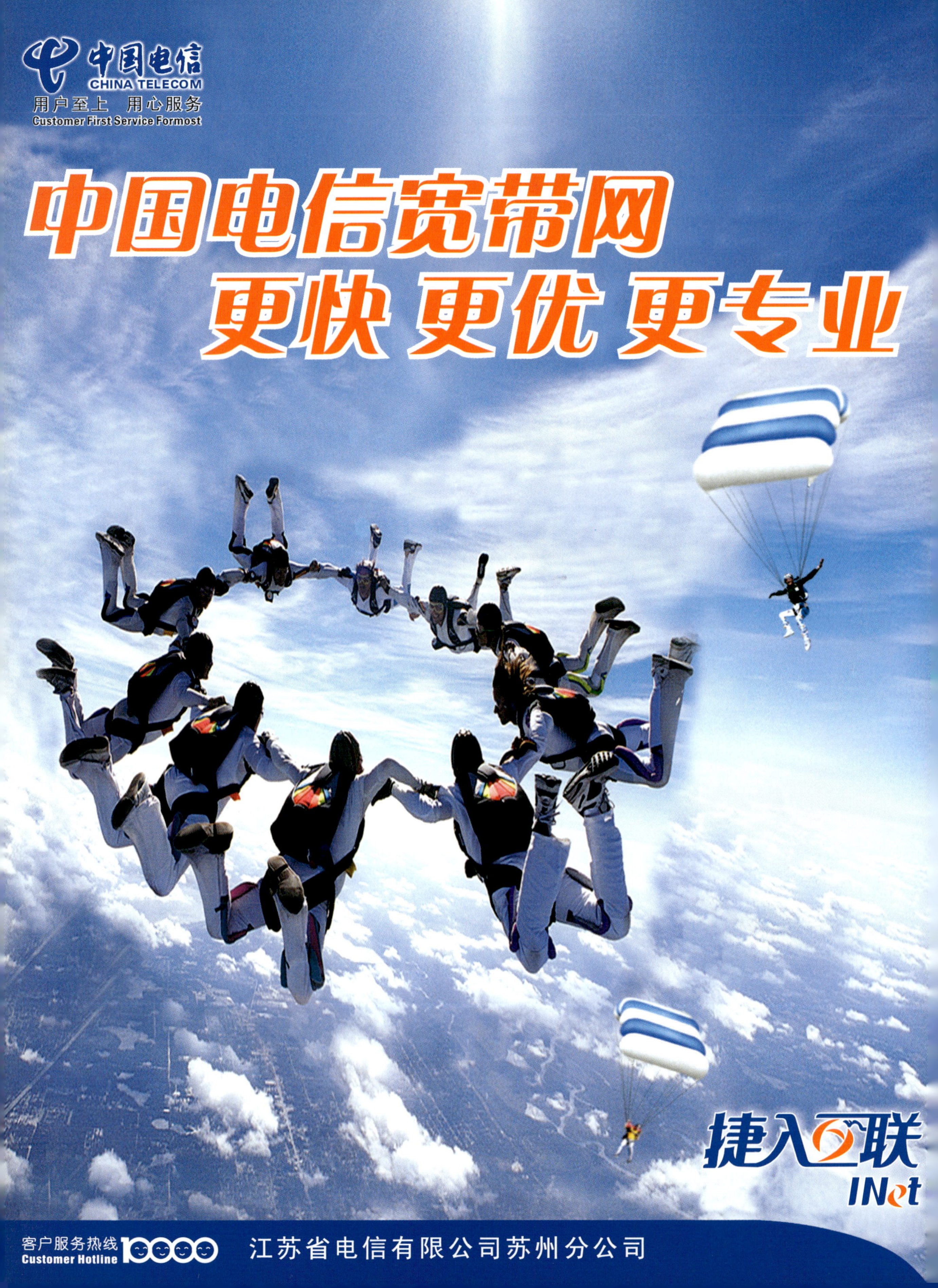

中国电信
CHINA TELECOM
用户至上 用心服务
Customer First Service Formost

捷入互联
INet

中共苏州市纪委、市监察局领导班子认真学习中央、省、市领导有关指示精神，就苏州建立与社会主义市场经济相适应的教育、制度、监督并重的惩治和预防腐败体系进行专题研究。

中共苏州市纪律检查委员会
苏州市监察局

创造性地开展党风廉政建设和反腐败工作

2003年，苏州市纪委、市监察局认真贯彻党的十六大和十六届三中全会精神，按照中央纪委和省纪委全会的部署要求，紧紧围绕发展这个党执政兴国的第一要务，坚持惩治和预防相结合，创造性地开展党风廉政建设和反腐败工作，为全市“两个率先”提供了有力的政治保证。同年8月，中共中央政治局常委、中央纪委书记吴官正同志在苏考察时专门到市纪委、市监察局机关听取工作汇报，并给予充分肯定和高度评价，同时，要求苏州建立与社会主义市场经济相适应的教育、制度、监督并重的惩治和预防腐败体系，使党风廉政建设和经济建设都为全国作贡献。为贯彻落实中央领导及省、市领导的有关指示精神，市委专门成立了由省委常委、市委书记王珉任组长的课题调研组，在组织力量、充分调研的基础上，于12月作出了《关于建立惩治和预防腐败体系，保证“两个率先”顺利实现的决定》，明确了苏州市建立惩治和预防腐败体系的总体思路、奋斗目标、指导原则、实施步骤、战略举措及组织领导等，省委、省纪委予以转发。

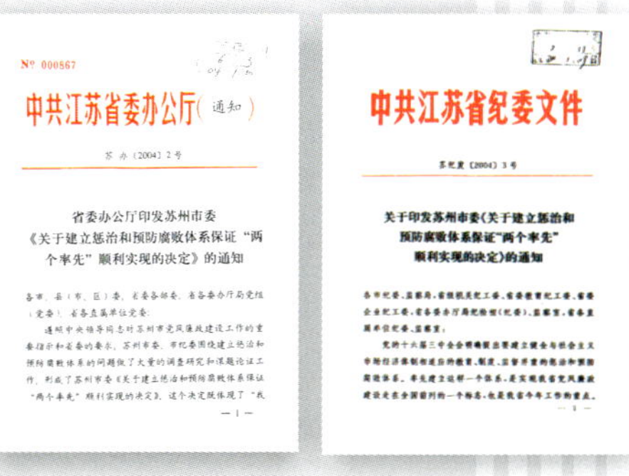

№ 000567

中共江苏省委办公厅（通知）

苏办〔2004〕2号

省委办公厅印发苏州市委《关于建立惩治和预防腐败体系保证“两个率先”顺利实现的决定》的通知

各市、县（市、区）委，省委各部委，省各委办厅局党组（党委），省各直属单位党委：

遵照中央领导同志对苏州市党风廉政建设工作的重要指示和省委的要求，苏州市委、市纪委围绕建立惩治和预防腐败体系的问题做了大量的调查研究和课题论证工作，形成了苏州市委《关于建立惩治和预防腐败体系保证“两个率先”顺利实现的决定》。这个决定既体现了“我

—1—

中共江苏省纪委文件

苏纪发〔2004〕3号

关于印发苏州市委《关于建立惩治和预防腐败体系保证“两个率先”顺利实现的决定》的通知

各市纪委、监察局，省级机关纪工委，省委教育纪工委，省委企业纪工委，省各委办厅局纪检组（纪委）、监察室，省各直属单位纪委、监察室：

党的十六届三中全会明确提出要建立健全与社会主义市场经济体制相适应的教育、制度、监督并重的惩治和预防腐败体系。率先建立这样一个体系，是实现我省党风廉政建设走在全国前列的一个标志，也是我省今年工作的重点。

—1—

2004年1月，中共江苏省委、省纪委分别转发了中共苏州市委《关于建立惩治和预防腐败体系，保证“两个率先”顺利实现的决定》。

2003年12月26日，中共苏州市纪委召开第六次全体会议，认真学习市委《关于建立惩治和预防腐败体系，保证“两个率先”顺利实现的决定》，部署贯彻落实意见和措施。

苏州市财政局

SUZHOUSHI CAIZHENGJU

召开财政干部大会
布置各项重点工作

发展苏州经济 做大财政蛋糕

市领导慰问财政干部 与中层干部座谈

2003年，苏州市各级财政部门紧紧围绕年初提出的“坚持一个改革方向，健全三大管理制度，突出五项重点工作”总体要求，认真贯彻落实市政府关于进一步加强财政增收节支工作意见，积极应对复杂多变的国际形势和突如其来的“非典”疫情对苏州经济发展的影响，财政事业继续保持了持续快速稳健发展，财政收支、改革、管理和监督等工作都在原有基础上迈进了一步，全年累计完成全口径财政收入409.9亿元（剔除土地有偿使用收入），增收121.5亿元，增长42.1%，财政收入总量、增量、增幅继续位列全省第一。

财政收入的大幅增长，有力地支持了各项改革和重点事业发展。2003年，市区全面推广了税收属地征管，理顺了市区税收征管关系和处理地区间利益分配关系；率先实施农业税征收办法改革，切实减轻了农民负担；大力推进市属国有集体企业改制，全年完成242家市属国有集体企事业单位产权制度改革工作；进一步推广国库集中支出、政府采购、部门预算等一系列财政改革，努力构筑公共财政框架。

展望未来，全市各级财政系统将在党的十六大精神的指引下，按照市政府争当全省“两个率先”先行者、争当全国率先发展排头兵的战略部署，与时俱进，开拓创新，按照“发展要有新思路，改革要有新突破、开放要有新局面、工作要有新举措”的要求，瞄准率先基本实现现代化和建设高水平小康社会的目标，进一步深化改革，转变职能，强化服务，在培植新兴财源上下工夫，在做大财政蛋糕上做文章，为苏州经济持续发展作出更大的贡献。

苏州市规划局

SUZHOU SHI GUIHUAJU

为苏州建设成为园林城市奠定基础

环古城风貌保护工程 是苏州市第九次党代会确定的“十五”期间中心城市重点建设的十大工程之一，是一项集城市交通、城市防洪、生态绿化、景观、旅游等功能为一体的综合性工程。规划范围是沿环城河15.3公里内侧约100米，外侧约150米，以及觅渡桥至宝带桥约4公里古运河两侧，各100米。规划用地总面积471公顷。通过实施河道疏浚、驳岸改造、绿化建设、景点景观建设、道路桥梁建设、管线建设、交通设施建设、旅游观光设施建设、市容街景整治、地块改造开发等项目，全面保护古城风貌，着力改善生态环境，提高生活质量，缓解交通矛盾，促进城市旅游，推动结构调整，提高中心城市的品位功能，增强中心城市的综合竞争力，为把苏州建设成为文化强市、最适宜人居和创业的城市、国家园林城市创造条件、奠定基础。

苏州市规划展示馆 位于阊胥路东侧，北接万年桥、南源胥江、东邻护城河。展示馆总用地面积23400平方米，总建筑面积13061平方米，具有展览公示、咨询交流、宣传教育和休闲旅游等四大功能。布展内容包括古代、现代、未来三部分，布展采用动态的演示设备、便捷的导览系统、多媒体等高科技设备和图片模型相结合的形式将苏州古代城市的框架、现代城市的状况和未来城市规划与建设的信息传递给公众。2004年6月28日至7月7日召开的第28届世界遗产大会的主会场即设于苏州市规划展示馆。

苏州市总体规划修编 2003年5月，经建设部、省建设厅批复同意，市规划局着手进行苏州市总体规划修编工作。规划工作分三个空间层次展开：全市域，核心内容是协调市域范围内基础设施布局等重大问题，重点在“协调”；都市区，核心内容是编制都市区域城乡综合规划，重点在“控制”；中心城区，核心内容是编制法定的中心城城市总体规划，重点在：“建设”。古城范围，将已批准的《苏州历史文化名城保护规划》（2002）纳入城市总体规划，重点在于保护。通过研究、调查、分析得出三个层次的空间管制：在开发地域，鼓励发展，鼓励投资，完善和提升城市功能，改善环境和条件；禁止开发地域主要是保持生态格局，保护文化和自然资源，为了可持续发展；介于两者之间的采取有限制地、有条件地引导开发。通过对区域的分析，研究和周边一些城市的关系，对苏州未来的功能有一个定位；对苏州的聚居形态的分析，摸清苏州的家底，掌握苏州的总容量，以确定苏州未来适合的发展模式；通过人文景观和自然景观的保护，确定都市圈内非建设区域的空间结构，以确定苏州的底线。

王珉书记等市领导视察规划展示馆

建设部原副部长、两院院士周干峙一行来市规划局研究人民路北延问题

苏州老百姓观看建设模型，关注环古城风貌保护工程建设

回眸 传承 创新

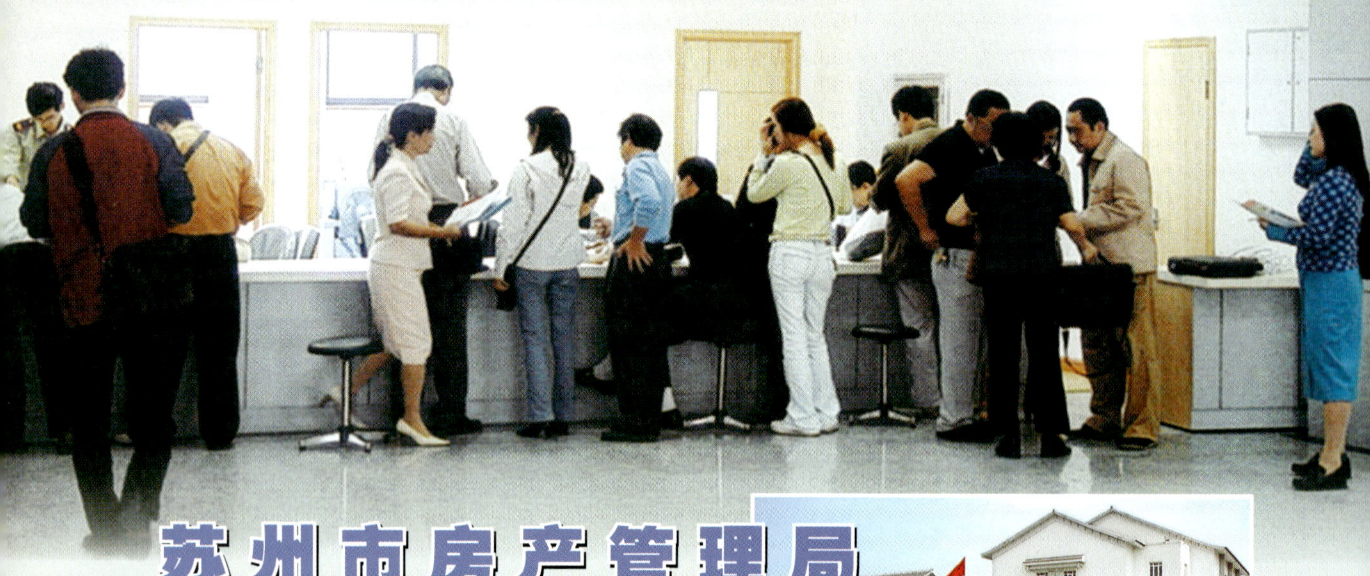

苏州市房产管理局

和苏州风雨相伴50年

苏州市房产管理局，苏州人民熟知的名字。

自1954年8月成立，历50年风雨，伴苏州半个世纪城市发展步伐同行。

她是政府为民服务窗口。具房产权属登记，房地产市场、中介、交易，物业管理，住房制度改革等行政管理之职责；担为百姓解危安居，为特困人群解决廉租住房之重任。

新时期她正焕发新姿。拥“全国房地产业管理先进单位”之称号，向管理法制化、现代化的更高目标迈进，为提高苏州人民居住水平作出新贡献。

苏州市城市管理局
苏州市城市管理行政执法局

局领导班子共同商讨工作

执法人员巡查市容

亲民 爱民 利民 便民 为民

环境意识教育从小抓起

苏州市城市管理局（苏州市城市管理行政执法局）于2001年12月6日正式挂牌成立，近年来，全市城管行政执法队伍凭借廉洁公正、无私奉献的精神，逐步树立了“亲民、爱民、利民、便民、为民”的良好形象。

市区城管部门紧紧围绕创造优美环境、迎接世遗大会的重点工作，突出创新、科学、规范、高效，深入开展“洁净家园，美化城市”主题活动，大力进行户外广告（店招店牌）、市区机动车辆清洗站、乱涂乱贴、市区摊点次序、市区违法建筑、市区运输车辆抛撒等六大专项整治，进一步加大管理和执法力度，为创造洁净、美丽、文明的人居环境作出了贡献。

世界遗产

蘇州古典園林

SUZHOU GUDIAN YUANLIN

苏州市园林和绿化管理局是主管苏州市风景、园林、绿化的责任主管部门，下属14个事业单位。苏州园林源远流长，明清全盛时200多处园林遍布古城内外，直至今日保存完好的尚存数十处，分别代表了中国宋、元、明、清南方园林风格，在城市里创造出人与自然和谐的境界。1997年12月4日，联合国教科文组织世界遗产委员会第21届全体会议批准了以拙政园、留园、网师园、环秀山庄为典型例证的苏州古典园林列入《世界遗产名录》。2000年11月30日，沧浪亭、狮子林、艺圃、耦园、退思园也被正式列入《世界遗产名录》，苏州成为国内拥有遗产地最多的城市。2004年第28届世界遗产大会在苏州举行。

苏州市园林和绿化管理局在依法保护的基础上，近年合理开发了拙政园杜鹃花节、荷花节、虎丘春花会、秋庙会、留园“吴歈兰薰”吴文化活动、网师园特色夜游、怡园水仙展、沧浪亭兰花展、耦园“水乡风光游”、天平山红枫节等系列特色旅游活动。

绿化美化人居天堂。“九五”期间，苏州市区每年新增绿地80万平方米。2001年绿化突破200万平方米，2002年新增绿地535万平方米，到目前为止，建成区绿化覆盖率达37.1%，绿地率为32.2%，人均公共绿地面积7.6平方米。集城市交通、城市防洪、生态绿化、景观旅游等功能于一体的环古城风貌保护工程已完成12公里、40万平方米的绿地建设，形成了水上旅游、陆路交通、绿色生态3大体系，为古城构筑了绿色防护屏障。2003年，建成桐泾公园、江枫洲等4个市级公园和文庙公园等26个区级公园。苏州市区、昆山市、张家港市获得国家级园林城市称号；苏州成为全国7个国际花园城市之一。

苏州市园林和绿化管理局在依法保护的基础上，坚持“修旧如旧”的原则，逐步修复、修缮古典园林，1998年修复开放明代古园五峰园，1999年修复清代名园畅园。1980年以来在国外建造的苏州古典园林有美国的明轩、加拿大的逸园、新加坡的蕴秀园、日本的金兰亭、纽约的“寄兴园”和美国波特兰“兰苏园”等。

坚持以人为本抓园林系统精神文明建设，坚持文明管理、文明开发、文明经营、文明服务。1998年7月，虎丘山风景区被评为全国十大文明风景旅游区示范点之一，1997～1998、1999～2000年度园林系统被评为省、市两级“文明行业”以及“全国建设系统精神文明建设先进单位”；2001年，被评为全国建设系统精神文明建设先进单位；2003年1月，被中央文明委命名表彰为全国创建文明行业工作先进单位。

拙政园

怡　园

拙政园

留 园

狮子林

艺 圃

环秀山庄

退思园

耦 园

网师园

沧浪亭

地址：苏州市公园路12号
邮编：215006
电话：（0512）65224929
传真：（0512）65235984
E-mail:szgarden@public1.sz.js.cn

解放思想　勇于实践　知难而进　开拓创新

苏州市土地储备中心

SUZHOUSHI TUDI CHUBEI ZHONGXIN

苏州市土地储备中心是市政府实施市区土地整理、土地储备、开发和按照市场经济方式配置土地资源的平台。中心成立于2001年8月，为市政府直属事业单位，正处级建制，参照公务员制度管理，财政全额拨款。内设办公室、收购储备科、安置补偿科、地产经营科、财务科等5个科室。其主要职责是：代表政府持有收购储备存量土地，编制土地收购储备计划，办理收购储备手续；组织储备土地地面附着物拆迁、安置、补偿、管线迁移、土地平整等工作；经营城市土地资产，组织国有土地使用权招标拍卖。

中心成立以来，紧紧围绕市委、市政府提出的经营城市土地的目标任务，解放思想，勇于实践，知难而进，开拓创新，逐步建立了规范、统一、有序的土地市场，按照公开、公平、公正的市场交易原则，全面完成了市委、市政府各年度确定的目标任务，至2004年4月，共完成土地储备55宗，面积180.2万平方米；完成土地公开交易132宗，面积810万平方米，成交总金额146.29亿元；完成定销商品房供地21宗，面积152.86万平方米。

苏州市人力资源市场位于苏州市东西交通主干道干将路中段，学士街以东，养育巷以西，占地面积6474平方米，主体建筑6层，地下1层，建筑面积近1.5万平方米。

人力资源市场于2004年5月正式投入使用，目前有苏州市人才服务中心、苏州市大中专毕业生就业指导中心、苏州市人才市场服务中心、苏州市企业经营管理者人才市场、苏州市人事人才事务所等单位进驻，市场采用智能化、多功能的设计管理方式，集人才服务、交流、开发、洽谈、培训为一体。

苏州市人才服务中心

SUZHOU HUMAN RESOURCES SERVICE CENTRE

苏州市人才市场

SUZHOU HUMAN RESOURCES MARKET

苏州市人力资源市场每周二、三、四、五、六08：30至14：30举行人才交流会，网址：http://www.szrc.cn。目前市场内部设有综合管理部、市场招聘部、人事代理部、信息网络部、业务发展部、档案管理部、毕业生就业部7个部门。

多年来，市场在社会各界同仁的关心支持下，曾连续6次12年获得省、市级文明单位称号，2003年12月被江苏省委、省政府评为“2001～2002年江苏省文明单位标兵”，2004年4月又荣获全国“五一”劳动奖状。在新的时期，苏州人才服务中心将继续坚持为经济建设服务、

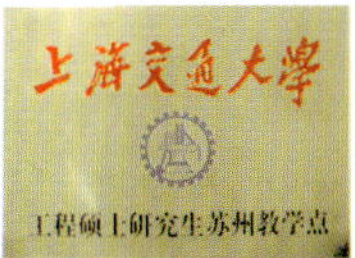

为用人单位服务、为各类人才服务的宗旨，认真做好人力资源开发及各项服务工作，以人为本，诚信服务，为建设人才新平台、早日实现“两个率先”而努力奋斗。

地址：苏州市人力资源大厦（干将西路288-298号）

邮编：215002

网址：www.szrc.cn

综合管理部电话：65222123

苏州市地方税务局

苏州市地方税务局下辖常熟、张家港、昆山、太仓、吴江5个县级市地方税务局，吴中、相城两个区局，1个稽查局和5个税务分局，共有干部职工1725人，负责全市地方税收和社会保险以及为省、市政府代征的基金（费）的征收管理工作。自1994年成立以来，苏州市地方税务局在各级领导、社会各界的关心支持和各部门的大力配合下，服从服务于全市改革开放经济发展的大战略、主旋律，坚持以组织收入为中心，充分发挥税收职能作用，大力推进征管改革、依法治税，完善内部管理，加快科技兴税步伐，强化两权监督，努力造就一支“政治坚定、征管规范、业务过硬、作风优良、纪律严明”的优秀税务干部队伍，执法水平和服务质量不断提高，树立起良好的地税新形象。全系统被评为江苏省文明行业，被苏州市委、市政府评为文明单位，有122个（次）基层单位分别被国家税务总局、江苏省有关部委办局评为先进集体，有10人（次）被评为江苏省级、厅级以上先进个人，成为苏州市聚集地方财力、加快经济发展的一支重要力量。

苏州工业园区地方税务局

引入全新理念　创建崭新机制

苏州工业园区是中国和新加坡两国政府间最大的合作项目，1994年2月经国务院批复成立，开创了中外经济技术合作的新模式。1995年初，国、地税分设，园区地税系统正式运行。1999年，地税系统实施垂直管理，苏州工业园区地方税务局为省地税局直属机构。内设6个职能处室，下设直属机构稽查局，第一、二、三分局等3个派出机构。全局干部职工83人，平均年龄32岁，其中党员53名，占总数的64%，大专学历占24.1%，本科以上学历占72.3%

园区地税局以组织收入为中心，以“抓税源”、“抓信息”、“抓管理”为重要任务，全面实施依法治税，大力加强队伍建设，加快税收信息化建设，强化税收管理，取得明显成效。“九五”期间，全局共征收入库各项地方税收9.29亿元，2003年组织入库地方税收14.61亿元，比成立之初的943万元增长近155倍，地税收入的持续增长，为园区的发展作出了积极的贡献。

园区地税局以各项工作争一流的精神风貌，以公正、文明、高效、廉洁的工作作风，推行公开办税，实行社会服务承诺，切实做到“亲商服务”、“优质服务”，在文明行业、单位创建活动中成绩显著，先后荣获苏州市“文明单位”、苏州工业园区“先进集体”称号，稽查局荣获江苏省文明单位称号，征管分局先后荣获全国税务系统文明单位、江苏省文明单位等称号，在“满意在地税”优质服务百日竞赛活动中，被评为优质服务红旗单位，办税服务厅被评为省级“最佳办税服务厅”、省第三批创建文明行业示范点。

2003年10月，全面启动ISO9000质量管理体系的引入和认证工作，2004年3月顺利通过认证，在苏州税务系统中第一家通过ISO9001：2000的认证，在全省税务系统也迈出了领先的一步，走出了一条引入全新理念，创建崭新机制，用ISO质量管理体系实现标准化管理，提升地税工作整体水平的发展之路。

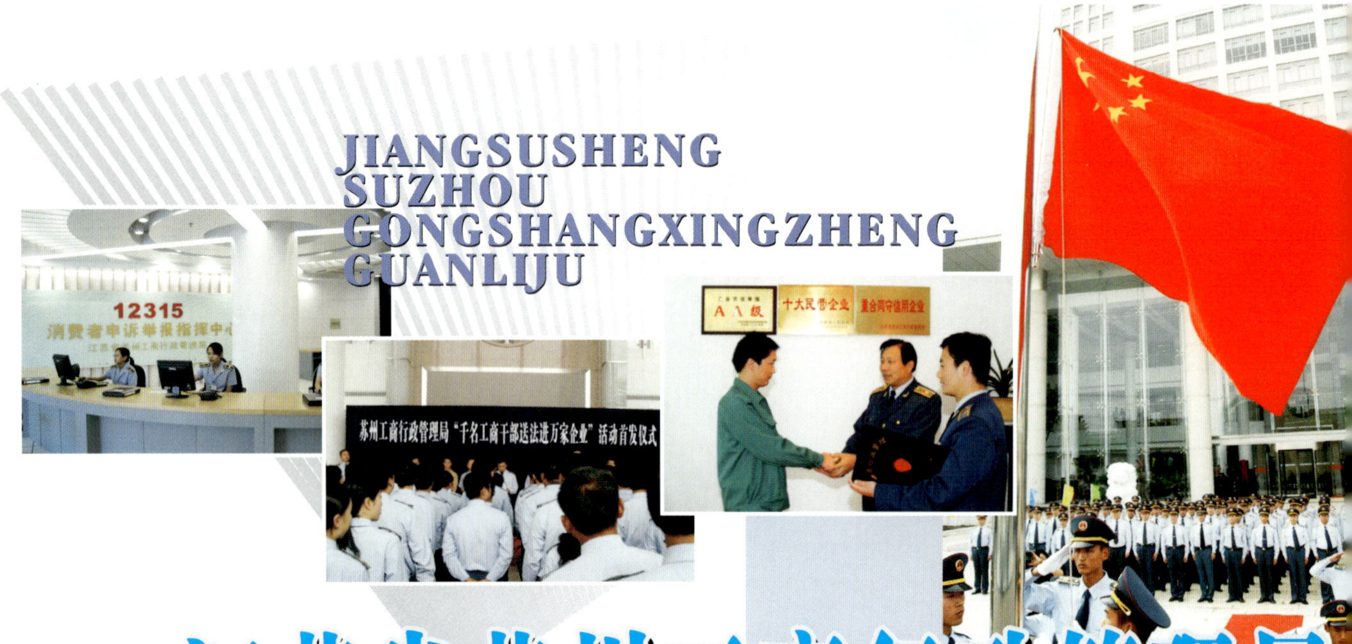
JIANGSUSHENG
SUZHOU
GONGSHANGXINGZHENG
GUANLIJU
12315
苏州工商行政管理局“千名工商干部送法进万家企业”活动首发仪式
十大民营企业

江苏省苏州工商行政管理局

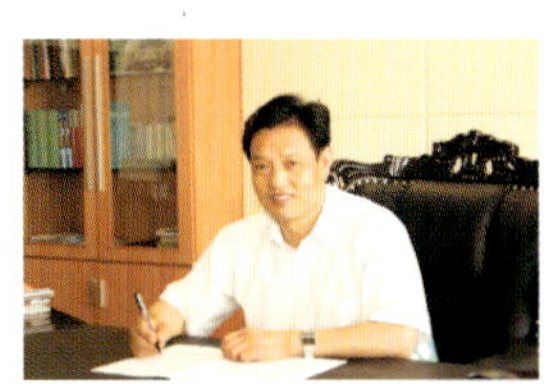

2003年，苏州工商局紧紧围绕发展第一要务，以实现政府、企业、群众“三满意”为目标，全力打造“服务型工商”，一手抓监管到位，一手抓服务到家，建立和完善公平竞争、规范有序的市场体系，悉心服务苏州经济的持续快速发展，全面加强干部队伍的思想建设和作风建设，各方面工作整体推进，为苏州实现“两个率先”作出了新的贡献。

在指导思想和发展氛围上，牢固确立“服务至上”理念，做到“人人都是投资环境，处处都是服务窗口”，努力为私营个体经济营造开放、宽松的投资环境；牢固确立“开拓创新”理念，推进市场准入方式、监管手段、执法体制创新，努力为私营个体经济营造快速、优质、高效的服务环境；牢固确立“诚信为先”理念，进一步加强企业信用制度建设，努力为私营个体经济营造诚实、信用的竞争环境；牢固确立“规范促发展”理念，切实维护私营个体企业的合法权益，努力为私营个体经济营造公平、有序的市场环境；牢固确立“以人为本”理念，进一步加强队伍自身建设，提高综合素质，努力为私营个体经济营造平等、公开的人文环境。

以建设“廉洁、勤政、务实、高效”的行政机关为抓手，狠抓效能建设，为打造“服务型工商”铺平道路。积极推进政务公开，实施绩效考评，强化内部管理，提高办事效率，开展优质服务。

以政府、企业、群众“三满意”为最终目的，不断实现自我超越。苏州工商系统始终保持“争先进位意识”，勇于超越自我，在自我扬弃中确定新的思路，融入新的精神，开创新的局面。许多工作处于全省乃至全国工商系统的前列。至2003年底，全市私营企业总数达72693户，个体工商户突破20万户，外商投资企业达9863户。全市共有注册商标2.2万余件，其中，中国驰名商标8件，江苏省著名商标107件，苏州市知名商标216件。

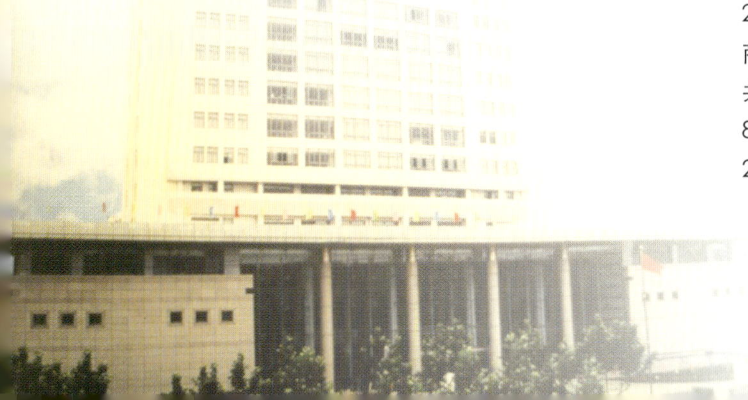

江苏省
张家港保税区国家税务局

江苏省张家港保税区国税局是江苏省国税局的直属机构，负责张家港保税区内2000多户企业的国、地税征管工作，2003年，该局组织入库各项税收10.8亿元。

近年来，该局以纳税人为关注中心，优化办税服务，深化征管改革，大力推进工作规范化、标准化、科学化进程，对税收征管实施精细化管理，征管质量显著提高，2003年一举通过ISO9001：2000质量管理体系的认证，并获得"江苏省文明行业"、"江苏省文明单位"、"江苏省国税系统文明单位"、"江苏省青年文明号"、"江苏省档案工作目标管理一级先进"等荣誉，连续四次被评为张家港市先进基层党支部。创建工作再上新台阶，获得"全国青年文明号"称号。

JIANGSU SUZHOU
GEOLOGICAL ENGINEERING INVESTIGATION Institute

江苏省地矿局第四地质大队
江苏苏州地质工程勘察院

江苏省地质矿产勘察局第四地质大队组建于1958年，长期从事地质找矿工作，在苏州地区发现和探明了可供开采的20余种金属、非金属等矿产，获得42项国家、部省级找矿和科技成果奖。经多年研究整理，积累了苏州市全面、系统的地质成果资料。1992年荣获地矿部“地质找矿功勋单位”荣誉称号。为适应地方经济建设和地矿体制改革需要，主动与地方经济建设接轨，1992年成立了江苏苏州地质工程勘察院。

10多年来，昔日的功勋地质队发挥技术优势，服务沿海地区基础设施建设，承担了上百个国家、部省和市重点工程项目的地质勘察、测绘工作，其中有沪宁高速、苏嘉杭高速、苏州环城高速、苏州环古城风貌保护带、苏州南环、西环及东环高架快速路、苏州友新立交、辛庄立交及苏州轨道交通一号线的初勘详勘；数十座大型桥梁、数十座高层建筑、大型厂房等项目的勘察测绘；积极参与抢救保护历史文化遗产工作，千年古塔虎丘塔的地基加固处理工程达到了止偏目的，使吴中第一名胜风光依旧，承接完成了盘门瑞光塔、玄妙观三清殿等国家重点文物保护单位的地基加固或工程勘察任务，产生了良好的社会效益。为配合地方经济建设，完成了苏州市及周边地区大型、特大型建设项目的建设用地地质灾害评估，为重大工程的顺利建设解除了后顾之忧。累计提交勘察、测绘等成果报告达3200多份，获得部省、市厅奖励的有40多份，获奖成果数位居省勘察单位前列。拥有国家建设部颁发的工程勘察综合类甲级资质，以及测绘乙级、地灾评估及勘察甲级、桩基检测等高等级经营资质。专业人才结构合理，技术方法先进多样，仪器设备精良齐全，为更好地融入地方、服务地方创造了有利条件。所辖山水度假村地处太湖之滨的东山，按四星级涉外饭店修建，集商务、旅游、度假、休闲、娱乐、疗养、会议等为一体，拥有各类客房和豪华别墅共计130多间套。

坚持三个文明一起抓。荣获江苏省、苏州市、省地矿局文明单位、省优秀思想政治工作企业，苏州市先进集体等荣誉称号，队长潘兆廷被评为苏州市劳模，总工顾凤祥当选为十届全国人大代表，全队职工人心齐、风气正、干劲足，决心为苏州市的全面、协调、可持续发展作出自己的应有贡献。

设备精良技术领先

大队长、院长潘兆廷在工地接受采访

金鸡湖水上勘察

全球卫星定位系统GPS测量作业

人大代表、总工顾凤祥检查工作

地址：苏州市长江路559号
邮编：215129
电话：(0512) 66654598
66654599
传真：(0512) 66654596

苏州市双拥办公室

2003年，全市双拥工作以“三个代表”重要思想和党的十六大精神为指导，抓重点，重实效，促发展，双拥创建取得了新的成果：苏州市和张家港市实现了全国双拥模范城“三连冠”，常熟市首次跨入全国双拥模范城行列，驻苏部队被授予全国“拥政爱民模范单位”荣誉称号。

热烈庆祝苏州市实现全国双拥模范城“三连冠”

以实现“三连冠”为目标，双拥创建列入了各级党委、政府的重要议事日程和工作目标，纳入了部门和单位目标责任考核内容：“一把手”抓双拥的制度得到有效落实。针对热点、难点问题，市政府及有关部门先后制定出台了《苏州市退役士兵接收安置暂行办法》，《苏州市自主择业军转干部安置管理实施意见》以及在校入伍大学生、进藏兵、部队直接招收士官的优待安置办法，各项双拥政策法规得到全面贯彻落实。

以爱国拥军为主题，以《国防法》、《兵役法》为重点的国防双拥宣传教育深入扎实，组织开展了庆“八一”广场军民文艺晚会、“天堂双拥赞”征文、“关心国防好公仆、好公民”评比等活动，一大批双拥国防教育先进典型受到宣传表彰。“军营一日”、国防知识竞赛等形式多样的全民国防教育活动更加普及。基层双拥共建活动蓬勃开展，市召开了“全市社区双拥工作经验交流会”和“全市民营企业拥军优属工作经验交流会”，推广了常熟、金阊等地组织开展社区双拥和民企拥军的经验做法，宣传了江苏梦兰集团等一批民营企业拥军优属的先进事迹。

围绕军事斗争准备，各地广泛开展科技、文化、法律、政策拥军活动，主动为部队办实事。市拨款1800万元为军分区新建了现代化办公楼，与吴中区共同出资400多万元为驻军部队解决了饮水难题。市区500多名战士经补习完成了高中学业，50多人经培训拿到了等级厨师证书。10月4日《解放军报》头版头条以“拥军热涌姑苏城”为题报道了苏州市各界的拥军事迹。

驻军和武警各部队积极支持地方“三个文明”建设，广泛开展了“红星助学”、扶贫帮困、爱心献功臣、学雷锋送温暖、军民共建等活动，主动派出官兵参加驻地社会治安、卫生整治、抗击“非典”、抢险救灾等工作。苏州军分区在全市开展了“双带双扶”活动，发动民兵预备役人员为苏州“两个率先”作贡献。全年各部队官兵“红星助学”捐款30多万元，义务献血5000多人次，帮助学校、企事业单位军训达万余人次。

苏州市救助管理站

SUZHOUSHI JIUZHU GUANLIZHAN

站长 朱庆华

苏州市救助管理站隶属于苏州市民政局，前身为苏州收容遣送站，2003年8月1日更名为苏州市救助管理站，该站是江苏省3个跨省救助管理站之一，拥有2250平方米的救助大楼和650平方米的流浪儿童保护教育中心，可容纳受助人员300人左右。内设政秘、财务、救助管理、救助接待、总务5个科室和1个流浪儿童保护教育中心。

救助管理站本着上为政府分忧、下为百姓解难的原则，认真贯彻落实国务院、民政部以及苏州市政府有关文件精神，实行救助一年来，共接收求助人员4600余人。随着苏州市经济的快速发展，城市流浪乞讨人员逐渐增多，该站依法对自身无力解决食宿、无亲友投靠、不享受城市居民最低生活保障或农村“五保”供养、正在城市流浪乞讨度日的流浪乞讨人员实行无偿救助；对未成年人及被拐卖的妇女实行保护性救助。

苏州市救助管理站

苏州市城市客运交通管理处

为加快公交车辆的更新换代和发展步伐，本着服务市民乘客、服务公交企业的原则，根据苏州市政府《关于加快苏州中心城市公共交通发展的实施意见》，苏州市城市客运交通管理处于2004年4月18日在苏州市民广场举办了首次城市公交客车展览会暨城市公交客车品牌及车型招标会。国内11家客车生产企业的60余种公交车型参加展览。

为切实解决苏州市区近几年来日益突出的"打的难"问题，苏州市城市客运交通管理处根据《苏州市客运出租汽车发展规划》的要求，经市政府研究，报经省有关部门批准，新增了客运出租汽车800辆。这不仅是交通行业发展的大事，更是为民办实事办好事的一项重大举措。下图为2004年6月10日在市民广场举行新车投运仪式。

苏州市募捐委员会办公室

苏州市福利彩票发行管理中心

苏州市社会福利有奖募捐委员会成立于1988年4月。1992年7月，经市编委批准成立“苏州市募捐委员会办公室”，办公室设在市民政局内。2000年4月，筹建市福利彩票发行管理中心，与市募委办合署办公，负责中国福利彩票发行管理中心和省福利彩票发行管理中心在苏州地区发行的电脑福利彩票及各市（县）、区发行即开型福利彩票的业务监督和管理。

福利彩票发行管理中心坚持福利彩票“扶老、助残、救孤、济困”的宗旨，努力做好福利彩票的发行和管理。近年来，用于市、区社会福利事业和社区服务的社会福利资金达1000多万元，有力地促进了社会福利事业和社区服务的发展。随着国家有关政策的调整，福利彩票资金又对社会公益性事业进行了资助。

苏州市于1988年开始销售福利彩票，至2003年，全市共销售各类福利彩票9.9亿元，除了赈灾和上缴国家的部分外，为地方筹集福利资金1.94亿元，全部用于兴办和资助社会福利事业，资助项目达1785个。

苏州市社会福利院

苏州市社会福利院是苏州市民政局所属的综合型社会福利机构，主要收养无依无靠、无生活来源的孤老残幼。自改革开放以来，在党和政府的重视和关心下，政府对福利院的投入逐年增加。2002年，市政府实事工程投入近2000万元建造的苏州市老年护理康复指导中心综合大楼已正式投入使用。该大楼建筑面积7400多平方米，设计床位200张，将成为全市老年护理康复指导培训基地，集老年人生活照料、康复护理、休闲康乐、医疗救治等多种功能为一体，具有良好的人居和人文环境，为全市承担养老服务培训、实习、进修等任务。

近几年来，福利院在为政府收养好孤老、弃婴、残儿，培养、教育好孤儿的同时，积极探索新的养老服务模式和照料方式，建立了“整体服务与个案护理、小组服务与责任护理、亲情服务与专业护理、全面照顾与个别关怀”相结合的优秀服务模式。全面提升整体管理服务水平。2002年6月，该院顺利通过ISO9001：2000质量管理体系认证。福利院通过强化业务管理、拓展服务功能、深化服务内涵、优化服务方式，养老育幼实现了“标准化管理、专业化操作、亲情化关怀、个性化照料、多样化活动”的目标，为全市养老服务起到了示范作用。

老年护理康复指导中心综合大楼

运河新姿—吴江市区远眺

吴江市

鲈乡世纪风

吴江市地处长江三角洲腹地，东临上海，南接浙江，西濒太湖，北依苏州，区域面积1176平方公里，户籍人口77万人，辖2个省级开发区和10个镇，自古就有“丝绸之府”、“鱼米之乡”的美誉。

2003年，全市完成生产总值281亿元，财政收入32.88亿元，全社会固定资产投资172亿元，进出口总额73.5亿美元，其中出口32.83亿美元，注册外资12.35亿美元，在“全国县域经济基本竞争力”和“中国最发达100名县（市）”评比中位列第6位和第10位。城镇居民人均可支配收入11830元，农民人均纯收入6650元，人均储蓄近2万元，累计拥有私家车2万辆。全市累计注册私营企业超过1万户，注册资本120亿元，民营工业企业总资产超过400亿元，拥有吴江丝绸股份有限公司、江苏永鼎股份有限公司和江苏亨通有限公司等3家A股上市公司。丝绸纺织、电子信息、光缆电缆三大支柱产业和临沪经济区、“一镇一业区域集群”等五大板块经济进一步壮大，在江苏省重点扶持的20个产业集群中吴江占了6个。中国东方丝绸市场全年交易额超过180亿元，在全国十大专业市场中列第4位。

吴江市注重以人为本，树立和落实科学发展观，不断谱写经济和社会协调发展的新篇章。近年来，通过大力推进农村十项实事建设，关心解决民生问题，逐步构建起全市广大群众“创业有门道、就业有渠道、失业有保障、生病有医保、贫困有补助、养老有保险”的“六有”增收致富和生活保障体系。加快城市化建设，全力构筑最佳人居环境。至2003年底，全市绿化覆盖率38.56%，绿地率34.67%，人均公共绿地12平方米，吴江市是国家级卫生城市、创建文明城市工作先进市、环保模范城市和全国优秀旅游城市、社会治安综合治理先进市。

中国东方丝绸市场

国家星火密集区民营企业

江苏省电子信息产业基地-吴江经济开发区新姿

历史悠久　人文荟萃　风景秀丽　物华天宝

太湖十三景　半数在吴中

吴中区是苏州市区南部的一个行政区，2001年由原吴县市分设而成，下辖13个镇、1个国家级太湖旅游度假区、1个国家级农业示范园区和1个省级经济开发区。全区陆地面积770平方公里，太湖水域面积1400多平方公里，总人口约54万人。2003年，全区实现国内生产总值180亿元，同比增长22.4%；财政收入25.27亿元，增长42%；新增注册外资、实际利用外资分别达12亿美元和7亿美元；新增内资、民资企业1900多家，注册资本超30亿元，城镇居民人均可支配收入12500元，农民人均收入6900元，分别增长23.9%和12%。

吴中区历史悠久，人文荟萃，风景秀丽，物华天宝。国务院规划的太湖13个景区，吴中区占6个，还有名胜古迹100多处。近年来，吴中区加快发展环太湖旅游业，形成了太湖山水、古镇、古村、现代休闲等特色风情旅游项目，是国内外著名的旅游观光、度假休闲胜地，年接待境内外游客300多万人次。以吴中经济开发区为龙头的苏州城南工业带以信息电子、生物医药、新型材料、精密机械等高新技术产业和绿色环保的都市工业为发展重点，已吸引1200多家外资企业，总投资额超过了70亿美元。

城区新貌

行政中心

相城区

XIANGCHENGQU

相城区是古城苏州的北大门，东邻苏州工业园区，西接苏州高新技术产业区。辖10个镇、1个省级经济开发区，全区面积496平方公里，总人口33.95万人。区内水网密布，河道交错，拥有阳澄湖水域面积的80%。盛产闻名中外的阳澄湖清水大闸蟹，具有华东第一大家具市场--江苏蠡口国际家具城和闻名全国的中国珍珠城。

建区以来，区委、区政府围绕富民强区的目标，加快推进工业化、城市化进程，经济建设和各项社会事业取得跨跃式发展。2003年，全区国内生产总值95.02亿元，财政收入11.66亿元，分别比上年增长25.3%和55.2%。一个经济繁荣，“绿色、生态、现代”的绿相城、水相城正在崛起。

SUZHOUXIANGCHENG JINGJIKAIFAQU

开发区管委会

开发区澄阳路

苏州相城经济开发区

相城经济开发区是2002年1月经省政府批准的省级开发区，总规划面积11.7平方公里，凭借独特的区位、交通优势，接受着苏州工业园区、苏州高新技术产业区的辐射，重点发展电子信息、精密机械、生物医药、新型材料等高科技产业。经过两年多的开发建设，基础设施基本完备，各项配套逐步到位，招商引资成效显著。

开发区累计投入基础设施建设资金15亿元，完成全社会固定资产总投资40亿元。路、水、通讯、电等基础设施及配套工程建设基本完成，完成标准厂房35万平方米。商业中心、安置小区、打工楼等一批功能配套区正在加快建设中。

至2003年底，累计引进外资企业98家，注册外资6.7亿美元，到账外资2.9亿美元；引进内资企业88家，注册资本4.3亿元。开业投产内外资企业51家，开工建设内外资企业45家。

张家港市坚持可持续发展战略，巩固和提高全国环保模范城市创建成果，围绕建设率先基本实现现代化的生态市，全社会具有较高文明程度的生态市，城乡统筹的生态市，以保护和改善生态环境、实现资源合理开发和永续利用为重点，全面推进"全国生态市"创建工作。在创建过程中：实施水环境综合治理工程，改善水环境质量；实施大气污染综合治理工程，改善大气环境质量；实施固废综合处理工程，实现资源化、减量化、无害化处置；实施生态农业建设工程，改善农村生态环境；实施绿色人居工程，提高群众生活质量；实施生态工业园区建设工程，大力发展循环经济；实施生态保护工程，保护区域生态环境；实施绿色学校建设工程，提高全民环境意识，生态市建设取得可喜成绩。目前，市区绿地总面积达775公顷，绿地率达36.5%，绿化覆盖面积852.4公顷，绿化覆盖率40.2%，人均公共绿地面积达10.6平方米。同时，全市污染防治能力明显增强，环境基础建设日趋完善、城乡环境质量稳

江苏省副省长何权在张家港市调研生态建设工作

市委书记曹福龙专题调研环保工作

创建全国生态示范区考核验收

国家主要新闻媒体记者团专程来张家港市采访创建生态市建设情况

中有升，推出了一大批各具特色的生态建设范例。按照《张家港市循环经济建设总体规划》培育的江苏沙钢集团、东海粮油工业（张家港）有限公司等一批循环经济建设典型相继涌现，扬子江国际化学、冶金工业园正朝着“生态工业园”模式发展，前溪巷、万红社区被确认为苏州市级“绿色社区”，全市现有54所中小学校被评为“绿色学校”，塘桥镇全国环境优美城镇建设活动已通过省级考核。2003年10月，我市创建“全国生态示范区”工作通过国家环保总局考核验收，目前，正朝着“国家生态市”目标全力推进。一个“天蓝地绿水秀、洁静风柔气爽、鱼肥蟹壮米香、人和寿长年丰”的充满生机活力的人居天堂正在成为现实。

人民路广场

塘桥镇率先通过“全国环境优美乡镇”省级调研

黄金口岸 人居典范

张家港市首批生态创建示范单位—杨舍镇前溪巷

道路交通建设提升了常熟的城市品位

城市化使文化古城更加靓丽

打造人居天堂

常熟市

2003年是常熟历史上经济发展速度最快、城乡面貌变化最大、各项改革全面推进、人民生活持续改善的一年。这一年，全力增创常熟特色，奋力推进“两个率先”，在发展速度上能快则快、能超则超，在工作方法上抓住重点、推动全局，始终坚持连续性、开拓性和操作性的有机统一，有力推动物质文明、政治文明和精神文明齐头并进。这一年，贯彻执政为民要求，发展经济、善待百姓，使改革的力度、发展的速度和社会可承受程度相适应，尊重民心民愿，为民多办实事，真正使发展见实效，使百姓得实惠。这一年，全市干部群众倾注了比以往更多的热情，付出了比以往更多的艰辛，全市保持了经济社会快速发展的强劲态势，保持了政通人和、奋发向上的大好局面，实现了“三个高于”、展现了“三大亮点”、体现了“三个同步”，朝着“两个率先”的目标迈出了坚实的一步。“三个高于”：一是指标完成高于年初预计，人均GDP超过5500美元，实现财政收入65.66亿元；二是经济效益高于历史同期，工业经济效益综合指数提高4.2个百分点，产销率提高0.4个百分点，为近10年来最好水平；三是主要指标增幅高于全省平均，在全国县域经济基本竞争力和全省县（市）综合竞争力排名中，常熟都位居第二，取得历史最好成绩。“三大亮点”：一是开放型经济强势增长。全年新批合同外资36.2亿美元，注册外资14.6亿美元，均列全省县（市）第二；引进内资项目543个，投资总额超过115亿元。二是民营经济保持领先。全年新办私营企业3262家，新批个体工商户13206户，民营经济新增注册资本66.3亿元；实现个私税收15亿元，个私技改投入66.4亿元，分别占全市的35%和73.5%。三是城市建设力度空前。全年城建投入80亿元，保护改造老城30万平方米，新开工商品房200万平方米，新增城市绿化659万平方米；又有5个镇成为国家卫生镇，2个镇成为全国环境优美镇。“三个同步”：一是四大基地同步推进。国家级常熟开发区、省级东南开发区基础设施日益完善，集聚产出功能和辐射带动效应明显增强。国际制造业、商贸物流、服装服饰、旅游度假四大基地加快形成。二是配套改革同步深化。市属企业产权制度改革全面结束，生产经营性事业单位改革基本完成，3家企业进入上市辅导期；建立行政审批服务中心，削减审批项目577件；积极实施镇村撤并，全面推行乡镇车改，统筹城乡劳动就业，农村养老保险覆盖率达68%。三是文明建设同步提升。首次荣获“全国双拥模范城”称号，通过创建全国生态示范区国家级验收，至年底，共荣获21个国家级荣誉称号；科教文卫等社会事业欣欣向荣，“平安常熟”创建工作扎实推进，社会保持稳定，人民安居乐业。

市四套班子领导深入企业现场办公

高效服务营造投资创业的良好环境

持续不断地投入成就了常熟的品牌集群

彰显常熟对外开放的形象

JINXIUJIANGNAN 锦 绣 江 南 金 太 仓

太仓市东濒长江，南邻上海，是地处长江经济带和沿海开放带交汇处的一座新兴港口城市，素有“锦绣江南金太仓”的美誉。全市面积823平方公里，户籍人口45.11万人，辖一区七镇。

太仓是全国最早实现小康的县级市，经济综合实力连续多年名列全国百强县（市）前十名。2003年，全市完成生产总值210亿元，财政收入21.62亿元，分别比上年增长16.6%和33.6%。注册外资12.18亿美元，实际利用外资6.22亿美元，全年在岗职工平均工资和农民人均纯收入分别为16082元、6687元。市场农业、都市农业、出口创汇农业正逐步形成。形成了石油化工、能源原材料、精密机械、电子信息、纺织服装、轻工食品等六大主导产业，世界500强中已有美孚、杜邦等16家入驻太仓。港口物流、信息、房地产等新兴服务业发展迅猛。

绿色太仓 上海后花园

既沿江又沿沪的独特区位，使太仓成为长江口的一颗璀璨明珠。国家一类口岸太仓港是长江口独一无二的天然良港，已确定为上海国际航运中心的组合港和干线港，拥有黄金岸线38.8公里，规划建设大小泊位114个，设计吞吐能力1亿吨，集装箱运量565万标箱。现已建成各类泊位22个，吞吐能力1500万吨，形成了以近洋外贸集装箱运输为主的特色。

底蕴深厚的人文资源和适宜人居创业的社会环境，为太仓更快更好发展创造了条件。太仓以建成现代化新兴港口城市和上海后花园为目标，大力推进城市改造建设，加快实施绿化亮化美化工程，扎实开展绿色太仓、诚信太仓、平安太仓、服务太仓等创建工作，城市功能日益增强，人居创业环境日趋优化。

昔日郑和七下西洋的起锚地，如今正以其强劲的发展活力迅速崛起。目前正大力实施“以港强市，接轨上海”战略，力争到2005年率先全面建成高水平小康社会。

昆山市

KUNSHANSHI

历史悠久 人文荟萃

百戏之祖昆曲的发源地

昆山经济技术开发区鸟瞰

昆山出口加工区

中国第一水乡周庄夜景

昆山留学人员创业园

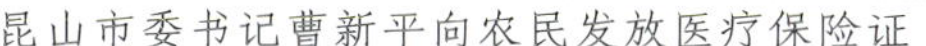

昆山市委书记曹新平向农民发放医疗保险证

市长张国华深入基层调研

昆山市东靠上海，西邻苏州，是江苏省的东大门。1989年撤县设市，市域面积927平方公里，户籍总人口62万人，下辖10个镇和昆山经济技术开发区。昆山历史悠久，人文荟萃，涌现出了著名思想家顾炎武、教育家朱柏庐、散文家归有光、“电脑大王”王安。这里是“百戏之祖”昆曲的发源地，千年古镇周庄被誉为“中国第一水乡”，享誉海内外。昆山物产丰饶，盛产驰名中外的阳澄湖清水大闸蟹，素有江南“鱼米之乡”美称。

改革开放以来，昆山坚持外向带动战略，大力发展外向型经济，走出了一条世人瞩目的“昆山之路”。20年来，累计批准外资企业3500多家，注册外资115亿美元，实际到账外资80多亿美元。投资额超过1000亿美元的项目794个，超1亿美元的项目29个，世界500强企业中有25家在昆山投资建厂，全市已形成了电子信息、精密机械、精细化工等主导产业，并且已经成为全国IT产业的一个重要制造基地。2003年，全市完成GDP430亿元，比上年增长31.5%；财政收入66.25亿元，增长59.6%，进出口总额139亿美元，增长64.3%；城镇居民人均可支配收入13034元，农民人均纯收入7000元，分别比上年增长17.1%和11.8%。各项社会事业健康发展，昆山市先后被评为“国家卫生城市”、“中国优秀旅游城市”、“国家园林城市”、“国家环保模范城市”、“全国文明城市创建先进市”等荣誉称号，并且多年在全国百强县测评中名列前茅。

近年来，昆山市委、市政府坚持以科学发展观为指导，以率先实现小康社会、率先基本实现现代化为目标，坚持走新型工业化和科学城市化的道路，大力打造“电子昆山”、“效率昆山”、“绿色昆山”、“平安昆山”、“魅力昆山”，营造最佳投资创业环境。同时不断调整优化经济结构，大力提升产业层次，在巩固发展外商投资的同时，大力提升民资投入的强度；在巩固发展台资的同时，大力提升日韩欧美的投资比重；在巩固发展制造业的同时，大力提升服务贸易发展的速度；在巩固发展IT产业硬件招商的同时，大力提升软件研发项目的集聚度，推动经济社会各项事业继续保持健康协调快速的发展势头。

美国前总统卡特观摩周庄全旺村村民直选活动

参加'2001APEC贸易部长非正式会议的代表在周庄舫

“两个率先”主题教育在昆山

电子生产流水线

“沧浪少年宫”

社区服务中心

小游园

“两街一河”综合改造工程

沧浪区街道新貌

浪 区 CANGLANGQU

沧浪区位于苏州古城南半部，因区内宋代名园沧浪亭而得名，全区面积30平方公里，人口32.6万人，辖6个街道办事处。

2003年，沧浪区区域经济快速发展，全年实现全口径财政收入10.19亿元，同比增长26.95%；新增注册资金20亿元，同比增长150%；纳税企业近1.2万家；非公经济总户数超过1万家；新办有限责任公司1090户。全力构建新型体制机制平台，重点加大生产经营型事业单位改制。通过国际招标完成“沧浪新城”规划设计，积极推进“两街一河”综合改造工程，占地1.93公顷的沧浪少年宫开工建设，投入300多万元对辖区21条小街小巷和100多只化粪池进行全面整修和清理，建成慧珠弄慧苑等18个小游园，新增绿地面积2.2万平方米。投入500余万元，全区69个社区居民委员会办公、活动用房基本达标，11个社区建成300平方米以上集学习、娱乐、健身、休闲于一体的活动场所；在全市率先通过直选方式新建5个社区居委会，积极开展“居民在心中，满意在社区”星级社区创建活动，率先申报注册了“邻里情”社区服务商标，探索家庭养老方式，打造“一居一品”社区特色服务品牌。高标准通过了省社区教育实验区的验收，在全省第一家通过省教育现代化区的评估；加强公共卫生工作，健全并完善区级疾病预防控制体系建设；加强劳动保障平台建设，建成10个助残基地，荣获“全国社区残疾人工作示范区”称号；高质量举办了第三届社区文化艺术节，组织编撰“文化沧浪”系列丛书，努力打造“文化沧浪”；在城区率先开通“区长热线”、“区长信箱”和“区长与小巷总理直通车”，积极开展电子政务，民主法制建设得到加强。

“文化沧浪”系列丛书

第三届社区文化艺术节

大型音乐会

开展“邻里情”社区服务活动

金阊新城

金阊新城地处312国道两侧，东以浒金路为界，西以京杭大运河为界，与虎丘区（高新区）相望，南以在建的苏虞张快速通道为界，与虎丘风景区和居住区相接，北以黄花泾河为界，与虎丘区（高新区）相邻。包括白洋湾街道的民主村、西站居委会全部和自由村部分及虎丘街道的路北村、新城村、新益村、富强村的部分，总面积达11平方公里。规划中的金阊新城紧接铁路、公路、运河，交通枢纽的区位优势十分明显。原先白洋湾地区物流业的初步发展也为金阊新城奠定了良好的发展基础。

金阊区按照市委、市政府的总体部署，高起点规划设计、高标准开发建设、高强度招商引资、高效率组织实施，全力推进金阊新城的建设。建成后的新城将发挥地理位置、交通等优势，成为苏州市区的物资配送运输中心、物资集散仓储中心、生产生活物资交易中心和物流信息中心，从而成为服务苏州大市、辐射整个江苏、影响到全国的高水准综合物流中心。

金阊区

山塘

千年古街，七里山塘。自实施保护性修复工程两年来，已完成山塘桥至新民桥段保护性修复工程及相应的招商、旅游策划等工作。整个七里山塘基础设施建设已完成，修复工程初显成效，"东方水街"神韵再展。

山塘街已有近1200年的历史，拥有众多的文物古迹，丰富的历史遗存和典型的江南水乡风貌。由于历经战乱、岁月侵蚀和年久失修等原因，文物古迹损坏较为严重。为恢复历史街区传统风貌，推进古城保护，弘扬历史文化，促进可持续发展，市委、市政府决定全面保护修复山塘历史街区。2002年6月，由金阊区组织实施。规划修复的山塘历史文化保护区东起山塘桥，西至虎丘西山庙桥，全长3600米，规划总用地136.75公顷。已实施的保护性修复试验段工程和一期工程，东起山塘桥，西至新民桥，长约360米，建筑面积约2.6万平方米。

金阊区积极探索有效保护与合理开发的途径，山塘旅游发展总体思路已确定：以再现山塘街传统风情为主题，全方位、动态化地展示山塘丰厚的历史文化底蕴、典型的姑苏水巷风貌、鲜活的吴地民俗风情和苏州历史文化名城的品位，将山塘打造成具有鲜明特征的水陆黄金旅游线。目前，已完成修复并向世人展示的主要景点有：明代吏部尚书吴一鹏故居、御碑亭、江南衣馆、安泰救火会、古戏台、汀州会馆等。山塘街东段引进苏作红木雕刻、玉雕、刺绣、缂丝、苏扇、石壶等前店后作坊式的商铺，展示苏州传统工艺精品。得月楼、黄天源、采芝斋等老字号商铺也将进驻山塘。目前，试验段48家商铺招商工作已完成，三分之二店铺已经试运行。七里山塘还将开辟水上游、夜游山塘等项目，形成水陆并举、日间游和夜间游同辉的旅游格局。千年山塘将成为镶嵌在吴中第一名胜虎丘与古老繁华阊门一条金色项链上的一颗璀璨明珠。

石路

石路是苏州传统商贸区，承载行人如织的繁华旧梦，历经现代文明的浸润洗礼。2004年1月18日正式竣工的步行街改造工程，将一个焕然一新的石路呈现在广人市民面前。光与水交相辉映，昼与夜美景相连，传统与现代完美融合，靓丽的石路正成为苏州风情万种、高雅时尚的前沿。这个日益成长的现代化商贸中心，集购物休闲、观光旅游、商住服务于一体，人流、物流、信息流在这里交汇辐射，充分展示着海纳百川的宽阔胸襟，必将为人间天堂增添崭新的亮点。

省政府《关于进一步完善下岗失业人员再就业优惠扶持政策的通知》。

11月27日，发出《关于成立苏州港太仓港区二期工程建设领导小组和建设指挥部的通知》。

11月27日，市政府办公室发出《关于苏州市开展境外卫星电视传播秩序专项整治工作方案的通知》。

12月2日，发出《关于成立第3届中国苏州电子信息博览会筹备工作指挥部的通知》。

12月2日，市政府办公室发出《关于下达2004年市区无偿献血计划的通知》。

12月9日，市政府办公室发出《关于成立苏州市区中巴车收购改造协调小组的通知》。

12月11日，发出《关于成立市南北劳务交流协调小组的通知》。

12月15日，市政府办公室发出《关于成立苏州市创建绿色社区工作领导小组的通知》。

12月24日，发出《关于苏州市沿江地区综合开发规划纲要草案的通知》。

12月24日，发出《关于苏州市临江产业导向目录的通知》。

12月24日，市政府办公室发出《关于认定苏州市第7批市级技术中心的通知》。

12月25日，发出《关于苏州市人民政府2004年规章立法计划项目和准备项目的通知》。

12月27日，市政府办公室转发市环保局《关于苏州市环境优美乡镇考核标准和苏州市生态村考核标准的通知》。

12月30日，市政府办公室发出《关于做好电子公文传递工作有关事项的通知》。

12月31日，转发省政府《关于调整教育费附加等政府性基金征收办法的通知》。

12月31日，市政府办公室发出《关于切实解决拖欠工程款及农民工工资问题的通知》。

【表彰、奖励】 1月8日，作出《关于表彰创建江苏省园林城市先进集体先进个人的决定》，共表彰先进集体70个、先进个人87名。

1月9日，作出《关于表彰2002年度苏州市先进工业企业和优秀厂长（经理）的决定》，共表彰22家企业和55名个人。

1月15日，作出《关于对2002年城市环境长效管理任务书完成情况进行表彰奖励的通报》，对全市5市7区35个部门进行表彰。

1月28日，作出《关于表彰2002年度苏州市开放型经济工作先进单位和先进个人决定》，共表彰先进单位20家、先进企业78家和先进个人120名。

2月12日，作出《关于表彰1998～2002年度全市环境保护工作先进集体先进个人的决定》，共表彰先进集体150个、先进个人298名。

2月13日，作出《关于表彰2002年苏州市重点项目建设与服务先进单位的决定》，共表彰重点项目建设先进单位7个、重点项目建设表扬单位10个、支持重点项目建设优秀单位16个。

2月24日，作出《关于授予江苏沙钢集团等100家企业为2002年度苏州市纳税大户的决定》。

3月28日，作出《关于表彰命名2002年全市外向型农业工作先进单位和优秀企业的决定》，授予外向型农业工作先进市（区）称号9个、农业利用外资先进乡镇（开发区）称号10个、农产品出口优秀企业称号10家。

4月22日，作出《关于表彰苏州市2000～2002年度劳动模范的决定》，授予291人“苏州市劳动模范”荣誉称号。

5月9日，作出《关于表彰2002年度苏州市农业龙头企业工作先进单位和优秀农业龙头企业的决定》，对常熟市人民政府等8家农业龙头企业工作先进单位和苏州市牛奶公司等10家优秀农业龙头企业进行了表彰和奖励。

6月30日，作出《关于授予倪敏康等5位同志苏州市见义勇为先进分子荣誉称号的决定》。

7月1日，作出《关于表彰苏州市阳澄湖网围整治工作先进集体和先进个人的决定》，共表彰先进集体12个、先进个人30名。

7月25日，作出《关于给予802专案组及有功人员奖励的决定》，给予专案组记集体二等功、7名同志记个人二等功的奖励。

8月29日，作出《关于给予王伟华等同志记二等功奖励的决定》。

9月4日，作出《关于表彰为苏州城市建设立新功先进集体和先进个人的决定》，共表彰先进单位（部门）46个、先进个人101名。

9月18日，作出《关于表彰2001～2002年度苏州市农业科技工作先进集体先进工作者和科技致富带头人的决定》，共表彰先进集体10个、先进工作者10名、科技致富带头人20名。

9月26日，苏州市人民政府、苏州军分区作出《关于表彰苏州市2002年度征兵工作先进单位和个人的通知》，共表彰先进单位9个、先进个人33名。

11月4日，作出《关于表彰苏嘉杭高速公路常熟至苏州段工程建设先进集体先进个人的决定》，共表彰先进集体21个、先进个人59名。

12月18日，作出《关于表彰苏州市文物保护先进集体的决定》，共表彰先进集体24个。

12月30日，作出《关于颁发苏州市2003年科学技术进步奖的决定》，共颁发科学技术进步奖130项，其中特等奖2项、一等奖2项、二等奖32项、三等奖94项。

12月31日，作出《关于颁发苏州市第七次哲学社会科学优秀成果奖的决定》，共颁发优秀成果获奖项目183项，其中一等奖10项、二等奖40项、三等奖133项。

（张锦亮）

市政府重要活动

【市长调研】 2月12日，市长杨卫泽、常务副市长包国新前往市审计局调研，要求努力强化审计监督服务作用。

2月17日，市长杨卫泽、副市长江浩赴相城区调研农业农村工作，指出解决“三农”问题重在创新。

2月22日，市长杨卫泽就本市古城保护开展专题调研，要求及时抢救并全面保护古城。副市长朱永新、姜人杰、谭颖等参加调研。

5月3日 市长杨卫泽、副市长汪国兴考察市行政服务中心，强调要努力营造为民亲商的氛围。

8月11日 市长杨卫泽率组织、人事、科技、教育和劳动等部门负责人深入太仓、昆山两地的中外企业、人才市场和科技创业园等，了解各地人才工作建设情况，强调指出人才是第一资源，政府部门要象重视引进资金一样重视人才工作，为企业发展提供更好的人才服务。

9月5日 市长杨卫泽、副市长赵俊生率有关部门负责人调研本市再就业工作。杨市长指出，老百姓的就业最重要，到今年年底，全市所有的双下岗和双失业家庭，至少要有一人上岗。

9月8日 市长杨卫泽、副市长朱永新调研本市教育工作，提出要打造一流教育的目标。据悉，本市拟将市职业大学、苏州教育学院、市广播电视大学等4～6所大专院校合并成苏州城市学院，杨市长就新校的选址、规划、运作与有关人员进行了讨论。

11月20日 市长杨卫泽、副市长朱永新调研本市文化建设和古城保护情况，并与有关专家就本市文化事业发展、古城申报世界文化遗产进行研讨。

11月25日 市长杨卫泽、副市长周伟强率相关部门负责人先后对高新区的住友电工、吴中区的东瑞制药和园区的三星电子3家外资企业进行调研。杨卫泽要求在下一步的外经贸工作中要努力提升本市的国际国内形象、服务水平、通关环境和产业层次。

12月1日 市长杨卫泽调研本市粮食流通体系，要求保证粮食供应和质量。

12月2日 市长杨卫泽率有关部门负责人调研定销房建设情况，要求抓好质量环境，让拆迁户早日入住新居。

12月10日 市长杨卫泽、副市长周伟强对本市商贸、旅游行业进行调研，提出本市要争进中国旅游城市第一方阵的发展目标。

【市长出访】 2月13日，由省委常委、副省长、市委书记王珉，市委副书记、市长杨卫泽率领的苏州市党政代表团赴宁波考察该市在城市建设、港口开发、民营经济发展等方面的经验和做法。市领导周福元、杜国玲、包国新、沈荣法、冯瑞渡、姜人杰、赵俊生等参加了考察。

2月16日，市委副书记、市长杨卫泽赴上海考察旧城改造工作，副市长朱永新、姜人杰、谭颖等参加考察。

3月2日，副市长江浩赴广东佛山等地考察。

3月5日，副市长谭颖赴浙江宁波、温州等地考察。

3月7日，副市长姜人杰赴广东深圳等地考察。

3月21日，副市长赵俊生赴浙江宁波考察。

3月26日，副市长谭颖赴上海考察固体废物处置工作。

6月15～16日 市领导杨卫泽、汪国兴、周伟强率本市旅游企业、景点景区代表赴杭州考察。杨市长与杭州市委副书记、市长茅临生举行了会谈，两市签署了“天堂之旅”合作协议。

8月18日，副市长汪国兴赴西藏拉萨考察。

8月19日，副市长姜人杰赴广东深圳考察花园城市工作

8月21日，副市长江浩赴湖南省长沙等地考察政法工作。

11月1～3日 由省委常委、市委书记王珉，市委副书记、市长杨卫泽率领的苏州市考察团赴温州市和台州市考察民营经济，市领导周福元、冯瑞渡、徐国强、秦兴元、赵俊生、姚东明等参加考察。温州市委书记李强、台州市委书记史久武向考察团分别介绍了两市发展情况。

12月15日，副市长江浩赴东北考察储备粮生产基地工作。

【出国及赴港澳台地区访问】 3月22日，苏州市政府代表团在巴黎近郊圣·雷米奥诺雷市政府举行新闻介绍会，热情邀请法国朋友到苏州作客。中法文化年中国园林盆景展及怡黎园建设新闻发布会同时举行。中国驻法大使吴建民、公使衔文化参赞刘桑、苏州市副市长姜人杰，法国朗布依处副省长吕克希·伊夫、圣·雷米奥诺雷市市长斯莫南、法国国民议会议员布旦等出席“苏州世遗会倒计时100天”活动并讲话。

8月18日 由省委常委、市委书记王珉，市委副书记、市长杨卫泽率领的苏州市友好代表团赴新加坡访问，代表团成员还有市委副书记、园区工委书记、管委会主任王金华及有关部门负责人。抵达当日，新加坡《联合早报》采访了王珉书记，代表团拜访了中国驻新加坡大使馆。19日，访新代表团拜访新加坡内阁副总理李显龙。李显龙说，园区的发展比任何人的预想都要好，新加坡政府支持国内企业特别是中小企业投资中国。中国驻新加坡大使馆罗照辉代办陪同拜会，新加坡有关方面人士林子安、林梁长、何鸣杰、张荣社、许保华、张立昌等参加了会见。代表团还拜访了新加坡贸工部部长杨荣文，参观了新加坡裕廊镇化工岛。园区情况说明会同日举行，800名新加坡工商界和其他各界人士听取了苏州市和园区发展实绩，新加坡教育部政务部长曾士生出席会议，新加坡国际企业发展局局长李奕贤和中国驻新加坡大使馆公参周洪立分别在会上发言。20日，访新代表团参观考察了新加坡资讯通信发展管理局和新加坡市区重建局，表示要积极借鉴新加坡的经验，推动苏州市现代化事业的发展。新加坡国际企业发展局局长李奕贤会见了代表团。晚上代表团与新加坡老朋友共叙友情，苏州-新加坡财团董事长林子安祝词：园区始终是我们关注的热点，我们会推动苏州工业园区向更好的方向发展。代表团还接受了新加坡媒体《财经追击》的采访。21日，代表团拜会新加坡内阁资政李光耀。李光耀说：“非常高兴能与苏州保持良好的合作，如果你们需要的话，软件转移将继续下去。”李光耀还对园区的最新进展感到高兴，希望能够按照既定计划不断发展，并称赞苏州是座美丽的城市，为苏州保护古城和治理水环境提出了建议。王珉介绍了苏州市和园区最新发展成就，并邀请李光耀出席园区10周年庆典。代表团还于当日参观了新加坡国家电脑系统和原貌馆。22日，访新代表团参观了IT企业迈拓公司和巴淡岛印都工业园。23日，访新代表团回苏。

10月5日，由市长杨卫泽、副市长周伟强率领的苏州市政府赴日韩代表团抵达东京，苏州市历史上规模最大的海外招商活动随之展开。杨卫泽于当日赴中国驻日大使馆拜会了武大伟大使等。6日，市政府在东京举行“苏州的现状与未来”说明会，杨卫泽作了主旨演讲，500多位日本工商界、金融界知名人士参加了会议。市政府记者见面会也同时举行。9日，市长杨卫泽等访问了苏

州市的友好城市——日本池田市，拜访了日本三洋电机总部。10日，苏州旅游情况说明会在大阪举行，60多家知名旅行社参加了说明会。11日，市政府在东京举办海外留学人员招聘会，市长杨卫泽在会上发表题为《苏州，人居和创业的“天堂”》的演讲。13日，市政府在汉城举办题为“苏州的现状与未来”情况说明会，300多家韩国企业负责人参加了会议。杨卫泽还访问了韩国三星电子株式会社，就如何进一步完善苏州投资环境征求了社长李润雨的建议。15日，市政府在釜山举行苏州旅游说明会。16日，代表团抵达全州访问。17日，代表团结束招商。在为期两周的活动中，代表团与日韩企业共签订投资项目88个，注册外资达到11.3亿美元，超出了预期目标。

11月10日　由市长杨卫泽率领的苏州市服务行业招商团赴香港招商。杨卫泽在接受香港媒体采访时说：这是苏州和香港共同的机遇。11日，市政府新闻发布会、苏州服务业开放说明会以及“古韵今风”苏州展在香港会展中心大会堂举行，市长杨卫泽在会上宣布：苏州是一个开放的城市，苏州的服务行业充满活力与商机，苏州市政府愿意以更加开放的姿态、更加坚定的信念，支持和鼓励投资者在苏州创业发展。中央人民政府驻香港特别行政区联络办公室副主任郑坤生，市委常委、秘书长徐国强，市委常委、副市长周伟强等出席了活动。13日，招商团举行苏州旅游推介会，推销苏州市以“三古一湖”为代表的旅游产品。据统计在港招商期间，共有16个苏港合资、合作项目签约，协议资金达56.6亿元人民币和9500万美元。（张锦亮）

【中美市长空中对话】　2003年2月2日是中国农历新年的第二天。这一天，全球的电视观众在北京时间23:05都可以从中国中央电视台国际频道看到一档特别节目：《让世界了解你——苏州》。这一档节目是由苏州市政府新闻办公室与央视国际频道联合录制的。《让世界了解你》是一个50分钟大型卫星综合节目，它在国内演播室和海外现场之间，通过国际卫星双向同时传递，实现中外创新人物的跨国直接对话。

在这档50分钟的节目里，观众们看到苏州市市长杨卫泽与美国圣塔克拉拉市市长莫寒女士、美国硅谷商会会长兼CEO康宁先生在“面对面”的亲切交流，看到苏州蓬勃发展的现代经济、城市风貌和昆曲、舞蹈、双面绣……这档电视节目为苏州打开了通向“硅谷”的大门，两位年轻市长的对话，也许就是这两座城市实现对接的开始。（陈晓蓝）

【市政府实行新闻发布会制度】　8月18日上午，市政府举行新闻发布会，就2003年上半年经济运行情况和下半年工作打算向新闻媒体作了通报，并回答了记者的现场提问。这是本市举行的首场新闻发布会，标志着苏州市政府新闻发布会制度的正式建立。

建立新闻发布会制度，旨在营造一个更加公开、透明、通畅的信息环境，为中外媒体记者提供规范的新闻服务。同时，采用国际通行的做法，主动提供新闻信息服务和主导解释，有利于更加及时准确地把党委和政府的声音传递给广大市民，提高政府运作的透明度，使群众的知情权得到更充分保障。这也是苏州全力构建阳光政府、服务政府、诚信政府、效率政府的又一项重要举措。

本市实行的新闻发布会制度包括3个层面：一是市政府新闻发布会制度。由市政府秘书长、副秘书长或有关部门负责同志就政府阶段性重要政务信息对外进行新闻发布，原则上每月举行一次。二是专题新闻发布会制度。由政府指定专人代表市政府就全市性重大活动或突发事件情况，对外进行新闻发布。三是市领导与新闻媒体见面会制度。由市长或副市长就全市性重大工作进行新闻发布，每半年举行一次。

首场新闻发布会上，市委常委、宣传部长周向群向参加新闻发布会的《人民日报》、《新华日报》、《苏州日报》以及香港《大公报》等10多家媒体介绍了这项新制度的实行情况。市政府秘书长王少东作首场新闻发布。（张俊启　魏蓉婷）

【市行政服务中心概况】　苏州市行政服务中心是市政府的对外形象和窗口。中心设40个窗口部门、610项审批与服务事项，拥有179名窗口工

附：苏州市人民政府出访国外及港澳台地区情况（2003）

出访领导	出访时间	出访国家和地区	出访事项
赵俊生副市长	2003年1月	日本、韩国	招商
江浩副市长	2003年3月	巴西	农业考察
姜人杰副市长	2003年3月	法国、瑞士	出席世遗会第6次特别会议
杨卫泽市长	2003年3月	澳大利亚、新西兰	苏州市友好代表团
汪国兴副市长	2003年7月	意大利、瑞士	苏州市代表团
杨卫泽市长	2003年8月	新加坡	苏州市友好代表团
江浩副市长	2003年9月	香港	苏州大闸蟹推介会
朱永新副市长	2003年9月	巴西、阿根廷	苏州市体育代表团
姜人杰副市长	2003年10月	荷兰	参加国际花园城市评选
杨卫泽市长、周伟强副市长	2003年10月	日本、韩国	招商
汪国兴副市长	2003年10月	美属北玛利安纳群岛（天宁岛）	参加亚洲资本论坛年会
赵俊生副市长	2003年10月	德国、法国	高新区招商
杨卫泽市长、周伟强副市长	2003年11月	香港	招商
江浩副市长	2003年11月	日本	农业考察、招商

（张锦亮）

作人员，日均办理事项近1500件，办结率达99%，其中75%的事项都能当场办结。2003年中心率先推出了政府诚信服务的办事机制，所有审批或服务事项都做到服务内容、办事程序、申报材料、承诺期限、收费标准和收费依据6个公开，办事从受理到收费都采用计算机管理，并建立了集中统一的收费制度。所有进驻事项分别做到“即办件”当场办，“承诺件”限时办，“联办件”牵头办，“急办件”快速办，“补办件”和“退办件”明确答复办。中心制定了两个以上部门联办项目的联合审批办法及操作流程，实行“一门受理，抄告相关，同步审批，限时办结”，并采取联合会办与现场踏勘的办法，压缩承诺办理时间，大大提高了办事效率。为了对市重点、重大、重要项目的审批全面提速，中心制定了快速审批的“绿色通道”，由计委窗口牵头，中心负责协调，特事特办，使审批更快捷。9月，中心对28个部门的149个审批事项进行了提速，承诺办理时限又压缩了30%以上。至年底，已有19个部门的70个审批事项开通了网上在线预审批服务。

2003年8月13日，中共中央政治局常委、中纪委书记吴官正视察中心，使全体工作人员深受鼓舞。在全市政府部门政风、行风建设的民主测评活动中，社会各界对中心的建立和运行、对窗口高效优质的服务满意的得分率为98.7%。办事群众对窗口服务评议的满意率保持在99%以上。中心共收到锦旗44面、表扬信190封，并获得了“江苏省五一劳动奖状”和“第8届全国职工职业道德建设先进单位”荣誉称号，真正体现了服务型政府的“形象工程”、为民亲商的“民心工程”和高效廉洁的“阳光工程”，体现了中心便民、高效、廉洁、规范的服务宗旨。（郭　筠）

政府法制

【政府立法工作】 2003年，市政府法制办公室根据市人大常委会制定地方性法规计划和市政府制定规章计划，审核地方性法规、政府规章、规范性文件74件。其中，《苏州市危险废物污染防治条例》、《苏州市城市排水条例》、《苏州市公共汽车客运条例》3件地方性法规已经市人大常委会审议通过、省人大常委会批准；市政府通过了《苏州市历史文化名城名镇保护办法》、《苏州市农村合作医疗保险管理办法》、《苏州市客运出租汽车管理办法》、《苏州市货运出租汽车运输管理办法》、《苏州市公墓管理办法》、《苏州市人民政府关于修改〈苏州市城市管理相对集中行政处罚权试行办法〉的决定》、《苏州市人民政府关于废止〈苏州市收容遣送管理办法〉的决定》、《苏州市人民政府规章制定规定》、《苏州市房地产中介管理办法》、《苏州市生猪屠宰销售管理办法》、《苏州市燃气管理办法》、《苏州市建筑施工安全监督管理办法》、《苏州市环古城河水上游管理办法》、《苏州市教师申诉办法》、《苏州市档案管理办法》等15件规章。市政府法制办还组织办理了国家、省法律、法规和规章征求意见稿27件。

年内，政府立法重视了法规、规章的清理工作。根据国务院、省政府的统一部署，按照行政审批制度改革的要求，市政府法制办开展了两轮有关涉及取消行政审批项目的地方性法规、政府规章和其他规范性文件的清理工作，涉及需要修改和废止地方性法规、政府规章和其他规范性文件23件。为了提高地方立法工作水平，市政府与市人大常委会联合召开了苏州市被国务院批准为“较大的市”享有地方立法权10周年新闻发布会；聘请14名专家学者为立法咨询员；举办了全市立法工作培训班；结合推行政务公开，全年公开发布规章、规范性文件37件。

【行政执法监督】 2003年，全市各级行政机关继续重视和加强行政执法和执法监督工作，执法体制改革不断深入。

①城市管理相对集中行政处罚权工作从试点进入全面推开阶段，市区的城市管理综合执法工作重心下移，延伸至街道；昆山、常熟两市的相对集中行政处罚权工作开展正常；太仓、张家港、吴江3市的实施方案经省政府批准。

②组织开展了全市行政执法情况大检查，在各地、各部门自查的基础上，市政府法制办邀请市人大有关工委的领导对部分县级市、区和部门的行政执法情况进行了抽查，对检查中发现的问题及时向有关地区和部门提出整改意见。同时，为拓宽行政执法监督渠道，市政府聘请了5位人大代表和5位政协委员作为市政府特邀行政执法监督员；市政府法制办受市政府委托，向市人大常委会汇报2001～2003年全市行政执法情况，接受市人大常委会的监督和指导。

③加强行政执法监督的日常工作。全市新办行政执法证件2000多份，注册证件3200多份。加强规范性文件和重大行政处罚案件的备案审查，市政府法制办对23件规范性文件和19件重大行政处罚进行了重点审查，参与了民政、档案、卫生、司法、监察等部门的执法检查。

【行政复议和应诉】 2003年，全市各级、各部门受理行政复议案件165件，加上旧存12件，共审结165件。其中，维持94件，占57%；申请撤回57件，占34.5%；撤销6件，占3.6%；变更、确认违法1件，其他方式结案7件。案件涉及公安、建设、劳动社保、国土、交通、城管等主要领域。为提高行政复议办案质量，8月下旬，举办了全市行政复议理论研讨会；对280多名复议、应诉人员的资格证书进行了注册，组织32名复议、应诉人员参加省政府法制办举办的第4次行政复议应诉人员资格考试。另外，市政府法制办代理市政府参加行政诉讼案件3件。

【政府法制宣传教育】 2003年，全市各级政府法制工作机构和部门始终把做好政府法制宣传工作作为提高行政机关工作人员依法行政水平、增强公民法律意识的重要手段。

①及时做好新颁布法律法规的学习宣传。为依法防治“非典”，加强了对突发公共卫生事件应急条例的学习和宣传；为确保《城市生活无着的流浪乞讨人员救助管理办法》的顺利实施，采取切实措施，加大了学习和宣传的力度。

②继续做好领导干部学法和行政执法人员法律知识更新教育工作。市政府法制办配合市政府办公室举办了1期行政机关领导干部法

制讲座；各地、各部门采取多种形式，加强了对行政执法人员的教育和培训，有效提高了行政执法人员的执法水平。

③重视加强政府法制信息工作。市政府法制办召开了各县级市、区政府法制信息工作座谈会，下发了《关于进一步加强政府法制信息工作的通知》，建立了新的政府法制信息网络，续编了《政府法制工作手册（三）》，编辑《政府法制》简报12期，采用信息122篇，与市人事局联合对2001～2002年度全市政府法制工作先进集体和先进个人进行了表彰和奖励。

【仲裁工作】 2003年，苏州仲裁委员会继续加大仲裁法律制度的立法推动工作，全年共受理、处理各类经济纠纷案件406件，涉案标的5.42亿元。 （高　兰）

编制和人事管理

【概况】 2003年，全市人事部门围绕全年人事工作指导思想及工作目标，解放思想，深化改革，强化服务，积极构筑人才平台，认真研究和积极解决人事工作所遇到的新情况、新问题，找准为经济建设服务的结合点，创造性地开展工作。市编办以生产经营类事业单位改革为突破口，积极稳妥地推进事业单位分类改革；以机构编制管理制度化规范化建设为重点，严格控制机构编制增长；以调查研究为抓手，努力使机构编制适应本市社会经济发展的需要；以贯彻中办、国办《关于进一步加强机构编制管理工作的通知》为契机，加强机构编制的监督检查，取得了可喜的成绩。9月30日，全国留学回国人员先进个人和先进工作单位表彰大会在北京举行，苏州高新区外商投资服务中心谷光、苏州大学信息光学研究所陈林森、华芯微电子有限公司谢伟国等3人被评为先进个人，中国苏州留学人员创业园（含昆山留学人员创业园）被评为先进工作单位。年内，市人事局机关党委被评为苏州市市级机关“先进基层党组织”和“十佳先进基层党组织”。市人才服务中心被省政府评为省文明标兵单位。市人事局机关档案工作目标管理晋升为省一级标准。

【招才引智】 2003年，苏州市高度重视人才智力引进工作，市政府先后两次组团赴欧洲、日本进行人才招聘和引智项目洽谈活动，取得了圆满的成功和丰硕成果。市长杨卫泽亲自参加日本引智招聘会，发表演讲并就创业、生活、子女教育、政府服务等方面回答了留学生的提问，为招聘留日学生打下了扎实的基础。年内全市引进各类人才43782名，比上年增长45.9%，其中新增博士生及海外留学生227名，硕士及具有高级职称人才2211名，本科生2万余名，继续保持了强劲增长的势头，为苏州经济和社会发展提供了有力的人才保证和智力支持。同时，引智项目洽谈也取得了很大进展。全年申报引进国外智力项目34个，完成引进国外智力项目31个，先后有来自日本、美国、法国等国家的34位外国专家来苏帮助工作。特别是吴江同里的古镇保护与建设的专家项目，通过聘请日本九州大学的山野善郎先生，项目顺利进行并与九州大学山野研究室签订了合作建立同里太湖流域古镇保护研究中心的协议，为引进国外智力工作拓展了渠道，探索了新的路子，取得了较好的效果。

【人才培养】 2003年，市委、市政府和市委办公室、市政府办公室分别出台了《关于进一步加强人才工作的意见》和《苏州市人才培养工程实施意见》、《苏州市人才开发资金使用暂行办法》等3个文件，进一步完善了人才培养的政策体系。人事部门围绕苏州市人才培养战略，坚持培训教育为苏州社会经济发展服务的方针，根据苏州社会经济发展的需求，适时开设了营销、物流、计算机、英语、职业经理人等职业资格证书培训班，受到社会各类人员的青睐。年内，全市人事部门共开设各类培训班835个，直接培训培养各类人才29263人。在高层次人才培养方面，苏州市与同济大学、中国科技大学、南京理工大学等高校，联合开办了工商管理、计算机技术工程、电子信息工程等10个专业硕士班，在读人数390名，进一步加快了培养高层次紧缺人才的步伐。

【5家单位获准设立博士后科研工作站】 2003年，经国家人事部批准，本市的江苏银河电子股份有限公司、吴江丝绸股份有限公司、江苏吴中集团有限公司、江苏绿利来股份有限公司、高新张铜股份有限公司等5家单位为博士后科研工作站，开展博士后工作。年内江苏省共批准21家，本市约占全省的四分之一。至此，全市已拥有13个博士后科研工作站。

【公务员管理】 2003年，全市严把“进口”关，继续坚持公务员队伍“凡进必考”制度，全年组织5次国家公务员和参照公务员制度管理事业单位招考工作，录用395人。为199名公安院校资格考试合格的应届毕业生办理了录用手续。全年以纪念《国家公务员暂行条例》颁布10周年为先导，切实完善制度，优化公务员队伍结构。先后开展了国家公务员知识竞赛、十年巡礼专版专刊宣传、召开纪念大会表彰人民满意公仆等活动。围绕贯彻《苏州市公开选拔党政领导干部实施办法（试行）》，进一步规范公开选拔工作的程序和方法，全市机关中层职位竞争上岗工作有序展开，有48家单位68个职位实施了竞争上岗工作，有70人竞争上岗进入县级机关担任科（股）级职务。2003年，全面完成了对2002年度国家公务员（机关工作人员）的考核工作。全市考核总人数达到28098人，其中，优秀等次3500人，占12.5%；称职24092人，占85.8%；基本称职36人，占0.1%；不称职17人，占0.1%；未定等次445人，占1.6%；暂缓8人。全市在各地各部门推荐的基础上进行评比和考察，授予了徐伟才等20位同志为“苏州市人民满意的公仆”，并在全市大会上进行了表彰。制定了《苏州市事业单位参照国家公务员制度管理实施意见》，完成了15家308人的“参照管理”事业单位人员定岗资格认定工作。

【军转干部安置】 2003年，全市以自主择业转业军官管理为重点，稳步推进军转干部安置制度改革。为切实加强自主择业转业军官的管理和服务，成立了苏州市自主择业转业军官服务中心，狠抓了自主择业转业军官各项政策的细化和出台工作，较好地为自主择业转业军官就业及各类服务提供了方便。在受“非典”影响，全国军转安置工作推迟部署一个月的情况下，市组织、人事、军转等部门采取走访驻苏部队和用人单位、召开座谈会等形式，全面摸清安置任务、安置重点，以及机关事业单位空编情况，提前制定了工作预案，争取到了工作的主动权。市委常委、组织部长邱岭梅两次召集市组织、人事、军转部门负责同志研究，市人事局、军转办根据市委机关仅空编0.6%、市政府各部门空编1.8%的实际情况，提出了“党政机关带头、事业单位分流、充实各区和街道、各单位共同负担”的安置策略，较好地保证了安置计划的落实。全市共接收安置军转干部253人，其中计划安置的军转干部237人，自主择业的16人，接收师职干部4名，团职干部67名。通过各级各方面的共同努力，计划安置的237人，安置在党政机关的占75.5%，事业单位占23.6%，条线等企业占0.9%，同时，36名转业干部随迁配偶也基本落实了工作单位，并同时发出通知，还接收全迁户52户，转业干部子女42名。全市公安等政法系统共安置转业干部77人，行政执法类参照公务员管理的事业单位接收29人，两类单位接收量占总数的44.7%，有效地缓解了党政机关的压力。

【毕业生就业】 2003年是全国扩大招生规模后毕业生就业的第一个高峰年，苏州市应届毕业生达创记录的24003人，比上年净增4000人，增幅达20%。为此，人事部门及早展开工作，把扩大就业放在更加突出的位置，坚持劳动者自主择业、市场调节就业和政府促进就业的方针，实施积极的就业政策。根据国家、省有关文件精神，先后出台了《关于进一步加强大中专毕业生就业工作的通知》、《关于做好我市特困家庭毕业生就业工作的通知》等文件，加大了对毕业生就业工作的指导，并提出了加强本地毕业生就业工作的5条措施。各级人事部门针对“非典”影响，适时举办了春季毕业生就业洽谈会、网上专场招聘月和非公企业毕业生招聘专场等招聘活动。同时各级还及时搜集需求信息，搞好信息发布，强化推荐力度，为毕业生就业提供了形式多样的就业平台，最大限度地做好毕业生就业的指导和促进工作。由于全市各级群策群力，齐心协力，有效地促进了毕业生的就业工作。年内，全市人事部门办理接收2003年应届大中专毕业生28048人，比上年增长12.6%，其中接收研究生533人(含博士生40人)，本科生14304人，专科生7674人，中专生5497人，接收本科以上毕业生比上年增加5017人，增幅达54%。

【职称改革】 2003年，全市职称工作在拓宽评审范围、突出高级人才评审上下工夫，做到贴近基层，搞好服务；坚持个人申报、社会评价、单位使用、政府指导的工作方向，加快推进职称评价的社会化进程。为了开发农村人才，做好农民职称评审工作，市人事局会同农业等部门在全市从事粮棉油、蔬菜瓜果、林木花卉种植，畜牧、水产养殖和农机等专业，成绩显著的农民中评选了100位农民专家。随后，又根据他们的技术水平、业务能力，为他们评审了相应的专业技术职称。同时，还针对留学回国人员申报高、中级职称，市属高校、中专校试行双职称等情况先后出台了有关规定，调动了留学回国人员、职业技术教育教师的工作积极性，开创了全省职称评审工作的先例。全年共推荐评审高级职称1930人(其中正高级119人)，评审中级职称2833人、初级职称1937人，外地职称确认186人，地方经济、会计、工程、建筑工程职称评审164人。

【工资福利】 2003年，全市工资福利工作以统发工资为抓手，进一步理顺工资关系；以加强和规范机关、事业单位工资管理为重点，积极探索分配改革新途径，实现了新的创新。为了规范市级机关工资、奖金、津贴的管理，本市在借鉴外地经验的基础上，对市级机关、财政全额拨款事业单位工作人员收入分配进行了调整改革，实行了统一规范的地方岗位补贴和奖金分配制度。通过这次改革，初步达到了规范、统一、公平、激励的目的，有效地调动了积极因素，同时推进了党风廉政建设和财政行政事业性收费收支两条线的管理工作。市级机关的工资统发工作进展顺利，到年底，累计实行工资统发单位达68家5759人。此外，全市还推广并完善工效挂钩与工资总额包干工作，2003年新签、续签各类合同100余份，挂钩和包干单位已达180多家，占市区事业单位总数的35%。技术工人等级考核工作也有序进行，全年开展工人技术等级升级培训考核668人，其中初级工98人、中级工308人、高级工262人。申报中级技师8个工种，28人。

【退休退职工作】 2003年，全市认真贯彻市政府有关文件精神，根据转企改制的进度，加强改革分流人员的有关工作，把握政策的尺度，保证事业单位转改制政策的连续性、一贯性，并且从实际出发，针对转制单位的复杂情况，要求各转制单位对分流人员分门别类造册审核，采取提前退休“会办制”，较好地处理了一些转制中的矛盾。为了工作的平稳展开，市工资部门坚持上门服务，仔细审核每一分档案，真正做到服务基层、服务群众。至年底，全市共有56家转制事业单位的769名非转制分流人员办理提前退休手续。规范机关、事业单位正常到龄人员退休审核工作，日常退休严格依照国发[78]104号文件规定执行，做到到龄即办。全年市级机关及市属事业单位共办理退休手续324人次。

【机构编制管理】 2003年，市制定并实施了《苏州市机构编制委员会工作规则》，各县级市、区编办也制订了相应的《工作规则》，明确了各级编委会的工作原则、内容、制度、程序和机构编制审批权限，加强了集体会审，严格坚持“一支笔”审批的原则；各级编办狠抓落实，建立了与《工作规则》配套的各项内部制度和工作规程，加强机构编制管理规范化、制度化建设，加强了机构编制的前期审核和协商，严格把关；各有关部门也积极配合，自觉遵守机构编制纪律。一年来，全市各级都按照机构改革方案设置行政机关，全市行政编制没有突破省政府下达的编制总额，实有人员总量控制在行政总编内；全市事业单位机构个数呈稳步下降的态势，新建事业单位数也比往年大大减少，机构编制的增长也得到了有效控制。（顾正明）

人民信访

【概况】 2003年，苏州市和县级市、区两级信访部门共受理群众来信14013件；接待群众来访11032批52564人，集体上访1795批39535人次。其中，市信访局受理群众来信8233件；接待群众来访2943批19386人次，集体上访613批16159人次；网上“市长信箱”共受理群众来信476件；“人民建议征集办公室”共受理人民建议416件；“市政府联系群众电话”共处理群众电话1605只；立案自办会办147件，办结147件，结案率100%；受理省交办案件131件，结案131件，结案率100%。全年编写《信访信息》251期，《信访摘报》14期，《信访简报》81期，市领导在市信访局上报的有关材料上批示171次。通过以上工作，充分发挥了信访部门反映社情民意的窗口作用，处理和督促有关部门处理解决了一批关系人民群众利益的信访问题。6月，全市信访工作会议召开，表彰了2000～2002年度全市信访工作先进集体和先进个人；8月，全市开展了群众重复上访问题专项治理工作，并于12月通过了省督查组验收。

【信访接待日制度】 ①领导接待群众来访制度得到进一步加强。根据省有关文件要求，市领导信访接待日为每月2次，一次为固定接待日，一次为预约接待日。省委常委、市委书记王珉和市长杨卫泽多次强调要认真做好人民来信来访工作，落实好领导接待来访制度。市领导黄炳福、沈荣法、汪国兴、周向群、徐国强等先后在市信访局接待了来访群众。

②建立了律师定期联合接待群众来访制度。根据涉法类信访问题增多的情况，市信访局与市司法局联合从5月份开始建立了律师定期到信访局接待群众来访制度，每月18日由司法局安排一位律师来市局接待来访群众。年内共有7位律师接待21人次。

【驻京信访工作组建立】 按照省、市领导要求，苏州市于2003年9月4日组成驻京信访工作小组赴京处理上访问题，信访工作小组由市政府驻北京联络处、信访局、公安局、法院、610办公室、人事局等部门派员参加。

【修改制定新一轮信访工作目标管理考核标准】 市信访局在总结前三年信访工作目标管理考核的基础上，通过广泛听取意见，对原有的目标管理考核标准进行了修改完善，制定了《2003～2005年市、区信访工作目标管理考核内容及评分标准》，并印发至各县级市、区。

【评选信访“四无”乡镇、街道活动】 2003年，市信访局继续在全市开展争创信访“无去京上访、无越级集体上访、无信访老户、无信访积案”的“四无”乡镇、街道活动。经过检查评审，评出张家港市锦丰镇等38个“四无”乡镇，平江区东北街道等12个“四无”街道，并发文进行了通报表彰。（李建平）

政协江苏省苏州市委员会

综　述

【概况】　2003年，是市十一届政协的开局之年。在中共苏州市委的领导下，市政协以邓小平理论和“三个代表”重要思想为指导，广泛团结各民主党派、工商联、人民团体和各界人士，认真履行政协职能，坚持“讲大局、抓重点、有特色、可操作”的工作原则，努力营造“理直气和”的良好工作氛围，为推进苏州市现代化建设，促进“三个文明”的协调发展，为巩固和发展新时期爱国统一战线，作出了积极的努力，发挥了应有的作用。

市政协抓住经济社会发展的重大问题，经过深入的调查研究，形成了关于“培育具有自主知识产权规模型企业”、“在城市化进程中加强生态环境保护和建设”两个建议案。报送市委、市政府后，主要领导和分管领导分别对此作出批示，提出了办理要求。各专门委员会就农村税费改革、保护农业生态环境、建设绿色生态城市、振兴百年老店、利用台资发展服务业、疾病预防和保健、残疾人权益保障、城市居民饮用水水源保护等12个专题，开展调研和视察，形成了一批调查报告和专题建议。同时，根据市委统一部署，进行了关于苏州市实现“两个率先”有关问题的调研，完成了“苏州在长江三角洲经济发展中的地位和作用的研究”。在积极发动和充分准备的基础上，于12月初举办了“长三角（太湖）发展论坛首届年会”，对苏州和环太湖地区的新一轮发展产生了积极的影响，也为新时期政协工作更好地为经济建设服务，探索了路子，积累了经验。

市政协抓住群众关注的热点问题通报协商，共涉及城市轨道交通规划、城区防汛综合治理工程，部分老城区改造、实事工程建设项目，再就业优惠政策、农村“三保”等47个议题。常委会议就基础教育收费问题开展专项民主监督，形成《关于基础教育收费专项民主监督的报告》，引起了市委、市政府的重视和各方面的关注。2003年市政协提案立案共532件，到10月全部办复；收集各类社情民意信息90余条，编报《情况反映》18期，市委、市政府领导在其中的14期上作出批示。5月开始，市政协和市广电总台在电视台新闻频道联合举办“委员之声”新闻谈话节目，每月一期，扩大了政协影响，起到了宣传政策、沟通思想、凝聚人心的作用。在省政协办公厅和省委宣传部联合举办的第二届政协好新闻评比中，“委员之声”节目被评为一等奖。

市政协进一步加强与各民主党派、工商联和有关人民团体的合作，坚持每月一次委员约谈，举办了市政协一届一次会议健在的老委员座谈会。市政协还编辑出版了反映苏州市民主党派和工商联已故领导人生平事迹的《相知集》，与市文联联合出版了《费新我百年诞辰纪念文集》，参与出版了《2003年苏州史志资料选辑》。

【政协领导出访】　8月，市政协主席冯瑞渡参与中国对外友好协会的组团赴立陶宛、拉脱维亚、爱沙尼亚友好访问。

8月，市政协副主席姚东明率苏州市企业家代表团赴挪威、丹麦、芬兰、瑞典招商引资。

【调研工作】　中共苏州市委九届三次全会提出要大力培育具有自主知识产权的规模型企业，与开放型经济、私营个体经济一起形成“三足鼎立”格局的发展思路。4月起，市政协着手开始关于具有自主知识产权规模型企业的调研工作，克服“非典”造成的影响，先后听取市经贸委、科技局、外经局、工商局、技监局等单位的情况介绍，与部分民营企业主进行了座谈，考察了创元、医药集团，赴张家港市和常熟市进行了调研，听取了有关部门和一些典型企业情况介绍。经常委会议专题协商，形成《关于培育具有自主知识产权规模型企业的建议案》，从营造良好社会氛围、明确发展目标、实施知识产权战略、增强技术创新能力、培育知名品牌、搞好政府引导等6个方面提出了建议。

7月起，市政协组织委员对本市基础教育收费情况开展专项民主监督。监督以义务教育为重点，兼顾普通高中、中等职业技术教育和学前教育，以市区为主，兼顾城乡，主要围绕基础教育收费政策法规的制定和执行、治理不合理收费、各种费项的使用和特困户子女入学帮困等方面情况进行。通过深入各市、区调查研究，听取市政府相关情况通报，召开委员约谈，举办“委员之声”，开展问卷调查，公布热线电话和电子信箱广泛征求群众意见等方式，将民主监督寓于各项调研活动中，经常委会议审议，形成《关于基础教育收费情况专项民主监督的报告》。报告充分肯定近几年来本市基础教育工作所取得的成绩，归纳了群众反映比较强烈、比较集中的突出问题，分析查找了原因。从加强领导，规范收费行为；加大教育投入，进一步提高基础教育办学水平；进一步发挥政府办学职能，扩大优质教育资源，办好每一所学校；进一步健全和完善帮困助学机制4个方面提出了改进的意见和建议。

加强生态环境的保护和建设，是本市城市化进程中的一个重要课题。市政协5月制定调研方案，于6月正式开始调研，分别到5个县级市和吴中、相城、新区、园区听取当地政府及有关职能部门意见，召开了市政府有关部门负责人和专家学者座谈会，到扬州、无锡、杭州等城市考察，先后召开各类座谈会17次，参加座谈人员120余人次，召开了委员专题约谈会，经常委会议专题协商形成《关于在城市化进程中加强生态环境保护和建设的建议案》。该建议案提出在指导思想上要坚持可持续发展战略、以人为本思想和规划先行原则，实施生态自然保护区、生态工业区（园）建设、区域环境整治、环保基础设施建设和城市“绿肺”五大工程，强化依法管理、依托科技和依靠公众三个保障方面等建议。

【组织举办长三角论坛】 2003年，市政协与北京决策咨询中心、国家发展和改革委员会投资研究所联合举办了“长三角（太湖）发展论坛”。论坛工作从4月启动，因遇“非典”，改以笔谈形式先后组织和发表了19篇有一定学术价值的理论文章。在积极发动和充分准备的基础上，于12月4～5日在苏州举办论坛首届年会。全国政协副主席郝建秀，国家有关部门、江浙沪三省（市）和周边13个城市政协的领导，以及在国际、国内有一定影响的50多位专家学者汇聚苏州，围绕“相约太湖，共谋发展”的主题，发表了许多富有前瞻性、建设性的理论观点。市委常委、常务副市长汪国兴到会祝贺并介绍苏州经济社会发展情况。市政协主席冯瑞渡出席并作大会发言，副主席孙中浩、刘振夏、吴砚池、苏慧心、程耀寰、赵文娟、钱海鑫、蔡镜浩、姚东明，秘书长郑太白等出席会议。

【委员活动指导】 市政协为加强委员学习指导，印发学习计划，为每位委员订阅了《人民政协报》、《姑苏晚报》、《江苏政协》、《学习资料》、《苏州杂志》等报刊杂志。3月25～26日，在金都饭店举办两期新委员培训班。6月5日，邀请亚太安全合作理事会中国委员会常务副会长、原外交部新闻司司长、外交协会副会长金桂华为全体委员作国际形势和中国外交政策的报告。 （金 颖）

市政协及其常委会会议

【市政协十一届一次会议】 于2003年1月16～20日召开。17日上午，会议开幕。吴砚池同志主持会议，周大炎同志致开幕词。省委常委、苏州市委书记王珉在会上作重要讲话。他说，这次会议是在苏州市全面贯彻中共十六大精神、改革开放和经济发展处在新突破的时刻召开的一次重要会议，也是苏州历史上一次承前启后、继往开来的重要会议。过去的5年，市十届政协始终坚持正确的政治方向，紧紧围绕经济建设这个中心，自觉服从服务于市委、市政府工作的大局，广泛团结各民主党派、工商联、人民团体和各界人士，为巩固和扩大新时期爱国统一战线，促进改革开放、经济建设、精神文明和民主法制建设做了大量富有成效的工作，发挥了凝心聚力的积极作用。王珉说，市十一届政协是新世纪初的一届政协，在推进全市社会主义民主政治建设进程中肩负重任。面对新世纪，要适应新形势，迎接新挑战，开辟新天地，做出新业绩。他对新一届政协的工作提出了4点希望。范育民同志受市十届政协常委会委托在会上作工作报告。

会议期间，委员们列席了苏州市第十三届人民代表大会一次会议，听取和讨论了杨卫泽市长所作的政府工作报告及财政、计划等报告；审议市政协十届常委会工作报告；酝酿十一届市政协主席、副主席、秘书长和常务委员名单。

20日下午，市政协十一届一次会议举行闭幕会议。大会经民主选举，产生了市十一届政协主席、副主席、秘书长和常务委员。会议还通过了《中国人民政治协商会议江苏省苏州市第十一届委员会第一次会议决议》。新当选的市十一届政协主席冯瑞渡作了闭幕讲话。

【市政协常委会会议】 2003年，市政协共举行常委会议6次（即市政协十届常委会第三十一次会议、市政协十一届常委会第一～第五次会议）。

十届政协三十一次常委会议于1月14日举行，协商通过有关委员调整事项。

附：政协苏州市第十一届委员会常务委员会名单

主　席：冯瑞渡

副主席：孙中浩　刘振夏　盛家振　吴砚池　苏慧心　程耀寰　赵文娟　钱海鑫　蔡镜浩　姚东明

秘书长：郑太白

常务委员：（共86名，按姓氏笔划为序）

卜　秋　万德佑　马宏仁　王科军　王鸿声　王维晋　计　明
平钰贞　叶舒习　朱伟新　刘邦彦　刘锦平　孙晓红　纪渭如
杨　颖　杨同其　李　峰　李亚东　李兴华　李勤方　李新佳
吴伟荣　吴红兵　吴念博　吴嘉哲　邱良元　谷公胜　汪连兴
汪雪麟　沈　铠　沈苏凤　张　夷　张亦斌　张雨歌　张健红
张菊娥　张锡九　张澄国　陆一鹏　陆明观　陈　维　陈宗器
陈钟强　陈素兴　陈瑾芸　明　学　金　明　金兴中　金建泰
金城彪　金铁峰　周　俊　周　秦　周矩敏　孟家栋　赵一民
赵良骏　皇甫志新　恽自求　姜丹青　秦因华　秦建栋　顾康平
夏宗懿　钱公麟　徐　巍　徐士明　徐伟荣　徐俊明　高志罡
陶金龙　陶勇杰　桑　前　黄勇林　龚国钧　盛小云　戚冠华
章德基　梁玉华　蒋冶棠　温祥华　谢　鸣　褚　铭　蔡丽新
潘忠东　霍慰铭

十一届政协一次常委会议于1月20日举行，通过市政协副秘书长，办公室、研究室正副主任，各专门委员会正副主任名单。

十一届政协二次常委会议于4月1日举行，传达全国、省“两会”精神，审议通过《市十一届政协常委会2003年工作要点》。

十一届政协三次常委会议于6月26～27日举行，听取市委常委、常务副市长汪国兴关于本市上半年经济情况和下半年经济形势的通报；审议通过《关于培育自主知识产权规模型企业的建议案》；审议通过吴伟荣同志任市政协副秘书长的任命。

十一届政协四次常委会议于9月29日举行，听取市委常委、常务副市长汪国兴和市政府副秘书长孙林夫关于本市国有（集体）企业改革情况的通报；审议通过《关于在城市化进程中加强生态环境保护和建设的建议案》。

十一届政协五次常委会议于12月24～25日举行，传达中共苏州市委九届六次全体（扩大）会议精神；审议通过市十一届政协常委会工作报告及报告人，关于一次会议以来提案工作情况报告及报告人；审议通过《关于基础教育收费情况专项民主监督的报告》；通过有关委员调整事项，通过召开市政协十一届二次会议的决定和会议议程，书面审议各专门委员会工作报告；听取市政府秘书长王少东关于提案办理和建议案采纳情况的通报。市政府副市长朱永新到会听取了基础教育收费专项民主监督报告的情况。

【主席会议】 2003年，政协苏州市第十一届委员会共举行主席会议12次（即第一～第十二次会议）。

第一次主席会议于1月20日举行，协商通过市十一届政协副秘书长、办公室正副主任、研究室正副主任和各专门委员会正副主任名单（草案）。

第二次主席会议于2月25日举行，研究主席会议成员分工、常委会工作要点和协商监督题目、各专委会专业组设置和组长名单，听取提案工作汇报。

第三次主席会议于3月19日举行，研究市政协全年工作计划和各专委会有关组织建设工作，商议十一届二次常委会议的准备工作。

第四次主席会议于4月21日举行，研究长三角（太湖）发展论坛的准备工作。

第五次主席会议于5月27日举行，听取市委常委、常务副市长汪国兴，副市长谭颖关于市政府防治“非典”工作情况通报；听取市财政局局长严文奎、副局长谢新富关于农村税费改革情况的通报。

第六次主席会议于6月17日举行，审议十一届政协三次常委会议召开日期和议程（讨论稿）、日程（讨论稿）；审议《关于培育具有自主知识产权规模型企业的建议案》（讨论稿）；听取市委组织部副部长温祥华有关人事问题的说明；听取市交通局局长陆留生关于苏州大交通发展格局总体规划的情况通报。

第七次主席会议于7月10日举行，听取副市长赵俊生关于本市工业结构布局情况的通报；听取副市长姜人杰关于轻轨交通规划建设情况的通报；研究专项民主监督工作。

第八次主席会议于8月14日举行，听取副市长姜人杰关于古城保护整体情况的通报，平江区副区长徐刚、金阊区副区长平龙根、市规划局副局长周建中有关平江保护区、山塘保护区和阊门地区保护整治情况的通报。

第九次主席会议于9月23日举行，审议《在城市化进程中加强生态环境保护和建设的建议案》（讨论稿），研究十一届四次常委会议的有关准备工作，讨论长三角（太湖）发展论坛筹备工作。

第十次主席会议于10月21日举行，市委常委、常务副市长汪国兴到会通报了本市对口扶贫帮困情况。

第十一次主席会议于11月25日举行，听取市民政局、劳动和社会保障局、卫生局关于农村“三保”工作进展情况的通报，商议全会准备工作。

第十二次主席会议于12月22日举行，审议基础教育收费情况专项民主监督的报告；审议常委会工作报告；审议十一届一次会议以来提案工作情况报告；审议有关委员调整事项；讨论市政协十一届五次常委会议和市政协十一届二次会议的准备工作。（金　颖）

市政协重要活动

【重要会议】 3月11～12日，各市、区政协主席座谈会在张家港市举行，围绕新一届政协工作设想和全年工作安排交流座谈。市政协主席冯瑞渡，副主席孙中浩、盛家振、苏慧心、程耀寰、赵文娟、姚东明，秘书长郑太白出席会议。

8月28～29日，全国政协在东山宾馆召开政协章程修改工作座谈会（华东、中南片）。全国政协主席贾庆林、副主席王忠禹及13省（市、区）政协主席、党委负责同志等参加了会议。江苏省领导李源潮、梁保华、许仲林、王荣炳、吴冬华、陆军，省政协秘书长赵京玉，市长杨卫泽，市委副书记杜国玲，市政协副主席孙中浩、吴砚池及秘书长郑太白等参加会议接待工作。在苏的全国政协委员朱永新、刘振夏、杨海坤出席会议。

9月15～17日，全国八市区政协工作研讨会第11次会议在苏州召开。会议由苏州市政协承办，北京海淀区政协、上海黄浦区政协、天津河北区政协、天津和平区政协、江苏省无锡市政协、山东省泰安市政协的代表参加了会议。省委常委、苏州市委书记王珉到会祝贺并介绍了苏州社会经济发展情况。冯瑞渡主席，吴砚池、苏慧心副主席和郑太白秘书长参加会议。

10月15～16日，第5届中国世界遗产地政协联谊会会议在苏州召开。河北省承德市、山西省大同市、江苏省南京市、安徽省黄山市、福建省武夷山市、江西省九江市庐山区、湖北省钟祥市、湖南省张家界市武陵源区、重庆市大足县、四川省都江堰市、云南省丽江市和苏州市等12个市、县、区政协的50多位代表参加会议。副市长姜人杰到会祝贺并介绍了苏州社会经济发展情况。市园林和绿化管理局局长徐文涛介绍了苏州世界遗产保护、管理和利用的有关情况。冯瑞渡主席，孙中浩、赵文娟副主席和郑太白秘书长参加会议。

【重要活动】 7月23日，主席会议成员听取财政局上半年度财政收支情况的通报。

8月22日，主席会议成员听取政府职能部门开展“争先进位、建功立业”活动方案的通报。

9月10日，与统战部联办迎中秋各界人士座谈会。

11月11日，召开市政协首届一次会议老委员座谈会。17名老委员参加了会议。

11月18日，市政协联谊会为48位75岁以上“逢五逢十”的老委员祝寿祈福。（金 颖）

视察活动

【常委、委员视察】 6月18日，部分常委赴张家港、常熟视察具有自主知识产权的规模型企业。

8月19日，部分常委视察农村饮用水供水工程。

9月24日，部分常委视察山体保护、污水处理、环境监察等工作情况。

11月6日，部分常委视察苏嘉杭高速公路北段、绕城高速和沿江高速建设情况。

11月12日，部分常委、委员视察本市盲人植物园、残疾人活动中心、盲人图书馆、无障碍设施等残疾人权益保障情况。

12月15、16日，全体委员分组视察全市“三个文明”建设情况。

【专题视察】 1月8日，主席会议成员视察市公安局110指挥中心。

5月21日，主席会议成员视察市区路桥建设情况。（金 颖）

提案办理

【概况】 市政协十一届一次会议期间和大会闭幕后，共收到提案539件，经审查，立案532件，其中集体提案47件，界别小组和委员联合提案116件，委员个人提案369件。各民主党派、工商联和有关人民团体以及284名委员（含全国和省政协在苏委员9名）、720人次参加了提案。

【提案办理情况】 2003年共有532件提案，分别由71个部门和单位承办，到10月全部办理结束。提案所提问题已经解决或基本解决的301件，占56.58%；正在解决或已列入计划逐步解决的144件，占27.07%；因条件限制或与现行政策不符，一时难以解决或留作参考的87件，占16.35%。在办理进度上，按《提案工作条例》规定，3个月内完成的391件，占提案总数的73.5%。532件提案的《反馈意见表》全部返回，其中满意299件，占56.2%；基本满意224件，占42.11%；不满意9件，占1.69%。提案的办理和落实，对推动全市经济建设和各项社会事业的发展，促进“三个文明”建设，加快实现“两个率先”，发挥了一定的作用。（金 颖）

民主党派和工商联

综　述

【**概况**】　2003年，市各民主党派、工商联认真履行参政党职能，不断提高参政议政的质量和水平。各民主党派、工商联负责人认真参加中共苏州市委举行的协商会、座谈会、通报会7次，就全市经济体制改革工作情况、"非典"防治工作情况、民营经济发展情况以及市委重要会议、重要人事安排等进行协商座谈，发表意见建议。各民主党派、工商联都把调查研究作为发挥参政议政作用，提高参政议政水平的重要工作来抓，先后完成30余篇调研报告，分别报送市委、市政府及有关部门。成员中各级人大代表、政协委员都能以高度的政治责任感和满腔热情，积极参加各项视察和专题调查活动，参加各级政府大政方针的协商、审议，提出意见和建议。全年各民主党派、工商联向市政协十一届一次会议提交集体提案44件。全年共发展民主党派新成员249人。至年底，全市共有民主党派成员5878人，其中高中级职称5159人，占总数的87.8%；地方组织17个，基层支部（小组）300个。市工商联继续把发展会员，健全基层组织的工作放在重要位置。至年底，共有企业会员10503个，其中私营企业会员8779个，个体工商户会员982名。全市共有乡镇商会124个，行业商会、同业公会76个。

【**为三个文明建设服务经验交流及表彰大会**】　2003年12月23日，苏州市各民主党派、工商联为社会主义物质文明、政治文明和精神文明建设服务经验交流暨表彰大会隆重召开。会议总结交流了1999年以来苏州市各民主党派、工商联为三个文明建设服务所取得的成绩和经验，表彰了在为三个文明建设服务工作中成绩突出的45个先进集体和232名先进个人。市委副书记杜国玲参加会议并讲话。她说，长期以来，全市各民主党派、工商联在工作实践中形成了优良传统，创造了许多很有特色的工作形式，在建言献策、招商引智、兴办实业、扶贫帮困、社会办学、技术培训、科技咨询、义诊、拥军等各项工作中，贡献了自己的力量。在抢险赈灾、抗击"非典"等突发事件上，充分发挥了自己的优势，赢得了社会各界的赞誉。各民主党派、工商联要进一步发挥"人才库"、"智力库"、"生力军"的优势，紧紧围绕"两个率先"的发展目标，贡献自己的才智。

【**为抗击"非典"献计出力**】　2003年，市农工党、九三学社等党派充分发挥医卫界专家、学者的作用，围绕防治"非典"工作，积极建言献策。一些统一战线成员利用联系广泛的优势，主动向港澳台和海外宣传我国政府采取的有关措施，帮助他们全面了解情况。医卫界的广大成员恪尽职守，勇挑重担，许多人积极主动请缨，要求到"非典"防治的第一线工作。据不完全统计，全市有80多位医卫界的民主党派成员，参加到"非典"防治一线工作，表现出高度的责任感和良好的精神状态。统战系统各界人士慷慨解囊，捐款捐物，为抗击"非典"贡献力量。据不完全统计，全市民主党派、工商联及其成员、非公企业、民族宗教界人士捐款捐物达826万元。　（周显芳）

【**对口联系务求实效**】　经过十多年的贯彻落实，苏州市在政府及其有关部门与市各民主党派、工商联对口联系工作中取得了可喜的成绩，积累了宝贵的经验，收到了良好的效果。1991年，市政府专门制订了《关于建立市人民政府与市各民主党派、工商联联系制度的意见》。2003年，有12个政府部门与市各民主党派、工商联进行对口联系。市政府对这项工作十分重视，常抓不懈，在重大问题决策前，都事先向市各民主党派、工商联的同志通报并听取意见，坚持重大问题协商在决策前。近几年来，各有关部门在日常对口联系工作中，坚持力求务实，不做表面文章，想方设法帮助对口的民主党派、工商联解决实际问题。　（陈晓蓝）

附：苏州市民主党派基本情况（2003）

党派名称	主 委	成员总数（人）
民革苏州市委	陈炳斯	423
民盟苏州市委	蔡镜浩	1443
民建苏州市委	苏慧心	884
民进苏州市委	刘振夏	1108
农工党苏州市委	程耀寰	1248
致公党苏州市委	赵鹤鸣	154
九三学社苏州市委	钱海鑫	618

民革苏州市委员会

【概况】 中国国民党革命委员会苏州市委员会于1956年10月建立市筹备委员会，1958年4月由全体党员大会选举成立民革苏州市第一届委员会，原同盟会员并曾任《民报》主编、国民党政府礼乐馆馆长的汪东当选为主委。1961年7月第二届市委会选举产生，汪东继续当选主委。1963年汪东病逝，由卫楚才任代主委。“文革”乱起，所有正常活动被迫停止，至1978年12月始得恢复。1980年7月，第三届市委会经选举产生，辛亥元老章太炎先生的遗孀汤国梨出任主委。1984年12月，章大法当选第四届市委会主委。1988年4月，第五届市委会再次选举章大法担任主委。1992年1月产生的第六届市委会，推选辛亥风云人物陈去病之子陈达力为主委。1996年12月时任苏州市政府副市长的陈炳斯当选第七届市委会主委，2002年1月再次当选第八届市委会主委。

2003年，民革苏州市委成员在十三届一次市人大会议上，有1人当选副主任、1人当选常委；在十一届一次市政协全会上，6人当选常委，提交了4份集体提案和34份个人提案；特邀监督员在公安、司法、卫生、财政等系统行风评议活动中，发挥了公正的民主监督作用。1个总支、2名党员获江苏省民主党派工商联先进集体和先进个人表彰，4名党员获民革江苏省委会先进个人表彰，2个支部、14名党员分获苏州市民主党派工商联先进集体和先进个人表彰。全年累计接待海外亲友60多人，有6人赴台湾文化交流和探亲访友。全年共发展党员17人，建立民革太仓市委会和沧浪区第4支部。至年底，全市民革有基层支部、小组23个，党员423人。

【苏州中山进修学院选定辛庄教学基地】 苏州中山进修学院原为苏州中山业余学校，由民革苏州市委在1981年2月创办。1983年8月5日《人民日报》以“陋室生辉”为题报道中山学校勤俭办学取得优异成绩之事。1995年升格为苏州中山进修学院，1998年获得江苏省高等教育学历文凭考试资格。但因素来强调“社会效益”，积累有限，该校只能继续借租校舍办学，受到很大的限制，与苏州中山进修学院的良好声誉极不相称。经过多年酝酿考虑，多方交涉办理，在有关部门的支持下，于2003年买下原物资局培训中心作为新校址，略加修缮，便投入使用。2003年在校学生共95班，2709人次，其中全日制大专9班201人、业余大专13班362人，在日益兴旺的民办教育中更具生命力和竞争力。

【民革太仓市委会成立】2003年，经民革中央批准，同意建立民革太仓市委会，这是江苏省民革组织第一个县级市委会。9月19日，举行民革太仓市委会成立大会，民革中央副主席厉无畏、民革江苏省委主委冯健亲及民革苏州市委会、太仓市四套班子等领导出席会议祝贺。

（民 革）

民盟苏州市委员会

【概况】 中国民主同盟是中国共产党领导的爱国统一战线的组成部分，是同中国共产党通力合作的参政党，主要由从事文化教育以及科学技术工作的高、中级知识分子组成的，具有政治联盟特点的，致力于社会主义事业的政党。1948年秋，中国民主同盟苏州支部秘密成立并开展地下斗争活动。1949年7月成立中国民主同盟苏州市分部临时工作委员会。1954年6月，中国民主同盟苏州市第一届委员会选举产生。2003年全市共有盟员1443名，市区共有基层组织42个，常熟、昆山和张家港先后成立了市委会。2003年4月1日，民盟苏州铁道师范学院支部与民盟苏州城建环保学院支部合并成立民盟苏州科技学院总支。2003年10月24日，民盟虎丘区支部与民盟新区直属小组正式合并成立苏州高新区、虎丘区支部。

2003年民盟苏州市委共发展新盟员59名，其中女性24名，大专以上学历57名，高级职称16名，中级职称38名，平均年龄37.9岁。

2003年，民盟苏州市委组织学习胡锦涛总书记“七一”重要讲话、学习中共十六大和十六届三中全会精神，在盟内兴起学习“三个代表”重要思想新高潮，开展“三增强四热爱”活动，提高盟员的思想认识、理论水平和政治素养，举办“苏州经济发展回顾与展望”报告会、统战理论学习报告会、盟史教育报告会等学习活动。

2003年在苏州市各民主党派联合表彰中，市民盟有7个基层组织荣获“先进集体”称号，42名盟员获“先进个人”称号；有6个基层组织和14名盟员获民盟江苏省委表彰；此外，民盟市委妇女工作委员会获得苏州市妇联表彰的“先进集体”称号。

【出谋献策】 民盟苏州市委在2003年初的市政协十一届一次全会上提交了《加强劳动就业管理，促进社会稳定发展》、《采取有效措施，积极应对“私车潮”》、《关于振兴桃花坞木刻年画的几点建议》、《关于加快苏州农村劳动力转移的几点建议》4件集体提案，提交个人提案45件，其中集体提案《加强劳动就业管理，促进社会稳定发展》被列为1号提案，这一内容作为议案在苏州市和江苏省人大提出，均被列为1号议案，在两会期间产生了极大的社会影响。2003年民盟苏州市委组织力量，开展调研，完成了9个调研报告。

【服务社会】 2003年4月和10月，民盟市委组织医卫专家先后赴吴江黎里镇及吴中区瑞兴医院开展义诊服务活动。2003年7月和10月，民盟市委组织盟员中的司法干部、律师、法学院教师，先后到光福和玄墓山驻军开展法律讲座和法律咨询拥军活动。2003年11月民盟书画会开展扶贫义卖活动。2003年5月民盟市委妇女工作委员会开展向民工子弟学校捐书活动。苏州光明进修学院在竞争中保持优势，取得了良好的社会效益。

【庆祝苏州民盟成立五十五周年系列活动】 2003年10月23日，民盟苏州市委在苏州市图书馆报告厅举行庆祝苏州民盟成立五十五周年暨先进表彰大会。大会首先由民盟苏州市委主委蔡镜浩回顾了苏州民盟55

年来走过的历程，总结了民盟苏州市委为三个文明建设服务所做的工作。民盟苏州市委顾问江维宽代表老盟员发言。民盟苏州市委副主委顾莹惠宣读受表彰的16个先进集体和77名先进个人名单，并举行颁奖仪式，同时向50年代入盟的老盟员颁发荣誉证书。民建苏州市委主委苏慧心代表各民主党派、工商联致贺词。民盟江苏省委于琨奇副主委和苏州市委统战部金明部长分别作了重要讲话。

10月23日，“庆祝苏州民盟成立五十五周年书画展”开幕。10月24日，民盟苏州市委邀请上世纪50年代入盟的老同志，民盟江苏省委及苏州市委统战部领导，在苏州民盟的诞生地——木渎，召开座谈会，回顾苏州民盟风风雨雨的55年历程，坚定发扬传统，与时俱进的信念。

【苏南县市盟务工作交流会】 2003年4月，为加强苏南地区县级市盟务工作，民盟苏州市委在吴江召开了“苏南县市盟务工作交流会”。苏南地区县级市常熟、昆山、张家港、吴江、金坛、宜兴、丹阳以及原属吴县市的吴中区、相城区的民盟组织负责人出席了会议。会议交流了近年的盟务工作情况，探讨了目前工作中存在的困难、问题和对策。

（民　盟）

民建苏州市委员会

【概况】 中国民主建国会是主要由经济界人士组成的、具有政治联盟特点的、致力于建设中国特色社会主义事业的政党，是中国共产党领导的多党合作和政治协商制度中的参政党。民建在苏州的地方组织有50多年的历史，民建苏州分会筹备委员会成立于1951年7月15日，民建苏州市委会成立于1954年6月29日，至今共历十一届委员会。民建苏州市委接受中共苏州市委和民建江苏省委的领导，团结经济界及有关人士，为苏州的经济建设和社会发展作出了较大的贡献。现有会员884人，县（市）委会2个，总支1个，支部50个。会员中，大专以上学历的占59.2%，中高级职称的占64%，平均年龄57.2岁。

2003年，民建市委会深入学习贯彻中共十六大和十六届三中全会精神，学习“三个代表”重要思想，围绕中共苏州市委提出的“两个率先”的奋斗目标，切实履行参政党基层组织的职能，推进各项工作不断朝着新的目标迈进。在市政协十一届一次全会上，市委会共提交3件集体提案和73件个人提案，其中《关于加大我市社会公德宣传力度的建议》被选为政协主席督办提案。市委会努力建设适应新世纪要求的参政党，在理论建设上重点探讨了“创建学习型参政党组织”的研究课题，研究成果获得了民建中央二等奖和民建江苏省委优秀论文奖。市委会发展了41名新会员。为了贯彻落实中共市委和市政府加快发展民营经济的计划，市委会组织筹建并于9月16日成立了企业家工作联络会。为了迎接明年民建苏州市委会成立五十周年，市委会编撰了《民建苏州市委会史稿（暂名）》。在12月23日召开的苏州市各民主党派、工商联为“三个文明”建设服务经验交流暨表彰大会上民建共有5个先进支部和26名先进个人受到表彰。

【抗击“非典”】 4月28日，市委会向全体会员发出了“致全体民建会员一封信”，号召会员统一思想、坚定信心、行动起来，为政府分忧、为群众解难、为民建争光。广大会员表现出高度的社会责任感和良好的精神状态，常熟市副市长钱向宏、吴中区副区长周晓敏不辞辛劳地工作在第一线；会员陈素兴、廉文鑫所在的餐饮业受影响较大，但坚持不让一位员工离岗；老会员黄培元特地从吴江盛泽汇来200元，请市委会转捐给有关部门。钱向宏、黄培元被评为“抗击‘非典’全国先进会员”，受到民建中央的表彰，周晓敏等7位会员受到了民建江苏省委的表彰。

【建立区域支部】 围绕如何进一步增强基层支部活力和凝聚力，在多次调研的基础上，民建市委常委会经过多次研究讨论，决定对基层支部组织形式进行重大调整。市委会选择了金融、直属、综合和虎丘4个支部作为试点，共涉及6个支部136名会员，组建成立了沧浪区、平江区、金阊区在职支部和虎丘区高新区支部、直属一、二支部以及沧浪、平江、金阊三个区的退休支部。

【制订组织发展方针、总体目标和主要措施】 2003年，民建市委制订了十一届市委会任期内组织发展的方针、总体目标和主要措施。方针是“积极主动、坚持标准、改善结构、稳步发展”；总体目标包括有效改善会员的老龄化状况，提高会员的整体素质，保持一定的发展速度，拓展对新兴阶层成员的发展工作，大力发展非公经济代表人士等；主要措施包括加强对组织工作的领导，积极主动与统战部门沟通协商、制定切实可行的方案，认真做好对基层骨干的培训和宣传工作，积极吸收优秀人士入会，提高后备干部队伍的素质等。

（民　建）

民进苏州市委员会

【概况】 中国民主促进会是在抗日反蒋斗争中逐渐形成和发展起来的民主党派，正式成立于1945年12月30日。民进是以从事教育文化出版工作的高中级知识分子为主的、具有政治联盟性质的、致力于建设中国特色社会主义事业的政党，是同中国共产党通力合作的参政党。

民进苏州市委是民进中央的地方组织，成立于1958年5月4日。至2003年底，有会员1108名，基层组织61个，其中委员会1个，总支部3个。另有常熟市委员会、吴中区委员会两个地方组织。担任各级人大代表、政协委员的有142人，担任政府实职（副处级以上）的有6人，担任特约党风联络员、监察员、审计员、教育督导员和行风监督员的有42人次。

2003年，民进苏州市委，在苏州市政协十一届一次全会上，提交《科学规划、合理布局，进一步规范乡镇工业开发区载体建设》、《关于切实改进苏州市聋哑学校学生就业状况的若干建议》、《关于抓紧将景德路建设成工艺文化一条街的建议》、《修正政府政绩考核指标，强化

附：民进苏州市委历届领导人

届 次	届 期	主任委员	副主任委员	秘书长
一	1958.5～1962.5	柴德赓	谢孝思、范烟桥	范烟桥（兼）
二	1962.5～1980.7	柴德赓(1970.1去世)	谢孝思、范烟桥	范烟桥（兼）
三	1980.7～1984.12	谢孝思	曹汉昌、段天煜	段天煜（兼）
四	1984.12～1988.5	谢孝思	曹汉昌、段天煜、刘振夏	段天煜（兼）
五	1988.5～1991.12	谢孝思	刘振夏、罗世杰、宣树铮	康儒铭
六	1991.12～1996.11	刘振夏	罗世杰、吴民先、王鹰、朱永新(1995.8增补)	康儒铭
七	1996.11～2001.12	刘振夏	吴民先、王鹰、朱永新、谷公胜	康儒铭
八	2001.12～	刘振夏	朱永新、谷公胜、栾梅健、盛小云	曹友德

政府责任，进一步改进我市环保工作》4个集体提案，提交个人提案43件；刘振夏主委再次当选为副主席，谷公胜等8位会员当选为常委。围绕加快实施城市化发展战略，市委会确立了切实维护农民利益，提高土地开发效益，搞好社区建设为全年开展调研的3个重点课题，并认真开展调研，完成了调研任务。市委会召开主委会议、常委会议，传达学习“两会”精神、中共十六届三中全会精神，向各级组织发出了学习贯彻胡锦涛同志在“三个代表”重要思想理论研讨会上讲话精神的通知，举行了庆“七一”座谈会，举办了新会员学习班，召开了社会服务工作会议。完成了民进科教文咨询服务部和苏州市中新文化教育交流培训学校的转制工作。由于“防非抗非”成绩突出，府采芹同志受到民进中央表彰；民进吴中区委和金永良同志分别被评为江苏省各民主党派、工商联为经济建设服务先进集体和先进个人；7个支部、33名会员受到苏州市各民主党派、工商联为三个文明建设服务经验交流暨表彰大会表彰，有2名会员和2名机关干部分别被评为全省民进参政议政积极分子和全省民进优秀机关干部。全年发展会员48人，其中高中级职称者占87.5%；市区绝大多数基层组织完成了换届任务，将城建环保学院支部、铁道师院支部调整组建为苏州科技学院总支部。对《苏州民进》进行了改版和扩版，并增刊《苏州民进工作简讯》。

【“三增强”“四热爱”教育活动】 在抗击“非典”取得阶段性重大胜利之后，根据民进中央精神，市委会深入广泛地开展了“三增强”、“四热爱”教育活动。及时发出通知，要求各级组织认真学习领会《民进中央关于开展“三增强”、“四热爱”教育活动的通知》精神，并开展相关活动，在此基础上，市委会利用培训新会员的机会和庆祝教师节、国庆节、重阳节的机会，分别组织400多名会员参观环古城风貌建设、大交通建设、虎丘及山塘街景区建设。

【参与“防非抗非”斗争】 为表达对战斗在“抗非”一线医护人员的崇敬之情，市委会组织40多位书画界会员，创作作品60余幅，捐赠给苏州市防非抗非指挥部，慰问白衣天使；倡议民进书画家积级参加市有关部门组织的书画“义卖”活动，将15万元义买得款捐献给市防非抗非指挥部；演艺界会员以饱满的政治热情参加了“抗非典献爱心”慰问演出。沧浪小教支部在《姑苏晚报》上给教育一线的教师发出倡议书，倡议全市广大教师战胜“非典”干扰，立足本职工作，塑造健康生命与完美人格。苏州大学委员会向省、市有关部门提交了“关于非典对经济影响的几点基本看法”的意见和建议。

（民　进）

农工党苏州市委员会

【概况】 农工党苏州市委会下设常熟市和张家港市两个县级市委会、昆山支部、太仓小组，以及市区1个委员会、38个支部、4个小组。至2003年底，全市有基层组织62个，农工党员1248名，其中市区867名。全市农工党员以界别分，医卫界占58%、教育界占23%、科技界占8%、文化界占6%、政府机关占3.7%。2003年发展新党员39名。

2001年11月换届后，新一届农工党市委领导班子由专职主委、4名兼职副主委，以及26名市委委员组成。其中，4名副主委中有高级职称的3名，博士1名，平均年龄47.7岁；市委委员中有高级职称的18名，博士4名，平均年龄47.4岁，领导班子的文化结构和年龄结构进一步优化。

2003年，农工党市委会围绕学习、贯彻中共十六大和农工党十三大精神，开展统战理论研究，加强参政党理论建设，在全体成员中开展了“庆七一，学讲话，看苏州变化”大型户外活动，并继续开展《我为苏州献良策》活动，共收到“良策”100多份。在“非典”猖獗之时，农工党员中的医卫人员积极投身于抗击“非典”第一线，14位同志被农工党中央表彰。6个工作委员会积极开展调研活动，为“两会”提供了8篇调研报告，市委会全年开展课题研究2项。为纪念世界卫生日，在吴门桥街道社区举办了大型为民服务医疗咨询活动，共接待了近700位市民。为“西部助学支教”和“农工世纪林”捐树329棵，资助14名小学生、23名初中生，共计金额27830元。

【学习活动】 2003年，农工党市委会以中共十六大和农工党十三大精神为学习重点，并以实践“三个代表”重要思想为动力，进一步加强思想作风建设，提高整体素质。在“抗非”期间，医卫界成员急国家之所急，想人民之所想，危难当头纷纷写下了请愿书，充分体现了农工党党员爱国爱民的赤子之心。7月4日，召开了庆祝 中国共产党建党八十二周年座谈会，结合胡锦涛同志“七一”讲话，继续深入学习“三个代表”重要思想，开展“三增强”、“四热爱”教育活动，举行了为期3天的“庆七一，学讲话，看苏州变化”大型户外活动。10月，各支部学习十六届三中全会精神，对市场经济体制怎样适应中国特色社会主义进行了探讨。

【出谋献策】 农工党成员围绕中共市委和市政府的中心工作以及当前社会上反映出的苗头性和倾向性问题、群众关心的热点和难点问题，确立了多个调研课题，如“进一步加强我市疾病预防控制体系建设”、“努力实践‘三个代表’重要思想大力发展社区卫生服务工作”、“关于民办学校现状的调查”、“提高城市综合功能 优先发展公共交通”、“关于加强对外来人员管理的建议”、“关于加强小学生青春期心理健康教育的建议”等。

到年底，市委会共形成8篇调研报告，提交2004年市政协大会的大会发言5篇，其中大会口头发言1篇、书面发言4篇，集体提案8篇。报告具有较高质量，体现了一定的参政议政的水平。

同时，为了充分发挥广大农工党成员献计出力的积极性，农工党市委会自1997年开始，每年都发动全体成员开展《我为苏州献良策》的群体参政活动。2003年，各基层组织继续提供《我为苏州献良策》100多份，这些“良策”有的作为“信息反映”上报，有的在深度上提炼后，提供给农工党成员中的人大代表、政协委员在两会期间撰写成“建议”和“提案”，拓宽了全体成员参政议政的渠道，加强了参政议政的力度。

【服务经济社会】 农工党市委会于4月7日世界卫生日前，组织成员中16名资深专家和医护工作者，深入吴门桥社区开设了13个科目的义务医疗咨询，共接待700多市民。市第三人民医院支部经常深入社区为居民义诊看病，防疫站支部每年定期前往沧浪培智学校给学生义务体检。

全体成员响应农工党中央和省委号召，为贵州和淮安地区助学支教，为内蒙“农工世纪林”主动捐款。其中：捐树329棵、捐助贫困学生37名，共计金额人民币27830元。老党员张寿华连续7年牵线搭桥共募集扶贫助学款八十余万元，帮扶近200名贫困学生。农工党员郑松献为苏州科技学院10名贫困生捐款一万元，为苏州大学校园建设捐资30万元。前进学校本着服务于社会，低收费、高质量地开设各类以提高综合素质为目标的教学辅导班。前进诊所发扬方便群众，优质服务的传统，坚守岗位耐心细致地为病人提供医疗服务。

【表彰奖励】 2003年，农工党江苏省委表彰了在全省经济建设和社会发展中做出突出贡献的基层组织和成员，农工党常熟市委、苏州市第三人民医院支部以及马新芬同志受到了表彰；农工党中受到中共市委统战部、七个党派及工商联联合表彰的集体7个（其中市区4个)、个人37人(其中市区25人)；农工党市委表彰的优秀基层组织10个，优秀党务工作者15名，优秀农工党员40名，获表扬的集体4个、个人36名。

在2003年抗击“非典”战斗中，农工党员、白衣战士表现出救死扶伤的高尚职业品质，农工党中央授予农工党苏州市第五人民医院支部先进集体称号，胡华成、周幽心等两位同志获优秀党员称号，还有12名农工党员获得先进个人称号。

（贡亿根）

致公党苏州市委员会

【概况】 中国致公党是以归侨、侨眷的中上层人士为主组成的，具有政治联盟特点的，致力于建设有中国特色社会主义的政党，是接受中国共产党领导并与其通力合作的一个参政党。1984年9月21日，举行苏州市致公党第一次全体党员会议，成立了致公党苏州市工作委员会，选出吕俊英为工委会主任委员。1991年10月致公党苏州市工委会举行第二次全体党员大会，选举产生了致公党苏州市第一届委员会，钟士端为主任委员。1997年2月致公党苏州市委会举行了第三次全体党员大会，选举产生了致公党苏州市第二届委员会，谢美兰为主任委员。2001年12月致公党苏州市委会举行了第四次代表大会，选举产生了致公党苏州市第三届委员会，现任主任委员为赵鹤鸣。

2003年，致公党苏州市委会以邓小平理论和“三个代表”重要思想为指导，全面贯彻落实中共十六大和十六届三中全会精神，认真学习本党中央十二大精神和有关文件，在全体党员中开展“三增强，四热爱”教育活动，坚持对全体成员进行社会主义、爱国主义和集体主义教育，弘扬“致力为公”精神，增强接受中国共产党领导的意识，增强参政党意识，不断提高参政议政水平。至2003年底，致公党苏州市委共有7个基层支部组织，一个总支部。全市党员人数154名，其中当年新发展党员13名。

【参政议政】 2003年，致公党市委会发挥各级人大代表和政协委员的主渠道作用，围绕中共市委、市政府中心工作和广大人民群众普遍关注的热点问题开展深入的调查研究，提出了具有真知灼见的建议和提案共40件。在市政协十一届一次全会上，致公党市委会的集体提案《关于提前实施建设苏州市轻轨二号线火车站—干将路段的建议》、《关于大力发展苏州市水上旅游事业的建议》分别被列为市政府分管副市长督办提案，受到有关部门的高度重视，取得了较好的效果。

为了迎接2004年的政协会议，市委会制定了具体调研计划，经过精心选题，确定了3个调研课题。成立了3个调研小组，由主委、副主委亲自挂帅领导，从6月份开始展开调查研究，召开座谈会，走访有关部门，经过几个月的努力，写出了系列调研报告《关于加快建设开发吴县港的建议》、《关于西山旅游开发的几点建议》，还根据致公党的特点，在“侨”字上做文章下工夫，写出了探索社区侨务工作新思路的报告《发展社区侨务工作，为经济建设服务》，并提交市政协十一届二次大会，作为大会发言。

【海外联络和社会公益事业】 2003年，致公党市委会成员共有14人次，前往11个国家和地区进行探亲和学习考察活动。市委会接待了专程从美国到苏，参加由致公党市委会、中共金阊区委统战部、金阊区教育文体局举办的“捐资助学献爱心”活动的美籍华人江治华先生。江先生人在海外，心系祖国，4年来通过致公党成员马家训老师先后向苏州贫困生捐资达42人次。

香港“水饺皇后”臧健和女士应邀到苏州作“身边的奇迹”的创业报告会，并出资表彰苏州市6名下岗再创业的杰出人士代表。在致公党成员热心促成下，主委赵鹤鸣作为主办单位之一的领导出席了报告会和颁奖仪式。

致公党市委会响应致公党江苏省委的倡议，向全体成员发起为身患重病的田文婷小朋友“献爱心募捐”活动，共筹集捐款达7000元，展现了爱心永存的魅力。《苏州日报》、《姑苏晚报》以及《中国致公》也陆续对此次募捐活动进行了报道。

（张丽华）

九三学社苏州市委员会

【概况】 九三学社是以科学技术界高、中级知识分子为主的中国民主党派。九三学社苏州地方组织成立于1952年秋，其名称为九三学社无锡分社苏州支社。1954年6月，九三学社苏州直属小组成立。1958年5月成立九三学社苏州分社。文化大革命中，九三学社苏州分社被迫停止活动。中共十一届三中全会后，九三学社苏州分社恢复工作。1984年12月成立九三学社苏州市委员会。

九三学社苏州市委现有基层委员会1个，基层支社18个，直属小组2个，共有成员618名，其中女成员195名，占总人数的31.5%。成员中有高级职称者416名，占总人数的67.3%，博士生导师7名，获得政府特殊津贴的有32名。成员中各级人大代表、政协委员共74名。

九三学社苏州市委现任主任委员钱海鑫，副主任委员张菊娥（女）、平钰贞（女）、戴洁、倪根来、陈蓉健，秘书长陈蓉健（兼）。

2003年，九三学社苏州市委带领全市广大九三成员，认真学习邓小平理论和“三个代表”重要思想，继续贯彻《中共中央关于坚持和完善中国共产党领导的多党合作和政治协商制度的意见》，进一步加强自身建设，积极履行参政党职能，各项工作有新的进展，涌现了不少先进集体和先进个人。2003年9月，九三学社苏州市委召开“为三个文明建设服务先进集体和先进个人表彰大会”，表彰了6个先进集体和51名先进个人，3个基层组织得到大会口头表扬。江苏省、苏州市也分别于11月、12月召开了各民主党派工商联为三个文明建设服务经验交流暨表彰大会，九三学社苏州市委的一些基层组织和一批成员因成绩出色而受到大会表彰。

【自身建设】 2003年，九三学社苏州市委继续发扬九三学社自我教育的优良传统，组织全市九三成员学习中共十六大精神，学习全国“两会”精神，学习胡锦涛总书记走访九三学社中央机关的重要讲话，学习九三学社中央、省委在抗击“非典”斗争阶段致全体九三成员的公开信，开展了“三增强、四热爱”教育活动，“七一”前夕，召开了纪念中国共产党成立八十二周年座谈会，组织市社部分中共党员和骨干座谈讴歌中国共产党的丰功伟绩，并组织成员撰写纪念文章。中共十六届三中全会召开后，开展了学习贯彻全会精神的活动。

2003年，市政协为出版《苏州市已故民主党派和工商联领导人传略》，开展了较大规模的组稿活动，九三学社苏州市委积极参加，组织撰写了苏州市九三学社已故领导人陈志安、许国樑、陈明斋、张晓江、张复升、曾富宝的生平事迹，该书已结集出版，对推动广大九三学社成员学习他们的先进事迹高尚品德大有裨益。年内，九三学社苏州市委编印《苏州社讯》6期，刊物内容进一步充实，在加强社的思想建设方面发挥了作用。九三学社苏州市委还参与了社江苏省委开展的以“三增强、四热爱”活动为内容的征文活动，许多文章被《江苏九三》录用刊登，并获先进集体一等奖。

2003年，九三学社苏州市委根据社中央关于组织发展的规定，继续做好发展新成员的工作。努力发展政治素质好、有代表性的人士入社。一年中，共发展新成员29名，平均年龄40.18岁，其中具有高级职称者17名，占58%，有博士3名、硕士5名。同时，还加强了后备干部队伍的建设。

【参政议政】 九三学社苏州市委领导参加中共苏州市委召开的双月座谈会和各种学习座谈会，并充分发表观点，提出意见、建议，内容涉及企业转制、民营经济、公共卫生工作、科教兴市、人才强市、全面协调可持续发展等。九三学社苏州市委在市政协十一届一次会议上，提交了题为《加强农产品质量工作，确保“菜篮子”安全》的调研报告，还提交了《提高对低收入家庭子女的扶贫助学力度的建议》、《落实艾滋病性病高危人群的健康教育和健康监测措施的建议》、《建立备用或慈善基金，畅通交通事故急救绿色通道的建议》、《进一步建设好公惠医院的建议》和《帮助解决苏州市癌症康复协会活动场所的建议》等5份党派集体提案

2003年，九三学社苏州市委紧紧围绕苏州市经济建设和社会发展事业，积极开展调查研究，形成4篇调研报告：①《精神病防治管理工作须进一步加强》；②《规范和完善住宅小区物业管理》；③《重视培育发展虚拟企业》；④《依法治教，进一步推动苏州基础教育事业的健康发展》，作为在市政协十一届二次会议上的大会发言材料。九三学社苏州市委还形成了《关于吴中区和相城区劳动保障工作尽快与市区并轨的建议》、《对当前苏州市城市环境建设的几点建议》、《加大对公惠医院的投入，改善公惠医院条件，为特困人群提供优质医疗服务》、《进一步加强对医学会医疗事故技术鉴定的扶持》4件党派集体提案，提交市政协转市政府有关部门，还参加了市政协对全市教育专项民主监督的工作并在市政协常委会议上作了专题发言。

2003年九三学社苏州市委积极参与九三学社江苏省委征集提案的工作，由于工作成效显著，被评为提

案先进集体一等奖。在信息工作方面同样以良好的业绩获得九三学社江苏省委和中共苏州市委统战部的表彰，均被评为信息工作先进集体二等奖。

九三学社中的党风联络员、特约监察员、特约审计员、教育督导员、行风评议员、行风监督员积极参加政风行风评议监督工作。

【服务社会】 2003年春末，九三学社苏州市委带领九三医务界人士直接或间接地参与到“抗非”斗争中去，付出了大量的心血和汗水。社市委主要领导作为苏州市收治“非典”患者的医院——苏大附一院主管业务的院长、医院防治“非典”专家组组长，带领广大医务工作者，奋战在“抗非”第一线，作出不平凡的业绩。

响应九三学社江苏省委的号召，九三学社苏州市委开展了向苏北地区品学兼优的贫困儿童捐款的活动。

在第15届中国“国际科学与和平周”活动开展期间，根据九三学社中央的通知精神，九三学社苏州市委组织了九三学社的医学专家和著名律师，在苏州市觅渡中学开展咨询活动，为广大教职工、贫困家庭就读子女及社区居民服务；在浒关镇动迁临时居住区为动迁居民开展的“送温暖、献爱心”大型义诊活动受到了动迁居民的热烈欢迎。

（陈蓉健）

苏州市工商联

【概况】 工商联是党和政府联系非公经济人士的桥梁和纽带，是政府管理非公有制经济的助手。苏州市及所辖张家港市、常熟市、太仓市、昆山市、吴江市、吴中区、相城区、平江区、沧浪区、金阊区、高新区（虎丘区）都建有工商业联合会（商会）组织。

在新的历史时期，苏州市工商联（商会）的主要职能与任务是：①参与国家大政方针及政治、经济、社会生活中重要问题的政治协商，发挥民主监督作用，积极参政议政；②引导会员积极参加国家经济建设，推动社会主义市场经济体制逐步完善，促进社会全面发展；③做好本市工商界代表人士政治安排的推荐工作；④宣传、贯彻党和国家的方针政策，引导会员树立社会主义公私观、信用观、义利观和法制观，做中国特色社会主义事业的建设者；⑤代表并维护会员的合法权益，反映会员的意见、要求和建议；⑥引导会员积极参与“光彩事业”，致富思源、富而思进、扶危济困、共同富裕、义利兼顾、德行并重、发展企业、回馈社会；⑦为会员提供信息和科技、管理、培训、法律、会计、融资、咨询等服务；⑧组织会员举办和参加各种对内对外展销会、交易会，组织会员出国、出境考察访问，帮助会员开拓国内、国际市场；⑨增进与港、澳、台和世界各国工商社团及工商经济界人士的联系和友谊，促进经济、技术和贸易合作的发展，协助引进资金、技术、人才；⑩为会员提供有关证明，协调关系，调解经济纠纷；⑪承办政府和有关部门委托事项。

2003年，苏州市工商联围绕市委、市政府提出的加快发展非公有制经济，努力构筑苏州经济“三足鼎立”格局的总体要求，认真履行工商联“桥梁、纽带、助手”的作用，积极参政议政，加强行业商会和基层组织建设，不断深化和扩大服务体系及服务内容，加快构建融资担保、人才招聘、法律服务、财务与会计管理服务、教育培训、诚信服务六大服务平台，主动延长工作手臂，进一步加强自身建设，多方面工作取得了显著的成效。

【组织建设】 2003年，市工商联所属企业会员10503家，乡镇商会、街道商会124个，尽管乡镇合并后基数减少，但基层商会总数仍有增长；行业商会、同业公会76个（其中市级行业商会15个，县、区级61个），涉及百货、黄金珠宝、餐饮、家庭装饰、家具制造、五金交电、眼镜、丝绸、服装、烟酒食品、塑料、印刷、线路板、彩钢板、电脑、电器、汽配、婚纱、房地产、进出口等领域，基本上做到了“横向扩张，纵向到底”。强化基层、行业商会建设并发挥其作用成为工商联工作的一大特色，行业商会工作已逐渐成为市工商联的工作品牌，受到全国工商联领导的肯定。

4月，市工商联与市委统战部在昆山联合召开了“苏州市工商联基层组织、行业商会建设经验交流暨表彰会”，副市长赵俊生就加强工商联组织建设，加快发展行业商会作了专题报告，要求加快行业商会的发展。会议表彰了30家先进基层、行业商会、5家组织工作先进集体和20名组织工作先进个人。市工商联抓住这次会议召开的契机，加大发展会员和组建行业商会的力度，短短一年时间内，苏州市工商联房地产业商会、苏州市工商联小型进出口企业商会、苏州市虎丘婚纱摄影器材业商会等市级行业商会、同业公会先后成立，行业商会在为规范行业行为、带动本行业健康、有序地发展起到积极的作用。在房地产业商会成立的当天，首批48家会员即共同出资500万元建立了诚信保证金，向客户作出了诚信经营的庄严承诺。另外，市工商联还与平江区政府合作建立了苏州观前地区商会，首批以个私企业为主的59家会员加入了商会，成为全省在商业繁华区组建商会的首创，为打造经营品牌，优化商业环境，繁荣经贸文化开了一个好头。

全市各级工商联组织开始多渠道、多层次、全方位地为民营经济开展服务。在苏州民政部门的大力支持下，工商联作为行业商会业务主管部门的地位也得到了认可。

【参政议政】 2003年两会期间，全市各级工商联和工商联界代表人士共提交政协集体提案24件，个人提案110件，人大建议案63件。其中，市工商联代表提交集体提案12件，个人提案16件。绝大多数提、议案紧扣非公有制经济发展过程中的问题，具有鲜明的特色。许多提案、议案得到当地党委和政府的重视和采纳。

在各级人大、政协换届中，全市非公有制经济代表人士在代表、委员中的份额大幅提高。2003年，全市工商联界别的非公有制经济代表人士中，共有全国人大代表2名，省人大代表4名，市人大代表17名，县级人大代表176名；省政协委员5名，市政协委员31名，县级政协委员321名，都比上一届有明显增加。有些人士还被选为省、市、县人大、政协常委。

【获得的荣誉】 2003年，市工商联多项工作受到了市委、市政府和省工商联、市委统战部的表彰。在2月召开的“全市加快发展私营个体经济工作会议暨表彰大会”上，市工商联被评为全市私营经济工作先进集体。在全省工商联行业组织工作经验交流暨表彰大会上，苏州市共有5家行业商会受到表彰，苏州市工商联还作为惟一一家省辖市工商联在大会上作了发言。在江苏省各民主党派、工商联为经济建设服务经验交流暨表彰大会上，市工商联经济处被选为先进集体。参政议政、调查研究方面，市工商联“关于外资企业与民营企业政策差异”的调研报告受到市领导的高度重视，王珉书记、杨卫泽市长分别在报告上作了批示；加快城市化发展工作会议召开后，市工商联及时将企业家们的建议整理成文，上报市委，王珉书记专门作出了重要批示。2003年市委、市政府主要领导专门针对工商联作出的书面指示多达4次之多。8月，市工商联在省工商联举办的优秀调研报告和论文评比活动中，报送5篇调研论文，有两篇获得一等奖，占一等奖总数的五分之二；“关于行业商会的功能和作用”这一课题首次获得市科技局的软课题立项；“苏州个体私营经济发展探析”一文被录入了中国私营企业发展蓝皮书。在全省工商联“非公代表人士数据库和会员数据库”工作评选中，市工商联被评为先进单位；政务信息工作也因总量第一，受到省工商联的表彰，信息工作还被评为市统战系统先进单位。

【光彩事业】 2003年上半年，在抗击“非典”的斗争中，全市私营企业积极响应市委、市政府的号召，踊跃捐赠。据不完全统计，到5月底，全市私营企业已为“抗非”捐款捐物786.38万元，占全省工商联系统捐款总额的六分之一。这充分反映了当代民营企业家的精神风貌，也证明了苏州市工商联系统在市委、市政府的领导下，确实具备了应对突发事件的能力。2003年光彩事业促进会换届期间，企业家共同出资，建立了苏州市光彩基金。10月，又有一位企业家在陕西榆林地区捐资20万元，兴建一所希望小学。7月，市工商联及所属5家行业商会前往浙江乍浦，慰问正在执行海训任务的驻苏部队官兵，送上两台笔记本电脑和120箱饮料。

【参与民营经济服务社会经济】 2003年，市工商联从自身工作特点出发，与政府部门和有关中介组织合作，探索建立了六大服务平台。一是融资担保服务平台。2003年1月，组织会员企业，筹集500万元资金，以参股形式投人到总额达1亿元的“苏州市国发中小企业担保投资有限公司”，年内全市各区、市（县）共建立担保机构13家，担保基金达到6亿元，有效缓解了中小企业融资难、贷款难的矛盾。二是人才招聘服务平台。市工商联先后与市人事局就人才联合招聘达成意向，并与社会中介组织联合举办了6场招聘活动，进场应聘人员超过2万人次，取得了良好的社会效益。三是法律服务平台。为保护私营企业与业主的合法权益，成立了苏州市仲裁委工商联办事处，市工商联有3位同志（包括非公会员）担任了苏州市仲裁委仲裁员。十多名非公会员担任了苏州仲裁专家委员会成员，已接受56名会员仲裁咨询，调处7起合同纠纷，当事人双方均感满意。四是财务与会计管理服务平台。在市财政局的指导下，市工商联继续开展私营企业财会人员登记、发证、年检、后续培训、职称报考的一条龙服务，帮助私企提高财务管理水平和财会人员素质。2003年共培训会计人员1182人次，为251名会计人员发放了会计证，并首次启用了计算机考试系统。五是教育培训服务平台。市工商联继续发挥与德国中小企业联合会（ZDH）合办的商会培训中心的作用，办好各种研讨班、培训班；还与扬州金方略咨询公司合作，举办了有180人参加的企业高层管理人员培训，受到会员企业的欢迎。六是诚信服务平台。为加快私营企业信用体系建设，苏州市各级工商联在会员中广泛开展了诚信经营活动。工商联与质量技术监督局合作，帮助企业开展产品标准的制定、ISO9000和ISO14000系统质量认证和产品质量的监督检查等工作；与市委宣传部等部门合作，开展了文明单位、诚信企业评比活动。

此外，市工商联还组织会员参加各项经贸活动，如兰洽会、湖南长沙民营企业发展论坛暨投资洽谈会、张謇诞辰150周年研讨会、国际儒商大会、两省一市15城市长三角论坛等，共组织各类座谈、讲座11次，开展各类经济活动25次，会员活动20次，为会员服务30次，走访会员企业107次。 （申霖）

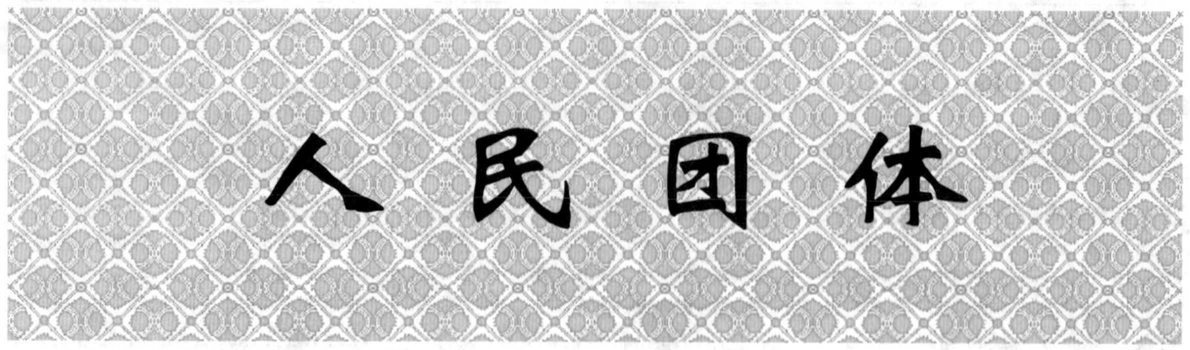

苏州市总工会

【概况】 至2003年底，全市共有基层工会组织6067个，工会会员100.6万名。全市各级工会在党委的正确领导下，围绕改革发展稳定大局，不断研究新情况、解决新问题，努力克服各种不利影响，按照年初确定的工作思路和工作目标，一着不让，真抓实干，从深度和实效上进一步推进重点工作，取得了新的突破和进展。全市非公有制企业工会组建势头良好，实现了"三大突破"；积极参与并支持国有、集体企事业单位产权制度改革成效显著，维护了职工合法权益和大局稳定；建立协调劳动关系机制工作不断推进，非公有制企业建立职代会制度工作得到全国总工会肯定；为困难职工办实事、好事不断进步，把党的温暖送到职工心坎上；学习型组织和文明岗创建活动初见成效，职工队伍自身素质得到了提高；职工群众性经济技术创新活动再创佳绩，在"两个率先"中充分发挥了主力军作用；工会自身建设继续加强，形成了一批各具特色的创新成果，使全市工会工作亮点纷呈，备受关注。

【非公有制企业工会工作】2003年，全市各级工会认真贯彻全市"党建带工建、工建促党建"工作经验交流会及《关于加强非公有制经济组织"党建带工建、工建促党建"工作实施意见》精神，抓住机遇，趁势而上，全面推进非公有制企业建会工作。全市新建独立基层工会4096家，比年初目标数净增3096家；新发展会员27万人，比年初目标数净增17万人。全市新建外企独立工会380家，是历史上外企建会最多的一年。此外，对于改制企业，重点抓了工会的转接、重建和按规定撤销的工作。到年底，全市非公有制企业累计建会29653家，其中单独建会7680家，非公有制企业工会会员959086人。全市工会组建率和职工入会率分别达到90%和92%，继续处在全省前列，市总工会被全国总工会表彰为全国新建企业工会组建工作先进单位。

【参与支持国有、集体企事业产权制度改革】2003年面对面广量大的国有集体企业和经营性事业单位的改制任务，全市工会在各个层次上积极参与改制工作的全过程，旗帜鲜明地支持改革，旗帜鲜明地维护职工合法权益，力保企事业单位改制公开透明，规范操作。一是加强源头参与，积极参加各级产权制度改革领导小组及办公室、监督小组等机构的工作，坚持改制过程走民主程序，从源头上维护职工合法权益。二是制订工会参与改制的指导意见。市总工会通过印发《关于我市各级工会组织积极支持参与市属国有（集体）企业产权制度改革若干问题的指导意见》、《关于破产、关闭、歇业企业民主管理工作的意见》以及与市体改办等部门联合发文的形式，针对不同改制形式，提出职代会审议讨论的不同方法。三是认真参加改制会办，把好改制审核关。市总工会共参与了460多家改制企业和300多家破产、关闭企业的会办。四是认真做好来信来访接待工作。市总工会全年接待来信来访2037件（次），其中涉及改制中职工切身利益问题的占40.7%；处理转制企业集体纠纷10起，纠正了违反民主程序、侵犯职工权益的行为。改制企业职工安置费到位率达97.2%。五是深入一线，倾听职工呼声，做过细的思想工作，确保改制过程中职工队伍的稳定，为全市稳定大局作出了贡献。

【非公企业职代会制度建设】2003年，市总工会深入贯彻中央、省、市"两办""关于深入实行厂务公开制度"的精神，在非公企业中大力推行职代会制度。2001年以来，全市涌现了一批非公企业建立职代会制度的先进典型。9月，市总工会召开了全市加强非公有制企业职代会制度建设经验交流会，进一步推动建制工作向面上扩展。至2003年11月底，全市2255家百人以上已建会的非公有制企业建立了职代会制度，其中改制企业513家，外企、私企1742家，建制面达79.73%。另有张家港、昆山、吴中通过区域性职代会覆盖企业约6100家，职工7.2万人。苏州市被评为全国厂务公开先进单位，非公有制企业推进职代会制度工作得到全国总工会的肯定。

【"三方协商"机制】 至2003年底，除本级建立了劳动关系三方协商机制外，5个县级市、7个区中的6个区、96个乡镇中的92个乡镇建立了这一制度，"三方协商"机制的制度日趋完善，活动开展正常，作用发挥显著。全市有2354家企业建立了劳动争议调解委员会，协调处理各类劳动争议纠纷3122件。各级工会兼职仲裁员参与劳动争议仲裁处理案件500多件，参与率超过15%。至11月底，全市开展平等协商、签订集体合同的企业达22492家，占已建会企业数的86.4%；开展工资协商的企业为13743家，签订劳动安全卫生协议的企业达9000多家。"三方协商"机制与劳动关系预警机制的紧密结合，促进了区域内劳动关系的和谐稳定，维护了职工的合法权益，维护了社会的稳定。

【建立工会协调劳动关系整改建议制度】 为了进一步加大建会和建制工作力度，攻克“老大难”企业组建工会和签订集体合同的问题，加强企业劳动关系的协调工作，在市劳动和社会保障局、市企业家协会的支持下，经市劳动关系三方协商会议研究同意，2003年5月，市总工会制发了《关于建立工会协调劳动关系整改建议制度的通知》，建立了工会协调劳动关系整改建议制度。7～8月，市总工会与劳动保障部门联合开展劳动保障维权专项执法大检查，共检查用人单位5143家，涉及职工55.53万人。全市共发出整改建议书608份，已完成整改的企业504家，整改率达83%。对尚未整改的单位由市劳动保障行政部门依法处理。这一制度的建立加大了推行集体合同的工作力度，到2003年底，全市签订集体合同企业达22492家，开展工资协商的企业达13743家。建立这一制度也为实施《工会法》和省政府《企业集体协商和集体合同规定》的有关法律责任提供了可操作的办法。

【“送温暖”工程】 2003年元旦、春节期间市总工会开展了以“送温暖、送医疗、送岗位、送技能、送教育、送信息”为主要内容的送温暖活动，全市参加走访慰问的各级党政工干部共9201人次，慰问困难企业742家，慰问困难职工、离退休人员、劳动模范等30314户，筹集发放慰问款2502万元，其中工会697.82万元，帮困结对扩大到1500多户次。同时，通过开展爱心助学、义务家教活动，拓展了送温暖活动新的形式，在社会上产生良好的反响。2003年4月，市总工会还组织全体机关干部对市区403户患大病职工家庭生活状况进行调查，掌握困难职工的生活状况，为政府决策提供依据，并促成了困难群体医疗救助方面政策的出台，从源头上切实维护职工，尤其是困难职工的利益。

【困难职工援助中心】 至2003年底，市、县两级地方工会全部建立了“困难职工援助中心”，中心的运作不断朝规范化方向发展，在为困难职工办实事中发挥了积极作用。依托各级“中心”，通过开设再就业介绍专场、建立再就业合作单位、培育再就业基地、开展下岗失业人员培训等途径，为下岗失业职工提供再就业服务，超额完成了省总工会“3个6500”的指标，至11月底，全市工会完成再就业职业介绍14772人次、再就业指导9072人次、再就业培训9349人次。除此以外，各级“中心”在信访接待、特困帮扶、法律咨询、法律援助等方面，为困难职工提供及时、便捷的服务，真正成为了救助困难职工的窗口、社会保障机制的补充、下岗职工再就业的媒体和缓解社会矛盾的通道。

【职工素质工程】 各级工会着眼于职工队伍自身素质的全面提高，以“创建学习型组织，培育知识化职工”和争创“五一”文明岗为主要活动载体，努力提高职工素质。5月，市总工会下发了《关于进一步深化“争创学习型组织，争做知识性职工，树新时代职工形象”活动的实施意见》，全市范围内的争创学习型组织试点单位扩大到100家。7月，省总工会在苏州召开 “两争一树”活动推进会，充分肯定了苏州创建活动的经验。争创“五一文明岗”、争当“百佳文明职工”活动也取得初步成果，全市66个“五一文明岗”、100名文明职工受到市总工会与市委文明办的联合表彰。同时，积极组织开展了诸如车工、焊工、钳工等多种工种的岗位能手操作比赛，提高职工的技能素质。各级女职工委员会以“内强素质、外树形象”为主题，开展各类深受女职工欢迎的活动，提高了女职工队伍的整体素质。

【群众性经济技术创新活动】 围绕全市经济社会发展目标，各级工会以“深化创新促发展，争当率先排头兵”为主题，继续深入实施经济技术创新工程。组织开展了“十万职工技术大练兵”，全市参加技术练兵、技术比武的职工达8.9万人次，参加各类技术培训20.8万人次；市总工会女职工委员会与市卫生局共同举办全市卫生系统女职工护理岗位能手操作比赛；围绕技术革新、技术进步，市总工会组织开展了“创新、创造在岗位”百佳合理化建议“金点子”评选暨网页制作比赛；各级职工技协参与技术攻关、技术开发和技术推广项目901个，完成对外技术服务项目1552个。

【“重点工程”劳动竞赛】 为了适应苏州城市化步伐加快和基础设施建设力度加大的要求，围绕市重点工程、实事工程，市总工会组织开展“重点工程”劳动竞赛活动，做到重点工程进行到哪里，劳动竞赛开展到哪里。市总工会联合市交通局、市高速公路建设指挥部在苏嘉杭高速、沿江高速、绕城高速重点工程中开展了“争先创优杯”建功立业劳动竞赛活动，联合市建设局组织开展了“南环高架快速路实事工程”竞赛活动，联合地质勘探部门开展了“当好城市建设先行者”竞赛活动。全市共有269家单位、约6万名建设者参加90项重点、实事工程劳动竞赛。9月，市政府表彰了46家先进单位和101名先进个人。组织开展的“聚焦苏州新面貌，展示建设者风采”主题网络摄影大赛活动，充分展示了工程建设者的崭新风貌。

【苏州市劳动模范评选】 为了进一步表彰全市各条战线上的先进典型，2003年，全市组织开展了苏州市2000～2002年度劳模推荐评选工作。通过公开、公平、公正和民主评选程序，全市共评选产生出苏州市劳动模范290名，外企、外籍和外来（含中国台湾）高级管理人员、建设者优秀代表首次在市劳模候选人名单中出现。同时，2003年还评选出朱卓伦等6名全国“五一劳动奖章”获得者、黄永林等14名省“五一劳动奖章”获得者、江苏省电力公司苏州供电公司等4家省“五一劳动奖状” 获得者、小林敏夫等3名省“五一劳动荣誉奖章”称号获得者。

附：全国“五一劳动奖章”获得者（2003）

陈淦浩　苏州中学
王云琴　苏州社会福利院
顾永达　苏州交通工程集团
陶国平　江南高纤股份有限公司
朱卓伦　江苏电信有限公司苏州分公司
夏林泉　平江区绿化工程队

江苏省"五一劳动奖章" 获得者
(2003)

黄永林　沙钢集团有限公司
李　立　常熟纺织机械厂有限公司
平秀凤　吴江丝绸股份有限公司新华丝织分厂
冯　弟　昆山市供电公司
张琳莹　太仓市农业银行
张菊英　石路国际商城
尹万森　昆山钞票纸厂
杨希昌　常熟发电有限公司
徐天平　吴江科林集团有限公司产品研发中心
吴晨耘　沧浪区实验小学
浦　江　市政工程设计院
顾建华　太仓市中医院
朱建兴　西山国家现代化农业示范园区
谢志刚　张家港市无线电厂

江苏省"五一劳动奖状" 获得者
(2003)

苏州供电公司
中国工商银行苏州分行
苏州市行政服务中心
常熟市开关厂CW1装配组

江苏省"五一劳动荣誉奖章" 获得者
(2003)

小林敏夫(日本)　苏州日本电波工业有限公司董事总经理
郑宝堂(中国台湾)　捷安特(中国)有限公司总经理
吴多深(新加坡)　中新苏州工业园区开发有限公司副总裁

【工会自身建设】 2003年，市总工会就企事业单位改制过程中工会组织关系移交和会员会籍管理问题制定了具体办法，同时，适应党组织关系属地化的做法，积极研究改制企业工会的领导和管理办法，确保工会组织网络的完整性和工会工作的连续性。通过一手抓工会组建、一手抓工会作用发挥，把建会、建制、建家结合起来，强化了工会基层组织的规范化建设，在维护职工权益和促进企业发展中更好地发挥了作用。与此同时，切实加强工会干部队伍建设，部署开展创建学习型工会活动，全年完成工会干部上岗培训739人次，适应性培训6274人次，进市委党校培训112人；工会干部储备和保障探索了行之有效的新做法；全市涌现了一批工会工作先进集体和个人。工会以法治会、依法维权的工作方式逐步形成，《工会法》及《江苏省实施〈工会法〉办法》的学习、宣传、贯彻进一步加强，并日益成为全市工会组织履行职责的有力武器。

【市工会财务结算中心】 为了更好地贯彻执行《工会法》、《会计法》等国家法律法规及工会会计制度，加强对全市工会经费收管用情况的监督和管理，更好地为工运事业、工会事业、职工群众服务，2003年1月1日，成立了市工会财务结算中心，对由市总工会拨给活动经费的工会组织的各项经费收支和资产实行集中管理和统一核算，"中心"隶属市总工会领导，接受市总工会经审会的审查监督。经过一年的运行，效果良好，33个由市总工会直接拨给活动经费的区、产业、系统工会的经费和财务被纳入结算中心，提高了会计工作质量，提高了资金使用效益。

【餐饮私营企业行业工会联合会】 苏州私营经济快速发展，形成了一些有地方特色的街道，在这些街道中集中了大量企业规模小、进城务工人员多、从业人员流动性大、劳资矛盾相对突出的私营企业。为了有效地解决非公企业工会组织建设遇到的新情况、新问题，在2003年初确定了沧浪区双塔街道凤凰街餐饮业私营企业作为建会试点，并于9月2日成立了凤凰街餐饮行业工会联合会。行业工会联合会积极组织所属企业开展工会工作，行使维权职能，取得了很好的实效，工会工作的氛围得到好转，工会工作的社会影响不断扩大。

【系统内事业单位改制】 2002年10月29日，市政府批转市经济体制改革办公室制定的《关于市属生产经营性事业单位转企改制工作的实施意见》，市总工会下属的苏州友谊宾馆和苏州职工国际旅行社作为经营性事业单位，列入第一批改制名单。市总领导签下责任状，按照市委市政府的统一部署，完成改制工作。

苏州职工国际旅行社按照内部转让的方式进行改制。经江苏省仁合资产评估有限公司和苏州天元不动产咨询评估有限公司的评估，按照苏府文件规定，由苏州职工国际旅行社原经营者、骨干和职工购买，成立苏州职工国际旅行社有限公司。

苏州友谊宾馆根据市有关部门的要求和职工的意愿，采取整体拍卖的形式转制。2003年7月18日，在苏州市市属国有(集体)企业第一次公开拍卖会上，被苏州益友房地产有限公司拍得。

在改制过程中，市总工会按照市政府的相关政策对两个单位的职工作出了妥善安置。　(吴旭东)

共青团苏州市委员会

【概况】 2003年，全市有团员青年353518人，比上年增长5.8%，基层团组织7230个，比上年减少2.5%。全市各级团组织全面贯彻胡锦涛同志在中国共青团十五次代表大会上的讲话精神，号召全市团员青年努力实现两个率先，以社区、两新组织团建为重点，不断巩固和加强团的基层组织建设、团干部队伍和作风建设、团员队伍建设；结合团的工作实际，深入开展青年思想政治工作和青年志愿者服务工作；加强基层青联组织建设和青联制度建设，推进青年科技创新行动；实施青年文明号精品工程，完善青年文明号创建工作的机制；扎实推进小城镇共青团工作、"三争三创"活动和保护母亲河行动，培养农村青年致富带头人，实施农村青年外出务工工作；开展"18岁成人从志愿者开始"主题活动，实施"中学生鹏程计划"，推进"苏州市中等职业学校学生素质拓展计划"，加强少先队建设和少先队工作者的队伍建设；抓好青少年的自我保护教育，推行优秀"青少年维权岗"活动的区域联动和区域推进。

【组织建设】 2003年，全市团组织进一步深化党建带团建工作，全面加强团的基层组织建设，扎实推进社区团建的各项工作，围绕"组织网络、工作项目、服务阵地、运作机制"四位一体的社区团建体系，建立一批社区团支部；广泛开展基层团组织"六有"(有班子、有队伍、有活动、有制度、有经费、有阵地）达标建设和“五四红旗团委”创建活动，深入开展创建“党建带团建工作先进县（市、区）活动，全面推进团的基层组织建设。2003年，通过评选，全市共表彰“苏州市五四红旗团委”23家、“苏州市五四红旗团委创建单位”41家、“优秀共青团干部”41名、“优秀共青团员”35名、“新长征突击手”43名。其中获得省级五四红旗团委9家、省级五四红旗团支部7家、省新长征突击手15人。团市委按照抓紧培养选拔优秀青年干部的要求，不断加强团干部队伍建设，以推优工作为载体，加强团员队伍建设；继续推进干部作风建设，响应党中央的号召，加强干部考核、奖惩和管理工作，有针对性地做好机关干部教育、管理工作。

【宣传教育】 2003年，共青团宣传工作以贯彻学习党的十六大精神为主线，不断增强全市共青团员的理论水平，促进各项工作的开展。一是深入开展青年思想政治工作，以“三个代表”为指导，围绕市委的总体部署，把握团市委十六届二次全委会精神，着眼于明确目标，统一认识，以组织报告会、研讨座谈、教育实践活动等形式，把行动统一于市委的中心工作上来；二是强化阵地建设，创新活动载体，推动青年读书活动的普遍性开展。在社区建设开发读书俱乐部，丰富青少年的业余生活，提高知识水平。三是突出重点，注重策划，扎实做好大型会议和活动的宣传报道工作。认真做好五四纪念活动、苏州市青年联合会第十二届委员会第一次会议以及苏州市学联第九次代表大会的宣传活动，扩大共青团和青年工作的社会效应。

【青年文明号】 2003年，全市共青团系统贯彻“锻造青年文明号精品工程”的指导思想，在深化机制的同时，进一步加强对各级青年文明号的集体监督和青年文明号的整体宣传。严格按评选规则进行，通过将不符合标准的集体摘牌、控制申报数量和质量来提升青年文明号的整体形象；深化机制，将青年文明号创建工作纳入市文明单位、文明窗口的评选体系中，推动基层单位创建青年文明号的积极性、主动性；同时加强各方面监督，把好各级青年文明号集体的质量关；做好各项宣传工作，加强各县市和系统对本地区、本系统青年文明号整体和部分集体的宣传，在《苏州日报》上开展了《青年先锋—青年文明号风采征文大赛》，共有11个系统参与，历时3个月，共发表征文41篇，进一步扩大了青年文明号工作的社会影响。2003年，全市共命名市级青年文明号52家，同时重新认定市级青年文明号161家。

【志愿者工作】 2003年，各级团委全面落实2002年度苏州市青年志愿者行动推进大会的精神，围绕“领域拓展项目”、“队伍建设重素质”、“机制建设促管理”等内容，发挥基层协会和队伍的职能，注重网络建设，加强骨干培养，形成“苏州市－县市（区）－乡镇、街道”三级青年志愿者协会管理模式；抓住毛泽东同志题词“向雷锋同志学习”四十周年纪念的有效契机，充分展示苏州青年志愿者行动的风采，更好地做好舆论宣传，扩大社会知名度；为苏州电子信息博览会提供大型志愿服务，本次电博会共有近400名志愿者参加招募，经过培训、考核、激励等环节，共有85名志愿者参加电博会各项志愿服务；团市委还与市文明办、市交巡警支队等部门联合招募“文明交通工程”志愿者，积极参加苏州市文明交通工程。

【支援工作】 2003年，团市委继续做好青年志愿者赴陕西榆林地区扶贫支医工作。该活动是团市委、市卫生局发起的“赴陕西榆林扶贫支医工作”的延续。来自苏州市四院的刘晓强、苏州市一院的朱麟、苏州市二院的张金坤、苏州市三院邱剑萍和吴中区人民医院的殷华芬等5位志愿者，奔赴陕西米脂、佳县等地，从事临床医疗、预防及保健等方面的医疗服务工作。期间，原苏州市委书记，现陕西省委常委、陕西省常务副省长陈德铭曾先后两次接见苏州青年志愿者医疗队的同志，对苏州市长期以来对榆林市的无私支援，对苏州团市委、卫生局在青年志愿者活动中所表现出的积极性给予了充分肯定和高度评价，并拨专款50万元为佳县红会医院建设电子胃镜室，以表示对青年志愿者活动的支持。

【青少年工作】 2003年，全市青少年教育工作抓重点、抓落实，着力建立青少年权益保护的社会化体系。一是全面推行“优秀青少年维权岗”活动的区域推进，探索区域联动机制，深化维权服务内涵，规范社会秩序，优化青少年成长环境，年内全市共命名37家市级“优秀青少年维权岗”，同时有4家单位获省级“优秀青少年维权岗”；二是抓住青少年自我保护教育这个关键环节，发挥市青少年心理健康和法律援助专家指导小组的作用，开展多年龄层次、多种形式的教育工作；三是开展预防青少年违法犯罪工作，由市综治委预防青少年违法犯罪工作领导小组部署全市预防青少年违法犯罪工作，研究、制定全市预防青少年违法犯罪工作的重大决策，建立多方配合、齐抓共管的工作机制；四是实施“青少年网络文明行动”，正视互联网信息时代给青少年教育工作带来的机遇和挑战，主动占领青少年思想教育的网络主阵地，运用网络开展征文、知识竞赛等多种生动活泼、健康向上的交流活动和主题团队活动，引导形成健康向上的网络氛围。

【学校共青团工作】 2003年，在团员、青年学生中间广泛开展学习贯彻十六大活动，通过指导市属大中专院校团委开展“十六大精神进校园”宣讲活动、学生社团学习贯彻十六大系列活动、学习贯彻十六大精神大型知识竞赛活动，掀起了学习贯彻十六大精神的高潮；全面实施“中学生鹏程计划”，强势推进“苏州市中等职业学校学生素质拓展计划”，积极探索符合中学生身心发展特点的路子，为中学生健康成长服务；加强中学共青团工作的理论研究，在深入调查研究的基础上开展形式多样的研讨活动，探索适应社会主义市场经济和教育改革要求的中学共青团工作规律和新路子；做好十八岁成人教育活动，深化志愿者行动，使服务他人、服务社会的意识深入到青年心中，培养学生的奉献意识，努力把志愿者行动化为一种自觉的行动。

【市青联十二届一次会议和市学联九次代表大会】 苏州市青年联合会第十二届委员会第一次全体会议和苏

州市学生联合会第九次代表大会于2003年11月1～2日举行，省委常委、市委书记王珉向大会发来贺信，市委副书记黄炳福出席大会并发表重要讲话，团省委副书记、省青联主席李国华到会并讲话，团市委书记蔡丽新致辞，出席大会开幕式的市领导还有汪国兴、陈炳斯、孙中浩等。市总工会、市妇联、市科协、市侨联、市残联、市文联等群众团体的领导也应邀出席了大会开幕式。市科协主席陈维代表市各群众团体向大会致贺词。大会还表彰了"苏州市首届十大杰出青年创业先锋"，并授予他们苏州市新长征突击手荣誉称号。此外，会议期间还展出苏州市中学生创新成果展的优秀作品。市青联十二届一次会议审议并通过了蔡丽新同志代表苏州市青年联合会第十一届常务委员会所作的题为《凝心聚力，开拓创新，为苏州加快实现"两个率先"而努力奋斗》的工作报告。大会选举产生了市青联新一届常务委员会，蔡丽新当选为新一届青联主席。 市学联第九次代表大会审议并通过了王潇同学代表市学联第八届委员会所作的《与时俱进，开拓创新，努力开创我市学联工作新局面》工作报告。会议还审议通过了《苏州市学生联合会章程（修正案）》；选举产生了苏州市学生联合会第九届委员会；代表们交流了开展学生会工作的经验，并向全市青年学生发出了《树立崇高理想，全面拓展素质，为实现中华民族的伟大复兴而努力奋斗》的倡议书。

（孙国林）

附：苏州市首届十大杰出青年创业先锋

李兴华　张家港华达涂层有限公司总裁
刘国忠　江苏紫荆花纺织科技股份有限公司董事长
朱建新　苏州赛恩生物工程有限公司董事长
张月亭　江苏诚泰投资担保有限公司董事长
张亦斌　苏州工业园区新海宜电信发展股份有限公司董事长
岳建明　江苏三棱科技有限公司董事长
徐义新　太仓市新创力科技拓展有限公司董事长
顾秩群　苏州市科迪石化工程有限公司董事长
蒋　敏　苏州市金莎美容连锁有限公司董事长
虞国荣　江苏法泰电器有限公司董事长

注："中国移动杯"苏州市首届十大杰出青年创业先锋评选活动由团市委、苏州日报报业集团、市青联和苏州移动分公司联合主办，先锋奖获得者同时获得了苏州市新长征突击手的称号。

苏州市妇女联合会

【概况】 2003年，全市各级妇联抓住促进妇女发展、维护妇女权益两条主线，扎实有效地推动了全市妇女儿童工作的健康发展。

①做好"非典"防治工作。市妇联成立了"防非"领导小组和应急小组，制订了全面的防治措施、应急预案和工作流程，下发了关于做好妇联系统自办托幼园所和农村妇女家庭"非典"防治工作的通知和文件，召开了慰问援蒙"抗非"专家家属座谈会，发出了"洁净家园、预防'非典'"的号召和"万众一心、共筑抗击'非典'的家庭防线"的公开信，狠抓组织动员、健康教育、知识普及、预防控制，为夺取"抗非"战役的胜利发挥了积极作用。

②帮助农村妇女增收致富。全市各级妇联举办培训班约800期，培训近5万人次，开展"送政策、送信息、送技术"的"三送"活动300多次，实现科技结对1200对，新建"三八"科技和农业标准化示范基地30个，带动6万多名妇女在多门类无公害农产品种植中实现增收。全市基层"双带"妇女干部增加到700多名，兴办各类实体300多家，投资5400多万元，带动周边上万名致富无门的农村妇女走上了致富之路。累计扶持项目31个，辐射带动上万名农村妇女脱贫致富。依托好阿姨服务中心等就业服务网络，配合政府成功转移农村女劳力3.7万人次。

③推动女性就业和创业。各级妇联举办再就业、创业培训班96期，培训下岗失业妇女3000多人次；利用多种渠道为下岗失业妇女提供就业咨询、市场信息服务5.7万人次；城乡联动举办女性招聘专场12场，提供就业岗位近万个；召开女性创业经验交流会，表彰"十佳"创业女明星、"十佳"巾帼创业标兵，树立再就业、创业典型200多个；分层次组织民营女企业家考察泰州、江阴的现代企业集团，组织农村女能手、女经纪人考察南方农业产业化。

④开展扶贫帮困活动。继续发动社会各界开展"8·26帮困助学行动日"、"春蕾助学"、"社会妈妈"等扶贫帮困活动，会同社会各界新结对资助贫困学生1955对，捐资捐物157万元。联合民盟和有关企业举办了"书画义拍、爱心搜索"活动，拍卖所得15万元助学资金全部用于结对资助贫困学生。向挂钩单位宿迁市特困女童捐赠了一批学习用品和助学款，价值近16万元。

⑤维护妇女儿童合法权益。各级妇联推动建立妇女儿童发展的监测数据库，落实儿童研究中心的项目经费，为577名城区贫困女性提供了妇女病普查。推动政府有关部门解决了一批涉及妇女儿童利益的实事，如呼吁政府为下岗失业妇女购买公益岗位，女性创业基金纳入下岗失业人员贷款担保基金，市妇女儿童公园建成开园等。专题召开了稳定工作座谈会，共接待处理来信来访2341人次。建立健全了法律援助、特邀陪审员、联席会议3项制度，1800多名受害妇女提供了法律援助。开展维权咨询、法制宣传活动300多次，集中曝光家庭暴力重大侵权案件30多起，为50多名受害妇女提供了鉴定、救助服务。

【"三八"活动主题鲜明】 围绕"想创业、敢创业、创大业"、"我学习、我努力、我成功"主题，各级妇联开展了隆重热烈鼓舞奋进的"三八"系列庆祝活动。举办中外暨海峡两岸妇女"庆三八"联欢会和"漂亮妈妈"服饰风采大赛，评选表彰了首批爱心使者（包括5名外籍夫人、台商夫人）、"十佳"学习型家庭、"十佳"妇女文体团队、"十佳"巾帼志愿者（队伍）、文明家庭标兵户等300多名妇女先进个人和集体，集中展示了苏州女性蓬勃向上、奋发有为的时代风采，参与营造了开放型城市亲商、安商、富商的投资环境。市妇联与市人事局、劳动局继续联合举办女性人才和劳务招聘专场，5750名女性进场应聘，2230人达成就业意向；举办女大学生就业论坛和女性创业论坛，表彰“十佳”优秀家政服务员和妇女再就业先进集体，鼓励引导女大学生和下岗失业妇女灵活就业、自主创业。

附：苏州市第2届“漂亮妈妈”

冠军 田　静　　吴中区人民医院职员
亚军 马　群　　工商银行职员
季军 姚熙熙　　苏州火车站职员

苏州市首届“爱心使者”

苏州
钱月宝　江苏梦兰集团公司
李惠芳　工业园区锦丰玩具有限公司
台湾
陈月云　苏州欣威塑料制品有限公司
谢雨秀　苏州市好彩头料理店
刘红缎　优比家俱有限公司
美国
郑世嘉（Lorina　Barbalas）
德国
安娅·费舍尔（Anja　Fischer）

【围绕“四个一”开展庆“六一”活动】 针对全国“抗非”形势依然严峻的情况，市妇联及时调整庆祝“六一”活动方案，按照小型、分散的原则，充分利用多媒体等手段，围绕“四个一”开展“六一”庆祝活动，进一步推进小公民道德建设。一是开展一次“抗击非典——小公民在行动”主题活动；二是开展一场“空中手拉手，歌声传真情”活动；三是以“我做合格小公民”为主题开展一次征文演讲比赛；四是举办一次摄影、绘画大赛。

【市维权联席会议制度建立】 2003年，市政法委、市人大常委会内司委、市妇联等15家单位联合建立了市维护妇女儿童合法权益联席会议制度，明确各成员单位主要工作职责，制定了联席会议的会议、督促检查、信息交流、经费筹集等相关工作制度。联席会议的主要任务是：定期通报全市妇女儿童合法权益中存在的重要情况和突出问题，加以分析，研究相应对策措施；推动制定、监督执行有关保护妇女儿童合法权益的地方性法规、政策措施；协调严重侵害妇女儿童合法权益的重大案件的处理；加大力度宣传并贯彻男女平等基本国策，努力促进以《妇女权益保障法》、《未成年人保护法》为主体的有关保护妇女儿童合法权益的法律法规的全面实施，从决策和立法的层面加强对妇女儿童发展和妇女儿童权益重大问题的关注和研究，推进各部门在维护妇女儿权益工作中实现统一协调、统筹规划、各负其责、齐抓共管。

【传达贯彻中国妇女九大会议精神】 中国妇女第九次全国代表大会和江苏省妇女第十次代表大会分别于2003年8月22日和11月20日召开，苏州市推荐选举了李蓁、朱英、张菊娥、胡颖4名全国代表和62名省代表组团参会。9月10日，市妇联召开各界妇女代表近350人参加的会议，学习传达中国妇女第九次全国代表大会精神。会上，全国妇女九大代表、市妇联主席李蓁就大会盛况、大会主要精神、《中华全国妇女联合会章程》的重点修改、全国妇联第九届领导班子情况向与会人员作了介绍，并对贯彻全国九大精神提出意见，要求组织好对中央领导同志讲话和九大精神的学习贯彻，并对当前几项重点工作作出了部署。全国妇女九大代表张菊娥、朱英分别交流了参加大会的体会。同时，各基层妇联和各团体会员均以不同形式传达了“九大”精神，兴起了学习贯彻“九大”精神的热潮。

【市区低保人员开展妇女病普查】 9月16日，苏州公惠医院为80名49周岁以下的低保已婚妇女提供免费妇女病普查，其中还有2名残疾妇女，这是市妇联、市妇儿工委组织实施的“苏州市特困妇女健康援助行动”的内容之一。从9月16日～10月25日每天下午，凡符合条件的妇女均可凭《低保证》和医疗救助IC卡，到苏州市第三人民医院（公惠医院）免费普查妇女病，并可向妇科专家咨询妇女病防治知识，以增强自身的保健意识。

近年来，苏州城市妇女的妇女病普查工作有所滑坡，2000年～2002年3年间，城市妇女病普查率分别为36.57%、49.26%、27.99%，呈下降的趋势。针对这一现状，2003年年初，市妇联积极开展调查研究，发挥妇儿工委办公室的协调作用，充分利用人大政协两会提交提案建议，争取把“对下岗失业特困妇女的妇女病普查提供援助”列入了“十五”规划的实事项目，引起了社会各界的广泛关注。市政府专门召开会议研讨通过了“关于落实城市妇女病普查工作的实施意见”，明确要求由市妇儿工委办公室具体协调，财政局、卫生局、民政局共同组织实施，当年重点解决城区低保人员中近800名49周岁以下已婚妇女的妇女病普查。

【非公经济领域妇女组织建设】 适应苏州非公经济迅速发展的形势，市妇联突出抓好非公经济领域妇女组织建设，先后召开半年度工作会议、农村妇女工作会议进行专题部署，贯彻落实省非公经济领域妇女组织建设现场会精神，组织现场观摩、经验交流，并在11月份对各县级市、区组织督查，使非公经济领域妇女组织建设得到了较大发展。2003年全市新建了私营企业妇代会779个、专业市场妇代会6个、开发区妇女组织7个、个体劳动者协会妇委会13个。

【全市农村妇女工作会议】 10月24日，市妇联在常熟召开全市农村妇女工作会议，贯彻落实党的十六届三中全会、中国妇女“九大”和省、市农村工作会议精神，回顾总结全市农村妇女工作的主要成果和基本经验，研究部署今后一个时期农村妇女工作的主要任务。副市长江浩等领导出席会议并讲话。会议组织参观了常熟市5个农村妇女工作现场，进行了大会交流，表彰了2002～2003年度苏州市农村妇女“双学双比”竞赛活动先进集体、先进女能手标兵和“三八”农业标准示范基地、农村妇联基层组织建设先进集体、“十佳”农村妇女文体团队等先进集体和个人。（徐红霞）

【钱月宝当选2003中国经济女性年度人物】 由中国妇女报社等单位发起主办的“2003中国经济女性年度人物揭榜仪式”于2004年1月10日在北京人民大会堂隆重举行，江苏梦兰集团董事长兼总经理，第九、第十届全国人大代表钱月宝成功当选，这是她继当选“中国十大女杰”后在妇女界获得的又一殊荣。此次评选面向全国从事经济工作的政府女公务员、女专家学者及女企业家，最后以投票表决的形式确定10名“2003中国经济女性年度人物”。钱月宝从众多候选人中脱颖而出，并以高票当选。（晓 商）

苏州市文学艺术界联合会

【市文联八届三次全委会】 2003年2月19日，市文联八届三次全委会举行。会议听取2002年工作报告，并部署2003年文联工作，对2002年度文联系统先进集体和个人进行了表彰。市委常委、宣传部长周向群出席会议并作了重要讲话。

【“献爱心、抗非典”活动】 在抗击“非典”的日子里，市委宣传部、市文广局、市文联和市广电总台联合发起了“献爱心、抗非典”书画义卖活动，以实际行动声援战斗在抗击“非典”第一线的医务工作者。全市242位书画家捐赠的近300幅书画作品被悉数订购，所得书画义卖款15万元全部捐赠给市抗击“非典”领导小组。

5月20日，市委宣传部、市文广局、市文联和市广电总台联合举办了苏州市文艺界“献爱心、抗非典”慰问演出。演出在歌舞《关爱生命爱我家园》的感人氛围中拉开序幕，由盛小云、袁小良等演唱的弹词开篇《壮行歌》朗朗上口，易懂易记易推广的群口评话《一点歌》，王芳、陶红珍、张唐彬、郝诚的昆剧、锡剧、京剧连唱《聚集在民族精神的旗帜下》，顾芗、张克勤的小品《心愿》等节目，无不真情浓郁，意境感人。周向群、朱永新等市领导出席了慰问演出并祝贺演出成功。

【“古韵今风苏州展”在香港展出】 11月，市政府赴香港举办大型招商活动，市文联承担了在香港会展中心布置“古韵今风苏州展”的设计制作任务。在时间紧、任务重的情况下，市文联、市美协会同市工艺美院等单位组织精兵强将，通力合作，在不到20天的时间内，高标准、高质量地完成了设计制作和装配展示的任务，确保了赴港大型招商活动的圆满成功。对此，市领导给予了充分肯定。

【特色文化和民间艺术资源普查】 按照《江苏省特色文化和民间艺术资源普查实施方案》和市宣传文化工作领导小组的工作部署，全市特色文化和民间艺术资源普查工作于6月正式启动。市委宣传部、市文广局、市文联和市工艺美术集团联合组成了市特色文化和民间艺术资源普查工作领导小组，并设立普查工作办公室。嗣后，各县级市、区的工作班子也相继建立。至年底，面上的普查工作基本完成，登记造册的艺人达1000多名。在此基础上，确定重点品种30个，重点艺人170名，拟进行深入的专访，以确保普查工作保质保量地完成。

【“两地情”苏州·乌鲁木齐风光风情摄影展在新疆开幕】 继《“两地情”苏州·乌鲁木齐风光风情摄影展》4月在苏州展出后，9月19日，该影展在乌鲁木齐民族街文化城隆重开幕，新疆文艺工作者在开幕式上表演了精彩的民族歌舞。“两地情”摄影展展出了两地摄影家的近期摄影作品各50幅，充分展示了江南水乡苏州秀美的人文景观和西部边陲新疆壮美的自然风光，具有强烈的艺术感染力。当天下午，苏州市文联和乌鲁木齐市文联缔结友好城市文联的签字仪式在华都宾馆举行。从20日开始，苏州市采风团的摄影家奔赴北疆阿勒泰地区，进行摄影创作活动，收获甚丰。

【各级文联活动】 2003年，全市各级文联充分履行“联络、协调、服务、指导”职能，成绩显著。昆山市文联编辑出版了9位作家的10本文集，还有一套“文华丛书”正在编辑之中；常熟市文联挖掘整理了民间文学艺术，编撰了《常熟民间文艺集萃》丛书；张家港市文联举办了“清廉颂”书画摄影作品大赛，编印了大型摄影画册《绿满港城》；吴江市文联编撰了8卷96册《吴江市文学艺术人才库》丛书，全面展示了当代吴江文艺家的风采；太仓市文联与72位作者签订了2003年度重点作品资助协议书，激发了作者的创作积极性；吴中区文联继《太湖风光》摄影画册后，又协助编印了摄影画册《吴中精萃》；相城区文联组织开展了迎国庆、展成果等系列活动，编撰了《锦绣相城》一书；沧浪区文联以社区文化建设为重点，参与举办了沧浪区第3届文化艺术节；苏州科技学院文联举办了首届“吴中会琴”，组建了大学生民族乐团，开展学生文艺会演活动。

【采风活动】 为了让广大文艺工作者了解本市城市化、现代化建设的进程，激发其热爱苏州、建设家乡的情感及创作欲望，7月初，市文联分批组织全市近百名作家、艺术家，冒着高温深入到城市建设第一线采风，参观了新建的立交桥、高速公路及整修一新的河道、绿化带、环古城景观等重点工程，考察了苏州艺术中心、苏州大剧院等规划中的建设项目。

【《群星灿烂——苏州当代文化名人》问世】 10月，市文联编撰的《群星灿烂——苏州当代文化名人》一书由古吴轩出版社出版。此书汇集了100多位在苏州出生，或在苏州生活工作的当代著名作家、艺术家的生平和业绩，展示了他们的艺术人生和高尚品德，为全市广大文艺工作者树立了典范，为苏州文坛艺苑增光添彩。

此外，市文联年内还编撰出版了《苏州赋——当代作家笔下的苏州》，支持出版了由周良主笔的《苏州评弹史稿》及《书坛春秋》、《陆伦章剧作选》等多部专著。

【艺术考级人数创新高】 2003年是本市书画考级大突破、大跨越、大发展的一年。10月下旬，全市有3719名考生参加了由市文联组织的江苏省文联书画等级考核，参考人数比上年增加了101%，列全省之冠。为此，省考委向全省转发了苏州市考办《艰难孕育生机　竞争焕发活力》的工作总结。在稍前举行的江苏省音乐考级中，全市有1000多名考生参加，参考人数有了较大突破。

（陈秋生）

苏州市哲学社会科学联合会

【概况】 2003年全市社科工作者坚持以邓小平理论和“三个代表”重要思想为指导，认真学习、宣传、贯彻党的十六大精神，积极组织理论研究和推动理论创新，大力开展学术交流及社科知识普及，在为党委、政府决策服务和三个文明建设服务中发挥了有益的作用。

①坚持抓好理论武装，推进思想建设。组织社会工作者学习、贯彻党的十六大精神，兴起学习贯彻“三个代表”重要思想新高潮。组织社科界专家学者和骨干学会举行形式多样的座谈会和学习交流活动，既推进了对十六大精神实质的深入领会，也促进了研究成果的生产。

②积极开展理论研究和学术交流活动。通过开展社会科学研究课题立项资助活动，创新社科研究组织形式，提升了全市社科理论研究的规划性和组织性。同时，组织和引导社科界围绕重大课题开展理论研究和学术交流活动。如小康社会形态研究，苏州率先发展、实现现代化的研究等。各骨干学会还分别确定一些课题进行重点研究，形成了一批研究成果。

③搞好社科评奖工作。2003年开展了苏州市第7次哲学社科优秀成果评奖活动。这次评奖，组织形式得到改善，各项制度继续健全，较好地坚持了客观公正和质量标准，社科界反响良好。

④加强社科知识的普及工作和对外交流。建立并开通“苏州社会科学网”，给社会各界提供了一个了解社科工作概况和参与市社科活动的平台，有助于推动社科理论研究的开展和社科知识的普及。市社科界还通过参加全国部分省市区社科成果展示和跨地域学术交流等活动，加强了对外联系交流，扩大了影响。

【第7次哲学社会科学成果评奖】 2003年，苏州市开展了第7次哲学社会科学优秀成果评奖工作，对2001～2002年度的社科研究成果进行评比和奖励。经接受申报、组织评审、社会公示，共评出获奖项目183项，其中一等奖10项，二等奖40项，三等奖133项。(*获奖名单参见附录*)

【《苏州历史名人》画册出版发行】 由苏州市社科联主席苏简亚主编的《苏州历史名人》画册年内由古吴轩出版社出版发行。该画册由市社科联、市新闻传播学研究会牵头，组织有关专家，从众多历代苏州名人中筛选出其中的67位，以图片为主，文字为辅，予以介绍，对宣传苏州名人、普及文化知识都有积极意义。市长杨卫泽为画册作了序。

【3项课题被列为市社科研究立项资助重点】 市委宣传部、市社科联联合开展了苏州市2003年度社会科学研究课题立项资助活动。经专家评审，“提高苏州市城乡居民收入的对策与建议”、“苏州城市化进程中的若干问题的研究”、“苏州环太湖自然与人文资源的开发与保护”三项被列入年度重点课题，社科联已组织有关专家成立课题组，进行深入研究。

【参加全国社会科学成果展示活动】 7月下旬，全国部分省、市、区社科成果展示交流会在甘肃省敦煌市召开，北京、贵州、吉林等8个省、市、区社科界约80人参加了会议，展示了近200项最新社科成果。苏州市参加展示的《苏州经济发展论纲》、《新闻控制论》等研究成果，受到与会专家、学者的普遍好评。 （*蒋蔚毅*）

苏州市科学技术协会

【概况】 2003年，市科协围绕实现苏州“两个率先”的奋斗目标，团结和依靠广大科技工作者，开展了大量内容丰富、形式多样的群众性科技活动，学术活动氛围浓厚、国际交流渠道拓宽、科普品牌精彩纷呈，科普创建全线告捷、组织建设逐步规范，“建家”工作成效显著，全面开创了科协工作新局面。

2003年，市科协组织大型科普广场活动10场次，受众近万人；新建科普画廊15座；举办各类科技讲座近百场，听众人数越万人，组织市民科普游40多批次，参与人员达3000人次。在科普宣传周期间，举办各类“依靠科学、战胜非典”科普宣传活动200多项，制作科普图板300多块，印发各类宣传资料100多万份。全市实现创建省级科普示范县（市）、区满堂红。全市200多所中小学参加各类青少年科技竞赛，获省级单项奖270项，团体奖17项。全市开展各类学术活动135次，参与人员达13831人次；评选出“双杯奖”表彰项目100项，其中攻关奖93项，献计奖7项， 47名优秀项目负责人荣立三等功、3名荣立二等功；厂会协作项目为企业新增利润率1.01亿元，节支3800万元；科技咨询项目1800个，实现合同金额1400万元。全年培训农村党员、基层干部达4000多期，参与人员达96.82万人次；培训社区干部5期，参与人员140多名。

【申办国际科联第28次全体大会】 经中国科协推荐，苏州市积极申办2005年国际科学理事会（简称国际科联）第28次全体大会。市委、市政府高度重视和支持申办工作，市科协为争取苏州成为国际科联大会东道城市做了大量前期工作。10月，国际科联秘书处执行主任罗斯沃尔先生在中国科协领导陪同下来苏州考察，对苏州作为国际科联大会东道城市十分满意，书面致函同意苏州市作为2005年国际科联第28次全体大会的东道城市。

【社区科协组织建设】 ①加大科普网络建设力度。至2003年底，全市已建立社区居委会科协205个，其中市区145个，县级市60个。成立后的社区科普协会，有章程、有规划、有科普志愿者队伍、有科普活动室，社区科协的建立，使科普工作延伸到社区。②开展“建家”活动。全市有47个社区科普协会在社区开展创建社区“科技工作者之家”活动，密切联系社区科技工作者，加强社区基础设施建设。根据社区科技人员的需求，开展适合他们特点的科普活动。③加强培训，提高社区科协干部科技素质。2003年市科协举办了社

附：市(县)、区科协活动情况(2003)

项目		常熟市	张家港市	昆山市	太仓市	吴江市	吴中区	相城区	金阊区	沧浪区	平江区
学术交流	次	70	38	–	–	6	12	2	–	–	–
	人次	12500	2980	–	–	1947	1000	180	–	–	–
咨询合同	项	556	28	300	12	4	80	–	–	–	31
	金额(万元)	950	108	440.7	15.7	30	100	470	–	–	–
科普讲座	次	25	82	50	–	4	12	6	32	236	301
	人数	2500	16800	2500	–	750	1100	230	5200	16010	35000
农技培训	次	420	280	180	60	132	39	40	8	–	2
	人数	11000	25600	25125	4200	23600	1000	2360	500	–	45
科技竞赛	项	10	6	5	1	5	37	–	–	4	3
	人次	15000	50000	250	6000	18600	23200	–	–	140	213
发放资料	种	30	50	10	60	13	73	9	15	43	8
	万份	30	50	20	50	1.4	17.8	27.9	1.5	15.1	5.3
科普展板	块	100	100	100	150	235	21	20	40	250	30
	米	150	100	500	200	2600	19	30	300	480	180
科普画廊	个	12	108	30	8	2	1	1	38	15	25
	米	150	2000	3000	300	1500	3584	60	3200741	4100	–
科普展览	次	5	38	25	2	17	1	–	–	22	5
	人数	30万	9万	6万	30万	155万	20万	–	–	12800	54000
科技下乡	次	24	20	20	29	8	5	5	1	–	1
	人次	86	120	200	450	825	68	20	12	–	18

区科普协会干部科技素质培训班5期，通过多媒体演示，向社区干部讲解科普工作基本知识、社区科普工作ABC、计算机实用知识等知识，进一步了解社区科普协会的任务、社区科普工作的活动模式、活动载体和活动特色，明确科普工作的意义、特征与任务，内容、形式与对象。全市共有140多名社区科普协会的干部参加培训学习。（常 华）

苏州市归国华侨联合会

【概况】 2003年，全市侨联工作从强化群众工作、参政议政、维护侨益、海外联谊等4项基本职能着手，围绕市委、市政府关于“两个率先”的工作部署，按照中国侨联和省侨联一系列工作指示，充分利用苏州市开放度高和人文、自然环境方面得天独厚的优势，围绕大局、找准位置、发挥优势、突出重点，努力做到凝聚侨心、发挥侨力、集中侨智、维护侨益，进一步使苏州市侨联的工作和形象与全市的综合竞争力相适应，得到了广大归侨侨眷的好评。

4月下旬，市侨联在工作中迅速增加了抗击“非典”的内容。及时向全市归侨发去《给全市归侨、侨眷的一封信》，并在全市侨界开展了“向国外亲属寄一封信，报一声平安，道一份祝福”的活动。弘扬了坚韧不拔、自强不息的中华民族精神，全市各级侨联组织和归侨侨眷中的医务人员为抗“非典”工作做出了积极贡献。

【组织建设】 2003年，苏州高新区(虎丘区)、太仓市、吴江市侨联分别召开侨代会并顺利换届。

【侨情调查】 4月和9月全市开展较为系统的侨情调查。至2003年10月，全市共有海外华人华侨和港澳同胞4.8万人，侨眷6.7万人，上世纪80年代前的归国华侨214人，另有31名新华侨和1300多名归国留学生在苏服务，5000多名学子尚在海外留学。全市累计有侨资企业3500家左右，投资公益项目11个，累计总投资106亿美元，占到实际利用外资的三分之一左右。吸纳社会就业人员约22.4万人。全市已建“华侨之家”和为侨服务点200余个。

【接待工作】 2003年，市侨联接待海外侨界人士10批100多人。3月5日，中国侨联海外顾问团人员一行65人访问苏州和昆山，市委副书记黄炳福、副市长汪国兴、市政协副主席盛家振会见并宴请了全体顾问团人员。2月9～10日，美国中西部中国科技文化交流协会名誉会长、美籍华人沈小平先生访苏，市委副书记杜国玲、副市长朱永新分别会见了沈小平先生一行。9月30日，市委副书记沈荣法、副市长姜人杰会见了访苏的苏州市侨联老朋友、法国巴黎大学退休教授沈士本先生，沈士本先生此次是陪法国伊尔农业水资源利用集团董事长艾迪博士来中国作《经济发展、企业成长与环境保护》的专题演讲。另外，市侨联还接待了北京、广东、山东、福建、贵州、湖南等兄弟省、市侨界人士12批120多人。

【参政议政】经市人大归侨代表管瑞华、詹月红及市政协侨界委员陈绪川多次提议，市人大于2003年将《关于要求建立苏州市归侨、侨眷活动中心》的提案列为主任督办提案，市政府专门拨出原章太炎故居院落中部分建筑用于建立苏州市华侨活动中心。市侨办、市侨联、致公党苏州市委于5月成立联合筹备领导小组，市侨联主动做了大量前期调研工作，提出了建立活动中心的目的要求、方案原则和功能设置等实施方案，共同确立了布局内容。预计该中心将于2004年下半年竣工投入使用。

【市(县)、区侨联工作】吴中区侨联在巩固发展“木渎侨联分会和侨之家”的同时，在11月18日又成立了“苏苑街道侨联分会和侨之家”。吴江、张家港、昆山、常熟、太仓及吴中区、相城区侨联全年接待海内外人士50多批计240人。扩大了各县级市在全球海外侨团侨领中的影响力。太仓市侨联在太仓浏河镇明德中学举行美籍华人、著名高能物理学家袁家骝博士骨灰安放仪式，江苏省侨联主席郁美兰参加了仪式。

【维权工作】2003年，全市各级侨联组织各种形式的贯彻落实《侨益法》和江苏省《实施办法》活动。苏州市侨联及昆山市侨联和吴中区侨联通过五侨联动形式开展系列宣传活动。吴江市侨联与市联通公司联合举办了“联通杯”《侨益法》有奖知识竞赛，常熟市侨联和相城区侨联在市、区中心大道悬挂横幅、气球，设立宣传站，向市民分发宣传资料，解答咨询。太仓侨联在太仓信息港、太仓市侨联网站发布宣传《侨益法》的活动花絮。全年，苏州市侨联共接待办理归侨、侨眷和海外侨胞的来信、来访100多人次。发放困难归侨补助110人次5.1万元。市侨联委员及驻会人员为重病归侨江河先生捐款2900元。11月20日市侨联举办市区15名70岁、80岁归侨集体祝寿活动。

【侨界联谊】3月，市侨联组织市区女归侨40余人赴镇江风景区游览，并与镇江市侨联领导交流社区群众性侨界活动经验。

9月9日，市侨联与市侨办、致公党苏州市委联合举办2003年度市侨界“庆国庆，迎中秋”联欢会，市委常委、副市长周伟强，市人大常委会副主任宋胜龙，市政协副主席盛家振出席联欢活动，周伟强发表了讲话，并一起观看了富有侨界特色的文艺演出。

【服务经济社会】2003年，市侨联完成了下属苏州市侨顺汽车服务公司改制工作，公司整体转让给苏州德安出租汽车有限责任公司。市侨联另一下属企业苏州市侨兴对外贸易公司已完成注销工作。至此，市侨联已全面解决下属企业的遗留问题，达到了维护侨益和凝聚侨心的作用。

9月12日，江苏省侨联华商总会在南京成立。在苏州投资举办维德木业的香港维德集团主席庄启程先生当选为首任会长。（周　红）

苏州市残疾人联合会

【概况】2003年，市残联充分发挥残联组织的代表、服务、管理职能，进一步加强残联队伍建设，按照市政府办公室批准的《苏州市残疾人联合会机构改革方案》，积极推行竞争上岗，增强了干部选拔任用工作的透明度，为建立一支适应残疾人事业发展需要的高素质队伍奠定了基础。4月22日市残联召开了三届二次主席团会议，总结前两年工作，部署后三年工作任务，调整增补了14名主席团委员、4名副主席，推举产生了24名代表，出席了省残联四代会。基层组织建设得到加强。已届满的各县级市、区残联基本完成了换届选举工作。高新区和虎丘区合并后，重新组建了残联；常熟市残疾人工作成绩显著，得到省残联的肯定。市残联党组在工作中狠抓思想建设不放松，制定了政治学习计划和党风廉政建设责任制落实措施，聘请了8名残疾人任行风监督员，在全市范围内对残联工作进行评议，推进了机关政风行风建设。各级残联还针对残疾人工作中的实际问题，开展了农村残疾人社会保障、社区残疾人工作和残疾人机动车状况等工作调研，为政府决策和改进工作提供依据。9月在北京召开的第三次全国自强模范与助残先进表彰大会上，苏州市残联理事长叶舒习被评为全国残联系统先进工作者，太仓市残联荣获全国“残疾人之家”称号。

【社区残疾人工作】2003年，全市在市县联动、城镇联动、整体推进的社区建设中，同步发展残疾人工作，将社区残疾人工作列入各级政府重要议事日程，纳入有关部门各自的社区建设工作领域，进一步规范了社区残疾人工作的主要目标、具体任务和要求。11月，平江区、沧浪区被民政部、中国残联命名为全国社区残疾人工作示范区；12月，金阊区、吴中区通过了省级社区残疾人工作示范区标准验收，被省民政厅、省残联授予江苏省社区残疾人工作示范区称号。各县级市以创建省社区建设示范区为目标，实现了社区资源共享，稳步推进社区残疾人工作。

【残疾人和残疾人工作者进入各级人大、政协参政议政】2003年在各级人大、政协换届中，全市有8名残疾人和6名残疾人工作者进入各级人大、政协参政议政。其中大专以上文化水平10人，平均年龄46.5岁，年龄最小的盲人女医生马琴芳才31岁，是本市第一位盲人政协委员。全国残疾人德敏自学成才一等奖获得者、苏州市科佳自动设备厂厂长俞奕当选为省第十届人大代表，市残联理事长叶舒习当选为苏州市第十一届政协常委委员。在两会期间，他们积极履行自己的职责，就苏州发展状况提出了有关加强残疾人就业、教育、社会保障、无障碍设施和建造苏州市盲人植物园等方面的提案、议案，促进广大残疾人平等、参与、共享社会文明成果。（李亚萍）

苏州市台湾同胞联谊会

【台籍青年参加省首届两岸大学生夏令营】 2003年8月18日，苏州市4名台籍大学生参加了江苏省首届台胞大学生夏令营。这是江苏省首次吸收两岸大学生共同参加的夏令营。苏州市大学生邱峰同学代表全体营员在开营式上讲了话。同学们在活动过程中进行了直接的沟通。

【小台胞在第4届世界华人小学生作文大赛中获优良成绩】 2003年，苏州市台籍小学生踊跃参加第4届世界华人小学生作文大赛，获得2个二等奖，2个三等奖。苏州市台籍小学生连续四次参赛，均获得优良成绩。3名在苏州读书的台商子妇女也参加了本届作文大赛。

（台联）

军事

苏州军分区

【概况】 2003年，苏州军分区坚持党委中心组带机关理论学习各项制度，完成了"学习新党章、争做合格党员"、"不比待遇比奉献、艰苦奋斗干事业"、"锻造战斗精神、强化打赢意识"和"四反"等专题教育活动。认真组织按纲施训，积极开展网上教学，学习新军事理论、高科技知识和参谋"六会"新技能。狠抓国防动员工作，成功进行了"狮山－2003"国防动员演练。开展全市国防教育和双拥工作，充分利用"三五"、"八一"和全民国防教育日以及征兵等时机，进行国防教育活动。开展了民兵"双带双扶"活动，全市已有1.2万名民兵干部和在编民兵成为"双带双扶"活动的骨干，有600多个"双带双扶"示范点新建或调整了民兵组织。全区广大官兵和预备役人员立足本职，积极开展各项活动。干休所老干部积极投身精神文明建设行列，深入驻地学校、机关和工厂作革命传统报告，受到各界赞誉。

【军事工作】 2003年，军分区以对台军事斗争准备为龙头，以任务需要为牵引，围绕"两大任务"，深化民兵训练改革，发挥各种优势，探索新的组训形式。以提高民兵队伍遂行作战保障任务的能力为目标，狠抓训练重点难点，军事训练质量明显提高。修订完善了各类战备和应急预案。11月24～25日，苏州市国动委在市人防指挥所举行了代号为"狮山—2003"的防空演练，检验在遭敌空袭时国动委各办公室的快速反应和应急作战能力。分区首长和全体机关干部，苏州市委、市政府与各部、委、办、局主要领导和部分人员及常熟、张家港两市国动委共266人参加了演练，各市（县）、区人武部军事主官、人防办主任参加了观摩。这次活动促进了民兵队伍建设，增强了地方领导的国防意识，也为未来城市反空袭作战做了实质性的探讨。

【征兵工作】 2003年，苏州市承担了从非军事部门招收14名士官的试点任务。在上级有关规定的基础上，研究出台了优厚的经济补偿政策：6年服役期内享受服役补助金，第一年5000元，每增服役一年增加1000元。服役补助金由市、区民政部门在每年春节前兑现。在74名应征青年中经过严格的体检、政审和理论考核，确定14名人选对象参加岗前培训。在这14名士官中，中专文化程度9名，大专文化程度5名；团员10名，预备党员1名。

在2003年冬季征集新兵工作中，各地认真组织，确保质量，形成了横向到边，纵向到底的工作网络，保证了在较短时间内，上级精神、政策条件宣传到位，标准制度落实到位，检查指导跟踪到位。在征集的新兵中，高中以上文化程度的比例达到70%，其中大学生士兵180名，数量质量走在全省前列。

【国防教育】 2003年6月，新闻媒体对昆山市淀山湖镇度城村村民顾瑞英送子当兵感人事迹作了深度报道，并将其事迹为素材的沪剧《走出浅水湾》搬上苏州荧屏，受到社会各界赞誉。7月中旬，市国防教育委员会组织参加省"筑起心中的长城"国防教育征文活动，收到征文3265篇，其中48篇获一、二、三等奖。9月20日，组织召开了苏州市"第三个全民国防教育日"活动动员暨"关心国防好公仆、关心国防好公民"表彰大会。并组织了国防教育板报联展和"长城颂"军队徽章展。105块参展图板和1300余枚各个革命历史时期的军队徽章，引起了广大市民、中小学生的浓厚兴趣。

【军民共建】 2003年，军分区与苏州市委、市政府联合下发了《关于组织民兵预备役人员广泛开展民兵'带头创业致富、带动共同致富'活动的意见》，又召开片会对民兵"双带"活动进行了再动员再发动。在苏州市民兵"双带双扶"总结表彰大会上，为101个单位和101名个人授牌。10月份，省军区在张家港市召开了民兵双带双扶经验交流会，军分区在会上作了经验介绍。继续开展"红星助学"活动，组织分区系统和驻军单位向灾区和抗击"非典"斗争捐款10万余元。并与宿迁城区项里小学结成帮扶对子。

2003年年底，苏州市、常熟市、张家港市被全国双拥领导小组评为"全国双拥模范城"，实现了争创双拥模范城三连冠的目标。

（军动科）

武警苏州市支队

【概况】 2003年，武警苏州市支队加强干部队伍建设，努力提高党委班子工作能力，狠抓"三项经常性"（经常性思想工作、经常性管理工作、经常性执勤工作）工作落实，依法从严治警，努力实现"两个确保"（确保部队内部安全稳定、确保中心工作圆满完成)，较好地完成了各项工作任务。部队建设水平有了显著提高，官兵的政治信念坚定，中心工作得到有效保证，部队训练水平及领导能力进一步提高，正规化水平综合保障能力得到增强。

【军事业务竞赛】 2003年9月，武警支队举办了一次军事业务比武竞赛，近100名官兵参加了运动射击、擒拿格斗、武装越野、专项技能等课目比武，太仓市中队、张家港市中队和直属大队一中队分获团体1、2、3名。有6名官兵被支队评为军事训练标兵并荣立三等功。

【抓获持枪歹徒】 12月3日，3名持枪歹徒对1名在苏州的美籍华人进行抢劫后逃跑。3名歹徒逃至苏州机场路卡口想强行冲卡，支队直属大队三中队9名官兵与歹徒进行了激烈搏斗，成功制伏歹徒，缴获五四式手枪2把，子弹12发、匕首3把。

【完成勤务任务】 全年武警支队共出动兵力3500余人次，担负一级警卫勤务4起，担负押解勤务285次，担负押运勤务40次，担负各类临时性勤务20起。出动兵力2000余人次，参加了市公安局组织的6次“捕狼行动”，圆满完成了任务。

【业务技能竞赛】 7月，武警支队组织政工干部业务竞赛，依据政工干部应具备的知识结构、政工干部的职责要求等方面，从理论考试、经常性教育授课、文体知识抢答等项目进行竞赛，以提高支队政工干部的能力素质。

【新办公大楼落成】 10月30日，武警支队机关新建办公大楼落成，共使用经费3000余万元，占地面积8000余平方米，新建办公大楼一流的生活设施、现代化的办公设备给支队机关干部营造了良好的生活、工作环境。 (嵇道连)

武警苏州市消防支队

【概况】 2003年，武警苏州市消防支队以服务“两个率先”，遏制重特大火灾事故，建设“平安苏州”为目标，大力加强党组织建设和干部队伍建设，消防监督管理水平有了新的提高，消防支队被省消防局推荐为“全国执勤岗位练兵先进支队”，报部局参加全国“十佳消防训练集体”评选。

2003年全市共发生火灾1949起，死37人，伤36人，直接经济损失1445.72万元。与上年同期相比，起数上升20.2%，死亡人数上升8.8%，受伤人数上升2.9%，直接经济损失上升57.9%。全年发生重大火灾5起，死3人，直接经济损失300.58万元。全市消防部队共接警出动4183起，其中扑救火灾1954起，抢险救援380起;共出动人员37877人次，出动车辆6382辆次，抢救群众460人次，保护财产价值1.53亿元。

【消防安全保卫】 2003年苏州市先后举办了普通高校招生填报志愿咨询会、房产交易会、“梦苏州”大型现代文艺晚会、国际丝绸节开幕式、“阳光与爱”2003大型公益演唱会和第二届电子信息博览会等23项重大活动，每次活动消防支队均成立了专门的消防安全保卫工作领导小组，制定消防安全保卫方案，实行定人、定岗、定责任，活动前夕对现场进行全面检查。针对一些晚会临时舞台电气线路复杂，高发热量灯具多的特点，支队还要求举办单位聘请具有电气检测资质的单位对舞台所有电气线路进行了检测。

【执法监管】 2003年市消防支队组织各项检查14049人次，检查单位10237家，发现各类隐患4015处，发责令当场改正通知书825份，责令限期改正通知书2283份，复查意见书2015份，消防安全检查意见书1349份。

3月至9月，在全市范围开展了“三合一”厂房及员工集体宿舍消防安全专项治理，市政府印发了《苏州市“三合一”厂房及员工集体宿舍消防安全专项治理方案》，这次专项整治，对全市777家“三合一”厂房，2333家员工集体宿舍进行了检查，共发现火灾隐患1966条，整改1155条，取缔和责令停产停业181家，督促搬迁人员970多人，对12家个体工商户、10个单位及其10名责任人员分别依法进行了处罚。

2003年，市政府制定并下发了《苏州市人员密集场所消防安全专项整治方案》，成立了人员密集场所消防安全专项整治督查组。检查组对全市4853家人员密集场所逐一过堂，发现火灾隐患1741处，查处各类违法行为200起，责令停产停业77家，吊销证照26家，取缔非法公共娱乐场所54家。

【重点单位监控】 2003年全市依照《消防法》及公安部《机关、团体、企业、事业单位消防安全管理规定》的有关要求，调整了消防安全重点保卫范围，全市现有消防安全重点单位6571家，其中支队列管103家，消防大队列管1279家，派出所列管5189家。消防部门坚持对重点单位进行抽样性监督检查并帮助各单位建立、健全防火档案和月报制度，确保重点单位消防安全工作的进一步落实。

【消防现代化建设】 全市各地按照“既符合实际又适度超前，可操作性强”的原则，充分考虑城镇功能布局、公共消防设施、消防队（站）建设等因素，认真编制和修订小城镇消防规划，27个示范小城镇消防规划已基本编修完毕。昆山市开发区消防站于6月投用，常熟市海虞消防站于10月建成投用，常熟滨江消防站、张家港锦丰消防站已封顶，新区浒关消防站、吴江芦墟消防站正在建设中，常熟市消防指挥中心也于11月18日奠基。全市95个乡镇已建有区域消防队、企业消防队、志愿消防队114支，专（兼）职队员1481人，消防车152辆、手抬泵150台、消防艇1艘。

2003年消防支队先后开发研制了消防道路水源电子系统、火场信息实时自动记录发送系统、消防灭火救援电子沙盘和建筑火灾灭火救援力量合理调配最佳模型等执勤训练灭火电子应用系统软件。消防支队还组织科研人员研发了9类13种技术先进、安全可靠的器材装备，特别是消防灭火侦察机器人、多功能无后座力水枪、逆变空气等离子切割机等器材装备中队后，在灭火救援中发挥了很好的作用。同时，消防支队还加大了信息化建设的力度，在原有支队与中队利用网络传输接处警数据的基础上，又开通了语音广播系统；完善了350兆无线通信网的运行；开设了网上干部绩效考核、战地沙盘网上演练、网上日常办公管理系统；在苏州消防网中增设了政务直通车，把消防审核验收的日程安排和审验进展情况在网站及时公布。 （谢 静）

【苏州消防支队通过国际质量认证】 2003年4月，苏州市公安局消防支队按照ISO9001:2000国际标准建立的质量体系，顺利通过中国质量认证中心（CQC）江苏评审中心的现场审核，成为全国消防系统首家通过ISO9001认证的单位。

（孟家祺）

人民防空

【概况】 2003年，人防工程建设发展势头强劲。全年市本级新立项结建工程比上年增长238.76%，竣工人防工程同比增长13.54%，在建工程增长114.06%。指挥通信工作在更高层面稳中有进。进一步调整完善了全市防空警报设施布局和防空警报报知网，完成了防空警报试鸣任务，市区首次实现了警报鸣放与广播电视总台、中国联通、中国移动等广大用户的联动，提升了城市防空警报的音响覆盖率和实效性。人防依法行政更加规范有效。2003年11月，市人防办行政服务“窗口”开通了网上在线审批服务，促进了结建工作的展开和易地建设经费的筹集。人防工程建设依法纳入了城市基本建设的管理环节。加大了对违法案件的查处力度，2003年共查处48件，结案48件，共收赔（补）偿额456.1万元，追缴人防经费10万元。全面完成了基层企事业单位的改制工作。按照“四到位、一基本”的要求，遵循政企、政事分开的原则，完成了9个企事业单位的整体改制工作，共有200余名职工置换了身份。

【环古城风貌保护工程中人防工程竣工】 2003年，人防部门积极参与环古城风貌保护工程建设，在南门段改造中，按照统一规划，精心组织，周密安排，高质量地完成了6个地下过街道，计5328平方米，对于缓解交通压力，改善人居环境起到重要作用。

【人口疏散基地建设试点】 2003年，市人防办以金阊区为试点，采取城乡挂钩、对口协作的办法，建立了城乡结合的人口疏散地域和疏散基地，制定了人口疏散组织指挥、运输、接受、物资储备以及疏散地域生产、生活和开展文化教育的方案，并在镇湖镇召开了人口疏散基地试点建设现场会。

【防空袭演练】 2003年12月22日，市人防办组织并参加了在ZHS95工程指挥所进行的平战转换、动员支前、城市防卫3个课题的战时指挥演练。由于准备充分，圆满地完成了演练的保障任务，全面检验和锻炼了本市的人防组织指挥体系、快速反应能力和专业技术水平。

【人防转民防试点工作启动】 人防转民防的试点工作在市委、市政府的领导下，成立了以市长为总指挥的苏州市民防应急救援指挥部，市人防办增挂民防局牌子，制定了人防转民防实施方案，并着手各种预案和信息的采集工作。通过考察学习和论证，采用分布式和集中式相结合的分系统、分等级的指挥管理模式，单灾种救援分系统负责，多灾种救援由市民防应急救援指挥部负责，按等级启动民防应急救援指挥中心，在市长统一指挥下，集中使用救援力量和资源，实施综合救援。2003年末，完成市应急救援指挥中心建设项目前期各项准备，工程建设开始启动。

【人防办机关开展“准军事化”建设活动】 为促进人防机关服务型政府建设，苏州市人防办以“政治坚定、业务精湛、纪律严明、作风过硬、廉政高效”的建设目标抓好“准军事化”建设。成立了“准军事化”建设活动领导小组，制定、修改、完善了20项规章制度，坚持以制度管人、管事，保证机关各项工作有章可循，有序运转。 （李亚青）

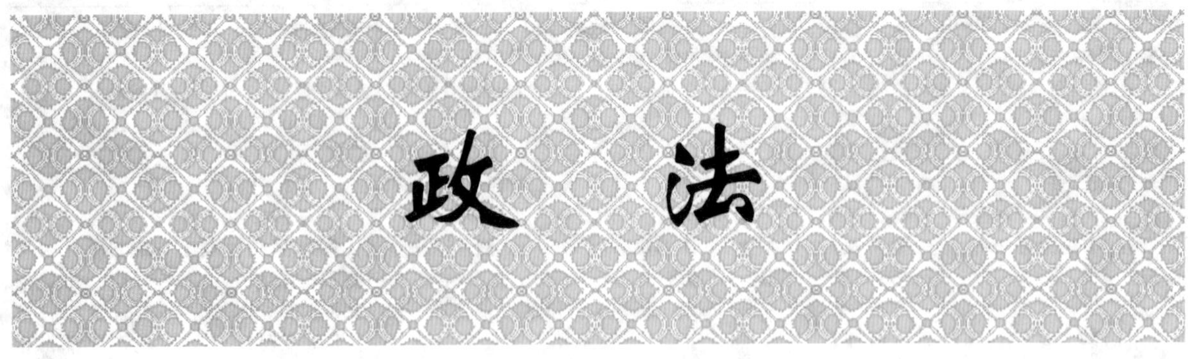

政　法

综　述

【概况】 2003年，全市各级政法部门发挥职能作用，采取有力措施，维护社会稳定。以深挖打击、防范控制、教育转化为重点，继续深化同法轮功邪教组织的斗争。认真开展矛盾纠纷排查调处工作，妥善处置改革发展进程中涉及群众切身利益的各类社会矛盾和群体性事件。

2003年市政法系统召开了几次重要会议。2月12日，全市政法工作会议召开，传达贯彻全国、全省政法工作会议和市委九届四次全体（扩大）会议精神，市委副书记、常务副市长包国新到会作重要讲话。3月1日，全市维护稳定工作会议召开，传达贯彻中央和省委、省政府维护稳定工作的重要指示和紧急会议精神，市委副书记、常务副市长包国新到会作重要讲话。9月12日，维护稳定工作紧急会议召开，市委常委、政法委书记陈振一就进一步做好当前全市维护社会稳定工作提出具体要求。

2003年，政法各部门积极参与整顿和规范市场经济秩序的斗争，侦破、查办了一批制假售假、走私、涉税、侵犯知识产权、金融诈骗犯罪等案件，通过破案、办案挽回经济损失2.38亿元。

组织开展“公正执法、执法为民”和“坚持两个务必、服务两个率先”等一系列主题教育活动，政法干警的综合素质和执法水平进一步提高。全市政法系统受到省级以上表彰奖励的先进集体105个，先进个人119人。

【维护社会治安稳定】 2003年，全市组织开展了集中打击多发性突出治安问题专项行动、路面治安秩序专项整治、重特大刑事案件挂牌攻坚会战、全市恶势力犯罪情况专项调查和打击路面两抢犯罪“捕狼”行动等一系列专项斗争和集中整治行动，保持对刑事犯罪的高压态势，各类刑事案件比上年下降1.24%。公安干警成功破获了“10·15”投毒案、“10·17”特大抢劫杀人案、“12·3”持枪抢劫案等一批大要恶性案件。政法部门密切配合，加大打击力度，依法严惩刑事犯罪分子，批捕7400人，起诉8095人，判处罪犯8270人，分别比上年上升了16%、4.9%和11.4%，打击和震慑了犯罪分子。进一步完善以110为龙头的快速反应机制、网格化巡逻机制、社区警务工作机制，开展多种形式的群防群治活动，严密了社区、街面、卡口和单位治安防控网络，确保了全市治安大局稳定。

【整治非正常流浪乞讨活动】 由市委政法委牵头，市民政局、公安局、城管执法局制定的《关于加强对城市生活无着的流浪乞讨人员救助管理的通告》于12月15日通过新闻媒体向社会公布，同时向流浪乞讨人员发放300余份告知书。从12月17日开始，在市区开展整治非正常流浪乞讨活动联合行动。对收救的251名流浪乞讨人员，市救助管理站为147人提供了乘车凭证让他们及时返乡，有26人被其亲属领回，亲属汇款自行返乡的21人，放弃救助自愿离站的8名，流出地领回的11名，护送返乡的32名。整治行动使市区主要街道、繁华地区、宾馆旅游区成群乞讨人员明显减少，净化了市容环境。

【社会治安综合治理】 2003年，全市全面完成治安联防体制改革，各市（县）、区统一建立保安联防大队，各镇（街道）统一建立保安联防中队。全市共有专职保安联防8939名。坚持人防、技防、物防相结合，切实加强重点行业重点单位的安全防范工作。全市金融系统1847个金融网点全部安装了防盗玻璃，1062家网点更换了数字电视监控，1295家网点安装了门前监控，208个金库全部实现电视监控。外来人员管理工作取得新突破，落实外来人员管理经费3036万元；配备外来人员协管员9000多名；筹集资金建造外来人员集宿区（点），集宿管理率达到40%以上。加强镇（街道）综治办规范化建设和基层综治队伍建设，配备专职干部159人，其中行政编制157人，全部落实政法特岗待遇。青少年法制教育、刑释解教人员安置帮教、人民调解等各项工作得到进一步加强。全市中小学校配备法制副校长1107名、法制辅导员1200名，建有法制教育基地122个。 （杨杰如）

建设平安苏州

【概况】 根据省委、省政府的统一部署和要求，建设“平安苏州”活动从2003年8月开始。8月1日，市委、市政府召开全市建设“平安苏州”动员部署电视电话会议，省委常委、市委书记王珉到会作重要讲话。会后，市委办公室、市政府办公室专门下发了开展活动意见的通知，制定了全市创建活动的奋斗目标和总体要求，即通过三年努力，实现“八个全国一流”、“八个最低”、“八个不发生”的要求，争取全市有90%以上的村（社区）、镇（街道）、县（市、区）

达到“社会治安安全村（社区）、镇（街道）、县（市、区）”的创建标准，进而实现“社会治安安全市”的目标。市综治委制定下发了《全市社会治安安全镇（街道）、村（社区）、小区和单位考评表彰办法》。创建工作实行“社会治安综合治理末位警示制”、“一票否决制”和“领导责任查究制”等工作责任制，加强了创建工作的组织领导。围绕三年奋斗目标和总体要求，年内重点抓了古城区居民住宅楼全面推广安装单元电控防盗门、市区出租车辆和货的安装GPS卫星定位系统两项实事工程，先后在吴中区、沧浪区、张家港和常熟市4地召开创建“平安社区”、安装电控防盗门、创建“平安镇（街道）”现场会和外来人员集宿管理研讨会，加强分类指导，确保创建工作整体推进。

【组织建设】　为加强对创建工作的组织领导，市成立了由市委副书记、市长杨卫泽任组长，市委常委、政法委书记陈振一以及市人大、市政府、市政协分管领导任副组长，市纪检、组织、人事、监察、财政、政法等职能单位负责人参加的创建活动领导小组，并印发了《市服务“两个率先”、建设“平安苏州”活动领导小组成员单位职责任务》，领导小组在市综治办设办公室。各市、区也相应成立了创建活动领导小组及办公室，具体负责创建活动的组织协调、检查指导、考核验收。各部门、各单位按照“属地管理”原则，积极参与创建活动，主动接受创建活动领导小组的检查指导，认真履行创建职责。建立健全创建活动保障机制，将防控体系建设、保安辅警和外来人员管理所需经费，纳入财政预算，并与经济同步增长。同时为规范创建活动，严格检查考核和命名表彰。对年度考核评估确定的安全市（区）、镇（街道）、村（社区），分别由上一级党委、政府授予“社会治安安全市（区）、镇（街道）、村（社区）”的荣誉称号，并进行表彰。对年度考核评为创安工作先进市（区）、部门（单位）和镇（街道）的，由市综治委表彰奖励。对在创建工作中有突出贡献的部门、单位和个人，根据有关规定，给予表彰奖励。

【安全小区建设】　为进一步增强居民住宅的安全防范能力，有效防止入室盗窃，苏州市结合老城区“三纵、四横、四段”整治工作，从2003年8月起用两年时间，对古城区居民住宅楼全面推广安装单元电控防盗门，并作为建设平安苏州的一项政府实事工程，先期投入1600万元，可安装4000多单元，将有4万多户、12万余居民受益。10月15日，市综治办与市城市环境综合整治办在沧浪区联合召开城区居民楼寓安装电子防盗门实事工程现场会，对安装工作进行现场指导。截至2003年底已安装1600多个单元，力争2004年6月底全面完成安装任务，使苏州古城区成为全国率先做到所有居民楼全部安装电控门的城市。结合创建活动，各市、区加大社区科技防范力度，市综治委在城区新命名市级安全小区29个，其中智能化住宅小区21个。

【表彰奖励】　2003年，创建工作取得了明显成效。张家港市和太仓市被省委、省政府首批命名为“社会治安安全县（市、区）”，分别奖励10万元；苏州市、太仓和昆山市分别荣获创安工作先进市、综治工作和“创安工作先进县（市、区）”称号，受到省综治委通报表彰。市建设“平安苏州”领导小组命名表彰了首批24个“社会治安安全镇（街道）”；沧浪区、常熟市、吴中区和苏州市园林和绿化管理局等7家单位，被评为2003年度社会治安综合治理目标管理责任制先进地区和单位，受到市综治委表彰和奖励。　（杨杰如）

公　安

【概况】　2003年，全市公安机关共立各类刑事案件3.2万余起，基本与上年持平；破获各类刑事案件1.5万余起，其中杀人、抢劫、投毒等“八类案件”1796起；查处治安案件近3万起、违法人员5.3万名，其中黄赌毒娼案件1万余起，比上年下降27.6%；破获各类经济犯罪案件500余起，抓获经济犯罪嫌疑人400余名，为国家、集体和群众挽回经济损失1.2亿元。

打击严重刑事犯罪。2003年，公安机关相继破获了沧浪“3·10”杀人抛尸案、常熟“3·17”杀人抛尸案、昆山“3·31”杀人抛尸案、太仓“4·14”抢劫杀害出租车司机案、昆山“6·4”故意伤害案、园区“7·18”沪宁高速公路碎尸案、吴中“10·15”毒鼠强投毒案、“10·17”特大抢劫杀人案、平江“12·3”特大涉外持枪案等一系列大要恶性案件，有力地震慑了犯罪。

整治突出治安问题。2003年，全市相继组织开展夏季治安整治、打击盗窃破坏农村电力设施及盗窃电能违法犯罪专项整治、路面治安秩序整治、指纹破案会战、串并案破案会战、追逃专项行动及恶势力犯罪活动专项调查、打击路面“两抢”犯罪“捕狼行动”等一系列专项行动，有力地打击了抢劫、抢夺、盗窃、诈骗、扒窃等多发性侵财性犯罪和寻衅滋事、聚众斗殴等涉恶案件。全市公安机关共抓获各类刑事作案成员13634人，其中逮捕7359人，劳少教1415人，强制戒毒368人，收容教育502人；抓获各类网上通缉在逃人员1814人；破获涉恶案件111起，摧毁涉恶团伙43个，抓获涉恶人员222人。各项破案打击数据均在全省名列前茅。

【组织建设】　为了防范和打击公交客运中发生的扒窃、抢劫、劫车杀人、车匪路霸等违法犯罪活动，维护旅游地区的治安秩序，苏州市公安局公交分局和太湖国家旅游度假区分局分别于1月、6月建立。

【队伍建设】　公安队伍建设取得成效。全面推开执法信息管理系统，从源头上规范执法行为。2003年度全市符合执法优秀条件的县（区）级公安机关达12家。全市受训民警达8000多人次，队伍整体素质和实战能力得到了进一步提高。激活用人机制，在交巡警支队开展干部竞争上岗试点工作。一批德才兼备的青年民警走上了基层领导岗位，并先后建成了600余名具有外语、计算机、法律、金融等方面专业和200余名具有各类特长的专业人才库。全市公安机关集体荣立一等功2个、二等功1个，个人荣立一等功2名、二等功9名，荣获“苏州市劳动模范”5名。

【治安巡逻】 6月，市公安局采取以块为主、条块结合的网格化巡逻管理体制，巡逻民警的人事关系归属分局，完善了巡逻工作运行机制，优化了警务模式。全年巡逻民警先后抓获各类违法犯罪嫌疑人1822名，协破刑事、治安案件2471起，路面发案得到遏制。张家港、常熟、太仓、昆山、吴江等5市局也通过调整路面巡逻力量，改革巡逻模式，进一步深化网格化巡逻机制，巡逻覆盖面不断延伸，成效不断显现。

【交通管理】 交巡警部门以创建平安大道、深化畅通工程为抓手，以保畅通、压事故为重点，疏导结合，大力开展道路交通安全专项整治，城乡道路秩序进一步改善，在道路和机动车辆快速增长的情况下，重特大交通事故得到有效控制。年内对发生重特大交通事故的重点单位，从事公路客货运、危险品运输和施工车辆等重点车辆，越线超车、酒后驾驶等严重违章行为进行了集中整治。2003年，全市共发生道路交通事故8875起、死亡946人、伤2068人，比上年分别下降11%、12%和8%。同时，各级交巡警部门严把车辆淘汰关，年内分别淘汰市区燃油型助力车26895辆、摩托车3105辆。

【出入境管理】 6月2日起，市公安局出入境接待窗口进入市行政服务中心办公，开发了常住境外人员信息管理系统、涉外单位证照专管员管理系统，存储常住境外人员资料3万余条和7千多家三资企业资料。全年全市共受理各类出国境申请4.5万余人次，比上年增长13%；为境外人员办理各类签证（注）、证件4.7万多件次，增长26%；境外人员办理临时住宿登记数39万，下降40.1%。10月，苏州市在全省率先实行公民按需申领护照的试点工作获得成功。

【社区警务】 社区警务工作取得了明显的成效；社区警务工作全面推向农村，全市各乡镇的社区警务室（站）已全部建成并投入运行；建成一批特色社区、品牌社区；组织派出所入户调查工作专题调查和实有人口管理工作调查，并就工作现状、存在问题和原因作了认真分析和研究，提出了今后的工作方向和要求。

【涉外安全保卫】 以外资企业、境外人员、涉外案（事）件和诚信服务4项内容为重点，全市公安机关形成市局—县（分）局—派出所的三级系统管理模式，涉外安全保卫形成了各司其职、相互配合、规范运作、整体联动的运行机制。市公安局还建立了兼职外事民警、涉外单位专管员、外聘小语种翻译、信息员等4支涉外管理的辅助队伍。全年全市共查处各类涉及境外人员的案（事）件924起，比上年增长1.5倍，维护了良好的出入境秩序和社会治安环境，确保了在苏境外人员的人身财产安全。

【禁毒工作】 全年全市公安机关共破获各类涉毒案件672起，其中贩毒案件180起、吸毒案件438起；抓获涉毒人员604名，其中贩毒嫌疑人73名、吸毒人员487名；缴获毒品海洛因7000余克、“摇头丸”1800余粒以及大量大麻等毒品；铲除非法种植的罂粟19014株。同时，以“无毒社区”建设为纽带，将禁毒工作纳入社会综合治安防控体系，推动禁毒工作社会化。

【网络安全管理】 2003年，市公安局组织开展了为期3个月的苏州市互联网上网服务营业场所网络安全管理专项整治，有效遏制了利用网吧查阅、张贴、制作以及传播各类有害信息的违法行为。全年共查处各类网络违法犯罪案件230起，协破各类案件80余起，协助抓获犯罪嫌疑人41名。

【机动车管理】 全市拥有各类机动车113.69万辆，其中汽车28.60万辆，分别比上年增加15.1%和38.6%。市公安局以“春运”、“黄金旅游周”安全大检查和“夏季攻势”为周期，以客货运单位和营运驾驶员为重点，加强车辆和驾驶员源头监管，牢牢把握事故预防的“第一道防线”。市政府《关于加强城市道路交通管理的通告》7月1日正式实施后，全市公安机关开展了为期半个月的交通违章集中整治，控制禁行车辆进入城区，禁止车辆在禁行时间内进入禁行路段。纠处违章4.6万余起，拘留无证驾驶者14名、妨碍民警执行公务违法人员1名。

【现代化建设】 2003年，初步建成了以市公安局指纹数据库为中心，各市、区公安（分）局指纹自动识别系统远程查询终端相呼应的高效统一的查询比对系统，并在全市分局和派出所配备了指纹活体采集系统，进一步提高了指纹捺印和比对质量。在全国指纹破案会战中，全市共查破跨省案件597起，本地案件423起；全年通过信息破获刑事案件5571起，占破获刑事案件总数的28%。各项战果在江苏省均名列前茅。市公安局交通控制中心项目获得了公安部“科学技术奖”二等奖，113台“苏州公安无线移动警务通”配备至一线，提高了勤务效率。

【重大案例选介】 “2·10”故意杀人案5名犯罪嫌疑人被相继抓获。2月10日下午，家住吴中区角直镇东苑新村7幢302室的原角直镇镇长许林根，在住宅楼楼梯口被犯罪分子刺死。2月14～17日，邢道泉等5名犯罪嫌疑人分别被抓获。经查，邢道泉于2003年1月出资1.5万元，雇佣另外4名犯罪嫌疑人杀害许林根。

破获“3·17”特大杀人抛尸案。3月17日深夜，常熟出租车司机黄寅元被犯罪分子杀死后塞入出租车后备箱内，连车抛于虞山镇尚湖大堤上。经过近半年的侦查，公安机关于8月10日将犯罪嫌疑人王孩旦、李峰抓获。

8月12日在光明牌乳制品中投毒并实施敲诈的湖北籍犯罪嫌疑人刘超在张家港乐余镇落网。8日，犯罪分子以在江苏省太仓市城厢镇、沙溪镇等地投毒为名向上海光明乳业公司敲诈人民币50万元。

“8·18”巴士公司司机被害案成功告破。8月18日凌晨，巴士公司司机彭明涛被6名男子围殴后扔入平门运河中死亡。经全力侦查，公安机关于8月19日、20日将陈亮等6名犯罪嫌疑人抓获。

破获邱小强杀妻案。儿童医院医生邱小强为达到与情人结合的目的，在获知过量服用氯胺酮可致人死亡的情况下，遂起杀妻歹念。9月5日，邱小强将从单位窃得的8支氯胺酮针剂中的3支渗入咖啡给其妻顾苏服用，当晚顾苏出现头晕、呕吐等症状。邱小强杀妻未遂，又于9月11日晚将剩余的5支氯胺酮针剂渗入咖啡给顾苏服用致其死亡。10月23日，公安机关将邱小强抓获。

破获“10·15”毒鼠强投毒案件。经查，夏福荣因与吴中区东山镇苏州市新东服饰有限公司厂长王勇结怨较深，于10月15日雇佣他人用毒鼠强投毒报复，致王勇等48人中毒。公安机关于10月23日抓获夏福荣等3名犯罪嫌疑人。

“10·17”特大杀人抢劫案件成功告破。经查，10月17日下午，4名犯罪嫌疑人闯入吴中区越溪办事处龙翔村三组，将朱金男一家3口杀死，并劫走2部手机及黄金首饰等财物。公安机关于10月29日抓获齐增长等4名犯罪嫌疑人。 （沈 芳）

检 察

【概况】 2003年，全市检察机关大力弘扬率先争先精神，全面充分履行检察职能，切实加强检察队伍建设，各项检察工作取得显著成绩。市检察院被评为全省预防青少年违法犯罪先进集体，反贪局被评为省人民满意政法单位，并荣记集体三等功，控申接待室被评为全省检察机关“文明接待室”，行政装备处被评为全国检察系统枪支管理工作先进集体和全国检察机关财务编报工作先进集体。昆山市检察院、沧浪区检察院、平江区检察院、金阊区检察院被评为省文明单位，相城区检察院荣获“省文明单位标兵”称号。张家港市检察院被荣记集体一等功，钱根源等3名同志分别荣获个人一、二、三等功。太仓市检察院、相城区检察院被评为省级“青少年维权岗”，吴江市检察院侦查监督科被评为全省“严打”整治斗争先进集体，徐惠明、卫弘被评为全省“严打”整治斗争先进个人。全市各检察院共有12个部门被评为市“严打”整治斗争先进集体，共有78人次受到了省、市级机关的表彰。

【推进“严打”整治斗争】 2003年全市检察机关受理公安机关和海关侦查部门提请批捕各类犯罪嫌疑人7942人，经审查批准逮捕7400人；受理移送审查起诉各类刑事案件6046件8872人，经审查提起公诉5609件8095人。其中市检察院受理一审起诉案件161件319人，已审结向市中级人民法院提起公诉145件281人。全市检察机关积极应对刑事案件高发所带来的严峻挑战，坚决贯彻依法从重从快的方针，重点打击黑恶势力犯罪、严重暴力犯罪、毒品犯罪和抢劫、抢夺等多发性犯罪，积极配合公安机关开展打击“双抢”、“缉枪治暴”、“捕狼”等专项斗争，稳、准、狠地打击各种严重刑事犯罪活动，扎实推进“创安”建设，切实保障人民群众的生命财产安全。如对造成重大社会影响的“10·15”东山特大投毒案和“10·17”越溪特大抢劫杀人案，提前介入公安机关的侦查活动，案件侦破后，依法迅速对犯罪嫌疑人作出批捕决定，并从快起诉至法院。加大刑事侦查、刑事审判监督的力度，检察机关共监督立案38件57人，追捕37人、追诉37人，依法提出刑事抗诉案件3件。市检察院与市中级法院联合下发了《公诉案件庭前证据展示实施意见（试行）》，积极探索新的法庭示证、质证、辩论模式。共有975件案件适用了普通程序简化审，开展庭前证据展示40次，多媒体示证420次，对所有提起公诉的案件都提出了量刑建议，法院采纳率达90%。

【查处和预防职务犯罪】 全年全市检察机关共立案侦查贪污贿赂等职务犯罪案件113件118人，追缴赃款赃物价值人民币5285万元，结合办案挽回经济损失1.85亿元。在贪污贿赂案件中，大要案72件，占立案总数的63.7%；发生在“三机关一部门”中的贪污贿赂案件53件，占立案总数的46.9%；发生在国土、粮食、金融、建筑、交通、房地产等系统内的窝案串案59件，占立案总数的52.2%。市检察院查办县处级干部犯罪要案5件。其中，张家港原市委常委、宣传部长范平受贿案，苏州市计划生育委员会原副主任李英龙受贿案，相城区人大常委会原副主任冯仁根受贿案，望亭发电厂原副厂长杨大为受贿案和原财务部负责人张杏泉贪污受贿、挪用公款案分别被依法查办。太仓市检察院查办了该市老城区建设开发公司原经理陈良玉侵吞1000多万元国有资产的特大贪污受贿案件。全市检察机关积极探索创新多种形式的预防工作，进一步推动预防职务犯罪工作领导管理机制的规范和完善。市检察院与银行、水利、海关、交通、建设5个系统共同协商制订了系统预防方案。一年来，全市两级检察机关共介入政府实事工程开展专项预防158项。

【查办渎职侵权案件】 全市检察机关重点整顿行政“不作为”和“乱作为”，切实加大对滥用职权、玩忽职守、徇私舞弊等渎职侵权犯罪的打击力度，全年共受理案件线索72件，立案查处17件，其中重特大案件13件。如沧浪区检察院从一起行政执法人员严重不负责任，多支付200余万元城市拆迁补偿费的线索入手，一举查处了3起渎职犯罪案件。

【诉讼监督】 全年全市检察机关共受理不服人民法院已生效民事、行政判决裁定的申诉378件，立案128件。通过审查，对法院正确的判决裁定认真做好申诉人的息诉服判工作，共息诉222件，努力化解社会矛盾；对符合抗诉条件的，依法提出抗诉27件，提请抗诉29件。全年共对不符合法定条件的23人提出不予提请呈报减刑、假释、暂予监外执行的意见，均被采纳；单独或配合监管部门进行安全检查150次，提出检察建议64条，消除隐患55件（处）；开展集体帮教69次。依法严厉打击被监管人员再犯罪活动，共批捕34人，提起公诉38件58人。全市检察机关提前两年完成了争创规范化等级驻所检察室任务，驻所检察室全部达标。全年出具法医、文件检验鉴定101件，文证审查501件，运用视听技术参与办案4630次。

【控告申诉检察工作】 2003年，受理群众举报控告2104件，属检察机关管辖的1045件，其中署名举报460件。全市检察机关继续深化首办责任制和公开审查制，坚持检察长接待日制度，接待群众来访439批667人，均作了批办。耐心细致做好信访接待和矛盾调处工作，力争把矛盾化解在基层。全年处理告急访、集体访69件，立案复查42件刑事申诉案件，对其中5件提出纠正意见。同时大力加强窗口建设，全市12家检察院的控申接待室均被评为省级文明接待室。

【检察队伍建设】 全市检察机关开展了“强化法律监督，维护公平正义”教育活动，并将其作为主线贯彻始终，发出各类征求意见函700多份，广泛听取社会各界的意见。认真分析执法不规范、执法水平不高和监督不到位等问题的原因，并逐一进行整改。加大教育培训力度，开展各种业务培训和岗位练兵活动，抓好续职资格培训、续本学历和攻读法律硕士学位教育，有17名检察干警获得法律硕士学位，有30人正在攻读硕士学位。同时充分发挥先进典型的示范带头作用，在新一轮的“争先创优”活动中进一步提高全市基层检察院建设的整体水平。 （明文建）

审　判

【概况】 2003年，全市法院共受理各类案件62454件，办结58046件，解决诉讼标的金额66.3亿元，为国家和集体挽回经济损失4553.97万元。

围绕“公正与效率”工作主题，全市法院充分发挥各项审判职能，全力投入服务“两个率先”、创建“平安苏州”活动。贯彻从重从快方针，共审结一审刑事案件6123件，比上年上升11.4%，其中属于打击重点案件4325件，判处罪犯6303人。审结破坏社会主义市场经济秩序犯罪案件470件619人，审结贪污、贿赂等职务性犯罪案件133件142人。推进争创优秀“青少年维权岗”活动。积极配合监管部门做好罪犯的改造转化工作，办理减刑假释案件1122件。充分发挥民事审判调处矛盾、定纷止争的作用，共审结一审民事案件

附：司法解释目录（2003）

	司法解释名称	颁布文号	颁布日期
刑事	最高人民法院关于行为人不明知是不满十四周岁的幼女双方自愿发生性关系是否构成强奸罪问题的批复	法释[2003]4号	2003年1月17日
	最高人民法院、最高人民检察院关于办理妨害预防、控制突发传染病疫情等灾害的刑事案件具体应用法律若干问题的解释	法释[2003]8号	2003年5月14日
	最高人民法院关于审理非法采矿、破坏性采矿刑事案件具体应用法律若干问题的解释	法释[2003]9号	2003年5月29日
	最高人民法院、最高人民检察院关于执行《中华人民共和国刑法》确定罪名的补充规定（二）	法释[2003]12号	2003年8月15日
	最高人民法院、最高人民检察院关于办理非法制造、买卖、运输、储存毒鼠强等禁用剧毒化学品刑事案件具体应用法律若干问题的解释	法释[2003]14号	2003年9月4日
	最高人民法院关于挪用公款犯罪如何计算追诉期限问题的批复	法释[2003]16号	2003年9月22日
民事	最高人民法院关于审理与企业改制相关的民事纠纷案件若干问题的规定	法释[2003]1号	2003年1月3日
	最高人民法院关于审理证券市场因虚假陈述引发的民事赔偿案件的若干规定	法释[2003]2号	2003年1月9日
	最高人民法院关于破产企业国有划拨土地使用权应否列入破产财产等问题的批复	法释[2003]6号	2003年4月16日
	最高人民法院关于审理商品房买卖合同纠纷案件适用法律若干问题的解释	法释[2003]7号	2003年4月18日
	最高人民法院关于审理期货纠纷案件若干问题的规定	法释[2003]10号	2003年6月18日
	最高人民法院关于在民事审判工作中适用《中华人民共和国工会法》若干问题的解释	法释[2003]11号	2003年6月25日
	最高人民法院关于人民法院审理事业单位人事争议案件若干问题的规定	法释[2003]13号	2003年8月27日
	最高人民法院关于房地产管理机关能否撤销错误的注销抵押登记行为问题的批复	法释[2003]17号	2003年11月17日
	最高人民法院关于可否将航道养护费的缴付请求列入船舶优先权问题的批复	法释[2003]18号	2003年12月8日
	最高人民法院关于适用《中华人民共和国婚姻法》若干问题的解释（二）	法释[2003]19号	2003年12月26日
	最高人民法院关于审理人身损害赔偿案件适用法律若干问题的解释	法释[2003]20号	2003年12月26日
行政	最高人民法院关于适用《行政复议法》第三十条第一款有关问题的批复	法释[2003]5号	2003年2月25日
海事诉讼	最高人民法院关于适用《中华人民共和国海事诉讼特别程序法》若干问题的解释	法释[2003]3号	2003年1月6日
民事诉讼	最高人民法院关于适用简易程序审理民事案件的若干规定	法释[2003]15号	2003年9月10日

31296件。受最高人民法院授权市中级法院具有了部分专利纠纷管辖权，审结知识产权案件33件，涉外、涉港澳台案件24 件。切实加强行政审判工作，审结行政和国家赔偿案件442件，比上年增长147%。执结非诉行政执行案件181件。加强执行工作，全年执结执行案件17375件，执结标的金额37.1亿元。坚持依法纠错的原则，受理各类再审案件521件，改判28件。开展便民诉讼，推行远程立案、巡回立案、预约立案等快速办案方式。开展司法救助，为经济确有困难的当事人减、免诉讼费147万元，为符合条件的当事人指定辩护律师491人（次）。

2003年，市中院确立了争当全省法院系统服务“两个率先”的先行军、争做全国法院系统率先发展的排头兵的奋斗目标，出台了服务“两个率先”八项举措，制定了《全市法院依法服务“两个率先”的指导意见》和《全市法院依法服务沿江大开发等战略性工程的实施意见》。

2003年，市中级人民法院连续第四次被评为“全国法院思想宣传工作先进单位”，并被省高级人民法院荣记“集体三等功”。常熟市法院、张家港市法院被评为“省人民满意法院”；昆山市法院被评为“省文明法院”；平江区法院、金阊区法院被省法院荣记“集体二等功”。沧浪区法院荣获“省文明单位标兵”称号。张家港市法院、平江区法院被省文明委评为“文明单位”。9名法官被评为人民满意的法官。市中院被评为“全省法院调研工作先进单位”和“全省法院网络信息工作先进单位”。

【队伍建设】 2003年，市中院开展“回顾过去，开拓未来”主题教育，组织了为期半年的“坚持两个务必，服务两个率先”大讨论活动，深入开展了“公正与效率”司法大检查。全市法院共对2001年以来审结的1365件案件进行了检查，市中院组织对诉讼费、执行费收取规定执行情况、执行标的往来款管理情况进行了检查，共检查2001年至2003年4月审结的相关案件20771件。在此过程中，市中院向在苏的全国和省、市人大代表、政协委员以及52家外资企业发送了征求意见函，向当事人发送了廉政监督卡。市中院先后出台了《苏州市法院领导班子勤政廉政十条规定》和《苏州市法院干警廉洁办案十条规定》。同时，全市法院层层签订了党风廉政建设责任状，对廉政建设狠抓落实，并举办了全市法院纪检监察干部培训班，加强对违法违纪情况的查处工作。市中院被评为“全省法院系统监察先进集体”。

【信访工作】 全市法院成立了信访突发事件处置领导小组，制定了信访预案和具体处置方法，落实了信访工作责任制。市中院先后3次召开全市法院立案信访工作会议及信访工作座谈会，分析申诉信访情况，深入排查信访隐患，并制定了《关于进一步加强处理“三访”工作的意见》，将信访任务分解到有关法院，责任到人。抓住重点时期、重点地区和重点人员，落实防范措施。开展了上访“老户”的甄别工作，建立“老户”档案，设立专门合议庭，对上访“老户”的案件进行听证，采取各种措施，集中排查处理一批上访“老户”问题，有效地减少了进京赴宁上访的人数。2003年，全市法院共接待来信来访36311人次。全市涉诉进京上访人次比上年下降了35%和44%，赴宁上访的人数在全省13个中院中名列第11位。

【重大案例选介】 王如海故意杀人、盗窃案。江苏宝应县人王如海于2003年5月30日凌晨3时许，携带单刃尖刀至苏州市王天井巷伺机作案，被正在执行巡逻任务的公安民警及联防队员王慈萍等人发现并依法对其进行盘问。此时，王犯即拔出单刃尖刀向被害人王慈萍腹部猛刺一刀，并逃离现场，被害人王慈萍经送医院抢救无效死亡。王如海还伙同他人于2003年2～4月间，先后窜至苏州市平江区、金阊区及沧浪区等地，共同或单独盗窃作案12起，盗窃财物计价值人民币57000余元。苏州市中级人民法院于2003年7月4日公开审理此案，7月9日以故意杀人罪判处王如海死刑，剥夺政治权利终身，以盗窃罪判处其有期徒刑七年，并处罚金人民币5000元，决定执行死刑，剥夺政治政治权利终身，并处罚金人民币5000元。2003年9月26日，罪犯王如海被押赴刑场，执行枪决。

邢道泉、李海英、于彦军故意伤害及孙伟、姚长索故意杀人案。罪犯邢道泉于2003年1月，以出资人民币1.5万元为条件，委托吴中区甪直人李海英雇凶伤害吴中区甪直镇原镇长许林根，并带李海英去许林根家附近指认地点等。李海英又委托黑龙江省大庆市人于彦军纠集同乡孙伟和姚长索，于2003年2月8日至甪直镇伺机作案。2月10日下午5时左右，孙伟和姚长索在许林根所居住的甪直镇东苑新村7幢东单元楼首的二楼半处，分别持弹簧刀对许林根胸腹、腰背、右大腿等处猛刺10余刀，后逃离现场。被害人许林根经送医院抢救无效死亡。苏州市中级人民法院于2003年6月17日公开审理此案，7月2日以故意伤害罪判处邢道泉犯死刑，剥夺政治权利终身；以故意伤害罪和非法持有枪支、弹药罪，数罪并罚，判处李海英死刑，剥夺政治权利终身，并处罚金人民币1000元；以故意杀人罪，判处孙伟死刑，剥夺政治权利终身；以故意杀人罪，判处姚长索无期徒刑，剥夺政治权利终身；以故意伤害罪和非法私藏枪支、弹药罪，数罪并罚，判处于彦军有期徒刑16年，剥夺政治权利5年，并处罚金人民币1000元。邢犯、孙犯、李犯不服，提起上诉，经江苏省高级人民法院终审裁定，驳回邢道泉、孙伟上诉，维持原判，改判故意伤害犯李海英死刑，缓期二年执行，剥夺政治权利终身。2003年9月26日，罪犯邢道泉、孙伟被押赴刑场，执行枪决。

（刘冬梅）

司 法

【普法和依法治理】 2003年，市司法局获全省“非典”防治“法律知识竞赛组织奖”和“江苏省第四届法制文艺汇演优秀组织奖”。《苏州市法治城市建设理论与实践探讨》的调研文章，作为全省惟一的依法治理经验材料报送全国依法治理座谈会交流；《苏州创建法治城市的战略构思》一文被《新华日报》和全国普法办《普法依法治理通讯》全文转载。普法工作顺利通过省“四五”普法中期考核检查。

市司法局下发了《法律进社区工

作意见》，全面贯彻落实法制宣传、法律服务、法律援助和人民调解“四网合一”新举措。昆山市成立了“市民法律顾问团”，为城区55个社区居委会确定联系律师；沧浪区成立了全省首家“法律诊所”，为有涉法疑难问题的市民提供法律服务；金阊区信记居委会是司法部联系点。

【基层司法所建设】 2003年，市司法局与市综治委联合下发了《加强乡镇、街道司法所规范化建设实施意见》，全市113个乡镇、街道全部建立了司法所，5家司法所和法律服务所被司法部、全国残联命名为全国第2批“残疾人维权示范岗”。上半年进行了基层法律服务所脱钩改制后的第一次年检注册工作，7名违规基层法律服务工作者被暂缓注册并通报批评。全市91家基层法律服务所共办理各类案件8822件，担任法律顾问1800家，避免和挽回经济损失3.36亿元。

【人民调解】 2003年，人民调解、安置帮教工作被市综治委列入社会治安防控体系“十大工程”，市委办公室和市政府办公室转发了市司法局和市中级人民法院《关于进一步加强人民调解工作的意见》。全市各级人民调解委员会共受理民间纠纷18517件，调解民间纠纷18372件，调解率达99.2%，调解成功18064件，成功率达97.6%；全市共接收刑释解教人员1574名，帮教率99.1%，安置率93.4%。张家港市刑释解教人员安置帮教领导小组办公室被推荐中央综治委“全国安置帮教工作先进集体”；昆山市巴城镇司法所获司法部“人民调解工作模范司法所”称号。

社区矫正试点工作顺利启动。制定了《社区矫正试点工作意见》，成立了苏州市社区矫正工作领导小组。张家港、常熟两市为省试点单位。

【律师工作】 全市83家律师事务所共担任法律顾问4707家，代理各类诉讼案件14518件，办理非诉讼法律事务8298件，为当事人追回赔欠款10.56亿元。2003年7月，全市律师大会召开，通报了对原法官费明、薛荣林受贿案件所涉及的7名违规律师的处理情况。配合市人大组织了十年来第一次《律师法》执法检查。

法律服务“引进来、走出去”，参与市政府服务业招商团赴港进行法律服务招商，江苏苏州剑桥人律师事务所、江苏苏州方本律师事务所等到上海设立分所。

【公证工作】 全市公证机构共办理各类公证60551件，其中办理国内民事公证29000件，比上年增长50%，办理涉外公证18333件，其中涉台公证和涉港澳公证数量名列全省第一。

【法律援助工作】 2003年全市共办理法律援助案件978件，比上年增长36.8%，“12348”法律咨询专线共受理来电来访13443人次，为维护司法公正和弱势群体的合法权益发挥了重要作用。各县级市均已建成规范化法律援助中心，昆山市法律援助中心荣获全国“严打整治斗争先进集体”称号，是全国惟一入选的法律援助机构。

【国家司法考试】 全市完成第2次国家司法考试组织工作，2003年度国家司法考试全市报考人数1519名，达到合格分数线196人，合格率为15.1%，高于全国5个百分点。市司法局被司法部授予全国司法考试工作先进集体称号。

【司法鉴定】 全市经省司法厅批准登记设立司法鉴定机构2个，司法鉴定从业人员17名，14人参加省厅统一组织的从业人员基本素质培训。司法鉴定机构共进行司法鉴定179件，法院采信率达100%。 （陈 蕾）

外事民族宗教侨务台务

外　事

【**概况**】2003年，苏州市各级外事部门面对“非典”疫情的影响，及时调整工作思路，开拓新的工作层面，在配合中央总体外交，加大外事为地方经济建设和社会服务力度，加强外事管理、提高外事干部素质等方面取得了新的进展。较好地完成了全年各项外事任务。（牟晓红）

【**全市外事工作会议**】 全市外事工作会议于2月21日召开。会议要求，要从苏州建设成高水平的小康社会和国际化城市的宏伟目标出发，与时俱进，开拓创新，围绕经济，强化服务，努力为提高苏州的国际化、信息化、市场化、法制化水平和城市综合竞争力服务。市委副书记、市长杨卫泽出席会议并讲话。市委常委、副市长汪国兴等市委外事领导小组成员出席会议。会议由市政府秘书长王少东主持。（纪　哲）

【**外事接待**】 2003年，全市共接待海内外客人80多万人次，受“非典”影响，礼宾接待任务大幅度下降。外事系统接待各类外宾385批4500人次。其中党宾、国宾4批26人次；部长级外宾36批446人次；外国驻华使领馆官员26批138人次。全年接待了厄瓜多尔总统、巴西共产党主席、泰国副总理、乌拉圭众议长、泰国上议院代表团、泰国枢密院代表团、澳大利亚家庭和社区服务部长团、澳大利亚前总理、新西兰前总理、韩国前总理、美国商务部前副部长、加拿大前工业部长、莫斯科杜马代表团等重要外宾和团组，有力配合了中央的总体外交。同时还接待了美国艾里琴斯公司总裁、美国SOM公司总裁、美国电子协会董事长、美国西湖集团董事长、香港第一东方投资集团董事长等一批世界跨国集团总裁。市外办根据多年的工作体会，编制了《礼宾接待工作程序》、《地方外事知识问答》等书刊，为规范和提高外事接待水平提供依据。

附：外事系统接待重要团组情况（2003）

日　期	团　组　名　称	人数	级　别
1.8～1.9	日本文化厅次长钱谷真美	6人	副部级
1.21	澳大利亚家庭和社区服务部部长阿曼达·范斯通	5人	部长
1.22	泰国上议院代表团	11人	正部级
1.22～1.23	乌拉圭众议长阿尔瓦雷斯	2人	副总理级
3.29～3.30	韩国前总理朴泰俊	12人	
3.30～3.31	莫斯科杜马代表团	5人	副部级
3.29～4.1	美国大西亚图地区国际考察团	92人	正部级
4.12	日本爱知县知事神田真秋	5人	
7.18～7.21	新西兰前总理希普利	5人	
8.2～8.4	澳大利亚前总理鲍勃·霍克	2人	
8.26～8.27	哥伦比亚最高法院院长戈麦斯·加列戈	13人	副部级
8.29～8.30	巴西共产党代表团	3人	党宾
8.31～9.3	厄瓜多尔总统卢西奥·古铁雷斯·博武阿	14人	国宾
9.17～9.18	非洲高级外交官代表团	19人	副部级
9.19～9.21	拉脱维亚里加市政府代表团	3人	
9.23～9.24	多米尼加解放党代表团	3人	党宾
10.9	比利时王子洛朗	6人	国宾
10.13～10.14	新加坡巡回大使郑东发	3人	正部级
10.14	法国前总理皮埃尔·莫鲁瓦	73人	
10.23～10.28	罗马尼亚图尔恰县代表团	5人	
10.26～10.29	拉脱维亚里加市政府代表团	3人	
10.29	芬兰南芬兰省省长林南玛	5人	
11.6	日本新泻县知事平山征夫	13人	
11.12～11.13	韩国全罗北道知事姜贤旭	11人	
12.13	泰国副总理乍都隆	22人	国宾

【**友好城市工作**】 2003年，友城来访、出访交流虽受到“非典”严重影响，但在各级外事部门的共同努力下，全市的友城工作仍取得显著成效。①友城实质性合作项目有新的突破。苏州市与丹麦埃斯比约市、意大利威尼斯三方合作的“苏州生态垃圾处理项目”获得初步成功，欧盟已批准赞助47万欧元支持该项目。埃斯比约市两次派出专家来苏州市洽谈项目实施框架，并和市长杨卫泽签署了合作协议。②积极开展友城高层领导间的交流。2003年，杨卫泽市长先后对澳洲、新西兰、日本、

附：出访友好城市情况（2003）

日 期	友好城市	代表团名称	交往情况	团长（领队）
4月	金泽市、池田市	苏州市友城交流协议团	友好访问	苏州市外办副主任 潘 越
7月	威尼斯市	苏州市城建项目考察团	项目考察	苏州市副市长 汪国兴
7月	金泽市	苏州市青少年使节团	友好交流	苏州市立达中学教师 袁 晰
8月	埃斯比约市	苏州市城建项目考察团	项目考察	中共苏州市委书记 王 珉
10月	里加市	苏州市文化交流团	文化交流	中共苏州市委副书记 杜国玲
10月	池田市、全州市	苏州市日韩招商代表团	招商	苏州市市长 杨卫泽
11月	波特兰市	苏州市友城工作访问团	工作访问	苏州市外办主任 金海龙
11月	奈梅亨市	苏州市经贸代表团	经贸考察	苏州市人大常委会副主任 谢慧新
12月	伊斯梅利亚市	苏州市友好访问团	友好访问	苏州市委组织部部长 邱岭梅

附：友好城市来访情况（2003）

日 期	友好城市	代表团名称	交往情况	团长（领队）
2003.1.5～1.12	埃斯比约市	埃斯比约城建项目先遣团	考察项目	市环境治理主管 尼尔森
2003.3.14～3.15	威尼斯市	威尼斯市代表团	友好交流	因苏拉公司总裁 保罗·伽丁
2003.3.16～3.19	维多利亚市	维多利亚皮尔逊学院团	招收留学生	院长 沃克
2003.4.7～4.8	池田市	池田市日中友协代表团	友好交流	会长 藤尾昭
2003.4.9～4.10	金泽市	金泽市北陆印刷团	交流考察	社长 笠谷
2003.6.19～6.26	埃斯比约市	欧盟亚洲城市建设项目专家团	考察项目	市环境治理主管 尼尔森
2003.7.21～7.23	池田市	池田市日中友协代表团	友好交流	会长 藤尾昭
2003.9.9～9.23	埃斯比约市	欧盟亚洲城市建设项目专家团	考察项目	市环境治理主管 尼尔森
2003.9.18～9.21	金泽市	金泽市政府代表团	友好交流	金泽市友协会长 丹后清
2003.9.19～9.21	里加市	里加市政府代表团	友好交流	副市长 道格泼劳斯
2003.10.15～10.16	金泽市	金泽市政府代表团	友好交流	城市整备部部长 池田寿男
2003.10.15～10.16	金泽市	金泽商工会所代表团	友好交流	商工会所副会长 中村荣一郎
2003.10.22～10.30	埃斯比约市	欧盟亚洲城市建设项目专家团	考察项目	项目秘书 汉森
2003.10.23～10.28	图尔恰县	图尔恰县代表团	友好交流	县委员会主席 特里峰·贝拉库伦库
2003.10.26～10.29	里加市	里加市政府代表团	友好交流	市长 冈达思·勃加斯
2003.11.1～11.29	池田市	池田市水环境专家团	考察项目	工务课课长 泉谷明
2003.11.8～11.10	金泽市	金泽美术代表团	友好交流	日本友人、画家 樱井幸永
2003.11.17～11.18	全州市	全州市政府代表团	友好访问	市长 金完柱
2003.11.24～11.26	池田市	池田干部职员团	友好访问	总务部税务室长 熊坂浩司
2003.12.31～2004.1.1	池田市	池田市代表团	参加“听钟声”活动	市长 仓田薰
2003.12.31～2004.1.1	池田市	池田日中友协代表团	参加“听钟声”活动	会长 藤尾昭
2003.12.31～2004.1.2	金泽市	金泽市政府代表团	参加“听钟声”活动	市政府课长 木多义隆

2003年9月，苏州市和里加市签订文化旅游合作协议。 （陈伟礼 摄）

韩国友城和友好城市进行友好访问，洽谈了一批涉及教育、科技、环保、旅游等领域的实质性合作项目，增进了友城间在经济和社会事业方面的互相关系。③利用友城渠道，派遣留学生和研修生赴国外学习。2003年，市外办争取并选送了4名中学生赴联合世界书院留学；为苏州印刷、食品行业选派了21名研修生赴日本进修，并为2004年争取到11个研修生名额。④积极稳妥地开展友城结好工作。2003年，重点开展与南美国家的友城结好和交往工作。苏州市与巴西阿雷格列港市正式确立了友好城市关系，并已上报全国友协，待批准后正式签约。⑤积极发展友城关系，和友城间保持密切联系，主动向对方通报苏州市"非典"疫情和防治情况，及时解除对方的顾虑，做好对外宣传工作，并为"非典"疫情过后及时启动对外交流程序做好充分的准备。

【民间交往】 2003年，中外民间交往受"非典"影响，原计划进行的一些民间交流都被迫取消，但在友协、国际交流中心等有关部门的共同努力下，仍取得了一定的成果。全年接待民间友好团队70多批900多人次。先后接待了美国三峡考察团和大西北考察团、日本三重铃鹿市友好交流团、日本长野县农协交流先遣团、土耳其土中友协考察团、俄罗斯基金会团、菲律宾菲中了解协会碧瑶分会、越南老年代表团等民间友好团队。促成了日本北海道社会福利院与苏州市社会福利院建立友好关系，并于12月正式签定了友好交流协议。邀请日本歌手丸山观月来苏进行交流访问，并在苏州电视台进行了"苏州恋"民歌录制。积极做友好人士的工作，日本友人佐佐木先生继上年赠书后，2003年又先后两次向苏州图书馆捐赠了全汉古籍《先代旧事本记》2册，线装木刻版《清三朝实录》8册等珍贵古书籍，为研究清朝早期中日文化及军事交流提供了十分宝贵的资料。"非典"期间，市外事部门充分发挥民间友好人士和友好团体的作用，通过各种渠道向他们宣传中国抗击"非典"的实际情况及国家和政府对抗击"非典"所采取的积极有效的措施，并通过他们向国外开展正面宣传，取得了较好的效果。

【因公出国（境）管理】 2003年，全市因公出国（境）1087批3808人次，与上年同期相比分别减少20.2%和13.7%，其中经贸团组302批1043人次，分别减少32%和24%；招商团组785批2765人次，分别增加26.4%和38.8%。来华邀请3997批5754人次。上半年，因公出国审批工作受"非典"影响较大，特别是4～6月，审批工作基本停止。全市各级外办及时将工作重点转移到因公出国审批、申办工作的规范化管理上来，建立了因公出国审批和申办护照签证首问责任制；创立了市四套班子领导因公出国申办材料档案库；建立了全市因公出国护照管理台帐等一系列有效的工作制度。根据上级部门的要求，市外办及时处理"非典"时期因公出国和来华工作的应急业务，妥善处理了因公赴美国改变申办程序的工作，为出国来华工作的规范化建设打下了基础。"非典"过后，市外办又即刻启动出国交流程序，并对年度对外交流计划及时进行调整，突出重点，统筹安排，认真做好市领导等重要出访团的组织落实工作，圆满完成了市政府赴日、韩和香港招商团的出入境和礼宾安排等工作。

【涉外管理】 2003年，苏州市加强涉外管理工作。与各国驻华使领馆的交往频繁，全市先后接待了伊朗驻华大使，加拿大、新加坡、以色列、瑞士、印度驻沪总领事等外国驻华使领馆官员26批138人次。协助有关驻沪领馆在苏州成功举办埃及旅游经济研讨会、菲律宾投资贸易说明会等活动。在与外国驻华使领馆的交往中，积极为苏州学者争取到国外学习交流和访问的机会，争取选派了1名高级司法工作者赴美国访问；争取到1个"志奋领"奖学金赴英国学习的名额。为进一步营造良好的投资环境，上半年，针对"非典"疫情，全市各级外办加强对涉外单位、涉外居住点和外籍人员的健康安全检查，对存在的问题提出整改意见。开设了防"非典"外语咨询热线，24小时专人值班，用英语和日语为在苏外籍人员答疑解惑。认真落实"处理涉外事（案）件联合协调会议和通报制度"，在处理涉外事（案）件中，加强与有关部门的沟通和配合。全年共处理和上报涉外事（案）件18起，协助调查了太仓外企员工煤气中毒事件、瑞士美泰乐公司生产纠纷和日本"欧姆龙公司"字号侵权案等。

【外事服务】 2003年，全市各级外事部门牢固树立服务意识，认真履行外事工作职能，为苏州各领域提供全方位服务。①为出访团组提供优质服务。根据出访的不同国别，编写了"欧洲商务考察须知"、"美国入境须知"、"日本商务考察须知"、"美国面试须知"等，使出访团组能较清楚地了解出访国家的情况及在国外应注意的事项。②加强宣传，及时收集信息，为苏州的园林建造项目推向世界做好服务工作。一年来利用各种媒体宣传苏州的园林，通过各种渠道加强对外联系，对境外项目信息作出迅速反应，先后与法国、美国园林建造项目的部门进行了接触，并和法国就建造园林签订了意向书。③积极拓展教育对外交流项目。分别为苏州大学、市三中、市六中、卫生学校和工艺美术职业技术学院等联系海外教育交流项目，并已初见成效。④帮助苏州地区民营经济拓展境外业务。先后组织了多批民营企业赴美国、欧洲等地考察经济与市场环境，并组织他们与当地工商企业界人士商谈，取得较好的效果。⑤加大对外企雇员的管理力度，使外企雇员市场更趋规范。全市已有约1400名外企雇员纳入了苏州市外事服务中心的管理网络。

【"古韵今风"外国记者苏州行】 为了扩大对外宣传，更好地展示苏州快速发展的经济建设和改革开放的新形势，市外事办公室和市政府新闻办于9月11~13日联合举办"古韵今风——外国记者苏州行"大型外国记者采访活动。邀请英国路透社、英国金融时报上海站、德国商报、日本每日放送、新加坡联合早报、俄罗斯国际文传电讯社、日本金泽电视台、韩国全州电视台、全北日报、凤凰卫视、大公报、上海星报等20多家外国、内地和香港的30多位记者来苏参观、采访。在为期3天的采访活动中，记者们先后参观、采访了苏州工业园区、苏州高新区、吴江市和苏州现代农业的发展情况。市长杨卫泽和副市长姜人杰先后接受了记者的联合采访，并回答了记者的提问。通过这次活动，使记者们对苏州有了全新了解，纷纷发稿介绍苏州的经济和社会发展情况。

【乌拉圭众议长访问苏州】 乌拉圭众议长阿尔瓦雷斯一行于1月22~23日访问苏州，参观了苏州工业园区、刺绣研究所，游览了拙政园。市人大常委会主任黄俊度在竹辉饭店会见了乌拉圭客人。

【新西兰前总理访问苏州】 新西兰前总理希普利夫人于7月18~21日访问苏州，参观了工业园区，游览了网师园等园林名胜，并在苏州大学进行了演讲。省委常委、市委书记王珉，市长杨卫泽分别会见了希普利夫人。

【澳大利亚前总理访问苏州】 澳大利亚前总理鲍勃·霍克于8月2~4日访问苏州，参观了工业园区、苏州高新区，对苏州的发展，表示吃惊，对欣欣向荣的苏州工业园区和高新区留下了深刻的印象，表示今后将一如既往积极支持和推进澳中在各个领域的合作。省委常委、市委书记王珉，市长杨卫泽分别会见了鲍勃·霍克一行。

【巴西共产党代表团访问苏州】 由主席雷纳尔多·拉贝罗率领的巴西共产党代表团于8月29~30日访问苏州，参观了工业园区、刺绣研究所，游览了同里古镇。市委副书记杜国玲会见了雷纳尔多·拉贝罗一行。

【厄瓜多尔总统访问苏州】 应邀访华的厄瓜多尔共和国总统卢西奥·古铁雷斯·博武阿在中国驻厄瓜多尔大使曾刚的陪同下，于8月31日~9月3日访问苏州，参观了工业园区、刺绣研究所，游览了虎丘、拙政园。31日晚上，省长梁保华在苏州会见了古铁雷斯总统一行。省政府秘书长李小敏、苏州市市长杨卫泽和市领导周伟强等参加了会见。

【多米尼加解放党代表团访问苏州】 由多米尼加解放党政治委员会政治委员丹尼洛·梅迪纳率领的解放党代表团于9月23~24日访问苏州，参观了工业园区，游览了虎丘和江南古镇角直。市委副书记黄炳福会见了多米尼加客人。

【法国前总理访问苏州】 10月14日，法国前总理皮埃尔·莫鲁瓦率领法国里尔都市圈经贸代表团一行73人访问苏州，参观了工业园区和法资企业欧莱雅公司，游览了拙政园。副市长朱永新会见了皮埃尔·莫鲁瓦一行。

【巴拉圭亲爱祖国党代表团访问苏州】 以主席佩德罗·法杜尔为团长的巴拉圭亲爱祖国党代表团于12月12日访问苏州，参观了高新区、刺绣研究所，游览了虎丘、寒山寺。市委副书记黄炳福会见了代表团一行。

【泰国副总理乍都隆访问苏州】 12月13日，泰国副总理乍都隆一行来苏参观访问，朝拜了西园戒幢律寺，游览了拙政园。市人大常委会副主任周性光会见了访问团一行。

（牟晓红）

民族宗教

【概况】 2003年，苏州市民族宗教工作贯彻落实全国、全省宗教工作会议精神，结合本市实际，有了新的突破，创造了一个新的局面。2003年，市民族宗教局获全省民族宗教工作综合奖，被市委、市政府授予"创建园林城市"先进集体，被市政府授予"全市旅游商贸先进集体"称号。寒山寺、玄妙观被省宗教事务局授予"江苏省模范宗教活动场所"称号，道教玄妙观管理委员会被市政府授予"市文物保护先进集体"荣誉称号。西园寺方丈普仁法师被市人事局、市文化广播电视管理局授予"市文物保护先进工作者"荣誉称号。

【领导视察宗教场所】 1月2日，中共中央政治局委员回良玉一行，在苏州市市长杨卫泽、市委副书记周福元陪同下视察了全国重点寺庙常熟兴福寺。苏州市佛教协会副会长、常熟市佛教协会会长、兴福寺方丈、94岁高龄的妙生大和尚陪同参观了大雄宝殿"兴福石"和"三绝碑"等景点，介绍了兴福寺的悠久历史。回良玉对兴福寺的整体管理水平以及常熟市委、市政府对宗教工作的重视予以高度评介。

2月20日，中央统战部副部长田鹤年一行8人，参观了西园戒幢律寺。西园寺普仁大和尚介绍了西园寺近年来在僧伽教育、寺院管理、道风建设、寺院修建、友好往来及慈善事业等情况，陪同参观了大雄宝殿、图书馆、档案室、戒幢佛学研究所、罗汉堂等处。在图书馆，田副部长饶有兴趣地浏览了西园寺网站，对西园寺网站建设工作予以肯定。田副部长对西园寺在继承佛教优良传统的同时又能与时俱进的工作作风，表示十分满意。还对明开老法师等人在文革中“舍身护寺”，保护寺院的可贵精神表示由衷的赞叹，希望西园寺继续发扬优良传统、紧跟时代步伐、开拓创新、与时俱进。

5月26日，省政协副主席、省委统战部部长林祥国登上灵岩山看望明学大和尚。明学大和尚向林部长汇报了灵岩山寺和防治“非典”的情况，陪同参观了中国佛学院灵岩山分院。林部长对明学大和尚自担任中国佛协副会长、省佛协会长以来带领全省佛教界人士为社会主义“三个文明”建设及防治“非典”工作所作出的成绩给予充分肯定。

5月31日，省委统战部副部长、省宗教局局长翁振进对寒山寺、报恩寺的防“非典”工作进行了督查。还实地察看了报恩寺作为佛教活动场所局部开放的各项准备工作。翁局长对两座寺庙在一手抓防治“非典”，一手抓寺庙建设所做的工作给予充分肯定。

6月6日，市委常委、副市长周伟强一行视察寒山寺。寒山寺方丈秋爽大和尚陪同参观了天王殿、大雄宝殿、寒拾殿、塔院和图书馆等处。周副市长对寒山寺充分利用画廊、电脑网络、出版图书以及组团赴日等方式，向国内外广泛宣传苏州，宣传寒山寺的宗教文化艺术及优美的旅游环境表示高度赞赏。并对寒山寺在全力做好严防非典的同时，利用旅游淡季抓紧对旧房进行改造扩建给予肯定。

8月中下旬，省宗教局局长翁振进、市委副书记杜国玲分别视察报恩寺，听取了寺务处和管理处的工作汇报，对报恩寺所取得的成绩给予充分肯定。

【全市民族宗教工作会议】 2003年3月14日，召开市委民族宗教工作领导小组全体人员第一次会议。市委副书记、领导小组组长杜国玲在会上作了重要讲话。副市长、领导小组副组长谭颖主持会议。会议讨论了《中共苏州市委民族宗教工作领导小组职责任务及成员单位工作职责》、《苏州市民族宗教工作目标管理责任书》以及市委统战部、市民族宗教局《关于建立民族宗教工作管理网络和责任制的意见》。

4月4日，市委、市政府召开全市治理乱建寺庙工作会议。市委民族宗教工作领导小组副组长、副市长谭颖到会讲话。

7月24日，市委民族宗教工作领导小组召开全市治理宗教突出问题工作会议。市委副书记杜国玲出席会议并讲话。市委常委、政法委书记陈振一宣读了专项治理乱建寺庙工作先进集体和先进个人的表彰决定，对常熟市等12个单位和20名个人进行了表彰。副市长谭颖对假僧假道乱做佛事道场和基督教私设聚会点专项治理工作作了具体部署。

【市人大专题讨论民族宗教工作】 11月10日，市十三届人大常委会召开第18次主任会议，专题听取和讨论全市民族宗教工作。市人大常委会主任周福元对全市民族宗教工作给予充分肯定，并对全市民族宗教工作提出了要求。近年来，苏州市一直把贯彻落实党的宗教政策，依法管理宗教事务，积极引导宗教与社会主义社会相适应，坚持独立自主自办教会工作，作为创造稳定的社会环境、支持苏州建设与发展的重点。市民族宗教事务局对宗教活动、宗教活动场所、宗教团体的管理有序，对宗教教职人员的教育有方，苏州市的民族宗教工作走在了全省的前列。市人大常委会主任会议专题听取民族宗教工作汇报，对进一步做好全市的民族宗教工作是一个有力的促进。

【治理宗教突出问题】 2003年，市民族宗教局根据全省的统一部署，依照《江苏省宗教事务条例》的规定，开展了宗教突出问题专项治理工作。4～6月，开展了乱建寺庙专项治理工作。全市2294处乱建庙宇（烧香点）已全部得到妥善处理，其中1902处被拆除，占82.9%，93处被封存，保留整顿待批25处，另有274处改作他用，治理工作取得了阶段性成果。与此同时，还建立健全了市（县）、镇（街道）、村（社区）居委会三级宗教管理网络和责任制。7月中旬至8月底，开展了假僧假道乱做佛事道场和基督教私设聚会点的治理工作，经过一个多月的集中整治，相当一部份假僧假道已改行，不再乱做佛事道场，有28个基督教私设聚会点已停止活动和被劝散。

【民族宗教宣传教育】 2003年，市民族宗教局重点开展两项宣传教育活动。①纪念民族宗教《条例》活动。7月13日，为纪念《城市民族工作条例》颁布实施十周年和《江苏省宗教事务条例》颁布实施一周年，市民族宗教局会同市少数民族联谊会、中共金阊区委统战部、金阊区民族宗教事务局在阊门外石路亚细亚广场举办纪念《城市民族工作条例》颁布实施十周年文艺宣传演出活动。主办单位还设立了民族知识和民族政策咨询台，市、区民族宗教局介绍了民族知识，解答了群众有关民族政策、法规等方面的问题，并发放了近千份民族知识和民族政策宣传材料。市人大常委会副主任吴文元、市政协副主席盛家振等领导观摩了宣传演出。②民族宗教界人士爱国主义教育。2月25日，市民族宗教局邀请市委党校张力建教授作十六大辅导报告。市少数民族联谊会、市各宗教团体副秘书长以上人员等共80多人听取辅导报告。9月8日下午，市民族宗教局举行“迎中秋、庆国庆暨双月会”活动，灵岩山寺方丈明学法师、市基督教两会何介苗牧师等作了即席发言。受市委副书记杜国玲、副市长谭颖委托，市政府副秘书长董宙宙到会讲话，向全市民族宗教界朋友表示节日祝贺。晚上，与会人员还乘船游览了环古城风貌。

【宗教事务管理】 2003年上半年，苏州市民族宗教事务管理部门完成了对全市182处宗教活动场所的年检，合格率达98.7%。全市经政府批准的宗教活动场所85%分布在农村。其中佛教86处，道教25处，伊斯兰教2处，天主教15处，基督教54处。

【少数民族扶贫开发】 2003年12月26日，苏州市第四次少数民族扶贫开发工作会议在张家港市召开。会议回顾总结了自2002年5月第三次扶贫开发工作会议以来的工作情况。会上，张家港、常熟、吴江等市(县)、区汇报、交流了各自开展少数民族扶贫开发工作的情况和经验。

继2002年6月起实施苏州市城镇

少数民族居民最低生活保障优惠政策之后，经市政府批准，从2003年1月1日起，苏州市农村少数民族低保对象的生活补助标准在当地农村最低生活保障标准的基础上增加20%。这项政策的实施，使全市农村少数民族贫困户生活水平超过了省民委所定农村少数民族贫困户年人均收入的统计标准。

民族宗教系统开展了为少数民族贫困户和社会特困家庭献爱心、送温暖系列活动。1月6日上午，市民族宗教局举行为城区少数民族贫困户、下岗职工扶贫帮困送温暖活动。市佛教、道教、伊斯兰教、天主教、基督教等5个宗教团体和市少数民族联谊会的负责人向城区70余户少数民族贫困户、下岗职工和特困户发放价值3万余元的冬令物品、年货和慰问金；市民族宗教局主动与市总工会联系，为城区100户特困家庭子女提供助学金3万元。局机关干部也捐款4900元；1月7日上午，组织市5个宗教团体的负责人参加全市“同在蓝天下——2003年慈善募捐献爱心”活动，市民族宗教局和5个宗教团体捐款10万元，中国佛教协会副会长、灵岩山寺方丈明学法师个人捐款1万元。民族宗教系统向苏北受灾地区共捐款6.46万元。7月9日，由苏州市佛教协会捐助15万元建造的宿豫县特殊教育学校教育楼正式奠基。

【宗教外事活动】 应国家宗教事务局的邀请，新加坡基督教访华团一行7人于9月28～29日访问苏州。参观了拙政园、苏州工业园区和丝绸市场，访问了苏州基督教两会和约翰堂，观赏了运河夜景。该团成员是新加坡基督教各教派的主要领袖，来华访问期间，访问团一行亲身体察到中国宗教信仰的自由，真正感受到中国政府宗教部门是保护宗教团体合法利益、帮助宗教团体处理事务的工作部门。对苏州经济发展特别是工业园区的发展赞叹不已，对苏州景色格外留恋。

【苏州宗教界人士当选省宗教团体领导】 1月7～9日，江苏省佛教协会第四次代表会议在南京召开。会上，中国佛教协会副会长、灵岩山寺方丈明学法师当选为江苏省佛教协会会长，灵岩山寺监院弘法法师、西园寺方丈普仁法师、寒山寺方丈秋爽法师当选为副会长，常熟兴福寺监院慧文法师为副秘书长，寒山寺法主和尚性空法师为省佛教协会名誉会长。

【民族宗教界人士当选为各级人大代表和政协委员】 2003年，苏州市各级人民代表大会和政治协商会议相继换届，苏州市少数民族、宗教界人士共有97人分别当选为各级人大代表和政协委员（新当选的有58人），比上届增加52人。其中，人大代表24人（省人大代表1人、市人大代表10人、县级市及区人大代表13人）；政协委员73人（省政协委员3人、市政协委员14人、县级市及区政协委员56人）；少数民族25人（有壮、回、土家、蒙古、满、藏、朝鲜、瑶、羌、彝族等10个少数民族），佛教24人，道教9人，伊斯兰教5 人，天主教18人，基督教15人。是历届人民代表大会和政协会议中人数最多的一年。

【全国少数民族参观团来苏参观考察】 11月3～5日，以国家民族事务委员会副主任吴仕民为团长的全国少数民族参观团一行60余人来苏州参观考察。省委常委、市委书记王珉会见了参观团一行。王珉代表江苏省委、省政府欢迎参观团抵达江苏考察，并简要介绍了江苏省和苏州市的基本情况，以及2003年苏州市经济发展的各项指标。参观团游览了虎丘、拙政园等苏州古典园林，看望了高新区新疆班的少数民族学生，并对苏州工业园区作了实地考察。参观团成员包括19个民族的60多名代表。

【寒山寺档案管理工作晋升为省一级先进】 9月25日，省、市档案局有关领导对寒山寺档案管理工作晋升省一级先进进行了考评验收。省级评定小组通过听取寒山寺档案工作情况汇报、实地查看，一致认为寒山寺档案管理有序，档案门类收集齐全，工作细致，特别是寺院方丈十分重视档案工作。经考评，寒山寺档案管理工作达到了省一级先进标准。

【宗教场所恢复开放】 位于苏州古城北大门的北塔报恩寺于7月15日举行楠木观音殿玉观音圣像开光法会。报恩寺，俗称北塔寺，是苏州最古老的佛寺，距今已有1700年的历史，也是苏州城内环境优美、规模宏大的佛寺。报恩寺屡经兴废，饱经沧桑。1965年，苏州市佛教协会和灵岩山寺出资将宝塔进行大修。“文革”至今，寺院作园林开放。1994年报恩寺权属归佛教界。2003年6月，经市政府批准作为宗教活动场所局部开放。重修了七佛宝殿、藏经楼、楠木观音殿等建筑，重塑了佛像。寺前牌楼正上方“知恩报恩”4字由原中国佛教协会会长赵朴初题写；山门上方悬挂的“苏州北塔报恩寺”匾额由中国佛教协会会长一诚法师题写；中国佛教协会副会长、省和市佛教协会会长、灵岩山寺方丈明学法师题写了“七佛宝殿”匾额。

经市政府批准，位于十梓街7号的圣约翰堂作为宗教活动场所于2003年4月恢复开放。圣约翰堂始建于1881年，重建于1915年，是苏州最早的一所基督教堂。诺贝尔物理学奖得主李政道博士的祖父李促覃牧师曾担任该堂的首任华人主任牧师。1959年，圣约翰堂由苏州市第一人民医院租用。1995年，教堂权属划归基督教。1996年10月，市“两会”对教堂进行维修，恢复原貌。目前，圣约翰堂不仅是一处宗教活动场所，又是苏州市基督教“两会”的办公中心、会议中心。为了满足国际、国内信徒过好宗教生活的需要，市基督教“两会”在苏州乐园内租借教堂成立苏州市狮山基督教堂。并于2003年6月1日开始礼拜。

位于吴中经济技术开发区的越溪城皇山道院于11月10日举行落成典礼暨神像开光仪式，并正式对外开放。城皇山道院始建于南宋淳熙年间，距今已有千余年历史。据史料记载，城皇山道院规模宏大，信众云集，香火旺盛，为江南地区一处著名的道教宫观，后历经战火毁劫，虽经历代维修，但逐渐衰落。近年来，随着石湖风景区的规划和吴中开发区的建设，为落实党的宗教政策，满足广大信教群众宗教信仰的需要和保护宗教文化遗产，2002年11月，经市政府批准恢复城皇山道院为道教活动场所。恢复建设后的城皇山道院建筑面积约3000余平方米，建有玉皇殿、太乙殿、财神殿、回溪草堂、钟楼、望湖亭、碑廊、放生池、办公及生活用房等殿堂建筑和景点。城皇山道院现为吴中区道教协会办公所在地。

11月22日，常熟市塘角天主堂举行开堂典礼。塘角天主堂从立项、规划设计到工程竣工，历时一年多时间。期间，常熟市领导多次前往察看，对工程质量和进度提出要求，在建设资金方面给予大力资助，使建设工程顺利进行。塘角天主堂的落成，是进一步落实党的宗教政策的具体体现，得到了天主教神甫、广大信教群众的热烈拥护。

【少数民族联谊会换届】 9月27日，召开苏州市少数民族联谊会第三次代表会议。全市少数民族代表40余人参加了会议。会议通过了《苏州市少数民族联谊会第二届理事会工作报告》、《苏州市少数民族联谊会章程》(修改稿)，选举产生了新一届理事会。在三届一次常务理事会上，季云钢当选为会长。

【姑苏道教音乐团赴京演出】 3月18日，中国道教协会在北京民族文化宫大剧院举行第三届道教音乐汇演。苏州道教协会姑苏道教音乐团参加了道教音乐演出，受到国家宗教事务局局长叶小文的高度赞扬及海内外道教界的一致好评。第三届道教音乐汇演，给苏州道教音乐团提供了宣传自己的舞台，使海内外道教界朋友了解了苏州道教音乐，扩大了影响，提高了知名度。11月，应中国佛教协会、中国道教协会、中国艺术研究院艺术研究中心、中国国际文化交流中心的联合邀请，姑苏道教音乐团一行20人赴京进行“中国佛乐、道乐精粹展演”。此次演出活动是国内首次两岸三地佛乐、道乐最高水平的演出，国内共有5支非专业乐团参加，其中道教界有北京白云观道乐团和苏州道乐团。在北京中山音乐堂，苏州道教音乐团展演了《碧桃花》和《将军令》2支曲目，为北京音乐界呈上了一台韵味独特、精彩纷呈的节目，受到中国道协领导和行内人士的高度评价。这次赴京顺利演出，确立了姑苏道教音乐团在全国道教音乐界的独特地位。 (郁永龙)

侨　务

【概况】 2003年，全市侨务部门坚持为经济建设和为侨服务，以国外侨务工作为主导，积极开展引资引智工作，苏州首家侨资九龙医院在苏州工业园区落户、江苏省首家侨资投资公司在苏州诞生；全市共有侨资企业3500家，苏州俐马化纤纺织工业有限公司、维德木业、德华建材、苏州九龙集团等4家侨资企业获“全国百家明星侨资企业”，6家侨资企业获“全省百家明星侨资企业”。全市共有旅外侨胞、港澳同胞及其眷属达11.49万人，在苏的归国华侨217人，华侨华人、港澳同胞眷属66017人。华侨华人和港澳同胞全年捐赠折合人民币9688.35万元。侨务部门通过创建文明机关，树立机关良好的形象，市侨办在全市政风行风评议中，群众满意率名列前茅。

【侨务接待】 2003年，全市侨务部门主动抓住机遇，吸引华侨华人来苏，并注重与海外社团建立友好往来，共接待海外客人240批2000多人次。其中重要社团有美国休斯顿美华工商协会、美国底特律中国人协会、世界台湾商会联合会、美国上海联谊会等。

【招商引资】 2003年，侨务部门注重加强与大企业家的联络，提高引智引资的成功率。经侨务部门多次联络，吴江九龙集团孙福林先生投资5亿元人民币的全省首家侨资九龙医院在苏州工业园区落户；美籍华人唐仲英先生在工业园区成立了江苏省首家侨资投资公司；还为美国金宝汤亚洲有限公司拟投资3000万美元在园区设立企业提供服务。

【引外引台工作】 2003年，经旅日华侨李广宏先生介绍，由日本各界要人和企业界人士组成的“日本2003年现代都市文化研究访华团”一行34人专程到苏州工业园区考察，对来苏投资表示浓厚兴趣。市侨办接待了由美籍华人介绍的台湾中国石油公司副总裁谢荣辉先生率领的14人访华团，加深台湾客人对苏州的了解，使侨务对台工作取得了新成效。

【侨资企业工作】 2003年，市、县侨务部门重视和加强对驻地侨资企业的沟通协调，主动做好服务工作。得知一家侨资企业遇到借款多年要不回的困难，市侨办及时上门拜访，积极与有关部门沟通协调，解决了拖欠款问题，赢得侨资企业的信任。吴江九龙集团孙福林先生在筹划建立医院的过程中，市侨办与孙先生一起分析利弊，并提出积极性建议。在接到维德集团反映在道路规划中产生纠纷的投诉时，市侨办及时进行沟通协调，依法保护和维护了侨商的合法权益。

【社区侨务工作】 2003年，市侨办在乡镇社区侨务工作试点的基础上，将社区侨务工作向纵深拓展。6月，苏州市乡镇侨务工作现场会在吴中区木渎镇召开，木渎镇介绍了“完善服务制度、扩大服务网络”的经验。市侨办还组织市区近百名归侨侨眷参加“苏州侨界看苏州”和“环古城风貌游”活动。

【归侨侨眷工作】 2003年3月1日，《江苏省实施<归侨侨眷权益保护法>办法》正式实施，市侨办与市人大外事民宗侨台工委于3月15～17日，在全市联合开展侨务法律法规宣传活动，苏州市各新闻媒体都进行了宣传报道。各县级市、区也同时进行了规模较大的宣传活动。2003年，全市共召开侨胞座谈会115次，市侨办直接受理来信35件，接待来访500多人次，结案率为97%。市侨办办理“三侨”子女升学14人，为102人次困难归侨发放了补助款。

【侨务捐赠工作】 2003年，全市侨务部门共接受捐赠17宗，折合人民币9688.35万元。10月，美籍华人唐仲英先生捐赠1000万人民币为苏大建造图书馆，使其在国内的捐赠达亿元人民币。唐仲英先生、朱恩馀先生被省侨办授予“公益事业捐赠突出贡献”称号；世界第二大软件公司国际联合电脑公司创办人、美籍华人王嘉廉先生捐资1000万美元建造的苏州大学法学院大楼于11月8日落成，市侨办向王先生颁发了“华侨捐赠兴办公益事业确认书”，维护了捐赠者的权益。

【侨务对外宣传】 2003年，市侨办参加苏州市政府的香港招商团，利用侨务渠道，积极宣传苏州；通过在澳大利亚墨尔本由华人主办的“经贸交流说明会”进行宣传，进一步扩大苏州在海外的知名度；还通过《澳洲侨报》设立的《今日苏州》专版，扩大外宣工作渠道。同时，加大信息化的投入和力度，开设苏州侨办网站（www.qb.suzhou.gov.cn），并加入市政府“中国苏州”门户网，积极向海外华侨华人宣传苏州现代化建设和侨务工作。 （赵玮芳）

台　务

【概况】 2003年，全市对台工作坚持“和平统一、一国两制”的基本方针，突出重点，加大力度，在对台经济、交流交往、对台宣传等方面都取得了显著成效。苏州市台办连续两年被省台办和省人事厅联合评为全省对台工作先进集体。

【吸引台资】 2003年，全市新批台资企业817家，广义合同利用台资42.76亿美元，分别占全市新批外资项目的34.1%、34.2%，达到了“日进台资企业超2家、日进合同台资超千万(美元)”。其主要特点是：①高新技术产业链进一步完善，IT产业继续成为台商投资的热点；②生产力布局进一步优化，沿沪宁线高新技术产业带和沿江基础产业带的“两沿”集聚效应日趋明显；③服务业开始导入，并出现大规模发展的趋势，主要涉及教育、银行、物流、房地产、咨询等，苏州第一家台资医院昆山宗仁卿纪念医院正式奠基开工；④各级台办在对台招商引资中发挥了积极作用。

【苏、台两地交流】 2003年，全市共接待来苏台胞50773人次。其中，旅游43635人次，经商考察6790人次，探亲348人次；全市因私赴台987人次；涉台婚姻90人。在苏读书的台湾学生共计1096人，其中大学生105人，中学生875人，小学生116人。市、县两级台办接待来苏考察、交流的台湾团队82批556人次。其中，经贸考察56批419人次，交流团队26批137人次。主要有台湾工业总会、台湾桃园县工业会、台湾省商业会、台湾工商协进会、台北电脑商业同业公会、台湾针织工业同业公会等台湾工商团体。

2003年，全市因公赴台成行的共有156批774人次。其中，经贸考察71批376人次，技术培训63批321人次，交流22批77人次。交流项目涉及经济、科技、税务、农业、教育、书画、文物、体育等方面，一批具有苏州优势和特色的项目相继赴台交流，在台湾岛内产生了一定影响。

【全市对台工作座谈会】 为进一步做好新形势下的对台工作，2003年11月11日，市委召开全市对台工作座谈会，各市、区及市相关涉台部门的负责人参加了会议。会议邀请了台湾问题专家进行台情形势报告，市有关部门作了交流发言。会议要求各级党委、政府要高度重视对台工作，加强和改善对对台工作的领导，真正做到认识到位、领导到位、组织到位、协调到位，形成全市做好对台工作的合力。

【涉台活动精彩纷呈】 2003年，全市涉台活动精彩纷呈，主要有：①中秋系列活动。市台办与苏州高新区、市台协在苏州乐园联合举办“狮山花月夜”台商中秋联欢活动，3000多名台商踊跃参加；与市新闻办在吴江静思园联合举办“人居新天堂”两岸中秋联欢活动。各县级市、区也开展了丰富多彩的中秋活动，沧浪区举办“共赏吴门月、心系两岸情”中秋环古城游船观光活动。②台协会高尔夫球团体友谊赛。10月，台商高尔夫球友谊赛在张家港双山高尔夫俱乐部举行，来自深圳、东莞、福州、上海等16个台商协会的22支球队参赛。昆山台协会技高一筹，夺得冠军。③昆台经济合作专题研讨会。10月，昆山市政府与清华大学台湾研究所在昆山联合举办了“2003年海峡两岸产业合作发展论坛”暨“昆台经济关系的过去、现在和未来”专题研讨会。海峡两岸60多位著名专家学者参加了会议，积极为昆台经济的合作与交流建言献策。另外，市台办还与市妇联等联合举办了“台商夫人与苏州妇女界代表三八联谊活动”、“感受苏州—苏州园林一日游活动”，以及组织在苏求学的台湾大学生开展“圣诞欢乐颂”等活动。

【对台宣传工作】 2003年初，苏州市新闻团赴台交流，进一步加深了两岸媒体间的交流与互动，苏州广电总台与台湾东森电视台、苏州《城市商报》与台湾《工商时报》分别达成了有关合作事项。全年共接待来苏采访的台湾媒体记者21批50余人次，主要有台湾东森电视台、真相电视台、非凡电视台，以及《联合报》、《经济日报》、《工商时报》等台湾的主流媒体。接待了来苏采访的境内新闻媒体10批30余人次。电博会期间，来自境内外50多家新闻媒体的120多名记者，对苏州进行了一次高密度的宣传，网上发表相关报道5000多篇。

【台资企业协会】 苏州市台协会、昆山市台协会换届改选工作顺利完成。目前，市台协会有企业会员505家，昆山台协会有企业会员830多家。根据新的协会管理条例，常熟、吴江市台协会相继成立，现有企业会员120家。全市各级台协会充分发挥自身优势，在服务会员、以台引台、牵线搭桥、社会公益等方面做了大量有益的工作。 （沈蓉）

苏州工业园区及各开发区

综　述

【概况】 2003年是国内外政治和经济形势变数较多的一年。全市各级开发区迎难而上，奋力拼搏，坚持创新，加快发展。开发区的建设和发展在2002年的高平台上继续保持了较快的增长速度，招商引资再创新高，外贸出口快速增长，经济发展形势喜人，有关经济指标再创历史新纪录，对全市经济和社会事业发展发挥了越来越重要的作用。

①开发面积继续扩大。经个别调整，至2003年末，全市开发区累计开发面积366.16平方公里，其中：国家级开发区累计开发面积175.1平方公里，省级开发区累计开发面积191.06平方公里（不含浒关经济开发区，下同）。

②基础设施建设投入为历年最高。2003年投入基础设施建设资金230.84亿元，比上年增长221.8%，其中国家级135.22亿元，增长191.5%；省级95.62亿元，增长277.2%，历年累计投入基础设施建设资金575.15亿元，其中国家级394.97亿元，省级180.18亿元。各开发区基础设施建设力度的加大，明显改善了投资环境，有效缓解了招商引资载体不足的瓶颈。

③招商引资又上新的台阶。2003年，全市开发区的招商引资保持强劲的发展势头，全年共批准外资项目1169个，比上年增长18.6%，注册外资达83.02亿美元，增长27.1%，实际到账外资达45.08亿美元，增长25.9%。苏州工业园区一马当先，注册外资20.87亿美元，实际到账外资12.05亿美元，列全市和全省第一。全年实际到账外资超亿美元的有11个开发区，2亿美元以上的有8个。全市开发区历年累计共引进注册外资约453.03亿美元，实际到账外资224.57亿美元。

各开发区在加快吸引外资的同时，注意抓好对内开放，吸引更多的内资企业入驻开发区。2003年引进内资的注册资金达185.48亿元，比上年增长115.7%。累计共引进注册内资702.56亿元。

④沿江开发实现新的突破。在省委省政府加快沿江开发战略的部署下，苏州市沿江国家级和省级开发区在市委、市政府的领导下，统筹规划，合理布局，进一步加大了开发与投入的力度。提高规划水平和土地利用的效率，充分发挥服务配套设施的功能，降低开发成本，妥善安置拆迁农户。对现有沿江开发区和特色产业园进行必要的整合，优化配置开发区资源，有效重组开发区空间，全面提升开发区功能，加速沿江产业带的发展，进一步增强综合竞争力。2003年，沿江开发区全社会固定资产投资达212.1亿元，其中基础设施投入59.54亿元，比上年分别增长199.7%和174.6%，是沿江开发区历年来投入力度最大的一年。同时，沿江开发区的招商引资工作也呈现出前所未有的加速发展态势，全年引进外资项目230个，批准合同外资21.9亿美元，实际利用外资11.2亿美元，分别增长82.5%、39.7%和27.1%。

⑤管理与服务得到新的加强。2003年，全市开发区加强管理，理顺管理体制，调整加强领导班子，吸收新鲜血液，充实招商队伍。市委、市政府下发了《关于进一步提升国家级省级开发区发展水平的若干意见》，不仅对解决当前开发区建设中存在的问题，而且对今后开发区的建设发展具有重要的指导意义。

各开发区在建设好硬环境的同时，着力打造以提高服务水准为核心的软环境建设。园区对"一站式服务"从形式到内容都作了新的调整，以企业为中心，凡是对企业办事便利的就"立"，凡是对企业办事不利的就"废"，达到简化手续，规范高效，企业满意的结果。各开发区对企业的服务正在向"个性化"发展，开发区通过互相学习，博采众长，力创苏州服务型政府的品牌和特色，以增强开发区的吸引力、影响力和竞争力。

⑥经济发展达到新的高度。2003年全市开发区国内生产总值1266.48亿元，比上年增长50%，占全市总额的45.2%，主营业务收入5001.74亿元，增长68%；财政收入178.26亿元，增长53%，占全市总额43.5%；进出口总额513.03亿元，增长87%，占全市总额78.1%，其中自营出口251.86亿元，增长90%，占全市总额77.2%。开发区在全市经济中占的份额越来越重。

总之各开发区以邓小平理论和"三个代表"重要思想为指导，进一步强化功能开发、保持特色、整合资源、合理布局、创新体制、提高质量，全面提高开发区的综合竞争力，加快把开发区建设成为全市实现"两个率先"的先行区，推进国际化、市场化和新型工业化的先导区，建设服务型政府的试点区，为全市经济和社会发展作出更大的贡献。

附：全市开发区招商引资情况（2003）

单位：万美元

开发区＼指标	项目数（个）			注册外资			实际到账外资		
	2003	2002	比上年±%	2003	2002	比上年±%	2003	2002	比上年±%
全市合计	2399	2465	-3%	1249606	1006655	24%	680511	481398	41%
全市开发区合计	1169	986	19%	830203	653022	27%	450800	357974	26%
开发区占全市比重	49%	40%	—	66%	65%	—	66%	74%	—
国家级开发区小计	698	665	5%	458863	402548	14%	270888	222907	22%
苏州工业园区	303	343	-12%	208670	221200	-6%	120521	91122	32%
苏州高新区	154	137	12%	101407	72109	41%	70121	49754	41%
昆山经济技术开发区	168	134	25%	113155	87958	29%	57929	56491	3%
张家港保税区	54	35	54%	28756	17528	64%	21059	23060	-9%
苏州太湖国家旅游度假区	19	16	19%	6875	3753	83%	1258	2480	-49%
省级开发区小计	485	332	46%	380011	251149	51%	180245	137136	31%
常熟经济开发区	26	27	-4%	86217	91716	-6%	40462	36479	11%
太仓经济开发区	41	27	52%	30057	9076	231%	13735	8516	61%
苏州吴中经济开发区	88	58	52%	67508	30778	119%	30006	28001	7%
苏州相城经济开发区	70	52	35%	37776	27412	38%	13800	5582	147%
吴江经济开发区	88	92	-4%	46909	42802	10%	34413	28356	21%
张家港经济开发区	49	6	717%	15361	9402	63%	10590	7686	38%
苏州浒墅关经济开发区	14	11	27%	8671	675	1185%	333	2069	-84%
太仓港经济开发区	36	20	80%	42195	26893	57%	20086	10164	98%
昆山旅游度假区	5	6	-17%	3150	4270	-26%	6290	3560	77%
阳澄湖中心	3	3	0%	2500	2500	0%	1500	1800	-17%
淀山湖中心	2	3	-33%	650	1770	-63%	4790	1760	172%
吴江汾湖度假区	44	22	100%	25629	5779	343%	4326	4507	-4%
常熟东南开发区	24	11	118%	16538	2346	605%	6204	2216	180%

全市开发区经营情况（2003）

指标 开发区	主营业务收入（亿元）			自营出口（亿美元）			进出口总额（亿美元）		
	2003	2002	比上年±%	2003	2002	比上年±%	2003	2002	比上年±%
全市开发区合计	5001.74	2960.71	69%	251.86	132.60	90%	513.03	273.85	87%
国家级开发区小计	3712.18	2366.85	57%	212.12	106.34	99%	436.47	222.94	96%
苏州工业园区	1129.80	691.82	63%	59.63	25.52	134%	143.56	57.39	150%
苏州高新区	940.56	542.50	73%	87.20	43.02	103%	158.70	86.66	83%
昆山经济技术开发区	981.12	659.85	49%	63.10	36.52	73%	115.00	68.71	67%
张家港保税区	609.78	427.52	43%	2.02	1.16	74%	19.04	10.06	89%
苏州太湖国家旅游度假区	50.92	45.16	13%	0.17	0.12	42%	0.17	0.12	42%
省级开发区小计	1317.21	618.51	113%	40.03	26.49	51%	77.16	51.58	50%
常熟经济开发区	418.10	144.68	189%	8.20	6.11	34%	13.49	10.12	33%
太仓经济开发区	82.50	52.35	58%	3.62	2.31	57%	6.79	4.58	48%
苏州吴中经济开发区	150.69	90.34	67%	2.83	2.07	37%	5.93	3.3	80%
苏州相城经济开发区	4.66	1.21	—	0.21	0.03	—	0.60	0.15	—
吴江经济开发区	404.40	168.76	140%	21.75	13.76	58%	40.02	28	43%
张家港经济开发区	116.74	50.63	131%	1.32	1.26	5%	4.28	2.68	60%
苏州浒墅关经济开发区	27.65	24.65	12%	0.29	0.23	26%	0.60	0.67	-10%
太仓港经济开发区	43.21	37.80	14%	0.29	0.06	383%	1.87	1.03	82%
昆山旅游度假区	7.30	6.17	18%	—	—	—	—	—	—
阳澄湖中心	6.14	5.12	20%	—	—	—	—	—	—
淀山湖中心	1.16	1.05	10%	—	—	—	—	—	—
吴江汾湖度假区	30.27	17.73	71%	1.35	0.61	121%	3.02	1	202%
常熟东南开发区	31.69	24.19	31%	0.17	0.05	240%	0.56	0.05	1020%

全市开发区经济情况（2003）

指标 开发区	国内生产总值（亿元）			财政收入（亿元）			税收收入（亿元）		
	2003	2002	比上年±%	2003	2002	比上年±%	2003	2002	比上年±%
全市开发区合计	**1266.49**	**839.70**	**51%**	**178.26**	**115.80**	**54%**	**157.34**	**110.19**	**43%**
国家级开发区小计	**953.34**	**691.88**	**38%**	**133.48**	**93.81**	**42%**	**117.38**	**88.12**	**33%**
苏州工业园区	365.10	251.70	45%	46.20	32.60	42%	44.99	31.55	43%
苏州高新区	251.00	204.01	23%	35.11	28.56	23%	35.11	28.56	23%
昆山经济技术开发区	272.28	108.39	51%	39.92	22.53	77%	25.94	18.30	42%
张家港保税区	39.01	32.51	20%	10.11	8.72	16%	9.88	8.70	14%
苏州太湖国家旅游度假区	25.95	23.27	12%	2.14	1.40	53%	1.46	1.01	45%
省级开发区小计	**319.42**	**153.20**	**108%**	**45.53**	**22.48**	**103%**	**40.71**	**22.52**	**81%**
常熟经济开发区	115.13	37.68	206%	15.67	5.05	210%	15.67	5.05	210%
太仓经济开发区	23.13	14.08	64%	6.07	4.11	48%	6.07	4.11	48%
苏州吴中经济开发区	50.20	24.20	107%	6.07	3.35	81%	5.17	3.35	54%
苏州相城经济开发区	1.10	0.21	424%	2.78	0.45	518%	0.20	0.07	186%
吴江经济开发区	50.59	40.23	26%	2.89	2.71	7%	2.82	2.71	4%
张家港经济开发区	19.27	10.13	90%	3.13	1.37	128%	2.75	1.76	56%
苏州浒墅关经济开发区	6.27	5.38	17%	0.75	0.49	53%	0.75	0.45	67%
太仓港经济开发区	11.72	9.72	21%	3.53	3.00	18%	3.53	3.00	18%
昆山旅游度假区	3.33	2.95	13%	0.84	0.18	367%	0.39	0.32	22%
阳澄湖中心	2.81	2.47	14%	0.55	0.15	267%	0.37	0.30	23%
淀山湖中心	0.52	0.48	8%	0.29	0.03	867%	0.02	0.02	0%
吴江汾湖度假区	21.50	8.12	165%	2.84	1.70	67%	2.40	1.70	41%
常熟东南开发区	17.18	0.50	3336%	0.96	0.07	1271%	0.96	–	–

注：①因统计口径不同，附表中个别数字与各开发区撰稿数字略有出入。

②全市开发区合计数为国家级和省级开发区数字总和减去浒关经济开发区重复计算数。

全省各市开发区主要数据（2003）

地　区	业务总收入（亿元）	同比（%）	财政收入（亿元）	同比（%）	出口额（亿美元）	同比（%）	合同外资（亿美元）	同比（%）	到账外资（亿美元）	同比（%）
全省合计	**11927.35**	–	**407.07**	–	**365.73**	–	**205.57**	–	**92.94**	–
苏州开发区占比	**42%**	–	**44%**	–	**69%**	–	**40%**	–	**49%**	–
南京	1541.63	51.2	47.88	38.7	18.12	66.3	25.32	96.3	10.89	72.5
无锡	2067.06	42.7	65.43	42.2	44.85	57.7	44.06	45.2	18.04	28.4
常州	885.59	51.3	34.71	46.3	12.79	110.4	14.99	45.9	4.92	119.8
苏州	**5001.74**	**68.0**	**178.26**	**53.9**	**251.86**	**89.9**	**83.02**	**27.1**	**45.08**	**25.9**
镇江	502.23	48.2	14.19	50.4	6.50	29.4	6.88	44.3	2.93	9.2
南通	744.98	66.1	24.88	65.5	17.71	51.4	16.32	371.4	4.00	106.1
扬州	331.73	314.0	13.01	43.3	6.63	49.1	5.46	96.3	2.40	75.6
泰州	207.44	20.5	5.24	28.0	1.84	55.8	2.60	−10.4	1.19	49.8
徐州	262.54	37.3	6.79	18.0	0.33	−33.1	1.77	−34.9	0.92	18.0
连云港	167.90	24.8	6.87	35.5	1.86	56.2	2.82	106.7	1.15	94.5
淮安	83.30	47.1	5.01	146.7	0.87	21.9	0.64	−10.9	0.59	60.0
盐城	125.95	39.3	4.19	72.4	1.21	53.0	1.21	121.9	0.76	146.5
宿迁	5.54	73.2	0.61	17.8	0.05	309.2	0.50	119.9	0.07	483.7

（开管处）

苏州工业园区

【概况】 2003年是园区开发建设发展最快、成效最显著的一年。一年来，园区紧紧围绕建设具有国际竞争力高科技工业园区的目标和中新联合协调理事会第6次会议确定的任务，全力加快金鸡湖东的开发步伐，进一步加强面向全球的招商活动，不断加大富民强区战略的推进力度，经受住了“非典”疫情的严峻考验，使区域经济在高平台上继续实现了高增长，取得了比预期更好的成绩。全年实现国内生产总值365亿元，比上年增长45%；财政收入46.2亿元，增长42%；进出口总额144亿美元，其中出口60亿美元，分别增长150%和134%；职工年人均收入2.5万元，农民年人均收入8510元，均增长10%。

【开发建设】 2003年，园区进一步加大了开发建设力度，发展环境得到了全面提升。全社会固定资产投入202亿元，比上年增长95%，总量和增幅均名列全市第一。其中生产性投入100亿元，占总投入比重近50%，全年新开工外资企业221家，投产198家，为区域经济持续发展打下坚实基础。全年完成动迁1.02万户，填土1850万立方米，新建道路93公里、桥梁72座，新增绿地200公顷。中新合作区70平方公里内动迁、填土、主干道、管网等重点基础设施开发基本完成。环金鸡湖地区综合治理工程和国际博览中心等50余项实事工程全面启动，区域环境面貌进一步改善。房地产业稳步健康发展，全年新开工建设商品房165万平方米、动迁房154万平方米、标准厂房71万平方米。

【招商引资】 坚持内外资并举、高科技制造业与三产服务业并举的战略，招商引资继续取得新的成绩。全年新增合同外资20.9亿美元，实际利用外资12.1亿美元，增长32.3%；新增内资企业注册资本111.8亿元，全区累计内资企业注册资本331.4亿元。吸引了包括德国巴斯夫、荷兰皇家壳牌、日本三井等9家世界五百强跨国公司在内的326个外商投资项目，引进了方正科技、沈阳合金、中科纳米等一批科技含量大、资本密集度高的规模型内资企业，以及清华紫光、南大索夫特、中科集成电路设计中心等一批旗舰型软件企业。年底，全区累计实现合同外资152亿美元，累计实际利用外资66.3亿美元。

【社会事业】 教育事业蓬勃发展，独墅湖高等教育区建设全面推进，综合楼、学生公寓一期工程、中科大研究生院教学楼竣工投用，首批国内外高校进驻。教育现代化水平明显提升。园区中考成绩首次全面超过市区平均水平，其中星海学校名列市区第二。全力以赴做好“非典”预防工作，及时建立“防非”基金，积极制定落实措施，全区未发现“非典”病例或疑似病例。首期投资5亿元、占地面积13.8公顷、建筑面积10.4万平方米、设病床600张的香港九龙医院动工建设，填补了苏州外资综合医院的空白。认真搞好社区卫生服务，每个居民小区都设立了医疗保健室，并按要求配备了医护人员。大力推进镇村社区卫生工作，已建成农村社区卫生服务站14个。全面加强劳动社会保障工作，公积金并轨、农村基本养老保险、农村合作医疗保险等政策文件相继出台。

2003年2月25日，国务院副总理李岚清主持苏州工业园区中新联合协调理事会中方理事会议。 （沈锡锡 摄）

【乡镇经济】 根据园区总体规划，围绕新城区副中心功能定位，各镇镇区建设加快推进。全面实施区镇基础设施对接工程，区内高标准的道路、自来水、污水处理、燃气等实现了进村入户。镇域经济在较高起点上实现了新的飞跃，全年实现生产总值101亿元，完成财政收13.9亿元，新增合同9.9亿美元、实际利用外资5.3亿美元，所辖4镇招商引资实绩全部进入全市乡镇前10名。娄葑镇成为江苏省综合实力第一镇。

【借鉴经验工作】 按照“突出重点领域、培训重要骨干、拓展借鉴深度、立足区内为主”的原则，园区结合国情借鉴新加坡经验工作继续积极稳妥展开，通过采取多元化的借鉴方式，全面提高了借鉴工作的实际成效。根据园区发展需要，有针对性地先后组织了一站式服务、公积金管理、国有资产管理、现代物流管理等6批110人次专业管理人员赴新加坡培训，提高了借鉴层次、深化了借鉴内涵。园区管委会与新加坡裕廊集团的友好交流继续深入进行，新方又派遣3名人员到园区挂职见习，组织中小学生来园区访问，双方还开展了篮球、乒乓球、保龄球等体育友好比赛。 （谈小汶）

【苏州国际博览中心开建】 苏州国际博览中心位于金鸡湖东北岸的文化水廊区域，北面毗邻现代大道，西面是迷人的红枫园。博览中心规划用地面积18.8公顷，总体设计建筑面积25万平方米，为两层建设，室内展厅面积12万平方米，会议设施面积1.1万平方米。全部建成后可提供14个展厅、7000个国际标准展位，工程总投资估算约22亿元。博览中心采用了一次设计、分期建设的工程实施方案。首期工程将完成建筑面积12.5万平方米，提供展厅面积6.4万平方米，会议设施面积9500平方米，工程投资估算约12亿元。首期建筑计划在2004年10月投入使用。

苏州国际博览中心从项目设计、施工建设到经营管理，都立足高起点，实行企业化、市场化、国际化运作。前期通过国际设计竞标，确定由曾成功设计香港会展中心、韩国汉城会展中心、上海经贸大厦等项目的美国SOM公司承担设计任务，而工程建设也引入国际工程管理机构实施管理，在展览组织和场馆营运方面专门聘请了国际顾问，并已与德国柏林国际展览有限公司达成了明确的合作意向。

9月27日上午，苏州国际博览中心举行了隆重的开工典礼，省委常委、市委书记王珉宣布博览中心正式开工并开启了金钥匙，市委副书记、市长杨卫泽致辞，市委副书记杜国玲主持典礼。

苏州国际博览中心建成后将跻身世界会展中心前20位，成为仅次于广州国际会展中心的国内第二大会展中心；将推动苏州会展业后来者居上，带动巨大的物流、人流、资金流、信息流和文化流，成为新的区域经济增长点，苏州有望成为长三角会展业的又一龙头。 （燕 冰 徐建东）

【大事记】

△2月25日　国务院副总理李岚清在苏州主持召开园区第7届中新联合协调理事会中方理事会议。他强调，要认真贯彻落实党的十六大精神，适应新形势，拓展新思路，深化改革，开拓创新，进一步提高工业园区的国际竞争力。会后，李岚清副总理视察了园区二三区开发现场和园区现代物流园。

△5月24日　迟浩田同志视察苏州工业园区。

△5月30日　国务院副总理、苏州工业园区中新联合协调理事会中方主席吴仪在北京会见新加坡淡马锡控股公司执行董事何晶。在谈到中新合作时，吴仪说，新加坡是中国重要的经贸合作伙伴，近年来两国贸易和投资规模不断扩大。在两国政府高度重视和大力推动下，中新苏州工业园区取得了令人瞩目的成绩。中方愿与新方继续密切合作，使园区建设不断取得新的进展。

△8月14日　中共中央政治局常委、中纪委书记吴官正视察苏州工业园区。

△8月26日　国务委员陈至立视察苏州工业园区。

△8月30日　中共中央政治局常委、全国政协主席贾庆林视察苏州工业园区。

△9月1日　厄瓜多尔总统卢西奥·古铁雷斯·博武阿访问苏州工业园区。

△9月2日　全国人大常委会原副委员长周光召视察苏州工业园区。

△10月5日　全国人大常委会副委员长盛华仁视察苏州工业园区。

△11月17日　全国人大常委会副委员长顾秀莲视察苏州工业园区。

（谈小汶）

苏州高新区·虎丘区

【概况】　2003年苏州高新区·虎丘区围绕富民和率先目标，一手抓调整，一手抓发展，在产业结构持续优化、质量效益不断提高的基础上，全区经济继续保持较强增长态势。全年完成国内生产总值251亿元，比上年增长23%；全口径财政收入42亿元，增长26.4%，工业销售产值700.6亿元，增长41%；进出口总额159.3亿美元，其中出口87.6亿美元，分别增长83.8%和103.6%；全社会固定资产投入101亿元，增长79.7%。各项主要指标均完成或超额完成预期发展目标，实现速度与结构、效益、质量健康协调发展。

【招商引资】　2003年，高新区新引进外资项目154个，增资项目94个，总投资21亿美元，注册外资10.14亿美元，到账外资7.01亿美元。新引进3000万美元以上项目25个（其中全球500强企业3家），投资额占招商总额的43%。新增内资注册资金16.76亿元。

【开发建设】　高新区坚持规划先导，采用国际招标方式对区域功能进行科学定位，全面提升规划水准；大力推进出口加工区、分区和产业配套区建设，实现出口加工区当年申报建设、当年封关运作、当年产出效益；启动西北部地区道路、水电气、水利等基础设施建设，抓好新太湖大道一期、建林路、物流中心三期等重点工程；加强城市管理和区域环境整治，做好停止开山采石、整治非法公墓和农村“三清”工作（清洁家园、河道、村庄）；加强生态建设，规划建设马涧生态园、何山公园、大白荡公园等超大型生态公园，积极申报并成为国内首个国家级生态工业园。2003年全区基本建设总投入50亿元，新开工建筑面积580万平方米，新开工道路130公里，竣工道路50公里。完成动迁1.3万户，开工建设动迁房350万平方米，竣工80万平方米。新增各类绿地150公顷。

【科技创新】　2003年，苏高新创业园、新药创制中心、毕业企业发展基地等创新载体加快向专业化、系列化发展，省“333”工程科技成果转化基地在高新区挂牌，苏州科技城建设全面提速。高新区与南大、南航、苏大等高校产学研合作领域不断拓展，合作质量进一步提高。科技招商深入开展，具有独立法人资格的研发机构引进取得新突破，高新技术企业产出和高新技术产品的比例不断提高。全年新引进科技类中小型创新项目82个（其中留学生项目25个），新增注册资金7000万元；获批国家、省部级科研项目30项，专利170项；新批高新技术企业26家，高新技术产品33只。新引进人力资源3.2万人，其中中专以上学历的专业技术人才1.1万人。

【社会事业】　按照统筹城乡发展要求，以农民增收为重点，切实抓好“富民”工程，全区农民人均收入比上年增长8%。制定实施加强“三农”工作意见，规划建设镇（街道）产业配套区，全面推进农村十项实事，建立农村居民就业绿色通道和村干部最低报酬保障制度，实行农业税全部由区政府交和老年农民享受养老补贴，逐步提高征地补偿标准。全年由区财政拨付征地人员安置补偿费5亿元，贴付镇（街道）产业园建设配套资金

1亿元，支付农村养老保险、低保、合作医疗、农业税代交、教育卫生资源配置等农村各项实事资金1.36亿元，区财政用于农村发展的总支出达7.36亿元。社会保障体系进一步健全完善，职工医疗保险、养老保险、农村大病保险等覆盖面不断扩大，年社保基金收缴达6.9亿元。

【出口加工区封关运作】 2003年3月10日，国务院批准设立江苏苏州高新区出口加工区。经过半年的规划建设，9月29日，出口加工区顺利通过了国家8部委联合验收组的正式验收，正式封关运作。12月18日，苏州海关驻出口加工区办事处举行开关仪式并正式对外办理海关业务。苏州高新区出口加工区位于苏州高新区（浒墅关）内，规划占地2.7平方公里，一期占地1.22平方公里。

【UL美华认证（苏州）有限公司开业】 9月18日，由美国安全检测实验室公司（UL）和中国检验认证（集团）有限公司（CCIC）共同投资建立的合资企业UL美华认证（苏州）有限公司正式开业。UL是世界上最权威的从事产品安全测试和认证的机构之一。此次，UL和CCIC共同投资1500万美元在苏州和北京建立先进的安全检测试验室，苏州试验室将成为其在中国的主要测试中心。在国家认证认可监督管理委员会5月1日公布的强制性产品认证（即CCC认证）代理申办机构名单中，UL美华成为全国首批、苏州市首家“3C”认证合格注册代理机构。

【行政服务中心启动运行】 6月30日，高新区行政服务中心正式启动运行。根据高新区管委会的授权，进驻服务中心的各部门具有审批、监督、管理、指导服务及各收费事项的组织协调等职能，对行政服务事项、收费事项和服务项目实行“一个门受理、一站式办公、一个窗口收费、一条龙服务”的运作模式。首批进驻中心的部门有高新区经发局、建设局、国土局、财政局、环保局、科技局、工商分局、规划分局等。

【全球征集环湖地区城市设计方案】 为高起点、高标准规划建设西部湖滨新城，高新区在国家建设部网站上发起对环湖地区的城市设计进行国际方案的征集。全球有30多家设计公司参加，经慎重选择，5家全球著名的设计公司最后成为此次方案征集活动的候选单位。这次规划中的高新区环湖地区范围包括：西部环游湖、下淹湖地区，西临太湖、南依光福邓尉山、潭山，规划总面积约30平方公里，其中重点规划区域面积为20平方公里。根据总体规划，环湖地区的城市定位将以游湖为中心，建设一个具有休闲娱乐、旅游度假、行政商贸、国际会展、生活居住等功能的现代化湖滨新城区。五套方案在向社会各界征求意见后，由专家进一步认证优化。

【高新区与4高校签订合作协议】 9月25日，苏州高新区管委会与南京大学、苏州大学、苏州科技学院、苏州市职业大学4所高校签订合作协议，就人才培养、科学研究、成果转让等内容加强合作。根据协议，南京大学将充分发挥教学、教务管理、师资等特长，与高新区在特色教育和成人教育方面密切合作；苏州大学将参与高新区建设与发展规划的调研、咨询、论证，为决策提供科学依据；苏州科技学院将参与高新区重大项目规划设计、科技攻关等工作；苏州职业大学将为高新区企业提供继续教育服务。苏州高新区根据高校教学需要，为4所高校学生的社会实践提供便利条件，在4所高校均设立教师奖励基金，奖励在人才培养和科学研究中成绩突出的优秀教师。

【企事业单位改制工作全面推进】 2003年高新区·虎丘区全面推进整个区域企事业单位的改革改制工作。新城花园酒店、华侨饭店、永安旅游公司等区属企业完成了改革相关手续重新开张；新世纪建筑设计院、建设监理所、新区测绘事务所等事业单位完成转企改制工作；此外，有52家乡镇所属单位完成改制工作。

【苏州圣爱医院开业】 位于高新区内的圣爱医院由上海正邦医学科技有限公司创办，是苏州市第一家正式开业的涉外民营医院，首期投资3000万元，营业面积5000平方米。医院专科设置齐全，提供门诊、住院、手术、预防保健、健康指导等医疗服务，还特设贵宾（VIP）口腔室、贵宾（VIP）诊区以满足高层次的医疗服务。2月18日，圣爱医院举行开业典礼。

【民营经济成为开发区经济生力军】 2003年苏州高新区·虎丘区高度重视，大力支持，放手发展，促进全区民营经济的健康快速发展。全区年内新增私营企业833家，个体工商户2217户，新增注册资金分别达到13.5亿元和7900万元；民营经济实现增加值35亿元，占全区经济总量的13.9%；上缴税收5.1亿元。至2003年底，全区共有私营企业3349家，注册资金超过38亿元；个体工商户6398户，注册资金1.8亿元；民营经济中从业人员已达5.2万人，累计吸收下岗职工2400多人；形成52个以民营经济为主的专业市场和专业村，为外资企业配套的私营企业发展到100多家。在总量增长的同时，个体私营企业的整体实力不断增强，规模不断扩大，私营企业户均注册资本达100万元，最大的私营企业江苏华锐投资有限公司注册资本已达1亿元。同时民营经济的经营领域从传统的商业、加工业和修理业逐步拓展延伸到投资管理、房地产开发、医院、旅游、职业中介等国民经济的大多数产业，尤其是开始向科技型、外向型方向发展。

【大事记】

△1月8日 佳能（苏州）有限公司投产，投资总额9000万美元。

△1月18日 苏州金像电子有限公司正式投产，投资总额为8098万美元。

△2月25日 国务院副总理李岚清视察苏州高新区。

△3月10日 国务院批准设立苏州高新区出口加工区。

△3月24日 高新区在北京长城饭店举行“二次创业”情况说明会。

△3月28日 住电（苏州）电子线制品有限公司投产，总投资7800万美元。

△4月4日 高新区在上海举行投资情况说明会。

△4月15日 雅马哈电子（苏州）有限公司投产，总投资2900万美元。

△4月24日 德宏电子（苏州）有限公司投产，总投资2500万美元。

△5月18日　苏州松下半导体有限公司投产，总投资6017万美元。

△6月13日　原中央政治局委员、中央军委副主席迟浩田一行视察苏州高新区。

△7月18日　总投资2950万美元的太阳油墨（苏州）有限公司正式投产。

△7月26日　毅嘉电子（苏州）有限公司正式投产，总投资2998万美元。

△8月18日　总投资2998万美元的苏州惟成光电有限公司投产。

△9月24日　高新区深圳投资说明会暨首届外商高尔夫球联谊赛在深圳观澜湖球场举行。

△9月26日　由省委书记、省人大常委会主任王太华率领的安徽省党政代表团在江苏省委书记李源潮陪同下来高新区参观考察。

△11月5日　雅马哈电子（苏州）有限公司开业，投资总额2900万美元。

△12月6～7日　中国共产党苏州市虎丘区第8次代表大会召开。

△12月17日　江苏省首批“333工程”产业化基地落户高新区，并举行揭牌签约仪式。

△12月19日　《苏州高新区国家生态工业示范园区建设规划》论证会在北京举行。

△12月23日　苏州三洋半导体有限公司举行落成典礼。该公司总投资2990万美元。

△12月28日　经省政府批准，撤销虎丘区横塘镇、枫桥镇，设立横塘、枫桥街道办事处。（市政府当年未发文）

（陈永生）

昆山经济技术开发区

【概况】　2003年，昆山经济技术开发区加强基础设施投入，加快环境建设步伐，加大招商引资力度，经济持续快速发展，各项事业全面推进，综合实力进一步增强。全年实现国内生产总值272.28亿元，比上年增51.3%；完成财政收入34.62亿元，增53.9%。在2003年国家商务部对国家开发区综合投资环境评估中，昆山开发区排名第三，比上年上升一位。

【招商引资】　昆山开发区抓住国际产业资本向长江三角洲聚集的有利时机，积极应对激烈竞争，努力化解不利因素，招商引资在连续多年高位增长的基础上再创佳绩。全年新批外商及港澳台投资项目131个，总投资22.88亿美元，合同外资9.54亿美元，分别比上年增7.4%和8.5%；实际到账资金4.75亿美元，与上年基本持平。新批项目平均注册外资728万美元，超过千万美元的项目有44个，其中超1亿美元的2个，是各投资1.5亿美元的谷松工业和信鸿电子。招商引资呈现4个特点：①工业项目优势明显。全年新批工业项目102个，投资总额20.42亿美元，合同外资8.83亿美元，分别占全部投资总额和合同利用外资金额的89.2%和92.6%。②企业增资势头强劲。全年办理增资项目96个，投资总额增加 7.08亿美元，合同外资增加 2.99亿美元，分别占全部投资总额和合同利用外资金额的30.9%和31.3%。③台资仍是投资主体。全年新批台资项目94个，投资总额18.32亿美元，合同利用外资金额7.37亿美元，分别占全部投资总额和合同利用外资金额的81.1%和77.3%。④欧美招商有所突破。全年新批欧美项目14个，投资总额1.29亿美元，比上年增84%，合同外资金额0.64亿美元，增95%。

【开发建设】　昆山开发区为优化整体环境，适应新一轮发展需要，加大了基础建设投入力度。全年各项工程开工量达到30亿元，实际完成工程量20亿元，比上年增232%，创历史最好记录。全年动迁农户3200户，拆除面积63万平方米，全部实行“拆一补一、货币结算”的补偿办法，动迁安置房在建面积83万平方米，竣工面积54万平方米，使动迁农户都得到了妥善安置。通过规划整治、土地整理，全年新增工业用地666.67公顷(1万亩)。合同出让土地142幅，出让面积867公顷，比上年增40.3%，出让金额17.55亿元，增25.7%。开发区列入昆山市政府2003年重点、实事工程的8个项目全部竣工，共投入建设资金2.40亿元。其中包括投资1亿元的前进东路二期改造，投资3000万元的长江南路改造，投资5000万元的新建黄浦江路太仓塘大桥，投资3000万元的同丰路青阳港大桥，投资2400万元的西巷公铁立交桥扩孔。绿化建设全年投入资金1亿元，新增绿地150公顷，比上年增50%。美华园西村等一批住宅小区改造工程顺利完成，区域环境进一步优化。

【对外贸易】　全年完成进出口总额115.95亿美元，比上年增68.8%，其中出口总额63.10亿元，增72.8%。外商及港澳台投资企业实现自营出口61.74亿美元，增70%，占全区出口总额的97.8%。工业产品的外销率为62.4%，比上年增6个百分点。在全部出口产品中，机电产品出口53.27亿美元，占总出口额的84.4%。在315家出口企业中，出口额超过1000万美元的有70家，其中15家企业超过1亿美元。仁宝电子科技（昆山）有限公司出口10.43亿美元，位居第一。出口加工区全年完成出口额35.57亿美元，增236%，占全区总出口额的51.6%

【经济发展】　全年新增开工投产三资企业76家，创历史之最，累计达到514家，完成工业总产值852.11亿元，实现销售836.69亿元，分别比上年增59.3%和61%。全区工业产值超亿元的企业有109家，比上年增27家；超10亿元的企业有18家，比上年增11家。各个工业门类全线飘红，特别是电子信息产业增长迅猛，全年完成产值424.64亿元，比上年增74.4%，占全部工业产值的49.8%，成为第一支柱产业。精密机械完成工业产值97.75亿元，轻工、纺织完成工业产值197.54亿元，分别占全部工业产值的11.5%和23.2%。工业经济效益平稳增长。全年实现利税总额44.28亿元，比上年增33.6%，其中利润总额32.20亿元，增32.5%。按工业增加值计算，全员劳动生产率为12.14万元／人。民营经济继续扩张。全年新增民营企业867家，注册资本6.8亿元。至年末，开发区累计有民营企业2527家，注册资本23.43亿元，从业人员2.59万人。外向配套进一步发展。共有配套企业241家，配套项目166个，配套产品142个，全年完成配套销售收入15亿元，利润1.3亿元，都比上年有较大幅度增长，凸现了外向带动的辐射效应。

【功能园区】 昆山开发区从1998年起先后创办的出口加工区、留学人员创业园和国际商务中心等特色功能园区，都已进入了收获期。出口加工区基础设施更趋完善，通关速度进一步提升，全年新批外资项目18个，总投资2亿美元，实际到账9285万美元。进区企业累计达到60家，开工投产企业43家，全年完成进出口总额58.71亿美元，比上年增175.6%，其中出口32.57亿美元，进口26.14亿美元，同比分别增232%和164%，并实现内销4147.8万美元，深加工结转8896万美元。进出口在全国38个出口加工区中名列前茅。留学人员创业园全年引进专业技术人才100人，其中博士8名，硕士10名，创办研发项目16家，累计达到91家，科技成果转化进程加快。创业园被中央组织部等6部委授予“全国留学回国人员先进工作单位”称号，并获科技部“国家火炬计划先进管理单位”殊荣。国际商务中心抓住省政府给予扶持优惠政策的机遇，深化规划，加快建设，全面推进招商引资，一批商贸服务项目先后开工建设，至年底进区企业累计达到97家，其中外资企业5家，总投资7600万美元，内资企业92家，注册资金2.3亿元，有53家民营企业获得进出口经营权，30多家企业开始运作，全年完成进出口总额7474万美元。

【农村工作】 开发区以维护失地农民的合法权益和增加农民收入为重点，建立健全各项社会保障机制。①失地农民就业机制。开发区明确规定，区内所有内外资企业招工，在同等条件下，优先吸收失地农民就业；民营企业安置失地农民就业，签订2年以上劳动合同，每吸收一名女40岁或男50岁以上的劳动力，开发区财政每年补助1500元；民营企业吸纳失地农民、下岗职工、失业人员就业，达到员工总数50%的，企业所交纳的地方税收开发区留成部分50%返还企业。②基本养老保险机制。从2003年起，昆山市委、市政府规定，昆山户籍女满55周岁、男满60周岁的农村人口，全部进人养老保险，每人每月领取养老金100元，70周岁以上每人每月130元。开发区的失地农民，加上原来的生活补助，每人每月领取180～210元养老金。全区有7800多名老人享受此项待遇。③医疗保险机制。开发区实行昆山市、区两级以及村集体经济组织提供定额补助和居民按规定交纳基金的新型农村合作医疗保险制度。所有行政村和社区合作医疗覆盖率100%，参保人数达到90%以上。④最低生活保障机制。开发区对农村家庭年人均收入不足1500元的，均列为最低生活保障对象给予补足，资金由昆山市、开发区和村集体经济组织按4:4:2比例分担，经济薄弱村由昆山市和开发区按5:5比例分担。开发区还在农村开展了人人有技能、个个有工作、家家有物业的“三有工程”。2003年全区农民人均纯收入达到7323元。

（*顾厚德*）

张家港保税区

【概况】 2003年，张家港保税区开发建设继续保持良好的发展态势，顺利实现了“一年一变样，三年大变样”的奋斗目标，招商引资成果丰硕，区域形象不断提升，功能开发迈出新步，综合实力显著增加。全年完成业务总收入610亿元，比上年增长43%，其中实现工业产品销售收入120亿元，增长50%；国内生产总值39亿元，增长20%，进出口贸易额19亿美元，增长89%；财政收入10.1亿元，增长16%；海关关税及代征税17.6亿元，增长215%。

【招商引资】 2003年，张家港保税区始终把招商引资作为工作的重中之重，强化招商引资的针对性和实效性，使招商引资工作持续保持较强的增长势头。全年新批进区企业637家，引进生产性外资项目32个，注册外资2.77亿美元，实际到账外资2.1亿美元。招商引资主要特色有：①招商方式有创新。保税区充分利用灵活多样的组合招商方式，特色招商、敲门招商、活动招商、网络招商等多手段并举，全年共引进总投资超过1000万美元的项目20个，总投资超过2000万美元的项目16个；引进注册资本超过1000万美元的项目19个，注资本超过2000万美元的项目4个。②引进项目有突破。通过“走出去、请进来”，有的放矢地主攻龙头型、科技型、关键型项目，产业集聚效应强劲。总投资4300万美元、注册资本2600万美元的日触化工项目，总投资3500万美元、注册资本2100万美元的日本丰田合成项目以及总投资4500万美元、注册资本2000万美元的大日本油墨项目先后落户保税区。③产业布局有亮点。2003年1月，总投资1000万美元、注册资本500万美元的慧鸿电子项目在保税区开工投产，成为落户张家港市第一个真正意义上的IT项目。

【投资环境】 2003年，张家港保税区基础设施投入创历史最高。全年共完成投入12.08亿元，比上年增长69%。其中，新建道路27.5万平方米，铺设各类管线42.6公里，平整土地125公顷，完成绿化33.6公顷；顺利完成4669户、面积85.9万平方米的农户拆迁工程，征用土地264.6公顷；如期完成热电厂二期、东海粮油5万吨级码头、十字港节制闸及护坡、新开河等专项工程。在积极优化基础配套的同时，保税区加大投资软环境建设力度，提高服务水平。继续推行“首问负责制”，成立外商投资服务中心，开通24小时投资服务热线，推行工商“网上年检”，构建了外商投资审批时的全过程服务、企业建设过程中的全方位服务、企业开工投产后的全天候服务“三大服务体系”。

【保税物流业】 2003年张家港保税区规划了1.53平方公里的土地，致力于发展以化工物流为特色的保税物流业。保税区紧紧依托“区港一体”的优势，充分运用现代海关监管手段，构建现代物流信息平台，健全现代物流企业网络，物流业呈现出良好的发展态势。全年完成海关关税及代征税17.6亿元，比上年增长215%；进出口货物总量380万吨，增长185%；进出区货物总值25亿美元，增长180%；进出口贸易额19亿美元，增长89%。特别是化工物流业发展势头强劲，化工品交易市场全年新注册公司85家，注册资本近1亿元，入住客商达350家，实现成交额120亿元，成为华东地区乃至全国最大的液体化工品集散地之一。

【与昆山出口加工区实行转关“联动

监管”】 为加强保税区与出口加工区的贸易联系，实现优势互补，共同发展，张家港保税区和昆山出口加工区于2003年8月1日正式开通两区之间贸易往来的“绿色通道”——实行转关“联动监管”。转关“联动监管”，是指通过对载货车辆安装全球卫星定位系统（GPS），全程监控车辆运行轨迹，确保车辆按照海关监管要求将货物运达目的地。两区间转关“联动监管”采取“分批送货、集中报关”的运作模式，简化了转关操作环节，节省了人力资源，提高了通关效率，节约了企业运作成本，取得了关、企双赢的效果。2003年保税区海关以“联动监管”的方式共监管聚苯乙烯、液化气等货物4471吨，货值297.3万美元。

【陶氏化学（张家港）优质环氧树脂工厂开业】 10月30日，总投资1.5亿美元的陶氏（张家港）有限公司优质环氧树脂工厂在江苏扬子江国际化学工业园开业。陶氏化学是位居世界化工界第二名的国际跨国公司，已先后在保税区建成投资8047万美元年产12万吨的聚苯乙烯、投资2870万美元年产4.5万吨的丁苯胶乳、投资1500万美元的产品转运中心和投资600万美元的自备液体化工品码头等项目。该项目在扬子江化工园落户，成为了化工园产业链上一个重要的链节，为化工产业链的形成奠定了基础。 （陈 稳）

苏州太湖国家旅游度假区

【概况】 苏州太湖国家旅游度假区，是国务院于1992年10月首批批准建立的全国12个国家级旅游度假区之一，是首批加入WTO旅游服务业的先行示范区。度假区下辖香山街道办事处、光福镇和西山镇共1街道2镇31个行政村（居委会），总面积1014平方公里（含水域）。2003年，度假区实现国内生产总值26亿元，完成财政收入2.14亿元，实现利税2.9亿元，新批注册外资6875万美元。区内各景点接待海内外游客160万人次，旅游营业收入8.6亿元，保持良好的经济增长态势。

【规划工作】 2003年为了有效整合旅游要素，合理配置旅游资源，度假区继续强化规划编制和调整工作，在做好160平方公里全区域概念性规划的基础上，对11.2平方公里中心区总体规划进行完善调整，并对城市设计方案组织国际招标；对区域内重点开发建设地段制订控制性详规和修建性详规；调整完善了西山、光福风景区规划；在项目编制和设计上，组织编制了“太湖／黄金水岸”概念性规划设计及控制性详规，对体育休闲公园概念性规划、景观大道新天地规划设计进行了国际招标；在基础设施规划上，完成了中心区道路的规划设计；在基础测绘上，完成了西山、光福全镇域的地形图测绘。

【基础设施建设】 2003年，度假区投入资金2亿多元，用于基础设施和生态环境建设。为保护沿太湖生态环境，集中力量做好景观大道一标段（试验段）的景观建设，使之成为具有吸引力的太湖湿地公园，大力植树造林，沿湖绿色走廊初步形成。全长47公里的环太湖旅游专线公路全线贯通，市区至西山的91路公交车正式运行，水上旅游专线正式通航。1万吨级光福污水厂完成厂区建设，延伸到中心区的管网正在建设之中。对水星俱乐部至吴城路范围内约200公顷太湖水域进行清淤；全面完成河道清淤工作，清淤土方20多万立方米；对原度假区范围内的项目、土地和半拉子工程清理工作已基本结束，环境整治取得阶段性成果。

【招商引资】 2003年，度假区共引进外资项目19个，增资项目3个，变更项目1个，新增外资总额1.1963亿美元，新增注册外资6874.7万美元，新增到账外资1258万美元。引进内资项目144个，新增注册资金5.19亿元，新增到账资金2.73亿元。在招商引资过程中，坚持保护性开发的原则，围绕打造“文化太湖、健康太湖、绿色太湖”品牌，根据规划要求及时调整招商方略。

【旅游项目建设】 2003年，区内一批大型旅游基础设施项目全面动工。总投资3.5亿元的国际高尔夫球场项目土方工程基本结束；总投资3900万元、5.5公里长的景观大道全面铺开；投资1.5亿元的太湖黄金水岸一期工程已经启动；体育休闲公园项目概念性规划通过专家论证；太湖假日酒店土地挂牌交易成功；渔洋山山顶景观项目进入设计招标阶段；新景点的开发、古村落的保护和开发工作也全面展开。

【策划旅游大型活动】 2003年，度假区先后成功策划举办了第2届“太湖之春”旅游月、第7届苏州太湖梅花节、吴门画派采风调研会、环太湖旅游合作洽谈会、全国山地自行车冠军赛、中国苏州太湖国际旅游摄影节暨“简庆福杯”摄影大赛、圣恩寺庙会、包山寺庙会、苏州太湖美食节、“太湖景、苏州情”江苏省内旅游开通仪式、苏州国际旅游丝绸节环太湖体育健身游、江苏省青少年自行车赛、中央电视台“开心辞典，苏州之旅”等一系列大型活动，充分展示太湖自然山水风光，积极促进旅游与文化、体育的有机结合，倾力打造“文化太湖”、“健康太湖”、“绿色太湖”三张牌。同时，积极组织区内旅游企业参加上海“同游江浙沪，阳光新感受”旅游推介会、昆明2003中国国际旅游交易会及西南4城市旅游促销团，全力推介度假区的旅游产品。 （丁轶宇 谢静娴）

省级开发区

【常熟经济开发区】 江苏省常熟经济开发区于2002年8月被省委、省政府批准比照国家级开发区享有相应的经济审批权限和行政级别。重点发展“东区西园”，东区即沿江工业区，规划面积27.5平方公里，发展用水量大、运输量大、用电量大、用地量大的临江主导产业；西园即江苏高科技氟化学工业园，规划面积16平方公里，发展氟化工为主的精细化工；另毗邻沿江工业区开发建设滨江新市区。至2003年底，已有美国、英国、法国、芬兰、比利时、日本、新加坡、台湾、香港等20多个国家和地区的500多家企业在区内投资，吸引外资总额达70亿美元，其中1亿美元以上项目16个，临江钢铁、能源、造纸、化工、汽车零部件、新型建材等主导产业群体显现规模效应。2003年，开发区经济保持高速发展态势。包括沿江三镇在内，完成生产总值115.1亿元，业务总收入418亿元，财政收入15.7亿元，进出口总额13.5亿美元。其中本区完成生产总值49.09亿元、业务总收入209.5亿元、财政收入7.9亿元、进出口总额11.9亿美元，比上年分别增长32.3%、47.2%、56.4%和21.2%，保持在全省省级开发区中的领先地位。

①项目招商保持高位发展。2003年共批准外资项目26个，其中超亿美元项目有7个，吸引外资总额23.7亿美元，新增注册外资8.62亿美元，实际利用外资6.04亿美元。科恩马、大金、益成、住友橡胶一期、理文一期等项目竣工投产或试生产，华润电力、芬欧汇川二期、欣瑞科技、长春化工、华丰轮胎等一批总投资18.3亿美元的项目正在加紧建设，科弘材料、鑫钢金属、住友二期、兴华三期等一批总投资17.6亿美元的项目陆续开工或即将开工。项目从洽谈、报批、开工、投产形成梯队，沿江已形成造纸、能源、钢铁、化工和汽车零部件等五大特色产业板块。

②基础配套建设不断完善。围绕可持续发展战略，开发区编制了336平方公里的沿江地区规划、滨江新市区城市副中心总体规划及江苏高科技氟化学工业园分区规划；完成了城市副中心中心区控制性详规、高新技术园控制性详规、马桥和东张工业配套区控规以及滨江花园、港城花园、邻里中心、行政中心、商务宾馆等项目的修建性详规。全年共投入资金12亿元进行“七通一平”和配套设施建设，折迁民房4735户，搬迁企事业单位、门店330家，开发可建设用地1666.67公顷，安置失地农民1.8万多人。新建道路12公里，以及配套路灯、管道和绿化，完成“二横五纵”17公里河道疏浚整治，累计完成土方135万立方米，绿化130公顷。

开发区十分重视环保工作，入驻的芬欧汇川（常熟）纸业有限公司投资1.7亿元引进国际先进的环保技术和设备，建设包括废水处理、废气处理、噪音防治、固废回收在内的一整套环保系统。3年来，该公司的环保设施完好率和运转率均达到100%，各项污染物始终达标排放，2003年荣获“国家环境保护百佳工作奖”，综合评分位列全省第一。

③港口建设持续推进。兴华二期1个5万吨级、1个3.5万吨级码头竣工投运，华润石化1万吨级码头完成扩建。兴华三期、益成、长春化工以及电厂、理文码头建设准备工作进展顺利。口岸报关报检中心正式运行，在全省领先。港口生产繁荣兴旺，2003年货物吞吐量达1510万吨，比上年增长22.4%，其中外贸货物吞吐量482万吨，增长54%，集装箱48914标箱，增长19.9%，累计进口钢材362万吨，继续居全国各大港口第2位。与港口相配套的物流业发展形势喜人。钢材市场正式建成开业，常熟海关直通式监管点竣工投运，国际物流园、华治钢材分销中心启动建设。

④滨江新城首批十大工程竣工。按照城市副中心的总体规划，2003年启动建设了总投资为7亿元的首批十大配套设施工程。滨江新市区标志性建筑——总投资1.2亿元、建筑面积3万平方米的滨江国际大厦当年开工、当年投用。除海员俱乐部主体封顶外，滨江自来水厂一期工程、直通式常熟监管点、常熟港钢材市场等竣工投运，金融服务中心、公交中心、消防中心、220变电站、污水处理厂等工程竣工，将相继在2004年上半年投运。同时，本着能快则快的原则，总投资10多亿元的港城花园、邻里中心、行政中心、大卖场以及道路、河道等新一轮城市功通配套项目陆续启动建设，滨江新市区中心已初现新姿。

（徐文胜）

常熟经济开发区。

【太仓港经济开发区】 2003年太仓港经济开发区港区和新区开发建设明显加快，对太仓全市经济发展的拉动作用日益增强。“两区”完成财政收入8.16亿元、注册外资6.02亿美元、到账外资3.3亿美元、固定资产投资92.96亿元，分别占太仓全市的47%、69.1%、68.1%和74.6%。

①港区开发实现新突破。港区抓住码头、基础设施和项目开发三大环节，实现岸线、陆域开发的同步、快速发展。远太码头一期工程顺利竣工，二期工程4个泊位全面开工。新开建泊位7个，其中万吨级泊位6个，累计已建成生产性泊位22个，年吞吐能力突破1500万吨。围滩吹填二期工程完成了工程总量的90%，三、四、五期工程启动实施。环保电厂一期、污水处理厂一期竣工投运；滨江大道、南环路、七浦塘大桥建成通车；商务区3幢大楼建设快速推进。石油、化工、电力、造纸、钢铁、物流等特色产业板块凸现群体发展态势。

②新区开发跃上新台阶。以加

快打造新的发展平台和提升产业集聚度为重点，开发建设取得明显进步。一期功能进一步完善，二期6平方公里启动区各项基础设施建设基本到位，板桥管理区改造建设全面启动。精密机械、电子信息、汽车配件等产业不断壮大，德资、日资工业园的产业集聚度进一步提高，同济科技园示范效应明显，外贸创业园建设进程加快。（李　平）

【吴江经济开发区】 2003年，吴江经济开发区以管理体制调整为动力，加大招商引资力度，投入建设资金6亿多元，加快载体建设步伐，完成注册外资4.1亿美元，到账外资3.3亿美元，实现销售收入368亿元，完成进出口总额50.5亿美元，均比上年有较大幅度的增长，充分发挥了全市经济增长的主力军作用，被评为全国信息产业系统先进集体。

年初，临沪经济区（含汾湖旅游度假区）成立管委会，“统一规划，整体开发，市场运作，营造优势”，主动接受上海辐射，全力打造国际制造业基地，在首期启动区90平方公里内，设有海关监管检验点，具备国内惟一被批准的加工贸易联网监管区的功能；已建成包括东西向长13公里、宽50米的临沪大道在内的34公里道路，完成2.5亿元工程投资；新批外资项目73个，注册外资2.7亿美元，其中超1000万美元项目4个，民资项目312个，总投资15亿元。（叶　飞）

【张家港经济开发区】 2003年3月，区、镇合并后，开发区面积从6.2平方公里扩大到35平方公里，并组建了以内资为主的招商局。全年开发区新引进外资项目49个，总投资2.85亿美元，完成注册外资1.53亿美元，到账外资1.05亿美元；新批内资企业279家，注册资本3.02亿元，其中新批外地资本企业30家，注册外地资本6500万元。对注册外资超500万美元的克蕾露有机化工、NSK轴承、港荣制衣、荣德不锈钢、亨昌健康科技等项目，开发区采取召开业主座谈会、委托专人负责或成立专门工作小组搞好服务等措施，帮助企业尽早开工建设，目前进展十分顺利。对总投资超500万元的佳伟工业机械、广州本田销售公司等20多个内资项目，则采取全过程跟踪服务，使项目建设进展顺利，企业法人交口称赞。全年共建办内资企业300家，注册资本3.3亿元。年内开发区共有97个技改项目，计划总投资20亿元，其中土建9亿元，设备改造12亿元。区内内资企业全年共交纳入库地税5300多万元，比上年增长74%。全年开发区投入基础设施建设的资金超亿元。其中完成农户动迁115户，累计拆迁面积40764平方米，安置农户365户；投入4000万元，完成区内主干道路11.5公里，区间道路5公里，基本形成了开发区南区的交通道路主框架；投入3000万元，加快开发区水电配套设施的规划建设，确保工业项目用水用电需求；投入1500万元，完善区域绿化框架，增加沿路、沿河、沿住宅的绿化景观。（张　开）

【昆山旅游度假区】 昆山旅游度假区于1994年7月经省政府批准成立，规划面积19.88平方公里，分为阳澄湖旅游度假中心（7.5平方公里）和淀山湖旅游度假中心（12.38平方公里），享受省级经济技术开发区的同等政策。2003年12月29日苏州市委明确昆山旅游度假区为副处级单位。该区成立以来，依托丰富的旅游资源优势，开发建设取得了一定成效，2003年共接待游客103万人次。阳澄湖旅游度假中心设有水上风情园、水上训练中心、八卦水城、游乐园、度假别墅区、休闲度假区、综合服务区等七大功能区；淀山湖旅游度假中心已引进各类旅游项目23个，合同利用外资3.12亿美元，其中27洞旭宝国际高尔夫球俱乐部在华东地区堪称一流。（朱维元）

【相城经济开发区】 相城经济开发区是2002年1月经省政府批准的省级开发区，总规划面积11.7平方公里，重点发展电子信息、精密机械、生物医药、新型材料等高科技产业。经过两年多的开发建设，开发区累计投入基础设施建设资金15亿元，完成全社会固定资产总投资40亿元。路、水、通讯、电等基础设施及配套工程建设基本完成，并建成标准厂房35万平方米。商业中心、安置小区、打工楼等一批功能配套区正在加快建设中。到2003年底，全区累计引进外资企业98家，注册外资6.7亿美元，到账外资2.9亿美元；引进内资企业88家，注册资本4.3亿元；开业投产内外资企业51家，开工建设内外资企业45家。（王金方）

【常熟东南开发区】 2003年，常熟东南经济开发区投入基础设施建设资金16亿元，完成八大基础工程，载体框架全面拉开，年内跨入省级开发区行列。（思　懿）

对外开放

综述

【概况】 2003年，苏州市各级外经贸部门认真贯彻市委九届四次、五次（扩大）会议精神，团结拼搏，积极应对各种复杂局面，在困难中捕捉发展机遇，全市开放型经济在上年高平台基础上继续保持快速发展的良好势头，各项指标都创造了历史最好水平。主要有以下几个特点：

一、总量规模不断扩大。一是利用外资再创新高。2003年全市新批外商投资项目2399项，合同利用外资124.96亿美元，实际到账外资68.05亿美元；分别比上年增长24.13%和41.4%，占全省的比重分别为40.56%和43.06%。在全国各大中城市的排名由2002年的第2位上升到第1位。二是对外贸易有新的突破。全市实现进出口总额656.63亿美元，其中出口326.33亿美元，进口330.29亿美元，分别增长80.4%、76.2%和84.8%，增速分别高于全省18.7、22.9和13.5个百分点，占全省的比重分别由上年的51.8%、48.1%和56.1%上升到57.77%、55.19%和60.58%，在全国各大中城市的排名分别由2002年的第4位上升到第3位。三是外经合作稳步发展。新签对外工程承包劳务合同额2.48亿美元，完成营业额2.25亿美元，分别增长35.2%和32.8%。当年新派对外劳务3205人，期末在外劳务6579人。四是开发区建设发展再上新台阶。全市各级各类开发区新开发面积184.67平方公里。引进外资项目1192项，合同利用外资83.02亿美元，实际到账外资45.12亿美元，分别增长20%、27%和25%。

二、质量水平明显提高。一是新批外商投资大项目多。全市新批千万美元以上项目716个，增资超千万美元以上项目106个，两项合计合同外资101.14亿美元，占全市总额的80.93%。其中新批超亿美元的大项目22个。英飞凌科技有限公司和华润电力(常熟)有限公司投资额高达10亿美元和6.94亿美元。二是三产引资取得实质性进展。全市引进三产项目259个，合同外资12.23亿美元，占全市外资比重由上年的7.01%上升到9.79%，提高2.78个百分点。同时涉及的领域不断拓展，尤其是社会服务业发展较快，涉及项目110个，占三产总项目数将近一半。金融、科技、卫生等社会服务业开始起步。在金融服务方面，台湾与上海浦发银行合资的华一银行在苏州成立了代表处，还有5家外资金融机构正在申请设立外国银行分行和驻苏代表处，美国友邦保险责任有限公司经批准在苏州成立了分公司。科技服务方面，苏州高新区批准成立了UL美华认证。卫生服务方面，昆山和苏州工业园区先后批准成立了宗仁卿纪念医院和九龙医院，首开了苏州卫生服务业招商引资的先河。三是跨国公司在苏投资不断增多。2003年又有新日本石油、日本积水化学等5家世界500强落户苏州，截止12月底累计进入苏州的世界500强企业有91家。全年新批具有独立法人资格的研发中心2家。全市累计拥有外资研发中心7家。四是出口产品结构进一步优化。机电产品、高新技术产品出口比重不断攀升。全市机电产品出口250.88亿美元，高新技术产品出口178.95亿美元，分别比上年增长95.6%和108.8%，占全市出口总额的比重分别比上年提高了7.64和8.6个百分点。五是出口规模型企业队伍不断扩大。全市出口超千万美元的企业达368家，其中出口超亿美元的企业有53家，比上年分别增加126家和26家，平均规模为7578.53万美元，比上年增加1388.3万美元。全市出口超千万美元企业出口总量高达278.89亿美元，占全市出口总额的85.46%，比上年提高了13.22个百分点。六是境外工程承包有了新的突破。苏州中材建设有限公司中标越南福山水泥公司总承包项目，总额达7400万美元，标志着境外工程承包实现了从“土建”到“总包”的重大突破。

三、结构进一步优化。随着全市经济结构调整的不断深化和外商投资的正确导向，全市开放型经济结构也进一步得到优化。

①产业结构进一步优化。从三次产业布局看，比例日趋协调。2002年全市一、二、三产业比例为0.48: 92.52: 7.01，2003年为0.60: 89.61: 9.79。从三次产业比例看，二产比重略有下降，一、三产业有所上升，其中三产上升幅度较大。从二产结构看，工业布局更趋优化。全市新批2115个二产项目中，高新技术项目达1548项，占二产总项目数的73.19%；合同外资88.90亿美元，占二产外资总额的79.39%。其中精密机械、电子信息等机电一体化项目1190项，合同外资67.29亿美元，分别占高新技术项目数和外资额的76.87%和75.69%。

②投资结构进一步优化。一是发达国家、地区投资呈上升趋势。香港(地区)历年对苏投资不超过15亿美元，2003年达到26.33亿美元，占全市外资比重由上年的13.63%上升到21.07%，列首位。维尔京群岛、台湾（地区）、日本在苏投资分别为22.78亿美元、13.80亿美元和8.69

亿美元，分列前二至四位。韩国、美国在苏投资增势强劲，分别由上年的3.85亿美元、4.15亿美元上升到8.52亿美元和7.30亿美元，分别增长121.29%和75.9%。二是民营企业利用外资有新的突破。全市有193家民营企业通过与外商合资、合作、参股等形式，吸引外资3.46亿美元，增长256.7%。

③生产力布局更趋合理。一是外商投资继续向开发区集聚。全市开发区新批项目、合同外资、实际到帐外资分别占全市总额的48.72%、64.92%和64.81%。全市新批超亿美元的22个特大型项目中有九成以上集中在各级各类开发区。二是产业特色更加明显。根据“四沿”发展战略，全市各地根据不同的区位条件，发展优势产业。沿江已形成了以冶金、能源、粮油加工、造低、化工、汽车零部件等为主的特色产业群。沿苏沪交通线形成了以电子信息、机电一体化、生物、医药、新材料等高新技术产业带。沿太湖和苏州城区已初步形成了融古老传统文化和富有现代气息为一体的观光旅游、休闲度假等产业群。三是各地引资平衡发展。全市各地牢记“两个率先”，把招商引资作为发展开放型经济的重中之重，出现了你追我赶，勇争第一，平衡发展的喜人局面。从合同利用外资额看，昆山、工业园区、常熟列前3位，分别为22.52亿美元、20.26亿美元和14.64亿美元；从增长幅度看，张家港、苏州高新区、太仓列前3位，分别比上年增长135.18%、62.23%和50.89%。后起之秀相城区合同外资高达8.37亿美元，增长29.62%。

四、投资环境进一步完善。各地各部门从着力创造新一轮综合竞争优势出发，把进一步优化投资环境的工作摆在突出位置。在投资硬环境方面，全市16个国家级、省级开发区加大了基础设施投入力度。全年共投入基础设施建设资金221.54亿元，比上年增长200%。苏州工业园区新规划开发的70平方公里已全面展开，苏州高新区二期开发速度明显加快。经对港口资源的整合和加速推进太仓港港区建设，苏州的港口整体功能得到进一步提升。在不断完善投资硬环境的同时，投资软环境也进一步得到改善。经对外商投资审批、审核事项的第二轮清理，审批、审核项目由原来的50多项减少到27项，并将其全部纳入市行政服务中心。同时全面实行了首问负责制，服务承诺制，限时办结制，责任追究制，行政审批服务质量得到了进一步提高。经对收费项目的进一步清理，取消了收取加工贸易管理费的规定，进一步降低了企业的商务成本。为进一步提高通关速度，扩大通关的覆盖面，海关实行了全天候通关。全市各级各部门加快推进电子政务建设，全面实行了网上审批、网上报检、网上报关等电子政务，方便了企业，提高了工作效率，进一步改善了外经贸经营环境。

五、对全市经济社会的贡献度日益增强。一是投资对外依存度水涨船高。2003年全市实际到帐外资68.05亿美元，当年全社会固定资产投资总额高达1400亿元。按现行汇率计算，投资对外依存度为40.24%。二是贸易依存度进一步提高。2003年完成进出口总额656.63亿美元，其中出口326.33亿美元，按现行汇率计算，贸易依存度为194.03%，出口依存度为96.43%，比上年分别提高49.43和22.71个百分点，三是社会贡献度进一步提高。2003年外商投资企业完成涉外税收129.8亿元，比上年增长24.4%，占全市税收收入的37.3%。外商投资企业吸纳劳动就业68万人，占城镇就业总人数的42%。

【苏州入选全球最具潜力城市】 2003年，国际知名调查咨询机构仲量联行进行了“全球最具潜力城市”评选，苏州市名列其中。同时获选的中国城市还有北京、上海、广州、深圳、大连、重庆和西安等7个城市。仲量联行这次在全球共选出24个“最具潜力城市”，其中11个在亚洲，除了中国的8个席位外，印度也有3个城市入选。仲量联行亚太区策略及研究地区董事添博闻预计，本世纪将发展为“亚洲世纪”，尤其是获选的11个亚洲新兴城市，将愈来愈受国际房地产租户及投资者的欢迎。仲量联行中国地区最高主管评价说，除了北京、上海、广州、深圳等一线城市外，苏州等中国的其他新兴城市定能为注资当地的国际机构提供更多元化和更优质的选择。

【年内出台的新政策】 ①《关于进一步支持开放型经济发展若干意见》，由市外经贸局、市财政局联合制定，市政府于2003年6月5日批转，2003年1月1日起开始试行。该《意见》提出了进一步加大出口奖励力度，增加对外贸企业出口欠退税的贴息，鼓励外贸出口企业积极开拓国际市场，鼓励企业投保出口信用保险，鼓励境外加工贸易企业带动地产品出口等5个方面的有关政策。

②《苏州市“走出去”扶持资金使用办法（试行）》，由市外经贸局、市财政局联合制定，市政府于2003年6月5日批转，2002年1月1日起试行。该《使用办法》规定了扶持的范围和标准以及资金的申报、审批和划拨程序和2002年度的申报期限。

③《关于进一步提升国家级省级开发区发展水平的若干意见》，市政府于2003年8月15日下发。该《意见》就进一步提升本市国家级、省级开发区的发展水平的指导思想、主要预期目标、指导原则、提高开发区规划水平、大力推进体制和科技创新、进一步加大招商引资力度、营造最佳投资环境、加大政策扶持力度等8个方面提出具体意见和有关政策。

【全市开放型经济工作会议】 2003年2月10日，全市开放型经济工作会议暨表彰大会召开。会议由市委常委、副市长汪国兴主持，市长扬卫泽作了题为《居安思危，再接再厉，抢抓机遇，急流勇进，推动我市由外经贸大市向外经贸强市的跨越》的主题报告。省委常委、副省长、市委书记王珉在会议结束前作了重要指示。昆山市人民政府、苏州工业园区管委会、常熟经济开发区、苏州海关、江苏国泰国际集团有限公司等单位在会上作了交流发言。会议对2002年度20个出口创汇先进单位、20个利用外资先进单位、8个对外经济技术合作先进单位、25家外商投资企业出口大户、25家外商投资企业纳税大户和120名先进个人进行了表彰。会议在认真总结回顾2002年全市开放型经济工作所取得的成绩的基础上，分析了2003年全市开放型经济工作面临的形势，提出了2003年全市开放型经济目标任务和工作措施。

目标任务：实现进出口总额增长

15%以上，其中出口增长15%以上；新增合同外资突破100亿美元，实际利用外资增长20%以上；新签对外承包劳务合同额和完成营业额均增长10%以上。

工作措施：一是抓紧做好加入世贸组织的具体应对工作；二是切实转变外贸增长方式；三是全面提高利用外资的质量和水平；四是加快实施走出去战略；五是进一步提升开发区的聚集创新和辐射带动功能；六是努力营造有利于外经贸发展的良好环境。

【全市开放型经济座谈会】 2003年8月14日，全市开放型经济座谈会在张家港召开。会议回顾了前7个月全市开放型经济所取得的成绩，分析了苏州开放型经济发展面临上海、浙江等周边地区日益激烈的竞争压力的情况，要求各地要结合本地实际，重新调整当年的开放型经济各项目标任务，在合同利用外资、实际到账外资方面，苏州要勇争全国第一。会上，各市（县）、区负责人分别结合实际、扬长避短、有针对性地提出了确保完成和超额完成全年各项目标任务的对策和措施。主要集中在三个方面：一是强势出击，加大招商引资力度；二是全力拼抢，加快招商引资载体建设；三是大力推进投资软环境建设，使各级政府成为依法行政的“法治政府”，为民亲商的“服务政府”，实干有为的“责任政府”和公正廉洁的“阳光政府”。市委常委、副市长周伟强在会上要求各地，首先要明确开放型经济是苏州经济竞争力之所在；要切实把招商引资作为开发区工作的重中之重，各地的注册外资、到账外资年度目标都要调高，要跳一跳，自找压力，能快就快，能高就高；要研究、提升开发区的发展功能，这是新一轮发展的关键；要确立创新和服务是开发区工作的核心，在创新中竞争，在服务中取胜；要着力抓好招商引资的队伍建设。

【全市开发区工作会议】 2003年7月17日，全市开发区工作会议召开。会议由市委常委、副市长周伟强主持，市长杨卫泽作了《抓住机遇，开拓创新，把开发区建成两个率先的先行区》的主题报告。省委常委、市委书记王珉在会议结束前作了重要讲话。代表们参观了苏州工业园区规划载体建设；苏州工业园区管委会、昆山市人民政府、常熟经济开发区管委会、苏州海关等单位在大会作了交流发言。会议总结回顾了全市开发区建设和发展的基本情况，深入分析了当前面临的形势，研究部署今后一个时期开发区建设发展的目标任务和总体思路。

主要预期目标：到2010年，全市开发区国内生产总值达到4000亿元，年均增长21.5%；财政收入460亿元，年均增长18.9%；出口额和实际利用外资分别占到全市总额的80%和75%。

总体思路：坚持可持续发展战略，进一步强化功能开发、保持特色、整合资源、合理布局、创新体制、提高质量，全面提高开发区的综合竞争力，加快把开发区建设成为全市实现“两个率先”的先行区，推进新型工业化的先导区，建设服务型政府的试点区，实现可持续发展的示范区，全面接轨上海的桥头堡，为全市经济和社会发展作出新的更大的贡献。

围绕这一总体发展思路，重点抓好以下几个方面工作：一是注重功能开发，着力提高开发区的内涵；二是加强资源整合，构造开发区整体优势；三是大力推进体制和科技创新；四是坚持对内对外开放并举，努力形成多元化投资的格局；五是完善综合投资环境建设，提升开发区的整体竞争优势；六是积极构筑人才高地，为开发区发展提供足够的智力支撑。

附：苏州开放型经济在全国各大中城市的位次（2003）

项目		总额（亿美元）	比上年同期增减（%）	在全国位次	占全省比重（%）
对外贸易	进出口总额	656.63	80.4	3	57.8
	出口额	326.34	76.2	3	55.2
	进口额	330.29	84.8	3	60.6
利用外资	合同外资	124.96	24.1	1	40.6
	实际投入外资	68.05	41.4	1	43.1
外经合作	外经合同额	20438	26.5	8	9.8
	外经营业额	17394	38.4	10	8.8

注：2003年苏州开放型经济在全国的位次是指在上海、北京、天津、广州、深圳、东莞、青岛、大连、南京、无锡、常州、南通、杭州、宁波、厦门等全国部分大中城市的位次。

【“名硕电脑”被评为全国外企“十大”高出口创汇企业】 2003年7月，中国外商投资企业协会对2002年度全国外商投资十大高出口创汇企业、十大高营业额企业、十大人均高利润企业和50家外商投资先进饭店企业及4097家外商投资“双优”企业进行了表彰。名硕电脑（苏州）有限公司被评为十大高出口创汇企业。

名硕电脑（苏州）有限公司2002年度以出口10.6亿美元的业绩荣获全国十大高出口创汇企业第7位，曾先后入围2001年度和2002年度中国进出口500强和出口200强。2002年度名硕电脑（苏州）有限公司进出口额高达23.68亿美元，比上年度增长193%，出口额比上年增长158%。

（吴志伟）

外商投资

【概况】 2003年，苏州利用外资在上年高平台发展的基础上，再创历史新高。全市新批外商投资项目2399项，合同利用外资124.96亿美元，实际到帐外资68.05亿美元，比上年分别增长24.13%和41.4%，占全省的比重分别为40.56%和43.06%，在全国各大中城市排名均列第一位。在总量规模不断扩大的

附：入围2002～2003年度全国外商投资企业500强的38家苏州外企

排　名	企　业　名　称	注册资本（万美元）	主　要　产　品	销售额（万元人民币）
24	明基电通信息技术有限公司	4400	键盘、显示器、扫描仪	876828
38	仁宝电脑工业（中国）有限公司	3700	监视器及相关零部件	627167
42	苏州爱普生有限公司	12400	液晶显示器、水晶振子	580059
44	旭电（苏州）科技有限公司	6000	印刷电路板组件及系统集成产品	564783
49	东海粮油工业（张家港）有限公司	9800	粮油产品及其深加工产品	528461
50	苏州飞利浦消费电子有限公司	4800	显示器、电视机、遥控器等电子消费类产品	527006
52	仁宝电子科技（昆山）有限公司	1200	笔记本电脑、移动通信产品的代工	514168
107	张家港浦项不锈有限公司	42008	不锈钢钢板及涂层板	334125
122	高创电子（苏州）有限公司	1510	平板显示器等新型通信电子产品	295993
131	张家港沙太钢铁有限公司	1160	旧船舶解体、钢铁冶炼、钢材轧制	277691
134	苏州三星电子有限公司	8376	电冰箱、微波炉、空调器、洗衣机等家电产品	269146
138	夏普办公设备（常熟）有限公司	3440	复印机、打印机、传真机等办公设备及相关部件	262852
141	张家港沙景钢铁有限公司	1160	钢坯、钢材	257448
150	四海电子（昆山）有限公司	3600	商业自动化设备	251128
151	华宇电脑（江苏）有限公司	4204	数据通讯多媒体产品	250944
166	苏州罗技电子有限公司	500	电脑周边产品、数据通讯多面体产品	236209
210	张家港润忠钢铁有限公司	1120	碳素钢、合金钢等管材、型材	201124
216	诺基亚（苏州）电信有限公司	5714	基站设备、蜂窝传输设备	200313
219	富士康（昆山）电脑接插件有限公司	2484	电子接插件及线缆产品	197342
249	江苏常熟发电有限公司	13313	120万千瓦燃煤发电	179627
260	苏州明基电子技术有限公司	1180	通讯模块等零部件及系统集成等	171133
271	阿尔卡特苏州通讯有限公司	2800	GSM及其它数字手机终端设备	168199
289	张家港保税区吉尔瑞国际贸易有限公司	123	进出口贸易、保税区企业间贸易	159926
295	金华盛纸业（苏州工业园区）有限公司	46217	无碳复写纸	157967
310	友达光电（苏州）有限公司	7000	液晶显示屏等显示器件	151640
315	百得（苏州）电动工具有限公司	972	电动工具及附件	149272
321	华映视讯（吴江）有限公司	6400	液晶显示屏及其模组制造	148032
345	昆山统一企业食品有限公司	4400	方便面、罐装饮料、茶、果汁饮料	139822
350	捷安特（中国）有限公司	3750	自行车、助动自行车及其零部件	136788
390	三星电子（苏州）半导体有限公司	5000	IC、TR电子器件	123176
391	牧田（中国）有限公司	5600	电动工具、气动工具及零部件	123104
396	耐克（苏州）体育用品有限公司	1286	鞋制品	122189
421	天弘（苏州）科技有限公司	4000	印刷线路板组装、底板及电缆组装	117316
431	张家港永新钢铁有限公司	1200	碳素钢、合金钢、棒材	111669
432	张家港联合铜业有限公司	386	电解铜及深加工	111620
440	大同电子科技（江苏）有限公司	2540	新型显示器件	109703
443	正新橡胶（中国）有限公司	11000	子午线轮胎、汽车斜交轮胎	109001
467	美孚（太仓）石油有限公司	1696	润滑油、酯	105591

基础上，质量水平进一步提高。主要呈现以下几个特点：

①新批外商投资大项目多。全市新批千万美元以上项目716个，增资超千万美元以上项目106个，两项合计合同外资101.14亿美元，占全市总额的80.93%。其中超亿美元的大项目22个。英飞凌科技有限公司和华润电力（常熟）有限公司投资额高达10亿美元和6.94亿美元。

②三产引资取得实质性进展。全市引进三产项目259个，合同外资12.23亿美元，占全市外资比重由去年的7.01%上升到9.79%，提高2.78个百分点。同时涉及的领域不断拓展，尤其是社会服务业发展较快，涉及项目110个，占三产总项目数将近一半。

③跨国公司在苏投资不断增多。2003年又有新日本石油、日本积水化学等5家世界500强落户苏州，截止12月底累计进入苏州的世界500强企业有91家；新批具有独立法人资格的研发中心2家，全市累计拥有外资研发中心7家。

④发达国家、地区投资呈上升趋势。韩国、美国在苏投资增势强劲。分别由去年的3.85亿美元、4.15亿美元上升到8.52亿美元和7.3亿美元，比上年分别增长121.29%和75.9%。

⑤工业布局趋向优化。全市新批2115个二产项目中，高新技术项目达1548项，占二产总项目数的73.19%；合同外资88.90亿美元，占二产外资总额的79.39%。其中精密机械、电子信息等机电一体化项目1190项，合同外资67.29亿美元，分别占高新技术项目数和外资额的76.87%和75.69%。

【38家外企入围全国外商投资企业500强】 2002～2003年度中国最大的500家外商投资企业（以销售额计）排序结果在京揭晓，苏州有38家企业榜上有名，比上年度增加10家，占江苏省上榜企业的55.88%。本年度苏州进入500强的外商投资企业有以下几个特点：

①新进企业多。38家上榜企业中，上年度入围的企业有23家，上年度有5家企业被跻出局。新跻身500强的企业有15家，其中苏州三星电子、华宇电脑以销售额26.91亿元和25.09亿元排名134位和151位，其他依次为富士康（昆山）电脑、江苏常熟发电、苏州明基电子技术、阿尔卡特苏州通讯、张家港保税区吉尔瑞国际贸易、友达光电、百得电动、华映视讯、三星电子（苏州）半导体、天弘科技、张家港联合铜业、大同电子科技、美孚（太仓）石油。

②排序大幅上升。上年度苏州上榜企业排序前50位的只有2家，本年度排序前50位的有6家。明基电通信息技术有限公司由上年的第61位跃升到第24位，销售额比上年翻了一番；仁宝电脑工业（中国）有限公司从上年的第123位跃升至第38位，销售额比上年增长2.2倍。上年度23家继续入选的企业中，排序上升的有17家。上升最大的是仁宝电子科技（昆山）有限公司，由上年的最后第6位跃升至第52位。15家新跻身500强的企业排序也都在中等偏上。

③销售规模进一步扩大。38家上榜企业总销售额达984.85亿元，平均销售额为25.92亿元，比上年增加3.68亿元，增长16.54%，高于全国500强平均增幅3.44个百分点。其中销售额超过20亿元的企业有18家。销售额最大的明基电通信息技术有限公司高达87.68亿元。销售额超过50亿元的依次为仁宝电脑工业（中国）有限公司62.71亿元，苏州爱普生有限公司58亿元，旭电（苏州）科技有限公司56.47亿元，东海粮油工业（张家港）有限公司52.84亿元，苏州飞利浦消费电子有限公司52.7亿元，仁宝电子科技（昆山）有限公司51.41亿元。 （吴志伟）

世界500强在苏州

【概况】 截至2003年底，全球500强跨国公司中累计有91家在苏州投资，投资项目246个，协议外资达73.44亿美元。500强跨国公司在苏投资的主要特点：

①投资的项目规模普遍较大。投资的246个项目中，超过1000万美元的项目有134个，占总项目数的54.47%，协议外资69.20亿美元，占总额的94.2%。其中超过3000万美元以上的项目有54个，协议外资53.42亿美元；超亿美元的项目有16个，合同外资32.69亿美元。其中芬欧汇川（常熟）纸业有限公司、张家港浦项不锈钢有限公司投资额分别高达10.24亿美元和9.71亿美元。苏州爱普生有限公司、苏州三星电子液晶显示器有限公司投资额均超过3亿美元。

②投资国别（地区）以日本、美国占多数。91家在苏投资的500强跨国公司中，日本、美国合占62.6%，分别为31家和26家；其次是法国11家，英国5家，德国、韩国各4家，荷兰、芬兰各3家，瑞士2家，挪威、香港各1家。投资项目数和协议外资总额也以日本、美国为最多，日本125个、24.37亿美元，美国52个、18.79亿美元，其他依次是韩国、德国、法国、英国、芬兰、荷兰、挪威、香港和瑞士。

③投资相对集中在国家级开发区。从500强在苏投资的区域分布看，投资在苏州工业园区、苏州高新区、昆山开发区、张家港保说区等国家级开发区的项目数和协议外资额分别占总量的61%和67.9%。其中尤以苏州工业园区、苏州高新区为最多，项目数和协议外资额分别为66个、25.14亿美元和56个、14.89亿美元。

④投资工业产业占主导地位。投资工业产业项目数占总项目数的80%以上，协议外资占总额的94%以上。工业产业中，主要以化工、造纸、冶金、机械、新型材料、电子信息等制造业为主。跨国公司在苏投资农业、服务业相对较少，在苏设立研发机构和地区总部的也不多。

附：在苏州投资的世界500强

（至2003年底，共91家）

美国（26家）：

杜邦、美孚、法玛西亚、礼莱、华纳兰伯特、伊顿、百得、百特、家庭用品、TRW、FMC、PPG、纳贝斯克、雪弗龙、哈利斯、施乐、道氏化学、德士古、耐克、艾默生电器、霍尼韦尔、安普、宝洁、旭电、ADM、德尔福

日本（31家）：

三菱、三井、三洋电器、丸红、日商岩井、伊藤忠、富士胶卷、清水建设、松下、丰田、住友、索尼、夏普、日立、日清、东绵、日绵、兼松、富士通、精

工、久保田、旭化成、大日本油墨、三得利、佳能、大金、日本通运、NEC、新日本石油、积水、新日铁

法国（11家）：

阿尔卡特、液化空气、阿尔斯通、埃尔夫·阿奎坦、欧莱雅、罗纳普朗克、道达尔、欧尚、索迪斯、家乐福、达能

英国（5家）：

BP阿莫科、葛兰素史克、联合利华、BOC、翠丰

韩国（4家）：

大宇、三星、浦项、鲜京

德国（4家）：

西门子、赫思特、罗伯特博世、ZF集团

荷兰（3家）：

飞利浦、壳牌、阿克苏诺贝尔

芬兰（3家）：

诺基亚、STORA－ENSO、芬欧汇川

瑞士（2家）：

诺华、迅达控股

挪威（1家）：

海德鲁

中国香港（1家）：

怡和

附：2003年投资苏州的世界500强企业项目

跨国公司名称	投资项目名称	投资总额（万美元）	经营范围	企业地址
日立电线株式会社	日立电线精技（苏州）有限公司	600	生产销售电力电子器件、新型机电元件、部件及其相关产品。	吴中区胥口镇胥江工业园
日立成套设备建设株式会社	日立工程建设（苏州）有限公司	210	从事工业与民用建筑工程、设备安装、装修工程、环保和景观工程的咨询、规划、设计、施工、项目管理总承包、维护和保养。	苏州工业园区金鸡湖路128号
住友金属矿山亚太有限公司	苏州住矿电子有限公司	1250	引线框架类半导体封装材料和精密模具的开发、设计、生产；销售本公司产品并提供售后服务。	苏州工业园区三区
积水化学工业株式会社	积水中间膜（苏州）有限公司	2500	研发、生产、加工和销售玻璃中间膜等环保有机、无机膜及相关产品并提供相关技术和售后服务	苏州高新区泰山路南、珠江路东
日商岩井塑料株式会社	苏州丸爱半导体包装有限公司	83.4	从事各种塑料板及其相关产品的导电加工业务，销售自产产品，并提供相应的技术和售后服务。	苏州高新区长江路610号
三菱丽阳株式会社	苏州丽阳光学产品有限公司	220	敏感元器件、光电子元器件等新型电子元器件的生产、销售。	苏州高新区技术产业园三区4号
住友电木株式会社	长春封塑料(常熟)有限公司	1370	从事电子用高科技化学品的生产加工，销售自产产品。	常熟经济开发区沿江工业园
三井物产株式会社	三井电子薄膜(苏州)有限公司	500	生产和加工与液晶显示器相关的新型电子元器件和电子材料，销售本公司产品并提供售后服务。	苏州工业园区苏春工业坊
三菱商事株式会社	小松精练（苏州）有限公司	8850	高档织物面料的织染及后整理加工。	吴中区角直镇
三洋电子部品株式会社	三洋电子部品(苏州)有限公司	2999	从事以高分子有机半导体电容器等为主的新型片状电子元器件的研发、生产、加工，销售自产产品，并提供相关技术和售后服务。	苏州高新区鹿山路以北、联港路以西
日铁商事交株式会社	苏州日铁金属制品有限公司	1375	镀锌钢板、铝锌合金钢板、表面镀涂钢板及其他钢板的加工生产；销售本公司产品并提供售后服务。	苏州工业园区长阳街
松下电器产业株式会社	苏州松下生产科技有限公司	535.68	研发生产电子专用设备及部品测试分析仪器、新型电子器件、软件产品、销售自产产品，提供技术和技术咨询服务。	苏州工业园区跨塘开发区跨春路
伊藤忠纤维有限公司	江苏迪桑特有限公司	345.18	生产各类服装、服饰产品。销售自产产品。	常熟市白茆镇

跨国公司名称	投资项目名称	投资总额（万美元）	经营范围	企业地址
日本丰田合成株式会社	丰田合成(张家港)科技有限公司	1880	以方向盘为主的汽车配件的生产与销售。	江苏扬子江国际化学工业园
大金工业株式会社	大金机电设备(苏州)有限公司	6425.47	开发生产比例伺服液压系统、压缩机、稀土永磁电机、智能化冷却装置及相关产品，销售自产产品并提供相关技术和售后服务。	苏州工业园区三区
伊藤忠纤维有限公司	苏州伊枫印染有限公司	120	服装面料及里料的染色及销售。	吴中经济开发区东吴工业园
三井物产株式会社	苏州三井国际物流贸易有限公司	1000	国际流通物流业务，第三方物流业务。	苏州工业园区
住友制药株式会社	住友制药(苏州)有限公司	1475	开发、生产、销售在中国获得专利权或行政保护的药物、医疗器械及相关产品，并提供售后服务。	苏州工业园区苏虹中路306号
韩国株式会社浦项建设	浦项(张家港)设备工程服务有限公司	140	从事冶金设备的设计、咨询；提供进口冶金设备的信息及渠道；国产冶金设备的咨询和提供。	江苏扬子江国际冶金工业园
韩国株式会社POSCO	浦项(苏州)汽车配件制造有限公司	6048	生产加工汽车专用耐高腐蚀性涂层板和高强度高张力新型合金材料及相关后延产品。	昆山市花桥镇蓬青路
韩国SKC有限公司	世开进光电(苏州)有限公司	400	生产新型电子元器件（光电子器件），销售自产产品。	吴江经济开发区
三星电子株式会社	三星半导体(中国)研究开发有限公司	700	电子零部件和集成电路的软件和硬件设计，电子产品解决方案的研究开发，并销售本公司产品。	苏州工业园区国际科技园B幢4楼
杜邦中国集团有限公司	杜邦三爱富氟化物（常熟）有限公司	450	生产开发销售与空调和制冷行业相关的氢氟碳制冷混配产品和改进产品等氢氟烃替代物，提供技术和售后服务。	常熟海虞镇江苏高科技氟化学工业园
德尔福汽车系统新加坡私人有限公司	德尔福电子（苏州）有限公司	9000	设计、研发、生产、装配汽车音响系统，电子控制制动系统，安全气囊等汽车电子类产品及其他汽车部件，并提供售后服务。	苏州工业园区三期方洲路
达能亚洲有限公司	达能食品（苏州）有限公司	1250	研发加工和生产婴儿食品、儿童食品、成人食品、老年食品、功能食品、健康食品和其他相关食品。	苏州工业园区星龙街西、港田路北
海德鲁铝业控股私人有限公司	海德鲁铝业（苏州）有限公司	3600	研发、设计、制造精密铝管、多孔管、高效散热器等高性能铝制品和材料。	苏州工业园区港田路
飞利浦电子中国有限公司	飞利浦设备(苏州)科技有限公司	1363	研发生产精密电子设备、半导体及其他电子产品的自动化设备、精密模具、光盘转碟和光导晶片等电子元器件及相关零部件。	苏州工业园区苏虹西路228号

（吴志伟）

对外贸易

【概况】 据海关统计，2003年全市实现进出口总额656.63亿美元，比上年增长80.4%；其中出口326.34亿美元，增长76.2%，高于全省增幅22.9个百分点，占全省出口比重由上年的48.1%上升到55.19%。主要有以下几个特点：

①各类出口主体全面增长。外贸公司全年完成出口额26.12亿美元，比上年增长19.6%；自营企业出口18.56亿美元，增长69.8%，其中私营企业出口6.89亿美元，增长150.1%；外商投资企业出口281.63亿美元，增长84.8%。

②出口规模型企业大幅增加。全市出口超千万美元的企业达368家，

附：苏州市进出口完成情况（2003）

单位：亿美元

地 区	进出口总额	比上年±%	出口额	比上年±%	进口额	比上年±%
市 区	342.93	94.5	171.77	94.4	171.16	94.6
其 中						
苏州工业园区	144.59	138.4	59.83	126.9	84.77	147.4
苏州高新区	159.37	83.9	87.58	103.6	71.79	64.5
吴中区	20.78	67.5	11.13	56.4	9.65	82.5
相城区	3.70	45.8	1.93	27.7	1.77	72.7
常 熟	27.08	36.6	18.08	34.0	9.01	42.1
张家港	51.25	69.2	19.8	38.9	31.44	96.1
昆 山	139.25	64.3	72.15	66.9	67.09	61.7
太 仓	22.64	35.6	11.69	25.2	10.95	48.9
吴 江	73.48	103.7	32.83	98.5	40.64	108.1
总 计	656.63	80.4	326.34	76.2	330.29	84.8

苏州市进出口主要国家、地区（2003）

单位：万美元

序号	国别（地区）	进出口总额	比上年±%	出口总额	比上年±%	进口总额	比上年±%
1	中国香港	349516.00	133.09	71167.00	23.75	420684.00	102.78
2	中国台湾	141634.00	87.21	926571.00	88.70	1068205.00	88.50
3	日 本	526874.00	56.28	756877.00	71.72	1283751.00	65.03
4	菲律宾	19273.00	184.79	101940.00	183.74	121213.00	183.91
5	泰 国	25502.00	64.23	43888.00	93.50	69390.00	81.61
6	马来西亚	100228.00	75.20	133540.00	113.24	233768.00	95.08
7	新加坡	66474.00	11.47	74842.00	62.00	141316.00	33.52
8	印度尼西亚	15372.00	51.65	37423.00	55.26	52796.00	54.19
9	阿联酋	23892.00	23.47	6344.00	64.51	30235.00	30.29
10	韩 国	124072.00	53.11	406601.00	130.91	530673.00	106.39
11	以色列	4609.00	55.14	2547.00	78.17	7157.00	62.62
12	埃 及	3014.00	4.41	53.00	24.96	3067.00	4.71
13	南 非	8231.00	31.39	3303.00	113.51	11533.00	47.65
14	波 兰	6263.00	28.59	1666.00	398.45	7929.00	52.34
15	俄罗斯	11380.00	38.78	11005.00	52.17	22385.00	45.05
16	德 国	193709.00	121.95	93043.00	109.28	286751.00	117.68
17	法 国	57365.00	170.29	17483.00	64.74	74849.00	135.10
18	意大利	30635.00	45.33	22899.00	59.78	53534.00	51.18
19	荷 兰	225926.00	153.74	12128.00	69.71	238053.00	147.50
20	比利时	25963.00	48.88	9447.00	67.26	35410.00	53.38
21	英 国	93664.00	52.79	20676.00	28.49	114340.00	47.74
22	丹 麦	5737.00	53.78	4854.00	58.18	10592.00	55.77
23	芬 兰	30734.00	23.20	10721.00	22.06	41455.00	22.90
24	瑞 典	8484.00	160.18	10502.00	18.76	18985.00	56.86

序号	国别（地区）	进出口总额	比上年±%	出口总额	比上年±%	进口总额	比上年±%
25	瑞　士	4767.00	126.87	10269.00	31.15	15035.00	51.40
26	西班牙	18788.00	107.56	4670.00	104.21	23458.00	106.89
27	墨西哥	20750.00	20.13	10678.00	71.78	31428.00	33.80
28	巴拿马	2097.00	-22.48	0.00		2097.00	-22.48
29	巴　西	10039.00	82.23	40517.00	12.47	50557.00	21.73
30	智　利	3508.00	29.82	1553.00	342.95	5062.00	65.79
31	阿根廷	2441.00	531.07	6209.00	207.63	8650.00	259.65
32	加拿大	36266.00	59.95	12887.00	64.73	49153.00	61.18
33	美　国	784119.00	68.04	202501.00	67.86	986621.00	68.00
34	澳大利亚	44557.00	44.08	21568.00	3.21	66126.00	27.60
35	新西兰	6919.00	34.65	2900.00	10.32	9820.00	26.42
36	东　盟	242135.00	52.65	393347.00	104.46	635482.00	81.05
37	欧　盟	756208.00	107.81	217900.00	72.73	974108.00	98.78

苏州市按商品类别分进出口情况（2003）

单位：万美元

类　别	商品名称	出口金额	比上年±%	进口金额	比上年±%	进出口总额	比上年±%
第1类	活动物及动物产品	2705.00	12.26	1113.00	18.95	3818.00	14.13
第2类	植物产品	2584.00	1.53	52933.00	22.77	55517.00	21.59
第3类	动、植物油、脂、腊	1029.00	33.79	8821.00	98.55	9850.00	89.00
第4类	食品及制品	9213.00	7.92	1579.00	8.57	10792.00	8.01
第5类	矿产品	1524.00	277.57	36356.00	58.36	37880.00	62.15
第6类	化工产品	68397.00	27.33	190891.00	82.05	259288.00	63.51
第7类	塑料及其制品	51275.00	42.12	112564.00	58.10	163839.00	52.73
第8类	毛皮及制品	26326.00	19.37	16950.00	5.08	43277.00	13.33
第9类	木及木制品	8506.00	17.97	10538.00	-15.10	19045.00	-2.95
第10类	木浆等：废纸：纸	22878.00	12.93	46130.00	30.79	69008.00	24.27
第11类	纺织原料及纺织制品	413935.00	37.40	110146.00	26.63	524081.00	34.99
第12类	鞋帽伞等：羽毛品	35025.00	12.48	667.00	53.80	35692.00	13.05
第13类	矿物材料制品、陶	16585.00	50.61	15493.00	50.05	32077.00	50.34
第14类	珠宝、贵金属及制品	2201.00	19.26	2045.00	41.16	4246.00	28.89
第15类	贱金属及其制品	78964.00	30.78	183494.00	92.80	262458.00	68.73
第16类	机电、音像设备	2127143.00	94.94	1841774.00	87.79	3968918.00	91.55
第17类	车辆、航空器、船艘	60449.00	18.64	7919.00	17.93	68368.00	18.56
第18类	光学、医疗等仪器	249720.00	186.01	655889.00	128.33	905609.00	141.77
第19类	武器、弹药及其零件	9.00	3.59	1.00	278.90	10.00	9.41
第20类	杂项制品	84279.00	33.88	5482.00	24.39	89760.00	33.25
第21类	艺术品、收藏品	13.00	-66.05	3.00	-39.04	15.00	-63.26
第22类	特殊交易及未分	9.00	-28.56	1398.0	116.85	1407.00	113.97
机电产品（包括本目录已具体列名的产品）		2512791.00	95.52	2533989.00	96.10	5046781.00	95.81
高新技术产品（包括本目录已具体列名的产品）		1789128.00	108.74	1339417.00	109.79	3128545.00	109.19
HS商品		3262771.00	76.17	3302184.00	84.79	6564956.00	80.40

其中出口超亿美元的企业有53家，比上年分别增加126家和26家，平均规模为7578.53万美元，比上年增加1388.3万美元。全市出口超千万美元企业出口总量高达278.89亿美元，占全市出口总额的85.46%，比上年提高了13.22个百分点。

③机电产品、高新技术产品出口比重不断攀升。全市机电产品出口250.88亿美元，高新技术产品出口178.95亿美元，比上年分别增长95.6%和108.8%，占全市出口总额的比重分别比上年提高了7.64和8.6个百分点。

④出口市场不断扩大。全市出口国家（地区）达197个，比上年增加12个。并出现了对主要市场出口快速增长的良好势头。对亚洲、欧洲、北美洲、欧盟、东盟出口增长分别为71.6%、105.2%、67.7%、107.7%和52.7%。出口量最大的国家和地区依次为美国、日本、香港、荷兰和德国，分别为78.41亿美元、52.68亿美元、34.95亿美元、22.59亿美元和19.37亿美元。

【39家企业入围500强，20家企业入围200强】 国家商务部公布的2002年中国进出口500强和出口200强排行榜中，苏州有39家企业跻身进出口500强、20家企业跻身出口200强。入围的39家500强企业中，外商投资企业34家，外贸企业5家；入围的20家200强企业中，外商投资企业17家，外贸企业3家。苏州入围企业与上年相比，有以下几个特点：

①入围企业数大幅增加。入围500强和200强的企业数分别比上年增加10家和5家，分别比上年增长34.48%和33.33%。入围进出口500强苏州企业中，新入围企业达15家，有24家是上年入围的老企业。入围出口200强苏州企业中，新入围企业7家，13家为上年入围的企业。在入选标准大幅提高的情况下，苏州新入围企业的大幅增加，说明苏州进出口规模型企业队伍正在不断扩大。

②排序位次大幅前移。2001年苏州进入500强和200强的企业中，排序在50位前的分别只有1家和2家，2002年均为5家。24家500强老企业和13家200强老企业中，分别有14家和8家企业位次都有不同程度前移。2002年入围500强的企业排序在50位前的依次为名硕电脑（苏州）有限公司（12位），明基电通信息技术有限公司（31位），仁宝电脑工业（中国）有限公司（34位），苏州爱普生有限公司（43位），仁宝电子科技（昆山）有限公司（47位）。2002年入围200强的企业排序在50位前的依次为名硕电脑（苏州）有限公司（20位），江苏国泰国际集团公司（29位），明基电通信息技术有限公司（31位），仁宝电脑工业（中国）有限公司（34位），苏州爱普生有限公司（48位）。500强中，名硕电脑、明基电通、仁宝电脑工业位次提升较大，分别由上年的第57位、68位和90位，前移到第12位、31位和34位。200强中位次提升较大的有名硕电脑（51位升至20位），江苏国泰（36位升至29位），明基电通（70位升至31位），仁宝电脑（80位升至34位），苏州进出口集团（141位升至80位）。

③规模实力进一步提升。进入500强的39家企业进出口总额183.11亿美元，平均进出口规模4.69亿美元，比上年增加9045万美元，超过全国500强平均进出口规模增加值794万美元。20家入围200强企业出口总额82.46亿美元，平均出口规模4.12亿美元，比上年增加10696.9万美元，超过全国200强平均出口规模增加值2778.9万美元。名硕电脑、明基电通、仁宝电脑工业进出口总额比上年分别增长了2.92倍、2.13倍和2.38倍，出口额分别增长2.57倍、2.18倍和2.35倍。苏州进出口集团出口额比上年增长了2倍。

【59家企业入围省进出口百强，58家企业入围省出口百强】 2004年1月15日，全省外经贸工作会议公布了2003年江苏省进出口百强企业和出口百强企业名单，苏州有59家企业被评为2003年江苏省进出口百强企业、58家企业被评为江苏省出口百强企业。

附：入围2002年中国出口200强的20家苏州企业

单位：万美元

位次	企业名称	出口额
20	名硕电脑（苏州）有限公司	105788
29	江苏国泰国际集团公司	79583
31	明基电通信息技术有限公司	79026
34	仁宝电脑工业（中国）有限公司	73041
48	苏州爱普生有限公司	56796
51	仁宝电子科技（昆山）有限公司	53506
80	苏州进出口集团有限公司	38920
86	苏州飞利浦消费电子有限公司	35127
87	常熟对外贸易集团公司	35079
89	高创（苏州）电子有限公司	34033
119	华宇电脑（江苏）有限公司	27018
127	四海电子（昆山）有限公司	26235
131	夏普办公设备（常熟）有限公司	25165
134	超微半导体（苏州）有限公司	24808
139	苏州罗技电子有限公司	24271
150	旭电（苏州）科技有限公司	23288
156	富士康（昆山）电脑接插件有限公司	23391
158	日立显示器件（苏州）有限公司	22268
174	苏州明基电子技术有限公司	20089
200	百得（苏州）电动工具有限公司	17172

附：入围2002年中国进出口500强的39家苏州企业

单位：万美元

位次	企 业 名 称	进出口额	出口额	进口额
12	名硕电脑（苏州）有限公司	236798	105788	131010
31	明基电通信息技术有限公司	146866	79026	67840
34	仁宝电脑工业（中国）有限公司	129728	73041	56687
43	苏州爱普生有限公司	111834	56796	55038
47	仁宝电子科技（昆山）有限公司	104731	53506	51225
55	江苏国泰国际集团有限公司	91998	79583	12415
71	旭电（苏州）科技有限公司	78595	23288	55307
97	苏州飞利浦消费电子有限公司	58868	35127	23741
101	华宇电脑（江苏）有限公司	56909	27018	29890
102	高创（苏州）电子有限公司	56179	34033	22145
114	日立显示器件（苏州）有限公司	51652	22268	29384
135	四海电子（昆山）有限公司	44934	26235	18698
143	苏州进出口（集团）有限公司	43195	38920	4275
153	苏州罗技电子有限公司	41095	24271	16825
158	友达光电（苏州）有限公司	40569	11217	29352
162	常熟对外贸易集团公司	40135	35079	5056
168	夏普办公设备（常熟）有限公司	38871	25165	13706
180	苏州明基电子技术有限公司	37098	20089	17009
182	超微半导体（苏州）有限公司	36992	24808	12185
222	富士康（昆山）电脑接插件有限公司	30014	22391	7623
229	华映视讯（吴江）有限公司	28857	5891	22966
246	吴江市外贸集团公司	27068	9692	17375
248	三星电子（苏州）半导体有限公司	26937	13171	13766
250	苏州三星电子有限公司	26727	16553	10174
294	苏州国信集团有限公司	23379	13743	9636
307	天弘（苏州）科技有限公司	22706	7983	14723
315	大同电子科技（江苏）有限公司	22327	13194	9132
343	百得（苏州）电动工具有限公司	20722	17172	3551
352	昆山翊腾平面显像有限公司	19949	9867	10082
359	昆山沪铼光电科技有限公司	19605	6539	13066
371	玮创资通（昆山）有限公司	18953	8028	10925
380	张家港浦项不锈钢有限公司	18507	132	18375
381	牧田（中国）有限公司	18491	13126	5364
391	太阳电器（苏州）有限公司	18028	8360	9668
407	日立半导体（苏州）有限公司	17302	8475	8827
416	苏州富士胶片映像元器件有限公司	16913	8619	8294
463	力捷电脑（中国）有限公司	15218	9958	5259
478	捷安特（中国）有限公司	14756	11576	3180
497	联建（中国）科技有限公司	14257	2965	11292

附：入围2003年省进出口百强的59家苏州企业

单位：万美元

位次	企业名称	进出口总额	位次	企业名称	进出口总额
1	名硕电脑（苏州）有限公司	611601	48	佳能(苏州)有限公司	38146
3	友达光电(苏州)有限公司	266682	49	联建(中国)科技有限公司	38030
4	明基电通信息技术有限公司	241578	52	昆山翊腾平面显像有限公司	35505
5	仁宝电子科技(昆山)有限公司	179276	53	和舰科技(苏州)有限公司	34953
6	苏州爱普生有限公司	157143	55	亚旭电子科技(江苏)有限公司	33973
7	华映视讯(吴江)有限公司	138409	56	苏州明基电子技术有限公司	33852
8	旭电(苏州)科技有限公司	134936	57	苏州国信集团	33289
9	日立显示器件(苏州)有限公司	119885	59	昆山新宁公共保税仓储有限公司	31255
10	三星电子(苏州)半导体有限公司	114676	60	大同电子科技(江苏)有限公司	29870
12	华宇电脑(江苏)有限公司	106189	61	富士康(昆山)电脑接插件有限公司	29709
13	仁宝资讯工业(昆山)有限公司	104885	63	苏州三星电子电脑有限公司	29097
14	江苏国泰国际集团	102297	64	彩晶电脑科技(昆山)有限公司	28589
16	苏州飞利浦消费电子有限公司	100028	68	四海电子(昆山)有限公司	26589
17	仁宝电脑工业(中国)有限公司	97707	69	百得(苏州)电动工具有限公司	26121
20	志合电脑(苏州工业园区)有限公司	82762	70	伦飞电脑(昆山)有限公司	25873
22	纬创资通(昆山)有限公司	75079	71	昆山沪铼光电科技有限公司	25492
26	东海粮油工业(张家港)有限公司	59880	72	吴江市外贸集团公司	25356
27	苏州进出口(集团)有限公司	56962	75	昆达电脑科技(昆山)有限公司	23944
30	苏州罗技电子有限公司	51645	78	大将科技(苏州)有限公司	22713
33	常熟对外贸易集团公司	46489	79	华冠通讯(江苏)有限公司	22680
35	夏普办公设备(常熟)有限公司	45036	80	太阳电器(苏州)有限公司	22385
36	苏州三星电子有限公司	44622	84	华芳集团有限公司	21964
37	微盟电子(昆山)有限公司	43086	86	苏州三星电子液晶显示器有限公司	21869
38	诺基亚(苏州)电信有限公司	42414	88	芬欧汇川(常熟)纸业有限公司	20047
39	张家港浦项不锈钢有限公司	41822	89	罗礼科技(苏州)有限公司	19726
41	高创(苏州)电子有限公司	41385	90	天瀚科技(吴江)有限公司	19500
43	泽康科技(吴江)有限公司	39711	95	中达电子(江苏)有限公司	18007
44	超微半导体(苏州)有限公司	39569	97	正新橡胶(中国)有限公司	17827
45	张家港保税区长江国际港务有限公司	38378	98	苏州富士胶片映像元器件有限公司	17388
47	天弘(苏州)科技有限公司	38234			

入围2003年省出口百强的58家苏州企业

单位：万美元

位次	企业名称	出口总额	位次	企业名称	出口总额
1	名硕电脑（苏州）有限公司	316557	48	富士康(昆山)电脑接插件有限公司	18893
2	明基电通信息技术有限公司	172523	50	苏州明基电子技术有限公司	18755
4	仁宝电子科技(昆山)有限公司	104353	51	大同电子科技(江苏)有限公司	18268
5	友达光电(苏州)有限公司	92614	52	彩晶电脑科技(昆山)有限公司	18118
6	苏州爱普生有限公司	91830	54	泽康科技(吴江)有限公司	16697
7	江苏国泰国际集团	89229	55	华芳集团有限公司	16456
9	仁宝资讯工业(昆山)有限公司	69232	56	联建(中国)科技有限公司	15683
11	华宇电脑(江苏)有限公司	62471	59	吴江市外贸集团公司	14748
13	仁宝电脑工业(中国)有限公司	59810	61	亚旭电子科技(江苏)有限公司	14437
14	苏州飞利浦消费电子有限公司	59127	62	天弘(苏州)科技有限公司	14228
15	三星电子(苏州)半导体有限公司	55467	63	天瀚科技(吴江)有限公司	13569
16	苏州进出口(集团)有限公司	52209	66	昆山沪铼光电科技有限公司	13264
18	日立显示器件(苏州)有限公司	49106	70	中达电子(江苏)有限公司	12400
19	旭电(苏州)科技有限公司	45256	73	四海电子(昆山)有限公司	12026
21	常熟对外贸易集团公司	42320	74	苏州三星电子电脑有限公司	12004
23	志合电脑(苏州工业园区)有限公司	38495	75	太阳电器(苏州)有限公司	11725
24	华映视讯(吴江)有限公司	37676	78	昆达电脑科技(昆山)有限公司	11346
27	纬创资通(昆山)有限公司	35622	79	牧田(中国)有限公司	11337
28	高创(苏州)电子有限公司	34320	80	苏州爱普电器有限公司	11233
31	苏州罗技电子有限公司	31364	83	伦飞电脑(昆山)有限公司	10838
33	夏普办公设备(常熟)有限公司	29593	84	捷安特(中国)有限公司	10671
34	苏州三星电子有限公司	28088	87	好孩子儿童用品有限公司	10251
36	百得(苏州)电动工具有限公司	23233	90	罗礼科技(苏州)有限公司	9686
37	超微半导体(苏州)有限公司	23112	91	维讯柔性电路板(苏州)有限公司	9572
39	苏州国信集团	22536	92	华达利家具(中国)有限公司	9384
40	佳能(苏州)有限公司	22200	95	芬欧汇川(常熟)纸业有限公司	8942
42	诺基亚(苏州)电信有限公司	21177	96	大将科技(苏州)有限公司	8636
43	微盟电子(昆山)有限公司	20974	97	苏州富士胶片映像元器件有限公司	8620
46	昆山翊腾平面显像有限公司	20401	98	绿点(苏州)科技有限公司	8560

苏州市外贸出口前100名企业（2003）

排名	企 业 名 称	出口额（万美元）	排名	企 业 名 称	出口额（万美元）
1	名硕电脑(苏州)有限公司	316557	51	捷安特(中国)有限公司	10671
2	明基电通信息技术有限公司	172523	52	好孩子儿童用品有限公司	10251
3	仁宝电子科技（昆山）有限公司	104353	53	罗礼科技(苏州)有限公司	9686
4	友达光电(苏州)有限公司	92614	54	维讯柔性电路板(苏州)有	9572
5	苏州爱普生有限公司	91830	55	华达利家具(中国)有限公司	9384
6	江苏国泰国际集团有限公司	89229	56	芬欧汇川（常熟）纸业有限公司	8942
7	仁宝资讯工业（昆山）有限公司	69232	57	大将科技(苏州)有限公司	8636
8	华宇电脑(江苏)有限公司	62471	58	苏州富士胶片映像元器件有限公司	8620
9	仁宝电脑工业(中国)有限公司	59810	59	绿点(苏州)科技有限公司	8560
10	苏州飞利浦消费电子有限公司	59127	60	正新橡胶(中国)有限公司	8189
11	三星电子(苏州)半导体有限公司	55467	61	张家港保税区光王电子有限公司	8159
12	苏州进出口（集团）有限公司	52209	62	凯博电脑（昆山）有限公司	8117
13	日立显示器件(苏州)有限公司	49106	63	万福阁家具（昆山）有限公司	7768
14	旭电(苏州)科技有限公司	45256	64	可比雅(苏州)办公设备有限公司	7670
15	常熟对外贸易集团公司	42320	65	华冠通讯(江苏)有限公司	7236
16	志合电脑(苏州工业园区)有限公司	38495	66	日立半导体(苏州)有限公司	7073
17	华映视讯(吴江)有限公司	37676	67	牧田（昆山）有限公司	6859
18	纬创资通（昆山）有限公司	35622	68	星宝电子科技(昆山)有限公司	6668
19	高创(苏州)电子有限公司	34320	69	虹光精密工业(苏州)有限公司	6654
20	苏州罗技电子有限公司	31364	70	阿尔卡特苏州通讯有限公司	6515
21	夏普办公设备(常熟)有限公司	29593	71	苏州富士胶片映像机器有限公司	6406
22	苏州三星电子有限公司	28088	72	艾佩斯(苏州)不间断电源有限公司	6224
23	百得(苏州)电动工具有限公司	23233	73	昆山乐金微永电脑有限公司	5889
24	超微半导体(苏州)有限公司	23112	74	苏州达方电子有限公司	5816
25	苏州国信集团有限公司	22536	75	张家港扬子纺纱有限公司	5546
26	佳能(苏州)有限公司	22200	76	苏州柳新手套服饰有限公	5455
27	诺基亚(苏州)电信有限公司	21177	77	苏州日本电波工业有限公司	5340
28	微盟电子（昆山）有限公司	20974	78	泰怡凯电器(苏州)有限公	5295
29	昆山翊腾平面显像有限公司	20401	79	常熟通润机电有限公司	5217
30	富士康(昆山)电脑接插件有限公司	18893	80	力斯顿(苏州)听力技术有限公司	5134
31	苏州明基电子技术有限公司	18755	81	苏州工业园区对外贸易公司	5035
32	大同电子科技(江苏)有限公司	18268	82	索尼凯美高电子(苏州)有限公司	5002
33	彩晶光电科技（昆山）有限公司	18118	83	江苏吴中集团	5000
34	泽康科技（吴江）有限公司	16697	84	苏州明基光电技术有限公司	4992
35	华芳集团有限公司	16456	85	苏州金莱克清洁器具有限公司	4955
36	联建(中国)科技有限公司	15683	86	沪士电子股份有限公司	4790
37	吴江市外贸集团公司	14748	87	东海粮油工业（张家港）有限公司	4679
38	亚旭电子科技(江苏)	14437	88	富士通多媒体部品(苏州)有限公司	4449
39	天弘(苏州)科技有限公司	14228	89	日东电工(苏州)有限公司	4385
40	天瀚科技(吴江)有限公司	13569	90	江苏波司登股份有限公司	4325
41	昆山沪铼光电科技有限公司	13264	91	楼氏电子(苏州)有限公司	4309
42	中达电子(江苏)有限公司	12400	92	苏州智能泰克有限公司	4275
43	四海电子(昆山)有限公司	12026	93	昆山六丰机械工业有限公司	4120
44	苏州三星电子电脑有限公司	12004	94	苏州太湖企业有限公司	4087
45	太阳电器(苏州)有限公司	11725	95	华达利皮革(中国)有限公司	4056
46	昆达电脑科技（昆山）有限公司	11346	96	禧玛诺(昆山)自行车零件有限公司	4047
47	牧田(中国)有限公司	11337	97	耐克(苏州)体育用品有限公司	3954
48	苏州爱普电器有限公司	11233	98	安德鲁电信器材(中国)有限公司	3932
49	伦飞电脑（昆山）有限公司	10946	99	国腾电子(江苏)有限公司	3847
50	江苏海企苏州公司	10680	100	建大橡胶（中国）有限公司	3778

（吴志伟）

外经合作

【概况】 2003年，苏州市在利用外资实现新的突破、外贸进出口再创历史新高的同时，对外经济合作也取得了稳步发展。全市新签对外工程承包劳务合同额2.48亿美元，完成营业额2.25亿美元，比上年分别增长35.2%和32.8%。

①境外投资稳妥推进。全年新批海外企业7家，其中贸易型2家、非贸易型1家、境外办事处4家，总投资额419万美元。分别投资于美国、法国、德国、意大利、日本、俄罗斯和印度。境外企业完成营业额1.17亿美元，占全市总额的52%。

②境外工程承包取得质的突破。以往苏州的境外工程承包都是低层次的土建分包。2003年苏州中材建设有限公司中标越南福山水泥公司7400万美元的总承包交钥匙项目，标志着本市境外工程承包实现了从“土建”到“总包”的重大突破。该项目已全面开工，并由中国银行苏州分行对外开出740万美元的履行保函，得到了国家有关政策的扶持。

③对外劳务合作结构趋向优化，外经经营主体不断扩大。全市又有2家企业获得外对经营权，全市5个县级市都有了自己的外经经营主体。外派劳务结构调整初见成效。2003年把开拓国际劳务市场的重点放在日本等高收入国家，全年派往日本研修生达1172人，占总人数的59%。国际护士培训和外派工作积极推进。苏州外派医护人员培训中心成功举办了首期外派医护人员培训班，在苏州卫生学校新生中特招了两个国际护士班，并积极与美国、英国的护士学院签订合作协议。

附：苏州市外经合作大项目（2003）

项目名称	项目所在国（地区）	合作方式	项目行业	苏方公司名称	新签合同额（万美元）	完成营业额（万美元）	参与人数（人）
越南福山水泥公司	越南	承包工程	建筑业	苏州中材建设有限公司	7400	2500	320
新加坡古典园林	新加坡	承包工程	建筑业	香山古建集团公司	436	432	45
维祺商业大楼	南非	承包工程	建筑业	江苏华新建设工程有限公司	322	45	75
苏丹喀土穆3号楼	苏丹	承包工程	建筑业	昆山中江公司	300	300	28
肯尼亚内罗毕C.D.C商场	肯尼亚	承包工程	建筑业	张家港市金厦建设集团		160	14
乌干达建设工程	乌干达	承包工程	建筑业	江苏金土木公司	163	62	31
香港项目	中国香港	承包工程	建筑业	江苏金土木公司	75	295	3
缝制研修生	日本	劳务合作	工业生产	张家港国际公司		1400	702
日本劳务	日本	劳务合作	工业生产	常熟国际公司	651	549	776
新加坡建筑劳务	新加坡	劳务合作	建筑业	江苏金土木公司	310	522	160

（吴志伟）

体制改革

行政审批制度改革

【概况】 继2001年初苏州市市、县(区)两级政府实施第一轮行政审批制度改革之后，2003年初又进行了第二轮行政审批制度改革，把政府“自我革命”的攻坚战推向纵深，进一步扩大了改革的积极成果。

①行政审批事项大幅度削减。经两轮清理，市级机关的行政审批事项由1642项减少到682项，减少的幅度达58.5%。有效地克服了行政审批事项过多过滥的弊端。

②行政效率显著提高。苏州市和下辖的张家港、常熟、太仓、昆山、吴江等5个县级市都建立了行政服务(审批)中心，大多数直接与企业和人民群众打交道的行政审批事项实现了“一门式”审批、“一站式”服务。苏州市行政服务中心自2002年8月成立至2003年底，共受理各类行政审批事项406815件，已办结事项404526件，办结率高达99.4%。其中，75%以上的事项在中心当场办结，承诺期内的办结率始终保持100%。

③审批后续监管措施得到加强。苏州市制定了《部分行政审批事项取消后改变管理方式和加强后续监管的若干意见》及《不需要管理的事项》和《改变管理方式的事项》两个附件。对擅自设立行政审批事项、已取消事项继续进行审批或变相进行审批、行政不作为或作为失当造成损失或后果、任意变更审批事项类别等违反规定的行为，提出了相应的处理意见。

④政府与人民群众的联系进一步密切。苏州市各级各部门始终坚持“阳光操作”，克服了“门难进，脸难看，事难办”的衙门作风，改善了政府在人民群众中的形象，密切了政府与人民群众的血肉联系。审批过程中的收费问题是企业和群众最为关注的焦点之一。苏州市行政服务中心建成运行以来，所有收费都公开收费依据，每一笔收费都按公示收费标准的下限收取，并有效杜绝了搭车收费和体外循环，受到了企业和群众的普遍赞誉。

【以“三铁”精神保证改革顺利推进】 行政审批制度改革是以政府自身为对象的，改革的阻力和难度更大。为了顺利推进这项改革，向人民群众交出一份满意的答卷，苏州市委、市政府把统一各级领导的思想认识、提高“自我革命”的觉悟程度放到突出位置。主要领导同志要求各级政府及部门领导同志，必须从努力实践“三个代表”重要思想，加快体制机制创新，积极应对入世挑战的高度，充分认识行政审批制度改革的重大意义，自觉地把推进这项改革作为增创苏州经济社会发展新优势的“希望工程”、展示新世纪苏州新风貌的“形象工程”、加强政府与人民群众血肉联系的“民心工程”，并强调在市委的领导下，市政府将以“铁的决心、铁的措施、铁的纪律”务实改革，决不失信于民。市行政服务中心建成正常运行以来，在规范审批行为、简化审批手续、减少办事环节、实行政务公开等方面取得了一系列积极成果。

【科学合理削减行政审批事项】 对名目繁多的行政审批事项动“大手术”，克服过多过滥的弊端，取决于清理标准的科学性和合理性。在两轮行政审批事项清理中，苏州市取得了削减半数以上行政审批事项的实际成效。在第一轮清理工作达到市级机关审批总事项和审批、核准事项的减少幅度均超过省政府确定的指标的基础上，市审改办第二轮清理又根据国务院提出的“合法、合理、交通、责任、监督”5项原则和清理审批项目的指导意见，把原来的8条清理标准修订、完善为6条，即①各级人大及人大常委会颁布的法律、法规确认的审批事项，予以保留；②国务院制定的规章和根据国务院决定、命令和要求制定的国务院部门文件规定的审批事项，予以保留；③依据省政府和省政府办公厅文件审批事项，原则上予以取消。对确需保留的审批事项，暂时保留，同时提请省政府及时提出制定地方性法规或政府规章予以确认；④省政府部门文件和市、县(区)政府及其部门文件设定的审批事项，原则上均予以取消；⑤凡在市场准入、市场开放方面与世贸组织基本规则和我国政府对外承诺相违背的审批事项，一律取消；⑥国内同类城市已取消的审批事项，如无特殊情况，也予以取消。依据新的清理标准开展审批事项的清理工作，苏州市市级机关又较大幅度地减少了各类审批事项。

【“双管齐下”规范行政审批行为】 行政审批制度改革更为重要的内容和任务，是在大幅度减少审批事项的基础上，进一步规范审批行为，提高行政效率，加强对审批事项的监管和审批后的管理。苏州市深化这项改革的一大特色，就是坚持制度建设和载体建设“双管齐下”，并使两者紧密结合，以强烈的创新意识规范行政审批行为，努力构筑规范、透明、便民、高效、廉洁的行政审批和管理的体制平台。为了严格规范行政审批行为，防止行政权力被滥用，在制定《苏州市行政审批制度改革的若干规定》，对依法设定行政审批事项、建立健全审批事项公示制，重大事项联合审批制，审批责任制和责任追究制等，分别做出明确规定之后，市委、市政府又做出了建立集中统一的行政服务中心、加强审批服务载体建设的决策，并根据“能进则进、一事一地、充分授权、既受又理”的原则，把40个部门、占市级机关85%的行政审批事项纳入中心办理。市行政服务中心建立以来，进一步细化了审批事项公示制度 重大事项联合审批制度和行政审批责任追究制度。同时。创造性制定了“即办件当场办、承诺件限时办、联办件牵头办、急办件快速办、补办办件和退办件及时答复办”的5件办理制度，实行首问负责制、一次性告知制等具体制度和操作办法，对重大、重点、重要项目开通了快速审批的“绿色通道”，积极试行网上审批。从而把行政审批为纳入了制度化、规范化的轨道，有效地促进了行政审批的全面提速，使原来需要几个月乃至更长时间批办的项目，只用10来天甚至几天就办成了。市行政服务中心还建立了《行政服务中心工作人员行为规范》等一系列管理制度，实现了多项行政管理机制和运作机制创新，使为民亲商、诚信服务成为每个工作人员的自觉行动。一年多来，中心收到的由各类服务对象送来的锦旗近百面，寄来的表扬信318封。

【行政审批制度改革公开透明】 苏州市为构筑公开透明的行政审批新体制进了不懈的实践探索，取得了领导机关高兴、企事业单位欢迎、人民群众满意的可喜成果。一是敞开大门改革，做到改革过程的公开透明和实际操作的客观公正。对行政审批事项进行全面清理之前，市审改办多次召开座谈会，广泛听取各类企业和人民群众的意见与建议，并把他们的合理要求和有价值建议吸收到工作意见及实施方案之中。在两轮行政审批事项清理工作中都成立了由市人大、政协专门委员会负责人，政府主要部门法规处处长组成的审查组、与审改办的工作人员一起、依据清理标准，逐项审定把关，保证清理过程的公开透明和掌握标准的客观公正。市审改办负责人还主动向市人大常委会主任会议、市政协主席会议报告改革的进展情况，认真听取与会领导同志的意见和建议，自觉接受人大、政协的监督。二是推行公示制度，随时向社会公开行政审批事项的清理结果。两轮行政审批事项的清理结果、市政府制定的有关行政审批制度改革的规范性文件，以及所有进驻市行政服务中心办理的审批事项均通过《苏州市人民政府公报》、《苏州日报》和政府网站等媒体向社会进行公示，充分尊重人民群众的知情权、参与权和监督权。三是实行“六个公开”，依靠人民群众的监督规范行政审批行为。市行政服务中心始终把构筑公开透明的行政审批新体制作为不懈追求的重要目标之一，对进入中心办理的审批事项实行事项内容、审批程序、申报材料、承诺时间、收费标准和收费依据“六个公开”，在办事大厅设立触摸式电子显示屏，中心网页登陆中国苏州网站，提供网上申报、预审、查询、表单下载、投诉等，既为企业和群众办事提供了便利，又为主动接受人民群众和社会各界的监督创造了条件。

（何光耀　黄建华）

公共财政体系改革

【概况】 2003年，苏州市各级财政部门根据公共财政体系建设要求，进一步深化以部门预算、国库集中支付和政府采购为主的财政改革，公共财政体系框架初见雏形。进一步规范了预算的编制和执行，初步形成了预算编制、执行、监督既相分离又相制约的新机制，提高了预算编制的科学性、严肃性、超前性和指导性。扩大了财政国库直接支付资金的范围，增加了各项财政支出的透明度，加快了财政资金周转速度。积极推行政府采购市场化运作模式，尝试建立更加合理高效的运作机制，有效地规范政府采购行为。药品招标及财政性资金支持的工程类项目纳入政府采购范围，进一步扩大政府采购制度的实施范围和规模，提高了财政资金的使用效率。全市政府采购实际采购金额达27.4亿元，比上年增长2倍，节约资金3亿元，资金节约率达9.9%。

（高　隽）

城市管理体制改革

【概况】 2003年苏州市“两级政府、三级管理”体制改革继续深化，城市管理工作重心进一步向街道下移，街道、社区在城市管理中的基础性作用得到进一步发挥。年内，为促进资源合理配置，优化区域发展格局，加快城市化进程，市委市政府制定了《关于一进步调整优化镇（街道）、村（社区）行政区划意见》，街道区划调整工作有序开展。金阊、平江、沧浪3个老城区的24个街道撤并为19个，平均4.34万人，169个社区撤并为149个，平均2138人；吴中、相城、金阊、高新区（虎丘区）、园区33个建制镇调整为20个，新设街道10个。

【街道政企分开工作全面完成】 2003年在街道企业产权制度改革和劳动用工制度改革扫尾的同时，全市6500多家街道挂靠企业脱钩、转制工作告一段落。

【城市环境长效管理机制基本建立】 2003年，市委、市府两办下发了《关于加强苏州市市区城市环境长效管理工作的意见》，市府办转发了市城管局和体改办制定的《苏州市市区城市管理行政执法工作延伸到街道的实施意见》。各区先后向街道（镇）派驻城管行政执法人员50名，进一步加大城市管理行政执法的力度。各区相继组建了街道城市管理行政执法协管员和街巷新村保洁员两支队伍，总人数分别为268名和948名，使街道层面的市容环境、日常管理和行政执法紧密衔接。街巷新村环境保洁市场化运作工作进展顺利，为全面推广打下基础。

【社区建设】 认真办理市人大关于社区建设的议案，巩固和扩大了全国社区建设示范市、示范区的创建成果，夯实了城市管理的基础。市政府下发了市建设局、体改办、民政局等部门制定的《关于市区社区配套用房建设和管理的意见》，从制度上保证新建社区居委会办公用房和居民活动用房的落实。市区有45个社区居委会完成了直选换届或直选新建工作，社区居委会专职人员直接选举工作取得了突破性进展，社区基层政治文明建设进入了一个新阶段。

（体改办 城管局）

国企改革

【概况】 2003年，按照“企业改制整体到位、国有资本退出到位、职工身份转换到位、债权债务处理到位、基本建立现代企业制度”的要求，市属国有(集体)企业单位产权制度改革取得了阶段性的重大成果。其主要特点：

①改制工作快速有序。市国企改革领导小组和改革办公室通过建立快速协调机制协调并明确了改制中的重大问题和政策，研究和解决了改制过程中出现的新情况、新问题。全年完成862家企业改制，累计改制面达97.5%，超额完成了改制任务。

②操作规范、平稳。改制工作把握了“国有资产处置”、“债权债务落实”、“职工权益”这三个关键环节，做到公正、公平、公开，整个改制工作符合国务院批转《关于规范国有企业改制工作的意见》的规定。在实现劳动力市场化的同时，职工的合法权益得到了保障，改制总体平稳。改制中10.6万名职工身份得到置换并妥善安置，除破产关闭企业和自愿选择离开企业的职工外，80%的职工进入改制后的新企业。支付职工安置费19.8亿元，因企业破产关闭和下岗职工出“中心”时办理“协保”费用5亿多元。

③国有（集体）产权转让方式多样化。国有产权转让方式主要有：国内大公司收购，外资、国资、民资和内部人员共同收购持股，招标、拍卖、挂牌方式公开转让，管理层、骨干、员工收购等。重新注册登记的295家新企业，均为有限责任公司、股份有限公司，总股本中，经营层占38%，骨干、员工占26%，外来法人，自然人占31%，地方国资占5%。

④国有资本从一般竞争性领域规范有序退出。完成改制的862家市属国有（集体）企业，评估总资产达225亿元，评估净资产达47.5亿元。改制后企业的地方国有资本只保留了1.3亿元。改制企业在支付各项改制成本后，上缴国有资产转让收入达15亿元，并用于统筹返还给改制成本不足的企业和破产关闭企业职工的安置成本。此外，政府收取土地出让金和契税3.8亿元，实现了国有资产在退出同时保值增值的目标。

⑤“大、难、特”企业改制取得突破。对企业体量大、资产质量好的苏州精细化工集团有限公司、苏州化工农药集团有限公司等骨干企业，通过信托融资和内部经营者、经营层、员工共同出资收购等办法进行了改制。对改制难度大、改制成本不足的苏州恒和投资开发管理有限公司、苏州建筑控股（集团）有限公司等企业，通过周密的方案设计和慎重操作，克服了重重困难，完成了改制工作。拥有7000多名职工的江苏苏钢集团有限公司，通过由北大方正收购的途径，也平稳完成了改制工作。

⑥企业的债权债务落实到位。完成改制的862家企业中，改制时承接的应收账款达27亿元，同时，困扰企业发展的4.9亿元互相担保得到解套，45.3亿元银行金融债务由改制企业承继。

⑦整个改制工作向资产授权经营公司层面推进。率先完成下属企业改制任务的苏州蔬菜集团有限公司、苏州中国国际旅行社（集团）有限公司实施了撤并，苏州建设（集团）有限公司、苏州恒和投资开发管理有限公司、苏州建筑控股（集团）公司完成了本部或连同下属子企业实施的整体改制，包含有上市公司苏州创元科技股份有限公司的苏州创元集团有限公司以及由原产业局翻牌组建的资产授权经营公司，也已着手本部改制方案的制订和改制的前期准备工作或撤并工作。

【苏州恒和投资开发管理有限公司】 苏州恒和投资开发管理有限公司是在原苏州商品交易所基础上组建的经市政府授权的国有资产经营公司。原苏州商品交易所是经国务院批准的全国15家试点期货交易所之一。1998年全国期货交易所整顿中被撤消，转而从事证券经纪等业务，经营开拓上一直困难重重，特别是期货交易所经营期间发生了大量的经济纠纷，其投资建造原打算用于期货交易的恒和大厦48个楼层中，已被法院判决执行的就有近20个楼层，此外还有几十起已知的未结诉讼，企业的实际净资产为负7800万元。恒和大厦工程结顶后无资金装修，成了市内著名的烂尾楼，有损苏州的城市形象。2003年公司原经营班子对公司资产进行全面收购。在公司资产的认定和处置上，本着规范有序，实事求是的原则，制订了妥善的解决方案，终于顺利地完成了公司的整体改制工作。改制后，企业积极筹措资金对恒和大厦进行包装，并打算通过盘活存量资产、招商引资等手段筹措资金，加紧对大厦进行内部装饰，争取早日建成涉外五星级的豪华宾馆。苏州恒和投资开发管理有限公司是市属第一家成功实施整体转让的政府授权经营的资产经营公司。

【苏州嘉美克钮扣厂】 苏州嘉美克钮扣厂始建于1921年，是一家具有82年历史的老企业。由于种种原因，企业举步维艰。2003年11月9日，由苏州物华拍卖有限公司对苏州嘉美克钮扣厂进行整体拍卖。经过73个回合的竞拍，外来自然人以331万元（高出起拍价251万元）的价格，将“嘉美克”收归囊中。

（体改办）

事业单位改革

【概况】 2003年，苏州市属82家生产经营型事业单位全面完成转企改制或注销撤消工作，其中转企改制63家，注销撤销19家。已转企改制或注销撤销的市属82家和3家省部属生产经营型事业单位涉及总资产44.26亿元，净资产12.12亿元，回收国有净资产5.15亿元，核销坏账3291万元，办理提前退休手续职工852人，缴纳提前退休费和社保补偿金1.22亿元，支付职工安置费6975万元。

在市属生产经营型事业单位改革中，一是置换职工身份，实行劳动用工合同制。已改制的事业单位中共有3300人进行了身份置换，重新上岗时一律与企业签订劳动合同。二是同步实施产权制度改革，建立现代企业制度。63家市属和2家部省属转企改制的事业单位，注册资本5.21亿元，绝大多数由原单位经营者、业务骨干和职工持股，少数引进社会法人或自然人入股，国有股仅占5.37%。三是轻装上阵，一心一意谋发展。市属事业单位改制中提前退休职工的退休费从改制净资产剥离后，统一由社保经办机构发放；在职职工进出自由，收入分配灵活多样；资本不实、坏账损失、债务链、医药费拖欠等疑难问题逐一妥善解决。南园宾馆由江苏国泰集团收购后，变更注册后2个月就扭亏为盈。

在市属生产经营型事业单改革中，一是分类准确，定性科学。按照先易后难的原则，明确了首批82家市属生产经营型事业单位转企改制或注销撤销的名单，并在一年不到的时间内顺利完成了改革工作。二是政策明确、操作规范。改制方案、资产审计、评估、剥离、核销、转让及职工安置等都在有关政策统一指导下规范进行，公开操作。三是组织有序、监督严格。市改制办和监督办组成部门团结协作，对每一个改制方案认真会办、督查，保证了改革的有序推进。

附：事业单位改革大事记（2003）

2月14日，苏体改《关于市属转制科研机构和工程勘察设计单位转制前退休人员待遇问题的通知》下发，明确市属17家转制科研机构和工程勘察设计单位提前退休和已退休职工实行“老人老办法”。

2月28日，苏府文件明确转企改制或注销撤销的82家市属生产经营型事业单位名单中，有45家改制方案经过主管部门初审和单位职代会通过，并上报市改制办会办。

3月25日，市委办公室、市政府办公室转发《关于清理整顿党政机关所办宾馆（饭店、招待所）和培训中心工作的实施意见》，要求党政机关与经营性实体彻底脱钩，实现“政企分开、政事分开、政资分开”，切实转变政府职能。

3月26日，全市经济体制改革工作会议召开，市委书记王珉在讲话中对事业单位改革提出了新的要求：“我们要在推进生产经营型事业单位转企改制的同时，加快公益型和准公益型事业单位改革，重点运用政府合同购买、特许经营、提供补贴、参股经营等方式，加快管办分离，实行市场化、产业化运作”。市长杨卫泽强调：“下一步事业单位改革的重点要转到市政、园林、绿化、环卫、医院等社会公益型、准公益型单位。改革的重点是解决体制、机制问题，打破这些单位背靠上级、远离市场和建设靠政府投入、吃饭靠财政供养、工作靠部门推动、管理按机关模式的大锅饭、铁饭碗状况”。

4月1日，市委办公室、市政府办公室转发《关于市属企事业单位改制后离休干部管理及有关经费的实施办法》，对保障和落实企事业单位改制中离休干部的各种待遇具有现实意义。

7月5日，市属69家生产经营型事业单位通过会办。市改制办开始对自来水、公交、燃气、市政、水务、园林、医院等事业单位进行调研，着手制定准公益型企事业单位改革的初步方案。

7月18日，市总工会所属的友谊宾馆、市民政局所属的民政招待所公开转让成功，成为首批事业单位国有产权公开转让的单位。成交价均比原计划内部转让价高出20～30%。友谊宾馆评估净资产4220万元，拍卖价3980万元；民政招待所评估净资产744万元，拍卖价580万元。

7月25日，苏体改《关于调整市节能监察站等事业单位改革形式的通知》下发，明确市节能监察站、供销职工中专、房地产管理职工中专、商业幼儿园、盘门风景名胜区管理处、燃气集团、市行管局房屋管理所等7家事业单位暂不执行生产经营类事业单位转企改制政策。

8月16日，市推进国有（国有）企业产权制度改革工作领导小组第六次全体会议要求，按行政性、公益性、准公益性、专业服务性等，对现有市属事业单位进行分类，然后按不同方式进行改革，重点是需要产业化的准公益性单位和需要企业化、市场化的专业服务性单位。

10月31日，市属82家、部省属3家生产经营型事业单位提前一年全面完成转企改制或注销撤销任务。

11月10日，苏改办《关于对市财政正常事业费拨款的市属科研机构和工程勘察设计单位改制时已办理提前退休人员待遇调整的会议纪要》、《关于进一步落实苏体改(2003)3号文件中无市财政正常事业费拨款的市属科研机构和工程勘察设计单位退休人员“补差”的会议纪要》下发，妥善解决了国家劳动和社会保障部等5部门劳社部发(2002)5号、省劳动和社会保障厅等4部门苏劳险(2002)20号文件涵盖的市属已改制21家科研机构和工程勘察设计单位提前退休人员和原退休人员继续享受事业单位待遇问题，涉及已退休职工548人、提前退休职工167人。

（体改办）

农村改革

【概况】 苏州市的农村改革，包括乡镇企业产权制度改革、粮食流通体制改革、棉花流通体制改革、农村信用合作社的改革试点、农村税费改革、农村社区股份合作制改革、农村承包土地流转制度改革以及建立农村最低生活保障制度、普及农村合作医疗和农村基本养老保险等。

①农村税费改革。一是将农民直接承担的合同内规费与税收并轨，即“费”改“税”，落实了“三个取消、两个调整、一项改革”政策。“三个取消”，即全面取消镇统筹费、农村教育集资等专门面向农民征收的行政事业性收费和政府性基金、集资，取消屠宰税，取消农民承担的劳动积累工和义务工。“两个调整”，即调整农业税计税产量、价格、税率，调整农业特产税征税范围。“一项改革”，即全面改革村提留征收办法。二是实施农业税征收方式改革。2003年，全面取消了农业税附加，取消了农业特产税并改征农业税，农业税不再直接向农民征收，改由镇村代缴、市（区）政府补贴。通过改革，全市农民合同内负担已全部减免，人均减负增收60多元。两项改革使农民增收减负人均达到110元左右。农民合同内实现了“零税费、零交费”。

②农村“三大合作”改革。一是农村集体经济组织（村经济合作社）进行社区股份合作制改革；二是农村承包土地使用权流转制度的改革；三是建立专业生产合作社、专业协会等以农民为主体的农村专业合作经济组织，不断提高农民参与市场竞争的组织化程度。

③建立农村社会保障体系。一是农村最低生活保障实现全覆盖。保障标准从2002年人均每月120元

提高到2003年的人均每月130元，资金由市（县）、区、乡镇、村三级按照4：4：2比例负担，集体经济薄弱村最低保障资金由市（县）、区、乡镇各50%给予了落实，2003年农村共发放低保金2650万元左右。二是农村合作医疗保险基本实现全覆盖。农村合作医疗行政村覆盖率已基本达到100%，人覆盖率达到85%，保险年人均基金为50元，比上年提高10元。三是实行农村基本养老保险。全市农村养老保险参保率已达到43%。四是推行老年农民养老补贴制度。对男满60周岁、女满55周岁及其以上的老年农民，建立了社会养老补贴制度。全市有43万老年农民领取了养老金，覆盖率达50%左右，其中36万多名农村老人无门槛进入养老保障，每月领取80~120元养老补贴。

④探索农村信用合作社改革。全市农村信用社共有6家法人机构。其中：张家港、常熟两家农村商业银行，昆山、太仓、吴江和苏州市区为农村信用合作联社。这6家法人机构共设有分支机构506家，网点遍布苏州城乡。4家信用合作联社都具备了股份制改革的条件。昆山、吴江两个农村信用合作联社已经上报改革方案。

【农村社区股份合作制改革】 2003年，全市累计组建社区股份合作社54个，5.21万农民拥有了股权，实现分红的30家社区股份合作社人均分红650元。吴中区长桥镇15个村在2003年全面开展了社区股份合作制改革，成为全省第一个村村组建股份合作社的乡镇。

建立的社区股份合作社有如下特点：一是进行了清产核资。即对村级集体各类经营性资产进行全面清理核实，摘实资产家底，依法界定所有权归属关系。二是制定了章程。明确建社的目的、性质、股权设置、社员资格、社员的权利和义务、组织机构及其职能、财务管理与收益分配等内容。三是股份量化。将个人股份量化到人，并以户为单位颁发《股权证书》，农户的股权只享受分红，所有权仍属于村集体经济组织所有。四是组织实施。成立社员代表大会、董事会和监事会，“三会”各司其职，积极开展正常的经济管理活动。年终财务决算和收益分配方案均需由社员代表大会审议通过后执行。

【农村承包地使用制度改革】 2003年，各地按照“依法、自愿、有偿”的原则，积极探索以土地股份合作为主的农民承包土地使用制度改革，取得了明显突破，全市累计组建农村承包土地股份合作社54个，入社农户15579户，承包土地面积2.16万亩，亩均分红670元。

承包土地有两种形式：一是农民承包土地使用权入股的股份合作社。土地一般不作价，由合作社统一组织对外发包或租赁，所得收入按入股土地份额进行分配。二是以农民承包土地使用权入股为主，资金、技术等参股的股份合作社，经营收益按股分配。

【农村专业合作经济组织】 2003年底，苏州市各类以农民为主体的农村专业合作经济组织累计达365个，带动农户17.81万户，其中，235家专业合作社入社农户9472户，入社资金3.18亿元，户均分配1.8万元；130家专业协会入会会员2.54万人，人均实现纯收入8000多元。

从服务功能上划分，有3种形式：

①技术服务型。以技术研究和实用技术推广为主，为会员提供技术指导和信息服务，利益联结比较松散。80%的专业协会属这种形式，不直接参与会员的生产经营服务和营销活动。2002年，协会共培训会员5.6万人次，培养出一大批种养大户和经营能手。

②实体经营型。由入社农户共同出资、出劳或出土地组建专业合作社或股份合作社，利润按产品销售额或入股股金进行分配。

③综合服务型。各类协会建立经营实体，在产前、产中、产后为会员提供技术、种子（苗）、农资、销售等全方位服务。全市已有26个协会兴办了基地、市场等相关的经营实体，开展了营销服务，实现利润按产品交易额进行二次分配。

苏州市农村专业合作经济组织发展很快，特点是：

①发展形式呈现多元化。一是由能人或专业大户牵头兴办；二是依托农产品加工流通企业牵头兴办。形成了“公司＋合作组织＋农户”的经营模式；三是政府专业技术推广部门创办。

②服务领域不断拓宽。粮棉、蔬菜等扩展到种植、养殖、农机、农产品加工和房产经营等一二三产业，并从单纯的生产环节和技术指导扩展到产、加、销全过程。

③区域特色更加明显。相继形成了蔬菜、花卉苗木、水果、水产、畜牧一批特色产业。

④利益联结趋于紧密。协会逐步从单一的技术、信息服务向产前、产后综合服务拓展，真正成为利益共享、风险共担、利益紧密的专业合作经济组织。 （陈祖卫）

私营个体经济

综　述

【概况】 2003年，全市私营企业累计达到72693户，注册资本总额889.11亿元，户均注册资本122.4万元，比上年增长42.03%，从业人员109.7万人；个体工商户累计达到20.2万户，注册资金总额71.3亿元，户均注册资本3.45万元，增长19.8%，从业人员31.3万人。全市私营个体经济共新增注册资本398亿元，累计达到961亿元；完成增加值770亿元，增长26%，占全市国内生产总值的比重达到28.5%，比上年提高1.5个百分点；上缴税金82.3亿元，增长55.43%，占全市税收的比重达到25.7%，比上年提高6个百分点；完成投资340亿元，增长50%，占全社会固定资产投资的24%；完成出口6.89亿美元，较上年增长150%；实现社会消费品零售总额增长14.8%，占全市总量的31.2%；新增就业人员近40万人，实现再就业的国有（集体）企业下岗职工有八成在私营个体企业工作。新办私营企业涉及领域也更加宽广，与全市产业规划导向结合更加紧密，并向金融、旅游、医疗、商贸、房地产、公用事业和基础设施等领域延伸。全市有1家私营企业销售收入超100亿元，3家超500亿元，22家超20亿元。

（郁建东　申　霖）

【科技工作】 2003年，苏州私营企业技术创新能力继续提高，名牌意识增强，科技型企业数量大大增加。按省《民营科技企业条例》规定的条件，全年新认定民营科技企业216家，累计认定585家。高科技产业基地、企业自主研发能力的建设进一步增强。10月27日，“国家863高科技研究发展计划成果产业化基地”在昆山市周庄镇揭牌，这是继“国家级传感器产业基地”授牌后该镇获得的又一殊荣。永鼎博士后科研工作站于9月18日揭牌，好孩子儿童用品有限公司列2003年苏州市专利申请量第3名。2003年，全市民营企业承担各级科技计划项目178项，完成省高新技术产品177项，市高新技术产品24项，获得省、市科技进步奖44项，占全市获奖数的30%。

【私营、个体经济重大政策】 2003年，苏州市政府在贯彻《中小企业促进法》，加强开发区建设、推动科技创新、促进企业做大做强、实施名牌带动战略等方面，出台了一系列政策文件，数量之多、内容之广前所未有，包括：《苏州市贯彻〈中小企业促进法〉的实施意见》、《关于鼓励和吸引国（境）内外研发机构的意见》、《关于实施名牌带动战略的若干意见》、《关于加快区域科技创新体系建设的意见》、《关于进一步加强人才工作的意见》、《关于推进苏州地区通关现场全天候通关的实施意见》、《关于进一步提升国家级省级开发区发展水平的若干意见》等等，对私营企业发展起到积极的促进作用。

【获得的全国性荣誉】 2003年，全市私营企业获得多项殊荣。盛虹集团获“2003年度中国民企杰出代表”称号。在2003年中国民营科技促进会年会上，由民营科技促进会推荐的江苏亨通光电股份有限公司、江苏隆力奇生物科技股份有限公司、好孩子集团有限公司3家企业，荣获“中国民营科技企业创新奖”，张家港市科技局的崔振龙、苏州工业园区国际科技园的夏芳、苏州市高新技术创业服务中心的黄臻等3人荣获“中国民营科技促进奖”。沈文荣在由中国企业联合会、中国企业家协会举办的“2003年全国企业家活动日”暨“2003年度中国创业企业家表彰大会”上获“中国创业企业家”称号等。

【招商洽谈】 2003年，全市各地纷纷采取洽谈会、赴外招商等各种有效方式大量吸引外地民间资本，引资范围从传统的广东、浙江、福建等省扩大到湖北等地，招商项目也向大规模、高水平发展。如昆山市引进的“三一重工”项目总投资将达60亿元。太仓市一年内六赴温州市，签定项目协议55项，总投资32.5亿元，全市引进国内民资项目近3000个，引入资本250亿元。

【党组织建设】 2003年，全市私营个体企业党建工作不断加强，仅市区就新建5个党支部，累计已建立9个，并成立了党总支，共有党员96名。

（郁建东）

【私营、个体经济发展特点】 2003年，苏州市私营个体、经济发展呈现以下特点：

①发展后劲明显增强，出现了一批规模企业和行业龙头企业。2003年，全市私营个体经济完成固定资产投资340.3亿元，比上年增长50%，占全社会固定资产投资的24%，并建立了73个民营经济开发区，形成一批以产业集群为主要特征的区域经济板块，如塘桥棉纺业、妙桥羊毛衫业、莫城制笔业、盛泽纺织印染业等。科技型企业达586家，涌现出8个中国驰名商标和11个中国名牌产

品，69件省著名商标和122个省名牌产品。民营企业华芳集团、亨通集团、江南高纤成功上市，还有两家企业准备上市。民营经济在较高的平台上呈现出强劲发展的态势，仅吴江市就完成民资投入121.5亿元，其中总投资超过1000万元以上的项目有427个，实际投入超亿元的项目有8个。

②占全省比重稳步提升。全市私营个体企业数、注册资金数和规模型企业数继续保持全省第一，新增私营企业数、上交税金、实现出口分别占全省的22.5%、29%和22.8%。

③投资领域日益拓宽，投资格局显现多元化、多领域趋势。全市民营经济已横跨第一、第二、第三产业，产业比例日趋合理，行业门类基本齐全，企业结构不断升级，第三产业不仅增速快，且已发展到金融、物流、旅游、科技、咨询、融资担保等领域。第二产业的行业结构和企业结构不断优化，已有相当一部分企业从事电子、精密机械、精细化工等新兴产业，并且出现了强强联合发展的态势。

④在新兴产业领域中，私营企业展现出前所未有的创造力和发展潜力。在一些行业，私营企业已达到举足轻重的地位。

⑤企业的人员结构发生变化，已形成一批企业家和管理者队伍，组织形式和管理模式日趋规范。

⑥私营企业对苏州市再就业工程的贡献及苏州经济的贡献越来越明显。 （申　霖）

私营企业

【概况】 2003年，全市新增私营企业2.1万户，新办私营企业规模扩大，注册资本超500万元企业1200多家，占新办私营企业的5.7%，其中超1000万元的企业500多家。全市私营企业的平均注册资本达122.4万元，比上年增加36万元。常熟、张家港、吴江、昆山市的私营企业户数突破1万家。全市私营企业亿元以上投资项目8个，其中吴江化纤织造厂40万吨熔体直纺项目总投资达22亿元，已完成投资6.5亿元。全市有48家私营企业资产总额超过4亿元，有1家年销售收入超100亿元、3家超50亿元、22家超10亿元。华芳、亨通、江南高纤3家民营企业上市。按照现代企业制度组建私营企业集团60多家，雪中飞制衣有限公司名列中国私营企业纳税50强。

附：全市销售收入前50名私营工业企业（2003）

1、江苏隆力奇集团有限公司
2、江苏苏化集团有限公司
3、江苏澳洋实业（集团）有限公司
4、亨通集团公司
5、江苏江南化纤集团有限公司
6、好孩子集团有限公司
7、吴江万宝集团公司
8、江苏旋力集团股份有限公司
9、江苏通润机电集团有限公司
10、江苏梦兰集团公司
11、永鼎集团公司
12、昆山市震雄电线电缆有限公司
13、吴江化纤织造厂
14、张家港市沙洲纺织印染进出口有限公司
15、苏州精细化工有限公司
16、鹰翔化纤有限责任公司
17、江苏阪神电器股份有限公司
18、张家港华达涂层有限公司
19、江苏常盛集团有限公司
20、江苏澄达集团有限公司
21、江苏中利光电集团有限公司
22、常熟市汽车内饰件厂
23、常熟开关厂
24、常熟市铝箔厂
25、江苏友谊汽车有限公司
26、江苏美迪洋皮革皮件有限公司
27、江苏紫荆花纺织科技股份有限公司
28、常熟市标准件厂
29、张家港市天霸氨纶纱线纺织厂
30、江苏天鹏化工集团有限公司
31、江苏AB集团有限责任公司
32、苏州太湖企业有限公司
33、吴江市环宇铜材厂
34、苏州工业园区金月金属制品有限公司
35、常熟市东方人造板总厂
36、国营常熟印染总厂
37、吴江市荣东有色线缆厂
38、江苏奔球制管有限公司
39、张家港市易华塑料有限公司
40、江苏灵丰纺织集团有限公司
41、常熟豪威富集团公司
42、江苏琴湖集团有限公司
43、常熟棉纺织有限公司
44、吴江华佳光电线缆厂
45、吴江市盛虹印染有限公司
46、常熟市龙腾轧钢厂
47、方圆化纤有限公司
48、常熟市力宝装璜材料有限责任公司
49、吴江市黎里沪江日用化学品厂
50、江苏福裕（集团）公司

注：以上排名由市统计局提供

【重点私营企业】 **吴江化纤织造厂**——2003年度全市私营企业投入10强。该厂是吴江市第一家由镇办集体企业转制的私营独资企业，2003年总资产达到40亿元，企业占地158.67公顷，厂房建筑75万平方米，现有员工6500人，其中大中专毕业生已达600名，占20%，工程技术人员300名，拥有喷水、喷气织机3000台，联合整浆并10台套，其中进口设备占85%。年产各类坯布5亿米，产品优等率始终保持在98%以上，产品销售率98%以上，生产规模达到全球第二，全国第一。2003年，该厂投资24亿元、用汇2.5亿美元的年产40万吨熔体直纺长丝项目开工建设，所配套的120台高速加弹机已经投入运行。投产后，年销售额将达到50亿元。新组建的“恒力集团”已经核准，并追加投资17亿元兴建年产40万吨聚酯短纤及工业丝直纺项目；投资5亿元建设苏州毅翔纺织有限公司，投资3.5亿元合股建设苏州苏盛热电有限公司项目于2003年2月15日开炉投产；投资8000万元中标认购同里湖度假村，在做大做强纺织支柱产业的同时，拓展新的发展方向，实现企业跨越式发展。

好孩子集团——2003年度全市私营企业销售10强。1989年创立“好孩子”品牌以来，拥有中国专利和外国专利1600多项，在中国企业专利申请数中名列前茅。“好孩子”于1993年成为中国童车市场的销量冠军，已发展婴儿车、学步车、三轮车、自行车、电动车等各种儿童用车，1996年至今，“好孩子”的市场份额一直保持在70%左右，成为名副其实的童车大王，并拓展到童床、童装、纸尿裤、哺育用品、安全用品，成功实现了品牌的延伸。1999年“好孩子”被国家工商局认定为中国驰名商标。“好孩子”已经形成一个由分布在全国各地的42家分公司为平台的，有700多个童车、童装专柜，40多个专卖店，300多个分销商和近万

个销售网点组成的销售网络，同时也形成一个有28个服务保障中心、125个联保服务站构成的消费者服务网络。在国际市场上，“好孩子”与世界一流的儿童用品公司结成战略合作伙伴，在国外设立分公司，与Walmart、TRU、Targat以等终端客户保持密切的直接联络，随时可以直接切入市场。好孩子集团经过14年的发展，已跨入了世界儿童用品行列。好孩子童车，在美国市场已连续4年销量第一，在中国市场已连续10年销量遥遥领先，成为中国儿童用品第一品牌。2003年，内外销齐头并进，高速发展，销售收入超过15亿元，增幅超过50%。

江苏德威新材料股份有限公司——2003年度全市私营企业科技10强。公司初创于1996年，2001年改制为股份有限公司，主要生产聚乙烯、聚氯乙烯等高分子复合材料。企业不断进行创新投入和技改投入，引进先进发达国家的技术信息和制造技术，闯出了一条企业发展的新路。2000年以来，公司先后被评为“江苏省高新技术企业”、“苏州市科技先进集体”，有两个产品被列为国家级重点新产品，4个项目列入省级火炬计划，5个产品通过省级科技成果鉴定，3个产品被认定为江苏省高新技术产品。公司还与上海交通大学、华东理工大学成立联合实验室，针对市场需求，共开发具有国内领先水平和填补国内空白的产品6个，其中高速耐磨105℃汽车线束专用薄壁料和环保型80℃汽车线束专用薄壁料获得了德尔福美国总部、德国检验机构的认可，同时还通过江苏省科学技术厅及江苏省经贸委的科技成果、新产品鉴定。1999年公司通过美国BQR验证机构的QS9000汽车配套件质量体系认证，同年还通过美国UL验证机构的产品安全认证。公司已形成年产销3万吨级的硅烷交联聚乙烯材料、低烟元卤系列材料、电力电缆用可剥离型及非剥离型半导电内外屏蔽料系列、幅照交联和化学交联聚乙烯材料、环保型汽车线整专用料、低烟低卤系列聚氯乙烯电缆材料、聚氯乙烯弹性体材料等产品的规模化生产，总生产能力已达到30000吨。2003年，公司实现产品销售收入1.05亿元，实现利税1300万元。同时又投入开发两项高新技术产品，并在11月份通过江苏省科学技术厅、江苏省经贸委的科技鉴定和新产品投入鉴定。公司将把技术创新和技术改造当作重点，不断把企业做大、做强、做优。

（郁建东）

个体工商户

【概况】 2003年，全市新增个体工商户6.8万户，个体工商户的平均注册资本也达到3.45万元，比上年增加0.6万元。

【公益活动】 苏州个体企业在自身得到较大发展的同时，也不忘回报社会，自觉参与社会公益事业、光彩事业，在“非典”等突发性事件上表现出较强的社会责任感。积极参与西部大开发，将自身发展与西部贫困地区的经济发展结合起来，并在贫困地区建立了多所光彩小学。个体业主热心公益事业，积极帮助下岗职工实现再就业，扶贫帮困，捐资助学。特别是在2003年“非典”期间，仅苏州商会会员企业就捐赠钱物超过780万元，积极支持抗击“非典”工作。并在修桥筑路、社会福利事业、拥军优属等社会公益活动中贡献自己的力量。

【重点个体工商户】 蓝天美洁服务有限公司总经理陈华——2003年度30创业能手。陈华原来是一名国有企业的下岗职工，1996年创办了蓝天美洁公司，注册资金10万元。经过7年的奋斗，现在的“蓝天”已拥有固定资产80余万元，企业员工200余人，曾为苏州市200多家外资企业、300多家国内企事业单位提供服务，并先后安置下岗失业人员达1500多人次，成为苏州市同行业中名列前茅的专业清洁公司。1998年，“蓝天公司”被评为“江苏省省级青年文明号”，为苏州的城市环境卫生工作及下岗再就业工程，为宣传苏州的人文精神，提升苏州的投资环境作出了积极的贡献。陈华的事迹先后被《苏州日报》、苏州电视台、《江苏工人报》、《新华日报》等媒体多次报道，陈华于1999年被评为“江苏省‘三八’红旗手”、苏州市“十佳再就业明星”，2002年被评为苏州市首届“十大女杰”。2003年9月被省政府评为“省级劳动模范”，并于2003年3月参加了中央电视台的激情创业竞赛。在原来的蓝天美洁公司的基础上，2001年蓝天物业管理公司注册成立，2003年5月注册成立了立达职业介绍咨询服务公司，另外好得来快餐有限公司也已于2003年9月注册成立。公司申报了ISO国际质量体系认证。

（郁建东）

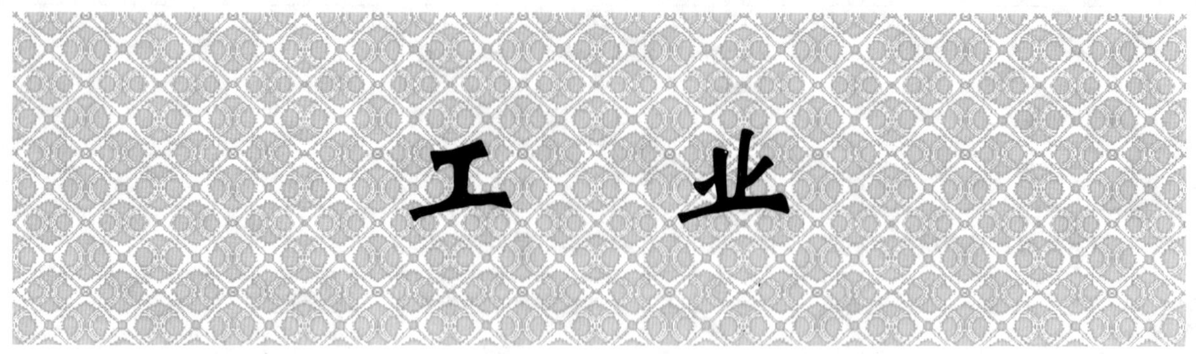

工业

综述

【概况】2003年全市工业经济在内、外需求的共同推动下，出现了历史上少有的高增长态势，工业经济总量及发展速度均创近年新高。全市实现工业总产值7010.77亿元（全国第二、仅次于上海），其中国有及年销售收入500万元以上非国有工业企业（以下简称规模以上工业企业）实现总产值4976.51亿元，分别比上年增长37.80%和39.10%。全年工业用电量304.13亿千瓦时，比上年增长30%。各类所有制工业呈现良好发展态势，外资企业增长领先，私营经济跃上新台阶。全市规模以上工业总产值中，国有工业总产值128.74亿元，集体工业总产值59.44亿元，三资工业总产值3011.91亿元，私营工业总产值942.22亿元，分别比上年增长17.70%、13.30%、48.7%和27.90%。重工业化水平继续提高，全市规模以上工业中，重工业产值3208.65亿元，轻工业产值1767.86亿元，分别比上年增长49.30%和23.70%，重工业化水平达到64.5%，比上年上升9.10个百分点。工业经济运行质量进一步提高，规模以上工业企业实现产品销售收入4924.87亿元，比上年增长41.40%；实现利税332.65亿元，增长29.20 %，其中利润214.49亿元，增长35.80%。规模以上工业经济效益综合指数达159.30%，创近年新高。

【技术创新】2003年，全市工业投入再创新高，全年工业完成固定资产投入842亿元，比上年增长69.9%，推动工业产业层次不断提高。电子信息、精密机械、精细化工等新兴主导产业迅猛发展，尤其是电子信息制造产业，全年完成现价产值1566亿元，增长78%，占全市规模以上工业总产值的比重达到31.5%。规模型经济继续推进，工业百强企业实现销售收入2524亿元，比上年增长56.20%，占规模以上工业的比重达51.30%；利税总额180亿元，增长38.80%，占总量的54.0%，其中利润总额132亿元，增长48.2%，占总量的61.50%。

【改革脱困】自市委、市政府全力推动市属国有（集体）企业产权制度改革以来，2003年，苏州市属工业系统按照市委、市政府的统一部署，建立健全了工作指导、企业会办协调、月度通报、工作考核等一系列制度，突出人员安置、债权确认、资产处置、股本金到位及确保稳定等重点工作，推进“四到位一基本”改制取得阶段性成效。市属工业企业全年以协议转让方式实施改制企业76家，深化改制18家，实施公开转让32家，共核准置换职工身份27745人；进入关闭、破产程序企业244家，共分流安置职工27411人，支付安置成本11.80亿元，其中7家依法破产企业已完成破产终结，3家政策性破产企业已基本完成职工分流安置。市属重点企业把改制与吸纳外来资本、实施搬迁改造有机结合起来取得成效。苏化、精细、孔雀集团已挂牌改制，北大方正参与苏钢集团资产重组于7月份正式签约。行业公司整体改制开始启动，争取政策性破产、“一揽子”清偿、盘活土地存量等各项工作进展顺利。

【安全生产】2003年，全市认真贯彻落实国家《安全生产法》，始终坚持“安全第一，预防为主”的方针，深入开展安全生产专项整治，强化安全生产监督与管理，完善各项基础性建设，正确处理好安全与生产、安全与发展的关系，通过扎实有效的工作使全市安全生产保持了基本稳定的态势，从而保证了全市经济建设的发展。全年累计发生各类安全事故11405起，比上年同期下降了3.75%；死亡1162人，下降0.77 %；重伤人数2272人，下降5.57 %；直接经济损失8197.11万元，上升10.4%。其中：企业工伤事故136起，下降11.70%；死亡79人，上升23.40%；受伤75人，下降24.20%；直接经济损失932万元，下降2.76%。企业工伤事故的起数和死亡人数分别占各类事故起数和死亡人数的1.2%和6.8%。

【退城进郊】2003年，苏州市先后出台《市属工业布局调整的实施办法》、《市属工业布局调整专项奖励资金管理办法》和《市属工业布局调整项目目标责任考核办法》等管理办法，推动市属工业布局调整工作的展开。截至年底，已有38家企业签定了搬迁改造合同，涉及70个项目，总投资40亿元，共退出城区用地196.13公顷，在沿江和周边地区新征土地488.93公顷，补偿金额达15亿元。金龙、印刷厂、塑料一厂等13个企业已基本完成第一阶段搬迁；汇凯印染、雷允上等17个企业陆续开工建设，年内可以完成或者部分完成新厂址建设；其他企业正在开展确定选址、产品选择等前期准备工作。搬迁企业载体建设加快推进，创元1号、2号工业园，东桥工业园、浒关工业园已先后完成了总体规划设计，开始分步建设。（郁建东）

【六大经济板块建设】2003年，苏州经济“六大板块”协调发展，一方面发展壮大县域经济，另一方面做大做强市区经济，"六大经济板块"各展所长、共同发展。在全部工业产值中，5县市占比为62%、市区比重为38%，各市、区的增长速度均在24%以上。"六大经济板块"充分发挥各自优势，形成了各具特色的产业体系。如市区重点发展电子信息产业、电气机械及器材制造业和非金属矿物制造业，张家港市以黑色金属冶炼、纺织和食品加工业为支撑。

（季　玮）

电力工业

【概况】　2003年，苏州市境内有6000千瓦及以上发电厂49家，发电装机容量435万千瓦，发电量201亿千瓦时（不含望亭电厂）。其中，常熟发电有限公司拥有4台30万千瓦发电机组，装机容量为120万千瓦；华能苏州工业园区有限责任公司拥有2台30万千瓦发电机组，装机容量为60万千瓦；张家港华宇电力有限公司2台12.50万千瓦发电机组，装机容量为25万千瓦；太仓港环保发电有限公司2台13.50万千瓦发电机组，装机容量为26万千瓦。

苏州供电公司为江苏省电力公司所属特大型供电企业。截至年底，公司拥有固定资产112.80亿元，资产总额达143.10亿元，营业客户250万户；拥有35千伏及以上变电站239座，变电总容量2152.94万千伏安。其中500千伏变电站2座，容量275万千伏安；220千伏变电站30座，容量885万千伏安；110千伏变电站111座，容量747.2万千伏安；35千伏变电站96座，容量245.74万千伏安；35千伏及以上输电线路5768公里（含电缆）。公司拥有配电总容量504.51万千伏安，10（20）千伏配电线路1678条，总长16838公里（含农村配电网）。

【电网建设】2003年，苏州供电公司完成基建投资25.6亿元，其中扩建500千伏车坊变、新扩建投运220千伏输变电工程8项，110千伏18项，新增主变容量270万千伏安，输变电线路227.13公里。年内，苏州供电公司对工程设计、招投标、施工、验收、投运各个环节层层把关，保证了各项电网工程高质量投入运行。500千伏石牌变获得2003年度鲁班奖，苏州供电公司被省电力公司评为2003年度优秀建设单位、并获苏州市重点工程建设先进单位称号。

做好城市配网建设与改造，10（20）千伏配网在适应苏州经济发展需求的基础上做到了适度超前，并且全部实现"手拉手"供电。配合市政建设，年内完成了景德路、人民路、三香路、平江路、山塘街及环古城风貌一期工程等一大批电缆入地改造。

【社会用电】2003年，苏州市全社会用电量为357.61亿千瓦时，居全省首位，占全省用电量近四分之一，比上年增长30.71%。

年内，迎峰度夏安全供用电工作取得优异成绩。夏季高峰期间，在平均每天错峰达80万千瓦、最高达100万千瓦的情况下，网供最高负荷达503.10万千瓦，未发生大面积拉限电现象，基本满足了全市经济社会发展对电力的需求。苏州供电公司被国家电网公司授予需求侧管理先进集体荣誉称号。

【企业管理】2003年，苏州供电公司以发展战略统揽全局，以创一流供电企业为主线，强化企业管理，深

全市全社会用电量(2003)

(按行政区域分)　　单位：亿千瓦时

地　区	当年用电量	上年用电量	比上年增长%
市　区	72.52	57.77	25.54
吴中、相城区	33.89	26.67	27.07
常熟市	43.11	35.63	20.99
张家港市	82.67	61.42	34.60
昆山市	47.72	34.79	37.16
太仓市	22.98	17.73	29.61
吴江市	54.49	39.42	38.23
全市合计	357.61	273.58	30.71

全市全社会用电量(2003)

(按用电性质分)　　单位：亿千瓦时

用　电　分　类	当年用电量	上年用电量	比上年增长%
1. 农、林、牧、渔、水利业	3.87	1.08	2.38
2. 工　业	304.13	85.05	29.98
3. 地质普查和勘探业	—	—	
4. 建筑业	4.30	1.20	100.00
5. 交通运输、邮电通讯业	3.41	0.95	55.71
6. 商业、饮食、物资、供销、仓储业	8.75	2.45	41.36
7. 其他事业	8.86	2.48	21.70
8. 城乡居民生活用电	24.28	6.79	34.96
其中：乡村	12.16	—	—
城市	12.12	—	—
合　计	357.61	100.00	30.71

化内部改革，开展“同业比较”、“标杆管理”活动，企业综合素质进一步提高。年内，公司制定并实施《2003～2005年建设国际一流供电企业规划》，确定了“三年三大步”的发展目标。聘请埃森哲国际咨询公司开展流程优化咨询诊断，科学合理地调整现有组织架构，提高企业的管理水平。年内，公司先后获得全国创建文明行业工作先进单位、全国电力行业质量效益型先进企业、江苏省五一劳动奖状、江苏省优秀思想政治工作企业、江苏省服务质量奖等荣誉称号。

【电力营销】2003年，苏州供电公司供电量为326.90亿千瓦时，售电量为306.12亿千瓦时，分别比上年增长32.33%、32.54%，总量及增幅均居全省首位。全年电力销售收入137.08亿元，增长30.43%，平均电价为447.87元/千千瓦时。供电线损率为5.32%，电压合格率为99.63%，其中低压用户电压合格率为99.50%，供电可靠率RS1、RS3均为99.99%。

按照省物价局关于实行同网同价的精神，苏州供电公司于3月份全面完成了全市城乡同网同价工作，并组织有关人员对执行情况进行检查，确保电价政策的严格执行。

全市完成六大行业分时电价调整，实施范围仍为机械、冶金、化工、医药、建材、纺织及受电容量在315千伏安及以上的工业用户和电热锅炉（含蓄冰制冷）用电。实施时段为：峰时8：00～12：00、17:00～21:00；平时12:00～17：00、21:00～24:00；谷时00:00～8:00。峰谷比价由原来的3:1扩大到5:1，即峰:平:谷=5/3:1:1/3。为鼓励宾馆、饭店、商场、办公楼、医院等用户使用蓄冰制冷、电热锅炉，对此类用电实行二段制电价，即谷时用电按谷电价格执行，其他时段均按平时电价执行。

全面完成第一批居民分时电表工程。市区从8月1日起实施居民分时电表改造工程，费用由供电部门承担，年内完成9万户居民换表工作。实行峰谷分时电价政策后的居民生活用电价格，将按照用电时段的不同实行不同的价格。峰时8：00～21：00，电价为0.55元/千瓦时；谷时21：00～次日8：00，电价为0.30元/千瓦时。

深化优质服务工作，全面推行并实施《优质服务常态运行机制》，完善运行机制、保障机制、激励机制、监督机制，开展明查暗访活动，检查执行情况。提前介入和配合政府招商引资，实行园区“一站式服务”；积极推行“客户经理制”，强化客户、政府、公司“三方”沟通措施，实施更大范围内的“大客户业扩跟踪制度”。在提高对客户用电售前、售后服务水平的同时，强化对客户的售后服务，2003年客户满意率达99%。

【农电工作】 2003年，农网建设与改造任务全面完成，全市二期农网改造共完成投资5.72亿元，为国家下达投资计划的100%；完成35千伏及以下电网工程计划投资9498万元、11个改造项目，完成农网技术改造工程计划投资2265万元、20个改造项目。

进一步规范农电职工管理。完成农村供电所人员和农村电工的劳动合同续签、定岗定薪、社会保险、医疗保险等工作，解除农电人员后顾之忧。规范农电人员劳动人事管理，建立健全农村供电所人员和农村电工的人事档案，实施人事资料代理制度。

【科技创新】2003年，苏州供电公司依靠科技兴企，提高管理水平。年内完成7座220千伏无人值班变电站改造。年内开展省公司重点科技项目5项，自定科技项目43项。获省电力公司科技进步一等奖1项，三等奖2项。信息化管理进一步加强，基础设施建设部署合理，系统应用突出了实用化，维护工作开拓新思路，信息化产生的效益明显。（宋良健）

【江苏常熟发电有限公司】2003年，江苏常熟发电有限公司完成发电量79.49亿千瓦时，比上年增长8.10%；完成供电煤耗347.80克/千瓦时，比上年下降1.27克/千瓦时；综合厂用电率5.13%，比年度预算上升了0.05个百分点，实现销售收入19.52亿元，利润3.39亿元，比上年增加0.16亿元，完成利税5.80亿元。全年实现3个百日安全无事故，并连续安全生产1028天。

2003年，苏南地区用电形势日趋紧张，为此，公司进一步加强设备管理和运行、检修管理，加强设备缺陷消缺管理工作，为全面完成全年安全生产奠定基础。积极推进财务管理现代化，进一步加强成本控制，在物资采购和工程发包中全面实行物资、工程招议标制度，降低采购成本和工程成本。2003年，公司在煤炭运力紧张、煤价大幅攀升和煤质下降的情况下，最大限度控制采购成本，保证供应，把好计量与质量验收关。全年共组织煤炭325万吨，耗煤327万吨，保证了发电生产的需要。公司还积极开展ISO9000贯标工作，并于11月份通过了ISO9000认证。（杨晓岚）

【中国华电集团公司望亭发电厂】2003年，是国家实施电力体制改革后望亭发电厂从国电华东公司划归中国华电集团公司的第一年。由于体制环境和隶属关系的变化，望亭发电厂的对外关系、管理模式都发生了变化。为此，该厂坚持“安全第一，预防为主”的电力生产工作方针，采用安全性评价和危险点预控等科学的安全管理方法，推行发电机组检修文件包管理和实施检修监理制度，实现连续安全运行达1117天，创历史最高纪录，为经济发展和人民生活用电作出了贡献，圆满完成了“两会”期间和重大节日的保电任务。抓住电力供应紧张的大好时机，克服燃料供应紧张的困难，多发电，全年发电量为55.29亿千瓦时，突破了几十年来徘徊在40亿千瓦时左右的局面。望亭天然气发电工程开始打桩、进入实质性的建设阶段；油机改造初步可行性研究报告基本完成。粉煤灰综合利用、印刷和服装业务、电力检修和检修监理等取得新的突破。精神文明和党风廉政建设得到进一步加强，厂工会荣获全国总工会能源化工先进称号。（周建兴）

苏州市工业投资发展有限公司

【概况】2003年是苏州市工业投资发展有限公司（简称工投公司）实现3年两大任务的关键一年。在全市经济体制改革以前所未有的力度、广度和深度向前推进的过程中，工投公司围绕发展主题，创新务实促进发展，实现了经济运行的速度与结构、效益的协调发展。现价工业总产值、销售收入、利润等各项经济运行指标分别比上年增长20%以上，呈现出强劲的攀升态势。紧扣调整主线，加快生产力布局调整，全面超额完成了年度的“退城进区”任务，签约率达126%，开工率达93%，3个工业园载体建设也已全面规划启动。全系统第一、二阶段的改制任务已基本完成，列入第三阶段改制任务的企业也已提前启动，基本完成了年初所制定的各项目标和任务。

【改革改制 实现预期目标】 工投系统共有独立核算企业370家，其中符合市政府改制关闭要求的企业有250家。第一阶段计划目标87家，其中整体改制46家，关闭41家。第二阶段计划目标126家，力争完成139家，其中列入公开转让的改制企业31家，破产关闭力争100家，深化改革7家。第三阶段安排24家企业关闭歇业。2003年是改制第一和第二阶段承前启后、第三阶段序时提前的关键阶段，工投公司切实加大组织推动力度，全力推进企业改革改制的进程，确保企业改制达到序时进度，已基本或提前实现各项预期目标。

①企业改制基本完成。工投系统列入改制的77家企业已于2003年10月底全部通过改制会办。

列入第一阶段整体改制的46家企业，除新苏纶和苏纶进出口公司等2家企业因特殊原因、剧装戏剧厂转为关闭外，其余43家企业已全部完成改制手续并如期挂牌。合计退出国有资本5.2亿元，回收净资产3.4亿元，置换职工身份8454人。改制企业中国有资本全部退出的41家，保留国有股但占比不到20%的2家。

列入第二阶段公开转让的31家企业（1家转关闭，实际为30家）除工艺集团整体改制外，涉及到的其余19家企业已完成了公开转让，合计成交金额5.04亿元，涉及职工10566人，到位资金4.38亿元，占成交总额的86.9%。行业整体改制取得突破，医药集团已于12月29日完成公开招标，原医药集团领导班子中标，成交价6666.99万元，高出底价2866.99万元。工艺集团已进入挂牌竞价阶段。

②关闭破产企业人员分流超过序时。工投系统列入三个阶段全部破产关闭企业为176家，已累计实施149家，占总数的84.7%，分流安置职工2.29万人，占分流总数的78%。其中：列入第一阶段关闭歇业的41家企业，累计分流职工1.18万人，分流率达到95%。列入第二阶段关闭破产的105家企业，除政策性破产企业外，累计支付分流资金1.3亿元，分流职工7353人，分流率达95%。3家政策性破产企业涉及职工3608人，在3个破产清算组全体人员的努力下，已分流安置3371人，占总人数的93.4%。列入2004年第三阶段实施关闭的30户企业，已于2003年全部通过会办。

③企业深化改制同步进行。工投系统列入深化改制考核目标的6家企业和经市领导批准深化改制的合成化工厂等4家企业已全部通过会办并进入操作实施阶段。

④重点企业改制取得历史性突破。苏化、精细化工和孔雀集团公司等3家重点企业已于5月28日、6月28日挂牌。以上3户企业合计退出国有资本4.65亿元，回收国有资产2.98亿元，置换职工身份3945人。苏钢集团公司与北大方正资产重组正式签约，退出国有资本3.7亿元，回收国有资产3.5亿元，已全面完成3892名职工的分流安置和4200名留岗人员的身份置换。

⑤“一公司二中心”启动营运。为解决好企业改制关闭中特殊人群的托管问题，工投公司组建了工益劳动服务公司，托管4个重点企业集团公司特殊人群的工作已经展开。离休干部管理中心于2003年9月挂牌成立，已陆续接收工投系统490余名离休干部和600余名原机关退休干部。正在组建的工投公司关闭歇业企业退休职工管理中心，将承担工投系统近5万名退休职工的集中管理。“一公司二中心”的组建，为推进改革改制、维护社会稳定、为政府排忧解难提供了载体和保障。

【退城进区全面启动】 生产布局调整是一项复杂的系统工程，涉及面之广，资金投入之大，任务之艰巨，是市属工业历史上前所未有的。2003年根据市政府《关于加快城区市属工业布局调整的若干意见》精神，工投公司进一步加强领导，明确责任，全力推进，全面完成了全年企业“退城进区”搬迁改造的目标任务。

一是在组织措施上，调整充实了公司工业布局调整领导小组和办公室，修改完善了公司“退城进区”的实施方案，专门建立企业“退城进区”资产评估、资产补偿和协调、资产处置3个工作小组，制定了工作职责，实行工作责任递延机制，做到职责明确，权责明晰，一着不让，全力推进企业的扩张性、提高性搬迁改造。

二是在操作准备上，一方面，在广泛征求意见的基础上，制定了《企业搬迁资产补偿办法》、《企业搬迁操作程序》，最终在“政府能承受、企业能接受、搬迁能发展”的原则下定稿实施。另一方面，将化工农药、精细化工等15家企业列入市属工业“退城进区”、搬迁改造的重点实施单位，通过定期召开搬迁企业联席会议和深入企业调研，较快地了解并掌握了搬迁企业的基本情况和搬迁预算，为企业实施搬迁改造做好前期准备。

三是在补偿方法上，严格按照《企业搬迁资产补偿办法》的规定，根据搬迁企业资产的不同情况，进行测算和核对，提出补偿意见，排出用款计划。力求做到政策透明、操作规范，真正体现公平、公正、公开的原则。已经签订搬迁合同的15家企业合计补偿资金为13.18亿元。按照工作量已分期拨付补偿金4.8亿元，为补偿总额的36%。

四是在实施进度上，及时制订《企业搬迁合同》，细化补偿资金的拨付办法，建立资金拨付与搬迁进度挂钩机制。协调和解决企业在搬迁过程中出现的问题，保证了搬迁合同的按时签约。此外，对企业搬迁进度实施跟踪，坚持每月召开一次例会、每月出一份简报、每旬到现场检查一次。截至年底，共有19家企业与工投公司签定了“退城进区”的搬迁合同。列入市搬迁重点的15家企业总投资43亿元，新购置土地470公顷，腾出土地148.33公顷，房屋面积79.50万平方米。结合搬迁新上项目21项，总投资34亿元。除塑料九厂因受拆迁影响外，14家企业的新厂建设已经开工建设，开工率达

93%。其中，雷允上等3家企业已完成整厂搬迁，富事达塑业等4家企业已完成部分搬迁，合成化工等7家企业完成了新厂主体厂房的施工，苏化农药、精细化工的一期工程项目也已全面启动。

五是在载体建设上，工投公司与江苏新华发集团有限公司所属的上海泓帮投资有限公司合资组建苏州金茂实业有限公司，将对高新区浒墅关、相城区东桥等工业小区的土地进行开发，以形成和构筑工投公司的轻纺-机械加工工业园、精细化工-生物制药工业园和电子信息产业工业园。通过整体规划和开发，为搬迁企业提供良好的发展空间。

【资产管理】 2003年，工投公司通过加强管理，以缩小成本，实现资产变现的最大化，从而为改革调整提供资金支撑。

一是加强监管，严把“五关”。在推进企业改革改制的过程中，注重切实履行国有资产出资人的职责，切实加强资产监管力度，坚持以政策为依据，在统一标准的前提下，严把审计评估关、方案制定关、资产处置关、民主程序关、分流安置关。对改制过程中出现的不规范现象及职工反映的有关政策性问题，认真组织调查、及时纠偏、纠错，保证了改制工作的平稳进行。

二是建章立制，强化管理。为了加强未进入改制企业的国有(集体)资产和剥离出来的非经营性资产的管理，工投公司设立资产管理部，制定《关于未进入改制企业的国有(集体)资产实施有偿使用的暂行规定》等一系列规章制度，对企业改制中剥离出来的非经营性资产进行集中管理，对包括门面房在内的固定资产进行统一清理登记，建立台账。工投系统共有房产1750139平方米，土地337.4公顷，对外投资达7.5亿元。所属行业实际出租房面积为563366平方米(其中门面商业和面积89871平方米)，年租金收入7259万元。理清家底，为进一步有效管理国有资产奠定了基础。

三是精心组织，变现资产。在2002年对所属行业土地充分调研、分析的基础上，工投公司及时与土地储备中心沟通，精心组织土地上市交易。2003年工投系统共上市拍卖9宗土地计33.53公顷，成交价8.8亿元，扣除政府应收取的各种规费，实际收益为6.16亿元。同时按照公开、公正、公平的原则，委托中介机构对工投系统关闭企业的存量资产进行公开拍卖，2003年共拍卖设备、房产等8个标的，变现收入达4088万元。

四是筹措资金，降低成本。随着改革脱困和“退城进区”步伐的加快，资金需求量不断加大。工投公司一方面千方百计筹措资金，通过有效资产土地抵押、信用担保，先后向各商业银行贷款118300万元；另一方面，积极与东方等资产管理公司、债权银行多次洽谈协商。通过“一揽子”债务清偿，努力为企业降本减支，摆脱债务链，全年共减少企业负债6.25亿元，累计达16.14亿元。

【经济运行 提速增效】 2003年，工投系统经济运行情况有以下特点：

①工业生产增势明显，外贸出口增幅较大。2003年，全系统规模以上企业完成现价工业总产值245.3亿元，比上年增长25.40%。实现销售收入239.10亿元，增长31.45%。实现工业增加值60.20亿元，增长25.40%。出口交货值完成95.7亿元，增长42.80%。

②运行质量有所改善，经济效益好于预期。2003年，全系统实现利润7.3亿元，比上年增长35.20%。呈现出经济总量和运行质量共同提高的良好态势。

③强化指导服务，加强安全管理。根据年初与各行业、企业集团公司签订的目标责任状，工投公司强化对主要预期调控目标的监控与指导，加强协助企业搞好生产要素衔接的服务，努力使各项经济目标处于受控状态。对企业提出的技改项目、贴息贷款、项目融资和外企审批等事项，做到及时审核，迅速转报，牵线搭桥。在加强安全生产，落实环境保护目标责任制的过程中，健全安全生产管理网络，通过“安全生产月”、“安康杯”、“消防活动月”活动，对危险化学品、特种设备、消防安全、道路交通等4个安全专项进行整治，开展10次各种形式的安全大检查，及时处理安全事故隐患，有效控制了事故的发生。 （王清 郁天）

创元集团

【概况】 2003年苏州创元集团在产权制度改革、产业结构调整、退城进区和创元文化提升等各项工作上取得新成果。全年集团累计完成营业收入95亿元，比上年增长19%，再创历史新高；实现利润增长8%，且集中度相对提高。集团首次跻身2003年中国500强行列，位居第172位；连续第二年列入江苏省50强、全国500家大企业集团行列，分别位居第19位、第132位。

2003年，集团三大主业（汽车及零部件、高科技环保产品、电器电子）销售占总量的比例已为70%。其中汽车及零部件板块，已稳住规模，一个集客车、特种车辆等产品于一体的汽车产业链初步形成。高科技环保板块中的主体企业苏净集团已连续第22年成为行业的“领头羊”；小羚羊电动车公司全年产量突破4.8万辆，创历史新高；一光仪器公司集光机电算于一体的电子经纬仪、全站仪的销量已超亿，利润超千万，成为行业的新亮点；作为电器电子板块的富士数码相机公司，面对数码相机竞争“白热化”的态势，加快新品上市的速度，继上半年推出F310、F410后，下半年又推出了F700、S7000等市场适销对路新产品，企业呈现快速成长的趋势。

2003年，创元集团按照市委、市府“四到位一基本”的要求，改制工作平稳推进。全年累计完成改制、关闭歇业企业132家，其中关闭歇业71家，依法破产4家，改制及股权转让54家，公开转让3家。

2003年6月，创元集团成立了破产清算工作组，对已严重资不抵债的苏州化工机械厂、苏州机械工业商贸集团公司、苏州精达集团公司、苏州电机厂4家企业实施依法破产。经过法院和清算组共同努力，9月，4家破产企业的债权人会议通过了清算组的《清算工作报告》和《破产财产分配方案》，12月2日市中级法院裁定这4家企业的破产还债程序终结，并办理注销手续。

【产业结构调整】 2003年，创元集团三大主业已呈“集聚提升”的态势：①在汽车板块中，创元与全国三大汽车集团巨子之一的东风集团联姻组建传动轴公司，与全国第二大车桥制造厂联手组建苏州邦乐汽车车桥有限公司等。苏州金龙客车实行低成本扩张，不仅收购整车厂取得了汽车底盘许可证，而且具备了较好的自主开发能力，现销量跃居全国行业第二，并通过大规模技术改造在苏州工业园区投资建成了全国客车制造能力第一的生产基地。②电器电子板块已形成了30亿的发展规模，其中电子经纬仪、全站仪等测绘仪器雄居行业前茅，产品畅销欧美各国。涉足IT产业与外商在园区合资组建的光宝康电子项目，专业生产为韩国三星配套的TFT手机彩屏，已开始试生产，并出口韩国，销售额近1.2亿元。③在具有自主开发能力的高科技环保产业中，苏净集团的0.3微米超净空气技术已实现产业化；瞄准国际技术顶尖的0.1微米超净空气技术也成功完成中试并步入初级产业化阶段；运用纳米技术制造的高压大电流防雷片产品已填补国内空白。

在向新领域拓展中创元还进军乳品业。由创元科技股份有限公司与苏州市牛奶公司合作成立的创元双喜乳业（苏州）有限公司，是创元集团产业结构优化调整的又一次新的突破。“创元双喜”将建造一个日处理鲜奶200吨的现代化乳品加工厂，同时投资建设一个无公害、生态化的千头奶牛养殖基地。

【对口支持宿迁招商工作】 2003年，创元集团以利用两地资源优势互补、达到“双赢”为宗旨，将对口支持宿迁招商引资工作摆到了重要议事日程上，成立了宿迁工作领导小组和驻宿迁工作班子。经过半年多的艰苦努力，使宿迁的招商引资工作取得突破。5月28日，总投资达1亿美元的“流星项目”举行了隆重的开工典礼。该项目创造了宿迁引资规模、引进外资、未来出口创汇、未来用工规模四个“第一”。此外，苏州——宿迁工业园及宿迁（苏州）工业园开发公司也于年底前同时成立。

【创元工业小区建设】 按照市政府加快市区工业布局调整，走新型工业化道路的战略部署，创元集团从2002年下半年全面启动“退城进区”工作，先后在苏州工业园区、高新区、相城区、吴中区建立4个工业小区，全面展开“退城进区”及搬迁改造工作，取得比较显著的效果。集团涉及“退城进区”企业31家，计划3年内完成。其中涉及新厂建设的有23家，2003年已经开工16家，其余企业将在2004年全面开工。位于高新区的创元1号工业小区“七通一平”配套设施工程已经竣工。试验仪器、铸造机械、小羚羊电动车、轴承、福科莱等企业已开始新厂房建设。位于相城区潘阳开发区的创元2号工业小区，已完成小区内道路建设，沙特卡铸造有限公司等企业正在进行新厂建设。

位于苏州工业园区和吴中区的汽车及零部件小区的建设也进展顺利，其中苏州金龙在苏州工业园区一期工程已竣工投产，建成了国内最大的客车制造基地。（郦伟民）

江苏苏钢集团有限公司

【概况】 2003年是江苏苏钢集团有限公司产权制度和用工制度发生根本变化的一年，全体员工克服诸多不利因素，围绕企业生产经营、改革改制等各项工作，抓住市场良好机遇，充分发挥生产潜力，积极稳妥地推进企业改革改制工作，使生产经营和改革改制都取得良好成绩。

2003年，公司年产钢110.23万吨，比上年增长16.06%；生铁65.08万吨，增长8.39%；钢材55.03万吨，增长3.16%；实现销售收入25.63亿元，增长42.36%；工业增长值5.30亿元，增长48.92%；利税2.25亿元，增长1.51倍，其中利润6230万元，增长4.71倍。主要经济指标增量与增幅均创历史最好水平。

【改革改制】 江苏苏钢集团有限公司的前身是苏州钢铁厂，是苏州市最大的国有企业，有着46年的发展历史。2003年按照市政府关于企业改革改制中提出的要求，苏钢成功地进行了改革改制。2003年7月17日，苏州市市长杨卫泽与北大方正集团董事长魏新签署了《江苏苏钢集团有限公司国有股权转让协议书》，将江苏苏钢集团有限公司的90%的国有股权转让给北大方正集团。8月28日，依据市政府有关文件规定，苏钢职工代表大会讨论、制定和通过了《江苏苏钢集团有限公司职工分流安置、身份置换方案》、《江苏苏钢集团有限公司职工分流安置、身份置换奖励方案》、《关于企业对职工负债的清偿方案》等3个具体方案，至年底，苏钢已正式分流安置职工3751人，身份置换职工3599人，改革改制工作基本结束。

【3厂关闭歇业】 苏州轻工金属材料厂和苏州铜材厂已停产多年，苏州民丰锅厂也处于半停产状态。2003年，市经贸委批复同意以上3厂关闭歇业。其人员按照苏州市劳动和社会保障局规定进行分流安置。到2003年底共分流安置人员1801人。其中：苏州轻工金属材料厂375人，苏州民丰锅厂281人，苏州铜材厂1145人。上述3厂的资产由市政府和有关部门统一处置。（许林生）

江苏苏化集团有限公司

【概况】 2003年江苏苏化集团有限公司顺利完成整体改制工作，搬迁改造工作全面启动，经济保持了持续稳步健康发展的良好势头，高开高走、高平台运行、高效率运转、高速度发展是全年经济运行的特征。各项主要经济指标都达到或创出了历史最高纪录。

【企业改制】 作为苏州市首批改制企业，公司确定了改制的目标和方案，进行深入宣传和发动，召开各种层次的会议和座谈会，广泛听取意见。公司二届六次职工代表大会以83.23%的较高得票率通过了改制方案，为改制奠定了基础。5月30日作为苏州市第一批完成的改制企业，公司在苏州市会议中心举行了隆重的揭牌仪式。

改制后的江苏苏化集团有限公

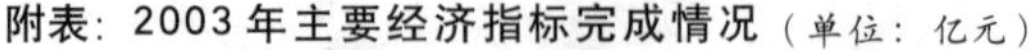
附表：2003年主要经济指标完成情况（单位：亿元）

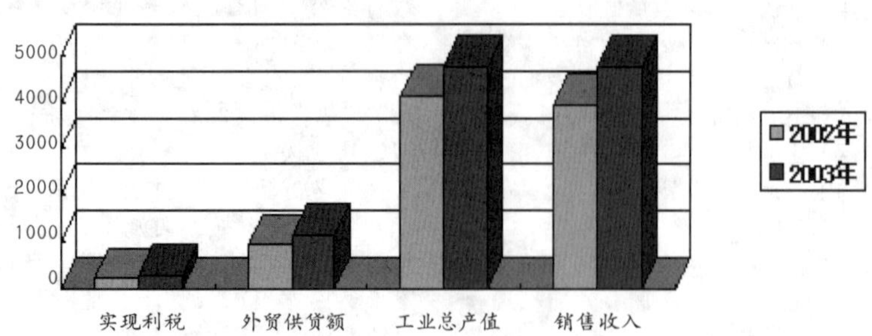

司有以下6家公司组成：

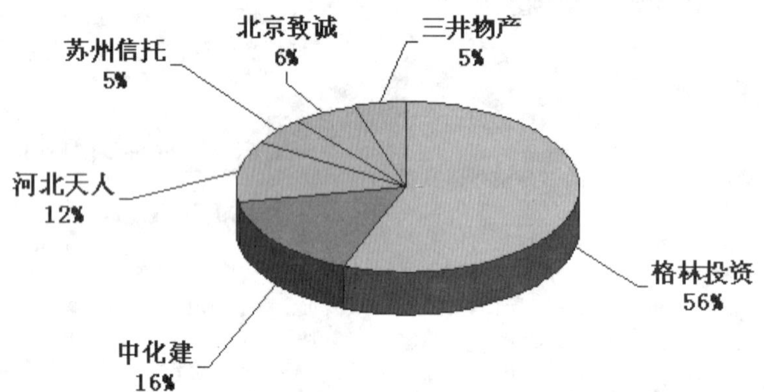

此次企业整体改制有以下几个特点：一是政府推动，营造了一个良好的改革氛围；二是员工理解，奠定了一个良好的改革基础；三是股权合理，吸引了外来法人资本的积极参与；四是操作规范，改制严格按规定的程序进行，保证了改制的民主性；五是开创了苏州市外资参与国有企业改制的先河，为国企改革积累了经验；六是实现了改制搬迁的有机结合，为企业长远发展创造了有利条件。

【搬迁改造】 公司按照苏州市对市区化工提出的"总体规划、分步实施、先建后拆、五年完成"的整体搬迁要求，坚持有所为，有所不为的原则，结合企业自身发展的特点，对企业的长远发展进行了科学规划和定位，制订了战略性调整、扩张性搬迁的总体规划。规划分二期实施，用5年左右时间完成整体搬迁，项目建设18项，总投资超过12亿元人民币。

2003年6月12日，苏州市属工业"退二进三"启动暨苏化集团化工基地奠基仪式在张家港市东沙化工区举行了隆重的打桩开工仪式。年内项目建设进展顺利，部分项目按计划在2004年投入生产。

【对外贸易】 2003年，公司对外贸易出现了强劲的增长势头，连连刷新历史纪录，是公司近年来对外贸易形势最好、发展最快的一年。全年完成加工贸易1793万美元，比上年增长61%，一般贸易1745万美元，增长46%。公司对外贸易发展较快的原因有：一是中国加入世界贸易组织后，为进出口贸易铺平了道路；二是公司多年精心培育的客户网络发挥了较强的基础作用；三是不断扩大与合资合作公司的合作范围，推动了外贸的增长；四是紧紧抓住国际制造业向中国转移的有利时机，积极增加来料加工和扩大产品出口范围；五是优质的产品和优良的服务，不仅巩固了老客户老产品的出口，而且也带动了新客户新产品的外销。公司被评为2003年度苏州市开放型经济工作先进单位。

（席似侃）

苏州精细化工有限公司

【概况】 根据苏州市委、市政府的要求，苏州精细化工集团有限公司改制为苏州精细化工有限公司，于2003年5月23日完成了工商变更登记，6月中旬完成了职工身份置换工作，企业整体改制工作基本结束。公司当年完成工业产值7.89亿元，销售收入7.03亿元，利润7004万元，分别比上年增长3%、18.86%、71.46%；全年完成出口2.4亿元，其中自营出口2600万美元，分别增长19.45%和21.38%。实现了改制后第一年的"开门红"。

【搬迁改造】2003年公司以前瞻性思维努力推进沿江发展战略，与国际先进生产力加速接轨，在保持原有生产经营优势的同时大力推进产品结构的调整，在企业扩张性搬迁改造过程中坚持企业体制、机制的不断创新。在张家港新基地，公司首期投资12亿元的100万吨硫磺制酸、5万千瓦时余热电厂、10万吨氯碱、5万吨线固体化工码头和5万吨级液体化工码头等11项工程顺利开工建设，并将于2004年底形成生产能力。下半年公司确定了新基地二期发展规划，2006年二期工程完成后将形成硫化工、氯化工、煤化工"三位一体"的产品构架，并将以此为基础进一步发展衍生产品，实现精细化工产品链的联接；进一步推进精细化工作为苏州市支柱产业在沿江的快速发展。

（孙元吉）

苏州市工业联合发展（集团）有限公司

【概况】2003年是公司实施第10次董事会议确定的《2003年～2005年三年发展规划》的第一年，也是3年攻坚的开局之年。在董事会的正确领导和各股东单位大力支持下，全面实现了全年各项预定目标任务，各项工作均创历史新高。全年实现利润131万元。

【招商引资】 2003年，公司引进永丰馀纸业（苏州）有限公司、斯凯菲尔电子（苏州）有限公司、巴马格纺织机械（苏州）有限公司、桑创通讯连接器（苏州）有限公司、汇统科技有限公司、盖茨优霓塔传动系统（苏州）有限公司、新加坡益境环保科技（苏州）有限公司等7家外资和民营企业，新增租用标准厂房2万平方米，公司房屋出租总量达到4万平方米，出租率达到100%，全年房租收入325万元，创历史最好成绩。此外，通过按需建房方式引进的苏州微研公司9000平方米的厂房建设已竣工，顺利进租。参照这一成功做法，公司又同苏州塑料十厂签订《11号厂房租赁协议》；结合在建的厂房，还有德国哈勒公司等后继项目正在积极洽谈。同时，苏州市工业技改小区内的苏州印刷总厂、富事达塑业公司、江南电梯公司二期项目全面建成投入使用；平江房地产开发公司、平江新绿中心的标准厂房、吴江科林公司科研中心项目进入全面开工建设阶段。工业技改小区已初具规模，落户的外资及民营企业达数十家，并形成了机械、电子、印刷包装、塑料等产品的批量生产能力。

【建设项目初见成效】 按照3年规划确定的奋斗目标，公司加大投入，加快开发。全年完成投资工作量3000万元，比上年翻了一番；开工面积4.3万平方米，竣工面积1.5万平方米。至底，公司已累计建成1号、2号、7号、9号、10号、12号、14号、15号、16号共9幢建筑面积达4万平方米标准厂房；服务中心首期6幢共2.8万平方米的集体宿舍、商业用房完成40%工程量，预计2004年二季度投入使用，标准厂房和服务中心二大功能区已初具雏形。此外，占地120亩的仓储中心完成土地平整工程，回填土总量40万立方米；3000千伏安变电所、文潭路、企鸿路延伸段、通园路驳岸、桥梁、4500平方米的厂房绿化等重点配套项目全面建成使用；2.3万平方米的3号、4号、5号、6号、8号、11号、13号标准厂房的设计、报批等前期工作全面展开，厂房桩基工程已经启动。 （杨海清）

苏州孔雀电子有限公司

【概况】 根据苏州市政府与荷兰皇家飞利浦电子集团2001年2月21日签署关于苏州飞利浦消费电子有限公司股份转让“框架协议”精神，由苏州孔雀电器集团有限责任公司与飞利浦电子中国有限公司共同投资建立的合资企业苏州飞利浦消费电子有限公司（中、外双方出资比例分别为49%和51%），将中方29%股份转让给外方的转让工作，经过2年多时间的谈判、报批，于2003年6月28日被国家商务部批准。29%股份的评估价为1.68亿元，转让价为4.20亿元。

【技术开发】 2003年，苏州孔雀电子有限公司在产品技术开发方面先后完成拥有自主知识产权的MP3+U盘、指纹锁、指纹考勤仪等数码电子产品和生物设别技术产品研制工作，MP3+U盘、指纹锁并投放批量生产。同时，先后申请了指纹壳体、指纹锁密封防震结构、指纹采集窗、光学指纹采集仪、插接一体式锂电池结构、指纹考勤系统7项等专利，其中前3项已被国家专利局批准。

（唐 熠）

苏州化工建材控股（集团）有限公司

【概况】 2003年是苏州化工建材控股（集团）有限公司成立的第二年。公司管理所属40家企事业单位和9家中外合资企业，主要职能为国有资产管理、资产重组、盘活存量、资本结构调整、企业搬迁、生产经营管理、安全生产、禁化武工作、技术管理、规划布局、企业改制、破产关闭、扶贫脱困工作、职工分流安置、再就业工作。一年中，公司全面完成了各项指标。

【经济运行】 2003年，公司把为企业服务作为出发点帮助企业及时调整经营策略，对外努力开拓稳定市场，对内在加强管理、努力降低成本的同时扩大生产。全年完成现价产值16.21亿元，比上年增长17.53%；销售收入15.72亿元，增长21.03%；实现工业增加值4.54亿元，增长24.38%；实现利润1.047亿元，增长13.82%；产销率98.75%，自营出口额1464.7万美元。年初，化工行业受伊拉克战争影响，起伏波动较大，原料上涨近20%，而产品价格却举步维艰，压缩了利润空间。“非典”肆虐，对一些出口业务的企业带来影响，但也带来机遇，如嘉乐威公司抓住机会，乳胶手套全线开足，产品供不应求。宝化公司抓住汽车行业景气，社会汽车保有量的提升，相关轮胎及炭黑市场情况比较乐观的趋势，完成现价产值17790万元，销售收入18319万元，增长22.45%，利润总额达1504万元，增长97.38%。安利公司在原料上涨、产品价格难突破的情况下，做好客户工作，努力扩大销售，全年现价产值17964万元，销售收入18292万元，增长45.66%，利润总额504万元，同比增长达537.97%。建材行业由于全市基础设施建设开工多，南新公司水泥供不应求，实现利润2150万元，增长89.59%，银龙管桩公司产销均比上年增长近一倍。

【企业改制】 2003年，第一、第二阶段改革脱困目标已基本完成，全系统关闭歇业企业15家，职工出册人数1762人，清欠职工医药费365.7万元，提前一年完成了市政府及工投公司下达的医药费清欠任务。下拨帮困资金340万元，清欠职工工资115.81万元，涉及职工1100人，清欠职工集资款151.52万元，补缴社保旧欠款近300万元，支付职工安置费用总计5877万元。公司成立了再就业和老干部管理服务中心，使关闭企业中的离休干部和特殊人群有专人管理和服务。公司下属的炭黑、运销、光华、染料4企业实施了公开拍卖转让，拍卖收入达5357万元；化工装备、嘉乐威、合成、特化4家企业的深化改制方案通过了会办。企业在深化改制的同时，以搬迁为契机，加快技术改造为动力，以结构调整与扩张相结合为基础，以提高经济效益为中心，切实做好企业“退城进区”的搬迁改造工作。作为苏州市提升中心城区现代化水平十大工程之一的嘉乐威、合成、特化、安利4家化工污染公司的整厂搬迁，经过认真科学论证对比，分别选择了相城区东桥工业开发区，张家港东沙化工区，浒墅关精细化工园建设新厂区。这4家企业共征地80.67公顷(其中嘉乐威20公顷、合成26.67公顷、特化18公顷、安利16公顷)。5月底，4家企业已与工投公司签约，2005年全部完成搬迁任务。嘉乐威新厂区于4月15日奠基，合成、特化于6月12日奠基，安利8月份启动。由于工作抓早抓实，各搬迁企业按搬迁进程已先后获工投公司的资金支持，总计到位补偿资金15356.03万元，申请项目贷款8100万。并获得了市经贸委对这4家企业的总体规划的批准，规划总投资分别为2.70亿元、2.25亿元、1.50亿元、1亿元。宝化公司二期炭黑技改项目于12月份点火投产，第四橡胶厂根据环古城风貌建设需要，已在吴中区香山工业园胥口建设新厂区，优耐特公司也在吴中区购置了土地，建设装备优良的新厂区。（张智敏）

苏州轻工控股（集团）有限公司

【概况】 2003年，苏州轻工控股(集团)有限公司有下属企业123家，在册职工年初为19649人，年末为11504人，离退休职工20091人。随着改革开放的不断深入发展，一批三资企业和民营改制企业成为轻工经济发展的主体，轻工控股公司在重点推进企业改革改制的同时，改变管理方法，及时把握企业经济运行走向，积极为企业提供优质、高效的服务，当好后勤。2003年，由于几家外资企业相继进入投入产出期，众多民营改制企业凭借改革后迸发的生机和活力，公司克服了美伊战争、国际经济滞缓和“非典”的不利影响，各项经济指标取得较大幅度的增长。全系统全年完成现价工业总产值58亿元，比上年增长25%；销售收入58亿元，增长22%；产销率99.50%，与上年持平；工业增加值11.50亿元，增长23%；工业投入量6500万元，增长7.43%；实现利润2.80亿元，增长11.79%；自营出口3.13亿美元，比上年增长36%。

【改革改制】 2003年市区轻工系统的改革改制任务面广量大，十分艰巨，主要表现在4个方面：一是任务重，工作量占工投系统总量的三分之一；二是时间紧；三是轻工系统企业多，小企业多，停产困难企业多，资产质量差；四是力量薄弱，思想不稳定。

面对艰巨的任务和众多不利因素，轻工控股公司克服困难，全力推进轻工的改革改制工作。到年底，苏州家俱二厂和苏州轻工商场2家企业的集体资产全部退出，整体改制为民营企业；苏州东吴酿酒总厂、苏州软垫沙发厂、苏州嘉美克钮扣厂、苏州塑料十二厂等4家企业通过上市拍卖成功地实施了公开转让形式的整体改制；江苏春花电器集团和苏州富士达塑业有限公司2家国有(集体)控股的已改制企业实施深化改制；53家企业比较平稳地实施了关闭歇业分流走人，年内分流出册职工8082人。全年清欠职工医药费1890.60万元，原计划2004年关闭销号的27家企业也提前到第4季度实施。苏州手表总厂被列为国家政策破产企业，于年末正式进入清算程序，职工分流安置工作进展顺利，出册人数达到98.13%。

【布局调整】 2003年由于城市发展布局调整需要，轻工所属企业土地被政府收回或改变用途为历史之最，有10多家企业因市政道路、绿化工程、建造动迁定销房和学校等需要关闭分流职工，还必须按时做好清场退地工作。面对如此大幅度的规划调整，妥善做好各项清退安置工作。公司成立拆迁、清场领导小组，各相关企业成立专门工作班子，层层落实。对外积极配合拆迁、国土、房管等部门的工作，争取各种补偿；内部做好资产清查、费用测算、布局调整、清退租赁户等工作。在退租清场过程中坚持原则，不乱开口子，力争以最低的成本、最快的速度妥善清退各承租户，确保按时交地。到年底共交地22.8公顷，有效地配合了市政府实事工程的实施。

根据市工业布局调整“退城进区”的部署，地处古城闹市地区的苏州富士达塑业有限公司、苏州印刷总厂有限公司的主要生产车间相继搬至工业园区星红工业小区，苏州塑料九厂有限公司也落实了搬入浒关镇工业小区的方案，并正在付诸实施。（曹　政）

苏州纺织控股集团有限公司

【概　况】 2003年受改制、关闭等客观因素影响，再加上美伊战争、“非典”、棉花价格上涨、出口退税调整等因素影响，全行业产、销、利同比下降。全行业完成现价产值7.34亿元，完成销售收入7.43亿元，亏损2242万元，但全行业技改工作量全年完成8200万元，增长67%。2003年，公司在全力抓好改革改制的同时，还主动为企业做好以下服务工作：一是积极协助和推进印染、莱顿集团退城进区搬迁工作；二是向上争取贴息资金，支持企业技改；三是协助企业抓好增收节支和安全生产工作。

【改革改制】 2003年，苏州纺织控股集团有限公司纳入统计的70家下属企业，除新苏纶外，已完成改制11家，深化改制22家，关闭销号32家，破产未终结销号2家，针织总厂政策性破产工作正在操作中。

2003年全行业改制工作共分3个阶段，总体呈现大力度、高强度、高密度和进程不断加快的特点。改制进程中，公司还配合市政府南环路改造和南门汽车站工程，对涉及拆迁的8家企业进行统一牵头协调，对拆迁资金统一收缴和管理，集中用于解决租赁户搬迁补偿；归还职工集资款和医药费、一揽子缩水解决银行欠款等，并解决了部分企业的人员分流安置费用。2003年，全行业共分流出册人员5000多人，改制企业置换职工身份4000多人。公司和企业党政工组织全年共接待来访职工数千人次，在政策允许范围内帮助职工解决具体困难数百人次。公司共为行业内24户困难企业下拨“三家抬”资金1090.80万元，清欠职工医药费695.58万元，各级党政工团组织还相继开展了多种形式的扶贫帮困送温暖活动，减轻了分流压力。

【关闭企业的善后管理】 2003年，全系统关闭企业达32家，随着关闭企业的增多，三大问题突显出来。一是关闭企业的部分房屋、设备、库存物资、办公用品等资产的管理问题；二是关闭企业遗留下来的离退休职工、精简下放人员、遗属补助人员、因特殊原因暂缓分流的在职职工等的管理问题；三是关闭企业各类档案的管理问题。公司及时成立了专门机构，对关闭企业的人、财、物实行集中统一管理。

①统一资产管理。公司制订《关于纺织控股集团公司所属企业组织、人事、资产、财务、档案实行统一管理的有关规定》，并由投资处统一接收并管理关闭企业资产；在调查基础上建帐造册、编制目录、建章立制、专人负责，统一管理；对关闭企业上交的房屋等固定资产，积极面向社会，租赁盘活；对关闭企业库存资产，按照上级文件精神，通过拍卖、转让等形式公开处置变现。

②统一人员管理。公司挑选精干的关闭企业领导，以“纺织劳动力置换公司”的名义，一揽子接收所有关闭企业遗留的各类人员，实行规范管理。原离休干部的日常管理工作也纳入了统一管理范围，并重新组建了离休干部党总支。

③统一财务档案管理。通过审计和账务处理，对关闭企业帐务实行并帐管理，对企业和个人档案按上级要求进行了全面的清理整顿，并逐步实行集中统一管理。

（张国钧）

苏州丝绸集团公司

【概况】 2003年末，苏州丝绸集团公司共有所属企事业单位11家。其中，工业企业7家，贸易企业2家，技校1家，研究所1家。7家工业企业均为有限责任公司，按产业分为丝织企业6家，缫丝企业1家。年末共有员工7360人。

2003年，公司抓好生产经营管理，推进企业改革改制，积极实施企业“退城进区”目标，经济运行、改革改制、布局调整和安全稳定等各项工作取得了较好的成绩。全行业现价产值完成9.75亿元，比上年增长26.21%；工业销售收入完成11.84亿元，增长24.36%；工业增加值完成2.43亿元，增长26.13%；工业投入完成工作量4000万元，增长29.91%；实现利润-285万元，有一定脱幅；自营出口额完成5470.85万美元，增长34.89%；丝织品总量完成9108万米，下降15.33%；其中：真丝及其交织品完成355.1万米，增长1.17%；炼印染丝织品完成2681.1万米，增长31.84%；服装完成80.7万件，下降1.42%；纺织机械完成1380台、6516吨，分别增长1.47%和1.98%；分流安置职工完成出册3495人；较好地完成了医保和养老金按期缴纳以及安全稳定、环境保护、企业搬迁等4项目标任务。

【改革改制】 2003年，公司根据市委、市政府《关于加快市属国有（集体）企业产权制度改革的决定》，加大改革力度，使企业转制工作达到预期目标。公司所属唯思公司、三和集团、精品公司和丝绸房建所等4家国有（集体）企业于2003年6月底前完成了民营化改制任务。通过改制，新成立的华思印染公司、三和机械公司、新三纺机电公司、吴绫丝绸精品公司和七星物业管理公司等5家民营企业已经正常运作，走上了新的发展轨道。东吴公司是苏州丝绸行业的老厂和大厂，在2000年实施债转股转制之后，全部资产仍然是国有性质，且总量较大，因此需要深化改制。丝绸集团公司坚持把搞好东吴公司的深化改制作为重点工作来抓。经过协商，东方资产管理公司同意在股东会做出决定后，将其在东吴公司经审计评估后的股权进行转让，并于2003年12月与市工投公司签署了股权转让协议，这为东吴公司深化改制创造了条件。在这基础上，东吴公司研究制定企业民营化改制方案，并将在上报苏州市体改办会办审批后，于2004年上半年进行民营化改制的实质性操作。

此外公司还组织实施了第一丝厂、江枫公司和原江南丝厂等3家企业下岗职工再就业出中心工作。通过艰苦细致的工作，这3家企业的515名下岗职工，除1名职工患精神病经鉴定后办理退休手续外，其余514名下岗职工全部办理了再就业出中心手续。全年共清欠职工医药费279.94万元，涉及职工4657人，累计清欠951.97万元，完成清欠总数的95.38%。

【结构调整】 2003年是苏州丝绸系统加快改革脱困和经济发展的重要一年，全行业结构调整工作取得了新的突破。

①企业“退城进区”进展顺利。一年来，丝绸集团公司所属江枫公司、第二纺机厂和第三纺机厂3家企业于2003年4月25日同苏州市工业投资发展有限公司签署了“企业搬迁改造合同”，开始实施企业新址建设，都将在2004年3月底前完成“退城进区”任务，从古城区分别搬迁至吴中区、虎丘区和高新区。东吴公司经报市工投公司同意，将地处高新区的原东吴丝织厂河西分厂确定为企业搬迁的新址，于2003年9月8日举行了新址建设开工仪式。新光公司也同市工投公司签署了企业搬迁改造合同，将于2005年6月底之前从古城区搬迁至吴中区。

②锦绣丝织厂政策性破产平稳实施。苏州锦绣丝织厂企业由于严重亏损和无力偿还到期债务，经全国企业兼并破产和职工再就业工作领导小组批准，锦绣丝织厂于2003年10月被列入政策性企业破产项目。2003年11月16日，苏州锦绣丝织厂经职代会审议并公示，报主管部门同意和市政府批准，向苏州市中级人民法院提出了企业破产申请。苏州市中级人民法院立案受理后于2003年11月27日宣告苏州锦绣丝织厂破产还债。在市中级法院的直接指导下，丝绸集团公司成立专门工作班子，分流安置锦绣丝织厂2017名在职职工中的1992人，安置率达98.76%。在这同时，还积极催讨应收款项，按计划组织进行破产企业资产的公开拍卖和依法处置工作。并将在2004年3月底之前召开债权人会议，确保如期完成锦绣丝织厂破产清算终结工作。2003年，丝绸集团公司还实施了苏州元盛经营部的关闭销号工作。

③事业单位归并管理工作扎实推进。随着丝绸系统改革改制的不断深入，丝绸集团公司把公司所属事业单位的归并管理工作摆上了议事日程。一是按照市政府的意见，为进一步加强苏州丝绸文化建设，充分利用苏州丝绸文物资源，更好地发挥丝绸文化为发展苏州经济建设服务的作用，在市经贸委和工投公司的指导下，积极与市编委、市人事局、市财政局和市文广局等有关部门磋商和协调，认真做好所属苏州丝绸博物馆（含苏州中国丝绸织绣文物复制中心）归属文广系统的调整定位工作。苏州市编制委于2003年11月批复："同意苏州丝绸博物馆（含苏州中国丝绸织绣文物复制中心）成建制划归苏州市文广局"。二是按照市政府有关职教工作的改革改制意见，积极稳妥地做好苏州市丝绸技工学校归并苏州市职业教育中心校的服务和衔接工作。三是主动协调，经报市工投公司同意，将所属苏州国家丝绸质量监督检验中心并入苏州市纤维检验所。通过努力，使这些事业单位获取了更好的生存发展空间。（戴民益）

苏州工艺美术集团公司

【概况】 2003年，苏州市区工艺美术系统有58家企业，在编职工5417人（在岗职工2092人，离岗职工3325人），离退休人员5605人。全系统有各类专技人员199人，其中高级工艺美术师23人，工艺美术师50人，初级技艺人员126人；有全国工艺美术大师7人，省级工艺美术大师13人，省级"工艺美术名人"10人。

随着形势的发展，工艺行业受到了严重冲击，传统工艺美术品的生产面临更加严峻的局面，人才流失、生产萎缩、效益滑坡等，已经到了难以为继的程度。在十分艰难的情况下，工艺系统的广大干部职工，围绕发展主题，维护稳定局面，重视继承创新，全力推进企业改制解困工作，较好地完成了年度任务。全年实现工业总产值22939万元，工业增加值6890万元，产品销售收入20914万元，出口交货值9794万元，其中自营进出口247万美元，减少亏损174万元。

【改革改制】 2003年，市区工艺系统将尚未改制的28家企业、2999名职工实施整体改制。经过深入调查分析、方案制定论证、资产审计评估、履行民主程序以及挂牌转让准备等一系列艰苦细致工作，于2003年12月8日开始在苏州市产权交易所公开转让网上竞价。至此，苏州市区工艺美术系统58家企业，除关闭外全部完成改革改制任务，企业性质由"公有"转变为"民营"。

【继承创新传统工艺】 2003年，市区工艺系统坚持继承与创新并重，不断加大投入，使传统工艺美术继承保护取得了新成绩。一是开展传统工艺美术的普查工作。为了更好地挖掘、抢救、整理和保护失传或即将失传的工艺品，苏州工艺美术集团公司开展传统工艺美术的普查工作，基本搞清了传统工艺美术的生产现状。苏州市区工艺美术品原有22大类、79个品种、3000多个花色和规格，现能正常生产的仅有11个品种；受江苏省保护的22个品种中，部分已失散，部分在艰难地维持生产。二是发挥苏州工艺美术博物馆在继承创新上的重要作用。1991年苏州市政府专门发文作了批复，同意当时的市工艺美术局负责筹建工艺美术博物馆，但由于资金等因素，一直未予启动。在市经贸委、工投公司的大力支持下，苏州工艺美术博物馆于2003年1月16日开馆。一年来，经过不懈的努力，特别是不断加大资金投入，工艺美术博物馆已经办成了华东地区最大的工艺美术品收藏中心、精品展示中心、工艺文化的研究中心和传统工艺的资料中心，在苏州传统工艺美术的继承创新上发挥着不可替代的作用。三是加大工艺美术新品开发力度。尽管工艺行业十分困难，但还是安排了一定的资金额度投入到工艺新品的开发之中。在保护和留住人才上也作了一些有益的探索，把身怀绝技的老艺人和有独特技能的技艺人员，给予较为宽松的工作环境和相对从优的工资待遇，同时把退休的技艺人才请回来从事技术指导和精品制作。在新品开发上做到"四定"，即定项目、定时间、定质量、定责任人。一年来，开发出了具有较高附加值和市场竞争力的工艺美术新产品45余种（套）。（赵雪根）

苏州医药集团公司

【概况】 2003年，苏州医药集团公司继续保持良好的发展态势。集团公司所属的13家工业企业完成工业总产值10.99亿元，销售收入10.42亿元，产销率96.09%，外贸出口值1.97亿元，自营出口额1932万美元，利润总额4089万元，利税总额10165万元；5家商业企业完成商业销售收入11.92亿元，商业利润总额1794万元。

【新品开发】 2003年，公司开发的国家级新药富马酸硅硫平原料药、片剂、右旋布洛芬原料药、片剂、胶囊、硫酸奈替米星冻干粉针剂取得国家药品监督管理局的新药生产批文，H3-O片剂、H3-I冻干粉针通过SDA临床审查批文，进入临床试验阶段。

【布局调整】 2003年，集团公司所属雷允上药业有限公司从古城区西中市整体搬迁至河西新区项目，经过一年半的努力，在年底前完成了整体搬迁的责任目标。苏州第二制药厂从盘门路整体搬迁至东桥工业小区工程已奠基，开始启动建设。

【改革改制】2003年，针对未改制企业历史包袱重、资产质量差、职工人数多、离下岗人员多、改制难度大的情况，集团公司加快国有（集体）企业产权制度的改革步伐，把国企改革工作放到一切工作的首位。根据市经贸委、市工投公司的具体部署，在上半年第一阶段，苏州第二制药厂、苏州对外贸易公司医药对外发展公司由原经营者转让；苏州第三制药厂由苏州礼安医药公司等2家法人企业受让，完成了改制。改制后新企业经营正常，走上了新的发展轨道。在下半年第二阶段改制中，集团公司（含苏州第一制药厂）及苏州第四制药厂、苏州雷允上成药经营部实行整体公开招标改制，改制方案经市体改办会办批准后，由苏州产权交易所、苏州诚和招投标咨询有限公司联合公开向社会招标。12月28日，由集团公司贝念娇为首的4名自然人联合体经营班子以高于标底75%，6666.99万元的投标价格中标，并于12月31日与资产所有者代表苏州工业投资发展有限公司签订了转让合同。至此，原苏州医药集团公司所属国有（集体）企业全部完成了改制，实现了国有（集体）资本的有序退出。（凌元起）

国内合作

【经济协作】苏州经济合作伙伴遍布全国，除西藏、海南外，其他各省市都在苏州有投资合作项目。宝钢、华能、中远、华源、一汽、东风等70多家知名大企业、大集团在苏投资超过128亿元。北大方正、联想、双鹤药业、浙江中汇、雅戈尔、新疆广汇等一批上市公司和有实力的民营企业也纷纷投资苏州。合作领域实现了从以工业项目为主向全方位拓展，涉及电子信息、化工、建材、机械、纺织、电力能源等工业项目，以及旅游、房地产、商贸流通、基础设施等三产和农业种养殖业等项目。合作层次已从一般的产业协作向资本融合发展，从单一项目合作向科研开发、加工制造、市场营销、整体合作方向过渡。

【内资项目】2003年，苏州市坚持内外并举、双轮驱动，开展全方位的对内招商，取得了历年来的最好成绩。全年引进内资项目3232个，协议引进国内资金716亿元，实际到帐外地资金300亿元，分别增长4.62倍和2.63倍。其中投资额1亿元以上的有122个，5000万元以上的76个，千万元以上项目投资额占引进内资总额的91.3%。并组建了各类科技创新基地和科技园区。

【大型交流会】 2003年，全市组织“接轨上海苏沪经贸合作恳谈会”和“2003中国企业发展高峰论坛——苏州对内经贸合作洽谈会”，分别签定内资项目14个和18个，总投资分别达12.7亿元和132.4亿元。在11月份举办的“2003中国企业发展高峰论坛——苏州对内经贸合作洽谈会”上，中国航空第一集团、上海绿地等企业签定的合作项目规模大、科技含量高，平均单项投资额超过7亿元。

【长三角合作】2003年，苏州市积极参与长三角城市经济协调会各项活动，苏州与上海、南京、杭州签署合作项目8个，总金额超过93亿元，占会议全部签约金额的54%。

【对口支援】2003年，苏州市继续对西藏自治区林周县、陕西省榆林市、三峡库区云阳县、江苏省宿迁市等地积极开展支援扶持，落实扶贫资金超过1000万元，加强交流合作，为区域经济合作打下良好的基础。（郁建东）

农　业

综　述

【概况】　到2003年末，苏州市共有79个镇，1736个行政村，拥有耕地281.09千公顷，非农人口290.08万人，农业人口300.89万人，农村劳动力209.42万人，其中:一产53.49万人，占25.5%，二产109.01万人，占52.1%，三产和其他46.92万人，占22.4%。此外，全市农村吸引外来人员115万人。

2003年，全市农村围绕中央和省、市农村工作会议以及市委九届五次全体（扩大）会议明确的各项目标任务，按照统筹城乡经济社会发展的思路，以“两个率先”（率先全面建成高水平小康社会、率先基本实现现代化）总揽全局，把发展农业、致富农民、繁荣农村作为第一要务，坚持以企业化改造农业、以城市化带动农村、以组织化提高农民，农村经济和社会继续保持了持续发展的良好势头。

①农业结构调整持续推进。围绕全市农村工作会议提出的做优粮油产业、做强水产产业、做特畜牧产业、做精蔬果产业、做大花卉苗木产业的目标，各地根据区位优势和经济优势，继续加快农业结构调整，以土地资源为主的粮、棉、油种植面积大幅调减，优化率大为提高，以蔬菜、花卉、苗木、林、果、茶为主的园艺业，水产业，畜牧业，农产品加工业，旅游观光生态农业加快发展。全市已初步形成沿湖水产、沿山花果苗木、沿江经济作物和阳澄淀泖优质稻米四大生产区域以及水稻、水产、花果苗木、蔬菜和奶牛五大主导产业。养殖业在种养业中的比重接近60%。农产品质量建设步伐加快，市场准入制度逐步建立，全市新增无公害农产品193个，绿色食品23个、有机食品11个，总量名列全省第一。“三资”农业发展强劲，引进外资占全省农业利用外资1/3以上。龙头企业辐射带动作用进一步增强，订单农业发展势头良好。

②农村各项改革取得新的进展。全市农村坚持从实际出发，继续把推动农村改革向纵深发展作为建设现代农业、增加农民收入、繁荣农村经济的动力源泉。全市农业税征收方式改革全面完成，“两工”统筹全面取消，全市农民已没有合同内负担。以“三大合作”和“三大保障”为重点的探索性改革继续推进。全市社区股份合作社已由2002年的13个发展到54个，人均分红明显增长；农村承包土地股份合作社由2002年的7个发展到54个，亩均分红增加到670元；各类以农民为主体的农村专业合作经济组织由196个发展到365个。同时，各地大力引导农民联合起来投资创办各类富民合作社，年终按股份分红。全市以医疗、养老和失业保障为核心，社会统筹与个人账户相结合，城乡衔接的农村社会保障体系的基本框架已初步确立。农村最低生活保障，农村合作医疗保险实现全覆盖，农村养老保险覆盖率达到43%。以上改革措施及取得的成绩，在全省乃至全国均属领先。

③乡镇企业持续高位运行。通过改革和调整，全市乡镇企业的发展速度持续加快，运行质量不断提高。2003年全市乡镇企业实现增加值775亿元，利税总额250亿元，上交税金100亿元，比上年分别增长30%、33%和38%，上交税金占全市财政收入比重超过30%。农村个体私营经济已占据“半壁江山”。农村私营企业达6.3万家，注册资本738亿元，个体工商户17.79万户，注册资本63.59亿元；全年实际入库税金36.54亿元，实现出口3.14亿美元，完成固定资产投资290亿元，分别增长47%、104%和42%。

④农村基础设施和生态环境建设进一步加强，社会事业加快发展。全市投入水利建设资金7.86亿元，太湖治理、长江堤防工程继续加快配套，圩区防洪治涝工程、河道疏浚工作完成序时进度，农田水利超额完成年度工作任务。实行最严格的耕地保护制度，复垦整理土地4333公顷，新增可耕地800公顷。山体环境综合整治工作进展顺利。全市投入农村绿化资金21亿元，新增造林绿化面积9524.23公顷。阳澄湖、太湖水污染防治和规模化畜禽养殖场的治理力度进一步加大。以“清洁家园、清洁河道、清洁村庄”为重点的“三清工作”持续推进，以改水、改厕、改造村级公路为重点的农村“三改工程”加快步伐，农村环境面貌和生产生活条件进一步改善。农村科教文卫各项社会事业健康发展。全年培训各类农村人员104万人次，建立农科教结合示范基地116个，推广农村科技致富项目440项，辐射农户16万多户，科技贡献率达57%。

⑤农民收入稳步增长。2003年，全市农民人均纯收入6750元，比上年增加616元，增幅10%，比上年高4.1个百分点。

⑥农村基层组织建设和民主法制建设得到加强，“三级联创”活动开始启动。农村“三个代表”重要思想学教活动继续深化。村干部基本报酬和养老、医疗保障统筹工作基本完成。农村基层民主建设不断扩大，以民主选举、民主决策、民主管理、民主监督制度为主要内容的村民自治进

一步强化。从2003年开始，按照中央提出“三级联创”活动的要求，在全市农村深入开展了以实践“三个代表”，实现“两个率先”为主题的先锋村、先锋镇、先锋市（县、区）“三级联创”活动，以加强基层组织建设。农业和农村法规体系逐步健全，依法行政和规范管理水平不断提高。农村社会稳定，人民安居乐业。

【农村集体资产管理与运作】 到2003年底，苏州市农村集体净资产(不包括资源性资产)总额为246.07亿元。其中乡镇一级为127.98亿元，占52.01%，村一级为118.09亿元，占47.99%；在农村集体净资产总额中经营性净资产155.63亿元，占63.25%，非经营性净资产90.44亿元，占36.75%。经营性资产主要通过投资、入股、联营等形式分布在5754家企业。

近几年来，全市农村从体制机制改革入手，积极探索农村集体资产管理与运作的新模式。现已形成一整套行之有效的政府规章制度，建立健全了各类运作机构，完善了农村集体资产行政执法管理队伍和监督管理体系，农村集体资产的管理和运作逐步走向规范化、制度化的轨道。2003年农村集体净资产不仅总额，而且乡镇级资产和村级资产、经营性资产和非经营性资产均比上年有不同程度的增加。

【农民增收】 2003年，市委、市政府把发展农业、致富农民、繁荣农村作为第一要务，坚持以企业化改造农业，以城市化带动农村，以组织化提高农民，有力地促进了农村经济的发展，农民收入增长速度明显加快。全市农民人均纯收入达6750元，比上年增加616元，增长幅度为10%，主要来自二、三产业和减税、社保、土地流转补偿等政策性、转移性收入。其中，来自一产的为1201.5元，人均增收78元；来自二产的为3260.25元，增217元；来自三产的为2085.75元，增159元；来自政策和财政转移性收入为202.5元，增162元。2003年，除了农业结构调整，农业发展，给农民带来实惠以外，还有以下增收渠道：

①乡镇企业持续高位运行，个私经济的快速发展，在解决农村就业、提高农民收入等方面发挥着不可替代的重要作用。全市乡镇企业职工平均人数163万人，全年工资总额168亿元，分别比上年增长25%和36%。农村个体私营经济已占据“半壁江山”，从业人员达122万。

同时还鼓励和引导农民联合起来投资创办各类富民合作社，增加投资收入，全市各类富民合作社累计已达108个，投资回报率约在12%以上。

②农村减税和“三大合作”改革使农民真正得到实惠。2003年，所有市（县、区）全面取消了农业税附加，取消了农业特产税并改征农业税，农业税改由镇村代缴、市(县、区)政府补贴。通过这一措施，全市农民合同内负担已全部减免，人均减负增收60多元。此外，各地通过对农村集体经济组织（村经济合作社）进行社区股份合作制改革，使5.21万农民拥有了股权，开始享受股份分配；通过对农村承包土地使用制度改革，保障农民获得长期的土地收益；通过建立专业生产合作社、专业协会等以农民为主体的农村专业合作经济组织，使农民提高参与市场竞争的组织化程度，实现持续增收。

③农村全面建设“三大保障”体系和城乡统筹就业机制，使农民生活更有保障。全市农村最低生活保障，农村合作医疗保险已实现全覆盖，农村养老保险覆盖率达到43%，已有50%左右的老年农民按月领取80~130元不等的养老补贴。同时通过建立农村劳动力就业登记制度，加快农村劳动力非农化进程，增加非农收入。

④加大对农村弱势群体的扶持力度，帮助贫困户脱贫致富。全市上下持续开展了结对帮扶活动。通过市（县）、镇两级机关、企事业单位及村干部与贫困对象结成帮扶对子，实行“开发式”扶贫，帮助贫困户调整致富门路，发展养殖业，寻找合适的增收渠道，使贫困对象的生活状况得到了较大改善。同时，进一步加大政策扶持力度。工商、税务、卫生、教育等部门都制定办法，给予贫困户以优惠政策，从生产、生活各方面予以扶持。

现在，苏州农民已不局限于农业收入，非农收入的渠道越来越多，加之政府政策扶持的力度加大，故而农民收入增长速度大大加快。

【农业科技发展】 2003年，全市农业科技工作以科技兴农战略为重点，大力实施科技创新，农业科技贡献率上升到57%。

①新品种引进与育种面上推广效益明显。2003年，由常熟农科所选育的“常优1号”水稻通过国家农作物品种审定委员会审定，当年在江浙等省种植7933公顷，平均亩产600公斤以上，比大面积增产一成。2001年审定的“苏油1号”油菜已成全省油菜的主栽品种之一，全市种植面积3.33万公顷，占油菜总面积的80%以上。太仓金星獭兔有限公司通过8年的科学杂交、精心培育，选育出了獭兔新品系。该品系具有体型大、毛皮品质好、耐粗饲、抗病力强等特点。其种兔质量符合国家AAA级标准，成为国内同行业中第一家获得AAA级的獭兔良种基地。良种獭兔已推广到国内24个省市。另外，全市还有一批植物新品系在省内外进行区试。

②农业科研攻关重点突出注重实效。2003年，组织实施农业科技攻关和推广项目60个，其中科技部星火专项2个、省科技厅项目8个、市科技局项目50个。重点在以下5方面开展研究攻关与示范推广：A.地方名特优品种资源的开发利用，如黄颡鱼大规格苗种培育技术、中华绒螯蟹优质蟹种选育及产业化开发、鹿苑鸡保护与开发等；B.农副产品的深加工及关键技术研究，如芦荟加工技术与产品开发、鸵鸟血功能食品开发技术研究、獭兔深加工技术研究等；C.农产品安全及相关技术研究，如肉类品质快速检测技术研究、家禽生物安全系统的建立与推广、生鲜猪肉超市销售平台成套技术装备研究与开发；D.优质农业新品种的引进与选育，如优质萝卜新品种的选育、利用转基因技术改良棉花纤维、绿化植物特色新品种引进与开发；E.网络信息技术和生物技术在农业生产上的应用，如奶牛、鳜鱼、青虾等专家系统技术研究、石斛兰种苗组培技术及产业化开发、花木商城信息平台等。2003年，全市共完成52个农业科技招标、攻关及成果示范推广项目，其中部分项目达国内同类地区的先进水平，并创

造了巨大的社会经济效益。全市新立星火计划项目15项，其中国家级13项、省级2项，总投资20074万元。9个星火计划项目通过验收，新增产值59998万元，利税9703.1万元，创汇560万美元。

③农业示范园区建设进入良性发展轨道。农业示范园区在转换机制，进行企业化管理，提高自身经济效益，增强辐射功能的同时，大力开展招商引资工作，吸引农业高科技企业来园区创业投资。据对28个园区统计，2003年实现总产值54033.45万元，亩效益达到3516元、比上年增长14.15%，园区辐射面积达6万公顷，带动农户增收21052万元。以农业示范园区为载体的新品引繁、名品生产、新科技推广、科技研究等工作都取得长足进步。

④多元化农业科技服务体系正在发挥积极作用。各地在积极稳妥推进农技推广服务体系改革的同时，注重农业服务组织的创新。一积极扶持和发展农业专业协会，按照"农民（企业）自愿、政府扶持、遵循市场化、瞄准国际化"的目标，建立了水产、奶牛、蔬菜、花卉苗木等11个市级专业协会；二积极发挥种养能手的辐射带动作用，对上年评出的100名农民专家颁发聘书。据统计，100名农民专家在两年内示范带动了2万多户农民发展生产、共同致富。另外，全市三级农技部门共举办各类培训班及专题讲座460期，培训人数超过10万人次。特别是结合先进实用技术的推广，采取科技早市、农时5分钟、科技三下乡、农民专家传帮带等形式，使广大农民真正享受到科技带来的好处。

【农村劳动力转移】 随着苏州经济社会的快速发展，农村劳动力向非农产业和城镇的转移速度也不断加快。2003年，苏州市共有本地农村劳动力209.42万人。其中，从事农林牧渔业的53.49万人，仅占25.5%；从事工业的96.1万人，占45.9%；从事建筑业的12.91万人，占6.2%；从事交通运输、贸易餐饮、金融保险、房地产、社会服务等第三产业的46.92万人，占22.4%。总劳动力中外出打工的6.72万人，占3.2%。全市农民人均纯收入达到6750元。其中，来自二、三产业的达5346元，非农产业收入已成为农民收入的主要来源。向小城镇集聚的农业人口逐年增多，城市化步伐明显加快，城市化率已达到54%。与此同时，外地农村劳动力迅速向苏州农村（除苏州城区外）转移，构成了庞大的劳动力市场和消费群体。目前，苏州外来人口已达到115.66万人。其中，来自本省的43.36万人，占38%；来自外省的72.3万人，占62%。从产业分布情况看，务农的5745人，仅占0.5%；务工的达到97.14万人，占84%；从事经商和服务业的13.24万人，占11.5%。外来劳动力已成为苏州经济建设的生力军。为确保2003年开始，每年向非农产业转移本地劳动力5万人以上，以及承受外地农村劳动力的巨大冲击，苏州市采取了如下措施：

①加快非农产业发展，夯实农村劳动力转移的经济基础。一是积极鼓励农民自主创业，大力发展私营个体经济。目前，农村私营企业达6.3万家，注册资本738亿元；个体工商户17.79万户，注册资本63.59亿元。从业人员已达122万。二是努力创造良好投资环境，大力发展外向型经济。2003年，全市乡镇三资企业完成工业增加值201亿元，实现利税72亿元，分别比上年增长18%和44%。三是不断提升发展层次，大力发展规模经济。2003年，全市乡镇5900家规模以上企业各项主要指标占总量的60%以上，而占规模企业总数不到10%的449家年营业收入5000万元以上的重点企业，完成产值1246亿元，增加值252亿元，营业收入1285亿元，利税总额111亿元，分别占全市乡镇工业总量的35%、33%、39%和43%。经过不懈努力，苏州农村私营经济、外向型经济、规模经济"三大支撑"的发展格局已经形成并日趋稳固，在解决非农就业、提高农民收入方面继续发挥着无可替代的重要作用。

②加快小城镇建设，充分发挥小城镇集聚功能。一是加快行政区划的合理调整。苏州市按照区域布局规划、经济发展水平和镇村规模状况，合理调整行政区划。至年底全市建制镇和行政村分别调整为79个和1736个，撤并率分别达到54.9%和47.9%。二是合理配套城镇基础设施。全市根据区位合理布局，资源优化配置的原则，从有利于建立"区域化、大配套"的有效供给体系出发，在一定范围内实现了基础设施的区域共享。小城镇基础设施水平提高较快，每个城镇的镇区基本形成了纵横交叉的网状道路框架。城镇建成区的绿化覆盖率超过了20%，自来水普及率达到100%。三是城镇体系格局初现端倪。在推进小城镇建设的过程中，苏州市十分注重城镇体系布局的整体合理性，因地制宜，突出重点，注重促进新兴产业的形成和发展，发挥了小城镇在拉动区域经济发展和实现社会进步方面的整体功能。

③加快体制创新，切实保护进城农民的合法权益。一是对农村承包土地进行了以土地股份合作制等为主的流转制度改革，使进城农民仍能从承包土地上得益。至年底，全市规范流转的农村承包土地已达7.44万公顷（111.6万亩），占农民承包耕地总面积37.4%。40%的乡镇建立了农村土地流转管理服务中心，土地流转中介机构已达69个，纳入镇村流转土地储备库的土地面积已达1666.67公顷（2.5万亩）。二是对农村集体经济组织进行了社区股份合作制改革，把集体资产量化给农民，从制度上明确农民与集体经济组织的产权关系，农民的流动和转移不会影响到他们在集体经济组织中的应得利益。三是建立完善的农村社会保障体系，使进城农民也能得到医疗、就业、养老等方面的社会保障。

④加强政策引导，努力提高城镇就业水平。为防止农民在城市化进程中变成城市贫民，苏州市按照统筹城乡就业的工作思路，制定出台有关政策措施，全面取消农村劳动力进城的各种限制，充分发挥市场机制在劳动力资源配置中的基础作用，加快建立城乡统筹就业机制，建立城乡统一的劳动力市场，实行城乡劳动力同等就业、同工同酬。2003年，苏州市已全面建立与城镇并轨的城乡劳动力市场、城乡就业机制和城乡劳动力预备制。

【生态农业建设】 生态农业建设是实施农业可持续发展的重大战略。2003年，市政府专门召开了全市创建全国生态示范区领导小组会议，出台了《苏州市生态示范区建设规划实施方案》，批转下发了阳澄湖、太湖水污染治理工作计划，与各有关部门签署了环境保护目标责任状，这些都对生态农业建设提出了明确要求和发展目标。全市农林部门和各有关部门根据会议和有关文件精神以及规划要求，切实加强了生态农业建设。一是确立了“点、线、面”相结合的生态农业建设总体思路。点上，按照市建示范村、县建示范基地的要求，已建立起一批市级生态农业建设综合示范村和269个经省认定的无公害农产品生产基地；线上，在环太湖、阳澄湖沿线，全面开展以水环境和土壤环境质量综合整治为重点的生态农业示范区建设；面上，以创建全国生态示范区为目标，全面开展农村绿化、湿地保护、河道疏峻、农村废弃物综合利用、农业面源污染控制等农业生态环境整治工程。常熟市、昆山市、吴中区已于年底通过生态示范县（市）验收。二是大力加强基本农田保护与建设。划定了基本农田保护区，一级基本农田保护面积25.33万公顷（380万亩），二级保护面积4.85万公顷（72.82万亩）。在此基础上，加大投入，改造农田质量，“九五”期间，累计改造低产田7.33万公顷（110万亩），建设高标准农田5.33万公顷（80多万亩）。农田林网覆盖率达到77%。三是大力控制和防治农业面源污染。各级农业部门利用现有的成熟实用技术，逐步减少农药、化肥用量，提高农药、化肥利用率。全市化肥使用量（折纯）16.99公斤／亩·年，已低于全国生态示范区建设18.67公斤／亩·年的考核指标。全面禁用高毒、高残留农药，大力推广病虫草综合防治技术，推广使用高效低毒低残留农药，全市使用面积已占防治面积的92%，其中生物农药的使用面积达44万公顷次（660万亩次）。大力推广农作物秸秆综合利用技术，夏秋两熟农作物秸秆还田面积达17.77万公顷（266.5万亩），占应还田面积近90%。大力实施阳澄湖网围整治和湿地保护，全面推进太湖、阳澄湖沿线规模化畜禽养殖场达标治理，纳入重点治理的82家规模养殖场中，已通过环保部门验收企业14家，占17%，已开展治理单位达标验收企业53家，占65%，已关停企业11家，占13%，搬迁企业4家，占5%。（陈祖卫）

【市第2届农交会】 12月20～22日，苏州市第2届优质农产品交易暨苏州农业招商引资洽谈会在市体育馆举行。市领导黄炳福、孟焕民、江浩、赵文娟等出席开幕式。这次农交会的主要特点是：

①参展企业和参展产品多。全市共有195家企业和201个无公害、绿色农产品生产基地参展。参展产品相当丰富，不仅有粮油、蔬菜、畜禽、水产等新鲜食用农产品，还有日常生活必需的加工农产品，涉及100多类上千只品种，所有展销的产品都有商标和品牌，并都进行了包装。

②签约合同和项目落实多。农交会举办了“三资”投入农业和农产品购销专项活动，共签订招商引资项目16项，其中外资项目9个，资金1.43亿美元，内资项目7个，资金1.6亿元，总计13.4亿元人民币。项目包括木材深加工、奶牛养殖、花卉、饲料等。同时，签订农产品购销合同14份，合同成交额达2.5亿元，其中和泰食品公司和上海派盟国际贸易公司签定的3000吨速冻蔬菜合同，总值达300万美元。

③参观人员和市民采购多。广大市民对优质农产品表现出极大的兴趣，争相购买，不少产品多次脱销。市民直接购买总金额超过300万元，是2002年农博会的3倍。参观人数超过6万人次。还有不少经销企业、饭店、宾馆、商场、企事业单位等进场交易，场面火爆、购销两旺。（苏农资）

【为农民专家加冕】 市农林局、人事局、科技局于2002年8月联合发出通知，要求各市（县）、区从从事粮棉油、蔬菜、瓜果、林木、花卉、果品种植，畜禽、水产养殖，种桑养蚕及农机作业的农民中，评选出一批学科学、懂技术、会致富的新一代农民专家。经市专家评选小组多轮遴选，在各市（县）、区推荐的197名候选人中评出了100名农民专家。同时，经市人事局审批，从中评出了12位高级技术职称、38位中级技术职称、50位助理级技术职称的专家。2003年12月，市委、市政府召开颁证大会，为百名农民专家加冕。评选农民专家这项开创性的工作在全省乃至全国引起了极大反响，受到了各方领导的重视、专家的肯定和媒体的广泛关注，中央电视台、新华日报、文汇报、光明日报、农民日报、工人日报等都作了专题或新闻报道。（苏农科）

注：首批农民专家名单参见《苏州年鉴》（2003）。

【农业行政执法】 2003年，市农林局相继开展种子、肥料、饲料、兽药、

2003年12月20～22日，举行苏州市第2届优质农产品交易暨农业招商洽谈会。（农林局提供）

卫生杀虫剂等一系列专项执法活动，进行农机安全生产专项整治和无公害农产品、绿色食品大检查，有力地遏制了违反市场秩序的行为。加大渔业污染事故的调处力度，维护渔民合法利益。开展了打击“瘦肉精”执法活动，保障消费者吃上“放心肉”。持久有力地进行了“毒鼠强”专项整治活动，共印发各类宣传资料166万份，收缴了一批“毒鼠强”，严厉查处“毒鼠强”非法买卖、运输、贮存和使用的违法案件。长江春禁捕鱼发动深透，部署周密，措施有力，打了一个漂亮仗。按照全国完善水域养殖管理制度的要求，全面展开了水产水域养殖证的发放工作。市行政中心的集中审批、林政管理、野生动物保护、森林检疫、植物检疫、动物防疫等各项工作也得到进一步加强。全市共出动执法人员2.8万人次，查处各类违法案件2553起，挽回直接经济损失约7000万元，有效地保护了农民利益，保障了农业生产安全和社会稳定。（苏农法）

农业和农村现代化建设

【概况】 2003年，全市农村认真贯彻中央、省、市农村工作会议精神和市委、市政府的工作部署，围绕两个“率先”，把农业和农村现代化建设放在重要位置，加大投入，加速改革，加快发展，农业和农村工作取得了进步。全市农林牧渔总产值156.27亿元。农业结构调整向纵深发展，农业产业化、农业标准化、农业外向化、农业科技化、农业机械化的速度明显加快，农业基础设施不断改善，农民生活水平不断提高。全市农田林网覆盖率达77%，农业机械化水平达79.2%，农业科技贡献率达57%，均比上年明显提高；全年新增农业外资项目117个，合同利用外资6.86亿美元，实际到账外资2.7亿美元，农产品出口创汇6.54亿美元，均列全省第一；农产品质量建设成效显著，全市无公害农产品、绿色和有机食品总数达427个，名列全省前茅；农村绿化和生态建设力度空前，全市投入21亿元，新增林地绿地9524.23公顷，其中绿色通道2758.13公顷，投入和建设水平在全省乃至全国领先；具有开拓性的农村十项实事建设年内启动，进展良好，并已取得阶段性成果。此外，市农林部门农业综合行政执法、林业建设、农业综合植保、农业统计、野生动物保护和综合利用、长江春季禁渔、森林防火等多项工作获评全国先进。

【农业结构调整】 2003年，全市粮棉油桑优化发展，面积调减，优质品种率提高。麦子种植面积5.77万公顷，比上年减1.40万公顷，优质专用品种达到75.2%以上；油菜3.89万公顷，比上年减1.28万公顷，双低（低芥酸、低硫甙）化率达83.8%；水稻10.53万公顷，比上年减3.05万公顷，优质品种率达78.9%；棉花6580公顷，蚕桑4163.6公顷，分别比上年减1050公顷和1169.4公顷。畜禽调整发展，生猪有所下降，家禽发展较快。全年上市家禽4965.84万羽，比上年增55.68 %；生猪上市155.17万头，下降19.64%；存栏奶牛2.47万头，上升3.4%。蔬菜生产保持平稳，设施栽培面积增加。全市蔬菜播种面积11.61万公顷次，比上年增5%，其中设施蔬菜3.07万公顷次，比上年增6%。水产养殖总面积下降，特种水产比重提高。水产养殖面积9.18万公顷，比上年减3731公顷，其中特种水产品养殖面积超过4.35万公顷，比上年增加3600公顷。林木种苗出现前所未有的发展。全年新增苗圃4443.3公顷，可育苗面积达1.21万公顷；新增林地绿地9524.23公顷，森林覆盖面积达8.58万公顷，森林覆盖率达到14.22%。通过布局、品种、技术的进一步优化，农业经济效益有新的增长，水稻亩均效益增加150元，蔬菜亩均增加250元，水产亩均增加200元，蚕茧每张增加130元，生猪每头增加80元，全市农民人均来自农业的纯收入比上年增加130元。

【农业产业化】 各地通过龙头企业带动、行业协会联动、经纪人营销大户牵动等方式，不断推动农业产业化经营。农业产业化的组织规模不断扩大，销售收入和利税均有较大幅度的增长。截至年底，全市共有各级各类农业龙头企业276个，其中省、市两级农业产业化经营龙头企业42个，销售收入1亿元以上的龙头企业有21个；资产总值达93.3亿元，2003年销售收入115.3亿元，出口创汇6.2亿美元，上交税收5.3亿元，实现利润10.5亿元，带动农户50多万户。全市合作经济组织发展较快。专业协会总数达131个，会员2.44万人；农民合伙组织370个，入伙人数7585人；农民合作社190个，入社人数27446人；经纪人29344人，销售额20.65亿元。全市农业产业化经营组织从业人数达25万人，农民从产业化经营中获得收入37亿元。

（苏 农）

【农业标准化】 2003年，以提高农产品质量为目标的农业标准化建设取得显著成绩。

①继续开展无公害农产品基地核心区的建设。2003年市政府继续将标准化基地建设列为政府实事工程，年内新建和扩建了30个无公害、绿色农产品生产示范基地。全市示范基地累计达118个。这些基地对加快农产品质量建设步伐起了示范和指导作用。

②对照无公害生产的环境要求和产品标准，积极制定各类农业标准并贯彻实施。年内起草制定了吴中莼菜、阳澄湖大闸蟹、湖羊、黑蚬等5项技术规程的省级地方标准和杨梅、雪里蕻菜、鹿苑鸡、鲃鱼等37项无公害种(养)技术规程的市级地方标准；经市、县两级技监部门批准、备案的农业企业标准有298项。截止2003年底，全市已累计有备案农业企业标准980多项，加上已颁布的国家标准，省级、市级地方标准，行业标准等，苏州市可执行的各种农业标准已达6450多项，在农业标准化基地生产中各类标准的实施覆盖率达95%以上。

③加快有机食品、绿色食品、无公害农产品的开发和生产。年内，全市又有147个无公害农产品产地通过省级认定，使全市通过认定的基地数累计达269个，无公害农产品生产规模分别达到粮油1.05万公顷、蔬菜1.04万公顷、果品3334公顷、水产2.33万公顷、畜类21.13万头、家禽3014.93万羽。年内新增无公害农产品193只、绿色食品23只，有机食品

数也从无到有，达到11只。全市无公害农产品（363只）、绿色食品（53只）和有机食品（11只）数量累计达到427只，继续名列全省第一。

④积极推行市场安全准入制度。以蔬菜有机磷、生猪瘦肉精为重点检测对象的快速检测工作由批发市场向农贸市场、由市区向县区全面推进。昆山、常熟、张家港、吴江、太仓共有各类较大规模农贸市场206个，其中已实施市场准入的有187个，准入率达90.8%；吴中区、相城区、新区、园区共有各类较大规模农贸市场51个，其中已实施市场准入的有38个，准入率达74.5%。对来自各绿色、无公害农产品基地的蔬菜，在实行市场准入的农贸市场，专门开辟专营交易区25个，专营区交易量占市场蔬菜交易量的30%。

⑤加强农业标准化宣传。组织有无公害农产品的农业企业编印了700本《苏州无公害农产品成果展》宣传画册，分发给基层管理人员和一些农业生产经营单位；加强同新闻媒体的联系，制作了20多期专题节目，宣传农业标准化。（苏农环）

【外向型农业】 2003年，全市外向型农业取得较大发展，主要体现在：

①农业利用外资继续增长。全年新增农业外资项目117个，合同利用外资6.86亿美元，比上年增长107%，实际到账外资2.70亿美元，增长25%，占全省农业利用外资的三分之一以上。外资项目平均投资达到600万美元，比上年提高73%。新批和增资超1000万美元以上的项目25个，其中，超1亿美元的项目1个，超2000万美元的项目10个。投资领域涉及综合类项目27个、园艺类项目13个、畜牧类项目11个、水产类项目5个、林业类项目29个、种植业类项目12个和其他20个。在各市（县）、区中，昆山市、吴中区、吴江市继续保持前3名，合同利用外资均超亿元。全市累计外资项目达507个，合同外资23亿美元，实际到账外资10.58亿美元；累计吸收内资39亿元。

②农业对外贸易继续扩大。全年实现农产品出口6.54亿美元，比上年增长25.6%，继续在全省保持领先地位。出口农产品越来越丰富，水产及其他动物类产品出口2704万美元，比上年增长12.2%，蔬菜、水果等植物类产品出口2584万美元，与上年基本持平，食品、饮料等加工类产品出口9196万美元，比上年增长7.7%。另外，毛皮制品、木及木制品等均有较大幅度增长。出口的市场不断拓展，出口的国家和地区有近80个，其中出口在1000万美元以上的市场有12个。美国、欧盟和日本市场都在1亿美元以上，出口增幅分别为41.1%、35.2%和13.9%。出口企业不断增多，全市共有农产品进出口业务的企业400多家，其中出口额超1000万美元的30家，企业出口能力特别是外资企业出口势头强劲，外资企业出口占全市农产品出口额的88%。

③载体建设力度继续加大。2003年，全市继续坚持把农业示范园区、农业综合开发项目区、无公害农产品生产基地等作为外向型农业发展的重要载体来抓，进一步增加投入，完善基础设施建设，提高产品质量，形成了基地招商引资和农产品出口的整体优势。昆山市国家农业综合开发现代化示范区全年投入基础设施资金1200多万元，新引进农业企业4家，合同利用外资2060万美元、内资7000万元。吴中区西山现代农业示范园区作为全国单项投资最大的农业综合开发项目，已通过国家专项验收，新引进“三资”项目8个，引进资金2.14亿元。其他各市（县）也先后将“高标准、高起点规划建设1个现代化农业示范区”的工作目标摆上重要日程。

④各类农业宣传推介活动大力展开。年内，苏州市赴香港举办了“阳澄湖、太湖大闸蟹推介会”，参加了“首届中国农产品博览会”、“2003江苏农业国际合作洽谈会”、“江苏名特优产品（上海）展销会”等大型农业推介活动，并成功举办了“苏州市第2届优质农产品交易暨农业招商洽谈会”。同时，还组织基层和一线招商人员赴日本、台湾、香港等地开展农业招商活动，取得了良好的成效。各市（县）、区也都开展了各类农业招商、洽谈活动，极大地推进了全市外向型农业的发展。（苏农资）

【农业机械化】 2003年，全市共投入农机化发展资金8414万元，其中市（县）以上财政投入1262万元，乡村集体投入72.9万元，农民个人投入7079.1万元，新增了一批收割、机插、烘干、保鲜等先进适用农业机械，其中久保田、人民号等高性能自走式联合收割机53台、高性能水稻插秧机85台、水稻直（穴）播机42台，有效地提高了全市农业的机械化水平。全市现已拥有大中型轮式拖拉机4220台、变型拖拉机1524台、联合收割机3963台、水稻插秧机515台、水稻直播机211台、秸秆还田机283台、低温烘干机32台、农副产品加工机械10829台、渔业机械12335台、植保机械162629台、农用运输车6546台、移动碾米机2216台、其他各类农机具近70万台套。全市共有农机总动力217.2458万千瓦、农机原值13.31亿元，农业生产综合机械化水平达到79.2%，实现了农机化向林牧副渔等农业领域的全面拓展。

全年实现机收三麦4.98万公顷，占播种面积的86.4%，基本实现了机械化收割；机播水稻2.19万公顷，占20.76%，比上年提高7个百分点；机收水稻7.50万公顷，占71.24%，比上年提高17个百分点。农机跨区作业进一步提高了服务水平，全年出动联合收割机1367台次，完成作业面积9.1万公顷，实现作业收入8936.9万元，比上年增长12%。同时坚持对农机和驾驶员年检年审制度，加强农机安全生产监督管理和农机交通秩序整治工作。（苏农机）

【农业示范园区建设】 经过几年的建设，农业科技示范园区已成为全市新品引进中心、名品生产基地、科技实验场所、新技术推广示范窗口、农业合作投资乐土和农业技术机制创新的样板。

全市累计建有46个农业科技示范园区，其中国家级3个（西山、昆山、常熟）、省级11个、市级12个；实施总面积6467公顷，辐射带动8.36万公顷；总投资9.35亿元，其中国家、省级投资1.56亿元，招商引资3.44亿元；引进新品种1418个，其中推广新品793个，推广面积8.47万公顷；引进新技术192项，推广新技术232项，推广面积6.90万公顷；制定标准154个；注册商标87个。2003年实现产值8.43亿元，利税1.58亿元。（苏农科）

【苏州西山国家现代农业示范园区】 苏州西山国家现代农业示范园区于1998年5月经国家农业综合开发办公室批准建立，规划面积1333.3公顷（2万亩），经5年多的开发建设，于2003年12月4日，通过国家农业综合开发办公室验收组验收。

5年来，园区实际完成投资超过2.5亿元，建成汇集“农、林、牧、副、渔，花、果、菜、加、游”等多个门类的重点项目18个，主要包括：“三高”粮油作物示范区（一期、二期）、良种畜禽养殖基地、特种水产养殖基地（一期、二期）、133公顷梅林改造、山顶绿化攻坚工程、花果食品城、高科技农业园（一期、二期）、大型实验动物养殖基地（一期、二期）、古樟植物园、芦荟种植、海水石斑鱼养殖、青梅深加工、家禽肉制品加工、优质田螺养殖与加工等项目。形成了优质高产粮油示范区、特种水产养殖示范区、良种畜禽养殖示范区、名特优新果品生产示范区、森林生态展示区、设施蔬菜栽培示范区、花卉苗木种植示范区和农产品加工区等八大功能区。2003年，示范园区坚持“走出去、请进来，外引内联”策略，多渠道、多形式吸引“三资”（含内资），累计引进“三资”项目8个，引进资金21420万元。包括：

①苏州九康尼姆植物软农药有限公司。该公司由示范园区、苏州九康农业科技发展有限公司、北京欧斯生物科技研究所和部分民资合资建办，首期投资1000万元，注册资本250万元。该项目主要从事现代生态农业及植物杀虫剂的研制、开发、生产、销售。

②苏州格特曼生物制品有限公司。该公司由日本好生活格特曼国际有限公司独资建办，总规划面积2公顷，首期投资10万美元，注册资本7万美元。该项目主要从事芦荟系列产品及保健食品的研制、开发、生产、销售。

③苏州金宏茶业有限公司。由苏州金宏气体公司与苏州吴中区东吴工业气体有限公司合资建办，总投资2000万元，注册资本1008万元。该项目主要从事茶叶、茶饮料及茶文化开发。

④苗木种植基地。由苏州花木园艺有限公司投资建办，总投资300万元，占地面积20公顷。

⑤苏州九康迦姆食品有限公司。由示范园区与台湾迦姆食品有限公司建办，总投资70万美元，注册资本50万美元。主要从事梅酒、梅制品的研制、生产、销售。

⑥苏州亨丰农业科技开发有限公司。由苏州九康农业科技发展有限公司与亨丰置业(香港)有限公司合作开发，总投资2998万美元，注册资本2000万美元。主要从事现代生态农业和农业科技产业研制、开发。

⑦苏州惠田食品有限公司。由原来的总投资100万美元、注册资本70万美元增资到总投资500万美元、注册资本400万美元。

⑧苏州绿园农副产品有限公司。由苏州太湖蔬菜种植有限公司与苏州市吴中区太湖高新农业发展有限公司合资建办，总投资50万元，注册资本50万元，主要从事农副产品、茶叶、粮油、畜禽、果品、水产品销售。

这些项目的建成，将产生明显的经济效益、社会效益和生态效益，加速农业技术的组装集成和科技成果的全面转化，促进传统农业的技术改造和产业升级，提高农业经济的运行水平。

示范园区已拥有一批先进的现代农业基础设施，包括已建成厂房、展示房、仓库等各类建筑物面积6.62万平方米，温室大棚8.25万平方米，晒场2.1万平方米；购置农机具114台套；修建排灌站5座、桥梁30座、降渍PVC管17万米、田间道路11.46万平方米、绿化道路20公里。

园区大力推广各类科技项目，目前已有20个农业科技项目和星火计划项目落户园区，其中，科技推广项目13个，星火计划项目4个，国际科技合作项目2个，农业机械项目1个，下达科技推广资金5000万元；引进各类农业新品130个，引进新技术20个，示范面积1400公顷。还承接了60多项生命科学方面的项目来园区实施，并与美国、日本、瑞士、荷兰、韩国、台湾、印度、香港等国家和地区互有业务往来。2003年，园区又申报了各类科技项目10个，其中已被列入省、市科技项目的有5个，争取到各级科研经费230万元，其中动物实验开放服务中心“‘海生一号’鲨鱼软骨素活性物质提取及抗癌作用机理研究”项目已成功地中标为省级重大课题项目，下拨科技经费200万元。通过科技项目的建设，大大提升了园区项目的科技含量和自主研发能力。

【昆山市国家农业综合开发现代化示范区】 昆山市国家农业综合开发现代化示范区于1999年9月由国家农业综合开发办公室批准成立，是一个集土地综合利用开发、农业科技普及推广、农业结构调整引导和吸入内外资滚动开发的综合性现代化农业示范区。示范区位于昆山市境内的苏虹机场路南侧，南北公路东侧，南至沪苏高速公路，东至千灯镇环西路，规划面积1667公顷，人口1.38万人。

至2003年底，示范区已吸收内外资企业34家，其中大部分为高科技农业项目，合同利用外资7500万美元，内资2.5亿元。项目涉及有机种植、食用菌种养、种子种苗培育、瓜果种植、花卉生产、濒危鱼种保护、农产品加工、休闲观光等。

示范区内分为商贸综合区、农业科技园、休闲度假区、休闲观光区、生态农业示范区等五大功能区。2003年规划调整后，示范区重点向旅游农业、休闲农业、现代农业、观光农业的方向发展，要把示范区作为昆山北部工业和南部水乡旅游之间的一个缓冲区，大力发展生态型的农业观光、休闲项目，使之成为农业生态旅游的一个主导区。

示范区内的大绿种苗科技有限公司与中国农科院棉花研究所成立的棉花育种基地已培育出常规棉品种绿棉1号和绿棉2号，杂交棉新品种新杂1号、新杂2号和新杂3号共5个新品种。2003年10月农业示范区与南京农业大学、苏州大学农业科技学院建立了“南京农业大学科研示范基地”和“苏州大学农业科技学院教育培训基地”，以发挥示范区在项目试验、科技示范、品种推广、人才培训、信息服务、产品销售等方面的作用。

示范区大力发展有机农业、无公害农业，通过建立和恢复农业生态系统的良性循环，维护农业可持续发展。2003年，园区向省农林厅申报的“吴家”牌南瓜及无公害产品基地，经省农林厅多次检测与验收，产品及基地全部合格，已被认定为省无公害农产品及无公害基地。此外，园区内的永丰余生物科技（昆山）有限公司生产的“绿屋”牌有机蔬菜还被认定为有机食品。

示范区于2002年成立网站，网址为：http：//www.nadmz.com。网站由信息中心的专业人员负责维护，设施齐全，已成功运作。网站下设栏目主要有：农业概况、政策法规、富民工程、地方名品、供求快讯、市场动态、科技纵横、当前农事、休闲指南、会员天地等。现网站日访问量达200多人次，已成为昆山农业对外招商的一个窗口、农民致富的一把钥匙、农副产品走向市场的一座桥梁。（苏农资）

【农村十项实事建设】 市委、市政府决定，从2003年开始，用3～7年的时间，在全市农村全面实施十项实事。十项实事的内容涉及农村现代化建设的方方面面。十项实事建设标志苏州市的农村现代化建设已从过去侧重于单项突破转向了全面加速、整体推进。全市成立了农村十项实事工作领导小组，组织开展对农村十项实事实施情况的督查，以督促各地加大力度，加快实施这一民心工程。2003年农村十项实事建设进展情况良好。

①农业税征收方式改革全面完成。2003年苏州市在全省乃至全国率先改革农业税征收方式。主要内容是：全面取消农业税附加，取消特产税改征农业税，农业税不再直接向农民征收，改由镇村代缴、各市（县）、区政府财政补贴。原计划分两年实施的这项改革，经各地共同努力，已于年内一步到位，全面完成。仅此一项，财政转移支付1.6亿元，农民人均减负增收60多元。

②村主要干部基本报酬三级统筹基本完成。市委、市政府两办下发了《关于在全市实行村主要干部基本报酬和社会保险费统筹的意见》，对全市村主要干部基本报酬和养老、医疗保险费由市（县、区）、镇、村三级统筹分担，各地也都出台了相应的政策文件，并承诺原来欠发的村干部工资确保于2003年前足额兑现，今后不再发生新的拖欠。

③农村“三大保障”制度建设进展较快。全市以医疗、养老和失业保障为核心，社会统筹与个人账户相结合，城乡衔接的农村社会保障体系的基本框架已初步确立，农村最低生活保障、农村合作医疗保险实现全覆盖，农村养老保险覆盖率达43%。

2003年农村居民最低生活保障标准大大提高。全市各地认真贯彻执行《苏州市农村最低生活保障制度实施办法》，根据苏州市下达的农村最低生活保障指导标准，统一调整了低保标准，由原来的每人每月100元提高到120元以上(其中苏州工业园区为160元，张家港为130元，昆山、吴江为125元)。低保资金主要由财政负担，吴江、太仓、张家港、吴中、相城等市（区）均发文明确低保资金由市（区）、镇两级财政负担，其他市（县）实行市（县）、镇、村4：4：2比例承担，经济薄弱村由县级市、镇按6：4比例承担。各级财政设立低保资金专户，实行专款专用，保证足额到位。至年底，全市共向15292户33994名农村低保对象发放低保资金约2670万元，分别比2002年增长28.5%、21.7%和70.6%。

农村合作医疗处于历史最佳时期。2003年苏州市政府将农村合作医疗列入实事工程，实行目标管理，并颁发了《苏州市农村合作医疗保险管理办法》，建立健全了市、市（县、区）、镇、村四级农村合作医疗保险管理组织，明确了相关部门的职责分工，为农村合作医疗实行依法管理奠定了基础。财政加大对农村合作医疗的资金投入，市财政首次投入350万元，各级财政当年共计投入5074.6万元，比上年增长106.38%。2003年农村合作医疗行政村覆盖率96%；参加人数273.1万人，占农业总人口90.8%；实际筹集资金总数1.40亿元，比上年增长21.9%；人均资金标准50.1元［其中市（县、区）财政7.7元，镇财政9.8元，村集体11.2元，个人21.4元］，比上年增长20.9%。各地还积极贯彻落实市政府下发的《批转市卫生局等部门关于苏州市农村特困人群医疗救助管理办法》，普遍对特困人群实施了医疗救助。

农村基本养老保险出台新举措。市政府于4月底印发了《苏州市农村基本养老保险管理暂行办法》，这是苏州市第一部关于农村基本养老保险制度建设的规范性文件，确立了“一个体系、两种制度”的总体框架。文件根据不同的就业渠道，对农村劳动力分别实行两种社会养老保险办法：一是农村各类企业及其从业人员，必须参加城镇企业职工基本养老保险，二是将从事农业生产为主的农村劳动力纳入农村基本养老保险。在保费缴纳上，个人缴费掌握在50%左右，其余由集体和财政补贴，并逐步加大财政补贴的比例。目前各市（县）、区均已建立农村基本养老保险制度。同时，各地还对男满60周岁、女满55周岁及其以上的老年农民，逐步建立社会养老补贴制度。昆山市率先对男60周岁、女55周岁以上老年农民发放养老补贴，70周岁以下的每人每月100元，70周岁以上的每人每月130元。至年底，苏州全市已有91.52万名农村居民参加养老保险，有42.62万名老年农民享受基本养老待遇，其中36.48万名老年农民享受社会养老补贴。

④农村“三清”（清洁家园、村庄、河道）工作全面展开。全年清淤河道3244条1890公里。阳澄湖、太湖地区的规模化养殖场达标治理基本完成。昆山、常熟、张家港等市基本完成第一轮“三清”工作，已经转向长效管理。其余地区一方面重点抓住薄弱环节继续全面开展“三清”，另一方面坚持边清边管，积极开展长效管理。大多数村建立了专职保洁员队伍，农村环境面貌进一步改善。

⑤农村“三绿”工作进展顺利。全市农村围绕绿色通道、绿色屏障、绿色家园建设，全年投入绿化的资金达21亿元，新增林地绿地9524.23公顷，森林覆盖率达到14.22%，超额完成了全年的目标任务。列入市政府实事工程的农村绿化10项重点工程建设已完成年度目标任务，建成苏嘉杭高速公路、沿江高速公路等绿色通道2758.13公顷。同时，各地相继出台绿化规划和管理办法，增加资金投入，加速工程建设，加强日常管理。

⑥农村“三改”全面启动。改水工作步伐较快，常熟市在全省率先实现城乡联网区域集中供水，太仓市到年底做到镇镇通长江水，还有园区、相城区等也已全面实行区域集中供水。改厕工作进展顺利，2003年全市新增无害化卫生户厕10.23万

户。改造村级公路工作按照规划全面推开，截至年底，71个开工项目全部完成，改造农村公路292公里，超额30%完成年度改造任务。

⑦农村“三项制度”建设全面推行。新的户籍登记制度在全市全面贯彻实施，农村新生儿均按规定登记为城镇户口。《苏州市宅基地管理暂行办法》和《关于贯彻实施“苏州市宅基地管理暂行办法”的意见》在全市全面施行。各市（县）、区均实行了预拆迁制度，以及鼓励宅基地有序流转等政策，昆山、太仓等市实行了按照农民合法主房建筑面积“拆一还一”。农村集体留用地制度改革已经开始，昆山市计划将原来按照征地面积的一定比例给予留用地，改为按照各村计税耕地面积的一定比例给予留用地。

⑧农村“三大合作”改革稳步推进。全市累计建立社区股份合作社54个，涉及农村集体经营性总资产14.63亿元，净资产10.75亿元，有5.21万农民拥有股权，实现分红的30家社区股份合作社人均分红650元。吴中区长桥镇成为全省第一个村村完成社区股份合作制改革的镇。全市累计建立承包土地股份合作社54个，入社农户1.6万户，入社土地1440公顷（2.16万亩），2003年亩均分红670元。以农户为主体的新型专业合作经济组织已发展到365个，带动农户17.81万户，其中235家专业合作社户均分配1.8万元，130家专业协会人均实现纯收入8000多元，促进了农民增收。

⑨城乡统筹就业开始实施。2003年，全市各个乡镇都建立了劳动和社会保障所、职业介绍所，并实行了全市电脑联网，以方便农民就近登记、全市就业。城乡统筹就业在全市全面开始，已有20多万农民进行了就业登记，并领取了《就业登记证》。

⑩农村科教文卫各项社会事业健康发展。全市共培训各类农村人员104万人次，其中致富带头人2.3万人次，农村劳动力转移培训6.62万人次，成人学历、学制教育培训2.76万人次，农村实用技术培训60余万人次。建有农科教结合示范基地116个，推广农村科技致富项目440项，辐射农户16万余户。全市申报科技部农业科技成果转化资金项目和园区服务体系项目7个；申报科技厅项目44个，下达农业科技项目50个。农村公益性文化活动用房总面积达35.4万平方米。同时农村卫生服务和监督体系进一步建立健全。

农村十项实事建设的实施，进一步深化了农村改革，明显提高了农村社会保障功能，大大改善了农村基础设施和生态环境，增加了农民收入，使广大农民真正得到了实惠，使广大农村现代化建设水平上了一个台阶。（陈祖卫）

粮　食

【概况】 2003年，全市粮食系统进一步深化企业内部机制改革，大力开展招商引资，盘活存量资产，搞好苏州粮食储备库（一期）建设，完善粮食批发市场，切实履行粮食工作职能，克服了“非典”和粮价波动所带来的影响，保障了市场供应的稳定与安全。全市粮食购销企业比上年减亏1274万元，粮办工业扭亏为盈，实现利润410万元，出口大米10.64万吨，新增综合经营项目53个，新增租赁面积12.7万平方米，租金收入4511万元，比上年增长11.4%。全市2003年度共收购小麦2147万公斤，油菜籽4123万公斤，稻谷1.59亿公斤，其中外购9490万公斤。

【完善交易市场】 2003年春季，“非典”疫情给苏州的粮食市场造成了一定的冲击。4月26～27日，苏州粮食批发交易市场连续两天出现粮食异常交易情况，日成交量为平时的5倍以上。市粮食局立即采取果断措施，充分运用市场的力量，大力从主产粮区落实货源，加强与基地的联系，确保苏州粮食批发交易市场的供应链不断裂，从而保证了整个苏州粮食市场的平稳与安全。进入10月份以后，苏州同全省、全国一样，粮食价格出现了波动。对此，全市粮食系统一方面认真做好地产秋粮的收购，一方面组织力量到东北等地采购粮食，增加苏州市场的有效供给，满足市场需求，使全市粮食流通领域平稳有序。2003年，苏州市粮食批发交易市场的年成交量达到2.3亿公斤，比上年增53.3%，实现了三年跨越三大步。昆山市粮食批发市场的年交易量也达到了6000万公斤，比上年翻了一番。

【保障粮食供应】 针对苏州市粮田面积不断减少，粮食需求持续增长的粮食产销新特点和全国粮食形势的新变化，市粮食局在市场建设、储备粮管理、基地建设等方面积极探索，努力实践，确保粮食安全供应。市政府实事工程苏州国家粮食储备库一期工程实现当年设计，当年施工，当年投入使用。地方储备粮按照规定程序进行了公开竞价销售轮换，配合省粮食局对市场放开前按保护价收购的“老粮”进行了销售，2003年度地方储备粮按时按质吸储入库。基地建设开始起步，苏州市政府与黑龙江佳木斯市和哈尔滨市分别签订了2000公顷（3万亩）粮食产销合作协议和3333公顷（5万亩）合作意向。5月底市政府正式批准《苏州市区粮食应急保供预案》，确定了5家粮食应急保供定点加工单位、133家营业条件较好的粮油销售点（其中城区100家）以及2205吨的粮食应急运力，选定了20个单位作为全市固定预警监测点。各县级市也制定了相应的粮食应急保供预案，基本形成了全市性的安全保供体系。

【转变工作职能】 2003年初市粮食局系统最后3家国企完成改制，国资全部退出，组建“有限公司”或“有限责任公司”。全市各级粮食行政管理部门积极转变工作职能，从直接管理企业，向加强行业指导、提供政策咨询、交流工作情况、为企业排忧解难等服务性工作方向转变，协助企业做好化解矛盾、分流安置职工等工作，使企业深化改革的工作得以有序展开。切实关心在改革过程中形成的弱势群体，建立帮困结对联系制度，帮助排忧解难。对市区最大的投资项目粮食储备库建设工程实行全过程的廉政监督。配合有关部门，加强对粮油产品的质量监督，全面推行QS市场准入制度，为市民营造粮食放心安全的良好氛围。全年新增绿色食品（大米）1个，全国放心粮油产品6个。

【苏州国家粮食储备库重建】 作为2003年市府实事工程之一的江苏苏州国家粮食储备库搬迁重建工作于3月1日正式启动。新建的江苏苏州国家储备库位于吴中区郭巷镇，占地面积93700平方米，规划仓库容量5万吨，一期工程建设3万吨，其中房式仓2.7万吨，筒库3000吨。配套建设日产200吨大米车间，日处理500吨烘干设备，修筑驳岸315米，建设散装码头1座，包装码头4座及工作、服务设施。此项目建成后，成为全市粮食储备、出口加工、吞吐批发、稳定市场的重要基地。该项目于8月底竣工，实现了当年设计、当年施工，当年投入使用。 （王栋华）

粮棉油种植业

【概况】 2003年，全市种植业在结构调整中求发展，主要特点表现为：

①面积下调。全市粮食作物总播种面积173.56千公顷，比上年调减45.51千公顷；油料作物39.42千公顷，调减13.01千公顷；棉花6.58千公顷，调减1.05千公顷。

②总产下降。由于面积大幅下调，粮棉油作物的总产也急剧下降。全市粮食总产量1127665吨，比上年减少336516吨；油料总产量62418吨，减少15675吨；棉花总产量6551吨，减少976吨。

③单产有增有减。全市三麦单产2950公斤／公顷，与上年相仿；油菜单产1560公斤／公顷，比上年增90公斤／公顷；水稻单产8517公斤／公顷，减280公斤／公顷；棉花单产1015.5公斤／公顷，增30公斤／公顷。

④效益增加。由于农业税费降低和粮油价格回升，粮棉油的亩效益有所提高。据抽查统计，扣除物资费用和税金，三麦每亩收益50.7元，比上年增43.3元；油菜每亩收益147.4元，增105元，麦菜合计全市增收1亿元。水稻每亩收益比上年增150元；棉花增340元，稻棉合计全市增收2.7亿元。全年粮棉油合计增收3.7亿元。 （苏农作）

【优质品种推广】 苏州市农作物新品种推广年内取得长足进步，一批选育的新品种通过了省级和国家审定，其中常优1号（国审稻2003068）11月通过了国家农作物品种审定委员会审定，准于在江苏、浙江、安徽、湖北、上海等省（市）作单季晚稻种植。

一批优质稻、油新品种得到推广。2003年，苏州市以品种创新为主题，推进水稻品种的优质化和杂交化工程，大力推广品质在国标三级优质稻米以上的武香粳14号、苏香粳1号、常优1号、武香粳9号，示范苏引201、E32等新品种（组合）。全年全市推广各类水稻优质品种达8.31万公顷，占种植面积的78.9 %，比上年提高36.4个百分点。同时，全市水稻杂交化水平进一步提高，其中常熟市农科所育成的常优1号示范推广面积达到7933公顷（其中本市3000公顷），该组合省工节本，米质好，产量高，较常规品种增产一成以上。苏州市双低油菜的种植比例也达到了83.8%，成为全市的主栽品种。优质稻、油新品种种植比例大幅提高，为全面提升农产品质量、稳定粮油生产发挥了积极的作用。

（苏农种）

【病虫害防治】 2003年，全市水稻病虫发生面积134.37万公顷次，防治面积203.67万公顷次，挽回损失41.90万吨，实际损失3.83万吨。其中纵卷叶螟大~特大发生，发生面积31.03万公顷次，防治面积45.76万公顷次；二化螟中偏重发生，发生面积20.43万公顷次，防治面积28.47万公顷次；稻飞虱中偏重发生，发生面积21.6万公顷次，防治面积27.75万公顷次；纹枯病中偏重发生，发生面积10.80万公顷次，防治面积33.14万公顷次。

小麦病虫发生面积16.81万公顷次，防治面积9.94万公顷次，挽回损失1.03万吨，实际损失2万吨。其中赤霉病中偏重~大发生，发生面积4.71万公顷，防治面积3.33万公顷；纹枯病中偏重发生，发生面积3.58万公顷，防治面积473公顷。

油菜病虫发生面积8.75万公顷次，防治面积3.35万公顷次，挽回损失3180.4吨，实际损失4463.2吨。其中油菜菌核病中偏重发生，发生面积4.02万公顷，防治面积1.68万公顷。 （苏农植）

畜牧业

【概况】 2003年，畜牧业继续呈稳步发展态势，全市共出栏生猪155.17万头，上市家禽4965.84万羽，上市肉羊44.99万头，栏存奶牛24670头，生产鲜奶100104吨，畜牧业总产值达18亿元。

【畜牧业结构调整】 2003年，在稳定生猪生产的同时，加快发展食草畜禽和优质肉草鸡生产，发展精品畜牧业。通过推广种草养畜生产模式、肉草鸡散养生产模式等，全市用于养畜的牧草种植面积达2310公顷；奶牛养殖在农村城镇化进程加快及污染治理困难的情况下，还是较上年增加808头；肉草鸡上市量达382万羽，较上年增加58万羽。由于坚持标准化生产，产品质量进一步提高，全市获省无公害标志认证的畜禽产品累计达47个，比上年增加25个。

【养殖小区建设】 畜牧业生产已基本实现由千家万户向规模化、集约化的跨越。全市拥有年出栏100头以上生猪的规模猪场1656个，共上市生猪83.8万头，占年上市总量的54%；年上市家禽1万羽以上的规模场2565个，共上市家禽3343.5万羽，占年上市总量的67.3%；全市栏存100头以上奶牛的规模奶牛场51个，共栏存奶牛13363头，占栏存总数的54.2%，同时全市建成3个奶牛养殖小区，共栏存奶牛1050头。

（苏农牧）

【畜禽良种推广】 苏州市有丰富的地方畜禽良种资源，如太湖猪（5个种群）、湖羊、太湖鹅、昆山麻鸭及新育成的苏太猪等。这些资源主要通过保种场进行保种。全市现有各类规模的种猪场15个，栏存种猪2038头，年提供种猪3.90万头；鸡保种场1个，栏存种鸡1.05万羽，年提供种鸡150万羽；鸭保种场1个，栏存种鸭500羽；湖羊保种场2个，群体600头。在对地方畜禽品种进行保护的同时，加快开发利用，重点推广苏太猪、三元杂交瘦肉型猪、肉用湖羊配套系、隆太杂交鹅等，促进畜牧业发展。苏太猪获得省第3届农业科技推广一等奖。市科技局立项的“湖羊胚胎移植技术”的研究获得成果，9月18日省首例“借腹怀胎”的绵羊在湖羊原种场出生，体重4.2公斤。这项技术的成功，预示母羊年繁殖量可从4头增加到30头以上，使良种快速繁殖扩群。（刘松祥　吴秋华）

【畜禽防疫检测】 2003年，全市认真抓好畜禽防疫，避免了重大疫情的发生，保证了畜牧业的正常生产和畜禽产品质量的提高，市畜牧兽医站畜禽防疫工作被评为全省第一。在畜禽防疫、检测方面，全市主要开展了以下工作：①全面实施免疫标设制度，全年使用生猪耳标103.24万套、羊耳标23.15万套、牛耳标2.32万套；②防疫用苗量创历史新高，使用生猪W苗400.27万毫升、牛羊苗72万毫升，禽流感免疫密度达100%；③家犬防疫迈出新步伐，通过政府发动、调查模底、登记造册，全市防疫家犬6.2万头；④全年监测猪瘟1200头、鸡新城疫1800头、猪口蹄疫1200头，奶牛监测步入常规，全年检测奶牛2.1万头；⑤生猪瘦肉精检测取得新突破，首年实施“先检测、后屠宰”政策，对阳性生猪一律禁宰，共检测生猪1.7万头。（苏农牧）

水产业

【概况】 2003年，全市各级渔业部门紧紧围绕农民增收目标，不断创新工作方法，强化了信息引导、技术指导和市场疏导，克服气候异常、水产品市场低迷、“非典”影响等不利因素，全市渔业生产呈现“二稳二增”的可喜局面。“二稳”是养殖面积、水产品产量稳定。全市水产养殖面积9.18万公顷，保持基本稳定；水产品总产量33.87万吨，保持稳定。其中特种水产品养殖面积4.35万公顷，比上年增9%，产量7.25万吨，比上年增25.6%。“二增”是渔业总产值、渔农民收入增加。渔业总产值达60.18亿元，比上年增7.12%，渔业效益18.7亿元，增25.34%。

【产业特色基本形成】 ①生产区域基本形成专业化。全市专业化、规模化养殖面积达6.15万公顷，占总养殖面积的67%。如太仓浮桥，常熟金港等扣蟹培育专业镇；昆山石牌、巴城，常熟辛庄，吴江金家坝、同里，吴中横泾等青虾养殖专业镇；吴江松陵鳜鱼和鲮鱼养殖专业镇；相城阳澄湖、湘城，吴江菀坪，常熟沙家浜，吴中越溪、横泾、东山等河蟹养殖专业镇等。

②主导品种生产形成规模化。全市特种水产品养殖面积4.35万公顷，占全市养殖面积的47.36%，其中太湖、阳澄湖“二湖”地区的“三虾（青虾、罗氏沼虾、南美白对虾）二蟹（太湖、阳澄湖大闸蟹）一鳜”的养殖面积达4.06万公顷，占全市水产养殖面积的44.27%，占特种水产养殖面积的93.46%，成为新的优势主导品种。

③新品种引、试、推形成基地化。共引进丁鲹、白斑狗鱼等北方鱼类，胭脂鱼等长江鱼类，日本锦鲤等观赏鱼类和巴西龟等13只新品种。吴江鲮鱼的繁育和养殖面积已达266.67公顷，成为鳜鱼养殖的辅助产业。全市观赏鱼养殖面积达37.7万平方米，有10个大类，30多个品种，年生产优质观赏鱼5000万尾，并在徐州举办的省首届“万龙”杯观赏鱼大赛中获得2个一等奖、1个二等奖、1个三等奖。

【水产品质量安全监管】 严格执行省《水产养殖质量安全管理规定》，年内经部、省认定的无公害基地35个、无公害水产品40只、绿色食品3个；累计认定的无公害基地达到62个、无公害水产品76只；无公害水产品产地规模达2.33万公顷。为提高水产品质量，主要在3个方面加强了管理。

①监管投入品。在苗种管理上，修订出台了《苏州市苗种管理办法》，按规定年检、核发苗种生产许可证，全面开展苗种的防疫检疫工作。在渔药管理上。加强市场检查和整顿，打击各类违规经营活动，按规定核发经营许可证，全面实施渔药的市场准入和进出货台账制度，渔药销售实行处方制；筛选出50家经营资格齐全、服务信誉好、有专业知识的销售单位作为全市首批无公害渔药销售示范点。

②制定标准、监测环境。起草了无公害水产品养殖技术操作规程16个，规范渔业的标准化生产。加强对养殖水域的水质监控，在全市有针对性地设立了12个水质监控点，每年3次对水质进行抽样检测，为无公害水产品生产提供依据。在全市范围推行用生物制剂调控水质的方法，减少渔业生产本身的污染。全面实行无公害基地的塘口记录制度，不定期地开展抽查工作。

③防治病害。全市目前有6个病害防治工作站、4家县级水产医院、30多个乡级渔病门诊服务点。同时建立了48个病害测报点，测报面积876公顷，测报的品种达到15个。加强信息服务，将病害流行情况以及防治措施、渔药市场的经营和整顿情况、养殖环境水源水质及产品质量状况等信息，通过市农林网、水产手机信息网及其他途径，以图表、文字等形式，及时发送、传递给相关单位、养殖户。

【鱼种放养】 2003年，全市水产养殖面积9.18万公顷，其中池塘4.66万公顷，外荡4.36万公顷，其他1596公顷。全年种苗放养充足。在注重放养质量，改革养殖模式的新情况下，共放养鱼种4191万公斤，比上年减少15%，但名特优新品种放养量比上年增加10%，其中河蟹增长15%，南美白对虾增长6倍，青虾增长4%。水产苗种生产基本稳定。虽然5月份以后，气候反常，导致部分鱼苗死亡，但总量仍保持在250亿尾左右。其中鲈鱼苗0.06亿尾，罗氏沼虾苗33亿尾，青虾152亿尾，南美白对虾淡化苗12亿尾，鳜鱼苗0.021亿尾，“四大家鱼”苗25亿尾，鳊、鲫鱼苗45亿尾。

【协会工作全面启动】 2002年成立的市阳澄湖大闸蟹行业协会和市水产协会把行业协调、行业服务和行业自律作为首要职责，把开拓国内外市场、提高水产品整体竞争力作为协会工作的着力点，在加强行业协作、规范市场行为、指导生产、组织销售等方面发挥了积极作用。阳澄湖大闸蟹协会年内编印3000本养蟹技术手册发到养殖户手中；发放3000本生产记录卡，进行生产跟踪；

建立两个大闸蟹中转站，为渔民和经销商提供交易平台；在香港成功举办了阳澄湖大闸蟹推介会。在阳澄湖实施整治、网围面积压缩58%的情况下，全湖河蟹产量突破1000吨，出口量达到了60吨，比上年增加20倍。蟹价每公斤比上年提高40元，平均每亩养蟹纯收入达1800元，全湖2600多个养蟹户中纯收入10万元以上的占20%，纯收入5万元以上的占40%。水产协会先后刊出10期《苏州水产信息》，内容包括养殖技术、苗种供求、生产动态、市场行情等；为每个会员订一份《中国渔业报》；组织有关专家进行10次技术咨询和现场培训；组织20多位高效养殖会员进行技术交流；开展针对性的调研，帮助太仓市天湖水产食品公司等申报水产项目；为会员调剂苗种5亿尾，鱼药、饲料100多万元，推销水产品200多万元，推动了全市水产业的发展。（苏农水）

【长江春季禁渔】 2003年是正式实施长江禁渔期制度的第一年。在苏州市和沿江3市（县）两级政府的重视、关心下，渔业主管部门精心组织，有关方面积极支持配合，经过广大渔政执法人员的不懈努力，全面实现了省政府提出的“江面无违规渔船、江中无违禁网具、市场无违捕江鱼、沿江无集访渔民”的工作要求，多次受到农业部、长江渔业委员会及省渔业主管局的表扬和肯定。市渔政管理站继2002年后再次被省海洋与渔业局评为长江禁渔工作先进集体。2003年长江禁渔工作中全市共出动渔政船14艘、248航次，投入执法人员1400人次，查获各种违法捕捞船112条，清除违禁迷魂阵（网具）1.03万米、深水张网62口、其他网具2617口，查处电力捕鱼5起。

【渔业污染事故调处】 市渔政管理站和沿江、沿阳澄湖、沿澄湖的各级渔政机构联手加强对重点渔业水环境的调查监测，做到了每起案件出击迅速、定性定量分析准确、调解处理公正，损失赔付及时，使上述水域未发生渔业养殖自身污染事故。全市共调处309起渔业污染事故，为污染受损渔民挽回损失750万元。特别是发生在相城区太平镇的“9.9渔业污染事故”，污染来势迅猛、排污厂家多、污染范围广、损失量大、渔民情绪急，通过各级政府部门的关心支持，市渔政管理站及有关单位的大量工作，终于在较短时间内圆满调处结束，一次性为受损养殖户争取到赔付款121.63万元，保护了广大养殖户的合法利益。

【渔业资源增殖放流】 为增殖、保护苏州市天然水域中的渔业资源，市渔政管理站具体组织实施了列入市政府实事项目的“四大家鱼原种”增殖放流工作。副市长江浩等领导出席了6月18日的放流仪式。渔政部门在对元和塘、娄江、望虞河等水域进行清除违法捕捞、违规渔具的专项执法检查的基础上，在上述水域共投放春片鱼种2000万尾，此次市财政共投入30万元。全市及市（县）、区渔政站都因地制宜开展了各种形式的增殖放流工作，共放流鱼种2.5万公斤、夏花5400万尾、蟹种10万只，共计投入放流资金55万元。（苏农渔）

蔬菜生产

【概况】 2003年，全市蔬菜播种面积11.61万公顷次，比上年增长5%，其中设施蔬菜播种面积3.07万公顷次，比上年增长6%，蔬菜年总产量273.98万吨，由于价格上涨等因素，蔬菜生产总产值达31.94亿元，亩均效益增加250元。

【无公害蔬菜基地建设】 2003年，全市新建、扩建无公害、绿色蔬菜示范基地9个，面积3120公顷，使全市无公害蔬菜示范基地面积累计达7960公顷。全市通过省认定的无公害蔬菜产地35个、面积6155公顷，通过无公害农产品认证的蔬菜产品92个；累计通过省级认定的无公害蔬菜产地72个、面积1.04万公顷，通过认证的无公害蔬菜产品累计达165个。在无公害蔬菜生产中，全市重点推广了防虫网覆盖栽培技术。2003年苏州市从新菜地开发建设基金中，辟出专项资金近100万元，各市（县）、区也制定了相应的以奖代补措施，用于推广应用防虫网。年内新增防虫网100万平方米。通过这项新技术的推广，菜农取得了较好的经济效益，种菜亩净效益达4000～5000元。

【蔬菜设施栽培】 在蔬菜生产设施上，既有从国外进口的高档温室，又有各级政府扶持补贴建立起来的中档温室和钢管大棚，还有农民自已投入的竹架大棚，这些不同层次、相互补充的设施模式，提高了蔬菜生产水平和效益。全市现有玻璃温室3.2公顷，大中棚1608.5公顷，小棚7788.3公顷，合计设施栽培面积9400公顷。设施栽培方式多样灵活。时间上既有春提前、秋延后，又有夏秋季节的防虫网防虫栽培；品种上既有瓜类、茄果类、叶类蔬菜，又有迷你南瓜、礼品型西甜瓜、樱桃番茄等特色蔬菜；茬口采用冬春茬，秋冬、早春两茬或多茬等安排形式。由于设施蔬菜栽培，可提前或延后生长时间，可在市场存在需求缺口时提供蔬菜，因此经济社会效益明显。其亩均效益通常在7500元左右，是露地栽培的3倍。

【外向型蔬菜业】 2003年，通过合资、合作、外商独资等多种形式，引进国外的资金、技术和先进的管理经验，发展外向型蔬菜业。全年新增中外合资和外商独资蔬菜园艺场圃2家，项目总投资1900万美元，全市蔬菜类外资场圃累计达18家。新办蔬菜加工出口企业4家，总投资470万美元。出口创汇虽然受到日本等发达国家绿色壁垒的影响，蔬菜等植物类产品出口仍达2584万美元，与上年基本持平。对外交流合作逐步扩大。全市赴国外、境外考察招商的农业团组增多，引进了一批国外先进的新品种、新农艺、新农药。同时也邀请和接待了一大批国外、境外如美国、以色列等地的农业科技专家。

【蔬菜行业协会】 苏州市蔬菜协会经过一年的发展，已拥有300多名会员，其中种植大户近60家。一些市（县）、区及乡镇也开始建立具有地方特色的蔬菜行业协会，如张家港的辣椒协会、常熟徐市的丝瓜协会等。这些协会通过引进优良品种、定期产销交流、统一包装品牌销售等活动，逐步形成了风险共担、利益均

享的行业运作机制。 （苏农莱）

林　业

【概况】 2003年，全市继续抓好以加强生态建设、维护生态安全、创建生态文明为主要任务的林业建设，广泛深入地开展植树造林、绿化家园活动，加大林业资源保护力度，全力打造“绿色苏州”，取得了令人瞩目的成绩。

①造林绿化成效显著，绿化投入和建设水平全省领先。以绿色通道和绿化重点工程为抓手，全年投入绿化资金21亿元，其中直接用于造林绿化的资金达13.7亿元，新增林地绿地9524.23公顷，建成了苏嘉杭高速公路绿色通道、204国道绿色通道、沿太湖景观林带等一批重点工程，现有森林覆盖面积达到8.58万公顷，森林覆盖率达14.22%（以扣除大水面后的面积6034平方公里为基数），城乡生态环境质量得到了较大的改善。

②林业保护工作不断加强，森林、野生动植物和湿地资源得到有效保护。河麂、木荷、紫楠等一批珍贵物种得到恢复和发展，阳澄湖、太湖等湿地生态环境逐步恢复。森林公园的建设也有长足的发展，现有省级以上森林公园和自然保护区8个，森林公园保护、经营的森林资源面积达1.58万公顷，占全市丘陵林地面积的69.4%。

③林业工作和执法体系不断健全。出台了《加强林地征占用和林木采伐审核审批管理工作的通知》等措施，规范了管理。林业执法和护林队伍建设得到加强，为依法治林提供了组织保障。执法力度不断加强，严厉打击非法利用野生动物、违章调运木材、征占用林地和滥伐林木、毁林等违法行为。林木种苗生产与经营实行了许可证管理制度。林业科研和技术推广等社会化服务体系逐步完善，建立了苏州林业网。

④林木种苗、花卉和经济林产业稳步发展。2003年新增苗圃4443.3公顷，苗圃总数达2559家，育苗面积1.21万公顷，总产苗量1.61亿株，总产值9.61亿元。其中国有苗圃23家，占0.90%，产苗量347.1万株，占2.15%，产值0.18亿元，占1.88%；乡村集体苗圃205家，占8.01%，产苗量2162.5万株，占13.41%，产值1.76亿元，占18.31%；其他所有制性质的苗圃2331家，占91.09%，产苗量1.36亿株，占84.44%，产值7.67亿元，占79.81%，形成了以非公有制性质为主的生产经营产业体系。果茶生产区域特色明显，初步形成了吴中、张家港、吴江等各具特色的生产基地，“吴玉枇杷”、“太湖杨梅”、“神园葡萄”、“碧螺春茶叶”等名优新果茶品种发展迅速，品种结构进一步优化，质量明显提高。2003年果树茶叶总面积8072.7公顷，其中果树6542.4公顷，茶叶1530.3公顷；总产量7.84万吨，其中果树7.81万吨，茶叶279吨；总产值2.5亿元，其中果树1.81亿元，茶叶0.69亿元。林木种苗产业和优质果茶产业成为农业综合开发、农民增收的亮点之一。

【农村绿化重点工程】 在农村绿化建设中，全市实施了十大农村绿化重点工程。其中沿江高速公路太仓市段绿色通道工程、张家港市北二环道路景观绿带工程、太仓市娄江河绿化风光带工程、相城区桂花公园、昆山市洞庭湖路绿化工程、吴中区环太湖东山至胥口段生态景观林工程被评为市级优秀工程；苏嘉杭高速公路北段绿色通道工程、常熟市常昆线绿化带工程、苏嘉杭高速公路吴中道口连接线绿化工程、吴江市平望立交桥绿化工程被评为市级优良工程。此外，各地还建设了一批颇具规模、各具特色的绿化工程。如，张家港投入1200万元在城区西侧建设了108公顷生态林，改善了周边的生态环境；昆山市、镇两级各投入1500万元，年内完成了130公里村级道路的绿色通道建设等。

【绿色通道建设】 2003年全市共完成绿色通道建设面积2758.13公顷，其中市级重点绿色通道工程65.09公里，绿化面积467公顷。规划设计招投标、工程建设招投标、工程质量监理等各项制度逐步完善，工程质量进一步提高。绿色通道的生态、景观和防护等多种效益开始显现。作为“绿色苏州”的重要内容，绿色通道已成为展示苏州现代化建设风貌的重要窗口。

①苏嘉杭高速公路北段绿色通道建设情况。苏嘉杭高速公路北段全长45.7公里，规划两侧绿带宽度各50米。2003年完成绿色通道建设工程35.48公里，面积236.8公顷。其中，相城区段完成23.48公里，面积182.5公顷，共搬迁村民散坟500多穴，开挖沟系20万米，回填土方60万立方米，种植各类乔木、灌木20余万株；常熟段可绿长度22.22公里，已完成沙家浜至唐市段12公里、54.3公顷，种植各类树木约8万株。

②沿江高速公路绿色通道建设情况。沿江高速公路绿色通道全长76公里，可绿面积600公顷，2003年完成29.61公里、230.85公顷；全线土方工程及绿化规划设计已全部完成。太仓市率先启动，已完成21.9公里共153.3公顷的绿色通道建设，种植各类树木80多万株。

③其他绿色通道建设情况。除了上述高速公路绿色通道建设外，全市完成其他绿色通道建设2290.48公顷。其中市级重点工程张家港北二环道路景观绿带、常熟常昆线绿化带、太仓娄江河绿化风光带、昆山洞庭湖路绿化、苏嘉杭高速公路吴中连接线绿化带、吴中区环太湖东山至胥口段生态景观林带等绿色通道工程标准高、质量好，生态、景观效果明显。另外一些绿化工程如常熟新世纪大道，张家港西塘路、凤恬路绿化、昆山机场路绿化在设计水平、施工质量、管护效果等方面也都各具特色、各有所长。各市（县）、区还建成了一大批镇村级道路、河道绿色通道，在广大农村形成了一道新景观。

【果品生产】 苏州市果品生产继续呈稳定发展的态势。2003年全市果树总面积为6542.4公顷，其中葡萄556.5公顷、梅713.3公顷、柑桔2589.4公顷、枇杷405.5公顷、杨梅667.9公顷。果品总产量为7.81万吨，其中葡萄7324吨、梨4197吨、梅4840吨、柑桔3.99万吨、枇杷9468吨、杨梅3319吨。总产值为1.8亿元。果品生产的区域种植特色更加明显，初步形成了吴中区的白沙枇杷、太湖杨梅、大佛手银杏、柑桔生产基地；张家港的神园葡萄、凤凰水蜜桃生产基地；吴江市的太湖蜜柑、蜜梨生产基地。创出“吴玉枇杷”、“太湖杨梅”、“神园葡萄”、“凤珠水蜜桃”、“太湖蜜桔”、“太湖蜜柑”等驰名品牌果品。

【野生动植物保护】 2003年市政府把保护珍稀动物和野生动植物工作列为重点工作之一，野生动植物保护工作取得新的成绩。

①加强野生动植物保护机构建设。新吸纳61名市、县两级林业、工商、公安、教育等部门热爱野生动植物保护事业的个人进入苏州市野生动植物保护协会，加强了各部门单位之间的协调，促进了工作开展。

②加强野生动植物保护宣传力度。在科协科普网（www.szkp.org.cn）建立生物百态栏目，在苏州林业网（www.szforestry.com）建立协会专栏；将1200份《国家、省级以上重点保护陆生野生动物图谱（苏州部分）》分发到市、县中小学校和城乡集贸市场；与新闻媒体配合，开展了10多次抗击“非典” 的相关宣传活动，有效防止疫病在人与野生动物之间相互传染和蔓延；在陆生野生动物主要栖息繁衍的七子山、穹窿山、东山、西山、邓尉山、光福自然保护区、阳山、虞山等区域设立15块（不锈钢）禁止猎捕野生动物宣传牌。

③加强野生动植物保护执法力度。市、县两级林业、工商、公安部门协同，联合开展了4次专项打击破坏野生动植物资源违法犯罪活动，共出动执法人员350多人次，清理宾馆、饭店、集贸市场等100多处，查获救生以青蛙、蛇、鸟为主的野生动物3万多只（条），查处违法案件10多起。其中一起为刑事案件，查获非法猎捕枪支3把、猎获物鹭鸟88只（死体），3名涉案人员分别被判处8个月至1年的有期徒刑，这是江苏省首例因非法猎捕国家“三有”动物而被判刑的案件。

④加强野生动植物资源保护管理。严格按照野生动物经营利用、驯养繁殖许可证规定权限发放有关证件。全市有驯养繁殖单位15家，养殖种类主要有梅花鹿、猕猴、蓝孔雀等；有经营利用许可证单位22家，主要经营品种有梅花鹿、蓝孔雀、巴西龟、省级以下蛇类产品等，其中有进出口野生动植物经营单位12家，主要涉及品种有猕猴、西洋参、莼菜、蝴蝶兰、蛇产品等。 （苏农林）

蚕桑业

【概况】 蚕桑业是苏州市的历史传统产业。2003年，全市4163.6公顷桑园，饲养蚕种90536张，生产蚕茧3436.55吨，年均张产茧量高达37.8公斤，蚕茧总收入5357万元，蚕农年均张种增收130元。茧丝市场行情先抑后扬，春茧价跌至580元/50公斤的历史低点，晚秋茧价则飙升至1127元/50公斤的历史高点。至此，从2002年初开始茧价直线下降的产业动荡结束，年末出现了稳定的局面。

【建立蚕茧合作社】 2003年4月，吴江市梅堰镇286户农户率先联合起来，制定章程组建蚕茧合作社，打破蚕茧购销垄断体制，确立“民办、民管、民受益”原则，形成“主体农民+归农茧站+蚕桑站服务”新模式，走上蚕茧流通舞台。新经济组织实现“农产农销”，利益归农，焕发出超乎想象的产业活力。①建立农产农销全程服务体系，提高技术指导落实率和种、药服务到位率，提高收烘质量，使蚕茧收烘成本下降了三分之二。②实施大规模产业改造，推广方格簇4.3万片，使这个原来茧质中等的乡镇拿出了全市最优的蚕茧质量；推广先进的饲育平台500张种，家家户户从此不再放养地蚕，使年均张产茧量从33公斤提高到37公斤；组织300多个劳力全镇统一治虫，这是分户经营20年以来从未达到过的。③利益归农。合作社在产业非常时期通过加大返利力度来稳定产业，蚕茧经营盈利提取风险基金后100%返利于民，社员户的实际结算价，春蚕方格簇茧730元、草笼茧670元，比全市均价分别高出150元、90元，晚秋茧达到1222元，其中返利占10%，深受农民拥护，出现了能人重返蚕桑的新气象。

【原蚕生产基地建设】 苏州市级原蚕生产基地创办于1996年初，包括太仓金浪镇、常熟徐市镇的133公顷桑园。所产蚕种三分之一优供苏州蚕区，三分之二全省供应。蚕种质量实行“省级检测”，以家蚕微粒子含率为主控指标。通过多年努力，基地连年省级检测零淘汰，但自检淘汰率尚不稳定，只是下降到3%。2003年，苏州市蚕桑指导站通过制定“苏州市原蚕基地技术规程”，将创新的规程和办法组合成新的技术体系在基地推行，召集百人会训3天，组织60名蚕种专业科技人员在基地全程驻点，实行“一人15户、一日三到户”的指导办法，终于在桑叶消毒定时定量处理上得以突破，基地生产的26万张蚕种，微粒子镜检自检、省检淘汰率都降到零。此外，还在春茧价格降到580元时对基地实行1200元保护价，使农民一季亩收入近2000元，进一步巩固了基地。

【“三低”桑保新农药推广应用】 长期以来，桑保农药以甲胺磷（乐胺磷、氧化乐果）、敌敌畏、三氯杀螨醇等高毒、高残留农药为主体结构，不符环保要求。苏州市蚕桑指导站于2000年启动了桑保农药更新换代的研究工作，试验筛选了一批新型农药，并于2002年率先推出。新一代高效、低毒、低残留、低抗性桑保农药主体结构为：杀螨剂以克螨特为主，杀虫剂以辛硫磷、乐思耕、乙酰甲胺磷、大复杀为主，形成残毒梯度结构。在此基础上，着重开展应用研究，建立适宜太湖流域蚕区桑园害虫防治技术新模式，以点推面扩大应用，至2003年全市累计推广应用6893公顷、覆盖率达95%。由此，全市每年可减少使用高毒、高残留农药近50吨。

【系统制定市蚕桑技术规程】 2003年，苏州市蚕桑指导站组织专门班子，深入总结蚕区技术经验，按照系统性和可操作性的要求，分门别类制定了《丰产桑园栽培技术规程》、《桑树病虫害防治技术规程》、《蚕种催青技术规程》、《桑蚕小蚕饲育技术规程》、《桑蚕大蚕饲育与营茧技术规程》、《蚕病防治技术规程》、《农村原蚕基地生产技术规程》等7项技术规程，并撰编印刷《苏州市桑蚕技术规程汇编》、《蚕桑实用技术》1万册分发蚕区指导生产，受到蚕区普遍欢迎。 （苏农蚕）

商务物流

综　述

【六大举措全面振兴服务业】　12月19日闭幕的市委九届六次全会针对本市服务业发展滞后于工业化进程的现状，提出从2004年开始，本市将在六个方面采取有效措施，全面振兴服务业，力争今后几年全市服务业占国内生产总值的比重每年提高0.3个百分点。一是继续实施“三古一湖”精品名牌战略，精心塑造“人间天堂、东方水城”旅游整体形象，整合重组旅游资源，加大产品开发力度，做大做强旅游产业，力争经过3～4年的努力，使本市旅游总收入、接待境内外旅游者人数等主要指标进入国内各大旅游城市前6位。二是在规划指导下调整优化商业网点布局，大力发展专业化大型批发市场、商品配送中心和连锁超市、仓储商店、网上商店等现代流通业态，保护发展“老字号”品牌，积极扩大商贸、餐饮、娱乐等夜间消费，力争经过2～3年的努力，使本市社会消费品零售总额名列全省首位。三是依托开发区、沿江港口和交通节点，高标准建设苏州工业园区保税物流园等专业化物流园区，发展第三方物流企业，拓展运输、仓储、货代和加工、包装、配送等相关服务，形成以苏州港为中心、沟通国际国内两个市场的物流网络。四是构建结构合理、功能健全的区域性金融组织体系，拓展银行、证券、信托、保险等金融业务，进一步壮大金融业实力。五是大力发展会展业，建好国际会展中心。大力引进和培育与国际接轨、精通世贸规则的专业化中介服务机构。六是继续发展电信、邮政、医疗保健、文化娱乐和非义务教育等服务业，提供多层次、多样化的服务产品，努力适应社会各方面的需求。（张　波）

【苏州服务业对香港全面开放】　2003年11月11日下午，香港会展中心大会堂吹来一股清新的“苏州风”，苏州市人民政府新闻发布会、苏州服务业开放说明会以及“古韵今风”苏州展在这个曾经见证香港回归祖国的大厅里隆重举行。市长杨卫泽在这里宣布：苏州是一个开放的城市，苏州的服务行业充满活力与商机；苏州市政府愿意以更加开放的姿态、更加坚定的信念，支持和鼓励投资者在苏州创业发展。当前，苏州经济和社会各项事业正处在加速发展的过程中，内地与香港更紧密经贸关系协议书的签署为苏州与香港的经贸往来、特别是在服务领域的交流与合作提供了更广阔的空间。香港是世界著名的金融、贸易和航运中心，服务业是经济主体中极具优势的产业。杨卫泽指出，苏州虽然制造业比较发达，但服务业相对滞后；苏州经济要在现有基础上继续保持强劲的发展势头，就必须在继续发展制造业的同时，花大力气发展服务业。他希望通过这次招商活动，为香港金融、贸易、物流、分销、会计、法律、医疗、会展等业界的朋友提供合作与发展的机会，共同推动苏州服务业的繁荣。中央人民政府驻香港特别行政区联络办公室副主任郑坤生，苏州市委常委、秘书长徐国强，市委常委、副市长周伟强等出席了招商活动。香港各大媒体50多名记者前往采访。

【苏港服务业强力合作】　2003年11月，市委副书记、市长杨卫泽率领苏州市服务业赴港招商团满载而归，在港期间共有16个苏港合资、合作项目签约，协议资金达56.6亿元人民币和9500万美元。赴港招商既展示了苏州的新形象，也增进了两地的友谊和了解；通过对香港服务业的考察，更使苏州看到了差距，深受启发。服务业赴香港招商，是继赴日本、韩国之后，市政府组织的又一次大规模海外招商活动。赴港期间，市政府代表团以及下属建设、旅游、贸易、物流分团，各市、区、苏州工业园区、苏州高新区负责人，广泛开展与招商引资有关的展示会、推介会等系列活动，与香港工商界人士广泛接触。香港30多家新闻媒体的50多名记者前往采访报道，在当地工商界和市民中引起很大反响，取得了良好效果。在签约的16个项目中，共有旅游项目10个，涉及投资金额29.1亿元人民币和3000万美元；物流业项目3个，涉及投资金额22.5亿元人民币和4500万美元；建设和贸易项目3个，涉及投资金额5亿元人民币和2000万美元。苏州青旅与香港宏亚集团签订了共同出资组建新的苏州青年旅行社股份有限公司的合作意向书，这将成为全省首家与境外合资经营的旅行机构。市政府招商团有关负责人介绍说，由于前期各项准备工作充分，招商措施得力，本次招商活动在签约项目、投资额上超出了预期目标。改革开放后苏州与香港有着良好的合作关系，此次招商进一步宣传了苏州的良好城市形象和优越的投资环境，加深了对港商投资意向的了解，扩大了苏州服务行业在香港的影响。同时，香港快捷、高效、完善的服务业使代表团成员受到很多启发。沧浪区代区长路军谈到，沧浪区在苏州市有着良好的地理环境和人文优势，但是服务业的发展相对比较滞后，下一步准备加快南门地区商业网点的合理规划，与国际市场相对接，与市民需求相适应，构筑城区功能完善、繁荣富强的服务业体系。从“东方水城”到“东方之珠”，从“购物天堂”到“人间天堂”，苏州代表团成员一致认为，苏港两地有着太多互惠发展的条件，共同面临着难得的发展机遇。苏州青旅除了签订合资协议，还与香港贵豪旅行社签署了客源互送合作协议。（宓晓文）

商 业

【概况】 2003年，苏州商贸行业克服了遭受“非典”疫情的严重影响，各项经济指标取得了可喜成绩和新的突破，继续保持了较快增长速度。全市实现社会消费品零售总额创造了历史最好水平，达到了526亿元，比上年增长16.5%，高出全省增幅2.8个百分点，已连续3年增幅列全省各市之首，总量居全省第2位。全市商贸业增加值完成308.52亿元（其中市区增长18.6%），占全市GDP总额的11%，增加值总额仅次于制造业，占第三产业增加值的32.3%，名列第三产业首位。（陆卫亚　黄　晔）

【体制改革】 2003年是苏州国有商业企业的改革年。自2002年9月17日市委、市政府召开国有企业改革动员大会以来，市贸易局把市属国有商业企业改制工作作为压倒一切的重要任务来抓，取得了全面突破。截至2003年底，按“四到位一基本”要求，市直属系统内的108家独立法人单位中，除2家空壳企业外，其余都已完成了改制，职工身份置换已完成了99%，共安置和分流职工7155人，较好地保持了系统和社会的稳定。市属国有商企提前实现了改制目标，在全市各行业和全省商贸系统中都走在了前列。各市(县)、区的国企改制工作也进展迅速，各地国有及国有控股大、中型商贸流通企业的改制面已达到100%。企业改制后普遍理顺了机构设置，加强了内部管理，注重了营销策划和多元化经营，企业活力普遍增强，经营业绩明显提高。

（陆卫亚　黄　晔）

附表：全市商贸流通业主要指标完成情况（2003）

单位：亿元

项　目	实　绩	比上年±%
一、社会消费品零售额	526.1	16.5
（一）按地区分:	—	—
1. 市区	205.8	17.1
2. 常熟	110.8	13.6
3. 张家港	63.6	15.4
4. 昆山	60.2	19.8
5. 吴江	49.6	12.9
6. 太仓	36.1	12.6
（二）按行业分:	—	—
1. 批发零售贸易业零售额	438.3	15.6
2. 餐饮额	85.2	26.9
3. 城市消费品零售额	372.1	17.3
4. 农村消费品零售额	154	14.5
二、增加值	—	—
1. 三产增加值	955	14.8
其中：市区	346.2	15
2. 批发零售业餐饮业增加值	308.5	15.8

（何振兴）

【服务新举措】 2003年，市贸易局组织全市40余家各级“百城万店无假货活动示范店”、“青年文明号”和“服务品牌柜组”开展了“优质服务示范日”活动，设立服务摊点50多个，服务项目30多项。“非典”期间，苏州人民商场、工业品商场购物中心、石路国际商城、泰华商厦、一百商店五大省级文明单位联合发出了“抗非”宣言，推出了营造放心购物环境、供应放心安全商品、推广放心消费形式、提供放心周到服务、加入爱心捐助行动的“五心”服务。在“非典”防治工作取得阶段性胜利的关键时期，市贸易局及时组织全市60余家商业企业联合推出了为期一个月的“苏州2003年夏令商品大型购物节暨夏令菜点美食节”活动，开幕式当天有1000余名农民被邀请进城购物，活动的开展为复苏市场发挥了重要作用。

【行风建设】 市贸易局以行风建设为抓手，全力打造诚信、安全放心的市场环境。在全市范围内，组织开展了“争创全国商业服务业安全放心消费场所”活动，将“百城万店无假货”活动进一步引向了深入，积极培育良好的商业诚信氛围，促进了行风的根本好转。2003年，全市共有22家企业被确定为“全国商业服务业安全放心消费场所”。市贸易局还会同市技监、工商等部门联合开展了“打假宣传咨询，诚信经营服务”3.15现场咨询，并组织了万人签名、倡议承诺等活动，为消费者介绍商品知识，维护消费者的合法权益，树立“诚信服务，放心消费”商贸行业的良好形象。

（兰　兰）

【网点建设】 2003年，随着全市投资环境的优化和各级政府对商贸流通业的重视，全市商业网点建设进入了重要的发展期，并具有业态新、规模大、经营特色明显的特征。全市重点连锁超市企业新增网点108个，比上年增长17.1%；具有现代特色的苏州首家“销品茂”（营业面积达10万平方米）在苏州工业园区开工建设；观前、石路两个市级商务中心区的发展规划日渐完善，提档升级速度明显加快，投资约数亿元的石路步行商贸区的改造工程全面完成；

十全街、凤凰街、乌鹊桥弄、南浩街、虎丘路、高新区日韩料理和常熟方塔东街等商业街的规模改造进展顺利，功能与特色更加鲜明。

【营销活动】 各级商贸部门和企业抓住元旦、春节、“五一”、“十一”，以及假日旅游、重大节庆等各种契机，借助密集型、多主题、全方位的活动，造势经营，拉动消费，有力促进了市场繁荣和销售增长。“有节用节，无节造节”，全市先后推出了“江南之春美食节”、“金秋购物节”、“金秋阳澄湖大闸蟹美食节”等一系列重大主题营销活动，为苏州消费品市场实现持续增长发挥了积极作用，成为商贸发展的助推器。苏州人民商场仅10月1日的零售额就突破660万元，创下了有史以来单日零售的最高记录。

【行业管理】 全市各级商贸主管部门通过改革，迈出了转变职能的重要一步，从原直属企业管理转变为全社会管理，从直接管理转变为间接管理，从微观管理转变为宏观调控，增强了对全社会商业的服务、指导和行业管理意识。《苏州市生猪屠宰销售管理办法》经市贸易局等有关部门反复修改后，2003年以市长令颁布，10月15日起已正式实施。市贸易局对全市拍卖企业、煤碳经营企业和旧机动车市场的监管力度有了进一步增强，对食品市场管理有了新举措。2003年，全市拍卖成交总额达35.67亿元，比上年增长192.7%；“放心早餐”销售网点比年初净增40个；“天平牌”放心肉，年销售比上年增长20%；南环桥农副产品批发市场获得了全国三绿办公室授予的“争创绿色批发市场示范单位”。苏州市民的“菜篮子”质量和食品消费安全、卫生都有了大幅度提升。

【新型业态建设】 大型综合超市和小型超市、便利店等现代商业业态继续保持了良好的发展势头。2003年全市重点连锁超市企业网点达到738个，比上年增加17.1%。一些“老字号”企业和特色企业也利用自身的商标品牌、经营网络优势，积极发展连锁网点，使企业销售得到了较快增长。苏州现代商业实现年销售64.12亿元，其中市区40.25亿元，占全市和市区社会消费品零售额的比重分别为12.19%和19.56%，分别比上年上升了2.19个和3.56个百分点。江苏百润商品配送中心、华润超市、欧尚超市、家乐福挤进了苏州商业企业销售排名前十名行列。苏州第一百货商店网上购物增加了九大类500多个品种，建立了24小时送货机制。苏州人民商场推出了6个购物咨询热线，在公司网站建立了缺货登记系统和网上购物系统。“苏州通”卡在“一百放心早餐”和“可的”超市已分别有50个网点和30个门店可进行刷卡消费，使现代商业信息化和城市信息化又向前迈进了一大步。

（陆卫亚　黄　晔）

【苏锡常最大规模肉食品冷藏物流中心建成】 2003年9月，苏州食品有限公司5400吨新冷库竣工投产，使该公司的冷库容量超过万吨，成为苏锡常地区规模最大的冷藏物流中心。苏州食品有限公司作为本市最大的肉食品加工、销售、冷藏基地，根据菜篮子工程需要，利用原有5000吨冷库的储存优势，近年兴办苏州肉食品批发交易市场，全国各地的肉食家禽、水产品等通过市场，源源不断进入本地居民的菜篮子中，并辐射杭州、南通、扬州等周边地区，丰富了市场供应。但随着市场交易量、商品吞吐量的扩大，冷库容量供不应求，为此公司自筹资金，于2002年9月底动工建造5400吨冷库。在竣工投产仪式上，经统一规划、合理布局的肉食品批发市场新区也同时开业，为本市菜篮子工程增添了新的活力。

（徐隆道　尤　薇）

现代物流

【概况】 2003年，苏州市现代物流业发展步伐明显加快，苏州市区、常熟、昆山、张家港等地的物流骨干企业根据市场需求变化，及时调整经营结构，加大投资力度，新建、扩建或改造各类现代仓库、集装箱堆场和物流信息平台，增加物流装备；外资企业也通过合资合作等形式积极抢摊苏州物流市场。2003年，全市第三方物流项目总投资超过15亿元。以公路运输为主的本市货运市场来源充足，形势喜人，空运量继续上升，铁路货运量有所增加，苏州港大步向前，货物吞吐量增长迅猛。

【规划编制和基础设施建设】 2003年，各县级市、区按照《苏州市现代物流规划》的要求，加强规划和协调，依托产业合理定位，基本确定了各具特色的现代物流业发展思路。全市十大物流园区规划编制和基础设施建设全面展开。

①各县级市、区人民政府和工业园区、高新区管委会高度重视现代物流对现代制造业和城市发展的支撑作用，积极推进现代物流业的快速发展，按照市级规划的总体要求，深入调查研究，广泛听取有关部门和专家的意见建议，把发展现代物流业作为重点工作来抓。常熟市在2003年利用半年时间编制了《常熟市现代物流发展规划纲要》，并通过上海同济大学教授、专家论证，提出了以陆路、水路物流为特色，依托港口和即将建成的“苏嘉杭高速”、“沿江高速”两条高速公路以及苏通大桥的优势，充分利用常熟招商城的有利条件，加快发展现代物流业的总体设想；昆山市初步编制了《昆山市现代物流业发展战略规划》，以江苏国际商务区为重点、出口加工区为依托，加快建设现代物流体系，形成大进大出、快进快出的昆山大物流环境；张家港市积极推动保税区发展物流业的工作，着手编制保税物流园区的战略规划；太仓市在港口开发区现有码头和岸线的基础上，积极招商引资，相继引进了中化国际、香港现代货箱等国内外大企业入驻开发区进行物流园区开发建设；吴中区提出了“加强规划和协调、服务，加快宝供物流等基地建设，发挥好海关直通监管点的功能，引进更多的国内外物流企业，加快建设好东南物流园区”的战略目标；相城区委托苏州科技学院，对本区设立物流园区进行了调研，开展了设立物流园区的预可性研究和总体方案的设计，形成了物流园区的总体规划和可行性研究报告；金阊区在市规划局的协助下，通过国家招标，由新加坡代为编制的《苏州市白

洋湾物流园区总体规划》基本完成，具体实施方案已初步拟定；吴江市和工业园区、高新区在现有物流中心的基础上，进行了土地预留和扩建工程，改善了硬件设施不足的紧张局面，对区域内现代制造业企业的支持作用得到明显加强。

②按照《规划》要求的苏州市十大物流园区中的高新、昆山、唯亭(工业园区)、太仓港等物流园区加大规划和建设力度，积极进行基础设施建设，突出功能特点，完善软硬件设施，建成了与经济发展相适应的物流园区雏形；白洋湾、常熟等物流园区在市级规划的基础上，编制了各自发展物流园区建设的规划和发展战略，确定了功能定位并抓紧研究配套政策，目前正在招商引资和筹备建设之中；张家港、盛泽、东南、陆慕等物流园区正按照市级规划要求着手编制各自的发展规划。

【物流市场管理】 2003年，全市继续做好物流企业的资质审批工作，加强物流市场管理，开展货运服务业的清理整顿工作，促进物流服务业的健康发展。

①交通部门根据《苏州市现代物流规划》制定了《规划实施指导书》，明确了全市十大物流园区的类型，加快推动货运市场向物流中心发展，协同市物流办提出了物流企业资质审批的指导思想和准入条件，鼓励引导货运企业实行强强联合，组建具有一定规模的现代物流企业。

②交通部门全面开展货运服务业清理整顿工作，针对当前道路货运服务业存在的经营主体小、经营区域散、设施条件差、管理水平低、经营秩序乱等突出问题，以《江苏省道路货物运输服务业开业指引》为蓝本，对现有的道路货运服务业户从设施、资金、人员素质、企业组织等方面进行重新审验登记，并适时推出“城市货的”，推动全市道路货运服务业的健康发展。

③市物流办会同市交通局、经贸委、外经贸局对全市物流相关企业进行深入调研，掌握全市物流发展动态，鼓励企业做大做强核心业务的同时发展增值服务，为本市现代制造业的发展提供全面服务，从而推动物流服务业快速健康发展。

④市物价部门加强管理力度，重点监督运输经营者做好明码标价，防止价格欺诈、价格垄断和非法牟取暴利等不正当价格行为。

【物流财税政策】 2003年，市有关部门扶持具有核心业务能力的物流企业，促进现代物流企业的发展壮大，为多元化整合社会物流资源提供税收和财政资金支持。

①在市计委的积极争取下，年内全市有6家服务业品牌企业得到省级服务业引导资金的扶持共280万元，其中物流企业获得80万元资金扶持；同时市计委会同市财政局通过市服务业引导资金对3家物流企业进行了资金扶持，共120万元，有力地促进了本地物流企业的做大做强。在未来的几年内，市计委将继续会同市财政局对物流企业和物流信息企业进行资金扶持，培养市级乃至省级物流龙头企业，从而加快全市物流业的快速发展。

②市国税部门对有关物流业的税收政策进行梳理，督促落实情况，并在国家统一税收政策许可的范围内，制定了相关操作办法：对所有增值税一般纳税人企业从物流企业取得的合法开具的运输发票按照注明的运费在计算增值税时按7%进行抵扣；对所有工商企业向专业物流企业有偿转让其使用过的自有运输工具、物流设备、装备等固定资产，经主管国税机关批准，可以享受税收优惠政策；在企业所得税方面国税部门积极兑现对符合条件的新办独立核算的物流企业的所得税减免或免税政策。

③市经贸委加强发展民营企业的软环境建设，加快推进全市“退二进三”的步伐，促进国有企业重组改制，多元化整合物流资源，积极鼓励仓储企业、货运企业、货代企业拓展物流增值服务，向社会化、专业化、网络化、信息化的综合物流企业发展。

【物流合作与交流】 2003年，市物流主管部门积极组织、参与物流产业研讨和交流，促进物流协会的成立，加强长三角物流联盟合作，推动全市物流业快速有序发展。

①2003年，市计委会同有关部门和企业相继组织参与了宝供物流论坛、“提升营运效益”——香港物流服务研讨会、现代服务业高层论坛等，参加了在珠海由国家发改委举办的全国物流研讨会、青岛物流论坛、长三角高层论坛等，接待了来自桂林、拉萨、哈尔滨、嘉兴、绍兴、扬州、泰州等地的物流调研团并进行了发展现代物流的经验交流，取得了良好的效应。

②在市政府的积极推动下，由市计委牵头，会同经贸委、交通局、外经贸局等部门共同努力促成了苏州市物流协会的成立。中国物流与采购联合会常务副会长丁俊发、副市长姜人杰出席成立大会，并为协会揭牌，苏州市成为全国最早建立物流协会的26个省市之一。物流协会的成立，将对建立有效的行业自律机制、优化物流市场环境、搭建服务政府、企业和行业的三方桥梁起到了积极作用。目前，协会已开展工作。

③2003年9月，市计委派员参加了在杭州举行的“长三角物流高层论坛”。会上，长三角两省一市的相关政府部门和行业协会缔结了“长三角物流联盟”，有力地促进了长三角物流全方位的合作和交流。

【物流业对外开放】 2003年，市物流主管部门加强苏港两地的合作交流，抓住机遇吸引外商投资物流领域，全力促进物流行业的对外开放。

①2003年11月，市政府组织代表团赴香港开展服务业招商活动，市计委会同市交通局全力配合，共组织物流项目13个，项目总投资额94亿元左右，得到香港方面的良好反响，当场签约两个物流项目，协议投资19亿元。同年12月17~18日，市计委协助香港贸发局组织了香港物流及电子物流代表团访问苏州活动。通过这次访问，香港物流代表团全面了解了苏州市现代物流发展的现状和未来方向，以及制造业企业对物流服务的需求情况。香港物流代表团介绍了国际间物流管理的发展新趋势，与苏州的物流企业分享了他们在物流管理方面的成功经验。苏州和香港两地物流界围绕着CEPA给两地带来的机遇，有针对性地进行业务探讨和商务洽谈，对于吸引香港物流业在苏投资、积聚和成长，同时促进苏州物流业的快速发展起到了极大的推动作用。

②根据原外经贸部2002年6月份决定在三省五市开展外商投资物

流业试点工作的精神，市计委（市物流办）抓住机遇，积极配合有关部门和企业开展招商引资洽谈工作，鼓励外商投资苏州物流领域。到2003年底，已经进入本市或正在与本市有关部门和企业洽谈的外商投资物流企业或项目有：香港的天龙物流、唯佳物流、鑫汇源、现代货箱、陆捷士物流，美国的UPS、普罗斯，日本的佐川急便、三井物产，加拿大的PBB，瑞士的巴尔哥，台湾的润泰集团等。

【物流信息平台建设】 市信息办加快城市信息化工作，支持企业物流信息平台和政府相关部门信息系统的建设，组织推动市域物流共用信息平台的建设。

①市信息办2003年完成了“数字苏州”总体建设方案的研究编制工作，以及网络与通信基础设施、空间数据基础设施、电子政务、电子商务与现代物流、数字企业、数字社区、信息标准体系与信息资源整合等多个专题方案的设计。

②苏州市物流共用信息平台建设前期工作正式启动。市计委已邀请7家软件公司着手编制信息平台项目的工作大纲，对苏州物流共用信息平台建设提出初步设想和思路。经筛选后，将启动方案的编制工作。按照《苏州市现代物流规划》，2005年将完成信息平台的第一阶段的建设和运行。

③2003年，各部门抢抓信息化发展的良好机遇，积极构建部门管理信息系统。公安交巡警部门根据交通管理现代化发展的趋势和要求，瞄准一流水平，大力开发建设完善交通管理自动控制中心；交通部门通过招标方式，配合“城市货的”的推出，建立了货运车辆网上调度系统；全市企业信用系统建设开始启动，市环境自动监控系统、地理信息系统、网上银行、网上报关报检工程顺利推进；市财政、工商、规划、物价、地税、国税、港口等部门不同程度地积极推进部门信息化应用和管理系统建设。

【物流通关管理】 2003年海关部门进一步完善监管条件，加强有效监管和高效运作协调发展，完善通关环境，加快通关速度，促进物流发展。

①稳步推进加工贸易监管改革的新机制。截至2003年底，与苏州海关实行联网监管的企业已达到21家，联网企业备案金额占同期备案总金额的60%左右。在联网监管模式推广较早的苏州新区，联网企业的实际进出口额已占到同期加工贸易进出口贸易总值的90%以上。吴江联网监管区建设已进入信息平台开发设计和实际运作的攻坚阶段。昆山出口加工区继续领跑全国，研究开发了电子信息管理平台，进一步推动出口加工区功能的发挥，提升了区内企业参与全球经济竞争的能力。苏州高新区出口加工区是2003年全国新批13个出口加工区之一，年内顺利完成了建设、封关和运作。苏州高新区出口加工区是2003年全国13个新批出口加工区中，实现当年批准、当年建设、当年封关运作的第一家。同时，根据南京海关的要求，苏州海关研究制订了出口加工区整体联动初步方案，上报了南京海关。

②大力推广“SZV空陆联程”通关模式，实现资源共享。“SZV空陆联程”通关模式自2002年底在苏州工业园区试行后，大大提高了通关速度。为了扩大“SZV通关模式”带来的便利，提升苏州地区空运货物整体物流速度，2003年下半年，苏州海关与工业园区海关联手在新区和园区之间推出了SZV“多点报关，一点放行”的通关模式，为新区企业提供了更为便捷的服务，也为下一步向全市推广积累了经验。

③推出“网上申报、工厂径放”模式，探索风险管理和诚信管理机制。“网上申报、工厂径放”通关模式是苏州海关对于诚信、守法的特大型生产企业和货代公司，运用信息技术手段，通过电子数据联网监管，对网上申报进出的货物实行“门到门”信任放行，企业的进出口转关货物无需进入海关的集中监管区域，可直接运达企业验放或从企业直接启运的通关模式。这是对便捷通关措施中提前报关、联网报关、上门验放、担保验放等几种功能的综合和提升，是苏州海关探索风险管理、诚信管理的一个新思路。2003年下半年苏州海关首先对苏州名硕电脑有限公司进行了试点，效果良好，运行正常。

④完善陆路转关办法，探索多渠道通关模式。随着长三角开放型经济的迅速发展，通过上海口岸进出境的货运量与日俱增，口岸物流的“瓶颈”效应日益明显。为解决货运渠道拥塞的现象，充分利用香港这一国际中转港的优势，苏州海关进一步加强了与深圳口岸海关陆路转关联系配合。目前，从台湾海运至香港，再由公路运输通过深圳口岸至苏州的海陆联运货物整个物流时间已达到96小时，比通过海空联运方式从台湾—香港—上海—苏州的物流过程减少了24小时，同时成本仅是后者的三分之一，运输费用同以往通过上海口岸进口相比也降低了二分之一。

⑤配合通关作业，积极研究和推进“5+2”工作制。为落实市政府关于改进“大通关”工作的统一部署，苏州海关在报请南京海关批准的同时，为顺应上海口岸“5+2”工作制，从2003年10月1日起，在苏州新区监管点实行“两班”工作制和周六、周日值班制。目前，这一工作制度已在昆山、吴江、吴中各海关监管点上逐步推开，保证从上海转关的货物在苏州监管点不致延误，受到了企业的广泛欢迎。

【苏州港物流作用凸现】 2003年，为了贯彻省委、省政府关于加快沿江开发的战略部署，争创苏州发展的新优势，根据《苏州港总体布局规划》的初步研究成果，苏州市确定了苏州港3个港区的功能定位：太仓港区为综合性地区的重要港口，是上海国际航运中心的重要组成部分，规划的主要货种为集装箱、石油化工、煤炭和件杂货，主要为太仓、昆山及苏州市区的社会经济发展和对外开放提供直接的港口服务，为苏锡常地区乃至长江沿线腹地的外向型经济发展和以集装箱为主的外贸物资中转提供港口运输服务；常熟港区为上海国际航运中心的组合港、苏州工业园区的配套港和国内外贸易的中转港，规划的主要货种为钢材、纸浆、煤炭和件杂货，主要为沿江经济开发区、临港工业和苏州工业园区提供服务；张家港港区为多功能的国际商港，为城市对外开放和临江工业服务，规划的主要货种为木材、钢材、金属矿石、液体石油化工和粮油，为腹地内的外贸运输服务及长江中上游部分物资中转服务。为加快推进苏州港建设，苏州市将对港口建设管理实行统一领导、统一规划、统一政策、统一管理，坚持发挥规划的龙头作用，抓紧完成苏州市沿江开发的各大配套专项规划和产业政策的制定工作，推动沿江地区健康、有序和可持续发展。2003年5月底，交通部批复同意给予太仓港区3项优惠政策；2003年12月，交通部在征求意见的通知中，将苏州港列为全国沿海26个主要港口之一。同时，2003年下半年，省政府在关于促进沿江开发的若干政策意见中也明确，“重点发展苏州港太仓港区，成为上海国际航运中心集装箱枢纽港口的重要组成部分。支持太仓港区加快开辟近、远洋国际航线，省政府对新开国际航线在运营初期给予一定财政补贴”。这一系列的扶持政策支持，必将对苏州港的加速发展产生积极的推动作用。

2003年，三港合一的苏州港在业务吞吐量得到迅猛增长。全年共完成货物吞吐量6200万吨，集装箱34万标箱，外贸吞吐量突破2500万吨大关，分别比上年增长28.2%，16.8%和28.3%。其中太仓港区全年货物吞吐量接近800万吨，增长近七成；常熟港区的钢材吞吐量增长75%；张家港港区的木材吞吐量增长46%。“苏州港”品牌逐步在全国打响。

【“城市货的”闪亮登场】 2003年，市公安部门会同交通部门通过开展调研工作，根据本市实际以及市场的发展程度、社会信息化发展水平，借鉴上海市和无锡市发展城市公共货运交通（即货运出租汽车）的经验，联合向市政府提出了先期发展城市货运出租汽车的建议。在得到市政府批准后，两局相关部门通过调研论证、方案拟定、前期准备等阶段迅速完成了对货运出租汽车6家参营企业和800辆运力额度的确定、车型的核定、管理办法的制定等工作。

2003年7月1日，本市首批货运出租汽车开始投人运营，“城市货的”在广大市民的普遍关注下闪亮登场了。至年底，市区各货运出租企业累计回购在用微型普通货车277辆，发展货运出租汽车358辆。为保证货运出租汽车的正常配送，交通部门对传统的疏港制度进行了改革，在白洋湾火车西站建立了货运交易市场，实行持证进场、双向选择、公平交易；公安部门对货运出租汽车发放了专用通行证，允许其在中心城区以内道路24小时通行运营，同时，严格控制市区货车通行证的发放，对原有货运微型普通货车停止发放通行证。这项工作不仅为规范城市物流配送体系奠定了基础，而且对改变市区微型货车“多、小、散、弱”的局面，有效实施货车通行限制措施，降低中心城区排气污染，提高城市形象，起到了重要的促进作用。以“城市货的”为依托的城区物流配送体系已初现端倪。今后，市物流办、交通、公安等部门将根据本市物流园区建设进展情况和城市配送市场发育程度，进一步研究城市配送体系的提升和拟定配送道路体系的设置及管理政策，以保障现代城市现代物流业的健康发展。

【物流人才队伍建设】 2003年，市物流办和市人事局通过深入走访和调研，积极实施人才战略，引进中介培训机构，加大物流人才的培养和吸引，为全市物流业的发展储备后备力量。

①2003年初，市人事局会同市物流办联合开展苏州市物流行业现有人才状况和人才需求问卷调查，掌握了大量的第一手资料，为做好物流人才培训和引进奠定了基础。

②市人事局在2003年初，分别走访了苏州物流中心、中外运高新（苏州）物流有限公司及常熟、张家港沿江产业带的有关物流企业，深入了解企业对人才的需求，抓紧制定各种层次的物流人才培养和引进计划，引进激励政策，利用各方面优质教育资源做好物流人才的开发和培养。

③市人事局积极实施物流人才战略，计划5年内在大市范围培养100名具有硕士学位的高级物流管理人才，1000名具有物流职业资格证书的专业人才。2003年全市共组织参加物流工程硕士考生30人，参加省级物流职业资格考试考生528名，参加上海紧缺人才办公室举办的物流职业资格考试考生62人，参加国家营销协会的物流考试考生77人，有力地提高了苏州现代物流业的整体水平。

④在市物流办的支持下，市民营科技促进会现代物流专业委员引进了英国皇家运输物流协会的ILT国际物流职业资质认证工作。10月份首期培训班开办，学员30人，参加初级认证，为苏州培训物流人才迈出了重要的一步。2003年底，通过多方努力，苏州思文科技有限公司争取到了国家劳动和社会保障部的全国物流师的培训和资质认证资格。

⑤在市物流办的帮助支持下，苏州科技学院、苏州职业大学相继开设了现代物流专业课程，为建立本地物流人才基地确立了良好的开端。

（季 玮）

供 销

【概况】 2003年，苏州市供销社系统贯彻落实中央、省、市关于“发展农村经济，增加农民收入”的精神，立足为农服务宗旨，继续以“四项改造”（以参与产业化经营改造基层社，以产权多元化改造社有企业，以开放办社和社企分开改造联合社，以现代流通方式改造传统经营网络）推动体制、机制创新，扎实抓好了为农服务6件实事项目，基本完成了产权制度改革，全系统经济得到持续、协调的发展。全年共实现销售50亿元，比上年增长10.9%；实现利润总额4030万元，增长70.8%；实现地产农副产品购进总额1.4亿元，增长14.8%；实现商品市场交易额17亿元，增长30.9%。全年上交国家税金7074万元，资产总额37.55亿元，其中所有者权益4.21亿元。

【为农服务】 ①村级综合服务社。按照“增加数量，提高质量，充实功能，规范管理”的总体要求，对2002年建设的首批服务社进行了全面梳理，规范了运作，延伸了服务功能，发展了一批上规模、上档次、新型的服务社，2003年共新建服务社35家，累计建办70家。昆山市在淀山湖永新村建办了占地3500平方米，建筑面积1500平方米的综合服务中心，以崭新的形象、齐全的服务、现代科技的手段更新了群众对农村基层供销社的认识。吴江市供销社建办的

附表：市供销社系统经营情况（2003）

项　目	实绩（万元）	比上年±%
一、购进总额	374987	-6.3
1.农副产品购进（地产）	14250	14.8
2.再生资源购进	541	-86.9
3.进口	60	-97.6
二、销售总额	500065	10.9
1.消费品零售额	196609	22.6
其中：市零售	146246	8.9
县以下零售	37090	81.5
2.售给农民的农业生产资料	23939	18.2
3.出口	510	-94.7
三、商品(交易)批发市场交易额	169683	30.9
四、服务业营业额	240	-72.9
五、资产经营收入	4385	119.0

服务社达到一镇一社，并建立起服务社商品配载中心，承担了19家服务社的商品配载任务。

②农业产业化龙头企业。继续培育和发展农业产业化龙头企业，以促进农民增收和增强企业竞争力为目标，以机制创新、科技创新为突破口，促使龙头企业的发展壮大，现有的6家龙头企业的辐射、带动作用日益凸现。2003年，省级龙头企业常熟东盾木业公司发展到8条生产线、年产量达60万立方米的规模，又通过了ISO9000质量认证，跻身于国家级行列，全年实现产值近5亿元，直接助农增收1.5亿元。

③农副产品市场。全市供销社着力在构建农产品现代物流高地上下功夫，积极向两头延伸，完善和发展了农副产品市场的检测、信息、储藏、加工、电子结算等功能，促进了农产品跨区域流通。并探索了市场与基地和农民经纪人的产销合作途径，建立起“前有市场，后有基地”的紧密型产销模式。张家港市果品交易市场全年完成交易额14亿元，在做好市场四期形式准备的同时，合作建办了8家生产基地，与38家生产基地建立了长久的产销关系。

④专业合作社。为帮助农民提高组织化程度，拓宽农民销售渠道，各地供销社围绕当地主导产业、资源特色，采取牵头领办、参股合办、指导协办等多种形式，新办各类专业合作社8家。张家港市的茭白专业社经销的茭白种植面积达40公顷。吴江市铜罗苗木专业社依托华东第一花木市场，销售日益上升。

【改革改制】 2003年全系统社有企业发展改制工作基本完成，其中市区9家直属单位与52个独立核算企业按照市委、市政府“四到位一基本”要求在2月份全部完成改革改制任务，3季度又提前完成了深化改革“回头看”的任务。全系统以公退民进，整体转制为目标，彻底完成了159家基层供销社改革，组建了一批以专业社、综合服务社、农副产品购销中心为主体的新型基层社。

【新型流通业态】 2003年，市供销社系统采用控股参股、强强联合、鼓励加盟等多种形式，不断整合、改造传统的经营网点，基本构建起高效畅通、覆盖农村、连接城乡的连锁经营框架，已建立和发展起生活资料、百货、农资、餐饮、医药、石油等六大连锁经营服务体系。其中，各类生活用品连锁店总数约360家。常熟市常客隆超市连锁网点达104家，年销售3.5亿元，常客隆通过放大品牌效应，又探索了常客隆药业、常客隆大酒店连锁经营的新路子。2003年，全市共发展、完善农资经营网点124家，完成农资供应26万吨，常熟、昆山市供销社农资供应在当地保持了90%的市场占有率。

【防汛与市场管理】 2003年，全系统立足防大汛、防大涝、抗大险，超额完成了全市防汛物资的储备、供应工作，共计储备草包96万只，毛竹1.5万余支，麻、编织袋4.3万余只，有力保障了全市的防汛工作。配合有关部门开展了“毒鼠强”查处工作，参加了农资、棉花市场整治及烟花爆竹、食品安全检查活动。在“防非”工作中，发挥网络优势，确保生活资料和消毒用品供应，向农民免费发放预防“非典”知识读本，进行“防非”知识的宣传、教育。

（施俭毅）

物　资

【概况】 2003年，苏州物资控股（集团）公司围绕推进国有（集体）企业产权制度改革这一中心工作，在加快国企改制上攻坚克难，在保持稳定的大局上尽心尽责，通过对企业清产核资和资产评估，摸清全系统的资产结构和资产状况，优化资产结构，进一步做好国有资产的管理工作。同时，控股公司对改制企业党建工作和老干部工作加强领导，建立健全改制企业党组织，对国有资产全部退出的5家改制企业的党组织理顺隶属关系，完成了与企业所在各区党委的交接，将全系统改制企业中的81名离休干部统一归口到控股公司进行管理。

【体制改革】 2003年，苏州物资控股（集团）公司下属19家企事业单位中有燃料公司、机电公司、建材公司、储运公司、物资再生公司、苏南物资公司和钢材市场等7家单位完成转制并按新体制、新机制挂牌运作，其中根据资产状况和行业特点，对燃料公司和机电公司两家分别保留了20%的国有股。金属公司于10月17日成功实现公开转让，中辰期货公司的公开转让在积极筹备中，待中国证监会审批，金洲饭店、教育中心已完成关闭，木材厂的职工安置工作已经结束，人造板厂正在制定职工安置分流方案阶段，其余的化轻公司、生资公司、基建物资公司、外资企业物资公司、物资置业公司、物产实业公司等6家单位的关闭工作全面推开。改制企事业单位职工均依法平稳有序地实现了分流安置，全年共分流安置职工1423名，实现产权转让收入4093.69万元。与此同时，根据市委、市政府的决定，控股公司于9月24日完成了与蔬菜集团公司合并的相关手续。

（郁翔翔）

石　油

【概况】 2003年，中石化苏州石油分公司进一步坚定信心，深化改革，围绕“拓展经营，创新管理，抓实做细，加快企业全面、快速、健康发展”的主题，克服并战胜了美伊战争、“非典”疫情对石油市场的巨大冲击，全年经营总量和创利总额增幅均创历史纪录，在做大做强、实现跨越式发展的道路上创下新的辉煌。全系统（含5个县级市）经营总量突破90万吨，比上年增长45. 89%；成品油销售总量达到78万吨，增长32. 33%，其中：零售量突破50万吨，配送量突破20万吨，润滑油销量2. 55万吨，分别增长33. 06%、44. 45%和50%；利润总额突破1.5亿元，增长69. 94%。全系统完成经济指标均列全省石油销售系统首位。

【体制改革】 根据省石油公司的部署，全系统继续深化经营管理体制改革，实行市县公司经营专业化，管理一体化。建立以条为主的经营体系，实施零售、配送、分销、润滑油4条线的经营运作及整合，实现苏州区域整体效益最大化；全面实行市县公司管理一体化，做到“六个一”，即：人事、劳动工资的统一管理；财务核算上移，实行一个账套管理；资产、资金、库存统一管理；经营业务和资源配置、调运统一管理；安全生产、数质量工作统一管理以及考核工作统一进行。实践证明，市县公司专业化、一体化经营管理新体系的建立，打破了行政区域的界限，经营管理指挥更为灵便，便于调动方方面面的积极性，使苏州区域公司的整体创效能力和管理工作水平进一步提高。

【信息化管理】 全系统推进运用ERP现代化管理技术，在2002年ERP成功上线后，2003年进一步从机构、人员、技术装备、模块整合等方面推进和完善ERP管理体系。通过逐项逐单位的清理、输录数据，使全区域公司的客户档案信息更为全面完整，经营动态的反映更为准确及时，库存数据单一、准确、清晰。

全系统加快IC卡工程建设，5月份开始对联网加油站进行数据核对，将油站数据与数据中心进行复核，将数据中心用户卡与营运部报表数据进行复核，经两个月两轮会战，打通了业务流程和财务流程，实现了真实资金、真实业务流程大数据量的交换。

现代信息化管理技术的运用，使资金、价格、应收款管理严格统一、规范，全系统各项经济指标比率进一步优化，资本结构和资产质量得到进一步提升，企业资金管理的各项指标都达到了国家有关规定，基础管理水平在全省明显靠前。

【安全管理】 全系统全面推行HSE管理体系，完成了“危害识别、风险评估和环境因素评价”，形成苏州石油系统重大风险危害及环境因素分类清单，制定了“苏州石油分公司HSE方针、目标及管理方案”，组织全员学习HSE管理体系28个程序文件，现已进入了HSE管理体系的试运行阶段，为安全管理贯彻“以人为本”理念，与国际先进管理体系接轨打下基础。

【网络建设】 全区域完成新建、重建加油站10座，收购4座，租赁3座，改造7座，接收上海划转加油站48座。不断优化整合零售网络，使93号汽油销售在网络中基本没有盲点，97号汽油销售布点达21个。加大零售体制改革力度，加油站管理公司注册由上年的2个增加到48个，占总数的68%；有80%的小站进行了改制，销售量增幅21%，费用下降13%，用工总量下降17%，大幅提升了单站加油量。

【创新服务】 在配送环节上，全系统对用户实行A、B、C分类管理，区别定价、差异化维护。区域直销中心的客户经理队伍，充分发挥主观能动性，大力拓展客户源，对客户实行从开票到送货、结账、收款、售后的一条龙服务；分销上注重开发稳定的分销渠道，加大对特许加盟站的开拓力度，实行特许加盟经营，使特许加盟站的销量占到总分销量的67%；加强润滑油经营市场调研力度，对现有客户进行分类，同时明确责任人进行定期维护，大力挖掘潜在客户，全年开发月用油量10吨以上的终端用户80家。各条线注重改善服务质量，提高了客户满意度。

（时永良）

烟　草

【概况】 2003年，苏州烟草经济继续保持平稳增长态势，卷烟对系统外销售数量、省内烟、四大名烟销售比上年稳步上升，销售结构日益完善，市场占有率进一步提高，经济运行的质量和效益显著提高。

全系统卷烟对系统外销量实现21.85万箱，比上年增长12.45%，实现税利总额6.48亿元（含方塔公司），增长25.92%，其中实现利润总额5.19亿元，增长25.22%。

【卷烟销售网络建设】 2003年，苏州烟草系统全面推进“网建学上海”达标工作并取得成效。按照省局的统一部署和市局的具体要求，认真开展 “网建学上海”达标工作，各单位按照市局的总体实施意见和各项具体要求，狠抓落实、大胆扬弃、积极探索创新，经过全系统上下的共同努力，顺利通过了省局达标预验收，初步达到上海的网建水平。

①完成了“城乡一体、全面访销、访送分离、集中配送”工作，初步形成了城乡联动的网络体系。各单位克服场地狭小、区域线路长、内部管理复杂等困难，按照要求全部完成了对卷烟物流配送的改造，实现了“分拣到户”的大配送服务模式，有效规范了管理，提升了网络配送的效率。

②推进电话订货和电子结算工作。按照合理布局的规划，对客户进行了分类；与电信和银行等相关单位合作，搭建起推行“双电”工作的基础平台；对客户服务中心和电话

订货部进行了统一的形象策划和装修；实施了电话订货人员的招聘和培训工作，完成了计算机前后台系统的安装调试。全系统有32416个零售户实现了电话订货，有33129个零售户实行了电子结算，分别占零售户总量的88.21%和90.15%，网上配货（订货）客户达到了38户，基本达到省局“双电”达标的要求。

③重新设置调整销售网络的组织结构和职能。各单位按照新的网络建设模式建立了客户服务中心、物流配送中心、结算中心和检查考核部，在客户服务中心内设立了电话订货部和客户服务部。对网络各部门、各岗位的工作职责和业务流程进行了合理定位，重新制订了货源供应制度、个性化营销和服务方案、客户分类管理制度、网络沟通联系制度和网络检查考核制度，初步建立起了以客户经理、市场经理为营销主体的卷烟销售模式。全系统已建立了5个客户服务中心，5个物流配送中心、5个电话订货部、22个客户服务部和6个仓库，配备送货汽车139辆，聘用人员748名，其中市场经理43名、客户经理167名、电话订货员78名，大专以上人员比例达到22.41%。

【烟草专卖管理】 2003年，苏州烟草系统围绕省局制订的“三年阶段性工作目标”，不断强化专卖监督管理工作，在卷烟打假打私、重点户整治、零售户合理布局、专项治理卷烟体外循环以及规范专卖执法行为等方面取得了明显成效。在全省统一的“搜狐”行动期间，累计出动人员近9000人次，检查经营户约1.8万户次，查处各类案件约460起，查扣各类卷烟约700件，罚没款约200万元。

2003年，市烟草专卖监督管理部门依法查处各类违法违规案件2519起，其中假烟案853起，走私烟案14起，无证运输案230起，查获各类假烟1977件，没收走私烟65件，国产卷烟近600件，罚没款777万元，由公安、司法机关刑拘不法烟贩8人，逮捕3人，判刑10人。

（李 昉）

盐 业

【概况】 江苏省苏南盐业有限公司是江苏省盐业集团投资组建的区域性国有独资公司，于2003年9月16日正式挂牌成立。公司下辖苏州、无锡、常州、常熟、张家港、吴江、昆山、太仓、江阴、宜兴、金坛、溧阳12个分公司和4个盐业物流配送中心，主要承担苏锡常3市食用盐、工业盐和其他各类用盐的市场供应任务，同时仍然保留苏州市盐务管理局，行使盐业市场管理职能，以落实国家食盐专营，确保合格碘盐的市场覆盖率。2003年，公司销盐量35.6万吨，其中苏州地区实现销售16.47万吨，占公司销售总量的46.26%，比上年增长6.05%；小包装食盐销售8.82万吨，其中苏州地区销售4.09万吨，占公司销售总量的46.45%，比上年增长6.25%；全年销售收入3.33亿元，其中苏州地区实现销售收入1.70亿元，占公司销售收入总额的51.10%，比上年增长20.60%；全年实现利润6082.98万元，其中苏州地区实现利润3570.86万元，占利润总额的58.70%，比上年增长3.89%；现有职工340人，全员劳动生产率（人均销盐量）1047吨，在全省盐业批发企业中保持领先地位。

【经营管理模式实现重大突破】 苏州盐业批发企业自1983年组建以来，经营管理模式基本上是按照市管县的体制，实行两级经营、两级核算。1999年苏州盐业公司虽改制成为省盐业集团出资的子公司，县公司改为分公司，属于子公司的分支机构，不再具备法人资格，但经营管理格局仍沿续垂直管理模式，市、县公司设有各自办公经营场所和仓储设施，承担行政区划内的市场供应和管理任务，机构重复、业务雷同。随着地区经济市场化进程的逐步加快，市场一体化、经济大融合、产业大调整逐步成为地区经济发展的主流。在总结苏州盐业公司发展的基础上，为加快全省食盐流通现代化进程，2003年，省盐业集团公司决定对苏州、无锡、常州3市盐业公司进行资产重组，实行3市盐业市场资源、物流资源、管理资源和人力资源的优化配置，成立江苏省苏南盐业有限公司，总部设在苏州。苏南公司的成立，是全省第一家跨行政区域实行一级经营、一级核算的食盐流通企业，以市场取向的盐业经营管理模式改革迈出重要一步。

【盐业配送中心建设】 为了向客户提供便捷、高效、专业的优质服务，苏南盐业公司根据国家食盐流通现代化建设的要求，结合苏州盐业市场实际，以50公里左右为运输半径，分别在苏州东、南、西、北4个方位设立4个盐业物流配送中心，负责各类用盐的批发销售、加工和配送业务。2003年，位于张家港港口镇的张虞盐业配送中心经过近一年的紧张施工，于7月投入使用。至此，苏州城区双桥盐业配送中心、昆山开发区昆太盐业配送中心、吴江平望盐业配送中心与张虞盐业配送中心，共同构建起了苏州盐业物流配送的基本格局。盐业配送中心全部采用叉车装卸、自动化机械包装、计算机网络系统管理并受理网上订货业务，实行优质配送服务承诺，全年365天天营业，工作人员一律实行站立服务，并同时向全市开通了客户服务热线和投诉监督专线，接受广大市民和用户的监督。至2003年底，苏州地区4处盐业配送中心成为全省首批采用现代化信息管理手段参与

附表：苏州地区盐业配送中心简况（2003）

配送中心名称	投资总额（万元）	仓储容量（吨）	员工人数（人）	占地面积（平方米）
双桥配送中心	800	5000	20	11300
昆太配送中心	655	4000	8	11700
平望配送中心	151	5000	8	10000
张虞配送中心	1000	10000	10	21660

经营、并正式通过ISO9000：2001国际质量体系认证的盐业批发营销服务机构，其管理水平、劳动生产率和销售规模也名列全国前列。

【食盐品种结构调整】 为了满足广大用户日益不断增长的食盐用盐消费需求，苏南盐业公司加快品种结构调整步伐，在包装、品种、用途等方面不断提升产品档次，在复合膜小包装袋的基础上又推出纸盒包装品种盐，先后开发上市加钙盐、加硒盐、加锌盐、低钠盐、雪花盐、健康盐等食用盐，沐浴盐、蔬菜瓜果洗涤盐等生活用盐，特种水产养殖用盐海水晶，印染行业用盐，共20余种食用盐和加工用盐。公司同时还提供特殊质量要求的各类加工用盐，增加产品技术含量，强化营养保健功能，扩大产品用途，打破长期以来本市盐业品种单打一的局面，形成了多品种盐同时应市的销售格局，努力满足多层次的消费需求。

【整顿和规范盐业市场经济秩序】 2003年，苏州盐业市场管理工作遇到了前所未有的困难和挑战，保市场、保销售、保碘盐覆盖率的难度空前加大。一些不法盐贩大肆向苏州地区贩销散装盐、劣质盐、无碘盐；一些持有工业盐经营执照的经营户不经省盐业行政主管部门同意，公然跨省调拨盐产品，不服从监管，对全市盐业秩序的稳定产生了不利的影响。针对市场变化的新情况，苏州市盐务管理局在市政府的领导和相关部门的支持下，进一步加大盐政管理力度，大力整顿和规范市场经济秩序，依法整治非盐企业不规范经营行为的力度，切实发挥110联动作用，坚持打击与建设并举、管理与服务并重的方针，采取日常检查、突击检查和与公安、交通、卫生等部门联合执法检查等多种形式，加大查处案件的曝光力度，从重从快打击各类盐业违法行为，有效地维护了全市居民食盐、用盐安全。全年全局共出动执法人员7382人次，查获各类盐业违法案件1419起，查获各类盐产品1160吨，收缴各种非法所得和罚款147万元，变更了5家未经省盐业主管部门批准经营工业盐企业的营业执照。全市碘盐合格率和合格碘盐的市场覆盖率均达到95%以上。

（张　旭）

市场建设

【概况】 2003年，吴江、常熟、张家港、昆山、相城等县级市(区)政府和商贸部门，进一步增强对市场建设、培育和管理的力度，使全市各类专业市场得到了长足发展，规模、档次都有了大幅提升。至2003年底，全市销售额超亿元的各类市场达60家。其中：吴江中国东方丝绸市场、常熟招商城、张家港保税区化工品交易市场年成交额分别达到了180亿、150亿和103亿，在全省工业品市场中分别排列第1、2、4位；常熟市副食品批发市场、张家港市果品副食品交易市场年成交额分别为15.8亿和15.3亿元，在全省副食品批发市场中分别排列第6、7位。

（陆卫亚　黄　晔）

【市场监管】 2003年，全市各级工商部门切实加大监督管理力度，进一步规范市场主体行为。一是切实加大年检工作力度。各级监管部门积极推行检前培训、预约年检、现场集中年检等方法，提高了年检工作质量。同时，按照监管重心下移，属地管理的要求，将年检权限下放，大大方便了企业，提高了年检效率。二是进一步加大无照经营清理力度。以贯彻落实《无照经营查处取缔办法》为契机，充分发挥“经济户口”作用，提高了整治工作效能。全市检查无照经营户18904户，通知整改6203户，补办营业执照4618户，取缔2211户。三是进一步规范已准入的市场主体行为。继续加强对涉及人民生命财产安全的14个重点行业主体的检查工作，切实把安全生产经营监管工作落到实处。

（黄东远）

经济管理与监督

发展计划管理

【规划编制和实施】 2003年，市发展计划委员会重点实施了沿江地区综合开发规划、岸线利用规划的编制，牵头组织《苏州市生态市建设规划纲要》编制工作，着手进行规划体制改革方案的制定，完成“十五”计划中期评估工作。

2003年，按照市委、市政府的要求，由市发展计划委员会牵头负责《苏州市沿江地区综合开发规划》和《苏州市岸线利用规划》的编制，具体编制工作委托中科院南京地理所进行。2002年完成了两个规划的初稿，2003年主要进行了规划的征求意见和修改完善工作。《苏州市沿江地区综合开发规划纲要》已作为市政府文件下发。此外，积极与市有关部门沟通协调，牵头做好沿江各专项规划的编制。

为加速苏州建设生态城市的步伐，促进产业结构的战略性调整，实现可持续发展，根据市政府领导的要求，市发展计划委员会还牵头组织了《苏州市生态市建设规划纲要》编制工作。在充分调研的基础上，先后组织各有关部门和专家多次会商，研究编制方案，并委托同济大学进行规划编制。

2003年初，苏州市被国家发展改革委员会列为全国市县规划体制改革的试点城市。为推进此项工作的开展，如期完成规划体制改革的任务，市发展计划委员会起草了苏州市规划体制改革试点工作的初步意见和工作方案，并分别上报省计委和国家发改委。此意见和方案主要是强化苏州市国民经济和社会发展总体规划的功能，进一步充实总体规划的空间内涵，细化专项规划和县级市总体规划，使专项规划和县级市总体规划成为总体规划在专项领域和特定地区的落实、延伸和细化。

为了抓好“十五”计划的实施，根据上级计委的要求，市发展计划委员会组织各市(县)、区和市有关部门开展了“十五”计划中期评估。在此基础上，对全市“十五”计划主要指标完成情况进行了分析，提出了一些指标的调整意见，并最终完成了苏州市“十五”计划执行情况的中期评估报告。

【经济运行分析预测】 2003年，市发展计划委员会加强对国际国内经济发展形势的研究，针对经济发展中出现的新情况和新问题，积极提出对策和建议，每月对全市经济运行情况进行一次分析，每季度作一次综合分析，向市委、市政府报告。全年向市委、市政府提交综合分析报告7篇，其中大部分观点和建议均被采纳。尤其值得一提的是上半年“非典”期间，全委投入大量精力，主动与各有关部门进行沟通和联系，多方收集资料，共同完成了《“非典”对苏州经济的影响和对策建议》，得到了省、市领导的肯定。应国家计委的要求，把“非典”对市相关行业的影响作了比较详细的问卷调查，得到了国家发改委有关领导的表扬。以上两份材料的主要观点和建议被吸收进国家计委和省、市相关文件中，充分体现出计委作为参谋助手的作用。按照省、市领导的指示，结合苏州市的实际，会同有关部门，认真做好测算工作，提出苏州实现“两个率先”的指标值和时间表，为市委作出关于实现“两个率先”的决定提供充分的依据。此外，市发展计划委员会编制了全市2004年年度计划，共编制下达了全市经济社会发展主要预期目标、重点科技项目、服务业增加值、实际利用外资重点项目、固定资产投资、重点建设项目、信息化建设重点项目、社会事业等8个专项计划。同时还编写了包括农业、工业、服务业、固定资产投资、开放型经济、财政金融、社会事业、信息化等8个方面的专题报告。完成市十三届人大一次会议《关于苏州市2002年国民经济和社会发展情况和2003年计划草案的报告》；完成市十三届人大常委会《关于上半年全市国民经济和社会发展情况的报告》，参与撰写了《政府工作报告》。

目标管理工作方面，年初，市发展计划委员会根据《政府工作报告》做好工作任务的分解和落实，对各单位的目标任务完成情况做好检查汇总，每季度按时上报市政府。完成了各部门目标的汇编，及时做好目标奖的发放工作。

【协调和服务】 2003年，市发展计划委员会从各方面搞好协调服务，取得一定成效。

抓好投资计划管理，推进重点项目建设。通过分解落实投资预期目标、加强投资动态分析、投资例会协调以及专题调查研究等工作，促进全市固定资产投资的快速增长。切实落实市政府与责任部门签订的2003年市重点基建项目工作目标责任书，积极做好项目前期协调，参与前期调研，及时办理审批手续，加强重点项目检查督促，还组织了市人大、政协领导对重点建设项目的视察活动，做好“全市重点项目建设工作会议”的筹备工作。据统计，42

项重点项目共完成年度投资119亿元，为全年投资计划的107%，形象进度也都达到了年度工作目标和要求，圆满完成了全年的重点项目投资计划任务与工作责任目标。为做好项目储备工作，与北京清华同方共同完成了重大项目库的软件安装，基本建立起苏州市的重大项目储备库，收集汇总了总投资2700亿元的苏州市后3年建设的重大项目共计368项。基本完成2004年重点推荐项目的收集汇总、征求意见及筛选整理工作，形成2004年重点项目的送审稿，交市重点项目领导小组审定。加强重大项目的前期工作力度，在轨道交通一号线工程和苏州博物馆新馆项目上，投入大量精力，指导配合建设单位做好项目的组织与协调工作。

加强实事项目管理，切实为民办实事、办好事。为充分体现政府为民办实事的宗旨，积极改进征集办法，充分利用网络和传媒征集广大市民对实事项目的建议，虽然增加了工作量，但社会反响热烈，项目质量也有所提高。按照《苏州市实事项目管理考核暂行办法》，对市人代会确定的16项实事项目，逐项进行细化分解，建立工作网络，进一步落实责任单位。建立实事项目双月工作例会制度，按时编发实事项目简报，于每个双月底向市4套班子和实事项目各单位通报项目进度。在日常管理中，采取现场勘查、督办、召开协调会等方法，推进项目实施进度，注意经常与市人大、政府、政协和各有关部门沟通，取得支持和配合，确保年内按要求完成目标任务。全年16项实事项目已全部完成。

积极争取国家和省支持，多渠道筹措建设资金。一是积极争取国债项目资金。全年组织污水处理、公检法司、区域供水、环保产业化等近40个项目的国债申报工作，并同省和国家搞好沟通，国家已安排其中13个项目9690万元的国债资金计划。二是搞好专项资金安排。会同财政部门研究和提出省、市级龙头企业专项资金安排意见，分别报送市政府和省计委。全年共安排省级龙头企业专项资金250万元左右，市级龙头企业600万元。安排6个项目的三产引导资金计划，共计200万元，拉动社会投入资金近2亿元。积极帮助企业申报省级服务业发展引导资金，全市有7家企业共获得218万元的省级引导资金，企业个数居全省之首。三是认真组织申报国家和省高技术产业化和轻纺、机械、农药项目。全年共组织申报了24个项目，其中3个项目获得上级支持。对上年获国家支持的4个项目，认真组织项目初步设计论证，已有3个项目通过省初步设计批复，700万元国家研发资金也已划拨到项目单位。四是积极争取国家和省高技术产业基地。帮助昆山市提出建设国家信息技术产业基地方案，该方案通过省计委审核，已上报国家发改委审批。帮助苏州工业园区申报软件出口基地，组织有条件的地区申报省级高技术产业基地，为将来进一步申报国家级产业基地做好准备。五是积极组织申报农业重大项目。初步确定东海粮油等3家省级重点龙头企业为备选企业。上报和下达小城镇示范建设项目1项，会同市水利局、农林局组织上报5个农林水国债项目，还组织申报2个国家小型农业补助项目和2个以工代赈项目。六是认真做好企业债券发行工作。主动与发债方和债券主承销商进行沟通，帮助制定工作计划，对发债材料进行认真审核，并提出具体修改意见，使申报材料一次性通过上级计委审核，确保年内成功发行10亿元企业债券。提出了第2批企业债券的申报方案，国家发改委已受理了第2批12亿元的发债申请。七是参与世界银行贷款项目评估工作。项目已通过了世界银行的评估，待国家发改委批复后报世界银行董事会批准即可用款。

加强对内、对外合作，提高开放水平。一是认真做好南北挂钩合作工作。起草并签订2003年苏州市与宿迁市挂钩合作协议书，形成较为稳定和畅通的联系机制；合作建设苏州——宿迁工业园。总投资1亿美元的江苏流星工业园有限公司已开工建设，投资4亿元的化工农药项目也签订了合作协议。做好苏北地区投资贸易洽谈会的组织工作，共签订合作项目3个，其中工业项目2个，劳动力转移项目1个。项目合作金额和劳动力转移人数均居全省首位。二是组织企业参加招商引资洽谈会。牵头组织苏州市服务业赴香港招商活动，共有19个引资项目达成意向或协议，引资规模达89亿人民币和9500万美元；日本阪神地区在南京市召开的项目洽谈会，苏州市有11家企业参加洽谈；德国巴符州在南京市召开项目洽谈会，共组织6家企业参加洽谈；参加由省计委组织的江苏省网上投资项目洽谈会，全市共有6个大项目参加招商；组织企业参加省农业龙头企业名优产品展销会，太仓市和吴中区的两个农业招商引资项目在展销会期间签约。三是牵头开展中荷养老合作项目。召集市民政局、市卫生局、苏州卫生学校等各有关部门先后两次接待了荷兰合作方代表，共同商议2003年及后续合作事宜，力争此项工作有新的进展。

【重大课题调研】 2003年，市发展计划委员会以建设学习型、服务型机关为目标，进一步转变思想观念和工作职能，潜心开展调查研究。在调研内容上，主要是围绕全市经济社会发展中带全局性、战略性的问题，并结合部门工作重点，进行前瞻性和对策性研究。通过调研形成的主要观点和建议为领导决策提供了依据和参考，有些已被采纳。在研究方法上，大胆采取委托合作等方式，充分发挥专业研究机构特长，同时处室全面介入，共同探讨，不但使调研报告的质量有了较大提高，而且也极大地推动了计委工作水平的提高。在2003年度全省计委系统优秀研究成果、调研报告颁奖表彰会上，全市共有7篇研究报告获奖，其中《加强规划引导 加快沿江开发》、《建立以张家港保税区为区域性经济中心的战略研究》等两篇调研报告获得学术成果一等奖，这是近年来市计委系统调研成果在全省评比中取得的最好成绩。其他调研报告分获二、三等奖。同时，苏州市计委学术委员会还获得2003年度全省计委系统学术研究和调查报告优秀组织奖。

（季　玮）

国有（集体）资产管理

【概况】 2003年，全市各级财政部门围绕国有（集体）企业产权制度改革这一中心主线，坚持“在改革中发展，在发展中完善，在完善中提高”，国有资产监督管理工作取得阶段性成效。国有资产监督管理制度建设不断加强，“三个层次”的国资管理架构日趋成熟，国有资产授权经营有序推进，产权交易市场进一步完善，国有资产权益得到有力保障。2003年，按照国有资产“有进有退”、“有所为有所不为”的要求，进一步加大了调整经济结构的力度、深度和速度，全市国有（集体）企业改革改制工作取得历史性突破。以产权制度改革为核心，以“四到位一基本”[即企业整体改制到位、国有（集体）资本退出到位、职工身份置换到位、债权债务处理到位、基本建立现代企业制度]为改革目标的企事业单位改革改制攻坚战在全市上下迅速展开。在国有企业改制方面，全年共办理资产评估备案项目347例，核准项目14例，比上年增长401.38%。全市共有242家企业完成改制，涉及资产总额177.84亿元，净资产48.81亿元，收取国有资产转让收入14.3亿元。改制中支出人员安置费等各类改制成本29.74亿元，占改制净资产的60.93%，改制后国有股占注册资本的比例为4%。在事业单位改制方面，全市82家生产经营型事业单位改革全面完成，38家事业单位办结了国有资产处置手续，涉及资产总额36亿元，净资产7.46亿元，收取国有资产转让收入2.3亿元，涉及职工2730人，离退休人员764人。通过改革改制，全市基本完成国有资本从一般竞争性领域和中小企业的退出，国有资本实现了“三个集中”，即主要集中在基础性、公益性等重要行业和关键领域，集中在大、优、特、强企业，集中在混合所有制企业。国有经济结构的调整，在构建全市国资、民资、外资“三足鼎立”、共同驱动的经济发展格局中，促进了国有资本在更高层次、更大规模上发挥作用。

【国有资产授权经营】 2003年，全市国有资产授权经营在改革中稳步推进，国有资产经营公司的优化与重组工作进展顺利。精细化工集团公司、恒和投资公司、化工农药集团公司、孔雀集团公司、建筑集团公司、苏钢集团公司、建设集团公司等12家国有资产经营公司实现了从一般竞争性领域的全面退出，完成了国有资产处置审批手续和工商变更登记手续。经过改革与重组，全市国有资产授权经营公司由31家减少为11家，其中经省政府批准为国有资产投资主体的有4家。全市国有资产监督管理迈出新步伐，市国资委向国发集团、园林集团、工投公司和创元集团等6家国有资产经营公司派出3位财务总监，在综合运用各种监督资源，对国有资产经营管理的全过程和经营管理主体的经济行为实施全面监督方面作了有益探索。

【产权交易】 2003年，全市产权交易空前活跃，全年完成产权交易鉴证项目383例，成交金额27.83亿元，比上年分别增长224.58%和989.40%。全市技术产权交易平台和网络信息平台初步建立并逐步完善，苏州产权交易网站正式开通，有9家企业通过公开挂牌实现网上交易，成交金额1646.93万元。产权交易服务领域不断拓展，服务功能不断完善，在资本市场上的影响越来越大。

【行政事业单位资产管理】 2003年，全市行政事业单位资产管理有新的突破，房地产等非生产性资产正式登记造册。全市28个部门有宾馆（饭店、招待所）和培训中心37家，资产总额3.86亿元，净资产1.93亿元，房屋面积14.93万平方米，土地面积20.96万平方米，在册职工1059人，离退休146人。56个部门登记房屋面积295.63万平方米，土地面积692.44万平方米。

【重点国有资产运作个案】 苏州精细化工集团公司是国家重点发展的精细化工企业，是市国资委直接授权经营的国有资产经营公司。企业拥有精细化工、农用化工、基础化工原料三大系列40多个品种、关联度为100%的同心多元化工产品链，糖精系列产品规模名列世界第一，出口量占世界总量的40%以上，各项技术指标达到世界领先水平，市场需求以10%的年增长率增加。同时它还是国内硫酸行业、硫酸钾行业前5位生产企业。苏州精细化工集团公司是全省第一例实施MBO改制的国有企业。在苏州精细化工集团公司的MBO中，通过苏州信托投资公司发放了苏州精细集团管理层收购融资项目集合资金信托，募集信托资金人民币1.25亿元，信托期限为3年。信托资金由苏州信托投资公司集合管理、运用，以指定用途贷款方式发放给苏州精细化工集团公司主要经营者，用于参与集团公司的改制并购。约定的贷款年利率为6%，其中年信托费用率为1%（包含信托报酬），预计投资者将获得的年信托收益率为5%。这一MBO改制方式，实现了产权改革—金融手段—资本市场三者相结合的制度创新。 （高隽）

劳动就业管理

【概况】 2003年是苏州市劳动和社会保障工作力度最大、成效最为显著的一年，就业再就业、社会保险扩面征缴、劳动关系协调、技工学校招生、农村基本养老保险制度改革等多项工作均创历史最好成绩。超额完成市政府就业再就业实事项目，圆满完成企业下岗职工出再就业服务中心工作，有效地维护了广大职工的合法权益，切实解决拖欠和克扣农民工工资问题，为全市劳动保障事业在高平台上的健康发展奠定了坚实基础。

【巩固和实施“两个确保”】 2003年，全年下岗职工进出再就业服务中心工作在经历了1998年以来的3个阶段的发展后圆满结束。截至2003年8月末，全市在中心的5919名下岗职工在基本生活得到保障的同时，已全部协议期满提前出中心。市区则在6月末完成了出中心任务，下岗与失业“并轨”平稳过渡。在加大对再就业的资金投入的同时，资金使用重点从保障基本生活和出中心方面转向扶持下岗失业人员再就业。各级财政切实调整支出结构，对就业、再就业工作投入了大量资金。截至12月末，全市已计划筹集安排再就业资金1.3亿元，其中市区8200万元。企业离退休人员养老金社会化发放率100%。到12月底，全市企业离退休人员达到31.59万人，人均月养老金达709元；其中市区分别为15.84万人，754元。全市共发放基本养老金26.17亿元，其中市区13.72亿元。

【就业和再就业】 2003年，全市新增劳动力就业岗位37.4万个，其中面向本地城镇劳动力15.82万个，完成市政府实事项目目标值的158.2%。到12月底，全市城镇就业人员达123.97万人，比上年净增7.11万人。以“4048”困难人员为重点的再就业工作取得明显成效。全市有10万名下岗失业人员再就业，其中困难人群实现再就业者达1.81万人，均居全省首位。其主要工作特点：

一是认真抓好各项扶持政策的落实。市委、市政府于4月下发《关于进一步做好下岗失业人员再就业工作的意见》，明确一整套促进再就业的政策措施。适当扩大《再就业优惠证》的发放范围，除中央、省确定的对象外，增加了男年满48周岁、女年满40周岁的大龄下岗失业人员，不受企业所有制的限制。到12月底，全市共发放优惠证3.2万份。抓紧落实各项扶持政策，鼓励用人单位吸纳下岗失业人员，促进下岗失业人员自主创业、自谋职业。

二是多渠道开发就业岗位。从社区“四保”岗位和劳动保障协管员着手，大力开发社区公益性岗位，对公益性岗位给予适当的社会保险补贴及岗位补贴，全市新开发社区公益性岗位3500个。市区年初将北京华联苏州分公司、苏州邮政速递公司等13家商贸服务型企业确定为首批再就业援助基地，到年末共吸纳了1000多名大龄下岗失业人员。

三是强化再就业专项援助活动，帮助提高择业能力。全市共对4.69万人次失业人员实施免费职业指导，免费培训下岗失业人员1.27万人次，对11万余人次下岗失业人员免费办理求职登记、中介服务和录用服务；市区用于免费职业培训、职业介绍的补贴达1647万元。抓住苏州被列为首批国家创业示范基地城市的契机，拓展创业培训，向社会公开招聘35名专家，成立创业培训专家志愿团，全市创业培训班共培训下岗失业人员2111人，超额完成了年度计划，其中通过自主创业、自谋职业实现就业的有1383人，成功创业率超过65%。

四是切实调整财政支出结构，加大对再就业的资金投入。全市预算的再就业资金达1.1亿元，其中市区达到8200万元。

五是重点做好对困难就业对象的帮扶，健全相应帮扶机制。通过多种渠道，全市帮助1.81万名困难对象实现了再就业。昆山市劳动保障部门专门设立“再就业绿色通道”，全年成功推荐350余人次就业。

六是通过劳动力市场促进就业和再就业。市区公共职介机构全年组织招聘专场240多场，进场招聘单位5800多家，提供岗位7.1万多个，进场报名8万多人次，中介成功3.2万人次。民办职介机构采集岗位信息12万个，其中中介成功5.7万人次，已成为下岗失业人员就业再就业的又一重要渠道。

【南北劳务合作交流】 2003年，全市南北劳务交流活动采用的方式方法逐步趋向成熟，特别是采用各乡镇之间“点对点”的对口交流，机制更灵活，效果更实在，取得了良好的效果。全市劳动保障部门累计22次赴对口城市宿迁市及所属县开展对口劳务交流招聘活动，共组织用人单位588家，累计提供就业岗位4.25万个，其中女性3.11万个；累计达成录用意向1.93万人，其中女性1.29万人。经过努力，全市吸纳宿迁市劳动力达到3.5万人，比上年增长171%，完成了年度目标的233.3%；此外，全市还吸纳了与常熟市对口挂钩的响水县劳动力8316人，与太仓市对口挂钩的灌南县劳动力1.17万人，共计吸纳苏北对口劳动力5.51万人。到12月底，全市纳入劳动保障部门管理的外来务工人员达到56.1万人，其中苏北来苏人员22.7万人，占总数的40.5%。

【劳动力市场建设】 2003年，全市公共就业服务体系进一步完善，就业服务功能进一步拓展，就业服务环境进一步优化。其重要措施是抓紧四级劳动保障社区工作平台建设，加快构建公共就业服务体系。全市134个街道、镇劳动保障工作机构基本成形。市区信息网络共投入资金460万元，12月底已联结配置到区、街道。同时，市区在街道就业管理所的基础上，改建成立“劳动保障事务所”。经公开考核，11月初，市区金阊、沧浪、平江3个区择优录用的149名劳动保障协管员全部进入社区，开始着手采集社区失业人员动态信息等。同时，全市开放统一、竞争有序、城乡一体的劳动力市场进一步完善。截至12月底，全市纳入劳动保障部门管理的外来务工登记人数为56.1万人，其中市区 10.06万人。规范职业中介行为，鼓励发展民营职业中介机构。截至12月底，全市有各类职介机构344家，其中民办职介机构171家，工作人员865名，形成了以公共职介为主导、民办和特色职介为补充的就业服务网络。

【工资分配】 2003年，全市进一步完善以工资指导线、最低工资保障、推进工资集体协商制度和劳动力市场价位为主要内容的企业工资分配宏观调控体系，企业职工工资水平不断提高。一是积极制订促进企业工资增长政策。市劳动保障部门下发了2003年度工资指导线，确定基准线为企业职工货币工资平均增长10%；预警线为企业职工货币工资平均增长18%；下限线为企业人均实现税利低于上年实际水平的，职工货币工资平均增长5%。全市在岗职工平均工资19790元，比上年增长24.28%。二是落实最低工资保障制度。自7月1日起，再次调整最低工资标准，由原来的460元／月调整为540元／月。同时调整小时工最低工资标准，由原来3.9元／小时调整为4.6元／小时。三是继续推进企业工资集体协商制度。强调不同企业应根据自身资产组织形式和所有制性质，采取灵活多样的协商办法。至年底，全市已有1.3万多家企业开展企业工资协商，签订了工资协议，签约企业数比上年同期增长60%。四是连续6年做好企业工资指导价位发布工作。此次部分职位的工资价位调查，行业涉及制造业、电力、建筑业、交通运输业、批发零售贸易和餐饮业、金融保险业、房地产业等9个国民经济行业，从233户企业、154131名职工中采集个体样本16332名。公布了208个苏州市企业职位工资指导价位，174个苏州市区企业职位工资指导价位，129个外资企业工资指导价位，其数量均比上年有所增加。

【劳动保障监察】 2003年是劳动和社会保障部门商定的“维权年”。全市劳动保障监察工作始终把维护职工权益作为主线，以理顺劳动关系作为重点，开展劳动保障年检、分阶段重点突破，组织“禁止使用童工”、“打击非法劳务中介”、“民工工资支付情况”等多种形式的执法检查活动。全市劳动监察共主动监察检查单位8462户，涉及职工73.8万人；受理投诉举报1851件，共立案处理各类劳动违法案件1655件，结案率95.47%。通过劳动监察检查，督促用人单位补签劳动合同13.72万份；新增社会保险参保人数5.50万人；一次性补缴社会保险费3876.65万元；依法立案查处415起违法拖欠职工工资案件，涉及职工2.27万人，其中外来民工占70%，清欠金额1860.34万元；清退非法收取的押金528.1万元；查处非法使用的童工88名；对138户严重违反劳动保障法律法规，及拒不改正违法行为的单位，给予行政处罚，共计罚款121.19万元。在企业改制中规范操作程序，认真审核把关，切实维护职工的合法权益，在半年多时间内，有关部门先后跑了434户企业，查阅职工档案8000余份。并根据企业改制实际情况，及时调整和完善改制政策，形成了一整套法律依据充分、可操作性强、符合苏州实际又能够切实保护职工利益的改制企业职工身份置换政策。逐步扩大劳动保障监察机构向乡镇延伸的试点范围，在昆山和常熟市先后组建乡镇劳动监察中队，并对乡镇监察中队的管理模式、人员选派、管理范围等方面进行了试点。市区除工业园区外都建立了劳动监察大队，人员装备基本配备到位。

【劳动争议仲裁】 2003年，全市劳动争议数量持续增加，创下了历史新高。全市共受理劳动争议案件3583件，比上年同期增加12.7%。其中，市、区（县）两级劳动争议仲裁机构直接受理2327件，比上年同期增加52.8%。全年全市审结劳动争议案3437件，结案率为95.9%。积极稳妥地处理了86件4350名劳动者的集体劳动争议。全面实施了劳动仲裁“阳光工程”。在全市范围内推行劳动仲裁政务公开，专兼职仲裁员持证“亮卡”上岗，公示公布了仲裁办案规则，设置“公示栏”后，进一步做到开庭时间、场所、案由公开，仲裁程序公开，组庭审理人员公开，仲裁结果公开。推行当事人选择仲裁员制度有了新的进展。扩大在城区范围内试行当事人选择仲裁员制度，市仲裁办和7个区仲裁办建立了统一的仲裁员名册，将各区每季度不超过总数10%的争议案件纳入选择的范围。

【职业技术培训】 2003年，全市各级各类职业技术培训机构共培训劳动者16.06万人次，其中农村和外来务工人员就业培训9.8万人。超额完成全市“三年十万”的再就业培训目标。全市3年（2001～2003年）累计培训下岗失业职工16.5万人，由劳动保障部门直接组织的免费技能培训41.2万人。积极推进创业培训的各项基础性工作，成立了由35名社会各界专业人士组成的苏州市“创业培训咨询评审专家志愿团”，全市创业培训2111人，并对创业培训学员落实优惠扶持政策。由于这项工作出色，中央电视台《激情创业》栏目对苏州市创业培训进行专题报道。规范社会力量举办的职业培训机构。审批发展了4批培训机构。到年末全市职业培训机构达到85个，其中市区38个。

【职业技能鉴定】 2003年，全市共核发职业资格证书或岗位合格证书27395人次，比上年增加31%。其中初级工9151人、中级工11578人、高级工1708人，岗位证4946人、项目证12人次。加快培养高技能人才，继续改革和完善技师职业资格鉴定办法，探索与技师培训相衔接的模板化鉴定方案，以进一步扩大技师职业资格社会化鉴定规模，全市鉴定技师80人，全市累计考评技师3564人。 （王利群）

物价管理

【概况】 2003年全市物价工作经受了抗击“非典”和应对粮油价格突发性上涨的考验，各级物价部门积极采取相应措施，努力做好价格监管工作。一是建立抗击“非典”的价格工作机制，迅速启动市场价格预警系统。依托市场价格监测网络对与防治“非典”有关商品和群众基本生活必需品价格实行重点监测，密切掌握市场价格动态。二是加大价格行政执法力度，强化市场价格监管手段。对涉及抗击“非典”的药品等商品价格采取了市场最高限价、差率管理等一系列临时干预措施，加大市场价格巡查力度，加强了价格举报工作。三是积极采取各类收费减免优惠政策，克服“非典”对经济发展的负面影响。对受影响较大的行业实行了减免部分行政事业性收费和政府性基金的优惠政策。四是依法加强价格调控，努力实现2003年价格调控目标。继续实行政府领导下的物价调控目标责任制，对5市(县)消费价格涨幅、15种主要商品和服务价格、11个涉及行政事业性收费的部门，明确2003年价格调控的预期目标。一年来，经过各有关部门的共同努力，全年市区居民消费价格指数累计为100.8，比上年同期高0.4个百分点，基本实现全年上涨幅度为1%的预期调控目标。

【价格管理和改革】 2003年，全市各级物价部门继续以促进发展为主题，认真贯彻市委、市政府的战略决策，充分运用价格杠杆，为全市加快实现“两个率先”作贡献。一是继续加大对发展农业的价格支持力度。抓住“农业增效、农民增收、农村稳定”这个主线，继续完善农产品价格形成机制，组织开展特色农产品成本调查，坚持和完善涉农收费和价格公示制度，认真落实减轻农民负担的各项政策措施。二是继续加大对发展房地产的价格支持力度。认真贯彻实施《苏州市商品房价格管理实施细则》，改革普通商品房定价环节，扩大价格浮动幅度，引入商品房成本认证制度，强化“一价清”明码标价要求。认真落实“定销房”价格政策规定，整顿和规范房地产中介服务和物业管理收费行为。三是继续加大对发展旅游业和城市化建设的价格支持力度。放开旅行社收费、星级宾馆服务费、水上客运价格，降低出租汽车企业管理费标准，制定城市“货的”、“苏州通”以及机动车临时占道收费标准，深化游览参观点票价改革，出台农村工业、农业生产用电与城市同价和民用电峰谷分时电价政策，实现民用瓶装液化气价格并轨方案，制定了自来水价格调整方案。四是继续深化价格行政审批制度改革。根据市委、市政府的统一部署，认真开展了第2批行政审批制度改革工作。行政审批事项减少47项，保留审批事项12项，审核事项21项，核准事项13项，备案事项12项，进入苏州市行政服务中心办理审批事项25项。按照依法行政的要求，制定“苏州市价格管理目录”，完善“苏州市价格听证办法”，建立价格听证会代表库，进一步规范政府定价的程序和要求。

【整顿规范市场价格秩序】 2003年，全市各级物价部门进一步加大依法治价力度，1~12月全市共查处各类价格违法行为案件1319件，经济制裁总金额2212.31万元。一是组织开展八大专项检查。按照上级的统一部署，在认真抓好上年工商收费、机动车辆和路检收费、房地产价格和医疗、药品招标价格专项检查处理结案的基础上，先后开展了电力、成品油、地方越权定价行为、教育收费、农民进城务工和下岗再就业收费、旅游以及交通客管收费、“非典”优惠政策落实情况等8个专项检查。针对专项检查项目多、任务重的实际情况，各级物价部门始终对价格违法行为保持了高压态势。二是组织开展“价格诚信”活动，建立健全市场主体的价格约束机制。一年来，各级物价部门以“价格诚信”为主题，以纪念“价格法”实施五周年为契机，先后组织开展了“价格诚信”、“医疗机构明码标价规范月”活动，把价格监督检查的“关口”前移，引导企业增强“价格诚信”的自觉性。通过考核评审，全市有42家企事业单位被首批授予苏州市“AA”级价格信用单位。通过对全市138家医疗机构的考核检查，绝大多数医疗单位基本做到了价格公示醒目齐全，初步形成了规范、透明的就医收费行为。三是继续开展清费治乱工作，切实减轻社会各方面负担。一年来，各级物价部门从规范收费行为，查处违法收费等两个环节着手，继续做好清费治乱减负工作，认真做好行政事业性收费目录公布和《收费许可证》换发以及收费年检工作。继续抓住社会反映强烈的收费热点问题开展专项治理，认真贯彻落实省关于高中择校的限分数、人数、钱数的“三限”规定。继续整顿和规范药品价格行为，积极参与药品集中招标采购工作，认真贯彻药品降价措施。全年涉及招标药品降价品种规格1600多种，平均降价幅度16%，降价金额9000万元。四是加强和改善行业价格管理工作。实行原行业协会和价格学会“两会合一”，发挥行业组织作用，促进行业价格自律。

【价格服务工作】 2003年来，全市各级物价部门自觉增强服务意识，着力打造价格优质服务新品牌。一是打造苏州价格认证服务品牌。一年来，各级价格认证机构从自身职能出发，依法开展价格认证工作，打造了苏州价格认证服务品牌。全年共受理各类价格认证业务14170起，价格认证总价值14.43亿。二是打造苏州价格网络服务品牌。苏州价格网络服务是苏州电子政务的组成部分。一年来，按照巩固、完善“苏州价格信息”，“苏州医疗价格信息”外网建设，起步办公自动化内网，接轨政府电子政务网的要求，运行情况良好。苏州医疗价格信息网自2002年开网以来，作为全市医疗服务收费、药品价格公示的载体，医疗机构执行医疗服务收费标准和药品价格的依据，得到了社会各方面的好评。全年共审核、更新、重新编码23000多条信息数据，网站访问量达31455人次。二是打造苏州市价格举报服务品牌，价格举报工作是物价部门的对外窗口，是为民办事、维护群众利益的有力武器，一年来，各级物价部门先后以“3·15”国际消费者权益日，“5·8”全国价格举报宣传日，《价格法》实施五周年以及抗击“非典”斗争等为契机，加大宣传力度，努力扩大“12358”价格举报电话的社会形象，建立“市区联网、部门联动、省市联络”的价格信息管理系统，强化价格举报的服务品牌意识，做好价格举报工作。全年全市共受理价格举报2282件，已办结2241件，办结率为98.2%，实行经济制裁145.01万元，其中为群众挽回经济损失96.1万元。

【物价队伍建设】 2003年，全市各级物价部门以全面提高物价队伍素质为重点，继续加大了物价干部队伍的思想、组织和作风和机关效能建设力度。一是继续坚持机关两个文明建设的目标责任制，顺利完成了检查所更名、检查分局升格和依照公务员管理的工作，贯彻实施了价格执法人员“十不准”、价格认证中心“八不准”等禁令，在全市各级物价部门中开展了“依法行政、文明执法、优质服务”为主题的文明行业创建活动。二是切实加强制度建设和内部管理工作。一年来，各级物价部门结合行风评议“回评”工作，认真查找行风建设存在的突出问题，在认真落实各项整改措施的同时，狠抓制度建设。在修改完善依法行政、廉政建设、内部管理三大制度系列的基础上，组织开展了以“规范行政行为，加强内部管理”为主要内容的学习宣传月活动，取得了比较好的效果。在2003年全市社会测评中，市物价部门的综合满意率由2002年的91.1%，提高到95.9%，升4.8个百分点，升幅居第3位；公众满意率由2002年的86%上升为92.8%，升6.8个百分点。三是加大价格宣传工作力度，着力塑造物价部门新形象。一年来，各级物价部门高度重视价格宣传和价格政务信息工作，及时反映价格热点、难点问题，有针对性的提出解决问题的建议、措施，充分发挥了物价部门的职能作用，得到市委、市政府的好评和肯定。（吾　佳）

统　计

【概况】 2003年，全市统计工作围绕经济建设中心，以提高数据质量、优化统计服务、推进统计信息化建设为主线，坚持依法治统、维护统计权威、积极开展方法制度改革，加强统计职业道德教育，完成了全年各项工作任务，取得了显著成绩，较好地行使了统计“信息、咨询、监督”职能。《苏州统计年鉴—2003》在全国地方统计年鉴（乙组）评比中荣获一等奖，已连续9年获得这一奖项。此外，苏州市统计学会于7月22日召开第四届会员代表会议，选举产生新一届理事会和领导机构。

【统计服务】 2003年，全市统计工作从服务于宏观经济管理与决策，服务于苏州新一轮发展出发，加大信息资源开发和供给力度，统计服务上新水平。全年共编发《统计分析》117期，其中增刊18期，及时反映经济运行情况，成为党政领导了解市情、掌握动态、科学决策的参考依据。其中市委书记、市长对《2003年1～4月国内生产总值预计》、《苏州与深圳、东莞民营经济发展比较》、《对苏州工业经济中盈利能力和资产运营效率的分析》、《关于我市固定资产投资情况的汇报》等4篇分析报告分别作了重要批示。《关于所有制创新与产业结构优化的报告》和《苏州市农村城镇化水平测定研究》两篇调研报告，在全市政府系统2003年度调研成果评比中分获二等奖和优秀奖。

开展“两个率先”指标体系的设计和监测。统计局积极参与市委、市政府、市人大、市政协组织的“两个率先”专题调研，先后提交了《全面建设高水平小康和基本实现现代化指标体系设想》、《如何理解“两个率先”》、《苏州市全面建设高水平小康和基本现代化指标的推算以及相关城市的对比》等统计资料，并最终形成了“苏州市率先全面建成高水平小康社会和率先基本实现现代化主要指标”。同时，确定了“两个率先”进程监测分析的工作思路，建立起了以GDP评估为龙头，结合各专业数据评估的数据质量综合评估办法体系。

市统计局编印的《苏州市情市力》和《苏州概览》统计手册，为各级领导和各部门掌握经济运行状况，为宣传苏州改革开放所取得的成就，发挥了突出的作用；为市人大、政协两会编印《跨世纪的发展》统计专册资料，制作统计信息多媒体触摸查询系统，提供现场统计信息咨询服务，受到代表、委员广泛好评。2003年，建立了季度新闻发布会制度，通过新闻媒体定期向社会公布全市经济运行情况，提高社会公众对苏州经济社会发展的知情度。

【专项统计调查】 2003年，全市各级统计部门完成公众安全感调查、人口变动调查、城镇劳动力跟踪调查、失业再就业调查、教育收费情况调查、软件业调查、劳动力转移调查、净增就业统计调查、妇儿发展“十五”规划中期监测统计等多项调查任务。

2003年，还完成投入产出调查任务。全市共抽查638个单位，其中工业391家、建筑业4家、信息传输业2家、批发零售贸易业38家、餐饮业7家、金融业4家、保险业3家、行政和其他服务业189家。为实现优质高效的工作目标，通过分批培训、报表送审、审核处理、数据录入等阶段，为提高调查数据的质量提供了保障。经上下密切配合，于6月高质量完成了调查数据上报任务。市投入产出调查办公室被评为国家级先进集体。

【纳税人评议政风行风调查】 2003年，市统计局承担了涉及教育、公安、民政等47个政府部门的政风和有关行业的行风情况调查任务。此次调查采用定量与定性相结合的办法，在全市范围内抽取3050个样本，从政府部门和行业的公开办事制度、办事程序和办事结果、办事质量、办事效率和服务态度、规范执法和管理以及廉洁奉公4个方面，以问卷调查方式向纳税人征求意见和建议，并撰写了《苏州市2003年纳税人评议政风行风调查报告》，比较客观、真实地反映了全市企业和社会各界对政府部门和有关行业的评价。

开展“创优争先、建功立业”民意问卷调查，抽取150家企业和150户居民住户调查样本，对市区9个公用事业单位20个行业的创建活动情况进行民意问卷调查，并形成调查报告。通过调查，摸清了全市政风行风情况，对政府部门、有关行业转变作风，改进工作起到了推动作用，促进了全市机关效能建设。

【在地统计】 实施在地统计是改革现行统计管理体制，由以条为主转为以块为主，使之与城市管理体制、财税征管体制相配套的重要举措。一年来，市统计局抓住机遇，创新思路，全面推进在地统计。

市统计局贯彻市政府《关于印发苏州市在地统计实施意见的通知》，按照“双轨过渡、稳步推进”的要求，精心组织实施在地统计工作。一是界定范围。按照基本统计单位名录库和相关专业统计超级汇总单位库的地址码，按在地统计的原则向各区划转基本统计单位。二是搞好核查。各区统计部门在辖区范围内开展基本统计单位核实清查工作，采取多种形式与其建立统计工作联系。三是宣传发动。通过《苏州日报》发布《苏州市实施在地统计公告》，向市各部门和部省属单位发出了《关于协助做好在地统计工作的通知》，争取各有关单位的理解和支持。四是抓培训指导。先后两次组织各区统计业务骨干、街道（乡镇）的专兼职统计人员开展业务培训。五是抓协调督促，理顺各方关系，疏通统计渠道，推进区、街道两级机构、人员、经费、设备落实工作。从10月起，工业、贸易、投资和劳动工资4个专业启动“双轨制”报送，在地统计正式进入实质性运作阶段。

注：在地统计是指国家机关、社会团体、企业事业组织和个体工商户等各类基本统计单位，不论其行政上隶属于哪一级主管部门，在哪一级登记注册，均应按法人单位实际经营（办公）所在地划归县级市、区统计局负责统计（即按块块统计）。

【统计信息化建设】 2003年是全市统计信息化建设发展最快的一年。市统计局遵循“以现代信息技术为支撑，以网络改造为基础，以建设宏观经济数据库为重点”的工作思路，开拓创新，扎实工作，统计信息化建设取得明显成效。一年来，开通了办公自动化系统，机关内部办公办文基本做到无纸化流转，大大提高了行政办公效率；改版了统计信息政府网、公众网，改版后的网页栏目得到扩充，内容更加丰富，加载更新更加及时；新建了“领导专报网”，该网已成为市统计局向市委、市政府领导报送统计信息的快速通道；进行网络改造，网络速率由100M提升到千兆，稳定性大为提高。常熟、昆山、张家港、吴江市统计局与苏州市统计局实现了网络连通，促进了信息资源的开发和共享。在全省统计系统优秀网站评比中，市统计局网站获得二等奖。

实施宏观经济数据库建设。建立宏观经济数据库是市政府确定的全市信息化建设重点项目之一，也是市政府交给统计部门的一项重点工程。建库的目标是：建立具有科学性、真实性、可比性的宏观经济数据库指标体系，涵盖全市国民经济、社会发展、科技教育，及分县（市）、分行业情况，为全市政务信息资源的整合提供相应的标准化信息交换接口，实现信息共享，支持宏观管理和科学决策。为顺利实施此项工程，市统计局建立了工作班子，制定了实施方案，采用开放式结构将数据库分设为基础网络、报表用户管理、数据采集、处理、上报、发布、分析和备份等8个系统。至年底，已完成系统和数据库架构设计，建成字典库管理、指标体系导入和导出等功能模块，部分主要统计数据已编辑加载入库。现正抓紧编辑加载历史资料，着手启动二期工程。

【统计法制】 2003年，全市各级统计部门加强统计执法力度，查处统计违法行为，统计法制工作取得新成绩。为规范统计行政执法，加强统计督查，市统计局成立了统计督查工作领导小组，制定并实施了《统计执法检查工作规定》、《统计督查制度（试行）》、《统计督查制度实施方案》和《苏州市统计报表领用与上报管理实施方案》。统计行政登记和部门统计调查审批工作规范有序，为1000多家新成立企业办理了统计行政登记，统计行政管理得到进一步加强。

统计监审检查成效显著。开展监审检查坚持“三个结合”，即监审检查与搞准数据、提高数据质量相结合，与推进统计改革、促进统计基础建设相结合，与统计调研、摸清基层情况、综合分析评估数据准确度相结合。监审检查的对象确定为投资额、工业总量比较大、增长比较快的地区和单位，并首次将规模以下工业企业纳入统计监审范围。一年来，全市各级统计部门共完成了对19个镇（街道、开发区），614个企、事业单位的监审检查。共查处统计违法案件20起，发出统计检查责令整改通知书33份，统计检查建议书76份，统计监审结论书169份。与此同时，还配合省统计局完成了贸易零售业、农业、投资、统计教育等4项监审任务。

2003年正值《统计法》颁布20周年，各地统计部门开展了形式多样的纪念活动。组织参加了《中国信息报》等单位组织的有奖征文活动和《人民日报》等单位组织的《统计法》知识竞赛；制作宣传板报巡回展示并派员上街宣传、接受咨询；邀请统计系统离退休老干部，市人大、市政协、高校等部门领导、专家举行座谈会；通过报纸、电视台、广播、统计网站等媒体宣传统计法律法规，扩大了统计法律法规的社会影响力，提高了全社会遵守《统计法》的自觉性。

【统计基础建设】 2003年，全市各级统计部门针对统计工作原则性强、专业性强的特点，加强统计基础建设，在建立健全统计网络、开展统计业务培训、提高职业道德素养等方面取得了新成效。

建立健全统计网络。所辖5市相继成立了综合调查队。以实施在地统计为契机，沧浪区、平江区、金阊区抓紧组建区综合调查队。相城区实行全区统计扎口管理，并增挂了“相城区统计局”牌子。县级统计部门人员力量得到了充实，管理职能进一步强化。与此同时，抓住镇、街道撤并之机，巩固完善镇、街道统计机构工作全面推进，启动组建实体型镇、街道统计机构。各市(县)、区还建立起了镇、街道统计工作考核体系，制订并实施统计工作制度、统计台账等各项统计管理制度，基本实现了统计工作的规范化、制度化。

统计教育培训。2003年，全市参加统计员上岗培训及统计“四五”普法的人数分别达到3000人以上。在统计学历教育方面，市局、常熟和昆山3个报名点共组织140人次、301门次的本、专科段自学考试。

【市统计调查中心成立】 2003年，市委决定成立副处级事业单位“苏州市统计调查中心”。该中心的职能是：负责农村社会经济统计调查工作，组织实施全市人口普查、经济普查、农业普查等重大普查，组织实施专项抽样调查及社情民意调查等，并进行统计分析，完成市政府下达的其他统计调研任务。在市人事部门的指导下，统计调查中心的组建及首批人员招聘工作顺利完成，统计调查有序展开。 （张旦初）

审计监督

【概况】 2003年，全市审计机关配合苏州市大力推进体制改革和城市化战略目标，加大对预算执行情况、公共工程、重点资金（基金）的审计力度，积极稳妥开展经济责任审计，参与企业改制审计监督，同时切实加强“人、法、技”建设，审计工作在服务、监督、创新、信息化建设方面取得显著成效。一年来，全市审计机关共完成了对562个单位的审计，查处违规金额13亿元，已上交财政和增加财政专户资金3.03亿元；410篇次审计信息和报告被各级地方领导、上级审计机关、新闻单位批示或采用，审计工作在维护全市经济健康发展中又上新台阶。市审计局先后获江苏省总工会授予的“学习型组织示范点”和市委市政府授予的“2003年财税工作先进单位”荣誉称号。9月14日，召开全市审计机关成立二十周年纪念大会，王珉、杨卫泽等市领导出席，全市审计机关开展了“八个一”系列纪念活动。

【财政审计】 2003年，全市审计机关在财政预算执行审计工作中，通过对财政资金的合理性、效益性审计，反映出部门预算、国库集中支付、政府采购等方面工作有待进一步完善，提出了细化部门预算、完善政府采购制度、严格实行“收支两条线”、强化税收征管等多项建议，审计工作报告得到了市人大常委会的充分肯定。全市还对7个市（区）、39个乡镇实施了财政决算审计，纠正下级政府不合规文件2个，取消不合理收费1项，提出整改建议21条。

【公共工程审计】 2003年7月，市政府出台《苏州市政府公共工程审计监督办法》。各级审计机关按照《办法》的要求，强化对重点公共工程项目的竣工决算审计，并就有关审计结果向社会公告，规范了政府投资项目管理，增强了政府工作的透明度，保障了城市化建设顺利推进。全市审计机关全年共对71个项目进行了审计，项目投资总额19.31亿元，为国家节约财政和建设资金支出1.67亿元。苏州市审计局完成了总投资5.58亿元的市体育中心和总投资3.7亿元的官渎里建设项目的竣工决算审计。

【财政预算执行单位及专项资金审计】 2003年，全市审计机关共对309个预算执行单位和49项专项资金（基金）进行了审计。苏州市审计局对社会保险5项基金进行了全面审计，调增各项社保基金结余1.26亿元，督促上缴市财政社保基金专户8415万元。通过对新菜地建设基金的审计，回笼该基金800多万元，并促使出台加强改制过程中国有资产管理和规范改制工作的文件。

按照上级统一部署，全市完成对公安部门、地方税务系统、质量技术监督局的财政财务收支审计；完成对农业综合开发资金、抗“非典”专项资金和捐赠款物、抗洪救灾专项资金和捐赠款物等的专项审计。

【任期经济责任审计】 2003年9月，市委、市政府出台《苏州市党政领导干部任期经济责任审计实施办法》，要求对全市党政领导干部履行经济责任的情况进行审计。在市委的高度重视和全市有关部门的共同努力下，经济责任审计工作5部门联席会议制度得到加强，部门之间的协调沟通也进一步顺畅，初步形成经济责任审计齐抓共管的良好局面。全年共完成党政领导干部任期经济责任审计155项，企业法定代表人离任审计8项。苏州市审计局顺利开展3位县级市市长的任期经济责任审计试点工作。

【企业审计】 2003年，苏州市审计局全年共参加了100余户企业改制和破产清算会办，对部分会计师事务所、资产评估公司的资产审计、评估工作进行抽查，并对部分企业进行延伸检查。通过审计，全市共查出企业隐瞒、转移、漏评资产9149.44万元，其中上缴财政专户6525.81万元。审计机关对事务所在企业审计、评估过程中存在的低估、漏估、出具无价值审计评估报告等突出问题进行了披露，引起了市委、市政府的高度重视。

【绩效审计】 2003年，绩效审计理念在全年审计工作中得到有效体现，各地都积极探索绩效审计路子，取得一定成效。苏州市审计局通过对自来水公司的审计，对公司亏损的原因进行了全面细致的分析，提出了整合全市供水资源的建议，市委、市政府为此召开会议进行专题讨论，并作出成立苏州太湖自来水有限公司的决定。

【公布审计结果】 根据《苏州市公布审计结果试行办法》，全市共对7个项目的审计结果进行了公告。市审计局通过《苏州日报》向社会公布了社会保障基金专项审计和官渎里立交桥建设项目竣工决算审计结果。

【信息化建设】 全市审计机关着力推进信息化建设。市审计局启动建局以来投入最多、规模最大的应用系统项目。该项目主要由行政管理、业务管理、信息发布构成，涵盖局各项工作，已取得阶段性成果。通过引进和自主开发软件，计算机技术在审计项目管理、预算执行审计、工程审计和金融审计等各项工作中取得了较好成效。人寿公司审计的计算机运用成果代表江苏省参加了审计署举办的演示交流会。 （顾红辉）

质量技术监督

【概况】 2003年，苏州质量技术监督系统以经济建设为中心，以提高产品质量为首要任务，以严格把关为重要职责，以技术手段为发展基础，以队伍建设为核心环节，以深化改革为工作动力，切实履行综合管理、行政执法、安全监察三大职能，各项工作有效推进，全面超额完成了年初确定的各项目标任务。2003年被江苏省省委省政府授予江苏省文明行业称号。

【产品监督】 2003年，全市产（商）品质量总体水平稳步上升。按照统计年度，2002年第四季度至2003年第三季度，国家、省两级抽检苏州市生产企业产品1026批，合格914批，抽检合格率89.08%。较上年上升4.5个百分点；重点产品国家、省、市三级抽查1117批次，合格1037批次，抽检合格率92.84%。监督后处理工作完成率100%，已复查企业合格率100%。

【计量管理】 2003年全市共受理并完成考核发证工作，其中制造计量器具许可证64家企业192项产品；最高计量标准77个单位283项。全市404家企业通过计量合格确认；23家企业通过计量保证确认，达到开展计量确认工作以来的最好水平。

【标准化管理】 2003年全市完成采标104项，累计3137项，办理标准备案4961项，全市标准覆盖率达98%；农业标准化工作不断加强，农业企业标准备案359项；起草了5项省级地方标准，发布37项市级农业地方标准；全市累计无公害农产品已达273个，总量继续名列全省第一。

【安全监察】 2003年在全面完成全市特种设备普查工作的基础上，强化动态管理。全市整治设备安全隐患1032个，依法立案查处单位355家；共检查工地341个、起重机械461台，其中市级验收共抽查了36个工地、53台塔吊等起重机械，提出整改意见近2000条。全市完成共6578台电梯换牌工作。加强土锅炉整治，探索小锅炉安全管理途径。重点加强吴江地区横扇、庙港、平望3镇羊毛衫行业的“土锅炉”整治，取缔“土锅炉”184台。专项整治向纵深发展，安全监察网络逐步健全，确保了全市锅容管特的安全运行。

【质量管理】 2003年全市又有3个产品荣获2003年度中国名牌称号，47个产品获江苏名牌产品称号，认定了210个苏州名牌产品。全市名牌产品队伍日益壮大，扶优扶强工作成效显著。2003年上半年全市工业名牌产品实现产值472.3亿元，销售收入434.63亿元，同比分别增长40.98%、43.44%，分别高于全市规模以上经济增长速度6.37、5.77个百分点，对全市工业经济有较大的贡献。

【查处案件】 2003年全市两级质量技术监督稽查部门共出动行政执法人员20839人次，检查各类生产、销售单位21478家，共立案查处案件2107件，各类假冒伪劣产品货值12536万元，其中10万元以上大案141件，移送司法机关案件11起，有效规范了市场经济秩序。

【打假工作】 2003年全市工商、质监、公安、烟草、盐务、农林、物价、建设、供销等行政执法部门在市打假工作领导小组的组织下，相互配合，密切联系，共出动执法人员92374人次，检查场所278458家，查办案件4433起，其中大案要案近200件，查获的假冒伪劣商品标值11463万元，端掉制假售假窝点399个，移送司法机关案件20起，抓获制假售假犯罪嫌疑人近20名。 （陈亮亮）

苏州工业园区跨塘镇

跨塘镇位于苏州工业园区的北大门，北濒阳澄湖，风光秀丽，人杰地灵。镇域面积32平方公里，人口4万多人。312国道、娄江运河、沪宁铁路和高速公路横贯全镇境内，交通十分便捷。

自2001年以来，该镇在312国道以北重新规划面积10～15平方公里、15万人口，集工业、商业、金融及生态旅游休闲为一体的城市副中心区。经过几年的努力，已基本完成道路、供水、供电、供热、排污、燃气、邮电通讯等“九通一平”的基础设施建设。政府办公楼、中学、小学、幼儿园、派出所、商贸中心、商业街、市民广场、医院和敬老院等一批重点工程相继建成，城市副中心雏形初步形成，城市功能日趋完备。已吸引来自美国、英国、日本、韩国、意大利、印尼以及台湾、香港等国家和地区的客商进入分区，至2004年4月，全镇累计引进外资企业145家，注册外资7.13亿美元，到账外资2.63亿美元；引进内资企业462家，注册内资22.76亿元。

投资1.2亿元的跨越娄江运河、312国道和沪宁铁路的跨塘大桥已通车，使跨塘与园区及苏州城区连成一体。跨塘镇将充分发挥独特的区位优势，抢抓发展机遇，主动接受园区的辐射带动，努力营造良好的投资环境和人居环境，以跳跃式发展的步伐，向“工业发达、商业繁荣、环境优美、社会文明、治安稳定、生活小康、城乡一体”的城市副中心方向快速迈进。

苏州工业园区 胜浦镇

秀水布四方　镇区如桃源

胜浦镇位于苏州工业园区东部，与园区三期紧紧相邻，南傍吴淞江、苏沪机场路，北靠沪宁高速公路、312国道、园区海关物流中心，拥有得天独厚的水陆交通物流网络。

胜浦是国家级卫生镇，纵横贯通的河网、整齐划一的街道、井然有序的小区、风格独特的景观，共同勾勒着一幅“秀水布四方、镇区如桃源”的美丽画卷。

胜浦不仅有水乡的宁静秀美，更具现代城市的勃勃生机。她享受国家给予苏州工业园区的所有优惠政策。完善的基础设施，周到的亲商服务，使其成功吸引了来自美国、新加坡、印尼、日本、韩国和香港、台湾等国家和地区近百家投资商及国内多家知名企业。

随着苏州和苏州工业园区的不断发展，胜浦中心分区的位置将更为突出，“10万人口以上的园区副中心”的发展定位将很快实现。

苏州工业园区 唯亭镇

特色餐饮街沿湖夜景

唯亭，坐落在风光秀丽的阳澄湖畔，西离苏州古城20公里，东距上海70公里，是苏州工业园区的东大门，镇域面积82.16平方公里，其中，耕地面积2600公顷，水面面积4666.7公顷；下辖5个行政村、7个居委会，常住人口3.2万余人。外来人口2万余人。312国道、娄江运河、沪宁铁路、沪宁高速公路4条交通干线横贯全镇，地理位置得天独厚，水陆交通十分便捷。

唯亭，又是一个具有悠久历史的古镇，是“草鞋山文化”的发祥地，距今已有5000～6000年的历史。悠久的历史塑造了唯亭特有的风情，以拥有深厚文化底蕴和阳澄湖旖旎风光而著称的这个江南水乡，物华天宝、人杰地灵，自古商贾云集、刹宝林立、经济发达。

随着改革开放不断深入，唯亭镇紧紧抓住中新合作苏州工业园区开发建设不断向东挺进的机遇，主动接受辐射，加快发展步伐，充分发挥阳澄湖风水宝地的独特优势，确立了“两业并举、三区齐上”的发展思路，以招商引资为龙头，以开发旅游产业为主导，以推进城市化为抓手，加快富民强镇步伐，全力打造现代化、园林化、具有21世纪水乡特色和文化风情的旅游新镇。

湖滨大厦

阳澄湖度假酒店

镇政府办公大楼

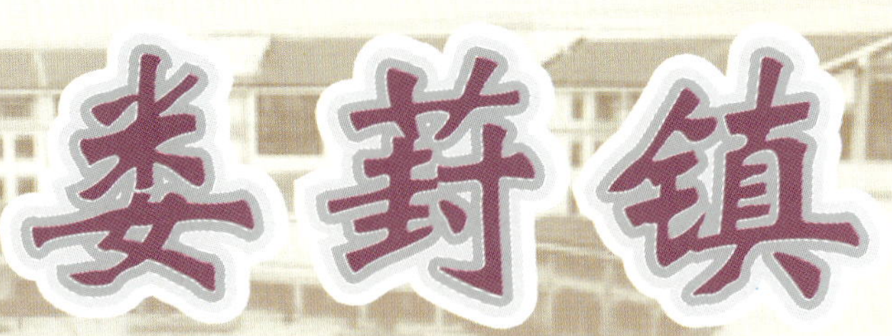

苏州工业园区 娄葑镇

娄葑镇是江苏省农村社会经济综合实力第一镇、江苏省外向型经济第一镇。在上世纪90年代之前是苏州重要的蔬菜等农副产品生产基地，盛产的芡实、莲藕等水生作物，被誉为“水八仙”。1994年，举世瞩目的中新两国合作项目--苏州工业园区启动区正是从娄葑的土地上崛起，同年5月，娄葑镇划归苏州工业园区管辖。

娄葑先后经历了撤乡建镇、镇镇合并、城区区划调整，目前全镇人口13万人，面积41平方公里，辖行政村23个，社区10个。几年来，在园区的辐射带动下，娄葑镇抓住机遇，加大招商引资和结构调整力度，加快工业小区和小城镇建设步伐，经济结构发生显著变化，三个文明建设取得了较大成果，经济发展步入快车道。

2003年，全镇国内生产总值52.3亿元，财政收入10.2亿元（全口径），财政收入占GDP的比重达19.5%。全镇现有企业4000多家，其中，入库税金超1000万元的有11家，超100万元的有154家。新引进外资项目88个，实现注册外资3.59亿美元，实际到账外资2.03亿美元；新引进内资项目1016个，实现注册内资40.4亿元。内外资招商在全市乡镇中排名第一。农民人均纯收入达8800元。

全镇现有中心小学3所、初中2所、九年一贯制学校2所，义务教育阶段学生免除全部费用。当年新建成了娄葑医院和10个社区卫生服务站，每个社区都设立了卫生服务站，合作医疗参加率和全镇在职职工养老保险参保率均为100%，资金缴交率超过99%，农保、低保覆盖率达100%。

娄葑镇荷花公园

娄葑镇九年制学校一莲花学校

标准厂房

娄葑镇文体中心

娄葑镇行政中心

动迁农民住宅小区

SUZHOU XÜSHUGUAN JINGJIKAIFAQU

苏州浒墅关经济开发区

招商联系电话：（0512）65392340 65393364 65398512（传）
驻高新区办事处电话：（0512）68088018 68088028

建设中的阳山花苑住宅区

标准工业厂房

浒墅关经济开发区行政中心

苏州浒墅关经济开发区始建于1992年9月，1993年12月被江苏省人民政府批准为省级经济开发区，2002年划入苏州高新区，冠名为苏州高新区浒墅关分区。开发区位于苏州市西北郊，东靠京杭大运河，南与枫桥街道接壤，西至阳山山脉，北邻浒墅关镇，规划面积25.8平方公里，下辖11个行政村，人口近3万。建区以来，累计投入基础设施建设资金13亿元，完成“七通一平”基础配套设施15平方公里。引进、兴办企业250多家，其中外资企业63家，合同外资5.1亿美元，实际利用外资2.1亿美元，内资项目总投资9.1亿元，注册资金5.6亿元。

苏州城市区划调整和高新区“北扩西进”战略的实施，使浒墅关经济开发区开发建设速度空前加快，仅2003年以来，投入建设资金达10亿元，开发面积10平方公里，动迁农户5200余户，开（竣）工建筑面积150万平方米，一个以国家级苏州高新区出口加工区为中心，东有出口加工区商贸配套服务区、维德木业城、保税物流中心、大白荡绿地；南有大新科技园；西有阳山科技工业园、阳山环山景观带；北有阳山花苑现代化居住区等为主的新的开发格局已基本形成。

省委常委、市委书记王珉等领导视察浒墅关经济开发区

苏州高新区 枫桥工业园

经苏州高新区管委会批准，苏州高新区枫桥工业园于1996年成立。枫桥工业园按照苏州高新区统一规划，分步实施的原则，其总规划面积为214.67公顷，分4个开发地块，实行分步实施。1999年正式启动，经过5年的开发建设，目前已拥有固定资产2.8亿元，建成各类厂房425060平方米。其中，进驻企业自建厂房205974平方米。园内厂房出租率达100%。已有美国、日本、新加坡、荷兰、马来西亚及台湾等13个国家和地区的43家外资企业进驻工业园，总投资达3亿多美元，进驻工业园的民营企业44家，签约企业53家，总投资达2.5亿元。

枫桥工业园的建设已初具规模，道路畅通，环境优美，公共设施齐全，2002年1月通过ISO9001:2000质量管理体系，同年10月被评为首批“江苏省省级乡镇工业小区”。

苏州高新区枫桥工业园以良好的投资环境，简捷、规范、高效的管理，完善的设施和优良的服务与每一位投资者精诚合作，共享发展成果。

苏州高新区 东浜村

东浜村位于苏州高新区枫桥镇东侧，东临京杭大运河，紧靠著名胜地寒山寺，苏州新区塔园路贯穿村中南北，交通便利，地理位置优越，自然环境优美。行政区域面积1平方公里，总人口1325人。

东浜村有民营和股份合作制企业20家，涉及塑胶制品、纸箱包装、仓储电子产业、汽车修配、医疗用品等产业，村级集体总资产2907万元。

东浜村坚持以经济建设为中心，发展集体经济，搞好精神文明建设，改善人居环境，村民生活水平、生活质量不断提高。

东浜村先后获得江苏省和苏州市文明村，苏州市文明单位，苏州市和苏州高新区先进党支部等荣誉称号。

张家港市对外贸易经济合作局

张家港市始终把开放型经济作为全市经济工作的重中之重来抓，年内，全市上下积极应对国内、国际经济发展中存在的诸多不确定因素，积极化解因伊拉克战争、“非典”等各种不利因素带来的负面影响，重点突出招商引资，着力拓宽外经合作领域，不断深化各地各部门对“一把手经济”的认识，强化全市招商队伍的组织建设，优化全市投资软硬件环境，开放型经济呈现出良好的发展势头。

招商引资实现新突破。2003年，全市新批外资项目231家，注册外资11.87亿美元，比上年增135%；实现到帐外资6.02亿美元，比上年增24.9%。招商引资工作在大项目引进、乡镇利用外资和吸引欧美、日韩投资等三个方面实现了大的突破。

外贸进出口再创新成就。全市全年完成进出口总额51.38亿美元，其中出口19.7亿美元，比上年分别增长74.2%和37.9%。

海外合作取得新发展。全市完成新签境外工程、劳务合同额3547万美元，完成境外工程劳务营业额4597万美元，新外派劳务388人，在外总数达到1724人。

精密机械集聚区

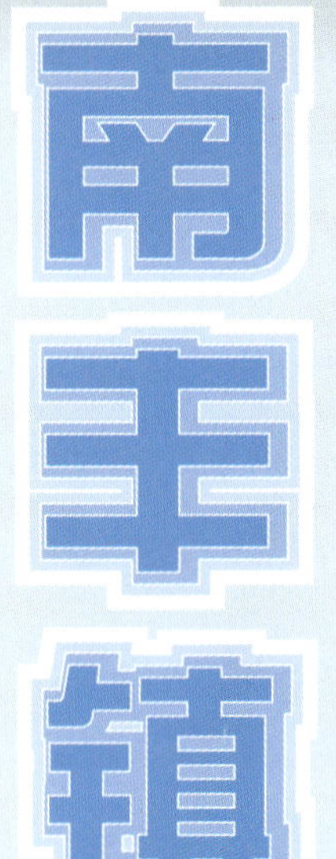

南丰镇位于张家港市东北部，长江“黄金水道”南岸，镇域面积45.3平方公里，辖14个行政村，1个社区居委会，人口4.67万人。南丰镇工业发展迅速，经济实力雄厚，已基本形成东区西园的工业格局：“东区”，是以江苏永钢集团有限公司为主的开发区；“西园”，是由台湾精密机械集聚区和个私民营企业区组成的工业园。境内建有各类工业企业300多家，其中国家级企业集团1家，省级企业集团2家，省级高新技术企业1家，日本、美国、意大利、文莱及台湾、香港等国家和地区的外商投资企业30多家，形成了以冶金为龙头，机械为重点，轻工、建材、纺织、玻钢和建筑装璜为骨干行业的企业群体，享有“苏南钢城”、“机械强镇”、“建材之乡”之美誉。2003年，全镇实现国内生产总值10.73亿元，工业销售收入61.18亿元，农民人均纯收入6829元。

南丰镇的教育、科技、文化、体育、卫生、医疗等各项社会事业协调发展，尤其是自2003年实施以南丰东路拆迁改造为重点的市镇建设工程后，全镇基础设施建设日臻完善，镇区环境形象得到全新亮化。先后获国家卫生镇、江苏省科技先进镇、江苏省体育先进镇、江苏省教育现代化建设先进镇、江苏省小城镇建设示范镇等荣誉称号。

绿化景点

镇区基础建设

运动会场景

苏州永钢集团有限公司

常熟市经济贸易委员会
常熟市中小企业局

常熟市经济贸易委员会主任
常熟市中小企业局局长 张生元

常熟市经济贸易委员会（常熟市中小企业局）是常熟市政府管理全市工业经济工作、主管和协调工业经济正常运行的综合职能部门。2003年，全市完成工业总产值1038.44亿元，销售收入770.66亿元，实现利税70.86亿元，其中利润41亿元，同比分别增长29.8%、28.1%、28.6%和28.6%，全市工业投入150亿元，同比增长74.3%，成为进入新世纪以来发展速度最快、运行质量最好、投入力度最大的一年。

强化优质服务

常熟市经贸委围绕常熟市委、市政府工作目标，坚持科学发展观，面向全市工业，积极招商引资，大力发展民营经济；加大技改投入，加快项目建设；城区工业企业“退二进三”，实施提高性搬迁；发展品牌经济，推进技术创新；坚持深化改革，促进企业稳定；调整工作职能，强化优质服务。实现了全市工业高起点上新突破，高平台上新跨越。

品牌经济发展迅速

实施提高性搬迁的工业企业

千灯镇位于昆山市东南部，总面积89.5平方公里，常住人口6万，下辖25个行政村和1个街道办事处，

千灯镇工业开发配套区，作为昆山经济技术开发区的配套区，主动接受上海浦东开发区，苏州工业园区和昆山开发区的辐射，享受国家级经济技术开发区的优惠政策。经过几年的开发建设，配套区已形成了独特的产业特色和良好的基础环境。吴淞江工业园、沿沪产业带中心区、金浦民营工业园、国家农业综合开发现代化示范区已聚集了精细化工、机电、纺织和现代生态农业等产业。区内建有污水处理厂2座，日处理能力达30000吨，有热电厂和工业水厂，以确保企业用气和生产用水所需。区内已引进外资企业180多家，合同利用外资15亿美元，实际到账外资5亿美元，是台资、韩资投资密集区；现有民营企业580多家，注册资本10亿元，是华东地区有名的“电路板之乡”。2003年，全镇完成GDP17.8亿元，实现工业销售42亿元，财政收入2.2亿元。

千灯历史悠久，始建于春秋战国时期，距今已有2500年历史，是中华72伟人之一顾炎武先生的故乡，是被列为世界首批“人类口述与非物质遗产代表作”昆曲的创始人顾坚的故里，诞生了昆山第一位状元——卫泾。千灯物产丰富、人文荟萃，历史上一直是周边地区经济、商贸、文化中心，素有“金千灯”的美誉，同时也被人称为“亭林故里”、“第一状元镇”。5000年前良渚文化遗址少卿山、南朝梁代古塔秦峰塔、明末清初著名思想家顾亭林的遗迹、绵延古镇南北2公里长可谓“江南一绝”的石板街及两边的明清建筑、石拱古桥等显示出丰厚的文化底蕴。其中顾炎武墓、秦峰塔被列为江苏省文物保护单位。

昆山市千灯镇

KUNSHANSHI QIANDENGZHEN

状元镇

近年来千灯镇不断加大古镇保护开发力度，积极挖掘历史文化旅游资源，弘扬先贤文化，扩建了顾炎武故居，把故居建设成为集展现名人思想、休闲旅游为一体的园林式景点；保护宗教文化，修建了秦峰塔园，使之成为道教、佛教胜地；修缮顾坚纪念馆，发展“百戏之祖”——昆曲文化；建造卫泾公园、卫泾状元码头、名人书画艺术馆、修复典当房、玉带河古河道，以进一步提高千灯的历史文化品位，推进文化旅游事业的大发展。2003年，千灯镇被评为江苏省历史文化名镇。

得天独厚的投资环境和人文环境，铸就了千灯雄厚的资本，吸引着诸多企业家前来投资、开发这片宝地。今天的千灯，正以矫健的步伐向经济强镇、文化名镇和生态大镇的目标迈进。

阳澄湖大闸蟹故乡

昆山市巴城镇

巴城镇位于昆山市西北境阳澄湖东岸。东邻上海，西连苏州，南靠京沪铁路、沪宁高速公路和312国道，北依常熟港和张家港，境内航道交错，公路通畅，正在新建的苏昆太高速公路、苏州外环高速公路贯穿全境，地理交通条件优越。

巴城镇已有2500年建置历史，有悠久的碧水风情、恬静宜人的田园风光，是闻名遐迩的阳澄湖大闸蟹故乡，被誉为“天下第一蟹城”。镇域面积157平方公里，总人口6.3万人，辖2个街道办事处，7个社区，28个行政村，境内物产丰富，人杰地灵。

近年来，镇党委、政府紧紧围绕科学发展观，以打造特色经济强镇为目标，通过打响“阳澄湖、软件产业、制造业”三大品牌，加快推进“三有工程”，力争创造出经济社会各项事业提速发展的强劲态势。巴城依托独特的环境优势、功能优势、产业优势、区位优势，高起点规划、高标准建设、高效率服务，已成为国内外资本的投资热土。

区域内的巴城、石牌、正仪3个工商管理区、昆山软件发展有限公司、阳澄湖旅游度假区等载体，为中外客商提供了广阔的发展空间。境内招商管理服务以国际惯例、WTO规则为标准严格运行，形成了海关、商检、外管、工商、税务、项目报批等全方位一条龙服务体系，为前来投资的客商提供完善的设施和一流高效的服务，营造了良好的投资环境。

今天的巴城正以崭新的风貌热忱欢迎四海宾朋前来度假休闲，参观考察，投资合作，共同发展。

天下第一蟹城

日出万绸 衣被天下 日出万绸 衣被天下 日出万绸 衣被天下 日出万绸 衣被天下 日出万绸 衣被天下 日出万绸 衣被天下 日出万绸 衣被天下 日出万绸 衣被天下

中国绸都——

盛泽镇

吴江市盛泽镇是著名的丝绸之都，有“日出万绸，衣被天下”的美誉。全镇总面积149.5平方公里，户籍人口12.8万人，外来经商、务工人员超过12万人，2003年实现国内生产总值72亿元，财政收入7.51亿元。

全镇共有工业企业1500余家，其中90%为丝绸纺织企业，已形成一条从缫丝、纺丝、织造、染整、织物深加工到服装、服饰等制成品的纺织生产链，年产合成纤维100万吨、纺织品40亿米。中国东方丝绸市场是国内最大的丝绸和薄形化纤织物集散中心和价格形成中心，4000家来自全国各省市区的丝绸商行云集场内，2003年交易额达180亿元。盛泽镇已成为国内最主要的丝绸纺织生产基地、出口基地和产品集散地之一，先后被命名为国家级丝绸星火密集区、中国丝绸名镇、全国乡镇企业示范区和全国乡镇企业科技示范区。

交通重镇——平望

JIAOTONGZHONGZHEN PINGWANG

吴江市平望镇位于苏、浙、皖、沪三省一市的中心，318国道、227省道、苏嘉杭高速、沪苏浙高速在镇区汇合贯通，京杭大运河、太浦河在镇郊交叉流过，有效地连结长江三角洲中最富裕的苏、锡、常地区和杭、嘉、湖地区，既是整个华东地区重要的水陆交通枢纽，也是“苏杭天堂走廊”上的一颗明珠。全镇行政区域面积133.5平方公里，总人口82564人。

平望历史悠久，记载始于西汉（公元前6～公元前3年），明朝洪武元年（公元1368年）正式建镇，至今已有636年。相传古时此地自南向北有塘路鼎分于葭苇之间，湖光水色，一望皆平，因此得名平望。

2003年，全镇完成国内生产总值22.8亿元，同比增长22.3%；全口径财政收入1.75亿元，同比增长55.59%；实现全社会固定资产投入15亿元，其中工业内资12.6亿元，同比增长55.54%；全年完成注册外资5600万美元，完成外贸进出口总额2500万美元。2003年全镇投资超千万元项目达46项，规模型企业不断增加，经济发展后劲不断增强。

第三产业在全镇国民生产总值的比重逐年提高。仅平望商贸城驻城注册工商户达160户，商品成交额增至6亿元。同时加快了平波台四星级宾馆的建设步伐，依托小九华寺、平波台、新世纪文化广场、莺湖公园的商贸旅游区已经初步形成。以旅游带动商贸，商贸促进旅游的互动优势也正不断显现。农业生产继续保持稳产高产，全镇现有粮田2241.87公顷，蔬果675.13公顷，鱼池总面积1565.4公顷，各类花卉苗木面积455.73公顷。全年共引进投资农业民资及工商资本21个，吸引资金8721万元。着力推进农业标准化建设，加快无公害、绿色农产品标准化和农产品品牌建设。2003年获得省无公害农产品4个、苏州市名牌农产品1个。2002～2003年，平望镇荣获苏州市社会治安综合治理先进镇、苏州市最低生活保障工作先进镇、苏州市敬老先进镇、苏州市基本单位普查先进单位、苏州市重点中心镇、苏州市苏嘉杭高速公路南段先进集体等称号。镇敬老院、文广中心、党校、派出所分别被评为省文明敬老院、省优秀广播站、苏州市红旗党校和苏州市人民满意派出所。

平望人民在经济发展过程中，正以满腔热诚，欢迎国内外各界朋友前来投资创业、开展贸易，互惠互利、共同繁荣。

苏州太湖国家旅游度假区

苏州太湖国家旅游度假区是国务院首批批准建立的国家级旅游度假区，辖太湖宝岛西山和人间翡翠光福。

度假区湖光山色、四季如画，与秀丽壮观的太湖大桥相映合一，是一幅江南特色的山水画卷。区内景点遍布：石公山、林屋洞、千年古柏、香雪梅海、西山古村和太湖渔港等风景名胜闻名遐迩；这里文化渊源：苏州刺绣、吴门画派、“香山”建筑等古吴文化举世瞩目；这里风华物茂：是碧螺春茶、太湖“三白”的原产地，“月月有花，季季有果，天天有鱼虾”。区内配套设施完善，有生态湿地公园、明珠度假村、水星游艇俱乐部、太湖之星度假休闲区等度假休闲项目。

苏州太湖国家旅游度假区是国家AAA级旅游风景区、国家农业示范园区、国家森林公园、国家地质公园；融“太湖山水、古吴文化、桥岛风光、田园野趣、美食度假、游乐世界”于一体，是具有“文化、绿色、健康”品牌的旅游度假胜地。

西山 · 古村

光福 · 渔

宾馆酒店

休闲娱

苏州太湖度假区

休闲度假好去处

太湖山水　古吴文化　桥岛风光

田园野趣　美食度假　游乐世界

文化 · 绿色 · 健康

联系电话：0512-66511005、0512-66514700

吴中区 西山镇

临万顷碧波 迎四季花香

明月湾古村

林屋梅海

西山镇位于古城苏州西南35公里，地处碧波万顷的太湖之中，为太湖中最大岛屿，面积82.36平方公里，辖12个行政村、1个居委会，总人口4.3万余人。岛上生态环境优美，名胜古迹众多，四季花果飘香，民风淳朴无华。为著名的太湖风景名胜区4A级景区，全国最大的梅文化基地、中国十大名茶之一——洞庭（山）碧螺春茶的原产地域，名副其实的花果山。先后被批准为国家森林公园，国家现代农业示范园区、江苏省内惟一的国家地质公园，以及江苏省卫生镇、江苏省历史文化名镇，2004年6月，顺利通过了全国环境优美乡镇省级考核调研。

包山禅寺全景

苏州市司法局

构筑“平安苏州、法治苏州”

苏州市司法局是全市司法行政工作的主管部门，主要承担依法治理和法制宣传教育、司法所建设、人民调解、刑释解教人员安置帮教、社区矫正试点、法律援助、法学教育、司法考试、司法鉴定、劳教工作以及管理指导律师工作、公证工作、基层法律服务，监督指导市法学会、律师协会、公证员协会、基层法律服务工作者协会、司法行政系统思想政治工作研究会等工作职责。市局机关内设办公室（外事办公室）、依法治理工作处（法制宣传处）、律师工作处、公证工作处、基层工作处、教育培训处、司法鉴定工作处、法律援助工作处、劳动教养工作处、国家司法考试工作处、政策法规处、计财装备处、政治部、信息处等机构和市法律援助中心、市司法培训中心、市公证处、苏州工业园区公证处等直属单位。局政法专项编制108名，现有机关工作人员70名，聘用人员8名，全部为大专以上学历，本科以上学历占45.7%。

全市司法行政系统共有乡镇（街道）司法所103家，司法所工作人员310名。12家法律援助中心，37名专兼职法律援助工作者，600名法律援助志愿者。近4000个人民调解委员会，20,000余名人民调解员。全市法律服务行业共有律师事务所85家，注册律师844名，分别居全省第一和第二位；公证处11家，注册公证员55名；基层法律服务所88家，注册基层法律工作者440名。除苏州工业园区外，各（县）市、区均设司法局。全市共有司法行政干警451人。

近年来，全市司法行政系统认真实践“三个代表”重要思想，牢固树立和落实科学发展观，以服务“两个率先”，建设“平安苏州”、“法治苏州”为目标，积极构筑依法治市龙头工程、维护稳定基础工程、法律服务品牌工程、司法改革创新工程和队伍建设保障工程等5项工程，各项工作在改革中发展，在探索中前进，在巩固中提高，取得了新的进展和成效，为全市的经济发展和社会稳定作出了积极贡献。

苏州水警

苏州市公安局水上警察支队

苏州水警支队承担管辖市区京杭运河苏州段、环城河等10余条通航航道，航道总长度185.25公里，以及太湖、阳澄湖、澄湖共计1849平方公里的水面。多年来苏州水警始终坚持公安工作为苏州经济建设服务这个中心，以服务“两个率先”为己任，以服务群众为出发点，紧扣创建最安全水域这个中心目标，发扬改革创新，积极进取的精神，紧紧围绕水域的治安特点，不断探索新形势下水上公安工作思路，强化各项工作措施，认真履行水警管理与服务职能，牢牢地控制了水域治安稳定。

为适应日益变化的水上治安形势，苏州水警部门不断壮大民警队伍，增强船艇装备，健全水上公安管理体制。牢牢把握水上治安的脉搏，积极改革水警警务制度，创新水上公安运行机制。

苏州水警支队坚持狠抓水上苗头性、倾向性治安问题的整治，先后摧毁了一批码头流氓恶势力团伙和水上系列盗窃案件团伙。集中治理了建材装卸码头、水产品交易市场，整改了一批船民群众反映大、久治未改的突出治安问题。与此同时，针对水上犯罪活动跨区域、跳跃性特点，主动出击，相继破获了水上杀人分尸、抛尸、抢劫等一批重特大恶性案件，有效遏制了水上刑事犯罪活动。

为加强动态环境下的水上治安管理，提高快速反应和水域整体防控能力，水警支队主动调整工作重心，积极构筑全方位水域治安防控网络。实行24小时水面治安巡逻，全天候接处水上110报警。将警力最大限度地推向水面，不断增加水域有警时间和有警密度，强化沿岸复杂场所、重点要害部位的治安控制。驾驭水上治安的能力有了明显提高。认真开展调查研究，探索水上旅游管理的方法，对水上旅游中存在的突出问题及时进行集中整治，有效解决安全隐患。通过创建“平安水域”、“平安航道”等一系列活动，强化各项工作措施，认真落实便民、利民措施，真诚主动地为船民群众服务，获得了船民群众的一致好评。

张家港市人民检察院

立检为公 执法为民

联系电话：(0512) 58683383 邮编：215600

张家港市人民检察院现有11个内设机构，80名干警，其中党组成员7人，科级以上干部26人，具有大专以上学历77人，50岁以下人员都具有法律专业大专以上学历。

近年来，该院以邓小平理论和“三个代表”重要思想为指导，牢固树立“立检为公，执法为民”的理念，突出“强化法律监督，维护公平正义”的主题，大力弘扬张家港精神，与时俱进，奋勇争先，各项工作取得了显著成绩。在苏州市人民检察院对基层院的考核评比中，该院各项工作综合得分名列第一。2003年被江苏省委、省政府授予“全省人民满意的政法单位”称号，并荣立集体一等功，被高检院评为全国检察机关“两房”建设先进集体。

张家港市人民法院

ZHANGJIAGANG RENMINFAYUAN

2003年，张家港市人民法院紧紧围绕公正与效率的工作主题，坚持以人民满意为根本标准，切实抓好队伍建设、审判工作、法院改革“三件大事”，以“平安张家港”、“诚信张家港”、“效率张家港”等“三个平台”为运作载体，制定了服务“两个率先”、保障沿江开发的“十项措施”，同时立足基层工作的特点，创造性地建立便民、利民的“网上立案网络”、“执行在场人网络”、“调解网络”等三大网络，充分发挥审判职能，为维护稳定、促进发展有效发挥了司法保障与服务功能，在新的平台上取得了新的进步。全年共审结各类案件9297件，解决争议标的10亿余元。该院出色的工作得到了党委、人大和上级法院的充分肯定和大力支持，赢得了广大人民群众的满意，2003年，荣获省文明单位、省人民满意法院、集体三等功等先进荣誉。

法院办公大楼

院长赵建明（左2）率干警深入基层调查研究

有效发挥司法保障与服务功能

实行执行在场人制度，提高执行效率

维护下岗职工的合法权益，集中发还企业拖欠职工的工资款

苏州市平江区人民法院

SUZHOUSHI PINGJIANGQU RENMINFAYUN

苏州市平江区人民法院成立于1955年11月，现有干警66名。其中审判员、助审员51名，中共党员45名，具有本科学历的55名，占干警总数的83.3%。有办公、审判用房4700平方米，各类车辆11辆，同时配备了现代化的通讯及办公设施。全院设立案庭、刑事审判庭、少年案件审判庭、民事审判第一庭、民事审判第二庭、行政审判庭、执行庭、审判监督庭等8个业务庭和办公室、政治处（监察室）、法警大队3个综合部门。

近几年来，该院不断加强审判工作和进行各项改革，不断加强队伍建设和基础设施建设，全体干警团结奋斗、努力拼搏，全面推进了各项工作：每年审结各类案件2400件左右，审理和执行标的2.5亿元左右，为辖区的经济发展和社会稳定提供了有力的司法保障。

荣誉榜

◇2003年4月被省高院记集体二等功；

◇2003年11月被团省委、省高院、省综合治理委员会命名为江苏省优秀“青少年维权岗”；

◇2003年12月被省文明委命名为省级文明单位；

◇曾先后被省高院评为全省法院再追缴再执行工作先进集体、全省法院纪检监察信访目标管理工作先进单位、全省法院系统枪支管理先进单位。

江苏省苏州工业园区人民检察院

该院是江苏省苏州市人民检察院的派出机构，2004年3月31日正式挂牌成立。内设刑事检察科、职务犯罪侦察局、民事行政检察科、控告申述检察科和办公室，现有干警18名，均为本科以上学历，其中法学硕士2人，检察员以上法律职务10人，共产党员16名，建院以来，园区检察院自觉围绕“科技一流、业绩一流、管理一流、队伍一流”的奋斗目标和“亮点、激情、人才”三项工程，全院干警精神振奋、努力奉献、团结拼搏，各项检察工作有序开展，为维护园区安全的治安环境，良好的投资环境，诚信的经济环境和规范的法制环境，发挥了日益重要的作用。

园区检察院新大楼将建在金鸡湖东，总建筑面积为10,774.8平方米，是一座多功能、高标准、现代化的智能化大厦，集办公舒适性、安全性、保密性、经济节能性为一体的“E　”时代综合性大楼，在全省，乃至全国检察系统都属先进水平。

园区检察院大楼效果图

工业园区检察院成立大会

好孩子集团
好孩子儿童用品有限公司

法人代表/集团总裁：宋郑还

好孩子集团创建于1989年。

好孩子集团是专业从事儿童用品研发、制造和销售的企业集团。产品包括：婴儿推车、自行车、学步车、三轮车、电动车、婴儿汽车座、童床、童装、纸尿裤、哺育用具、浴具、安全用具等十几个门类，几千个品种。好孩子在中国家喻户晓，是中国儿童用品第一品牌、中国驰名商标，中国童车行业惟一的“中国名牌产品”。

公司通过不断引进大量的国际资本，建成了一个颇具规模的现代化、多元化工业园区；公司一直专注于科学育儿事业，不仅建立了国内第一个专业“育儿研究所”和众多的“好孩子俱乐部”。还投入巨资成立了国内第一个专业的育儿网站www.goodbaby.com，一百多位资深的医学、心理学、生理学和教育学专家，通过好孩子育儿网为消费者服务。

公司依托强大的研发力量，拥有国内外专利1700多项，在国内同行中遥遥领先，好孩子童车在中国市场连续十一年销量第一，市场占有率超过60%；好孩子童车在美国市场连续五年销量第一，市场占有率接近40%。好孩子产品70%出口，销往美国、南美、欧洲、东南亚、俄罗斯、日本等国家和地区，80%以上的出口产品拥有自主知识产权，销售网络由遍布全国的42家公司、1000多个专柜、200多个专卖店、300多个分销商和近万个销售网点组成，好孩子还在美国、欧洲设立了分支机构，正在成为世界的好孩子……

地址：江苏昆山市陆家镇　电话：(0512)57871888　邮编：215331

苏州华成汽车贸易集团有限公司

SUZHOU HUACHENG AUTO CAR TRADE GROUP CO.,LTD.

华成集团木渎新区基地（部分）

华成集团综合楼及进口车展厅

华成集团东环路基地

苏州华成汽车贸易集团有限公司是拥有自主进出口经营权的集新车销售、二手车置换、汽车维修、汽车租赁、汽车装潢和保险代理等业务为一体的民营企业集团。目前已成为上海通用别克、凯迪拉克、雪佛兰及上海大众、一汽丰田、华晨中华、金杯海狮、英国MG Rover、德国斯柯达汽车授权销售服务中心，同时经营其它各类国产和进口汽车；已分别在苏州及常熟市投资组建了16家专营汽车的子（分）公司和控股公司，并在昆山、张家港等地设立了华成汽车部分品牌销售服务网点。华成集团已基本实现了以中高档品牌汽车4S专营为基本形态的规模化、多元化经营格局；年年都取得了较好的业绩，并获得国家、省、市、工业园区及各品牌厂家的荣誉表彰。“华成”，已成为地区性知名企业品牌。华成人，正满怀信心，为将公司建设成为在国内具有一定知名度的、具有国际先进服务水平的现代企业集团而努力奋斗。

华成集团注册商标

寒山寺

性空题

“月落乌啼霜满天，江枫渔火对愁眠，姑苏城外寒山寺，夜半钟声到客船。”张继的一首《枫桥夜泊》诗给寒山寺的钟声注入了别具一格的文化底蕴。

时值开明盛世，为配合苏州市旅游大开发，使千年古刹跟上时代发展的步伐，做大做强钟的文化、诗的文化，寒山寺拟铸世界第一仿唐大梵钟（108吨），建华夏第一诗碑（高15米，宽6米），让钟声诗韵再展雄风，为佛教胜地再添辉煌，给人间天堂再增风采。

根据佛陀“慈悲为怀，济世助人，庄严国土，利乐有情”的精神，在方丈秋爽大和尚的倡导和组织下，开办了“苏州市寒山寺慈善中心”，是江苏省宗教界第一家慈善实体。

寒山寺慈善中心系非营利性服务组织，下设慈善超市等部门，经苏州市民族宗教局批准，苏州市民政局登记发证，于2004年4月28日开业。

寒山寺慈善中心立足金阊，面向社会，对需要帮助的低保户、大病困难家庭、困难残疾人、下岗困难人员以及突发事件的困难人员给予物资帮助，开展形式多样的助贫、助残、助学等活动。

为宣传佛教文化，启迪心智，2003年9月份，寒山寺成立了“弘法部”，开办《寒山书院》和《寒山佛学编辑部》，免费赠阅结缘图书，让人们在佛教的智光里远离烦恼，心地安平，福慧双修。

蘇州市枫桥风景名胜区管理处

畫橋三百映江城 詩裏楓橋獨有名

枫桥景区素有五古

古运河 古镇 古桥 古寺 古关

苏州市枫桥风景名胜区距苏州古城3.5公里，占地面积10公顷。枫桥景区历史悠久，隋唐以来由古运河孕育出繁荣的枫桥古镇；始建于梁代的寒山寺香火延续至今；唐代张继的一首《枫桥夜泊》描写出这里空灵而阔大的意境，使景区成为中外游人向往之地；明代抗击倭寇，留下遗迹铁铃关，成为苏州西大门的一道屏障。

近年来，枫桥景区又恢复了唐灯、明清街坊、江枫草堂、惊鸿渡等旧观；增添了古戏台、渔隐村、听钟桥等民俗建筑；“漕运展示馆”利用先进的光影技术、40多只船模和图文，介绍和展示了漕运历史文化；“苏州名人坊”聚集了苏州十几位民间艺术大师，展示作品并表演技艺；以红枫等百余种树木营造出富有诗意的自然风光。现已形成规模较大、历史遗迹众多、吴地风味浓郁、文化内涵丰富、观赏趣味性较强的风景名胜区，是解读苏州的最佳选择。

附：国家免检产品及生产企业（2003）

产 品 名 称	生产企业名称	品 牌	品 种
建筑玻璃	江苏华尔润集团有限公司	华尔润、华润	浮法玻璃
热扎盘条	江苏沙钢集团有限公司	沙钢	
自行车	捷安特（中国）有限公司	捷安特	
呢绒面料	张家港市普坤纺织实业有限公司	普坤	精纺呢绒
化妆品	江苏隆力奇集团有限公司	隆力奇	护肤类
化妆品	苏州尚美国际化妆品有限公司	欧莱雅	护肤类
卫生洁具	和成（中国）有限公司	HCG	陶瓷卫生洁具
电线电缆、通信光缆	江苏永鼎股份有限公司	永鼎	
通信光缆	江苏中利光电集团有限公司	ZL	
生活用纸	金红叶纸业（苏州工业园区）有限公司	唯洁雅	
内墙乳胶漆、外墙乳胶漆	江苏大象东亚制漆有限公司	大象	
食用植物油	东海粮油工业（张家港）有限公司	福临门、四海	
铝合金建筑型材	苏州罗普斯金铝业有限公司	罗普斯金	
木地板	苏州德尔地板有限公司	得尔、Der.德尔	强化复合木地板

苏州市获中国名牌产品名录（2003，共3个）

企 业 名 称	产 品 名 称	企业性质	所属行业	单位地址	所成地区
江苏白雪电器股份有限公司	白雪牌冰箱压缩机	国有	轻工	白雪路	常熟
常熟开关厂	CM1塑料外壳断路器	股份	机械	李闸路68号	常熟
常熟开关厂	CW1万能式断路器	股份	机械	李闸路68号	常熟

苏州市获江苏省名牌产品称号名录（2003，共47个）

企 业 名 称	产 品 名 称	企业性质	所属行业	单位地址	地 区
苏州市自来水公司水表厂	瑞光牌冷水水表	股份制	机械	胥门内百花洲66号	苏州市区
金龙联合汽车工业（苏州）有限公司	金龙牌客车		机械	苏州市虎丘路	苏州市区
苏州小羚羊电动车有限公司	腾羚牌电动自行车	国有	轻工	苏州市苏福路46号	苏州市区
维德木业（苏州）有限公司	维德牌装饰单板帖面人造板、实木复合地板、胶合板	三资	建材	浒墅关经济开发区文昌路	苏州市区
苏州市洞庭山碧螺春茶叶有限公司	玉品牌茶叶		农副产品	人民南路100号	吴中
正新橡胶（中国）有限公司	正新、玛吉斯牌汽车轮胎	独资	化工	陆家镇合丰路8号	昆山
樱花卫厨（中国）有限公司	樱花牌吸油烟机	独资	轻工	青阳南路1号	昆山
昆山翔峰塑料制品有限公司	翔峰牌人造革	合资	轻工	朝阳中路418号	昆山
江苏亿通电子有限公司	虞通牌有线电视HFC宽带网络传输设备	私营	电子	黄河路216号	常熟
常熟市迎阳无纺机械设备有限公司	迎阳牌无防设备	私营	纺织	任阳工业园区	常熟
常熟欣格制衣有限公司	雄牌休闲西服	独资	纺织	东张镇南街8号	常熟
江苏波司登股份有限公司	康博牌羽绒服	股份制	纺织	白茆镇	常熟
江苏隆力奇集团有限公司	隆力奇牌化妆品	集体	轻工	隆力奇生物工业园	常熟
江苏名佳工艺家俱有限公司	名佳牌全红木工艺家具	私营	轻工	东张镇	常熟
常熟市不锈钢制品厂	环宇牌不锈钢器皿	股份制	轻工	任阳晋阳东街	常熟

（续）

企业名称	产品名称	企业性质	所属行业	单位地址	地区
常熟市雪韵飘时装有限公司	雪韵飘牌羽绒服	私营	纺织	新莲路11号	常熟
常熟大象建陶有限公司	大象牌陶瓷砖瓦		建材	虞山北路	常熟
常熟三恒建材有限责任公司	“水貂”牌防水材料		建材	西门外三条桥	常熟
常熟飞亚达制衣有限公司	紫罗兰牌服饰	合资	纺织	工业园区1区	常熟
江苏凯诺电缆有限公司	电波牌聚氯乙烯绝缘电线电缆	股份制	机械	梅李镇通江路27号	常熟
常熟市锦绣经纬编有限公司	锦绣牌拉舍尔经编毛毯	私营	纺织	新港镇问村	常熟
常熟市千仞岗制衣有限公司	千仞岗牌羽绒服装	私营	纺织	大义工业园区	常熟
常熟市沙家浜镇多服公司	沙家浜牌大闸蟹	集体	农副产品	沙家浜镇	常熟
江苏秋艳集团有限公司	秋艳牌服装		纺织	海虞镇	常熟
常熟飞亚达制衣有限公司	飞亚达牌羽绒服装	三资	服装	虞山镇工业园区	常熟
常熟中诚建材有限公司	中诚牌中空镶嵌玻璃	私营	建材	东张镇	常熟
常熟市紫荆花纺织印染有限公司	紫荆花牌棉印染灯芯绒	私营	纺织	沪宜公路练塘段1号	常熟
常熟市力宝装璜材料有限责任公司	333牌装饰粘帖膜（即时贴）	私营	轻工	唐市镇	常熟
张家港市普坤纺织实业有限公司	普坤牌精纺呢绒	股份制	纺织	塘桥镇人民北路158号	张家港
东海粮油工业（张家港）有限公司	福临门牌面粉	三资	食品饲料	港区镇	张家港
张家港市易华塑料有限公司	金鼠牌塑料地砖	股份制	建材	杨舍镇工业开发区	张家港
骏马化纤股份有限公司	骏马牌绵纶6浸胶帘子布	私营	纺织	乘航街道河东路80号	张家港
高薪张铜股份有限公司	张铜牌空调制冷用铜管、铜火管	股份制	冶金	杨舍镇经济工业园	张家港
江苏港洋实业股份有限公司	港洋牌精纺呢绒		纺织		张家港
张家港华达涂层有限公司	华达牌彩色涂层钢板	私营	建材	港区镇民营科技园	张家港
张家港市七洲农药化工有限公司	七洲牌多效唑、杀菌剂农药	股份制	化工	城北路28号	张家港
江苏仓环铜业股份有限公司	仓环牌拉制铜管	股份制	冶金	城厢镇吴塘桥东堍	太仓
江苏三角洲塑化集团有限公司	三角洲牌聚氯乙烯电缆料	集体	化工	沙溪镇新北东路90号	太仓
苏州市东山茶厂	碧螺牌碧螺春茶叶		农副产品	吴中区东山银湖路121号	吴中
苏州市吴中区横泾太湖水产开发公司	太湖牌大闸蟹		农副产品	吴中区横泾镇新南大街	吴中
苏州上声电子有限公司	SONAOVX牌电动式扬声器		电子	相城区元和镇万里路88号	相城
江苏阳澄湖大闸蟹股份有限公司	阳澄湖牌阳澄湖大闸蟹		农副产品	相城镇凤阳路	相城
东杰视讯（苏州）有限公司	东杰牌彩色广播电视接收机	三资	电子	松陵镇中山北路	吴江
吴江市春宇纺织有限公司	春宇牌涤纶缝纫线	私营	纺织	桃源镇利群村	吴江
吴江市苑坪镇多种经营有限责任公司	太莼牌河蟹		农副产品	菀坪镇开发东路4号	吴江
苏州康力电梯有限公司	康力牌电梯、自动扶梯、自动人行道	私营	机械	莘塔镇俯时路188号	吴江
江苏爱富希新型建材有限公司	爱富希牌FC系列纤维水泥加压板	集体	建材	同里镇富观街82号	吴江

苏州市名牌产品名录（2003，共210个）

企业名称	产品名称	企业性质	所属行业	单位地址	地区
常熟达洋特种玻璃制品有限公司	五洋牌金属镶嵌艺术玻璃门	三资	建材	梅李镇赵市	常熟
江苏金马纺织有限公司	金马牌棉纱线	责任公司	纺织	徐市镇	常熟
常熟市尚湖特种水产养殖产场	尚湖牌清水蟹	股份制	农副产品	尚湖环湖北路	常熟
常熟市金成油脂有限公司	食用植物油	责任公司	食品	常锡路行灶桥堍	常熟
苏州戴儿曼电器有限公司	DAIERDQ牌墙壁开关插座	责任公司	机械	虞山北路联盟村	常熟
常熟市雪韵飘时装有限公司	雪韵飘牌羽绒服系列	私营	纺织	昆承工业园（北区）	常熟
常熟市金城化工厂	JC牌苯甲酰氯	集体	化工	董浜镇	常熟
常熟市忠鑫织造有限公司	忠鑫牌服装		纺织	黄河中段	常熟
常熟市博隆实业有限公司	博隆牌无纺设备	个私	机械	任阳镇中兴南路25号	常熟

（续）

企业名称	产品名称	企业性质	所属行业	单位地址	地区
国营常熟市虞山林场茶厂	虞山牌虞山绿茶	国有	农副产品	虞山北路227号	常熟
常熟市盛星针织厂有限公司	FI牌亚麻布	外资	纺织	梅李镇赵市	常熟
常熟大象橡胶工业有限公司	象球牌汽车V带	三资	化工	张桥谢家塘村	常熟
常熟市王庄镇针织内衣厂	红丰牌针织内衣	个私	纺织	王庄镇工业园区	常熟
常熟虞东化工厂	东方牌牛磺酸		化工	海虞镇王庄	常熟
常熟市颜巷针织机械有限责任公司	虞山牌79-1型针织横机	责任公司	机械	练塘镇颜巷村	常熟
常熟市赛蒂皮件服饰有限公司	赛蒂牌真皮包	私营	轻工	梅李镇赵市	常熟
常熟市锦绣经纬编有限公司	锦绣牌拉舍尔经编毛毯	私营	纺织	新港镇闻村	常熟
常熟市工艺家具厂	金蝙蝠牌全红木家具	股份制	轻工	海虞镇人民路103号	常熟
常熟市沙家浜镇多种经营综合服务站	沙家港牌阳澄湖大闸蟹	集体	农副产品	沙家浜镇	常熟
上海海虹集团常熟海虹酒业有限公司	沙家港牌啤酒	国企	轻工	海虞镇海虹路1号	常熟
常熟市丰盛建筑装潢木业有限公司	大雁牌木质门和防火门	个私	建材	支塘镇林园路2-1号	常熟
常熟市江南荧光材料有限公司	虞光牌灯用稀土三基色荧光粉	私营	化工	大义镇	常熟
常熟市徐市镇蔬菜技术研究会	曹家桥牌丝瓜	集体	农副产品	董浜镇农业服务中心	常熟
常熟市特别特服装有限公司	特别特牌茄克衫	私营	纺织	海虞镇三新村	常熟
常熟市华博精毛纺厂	华博牌全毛针织绒线	集体	纺织	海虞镇人民路10号	常熟
常熟东达红木家具有限公司	东达牌全红木家具	合资	轻工	新港镇东张环南路4号	常熟
常熟市宏峰红木家具有限责任公司	宏峰牌全红木工艺家具	私营	轻工	新港镇兵市	常熟
常熟市电力机械厂	阳澄牌管子钳和断线钳	集体	机械	梅李镇赵市	常熟
常熟市东方红木家俱有限公司	海虞镇全红木工艺家具	责任公司	轻工	谢桥镇常福村	常熟
江苏庞蒂服饰有限公司	庞蒂牌针织服饰	个私	纺织	新港镇迎宾大道8号	常熟
常熟市粉末涂料厂	虞鑫牌粉末涂料	私营	建材	虞山镇泰慈村	常熟
常熟市爱博尔服饰有限公司	爱博儿牌羽绒服	个私	纺织	谢桥镇南	常熟
常熟市豪威富钢管有限责任公司	豪威富牌高碳铬轴承钢管	私营	机械	新港镇浒浦	常熟
江苏龙达飞服饰有限公司	龙达飞牌羽绒服和茄克衫	私营	纺织	海虞镇福山	常熟
江苏环湖宏顺钢结构工程有限公司	宏顺牌彩钢结构件	股份制	建材	昆承工业园	常熟
江苏环湖宏顺彩钢泡塑有限公司	环湖宏顺牌可发性聚苯乙烯	股份制	轻工	昆承工业园	常熟
常熟服装十厂	喜日牌休闲茄克	私营	纺织	海虞镇人民路49号	常熟
常熟市医药化工设备总厂	沙家浜牌药机	私营	医药	沙家浜镇	常熟
常熟市特种螺丝厂	剑湖牌自攻螺钉	集体	机械	虞山镇大湖甸村	常熟
常熟市波司登床上用品有限公司	波司登牌床上用品系列	责任公司	纺织	长江路267-307号	常熟
常熟市凯德申制衣有限公司	凯德申牌羽绒服	私营	纺织	北三环路	常熟
常熟市汉隆服饰有限公司	汉隆牌休闲茄克	私营	纺织	海虞镇福山	常熟
常熟市海虞茶叶有限公司	沙家浜牌绿茶		农副产品	海虞镇七峰村	常熟
常熟市书写工具厂	苗苗牌笔具	个私	轻工	青莲路	常熟
虞山矿泉水厂	连冠牌纯净水	国有企业	食品	常熟市长江路276号	常熟
苏州蒂业日用品有限公司	阿庆嫂牌洗衣粉	责任公司	轻工	辛庄工业园	常熟
常熟市深业针织有限公司	神花牌经编朦胧印花毛巾被	合资	纺织	白茆镇康博村	常熟
常熟市花边厂有限公司	菲特丽牌梭式刺绣品、床上用品	责任公司	轻工	新建路61号	常熟
常熟市凯慕狮服饰有限公司	凯慕狮牌羽绒服	私营	纺织	支塘林园路3号	常熟
常熟市电热合金材料厂	HXW牌电热丝	私营	冶金	梅李镇西路83-1号	常熟
常熟市焊接合金材料厂、常熟明辉焊接器材有限公司	常合牌铜合金	股份制	冶金	支塘窑镇	常熟
常熟市神灵医用器材有限公司	神灵牌引流袋	责任公司	医药	白茆镇李市村	常熟
常熟国盛针织机械厂	港机牌针织横机	私营	机械	新淞镇碧溪东路16号	常熟

（续）

企业名称	产品名称	企业性质	所属行业	单位地址	地区
常熟市长江纸业有限公司	亚信牌各类纸制品	责任公司	轻工	白茆镇	常熟
苏州迪诺兰顿服饰有限公司	手创牌茄克衫	责任公司	纺织	幸福路1588号	常熟
江苏通润办公家具股份有限公司	通润（TR）牌钢制办公家具	合资	轻工	通港路龙腾开发区	常熟
常熟市千斤顶铸造厂	通润牌球墨铸铁件	集体	冶金	古里镇淼泉淼西村	常熟
常熟市藕渠建筑装饰材料厂	雅而斯牌刨花板	私营	建材	虞山镇	常熟
江苏鑫泰纺织有限公司	欣泰方牌静电植绒面料	私营	纺织	南三环路常昆工业园北区	常熟
常熟市泰克木业有限公司	泰克牌钢木防盗安全门	责任公司	轻工	虞山镇青龙村	常熟
江苏新世纪格林电器有限公司	格林牌LC系列冷藏陈列柜		轻工	虞山镇联丰路5号	常熟
常熟市上海正奥压力容器制造有限公司	科达牌制药和化工机械	私营	机械	白茆镇开发区	常熟
常熟市涤纶厂	力达牌高强低伸涤纶长丝	股份制	纺织	徐市镇	常熟
昆山茂顺密封件工业有限公司	NAK牌油封	独资	化工	昆山市周市镇新浦路258号	昆山
昆山市五洲电子电器设备厂	宏翔牌低压成套系列产品	私营	机械	昆山市石牌镇开发区	昆山
书元机械企业（昆山）有限公司	KOK和JAP牌O型圈、骨架油封	独资	机械	昆山市花桥镇	昆山
苏州和泰化工有限公司	和泰牌和泰系列涂料	独资	化工	昆山市青阳北路180号	昆山
昆山华德尔复合肥有限公司	华德尔牌复混肥料	民营	化工	昆山市周市东方路136号	昆山
苏州苏太集团公司	苏太牌苏太猪		农副产品	西塘北巷	苏州市区
苏州市金丝雪绿色食品有限公司	鑫丝雪牌金丝雪莱	私营	农副产品	高新区镇湖	苏州市区
苏州仪表总厂	双塔牌电度表	集体	机械	苏福路149号	苏州市区
苏州吴绫丝绸精品有限公司	吴绫牌丝绸服饰和工艺品	股份制	纺织	人民路537号	苏州市区
苏州医药集团有限公司	益YL灵牌硫酸奈替米星	国有	医药	西园路8号	苏州市区
苏州三爱丝丝绸服饰有限公司	三爱丝牌丝绸服装	私营	纺织	白塔东路管家园地1号	苏州市区
苏州市先锋木业有限公司	先锋牌实木地板	私营	建材	苏州新区向阳路	苏州市区
苏州市春蕾茶庄有限公司	汪瑞裕牌洞庭山碧螺春	私营	农副产品	苏州市观前街宫巷118号	苏州市区
苏州吉人树脂涂料有限公司	吉人牌涂料	个私	化工	新区浒关保丰科技园	苏州市区
苏州六六视觉科技股份有限公司	66牌眼科医疗器械	股份制	医药	苏州市大儒巷34号	苏州市区
苏州格林饮用水有限公司	格林牌纯净水	国有企业	食品	泰南路58号	苏州市区
苏州市自来水公司水表厂	瑞光牌水表	股份制	轻工	胥门内百花洲66号	苏州市区
苏州民族乐器一厂有限公司	虎丘牌古筝	股份制	工艺	学士街梵门桥弄15号	苏州市区
苏州市双虎高分子材料公司	双虎牌交联聚乙烯 电力电缆用半导体内外屏蔽料	集体	化工	横塘镇北	苏州市区
苏州医疗用品厂	华佗牌针灸器械和医疗器械	个私	医药	苏州市西麒麟巷12-14号	苏州市区
苏州市第五制药厂有限公司	海豹牌肝泰乐（葡醛内酯）	私营	医药	苏州市白洋湾大街169号	苏州市区
苏州一光仪器有限公司	一光牌光学经纬仪、电子经纬仪		机械	苏州市孔付司巷4号	苏州市区
苏州新区枫桥鼎枫金属门窗有限公司	鼎锋牌安全防盗门	私营	轻工	苏州新区华山路158号厂房	苏州市区
太仓市变压器有限公司	友王牌变压器		机械	太仓市浏河镇闸北路	太仓
太仓沪太嫦娥造纸设备有限公司	嫦娥牌烘缸		轻工	太仓市沙溪镇洪泾村	太仓
苏州恒光化纤有限公司	恒光牌粘胶短纤和长束丝和甲壳纤维	合资	纺织	太仓市岳王新石路	太仓
太仓市梦娇服装厂	繁秀牌男女西服和衬衫		纺织	太仓市横泾镇	太仓
太仓市蓄电池厂	旭霄牌起动用铅酸蓄电池和牵引用铅酸蓄电池		轻工	太仓市牌楼镇西	太仓
苏州东元电机有限公司	TECO牌三相异步电动机		机械	太仓市浏河镇闸南工业园区	太仓
苏州莱克电子有限公司	申飞牌彩色电视广播接收机		电子	太仓港口开发区兴港路8号	太仓
太仓化工二厂	晶梅牌化学试剂		化工	太仓市陆渡镇	太仓
太仓市文祥食品有限公司	象龙牌肉松和香肠	私营	食品	太仓市岳王镇新石路南首	太仓
苏州宏达制酶有限公司	苏宏牌工业用酶	合资	化工	太仓市沙溪镇西	太仓

（续）

企业名称	产品名称	企业性质	所属行业	单位地址	地区
太仓市林源电线电缆有限公司	林源牌电工软铜绞线系列		机械	太仓市双凤镇庆丰村	太仓
太仓宏大方圆电气有限公司	太纺仪牌光电整纬装置和单纤维电子强力仪		机械	太仓市人民北路62号	太仓
苏州舒适家具有限公司	舒宝牌沙发和床垫		轻工	太仓市南郊镇	太仓
太仓市金阳气体有限公司	金谊牌溶解乙炔		化工	太仓市城厢镇南郊	太仓
苏州康辉纺织有限公司	康辉牌精梳棉纱		纺织	太仓市沙溪镇民营科技园区	太仓
太仓市飞凤食品厂	飞凤牌双凤爊鸡和糟油鸡		食品	太仓市双凤镇凤新村	太仓
太仓市华辉消防器材有限公司	蓝登牌消防应急灯具		轻工	太仓市经济开发区东亭路218号	太仓
太仓市金辉化纤实业有限公司	明辉牌涤纶低弹丝和涤纶预顶取向丝		纺织	太仓市沙溪镇胜利村	太仓
太仓风新化工设备有限公司	良化牌换热器和贮罐和板材		化工	太仓市双凤镇北	太仓
太仓市世纪秀矿泉饮料有限公司	郑和牌矿泉水	民营	食品	城厢镇太平南路18号	太仓
太仓市金时利船用电器有限公司	金时利牌船用接插件和船用电器箱		机械	太仓市横泾镇创新工业园区	太仓
苏州威利制衣有限公司	茄克和棉服		纺织	太仓市双凤镇	太仓
太仓市宝马油脂设备有限公司	BMC牌成套油脂		化工	太仓市新湖富豪经济开发区	太仓
太仓市春凰食品有限公司	春凰牌双凤爊鸡和爊鸭		食品	太仓市双凤镇幸福路20号	太仓
吴江市黎光特种油品有限公司	黎光牌润滑油	股份制	建材	黎里镇	吴江
吴江市玖康林果有限公司	玖康牌翠冠梨	集体	农副产品	梅堰镇双桥村	吴江
吴江市菀坪镇多种经营有限责任公司	太菀镇河蟹	民营	农副产品	菀坪镇开发东路4号	吴江
华鑫集团公司	华鑫牌中华蟹	民营	农副产品	八都镇	吴江
国营吴江市东太湖水产养殖总场	太帆牌鳜鱼	国有	农副产品	东太湖水产养殖总场	吴江
吴江市柑桔研究所	芸香牌太湖蜜桔		农副产品	菀坪镇开发东路4号	吴江
吴江太湖农业发展有限公司	庙港牌香青菜	股份制	农艺副产品	庙港镇万顷西路18号	吴江
吴江市辑里蚕丝制品有限公司	辑里牌蚕丝被	私营	纺织	震泽镇江苏太湖蚕丝市场内	吴江
吴江总馨净化设备有限公司	清馨牌纯净水	个体	食品	同里产业科技园	吴江
吴江建工混凝土制品有限公司	合兴牌凝土预制构件	私营	建材	芦墟镇浦北开发区	吴江
吴江市永亨铝业有限公司	亨利牌铝合金建筑型材	私营	建材	七都镇心田湾工业园	吴江
苏州市百花洋酿造有限公司	百花洋牌黄酒	股份制	食品	铜罗镇百华漾	吴江
吴江市舜洁超纯水有限公司	舜洁牌超纯水	私营	食品	盛泽舜洁新北路85号	吴江
吴江桃源染料厂	金桃源牌活性染料	集体	化工	桃源镇太史桥	吴江
苏州市华宇车业有限公司	宇浪沙牌电动自行车		轻工	震泽镇318国道经济开发区	吴江
吴江通用电力电器设备有限责任公司	通运牌压抽出式开关柜和交通低压配电柜	股份制	机械	松陵镇八坼社区	吴江
苏州市吴江天水味精厂	双虾牌味精	集体	食品	金家坝镇	吴江
江苏万宝铜业集团有限公司	如宝牌铜带、铜管	股份制	冶金	七都镇双塔桥	吴江
吴江市平望调料酱品厂	莺湖牌酱菜和辣油辣酱系列	集体	食品	平望镇西塘街干家弄10号	吴江
吴江市金扬油厂	金利牌食用植物油		食品	金家坝镇杨文头村	吴江
苏州星岛金属制品有限公司	星岛牌钢制文件柜	私营	轻工	金家坝镇杨文头村	吴江
吴江市月星建筑防水材料有限公司	星月旺牌防水卷材	私营	建材	七都镇开发区	吴江
苏州市姑苏空调净化有限公司	姑苏牌净化工作台	私营	电子	金家坝镇金贤路10号	吴江
吴江市明源风机有限公司	明源牌风机	私营	机械	金家坝镇金吴公路	吴江
吴江市东方铝业有限公司	四强牌铝合金建筑型材	私营	冶金	七都镇心田湾	吴江
吴江德伊时装面料有限公司	DE牌超真面料——铜氨	三资	纺织	盛泽镇乌桥南首	吴江
苏州市御龙酒业有限公司	同里牌黄酒	私营	食品	青云镇开发区	吴江

（续）

企业名称	产品名称	企业性质	所属行业	单位地址	地区
苏州乾生元食品有限公司	乾生元牌糕点和糖果	私营	食品	吴中区木渎镇东街95号	吴中
苏州市灵岩电信电力铁塔有限公司	苏吴牌通讯铁塔	股份制	机械	木渎镇西街144号	吴中
惠氏—百宫制药有限公司	善存牌善存片、美满牌盐酸米诺环素胶囊、钙尔奇牌钙尔奇D600片、玛特纳牌玛特纳片	三资	医药	宝带西路4号	吴中
苏州市吴中区和平实业有限公司	和平牌电动自行车	私营	轻工	苏州市胥口镇胥江工业园东欣北路	吴中
苏州市吴中区车坊农业新品园艺场	水八仙牌水生蔬菜	集体	农副产品	吴中区车坊镇蔺谊东路	吴中
苏州市碧野食品有限公司	碧野牌炒货食品	个私	农副产品	吴中区东山镇	吴中
苏州市流星手套有限公司	流星牌手套		轻工	东吴北路计委门口大楼	吴中
江苏吴中实业股份有限公司	365牌学生装系列		纺织	西塘北街	吴中
苏州大山蜂蜜有限公司	灵蜂牌蜂蜜和蜂王浆		食品	木渎镇灵岩山下	吴中
苏州禾田香料有限公司	S.Z.WAT牌食用香精香料		化工	角直镇鸣市路48号	吴中
苏州华东镀膜玻璃有限公司	钻石牌磁控真空溅射镀膜玻璃		建材	吴中区石湖西路	吴中
江苏吴中股份有限公司苏州第六制药厂	灵岩牌注射用卡络磺钠和盐酸林可霉素系列产品		医药	吴中区木渎镇西街	吴中
苏州市吴中区庭山碧螺春茶叶有限公司	庭山牌洞庭（山）碧螺春茶	私营	农副产品	吴中区西山镇群力桥塊	吴中
苏州市邓尉茶叶有限责任公司	东吴牌洞庭山碧螺春茶	私营	农副产品	吴中区东吴北路91号	吴中
苏州市东山古尚锦茶坊	古尚锦牌碧螺春茶	集体	农副产品	吴中区东山镇古尚锦村	吴中
苏州市吴中区横泾太湖水产开发公司	太湖牌青虾、异育银鲫	集体	农副产品	吴中区横泾镇新南大圩	吴中
苏州华源农用生物化学品有限公司	吴农牌多菌灵原药和10%吡虫啉可湿粉（一遍净）	股份制	化工	吴中区木渎东郊	吴中
苏州市藏书食品有限公司	藏书牌开袋即食羊肉	个私	农副产品	吴中区藏书镇苏福路64号	吴中
苏州市吴中区西山碧螺春茶厂	咏萌牌洞庭碧螺春茶	私营	农副产品	吴中区西山镇东河新区金庭路152-5号	吴中
江苏神王金属制品有限公司	神王牌钢丝绳		冶金	吴中区藏书镇社光村	吴中
苏州市吴中区东山多种经营服务公司	碧螺牌枇杷和杨梅	集体	农副产品	东山镇莫厘路	吴中
苏州市东山茶厂	碧螺牌碧螺春茶叶		农副产品	吴中区东山银湖路121号	吴中
苏州市车坊粮油有限责任公司	宝带桥牌大米		农副产品	车坊镇西街	吴中
苏州市吴中区洞庭山天然泉水厂	洞庭山牌天然泉水	个私	食品	东山镇百沙村	吴中
苏州市吴中区康缘饮用水	虎丘牌饮用水	私营	食品	桐泾北路10号	吴中
苏州市吴中区洞庭山天然泉水厂	东山西施泉牌天然泉水	个私	食品	东山镇百沙村	吴中
苏州易洁康清洁用品有限公司	易洁康牌清洁用品	私营	化工	吴中区角直镇鸣市路39号	吴中
苏州玉屏天然矿泉水有限公司	玉屏山牌饮用水	股份制	食品	苏州市吴中区光福风景区	吴中
江苏七叶乳胶有限公司	七叶牌聚醋酸乙烯乳液		化工	吴中区东山镇西泾山	吴中
苏州市宝带农药有限责任公司	宝带牌50%高渗异内隆、40%稻草帅		化工	吴中区文曲路106号	吴中
苏州市新源线缆有限公司	欣恒牌交联聚乙烯绝缘电力电缆	股份制	轻工	吴中区开发区枫津路35号	吴中
江苏鑫达机械有限公司	百强牌传动链条		机械	吴中区藏书镇社光村	吴中
苏州市蓝蔺工艺编织有限公司	蓝蔺牌蔺草工艺编织品	私营	轻工	吴中区车坊镇高垫路	吴中
苏州市相城区湘城供销合作社老大房食品厂	澄鹤牌麻饼	集体	食品	相城区湘城镇湘园路7号	相城
苏州市格林宝升降机械有限公司	GLB格林宝牌升降机械	个私	机械	相城区望亭镇华阳村	相城
苏州鼎浩电器有限公司	鼎浩牌10KV及以下电流和电压互感器	责任公司	机械	相城区黄埭镇	相城

（续）

企业名称	产品名称	企业性质	所属行业	单位地址	地区
苏州市豪森厨房家具制造有限公司	欧森牌厨房家具	个私	轻工	渭塘镇骑河村	相城
苏州市飞强电器制造有限公司	飞强牌电风扇		轻工	相城区东桥镇	相城
苏州市恒利达服饰有限公司	东方神鹿牌服装	个私	纺织	相城区湘城镇南塘村	相城
苏州市湘园特种精细化工有限公司	湘园牌聚氨酯橡胶硫化剂（MOCA）	私营	化工	相城区湘城镇	相城
苏州天香乳业有限公司	天香牌乳制品		食品	相城区元和镇万里路	相城
苏州市望电粉煤灰分选厂	新固牌一级粉煤灰		建材	相城区里亭镇	相城
苏州平平佳涂料化工有限公司	平平佳牌涂料	股份制	化工	相城区渭塘镇	相城
苏州市富佳木业有限公司	富鼎元牌办公家具和厨柜	个私	轻工	相城区渭塘镇渭泾村	相城
张家港市丰昌防腐材料有限公司	丰昌牌IPN互穿网络防腐涂料	责任公司	化工	鹿苑镇南林村	张家港
张家港市特种漆厂	屏障牌新型高分子防腐涂料	个私	化工	张家港市人民西路	张家港
华芳集团铜业有限公司	华芳牌空调与制冷用无缝铜管	责任公司	冶金	塘桥南京东路3路	张家港
张家港市奇胜电器有限公司	恒王牌开关和插座	个私	机械	妙桥镇跃进村	张家港
张家港市亿利机械有限公司	屹立牌大口径缠绕管	个私	机械	三兴沿江经济开发区	张家港
张家港市盛美机械有限公司	飞虎牌横编织机	三资	机械	妙桥镇人民中路243号	张家港
张家港市欣欣化纤有限公司	天欣牌涤纶FDY长丝	责任公司	纺织	德积镇	张家港
华芳纺织股份有限公司	华芳牌针织面料	股份制	纺织	塘桥南京东路1号	张家港
张家港鑫宏铝业开发有限公司	鑫冠牌铝合金建筑型材	合资	冶金	港区镇长江村	张家港
张家港市凤凰山茶场	河阳山牌凤凰绿茶	个私	家副产品	港口镇小山村	张家港
张家港市绿凤特种养殖有限公司	乡羽牌草鸡		农副产品	四一农场	张家港
张家港市港区兴达纯净水厂	合家欢牌饮用纯净水	个私	食品	张家港市港区镇香山北路	张家港
张家港市安达运料有限公司	泰尔安牌纯净水	集体	食品	杨舍镇陈家场路西首	张家港
张家港市给排水公司	古河牌纯净水	国有企业	食品	张家港市长泾路8号	张家港
张家港市润发机械有限公司	捷星牌导轨	集体	机械	港区镇滨江路8号	张家港
张家港市振龙减震器有限公司	振龙牌摩托车减震器	股份制	机械	欧洲工业园	张家港
江苏欧桥精纺有限公司	凤寇牌精纺呢绒	责任公司	纺织	塘桥镇妙桥街道欧桥村	张家港
张家港市万王石油工业有限公司	万王牌轴承清洗剂	个私	化工	港区镇宝灵路	张家港
张家港国脉有限公司	通发牌纯净水	集体	食品	杨舍镇长安路321	张家港

（陈亮亮）

工商行政管理

【概况】 2003年，苏州工商系统围绕全力打造“服务型工商”这一主题，以改革的意识、创新的精神和务实的作风，促进公平竞争、规范有序市场体系的建立和完善，服务苏州经济的持续快速发展，全面加强干部队伍的思想建设和作风建设，各方面工作整体推进。到年底，全市私营企业总数达72693户，个体工商户达20.2万户，外商投资企业达9863户。全市共有注册商标2.2万件，其中中国驰名商标8件，江苏省著名商标107件，苏州市知名商标216件。

【市场准入】 2003年，全市各级工商部门认真研究和落实促进地方经济发展的政策与措施，进一步优化投资环境，实现了市场准入的大提速。在全市注册登记窗口全面推行“首问负责制度”、“明白纸制度”、“一审一核制度”，开展了“提速服务”、“延时服务”、“前瞻服务”等一系列新举措，切实提高了服务效率。积极参与国有企业改制，提出了允许改制企业债权转股权，允许净资产出资等多项措施，加大支持力度。对不同系统不同类型企业的转制，制定配套文件，实行分类指导，对900余户市属国有企业改制方案提出切实可行的操作办法。并对国有企业内部机构的切块改制、事业单位的改制、特殊行业的改制进行了大胆的创新和尝试，推进了企业改制的进程。创新登记注册路子。积极、稳妥地将50万元以下有限公司登记注册权下放，对部分前置审批项目实行并联审批，积极开展“前置审批告知承诺”、“国内贸易经营范围”、“中外合资、合作中方自然人作股东”、“注册官制度”等试点工作，为支持地方经济发展创造条件。

附：苏州市获中国“驰名商标”名录（共8件）

序号	企业名称	商标	类别	主要商品	所在地	认定时间
1	江苏波司登股份有限公司	波司登	25	服装、皮鞋	常熟	1999
2	好孩子儿童用品有限公司	好孩子	12	儿童车等	昆山	1999
3	江苏梦兰集团公司	梦兰	24	纺织品	常熟	2000
4	江苏AB集团有限责任公司	AB	25	内衣裤等	昆山	2000
5	江苏春花电器集团股份有限公司	春花	9	吸尘器	市区	2000
6	江苏新雅鹿集团有限公司	雅鹿	25	服装	太仓	2001
7	江苏菊花味精集团公司	菊花	30	味精等	张家港	2001
8	江苏隆力奇集团有限公司	隆力奇	29	纯蛇粉	常熟	2001

苏州市获江苏省“著名商标”名录（共107件）

地区	企业名称	商标	类别	主要商品	备注	认定时间
张家港市	江苏银河电子股份有限公司	银河	9	计算机等	省著名	1999
	江苏沙钢集团有限公司	沙钢	6	热轧带肋钢筋	省著名	2001
	江苏海狮机械集团有限公司	海狮	7	洗涤脱水机等	省著名	2001
	江苏牡丹汽车集团有限公司	牡丹	12	汽车等	省著名	2001
	江苏华润集团公司	HUARUN	19	平板玻璃等	省著名	2001
	张家港贝顺橡胶制品有限公司	贝贝	25	各类鞋	省著名	2001
	江苏菊花味精集团公司	菊花	30	味精等	驰名商标	2001
	张家港市乳品一厂	金莎	30	果仁巧克力	省著名	2001
	江苏梁丰食品集团公司	梁丰	30	巧克力等	省著名	2001
	张家港市普坤纺织实业有限公司	普坤	24	毛料、纺织物等	省著名	2001
	江苏梦达化妆品有限公司	扫光	5	卫生杀虫剂等	省著名	2002
	张家港市七洲农药化工有限公司	七洲	5	杀菌剂农药等	省著名	2002
	江苏联峰实业股份有限公司	联峰	6	型钢等	省著名	2002
	华芳集团有限公司	华芳	23	纺织纱、绣花线、毛线等	省著名	2002
	东海粮油工业（张家港）有限公司	四海	31	饲料、豆粕	省著名	2002
	江苏张家港酿酒有限公司	沙洲	33	酒	省著名	2003
	张家港宏宝五金股份有限公司	宏宝	8	钳、扳手、指甲刀等	省著名	2003
	江苏澳洋实业（集团）有限公司	澳洋	24	毛料、呢绒等	省著名	2003
	骏马化纤股份有限公司	骏马	24	帘子布	省著名	2003
	张家港东渡服装有限公司	东渡风	25	服装、帽等	省著名	2003
	张家港市易华塑料有限公司	金鼠及图	27	地板覆盖物等	省著名	2003
	高新张铜股份有限公司	张铜	6	钢管铜棒等	省著名	2003
常熟市	江苏梦兰集团公司	梦兰	24	纺织品	驰名商标	2001
	江苏波司登股份有限公司	波司登	25	服装、皮鞋	驰名商标	2001
	江苏隆力奇集团有限公司	隆力奇	29	纯蛇粉	驰名商标	2001
	江苏阪神电器股份有限公司	阪神	11	空调器、冷冻箱、电扇	省著名	2001
	江苏白雪电器股份有限公司	BAIXUE	11	冷冻设备等	省著名	2001
	江苏名佳工艺家具有限公司	名佳	20	家具等	省著名	2001
	常熟欣格制衣有限公司	雄	25	服装	省著名	2001

地　区	企　业　名　称	商　标	类 别	主要商品	备　注	认定时间
常熟市	江苏波司登股份有限公司	康博	25	服装	省著名	2001
	江苏秋艳集团有限公司	秋艳	25	服装	省著名	2001
	江苏阿里山食品有限公司	阿里山	29	各类炒货	省著名	2001
	江苏隆力奇集团有限公司	隆力奇	3	化妆品等	省著名	2002
	江苏常盛集团有限公司	常盛及图	6	金属建筑材料等	省著名	2002
	江苏白雪电器股份有限公司	白雪	7	制冷压缩机	省著名	2002
	常熟开关厂	图形	9	电器元件等	省著名	2002
	江苏中利光电集团有限公司	ZL 图形	9	电线、电缆	省著名	2002
	常熟市工艺家俱厂	金蝙蝠	20	红木家具、红木工艺品	省著名	2002
	江苏旋力集团股份有限公司	旋力	6	钢管	省著名	2003
	江苏迎阳无纺机械有限公司	迎阳	7	无纺机械	省著名	2003
	江苏龙达飞服饰有限公司	龙达飞	25	服装	省著名	2003
	江苏通润机电集团有限公司	TORIN	7	千斤顶等	省著名	2003
	常熟市锦绣经纬编有限公司	锦绣	24	毛毯	省著名	2003
	常熟飞亚达制衣有限公司	飞亚达	25	服装、羽绒服	省著名	2003
	常熟市盛星针织机械有限责任公司	盛星	7	针织横机手套机	省著名	2003
	国营常熟市虞山林场维摩茶厂	剑门及图	30	茶叶	省著名	2003
昆山市	好孩子儿童用品有限公司	好孩子	12	儿童车等	驰名商标	2001
	江苏 AB 集团有限责任公司	AB	25	内衣裤等	驰名商标	2001
	江苏绿利来股份有限公司	绿利来	5	农药等	省著名	2001
	亚龙纸制品（昆山）有限公司	旗舰	16	办公用纸等	省著名	2001
	昆山多威体育用品有限公司	多威	25	各类鞋	省著名	2002
	昆山并蒂莲服装有限公司	并蒂莲	25	羽绒服等	省著名	2002
	昆山市曼氏香精有限公司	VMF	30	食用香精等	省著名	2002
	捷安特（中国）有限公司	捷安特	12	自行车等	省著名	2003
	樱花卫厨（中国）有限公司	樱花	11	排油烟机、电热水器	省著名	2003
	昆山哈森鞋业有限公司	哈森	25	鞋	省著名	2003
	信益陶瓷（中国）有限公司	冠军	19	瓷砖等	省著名	2003
太仓市	江苏新雅鹿集团有限公司	雅鹿	25	服装	驰名商标	2001
	苏州大仓高级时装有限公司	大仓	25	服装	省著名	2001
	太仓肉松食品有限公司	太仓	29	肉松等	省著名	2001
	国营太仓铜材厂	仓环	6	铜及铜合金管材	省著名	2002
	太仓利泰纺织厂有限公司	醒狮	23	天然棉纱等	省著名	2002
	苏州舒适家具有限公司	舒宝	20	家具	省著名	2003
	江苏香塘集团有限公司	香塘	25	拖鞋、鞋	省著名	2003
	太仓市塑料制品三厂	三角洲	30	塑料粒	省著名	2003
	江苏新雅鹿集团有限公司	蓝冰	25	服装	省著名	2003
吴江市	永鼎集团有限公司	永鼎	9	电线电缆等	省著名	1999
	江苏大象东亚集团公司	大象	2	涂料、油漆等	省著名	2001
	亨通集团有限公司	亨通光电	9	通信电缆等	省著名	2001
	吴江丝绸股份有限公司	茶花	24	丝绸	省著名	2001
	苏州九龙电缆有限公司	港龙	9	电缆、电线	省著名	2002
	吴江科林集团公司	科林	11	除尘设备	省著名	2002

地　区	企　业　名　称	商　标	类 别	主要商品	备　注	认定时间
吴江市	吴江慈云香料香精有限公司	慈云	26	香料、香精	省著名	2002
	吴江市百花漾酿造有限公司	百花漾	33	黄酒、白酒	省著名	2003
	江苏华佳缫丝厂（集团）	美星	25	针织服装等	省著名	2003
	苏州市吴赣化工有限责任公司	乘风及图	2	硫酸二甲酯等	省著名	2003
	江苏爱富希新型建材有限公司	FC 及图	19	纤维水泥加压板	省著名	2003
	吴江金丰木门厂	金丰	19	地板、非金属门等	省著名	2003
吴中区	吴县市东山乳胶厂	七叶	1	白胶水	省著名	2001
	苏州金猫水泥有限公司	金猫	19	水泥	省著名	2001
	江苏吴中实业股份有限公司	365	25	服装等	省著名	2002
	苏州市流星手套有限公司	流星	25	手套等	省著名	2002
	苏州市洞庭山碧螺春茶业有限公司	玉品	30	茶、茶代用品	省著名	2002
	苏州东瑞制药有限公司	东瑞制药	5	化学药品、人用药等	省著名	2003
	苏州西山国家现代农业示范园区有限责任公司	太湖绿	31	植物、鲜水果、蔬菜等	省著名	2003
	江苏吴中实业股份有限公司苏州第六制药厂	灵岩	5	西药	省著名	2003
相城区	苏州景泰金属颜料制品有限公司	吴光	2	铜金粉	省著名	2001
	苏州维运电讯有限公司	维运	9	配线架	省著名	2001
	苏州朗力福保健品有限公司	朗力福	30	龟蛇粉	省著名	2001
	江苏江南高纤股份有限公司	牛头	22	涤纶纤维	省著名	2002
	苏州上声电子有限公司	SONAVOX	9	扬声器等	省著名	2003
	江苏阳澄湖大闸蟹股份有限公司	阳澄湖	31	活虾、活蟹、活鱼	省著名	2003
	苏州罗普斯金铝业有限公司	罗普斯金	6	铝花格网金属门窗等	省著名	2003
市　区	江苏春花电器集团股份有限公司	春花	9	吸尘器	驰名商标	2001
	苏州医药集团有限公司	雷允上	5	中成药	省著名	2001
	苏州医疗器械总厂	鹤牌	10	眼科器械	省著名	2001
	苏州恒孚首饰集团有限公司	恒孚	14	金银首饰	省著名	2001
	苏州津津食品有限公司	津津	29	豆腐干	省著名	2001
	苏州姑苏酿造食品有限公司	姑苏	30	酱酒、大酱	省著名	2001
	江苏法泰电器有限公司	法泰	9	断路器等	省著名	2002
	维德木业（苏州）有限公司	A	19	各类地板	省著名	2002
	苏州市牛奶公司	双喜	29	牛奶等	省著名	2003
	苏州罗技电子有限公司	罗技	9	鼠标、键盘等	省著名	2003
	苏州长城机电工业有限责任公司	长城	11	电扇	省著名	2003
园　区	金红叶纸业（苏州工业园区）有限公司	唯洁雅	16	卫生纸、纸巾	省著名	2002
	苏州金螳螂建筑装饰有限公司	金螳螂	37	室内装潢、建筑装饰、外墙装饰	省著名	2002
	苏州工业园区安固电器有限公司	图形	9	换向器、电机	省著名	2003

注：1999 年认定的两件著名商标已被再认定。

截至2004 年3 月底，苏州市共有驰名商标10 件、著名商标107 件。

苏州市知名商标名录（共216件）

地区	企业名称	商标	类别	主要商品	认定时间
张家港市	江苏华昌（集团）有限公司	金宇	1	工业酶制剂等	2002
	张家港市勇达化工物资有限公司	勇达	2	油漆	2002
	江苏梦达化妆品有限公司	扫光	5	卫生杀虫剂等	2002
	张家港市七洲农药化工有限公司	七洲	5	杀菌剂农药等	2002
	高新张铜股份有限公司	张铜	6	铜和铜棒	2002
	江苏沙钢集团有限公司	沙钢	6	热轧带肋钢筋	2002
	江苏联峰实业股份有限公司	联峰	6	型钢等	2002
	江苏海狮机械集团有限公司	海狮	7	洗涤脱水机等	2002
	张家港市牡丹离心机制造有限公司	牡丹	7	离心机	2002
	江苏银河电子股份有限公司	银河	9	计算机等	2002
	江苏宏宝集团有限公司	宏宝图形	8	修指甲工具	2002
	张家港市天港高低压箱柜制造有限公司	天港	9	电气结构件等	2002
	江苏牡丹汽车集团有限公司	牡丹	12	汽车等	2002
	江苏华润集团公司	HUARUN	19	平板玻璃等	2002
	飞腾集团股份有限公司	飞腾	19	铝塑复合板	2002
	华芳集团有限公司	华芳	23	纺织纱、绣花线、毛线等	2002
	张家港市普坤实业有限公司	普坤	24	毛料、纺织织物等	2002
	江苏骏马集团有限责任公司	骏马	24	帘子布	2002
	张家港贝顺橡胶制品有限伺	贝贝	25	各类鞋	2002
	江苏东渡服装有限公司	东渡风	25	服装	2002
	张家港市易华塑料有限公司	金鼠	27	PVE塑料地砖	2002
	张家港金陵体育器材有限伺	菊花	28	球类及器材等	2002
	江苏菊花味精集团公司	菊花	30	味精等	2002
	张家港市乳品一厂	金莎	30	果仁巧克力	2002
	江苏梁丰食品集团公司	梁丰	30	巧克力等	2002
	东海粮油工业（张家港）有限公司	四海	31	饲料、豆粕	2002
	江苏张家港酿酒有限公司	沙洲	33	黄酒	2002
	江苏中鼎化学有限公司	三钻牌	1	硬酯酸、甘油等	2003
	江苏奔球制管有限公司	奔球	6	钢管、金属管道等	2003
	张家港华达涂层有限公司	图形	6	彩色涂层钢板等	2003
	江苏维达机械有限公司	维达	7	花边针织机、编织机等	2003
	张家港市港通线缆有限公司	港通	9	绝缘铜线	2003
	张家港市红叶视听器械有限公司	红叶图形	9	投影银幕、放映设备等	2003
	江苏金鹿集团有限公司	金鹿	10	外科手术器械等	2003
	江苏友谊汽车有限公司	友谊	12	汽车、救护车、卡车等	2003
	张家港市欣欣化纤有限公司	天欣	23	绦纶长丝	2003
	江苏华福针织化纤厂	时红	23	棉纱、人造纤维纱等	2003
	张家港市天霸氨纶纱线纺织厂	天霸	23	氨纶纱线等	2003
	江苏澳洋实业（集团）有限公司	澳洋	24	毛料、呢绒等	2003
	张家港皇冠帽业有限公司	皇冠	25	礼帽	2003
	张家港市神园葡萄科技有限公司	神园	31	鲜水果、鲜葡萄等	2003

地　区	企　业　名　称	商　标	类 别	主要商品	认定时间
常熟市	江苏隆力奇集团有限公司	隆力奇	3	化妆品等	2002
	江苏旋力集团股份有限公司	旋力	6	钢管等	2002
	江苏常盛集团有限公司	常盛及图	6	金属建筑材料等	2002
	常熟市盛星针织机械有限责任公司	盛星	7	横机等	2002
	常熟市迎阳无纺机械设备有限公司	迎阳	7	无纺机械等	2002
	江苏白雪电器股份有限公司	白雪	7	制冷压缩机	2002
	常熟开关厂	图形	9	电器元件等	2002
	江苏中利光电集团有限公司	ZL 图形	9	电线、电缆	2002
	江苏阪神电器股份有限公司	阪神	11	空调器、冷冻箱、电扇	2002
	江苏白雪电器股份有限公司	BAIXUE	11	冷冻设备等	2002
	常熟大象橡胶工业有限公司	象球	12	车辆用引擎风扇传动带	2002
	常熟市力宝装璜材料有限责任公司	333	16	粘贴纸	2002
	常熟市赛蒂皮件服饰有限公司	赛蒂	18	票夹、包	2002
	江苏名佳工艺家具有限公司	名佳	20	家具等	2002
	常熟市东方红家俱有限公司	海虞	20	家具等	2002
	常熟市工艺家俱厂	金蝙蝠	20	红木家具、红木工艺品	2002
	江苏梦兰集团公司	梦兰	24	纺织品	2002
	常熟市锦绣经纬编有限公司	锦绣	24	毛毯	2002
	常熟欣格制衣有限公司	雄	25	服装	2002
	江苏波司登股份有限公司	波司登	25	服装、皮鞋	2002
	江苏波司登股份有限公司	康博	25	服装	2002
	江苏秋艳集团有限公司	秋艳	25	服装	2002
	中外合资常熟飞亚达制衣有限公司	飞亚达	25	服装、羽绒服	2002
	常熟市艳彤制衣有限公司	艳彤	25	服装、针织服装	2002
	常熟市龙达制衣有限责任公司	龙达飞	25	服装	2002
	江苏隆力奇集团有限公司	隆力奇	29	纯蛇粉	2002
	江苏阿里山食品有限公司	阿里山	29	各类炒货	2002
	国营常熟市虞山林场维摩茶厂	剑门	30	茶叶	2002
	上海海虹集团常熟海虹酒业有限公司	沙家浜	32	啤酒	2002
	常熟市凯达印染有限公司	凯达	40	纺织品染色等	2002
	常熟市金龙机械有限公司	龙星	7	纺织机械、针织机械等	2003
	通润机电集团有限公司	TORIN	8	千斤顶等	2003
	常熟市电力机械厂	阳澄	8	钳、夹钳	2003
	常熟市南方厨房设备有限责任公司	南厨	11	厨房炉灶等	2003
	常熟市中信特种玻璃制品有限公司	中诚	21	彩饰玻璃等	2003
	常熟市福蕾布艺品有限公司	特蕾芙	24	床单、床罩	2003
	常熟市雪韵飘时装有限公司	雪韵飘	25	服装	2003
	常熟市洲艳有限公司	洲艳	25	服装	2003
	江苏百成汇服饰有限公司	百成汇	25	服装	2003
	江苏月龙服饰有限公司	月龙	25	衣物、茄克、裤子等	2003
	常熟市千仞岗制衣有限公司	千仞岗	25	服装、羽绒服等	2003
	常熟市开顺毛针织品有限公司	开顺	25	服装、羊毛衫等	2003
	常熟泉兴营养添加剂有限公司	常兴	31	水畜产饲料及饲料添加剂	2003
	常熟市沙家浜镇多种经营综合服务部	沙家浜	31	活蟹、活虾等	2003

苏州市知名商标（共216件）

地 区	企 业 名 称	商 标	类 别	主要商品	认定时间
昆山市	江苏昆宝集团有限责任公司	昆宝	1	硬脂酸等	2002
	江苏绿利来股份有限公司	绿利来	5	农药等	2002
	好孩子儿童用品有限公司	好孩子	12	儿童车等	2002
	亚龙纸制品（昆山）有限公司	旗舰	16	办公用纸等	2002
	昆山新皮尔迪服饰有限公司	皮尔迪	25	内衣裤	2002
	昆山三牛实业集团有限公司	SANNIU	25	服装等	2002
	江苏AB集团有限责任公司	AB	25	内衣裤等	2002
	昆山多威体育用品有限公司	多威	25	各类鞋	2002
	昆山并蒂莲服装有限公司	并蒂莲	25	羽绒服等	2002
	江苏水乡周庄旅游股份公司	万三	29	肉	2002
	昆山市曼氏香精有限公司	AMP	30	食用香精等	2002
	昆山美丽华油墨涂料有限公司	美丽华	2	印刷油墨等	2003
	昆山市釜用机械密封件厂	MI YOU	7	机械密封件、粉碎机	2003
	昆山沪光汽车电器有限公司	图形	9	电器联接器等	2003
	樱花卫厨（中国）有限公司	SAKURA	11	排油烟机、电热水器等	2003
	捷安特（中国）有限公司	捷安特	12	自行车	2003
	信益陶瓷（中国）有限公司	冠军	19	瓷砖等	2003
	昆山珍兴鞋业有限公司	哈森	25	皮鞋	2003
	苏州市金莎美容连锁有限公司	金莎	42	美容院、理发店	2003
太仓市	太仓市弇西树脂化工厂	沪星	2	涂料、油漆等	2002
	国营太仓铜材厂	仓环	6	铜及铜合金管材	2002
	苏州舒适家具有限公司	舒宝	20	家具	2002
	太仓利泰纺织厂有限公司	醒狮	23	天然棉纱等	2002
	太仓嫦娥工业用呢有限公司	嫦娥	24	工业用呢	2002
	江苏新雅鹿集团有限公司	雅鹿	25	服装	2002
	苏州太仓高级时装有限公司	太仓	25	服装	2002
	江苏香塘集团有限公司	香塘	25	工艺拖鞋	2002
	太仓肉松食品有限公司	太仓	29	肉松等	2002
	太仓市塑料制品三厂	三角洲	1	塑料粒	2003
	江苏德威新材料股份有限公司	图形	1	聚氯乙烯树脂等	2003
	江苏香糖集团有限公司	Xiang tang	25	拖鞋、鞋	2003
	江苏新雅鹿集团有限公司	蓝冰	25	服装等	2003
	太仓市燻鸡厂	春凰	29	非活家禽	2003
	太仓冠生园食品有限公司	金纳子	30	糖果等	2003
吴江市	江苏大象东亚集团公司	大象	2	涂料、油漆等	2002
	吴江市汇丰化工厂	图形	2	染料	2002
	苏州市申龙电梯有限公司	申龙	7	自动楼梯等	2002
	永鼎集团有限公司	永鼎	9	电线电缆等	2002
	吴江市变压器厂	吴水	9	变压器	2002
	苏州九龙电缆有限公司	港龙	9	电缆、电线	2002
	亨通集团有限公司	亨通光电	9	通信电缆等	2002
	吴江市佳辰针灸器械有限公司	佳辰	10	针灸针等	2002

苏州市知名商标（共216件）

地 区	企 业 名 称	商 标	类 别	主要商品	认定时间
吴江市	吴江科林集团公司	科林	11	除尘设备	2002
	吴江市同里旅游有限责任公司	退思园	18	烟草等	2002
	江苏爱富希新型建材有限公司	FC及图	19	纤维水泥加压板	2002
	吴江丝绸股份有限公司	骏花	23	涤纶丝	2002
	吴江市铜狮漂染有限公司	铜狮	24	仿毛型产品	2002
	吴江丝绸印花厂	舜鼎	24	丝绸等	2002
	吴江丝绸股份有限公司	茶花	24	丝绸	2002
	苏州市红玫瑰针织制衣有限公司	灯台	25	服装	2002
	吴江慈云香料香精有限公司	慈云	26	香料、香精	2002
	苏州市吴赣化工有限责任公司	乘风	26	硫酸等	2002
	吴江市太湖土特产有限公司	谷田	29	萝卜干等	2002
	吴江市平望调料酱品厂	莺湖	29	酱菜等	2002
	吴江太湖肉鸽养殖有限公司	华羽	31	活动物	2002
	吴江市舜洁超纯水有限公司	舜洁	32	纯净水	2002
	吴江市百花漾酿造有限公司	百花漾	33	黄酒系列	2002
	苏州市中南酿造有限公司	鸳栖	33	酒	2002
	吴江市东方铝业有限公司	四强	6	金属建筑材料、金属门窗等	2003
	江苏康力电梯集团有限公司	康力	7	电梯等	2003
	江苏新恒通电缆集团公司	耀塔	9	电线电缆	2003
	江苏七宝光电集团有限公司	七宝	9	电线、电缆等	2003
	吴江市金丰木门厂	金丰	19	地板、非金属门等	2003
	吴江市震泽蚕业制品有限公司	慈云	24	床罩、被罩、被子等	2003
	江苏华佳缫丝厂（集团）	美星	25	针织服装等	2003
	吴江市芦墟米业有限公司	汾湖	30	大米	2003
	苏州市吴江天水味精厂	双虾	30	味精	2003
	吴江太湖农业发展有限公司	庙港	31	活鱼、活蟹等	2003
	吴江市三界洋酒业有限公司	思古桥牌	33	酒	2003
	苏州市万顷阁酿酒有限公司	万顷阁	33	酒	2003
	苏州市苏御酒业有限公司	苏御	33	酒	2003
吴中区	吴县市东山乳胶厂	七叶	1	白胶水	2002
	苏州太湖美医保健品厂	太湖美	5	珍珠明目滴眼液	2002
	苏州华源农用生物化学品有限公司	吴农	5	农药杀虫剂等	2002
	苏州太湖企业有限公司	CTH	7	电动工具	2002
	苏州制氧机有限责任公司	苏氧	7	气体分离设备	2002
	苏州金猫水泥有限公司	金猫	19	水泥	2002
	江苏吴中实业股份有限公司	365	25	服装等	2002
	苏州市流星手套有限公司	流星	25	手套等	2002
	苏州市洞庭山碧螺春茶业有限公司	玉品	30	茶、茶代用品	2002
	江苏吴中实业股份有限公司苏州第六制药厂	灵岩	31	西药	2002
	吴县市木渎石家饭店	石家	42	餐服务业	2002
	苏州市宝带农药有限责任公司	宝带	5	农药	2003
	苏州东瑞制药有限公司	东瑞制药	5	化学药品、人用药等	2003

苏州市知名商标（共216件）

地 区	企 业 名 称	商 标	类 别	主要商品	认定时间
吴中区	苏州少士电子科技有限责任公司	少士	9	钱币点数分检机等	2003
	苏州少士电子科技有限责任公司	少士	9	钱币点数分检机等	2003
	苏州西山国家现代农业示范园区有限责任公司	太湖绿	31	植物、鲜水果、蔬菜等	2003
	苏州市吴中区洞庭山天然泉水厂	洞庭山	32	水（饮料）、矿泉水等	2003
相城区	苏州景泰金属颜料制品有限公司	吴光	2	铜金粉	2002
	苏州联合化工有限公司	富田	5	农药	2002
	苏州维运电讯有限公司	维运	9	配线架	2002
	苏州上声电子有限公司	SONAVOX	9	扬声器	2002
	江苏江南高纤股份有限公司	牛头	22	涤纶纤维	2002
	苏州朗力福保健品有限公司	郎力福	30	龟蛇粉	2002
	苏州龙宝生物工程实业公司	龙宝	30	营养品	2002
	苏州市相城区阳澄湖蟹王水产有限公司	阳澄之王	31	活蟹	2002
	江苏阳澄湖大闸蟹股份有限公司	阳澄湖	31	大闸蟹等	2002
	苏州市东吴染料有限公司	东吴	2	染料	2003
	苏州罗普斯金铝业有限公司	罗普斯金	6	铝花格网、金属门窗等	2003
	苏州市飞强电器制造有限公司	飞强	11	电扇等	2003
	苏州市新大地五金制品有限公司	新大地	11	管道、龙头等	2003
	江苏苏鑫装饰（集团）公司	苏鑫	37	建筑、室内装潢等	2003
沧浪区	苏州医药集团有限公司	雷允上	5	中成药	2002
	苏州市民康工艺品厂	丝诺	25	围巾等	2002
	苏州市沧浪区同得兴奥面馆	同得兴	42	面点	2002
	苏州要德食业有限公司	要德	42	饭店、餐馆等	2002
	苏州电讯电机厂有限公司	图形	11	微特电机等	2002
	苏州立邦涂料有限公司	雅士利	2	涂料、油漆	2003
	苏州市南环市场发展有限公司	南环桥	31	新鲜蔬菜、活家禽等	2003
平江区	苏州黑猫（集团）公司	黑猫	7	洗涤机	2002
	江苏春花电器集团股份有限公司	春花	9	吸尘器	2002
	苏州医疗器械总厂	鹤牌	10	眼科器械	2002
	苏州恒孚首饰集团有限公司	恒孚	14	金银首饰	2002
	苏州津津食品有限公司	津津	29	豆腐干	2002
	苏州市黄天源糕团店	黄天源	30	年糕、团子等	2003
	苏州陆长兴餐饮有限公司	陆长兴	30	面条、糕点等	2003
金阊区	江苏法泰电器有限公司	法泰	9	断路器等	2002
	苏州姑苏酿造食品有限公司	姑苏	30	酱油、大酱	2002
	江苏苏净集团有限公司	苏净	11	空气净化装置和机器等	2003
高新区（虎丘区）	苏州长城机电工业有限责任公司	长城	11	吊扇等	2002
	维德木业（苏州）有限公司	A	19	各类地板	2002
	苏州市牛奶公司	双喜	29	牛奶等	2002
	苏州市苏阿姨食品有限责任公司	苏阿姨	30	各类点心	2002
	苏州姑苏集团公司	双匙	1	复混肥料	2002
	苏州市创捷科技有限责任公司	图形	11	供给水设备	2002
	苏州市红钻石食品有限公司	HONG ZUAN	30	面包、糕点、蛋糕等	2002

地　区	企　业　名　称	商　标	类 别	主要商品	认定时间
高新区（虎丘区）	苏州市双虎高分子材料公司	双虎	1	未加工的塑料	2003
	苏州罗技电子有限公司	罗技	9	计算机鼠标器等	2003
	明基电通信息技术有限公司	BENQ	9	显示器	2003
	苏州市云兰奶业公司	云兰	29	牛奶、牛奶制品等	2003
	苏州乐园发展有限公司	乐	41	娱乐、公共游乐场等	2003
园　区	苏州小羚羊电动车有限公司	腾羚	12	机动电动车等	2003

注：截至2003年底苏州知名商标共计216件。

【促进私营个体经济发展】　2003年，全系统将促进和推动私营个体经济的发展作为“富民强市”的一项重点工作来抓，多渠道壮大私营个体经济。一是积极引导私营个体经济参与国有集体企业改制，实现规模扩张。全市共有12862户企业办理了改制登记手续，加入了私营个体经济的行列。二是积极参与招商引资工作，引导外地民资进驻个体私营经济开发区和特色经营街区。全市73个民营经济开发区形成了一批以产业集群为主要特征的区域经济板块。三是鼓励私营企业增资扩股，加大固定资产投入。引导私营个体经济拓宽发展视野，参与国际市场竞争，扩大产品出口，使私营个体经济成为全市固定资产投资和外贸出口的主要增长源和新生力量。全市全年新发展私营企业20853户，新增注册资本292亿元，新发展个体工商户68024户，新增注册资金39亿元。

【外向型经济发展】　2003年，全市各级工商部门结合苏州外向型经济发展强劲的势头，注重职能作用的发挥，不断探索加快外向型经济发展的新途径。一是积极为政府招商引资出谋划策，努力寻求全方位利用外资的有效途径。二是积极争取国家局授权，创造性地履行外资登记管理职能，适时推出“135工作计划”，通过推行登记质量评审制度、统计数据分析制度、重大项目介入制度、吊照回查制度、联络员联系制度等，为外资企业提供了更快、更宽、更科学的服务。三是积极推行联合年检，推出“上门年检”新举措，及时为外资企业提供法律法规和投资信息等方面的服务，促进了外资企业的健康发展。全市全年新登记外资企业2125户。

【法制建设】　2003年，全系统坚持把依法行政作为工商行政管理工作的“生命线”工程，进一步加强法制建设。开展全系统的执法大检查，修订和完善行政执法过错责任追究、案件调查处罚分离、大要案件挂牌督办等三项制度，进一步提高案件质量。组织开展“红盾杯”法律知识竞赛、案件核审技能竞赛、优质案件竞赛、行政执法资格考试等活动，进一步提高执法人员的法律素质和业务水平。创新法律法规宣传模式，切实增强政务公开与行政执法公示透明度，率先在全省开展了“千名工商干部送法进万家企业”活动，既提高了企业学法、守法的自觉性，又强化了对工商部门行政执法的外部监督力度，为共同营造良好的执法环境打下了良好的基础。

【工商执法】　2003年，全市工商行政管理部门以元旦、春节、国庆等重大节日为重点，在全市范围部署开展了“让老百姓吃得放心”、“天堂之旅放心游”等专项执法行动，共出动4500余人次，检查市场、超市及其它经营网点5900余个，取缔窝点35个。防治“非典”期间，各级工商机关按照责任到位、宣传到位、监管到位的要求，把维护市场稳定作为头等大事紧抓不放，对重点商品的专项执法行动取得明显成效。立案查处涉嫌虚假宣传、哄抬物价等违法案件20余件，查扣不合格口罩48万余只，手套7万余只，消毒液1200余瓶，纱布10余吨。始终将侵犯知识产权、不正当竞争等严重经济违法行为作为打击的重中之重。全市共查处案值30~100万元案件191件，百万元以上的大要案件159件。切实加大信用监管和商标广告监管力度，严厉打击合同欺诈、商标侵权、虚假广告等违法行为，共查各类违法合同案件665件，商标违法案件378件，广告案件293件。

【企业信用制度建设】　2003年，全市工商部门以分类监管为手段，稳步推进企业诚信制度建设。一是加快信用信息平台建设，建立完整的企业信用信息库。全系统工作用计算机已经达到人均1.01台，办公网络实现了市、县、基层分局（所）三级联网，为企业信用库的建立奠定了良好的物质基础。整个系统共录入企业信用信息10万余条，录入相关信息17万余条。二是实行企业分类监管，积极探索信用监管新途径。着力解决工商行政管理力量、手段、管理的目标与被管理对象数量不相适应问题。全力推行了“四项制度”，即企业免检制度、企业登记管理警示制度、风险预警制度、法定代表人不良记录制度，进一步增强了企业的自律意识，提高行政效率，降低了行政成本。并对苏州市首批百家工商免检企业进行了授牌。三是加快社会诚信体系建设，努力塑造“诚信苏州”良好形象。研究起草了《苏州市企业信用信息管理办法》，并与税务、银行等部门合签加强企业监管信息交流的协作文件。全年共收集有关部门信息37693条，初步形成一个企业信用信息的社会化综合管理体系。

【市场监管】　2003年，全市各级工商部门切实加大监督管理力度，进一步规范市场主体行为。一是切实加大年检工作力度。各级监管部门积极推行检前培训、预约年检、现场集中年检等方法，提高了年检工作质量。同时，按照监管重心下移，属地管理的要求，将年检权限下放，大大方便了企业，提高了年检效率。二是进一步加大无照经营清理力度。以贯彻落实《无照经营查处取缔办法》为契机，充分发挥“经济户口”作用，提高了整治工作效能。全市检查无照经营户18904户，通知整改6203户，补办营业执照4618户，取缔2211户。三是进一步规范已准入的市场主体行为。继续加强对涉及人民生命财产安全的14个重点行业主体的检查工作，切实把安全生产经营监管工作落到了实处。

【肉菜粮三放心工程】 2003年，全市工商行政管理部门抓住源头严格管理，加快“肉菜粮三放心工程”实施步伐。在当地党委、政府的大力支持下，工商部门加大资金投入，建立检测中心，购置检测仪器、培训检测人员，实施对批发市场和零售市场的两级监管，在管理范围、管理力度、管理方法上均实现了新的突破。全市共有各类农产品市场393个，已设检测室的299个，开展快速检测的79个，推进率达到98%。同时，配置了8辆流动检测车，在全市初步建成由市场主办者自检、消费者复检、执法者督查抽检三级联动的质量监督检测体系。全年共抽检蔬菜、果品、粮食等农产品1167万余公斤，其中不合格的33万余公斤。对生猪屠宰采取“先圈养检测，后上线屠宰”的管理办法，基本杜绝了“瘦肉精”猪肉和灌水猪肉的出现。

【维权工作】 2003年，全市各级工商部门突出抓好流通领域商品质量日常监管，切实加大打假和维权的力度。开展一系列商品质量抽检、抽查和专项执法检查，确立了工商部门在流通领域的执法权威和地位。一是开展商品质量抽检，先后对各类食品、家用电器等22个大类，近500多个批次的商品进行了抽检，并对不合格商品通过新闻媒体进行曝光。二是加大打击制售假冒伪劣商品力度。先后开展“红盾护农打假维权”、“打假维权，共建小康”等专项执行动，共查处制售假冒伪劣商品案件343件，集中销毁一批案值达329万元的假冒伪劣商品。三是加强网络体系建设，拓展了维权工作的广度和深度。抓住“3·15”活动的有利时机，开展维权进村镇、进社区、进学校、进军营、进行业“五进”活动。加强“12315”网络建设，全年“12315”指挥受理系统接待群众咨询2.4万余次，受理消费者申诉7217件，接受举报2051件，为消费者挽回直接经济损失321万余元。

【典型案例】

①*苏州某食用油脂公司销售掺杂食用油案*。苏州某食用油脂公司于2003年8月从外地一油脂公司购进食用精制油3.7万公斤在苏州市场上销售，价值22万余元。苏州工商部门根据群众举报，对该批食用油展开调查。经权威部门的检测，该批次油中混有10%的棕榈油，属掺杂使假。工商部门根据《江苏省惩治生产销售假冒伪劣商品行为条例》第十九条规定，没收了当事人的全部违法所得，并处以罚款。

②*苏州某天然矿泉水公司虚假宣传案*。苏州某天然矿泉水公司为达到扩大产品品牌知名度、增加产品销量的目的，印制、散发了《“×××”牌天然矿泉水富含微量元素对人体保健作用说明书》、《健康水》品牌篇、《×××天然矿泉水》等3种宣传资料，虚构其水源为“全国十大名泉之一”、被列为“重点水源环境保护区”等不实之言，对其商品的品位、质量作引人误解的虚假宣传。苏州工商部门根据《反不正当竞争法》第二十四条的规定，对当事人依法作出了行政处罚。 （黄东远）

苏州海关

【概况】 2003年，苏州海关围绕全国海关和南京关区两级关长会议提出的海关改革与建设的重点和目标，立足服务于苏州“两个率先”和开放型经济高速发展的实际，贯彻落实“依法行政，为国把关，服务经济，促进发展”的海关工作方针，努力实现“把关”与“服务”的有机统一，圆满完成了年度各项工作任务。

①税收征管取得历史最好成绩。2003年，苏州海关继续坚持以税收工作为轴心，积极发挥通关业务改革的整体效能，强化审单作业、物流监控、职能管理之间的协调配合，征收税款再创历史新高。全年共征收入库税款79.3亿元，比上年增长103.2%，其中关税15.7亿元，进口环节税63.3亿元，比上年征收税款翻了一番。全年共办理减免税业务21737笔，审批总货值26.7亿美元，增长39.9%，减免税款54.1亿元，增长28.2%，均创历史新高。

②有效监管和高效运作协调发展。2003年，苏州海关各业务现场进一步完善监管条件，通过风险分析，实施分类管理，强化实际监管，同时认真落实快速通关、预约通关、网上支付、网上申报、工厂径放、全天候通关便捷通关措施，通关速度不断加快，监管货运量大幅攀升。全年共监管进出口货物901.2万吨，比上年增长70.3%；货值416.9亿美元，增长124.5%；受理进出口报关单60.1万份，增长64.0%。驻邮局办事处监管业务稳步增长，全年共监管涉及苏南苏中5市进出口邮件70万多件，印刷、音像制品29.8万件，并查扣了一批违禁物品。

③打击走私取得明显成效。2003年，苏州海关按照“打防结合，以防为主”的调查工作方针和全国打私工作会议精神，继续保持打私高压态势，努力实现调查工作重点转移，关口前移，严格管理；推出了中心海关辖区联合缉私办法，形成联动机制；对内理顺关系，努力形成打私合力，成功破获了数起有影响的低瞒报价格和夹藏走私大要案，有力地震慑了走私违法犯罪分子。全年共查获走私案件9起，案值2096.8万元；查获违规案件66起，案值22660.96万元；稽查企业141家，稽查及调查补税1247.46万元；向缉私部门移送走私罪嫌疑案件4起，案值人民币1998万元；上缴罚没收入2419万元，维护了苏州地区良好的进出口经营秩序。

【“5+2”工作制】 为落实市政府关于改进“大通关”工作的统一部署，苏州海关在报请南京海关批准的同时，为顺应上海口岸“5+2”工作制，从2003年10月1日起，在苏州高新区监管点实行“两班”工作制和周六、周日值班制。这一工作制已在昆山、吴江、吴中各海关监管点逐步推开，保证了从上海转关的货物在苏州监管点不致于延误，受到企业的广泛欢迎。

【"SZV空陆联程"通关模式】 2003年下半年，苏州海关与苏州工业园区海关联手在苏州高新区和工业园区之间推出了SZV"多点报关，一点放行"（主管地海关报关，园区监管点放行）的通关模式，即苏州高新区的进口空陆联程中转货物运至苏州工业园区海关监管点后，进口货物收货人及其代理人可选择在企业主管地海关（苏州海关）报关，凭主管地海关的放行指令在苏州工业园区海关监管点提取货物的操作模式。此种模式借助苏州工业园区监管点虚拟空港的便利，为高新区企业提供了更为便捷的服务。11月在新区监管点成功试点，效果明显。

【"网上申报、工厂径放"模式】 2003年苏州海关对诚信、守法的特大型生产企业和货代公司，运用信息技术手段，通过电子数据联网监管，对网上申报进出的货物实行"门到门"信任放行，企业的进出口转关货物无需进入海关的集中监管区域，可直接运达企业验放或从企业直接启运的通关模式。这是对便捷通关措施中提前报关、联网报关、上门验放、担保验放等几种功能的综合和提升，是苏州海关探索风险管理、诚信管理的一个新思路，为海关管理接轨跨国企业现代化管理开辟了崭新的途径。同年下半年首先对苏州名硕电脑有限公司试行 "联网申报、工厂径放"的通关试点，通过2个月的试运行，效果良好，运行正常。

【开设现场复核验放新通道】 2003年，苏州海关首次开设现场复核验放新通道，这是苏州海关针对出口报关量大、报关资信度较高、监管风险较低的大型企业开的又一绿色通道。它由计算机自动进行审单、接单，通关现场只需办理复核放行手续。实施这一新型通关作业操作模式后，使报关单的通关手续由原来的电子审单、人工审单、现场接单、现场放行缩减为计算机自动审单和现场放行两道手续，满足了企业应急货物及时通关出货的要求。大型企业在海关监管点办理一宗出口货物通关时间只要两分钟，为企业带来了极大便利。

【通关提速新举措】 2003年，苏州海关采取5项新举措提高进出口货物通关速度：一是同上海海关协商在苏州地区实施"海关总署快速转关试点方案"中的提前转关模式。二是在苏州海关辖区实现空港口岸延伸计划，提高通关速度，节省企业物流成本。三是针对苏州地区进出口货物的主要口岸上海国际空运已处于超负荷状态的情况，另辟通道，加强与深圳等口岸的联系配合，实现以香港为中转港的进出口物流运输模式。四是整合通关流程，对信誉好、物流量大、管理规范的大型企业实行"门对门"式的海关驻厂监管。五是扩大电子通关范围，适时稳妥地开展网上支付业务。空运进口货物在苏州海关的通关时间平均为30小时，最快仅需5小时；空运出口货物的通关时间只要一天，海运进口货物的通关时间平均为3天，海运出口货物通关时间为2天。

【网上支付】 苏州海关为进一步提高通关速度，加强对企业的服务，积极推行网上支付。"网上支付"系统是由海关总署、中国电子口岸、中国银行三部门相关业务系统借助网络实施的一种全新税费支付方式。企业通过中国电子口岸查询到税费通知后，直接在网上发布支付指令，再由银行直接从用户的预储账号中划转税费，划转成功后企业即可在海关办理有关通关手续。2003年，苏州海关组织辖区内多家大型企业专门就网上支付业务进行集中培训，大力推行"网上支付"，取得显著成效。

【首推中心海关新模式】 2003年，苏州海关在全国海关系统内首次提出并试行中心海关管理模式。中心海关是介于直属海关与自身所属基层海关单位之间的中心管理层。其主要职责为：监督、指导、管理、协调、服务。建立中心海关管理模式，有利于强化直属海关对全关区海关的垂直领导，增强苏州海关的管理责任感，发挥苏州海关下属单位的积极性；有利于合理配置海关监管资源和人力资源，提高工作效率，发挥整体效能；有利于提升海关服务于苏州区域经济发展的水平。

【设立高新区出口加工区】 2003年，苏州海关顺利完成了苏州高新区出口加工区的建设、封关和运作。这是当年全国13个新批出口加工区中，实现当年批准、当年建设、当年封关运作的第一家，是苏州市的第三个出口加工区。（卜金富 范梅芳）

苏州工业园区海关

【概况】 2003年，苏州工业园区海关根据全国海关和南京关区两级关长会议关于海关改革与建设的精神，以"依法行政，为国把关，服务经济，促进发展"工作方针为指引，围绕业务改革和队伍建设"两大主题"，圆满完成年度各项工作任务，多项业务改革取得阶段性成果，队伍管理水平进一步提升，各项建设得到全面加强。2003年，园区海关被授予"全国精神文明建设先进单位"称号，

【税收征管】 2003年，园区海关继续坚持以税收征管为轴心，通过认真开展税源调查、加大对核销补税的跟踪与监控，强化对应税货物价格、归类的审核，确保应收尽收；通过积极提高通关效率和服务质量，进一步吸引税源、扩大税基。全年实现税收入库12.6亿元，比上年增长31.5%，创历史新高；其中审价补税1652万元，补税额列南京关区第四；征收水平位列关区中上游。

【海关监管】 2003年，园区海关通过狠抓进口舱单、转关运输、场站管理三大环节的管理，督促和指导好园区物流园新卡口的建设，物流监控进一步强化，全年监管进出口货运量 26.4万吨、货值117.5亿美元，比上年分别增长52.8%和137.3%；在查验工作中进一步加强风险分析和风险管理，提高布控效率和查验水平，查验货物3630票，查获率达到10%；进一步严密加工贸易后续监管，严格减免税的审批与管理，审批减免税申请11016份，金额11亿美元，分别增长24.7%和60%；审批加

工贸易备案合同2454份，金额118.8亿美元，核销结案手册1974份，均较往年有所增长。

【反走私综合治理】 2003年，园区海关结合园区特点，努力实践“规范与打击相结合”的思路，深入开展“规范企业行为”系列活动，企业守法诚信意识进一步增强；以联网企业和纳税大户为重点，开展了对区内10家企业的稽查，稽查补税288万元，比上年增长164.2%，同时组织41家大型企业开展自查整改，纠正违规行为为25起；根据三级打私工作会议精神，开展打私专项斗争和联合行动，全年查获违规案件17起，案值3401万元，同比增长125%，创建关以来的历史新高。

【通关物流改革】 2003年，园区海关进行“大物流”改革试点，一方面在优化物流流程上求突破，以大力推进空陆联程中转模式来提升区内物流运作效率。全年共操作货物1880票，平均中转时间仅7.5小时，9成以上货物实现当天下机、当天进厂。另一方面在做大做强上做文章，通过与苏州海关联手，在苏州高新区试行“多点报关，一点放行”模式，积极推动该模式向苏州及周边地区推广，进一步发挥辐射效应，降低运作成本，使之惠及更多企业，也有效整合了海关的通关资源。

同时，进一步挖掘自身潜力，在推行两班作业制的基础上，克服人手严重不足的困难，在省内率先推出三班通关作业制，确保当天审结的货物当天放行，为各项物流改革的开展提供了有力的通关保障。

【加工贸易联网监管】 2003年，园区海关围绕联网监管这一业务创新的亮点，继续坚持“巩固、扩大、提高”的方针，从三方面着手，推动该项试点向纵深发展：一是继续巩固、深化与大型加工贸易企业的联网，完善联网程序，提升联网监管水平，大型加工贸易联网企业达到18家，进出口总额77.4亿美元，占区内加工贸易进出口总值的64%；二是积极争取试行“E账册”管理模式，在联网监管中引入真正意义上的电子账册，充分发挥其周期核销的优势，并藉此逐步推动联网监管向全国统一模式的靠拢；三是大力推行针对中小型企业的“通用型”联网监管模式，顺利实现了与12家中小型企业的联网，为进一步扩大联网监管的应用范围，提高中小型企业的通关效率和管理水平探索出一条新路。

【业务改革】 2003年，针对不断出现的新情况、新问题，园区海关还主动探索、推行了多项局部业务改革，力求“积小为大、整体联动”之效：一是围绕进一步整合、延伸出口监管仓库、保税仓库功能，提出建立海关全封闭监管下的现代化保税物流园区的思路，进行多方反复论证并完成监管方案上报；二是与园区经贸部门联合推动实现加工贸易前期备案的联网审批，使企业加工贸易合同备案与变更审批手续完全在网上完成，大大提高了审批效率；三是与苏州海关联手，在园区及苏州部分地区推行深加工结转简化审批手续，改逐笔审批、逐票报关为总量审批、集中报关，极大简化了审批环节，避免了企业在两地海关间来回奔波之苦；四是在出口加工区内，将“无纸通关”试点和“分批入区、集中报关”便捷通关措施扩大至所有企业，同时主动与苏关邮办、园区邮政分局签署联合监管办法，对出口加工区以EMS进出口的邮件给予简便监管。 （园　关）

出入境检验检疫

【概况】 2003年，苏州出入境检验检疫局围绕“大通关”建设、业务改革、工作质量和廉政建设等工作重点，认真发挥检验检疫职能作用，积极应对加入WTO后国外技术壁垒和“非典”疫情严峻挑战，深化改革、开拓创新，依法行政、严格把关，促进了地方开放型经济的发展。全年共检验进出口商品108116批，货值680811万美元，分别比上年增长50%和70.5%；检疫动植物产品8664批，货值31914万美元，分别增长39%和32%；检疫集装箱40917只，增长13.9%。出入境人员体检、预防接种和健康体检服务11934人次，增长50%。全年签发普惠制证书48715份，签证金额为223769万美元，签证数量和金额分别增长37%和35%，企业可享受进口国关税优惠11188万美元。签发一般原产地证书14543份，金额88576万美元，分别增长53%和76%；2003年，该局先后荣获江苏省文明行业和江苏检验检疫系统文明单位标兵称号。

【口岸电子放行系统】 2003年2月，苏州检验检疫局在苏州高新区口岸物流中心的配合下，开发了“口岸检验检疫电子放行系统”。该系统嵌入于口岸物流管理系统，利用该系统检验检疫部门可以对入境货物的进场、检疫放行和出场等各阶段进行全数、实时监控，从而实现了对入境货物的严密监管。在检验检疫工作完毕后，检验检疫工作人员在“口岸检验检疫电子放行系统”中作放行指令，作为入境货物/集装箱办理提货手续的凭证。该系统不仅有效减少了人为误差，防止逃检漏报，而且检验检疫人员可定期对各代理报检公司报检情况进行稽查，提高了管理相对人守法的自觉性。

【无纸报检新模式】 2003年3月1日，苏州检验检疫局针对以往企业报检需根据电子报检数据和信息，及时提供合同、发票等物理单据，企业负担大、报检效率低的实际，改变传统的操作流程和模式，选择已实施过程检验的中核苏阀科技有限公司、苏州爱普电器有限公司和苏豪丝绸有限公司等4家企业开始试行无纸报检工作，即企业报检数据通过电子信息传递到局里，相关物理报检资料由企业按照检验检疫要求，自己归档报检资料，检验检疫不定期抽查监督的新模式。实施该模式后，企业足不出户即可完成报检工作，真正做到报检无纸化。至2003年底，该局辖区实施无纸报检的试点企业从原来的4家扩大到66家企业，每月实施无纸报检的批次达到了2000多批，约占到全局实施出境货物报检批次的五分之一。无纸报检有效地简化了报检手续，提高了工作效率，受到企业普遍欢迎。

【口岸直通式检疫】 2003年3月，苏州检验检疫局选择管理规范、进出口批量较大的企业试行“直通检疫模式”，除集装箱消毒和必需的查验外，其入境货物完成口岸报检手续后直接放行运抵企业，检疫人员在企业协管人员的配合下定期下厂查验的检疫新模式。货物在口岸现场的检验检疫用时平均每批次加快了4~6小时，大大缩短了通关时间，降低了通关成本，同时，口岸单批查验转变成企业现场多批次集中查验，木质包装集中存放于指定的监管区域内，查验工作可以更全面、更彻底、更利于截获疫情，在查验用时缩短的同时，工作效率有了明显提高，缓解了人员压力。

【清单报检】 2003年11月，苏州检验检疫局在全省陆路口岸中首创“清单报检”，即对非通关单货物用一张清单取代合同、发票、提单、装箱单和报检单等多份资料，企业报检时只需提供列明每批货物包装种类、数量、起运国、提运单等内容的清单，使报检资料大为简化，加快了口岸检验检疫人员的审单速度，审核单证和办理放行手续的时间至少缩短了4~6倍，提高了工作效率和通关速度。

【“5+2”工作制】 2003年12月1日，苏州检验检疫局在苏州工业园区、苏州高新区两个陆路口岸全面试行“5＋2”工作制，即周一至周五实行“两班制”，周六、周日实行“值班”制，及时为进出口企业办理检验检疫业务。这是该局服务地方开放型经济的一项重要举措，有效地提高了通关速度，给广大进出口企业提供了方便。

【口岸电子联网监管】 2003年12月，苏州检验检疫局在名硕电脑（苏州）有限公司开始试行“联网电子监管，直通企业检疫”新模式。实施该模式后，企业入境货物从上海空港、海港提运后，无需进入苏州监管点，直接运抵企业。检验检疫部门通过专线和企业物管系统联接，查询入境货物报检实时信息，通过遥控视频装置，监视入境货物箱体和包装情况，再通过直通式检疫，定期对入境包装材料进行查验，确保控制疫情。企业入境货物省去了进入监管点这一环节，使实物在苏州的通关时间为零，通关成本也大大降低，检验检疫部门通过专线进行预审设限、实时监控和后续查验等措施，保证了对入境货物的严密监管，真正实现了“提速、减负、增效和严密监管”。

【中核苏阀科技实业股份有限公司获出口免验证书】 在苏州出入境检验检疫局的指导和帮助下，2003年6月26日，中核苏阀科技实业股份有限公司申报的出口阀门，获得国家质检总局颁发的《进出口商品免验证书》。中核苏阀科技实业股份有限公司由此成为苏州市第一家被批准免验的出口商品生产企业，同时，也是全国机械行业首家获得出口免验证书的企业。

【乙草胺国家标准样品研制成功】 2003年7月26日，由苏州出入境检验检疫局承担研制、开发和编制起草的“农药残留分析工作样品——乙草胺的制备”国家标准样品通过国家标准样品审定小组审定。该标准样品纯度达到了96%以上，满足了检验、科研、制标工作的需要，质量达到了国际同类产品的水平，填补了国内空白。 （张友生）

城市建设与管理

综 述

【建设法规】 2003年，市建设局起草制定《苏州市建筑施工安全监督管理办法》，经市长常务会议通过，11月23日以第44号市政府令发布，将于2004年1月1日起施行；根据市政府统一部署，完成第二批取消和保留的行政审批事项的清理工作。市建设局共取消各类审批事项16项，保护各类审批事项28项。清理规范性文件，保留的65个建设行业规范性文件以《苏州市人民政府公报（增刊）》的形式予以重新公布。规范执法程序，市建设局制定行政执法简易程序的实施规定，加强执法监督，对行政处罚行为严格把关，全年共审核、审查被查处的300多个违法建设项目和420份行政处罚意见书。对全市建设行政执法情况进行全面检查，组织了《苏州市城市建设档案管理办法》专项执法检查。

【拆迁队伍管理】 2003年，苏州市出台《苏州市城市房屋拆迁实施单位资质管理暂行办法》，向拆迁实施单位下发《苏州市拆迁实施单位考评表》，将考评工作与资质年检工作结合起来，切实加强拆迁实施单位的内部管理和队伍建设。全市共有拆迁资质的实施单位50家，其中：一级1家，二级13家，三级36家。坚持拆迁人员上岗前必先接受培训的原则。一年中，组织了5期培训，近400人参加培训。全市拆迁工作中未发生野蛮拆迁行为和暴力拆迁事件。

【城市拆迁】 2003年，苏州市区共发拆迁许可证115张，拆除面积约135.5万平方米。拆迁工作呈现4个特点。一是拆迁量大，项目相对集中。拆迁量、批准项目数均超过上年。二是重点项目、实事项目多。环古城风貌保护工程、路桥建设工程的批准项目个数超过全年项目数45%，拆除面积接近拆迁总量的70%。三是拆迁裁决量、信访量大幅上升。全年受理拆迁裁决案件553件，下发裁决书334件，调解撤案184件，不予立案8件，行政诉讼182件；接到群众来信151封，来电4170个，上访1039人次（其中5人以上集体上访21批）。四是拆迁实施难度越来越大。全年未搬迁拆迁户和未拆除面积比例较高。为维护被拆迁人的权益，完善拆迁补偿政策，有关部门先后出台《关于适当调整临时安置补助费发放标准的通知》、《关于同意增加拆迁五年以上九年以下多层公寓住宅补偿金额的批复》、《关于印发苏州市市区定销商品房销售管理暂行办法的通知》等一系列文件。

【勘察设计】 为加强勘察设计市场管理，苏州制定了《苏州市勘察设计市场管理办法》。全年共完成258家外省、市勘察设计单位进入苏州市的审核。为取缔出黑图、伪造和出卖图签等非法从事勘察设计活动行为，全市400多名在册建筑师、结构工程师的执业印模被发至各审图机构进行查验，实行勘察、设计人员动态管理。全年有30家勘察设计单位完成资质转正、升级、改制核定材料的申报与补审工作，389家勘察设计单位完成资质年检工作。加强施工图审查，市区建设项目审查率100%。全市各级审图机构共审查4904个项目，审查建筑面积4342.4万平方米，发现和纠正不符合国家强制性标准条文45704条次，纠正和整改一批质量和安全隐患。

【“双十大”工程】 为加快推进城市化进程，有效保护苏州历史文化名城，全面提升中心城区城市现代化工作，苏州市提出了“双十大”工程实施计划。“双十大”工程是指保护历史文化名城十大工程和提升中心城区城市现代化水平十大工程。前者包括环古城风貌保护工程，新博物馆建设及拙政园历史街区保护性修复工程，平江历史街区保护性修复工程，山塘线、上塘线历史街区保护性修复工程，虎丘片、枫桥片、留园、西园片等传统风貌的保护性修复，文物、古迹保护和古建筑、控制保护性建筑的修缮，古城区1号街坊保护性改造，水系景观设计改造，古城主干道的风貌整治，十全街、凤凰街、官太尉河等传统风貌地区的整治等十大工程。后者包括水利、水务工程，实施大交通、构筑立体现代化交通网络工程，加强园林绿化和生态环境建设工程，平江区新城建设工程，金阊区新城建设工程，沧浪区新城建设工程，石路、南门等商业地区综合改造工程，疾病预防控制设施和社区配套设施建设工程，城市信息化建设工程等十大工程，这些工程绝大部分将在第28届世界遗产大会召开前完成。

【路桥建设】 2003年，市建设局承担了3座大桥、1条高架、1座立交、10条道路的建设任务，仅南环高架快速路工程一项投资就达12个亿，是历年来工程量最多、任务最重的一年。在建设过程中，施工单位克服了拆迁、“非典”、建筑材料价格上涨等困难，如期完成了建设任务。到年底，寒山桥、索山桥、平四桥全面竣工；南环高架一期、中街路延伸工程竣工通车；苏虞张连接线一期及广济路、上塘街改造工程已于上半年竣工；书院巷改造全面完成。南环高架快速路二期、杨枝塘拓宽改造正在加紧实施。日规路、三星路、相娄路前期工作基本完成。

【清欠农民工工资】 2003年3月，市建设局发出《关于做好建设工程建筑民工工资清欠工作的通知》，要求不论何种原因均不能拖欠民工工资；将建筑业企业是否有恶意拖欠、克扣农民工工资的行为作为企业信用评价的一个重要内容。凡因拖欠民工工资造成恶劣影响的，企业年检时定为不合格或建议降低资质等级，直至吊销资质证书；对外地来苏的施工企业，将暂停其在苏的经营活动，对造成恶劣影响的，清出苏州建筑市场，并通过媒体向社会公布，追究有关人员的责任。3月份，中建二局承建的“美之国花园”工程项目，因管理不善，项目未如期竣工，造成拖欠400名民工的工资、40多人集体上访的严重事件，影响了建筑业的社会声誉和苏州市的社会安定，侵害了民工的合法权益。市建设局在采取措施、妥善解决民工工资之后，对中建二局作出了通报批评、停止一年在苏承接工程项目的处理。市劳动保障和建设部门组织开展了工资支付情况的专项检查，重点对外来施工企业驻苏办事处作了专项布置。年底，苏州市成立了清理拖欠工程款和农民工工资领导小组，市建设局也成立相应组织，还设立投诉电话，建立接待制度。12月开始，市建设局对投诉上访和处理情况10天统计一次，及时汇总，向有关部门和企业通报，作出拖欠工资情况的预警，并做好信息日报制度。全年共接待处理拖欠工资的投诉103起，涉及103个工程项目，96家企业，1492名民工，清欠工资908万元。其中12月份，受理48起，涉及拖欠工资约506万元。 （张勇坚）

城市规划

【概况】 2003年，市规划局开展了新一轮总体规划修编工作，成立了“苏州市总体规划修编联席会议办公室”，确定了编制单位。围绕加快推进城市化战略，开展各项规划的编制工作。全年完成各类规划成果50余项，共投入规划编制经费6080万元（合同金额），已支付3800万元。全市共签发建设用地规划许可证2053份，涉及面积4886.15万平方米，建设工程规划许可证1901份，涉及面积1103.75万平方米。配合国土部门认真组织开展土地招标拍卖的规划前期工作，共为91块拍卖用地(计491.8万平方米)提供了规划设计服务工作。加大规划监察的力度，共对253处违法建设依法作出行政处罚决定，申请法院强制执行24件。发出《限期拆除临时建筑通告》4份，拆除临时建筑面积5960平方米。信息化工作取得初步成效，完成地理信息建库试验和规划“五线”部分建库工作，完成22平方公里1：500地形图建库，完成79条道路、共116.8公里的道路红线数字建库和200个控保建筑(规划紫线)建库。完成750平方公里电子地图的制作，并在局域网站和市门户网站发布。

【规划编制】 2003年，市规划局坚持以城市化战略为抓手，加大调整城镇体系结构的力度，编制和完善苏州市城镇体系规划；完成平江新城区规划、沧浪留学生创业社区规划、白洋湾物流园区规划的编制工作，以此作为推进市区城市化进程的先导区；根据市委、市政府统一部署，紧紧围绕“四沿”战略，开展“四沿”空间布局规划编制工作；加强环古城风貌保护工程规划的深化、细化工作，在完成一期工程规划的同时，抓紧阊门节点、演艺中心、沧浪少年宫、规划展示馆、吴门桥商业区等以及与之相配套的灯光、绿化、街景设计工作；抓紧编制大运河两侧、胥江上塘河景观的规划，为2004年启动大运河、胥江两侧景观工程作好前期准备工作；抓紧进行虎丘风景区周边详细规划，平江历史文化保护区、拙政园历史文化保护区保护与整治，山塘地区历史文化保护区启动及保护性改造，石路步行街，沧浪亭周边整治，工业品商场周边整治，吴中区东南片、西南片、西北片区整合规划、地下空间规划、停车场规划等的规划设计工作；组织1号街坊、国际教育园北区详细规划编制工作；做好城市快速路网规划以及东、西、南环路设计工作，做好轨道交通网络的规划深化工作。

【重点规划选介】 为进一步增强中心城市的集聚力和辐射力，完善中心城区的综合功能，2003年，市规划局重点组织编制了平江新城区规划、沧浪创业社区规划、白洋湾物流园区规划。

平江新城区规划：东至东环路，南临护城河，西接苏虞张公路，北靠沪宁高速公路，总用地面积约10平方公里。规划目标为苏州市重要的交通枢纽，融商务、商贸、生态居住为一体的城市北部副中心。

沧浪创业社区：东至盘蠡路，南临石湖景区，西接京杭大运河，北靠南环路，总用地面积约4.91平方公里。规划目标为苏州市西南部融创业、居住、商务、高科技研发等功能于一体，环境优美，交通便捷，生态平衡，社会经济、环境协调发展的城市副中心。

白洋湾物流园区规划：东至312国道，南接虎丘景区，西临京杭大运河，北靠312国道，总用地面积约11.18平方公里。规划目标为以服务于中心城区生活、生产的物流配送、仓储市场为主要功能的城市副中心。

附：优秀规划获奖项目（2003）

项目名称 / 概况	苏州市历史文化名城保护规划	宿迁市骆马湖风景区总体规划
获奖等级	市级一等奖	市级二等奖
编制单位	苏州市规划设计研究院	苏州市规划设计研究院
编制类别	修编	新编
编制起迄时间	2001.10–2003.1	2002.4.1–2002.11.18
实施概况	城市规划建设按保护规划的要求进行	按景区总体规划要求分步实施，风景区东区主路网初步形成

（王芬芬）

重点项目建设

【概况】 2003年苏州市重点项目共有122个，除6个前期准备项目外，重点建设项目116个，年度计划投资304亿元，实际完成投资362亿元，占计划的119%。

一、73个重点基本建设项目总体完成情况良好。

①29个建成项目大部分完工或基本完工，实际完成投资72亿元，占年度计划的110%。市区北部供水工程、沪宁高速公路苏州西出入口、环古城风貌保护工程一期、苏嘉杭高速公路北段、太仓协鑫环保热电厂一期等14个项目已建成投运，太仓港区一期、苏州汽车南站主体工程、西塘河引水工程等13个项目已进入收尾阶段，上塘河风貌保护与环境综合整治工程和苏州演艺中心分别完成38%和13%的投资工作量，未完成责任目标。

②20个续建项目进展顺利，部分设施已投入使用。该20个项目全年完成投资83亿元，占年度计划的111%。其中昆山市区域供水已全部完成年度通水工程，秦峰、目澜、立新3座220千伏输变电站投运。其他如市区水环境综合治理、绕高速西南北段、苏州市人力资源市场等项目，都超计划完成工程进度。

③24项新开工项目年内基本全面开工。该24个项目全年完成投资71亿元，占年度计划的96%。其中苏州绕城高速公路东南（苏沪）、东北段（苏昆太）等5条高等级公路完成年度投资计划的150%，其他项目除望亭发电厂燃气蒸汽机组将于2004年初正式开工外，其余都在年内投入建设。

二、43项重点服务项目中重点技术改造项目建设进度快慢不一，重点利用外资项目50%投产。

①5项重点技术改造项目完成年度投资86亿元，占年计划的197%。其中沙钢集团200万吨/热轧卷板等3个县级市项目完成投资额为年度计划的279%，华芳集团、常熟江河天绒的项目已经投产，沙钢集团一号高炉正在调试即将投产，苏州市工业投资发展有限公司、创元集团公司扩张性搬迁项目完成投资仅为年度计划的30%，仅有印刷总厂完成搬迁投产。

②38项目重点利用外资项目已完成投资50亿元，为年度计划投资的110%。苏州三星电子液晶显示器有限公司、张家港浦项不锈钢有限公司二期等19个项目已建成投产，其余大部分项目也接近完成。

三、6项重点前期项目大部分已提前开工。

除苏州（国际）货运机场外，苏州工业园区华能电厂二期、太仓港环保发电三期、沙洲电厂一期和苏州垃圾焚烧发电厂均已提前开工，完成投资28亿元；扬子国际冶金工业园也已在建设之中。（季　玮）

【南环高架快速路工程】 南环高架快速路东起南环桥，西至友新立交，全长4.3公里。高架路宽26米，双向6车道；地面道路为48米~62米不等，双向6车道及非机动车道和人行道；南园路口、盘蠡路口和友新路口分设上下匝道3对，主要路口形成立体交叉。工程总投资约12亿元人民币，其中工程投资为4.6亿元人民币。工程2003年2月28日开工，年内竣工。

【寒山大桥工程】 寒山大桥位于苏州西北地区，东接北环路，西接马运路，跨越京杭大运河，是苏州城区和高新区的交通纽带。寒山大桥主桥采用结构新颖的钢管砼无推力中承式系杆拱，大桥全长422米，设计为双向6车道，主桥桥面净宽为38.4米，主拱跨度84米，高21米，东西引桥上部结构均为20米先张法预应力空心板梁462片，下部由168根钻孔桩、100个柱式墩及重力式桥台组成，总投资为3517万元人民币。工程于2002年6月28日开工，2003年6月28日竣工。

【索山大桥工程】 索山大桥东接劳动路，西接竹园路，跨越京抗大运河，是连接苏州城区和高新区的又一交通纽带。索山大桥主桥采用结构新颖的自锚式悬索桥结构体系，大桥全长378米，双向4车道，主桥桥面净宽为37米，主拱跨度90米，两边跨各为33米，塔高25米，主桥桥面采用钢筋箱梁与砼桥面板结合的叠合梁体系，东西引桥分别为110米和102米，引桥上部结构为预应力空心板梁，下部为柱式墩和重力式桥台，总投资为6500万元人民币。索山大桥桥型新颖、结构复杂，在桥梁设计与施工过程中设立了3个科研项目进行技术攻关。采用无支架施工的自锚式悬索桥，索山桥的规模为国内之最。工程于2002年6月28日开工，2003年9月30日竣工。

【友新立交工程】 友新立交位于苏州中心城区西南苏福路与西环南路

寒山大桥。（张　岚摄）

交叉口东面，立交为三层部分苜蓿叶形半定向式互通立交，占地21公顷。友新立交东接南环高架，西连即将建设的苏福高架桥，东西主桥长1200米；北起西环高架桥，南接友新高架快速路，南北主桥长910米。主桥宽26米，均为双向6车道，设计时速为60公里／小时。建成后的友新立交是快速内环路西环路和南环路及友新快速路的交汇枢纽。友新立交工程概算为8.6亿元，工程建设费为3.5亿元。工程于2003年9月开工，预计2004年5月28日竣工。

（张勇坚）

【人民路道路改造工程】 工程总投资7000万元，改造分两个阶段，第一阶段为2002年11月18日至2003年1月31日实施的乐桥至饮马桥段示范段改造，第二阶段为2003年2月8日至6月10日实施的全线道路改造。在路幅总宽不变的情况下，除个别地段受文物建筑、人防工事限制外，工程中将原非机动车道改造为市区第一条公交专用车道，体现了“公交优先”的现代交通理念，使人民路的交通通畅能力得到明显提高。并在公交专用车道两侧各拓宽一条非机动车道。新建的19座廊式公交候车亭、1130盏宫灯型路灯和中间镶嵌鹅卵石的花岗岩石块铺就的人行道，以及随处可见的园艺小品，使改造后的人民路凸现了古城风貌，增添了苏州园林城市的氛围。地下综合管线改造一新。雨、污水管补缺到位，并实现彻底分流；自来水老管道得到更换改造；所有架空线全部入地，并预留了一定的强电、弱电空管沟，以备后用。改造后的人民路融苏州古城特色与现代文明为一体，使传统和现代、园林艺术和道路建设得到和谐统一。在苏州广播电视总台发起的大型新闻活动“美丽新苏州”中，经苏州市民评选，人民路改造工程(卧龙新韵)入围十佳，排名第二。

【三香路东段道路改造暨三香—桐泾立交工程】 工程总投资1.6亿元，其中三香路东段改造工程造价4000万元，三香—桐泾立交桥工程造价5179万元，景观照明665万元。道路工程于2002年12月20日开工，2003年6月19日竣工。改造后，路幅从原来的31米，拓宽为41.5米，设置了2米宽的中央绿化分隔带，两侧各10.25米的机动车道，并在机动车道两侧各设1.5米分隔带、4米非机动车道及人行道，设置了港湾式公交停靠站，新铺的雨、污水管口径增大，排水能力明显提高，供电、电信、广播电视架空线已全部入地。三香—桐泾立交桥为上跨下穿加一环的市区第一座三层式立交桥。上跨高架长315米，宽18米，引桥长240米；下穿通道长510米，宽17.5米；地平面为环形交叉，中心环岛半径25米。在国内，此类型和规模的工程工期要求一般在一年左右，而该工程仅用了177天，于2003年6月15日提前5天竣工。建成后的三香路和三香—桐泾立交桥呈现给人们的是宽阔、崭新的道路、流光溢彩的路灯、郁郁葱葱的绿化和精致的装饰，成为市区西部一道新的景观。三香—桐泾立交工程（城市交响）经市民评选，入围“美丽新苏州”十佳，名列第四。

【干将东路(东环路—相门桥)道路改造及相门人行过街天桥工程】 工程总投资2900万元，其中人行天桥投资600万元。2003年2月14日开工，道路由原来的23米拓宽至40米，变原来的双向4车道为双向6车道，中央景观带5米，快车道各10.5米，快慢车道之间各设1.5米分隔带，两侧慢车道宽4米，人行道宽1.5米。原有公交站点进行适当调整，并增设港湾式停靠站。供电、电信、广电等三线全部入地，并新增了1座公厕。道路改造工程于2003年6月25日竣工，建成后的干将东路笔直宽阔，通行能力有较大提高，使市区东部主要出口干将路东段交通瓶颈状况得到改善。

相门人行天桥位于苏州大学北校区校门西侧，采用古典式廊桥设计，廊桥长40米，左右两侧各设两个踏步。它的建成，不仅解决苏州大学北校区与宿舍区之间的通行，减少行人对主干道交通的影响，而且以其

三香—桐泾立交。（张岚摄）

现代与古典的特色景观、木结构与钢筋混凝土结构的完美结合，为干将东路锦上添花。

【澹台湖大桥工程】 澹台湖大桥位于苏州城南迎春路南段，跨越京杭大运河、澹台湖，工程造价约9953万元;2002年11月28日开工，2003年12月28日竣工通车。桥北引桥跨越太湖东路为下沉式立交，桥梁全长536.109米，桥梁宽度为36米，桥面设计双向6车道，快车道宽21米，两侧非机动车道宽3.5米，人行道宽2米。主桥上部结构为三跨钢管拱—连续砼箱梁组合体系。南北两侧引桥均为连续砼箱梁小箱梁；桥南北引道439.49米，桥北下穿式道路改建600米，并有配套工程南干渠护堤泵房。大桥装饰工程，钢拱及梁体用乳白色彩涂装，桥墩用米黄色花岗石板贴面，配上照明灯光，使全桥成为新亮点。桥型设计构思采用现代钢管拱连续梁组合体系，引桥连续梁外用装饰拱形，使现代拱桥与古典拱桥造型呼应，达到和谐统一，与岸边澹台湖公园相配衬，成为姑苏城的又一新景。

【石湖大桥工程】 石湖大桥跨越京杭大运河及西岸的吴越路。桥梁全长535米，桥宽37米，桥面设计为双向6车道，快车道宽21米，两侧非机动车道宽3.5米，人行道宽2.5米。工程造价约9595万元,2002年11月28日开工，2003年12月28日竣工通车。主桥为斜塔无背索斜拉桥。主塔位于京杭大运河的东侧，引桥东西两侧分别为7孔及9孔25米现浇预应力混凝土箱形梁。主梁采用全钢、全焊接、正交异性桥面板的纵横梁格体系。桥塔采用钢箱作为主要受力结构，塔高地面以上为91米，斜倾角58°，箱内填充C30混凝土作为平衡重，钢梁钢塔采用Q345g-D新钢种，全桥计2900吨。钢塔钢梁在金属钢结构加工厂制造，分段水运至工地拼装、架设、焊接成整体。钢塔钢梁涂装采用热喷涂铝为防锈底漆，外涂青铜色面漆，油漆涂装设计使用年限达40年。该桥的建设工程不仅工期紧，而且技术难度大，以同类型桥梁的规模来衡量，本桥为国内第一、世界第二。桥梁造型新颖，结构美观独特，使现代桥型与古典相结合，力与美和谐统一。主塔与京杭大运河相辉映，成为苏州石湖风景区一个亮丽的新景点。

（李　峰）

市政公用事业

【概况】 2003年，市市政公用局各级党政领导干部认真贯彻落实市委市政府确定的工作部署，高标准高质量建成了一批重点工程项目；全力推进国有企业改革改制；转变职能强化管理，着力抓好燃气行业管理和地下管线综合协调工作，为全年工程建设项目的如期完成和各项工作目标的顺利实现作出了积极的贡献。

【市政设施养护与管理】 2003年，市区分期实施了东北街等主次干道路快慢车道的沥青罩铺和人行道修补工程，抬高主干道窨边井134座，完成沥青路面维修12.06万平方米、人行道维修3.38万平方米、桥梁维修21座、路名牌维修补缺80块、雨水管疏通191公里，道路平整度明显改善。为解决部分路段窨边井盖被盗情况严重的问题，逐步换用了1083套（只）钢纤维新型井盖。市区已有9个市级优质养护片，其中4个达到省级先进水平。

【道路照明亮化工程及路灯设施维护管理】 2003年，市区完成人民路、南门路、三香路、中街路等32条路段的路灯改造，完成寒山桥、索山桥、南环高架、辛庄立交、石路步行街、中新路等路桥照明设施的新改建工程，完成环古城风貌保护一期工程的景观照明任务。市政部门着力解决个别区域路灯不配套的后遗问题，先后为45处新村或小巷装灯89套；路灯设施建设工程获省优1项、市优2项。市区共有路灯31333盏，路灯输电及控制线路1149.6公里，路灯总功率2899.5千瓦，路灯计控箱438台，无线监控仪40台，全年开灯4191小时，用电1034万度。年均明灯率99.72%，全年完成货币工作量6272.68万元。

【环境卫生管理】 2003年，全市环境卫生管理工作继续巩固和完善。按照《苏州市市区环卫作业质量标准和考核办法》，市市政公用局进一步加强对市区环卫作业的质量考核工作，完善全市道路保洁机制，强化垃圾日产日清管理，处理好环卫投诉业务，坚持做好环卫作业质量日巡检查工作和每月的明查、暗查工作，发现问题及时督促整改，根据考核各区环卫保洁作业的打分结果确定日常经费。七子山垃圾填埋场的生产和管理各环节按计划落实措施，全年共接纳生活垃圾46万吨，库区覆土7.5万平方米，消杀用药3700公斤；新敷设的污水管道于7月份完工；填埋场动态地磅房、专用推土机、垃圾压实机年内先后投入使用。按照填埋工艺规划要求，修筑临时道路650米、回车平台3个、导气井12口，抬升导气井9口，导排污水18万立方米。欧盟合作项目——城市生态垃圾管理项目于下半年全面启动。另外，投资1200万元的福星粪便处理场建设工程也于年内完工并投入试运行，所选设备与处理工艺在沪宁线上堪称一流。

【改革改制】 2003年年初，按照全市国有企业改革改制工作的统一部署，市市政公用局制定了下属出租汽车公司、新发公司、风光公司、姑苏排水公司、方正检测中心5家改制时间进度表，全力以赴抓好改制工作。5家国有（集体）企业的改制方案于2月底之前全部完成初审并正式上报。在实际操作过程中，市政公用局坚持从实际出发，及时协调解决改制过程中出现的各种矛盾与问题，注重把握好3个方面的重点。一是坚决防止国有资产的流失，二是切实维护职工的合法权益，三是规范操作，依法推进企业的改制进程。至7月底为止，方正检测中心、新发公司、姑苏排水公司、出租汽车公司和风光公司全部完成了"国退民进"改制基本程序，正式挂牌运作。5家企业改制前总资产4.77亿元，经评估总资产为5.38亿元，净资产1.25亿元。国有资产在改制过程中全部退出，国有资产转让收入2004.31万元（其中经批准局调剂使用职工安置费等920万元），613名职工身份全部置换（其中分流人员368名），剥离资产7006.86万元，其中1922.78万元用于职工和离退休人员安置。改制后新设立的5家企业均建立了规范的法人治理结构，并以原企业经营者和经营骨干为投资主体，持股量占企业股份的86%，其余14%为职工（职工持股会）股。按市统一要求，做到了“四到位一基本”，成为真正定义上的独立的市场主体，为民营企业今后的健康发展提供了良好的基础和条件。

【公厕新改建并免费开放】 新改建30座公共厕所，市区公厕全天候免费开放，是市政府下达的2003年度实事项目。市市政公用局突出抓好选点报审、方案设计、建设标准、施工质量等每个环节，克服种种困难，至2003年12月20日为止，30座公厕全部竣工。具体位置分布如下：二郎巷，觅渡桥西，苏州茶厂（绿地内），运河公园，胥虹花园，彩虹桥，人民桥，乌鹊桥路，桐泾花园儿童乐园，桐泾花园水景区，干将路花鸟市场，秋香园，皮市街口，淮阳路，下津桥，南园桥北，相门路绿地，官渎立交桥东、南、西北侧，范庄前口，妇女儿童活动中心，娄江匝道，官渎里电器城对面，内马路，新市桥东堍，迎枫桥弄，十全街，玻纤路西，上塘街。这30座公厕，立意新、标准高，其中11座为星级，18座为一类，1座为移动式；平均每座建筑面积68.4平方米。在内部设施的设计与配置上融入了人性化理念，每座公厕男女蹲位比例为3.5:4。除一座移动式外，其余29座均设有无障碍设施。在整体外观上既有粉墙黛瓦园林式的风貌，又有现代化城市建筑的气息，与周边环境和谐一致。市区原有的收费公厕，于2003年1月份起全部实行免费开放；同时，2002年度新建的38座公厕以向社会公开招标的形式，全部落实了日常管理人员，于2003年6月份起正式上岗，为推进全市环卫保洁作业的市场化进程，迈出了实质性步伐。

【天燃气入市】 随着国家“西气东输”工程的实施，苏州于2001年启动了天燃气高压管网一期工程，并于2002年6月实施工程建设。经过千名建设者一年多的精心施工，工程于2003年底基本完成。共建设I级管道97.9公里，II级管道12公里，门站一座，计量站7座，管线截断阀室6个，工程总投资超过2亿元。2004年1月正式接收天燃气，预计2004年将有5万户居民可使用天燃气。

【燃气管理】 苏州市燃气气源以液化石油气和人工煤气为主。市区管道燃气分为管道煤气和管道液化气。管道煤气（人工煤气）用户主要集中在城区及吴中区长桥镇的新村，现有民用户约15万户。管道液化气主要集中在工业园区和高新区以及市区5个新村，现有民用户计5.5万户。吴中区、相城区以及市区少量民用户主要使用瓶装液化气。市区共有人工煤气管道850公里，液化石油气管道432公里。2003年共新建人工煤气管道36公里，液化石油气管道30公里。

2003年，全市燃气行业管理做到日常监管与专项整治“双管齐下”。有关部门制定印发《苏州市液化石油气瓶装供应站管理规定》和《苏州市液化石油气瓶装供应站标准》，审验发放《供气许可证》529张，换领《燃气工程设施使用许可证》221张；对7家符合条件的燃气燃烧器具安装维修企业发放了《资质证书》，对13家通过年检的企业登报公示，并编制《苏州市燃气燃烧器具安装维修企业目录》；配合市城管部门拆除占压燃气管道建筑物11处，另17处亦将逐步拆除；制定《苏州市重特大燃气安全事故应急处理预案》，加大燃气安全检查的力度，发现隐患及时督促整改。全年共取缔违章设立的液化气供应站200余个，查处无证灌装、使用不合格液化气钢瓶以及野蛮施工损坏燃气管道等违章违规行为100多起。年内，市燃气协会成立。 （李 峰）

城市市容管理

【概况】 2003年，全市城管部门以建立健全城市环境长效管理机制为重点，以开展全省城市管理创优活动为重要载体和有效抓手，全面推进相对集中行政处罚权工作，张家港、太仓、吴江3市获得省政府批准开展城市管理相对集中行政处罚权工作，使苏州成为全国率先在全行政区域范围内开展这项工作的地区。实施城管执法队员派驻到街道（镇）工作，不断强化指导、检查、考核、督察和督办。深入开展城市管理创优活动，张家港市、吴江市和昆山市在全省城管创优活动评比中获得优秀奖，分别列全省县（市）、区组第一名、第二名和第四名，苏州市区获得省辖市先进奖和城市街景管理特别奖。探索、实施城市管理的市场化、社会化运作方式，加强行政执法的规范化建设，加大执法巡查力度，增强快速反应能力，全面动态监控市容环境。持续开展各项环境专项整治和综合整治，清除严重影响市容环境面貌的突出问题，为全市经济社会发展创造了洁净优美的市容环境和人居环境。

【长效管理】 2003年，全市城管部门继续深化“两级政府、三级管理”城市管理体制改革，制订《关于加强苏州市市区城市环境长效管理工作的意见》，建立街道城管协管员和街巷新村保洁员两支队伍，推动城市管理工作重心下移。根据《苏州市市区城市管理行政执法工作延伸到街道的实施意见》，沧浪、金阊、平江3城区派驻50名执法队员到街道（镇），进一步加强街道基层城管执法力量。按照市政府下达的2003年城市环境长效管理任务书和市政府批转的《关于深入开展城市管理创优活动的意见》，市城管部门发挥创建指挥部作用，把城管创优活动和城市环境长效管理工作结合起来，进一步强化城市管理目标责任制，加强对各市（县）、区的市容环境长效管理的检查、考核、督促和协调，全年督促解决了320多个突出问题，配合市领导进行3次市容环境现场办公，及时解决16个市容环境老大难问题；设立专线投诉电话，受理群众来信、来电、来访4953件（次）；与《苏州日报》联办的城市管理专版共出刊25期，刊登相关报道391篇，《姑苏晚报》、《城市商报》、《消费报》刊发城市管理方面稿件259篇，苏州广电总台新闻综合等频道及时报道和热点追踪城管工作新闻稿180余条（次），每半月更新一次城管网站内容，与电信部门合作建立

16822550城管法规知识自动声讯服务宣传平台。

【队伍建设】 2003年，市城管部门修订《市、区城管执法队伍考核办法》、《城管协管员考核暂行办法》，强化“人人是形象、个个是窗口”意识，开展争创流动红旗活动，定期考核，通报结果，月月排名次、季季搞评比，做到以制度抓管理，以督查促落实。金阊区城管部门不断完善各项规章制度，开展多种形式教育活动，实行“末位淘汰制”。广泛开展“学先进、找差距”活动，树立典型、表彰先进、弘扬正气，涌现出全国建设系统精神文明先进个人、市劳动模范和“十佳执法队员”等一批先进人物。对中队长和40名新录用队员进行法律法规知识、军事队列培训。吴中区城管局组织全体队员到武警中队开展军事化训练，平江、沧浪城管局多次邀请法官授课。建立每月一次全市城管执法局分管局长、两月一次全市执法中队长、一月两次中队例会制度，形成覆盖全体执法人员的三级学习交流网络，及时推广各区、各中队新思路、新举措、新经验。组织开展“城管队员在你身边”系列活动，执法队员撰写“我的工作格言”，各执法中队与社区共创共建，开展扶贫帮困、爱心助学、义务献血等活动。

【执法监督】 2003年，全市城管部门积极探索城管执法巡查模式，加快城管110规范化建设，实现市区城管110的联动联网，强化执法责任制，完善执法程序，规范执法行为，进一步加大执法力度和推进依法行政，快速有效解决城市管理中出现的问题，努力提高城管联动快速反应能力和为民服务水平。市、区两级城管部门全年共纠处各类违章294325起，其中，市容环境卫生方面83752起，城市规划方面6016起，绿化方面3061起，工商行政管理方面100025起，市政、水务方面77134起，公安交通方面23318起，环保方面1019起，立案查处31848起，结案31657起，罚款631万多元。拆除各类违法建筑1347处，计70104平方米，拆除各类违章户外广告3246块，计49139平方米。城管110共解决群众投诉的热点难点问题4363件，受到全市110联动领导小组的表彰，市城管执法局被授予先进集体称号。

【环境整治】 2003年，全市城管部门认真落实市政府办公室《关于整治摊点秩序的实施方案》精神，对80个便民自行车维修点重新定位和设立标志牌，对100个书报亭、200个一百放心早餐摊点、139个牛奶摊点实行发证管理。深入开展创建市容环境管理示范路和精品路活动，整治广告招牌4055块，拆除3147块，面积48073平方米，拆除雨棚700多只，整洁建筑容貌636家。督促落实“门前三包”责任制，做好日常检查、指导和协调工作，在干将路、临顿路、北环路、金门路、广济南路等道路实行“门前三包”工作市场化运作试点，通过公开招标，由3家清洁服务公司负责“门前三包”工作。市行政服务中心城管窗口共受理审批事项3222件，全部按时或提前办结， 3次被评为“优秀窗口”，窗口负责人被评为“十大服务明星”，对石路等主要道路的户外广告（店招店牌）的设置进行统一规划、科学管理，对东环路、临顿路、凤凰街等近30条道路户外广告(店招店牌)集中整治，先后组织3次户外广告设施（阵地）使用权公开拍卖，成交金额达438万元。积极开展对市区30条主要道路131户摩托车、助动车修理业和铝合金（塑钢）、木器加工业的专项清理整治活动。利用“城管110”不间断巡查、执法，有效遏制了主次干道、重要地段的夜排档，对夏季部分路段的夜排档较为集中状况，从7月份开始集中整治，出动执法人员2500多人次，取缔无证摊点600多个。成立拆违专业队伍，实行网格化巡查，畅通群众举报渠道，对新建违章建筑发现一处、拆除一处，通过法律程序对十全人家、水城食府等“钉子户”的违章建筑进行依法强制拆除。组织3次较大规模的乱涂乱贴专项整治活动，对市区62条主次干道全面委托清洁服务公司组织105名专职人员进行全天候、专业化的清除乱涂乱贴工作，全年清除乱涂乱贴100多万张（处），查处乱涂乱贴8248起，停机处理7067只，对部分号码进行追呼干扰。

【城管执法案例】

案例一：在自己房屋前的公共绿化用地上建造自家花园合法吗？

当事人张某于2002年8月在自己房屋院墙外的一块公用绿地上，移植、砍伐树木，开挖池塘，垒砌假山，铺设小道，并将该绿地唯一的东侧通道装上门，将房屋的内院院墙拆除，使内院与建设后的原绿地形成一封闭式的小花园。张某的目的是将公共绿地改造为私家花园。经群众举报，某区城管执法局于2002年12月6日作出限期15日内退还所占绿化用地，并处28000元罚款的行政处罚决定，当事人张某不服，向某区人民法院提起行政诉讼，2003年2月10日区人民法院作出判决：维持某区城管执法局作出的行政处罚决定。

本案涉及占用绿化用地问题，对于占用绿化用地是指未经有关行政主管部门批准，在绿化用地上搭建建（构）筑物、堆放物料、从事生产加工等活动以及封闭、改变绿化用地的性质等行为。本案中，当事人改建绿地为花园的行为一方面是未经市城市绿化行政主管部门同意，擅自将自己住房南侧的新村公共绿化用地改建为封闭式的私家小花园，其行为违反了《苏州市城市绿化条例》第十七条规定，属擅自占用城市绿化用地；另一方面是该行为未经城市绿化行政主管部门同意，擅自将绿化用地上的树木移植、砍伐，其行为违反了《苏州市城市绿化条例》第十八条规定，属擅自移植、砍伐树木。当事人张某的行为违反了上述两条法规条款，对擅自占用城市绿化用地的行为，根据《苏州市城市管理相对集中行政处罚权试行办法》第二十四条规定，擅自占用绿化用地的，责令限期退还、恢复原状，可以并处所占绿化用地面积每平方米500元以上1000元以下的罚款。对擅自移植、砍伐树木的行为，根据《苏州市城市管理相对集中行政处罚权试行办法》第二十三条规定，擅自砍伐、移植、截杆树木的，责令停止侵害，赔偿损失，并处赔偿额1至5倍的罚款。《苏州市城市管理相对集中行政处罚权试行办法》第四十二条规定，同一违法行为违反本办法若干处罚规定的，执法局按其中处罚最重的一项规定进行处罚。区城管执法局认定张某行为是占用绿化用地的行为，其定性是正确的，符合上述规定。

案例二：毛某未经批准，对其老宅基地上的危房进行翻建，毛某邻居朱某认为影响其合法权益，请求某区城管执法局予以拆除，区城管执法局调查后未予拆除，是否构成行政不作为？

2002年4月，毛某未经批准擅自将坐落于某新村46号的危房翻建，其邻居47号的朱某在毛某房屋翻建好后，于同年5月27日向市电视台写信反映毛某违章搭建，后又于2002年10月、11月，两次向所在区城管执法局写信举报，区城管执法局对朱某反映的情况进行了调查，要求当事人毛某到规划部门补办有关手续，2003年3月4日，举报人朱某以区城管执法局至今对所举报的违章建筑未进行拆除，认为是不作为的行为，将区城管执法局告上法庭。

2003年4月17日，法院公开开庭进行了审理，并当庭宣判：原告朱某起诉被告不作为的理由不能成立，驳回其起诉区城管执法局不履行城市管理法定职责的诉讼请求。

本案主要涉及行政不作为的认定问题。由于我国尚未制定行政程序法，对行政不作为的规定散见于实体法之中。对不履行法定职责即行政不作为，必须存在"不履行或者逾期不答复"的情形。本案中，区城管执法局接到朱某的举报后，进行了登记和调查，根据调查的情况，召开了违章建筑处理会议，提出了处理方案，并将处理意见答复了举报人朱某，视为区城管执法局已在履行城市管理法定职责。朱某以区城管执法局对其举报的违章建筑没有进行拆除而起诉区城管执法局不作为的理由是不能成立的。（李百超）

城市交通管理

【概况】 2003年，苏州市交通部门围绕"两个率先"的要求，按照适度超前、突出重点、城乡一体、配套完善的新一轮交通跨越式发展目标，推进交通基础设施建设，全力加快市域高速公路网、干线公路网、城市出入口和快速干道体系建设步伐。在相继克服了"非典"疫情、连续高温、原材料价格上涨以及新开项目多、拆迁任务重、地方协调难度大等诸多困难后，全年完成总投资86.74亿元，为年度计划的145.8%，较上年同期翻了一番。高速公路建设保持强势推进，城市出入口项目友新路高架桥创下了当年开工当年完工的建设先例，干线公路加密进程全面加快，农村公路升级指标全面启动，市域范围的大交通格局逐步形成。

【"城市货的"投入运营】 2003年，苏州市公安部门会同交通部门通过开展调研工作，根据全市实际以及市场的发展程度、社会信息化发展水平，借鉴上海市和无锡市发展城市公共货运交通（即货运出租汽车）的经验，联合向市政府提出了先期发展城市货运出租汽车的建议。在得到市政府批准后，相关部门通过调研论证、方案拟定、前期准备等阶段迅速完成了对货运出租汽车6家参营企业和800辆运力额度的确定、车型的核定、管理办法的制定等工作。

2003年7月1日，苏州市首批货运出租汽车（城市货的）开始投入运营。为保证货运出租汽车的正常配送，交通部门对传统的疏港制度进行了改革，在白洋湾火车西站建立了货运交易市场，实行持证进场、双向选择、公平交易；公安部门对货运出租汽车发放专用通行证，允许其在中心城区以内道路24小时通行运营，同时，严格控制市区货车通行证的发放，对原有货运微型普通货车实行停止发放通行证。这项工作不仅为规范城市物流配送体系奠定了基础，而且对改变市区微型货车"多、小、散、弱"的局面，有效实施货车通行限制措施，降低中心城区排气污染，提高城市形象，起到重要的促进作用，以"城市货的"为依托的城区物流配送体系已初现端倪。（季 玮）

【市内交通管理现代化建设】 2003年，全市交通管理现代化建设进一步加强。一是高标准，高投入，大力开发建设完善交通管理自动控制中心。市公安局交通控制中心项目获得公安部"科学技术奖"二等奖。市区交通指挥控制中心一期、二期工程连续被列为市政府"实事工程"后，三期建设也已进入资金筹备阶段。二是加大交通管理设施投入，提高城市交通组织水平。三是致力开发应用，增强管理效能。车辆、驾驶员、交通违章、肇事等信息实现网上共享。已有113台"苏州公安无线移动警务通"配备至一线，提高路面执勤警察的勤务效率。市公安局还与电信部门共同构建了交通信息沟通与查询的平台，交巡警支队和张家港、常熟、太仓等地也开发完成了英特网互联网站，为广大民众提供道路出行参考、交通法规、交巡警工作等各方面的信息发挥了作用。（沈 芳）

古城保护

【概况】 2003年，市委、市政府以举办2004年第28届世界遗产大会为契机，积极开展苏州古城申报世界遗产工作。市文广局对市区原200处控制保护建筑进行复查，划定了控保建筑的保护范围，并与市规划局联合编制出版《苏州市控制保护建筑保护范围图录》。常熟市编撰出版了《常熟国家历史文化名城辞典》。山塘街历史文化街区保护性修复（试验段）已经完成，位于这一地段的长期险象环生的文物古建筑玉涵堂整修一新；平江区历史文化街区的整治也初见端倪；在环古城河风貌建设性保护中，新景观伍子胥园成为古胥门河畔的新亮点。周庄、同里、角直被列入首批"中国十大历史文化名镇"，并被联合国教科文组织授予"2003年亚太地区文化遗产保护杰出成就奖"。（朱钧柱）

【环古城风貌保护工程】 环古城风貌保护工程是以苏州古城外城河为界面，在河两侧纵深100～150米范围内建设集古城保护、市政交通、生态绿化、景观旅游、防洪排涝为一体的一项综合性基础设施工程。项目占地面积约390公顷，总投资约50亿元，其中拆迁及管线迁移31亿元，工程建设约19亿元（市政约8亿元、房屋配套工程8亿元、绿化景观3亿元）。该项目分二期实施。一期工程以环古城河南段、东段为重点，以打通交通瓶颈，缓解古城交通压力为主线，在环古城河外侧实施路桥工程改造，并结合沿线绿化景观建设，另一方面以

附：环古城风貌保护工程一期各节点项目

单位：万元

项 目 名 称	立项投资额	前 期	工程投资
盘门路至觅渡桥道路改造	40678	36000	4678
裕棠桥三角洲绿化	500	500	
解放桥至朱公桥绿化配套	4838	4838	
裕棠桥西北堍绿化配套	3000	3000	
朱公桥至盘门横街绿化配套	3000	3000	
朱公桥西南堍绿化配套	1500	1500	
人民桥觅渡桥改造	7000		7000
新市桥东南堍绿化配套	3300	2000	1300
人民桥至东大街绿化配套	4800	3000	1800
环古城河路东段北段	124200	92400	31800
南新桥至新市桥环城河东绿化配套	5000	5000	
干将桥至新市桥环城河西绿化配套	15000	10000	5000
三香路胥路立交	5000	2000	3000
泰让桥改造	1000		1000
劳动路东段改造	2000	1500	500
规划展示馆	11500		11500
枣市桥移建	300		300
伍子胥纪念园	2000		2000
演出中心	24000		24000
胥路东侧低洼地改造	8000	8000	

闾门节点改造为代表，并结合配套设施建设，重现古城风貌。

环古城风貌一期工程于2002年5月24日在南门路试验段开工，于2003年7月28日基本完工，建成南门路、莫邪路、东汇路等3条道路和人民桥、觅渡桥、相门立交、娄门桥、糖坊湾桥、三香路胥路立交、泰让桥拓宽、蟠龙桥8个节点以及规划展示馆、伍子胥纪念园两处公共建筑，完成沿线约30万平方米的绿化景观带建设，沿线管线全部入地，灯光建设初见成效，对古胥门城墙也作了修复，共计完成投资约23亿元。

环古城风貌二期工程于2003年7月陆续开工，主要工作内容包括：新市桥节点改造、齐门节点改造、小劳动路拓宽，爱河桥路、万年桥整饰，平四路、平齐路、泰让桥老桥重建，环城河老桥整饰等市政工程；演出中心、半截子街、皇亭街、胥江餐厅、水上服务中心、烟霞浩渺景区、洋关小红楼复建等公共建筑及配套工程。特别是要对闾门进行改造，恢复老闾门瓮城、柳毅祠、百间楼、占鱼墩，建设白居易纪念地，重现“姑苏繁华图”中闾门景象。 （城 投）

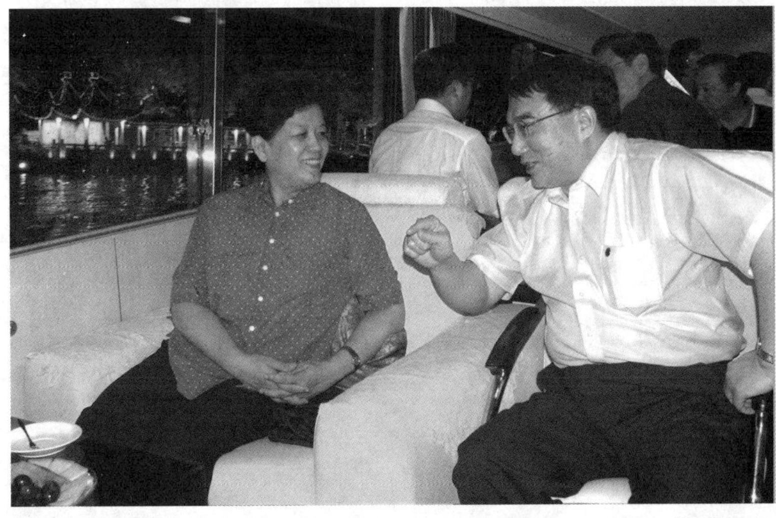

2003年8月25日，国务委员陈至立（左一）在省委常委、市委书记王珉陪同下考察环古城风貌保护工程。 （沈锡锡摄）

【《市区控保古建筑图录》面世】 建立在地形图基础上的苏州市区200处控制保护古建筑的概况图结集成册，2003年5月面世。

《苏州市区控制保护古建筑图录》的册子由市文管部门委托市勘察测绘院进行编制。该图册主要由200张控保建筑保护范围及风貌协调保护区图组成，一处控保建筑一张图，另拟配有分布总图和分图等。每一张单图都是以苏州城区1：500的地形图作底子，上面标明相关控保建筑的位置示意图、控制保护的范围、相应的风貌协调保护区范围，并配有每处建筑的情况简介。与地形图相结合的控保建筑图，对现状的反映非常精确，包括建筑的面积、周围的街巷分布、涉及到的保护范围等在图上都是一目了然。在涉及到有关房屋的改造、拆迁时可以作为行政审批、行政执法的依据，同时也是一份值得珍藏的档案资料。

（徐蕴海）

【拙政园历史文化保护区规划出台】 2003年10月，以世界文化遗产为灵魂，以苏州博物馆为依托，融文化、旅游、居住、传统商业等功能为一体的拙政园历史文化保护区保护整治规划获正式批准。科学规划、合理布局的博物馆群落与古街古巷古河道古建筑交相辉映，凸现拙政园街区浓郁厚重的历史文化氛围。

拙政园历史文化保护区与山塘历史文化保护区、怡园历史文化保护区、平

觅渡夜景。 （杭兴微摄）

江历史文化保护区、阊门历史文化保护区同为苏州市历史文化名城保护规划确定的5个历史文化保护区。该保护区位于苏州古城东北部。本次规划范围：北以渔郎桥浜、拙政园路为界，南至狮林巷、东北街河，西以临顿路为界，东到园林路、百家巷，涉及古城5号、12号街坊，占地24.17公顷。

该规划依据苏州市城市总体规划和历史名城保护规划要求，确定了“一轴、二片、三园、四馆”的空间格局。规划以东北街为轴线，串起东北街东西两片富有传统特色的商业配套服务区和世界文化遗产拙政园、狮子林以及国家文物保护单位太平天国忠王府等主要景点，将苏州博物馆、园林博物馆、民俗博物馆、工艺博物馆、丝绸博物馆及正在筹划的状元博物馆、佛教博物馆、吴门书画展示馆等博物馆群落连成一个有机的整体。

该规划在多次讨论论证的基础上，当年5月8日经过苏州市规划委员会审议，经规划设计单位调整完善后，7月3日由阮仪三、吴明伟等国内著名专家组成的专家组论证通过，9月28～29日经2003年度苏州市城市规划专家咨询委员会第一次会议审议通过。周干峙、吴良镛、朱自煊、阮仪三等专家学者对该规划给予充分肯定。苏州市政府于10月9日正式批准《拙政园历史文化保护区保护整治规划》。

【两座清代建筑原貌整体移建】 2003年10月底，拙政园历史文化保护区内的两座清代建筑——张氏义庄和亲仁堂整体移建工作开始进行。

张氏义庄、亲仁堂位于苏州博物馆新馆建设范围之内。根据古城保护的原则，在建设博物馆新馆的同时，要下大力保护好体现苏州历史文化的古建筑。为此，特在拙政园南、潘儒巷北、吴钟骏故居西侧辟出地块，将张氏义庄、亲仁堂整体移建。它北傍拙政园、忠王府、苏州博物馆，西邻民俗博物馆、狮子林，处于历史文化旅游的核心区域。施工人员按照文物古建筑施工规范，将移建建筑测绘、拆卸、绘图、编号，做到建筑完整、历史真实、布局照旧、调整恰当。移建后的张氏义庄和亲仁堂将用作吴门书画展示馆，成为拙政园历史街区的又一重要景观。

【彭氏状元府“原味”移建】 2003年6月，十全街彭氏状元府在街坊改造中得到原汁原味的修复。

据史料记载，苏州彭氏家族自明代洪武年间由江西清江迁至长洲入籍，明末起便居住十全街。至清代康熙15年，彭氏家族的彭定求状元及第，后奉旨领衔编校《全唐诗》。彭定求之孙彭启丰20多岁再度科举夺魁高中状元，此后官至兵部尚书、内阁学士，因此彭氏状元第又称尚书第。从清代顺治至道光200年间，彭氏一族先后有7人登第，成为苏州有名的书香仕宦名门。

经世代繁衍，彭宅已东至尚书里，西至相王路，南临南园的一片典型的苏州民居建筑群落。经几百年世事沧桑，彭宅的大部分建筑木构件已朽烂，虫蛀蜂窝残缺不全，无法承载重荷，近几十年来更是居民乱搭乱建难辨原来风貌。经市文管部门反复研究，决定自2002年12月起，对彭宅进行主体修复移建。移建后的彭宅矗立于十全街67号，总建筑面积为480平方米。精心保留的门厅、轿厅、大厅和楼厅古朴典雅，补建的“五蝠捧寿”砖雕门楼突显出浓郁的吴文化气息。 （徐 宁）

【伍子胥塑像出现在古胥门】 在胥门外兴建的伍子胥纪念园于2003年6月底前全面竣工，伍子胥这位出将入相的历史名人雕像出现在古胥门下、护城河边。被列为市文物保护单位的古胥门将成为环古城风貌带的一个亮点。

作为苏州古城的始建者，伍子胥是苏州百姓家喻户晓的历史名人。2500多年前，伍子胥与孙武同为吴国重臣，吴王阖闾命伍子胥重建城廓，伍子胥上观天象、下测水文地质，在原有吴子城的基础上，进行扩建，即现在的苏州古城。此次在环古城风貌保护工程中，选择在胥门外建伍子胥纪念园，是因为伍子胥与胥门有着不解之缘。传说中最多的一种说法，胥门名称的由来，就是因为筑苏州城者伍子胥的住宅就在此地附近。伍子胥死后，吴地百姓为纪念他又命名了胥山、胥江。

伍子胥纪念园的建设风格围绕吴越春秋时期伍子胥在吴国的主要活动展开，建筑形式、体量、色调及陈列方式与该段历史及周边环境相协调。其设计意图是体现历史的沧桑和对历史的崇敬，在保护胥门原风貌的基础上，将近代明显有修葺痕迹之处拆除，瓮城内采用古代地砖形制，与瓮城遗址所采用古石条形成强烈对比。瓮城外的广场布置，意在体现端庄严谨的氛围，两侧的石刻牌上则为人们耳熟能详的历史故事。纪念园靠近万年桥堍一侧，设置伍子胥雕像和浮雕墙，雕像材质拟用苏州金山石。纪念园建成后，既是环古城文化旅游的一个新项目，也是市民日常社区文化活动的新场地。

（徐蕴海）

建筑业

【概况】 2003年全市累计房屋建筑

施工面积6500万平方米，新开工面积5000万平方米；自行完成施工面积4629万平方米，竣工面积2594万平方米，企业总产值382亿元，建筑业产值360亿元。全市现有建筑企业786家，其中一级企业27家，二级企业125家，三级企业623家，其他11家，从业人员超过28万人。

【资质管理】 2003年，全市应参加资质年检的建筑业企业638家，实际参加630家，其中合格599家，基本合格31家，未年检或注销8家；参加资质就位和年检的监理企业47家，合格的43家，基本合格的3家。2003年新设立建筑业企业47家，新设立监理企业10家。

【建筑质量安全】 2003年，市政府颁布了《苏州市建筑施工安全监督管理办法》。将市政、拆房工地纳入安全监测范围；市建设局印发了《关于加强市政基础设施项目和房屋拆除工程施工安全监督管理的通知》、《关于加强市区房屋拆除工程安全管理若干意见的通知》和《关于进一步加强城市房屋建筑拆除工程施工许可证管理的通知》，制定《建筑施工重特大安全事故应急救援预案》，实施苏州市建筑施工人员意外伤害保险。全年共组织各类大检查14次，抽查了1100个工程项目，施工面积达850万平方米，查处事故隐患2200条。创建文明工地237个，推荐申报省级文明工地50个。组织力量抓好市府实事工程、环境道路及定销商品房质量监督，对定销商品房加强后期质量监督验收，全年出监督报告331份，一次验收合格率99.9%，没有发生因质量监督失误而造成重大工程质量事故。市建设工程质监站被建设部评为全国工程建设系统优秀质监站。

【工程造价】 2003年7月份后，各类建筑材料价格不断上涨，尤其是钢铁、水泥更是暴涨，为保证建筑市场稳步发展，市建设局及时采取措施，根据市场情况先后8次调整建材预算价格，年前又发出《关于加快建设工程竣工结算的通知》。针对因价格上涨而可能发生的安全质量问题，9月，市建设局组织全市建筑业生产质量安全综合检查，重点检查进场建材检测等情况，督促施工、监理单位严把材料进场报验关。11月，发出了《关于妥善处理建筑材料价格上涨、确保工程质量安全的意见》，本着实事求是、公平合理的原则指导承发包双方妥善处理材料价差调整问题。全年各造价咨询单位完成咨询项目6279个，累计造价204.62亿元，其中工程造价审核4081项，累计造价63.02亿元，核减金额9.03亿元，核减率12.46%。市造价处被建设部评为全国工程建设标准定额工作先进集体称号。

【建筑安全事故】 2003年，全市安全事故发生20起，死亡19人，重伤2人，与上年同口径相比，每百亿元产值死亡人数为6.7人，下降0.8人，万人死亡率0.71，比上年有所下降，每百万平方米施工面积死亡率为0.31，比上年下降了0.05点，但死亡人数的绝对值没有下降。

【建筑市场管理】 2003年，苏州市对监理、商品混凝土、弱电、桩基、消防等开展招投标工作，对人防、绿化、水务等工程招投标也纳入统一管理，统一发布信息，重要环节须经招标办备案。开展劳务分包尝试。全市基本形成开放有序、立体多维、规范统一的建设市场格局。全年全市发包工程6760个，其中通过招投标发包2782个，中标金额290多亿元；发包工程造价和中标金额分别比上年同期增长103.68%和104.59%。通过招投标，降低工程造价23.31亿元，节省工程投资9.62%，缩短工期9.35%。苏州市招标办公室被建设部评为全国建筑市场管理先进单位。 （张勇坚）

【苏州建筑工程集团有限公司】 2003年，公司按照市委、市政府的统一部署，正确处理改革发展稳定三者关系，稳步推进企业产权制度改革。所属企业和公司本部均完成产权制度改革任务，国有资本全部退出，新企业已挂牌运行。改制后的建工集团是以资产为纽带，以苏州第一建筑工程集团、苏州第二建筑工程集团公司等骨干建筑施工企业为核心层的大型建筑综合性施工集团公司。公司全年施工面积418万平方米，比上年增长45%；完成总产值31.6亿元，比上年增长70%，其中施工产值30.4亿元，比上年74%；实现利税9689万元，比上年增长43%；职工人均收入20932元，比上年增长18%；施工质量稳中有升，工程优良率达65%，11个项目获市“姑苏杯”优质工程奖，6个项目获省“扬子杯”优质工程奖；安全生产方面无重大伤亡事故发生。企业改制任务的完成，经济的较快增长和内部的基本稳定为今后发展奠定了良好基础。

（苏 建）

房地产业

【概况】 2003年，全市加强对房地产中介服务机构和中介行为的管理，加快房地产估价、经纪人员的执业培训，中介服务行业逐步规范。苏州市房地产市场活跃，房价增长较快，普通商品房供不应求，存量住房交

附表：市区房屋状况（2003）

单位：万平方米

指标名称	面　积
年末实有房屋建筑面积	7277.99
其中：住宅	3481.27
其中：私有(自有)住宅	2511.92
年末成套住宅建筑面积	3057.88
年末危险房屋建筑面积	150.25
其中：住宅	61.07
本年房屋减少面积	145.70
其中：住宅	86.98

（倪峻 殷伟）

市区居住状况（2003）

指标名称	单位	数值
居住人口	万人	127.08
居住户数	户	436701
人均建筑面积在10平方米以下住户	户	3508
人均住宅建筑面积	平方米／人	27.39
户均住宅套数	套／户	0.86
住宅成套率	%	87.84
住宅自有率	%	72.16

（倪峻　殷伟）

易增加较快。依法管理和规范交易行为，简化了交易办证的环节和手续。社会化、专业化、市场化的物业管理逐步推进，物业管理已从住宅区推广到学校、医院、商场、办公楼宇等各类物业。房地产管理部门充分发挥服务窗口作用，结合房产管理工作实际，加快政风行风建设和服务型政府部门的建设，全力为民办实事，不断推进职工队伍精神文明建设，各项工作取得新发展。

【转制改制工作】 苏州市房产管理局在2003年初投入转改制成本1.75亿元，扶持城区房管所在完成转改制的基础上，建立新的直管公房管理机制。针对转改制后成立的房管新企业运作情况，进行调查研究，制定转改制后直管公房管理的实施意见、配套文件以及考核办法，充分调动市、区两级房管局，转改制后的新企业和居民住户三个方面的积极性，共同做好直管公房委托管理、委托经营的完善工作，逐步走上"政府出钱买服务"的市场经济道路。通过改革调整了管理体制，实行直管公房租金统收统支、收支两条线，经营管理模式过渡到企业化运作，使城区房管部门实现了人员消肿，减少了人员费用，提高了直管公房的养护维修能力。

市房管局11个直属企事业单位纳入转企改制，经过财务审计、资产评估、方案制定、公示和通过报告方案等程序，截至7月31日，23个单位（含子公司等二级法人单位）转企改制工作全部结束，经工商登记新成立的11个股份制企业全部挂牌，进入市场经济运行模式。23个单位资产总额6.60亿元，负债总额4.74亿元，净资产1.86亿元；剥离资产4831.35万元，其中人员安置费1967.12万元，剥离后净资产1.24亿元，国有资产转让收入8843.68万元。全局系统整个转企改制工作比较平稳，职工利益得到有效维护，国有资产转让公开规范，得到有效监管。

【房改政策调整】 2003年，苏州市房管局研究制定了《苏州市市区2003年度房改调整方案》，经市政府常务会议审议通过，并报经省政府批准同意，从7月1日起执行。《方案》在4个方面较原方案有了较大的调整。

一是调整住房公积金。机关、事业单位的公积金缴存比例，单位和个人都由8%调整为10%；企业可根据单位条件和承受能力，缴存比例在8%～12%幅度内掌握；缴存基数按职工本人2002年度的月平均工资收入核定，缴存基数的上限从月平均3000元调整为5000元。

二是调整公有住房出售价格。砖混一等建筑面积每平方米最低成本价从936元调整为980元，最低限价甲级地段240元、乙级地段230元、丙级地段220元，最低市场价1570元；砖混二等建筑面积每平方米最低成本价从686元调整为720元，最低限价甲级地段180元、乙级地段170元、丙级地段160元，最低市场价1200元；砖混二等公有住房出售的现住房折扣和一次性付款折扣执行到2003年末截止。公有住房租金暂不作调整，并继续执行各项减免政策。

三是调整住房（租金）补贴。1998年11月30日以前参加工作的老职工的住房（租金）补贴，有条件的单位可在原有基础上，上浮2.5个百分点，即在职职工由2.4%调整到4.9%；离退休人员由3.7%调整到6.2%。在职职工的补贴基数与公积金缴存基数相同；离退休人员的补贴基数按劳动、人事部门的口径计算。

四是调整职工购买住房货币补贴。老职工住房一次性货币补贴，购房补贴每平方米最高补贴标准从400元提高到500元；工龄补贴标准每年每平方米最高补贴标准从7.12元提高到7.75元。凡工龄满25（含）年的可直接发放货币补贴。对已按原标准400元发放过补贴的，不得因标准提高而再予补贴。新职工逐月发放的住房货币补贴比例，从13%调整为15%。

五是未涉及调整的内容仍按原规定执行。

针对企事业单位转改制的新情况，对改制单位职工购房补贴发放实施新办法，妥善处理好企业离休干

附表：市区住房制度改革情况（2003）

指标名称	单位	数值
1. 租金改革情况	－	－
公有住房平均租金	元／平方米	2.50
廉租住房租金标准	元／平方米	0.56
2. 公有住房出售情况	－	－
公有住房累计已出售总量	万平方米	1003.86
其中：当年出售量	万平方米	34.75
当年房改成本价	元／平方米	980.00
公有住房售房款累计总额	万元	215960.77
公有住房售房款余额	万元	44301.08

（倪峻　殷伟）

部购房补贴的发放问题。为方便群众办事，取消了房改房上市审批程序，简化“优惠售房”补差款的缴交程序，同时慎重处理房改产生的各种历史遗留问题。全市还开展了清房工作。到2003年末，古城区已累计完成房改售房130388套、793万平方米、19.55亿元；发放购房货币补贴36200人、187万平方米、7.7亿元。

【市区改制企事业单位住房基金处理意见出台】 2003年，为适应全市企事业单位转改制工作的需要，充分用好单位现有住房基金（售房款），尽量保证转改制企事业单位中的职工购房补贴能够到位，市房管局积极与市体改办、财政局、公积金中心协调，拟订《关于市区企事业单位改制中单位住房基金的处理意见》，经市政府领导同意出台。《意见》要求企事业单位在改制前，按单位售房款结余金额，对1998年11月30日前参加工作无房或住房未达标准的本单位在册职工，应按市有关房改政策规定统一实行购房补贴。发放此项补贴时职工不必购房，经市房产管理局审核同意后，存入个人公积金账户，建立购房补贴科目，购房补贴属个人所有，待个人购房或退休时领取。这既坚持了购房时才能补贴的原则，又维护了改制单位职工的合法权益。

【房产权属管理】 2003年，市房地产监理处以全市体制改革大局为重，积极支持和配合市区各转企改制单位做好房产登记发证工作，推进市区企事业单位转改制工作的顺利进行。市区不少转改制单位因历史原因存在着部分房屋有房无证的状况，以致于在转改制时国有资产难以处置、产权难以明晰。为了加快推进全市体制改革，切实支持市区各有关单位的转改制工作，市房地产监理处从实际出发，采取开辟快速通道等多种有效措施，既把好办证质量关，确保国有资产不流失，又做到特事特办、简化手续、方便办证。对一些历史遗留问题，采取先实地调查，后按规定办理确权登记手续，由单位立具保证书，经主管局证明，公告无异议后颁发房屋权属证书。同时切实把好转改制单位房产登记质量关，要求办理房产转移登记的转改制单位提供国资部门的资产处置批文，及国资部门认可的资产评估报告，并对评估报告中的房屋资产内容与申请转移的房屋逐一严格核对，切实保证国有资产不流失。年内，先后办理市区22个系统、198处企事业单位转改制房产登记发证业务，计建筑面积48.11万平方米。支持各系统转改制等需要置换直管非居住房，签订协议49份，置换直管公房11万平方米，回收资金3744.60万元，并追回旧欠租金1145.35万元。

全年房产登记发证70787户（处），面积976万平方米；房产测绘1841户（处）、面积779.91万平方米；房地产档案归档55602卷（宗）。

【物业管理】 2003年，全市房产管理系统全面贯彻国务院和省《物业管理条例》，努力推进全市物业管理市场化、规范化进程。全面整顿物业管理企业资质，印发《关于贯彻〈前期物业管理招标投标管理暂行办法〉的实施意见》，初步建立了一套招投标管理办法，从9月1日开始，新建物业管理项目实行招投标，市区8个项目进行了招标。落实30个住宅区、1.4万平方米的物业管理用房，依法明确产权，维护业主的合法权益。2003年市区新建立和换届的业主委员会60家。认真制定《苏州市住宅共用部位共用设施设备维修基金管理办法》各项配套政策，已归集住宅共用部位共用设施设备维修基金6686.22万元。组织制定《苏州市物业服务项目指导目录》，通过双方签订物业管理委托合同，明确权利与义务关系，解决物业管理服务与收费的问题，维护双方的合法权益。努力创建全国、省级、市级物业管理优秀住宅小区。苏州工业园区国际大厦申报全国物业管理示范大厦，苏州大学、常熟市清和坊小区、张家港市长江新城花园、万红新区申报全省物业管理优秀小区（大厦）都通过了考评。参评的小区数量和质量在全省继续保持领先地位。

【直管公房养护维修】 2003年，全市继续开展直管公房危旧住房成片解危改造修缮工作和古建筑修缮保护工作。全年修缮改善危旧住房10.2万平方米，超额完成市政府实事项目的要求。投入资金1816万元，对祥符寺巷、前宝元街、吴衙场等11个地方5.3万平方米直管公房危旧住房进行成片解危改造修缮，既保持了苏州的古城风貌，又改善了住户的居住条件。

附表：市区物业管理情况（2003）

项　　目	单　位	数　值
一、物业管理企业总数：	个	148
其中：一级资质	个	1
二级资质	个	5
三级资质	个	110
临时资质	个	32
二、物业管理项目情况	项目个数（个）	房屋建筑面积（万平方米）
项目合计	744	2904.05
住宅	465	2333.11
其中：5万平方米以上的住宅小区	145	1479.93
办公楼	89	162.22
商业营业用房	82	52.05
工业仓储用房	73	268.62
其他	35	88.05

（倪峻　殷伟）

投入资金745万元，积极做好出租直管公房的养护维修及抢修、屋面渗漏、修补墙体、门窗小修、水管、卫生设备修换、疏通化粪池、窨井、污水管等项目。投资近300万元，对1500多户直管公房老化的电线电路进行改造，解决了居民的用电安全问题。

根据市政府做好古建筑保护工作的要求，确定对4处控保建筑进行保护性修缮。其中平江区房管局负责钮家巷潘宅、潘儒巷吴仲骏故居，沧浪区房管局负责大石头巷吴宅、秦宅的修缮工作，屋面进行整修，外墙全部重新粉刷，门窗整修油漆，对损坏较为严重的、由传统工艺手法制作的部位进行了修复。如钮家巷潘宅备弄中损坏严重的花窗、壁洞等全部按原样进行修复、重做，使修缮过后的控保建筑既焕然一新，方便群众生活，又保持古旧民居的传统特色，取得较好的整治效果。

（倪 峻）

附表：市区新建商品房现售情况（2003）

指标名称	计量单位	合 计	住 宅	经济适用住房	别墅、高档公寓	办公楼	商业营业用房	其 他
成交套数	套	–	19636	70	1307	–	–	–
成交面积	万 m^2	288.09	227.46	0.74	28.72	6.74	47.02	6.87
成交金额	万元	974216.90	732952.93	1913.00	138463.80	30517.55	209876.10	870.32

（倪 峻 殷 伟）

【住宅建设】 2003年，全市房地产开发保持快速增长，全市全年完成房地产开发投资177.94亿元，新开工各类商品房屋1540.61万平方米，竣工779.15万平方米，实现销售575.44万平方米，实现预售577.66万平方米，商品房屋平均销售价格2553元／平方米，各项指标分别比上年同期增长65.8%、56.2%、39.6%、6.6%、107.7%和18.4%。市区相应各项指标分别为91.4亿元、716.85万平方米、348.52万平方米、217.76万平方米、217.28万平方米、3144元／平方米，分别比上年同期增长70.5%、72.3%、48.3%、16%、95.4%和29.1%。

【房地产市场管理】 2003年，全市切实加强房地产预售管理。在核发《预售核准书》前，要求企业必须提交面积预核报告和价格预核批复，全年共计审核项目87个，杜绝了大量纠纷的产生。市建设局会同物价部门对市区项目进行价格审核。针对有些开发商在交房中向购房者强行收取名目众多“入住费”的情况，全面推行“一价清”制度，取消一切不合法的价外收费，提高住宅商品房销售价的透明度，保护了消费者的合法权益。改革竣工综合验收方式。建立“未经综合验收，不得交付使用”的制度，简化验收程序和方式，市区组建由市建设局牵头，市发展计划委员会、规划、国土、房管等部门参加的综合验收工作小组。自6月份开展工作以来，至年底已完成40个项目的验收工作，其中通过验收的32个（含经整改后验收通过），未通过验收的8个，开发建设质量明显提高。组织实施社区配套建设工作。严格按照部、省两级资质管理要求，从严掌握，对不符合条件的企业坚决不予审核、审批。1～12月份，全市新办企业138家，因不符合条件退办的企业为24家，注销各类资质等级企业46家。

【定销商品房】 2003年，苏州市实行既可货币补偿，也可以房屋产权调换两种拆迁补偿办法，由被拆迁人选择。从2002年11月1日起实施了定销商品房制度（规定销售对象、销售价格、房屋套型面积）。在定销房套型中，有45、55、65、79和90平方米的房屋套型。对拆迁户中原住房面积大的准予安排2套。对人均居住面积低于12平方米、4人以上的家庭上靠一档安置。准许定销商品房进入二级市场进行交易。2003年苏州市区已竣工定销商品房40万平方米。定销房的推出，在一定程序上抑制了房价的上涨，缓解了拆迁矛盾。

（张勇坚）

【房产交易展示活动】 针对群众“购房难”的问题，市房管部门努力发挥房地产有形市场的牵线搭桥作用，组织房源，联合专业会展公司以市场化运作方式，先后于2003年6月中旬和国庆黄金周分别举办“第2届‘最佳居住环境’苏州房产展示交易会”、“苏州市第23届房产交易会”。两次房交会参展房地产和相关企事业单位共计216家次，累计接待参观群众约15.3万人次，成交各类商品房190套、面积2.77万平方米、产价11570.26万元，达成商品房买卖意向8725套、面积97.79万平方米，成交二手房（包括上市房改房）24套（处）、面积2733.18平方米。在第23届房交会上，针对社会上普遍关注的房地产热点问题，组织社会调查，举办“2003苏州房地产市场论坛”，专家学者的专题报告受到了业内外人士的欢迎和肯定；与此同时还尝试举办了两场商品房楼盘推介会，组织两家开发商向市民群众推出自己的楼盘、宣传自己的品牌，受到开发商和市民的欢迎。

【商品房预售管理】 2003年，全市共核发商品房预售许可证89件、面积145.28万平方米，分别为上年度的121.9%和173.95%。减少办事环节、缩短办事时限，将定销商品房预售核准的承诺时限从10个工作日压缩到5个工作日，提高定销商品房预售许可办事效率。同时提高办事质量，组织现场踏勘，对申报材料、工程形象进度等严格把关，对不符合预售条件的项目，采取书面通知，及时依法告知开发商。还建立起现场踏勘记录制度，采取按预售商品房面积预测报告确认预售面积的措施，进一步完善商品房预售核准制度。

（倪 峻）

【商品房预售合同登记备案制度】 2003年，全市房管部门受理商品房预售合同登记备案11093件、备案面积121.49万平方米，备案金额累计为45.42亿元，办理商品房预售合同登记备案注销手续90件。清理补办了以往23个项目的预售合同登记备

附表：市区新建商品房预售情况（2003）

指标名称	计量单位	合 计	住 宅	经济适用住房	别墅、高档公寓	办公楼	商业营业用房	其 他
批准预售面积	万 m^2	4144.72	4087.04		42.03	26.75	28.50	2.43
成交套数	套	–	23953			–	–	–
成交面积	万 m^2	308.25	308.25					
成交金额	万元	1112020.46	1112020.46					

（倪 峻 殷 伟）

案手续。强化商品房买卖合同监督管理，组织抽查75家开发商10000份商品房买卖合同的签约情况，维护买卖双方的合法权益，减少不必要的合同纠纷。针对新成立或新从外地来苏的开发商，提前发放《商品房买卖合同条文说明》，并在开发商首次购领合同后及时上门跟踪指导，规范商品房预售合同登记备案工作。

【房产交易管理】 2003年，全市年办理房产交易过户19793处、面积203.07万平方米，其中办理旧房交易过户手续5619处、面积66.09万平方米、产价117872.52万元、平均单价比上年同期增长18.08%，房改房交易过户手续4993处、面积30.73万平方米、产价53466.99万元、平均单价比上年同期增长38.27%，办理新建商品房交易过户9181处、面积106.24万平方米、产价318683.36万元、平均单价比上年同期增长14.04%，办理非居住房屋租赁证2309处、面积47.37万平方米，办理房产抵押评估13011处，面积157.65万平方米。

（倪 峻）

附表：市区存量房买卖情况（2003）

指标名称	计量单位	合 计	住 宅	房改房上市	办公楼	商业营业用房	其他
成交套数	套	–	19613	5954	–	–	–
成交面积	万平方米	276.88	162.24	37.87	35.04	73.09	6.51
成交金额	万元	571807.81	362754.30	86146.66	64525.85	142585.16	1942.50

附表：市区房地产租赁登记备案情况（2003）

指标名称	计量单位	合 计	住 宅	办公楼	商业营业用房	其他
登记备案件数	件	4023	151	–	1674	187
登记备案面积	万平方米	135.53	13.60	–	18.22	9.12

附表：市区房地产抵押情况（2003）

指标名称	代码	计量单位	合 计	在建工程贷款抵押	预购商品房贷款抵押	现房抵押	其他
成交套数	501	件	31445	41	6864	24531	9
成交面积	502	件	24488	17	6130	18341	
成交金额	503	万 m^2	990.16	25.26	85.00	879.90	
其中：住宅	504	万 m^2	476.76	9.43	83.46	383.87	
抵押登记金额	505	万元	1303086.10	15620.00	134363.81	1152958.29	144.00
其中：住宅	506	万元	564053.17	4598.00	110538.43	448916.74	

（倪 峻 殷 伟）

【房地产中介机构管理】 按照立法计划，《苏州市房地产中介管理办法》于2003年9月出台，11月1日开始实施，为进一步依法规范房地产中介市场打下基础。市房管局从中介服务机构的资质审查入手，严格中介机构准入制度，并加强与行政中心窗口联系，及时沟通，把好资质初审关。特别是《办法》出台后，一方面广泛宣传，另一方面对照法规对机构设立等相关工作做了进一步明确。对房地产中介机构资质和房地产经纪人资格分别进行年审，受理房屋、调解买卖中介纠纷，保护了当事人的正当权益，维护了中介市场秩序。市房管、工商、物价、公安等部门联合整顿房地产中介市场，9月再次对市区879家房地产中介企业进行全面检查，分别发出整改通知书327份，要求限期整改。市房产中介专业委员会推出“信得过”房地产中介企业评比活动，建立品牌效应，推动房地产中介行业水准的提高。2003年度全国房地产估价师和房地产经纪人执业资格考试，全市有243人报考全国房地产估价师、314人报考全国房地产经纪人。

【低保家庭住房保障】 2003年，《苏州市市区居民低保家庭住房保障办法》实施，为建立完善市区居民低保家庭住房保障制度创造了有利条件。市房管局按照《办法》要求，采取租房补贴、廉租租金、实物配房和发给购房补贴等4种方式对市区低保家庭的住房进行保障，积极解决低保家庭住房困难问题。全年共投入资金12万元，解决了79户低保家庭的租房补贴；新增加386户低保住户纳入租金减免，减免租金15.63万元，投入资金70万元，实物配置廉租住房7户，全年已有465户低保家庭得到了住房保障。

【白蚁防治】 2003年市白蚁防治管理处努力提高白蚁防治管理水平，配合苏州的实事项目做好白蚁防治工作。积极做好市规划展示馆、国际教育园及汽车客运站等5个政府实事工程项目建筑面积11.3万平方米的白蚁防治工作，保质保量、确保实事项目的工期进度。同时大力拓展室内装饰装修白蚁预防业务，将室内装饰装修服务项目逐步扩大到全

附表：市区廉租住房保障情况（2003）

招租名称	单位	数值
1.年末廉租住房对象	户	519
2.本年廉租住房解决户数	户	104
其中：实物配租	户	7
租金补贴	户	86
其他方式	户	11
3.本年廉租住房资金	万元	97.58
其中：财政资金	万元	97.58
4.本年廉租住房资金使用	万元	97.58
其中：实物配租	万元	70.00
租金补贴	万元	11.95
其他方式	万元	15.63

（倪峻 殷伟）

市的每个物业小区。全年完成新建房屋白蚁预防231.46万平方米，完成存量房屋白蚁灭治5.08万平方米。

【落实私房政策】 2003年，根据房管所转制后的新情况，全市房管部门及时调整工作网络。并对2003年度处理房产历史遗留问题经济补偿标准进行调整。市区各级落实政策工作人员，完成调查、处理房产历史遗留问题126户，筹集资金和房源腾退5户“文革”、“华侨”等落实政策户的房屋。组织3个城区房管局完成了包经租产的现况清查以及拆迁中无主房产代保管作价款的回收工作。全年受理查处答复有关房屋权属、面积核定和处理房产历史遗留问题方面的复查申请和异议投诉、来信来访133件，其中领导批示的重要信访件2件。

【房屋安全鉴定工作】 2003年，全市共完成各类房屋安全鉴定项目2500余项，总面积达66.7万平方米。其中安全鉴定237处、面积为16.1万平方米，公共娱乐场所鉴定466处、面积为20.4万平方米，租赁类鉴定1443处、面积为25万平方米，装饰装修鉴定375处、面积为5.1万平方米。（倪峻）

环 境 保 护

【概况】 2003年，全市环境保护工作围绕苏州“两个率先”发展的任务，按照国家提出的“十五”环保三大任务，坚持以建设生态市为目标，以发展循环经济为抓手，以创建生态示范区和环境优美乡镇为载体，以总量控制和重点流域、重点地区和重点行业的污染防治为措施，不断改善全市环境质量。苏州市成为全省首个国家环境保护模范城市群；在全省第3轮市长环境保护目标责任状考核中，由于超额完成了目标责任状确定的任务，被评为优秀城市；苏州环境保护局被省环保厅评为先进环保局。

【环境法制工作】 2003年，苏州市积极推动环境地方立法工作，依法保护环境。在已有14部地方性环保法律法规的基础上，市环保局配合市政府法制办起草《苏州市危险废物污染环境防治条例》。该《条例》于2003年5月16日经市人大常委会审议通过，并于2003年6月24日经省人大常委会批准，从2003年9月1日起在全市施行。

【环保行政管理】 2003年，苏州市政府召开全市环境保护工作会议，并与各地各部门（单位）签订环境保护目标责任书，明确工作目标和责任；市委、市政府办公室联合下发《关于分解落实省委、省政府〈关于加强生态环境保护和建设的意见〉工作任务的通知》，明确目标，分解指标，落实任务。市环保局组织编制《苏州市生态市建设规划纲要》，指导全市生态环境保护和建设，张家港、常熟、昆山生态市建设规划分别通过国家环境保护总局和省环境保护厅组织的专家评审，太仓生态市规划已委托同济大学编制。

按照国家《太湖水污染防治“十五”计划》和省《关于认真做好2003年我省太湖淮河水污染防治工作的通知》要求，市环保局编制的《苏州市2003年太湖水污染防治工作计划》和《苏州市2003年阳澄湖水污染防治工作计划》，将太湖、阳澄湖水污染防治工作目标任务层层分解，落实到各地、各有关部门。为进一步抓好阳澄湖水源水质的保护，市有关部门对贯彻《苏州市阳澄湖水源水质保护条例》和《苏州市渔业管理条例》情况进行执法检查，编制《苏州市阳澄湖水源水质保护2005年行动计划实施方案》，确保饮用水源水质安全。

【环保执法责任制】 2003年全市环保部门共审批建设项目11000个，劝阻和拒批项目226个，其中主要是排污量较大的电镀加工、制浆造纸、印染等重污染项目，劝退投资额近27亿元。400多个竣工项目通过了环保验收，验收合格率为100%。市环保、卫生、工商部门联合制订苏州市饮食娱乐服务项目审批程序，解决了环保前置审批问题，为从源头控制饮食娱乐服务业污染创造了条件。

认真贯彻《中华人民共和国环境影响评价法》，全市有34个开发区和工业小区完成了区域环评编制工作，省级以上开发区已经进入一期区域环境影响回顾性评价和二期开发的区域环境影响评价阶段。苏州高新区及昆山、常熟等开发区已经完成一期回顾性评价和二期区域环境影响评价。召开了苏州1号轻轨项目环境影响听证会，取得了比较理想的效果。

2003年，全市对2000年以来批准的建设项目实施“回头看”普查，促进了苏州市建设项目“三同时”制度的执行。全市还开展建设项目专项执法检查，纠正一批违规行为，鼓励企业采用先进的技术、设备和管理措施，使得建设项目的环境保护工程质量进一步提高，有2个项目入选全国建设项目环境保护百佳工程，4个项目入选江苏省建设项目环境保护工程十佳工程。

全市认真贯彻落实国家环保总局等6部委《关于开展清理整顿不法排污企业，保障群众健康环保行动的通知》，采取全面查、重点查、按行业查和涉及信访投诉大户查等方法大力开展环境现场执法检查，从2003年7月份起，共组织6次大的行动，出动执法人员15812人次，检查排污企业3959家，依法对131家违法排污企业立案处理，其中取缔、关闭、停产77家，立案处罚54家，有效遏制了环境违法行为的发生。组织对吴中区光福自然保护区和湖羊资源保护区开展生态保护情况执法检查。一年来，全市环境监察48441厂次，查处违法案件550件，罚金700万元。其中苏州市环境保护局处罚185家，罚金142万元。苏州市环境违法行为举报中心，“12369”举报热线，做到了“全天候”环保“110”联动，及时处置环境投诉3500余件，受到了市民的好评。加强排污费征收工作，通过努力，全市排污费征收总额达到1.1亿元，超额完成省环境保护厅要求的征收任务，同时加强对新的《排污费征收使用管理条例》的学习和培训工作，制定具体的实施方案，使排污费征收更加规范化。

2003年苏州市继续开展企业环境行为信息公示，依据2002年度企业排污申报，对主要污染企业排放情况、内部管理、治理设施运行等情况进行全面评估，市区评出“绿色企业”52家，“蓝色企业”68家，“黄色企业”36家，“红色企业”7家，有选择地对43家企业进行监视性监测，组织召开恳谈会，促进企业环境行为的持续改善。

【空气污染防治】 2003年，市有关部门制定《关于加强城市道路交通管理通告》和《苏州市汽车实施国家机动车排放标准第二阶段排放限值的通告》，率先在省内实施欧Ⅱ号标准。市区环境空气质量总体达到Ⅱ级标准，其中二氧化硫均值较上年同期下降20%，二氧化氮均值较上年同期持平，可吸入颗粒物未达到Ⅱ级标准，但较上年同期下降10%。

【水污染防治】 污水处理厂建设进度不断加快，全市全年完成污水处理厂建设4个，增加日处理能力10.3万吨，同时市区398.8公里的截污支管工程进展顺利。市政府分别召开全市重点流域、区域污染防治会议和主要河流省界断面水质达标工作会议，分析全市主要河流省界断面水质达标情况，对存在的问题，提出抓紧抓好城镇生活污染、农业面源污染、工业污染和船舶交通污染等综合防治措施，积极开展以吴淞江、急水港、和荻塘等省界断面上游和望虞河以西地区水质达标为重点的流域水环境治理工作。通过一系列综合整治，市域11个省界断面水质与上年相比持平，部分断面水质有所改善。按照市政府西塘河引水工程的要求，沿线工业污染源搬迁整治任务按期完成。吴江市强化城市环境建设，加大投入狠抓污染防治，调整产业结构，全面实施可持续发展战略，盛泽镇在日处理5万吨综合污水处理厂竣工投入使用的同时，加强对印染企业达标排放的检查、监督，出境断面水质达到两部、两省确定的目标，年底，被国家环境保护总局授予国家环境保护模范城市称号。调整工业布局，苏化农药、精细化工、合成化工等12家工业企业搬迁改造已基本完成。加强对阳澄湖周边地区排污企业的督查，确保工业企业达标排放。太仓市加大对老污染企业实行限期治理，加强排污总量控制，减轻污染负荷，腾出容量，用于沿江开发，发展科技含量高的企业。相城区投入1000多万元，对黄桥镇141家电镀、线路板企业和作业点进行治理，对9家治理无望的企业实施关闭。

【固体废物和噪声整治】 2003年，全市完成对放射性废源的收贮检查，对固体废物进行调查，对废物进口单位进行执法检查。认真做好“高、中考”期间和建筑施工等噪声污染专项整治工作，开展饮食服务业油烟噪声专项整治。

【自然生态保护】 2003年，苏州市编制了《苏州市生态市建设规划纲要》，指导全市生态环境保护和建设；加强太湖沿岸自然生态保护和恢复工作，编制《苏州市沿江地区综合开发生态环境保护规划》，确保苏州自然生态环境在发展中得到进一步的保护，沿太湖、阳澄湖纵深1公里，高速公路两侧各200米区域规划为生态走廊，沿湖岸5公里区域为一级保护区，沿山脚纵深1公里为控制区，严禁建设对环境有影响的项目；吴中区关停辖区内非矿山企业轧石机56台，关闭采石宕口95%，实施复绿工程，使昔日凹凸不平的山体“穿”上了绿装；总投资4000万元的太湖滨湖大道已建设成为环太湖绿色长廊，苏嘉杭和沿江高速公路两侧各宽50米、绿化面积达960万平方米的绿色通道也在建设之中。

按照《苏州市生态示范区建设规划实施方案》，大力开展生态示范区创建活动。张家港、常熟、昆山市和吴中区通过国家环境保护总局的考核验收。太仓、吴江市创建全国生态示范区工作通过省级调研。《苏州市环境优美乡镇考核标准》编制出台，继常熟市海虞镇创建为首批全国环境优美乡镇后，昆山市周庄镇、吴中区角直镇、常熟市大义镇创建全国环境优美乡镇通过省级考核。

抓住工业园区湖西社区和常熟市虞山镇枫泾社区等创建绿色社区典型，全市推进环保进社区、环保进乡村、环保进企业、环保进学校工作，开展“个、十、百、千”活动（即有1个环保橱窗、10块环保标语牌、100本环保手册、1000张环保宣传单），涌现出一批省级、市级先进单位。

【环境监测】 2003年，苏州市全面完成各类环境监测任务。全年获得水、气、声和生物等污染监测数据223591个，较上年同期增加5%。加强环境综合分析，做好环境监测的周报、月报和季报工作，及时编制《2002年度苏州市环境质量报告书》、编报《太湖流域（苏州市）水质状况分析报告》、《阳澄湖饮用水源地水质状况分析声像报告》、《苏州市太湖地区开发建设环境问题分析报告》等。

加强污染源自动监控网络的管理，及时对网络及运行设施设备进行维修、保养。全年共检查、维修563厂次，修复COD在线仪39台、适配器74台、黑匣子27台、流量计17台，使自动监控网络正常运行率达到90%以上。

加强环境监测基础建设，建成环保新实验大楼，引进SAN全自动湿化学分析仪等。中意合作苏州市空气质量监测系统项目建设步伐加快。继市环境监测中心站获国家实验室认可通过后，张家港、常熟、昆山、太仓、吴江、吴中、相城环境监测站先后通过国家实验室认可现场评审，获得国家实验室认可证书。《苏州市环境监测质量管理技术规定》、《苏州市环境监测人员操作规范考核办法》也同时制定出台。

【循环经济】 2003年，苏州市被江苏省确定为循环经济试点城市。全省列入省循环经济试点的地区和单位有23个。苏州市把循环经济发展规划作为《苏州市生态市建设规划纲要》的重要内容之一，并委托同济大学编制规划，以建设生态市为目标，积极推进发展循环经济。张家港市、常熟市、昆山市已完成全市循环经济发展规划，苏州工业园区、苏州高新区已完成生态工业园发展规划，并双双向国家环保总局申报国家级生态工业园试点。在做好规划的同时，全力培育循环经济典型。常熟市江河天绒丝纤维有限公司正在建立以大豆综合利用为产业链的循环经济体系，张家港沙钢集团在企业内部实行废水、能源的梯级利用和循环使用，昆山市积极搭建各类固体废物处理和处置的市场大平台，并严格规范企业之间固体废弃物交换与转移的市场运作，常熟市在社区推广节能节水机制、建立垃圾分类回收系统，蒋巷村大力发展全村农业循环经济模式，吴中区结合农业示范区的建设，大力发展绿色食品、有机食品。

【清洁生产】 2003年，苏州市认真贯彻《中华人民共和国清洁生产促进法》，大力推行企业清洁生产审核和ISO14000体系论证。全年实施清洁生产审核的企业达65家，全市推荐上报企业清洁生产审核合格企业42家。苏州高新区、苏州工业园区ISO14000国家示范区认真组织自查，巩固成果。2003年有50家通过ISO14000认证，全市累计有180余家组织通过该项认证，苏州市清洁生产指导中心成立，指导企业开展清洁生产。

【"非典"期间污染监控】 2003年"非典"期间，市环境保护局成立由局主要负责人任总指挥的"防非"污染监控指挥部，并设立现场检查、饮用水源保护、应急事故处理3个工作小组，开展对全市环保系统"防非"工作的组织领导和检查、督促。同时发出紧急通知，要求全市环保部门加强"防非"工作的组织领导，建立监控指挥体系，制定预防工作方案，落实各项措施，强化责任意识，真正做到人员到位，责任到位，措施到位。对专诊医院、疑似"非典"病例集中收治医院、"非典"集中医学观察点定期实施医疗废水和医疗废物处理、处置实施监控。在"非典"期间，根据《中华人民共和国固体废物污染环境防治法》、《中华人民共和国传染病防治法》等法律法规，全市还成立了苏州市医疗废物与医疗污水应急处理指挥部，制定了《苏州市医疗废物、医疗污水处置应急处理预案》。

【环境科研】 2003年苏州市根据经济社会和环境发展需求，向省厅和市科技局共申报成功6项科研课题，其中《苏州市循环经济发展规划研究》已被省环保厅立项，市科技局公开招标项目《酸雨对苏州市古建筑及事物影响研究》投标成功。

【信息化建设】 2003年9月，苏州市环境信息中心通过省环保厅组织的环境信息管理机构规范化建设验收，常熟、张家港、昆山、太仓、吴江5市及吴中、相城两区先后通过环境信息管理机构规范化建设验收。积极参与苏州市政府电子政务的建设，加快环保电子政务建设，完善硬件配置，建立苏州环境保护网站，实行公文内部流转网络化，提高办公自动化程度，积极开发建设项目审批软件，深化环保项目网上审批工作，为市局与各市（县）、区局联网，实现网上审批，提供技术支撑。

【环境宣传教育】 2003年，全市环境保护部门采取多种形式，加大环保宣传力度，不断提高公众的环保意识。6月5日，市长杨卫泽发表《保护生命源泉，创建美好生活》的广播电视讲话，城区开展全民保护苏州水资源，争当"惜水、节水、护水、治水"优秀家庭及个人的活动；广播、电视、报刊、杂志等媒体也加大环保宣传的力度，《苏州日报》开辟了每月一期的环保专版，深入开展创建"绿色学校"、"绿色社区"、"绿色企业"、"绿色宾馆"等活动，2003年全市被国家环保总局、教育部表彰的全国"绿色学校"创建活动先进单位2所，先进个人2名，被省环保厅确认"绿色学校"（幼儿园）16所，被省环保厅表彰的环境保护先进企业25家。（池中华）

国土资源管理

【概况】 2003年，全市国土资源系统突出集约利用土地，完善和规范土地市场，保护农民利益和服务国有企业改革这4项工作重点，坚持为经济发展搞好用地服务；深入开展土地市场秩序治理整顿，着力营造良好的土地市场环境；严格保护基本农田，落实耕地占补平衡制度；坚持依法行政，切实提高办事效率；加强内部精神文明建设和内部制度建设，打造一支高素质的国土资源管理队伍；深化土地征用制度改革，推动城市化发展，推出了一系列法规办法，为全市经济社会可持续发展作出了积极贡献。

【土地市场秩序治理整顿】 治理整顿土地市场秩序是2003年国务院下达的重要任务。全市各级领导把土地市场秩序的治理整顿作为工作的重点，深入开展了自下而上的清理和自查自纠工作，并先后接受全国人大、五部委、国土资源部、中共中央办公厅督察室以及省厅的各项检查验收工作，较好地完成了土地市场的专项治理整顿工作。3月份，苏州市成立了由分管市长任组长、12个部门参与的苏州市治理整顿土地市场联席会议制度，全面领导全市土地市场的治理整顿工作，先后出台了《关于进一步开展经营性用地清理工作的通知》、《关于进一步加强土地管理规范市场秩序的意见》等文件。围绕经营性用地招标拍卖挂牌出让制度的落实情况和开发区(园区)用地清理两个重点，全市分3个阶段开展了6次大范围的清理整顿，进一步维护和推进土地市场秩序的建立，有效地推动了经营性土地使用权招标拍卖挂牌制度的进一步落实。市区共清理取消了168宗土地、面积507.878公顷；共依法收回土地83宗，面积432.49公顷；共依法立案查处了32宗土地，涉案面积21.6公顷，罚没款200.67万元。通过清理整顿，使全市土地市场秩序更加规范，国有土地资产得到了有效保护。

【集约用地】 2003年，全市国土资源系统继续强调了对土地的集约利用，严格执行150万元/亩的单位面积投资强度标准，以此核定建设项目用地规模。通过强化规划、计划管理，合理配置土地资源，完善地价管理，落实出让土地最低保护价制度等措施，提高了全市土地集约利用水平，促进了社会经济的可持续发展。在规划空间有限，年度土地利用计划偏紧的情况下，全系统积极为全市社会经济建设搞好用地保障服务，立足存量挖潜，土地资源的供应基本满足了全市经济发展的要求，同时坚持法定的建设用地审批程序，保证了建设用地供地的合法性、规范性和及时性。

【改制企业土地资产处置】 根据市委、市政府的统一部署，年内，市国土资源局为国有、集体企业的产权制度改革做好土地资产处置和土地登记发证工作，起草了《国有(集体)企业土地资产处置办法的补充意见》，对具体问题进行统一规范处置，确保国有土地资产的保值增值。对改制企业土地的登记发证设立专门窗口，采取建立快速办理改制单位土地登记发证“绿色通道”等措施，保证了国有企业改制的顺利进行。市区共为改制企业评估土地615宗，土地面积达332.37公顷，涉及改制单位共273家，土地资产总额42.3亿元。2003年，市区共完成211家改制企业，282宗的土地资产处置手续，面积244.68公顷，评估土地资产价值21亿元，土地出让合同金额10.04亿元。

【土地开发整理】 2003年全市严格实行占用耕地补偿制度，落实耕地保护基本国策。在完善调整乡镇土地利用总体规划的基础上，严格实行占补平衡制度，继续开展土地开发整理、进行土地后备资源调查和耕地占补平衡项目库建库工作。确定“沿江环湖”的土地开发整理复垦重点区域，设立土地整理复垦重点项目32个。全年共完成土地复垦整理项目48个，面积4390.67公顷，新增耕地823.6公顷，超额完成了市政府下达的全年4000公顷土地整理和新增耕地666.67公顷的任务。

【城市土地经营管理】 2003年是苏州市经营性用地土地使用权公开交易的第3个年头，也是苏州市房地产市场运行最关键的一年。全市土地市场体系初具规模，市、县两级政府对经营性用地实现了“总量控制、市场配置、规范运作”模式。市区全年共完成土地收购35宗，面积82.9公顷，投入收购资金6.37亿元；完成土地储备650公顷，其中320公顷已实施供地，同时为市政府实事工程担保筹资12亿元。全市招标拍卖挂牌公开交易土地545宗、1660公顷，合同出让金额211亿元。市区共组织经营性用地公开交易土地86宗，面积606.67公顷，出让合同金总额143.24亿元。通过城市土地的公开交易，实现了政府对城市建设资金的有效回收，也为各级政府加快城市基础设施建设步伐筹措了资金。

【维护农民利益】 2003年，全市国土资源系统把依法落实征地补偿安置和保护失地农民利益作为土地管理各项工作的重中之重。在认真抓好《苏州市征用土地暂行办法》贯彻落实的同时，于2003年4月出台《苏州市宅基地管理暂行办法》和《关于贯彻实施〈苏州市宅基地管理暂行办法〉的具体意见》。通过实施对城市化过程中的农民住宅实行预拆迁、预安置、建造农民公寓以及鼓励宅基地有序流转等政策，既能加强对进城农民原住宅的产权管理，又为进城农民提供住房，增加农民的进城资本，维护进城农民的利益，促进了全市城市化发展的步伐。

【定销商品房土地供给】 为了保障城市建设的顺利进行，维护被拆迁居民的合法权益以及妥善解决好困难群众和拆迁户的住房问题，市区率先实行了定销商品房政策。2003年8月，市政府出台《苏州市区定销商品房销售管理暂行办法》，制定《苏州市区定销商品房建设实施意见》，对定销商品房的建设和销售、管理提出规范性意见。2003年全市共完成定销商品房供地15宗，面积106.32公顷，完成了市政府预定的目标任务，促进了全市社会经济发展。

【山体资源管理】 根据创建国家生态园林城市要求，全市积极做好禁止开山采石执法和采石山体环境的综合整治工作。到2003年底，全市已关闭开山采石企业109家，关闭率达到了94.7%，保留准许开山采石企业6家，在城市规划区内仅有开山采石企业4家。同时重点做好对全市砖瓦窑业的专项检查，建立和完善全市砖瓦窑业动态台账，制定了2003~2005年窑厂关闭计划，全面关闭土窑和18门以下轮窑。同时深入开展采石山体环境综合整治工作，投资2246万元对高新区华山路(高景山)等4处山体进行山体环境综合整治，面积达36.4公顷。

【土地登记发证】 2003年，全市国土部门大力推进土地调查、土地登记和地籍信息化建设，实现城区土地变更调查的统一、规范化管理，建立市、区、镇三级土地利用动态监测管理网络和数据库。2003年，苏州房地产市场置业、投资兴旺，交易频繁。市区成功完成与吴中、相城两区土地登记联网审批工作，简化了市区土地审批程序，规范办事程序、提高工作效率，加快办证速度，全年共完成登记发证35548份。市区已能部分实现土地一次审批、当日发证，极大提高了发证速度，促进房地产市场的良性发展。 (吴志峰)

绿 化

【概况】 2003年，市园林和绿化管理局按照市政府确定的年内新增绿地400公顷、力争实现国家园林城市和国际花园城市的目标，注重创建国家园林城市体现城市个性与城区风格的协调，力求使苏州古城建成“大园林”，不断加大绿化投入和建设力度。全年中心城区投入资金10亿元，实现新增绿地500公顷，超额完成年度计划25%，是近年来绿地增幅最大的一年。至年底，建城区绿地率达到32.20%，绿化覆盖率为37.10%，人均公共绿地面积为7.60平方米。先后建成江枫洲、广济公园、东汇公园、桐泾公园、文庙公园等30个市、区级公园；完成52座小游园的建设，加上上年建成的48座小游园，实现了新建小游园“百园工程”、市民出行350米建绿的目标。并于10月分别获得国际花园城市和全国园林绿化先进城市称号，12月又获得国家园林城市铜牌。

【新增绿地500公顷】 2003年全市实际新增绿地500公顷，是市政府下达年度目标的125%，也是近几年来一年内绿地增幅最大的一年。其中中心城区完成89.3公顷，吴中区完成75.8公顷，相城区完成68.3公顷，工业园区完成170公顷，高新区、虎丘区完成96.6公顷。年内建成江枫洲、桐泾公园等30个市、区级公园及52个小游园，完成沧浪区的养蚕里新村、37号街坊，平江区的挹秀新村以及金阊区的彩香一村等第一批试点的老新村绿化改造项目；完成环古城风貌保护工程南门段40公顷绿地建设，官渎里40公顷绿化景观工程，石湖97公顷风景林地建设，以及清塘路、人民路等11条新建、改建道路的绿化或整治。全市绿地率、绿化覆盖率、人均公共绿地分别达到32.20%、37.10%和7.60平方米，为顺利通过国家园林城市考核奠定基础。

【“绿色苏州”建设】 2003年11月26日，市委、市政府召开“绿色苏州”建设动员大会，提出至2010年全市将新增森林覆盖面积86.7千公顷(130万亩)，森林覆盖率达23.5%以上，超过全省和全国平均水平，并构建起城乡一体的现代森林生态系统，达到居民出行300~500米就能步入一个游园的目标。

为全面部署“绿色苏州”建设，市委、市政府作出了《关于加快建设“绿色苏州”的决定》。《决定》指出：“建设‘绿色苏州’是富民强市和实现‘两个率先’的重要组成部分，是加强生态环境建设、建设最适宜人居和创业城市，实现我市经济社会可持续发展的重要措施”，也是贯彻落实中共中央、国务院《关于加快林业发展的决定》及省委、省政府建设“绿色江苏”的部署要求。“绿色苏州”建设的抓手是“绿色家园、绿色通道、绿色基地”的建设。

动员会上，杨卫泽市长对建设“绿色苏州”的具体任务进行部署，并与各市(县)、区、局签订了“建设绿色苏州”责任状。

【认养绿地】 苏州市自2001年开展创建国家园林城市以来，至2003年3月12日，来自政府、银行、通讯机构的24家单位计出资1877万元认建绿地，其中苏州国土资源管理局出资256万元认建了齐门桥堍旧货市场绿地1.28公顷，市供电局、创元集团认建经费均超过200万元。3月12日植树节，省委常委、苏州市委书记王珉，市委副书记、市人大主任周福元，以及包国新、程云清、汪国兴、徐国强、陆云泉、宋胜龙、谢慧新、孟焕民、吴文元、姜人杰、孙中浩等市领导也参加了在官渎里立交绿地举行的义务植树活动。在义务植树活动现场，有关部门举行了绿地认建仪式。

【城市绿地管理】 2003年，苏州市绿化管理站根据新建绿地快速增加，一批市、区级公园和小游园“百园”工程完成后联系管理工作中出现的新问题，及时调整、提高新村绿化的功能，强化绿地的养护管理，一年中，该站分别将金阊区的彩香新村、平江区的挹秀新村、沧浪区的养蚕里新村列为第一批老新村改造、试点实施绿化改造，增加了组团绿地的游园功能，增建摆置了亭、廊、坐椅等，便于居民锻炼、休息、娱乐。至于中心城区绿地，由于古树、危树面广量大，台风暴雨、险情较多，该站以议标方式与绿化专业养护队伍签订新年度养护管理合同，加强对新建移交绿地的考核、检查力度。同时，根据植物在各个季节的生长习性，该站对养护管理单位下达不同的工作要点和阶段工作的要点，确保了行道树和绿篱的保存率在经历了高温酷暑后仍大于98%。另外，该站还于年初调整了110联动工作领导小组，制定灾害性天气紧急预案，建立抢救值班制度，形成抢救组织网络，全年接处警500余次，有效地保证了国家财产和个人生命财产的安全。

【《苏州市城市绿地系统规划》修编】 根据苏州市创建国家园林城市目标的要求，结合苏州市行政区划的调整，本着做大、做强、做优、做美中心城区的实际，市园林和绿化行政主管部门对《苏州市城市绿地系统规划(1996~2010年)》中城市各类绿地的规划布局进行了适当调整，从更为直观的角度全面控制城市绿地的建设和发展，调整重点为园林和绿化管理部门建立和实行城市绿化“绿线”、“绿章”管理制度等。经规划修编工作领导小组多次论证、修改，该《规划》于2003年6月19日通过了专家论证。

【《苏州市城市绿线管理实施细则》】 《苏州市城市绿线管理实施细则》于2003年9月23日公布，并于11月1日起施行。《苏州市城市绿线管理实施细则》是根据《城市规划法》、《城市绿化条例》、《城市绿线管理办法》等法律、法规，结合苏州市的实际情况制定的地方性法规，目的是为建立并严格实行城市绿线管理制度，加强城市生态环境建设，创建良好的人居环境，促进城市的可持续发展。

资 料

城市绿线

城市绿线，是指城市各类绿地范围控制线，是作为城市总体规划组成部分的城市绿地系统规划的一部分，是在确定城市绿化目标和布局的前提下，规定城市各类绿地的控制原则，并按规定标准确定绿化用地面积、分层次合理布局公共绿地。城市绿线包括城市绿地系统规划中确定的公共绿地、防护绿地、风景林地、道路绿化、生产绿地等，包括城市规划区内的古典园林、风景名胜区、湿地、古树名木规定的保护范围等，还包括城市规划区内的湖泊、河道、山体等其他对城市生态和景观产生积极作用的区域。市政府规划行政主管部门、园林绿化主管部门负责城市绿地的划定和管理工作。城市绿线内的用地不得改作他用，不得违反法律法规，强制性标准以及批准的规划进行开发建设。

【园林绿化监察】 依据《苏州市城市绿化条例》、《苏州园林保护和管理条例》和《苏州市古树名木保护管理条例》，结合创建国家园林城市的实际，苏州市园林和绿化监察所在保护园林和绿化成果方面行使执法职能，加大对园林绿化的监察和查处的力度及频率，2003年共查处各类案件65起，挽回绿地275平方米，完成创建国家园林城市办公室安排的对绿化达标单位和居住区进行现状检查和验收，对1990～2001年12年中累计批准的375个达标单位逐一进行绿化检查，并对整改意见进行监督实施。配合城管部门进行综合整治，重点对世遗大会考察路线、窗口地区和园林周边环境进行调查，纠正市容问题245个。另外，制止金阊区医院、沧浪房管所等单位在古树投影范围内建房、不利古树生长的行为。

【环古城绿化建设】 2003年5月24日，市委、市政府启动了环古城风貌保护工程，这是一项集城市交通、生态绿化、景观旅游于一体的综合性建设工程，环古城绿化建设是该工程的重要组成部分。环古城绿化旨在环绕古城、护城河建设大型带状亲水公园，形成长达15公里的以驳岸、城墙、绿化为景观特色的风景线，建设绿地40公顷。环古城绿带由市园林设计院设计，东线结合绿化现状展开布景，西线着重挖掘历史文化内涵。设计指导思想是以传统风貌、自然生态、一流设施形成水上旅游、陆路交通、绿化生态三大系统。分为四大功能区：西部为金阊十里、盘门水城；北部为吴门商旅、都市驿站；东部和南部为城南山林、枕河人家。整个风光带由水系和城墙体系串接，除了保存的古城墙残垣、古桥等大量历史文化遗存外，设计有南园春晓、双桥烟雨、金门流辉、气通阖闾、古津帆影等48个景点。

南门路段为启动、一期工程，每个景点设计都以史为据，运用典故，展示苏州古城的历史和文化内涵，有“觅渡揽月”、“吴门夜月”、“淡烟疏雨”、“旧城堞影”等。在形式上，有滨水码头、古纤道、亲水驳岸、吴门遗址、雕塑、仿古建筑等，并且巧妙地运用植物语言、生态林带等，与景点交相辉映。一期工程于2003年1月15日动工，6月20日竣工。6月20日晚上，市委、市政府在“觅渡揽月”景点举行了竣工仪式。同时宣布二期工程开工。二期环古城绿带的重点是东线，桂花公园内的重建“赤门”、娄门的“江海扬华”为重点工程，并于2004年底竣工。

【官渎里绿化景点工程】 该工程为官渎里立交桥及高速公路东出入口、市区东大门一块大型生态景观绿地，南北延绵2.2公里，总面积达40公顷，是江苏省内最大的立交绿化景观工程。该工程充分体现了“现代、生态、文化”的设计理念，景观布局由立交桥中心向外发散，布局以线条流畅、高低变化、色彩丰富的各色林木，与立交桥构成一幅“彩蝶飞舞”的壮丽景色。在高速公路出入口处两块大型绿地中，设置了“水天堂”、“太湖之魂”两尊蕴含苏州文化且具有强烈现代气息的大型雕塑。整个绿化景观设计为亚热带林、水生植物、湿地森林、自然林木、生态林带、山水景观林和色叶林木区7个景区，注重根据生态理念布局树种，并采用灯柱、投光灯、地灯、水下彩灯等景观照明设备，形成了较强的艺术视觉效果和夜景效果。另有一条充满现代气息的绿色迎宾大道，又为城市景观增添了亮丽的一笔。该工程于2003年9月9日动工，将于2004年4月30日竣工。

环古城绿化风景——姑苏春晓。（杭兴微摄）

官渎里绿化景点工程。（杭兴微摄）

【桐泾公园】 桐泾公园位于桐泾南路与苏福路交界处之东北角，占地约18公顷。该公园于2003年4月动工，11月通过验收，是中心城区最大的市级公园。该公园围绕“生态、人文、科技”三大设计理念，运用简洁的设计，手法体现人们对生态自然的追求，反映都市人的生活气息，充分体现人们对生态自然的追求和高新技术的探求欲望。整个公园以一条环形双向车道为主干道，沿主干道分为入口区、儿童游乐区、中心景区、科学植物园区、生态休闲区和水景区六大功能区。入口区为一组雕塑、悬浮喷泉、不锈钢索灯和斜坡植物林景观序列，营造一种“大珠小珠落玉盘”的动景。儿童游乐区内设有一系列造型独特的运动娱乐设施，有一片密林与入口区相隔，为独立安静的小环境。水景区以瀑布为背景，采用古典造园手法，开河架桥，亭、台、廊、阁点缀其间，一条小河，两侧台地上是苏州文化景墙和苏式园林串连起来，犹如一条历史长河，向人们展示苏州五千年的灿烂文化和悠久历史。科学植物园区建有全省最大的盲人植物园，占地12200平方米，分为赏花、赏枝、赏果、赏叶4个区，120余种花卉植物中，无毒无刺，具有明显嗅觉、触角特征的花卉植物近70种，设置中、英、盲文和语音系统介绍，且设有适合盲人使用的扶杆、憩亭、厕所等无障碍设施。生态休闲区以绿化、植物造景为主。水景区融入高科技与生态的理念，形成大型水石假山，气势宏大。总之，让游人真切地感觉到古朴中不失现代，现代中不失自然，在自然中又充满着深刻的寓意。

【广济公园】 公园位于广济路与留园路北向交叉处，占地3.5公顷，以植物造景为主，围绕“绿、景、精、新”4字展开。公园融入都市人运动健身的理念于设计中，辟有健身场所，并形成南面现代、热闹，北面古典、宁静的特色，动静结合，是一座集文化、娱乐、休闲、观景于一体的城市中心公园。该公园于2003年11月20日动工，将于2004年7月竣工并开放。

【东汇公园】 公园位于环城河东北角河畔，北临北环路，占地3万公顷，属于环古城绿地建设中的滨河绿地。公园运用现代造园手法，将龙凤等传统图案、古老的日晷、苏州传统风格的建筑融入公园规划中，营造了一个绿量大、环境美、景色秀的现代生态公园。该公园于2003年10月18日开工，将于2004年7月竣工并开放。

【文庙公园】 文庙公园位于古城区人民路南部西侧，北临文庙，西接苏州中学，占地5600平方米，其中绿化面积约4000平方米。该公园以尊重、继承和保护历史为原则，处理好公园与文庙的关系，在整体布局、景点设置、树种选择等方面均与文庙特定的文化氛围紧密结合，对称式的格局使公园与文庙这一传统建筑相协调，既体现历史古城的气质，又具有强烈的时代感。

该公园于2003年11月动工，将于2004年1月竣工。整个公园与文庙主体建筑呈一中轴线，由南至北依次为入口、中心广场和庙前广场3个小区。入口区建有“万事师表”照壁，恢复刻有“道冠古今”、“德侔天地”匾额的牌坊。中心广场为全园的活动中心，莲花池为全园中心，龙纹浮雕的台阶以及富有孔子文化的浮雕壁饰，上面刻有“范仲淹与苏州府学”，介绍了北宋名贤范仲淹创建府学，令整个公园散发着深厚的文化底蕴和浓重的府学气息。庙前广场设有月台、泮池，主干道两侧呈缓坡状的绿地里保留了原有的古银杏、龙柏，营造了古朴典雅的宁静环境。

（左彬森）

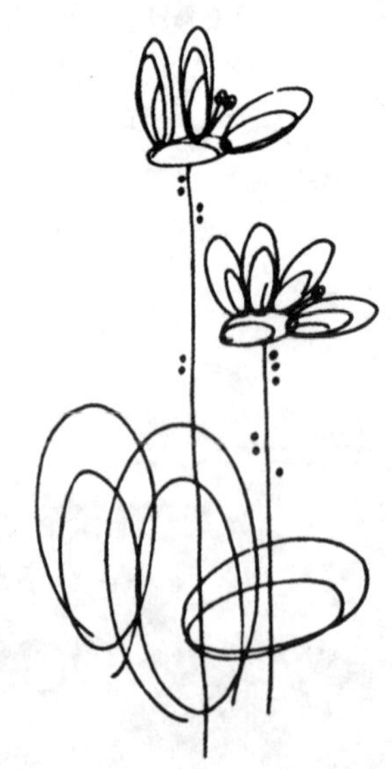

苏州园林

综　　述

【概况】 2003年，市园林和绿化管理局以迎接第28届世界遗产大会在苏州召开为契机，切实抓好风景名胜区的规划和建设，大力做好世界遗产单位和古典园林的保护、管理和内外环境的综合整治，提高了景点景区的景观质量。先后建成、开放了虎丘“西溪环翠”景区和枫桥“江枫洲”公园。上半年面临部分省、市发生的“非典”疫情，各单位坚持一手抗“非典”，一手抓维修管理、职工业务培训，各项管理水平和职工素质有所提高。同时，注意抓好传统特色的旅游项目，挖掘历史文化内涵，丰富活动内容，为挽回“非典”的影响作出了努力。据统计，市园林和绿化管理局所属园林、风景名胜区，全年入园464.24万人次，与上年相比下降255万人次，降幅达35.46%，总收入下降5500万元，降幅达40.88%，园林旅游遭遇到前所未有的滑坡和创伤。

【苏州被评为国际花园城市】 10月7日，在荷兰艾佩尔顿由“国际公园与康乐协会”举办的第7届国际花园城市评比会上，苏州市顺利通过了E组（100万人口以上城市）的答辩决赛，被命名为“国际花园城市”，成为中国继深圳、广州、厦门和杭州后，又一个国际花园城市。

国际花园城市是由联合国环境规划署认可的“国际公园与康乐协会”举办的评比活动，该项竞赛于1997年创办，每年举办一次。国际上将国际花园城市的评比比作“城市的选美”，因其理念的超前性、标准的严格性、评委的权威性和竞争的激烈性，称其为“绿色奥斯卡”。中国于2000年开始参加此项比赛，评比的项目涉及城市环境管理、生态保护、资源利用、人与自然、可持续发展等，内容主要包括景观改善、遗产管理、环保实践、公众参与、未来规划5个方面。苏州市因2002年11月中国驻英国使馆推荐，启动了申报国际花园城市工作。为了实现创建国际花园城市的新目标，市政府于5月23日召开了“苏州市申报国家园林城市和国际花园城市动员大会”，市长杨卫泽作了全面动员和部署。同时指出，实现这个目标，是市十三届人大一次会议作出的决议，也是本届政府向全市人民作出的庄严承诺。一年中，该市按照申报要求，完成了图文并茂的申报文本的编撰和翻译工作，由市园林和绿化管理局、市外办等部门选派代表参加现场答辩，并顺利获得通过。

【苏州风景园林投资发展集团有限公司】 经市政府批复，同意苏州风景园林投资发展集团有限公司作为主发起人并联合北海银河高科技产业股份有限公司、苏州市天禾投资有限公司、苏州市金牛投资顾问有限公司、上海汇银投资有限公司等4家

附表：苏州市获得的国家AAAA级旅游景点

景点名称	类　型	批准时间	备　　注
虎丘山风景区	风景区	2000年11月通过考核	省级风景名胜区
拙政园	古典园林	同上	全国重点文物保护单位，1997年被列入《世界遗产名录》
周庄	古镇	同上	
同里	古镇	同上	
甪直	古镇	同上	
苏州乐园	娱乐场所	同上	
留　园	古典园林	2002年11月通过考核	全国重点文物保护单位，1997年被列入《世界遗产名录》
网师园	古典园林	同上	同上
狮子林	古典园林	同上	江苏省文物保护单位，2000年被列入《世界遗产名录》
盘门景区	风景区	同上	
西山景区	风景区	同上	
木渎古镇	古镇	同上	

注：国家旅游局2000年起对全国旅游景点进行质量考核评定，分为四个等级，即AAAA、AAA、AA、A级。（左彬森）

2003年8月30日，中共中央政治局常委、全国政协主席贾庆林（右四）在苏视察盘门城楼。（沈锡锡 摄）

股东作为发起人，筹备设立苏州园林发展股份有限公司。集团公司为第一大股东，以72.41%股权控股该股份公司。2003年2月28日，经省政府批准，正式成立苏州园林发展股份有限公司。集团公司还先后和苏州市城市建设投资公司、苏州市天禾投资有限公司共同出资组建石湖风景区开发有限公司及苏州江枫园林投资有限公司。为全市风景园林开发建设开创一种新的运行模式。

集团公司拥有7家控股企业：苏州园林发展股份有限公司、苏州园林设计院有限公司、苏州绿化建设发展有限公司、苏州石湖景区开发有限公司、苏州江枫园林投资有限公司、苏州苏园物业管理有限公司和苏州园林大酒店有限公司。

集团公司及控股企业现有员工622人，拥有技经人员254人，其中相当一部分科技人员及员工是国内园林设计、营造行业中的资深和高级人材，拥有深厚的理论功底和丰富的实践经验。

控股企业分别拥有园林古建一级企业资质、一级绿化企业资质、甲级园林设计资质、设计施工总承包资质，对外经营、施工、出口签约资格。

2003年，集团公司在苏州城市化建设和创建国家园林城市进程中，为市政府实事工程、城市形象工程、窗口工程作出了重大贡献。先后完成环古城风貌保护绿化景观工程一期、官渎里立交桥绿化景观工程、江枫洲景区建设工程、桐泾公园、广济公园、相门公共绿地绿化景观工程、虎丘山前广场等大型建设工程的设计、营造；承接和完成了广州、南京、上海、宁夏、北京、常州等外地工程项目的规划设计及工程施工；外经工作方面承接和进行了美国洛杉矶亨廷顿植物园中的中国园规划设计项目，完成了向美国纽约和华盛顿两个中国园提供古建筑构件及造园材料两批次。集团公司全年主营业务收入达2.90亿元，投资收益计3360余万元，利润总额达3470余万元，创历史新高。

根据市政府对风景区开发建设的要求，集团公司积极执行和探索对石湖风景区及虎丘山风景区西扩工程实行代理制的建设模式，进行了深入的前期准备和运作，为加快苏州市投融资体制的改革步伐，促进该市公益事业及准公益事业的健康发展进行了有益的探索。

（陈积方）

【枫桥风景名胜区尝试“管办分离”】 枫桥风景名胜区管理处于上半年完成了对下属3个独立法人企事业单位的转制改制工作，使景区的管理权与经营权分离。改制后的枫桥旅游服务有限公司于6月底正式挂牌。该管理处根据市委、市政府关于推进公益型和准公益型事业单位改革意见的有关精神，实行“管办分离”的尝试，委托江枫园林投资有限公司实行经营管理，管理处则行使管理职能，重点是负责景区的规划申报和建设的组织实施，以及景区行政审批事项的申报工作，管理和保护好风景名胜资源和国有资产。景区管理处与江枫公司各自的职责明确，在3个月的实施中，逐渐融合，较为协调。景区经营管理走向市场的做法，在该市园林系统中尚属首例。

【“创三优、苏园杯”竞赛】 园林系统一年一度以优美环境、优质服务、优良秩序为主要内容的“创三优、苏园杯”竞赛活动，是对园林、风景区管理工作的综合考核。2003年度“创三优、苏园杯”竞赛活动的优胜单位（按名次顺序排列）是：留园、拙政园、网师园、苏州公园、狮子林、东园6个管理处。先进班组为虎丘山风景区的检票组、清洁组、中工艺组，留园的服务一组、门票组等16个，被评为先进个人的有柏忠强等30名职工。

（左彬森）

【枫桥、网师园登上“国家名片”】 《中国古桥——拱桥》特种邮票首发仪式3月29日在枫桥景区举行，苏州著名的枫桥作为此套邮票的首幅图案登上了国家名片。该特种邮票1套4枚，总面值3.20元，票幅为50×30mm，版别为影雕，邮票图案依次为枫桥、小商桥、卢沟桥、双龙桥，这套邮票的发行揭开了“中国古桥”系列邮票的序幕。而由于张继的一首《枫桥夜泊》名扬海内外的枫桥，此次又被列为特种邮票的首幅图案，将在更高层次上提升苏州作为江南水乡、桥梁之都的形象。同时为纪念此次邮票发行，中国集邮公司、江苏省集邮公司还专门发行了《古桥》首发纪念封、《古桥》版票、小版折、《枫桥》版票折等各类邮品，江苏省集邮协会还在枫桥景区举行了“集邮与旅游”的专题集邮展览。

6月29日，《苏州园林—网师园》特种邮票发行仪式在网师园举行，这是国家邮政局继发行《留园》、《拙政园》之后发行的第3套以苏州园林为题材的特种邮票。《苏州园林—网师园》特种邮票是国家邮政局为纪念第27届世界遗产大会在苏州召开发行的。虽然因“非典”影响，会议易址联合国教科文组织巴黎总部召开，但是邮票如期发行。该特种邮票为一套4枚，总面值为4.40元。设计者为苏州著名画家劳思，画面以网师园俯视的全景图为主，分别为“殿春簃”、“月到风来亭”、“竹外一枝轩”、“万卷堂”作主景，全园景点尽现其中。为配合发行，市集邮公司专门设计制作了《苏州园林—网师园》特种邮票首发封、原地封、极限明信片、大小版票册、首发折及其他相关系列邮品。并在首发式现场设立临时邮局、邮展区、画展区和邮票优供区，启用了网师园临时邮局日戳、原地日戳、风景日戳和首发日戳。

（马剑萍　左彬森）

【虎丘塔底层向游人开放】 9月29日，虎丘塔底层在关闭了27年之后，再次向游人开放，使中外游人一睹始建于公元595年的宋代塔形建筑的艺术风采。

虎丘塔历来被誉为苏州古城的标志性建筑。该塔于明代时就已出现倾斜，并稍加纠正。1957年加固维修时，采用大量钢筋水泥，致使塔体加重，地基下沉，塔体向西北倾斜2.34米，并由国家文物局拨专款于上个世纪八十年代初对该塔实施第2次加固，使其倾斜定格在2.34米。经市文物部门17年跟踪观测数据表明，变化仅在1毫米之间徘徊，国内专家认为，底层重新开放无损塔体和塔基，故作出了底层开放的决定。

【华南虎及动物繁殖】 12月20日，中国华南虎苏州繁育中心传出喜讯，国际编号267号母虎产下3只虎仔，均为雌性。另外，动物园繁殖白长角羚1只、恒河猴1只、梅花鹿2只、红腹锦鸡4只、石鸡10只、孔雀1只。

【强暴风雨使园林树木受损】 6月6日上午10时30分左右，苏州市遭受突发强暴风雨袭击，市区局部地区最大风力达9级，致使部分园林树木遭到惨重损失，灾情较为严重的是东园和苏州公园。东园树木倒伏达18棵，其中大雪松2棵倾倒，1棵抢救无效死亡。苏州公园民德亭西南侧一棵百年柏树彻底倒伏，只能伐除；中心花坛一大雪松上部断了两大枝，造型稍有影响；女贞、广玉兰等吹断较多。拙政园、狮子林等园林树木，虽也有“断臂残膀”现象，但未导致死亡，情况尚好。（左彬森）

创建国家园林城市

【概况】 2001年11月29日，市委、市政府召开苏州市创建国家园林城市动员大会，从而拉开了创建国家园林城市的序幕。两年来，市园林和绿化管理局不断加大绿地建设的力度，先后投入绿化资金20亿元，采取见缝插绿、破墙透绿、拆违建绿、拆房增绿、相地造绿、规划建绿等一系列有效措施，新增绿地1042公顷，并于2002年通过并获得江苏省园林绿化先进城市和江苏省园林城市称号。在此基础上，再接再厉，至2003年年底，该市绿地率、绿化覆盖率、人均公共绿地分别为32.20%、37.10%和7.60平方米，达到了国家园林城市规定的3项指标，并于12月通过国家园林城市考核，由建设部授予苏州市“全国园林城市”铜牌，实现了市委、市政府“市区2003年达到国家园林城市”的目标。

（左彬森）

【苏州召开创建国家园林城市工作会议】 1月13日，苏州市区创建国家园林城市工作会议召开。会上，省政府正式授予苏州市省级园林城市铜牌，这标志着该市创建工作取得阶段性成果，创建工作向着国家园林城市的目标迈出了一大步。

市委副书记、市长杨卫泽在讲话时强调，全市上下要咬定创建国家园林城市的目标不放松，通过创建国家园林城市推进生态城市建设，达到促进人与自然和谐的更高目标。他要求，绿化不仅要有量的突破，而且要有质的提高，要充分运用古典园林的造园艺术和手法，建造具有鲜明城市个性的绿化精品工程，坚持古城内打造“城中园”，古城外打造“园中城”的目标。会上，苏州市还对创建省级园林城市的70个先进集体和87个先进个人进行了表彰。（杨　帆）

【国家园林城市申报】 按照市委、市政府确定的目标，2003年是苏州市申报国家园林城市年。为此，市创建国家园林城市领导小组、市园林和绿化管理局根据国家园林城市考核要求，组织整理、编写了申报材料和台账资料。申报材料包括创建概况、园林绿化建设、管理与保护、规划与景观、地方性法规、绿地系统规划、园林苏州，计7本、66万字，并及时报送建设部。另外，收集、整理、装订了《苏州市创建国家园林城市》的迎检台账，分8大类、50册，还设计制作了苏州园林绿化建设成果展示，全面系统地反映了苏州市几年来绿化建设以及创建国家园林城市所取得的成果，填补了园林绿化档案的空白。8月12日，江苏省建设厅组织有关专家对苏州市申报国家园林城市工作进行了预检，并将评审意见上报建设部。12月18日，建设部国家园林城市考核组一行就两天的考核工作进行了通报，宣布苏州市的各项绿化指标均已达到《国家园林城市标准》。

【苏州建成全国第一个省级园林城市群】 全省创建园林城市工作会议于4月3日在苏州召开，苏州市、吴江市和镇江市被授予第3批“江苏省园林城市”称号。至此，苏州市及下辖的张家港、常熟、昆山、吴江、太仓等5个县级市全部建成省级园林城市，苏州成为全国第一个省级园林城市群。其中，常熟市是全国第一个获得“国家园林城市”称号的县级市。

【第4批江苏省园林式居住区和单位】 12月16日，江苏省建设厅公布了第4批江苏省园林式居住区和园林式单位的名单，苏州市有2个居住区、17个单位榜上有名。它们是：笑园小区、新康花园2个居民区；苏州市胥口水利枢纽工程管理处、苏州金螳螂建筑装饰有限公司、苏州市级机关行政中心、苏州南林饭店、苏州南园宾馆、苏州饭店、江苏省苏州职业教育中心、苏州吴宫喜来登大酒店、太仓市财政局、太仓市经贸小学、太仓市娄东宾馆、太仓市劳动和社会保障局、太仓市经济贸易委员会、太仓石油分公司、太仓市第一中学、太仓海关、中华人民共和国太仓出入境检验检疫局等17个单位。

【苏州国际园林园艺绿化展】 由市园林和绿化管理局主办、南京苏贝尔会展服务有限公司承办的2003苏州国际园林园艺绿化展览会，于3月

12～14日在苏州市国际会议展览中心举行。展览内容涵盖了种苗、花卉、水景雕塑、园林工具等，品种繁多。吸引了韩国绿生株式会社、中美合资苏州维生种苗有限公司、上海绿友园林机械有限公司等100余家企业参展。这是苏州市第一次举办国际园林园艺绿化展览会。（左彬森）

遗产保护

【概况】 苏州古典园林被列入《世界遗产名录》后，各遗产单位认真履行《保护世界文化和自然遗产公约》，坚持“修旧如旧、永续利用”的原则，落实各项保护管理措施，取得了较好的成绩。留园对“绿荫”轩进行了抢修，门厅内的镶嵌留园全景图经过整修和楷漆，为之一新；对“至乐”、“舒啸”亭实行维修、油漆，对“自在处”前的卵石铺地及假山等进行了维修。网师园对“集虚斋”、“小姐楼”20余件家具进行维修油漆；对“濯缨水阁”槅扇，“梯云室”落地罩进行油漆见新；还对“殿春簃”及内书房，“冷泉亭”进行维修。沧浪亭对“仰止亭”、“沧浪亭”、复廊及花窗进行全面维修。狮子林将花篮厅前的水泥地坪改为花岗石石板，改建了2只厕所。怡园对“藕香榭”进行了维修油漆，湖石假山得到了加固维修，全园的墙壁已粉饰一新。耦园对假山进行了修补和加固，一批厅堂字画进行了揭裱，还新添了宫灯56只。另外，大部分园林还适当添置了各种陈列摆件，使古典园林更加典雅精美。

资料

中国“世界遗产”一览

1 明清故宫　文化遗产1987年
2 周口店北京人遗址　文化遗产1987年
3 泰山　文化和自然遗产1987年
4 长城　文化遗产1987年
5 秦始皇陵及兵马俑坑　文化遗产1987年
6 莫高窟　文化遗产1987年
7 黄山　文化和自然遗产1990年

附：被列入世界文化遗产的苏州古典园林

单位名称	始建年代	面积（公顷）	艺术特点	获世界遗产时间
拙政园	明代正德	5.19	总体布局以水池为中心，山水明秀，厅榭精美，花木繁茂，有浓郁江南水乡特色。中部为全园精华，仍保持建园初之风范。	1997.12.4
留　园	明代万历	2.33	园以建筑空间艺术处理精湛著称，并以花石享有盛誉，长廊、花窗，园中景色若隐若现，步移景异，妙在“不出城廓而获山林之趣”。	1997.12.4
网师园	南宋淳熙	0.54	园为苏州古典园林中住宅和花园结合最为得体之代表，布局紧凑、建筑宏敞，主次分明，富有变化，是苏州园林中以少胜多的典范。	1997.12.4
环秀山庄	北宋	0.21	园以太湖石假山而著名，由清代叠石造山大师戈裕良手叠，构造注重写景，酷似真山，有中国园林现存假山第一佳构之誉。	1997.12.4
沧浪亭	北宋庆历	1.17	为苏州现存历史最悠久、富有山林野趣的园林，布局自然开畅，园北建筑与园外水系连成一体，是苏州古典园林中借景的佳例。	2000.11.30
狮子林	元代至正	0.93	园内湖石假山为14世纪堆叠，规模为苏州之最，洞穴曲折幽深，犹若迷宫，既有山林真趣，又有禅意，“燕誉堂”、“真趣亭”等建筑类型独特。	2000.11.30
艺　圃	明代嘉靖	0.49	园较多保存明代园林风格，布局和造园手法简练疏朗，自然质朴，“博雅堂”、“乳鱼亭”为明式结构，“芹庐”精雅优美。	2000.11.30
耦　园	清代顺治	0.78	整体布局住宅居中，园列东西，又以楼道贯通，独树一帜；黄石假山气势雄浑，叠石手法自然，为苏州同类作品之最。	2000.11.30
退思园	清代光绪	0.65	园布局颇具特色，自西向东依次为住宅、庭院、花园。建筑皆贴水，并利用水面在有限空间内创造出丰富的景观，是以少胜多的佳作。	2000.11.30

（左彬森）

8 九寨沟风景名胜区 自然遗产1992年
9 黄龙风景名胜区 自然遗产1992年
10 武陵源 自然遗产1992年
11 承德避暑山庄及周围寺庙 文化遗产1994年
12 曲阜孔庙、孔林、孔府 文化遗产1994年
13 武当山古建筑群 文化遗产1994年
14 拉萨布达拉宫历史区 文化遗产1994年
大昭寺（布达拉宫扩展地） 2000年
罗布林卡（布达拉宫扩展地） 2001年
15 庐山 文化景观1996年
16 峨眉山－乐山大佛 文化和自然遗产1996年
17 丽江古城 文化遗产1997年
18 平遥古城 文化遗产1997年
19 苏州古典园林 文化遗产1997年
沧浪亭等5处园林(苏州古典园林扩展地)2000年
20 颐和园 文化遗产1998年
21 天坛 文化遗产1998年
22 武夷山 文化和自然遗产1999年
23 大足石刻 文化遗产1999年
24 青城山－都江堰 文化遗产2000年
25 龙门石窟 文化遗产2000年
26 明清皇家陵寝 文化遗产2000年
27 皖南古村落 文化遗产2000年
28 云冈石窟 文化遗产2001年
29 云南三江并流保护区 自然遗产2003年

拙政园

拙政园始建于明正德四年(1509)，为明代弘治进士、御史王献臣弃官回乡后，在唐代陆龟蒙宅地和元代大弘寺旧址处拓建而成。取晋代文学家潘岳《闲居赋》句意，将此园命名为拙政园。王献臣在建园之期，曾请吴门画派的代表人物文征明为其设计蓝图，形成以水为主，疏朗平淡，近乎自然风景的园林。王献臣死后，其子一夜豪赌，将园输给徐氏，徐子孙后亦衰落。明崇祯四年（1631）园东部归侍郎王心一，名“归田园居”。园中部和西部，主人更换频繁，乾隆初，中部复园归太守蒋棨所有。咸丰十年（1860）太平军进驻苏州，拙政园为忠王府之后花园，相传忠王李秀成以中部见山楼为其治事之所。光绪三年（1877）西部归富商张履谦，名“补园”。建国后，在党和政府的关心下，进行抢修，一代名园得到了保护，并于1952年正式对外开放中、西部部分，1960年东部整修完毕，东、西、中三部分完整开放，1961年3月4日列入首批全国重点文物保护单位。

留 园

留园位于苏州阊门外，原是明万历年间太仆寺卿徐泰时的东园。园中假山为叠石名家周秉忠（时臣）所作。清嘉庆年间，刘恕以故园改筑，名寒碧山庄，又称刘园。园中聚太湖石十二峰，蔚为奇观。咸丰年间，苏州诸园颇多毁损，而此园独存。光绪初年为盛康所得，修葺拓建，易名留园。现全园占地约30亩，大致可分中、东、西、北4个景区。其间以曲廊相连，迂回连绵，达700余米，通幽度壑，秀色迭出。中部是原来寒碧山庄的基址，中辟广池，西、北为山，东、南为建筑。东部重门叠户，庭院深深。西部以假山为主，土石相间，浑然天成。北部原有建筑早已废毁，现广植竹、李、桃、杏，“又一村”等处建有葡萄、紫藤架。其余之地辟为盆景园，花木繁盛，犹存田园之趣。留园以宜居宜游的山水布局，疏密有致的空间对比，独具风采的石峰景观，成为江南园林艺术的杰出典范，1969年3月4日被列为全国重点文物保护单位。

网师园

网师园，地处苏州古城东南隅阔家头巷，被誉为苏州园林之“小园极则”，堪称中国园林以少胜多的典范。1982年被国务院列为全国重点文物保护单位。网师园的造园历史可追溯至八百年前。南宋淳熙初年，吏部侍郎史正志于此建万卷堂，名其花圃为渔隐，植牡丹五百株。清乾隆年间，光禄寺少卿宋宗元在万卷堂故址，营造别业，为奉养母亲之所，始名网师园，内有十二景。网师园是古代苏州世家宅园相连布局的典型，东宅西园，有序结合。即以池水为中心，由东部住宅区、南部宴乐区、中部环池区、西部内园殿春簃和北部书房区等5部分组成。全园布局外形整齐均衡，内部又因景划区，境界各异。网师园意谓“渔父钓叟之园”，园内的山水布置和景点题名蕴含着浓郁的隐逸气息。全园面积仅8亩多，做到了感觉宽绰而不显局促，主题突出，布局紧凑，小巧玲珑，清秀典雅，成功地运用比例陪衬关系和对比手法，获得较好的艺术效果，是苏州中型古典园林的代表作品。

环秀山庄

环秀山庄，位于苏州城中景德路，面积仅为3亩。环秀山庄占地不大，但其内湖石假山为中国之最。据载，此山为清代叠山大师戈裕良手叠，虽由人作，有如天开，尽得造化之妙，堪称假山之珍。环秀山庄亦因此而驰名。此园本是五代吴越钱氏“金谷园”旧址。其后屡有兴废。清代乾隆（1736－1795）以来，蒋（楫）、华（沅）、孙（士毅）三家先后居于此处，掘地为池，叠石为山，造屋筑亭于其间。道光29年（1847）成为汪氏宗祠“耕耘山庄”的一部分，更名“环秀山庄”，又称“颐园”。园内地盘不大，园外无景色可借，造景颇难。但因布局设计巧妙得宜，湖山、池水、树木、建筑，得以融为一体；而假山一座、池水一湾，更是独出心裁，另辟蹊径，两者配合，佳景层出不穷。望全园，山重水复，峥嵘雄厅；入其境，移步换景，变化万端。环秀山庄今在苏州刺绣博物馆内，为江苏省文物保护单位。

沧浪亭

沧浪亭，地处城南三元坊。在现存苏州园林中，历史最为悠久。全园布局，自然和谐，堪称构思巧妙、手法得宜的佳作。与狮子林、拙政园、留园列为苏州宋、元、明、清四大园林。此园数易其主，历经沧桑，但多是建物的倾毁修复，而园中假山，园外池水，大多保持旧观。全园景色简洁古朴，落落大方。不以工巧取胜，而以自然为美。沧浪亭园外景色因水而起，园门北向而开，前有一道石桥，一湾池水由西向东，环园南去，清晨夕暮，烟水弥漫，极富山岛水乡诗意。而园内布局以山为主，入门即见黄石为主，土石相间的假山，山上古木新枝，生机勃勃，翠竹摇影于其间，藤蔓垂挂于其上，自有一番山林野趣。建筑亦大多环山，并以长廊相接。园内还有五百名贤祠，壁上嵌有五百余人像石刻，运刀细腻，颇值观赏。沧浪亭为江苏省文物保护单位。

狮子林

狮子林为苏州四大名园之一，至今已有650多年的历史。元代至正二年（公元1342年），元末名僧天如禅师维则的弟子“相率出资，买地结屋，以居其师。”因园内“林有竹万箇，竹下多怪石，状如狻猊（狮子）者”；又因天如禅师维则得法于浙江天目山狮子岩普应国师中峰，为纪念佛徒衣钵、师承关系，取佛经中狮子座之意，故名“狮子林”。狮子林既有苏州古典园林亭、台、楼、阁、厅、堂、轩、廊之人文景观，更以湖山奇石，洞壑深遂而盛名于世，素有“假山王国”之美誉。据史载，1703年2月11日康熙皇帝南巡、狮子林赐额“狮林寺”后，乾隆皇帝六游狮子林，先后赐“镜智圆照”、“画禅寺”及现存“真趣”等匾额。乾隆还下令在北京圆明园、承德避暑山庄内仿建了两座狮子林。可见当年帝皇对狮子林情有独钟。苏州园林甲江南，狮子林假山迷宫甲园林。

艺 圃

艺圃，地处金、阊二门间的文衙弄。园景开朗，风格质朴，较多地保存了建园初期的格局，有其较高的历史与艺术价值。全园占地仅为7.3亩，以约占五分之一的池水为中心。池水之北多建筑，博雅堂为园中主要厅堂，其南端有小院，设湖石花台，院南临池处，建有水榭5间，两侧厢房则与池水东、西两面的厢房相连。池水之南为假山，临池之处则以湖石叠成绝壁、危径，既多变化又较自然。于池北远望此处，山石嶙峋，树木葱郁，给人以奇秀之美、山林之趣，成为园中的主要对景。此种以池水、石径、绝壁相结合的手法，为明清苏州一代造园家所常用，取法自然而又力求超越自然。池水之东有乳鱼亭，传为明代遗构，外有小径与各处相通。池水之西，有芹庐小院，以圆洞门与其它景区相隔而又相连。步入院门，即可见院中有小池，实与大池相通，这在苏州园林中还属于孤例。艺圃为江苏省文物保护单位。

耦 园

耦园，地处娄、相二门间的小新桥巷。全园布局，颇为得法。黄石假山作为全园主题，堆叠自然，位置恰当，陡峭峻拔，气象雄浑，为苏州园林黄石假山中较为成功的一座，实为值得游赏流连的去处。此园因在住宅东西两侧各有一园，故名耦园。古时两人耕种称为“耦”，“耦”、“偶”相通，寓有园主沈秉成夫妇归田隐居之意。全园占地约12亩，东园面积约4亩，以山为主，以池为辅，重点突出，配搭得当。主体建筑坐北朝南，为一组重檐楼厅。这在苏州园林中较为少见。其东南角有小院3处，重楼复道，总称“城曲草堂”。西园面积更小，以书斋及织帘老屋为中心，前有月台，宽敞明亮，后有小院，幽雅清秀，隔山石树木又建书楼一座；其南亦有一院，为不规则形状，西南角设假山，设置花木，间置湖石，显得幽曲有趣。耦园为全国重点文物保护单位。

【拙政园探索管理新思路】 作为世界文化遗产、江南园林代表作的拙政园，瞄准国际一流的管理水平，在现有的体制、管理模式的前提下，探索、追求园林各项管理水平的不断提升。2003年他们对保洁公司的员工进行专项培训，要求知晓园史、厅堂名称，会简单讲述，学会简单英语口语，始终使环境卫生达到各方面要求的标准。原来园子内的花草树木均由树木工负责管理，现为充分发挥各类技工的特长，作了适当调整：即主要景点区的景观树由盆景组负责，池塘周围的花灌木由花卉组负责；其余的树木修剪由树木组承担。该园原有挂牌的古树名木20棵，占树木总数的比例较小，他们从西山引进百年以上古柏7棵、百年三角枫1棵，种植在主要景点区，以增加历史的见证，取得了较好的效果。对于景观水，在采取放养白鲢、螺蛳等生物治理的同时，在倒影楼东南侧水廊的涵洞处，人工设制一组增氧循环小瀑布，以此调节水中氧气，达到抑制藻类繁殖、净化水质的目的，效果较好。另外，在厅堂陈设方面，年初关闭了南轩卖品部，摆设了仿明式家具、落地供石，供游人休息；在倒影楼等处增添了紫檀笔筒、如意、青花大瓷盆等摆件；还将秫香馆、见山楼等厅堂的135只宫灯，在玻璃外面加饰羊皮，更加传统、古朴；如此等等，园林管理更趋精细、到位。

【拙政园使用高科技保护古树名木】 12月16日，拙政园管理处使用一种“光触媒”新技术对一棵古紫薇和桂花进行防腐处理，这在苏州尚属首例。“光触媒”系日本引进技术，其主要成份为二氧化钛（TiO2），利用速干水性黏合剂、干燥后变成非水溶性液体材料的性能，具有极强的去除室内毒气、杀菌、防污自净等功能。此项新技术运用于古树防腐时，需将朽木刮除清理后，再喷以“光触媒”，即可在其表面形成一层看不见的保护膜，与水不相溶，从而可以大大减轻木质的继续枯朽，以保持现状而达到防腐目的。这项新技术由苏州宝盛纳米科技有限公司推广实施。由于是首次运用于古树名木的防腐保护，故其效果有待于时间的检验。

【留园“吴歈兰薰”】 由留园管理处与苏州雅韵文化联合推出“吴歈兰薰”苏州古典园林（留园）吴文化游于4月30日迎客。这一特色旅游项目以世界遗产留园为平台，引进被列为人类口述和非物质世界文化遗产的昆剧，以及富有苏州地方特色的评弹、管弦乐演奏等8个表演项目，分别在楠木厅、恰航、可亭等各处景点定时或不定时向游人表演。这一项目的推出，着眼于进一步挖掘苏州古典园林的文化内涵，作为吴文化的两个遗产得以同时向游人展示，创出新的苏州旅游品牌。因受“非典”影响，于5月8日起暂停演出，非典”得到有效控制、撤除警报后，于8月1日恢复，至10月首期合作表演结束。该项目推出期间，游人走进留园，就能听到悠扬、韵味婉转的丝竹背景音乐，在这样的氛围中欣赏精美的江南造园艺术，可谓是一种艺术享受，受到中外游人的好评。

【拙政园、颐和园南北两强携手打品牌】 2003年7月，拙政园与北京颐和园两园负责人就联手推介广告宣传等方面达成了协议，成为国内园林旅游促销中的一项新举措。拙政园与颐和园都是国务院公布的首批中国名园，都是全国特殊游览参观点（拙政园是唯一北京之外的参观点）、国家AAAA级旅游景点、世界文化遗产，前者是中国私家园林的典范，后者是中国皇家园林的代表，一南一北，为中国仅有的一对顶级园林。面对“非典”对旅游业的冲击，为了尽早走出低谷，共同的荣誉和称号、共同的利益和现状，使两园决定尝试在户外平面广告、入园门券、邮政专递等方面联袂亮相，携手并进。南北名园互相映衬、打造精品园林品牌，有利于扩大两座名园的知名度。（左彬森）

世遗大会申办

【概况】 巴黎时间2003年6月30日上午，在联合国教科文组织总部召开的第27届世界遗产大会全体会议上，与会代表一致通过决定：第28届世界遗产大会2004年将在中国苏州举行。由于“非典”影响，原定在苏州召开的第27届世遗大会不得不易地召开，经过各方面的努力，苏州终于再次获得了举办第28届世遗大会的承办权。

为了办好28届世遗大会，中国联合国教科文组织全委会、建设部、国家文物局等部委多次召开筹备工作会议、组织考察和设计方案讨论，重新研究确定了会议场馆，市政府又安排布置了新一轮的外环境整治项目，确定、启动了保护古城和提高城市化水平的“双十大工程”，力争创造更加优美的环境、更加便捷的交通和更加秀丽的城市风貌。教育部副部长、中国联合国教科文组织全委会主任章新胜要求把这次世遗大会开成“国际一流标准、中国苏州特色”，并相信苏州是最好的会址选择地。市委副书记、市长杨卫泽提出，苏州要将这届世遗会办成世界一流、历届最好、令人难忘、载入史册的盛会。

【第27届世界遗产大会】 6月30日~7月5日，因“非典”影响，原定于中国苏州召开的第27届世界遗产大会，移至法国巴黎联合国教科文组织总部举行，以市政府副秘书长邵建林为团长的苏州代表团一行3人，随以教育部副部长、中国联合国教科文组织全委会主任章新胜为团长的中国政府代表团参加了这届大会。30日上午，大会举行全体会议，章新胜团长在会上发表了热情洋溢的讲话。他说，虽然因为“非典”，第27届世界遗产大会不得不易地召开，但是中国举办世界遗产大会的决心从未动摇。中国始终相信，世界遗产大会在中国苏州举办是最好的选择。10时30分，与会代表一致通过决定：第28届世界遗产大会2004年将在中国苏州举行。表明中国因“非典”失之交臂的第27届世界遗产大会，经过再次申请，中国苏州终于又获得了第28届世遗大会的承办权。

为了再次申办，苏州代表带去了约1000公斤的宣传资料，其中有专门为大会制作的电视宣传片《苏州的心愿》、大型画册《中国的世界遗产》、《苏州概况》、《世界遗产——苏州古典园林》，以及从水文化角度宣传苏州的电视片《水天堂》等，从多角度向与会的各成员国代表宣传苏州，让他们全面了解苏州。

在这届大会上，章新胜副部长被联合国教科文组织选为2004年在苏州举办的第28届世界遗产大会主席。

（左彬森）

【章新胜来苏考察世遗会筹备工作】 教育部副部长、中国联合国教科文组织全委会主任、第28届世界遗产委员会主席章新胜8月6日来苏考察大会筹备工作。国家文物局副局长张柏，中国联合国教科文组织全委会秘书长田小刚、副秘书长杜越等参加了当天的考察。市委副书记、市长杨卫泽，副市长姜人杰陪同。

章新胜在听取了姜人杰关于苏州当前各项筹备工作情况的汇报，听取了同行的国家文物局、外交部、建设部代表现场考察的意见后，明确要求，苏州举办世遗会可谓众望所归，要通过扎实的准备、合理的定位，把第28届世遗会办好、办成功，其中较为关键的会场选择上要做到符合国际一流水平、体现中国苏州特色。

章新胜指出，第28届世界遗产大会得到了特殊的关注，党中央高度重视，世界各方热切关注，不仅因为人类遗产本身是一个国家历史文化、文明程度的象征，承办世遗会可以充分展示中国改革开放以来遗产保护方面取得的成果和对人类遗产的贡献，而且世遗会的召开对于提升国家和城市的知名度，优化投资环境，搞活地方经济等有着较大的经济功能，世遗会是中国改革开放以来承办的规模较大的国际性盛会，也是中国在经历“非典”、国际形象受挫后的第一次大规模、高层次国际会议，办好世遗会是一项重要的政治任务。他说，对于苏州来说，承办世遗会是一个挑战，更是一个历史机遇，必须以科学的工作方法、务实的工作态度搞好筹备工作。（杨 帆）

【第28届世遗大会会期及内容确定】 12月16日，国家有关部委办与苏州市领导，在苏州召开第28届世界遗产委员会会议筹备工作会议。会议确定这届世界遗产大会将于2004年6月28日~7月7日在苏州召开，并就11天的会议议程及具体内容进行了安排。会议初步确定：6月27日将举行主席团会议；28日大会正式开幕。鉴于尚有40%的缔约国或地区没有世界遗产项目，关于全球世界遗产分布的不均衡问题已引起广泛重视，因此此届大会将重点研究和探讨全球世界遗产分布不均衡问题、对一国一年申报一个项目的《凯恩斯决定》提出疑义，以及加强世界遗产保护宣传教育等。

据预测，届时将有100多个国家、600多名代表参加会议，另外还有300多名国内代表及中外记者列席会议。

【世遗会场选定规划展示馆】 12月11日下午，联合国教科文组织和世遗中心官员、中国科教文组织全国委员会副秘书长，在市会议中心共同宣布，第28届世界遗产大会会场为刚刚建成的苏州规划展示馆。这是教科文组织会务主官大卫·马尔代勒，世界遗产中心亚太区协调员景峰等专家对候选会场、宾馆饭店等会务设施进行考察，与苏州会务指挥部等方面多次沟通、协调后作出的决定。

世界遗产大会是仅次于联合国大会和教科文大会的二类会议，对于场地的选择要求很严，原拟定的备选会场为规划展示馆、会议中心、国际会展中心。经过两位世遗专家的全面考察和对比，最后锁定规划展示馆。

作为世遗大会主会场的规划展示馆，会场迎宾门厅总面积达1500平方米，会场分为两层，一层面积850平方米，二层为480平方米；一层设有茶歇区，面积485平方米，另设有主席团会议室、贵宾接待室、大会办公区以及若干个小型会议室。此届大会活动重要组成部分的亚太地区世界遗产展，将设在现代馆二楼，面积1000多平方米，分中国、世界遗产两个展区。按照计划，这些装修工程将于2004年4月中旬完成，5月10日前后完成有关设备安装和调试。（左彬森）

古镇与古村落保护

【概况】 2003年11月下旬，昆山市周庄镇、吴江市同里镇、吴中区甪直镇被建设部、国家文物局命名为首批中国历史文化名镇，排名分别在第2、第3和第4位。落实古村落保护试点工作，重点选择东山镇陆巷村进行历史文化古村的保护试点，已完成古村的保护规划编制工作。（张勇坚）

中国历史文化名镇

周 庄

2003年11月27日，周庄镇被国家建设部和国家文物局命名为中国首批“历史文化名镇”，同年还获联合国教科文组织亚太部授予的“文化遗产保护奖”。近年来，为有序开发建设，周庄以科学的规划为基础，加大资金投入，实施古镇风景区景观整治和“三线”入地工程，优化了旅游服务设施，走出了一条保护与发展并举的可持续发展之路。

同 里

同里镇位于太湖之畔，古运河之东，镇外四面环水，古镇镶嵌于同里、九里、叶泽、南星、宠山五湖之中。镇区被川字形的15条小河分隔成7个小岛，而49座古桥又将小岛串为一个整体。建筑依水而立，以“小桥流水人家”著称，是江苏省保存最为完整的水乡古镇。

同里的特点在于明清建筑多，水乡小桥多，名人志士多。镇内有明清两代园宅38处，寺观祠宇47座，有士绅豪富住宅和名人故居数百处之多。古镇原有“前八景”、“后八景”、“续四景”等二十多处自然景观，今尚存“东溪望月”、“南市晓烟”、“北山春眺”、“水村渔笛”、“长山岚翠”诸景。

同里人世代勤奋苦读，人文荟萃。自南宋淳祐四年（公元1247年）至清末，同里先后出状元1人，进士42人，文武举人93人。同里镇退思园已被列入世界文化遗产，中国电影家协会在此设立了“中国同里影视摄制基地”。

古镇周庄。 （昆山市政府提供）

发展中的同里，以传统的水稻种植、水产品养殖，使其成为典型的江南“鱼米之乡”。随着改革开放的前进步伐，同里镇国民经济和小城镇建设以及科教文卫等各项社会事业得到同步发展。人民生活水平日益提高，全镇综合实力显著增强。

角 直

角直镇作为神州水乡古镇的佼佼者，具有2500年的文明历史，名胜古迹、古桥、古街、古民宅以及具有1300多年历史的古银杏树令人赞叹不已。

角直原名为甫里，因镇西有“甫里塘”而得名。后因镇东有直港，通向六处，水流形成酷如“角”字，故改名为“角直”。

镇上河水清清，环境幽雅，名胜古迹星罗棋布，历史景观，鸭沼清风、分署清泉、吴淞雪浪、海芷钟声、浮图夕照、渔莲灯阜、西汇晓市等被先人们概括的“甫里八景”虽然历经历史的磨难，大部分已经被拆除，但仍能找出它们当年的恢宏的风彩。建于公元503年的角直保圣寺是国务院首批公布的国家一级重点文物保护单位，寺内唐代著名雕塑家杨惠之所塑的九尊泥塑罗汉，虽历经千年沧桑，却仍然保存完好。

保圣寺内的“斗鸭池”、“小虹桥”和“清风亭”，是晚唐著名诗人、文学家陆龟蒙先生留下的遗址。

水多、桥多，是角直镇的另一个特色。角直历来享有江南“桥都”的美称，一平方公里的古镇区原有宋、元、明、清时代的石拱桥72座半，现存41座，造型各异、各具特色，古色古香。

镇上现有主街道9条、巷子58条，街坊临河而筑，前街后河，街道两旁店铺林立，民房均为黛瓦粉墙、木门木窗、青砖翘脊，大多为明清时代的房子。

除此之外，角直镇还有很多古代名人的遗址旧迹。镇东有北宋的白莲花寺，镇西有孙妃墓，镇北有吴王夫差的行宫，镇南有西汉丞相张苍的陵墓。

近年来，镇政府对古镇进行了大量的修旧如旧工作，恢复了沿街河棚和“沈宅”、“万盛米行”、“萧宅”等一大批古民宅和历史景观，整修了古街道和古桥、驳岸，同时利用古民宅布置了“王韬纪念馆”、“萧芳芳影视艺术馆”、“吴东水乡妇女服饰馆”等景点，使古镇的风情、风貌充分得到了体现。 （苏 鉴）

江苏省历史文化名镇

东　山

又名洞庭东山，位于苏州城西南23.5公里处，它是延伸于太湖中的一个半岛，三面环水，万顷湖光连天，渔帆鸥影点点。境内自然风光秀丽，物产丰富。春天，百花盛开，万紫千红，茶芽滴翠；端阳佳节时，枇杷林披翠挂黄，杨梅树枝茂茁壮；秋天，漫山遍野的桔林，远看万绿丛中点点红，近看累累硕果树弯腰。

东山镇人文荟萃，历史文化底蕴深厚，仅明清两朝出自东山籍的状元、进士就达43人之多，当代更是名人辈出，东山人在全国各地就业的高级知识分子、教授268名，研究员30名、博士生导师30名、中科院院士4名及其他高级职称的地、市级以上领导约600名。东山镇交通便利，地理环境优越，在这块土地上，聚集了一大批知名企业和商家，现有企业中，五金、注塑45家，电子、电器33家，服装、玩具34家，印刷、包装19家，精细化工10家，食品加工17家，并且在近两年呈较快的增长趋势。

西　山

是洞庭山的简称，南北宽11公里，东西长15公里，面积79.80平方公里，系太湖第一大岛。西山景区是太湖风景名胜区的精华。它是以群岛风光、花果丛林、吴越以来的古迹见长，以浏览、度假为主的湖岛区。它拥有湖中群岛、湖湾山水、山中坞谷、山顶峰峦4个风景层次。全区规划建设缥缈云场、水月问茶、林屋晚烟、消夏渔歌、角里梨云、玄阳韬浪、肖山遗踪、毛公积雪、西湖夕照、石公秋月，凤凰烟雨、金铎松篁、文化巽峰、大沙观帆、罗汉古刹、鸡笼梅雪、明湾古村、角角风涛、天王鱼国、横山旭日等20个景点。景点的规划面积共计609.30公顷。

林屋山，位于西北镇东北部，根据历史记载，早在大禹治水期间，大禹就在此留下过足迹，《吴地记》载“在县西一百三十里中有洞庭，深远世莫能测。吴王使灵威丈人入洞穴，十七日不能尽，因得禹水”。石公山，位于西山东南角，因山前原有巨型太湖石，状若老翁，故名“石公”。“石有族聚，太湖为甲”，唐代就已闻名天下的“花石纲”就采于此地，并留下了“联云障”等遗址。山腰南部，四角翘飞的御墨亭，因中置清世祖顺治御书“敬佛”石碑而得名，作为镇山之宝。“御墨亭”三字由傅杰所书。“归云洞”三字为明代严澂草书，徐纲才楷书“读圣贤书，行仁义事，存忠孝心”等摩崖石刻。

木　渎

是与苏州城同龄的水乡古镇，迄今已有2500多年历史。相传春秋末年，吴王夫差为取悦美女西施，在灵岩山顶建馆娃宫，并增筑姑苏台，“三年聚材，五年乃成”，木材源源而至，竟堵塞了山下的河流港渎，“积木塞渎”，木渎由此得名。

三国时，木渎已是三吴重镇。东晋时司空陆玩为陆逊后裔，曾建宅于灵岩山馆娃宫旧址，后舍宅为寺，木渎成为佛教胜地。宋代，据《元丰九域志》记载：“北宋设木渎镇，属吴县，镇以渎名。”，当时木渎已是苏州城西诸乡镇的中心。至明代，木渎为吴县六镇之一。清朝中叶，木渎已是吴中著名商埠。清人徐扬绘有一幅乾隆年间姑苏繁华风貌的写实性图卷《盛世滋生图》，其中木渎部分竟占全卷的二分之一。康熙三次南巡和乾隆六下江南，每次偏幸木渎，为这里的山水风光而倾倒。

木渎古镇位于苏州西郊灵岩山麓，依山而筑，傍水而居，其独特格局为江南诸多古镇少有。木渎更是江南惟一的园林古镇，明清时有私家园林30余处，现已修复严家花园、虹饮山房、灵岩山馆、古松园、榜眼府第等，其深厚的文化蕴积，幽雅的园林环境、脍炙人口的历史传说，为现代都市人提供了一个放松身心、陶冶情操的旅游休闲好去处。

光　福

是嵌入太湖之东的一座半岛，太湖的灵气孕育了光福的历史和文化。

司徒庙、邓禹草堂：1900多年前，东汉大司徒邓禹隐居光福所植的四棵汉柏，雷劈两片，横卧南北而成奇观。乾隆赐名为“清奇古怪”，刘海粟题匾为“历劫不磨”。在碑廊内悬挂着康熙、光绪、林森、郑板桥为光福写的匾。

香雪海：历史上众多名人给香雪海撰写了千余首赞“梅”诗，而被誉为四大探梅胜地之首。

光福塔院、铜观音寺：1500年历史的古寺内有梁代光福塔，唐朝铜观音，宋代石梁桥，元朝感雨碑，明代古樟树，清朝大雄殿。

震　泽

位于吴江市西南部，与浙江省毗领，古称“吴头越尾”。震泽因濒临太湖而得名，其历史可追溯至新石器时代晚期。

震泽历史悠久、人杰地灵、物华天宝，慈云塔高耸，遗三国孙吴流风；禹迹桥拱伏，传上古圣贤伟业；小巷悠长，古韵犹存；师俭堂、思范桥，诉说百年沉浮。天文学家王锡阐博览群书，学究天人，兼通中西之学，其所著的《晓庵新法》三百年来称颂学界。

沙　溪

始建于元末，在明代已成为著名通海港口。明清两代达官贵人、商贾平民纷纷沿老戚浦塘两岸建府造第，营构家居，逐渐形成了蜿蜒1.50公里长的河南、河北两条老街。如今沿街清代、民国初年的民居古宅有6000多间，并且连片成群错落有致，总面积达5000多平方米。古镇多故居、多故迹，现有市级文物保护单位4处。“印溪书舍”、“南野斋居”、“莲蕊楼”等古宅民居充满人文气息，清代乾隆年间富商龚氏故宅满厅雕梁画栋造型优美，雕刻精细，堪称一绝。

古镇沙溪以其独特的临河建筑风貌和一河二街三桥完整的古镇格局而著称四方，更以其旖旎的水乡风光而引人入胜。“戚浦听潮”、“虹桥夕照”、“长寿钟声”、“竹林晚翠”、“松墩鹤唳”、“北院荷香”、“通津渔火”、“天泉望月”等沙溪八景组成了一幅幅景色秀美的绚丽画卷。沙溪古镇的富庶与秀丽，为自己赢得了“东乡十八镇，沙溪第一镇”的美称，并以其悠久的历史，古老的文明以及一河、二街、三桥、八景、一岛的人文景观赢得了越来越多游客的青睐。　　（苏　鉴）

【西山镇“以景养景”】 2003年3月，西山镇政府公开向社会征集古村明月湾、东村以及水月坞、天王荡景点的保护和修建性详规及概念性规划设计方案，并决定将首期获拍卖金3000多万元，全部用于旅游业，重点实施明月湾、东村以及水月坞、天王荡的保护和开发。

西山镇明月湾、东村是环太湖古建筑群中数量最多、质量最高、保存得最完整的古村。明月湾古村位于西山南端石公山2公里处，南濒太湖，背倚青山，地形宛如一钩明月。村内现存的房屋，多数建于清乾隆年间，当地居民靠外出经商和种植花果致富，先后营建了礼和堂、礼耕堂、瞻瑞堂、秦家祠堂等高档房屋。这些宅第和祠堂，都有富丽典雅的苏式彩画，精致优美的石雕、砖雕、木雕，极尽装饰之美。古村现存石板街长达1140米，共用4560余块金山花岗条石铺成，是明湾古村的最大特色之一。位于西山岛北部的东村，则建于秦末汉初，迄今已有2000多年的历史。古村风貌保存较好，村中的道路至今大多仍为石板与青砖原貌，两旁的古宅以清乾隆、嘉庆年间的为多，共有20多幢，其中以敬修堂规模最大，价值最高。另外，此次推出的水月坞、天王荡景点也是西山景区中的精华部分。

该镇积极拓展筹资渠道，年初，采

用市场化手段，向社会公开拍卖林屋洞、石公山等5个景点的10年经营权，拍得人民币1.42亿元。

据了解，此次征集来的“点子”将由专家评审后择优录取；根据录用的“金点子”，西山镇将引入市场机制，采取合股经营等办法，将西山的古村保护和开发推向市场。　（王　莉　许文清）

【民资参与太湖景区开发】　由民营资本独立开发的苏州旅游项目至今仍属少数，在苏州旅游“西进”的热土太湖之畔将要建设的西施滩景区将会成为新亮点。4年前就将开发的目光投向光福西南西施滩的苏州青年画家陈天趣，与朋友一起建立了苏州西施滩景区管理公司，上海中盛实业公司更是看好西施滩的发展前景，投资加盟。10月，来自苏州太湖国家旅游度假区的一份批复，将景区开发项目推上轨道。景区将历时两年时间基本建成。

【“甫里八景”将重现甪直】　12月15日，由日本辰野株式会社投资3200万美元的海藏梅花墅旅游景点、庭院式度假宾馆2只项目同时签约落户吴中区甪直镇，千年古镇甪直将重现明清时期的“甫里八景”。

海藏梅花墅旅游景点总投资1200万美元，占地48亩，规划在保圣寺旁建造明清朝代闻名的西汇晓市、长虹漾月、吴淞雪浪、海藏钟声等“甫里八景”；而总投资2000万美元的庭院式度假宾馆占地100亩，将在古镇区内按五星级标准建造一座集住宿、餐饮、娱乐等功能于一体的度假宾馆。　（王　莉　金柿根）

风景名胜区保护和建设

【概况】　2003年，市园林和绿化管理局积极行使政府职能，加强苏州市风景名胜区的规划和开发，先后完成了《枫桥名胜区总体规划》、《天平山游览区景点规划》的编制和专家评审；制定了《石湖景区水环境控制可行性方案》和石湖景区《野生动植物园概念设计方案》，完成了石湖风景林地工程和环湖道路建设工程项目的设计等工作；建成了枫桥“江枫洲”，建成、恢复了虎丘南大门外绿地广场和“西溪环翠”景点；完成了石湖景区、虎丘西扩工程的一期建设；制定印发了《苏州市风景名胜区管理规范》，为下一步制定《苏州市风景资源保护管理条例》奠定了基础。各风景名胜区建设取得了良好的进展，呈现出较好的发展态势。

【《苏州市风景名胜区管理规范》出台试行】　为了加强全市风景名胜区管理，进一步做好风景名胜区的资源保护、规划、建设和利用开发，市园林和绿化管理局于5月15日出台了《苏州市风景名胜区管理规范》（试行稿），并于5月21日召开专门会议贯彻下发了《关于印发“苏州市风景名胜区管理规范”的通知》。《规范》分总则、组织领导、规划建设、环境绿化、经营服务、治安保卫、奖惩、附则等8章56条。由于是试行稿，故要求各风景名胜区在执行过程中发现的问题和建议进行反馈，以便作进一步的调整和修改，为下一步市人大制定《苏州市风景资源管理条例》提供依据。

【枫桥“江枫洲”】　10月1日，位于寒山寺对面的“江枫洲”景点建成并向游人开放，作为枫桥景区的重要组成部分和全市首个夜间全面亮化的景区，江枫洲凸现了独特的景观效果。同时，苏州市第3届民间艺术节在江枫洲举行，还举行了“苏艺名人坊”开街仪式等活动，为枫桥名胜区增添了一个新亮点。

据了解，江枫洲历史上是枫桥古镇著名的西塘，有法华庵、听钟桥等古迹。依据规划意见，江枫洲主要围绕《枫桥夜泊》的古诗意境进行开发建设，不仅使江枫洲的风貌融入景区古寺、古桥、古街、古关、古运河形成的独特意韵中，而且还形成了一批新景观。“江枫洲”占地3.5公顷，古运河与改道的运河使其成为一个小岛，与驰名中外的寒山寺隔河相望，并将枫桥、铁铃关2处文物保护单位纳入其中。投资1亿元建成的“江枫洲”分为3个景区：北部为古镇街市，以铁铃关、枫桥为基础，新建市井街市特色的北街和渡口；中部反映民俗风情，建有大型古戏台和漕运文化；南部为生态植物景观，并建有“江枫草堂”和水码头等设施。除此之外，另有张继“夜泊处”、仿真古船和重达6吨的唐灯等，连接江枫洲与友谊公园处建造了一座跨度达到28米的大型亭桥渔隐桥，增加了景点的文化内涵。

“江枫洲”于上年12月20日破土动工，是由苏州园林设计院设计、市古典园林建筑公司建造，各项土建和绿化施工于9月中旬竣工，并通过有关部门的验收。

【虎丘恢复“西溪环翠”景点】　作为市园林和绿化管理局重点工程的虎丘“西溪环翠”景点，经过一年多的施工建设，于9月13日虎丘庙会开幕之日起正式开放迎客。

“西溪环翠”为虎丘原有历史景点，据《虎阜志》载：西溪别墅，在甫里（即唐末诗人陆龟蒙）祠。乾隆五十一年，甫里后人陆肇域筑，有清风亭、桂子轩、斗鸭池、菊畦、竹堤，

江枫渔火。　（杭兴微　摄）

因龟蒙别墅中八景仿为之。“西溪草堂”，任兆麟书匾，又有环翠阁。祠前有四美楼，极眺鉴之胜，为文宴之所。“西溪环翠”重建了门厅、“西溪草堂”、“环翠阁”、“清风亭”、“桂子轩”，新建有“镜台云梦”、“垂花门”等建筑。其中“镜台云梦”为戏台形式，时值虎丘庙会期间，在此定时演出江南各剧种的折子戏，有昆剧、苏剧、锡剧、越剧、评弹等，“西溪环翠”占地3.37公顷，其中建筑面积为905平方米，水面1450平方米，成为庙会的一个新亮点。

【虎丘西扩概念性方案完成】 虎丘山风景区“西部发展”规划自2001年经省政府批准，上年完成了整体规划后，于2003年正式启动，有关西扩的概念性方案年底已经完成。

虎丘“西扩发展”，主要是指虎丘山风景区环山河西段向西延伸一公里的苏虞张公路，并将著名的金鸡墩新石器遗址纳入其中，北面至312国道，南至山塘河。这样，虎丘山风景区将从现在的20公顷增加至100公顷，其中水面面积约13公顷。拟整体开发为一个集优美自然景观与人文景观为一体的城市风景名胜区，建成一个依托水乡风情、田园风光和名胜古迹，具有鲜明特色、高品位、多功能、富有吸引力的旅游胜地。同时，注重在进一步挖掘与虎丘有关的人文资源、景点、景物、景观，与苏州及虎丘地区历史上的民风、民俗、商情有机地结合起来。坚持传统与现代兼容、古韵与今风贯通，处理好老的历史风景名胜与开发区域的相互关系，是虎丘西扩概念性方案的基调。

【石湖景点基础设施建设加快】 随着石湖景区开发建设的启动，石湖风景区管理处以加快基础设施建设为出发点，重点解决部分景点“老、旧、破”及结构不完善的问题。年内完成了楞伽塔院售票房、办公室、厢房、值班室、石栏杆改造；上山路路面从1.80米拓宽为2.50米，更新了路边路灯，增添休闲石条凳20只；塔院内增置射灯，实施亮化工程；后花园添置草坪凳，更换了小卖部落地长窗；在对运送货物的卷扬机及其轨道维修的同时，下站新建附房和场地等。渔庄、石佛寺的厅堂、家具及陈设进行了全面维修和油漆，锦绣坡新铺高羊茅草坪7260余平方米，扩大了绿地面积。

【石湖景区规划建设有序进行】 石湖（上方山）景区开发建设办公室认真贯彻关于石湖景区规划的要求，积极落实石湖景区一期项目建议书明确的实施意见，抓紧做好项目设计等前期准备工作，为景区的开发建设工作奠定了基础。2003年完成的主要工作有：①会同水利局等部门完成了《石湖景区水环境控制可行性方案》、《石湖景区风景林地工程设计》、《野生动物园概念设计方案》，以及申报江苏省第4届园艺博览会的有关工作。②租用土地82.02公顷（1230.25亩）用于风景林地建设，并按景区总体规划的要求，同滨河景区建设相结合。③继上年10月实施石湖清淤工程已来，当年计完成清淤200万余立方米，进展顺利。④协调、指导做好墓区整治工作，抑制了非经营性公墓的经营行为，加大墓区绿化覆盖的力度，仅吴山岭、弥陀山等3个墓区就种植柏树、女贞等8万余株，投入资金130万余元，为确保石湖景区的开发建设有序进行创造了条件。

（*左彬森*）

【石湖又添新景观】 2003年10月，石湖景区滨湖景群形成首个建设成果，友新路以西，东石湖以东，新南村、新北村以北，新郭村以南建成了46.70公顷（700亩）左右的以风景林地为主的景观群，其间点缀了若干景观桥梁和道路。

石湖景区划分为上方山景群、石湖景群、吴山景群、滨湖景群、七子山景群、上金湾景群、钱家坞景群7个景群。按照建设规划，整个整治建设工程分两个阶段实施，一期规划实施的重点包括开发建设滨湖景群，目标是将上方山、石湖、滨湖3个景区并联开放，扩大石湖景区的精华区域，游览面积将从原来的87公顷扩大到陆地221公顷、水域438公顷，面积增加7.60倍。一期实施时间为5年。

（*杨 帆*）

【天平山新增范仲淹铜像】 4月20日，一座范仲淹铜像在天平山“白云古刹”前的古枫林中落成，为苏州又增添了一个追思先贤的好去处。

范仲淹铜像由其30代孙、浙江远东教育集团董事长范国强捐赠。铜像由著名雕塑家、上海外滩陈毅铜像的设计者王卓予设计后铸造而成。铜像高2.85米，下置石座高1.25米，重3.80吨，塑造了范仲淹手持书卷、昂立伟岸、气度轩昂的伟人风度。

【天平山风景区环境明显改善】 2003年，市园林和绿化管理局投入数百万元用于天平山风景区内外环境的整治，硬件设施显著提高，景观质量得到了改善。上年年底，竹园路口至天平山的“灵天路”段交由天平山管理处实施管理。为此管理处投入了300万元，对进入风景区的2050米道路进行整治，铺以沥青路面，两边种植红枫、月季、法国冬青，并在路口建造了“吴中胜境”牌坊，树立了风景区的外观形象。在风景区内部，投入50万元对中西门主入口进行了改造，切断了中门，并进行绿化调整，使之与主入口大门景观融为一体；在对西大门改造时，建造了值班室、停车场。另外，对十景塘驳岸进行维修，清除淤泥3000余立方，提高了水的质量；完成了厕所的改造，外观为砖瓦古建筑，与风景区风格相协调；对天平山庄建筑群进行了全面维修和油漆、粉刷，对范仲淹纪念馆内的塑像服饰予以更新等，风景区环境面貌为之一新。

【桂花公园规划重大调整】 2003年，桂花公园管理处抓住环古城风貌绿地工程的契机，使其公园成为环古城保护工程的重要组成部分。根据环古城保护工程的规划，在桂花公园东南角建造一座苏州历史上曾存在过的八城门之一的“赤门”，与环城河南端的觅渡桥景点互为对映，并修复120米长、高约8米的古城墙，筑有三层重檐城楼，成为桂花公园、也是整个环古城绿地工程中的一个景观亮点。同时，对公园内原有的城墙绿化进行调整、改造，并采取宜树则树，宜草则草，充分体现大背景、大色块、立体感、通透性，形成人文景观、自然景观与都市风光融为一体的公园新景点。另外，他们改造绿地1.20公顷，引进桂花苗木20多个品种350余株，还实施了竹辉桥洞改造，改建花圃用地3000平方米，建造140平方米的花房温室，实施了拔

除园内原有电线杆等，景观效果有了明显改善。（左彬森）

【桐泾公园带给城西市民福音】 桐泾公园一期工程于9月底基本完成，国庆黄金周免费开放赢得市民好评。

桐泾公园位于城区西南部、桐泾路和苏福路相交处，这个一期面积就达到18公顷的市级公园，是一个兼具植物科普内容的城市综合公园。由新加坡DLQ景观设计事务所和苏州古典园林建筑公司联合设计的公园充分运用了国外园林造景手法，不仅在建设中运用现代化的建筑材料，而且通过观赏性温室、花卉园艺栽培以及园林科研等元素突出公园与其他现代公园的差别。公园分为观赏植物区、中心景区、水景区、入口区、儿童游乐园和盲人植物园6大功能区，各个功能区特色鲜明。

根据规划，整个桐泾公园面积将达到23公顷。（杨 帆）

苏州最大的城市公园——桐泾公园。（张岚 摄）

【首座盲人植物园建成开放】 金秋10月，苏州市的盲人朋友在全市首座专为他们建造的植物园里，用呼吸感受鲜花，用双手触摸绿色，亲身感受大自然的美丽。

盲人植物园位于桐泾公园内，占地3000平方米，盲人植物园游览线路自然曲弯，盲人游客可从多个线路进入植物园，避免了走回头路造成的道路拥挤和不安全因素。为了方便盲人游园，植物园在设计时就严格执行《无障碍工程设计规范》，充分考虑盲人需求，使他们用听觉、触觉，借助园内的设施，与各种植物“亲密接触”。入口广场设置了中外著名的盲人形象浮雕和文化小品，园内道路、扶杆、憩亭、厕所等均为适应盲人使用的无障碍设施。植物园总体分为赏花区、赏枝区、赏果区、赏叶区4个区域，共有120多种各类花卉植物，其中无毒无刺具有明显嗅觉、触觉特征的花卉植物近70种，为全国植物品种最多的同类园之一。（陈晓蓝）

【文化水廊展现在金鸡湖东】 园区金鸡湖正在成为苏州城区的一座景观湖，年底，长达3公里的“文化水廊展现在金鸡湖东岸，体量将是西岸湖滨大道的两倍多。

文化水廊由曾设计迪斯尼乐园、亚特兰大奥林匹克百年公园的美国易道公司进行概念设计，北起艺术中心，南至金鸡墩，曲折蜿蜒的岸线全长约3.38公里，占地面积为33公顷。

根据文化水廊的设计规划，沿湖建设面积约6000平方米的市民广场和文化广场，其中市民广场上还建设了旱地喷泉等小品，旁边长约500米的雕塑走廊则将凸现水廊之“文化”韵味。沿岸建造了6个向湖中心延伸的木码头，并在湖边堆置大量冲刷巨石，可供游人沿湖垂钓。绿色是文化水廊的一大亮点，绿化面积达到20公顷，其中栽种的大灌木及乔木就有6000多株。而且，文化水廊的设计以人为本，8座公共厕所巧妙地布置在沿湖景观之中。

文化水廊项目投资约1.40亿元，整个工程从上年年初动工建设，主体工程于2003年12月底基本完工。下一阶段园区计划开工建设雕塑走廊，水巷邻里、金鸡墩等一批项目，这部分文化水廊的辅助景观工程将在2004年完成。（燕 冰 徐建东）

【金鸡湖问鼎景观设计“奥斯卡”】 美国景观设计师协会（ASLA）2003年度奖得主于7月底揭晓，由美国易道（EDAW）公司规划设计的苏州工业园区金鸡湖景观工程获ASLA年度优秀设计奖。据了解，ASLA专业奖设计类专为具体场地的景观设计作品设置，由于评奖标准相当苛刻，故在业内被人称为景观设计“奥斯卡”。

为将金鸡湖及环湖地区建设成为国内最大的具有国际水准的现代城市湖泊公园，1998年2月，园区规划建设局委托美国易道公司编制金鸡湖地区景观规划。在金鸡湖景观总体规划中，环绕着金鸡湖，共设置了8个特色区，各自有其独特的功能，并通过绿地系统和步行系统连接为一体。金鸡湖畔的城市广场、湖滨大道和香樟园、红枫林相继建成，文化水廊景观工程建设也已初具形态。（燕 冰）

花卉盆景

【参展第8届中国梅花腊梅展览】 1月1日～2月20日在昆明黑龙潭公园举行了第8届中国梅花腊梅展览会，苏州市组织27盆（件）作品参加了其中4个项目的比赛。经专家组评定苏州获金奖6枚。其中，狮子林的《三友共春》获梅花写意盆景金奖，狮子林的《岁寒二友》和《寒金吐珊瑚》获梅花艺术插花金奖，狮子林的《醉春吐艳》和拙政园的《梅破知春近》获梅桩金奖，有苏州古典园林厅堂特色的《冷香阁》获布展艺术金奖。另外，苏州还获得银奖4枚、铜奖4枚，为历届获金奖及获奖总数最多的一届。

【参展第4届中国茶花展】 2003年中国金华国际茶花节暨第4届中国茶花展3月6～7日在浙江金华举行，

全国17个省、市、自治区的28个城市参加了这次规模最大的全国茶花展。苏州市留园代表园林局组织展品参展，并获得盆栽（景）茶花和布展计7个金奖中的2个。

苏州市以拙政园“十八曼陀罗花馆”为蓝本，仿其建筑结构，辅以红木家具、匾额楹联，布置有特色的茶花品种，营造了一个有苏州园林特色的景观，被评为最佳布展金奖。另外，用一棵老桩茶花制作的盆景“金心绿意”获盆景类金奖。

【参展第4届中国杜鹃花展览】 4月19日在无锡锡惠名胜区举行了第4届中国杜鹃花展，苏州市拙政园代表园林局组织展品参展。“苏州馆”为寄畅园内的“秉礼堂”，强调传统厅堂布置艺术，体现苏州园林和地方特色，并以近百年树龄的杜鹃桩合栽特大型树石杜鹃盆景，原生种驯化的高山马缨杜鹃等品种，配以过桥什锦架布置的杜鹃花组合等参展。经专家评比，苏州市获得杜鹃花栽培、杜鹃花造型2个项目的金奖，另获杜鹃花原生物种栽培、展览布置2个项目的银奖，为历届杜鹃花展获奖最多、含金量最高的一次。

【参展中国首届桂花展】 中国首届桂花展于9月25日在安徽合肥市举行，全国14个省、市的50多个园林、植物园、苗圃等单位参加。各地参展的形式以桂花景点展区为主，苏州市园林和绿化管理局以“天香深处”景点参展，并获展览大奖。

“天香深处”占地100余平方米，借虎丘“西溪环翠”桂子轩之名，由一圆形、木构、形如拙政园笠亭的“金粟亭”为主体，点缀数块湖石，一条卵石小径横贯东西，植以木樨属苏州地方名种晚银桂、四季桂、白洁等，辅以草坪、盆花，具有明显的苏州园林韵味。桂花色黄如金、花小如粟，故名“金粟”。“金粟亭”为怡园的一处赏桂景点，并以此代表苏州参展的一处桂花景点。

【参展江苏省第3届园艺博览会】 由省政府主办、常州市政府承办的“江苏省第3届园艺博览会”于6月28日~7月12日在常州市园林艺术博览园举行，市园林和绿化管理局代表苏州市参加了其中的园林景点、园艺精品及书画、摄影等项目的评比展览。苏州市获一等奖2个：张夷的树石盆景《一曲幽云》和翁德奇的《新娘捧花》；获二等奖7个，其中盆景2个、根雕3个、科技论文1个、园林景点1个。另外，还获得自由命题插花、盆景、根雕、科技论文和摄影等项目三等奖10个。

【第2届苏州市水仙造型艺术展览】 1月25日在留园展出，是由市园林和绿化管理局与市花卉盆景协会主办、留园管理处承办的。来自各园林、风景区，园林技校及部分业余爱好者送展的95件作品，向中外游人展示了水仙造型、根艺与组景效果的艺术形象。本次展览对参展的5种类型的作品进行了评比，共评出一等奖5个，二等奖9个，三等奖20个。其中留园独得蟹爪型、象形型、组景型3个一等奖。拙政园获色彩型、狮子林获根艺型一等奖。

【第4届苏州市中青年盆景评比展览】 3月15日~5月15日举行，此评比展览为拙政园第7届杜鹃花旅游节的附属项目，各园林、风景区的盆景园，园林技校，市盆景协会、职工盆景学会、花木盆景研究会、老干部盆景协会的100余盆树木、山水、树石盆景参加了展览。经评比，树木类一等奖为王启明的刺柏《古柯留荫》，水石类盆景一等奖为支文龙的树石盆景大阪松《孟良崮遗风》，杂木类树木盆景一等奖为陆伟的榆树《古榆春色》。

【第4届“留园杯”艺术插花评比展览】 由苏州市花卉盆景协会与留园管理处联合主办的第4届“留园杯”艺术插花评比展览，9月30日~10月8日在留园举行。园林系统10个园林、风景名胜区管理处，园林技工学校，运河公园和市插花艺术研究会的54件作品，为留园的“十一”黄金周增添了新的内容。作品以各种青铜、陶瓷等质地的瓶和盆为器皿，以各种花卉、秋果为素材，丰姿多彩、造型各异，给人以艺术的欣赏。经评比，留园的“古韵今风”、插花艺术研究会的“从容”获一等奖，另有二等奖5个、三等奖13个。

【苏州园林菊花品种评比展】 11月1日起拙政园、狮子林分别举行了菊花品种评比展。拙政园参加评比和展出的菊花数量、规模较往年大，计展出品种菊200余个，总数达2万余盆。为了烘托气氛，布置、搭制了“古园秋色”、“缀云秋圃”、“荷风秋意”、“采菊东篱”等8个景点。展览期间，主办单位组织专业技术人员对专项品种、类型菊、塔菊、大立菊、悬崖菊以及盆景艺术菊、艺术插花等项目分别进行了评比。狮子林展出各类精品菊花1000余盆，并且组织了一次由市插花艺术研究会会员参加的高水平插花比赛，比赛以“秋”为命题，并评出一等奖1个、二等奖3个、三等奖5个。

【各园林花展迎春】 羊年春节来临之际，各园林纷纷举办各种花展、活动喜迎新春，给中外游人传递春的消息。1月26日起，由市园林和绿化管理局与花卉盆景协会主办、留园承办的第2届苏州市水仙造型艺术展暨2003年时令花卉展，展出蟹爪、象形、色彩、根艺、组景5种类型水仙造型艺术作品近百件，以及山茶、梅花、大花蕙兰等应时花卉200余盆。1月28日起，狮子林举办传统的“迎春梅花展”，以苏州地方特色的劈梅、屏风梅等为主，还有梅花写意盆景“岁寒三友”等作品，配上水仙、山茶、瓜叶菊等花卉，把“燕誉堂”、“指柏轩”、“花篮厅”等布置得春意盎然。春节期间，沧浪亭与市兰花协会举办“春季兰花展”，展出“宋梅”、“龙字”、“汪字”、“西神”、“大富贵”等名种兰花50余盆。拙政园、虎丘、网师园等园林、风景区厅堂内，都摆放了梅花、山茶、水仙、迎春等应时花卉，点缀了室内外环境。另外，东园则将动物园内新出生才4个月的金钱豹，以及新引进的岩羊、长角羚羊等动物于春节期间向游客展出，增加节日的内容和气氛。（左彬森）

【江苏花木商城在吴江铜罗镇开市】 “江苏花木之乡”吴江市铜罗镇3月9日迎来了该镇历史上最隆重的盛典——江苏花木商城正式开市迎客。“弹丸”小镇建成了全省惟一的省级花卉盆景苗木交易市场，为铜罗成为名副其实的吴江苗木经济板块中心添上了浓墨重彩的一笔。

自上个世纪70年代起，铜罗人

开始与苗木结缘，作为吴江“一镇一品”的特色产业，铜罗正逐渐成为吴江苗木经济板块中心所在。而长期奔波在外的近3000名铜罗苗木经纪人已成了吴江苗木走向全国的主要纽带和桥梁。为了进一步做大做强花卉苗木产业，铜罗镇党委决定建立全省惟一的省级花卉盆景苗木交易市场——江苏花木商城。本着高起点的原则，该商城按照上市公司的标准进行运作，目标直指“中国花木第一市”。

（张林法　吴云赞　苏　菁）

旅　游

【概况】 2003年，全市旅游系统“一手抓防治‘非典’，一手抓旅游业发展”，努力克服“非典”造成的负面影响，积极抢抓发展机遇，在国内率先启动了恢复振兴旅游业的各项工作，实现了旅游经济的快速恢复与发展。全市旅游业在调整旅游结构，优化资源配置；加大旅游投入，创新促销理念；培育旅游新品，改善服务功能；改革管理体制，推进旅游信息化等方面迈出了新的步伐，为全市经济建设和社会进步提供了有力的支撑。2003年，在全国大中旅游城市排位中，苏州市接待境外旅游人数位居全国第7位，接待国内旅游人数位居第9位，旅游总收入位居第8位，排位又有新的提升。

2003年全市实现旅游总收入235.96亿元，比上年增长18.94%；接待境外旅游者81.57万人次，比上年下降8.45%；旅游外汇收入2.91亿美元，增长4.51%。接待国内游客2350.17万人次，比上年增长16.92%。由各旅行社组织市民出游69.34万人次，比上年增长13.60%。同时，2003年全市进一步加大了旅游资源整合和开发力度，推出了环古城水上游、大型现代月光芭蕾杂技舞剧“梦苏州”等旅游新品，增设了旅游资询等服务功能，在全行业发起了创文明行业，争创诚信旅游企业的活动，为进一步优化苏州旅游服务水平，美化苏州旅游环境，注入新的活力。

（徐卫康）

【“非典”后的旅游振兴工作】 2003年，面对一场突如其来的“非典”疫情，苏州不失时机，抓好“非典”后旅游市场振兴与恢复工作。

①调查研究，商讨对策，争取扶持政策。“抗非”后期，组织多个调查小组，分别对旅行社、星级饭店、景区（点）、国际旅游定点车（船）公司（队）等旅游企业进行调研，了解企业因“非典”受损情况，组织企业生产自救，积极为企业争取扶持政策。

②严控“非典”，逐步启动旅游市场。6月初，该市在全省乃至全国率先启动了“苏州人游苏州”活动和“爱苏州、爱家乡”万人游活动；呼应全省旅游市场启动，在太湖之滨以绿色、自然、健康为主题，成功举办了“太湖景、苏州情”专项旅游活动；利用国家旅游局有限度放开国内旅游市场的契机，在苏州乐园及时举办了“同游江浙沪、阳光新感受”启动仪式。

期间，全市共推出了50余条旅游线路，组织400多个团队，参加旅游者约1.52万人次。为苏州市旅游市场复苏奠定了强有力的基础。

（徐伟荣）

【创建文明行业】 2003年苏州市旅游行业创建文明行业活动正式启动，经过近半年的准备，先后制定了《苏州市旅游行业创建文明行业实施意见》、《苏州市旅游行业规范服务标准》、《苏州市旅游行业创建文明行业考核及评分标准》、《苏州市旅游行业创建文明行业考核奖惩实施办法》。11月6日，在雅都大酒店召开了创建动员大会，市委宣传部、文明办领导，市旅委成员单位领导，各市（县）、区分管市（县）、区长、文明办主任、旅游局长以及全市旅游企业主要负责人参加了大会。会上，市委常委、副市长周伟强作动员报告，市委副书记杜国玲到会作重要讲话，要求用3年时间，将苏州市旅游行业建成旅游服务优质、行业作风优良、工作环境优美、中外游客满意的市级文明行业。会后，各部门、各单位结合实际，制定了具体的创建规划和措施。

（徐　征）

【苏州加入长三角旅游经济圈】 “长江三角洲旅游城市15+1高峰论坛”在杭州举行。包括苏州在内的上海、南京、无锡、常州、南通、扬州、镇江、杭州、宁波、温州、绍兴、嘉兴、湖州、舟山等15个长三角城市和黄山市一起，共同签署了《长江三角洲旅游城市合作宣言》，长三角旅游区有望建成国内首个跨省市的无障碍旅游区。参与本次论坛的苏州不仅提出了相应的合作议案，并已经提出了担当明年论坛举办地的申请。

首次举办的“长江三角洲旅游城市15+1高峰论坛”将区域旅游合作的大旗高高地举了起来。参与论坛的各城市代表一致认为，长三角旅游城市近期应加强六个方面的合作。一是积极推进跨区域规划，构建以上海为中心的长三角4小时旅游经济圈，并最终实现16个城市的公交一卡通；二是共同开发旅游市场，互为市场，互为腹地，互送客源，打造长三角旅游整体品牌；三是构筑统一的旅游信息平台，建设长三角一体化的旅游信息服务体系；四是开展旅游从业人员特别是导游人员的培训，实现长三角旅游服务标准的相互接轨；五是创造条件，把长三角旅游区建成中国首个跨省市的无障碍旅游区，即取消区域内国内旅游地陪制、取消外地旅游车入城、入景区的限制措施、允许其他城市的旅行社在本地开办分支机构等；六是办好高峰论坛，筹办长三角旅游交易会。

（杨　帆）

【争进中国旅游城市第一方阵】 大力发展服务业，把苏州建设成为融自然景观、人文景观为一体的国内必选、国际首选的旅游度假胜地，建成旅游强市，进入国内旅游城市第一方阵，这是市委副书记、市长杨卫泽在12月10日对商贸、旅游行业进行工作调研时提出的发展目标。市委常委、副市长周伟强参加了调研活动并讲话。

上午，杨卫泽等首先考察了观前街叶受和、黄天源和采芝斋等老字号，强调，在商贸发展的过程中，要处理好传统商贸与现代业态的关系，保护发展作为苏州文化重要组成部分的老字号，可以在发展的基础上向外输出品牌，也要积极引进新型业态。商贸行业要抓好规划建设，抓紧行业规范的树立，抓好招商引资，以活动带动消费，促进改制企业的进一步发展。

附表：全市主要旅游经济指标完成情况（2003）

地区	旅游总收入		入境旅游				国内旅游			
			人数		外汇收入		人数		收入	
	亿元	与上年相比（±%）	人次	与上年相比（±%）	万美元	与上年相比（±%）	万人次	与上年相比（±%）	亿元	与上年相比（±%）
全市	235.96	18.94	815754	−8.45	29104.40	4.51	2350.17	16.92	211.87	20.84
市区	119.73	16.64	705990	−10.85	22188.49	2.51	1069.66	13.47	101.36	19.63
常熟	28.72	23.34	16944	32.81	916.20	75.16	385.00	21.56	27.96	22.36
张家港	16.24	24.92	12691	−14.39	1047.36	1.01	126.50	14.75	15.37	26.61
昆山	35.67	19.69	33648	−9.69	1406.27	−30.09	402.00	33.96	34.51	22.64
吴江	23.70	9.88	12125	−20.57	584.51	−47.60	265.00	5.92	23.22	12.45
太仓	9.82	19.50	5662	27.87	444.51	87.32	102.01	13.11	9.45	38.56
住居民家中	2.08	19.81	28685	96.57	2517.06	97.01				

（王如东）

下午，杨卫泽一行先后考察了灵岩山风景区和太湖度假区光福沿太湖一线，参观了建成不久的灵岩山馆、姑苏台并前往圣恩寺。杨卫泽指出，太湖有丰富的自然资源和人文资源，是实现城市可持续发展的重要区域，要搞好全面规划、长远规划、高起点规划和国际化规划，要保护好生态环境和历史文化，要整治道路和景观风貌，要策划生态游、水上游、历史文化游等产品，树立品牌形象。

【苏州乐园名列全国十佳】 作为苏州旅游产品中现代元素的体现，苏州乐园在10月30日结束的中国游艺机游乐园协会理事会上被评为“中国十佳主题公园”。

该协会首次在苏召开一年一度的理事会。此次有包括深圳欢乐谷、苏州乐园、上海锦江乐园等国内20多家著名游乐园和游艺机生产厂家前来参加，共商主题游乐园发展大计。在评比活动中，苏州乐园以亲近山水的环境和一流的高科技含量在国内数百家主题公园中胜出，名列中国十佳主题公园第3名，仅次于深圳“世界之窗”和北京“石景山乐园”。

（杨　帆）

【环古城水上游启航】 7月18日是环古城水上巴士试运行第一天，共有150多人畅游了环古城河。其中有专门从大连等北方城市慕名赶来的游客，也有苏州本地的市民。他们大都被两岸景致与苏州的环古城风貌所折服。苏州市首批推出环城河、山塘河、上塘河3条水上游线路，在每条线路中还详细分成观光、游览和特色等不同线路产品。此次推出的3条河道游线为水上游河网开发的第一步。 （孙幼娇）

【古运河水上游开通】 7月28日，省委常委，市委书记王珉为苏州市古运河旅游有限公司揭牌，市委副书记，市长杨卫泽宣布古运河水上游正式开通。水上游线路已经确定、沿路将依次在老胥门、公司总部所在地、盘门、南园桥以西以及觅渡桥等处码头停靠。现有3艘游船整装待发，其中一艘500吨大船为双层仿古官船，长36米，宽8米，高4.70米，船上配有贵宾房和大厅，可容纳200个客人在船上边用餐边赏景。这艘船有一个特别之处，船的顶篷可以自由升降，通过液压顶的作用，顶篷在20秒内就可以下降40厘米，由此可在沿线各桥桥洞内穿行无阻。其余两艘为小画舫，约可载客30人。水上游全程，大船约需1个小时，小画舫约40分钟。

（徐蕴海　马剑萍）

【首届龙舟竞渡邀请赛】 4月19日是苏州国际旅游节开幕的第一天，首届龙舟竞渡邀请赛打响头炮。市长杨卫泽在龙舟竞渡开幕式致辞中说，2500余年前，苏州古城因水而建，水是苏州城市的灵魂；龙舟竞渡是苏州传统的民间水上娱乐活动之一，举办首届苏州龙舟竞渡邀请赛的目的就是在充分展示苏州传统文化的同时，激发市民奋发向上、团结拼搏的精神，为实现“两个率先”作出应有的贡献。

在吉庆街古运河胥门段进行的龙舟竞渡活动，吸引了大批市民现场参与，来自盘门、木渎和周庄、同里、角直3个古镇的水上仪仗队的亮相首先博得了掌声和喝彩声。参赛的16艘龙舟分4组进行小组赛，每组的第一名进入最后的决赛，而来回共800米的水道对于这些龙舟划手来说似乎并不在话下，激越的鼓点、挥动的船桨、舵手的吆喝构成了古运河水面活力四射的新形象。据了解，16艘龙舟分别由16家企业、景区冠名支持，最后冠名“特雷卡电缆”的龙舟获得了第一名。 （杨　帆）

【市场促销】 2003年，苏州市旅游市场促销工作围绕建设旅游强市这个目标，积极应对“非典”疫情对旅游业造成的影响，努力创新旅游市场促销手段，分别在春季及秋季在国内外开展了一系列的旅游促销攻势。

①国内旅游促销方面。3月，苏州市组织了10多家重点旅游景区(点)参加了南京周边地区旅游街头展示会，吸引了南京市民的踊跃咨询及省电视台等新闻媒体的独家报道。9月3～10日，组织10多家旅游景区(点)参加了济南国际旅交会，认购了10多个展台。通过与山东省卫视等新闻媒体的紧密合作及精心的展示准备，取得了预期的效果。苏州展台获得了优秀展台奖与优秀组织奖两项桂冠。11月9～18日，组织市区各

主要景区点、旅行社、宾馆饭店及新闻媒体共40多人的旅游促销团，赴江西南昌、湖南长沙和贵州贵阳3市开展“天堂苏州、东方水城”为主题的旅游宣传促销活动。通过苏州旅游情况说明会、放映苏州旅游风光片、重点推介及开展《苏州旅游有奖竞答》等活动，形成了一定的影响与声势，各地出席推介会的人数均超出了预计，参加活动的旅行社在会上当场签订了业务合同。同时通过促销及对当地旅游业的考察，进一步加深了西南一些省份旅游市场的了解，为今后的市场开发工作积累了宝贵的经验，打下了基础。

②国际市场促销方面。在“非典”之前，苏州市分别组团参加了3月份在法国巴黎举行的旅游交易会及在柏林召开的世界最大的旅游展示会，引起参展商的关注，进一步提升了苏州在国际旅游市场上的形象。“非典”后，市旅游部门于8月随江苏省旅游促销团及10月随苏州市市长杨卫泽率队的招商团赴日本、韩国进行旅游促销活动，规模及组织水平均为历年之最，与当地的旅游同行进行了广泛的接触，取得了良好的效果。11月9日，苏州旅游项目招商团随苏州市服务业招商团赴香港进行招商及旅游宣传促销活动，这是该市赴香港举行的规模最大的一次旅游招商促销活动，共签订了4亿元的投资合作意向协议，加强了与香港旅游界的合作。

2003年中国国际旅游交易会于11月20～23日在云南昆明举行。由市委常委、副市长周伟强带队，苏州市组织了苏州旅委各成员单位领导以及各市（县）、区旅游局，太湖旅游度假区、市区各景区（点）、旅行社、宾馆饭店等单位共100余人参加了此次旅交会。该市在旅交会上共设24个展位，占全省展台总数60%、全国展台总数的1.60%。在展区专门设计了表演区，聘请评弹演员到场演唱，不间断地放映苏州旅游风光片，还在展馆正门开幕式广场东侧布置了7块5米×6米的大型旅游形象宣传广告，集中展示“千年古城、古典园林、水乡古镇、太湖风光”等苏州旅游产品形象，成为旅交会展馆一道亮丽的风景线。旅交会期间，苏州展台共接待参观者近8万人次，发放各类宣传资料20余万份，达成了15万人次的旅游接待意向。中央政治局委员，国务院副总理吴仪到苏州展台驻足聆听评弹演员的演唱，对苏州展区的工作表示赞许及感谢。江苏省旅游局局长陆素洁、副局长张骥等领导多次到苏州展台指导、检查工作，充分肯定了苏州参展的各项工作及取得的显著成效。（徐伟荣）

【狮城水城旅游大联手】 11月1日，市长杨卫泽与新加坡旅游局局长林梁长一行进行了座谈，就苏州和新加坡两地共同打造旅游黄金品牌等问题进行了探讨。

杨卫泽向林梁长介绍了苏州旅游业发展的情况，希望苏州与新加坡能在旅游上有更密切的合作。林梁长表示，双方携手打造“东方狮城——东方水城”的黄金旅游品牌是一个让人难以抗拒的理想。双方就建立两地政府和旅游管理部门合作交流机制；开展旅游人才教育培训合作；建立旅游信息互换机制，互相宣传城市旅游形象；组织两地旅游企业间的互访考察，建立友好施行社、宾馆及景区（点）关系；互送客源，旅行社互相代理合作，探索建立互相持股、利益共赢的经营共同体，打造跨国旅行集团；鼓励新加坡企业投资苏州旅游项目等进行了探讨。（叶 辉）

【苏杭“天堂之旅”全面对接】 为了充分发挥苏州和杭州的区域优势，实现资源共享、优势互补、市场共拓、区域联动和谋取双赢，两市对共同打造“天堂之旅”旅游品牌达成共识，6月16日合作双方在杭州正式签订合作协议。苏州市委副书记、市长杨卫泽、杭州市委副书记、市长茅临生先后发表了热情致辞。

为了共塑天堂形象，两市计划共同策划制作并向海内外推出“天堂之旅”旅游形象广告片和多语种“天堂之旅”系列宣传册，将各自利用自己的旅游网宣传“天堂之旅”；将针对国内外市场的不同需求，以资源共享、优势互补为原则，整合包装统一的“天堂之旅”旅游线路；针对客源市场定期进行联合宣传促销，共同参加国内外旅游交易会、展销会，统一设立展区，共塑“天堂”形象。此外，苏杭两市还将共享信息资源，共同开展服务人员培训等，两市的旅游主管部门将建立联席会议制度，定期召开会议研究“天堂之旅”品牌及产品推广运作的相关问题，还将着眼于长三角的旅游合作调研，力争进一步打造沪苏杭金三角旅游品牌。（杨 帆）

【苏州旅游风靡大阪】 旨在扩大日本来苏旅游客源，展示苏州城市形象，扩大苏州城市影响的苏州旅游情况说明会10月10日在日本大阪举行，60多家知名旅行社踊跃参加，对苏州旅游表现出了浓厚的兴趣。市长杨卫泽在说明会上发表演讲，国家旅游局国际旅游促进司副司长胡国友在会上致辞，副市长周伟强主持说明会。

日本一直是苏州最大的外国人旅游客源市场。2002年到苏州旅游的日本游客达15.08万人次，占苏州接待外国人总数的30.05%。但来苏的日本游客大部分集中在北九州地区，作为日本的经济中心，大阪地区的旅游市场潜力十分巨大。在当天的旅游说明会上，杨卫泽向日本旅游界介绍了苏州丰富的旅游资源和旅游新品开发情况，他说，苏州是吴文化的发源地，在历史上就与日本交流密切，日本的吴服、吴音等都与吴文化有着极深的渊源。现在，苏州正不遗余力地整治城市水环境，实施环古城风貌保护工程，努力开辟环城水上游、园林夜间游等项目，同时进一步完善各种旅游设施，提高旅游服务质量，努力把苏州建成更加安全、舒适、宜人的旅游绝佳处，建成国内旅游者的必选地和国际旅游者的首选地。

JTB交通公社是日本也是全球最大的旅游企业，其大阪支店支店长寺木武司作为日本旅游界代表在说明会上致辞，他表示，很高兴在大阪看到这么丰富的苏州旅游产品介绍，今后将在以往长时间良好合作的基础上，进一步向大阪市民推介苏州。除了中老年人以外，还将组织更多的年轻人到苏州去旅游观光，去看看那里发生的巨大变化。（张俊启）

【联手打造“太湖牌”】 8月16日，环太湖16家旅游企业自发组成联合体，旨在以“水上品太湖”为主题，整合环太湖旅游资源，推出鲜明的亲水休闲旅游系列产品。市委常委、副市长周伟强，政协副主席蔡镜浩出席联合体成立大会。

联合体以游船为载体，将环太湖自然山水、人文景观以及度假休闲设施有机整合，将苏州太湖亲水休闲游打造成中国内湖休闲度假的第一品牌。联合体发起单位、苏州原创旅行社负责人表示，16家成员单位已确定了内外发展战略，准备策划一系列活动。环太湖旅游企业联合体的成立打破了原来环太湖部分景点“各自为战”的局面，有力提升了苏州太湖的品牌效应。（王芬兰）

【同里打响“珍珠塔”品牌】 3月14日，同里镇有关部门与苏州市锡剧团商定，让《珍珠塔》的古老爱情故事在珍珠塔的故乡真宅真景中重现，让苏州锡剧团的几位“方卿”、“陈翠娥”在刚完成修复工程的同里珍珠塔园中演绎古代才子佳人的爱情故事。

长篇评弹《珍珠塔》讲述了一个发生在吴江古镇同里的监察御史陈王道嫁女的故事。这个故事由评弹开始，再通过改编成戏曲、电影、电视，在江浙一带早已家喻户晓妇孺皆知，其影响远及全国各地和港、澳、台地区。

修复后的陈御史府第（即珍珠塔园）由陈御史府，后花园、祠堂、牌楼、船坞等主要景点组成，占地1.70公顷。修复工程巧妙地将厅堂楼阁、自然山林、水池船坞、田园风光融为一体，景致秀丽，气势宏大，体现了江南水乡园林式建筑群落高雅的审美情趣。除在古戏台上表演全本《珍珠塔》外，还将在厅堂中演出方卿见姑的一场《见姑》，在后花园中演出《后园会》、《赐塔》，在花园曲径、回廊亭阁中也将可见《珍珠塔》人物的身影。

同里珍珠塔景点旅游公司已在国家商标局注册了“珍珠塔”商标，使“珍珠塔”成为古镇同里的著名文化、旅游品牌。（徐宁）

【旅游市场监管】 ①强化旅行社的管理，进一步规范旅游经营行为。一是严把旅行社准入关。对20余家前来申办旅行社的单位和个人，按照旅行社的设立条件，严格把关，逐一审定，从中筛选18家符合条件、手续齐备的单位和个人办理了旅行社开办手续。二是结合旅行社年检，对旅行社进行全面检查。年检中，共对5家旅行社发出整改通知书，责令整改。三是强化旅行社门市部（营业部）的管理。在充分调研的基础上，拟定了《苏州市旅行社门市部（营业部）暂行管理办法》，并加强执法力度，对未经批准擅自设立门市部的单位或个人予以坚决查处。

②加强“一日游”市场的管理。针对“一日游”存在的问题，市旅游局制定下发了《关于苏州“一日游”若干问题的通知》，对“一日游”作出了详细的规定，并认真组织实施。邀请新闻机构进行舆论监督，年内市有关部门及新闻单位组织5次对“一日游”市场进行综合执法，对存在的问题及时进行曝光，使“一日游”市场有了明显好转。

③加大市场稽查力度，做到“四个结合”，即：打击与疏导相结合，联合与分散相结合，日常与突击相结合，明查与暗访相结合，逐步形成旅游市场综合治理的长效管理机制。

2003年，市旅游局共执法检查139天，出动检查人员366人次，检查旅行社116家、门市部20余家、星级饭店50余家、国际旅游定点餐馆12家、导游1243人次，其中，导游IC卡刷卡检查416人次；查处违规导游50人次，查处“黑导”4人次，其中导游扣分16人次，教育28人次，发函协查6人次，罚款5人次，共计7500元。通过一系列的整治活动，有效地维护了旅游市场秩序。（徐卫康）

【古城水上游树起招标大旗】 环古城河水上游是2003年苏州市在完成环古城河风貌保护一期改造后推出的旅游新品，也是充满“东方水城”水韵的苏州打造水上特色旅游的第一步，为了让这个城市旅游的新亮点更加靓丽，避免陆路“一日游”已有的种种弊端，《苏州市环古城河水上游管理办法》正式出台。《办法》在环古城河水上游的游船准入、游线招标、规范管理等方面提出了具体的要求和标准，今后只有竞标成功者才能加入这条黄金游线的经营队伍。

根据《办法》，环古城河水上游将成立专门的经营管理机构，负责统一管理、统一售票、统一线路，现已进入环古城河水上游经营者队伍的可能因为重新评估被淘汰出局，一些新的符合资质要求、竞标成功的经营者将加入进来。在对经营队伍进行必要筛选的同时，在从业人员、游船、水上码头等细节方面，《办法》也提出了详细的标准，其中，所有从事水上游的游船不仅要求船体美观、船况良好，配备必要的旅游标识、导游人员或导游设备，而且在噪声、排污等方面都必须符合国家环保标准。水上游经营者必须按照核定的游线、区域和停靠码头从事经营活动，游线暂停或调整都必须在批准后提前10天向社会公告。（杨帆）

【沪苏杭旅游可异地投诉】 上海、苏州、杭州作为长三角旅游经济发展处于领先地位的城市，正携手合力打造黄金旅游圈。三地消协经过积极酝酿和协商，于9月4日，在杭州举行的内地旅游消费维权高峰论坛上，共同签署了“沪、苏、杭三地旅游消费维权框架合作协议”和合作宣言，将建立国内首个跨区域的消费维权“绿色通道”，共同打造长三角旅游放心环境。

根据协议，三地消费者协会将共同建立“旅游消费投诉绿色通道”，通过合作与联动，简便、快捷地处理旅游消费者在三地旅游过程中所发生的消费争议；联合三地旅游主管部门，培育一批放心旅游消费的诚信单位并推出旅游消费信誉卡制度；组织三地旅游、商业企业共同设立消费纠纷预赔金制度，预赔金设在当地消费者协会。消协受理旅游方面的投诉后，消协可动用这笔预赔金先行赔付，让旅游客能够在最短的时间内维护自身的合法权益；在旅游定点的商业企业中推行旅游商品售出7天内如有质量问题，可以无条件退货；消费者在三地旅游发生消费纠纷，可在任何一地消协进行投诉，受理后可以通过网络及时将情况反映给纠纷发生地的消协。（陈栋）

【旅游咨询中心首个服务点成立】 市旅游咨询中心的第一个服务点经过紧张的筹备于4月19日在观前文化城正式揭牌成立，由此迈出了苏州市建设完整旅游咨询服务网络的第一步。

旅游咨询中心服务点以提供厅堂开放式、公益性的旅游咨询服务为标准，服务点不仅摆放了各类苏州旅游宣传资料，而且以国际化、现代化、电子化的高标准来提供服务，除了提供及时的旅游信息、解答相关疑难等之外，还为市民和游客介绍住房、游览、购物，代理交通、景点、演出点的票务，受理有关预定和旅游投诉。

【市旅游协会成立】 苏州市旅游行业第一个综合性的社会中介服务组织——市旅游协会于2月29日成立，成立大会通过了协会章程，选举了第一届理事会。

市旅游协会现已发展会员220多个，涉及宾馆、饭店、旅行社、景点景区及其他旅游相关企业。作为全市旅游企事业单位和热心于旅游事业的人士组建的行业性、非盈利性组织，市旅游协会的宗旨是团结和组织有关企业和个人，当好政府在旅游业方面的决策参谋和市旅游管理部门的助手，充分发挥行业协会沟通政府与旅游企业桥梁和纽带作用，推动该市旅游企事业单位与全国旅游行业的相互交流和合作，维护行业的合法权益，促进苏州旅游业的繁荣和社会经济发展。（杨　帆）

【星级饭店管理】 2003年，星级饭店的管理工作，主要抓了4个方面的工作。一是按照行业管理职能，对申请星级和升星的饭店按星级标准进行打分，并出主意，想办法，帮助饭店进行整改，直至达标为止。当年，新评四星级饭店2家，三星级饭店3家，二星级饭店2家。二是组织星级饭店、定点餐馆参加省美食精品展暨第4届烹饪技术比赛和苏州市“江南之春”美食节活动，经努力，共获得金牌5块，银牌8块，铜牌11块。其中，常熟华联宾馆的“芦荡情缘”获得江苏名宴一等奖，胥城大厦的“吴王宴”获得江苏风味（特色）宴二等奖，得到了同行的一致认可。三是主动为饭店投资者出谋划策，分析市场需求，帮助投资者认识市场，避免盲目投资。四是对全市星级饭店实施有效的监管，不定期检查，并当场向住店客人发放宾客意见表，征求意见。年内，因管理不善，1家三星级饭店资格被取消，对2家擅自发布虚假广告的星级饭店进行了行政处罚。（徐卫康）

【胥城首批加入世界金钥匙酒店联盟】 2003年4月，胥城大厦正式获得世界金钥匙酒店联盟的授牌，成为该联盟首批30家成员之一，该酒店通过个性化服务打造国际品牌酒店的形象工程由此启动。

世界金钥匙酒店联盟借用了世界金钥匙组织的服务理念，以“满意+惊喜”的个性化服务体现特色。胥城大厦是苏州市第一家进入世界金钥匙酒店联盟的酒店，该酒店已将细节性的个性化服务作为酒店每个部门的业绩考核内容之一，酒店已有3位“金钥匙”服务员提供了良好的表率。（杨　帆）

【投诉处理】 2003年，市旅游局主动将“110”联动体系与旅游投诉实行联网，24小时受理旅游投诉和应对突发事件。在处理投诉过程中，以事实为依据，严格操作程序，分清责任，积极做好调解工作。年内，共接到投诉108起，处理比较圆满，结案率达98%，共计为游客争取理赔金额3.91万元，切实维护了旅游消费者和旅游经营者的合法权益。（徐卫康）

【旅游安全】 2003年，苏州市旅游行业认真贯彻落实国家、省、市关于安全工作指示精神，结合行业实际，紧紧围绕提高安全意识与加强消防技能教育培训、落实安全责任制与建立健全安全组织网络建设、安全生产设施设备的完好与消防系统、车船器械、食品卫生和游客保险等方面进行检查、督促、整改。市旅游局与旅游企业签订了安全生产责任书，先后6次转发了国家、省、市有关部门安全工作的通知，并会同公安、消防、交通、安监等相关部门对全市涉外星级饭店、旅行社、车船公司（队）、国际旅游定点餐馆、国际旅游定点商店、旅游景点和景区、主题乐园等122家旅游企业进行各类安全检查。由于全市旅游行业各经营单位领导重视、措施到位、责任到人，2003年度全行业未发生一起人员重大伤亡事故。（许伟国）

【导游队伍建设】 ①加强了对导游人员的培训力度。一是组织了3次周边城市（南京、无锡、扬州）导游知识讲座，受到了导游人员的好评。二是组织导游员年审培训、新导游上岗培训及业务技能培训，共计培训导游3600余人次。三是评选苏州市“导游之星”及参加全省大赛。全市共有70名导游参加，经过仪表仪容、知识问答、景点讲解及才艺展示等环节，评出6名苏州市“导游之星”，其中2名在随后举行的江苏省优秀导游员大赛中，双双获得银奖，免试晋升中级导游。

②强化导游队伍的管理。一是结合年检对市1600多名导游进行法规教育，在规定时限内为全市1439名年审合格的导游办理了IC卡刷卡手续，使导游人员如期上岗。二是专项检查，形成制度。对导游活动进行跟踪检查，督促导游做好本职工作，提高服务质量。三是结合群众举报、游客投诉，严厉查处违规违纪的导游人员，并对违规违纪导游进行通报批评，起到了警示作用。

【岗位培训】 2003年，市旅游局重点抓了旅游企业经理人员的岗位资格证书和职业资格证书的普及。共

全市星级饭店所占比例及客房总数（2003）

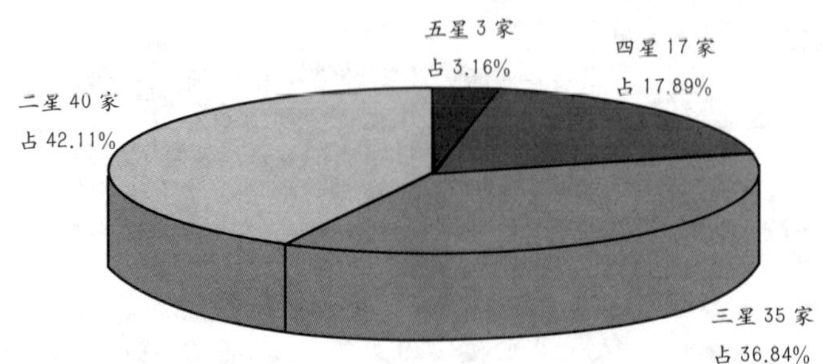

注：全市星级饭店共95家，客房总数11382间，床位逾2万张。

组织了旅行社经理考试及培训、饭店总经理、部门经理岗位资格证书考试及培训、涉外饭店服务员英语等级证书考试及培训、景区景点管理人员岗位培训、定点商店营业员业务资格培训等各类培训12期，培训人数1300多人次。共有1051人获得了饭店英语等级证书，其中A级89人，B级227人，C级735人。176人获得旅行社经理资格证书。130多人获得了饭店经理岗位培训证书。

（徐 征）

节庆活动

【中国苏州国际旅游节】 4月18日开幕的中国苏州国际旅游节坚持以政府主导、上下联动、全民参与、市场运作的指导思想，在全市范围内举办了共12大类近40项主要活动项目。市长杨卫泽在致辞时道出苏州旅游新坐标：力争使苏州首批进入中国最佳旅游城市行列，成为国际旅游首选、国内旅游必选的旅游目的地。

本届旅游节主要特色有：一是突出美的主题，立体化地展示苏州美、太湖美等苏州独特的美，通过评选“江南丽人”活动及较为集中的宣传报道活动，将苏州山美、水美、人美贯穿其中，努力营造良好的市场效应。二是推出“水”的文章，营造“东方水城”的形象，本届苏州旅游节首次举办了以水为主题的龙舟竞渡邀请赛，为今后举办水上活动积累了经验。三是全民参与，在全国范围开展迎2010年上海世博会，塑苏州旅游城市新形象广告词征集活动，共收到来自北京、上海、深圳、天津、新疆、福建、江苏、浙江等24个省、市、自治区应征稿件2329条，经评选，共评出二等奖3 名，三等奖5名。四是旅游节期间推出了“人间天堂、苏州之旅”江南之春美食节活动，突出苏州饮食加工精细、注重时令、讲究形态、绿色健康的传统和苏州小吃特色，进一步推广“吃在苏州”以及海纳百川的“天堂美食”的形象。五是举办了苏州旅游交易会，组织苏州各市、区的旅游饭店、景区(点)、旅行社、定点旅游企业、旅游商品生产企业和周边地区100多家旅游企业集中设摊展示、洽谈促销，以扩大、推动苏州与周边旅游企业的合作交流、优势互补和联动发展。

【中国国际丝绸节暨黄金旅游月】 9月20日，由中国纺织工业协会、中国丝绸工业总公司和苏州市政府联合主办的2003年中国国际丝绸节暨黄金旅游月，在苏州市体育中心隆重开幕。开幕式上一场名为“丝韵交响”的大型音乐时装秀让中外来宾又一次感受到了丝绸与苏州的新魅力。本届丝绸节是在全国人民胜利抗击“非典”后该市首次举办的全市性重大活动。中国纺织工业协会会长杜钰洲，中国丝绸工业总公司总经理杨永元，省人大常委会副主任叶坚，副省长李全林，省政协副主席陆军等出席了开幕式。省委常委、市委书记王珉启动了开幕按钮，市委副书记、市长杨卫泽致辞。

海内外知名人士，工商界、新闻界和世界著名跨国公司、财团的代表；外国驻京、驻沪领事馆的官员；苏州市荣誉市民、友好城市和友好交流城市的代表；境外旅行商和周边旅游城市的代表；著名服装设计师和周边丝绸服饰企业的代表；海外留学生和海外归国留学生代表等应邀共与盛会。

创意新、亮点多、形式活，是本届丝绸节的一大特色。它与第2届电子博览会、“十一”黄金周活动相结合，紧紧抓住上海世博会申办成功及长三角区域旅游合作的机遇，继续突出丝绸这一主题，通过强化丝绸与旅游的结合，加快“三古一湖”旅游产品的开发，达到提升“丝绸之府”、“天堂之旅”及“东方水城”等形象，推进发现苏州、感受苏州活动的深入开展。丝绸节期间，还举行了丝绸旅游精品展、苏州东方水城摄影展、境外旅游商“发现苏州之旅”、金秋姑苏美食节、“万人游苏州”等系列活动。

（徐伟荣）

【《梦苏州》首演赢得百次掌声】 9月19日晚，市各级领导、丝绸节特邀嘉宾和全市各界人士代表观看了《梦苏州》演出，感受了梦幻苏州的独特魅力，整个演出共赢得了近百次热烈掌声。

市长杨卫泽在演出前致辞，代表市政府预祝《梦苏州》首演成功。他说，《梦苏州》以全新的手法演绎千年古城和现代苏州，体现了传统与现代的融合。《梦苏州》将打造成为苏州夜生活、夜旅游和文娱演出中的主要品牌，必将丰富人们的文化生活，振兴苏州的旅游产业。

《梦苏州》是一台投资近2000万元的大型演出，将大俗的杂技与大雅的芭蕾结合在一起。演出剧目以“苏州三梦”串联，包括苏州如梦、苏州遗梦、苏州新梦。演出不仅包括了跳板蹬人、大排椅和大球顶杆3个获国际金奖的杂技节目，并穿插了苏州昆曲、评弹等元素。而在节目出新之外，现代舞台设计堪称亮点。演出开始时，大幕拉开，以细小钢丝组合成的屏幕上投影出灯光水影的梦幻场景。在演出进入高潮时，一个国际首创的长16米、宽9米的大型翻立舞台连同演员一下子出现在观众面前。据悉，《梦苏州》今后将保持每天演出，并按计划连演5年。

（杨 帆）

【第25届寒山寺听钟声活动】 已走过了四分之一个世纪的寒山寺听钟声活动在全国及至全世界都已具有较大的影响，也是苏州旅游业发展值得骄傲的一页。本届听钟声活动既保留传统的活动项目，又扩展了活动的内涵，融合了“梦苏州”大型芭蕾杂技、夜游古运河、江枫洲大型游园活动、寒山寺古刹听钟声等新老旅游项目交相辉映的多项组合套餐旅游形式，供海内外游客选择。12月31日18时，江枫洲大型游园活动，苏州乐园“鹤舞狮山、祝福平安”迎新年活动、盘门景区第5届迎新年听钟声活动同时举行；20时30分在枫桥景区陈列馆广场和枫桥大街开始组织迎宾表演；寒山寺内活动主要有寺门口僧人迎宾活动，大雄宝殿做佛事诵经颂佛，方丈室内由秋爽法师挥写书法；23时30分，由寒山寺方丈秋爽向全体听钟声的海内外来宾祈福；23时42分10秒始，秋爽法师敲响千年古刹的108记除夕钟声；2004年1月1日零点，杨卫泽市长向全体听钟声的海内外来宾及苏州市民致新年贺辞。新年贺辞后进行五彩烟花表演，庆祝美好新年的开始。当晚，约有5000多人参加了寒山寺听钟声活动，与往年相比，听钟声的国内散客明显增加。广大市民与来自日本、韩国、香港、台湾等地的海外宾客、上海等地的国内游客、世界各国在苏投资企业代表等一起共同聆听了吉祥的钟声。由苏州广电总台牵头，联合上海、台湾地区电台和苏州电视台、东方网络对本次听钟声活动进行两岸三地现场直播，进一步扩大了听钟声活动的影响。（徐伟荣）

【拙政园杜鹃花、荷花旅游节】 拙政园第7届杜鹃花旅游节3月15日～5月15日举行。这届杜鹃花旅游节的主题是：名城名园名花展，春景春色春满园。设置的花卉景点有："三羊开泰迎世遗大会"、"古园名花今又开"、"琴棋书画奏鸣曲"、"世界遗产展倩影"、"鱼翔鸟鸣春色早"、"花廊留恋赏春色"、"百草园里春花开"、"灿烂山花笑开颜"等8个。另设有品种区、工艺文化区、表演区。品种区展出中外名种杜鹃、高山杜鹃近200个。工艺文化区有杜鹃书画陈列和品种摄影陈列。表演区设在东部的"涵青亭"，有列入人类口头非物质世界遗产的昆曲，以及评弹表演。

拙政园第8届荷花旅游节于6月28日～10月8日举行。荷花旅游节景点布置采用自然式小品，着意营造人们战胜"非典"后渴望与自然亲近的夏日荷情氛围。共展出缸荷3500余缸、碗莲3200碗，并从浙江引进睡莲品种20余个，成为新亮点。后期为反季节菊花展览，展出反季节菊花约100个品种5000余盆，较一般的菊花提前了一个多月，令游人一睹采用科技手段促使菊花提前绽放的芳容。

为了烘托两个旅游节的气氛，同时举办了山茶花品种陈列展和20世纪中国世界遗产邮资明信片展。

【第10届天平红枫节】 10月18日～12月8日在天平山风景区举行。本届红枫节，在保持前几届红枫节的基础上，推出"新环境、新内容、新节目"供广大游客参与、互动的系列活动。重点把追思先贤范仲淹"忧乐天下"的爱国情怀和欣赏吴桥杂技节目结合起来。举办单位按照老中青不同年龄的特点确定不同的活动内容，老年人以登高健身游天平为主，青少年以秋游天平为重点，除了赏枫登山外，作为省级爱国主义教育基地的范仲淹纪念馆成为他们接受教育的一个课堂。对于看好的中年游客市场，则推出回天平看看、寻觅青年时代的天平情结的主题活动，作一次旧地重游，感受天平山风景区的变化。

保护古枫香，倡导社会爱枫、护枫、养枫为红枫节的另一个主题，这次又有2个单位、5名个人认养了古枫香。11月14日还邀请了南京林业大学教授王宝龙等专家，为古枫香保护的现状和具体措施进行了研讨。

【虎丘花会、庙会】 3月8日～5月25日举行的2003虎丘花会的主题是；满园编织如意春，一山恭祝吉祥年。花会以郁金香、牡丹、芍药、杜鹃、洋水仙、百合、新几内亚凤仙为主题花卉，用花总数达26万盆，超过往届。景点布置除以花卉为主外，整体以原木、柳条及棉线等纺织物、羊角造型等基本元素贯穿，有彩牌楼"羊角开运"、花廊"羊年接春"、"疏林谱春"、"芳茵鸣春"、"山路喧春"、"深庭锁春"、"吴凤绣春"等10个景点。同时，另设5个展览：大殿内的"世界名花展"、平远堂内的"艺术插花展"、"春季兰花展"、拥翠山庄内的"赏石精品展"和"竹刻艺术展"。

2003年虎丘庙会于9月13日～11月16日举行，庙会坚持在创新上做文章，针对"非典"后人们渴求"健康、吉祥、福瑞"的心理需求，确立了"吴中福地在虎丘，祈福祈寿逛庙会"的主题。在节目选择上，首次引进南狮、变脸等绝技绝活，长期合作的山西一艺术学校这次专门编排演了"吴越战鼓"，"陕西腰鼓"等，做到常办常新，保质保量，给游客带来新鲜感。

花会、庙会期间，虎丘山风景区管理处还与市摄影家协会、市美术家协会、市教委和苏州日报副刊部联合举办"虎丘四季风光摄影比赛"、"虎丘杯"征文比赛和"画虎丘活动"。（左彬森）

【周庄国际旅游节】 4月20日，古镇周庄在一片欢腾的气氛中迎来了第8届旅游文化艺术节，同时，"水乡美食"大赛在数万名海内外游客惊羡的眼神中撩开了面纱。

中国文联主席周巍峙，博鳌亚洲论坛秘书长龙永图，省委常委、市委书记王珉，副省长张卫国等出席了开幕式。张卫国发表了热情洋溢的讲话，市委常委、副市长汪国兴致贺词，全国人大常委会副委员长傅铁山等发来了贺电。

1996年，该镇举办第1届旅游文化艺术节暨摄影大赛，当年游客达到50万人次。其后，该镇高举打造"中国第一水乡"大旗，在每年4月举办一次规模盛大的旅游艺术节。旅游节为丰富周庄旅游内涵、凝聚人气、扩大品牌影响力起到了重要促进作用。自第1届旅游节以来，周庄的旅客数每年以超过30%的增幅上升，到上年底，光顾这个弹丸小镇的海内外游客达到263万人次，给该镇带来了超过5亿元的旅游总收入，其中仅旅游门票收入便超过1亿元，成为华东旅游线上一颗璀璨的明星。

周庄把2003年旅游节开幕式的重头戏设定为"水乡美食"大赛。当天，来自上海、南京、苏州、昆山等地的40多家单位端出了自己的特色旅游食品，12家饭店展示了一道道精美绝伦的拿手菜，周庄本地的10家宾馆酒店纷纷拿出自己的看家本领。

著名相声表演艺术家李金斗等以及来自省苏昆剧院、四川省川剧院的演员们为开幕式献上了一台精彩的文艺表演。（高坡 晓亮）

【第6届角直水乡服饰文化旅游节】 9月28日，已有2500年悠久历史的水乡古镇角直分外妖娆，第6届中国苏州·角直水乡服饰文化旅游节在人们的期盼中撩开了面纱，整修一新的小巷老街在数千名中外游客面前更显古朴典雅。

充盈着浓郁水乡风情的服饰表演是古镇角直文化旅游节的压台节目。当天的服饰表演，把现代舞蹈与水乡服饰展示融为一体，给古朴的水乡文化注入了全新的活力。著名节目主持人曹可凡的到来以及众多文艺表演者的倾情献演，更为开幕式增添了欢快、喜庆的节日气氛。开幕当天，以"古韵今风水乡情"为主题的摄影大奖赛同时拉开序幕，迎接"世遗"促旅游大型征文比赛揭晓颁奖，新修建的"水乡农具博物馆"也于当天闪亮登场。整修一新的古桥小巷露出了古韵今风的全新容颜，成为众多镜头的焦点。（王芬兰 王莉）

【"同里之春"旅游文化节】 4月19日，在一片祥和热烈的喜庆气氛中，第7届"同里之春"旅游文化节在同里湖度假村隆重开幕。省委常委、市委书记王珉出席开幕式，并为珍珠塔景园剪彩和松石悟园揭牌。

本届旅游文化节期间，同里打出了两张吸引游客的"新牌"。珍珠塔景园为明南京河南道监察御使陈王道府第，占地1.70公顷，建筑面积达5500平方米。江南家喻户晓的锡剧《珍珠塔》将在该园内"再现"。而松古悟园则展出了1200幅"松屏石"天然石板画，这些石板画系原铁道部工程总公司设计部部长张家忻及其夫人从事铁路新线勘测设计过程中，倾注30余年心血收藏的。

本次旅游文化节由江苏省旅游局、苏州市旅游局以及吴江市政府主办，吴江市旅游局以及同里镇政府承办。数出"大戏"构建本届旅游文化节的主要框架，其中"同里杯"神州导游风采大赛已经成功举办，"水乡丽人"将继续举办第2届。由来自全国各地的12家电视台参加的"同里杯"保护世界文化遗产电视竞拍，把同里再次带到千家万户。"同里杯"保护世界文化遗产中国画大奖赛获奖作品展，或浓墨重彩或淡雅怡情，再现世界文化遗产的独特魅力。状元还乡、桃花篮等民俗文化表演，九连环、原木拼板等手工艺表演，梅花糕、御膳冷果等小吃，则展示了丰富多彩的民俗文化，当晚举行的大型烟火晚会，则将本次旅游文化节在举办首日就推向了高潮。

（吴云赞 张琳法 唐志强）

【东山镇民俗风情旅游节】 9月29日，吴中区东山镇数千群众欢聚雨花胜境，在喧天的锣鼓声中，喜庆第2届民俗风情旅游节开幕。

具有浓厚地方民俗风情的台阁表演是江南民间艺术中的一朵奇葩，也是东山镇独有的民间艺术瑰宝。这种艺术形式起源于清代康乾盛世，至今已有近300年的历史，是古人在农历4月间用来祈求五谷丰登的民间活动。东山镇从1984年开始尝试逐步恢复台阁，每村负责1只台阁，至今已出台了11只。台阁节目以《许仙借伞》、《梁山伯与祝英台》、《珍珠塔》、《吕布戏貂婵》等历史故事和民间传说为内容。本次是东山镇有史以来出彩台阁最多的一次盛会，全镇男女老少纷纷聚到演出地，争先一睹这一失传久远的民间艺术形式。 （芬 兰）

【木渎第4届旅游节】 以小桥流水、小巷古街、园林古宅旅游为主的木渎古镇游，如今又增添了自然山水观光的新内涵——以香溪和灵岩山联动的山水游，10月15日，在木渎第4届旅游节暨经贸洽谈会开幕时全新亮相。

"秀绝冠江南"的灵岩山景区紧邻木渎镇，是国务院批准的13个太湖风景区中木渎景区的重要组成部分。2003年，木渎镇投资1亿多元实施灵岩山整治工程，拆除临时性建筑，搬迁工矿企业，建设旅游观光公路、门楼工程，恢复姑苏台，诗人张永夫纪念馆，建造灵岩山馆和一批自然景观，形成融山林绿化、景点建筑、旅游特色服务于一体的整体格局，使灵岩山景区与木渎古镇水乡游"串珠成链"，融为一体。

近年来，木渎古镇相继修复了严家花园、虹饮山房、榜眼府第、古松园和明月寺等旅游景点，完成了对景点沿线环境的改造，将镶嵌散落在各处老街小巷的私家花园连缀起来。当年，木渎古镇还通过了国家AAAA级旅游区的验收。

旅游节期间举行了古镇影视拍摄回顾展、"木渎名园园主传奇"丛书首发式和木渎古镇"枫"情游首发式、古镇歌手与江浙等地歌手同台共唱"木渎古镇杯"友好城区歌会等活动，专门推出了科举文化一日游主题活动。 （王 莉 王芬兰）

【市领导与市民游园赏景欢度中秋】 9月11日，从波光水影的环城河，到灯火通明的盘门古城墙，处处可以看到全家出游的市民群众。市领导杨卫泽、周伟强、宋胜龙、谢慧新、孟焕民、吴文元、赵文娟等与来自各界的市民共同游览了环城河，并在盘门景区游园赏景，欢度中秋。

环城河水上游是对于"吴门烟水"的最好诠释，当夜，来自全市各界近200位市民应邀登上大型画舫同游环城河，度过的是一个与往年大不相同的中秋。他们中有劳模，有摄影家，还有教师，很多人还是第一次从水上感受新的环城河风貌。

与环城河水上游相比，盘门景区内更是灯火璀璨，人声鼎沸。景区内举办的灯展成为人们关注的热点，在城墙上举办的游园晚会则让人置身古城墙看身着水乡服饰的女子款款而行、听悠扬的江南小调此起彼伏，意韵独到。整个景区有数千市民游园赏景。 （杨 帆）

姑苏美食

【姑苏美食在外频频获奖】 4月4～6日，在江苏省美食精品展暨第4届烹饪技术比赛中，苏州展台荣获"最佳展示奖"，在团体赛中，有6家企业的作品被命名为"江苏名宴"，其中：苏州好福记的"姑苏官府宴"、苏州得月楼的"吴中第一宴"、常熟华联宾馆的"芦荡情缘宴"和苏州新皇宫大酒店的"皇宫翡翠宴"获得了金奖，苏州胥城大厦的"吴王宴"和常熟金海华休闲美食会的"江山迷人宴"获得了银奖。有69名个人分别参加了热菜、冷盘和果蔬雕、面点、中餐摆台等4个项目的70场比赛，共获得金奖9枚，银奖13枚，铜奖22枚，获奖数在全省名列前茅。11月中旬，在江阴华西村举行的首届"中国民间、民族菜肴美食节上，苏州大鸿运酒楼获4金1银菜点奖牌及团体金牌；张家港沙洲宾馆也获得了5个金奖。同月，在杭州举办的第5届全国烹饪技术比赛个人赛上，苏州15名参赛选手夺得了3金4银4铜的好成绩。

【江南之春美食节】 4月18日，由市烹饪协会、市工商联餐饮商会等单位共同组织举办了"2003年江南之春美食节"。开幕当天，在得月楼新大楼举行了美食精品展和名菜名点评比活动，共有20多家餐饮企业展示了各自的特色菜肴，其中，荣获江苏省第4届烹饪技术比赛团体金、银奖的苏州好福记的"姑苏官府宴"、得月楼的"吴中第一宴"、胥城大厦的"吴王宴"展台前人气最旺。最后，评出了30款苏州名菜名点。美食节期间，还在苏州乐园举办了姑苏风味点心、美味小吃展销活动，吸引了众多苏州居民和中外游客。

【金秋姑苏美食节】“以文明餐饮、健康美食、共创美好生活”为主题的“金秋姑苏美食节”于9月18日在得月楼菜馆拉开帷幕。在开幕仪式上，由24家“江苏餐饮名店”和星级宾馆联合展示了以蟹为主要原料制作的近百道特色菜点，得月楼还特意制作展示了一桌全蟹宴，使参观者大饱眼福。分别来自阳澄湖和太湖的“两湖蟹王”争霸赛，又使大家大开眼界。现场还进行了“扎蟹”、“出蟹粉”等表演比赛。美食节的举办进一步展示和提升了苏州的蟹文化，为2003年中国苏州国际丝绸节增添了浓郁的姑苏特色。

【“苏帮创新菜专业委员会”成立】年初，市烹饪协会成立了“苏帮创新菜专业委员会”，有多位中国烹饪大师担任技术顾问，专门从事苏帮菜的研究、宣传、传承和创新。从菜式结构、组合形式到烹饪技术，从原料营养到食用后的健身作用，进行全方位、多视角的探讨。一年来，他们已成功推出50款创新菜，并有部分菜式已被名家酒店采用，受到了消费者的欢迎。

【烹饪大师、名师、名店评定】2003年，经市烹饪协会推荐，报经省经贸委、省烹饪协会审定，本市得月楼等31家餐饮企业被命名为“江苏餐饮名店”；吴涌根等9名师傅被评为江苏省“烹饪名誉大师”；董嘉荣等11名师傅被分别评为江苏省“烹饪大师”和“餐饮服务大师”；成秋宝等16名师傅被评为江苏省“烹饪名师”；4名师傅被评为江苏省“餐饮服务名师。

【4位大师名师入编《中国烹饪大师》摄影画册】本市荣获中国烹饪大师的吴涌根、刘学家和荣获中国烹饪名师称号的茅振华、朱龙祥4位大师、名师被入编《中国烹饪大师》摄影画册。

【7只小吃品种获“中华名小吃”认定】12月，全国第3届“中华名小吃”认定活动在广东汕头举办，苏州市选送的大荣华酒店的“碧绿荠菜球”、“荣华生煎包”、“南瓜玉米饼”；昆山奥灶馆的“红油爆鱼面”、“白汤卤鸭面”；老妈米线的“野生菌米线”、“笋尖炖鸡米线”等7个品种全部通过了认定。（朱昂林）

附：江苏餐饮名店（共31家）

苏州得月楼菜馆
苏州松鹤楼菜馆
苏州园外楼饭店
苏州市王四酒家
苏州黄天源糕团店
苏州新聚丰菜馆
苏州五芳斋面馆
苏州市大鸿运酒楼
苏州市胥城大厦
苏州市南开大酒店有限公司
苏州市贵宾楼大酒店
苏州市万家灯火大酒店
苏州市新皇宫大酒店
苏州福记好世界餐饮娱乐发展有限公司
苏州市石家饭店
苏州市阿雷大酒店
常熟市虞城大酒店有限责任公司
常熟华联宾馆有限责任公司
常熟饭店
常熟市大酒店
常熟森林大酒店
常熟市虞山饭店
常熟市大方圆酒家
常熟市山景园菜馆
常熟市金海华休闲美食会
昆山市奥灶馆
昆山市一醉酒店
昆山市玉峰大厦香江酒楼
吴江市吴江宾馆
吴江松陵饭店
吴江市知音饮服发展有限公司

江苏烹饪名誉大师（共9名）

吴涌根　苏州市烹饪协会技术顾问
　　原苏州南林饭店副总经理
刘学家　苏州市烹饪协会技术顾问
　　原苏州松鹤楼菜馆总厨师长
邵荣根　苏州市烹饪协会技术顾问
　　原苏州园外楼饭店总厨师长
朱阿兴　苏州市烹饪协会技术顾问
　　原苏州得月楼菜馆点心部总厨
陆焕兴　苏州市烹饪协会技术顾问
　　原苏州得月楼菜馆总厨师长
孙吉祥　苏州市烹饪协会技术顾问
　　原黄天源糕团店经理
赵顺生　常熟饮服公司
　　原东风饭店经理
戈永泉　常熟饮服公司
　　原常熟饮服公司教技科长
邵桂兴　常熟华联宾馆
　　原华联宾馆餐饮部厨师长

江苏烹饪大师（共10名）

张建中　常熟市虞城大酒店总厨
董嘉荣　苏州得月楼菜馆副总经理
田建华　原苏州南林饭店餐饮总监
刘锡安　昆山天香馆董事长
茅振华　苏州三德利食品公司总经理
朱龙祥　苏州新聚丰菜馆总经理
李俊生　苏州松鹤楼菜馆总经理
夏咸清　昆山玉峰大厦总经理
陈苏华　常熟高等专科学校
王子瑾　常熟高等专科学校

江苏餐饮服务大师（1名）

沈伟民　苏州五芳斋面馆总经理

江苏烹饪名师（共16名）

成秋宝　苏州胥城大厦副总经理
陆卫中　常熟大酒店厨师长
夏银锁　常熟虞山饭店总经理
林金洪　苏州得月楼菜馆总经理
徐　钧　苏州得月楼菜馆厨师长
朱良培　苏州君怡大酒店副总经理
谢长明　苏州松鹤楼菜馆副总经理
汪　成　苏州市市级机关物业管理中心餐饮部副部长
刘必来　苏州市公安局后勤装备处餐饮经理
唐　杰　苏州苏城商务休闲饭店副总经理
邵罗华　苏州园外楼饭店总经理
吕杰民　苏州得月楼小吃园经理
杨建坤　昆山玉峰香江酒楼总经理
范卫星　常熟高等专科学校餐饮经理
俞国华　常熟市虞山饭店餐饮部副经理
盛静华　常熟市华联宾馆餐饮主管

江苏餐饮服务名师（共4名）

季福增　苏州市南开大酒店副总经理
巢佑菁　苏州大鸿运酒楼、行政中心宴会厅餐饮经理
张竹英　苏州五芳斋面馆副总经理
屈桂生　苏州君怡大酒店副总经理

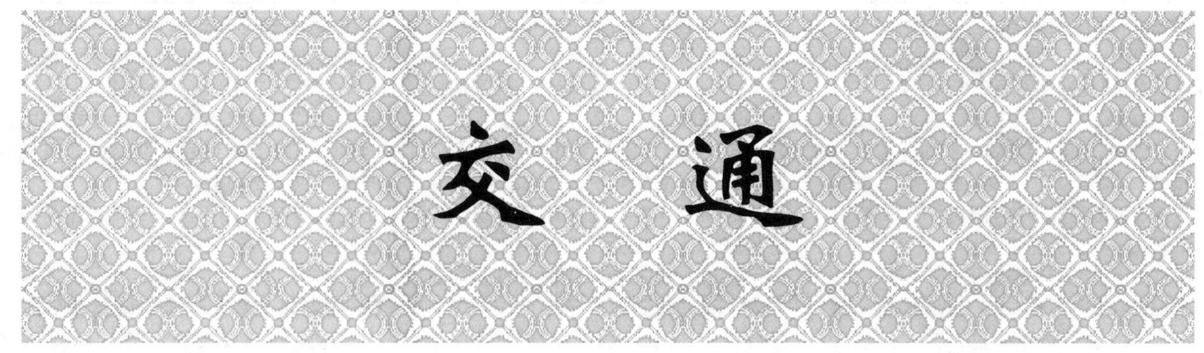

交 通

综 述

【概况】 2003年全市交通系统在率先中先行，在发展中提升，交通基础设施投资翻番，再创新高，全年完成投资86.43亿元，提前实现苏嘉杭高速公路南北贯通；行业管理全面强化，共检查各类车辆50万辆次，查获违章车5.60万辆次，“黑车”、“拉客、甩客、宰客”、马路市场、农用车载客等违章经营行为得到有效遏制；运输经济空前活跃，全社会水陆客运量达2.29亿人次，旅客周转量达151.81亿人公里；货运量0.66亿吨，货物周转量41.47亿吨公里；改革工作强力推进，全系统18家交通企业完成了改制工作，3家经营性事业单位也在全省率先完成了改制、脱钩，实现了公路、航道事企分离。

【苏州市高速公路指挥部成立】 1月17日，苏州市高速公路指挥部揭牌成立。把苏嘉杭高速公路指挥部、沿江高速公路指挥部、绕城高速公路指挥部合并为苏州市高速公路指挥部是市委、市政府站在全局的高度作出的一个正确决策，它的成立对整合现有的管理力量，积累高速公路建设经验，实行专业化社会化管理，促进该市高速公路建设有着重要的意义。

【苏州市一级公路建设指挥部成立】 8月5日，苏州市一级公路建设指挥部正式成立。一级公路建设指挥部将在苏州市委、市政府、市高速公路暨绿色通道建设领导小组和市交通局的统一领导下，统一运作，充分发挥整合效应，把苏州的路网建设得更好，为苏州早日实现“两个率先”作贡献。

【张家港港务集团有限公司成立】 7月30日，全国首家经过彻底改制、按照现代企业制度、产权多元化模式运行的港口集团——张家港港务集团有限公司正式成立。省委常委、苏州市委书记王珉和国家开发投资公司总裁王会生共同为新成立的张家港港务集团揭牌。新成立的港务集团由苏州港口发展（集团）有限公司、国投交通实业公司和职工持股会分别按38%、36%和26%的股比共同组建，职工以安置费投资入股。改制后，张家港港务局原有的行政、社会职能将全部剥离。新成立的港务集团，将立足港口装卸基础，拓展港口货运市场，通过资本运作，进入其他港口或其他领域，引进临港工业和保税仓储业、出口加工业、转口贸易以获得稳定的货源，使企业核心竞争力能在更大范围内进行整合。

【苏州水城客运巴士有限责任公司成立】 为了适应苏州水上旅游的需要，8月28日，由苏州轮船运输有限公司等5家公司和个人联合发起的“苏州水城客运巴士有限责任公司”正式成立，这是至今为止全国首家经营水上公交巴士的企业。首期投入运行的巴士艇、画舫船、休闲艇有8艘，年底又投入了3艘，总投资约260万元。船艇配有彩电、音响、空调等设备，装修舒适大方。至此，人们可以乘坐水上巴士，环游美丽的苏州古城。 （胡丽娟）

交通基础设施建设

【重点工程】 2003年30个建设项目中有14个项目被列为市委、市政府重点项目，20项被列为年度目标项目(另外10项为竣工项目)。14项

附表：全社会运输客、货运量(2003)

项　目	单　位	完成量	比上年±%
1、客运量	万人次	22921	8.99
其中：水运	万人次	86	-10.42
陆运	万人次	22835	9.08
2、旅客周转量	万人公里	1518126	26.60
其中：水运	万人公里	2425	-14.37
陆运	万人公里	1515701	26.70
3、货运量	万吨	6950	-3.80
其中：水运	万吨	2965	-30.88
陆运	万吨	4985	13.79
4、货物周转量	万吨公里	414693	-6.75
其中：水运	万吨公里	120829	-30.20
陆运	万吨公里	293864	8.20

市重点项目投资规模达216.47亿元，2003年年度安排计划43.70亿元，实际完成投资59.05亿元，占计划的135.13%，占全市交通基础设施总投资额的68.32%。14项市重点项目中，沿江高速公路苏州段完成投资7.3亿元，占年度计划的101.39%；苏州绕城高速公路西南段、西北段、苏沪、苏昆太段分别完成投资9.28、5.60、6.43、8.52亿元，成功实现"一环二射"整体推进；苏通长江公路大桥连接线年度完成投资1.14亿元；苏虞张、苏震桃、锡太一级公路分别完成投资6.05、0.99、1.61亿元，均超额完成年度计划；苏浏线航道整治工程苏昆段完成投资1.30亿元，土方、护岸工程全部完成；苏嘉杭高速公路苏州到常熟古里段于11月8日如期竣工通车；友新高架快速路成功实现当年开工、当年竣工目标；长湖申线航道整治工程完成投资1.40亿元；苏州汽车南站综合楼主体封顶，站务楼完成3层，达到厅完成2层。20项市交通局重点项目总投资达363.30亿元，2003年安排计划38.90亿元，实际完成59.38亿元。

【高速公路】 2003年，全市在建高速公路项目9项，在建全程达355公里，新增高速公路36.60公里，实现高速公路通车里程161公里，高速公路骨架网雏形初步形成。全市高速公路完成投资55.78亿元，占年度计划141%。苏嘉杭高速公路全长100公里，常熟至苏州段于11月8日提前8个月优质建成通车，实现了苏嘉杭高速公路南北贯通，董浜枢纽常熟互通段累计完成投资2.91亿元。沿江高速公路苏州段全长75公里，工程总投资约33亿元，2000年11月8日开工建设，至年底累计完成投资24.76亿元，有望2004年提前通车。绕城高速公路全长188公里，工程总投资约120亿元，分西南、西北、苏沪、苏昆太4段进行建设。至年底，共累计完成投资36.55亿元。沪宁高速公路苏州段扩建工程起自江苏与上海的交界处，止于无锡与苏州交界处，全长70公里，2003年10月开工，计划于2006年建成通车，共完成投资2亿元，占计划的105.20%。苏通长江公路大桥南接线为六车道高速公路，全长9.20公里，自2003年4月开工建设以来，共完成投资1.41亿元，进展顺利。所有在建高速公路的工程质量均保持了良好的受控状态。

【一级公路】 2003年，全市一级公路在建里程达275公里，其中新开工建设一级公路3条(沿江开发高等级公路、锡太一级公路、苏震桃一级公路)、续建1条(苏虞张一级公路)。苏虞张一级公路全长57.25公里，于2002年开工建设至2003年底完成实物工作量5.25亿元，完成投资8.30亿元，占总投资额的63.30%，在顺利完成前期工作、土方施工的基础上，全面展开了桥梁攻坚和路面攻坚，现正朝着2004年通车目标快速推进。沿江开发高等级公路于2003年7月开工以来进展迅速，其先导段港丰一级公路已完成投资3.20亿元。锡太一级公路于2003年8月开工建设，共完成投资1.60亿元，占建设总投资的14%，完成了年度目标任务。苏震桃一级公路于2003年9月底开工建设，完成投资9866万元，各项工程全面展开。

苏虞张公路出入口。 （张 岚摄）

【干线网化工程】 全市国道干线网化改造工程完成投资75.37万元，占年度计划的118.31%，比上年增长67.46%。7个续建项目(205省道常熟复线段、205省道尹山节点立体交叉、205省道市区分流线、常熟南三环立交、张家港至无锡公路杨舍－黄旗桥、太仓通港公路西段、209省道木渎－光福段)全部完成年度计划目标，其中205省道常熟复线路(含南三环立交)、太仓通港公路西段、209省道木渎到光福段均已完工。4个新开工项目(230省道望亭至光福段、340省道澄鹿线、205省道分流线二期、常熟204国道常昆公路新开常浒河桥及接线)进展迅速，共完成投资1.69亿元，占年度计划的153.64%。危桥改造完成投资300万元，完成年度计划目标。新增项目3项：县道危桥改造、227省道常熟城区段、312国道扩建工程。其中312国道扩建工程完成投资2.12亿元，苏州市先导段工程已开工，相城区、昆山市、工业园区等9个标段施工单位和监理单位已进场，有序完成了交桩、导线点复测、中线放样、水准点复核等一系列工作。

【农村公路】 2003年，全市农村公路升级达标全面启动，力争用三年时间改建1160公里沙石路，改造60座四类危桥，确保到十五期末实现中心镇到镇、镇到镇二级以上公路沟通，镇到行政村四级以上公路沟通，路面全部灰黑化。当年开工项目72个，新改建公路292.70公里，完成投资4.62亿元。

【航道建设】 航道重点工程建设有序推进，长湖申线航道整治工程全年完成投资1.44亿元，占年度计划的10.80%；苏浏线航道整治工程苏昆段全年完成投资1.72亿元，土方工程、护岸工程全部完成。航闸养护工程迈出新步伐，全年完成投资

2058万元，占年度计划的100%；木渎船闸拆除工程按期完工；张家港船闸下游引航道护岸工程，克服重重困难，于上半年如期完成，共新建护岸440米，完成投资547万元，并被江苏省航道局评为优良工程；申张线常熟唐市段护岸工程完成改建护岸1252米，土方6.70万立方米，完成投资479万元；27米航政艇建造按计划推进，完成投资371万元。

【站埠建设】 2003年，苏州市车站、码头建设进一步加快、汽车客货运站建设完成投资6400万元。4月28日，苏州汽车南站迁建工程正式动工，主体工程年底竣工，2004年4月8日正式启用。新建的苏州汽车南站位于南环路以南、南园路以西、涠长路以东，占地约4万余平方米。新南站设计为集商贸、旅游、客运于一体，国内一流的现代化、智能化、信息化、多功能、效益型一级客运站。工程总投资1.05亿元，总建筑面积近千万平方米。新站建成后，车站将拥有1.60万多平方米的苏南地区最大的候车大楼，可同时容纳230～250辆大型客车、100辆社会车辆及私家车和400～500辆自行车、摩托车停放的停车场地。此外，新车站还在全国所有汽车客运站中第一家设置到达厅，以方便旅客，实现无缝换乘。投资1200万元，全面展开了南门轮船码头建设，年内已竣工。 （胡丽娟）

【苏嘉杭北段一期被评为优良】 10月31日，市政府和省交通厅共同主持召开了苏嘉杭高速公路常熟至苏州段一期工程项目交工验收会议，一致评定苏嘉杭北段一期工程为优良等级。交工验收委员会认为，苏嘉杭高速公路北段一期工程各项线形指标符合部颁标准和设计要求。收费、监控和通信三大系统功能完备，性能可靠，操作方便，满足设计要求。监控系统实现了全程监控和系统的网管功能；通信系统干线传输设备首次实现了公路系统跨省异型机干线联网，紧急电话通话清晰，通话位置定位准确；收费系统软件可靠、方便，满足联网收费的各项技术要求等。

（陆天荣 岑 涛）

【沿江高速公路苏州段全线贯通】 5月8日，沿江高速公路望虞河大桥左幅顺利合拢，实现了沿江高速公路全线贯通。望虞河大桥位于常熟市谢桥镇，跨越常福公路、福山塘和望虞河，全长1537米，总投资6869万元，于2001年9月24日首根钻孔灌桩顺利开钻，大桥施工全面展开。

【友新高架快速路建成通车】 经过上千名建设者9个多月的艰苦努力，12月28日，市重点工程——友新高架快速路建成通车。省委常委、市委书记王珉，副省长李全林，市委副书记、市长杨卫泽等省、市领导出席了通车典礼并为其剪彩。

友新高架快速路工程是苏州市第一条当年开工当年竣工的公路项目，起点为苏州市西环路与南环路立交，终点为越湖路，沿线跨宝带路、京杭大运河、石湖路，与在建的绕城高速公路石湖互通连接线相接，在石湖路交叉时设置菱形互通，在与越湖路交叉时设分离式立交。工程全长5.47公里，采用全高架方案，宽26米，双向六车道，设计行车速度为80公里／小时，总投资约5.17亿元。随着绕城高速公路西南段、石湖互通连接线的全面建成，友新高架快速路作为苏州南大门的地位将日益显现。 （胡丽娟）

苏嘉杭高速公路北段通车典礼。 （交通局提供）

交通运输

【公路运输】 随着苏州经济的全面加快和全市路网条件的大大改善，2003年公路客、货运输得到了较好的发展。到年底，全市公路总里程达5726.32公里，全社会拥有民用汽车23.94万辆，其中客车16.40万辆，货车7.55万辆；全年完成公路客运量2.28亿人次，旅客周转量151.57亿人公里，货运量4985万吨，货物周转量29.39亿吨公里，分别比上年增长9.08%、26.70%、13.79%、8.20%；沪宁高速苏州段日通车流量达9.51万辆，苏嘉杭高速日通车流量达5.30万辆。运输企业结构性调整初现成效，以资产整合为纽带，苏州汽车有限公司作为龙头，分别与吴江市交通客运有限公司、常熟市交通客运有限公司，组建了新公司，探索出一套市县联动、齐头并进的客运企业双赢发展新路；当前该公司正加紧进行与昆山、太仓、吴中区的相关客运企业的重组、合并工作调研；同时，按照部署，加紧进行了高速公路客运公司化改造，47条线路除个别有待调整外，改造工作已基本完成，所有经批准的高速公路客运线路均实现了公司化经营。启动了汽车南站迁建工程，建成后新南站日平均发送旅客1.50万人次，高峰日平均发送旅客可达2.50万人次。

（胡丽娟）

【铁路运输】 2003年，苏州火车站围绕发展主题，全面实施“人才、品牌、经营”三大创新战略，努力在拓展发展空间、改善经营绩效、加强安全生产、推进改革管理、强化科技教育和精神文明建设方面探索新思路、新做法，全面提升了企业综合竞争力。全年累计完成运输收入4.92亿元，较上年增长2.20%。至12月31日，实现行车安全5405天、劳动安全2363天。安全天数列全局特、一等站首位。6月12日由分局和苏州站共同投资950多万元兴建的苏州站售票楼工程正式开工建设。该工程将于2004年春运前投入使用。12月23日，分局正式宣布撤销苏州车务段，原苏州车务段所属9个车站中的硕放、望亭、浒墅关3个站划归苏州直属站管理。“车务职工多岗位计算机在线考试系统”通过分局科技成果验收，现已对全站13大工种实行了在线考试。聘请了苏州市人大代表、政协委员、新闻媒体记者、旅客代表、货主代表等共16人为车站的行风、路风监督员，定期召开会议，接受社会各界的监督，路风稳定服务质量整体提高。在抗击“非典”期间，全站上下群策群力，严防死守，实现了职工、旅客零感染目标。

2003年度，苏州站继续保持路局文明示范车站、省、市文明单位、铁道部“三星级货场”、分局综合治理模范单位等称号。（张　毅）

【水路运输】　2003年，全市内河航道通航里程2828.76公里，其中通机动船里程2223.23公里。根据苏南运河管理办法，2003年起，各乡镇个体小吨位水泥船舶不再予以发放船舶营运证，结合苏州市运政在线功能的完善，进行了新版水路船舶营运证的换发。全市营业性水路运输船舶合计440户、1359艘，与上年相比，业户数下降了70.20%，船舶数下降了68%，这也使得全年全市水上货运量同比下降30.90%，为2965万吨。全年完成水上客运量86万人，旅客周转量2425万人公里，与上年相比也有所下降。随着苏州环古城河的投运，先后就运力投放、船员管理、船舶检验、航行管理等制定了规定，水上运输管理渐趋规范。

【首批城市货的正式投运】　为了解决古城区内货物配送的需求，提升城市形象，苏州市首批285辆货运出租车于7月1日正式投入运营，《苏州市货运出租车运输管理办法》同日出台施行。投放市场的货运出租汽车都由“质量招标”方式所确定的经营权企业，通过对市区现有车辆采用回购后特许改装而成，实行“公车公营”，统一收费标准。每辆货运出租汽车都统一安装了计价器及GPS卫星定位系统，在刚开发成功的集公众信息平台、企业管理平台与行业管理平台为一体的“货的”网的管理下，实行统一调度、指挥和监控。在城市货运出租车上安装GPS卫星定位系统，并借助卫星定位系统与地理信息系统技术，建立统一的“货的”信息网，这在全国还是一个首创。（胡丽娟）

【UPS在苏设代表处】　2003年4月，全球最大的包裹运送公司UPS在苏州设立了代表处。

UPS公司是全球规模最大的运输公司，创建于1907年，拥有250多架大型货运飞机，网点遍及全世界200多个国家和地区，年营业额高达313亿美元。1988年，UPS正式进入中国市场，通过中外运的服务网络，服务能达到国内的每一个地方。

近年来苏州开放型经济高速成长带来进出口的大幅攀升。海关数据显示，园区通关点进出口空海运量正以50%的速度激增。这自然引起了UPS对苏州市场的高度关注，而且中国加入WTO后物流业的开放也排上了日程，为了在全球市场的新一轮竞争中抢得先机，UPS决定在苏州设立代表处。据了解，苏州是UPS在华东地区除上海外开设代表处的第一个城市。（燕冰　孙幼娇）

附表：苏州站主要任务指标完成情况(2003)

项目	单位	计划	实绩	完成(%)	比上年±%
旅客发送	万人	845	856.60	101.37	1.60
货物发送	万吨	90	93	103.33	-9.80
日均装车	辆	66	66.40	100.61	-5.70
日均卸车	辆	156.50	148.20	94.70	0.50
静载重	吨	37.50	38.40	—	—
停留时间	小时	22	21.50	—	—
中转时间	小时	5.10	4.90	—	—
运输收入	万元	20270	49219.10	97.91	2.20
自行作业	万吨	440	433.80	98.59	-0.80

（张　毅）

【港口装卸】　苏州市政府下决心发展沿江产业带，港口装卸呈现稳步发展态势，2003年完成港口吞吐量10328.65万吨，其中苏州港完成6282.40万吨，占到60.82%，内河港口完成4046.25万吨，占39.18%。（胡丽娟）

交通行业管理

【运政管理】　2003年，运输管理力度全面加强，全年共检查各类车辆近50万辆次，查获违章车5.60万辆次，其中无经营许可证“黑车”近3000辆次，无道路运输证4100辆次，无客运线路近百辆次，社会反响良好。执法队伍建设进一步加强，到年底，45岁以下执法人员全部达到大专以上文化程度或持有交通法律专业证书，50周岁以下人员全部持有计算机操作初级证书。文明行业创建工作深入开展，全市运管系统所有单位均评为省局级文明单位。深化行政审批制度改革，取消了道路货运线路和运输企业经营资质审批，增加了行政审批即办件，大大加快了承办件的办理速度。

【路政管理】　开展“标准化公路路政大队”达标活动，加强路政行政执法受理中心建设，努力提升路政执法队伍的整体综合素质。结合省级文明样板路创建工作，强力推进集镇段整治和施工路段管理，清除公路用地和建筑控制区内违章建筑

2320平方米，清除障碍物3707平方米，清除摊点1320个，清除非标悬挂物2012块。加大对经营性公路的监管力度和对超限运输的整治力度，全年共查处超限车辆12253辆，卸载24757吨。加大审批力度，全年共审批、挖掘占用公路16.73万平方米，共529处，审批路政许可295项，不同意2项。积极推进行政处罚，同时建立健全了重大案件会审制，对1000元以上的行政处罚进行会审，全年全市共发生路政案件2815起，已结案2735起，结案率为97%；非立案处理3152起，路政案件错案率为0。

【航政管理】 全系统以航道各项法规、规章、制度为依据，严格管理，文明执法，行业管理工作展现出新的面貌。①加强执法队伍建设，先后组织人员参加省、市行政执法岗位培训班27期，航道执法人员执法能力与业务水平明显提高，全系统全年共实施行政处罚、处理119起，未发现一起执法不规范事件。②注重加强对重点航段、重点区段的巡查管理，全年共出动航政艇上航巡查1752天艘，巡航累计里程5895公里。③严格规范航政审批行为，全年共依法审批各类临跨过河设施219处，其中五级以上航道163处，未出现一处新的违章建筑。④开展主要干线航道通航秩序整顿活动，清除违章碍航码头1座，吊机2座，清理废弃物1处计10吨。⑤完成了内港线23座遥测航标的改建工作，对两岸23公里航道的绿化进行了补种。

【海事管理】 以强化现场监督为重点，加强了重点水域、重要航段水上交通安全管理，全系统救助遇险船员312人，为船户挽回经济损失1000余万元，排除主要干线航道不畅险情209次，疏通船只26万余艘。以开展危险化学品安全管理专项整治、京杭运河苏州段“四超”(拖带每千瓦超过11吨、被拖船舶超过12艘、被拖带船舶(单船)超过500载重吨、吃水超过2.5米)船队专项整治、“三无”(无船名船号、无船泊证书、无籍港)运泥船专项整治为契机，规范了水上通航秩序。以提高船检质量为抓手，全年共审验各类船员8086人，新考发证船员1493人，办理各类船舶登记证书827艘，换发登记证书497艘，总发各类船员证书数量为近年来之最。

【城市公交、出租车管理】 抓紧开展《苏州市公共交通发展规划》、《苏州市出租汽车发展规划》等规划的编制、报审工作。相继出台施行《苏州市客运出租汽车管理办法》、《苏州市货运出租汽车运输管理办法》、《苏州市人力客运三轮车管理办法》和《苏州市公共汽车客运管理条例》，使苏州市三大公共客运行业管理有法可依，有章可循。全市完成28条287辆中巴车的收购改造，其中市区完成10条187辆，新增公交车203辆，新辟公交线12条，基本实现了城乡公交一体化。通过联合执法、专项稽查对无证经营行为继续保持高压严管态势；同时招聘12名客运协管员加强火车站地区出租客运经营秩序管理。完成了出租车第二轮有偿使用的申报、审批，提出了出租扩容的初步设想和强化出租车管理的意见。

【驾培管理】 进一步规范驾培市场管理，全力推行教练员、教练车证制度。对全市30家驾校、815辆教练车、923名教练员核发了相应证件；同时对驾驶员培训市场开展了专项整治，将市区7个临时驾驶员培训班合并为3个，责令3家无证经营的单位筹备申请材料，申领培训许可证。成立了苏州市营业性驾驶员从业资格培训考试管理中心，负责全市营业性驾驶员《从业资格证》管理，全年共发放《从业资格证》13442本。投资850万元筹建培考管理中心，10月底主体工程验收合格。

【机动车维修管理】 一是完善市场管理机制，积极开展整顿汽车维修市场。2003年，重新修订了一、二类企业、自修单位、三类专项的资质条件，严把市场准入关。至年底，全市一类维修企业109家，二类维修企业530家，专项维修业户3513家，自修单位170家，“四位一体”(整车销售、维修服务、退件供应、信息反馈)特约维修站26家。全年新开业一类维修企业9家、二类30家，立项在建一类企业16家、二类企业5家。全年共审验一、二类维修企业535家，审验不符合要求的开出整改通知书170份。二是强化监督，全面规范车辆技术管理。建设并启用苏州狮山机动车综合性能检测站，有效缓解了车辆检测的压力和车辆检测排队长的问题；高效推进了机动车综合性能检测站贯标工作，苏州南环、吴江、昆山、太仓、常熟等5个A级机动车综合性能检测站相继通过了ISO9000质量认证，这在全国同行业中尚属首例；制定并公布了二级维护修竣车辆出厂前检测一次合格率的统计方法，使一次合格率由原来的50%上升到现在的70%。全年市区检测车辆91618辆。三是加强培训教育，提高从业人员综合素质。全年共举办各类培训班32期，培训总检员641名，技术工人2767人，送检员330人。

【苏州—南通联手开展沿江文明通道共建活动】 6月18日，苏州市文明委、交通局和南通市文明委、交通局联手开展沿江文明通道共建活动进行了签约仪式。此次共建活动根据省委、省政府提出的沿江经济开发战略和建设沿江文明带的要求开展，力争用两年时间把通沙汽渡南北口、常通汽渡与通常汽渡、太海汽渡与海太汽渡建设成为区域发展的大通道，精神文明建设的大窗口，通道经济的大亮点。为搞好共建活动，成立了由两市文明委和交通部门有关人员参加的共建活动领导协调小组，各汽运渡口将按照安全有序、快捷方便、文明优质等16项基本标准共建文明通道。 (胡丽娟)

【路边泊车收费】 9月24日开始，在干将路、十梓街等7条道路两侧的占道临时停车位上泊车要收费了。在7时至22时之间收费，标准按次计算，蓝牌照的车辆为5元，黄牌照8元。收费由市市政公用局组织征收。这7条道路分别是干将路、金门路、中街路、东西中市、东大街(司前街)、十梓街、凤凰街(带城桥路)。市交警部门从8月起，在一些路幅较为宽敞的干道和流量较小的支路、街巷开辟了临时的停车位。通过一阶段试运行，停车难的矛盾有所缓解，同时还部分解决了市区环路内机动车辆占用车行道和人行道任意停放的突出问题。据了解，市区将在

27条道路上划分临时停车位。在首批完成划分的7条道路上，新增加的临时停车位超过了500个。

（高岩 蒋嵘）

交通信息化

【监控系统】 为了给市民及中外游客提供安全、优质、方便、满意的乘车环境和客运服务，交通部门投资120万元，在汽车北站和火车站广场地区建立了视频监控系统，进行24小时实时录像监控，可以有效地掌握汽车北站和火车站的客流情况，并为处理拒载、宰客等违章行为提供直接证据。

苏嘉杭高速公路采用CCTV全程监控，100公里路段上密布39台当前国际上领先的昼夜型一体化压力球型摄像机，在正常天气下监视范围2公里以内可判别车型、观察路况。这是首次在较长路段上实行全程图像监视。同时，苏嘉杭高速公路CCTV实现了与其他设备的联动，可进行紧急电话呼叫时的现场实时查验、可变情报板、限速标志发布信息时的实时确认和高速公路沿线设施的实时视频浏览，为管理人员快捷、有效地处理突发事件创造了条件。

【执法系统】 为了进一步提高执法的快速反映能力和执法水平，2003年，交通系统加大了设备的投入。苏州海事局新增了9艘海巡艇，更新部分通讯装备，其中城区海事处投入15.40万元更新了全部模拟对讲机，并且完成了“12395”水上搜救电话的改建任务，现正全力筹备新增GPS卫星定位、自动导航系统等高科技设备。苏嘉杭路政大队配备了96台对讲机，2个车载电台和数码放映系统。

【收费系统】 从2003年11月1日起，苏州市区73条公交线路中已有69条安装并使用了公交IC卡，一卡通在城市出租车上的应用准备工作也正在紧张进行中。市运管处规费征收程序于8月份正式使用，硬件和网络运行基本稳定，下一步将在各市(县)运管处推广使用。高速公路收费系统采用10/100兆以太网成功实现数字化传输。

【政务系统】 在2002年市交通局机关、市公路处、昆山市交通局完成办公自动化应用之后，2003年又专门研究下发了机关办公自动化建设指导意见，与软件开发商签订了交通系统机关办公自动化推广应用协议，组织完成了运管、客管、维修、质检站、吴江市交通局、张家港市交通局等单位办公自动化系统的建设和市海事局办公自动化系统的更新。完成了《苏州市交通系统电子公文交换中心》的课题研究和局直属单位电子邮件服务系统建设，做到单位、部门、个人都有账号、有信箱，为系统内部实现信息传递的网络化、无纸化创造了条件。基本完成了直属单位的交通专网建设，实现了局域网、国际互联网、电子政务网的多网连接。

（胡丽娟）

苏州港

【概况】 按照“一港一政”的原则，由原国家一类开放港口太仓港、张家港港、常熟港三港合一组建而成的苏州港处于长江三角洲江海交汇处，紧邻上海，与南通港隔江相望，具有经济发达的港口腹地和江海联运的区位优势，是江苏港口的发展重点，也得到了交通部的高度重视。2003年5月底，交通部批复同意给予太仓港区三项优惠政策；12月，交通部又在征求意见的通知中，将苏州港列为全国沿海26个主要港口之一，全面加速发展。2003年，苏州港共完成货物吞吐量6282万吨，比上年增长29.87%，其中集装箱运量34.63万TEU，增长18.93%；外贸货物吞吐量2559.70万吨，增长33.58%，超过历年居外贸吞吐量首位的连云港港，初步实现了江苏省第一大外贸港的目标。

【码头及场站设施建设】 苏州港拥有长江岸线139.90公里，深水岸线资源丰富，港口岸线和预留港口岸线长达80.50公里。以太仓港区一期工程竣工，二期工程开工为标志，2003年苏州港码头泊位建设取得了长足的发展，全年新开工建设码头泊位19个(太仓港区4个、常熟港区8个、张家港港区7个)，其中万吨级以上泊位16个；已竣工13个(太仓港区5个、常熟港区2个、张家港港区6个)，其中万吨级以上泊位10个，新增码头设计吞吐能

附表：苏州港口主要指标(2003)

项　目	单　位	完成量	比上年±%
一、港口吞吐量	万吨	6282.10	29.87
1、张家港港区	万吨	3963.50	25.98
2、常熟港区	万吨	1510	22.37
3、太仓港区	万吨	808.60	76.86
二、集装箱运量	TEU	346307.90	18.93
1、张家港港区	TEU	247360	22.24
2、常熟港区	TEU	48914.80	19.87
3、太仓港区	TEU	50033	4.19
其中：集装箱出口量	TEU	173469.50	18.04
1、张家港港区	TEU	125897	23.43
2、常熟港区	TEU	23795.50	11.57
3、太仓港区	TEU	23777	0.60
三、外贸吞吐量	万吨	2559.70	33.58
1、张家港港区	万吨	1678.80	19.67
2、常熟港区	万吨	482.10	54.07
3、太仓港区	万吨	398.80	98.90

注：TEU为国际标准箱单位

力1215吨。至年底，全港共有码头泊位85个(其中万吨级以上45个，集装箱泊位8个)，年设计吞吐能力6904万吨、87万TEU。 （胡丽娟）

资料

苏州港功能定位

根据《苏州港总体布局规划》的重新定位，苏州港口建设管理将实现统一领导，统一规划，统一政策，统一管理，通过"大一统"式的资源整合，推动苏州港早日实现成为上海国际航运中心的重要组成部分、江苏第一外贸大港的奋斗目标。

《苏州港总体布局规划》作了具体港区的功能定位。太仓港区为综合性地区的重要港口，是上海国际航运中心的重要组成部分，规划的主要货种为集装箱、石油化工、煤炭和件杂货，主要为太仓、昆山及苏州市区的社会经济发展和对外开放提供直接的港口服务；为苏锡常地区乃至长江沿线腹地的外向型经济发展和以集装箱为主的外贸物资中转提供港口运输服务。常熟港区为上海国际航运中心的组合港、苏州工业园区的配套港和国内外贸易的中转港，规划的主要货种为钢材、纸浆、煤炭和件杂货，主要为沿江经济开发区、临港工业和苏州工业园区提供服务。张家港港区为多功能的国际商港，为城市对外开放和临江工业服务，规划的主要货种为木材、钢材、金属矿石、液体石油化工和粮油，为腹地内的外贸运输服务及长江中上游部分物资中转服务。《规划》规定了港口开发岸线总长为52.50公里；其中太仓港区20.20公里，常熟港区8.90公里，张家港港区23.40公里。

根据吞吐量预测，到2020年时太仓港区规划建设2～5万吨级的泊位35个，1000吨级长江港池泊位18个及客运泊位1个和港作船泊位3个；常熟港区规划新增3千～3万吨级泊位共21个，张家港港区规划建设5千～5万吨级泊位共15个。 （陆天荣）

【张家港港区】 张家港港区始建于1968年，1982年11月19日经国务院批准对外开放，成为长江港口中第一批对外开放的港口，是集内河贸易、江海运输为一体的综合性港口。张家港港区拥有长江岸线63.60公里，可建港岸线24.50公里。至2003年年底，港区拥有码头泊位51个，其中万吨级以上30个。港区已开辟通往韩国、日本、美国、加拿大、波斯湾等外贸航线和集装箱运输线，同世界上40多个国家和地区的140多个港口有货运往来，还设有集装箱内贸支线4条，长江内支线9条。全年实现港口吞吐量3963.50万吨，增幅达25.98%，形成了集装箱、木材、钢材、煤炭、矿粉、化工六大支柱型货种。7月30日，按照投资主体多元化、经营方式多样化、港口生产专业化、资本运营最大化的要求，改制成立了张家港港务集团有限公司，为张家港港区的发展注入了新的血液。

【常熟港区】 常熟港区是经国务院批准的国家一类开放口岸，于1996年11月16日正式对外籍船舶开放。常熟港区拥有长江岸线37.50公里，可建港岸线9公里，已使用岸线6.58公里，建成生产性泊位16个，其中万吨级以上泊位6个。全年实现港口吞吐量1510万吨，比上年增长22.37%，其中集装箱吞吐量23795.50TEU，外贸货物吞吐量482.10万吨，分别增长19.87%和54.07%。常熟港区已与46个国家和地区的203个国际港口实现通航通商，开通集装箱内外贸支线15条，月到港集装箱船舶173班次。

【太仓港区】 太仓港区是上海国际航运中心"中心两翼型"组合港口内翼的重要组成部分，1996年11月，被国务院批准为一类口岸，1999年9月，被国家海关总署批准为集装箱中转港。太仓港区江宽水深，是长江出海口的天然良港，拥有长江岸线38.80公里，可建万吨级以上泊位的深水岸线达24.90公里，至2003年年底，已使用岸线8.47公里，陆续建成生产性泊位18个，其中万吨级以上泊位9个，分为集装箱、石油化工和干散货3个功能区。整个港区已建成堆场20多万平方米、室内仓储2万平方米。2003年成功吸引了8家船公司56艘班轮在太仓港开辟内支线，现已开通国内国际航线16条，港口装卸和运输有了明显的增长。全年全港完成吞吐量808.60万吨，其中集装箱50033TEU，比上年分别增长76.86%和4.95%。

【交通部批准苏州港太仓港区实施三项优惠政策】 为促进苏州港太仓港区的发展，交通部5月30日发文同意苏州港太仓港区享受三项优惠政策：一是鉴于苏州港区至上海宝山锚地航段航道条件较好，在确保安全的前提下尽量满足船舶进出太仓港区夜航的需要，要求长江引航中心、上海港引航站做好进出太仓港区船舶的引领和夜航工作；二是上海港引航站与长江引航中心按照要求，采取措施加强两段之间的协调与配合，实现进出太仓港区的船舶在航动态交接，不影响进出太仓港区的船期；三是对进出苏州港太仓港区国际航线船舶的航养费，原参照南通港的费率标准进行征收，现决定从2003年7月1日起，按南通港的标准减半征收。

【太仓港区一期工程竣工二期工程开工】 苏州港太仓港区一期工程竣工、二期开工典礼于9月27日举行，

苏州港太仓港区一期工程竣工、二期工程开工典礼。 （杨海石摄）

省委常委、市委书记王珉，副省长张卫国共同为一期工程竣工剪彩和二期工程开工揭牌，这标志着苏州港太仓港区正式迈开了向亿吨大港进军的步伐。

苏州港太仓港区一期工程2002年10月开工建设，泊位总长度930米，共建成两个3万吨级(兼造5万吨级)集装箱(兼顾件杂货)泊位和1个2.50万吨级集装箱泊位。太仓港区二期工程泊位长度为1100米，陆域纵深800米，将建设4个万吨级泊位，设计吞吐能力为集装箱100万TEU，并将配有集装箱装卸桥7座，计划工期为3年。二期工程将与一期工程形成150万TEU的吞吐能力。

（胡丽娟）

口　岸

【概况】　2003年，张家港口岸完成货物吞吐量4512.60万吨，比上年增长41.85%，外贸进出口运量1700.90万吨，增长18.45%，集装箱运量24.74万TEU，增长22.23%，货物吞吐量中木材375.70万吨、钢材360.50万吨、粮油263.80万吨、化工品329.80万吨，比上年分别增长66.70^%、30.60%、39%、60%。张家港口岸已成为全国木材、粮油、化工品的重要集散地。

【基础设施】　张家港口岸岸线全长63.57公里(不含双山岛岸线)，其中深水岸线33.70公里，并有长江福姜沙岛作天然避风屏障，是优良的深水港口。口岸现有对外开放泊位34个，江心浮筒15个，年吞吐能力超过5000万吨，可承接钢材、木材、粮食、化工、煤炭、集装箱、件杂货等不同货种的装卸、储运中转业务。口岸辟有至东南亚、欧、美等国际集装箱航线18条，每月航班28个，内支线航班140多个，经上海或香港中转，可与世界各大港口开展货运往来。年内，口岸委、口岸协会筹资建成了通沙海轮锚地，有效解决了到港船舶的安全锚泊问题。至12月底，口岸到港国际航行船舶达2668艘次，张家港口岸已成为长江流域最大的外贸商港。

【管理服务】　2003年，在口岸委的协调下，各检查检验单位进一步加大了码头开放的管理力度，重视年审管理，落实整改措施，提前介入，超前服务，使中东石化、永恒钢铁、沙钢海力原料4号泊位顺利对外开放。帮助港务集团协调木材堆场问题，并多次组织涉外知识培训、业务技能培训，以规范口岸秩序，提升口岸形象。为启动口岸“大通关”工程，口岸委和各检查检验单位全力以赴，形成了《张家港口岸大通关建设实施方案》。口岸各执法管理单位的扎实工作、热情服务受到各码头代理单位的一致好评。张家港口岸文明、高效、快捷的通关模式正在形成。

附表：张家港口岸查验服务单位主要业务实绩(2003)

单　位	项　　目	实　绩	比上年增减%
海　关	征收关税(亿元)	15.15	36.73
	代征税款(亿元)	61.87	53.71
	截获走私、违规(起)	55	——
海事局	办理船舶进出港签证(艘次)	62795	17.84
	到港国际航行船舶(艘次)	2668	20.94
	审批危险品进出港手续(份)	5859	27.84
引航站	引领船舶(艘次)	4817	16.63
	其中　外轮	4683	15.86
	国轮	134	52.27
边　检	检查入出境中外籍船舶(艘次)	3396	19.92
	检查入出境旅客员工(人次)	54208	10.86
检　验检疫局	出入境货物检验检疫(万批次)	5.45	47.30
	出入境检验检疫货值(亿美元)	61.20	58.96
	截获各类病虫害种数	244	6.55
	检疫出入境船舶(艘次)	3363	21.76
	监测体检出入境人员(人次)	1489	3.98

【通沙海轮锚地投入使用】　11月上旬，由张家港市口岸协会牵头筹建的通沙海轮锚地正式投入使用。该锚地位于西界港上游，长江33#和34#浮联线以南水域，至12月底，共停靠中外籍船舶41艘，锚泊时间996小时，有效缓解了口岸到港船舶安全锚泊和锚地紧缺的矛盾。为确保锚地正常运作，市口岸协会已委托张家港神舟公司和上海航道处对锚地进行日常的维护和管理，并对各家船务代理公司提出了相应的安全锚泊要求。

【口岸“大通关”工程启动】　为更好地整合口岸资源、优化口岸环境、推动全市经济和社会发展，由口岸委、海关、国检、海事、边防等单位的业务骨干组成的“大通关”工作小组，就口岸检查检验、港口装卸、代理服务三大环节着手调研，多次召开查验、代理、货主单位座谈会，走访东海、沙钢等多家码头单位，随机抽取了张家港外代、张家港船务代理公司等单位从2002年7月至2003年3月代理的100艘船舶及其所载运的150宗货物进行定量分析，形成了《张家港口岸大通关情况调研报告》。并于10月下旬，正式出台《张家港口岸大通关建设实施方案》。

【口岸新增三个对外开放码头】　年内，中东石化码头(5000吨级)、永恒钢铁码头两个泊位(5000吨级)和沙钢海力钢铁码头4号泊位(3万吨级)相继被批准对外开放，至此，张家港口岸对外开放泊位已达34个。

（严　瑛）

信息化建设

综　述

【概况】 2003年是全面贯彻落实市委九届四次全体会议和市十三届人大一次会议精神、加快推进信息化建设的关键一年，也是苏州市新一轮电子政务建设的启动年。围绕建设服务型政府和争创全省“两个率先”的目标，全市信息化组织领导体系进一步健全，信息产业加速发展，信息通信服务领域进一步扩大，电子政务建设快速推进，社会信息化应用逐步普及，信息化建设走上了稳步发展的轨道。

①信息产品制造业规模继续扩大。全市IT企业已达到1500多家，形成了产业关联度较高的电子信息企业群体。全年通信设备、计算机和其他电子设备制造业产值超过1570亿元，居各行业之首。苏州市正发展成为全国乃至全球IT制造和营销中心之一。

②软件产业进一步发展壮大。2003年，全市加大了“一园多区式”苏州软件园的组织领导和建设力度，初步形成了具有一定特色的产业发展模式，在网络平台软件、IC设计、嵌入式软件、数字媒体软件和行业应用软件等领域具备了一定的竞争优势。全市现有从事软件开发的企业250多家，经省级以上认定的软件企业49家，从业人员5000多人，具有著作权的软件产品达165个，全年软件销售收入达10亿元。

③企业信息化逐步得到普及。全市上网企业超过3.80万家，10家被列入信息化带动工业化示范和试点企业，多家正在积极推进电子商务试点工作。计算机辅助设计(CAD)、辅助制造(CAM)、辅助测试和诊断、柔性制造（FMS）等技术，企业资源计划（ERP)、供应链管理（SCM）和灵捷制造（AM）等信息化管理手段得到了进一步的推广。

吴江经济技术开发区、昆山网进科技股份有限公司被评为全国信息产业系统先进单位；苏州胜利科技股份有限公司、苏州国芯科技股份有限公司、常熟亿通科技股份有限公司等企业的领导被评为全国信息产业系统先进个人。

【规划编制】 2003年，苏州市出台了多个政府文件，规划、指导和协调全市信息化建设和发展。一是出台了《苏州市人民政府关于加快我市信息化带动工业化的意见》、《关于加快区域科技创新体系建设的意见》、《关于鼓励和吸引国（境）内外研发机构的意见》、《关于促进软件产业发展的若干意见》等配套文件，为加快建设国际新兴科技城市步伐，为实现“两个率先”奠定基础。二是出台了《苏州市2003年信息化工作意见》、《苏州市电子政务基础网络建设实施意见》、《“中国苏州”政府门户网站建设与管理实施意见》、《苏州市综合办公自动化系统建设和管理实施意见》等4个信息化工作意见，指导全市电子政务建设。

【组织建设】 为了保障苏州市信息化建设顺利推进，近年来，该市加大信息系统机构改革，逐步理顺和健全了信息系统组织体系。2002年，成立了苏州市信息化专家委员会，2003年，在原信息化工作领导小组的基础上，成立了苏州市信息化工作暨电子政务建设领导小组，扩大和充实了成员单位，加强了组织力量。市计委（市信息办）加大了信息化的宏观协调力度，总体负责全市的信息化组织、规划、建设和协调。各市（县）、区和政府各部门陆续成立了信息化领导机构和职能处室。组建了苏州市信息中心，成立了苏州市信息化投资有限公司。

【基础设施建设】 苏州电信新铺光缆3.2万纤芯公里，扩建宽带城域网骨干网以及宽带接入端口20万户，建设了30万容量小灵通（PHS）系统网络。苏州移动完成GSM6.2期扩容工程，新建基站近100个，扩容100万户(HLR)。苏州联通加快本地传输网、CDMA三期、GSM7.57网络建设。苏州有线电视网络公司完成了有线电视综合业务网扩容建设。各网络运营商为全市电子政务建设、企业上网和家庭上网等提供了宽带平台。全市通信固定资产投资16.45亿元。

全市市话和农话交换机总容量297.47万门，市话和农话用户280.01万户，其中小灵通用户50.47万户，住宅电话217.09万户，移动电话用户365万户，互联网用户接近60万户，宽带信息化小区达200多个。有线电视双向传输网改造7万多户，发展数字电视用户1万多户，有线电视用户超过100万户。

【城市一卡通建设】 2003年苏州市把城市一卡通（“苏州通”）建设，列入市政府实事工程和信息化重点建设项目，并组建成立了苏州城市信息化建设有限公司。“苏州通”采用了国际较先进的双界面CPU卡，具有容量大、安全性高、扩充性强等特点，“苏州通”建设的目标是构建统一的电子支付系统和平台，为市民的交通（公交、出租、水上巴士等)、购物（商场、酒店、餐饮店、便利店等）、公用事业（水、电、气等）、娱乐（公园、影院、体育健身等）、医疗、社会保障等事项提供方便的电子支付服务。

经过各有关方面的努力，2003年11月1日，“苏州通”在公交公司的1000多辆无人售票公交车上正式开通使用，“苏州通”在便利店、放心早餐的应用已基本完成，有望在2004年1月正式开通。至年底，发卡已超过5万张，平均日交易额5万元。同时“苏州通”在出租车、园林、加油站、停车场等领域的应用也在按计划稳步推进。（季 玮）

【苏州城市信息化公司成立】 3月4日，苏州城市信息化公司正式成立，这一由南京联创科技股份有限公司、苏州交通能源投资有限公司、高速公路有限公司合力创建的新公司将成为苏州市整体推进城市信息化工程，建设数字苏州的主力军。

据介绍，瞄准国内先进水平的苏州城市信息化建设，将在城市一卡通、社会信息化、政府信息化三大领域，在全市范围内统一规划、同步推进。

市委副书记、常务副市长包国新在公司成立仪式上提出，苏州市城市信息化将按照“市场取向、政府推动、统一规划、联合共建、应用主导、产业支撑、竞争开放”的原则进行，打破条块、部门、地区分割，实现科学规划，倡导多元化投入，重在让老百姓切切实实享受到信息化带来的成果与好处，构建具有国内先进水平和地方特色的“数字苏州”。

（王东来）

【“国家紧缺软件人才就业培训工程”登陆苏州】 为贯彻落实国务院关于《振兴中国软件产业发展行动纲领》文件精神，国家劳动和社会保障部与中国IT职业教育第一品牌——北大青鸟APTECH苏州培训基地继京沪穗之后，2003年10月在苏州启动了“国家紧缺软件人才就业培训工程”，联合培养国家紧缺软件人才。

“国家紧缺软件人才就业培训工程”的特色是：按企业需求提供学员实用的全面技术能力；按发展需求提升学员科学的学习能力；按复合型人才要求锻炼学员具备综合素质的能力；靠优良的声誉和庞大的就业推介平台确保实现学员就业的能力；与国家权威部门联合培养，遵循ISO9001标准保证为学员提供优质服务的能力。（季 玮）

数字苏州建设

【概况】 为贯彻落实全市信息化工作会议精神，“数字苏州”总体建设方案研究编制工作于2002年年底正式启动，方案在“十五”信息化规划的基础上，努力体现苏州特色，突出实际应用，明确“数字苏州”建设总体框架、近期建设内容、远景发展目标和具体实施步骤等，并对推进“数字苏州”建设提出有关标准体系、政策法规和安全保障等对策建议。

【规划编制】 市计委(市信息办)委托解放军信息工程大学、苏州英塔信息技术有限公司，组成了以市信息化专家委员会委员、中国工程院院士王家耀教授为组长的“数字苏州”项目专家组。专家组通过开展需求分析、基础调研和技术设计，编制形成了“数字苏州”总体建设方案设计总报告，以及网络与通信基础设施建设、城市空间数据基础设施建设、信息资源整合与信息标准体系建设、电子政务信息平台建设、电子商务（物流信息）服务平台建设总体设计方案和“数字苏州”保障体系建设建议书等7个专题报告，并于11月1日通过了国家信息中心专家、国家“863”计划信息领域专家、南京大学计算机系教授等组成的专家评审组的评审。

“数字苏州”建设总体计划分三期。第一期（2003年）完成政务外网苏州市区骨干网建设，政府单位的政务外网接入，政务外网的高速因特网接入；对内网建设进行规划设计，政府指导建设公众网的互联网交换中心。第二期（2004～2005年）实现政务外网和下辖市（县）、区政务外网的互联，所有政府单位接入政务外网；建设政务内网，实现政务内网和下辖市（县）、区政务内网的互联；部分政府单位接入政务内网；政府部门指导进行公众网IDC建设。第三期（2006～2010年）进一步完善政务内外网，实现所有政府单位接入到政务内、外网，政府指导完善互联网交换中心和IDC。

（季 玮）

电子政务建设

【概况】 2003年是苏州市电子政务实质性启动年，一年来，在全市上下的共同努力下，“电子政府”建设已取得实质性进展，电子政务主要应用项目开通并投入使用。市区电子政务基础网络平台建设基本完成，“中国苏州”政府门户网站完成改版，开通网上预审业务系统，全市电子公文流转系统开始运行，各地、各部门的信息化建设也在有计划、有步骤地快速推进之中。随着城市信息化建设的深入，“数字苏州”建设的推进，一个公开透明、为民亲商、高效运作的政府形象，一个网络畅通、应用便捷、内容丰富的信息化环境，将给苏州的建设和发展注入新的生机和活力。

【网站建设】 2003年，苏州市建设和完善了“中国苏州”政府门户网站。“中国苏州”政府门户网站是由市政府主办，市信息化办公室、市广播电视总台共同承办的综合性网站，是苏州市人民政府对外统一发布各类政务信息，为市民和企业提供在线服务的总平台，是全面展示苏州历史文化、人文景观和经济社会发展成就的总窗口。“中国苏州”是一个庞大的网站群，包含着市委、市人大、市政府、市政协及其各部门的综合信息，主网站设有300多个栏目，并与30多个部、委、办、局的子网站以及各县级市、区政府门户网站组成复式链接。9月30日上午9时38分，省委常委、市委书记王珉轻点鼠标，改版后面目一新的“中国苏州”(http://www.suzhou.gov.cn)政府门户网站正式开通；上午10点钟，随着市委副书记、市长杨卫泽的点击，首份电子公文迅速发送到了政府各个部门。政府电子公文流转系统及网上审批等项目也正式投入运行。这标志着苏州市电子政务一期工程建设圆满完成，信息化建设由此跨入新的阶段。

“中国苏州”政府门户网站以互

联网为载体，及时传递、发布苏州各级政府信息，建立政府和市民、企业的沟通渠道，提供政府为民、便民、利民以及行政事项审批等网上在线服务。其中，新闻中心、政务公开、公众监督、市民办事、便民服务、企业办事等10多个栏目成为热点栏目。“中国苏州”政府门户网站已成为政府与市民的在线沟通渠道、苏州与国内外联系的新桥梁，并在“2003中国国际电子政务技术与应用大会”组织的“最佳政府公众服务网站”评比中，被评为“优秀政府公众服务门户网站”。全市5市（县）7区和40多个市级部门都相继建立了门户网站，初步形成了“中国苏州”为代表的政府门户网站群。

【苏州市信息中心】 2003年，苏州市对市信息系统主要组织机构进行了调整，将苏州市经济信息管理中心与苏州市委、市政府信息中心合并，成立了苏州市信息中心。中心的主要职责是：贯彻执行国家、省、市有关信息化工作的法律法规和方针政策，负责全市电子政务基础网络及应用系统的开发建设及维护管理，负责全市信息化建设的培训、技术指导和咨询工作。两个“中心”的合并，有效地整合了政府信息资源，加强了人才队伍力量，加大了对全市信息化建设的技术支持，更加顺应电子政务建设的发展。

【办公自动化建设】 2003年，市计委（市信息办）会同有关部门组织开发了全市电子公文流转系统、公务邮件系统和网上审批系统等3项应用系统，公文流转的范围为非涉密文件、公告、通知、部门信息、内部刊物等。从10月1日起，政府发文、会议通知、部门信息交换等采用电子文档和纸质文档双轨制运作，并逐步向无纸化转变。市信息中心为每个公务员开设了统一规划的免费电子邮箱，方便了对内对外的信息交流。市行政服务中心有19个部门开通了70个办件项目的网上申报预审业务，为市民和企业提供网上申报、受理、预审、信息反馈等服务；市统计局完成了综合报表、指标、分类、计量等字典库和数据处理等系统开发，完成了指标体系整理和大部分历史数据入库的工作，初步实现了公众网、内部网的数据发布和查询。

同时，该市4家软件商为60多家市级机关统一开发了部门办公自动化系统，大大推动了部门自动化建设、网上办公等工作。各部门不断完善办公业务信息资源数据库，并将数据库纳入办公自动化系统，正在逐步实现跨部门的信息共享。至年底，全市约80%以上的市级机关建成部门局域网，近70个部门实现了内部办公自动化。

【网络系统建设】 电子政务基础网络建设是电子政务建设的基础。2003年，苏州市完成了以市信息中心、电信和广电的3个节点为核心节点，以张家港市、常熟市、太仓市、昆山市、吴江市、工业园区、高新区为骨干节点，覆盖5市（县）7区各级党政机关的宽带IP光纤城域网建设。市级机关、社会团体、大专院校和金融机构等140个单位接入政务网，实现了各部门的互联互通。完成了市信息中心和行政中心大院网络设备的升级改造。市电子政务网自10月1日开通运行以来，各项技术性能达到了设计要求。 （季 玮）

【石路街道首家建成社区信息管理服务体系】 苏州市石路街道社区信息管理平台于11月18日正式开通，使街道和4个社区居委会实现了内部信息的流转、处理、协调和共享。该平台以人口信息为基础，涵盖了街道与社区居委会日常办公包括的民政管理、社区治安、社区党建、精神文明建设等基本内容，为社区事务管理打造零距离管理服务的新模式创造了条件。

苏州市民政局社区建设处的负责同志介绍，石路街道的社区信息管理平台在全市属首家建成开通，将逐步推广该社区的做法，使苏州市的社区建设迈上e时代的快车道。 （梅 蕾）

电子商务建设

【概况】 苏州电子商务和现代物流工程是依托苏州公用信息平台实施的重大信息化工程之一。“苏州电子商务和现代物流工程”以建设苏州现代化物流基地为基础，以电子商城、电子企业、电子社区为重点，进行网上购物、网上交易、网上配送和价值链优化管理为主要内容的电子商务和现代物流项目的试点。苏州电子商务和现代物流是建立在因特网上进行上述商务活动的虚拟网络空间和保障商务顺利运营的管理环境，它包括：门户站点、智能化搜索引擎、网上购物和网上交易平台、虚拟谈判间、目录服务系统、比较销售系统、电子数据交换中心、安全认证接口、安全协议配置、金融支付中介、配送中心、电子邮局、协同作业系统、公用设施、保税仓库、会员组织、法律环境等，为市民的现代生活提供便利。 （季 玮）

信息产业

【IT产业凸现“苏州制造”】 名声鹊起的苏州IT制造产业继续呈现强劲的发展势头。2003年全市IT制造产业完成现价产值1300亿元，拉动全市工业增长16.48个百分点，占全市工业总产值的比重达到30.24%。

经过近年的调整发展，占苏州市高新技术产业主导地位的IT制造产业已成“气候”，形成了计算机及外部设备、通讯类产品、消费类电子产品、电子元器件及电子材料四大门类几十个产品的规模化生产能力，同时建立了工业园区、高新区、昆山和吴江开发区四大生产基地，汇集了飞利浦、明基、三星、日立、夏普、爱普生、阿尔卡特、诺基亚等知名跨国公司及大企业集团，主要代表产品有：笔记本电脑、TFT显示器、电脑主机板、动态储存器、数字程控交换机、通信基站、通讯光缆、数码相机、集成电路等。2003年，8英寸晶圆生产线的投产标志全市IT制造产业链完全形成。苏州已成为国内最大的电脑硬件和电子基础材料生产基地之一，成为“苏州制造”最令人瞩目的金字招牌。

（王伟民 朱小勤）

【集成电路群雄聚焦苏州】 7月18

日，中国半导体行业协会集成电路分会把第6届年会放到了活力四溢的新兴科技城市——苏州，来自海内外的集成电路专家、学者和业内人士600多人就中国IC产业发展战略进行了研讨。中国工程院院士许居衍、台积电（上海）有限公司赵应诚等在会上作了精彩的讲演。中国半导体行业协会理事长俞忠钰，市委副书记、市长杨卫泽等出席开幕式。

本届会议以全新的理念和细致的策划为整个集成电路行业提供了最好的面对面交流、学习和拓展合作的机会，为畅谈IC企业管理理念、交流IC制造技术经验构建了企业发展服务的大平台。会议充分展示了IC制造企业近年来取得的经验成果，并立足中国集成电路产业发展的实际，为中国IC企业发展出谋划策，为国外企业寻求与中国的技术与经济合作提供专业指导。 （燕 冰）

【苏州“IT军团”博览会上独领风骚】 江苏省举办的第1届中国国际电子信息技术博览会4月9日在南京开幕，博览会上的苏州展团受到各方瞩目。

苏州展团在此次电博会上共设了苏州软件园、高新区、工业园区、吴江开发区和昆山开发区5个展台，明基、佳能、孔雀等公司的产品都成了参展人士的关注热点。来自高新区苏州国芯科技有限公司的“中国芯”更是热中之热。号称“中国芯”的32位嵌入式芯片C*Core吸收并优化了摩托罗拉公司的M*Core技术，并在高起点上形成了具有中国自主知识产权的SoC设计方法及设计平台，是具有国际领先水平的IC核心技术。 （马剑萍）

【张家港市信息化建设步伐加快】 张家港市信息化规划完成编制，并通过了专家评审。信息产业有了一定规模，电子信息产品和应用服务企业年销售收入近16亿元。沙钢集团、华芳集团、海陆锅炉、金陵织带等9家企业完成了省制造业信息化示范企业项目申报，1500多家企业拥有网站，500多家规模以上企业中有近30%的企业建成了内部局域网。各镇、各部门共140多个单位实现了宽带互联，公文传输系统开通运行。政府网站全面改版，近40个市级机关、乡镇拥有独立的网站。环境自动监控系统、地理信息系统和小灵通网络建设等工程顺利推进。

【常熟市信息化建设稳步发展】 2003年，常熟市信息产业产值达41亿元，其中夏普、中利电缆、康佳等IT企业的产值超过5000万元。企业信息化普及程度不断提高，应用ERP、MIS系统的企业达20多家，应用CAD、CAPP、CAM等技术的企业超过100多家。中国常熟招商城网站改版运行，常熟梦兰物流园区、安达洲等物流公司积极筹建物流信息系统。电子政务工程全面启动，行政审批网络管理系统开通运行。运用现代信息技术改造方塔东街，提高了城市的管理水平和品位。

【昆山市信息化建设成效显著】 2003年，昆山市规模以上工业企业信息产品制造业的产值达到287亿元，软件销售收入约6000万元。昆山软件园初具规模，19个开发项目正在进行之中。政府宽带网络信息平台基本建成，网络连接全市所有政府部门和乡镇。“中国昆山”政府门户网站在全国最佳社会公众服务政府网站调查评比活动中名列前茅；“数码昆山”和党政信息网内部网站各具特色。政府电子公文系统已投入试运行。投资1千多万元的企业信息化示范工程，为提高企业信息化应用水平创造了良好的条件。

【太仓市信息化建设进展顺利】 2003年，太仓市信息港完成了升级增容，信息港和电信开通的家庭宽带用户已占到总户数的20%左右。电子政务网络和办公应用系统在市级机关各部门陆续开通。建成了全国首个农电管理信息化系统，并已形成了户籍管理、人事档案、人才信息、社保医保、环保污染源管理、国土地籍管理、计划生育、教育信息、统计数据库以及工商、税务、海关、商检等系统数据库。

【吴江市信息化建设有序推进】 2003年，完成了《吴江市国民经济和社会发展信息化规划》和《吴江市电子政务建设总体规划》的编制。建立了“中国吴江”政府门户网站，开发了市民邮箱，基本建成了电子政务光纤宽带网，完成了全市130家党政机关的联网接入工作和党政信息网综合平台的开发，开展了网上表格下载、项目预审等试点工作。组织实施吴江丝绸股份公司、永鼎集团、盛虹、科林、新民纺织等企业信息化试点工作，加快推进盛泽东方丝绸市场、江苏花木商城等电子商务平台建设，并充分利用吴江经济开发区、光电缆产业基地等品牌效应，发展信息产品制造业和光电缆产业，扩大区域优势。 （季 玮）

无线电管理

【概况】 2003年，市无线电管理委员会认真贯彻国家无线电管理方针，狠抓政治思想建设、专业技术建设、内部管理建设、台站规范建设和电子政务建设，较好地完成了市政府和省无线电管理局下达的全年各项任务，为全市的经济建设和社会发展发挥了积极作用。

2003年，全市共有固定设台单位635个，无线电发射设备总数超过400万部，其中公众移动电话手机365万部，小灵通50.47万部，其它各类发射设备1.50万部。全年共执法检查21次，出动人员79人次，检查宾馆、饭店、商场、物业管理、销售商52家，检查浏家港、常熟港周边的海轮、黄沙船23条，查处违章10起、无证对讲机37部，补办电台执照54个。

【台站建设】 为了加快监测站的技术设施建设，2003年，市无管会主要做了几件事：①改造屏蔽室、监听室。②集中资金，更新设备和增添设备，组建应急通信网和应急小分队，应付突发事件。③收集、拟编无线电发射设备技术指标手册，为检测无线电发射设备提供依据。④强化专业技术培训，尤其是信息系统操作培训、测向定向培训、无线电新业务、新技术、新设备的培训及会计、档案、人事、保密等培训。⑤固定设备移动设备分开，定人、定岗、定设备，任务到人、责任到人。⑥积极选点，建设第二固定测向站，发挥技术监测威力。⑦加强监听、检测电磁环境强弱和查处无线电干扰。⑧抓好文化素质培训，培养高智商、高学历、高技能的无线电管理人才。

【规范管理】 市无管委在台站管理中，一是抓宣传，普及无线电管理知识，每年重大活动或条例宣传月，通过无线电管理知识竞赛、摄影比赛、网络发信等形式，扩大知名度。二是抓设台，开展“文明办公、文明服务”，争当“文明窗口”。三是抓源头，堵漏洞。2003年全市只有一家经销商违章，被点名批评。四是抓培训，学好法规，依法行政，依法办事。五是抓数据，一旦台站发生变化，台站数据立即修正；为了确保台站数据准确、完整，除了坚持日常更改外，每年规费征收前，再次进行核对。

（汪永健）

电 信

【概况】 2003年，苏州电信分公司加快清理规范多经（多种经营）、实业重组整合、辅业改制三项改革，深化本地网流程重组，优化主要业务和管理流程；全面推进营销服务渠道建设，以中国电信自身渠道为核心拓展分销、代理、服务合作伙伴等社会渠道，实现10000号全业务受理服务；配合完成各项市政改造及杆线入地工程，圆满完成“非典”期间远程医疗、第2届苏州电博会等通信保障任务。2003年全市固定电话用户净增61万户，累计达到280万户，电话交换机容量达到367万门。苏州电信分公司成为苏州市首批工商“免检企业”，苏州及5个市（县）电信分公司均被省委、省政府命名为2001～2002年度“江苏省文明行业”。

【业务发展】 2003年，苏州电信业务收入列全省电信系统首位，在大力发展小灵通、宽带、公话等品牌业务的同时，推出了新视通、智能公话、虚拟专用网等新业务产品，满足了广大用户日益多元化的业务需求。①小灵通业务。1月18日小灵通在苏州市区正式放号，12月11日苏州地区小灵通用户数突破50万。一年来，苏州分公司重点打造小灵通品牌产品，实现苏州所有乡镇和主要行政村的网络覆盖，取得了丰硕成果。②宽带业务。11月5日，苏州电信宽带用户突破10万。1999年以来，苏州电信加快宽带网建设，建成了大容量光纤为基础的接入层光环，实现了光纤到大楼、到小区，宽带网络覆盖到苏州所有乡镇以及主要行政村，具备短时间内在全市开通2.5G以上速率数据业务的能力，带宽资源极为丰富。③新视通业务。4月，苏州市第五人民医院成为苏州地区首家新视通用户，并在“非典”期间运用该业务开展远程医疗服务。④MPLS-VPN虚拟专用网业务。为劳动和社会保障局提供了基于MPLS-VPN的医保联网接入服务，涉及医保200多点联网，并陆续在吴中政务交通系统专网等联网系统中发挥重要作用。⑤开发区及驻地网建设。承担城市通信基础建设保障，为工业园区二三期、高新区北扩西进等政府开发项目以及新建住宅小区提供电信综合接入服务。

【通信保障】 作为苏州本地固定电话的主要运营商，苏州电信为用户提供固定电话、小灵通、宽带高速上网、远程视频会议等综合化电信服务，全面提升了城市通信的综合服务能力。①苏州政务网建设。面向政府电子政务网络建设，建立电子政务专用的接入层交换平台，实现苏州市电子政务基础网络核心以及汇聚交换设备的无缝连接，为建设电子政府提供通信保障。②智能公用电话。11月推出该业务，具有统一计费、灵活费率调整、无月租费、防盗打、使用简便、通话质量更好等优势。智能公话机身设双屏，电话使用者从前屏可以清楚看到打了多少费用，代办户可以从后屏掌握计费情况，极大地方便了广大用户和公话代办户。

【设施建设】 2003年，苏州电信固定资产总投资6.50亿元，重点实施了小灵通、宽带等网络扩容建设，建成了本地宽带认证计费等网络管理系统，全面提升了苏州电信的通信服务能力。①小灵通网络。苏州电信针对小灵通网络性能和干扰问题，调整、拆移了部分小灵通天线，主动避开外部干扰源，对超忙基站进行疏忙，发动广大市民开展找盲区有奖活动，收集盲区信息1300多条，开通补盲基站800处，全面提升了小灵通网络质量，优化评比列全省首位。②宽带网络。全市IP网互连带宽从上年1.50G上升到7G，ADSL宽带端口由年初4万个增长到13万个，城域网端口由年初0.50万个增长到0.95万个，提高了苏州电信宽带服务质量。③IP HOTEL即时上网认证计费系统。4月，面向宾馆、商务楼推出用户即插即用、宾馆即时出账收费服务，采用用户计时、包时等多元计费方式，为实现宾馆宽窄带一体接入提供了便利条件。

【特色服务】 10000号实现全业务受理。市内用户通过拨打10000号可以办理固定电话和宽带装机、移机、改号、宽带改速率、包时、来电显示、家家E、小灵通、程控业务开放或取消等业务，也可以受理小灵通盲区登记、费用查询等业务，成为广大用户不见面的文明服务窗口。

自助话费查询打印机。在主要电信营业窗口投入使用自助话费查询打印机，免费查询、打印固定电话和小灵通最近3个月的话费，简化了话费查询手续，提高了话费查询工作效率。

智能排队系统。在主要电信营业窗口投入使用智能排队管理系统，以微电脑技术为基础，用智能机器代替人排队，真正实现“一对一”的服务，提高了用户资料的隐秘性，使营业厅服务更加人性化。 （熊 剑）

移动通信

【概况】 江苏移动通信有限责任公司苏州分公司是苏州地区最大的移动通信网络运营公司，也是江苏移动最大的地市分公司，下辖常熟、张家港、太仓、昆山、吴江5个县级分公司。

2003年，苏州移动通信网已建设成为一个覆盖范围广、通信质量高、业务丰富、服务一流的移动通信网。拥有“全球通”、“动感地带”、“神州行”等知名品牌，网络覆盖率达100%。至年底，苏州移动客户总数超过300万，营业收费网点覆盖全区所有乡镇。苏州移动在建立一系列服务新格局的基础上，不断完善全球通俱乐部、动感地带体验店等品牌服务新渠道，进一步提升了服务质量，全面深入地推进了移动信息化进程。

苏州分公司不断追求客户满意服务，加强精神文明建设，先后获得了全国信息产业系统先进集体、全国用户满意服务、江苏省文明单位、江苏省服务质量奖、全国青年文明号、苏州市文明单位、苏州市AA级价格信用单位、苏州市免检企业等多项荣誉，并顺利通过了ISO9001产品认证。 （苏 移）

联通通信

【概况】 中国联通苏州分公司是中国联通在苏州地区设立的负责本地区综合电信业务建设和发展的分支机构，主要经营GSM和CDMA两种制式移动通信网络，同时涉及数据通信、互联网、无限寻呼等多个业务领域。针对不同用户的不同需求，推出了“个性化”资费套餐系列，量身定做了各式各样的资费套餐，“短信王”、“市话王”、“长话王”、“被叫王”等产品赢得了社会不同阶层人士的青睐。

2003年，中国联通苏州分公司综合业绩、经营水平、基础管理和服务质量等各个方面都得到了全面提升，两网用户总数超过150万，全年主营业务收入超过10亿元。公司完成了园区综合通信楼，沪宁一干苏州段光缆线路工程，苏州—常熟—张家港—江阴二干管道及光缆线路工程，G网八期和C网三期工程的建设。高投入的工程建设保证了GSM网络和CDMA网络的稳定畅通，也为公司行政营销中心、客户服务中心、技术支撑中心“三大中心”格局的形成奠定了基础。获得了“信息产业系统先进集体”、“中国联通先进单位”、“江苏省服务质量奖”、“苏州市AA级价格信用单位”等多项荣誉。

【新技术 新业务】 2003年公司根据当地通信市场的特征，结合自身的技术优势，不断开发各项新技术，推出各项新业务。“联通无限”实现了手机和互联网的完美结合，让随时随地上网成为现实。

①掌中宽带—无线互联网接入服务。将CDMA1X无线网卡插入笔记本或手持终端设备的PCMCIA接口上，利用联通新时空的CDMA1X无线网络，实现访问Internet的目的，也可以使用CDMA1X手机连接数据线的方式使用，实现移动办公、随身理财、网络在线等功能，摆脱了时间、地域的限制，实现随时随地的无线沟通。

②互动视界－“联通无限”。凭借CDMA1X“精品网络”技术优势，通过手机可以畅游多姿多彩的WAP站点，浏览新闻纵横、金融证券、个人助理、移动书屋、移动相册、图片/铃声下载、缘分对对碰等多个栏目的内容。

③彩e－移动多媒体邮件业务。彩e手机用户可以在手机与手机、手机与互联网邮箱之间进行邮件的互传。

④神奇宝贝－手机用户可以通过无线网络到联通网站上下载喜欢的应用软件，把软件储存到手机中并使用这些软件。

⑤联通在信－主要提供基于短消息平台的定阅和点播业务。

⑥定位之星－是基于对移动终端的定位结合GIS（地理信息系统）地图数据信息，向用户提供丰富的位置信息服务。

【G&C移动双模系统】 2003年，中国联通公司和美国高通公司在苏州完成了第一阶段的“中国联通G&C移动双模系统”技术的综合试验，并在世界上首次成功测试了双模手机。通过这项技术，中国联通GSM手机用户，不用改号也可以体验CDMA高速数据服务，如拍发彩信、手机定位、高速上网等，CDMA用户也可借助GSM网络实现原来不能实现的完整的国际漫游，实现优势互补。 （建 中）

铁通通信

【概况】 2003年，中国铁通苏州分公司坚持以服务赢得市场，以质量塑造品牌，以差异化增强竞争力，充分发挥铁通全国一张网的整体优势，在确保铁路通信畅通的同时，大力开拓市场，为社会公众提供各类电信服务，业务范围覆盖了苏州市区及常熟、张家港、昆山、吴江、太仓5市（县）。公司采用先进技术，对既有网络进行整合、改造、扩容，促进了通信运营能力的整体提高。在各市（县）增设业务经营点，固定电话用户数比上年翻一番。

【设施建设】 2003年，公司加快长途骨干网建设，新建苏州—吴江、常熟、昆山，常熟—张家港，吴江—周庄主干光缆306公里（14400纤芯公里），基本形成以苏州市区为中心覆盖5市（县）的长途骨干网；配合市区三纵四横主干道及环古城道路改造，新建本地网管道267孔公里，敷设光缆80公里（3727纤芯公里），部分地区增设第二路由并构环成网；新建远端程控交换设备37个点，完成互联网二期网管建设工程，建成并开通宽带认证和计费系统，在铁通通信线路到达的住宅小区，配套建设了互联网宽带接入网络。

【通信保障】 为保障铁路春运顺利完成，为铁路运输提供高质量的通信服务，公司成立了铁路春运通信保障领导小组。加强了传输室、程控室、通信维护工区的值班力量。抽调人力物力，对铁路沿线通信设备逐站进行认真检查。制订包检人责任制，保证发生险情时应急通信设备运用正常。

【特色服务】 公司以为用户提供优质服务为宗旨，组织开展“服务质量年”活动。制订客户服务标准，建立健全客服工作奖惩机制。推行大客户经理制、首问负责制，完善受理安装开通、收费结算、故障申告、售后服务等各个环节工作流程。定期走访用户、征询意见，提升服务形象。开通10050客户服务热线，24小时受理用户申告投诉、业务咨询、业务受理、故障报修、查号和话费查询，根据用户要求，提供各类通话话费清单。 （谭文浩）

邮　政

【概况】　2003年，苏州邮政局主要经济指标完成情况良好。全行业完成业务总收入6.69亿元，其中市局完成2.81亿元；全行业完成收支差额6921万元，其中市局完成2360万元；全区劳动生产率达到19.80万元，其中市局达到21.60万元，保持全省领先地位。文明行业创建水平有了新的提高。苏州邮政局在国家邮政局、江苏省邮政局组织的测评中服务满意度达86.2分，在全市13个行业的行风评议中排名第三，创建省级文明行业实现了“满堂红”。

【通信保障及设施建设】　2003年，苏州邮政局用于技术改造、增加和改善生产设施等方面的资金达1800余万元，是1998年邮电分营以来投入最大的一年。邮政综合楼、阊门支局、新区支局、外跨塘支局竣工启用，并完成了26处邮政网点门面改造。科学技术在生产领域中的应用不断扩大，成功开发了电子票务系统，邮政储蓄中间业务平台已成为省内种类最多、业务量最大的一个平台。邮件处理中心坚持以时限为中心，以质量为生命，克服了城市改造、道路拥堵等矛盾，不断优化作业组织和生产流程，保证了各类进出口邮件运得出、运得好。自2002年底实行投递网与配送网分网运作后，满足了各类账单、广告信函的投递要求。建立质量反馈点，有效地提高了投递质量，提升了邮政投递的形象，受到了社会的认可。　（朱小海）

水利水务

综　述

【概况】 2003年，苏州市水利水务工作进一步深化改革成果，加快发展步伐，在防汛防台、城市水利、工程建设、水利管理、水政执法、水资源保护和精神文明建设等方面取得了丰硕成果。全年共投入水利水务建设资金16.69亿元，其中水利投入7.86亿元，水务投资8.83亿元。完成了环太湖大堤、长江堤防、淀山湖防洪、河道疏浚以及城市水利、水环境整治等工程当年任务。2003年，苏州市水利局获江苏省水利系统水利管理奖、水利改革奖和城市水利奖。

【水资源管理体制改革】 市水务局成立后，实现了城市供水、排水、节水等涉水事务的一体化管理，通过一年多的实践，水务一体化工作对推进城市化、促进现代化、加快城镇化、实现产业化具有较好的作用。为加快改革县、镇水资源管理体制，市委、市政府办公室转发了市水务局《关于落实全市水务一体化管理体制的意见》，要求各市（县）、区贯彻执行，建立起城市和农村、水源和供水、供水和排水、用水和节水、治污和回用一体化管理的城乡水务统一管理体制。

【涉水规划】 根据苏州国民经济社会发展需要，按照苏州城市总体规划，结合苏州城市特点，市水务局把城市防洪工程建设与城市基础设施建设、生态环境建设、水环境保护等有机地结合起来，按苏州城市达到100年一遇、中心城区200年一遇的防洪标准，编制完成了《苏州市城市防洪规划》，规划面积约400平方公里。按照《苏州市城市防洪规划》的总体要求，市水务局还编制完成了《苏州市城市中心区防洪工程可行性研究报告》，并制定《苏州市城市中心区防洪工程建设实施意见》，确定苏州市城市中心区防洪标准为200年一遇，排涝标准为20年一遇，一日降雨一日排出，统筹考虑防洪与排污、引水与排涝、道路与堤防、生态与景观。此外，还完成了《苏州市城市中心区河道整治工程近期规划研究报告》和《苏州市水资源保护规划》初稿，着手编制《苏州市城市规划区河网水系总体规划》，为构筑高标准的防洪保安体系、改善苏州城市水环境提供决策依据。

【水利科技】 2003年，全市投入水利科研推广经费660多万元。全市共承担省、市水利水务科技重点项目20项，其中新立题的8项。苏州城市生态治水示范项目被列入了国家"863"计划的重大科技专项，该项目将在苏州市南园水系和拙政园、沧浪亭两个园林实施。2003年全市已完成课题11项，其中通过专家鉴定的4项，准备鉴定的5项，提交调研总结的2项。全市水利水务系统有3个项目获2003年度省水利科技优秀成果三等奖。在加快科技成果转化工作方面，也取得较好成效。张家港、常熟、太仓和吴江等市在沿长江、沿太湖新建或改造的水利工程上，建设安装了远程自动化监控系统和船闸收费系统，建立了汛情自动采集、地下水情遥测与信息管理系统，有效提高了水利工程的现代化管理水平和防汛决策指挥水平。苏州市自来水公司将信息化技术应用于供水管理，先后开发成功"苏州市供水管网数据化动态管理信息系统"、"苏州市供水监控及数据采集系统"和"水表数据远传集抄系统"，实现了从取水、制水到供水的全程监测、数据采集和监控及优化调度管理。吴江市将电动机软启动和软停车技术成功应用于排涝泵站，有效解决了泵站启动时电流波动大、停机时水锤影响的难题，全市已有6座泵站的14台（套）排涝泵应用了该项技术。大力引进推广生态护坡技术，该护坡既可抗风流袭击、防水流冲刷，又可较好地实现水与土体的自然交换，从而增强水体自净能力，有利于水资源的保护和自然植物的生长，全市已采用该技术建成长3100米、面积达1.5万平方米的新型生态护坡挡墙。　（苗红波）

【苏州儿童走上世界水论坛】 联合国于3月16～22日在日本召开第3届世界水论坛，并首次设立儿童水论坛。苏州吴中区东山实验小学五（2）班学生陆崴彬、姚悦辰被邀请参加。陆崴彬以《我和爸爸游太湖》、姚悦辰以《今晚断水》为题，从孩子独特的视角，用图文并茂的形式，在论坛作十分钟演讲，推介太湖精华。

（吴　军　马玉林）

防汛防旱防台

【概况】 2003年汛期，全市总降雨量比常年偏少，水情偏枯。降水时空分布不均，时间上主要集中在7月份，空间地域上主要分布在沿江地区，梅雨期和梅雨量接近常年；先后8次遭受突发性强对流天气袭击，给局部地区造成了一定的灾情和人员伤亡；出梅后又出现了历史上罕见的长时间晴热高温，给正常的生产和生活带来了许多困难。市防汛防旱指挥部立足于早作预防和充分准备，立足于周密部署和科学调度，为全市战胜强雷暴、持续高温少雨等灾害的影响，保障全市经济可持续发展和社会稳定作出了贡献。

【防汛准备】 2003年春节一过，市防指就向全市各地发出《关于做好2003年防汛防旱准备和开展汛前大检查的通知》。在各地自查的基础上，市防指于4月初对各地汛前准备工作情况进行了检查。在全省防汛防旱工作电视电话会议结束后，4月30日，市政府召开了全市防汛防旱工作会议，对全市的防汛工作作了全面部署。会后，市政府与各市(县)、区签订了防汛工作责任状。5月上旬，市委副书记黄炳福、副市长江浩先后到张家港、常熟、昆山、太仓、吴中、吴江等市、区检查防汛工作。5月14日，市长杨卫泽视察了苏州城区的防汛工作，要求针对防汛中暴露的突出问题，采取有效措施，尽快消除陷患。5月20日，市委书记王珉带队检查了沿江3市防汛工作和重点水利工程，要求各级对可能发生的灾害保持高度警惕，在一手抓防治非典、一手抓经济建设的同时，一着不让地抓好防汛防灾工作，确保全市人民生命财产安全，保障经济快速发展。

【防汛组织】 各级政府根据人员变动情况及时对防汛防旱指挥部成员进行调整和充实，全面落实以行政首长负责制为中心的各项防汛责任制，层层签订防汛工作责任状，重点堤防、涵闸等水利工程都落实了防汛责任人。全市共建立群众性防汛抢险队2739个、总人数55268人。其中，民兵抢险队1445个、28261人，河道管理单位抢险队260个、3978人，机关抢险队134个、3634人，城镇街道抢险队207个、4566人，其它专业抢险队693个、14829人。流域性河湖堤防在达到警戒水位时有抢险队232个，可动用民力4566人；在达到设计洪水水位时有抢险队588个，可动用民力20699人；当出现超标准洪水时，有抢险队796个，可动用民力26647人。积极做好防汛物资储备工作，计储备草包185万只、编织袋192万只、木材1110方、毛竹35215枝、元钉9924公斤、铁丝20680公斤、柴油3648吨、块石17772吨、土工布12万平方米等，以应急需。

【防汛清障】 4月初开始，针对东太湖非法圈圩养殖问题，市防指组织吴江市、吴中区防指和水政执法人员经过一个多月的努力，共投入了1000余人次，挖泥船、机船5艘，拆除圩埂6500米，清除土方6400立方米，并彻底平毁了新圈的1500米圩埂，消除了防汛中的一个严重隐患。同时，对苏州城区河道内92条坝埂、围堰及时拆除，保障了苏州城区安全度汛。

【雨情水情】 2003年汛期(5~9月)全市降水量比常年偏少，面平均降水量为455毫米，偏少31.2%。各月面平均雨量分别为：5月份46.3毫米，偏少54.7%；6月份115.4毫米，偏少34.5%；7月份180.2毫米，偏多23.3%；8月份68.3毫米，偏少46.7%；9月份44.9毫米，偏少58.7%。6月21日入梅，7月11日出梅，梅长21天，全市平均梅雨量为201.5毫米，接近多年平均值。进入汛期后，为了科学调控河湖水位，市防指针对各阶段不同的水情实况和天气趋势，进行合理的水情实时调度。5~9月共调度沿江各闸向长江排出水量10.30亿立方米，引水18.03亿立方米，为工农业生产和人民生活提供了可靠的水资源保障。 （苗红波）

【雷暴灾害】 2003年汛期，于6月6日、6月29日、7月5日、7月10日、7月17日、7月22日、7月26日、8月28日苏州8次遭强雷暴袭击，其中6月6日、7月5日、7月26日3次还同时伴有冰雹。致使张家港、常熟、太仓、昆山、相城、工业园区、高新区等地出现房屋倒塌、人员伤亡等较为严重的灾情。据统计，全市因灾倒塌房屋1422间，其中民房732间，因灾死亡16人，受伤173人，直接经济损失9724万元。(详见【气象灾害】) （苗红波　苏伦军）

【防汛防台】 在市委、市政府的正确领导下，各级、各有关部门都把防汛防台工作放到突出位置来抓。6月6日突发雷雨大风灾害后，省委常委、市委书记王珉立即作出批示，要求“相关部门协同作战，把灾害损失降到最低，以保证人民群众生命财产的安全”。市防指及时发出紧急通知，要求相关部门迅速采取措施，确保人民生命财产安全，并由领导带队赶赴受灾较重的相城等地察看灾情、指导抗灾。各级防汛机构及时调度各排涝泵站，抢排积水。市各有关部门迅速行动，全力应对。消防支队出动6辆消防车、60余名官兵，交巡警支队出动10辆巡逻车、30余名警力，相城公安分局出动80余名警力赶赴现场，开展抢险救灾工作。相城区党政主要领导和有关部门的负责人更是全力以赴现场指挥救灾，并召开紧急会议重点部署开展对建筑工地、民房、广告牌、学校及电力、通讯等要害部位、重点部门的安全检查，杜绝事故隐患。6月29日和7月份部分地区多次发生突发性强对流天气灾害后，苏州市各级有关部门都迅速行动，全力以赴投入抗灾抢险，使受灾地区都很快恢复了正常的生产、生活秩序。8月28日工业园区F城建设工地发生因雷雨大风造成工棚倒塌事件后，市委副书记王金华，市委常委、政法委书记陈振一，苏州工业园区的领导，以及市公安、卫生、防汛、民政等有关部门的领导都赶到现场指挥抢险，并及时调派20辆救护车、7个消防中队的官兵及12辆消防车参与抢救及运送伤员，使伤员得到及时有效的救治。为了今后更好地应对突发性的严重洪涝风雹灾害，9月21日市政府及时印发了《苏州市严重洪涝风雹灾害救灾预案》，要求各地贯彻执行。

【水情调度】 由于汛期太湖流域持续高温少雨，致使太湖及流域河网水位较常年偏低0.10~0.30米，河湖蓄水量相应偏少约20%，河湖水质亦有所下降。自7月中下旬开始，太湖梅梁湖、竺山湖、贡湖等水域先后有较大面积的蓝藻暴发，影响城市供水水源地水质。为此，市水利水务部门从8月6日上午9时开始实施新一轮的“引江济太”，以长江水补充太湖水量并改善太湖及区域地区的水质。至11月13日，常熟水利枢纽累计引水量达16.08亿立方米，入太湖的水量达10.85亿立方米。“引江济太”有效地遏制了太湖部分水域蓝藻暴发的势头，改善了太湖水源水质，确保了苏州城市供水安全。

8月5日凌晨，停泊在黄浦江吴泾热电厂码头的“长阳号”轮被撞，导致80余吨重油泄漏污染黄浦江水域。为了防止油污影响上海淞浦大桥取水口，8月10日下午2时，首次启用刚建成的太浦河泵站向黄浦江上游送水，至8月13日21时累计送水4200万立方米。为了支持上海尽快消除污染，苏州市防汛防旱指挥部共调度沿江各闸引水1.03亿立方米，经淀泖区河网承转后进入黄浦江上游，保证了足够的水量冲散油污，确保上海的供水安全。

资 料

“引江济太”调水工程

由于种种原因，太湖流域水污染十分严重，水质型缺水、水环境恶化已成为流域经济社会发展的制约因素。党中央、国务院对太湖流域的污染治理十分重视。2001年9月，温家宝副总理在国务院太湖水污染防治第3次会议上提出了“以动治静、以清释污、以丰补枯、改善水质”的指示。同年11月，水利部批复同意实施“引江济太”调水试验工程。目的是通过望虞河工程将长江水引入太湖，改善太湖水环境，并通过太湖向周边地区供水，由此带动流域内其他水利工程的优化调度，缩短太湖换水周期，加快水体流动速度，提高水体自净能力。2002年1月30日，“引江济太”调水试验正式启动，到2003年底，共调引长江水40亿立方米，其中入太湖超20亿立方米，增加了流域水资源有效供给，水质和水环境得到明显改善，太湖水体富营养化面积从2001年的83%降至2003年的70%，II～III类水体由70%上升为85%，流域河网水质优于III类比例由20%上升为40%，大大提高了流域水资源和水环境承载能力。（苗红波）

水利工程建设与管理

【概况】 2003年，全市共完成水利建设投资7.86亿元，其中省以上投入5100万元，市级配套8900万元。各地严格按照基本建设程序上报工程初步设计文件，经初审达不到设计深度要求的项目退回重新设计，确保设计质量。在工程建设中，严格执行项目法人制、招标投标制、建设监理制和合同管理制，确保工程质量。水利工程建设全部按照计划完成，农村水利建设任务超计划实施。

【水利基本建设】 全市共完成水利基本建设投资3.2亿元。环太湖大堤工程：完成了黄垆港等7座水闸的翻建，开工建设牛腰泾等8座水闸；杭嘉湖北排通道工程：直港、郑产桥港等河道工程全部完成，河道拓浚进入扫尾；长江堤防工程：继续加快配套，张家港市六干河闸、十字港闸、常通港闸等节制闸全部完工，一干河闸工程进入扫尾，常熟市白茆闸及白茆塘河道工程按计划完成；常浒河新开环河全面竣工；太仓市、常熟市江堤达标工程、昆山市淀山湖防洪工程等通过验收。

【农村水利建设】 全市开展以防洪保安和水环境整治为重点的农村水利建设，完成农田水利总土方3252.80万立方米，占年度计划的113%，其中圩堤土方288.50万立方米，河道土方1690.70万立方米。新开、疏浚各级河道3244条1890.8公里，其中县级13条72.6公里，乡级193条227公里，村级3038条1591.2公里。加高加固圩堤488公里，新建、改建水利建筑物1623座，增加排涝流量422秒·立方米，增砌护岸163公里，新增旱涝保收田3900公顷（5.85万亩），改造中低产田2340公顷（3.51万亩），治理半高田2440公顷（3.66万亩）。各地积极发展高效节水灌溉技术，全年共建设防渗渠道79公里，受益面积2000多公顷（3万多亩），建设输水管道12.5公里，累计建设节水灌溉面积达333公顷（5000亩），促进了农业发展。

【农村河道长效管理】 各地积极探索河道长效管理新路，加强河道管理宣传工作，制定了农村河道长效管理办法和考核办法，建立了河道长效管理队伍。全市拥有各级组织机构1910个，河道管理人员7688人，形成了市、县、镇、村4级河道长效管理网络。各地狠抓资金落实，优先安排农村河道长效管理经费，2003年度全市共落实该项经费2897万元，其中县级财政投入达1015万元，镇村配套1882万元。各地加强河道管理考核工作，做到县级每半年考核一次、镇级每季度考核一次、村级每月考核一次。张家港、常熟、吴江3市均有专门的河道管理处，进一步加强河道长效管理力度。经各级共同努力，农村河道面貌发生了根本性变化，呈现了水清、地绿的新景象。

【水利工程管理体制改革】 2003年根据国务院和省政府水利工程管理体制改革工作的意见精神，市水利部门开展调查研究并搞好改革试点，编制完成了《苏州市水利工程管理体制改革实施意见》，为全市水利工程管理体制改革工作的全面展开制定了政策措施。继续实行管理和养护分开的试点工作，长江、太湖、望虞河、太浦河、淀山湖等堤防50%以上的长度实行“管养分开”，取得了较好的效果。加强河道堤防的达标考核，常熟河道堤防管理单位长江河道处通过国家一级目标管理省级验收。

【现代化管理】 市、县重点水利工程建设网络基本形成，可以随时了解和掌握重点水利工程建设动态。苏州水利门户网站——“苏州水网”已建成开通，有关水利水务工程信息、重大活动、法律法规等都可在网站上查询。市水利局办公自动化系统正式运行，为无纸化办公打下了基础，有效提高了工作效率。胥口水利枢纽工程管理处完成的水利枢纽现代化管理系统，构思新颖、设计合理、技术先进、实用性强，在中小型水利枢纽工程现代化管理方面，其综合性和功能性都达到了国内领先水平。同时，结合环太湖大堤和长江堤防配套防洪工程建设，广泛应用计算机网络技术、通信技术、自动化监控技术和多媒体视频技术，提高防洪工程的信息化水平和现代化管理水平。张家港市沿江闸群监控系统通过了省水利厅和科技厅的鉴定。

（苗红波）

城市水务工程建设与管理

【概况】 2003年，市水务部门继续以保障现代化建设事业、促进经济发展为目标，不断加大城市水务工程建设力度，全年共完成市区供水等工程投资额2.57亿元。

【城市中心区防洪工程】 2003年，市政府制定了《关于苏州市城市中心区防洪工程建设的实施意见》。根据该《实施意见》，苏州市将在西、南面以京杭大运河为界，北以沪宁高速公路为界，东至苏嘉杭高速公路，面积约84平方公里的范围内，按照200年一遇的防洪标准和20年一遇、1日降雨1日排出的排涝标准，实施城市中心区防洪工程。该工程包括青龙桥河枢纽等10大枢纽工程、相门塘闸等12座小型水闸、路北闸等14座老闸改造和外河堤防护岸工程等，计划总投资9.6亿元，全部工程计划于2006年汛前完成。

【城区河道整治】 ①疏浚城北河道4.3公里，清除淤泥66247立方米；修复建造北五泾浜等河道护栏1739米；建造仙人大港邱家桥北侧等驳岸315米。这些工程实施后有效改善了河道水质，同时保障了市民出行安全。②淮阳河地区防洪综合治理工程全部完成，共拆迁沿线各类建筑8321平方米，迁移各类管线6处，拓宽河道长350米、宽10米、土方8000立方米；新开河道长450米、宽8米、土方14400立方米；疏浚恢复菱塘浜河400米、清挖土方5000立方米；新建驳岸1385米，新建跨河桥梁4座，构筑30米长混凝土箱涵1座。该工程沟通了穿过石路商业区南北向的淮阳河与彩香地区的胡家浜，理活、搞清了石路地区与彩香地区的河道水系，彻底解决了爱河桥路至兴隆桥段河西侧低洼地区的汛期受淹问题。③加快辛庄片防洪综合治理工程建设步伐，治理辛庄地区的青龙河、袁埂浜、硕房庄河、方家浜、野芳浜等断头浜，改变河水长年黑臭、严重影响居民生活、特别是影响山塘河水环境的状况。

【城区河道水面保洁】 按照“一年初见成效，两年中见成效，三年大见成效”的总体要求，苏州城区河道保洁采用“统一领导，分类保洁，社会招标，强化考核”的办法，逐步达到全面覆盖、水面洁净的目标。城区河道水面保洁的范围为：东至东环路、西至京杭大运河、南至仙人港—润长河、北至312国道范围内的所有河道。河道保洁分为4类标准：一类标准的河道，要求实行全天连续保洁，水面没有漂浮物；二类标准的河道，要求每日轮回保洁，水面基本没有漂浮物；三类标准的河道，要求每日定时保洁，水面没有较多漂浮物；四类标准的河道，要求采用定期和突击相结合的保洁办法，水面没有成片漂浮物。按照市政府《关于加强城区河道水面保洁管理的实施意见》和《城区河道保洁招标办法》，实行市场化运作，将城区80公里河道分为16个标段，向社会公开招标选择保洁队伍。中标的近70条保洁船、130多名保洁员于2003年元旦全部上岗。为保证保洁质量，建立了承包人每日自查、河道巡查员每日巡查和沿河居委会参与监督检查的“三查”制度，严格按照《城区河道保洁管理考核办法》进行考核，把考核结果与奖励挂钩，充分调动承包人的工作责任心和积极性。实施上述保洁措施后，城区河道水面洁净效果明显，得到社会各界的好评。

【市区北部供水工程完成】 于2002年开始实施的市区北部区域供水工程，总投资约4.5亿元，于2003年全面完成，供水范围遍及相城区10个乡镇470平方公里，共敷设主管道84.5公里以及二、三级管网3000多公里，日供水量约7万吨，解决了该区域内38万居民吃水难的问题。

【市区自来水“一户一表”改造工程】 从2002年起市区对符合改造条件的住户全面实施“一户一表”改造，根据国家建设部制定的小康住宅标准，做到“水表出户、一户一表、计量到户”。对水压较高、供水条件较好的居民区，改造后取消原有屋顶水箱，采用直接供水方式；对水压相对较低的居民区，同步进行小区管道及屋顶水箱配套改造。屋顶水箱不能取消的，全部采用新型不锈钢密封水箱，既解除常年清洗之忧，又解决二次供水污染问题，从而提高供水管理水平和居民生活质量。据测算，该工程共需改造23.30万户水表、1.20万只水箱，总投资计1.87亿元。至2003年底，已改造完成18万户，全部工程将比原计划提前1年，在2004年完成。 （苗红波）

水环境综合整治

【概况】 2003年市委、市政府将治水作为环保工作的重中之重，确定了3年改变苏州市区水环境面貌的目标。根据《苏州市区水资源综合治理工程实施意见》，2003年水务部门继续实施市区水环境治理一期工程，西塘河引水工程竣工通水，福星污水处理厂和娄江污水处理厂先后建成投产，市区污水支管到户工程抓紧进行。全年共完成水环境综合整治投资6.26亿元。

资 料

苏州市区水资源综合治理工程实施意见

为了保护水资源，改善水环境，加快水资源综合治理步伐，针对苏州市区水环境现状，2002年市政府批转了市水务局、市交通局《关于苏州市区水资源综合治理工程实施意见》，提出了标本兼治的治水方略。明确治理范围，东以苏嘉杭高速公路为界，北以沪宁高速公路为界，西、南以京杭大运河为界，总面积约84平方公里。明确以理活、治清、做美为目标，以治污为重中之重，坚持“截、疏、管、引、用”的治水方针，做到环境、水利、水务、交通、景观、旅游统筹安排，治污、防洪、引水、河道整治多管齐下，高起点规划，高标准设计，高质量建设，高效能管理，努力恢复水城特色，不断提升城市形象。目标是：到2005年，污水处理率、污水管网覆盖率达到《国务院关于加强城市供水节水和水污染防治工作的通知》规定的70%的要求；初步达到景观用水标准，环城河水质部分达到地面水四类标准，初步实现古城区14.2平方公里范围内防洪排涝、污水排放、河道水质、水情采集、工程运行等情况的远程监控和调度。到2010年达到更高的标准：污水管网覆盖全部范围，污水处理后达标排放；河道达到景观用水标准，环城河水质达到地面水四类标准，形成景观水系；防洪能力达到抗御200年一遇洪水和20年一遇涝水的标准；实现防洪排涝、污水排放、河道水质、水情采集、工程运行等情况的远程监控和调度。具体工程有污水管网工程、污水处理工程、引水工程、河网整治工程、河道疏浚工程、外来污水入侵控制工程等数十项。总投资约26亿元。

【市区水环境治理一期工程】 ①污水管网工程。全年敷设污水管道28.48公里，其中配合广济路、人民路等道路建设，敷设污水管道1580米，开挖西园路、枫桥路、十梓街敷设污水管道4238米。新建城南污水泵站1座，配合南环西路改造，开工建设相门和南环污水泵站。②污水处理工程。日处理污水量分别为8万立方米和6万立方米的福星、娄江污水处理厂一期工程已经建成投产，苏州市区污水处理能力增加到19.25万立方米/日。福星、娄江污水处理厂二期工程前期准备工作全面开展，可望于2005年开工建设。③引水工程。该工程正在加快实施，2003年共敷设引水管道19.5公里，为引太湖水进城，改善城区河道水质作好准备。④河网整治工程。古城区35公里河道疏浚任务全部完成，共清除淤泥15.80万立方米；河网调度中心土建工程全部完成。

【娄江污水处理厂】 作为市区水环境综合治理工程的一个重要子项目，娄江污水处理厂占地8公顷，设计日处理能力为14万吨，计划分二期实施，全部建成后，将与城东污水处理厂（规模为4万吨/日），共同承担苏州市中心规划区东北片（古城区、城东地区、城北地区）以及洋板泾工业区排水区域的污水处理。一期工程，污水处理规模6万吨/日，概算总投资1.45亿元，其中利用日本国际协力银行（JBIC）贷款5.67亿日元（折合人民币3950万元）。处理工艺采用交替式活性污泥法，二级生化处理。较传统工艺占地少、投资省、运转灵活。由JBIC提供日元贷款，通过国际招投标，从美国、德国、比利时及国内一些著名生产厂家共采购生产设备和控制系统290台（套），为污水处理的自动化控制、高效能运转、现代化管理创造了条件。该厂于2003年底建成投产。

【西塘河引水工程】 投资约3.5亿元，于2002年9月16日开工建设的西塘河引水工程，提前一年于2003年底竣工，完成了18.3公里河道任务，修建了裴家圩枢纽等各类建筑物52座，2004年1月8日实现通水，被评为苏州市2003年十大民心工程。通过引长江水进环城河，使环城河水体自净，水质达到或超过景观用水标准，让古城的水环境得到明显改善。

【市区污水支管到户工程】 为加快实施市区污水管网支管到户工程，5月26日，市政府召开市区污水支管到户工程动员会，市长杨卫泽与平江、沧浪、金阊三区签订工程建设责任状，强调凡是具备条件的道路、街巷、小区等沿线企事业单位都要实行污水管网支管到户。在市区水环境治理一期工程建设108公里污水干管的基础上，完善新村、街坊、学校、医院等地区和单位的配套支管，解决只有污水干管没有支管的问题。将污水截流送入污水管网，共需敷设各类管径的管道394公里，建设穿河建筑物37座。在2002年完成旧学前启动区试验段工程的基础上，2003年完成了南园新村等14个片区，敷设污水支管145公里。通过污水管道建设和实施污水支管到户工程，污水收集量迅速增加，污水处理厂的能力得到充分发挥。（苗红波）

资料

苏州水资源

苏州拥有各级河道2.15万条，大小湖泊323个，全市水面多达36万余公顷。水面积占整个行政区面积的42.5%。

全市水资源总量约为100亿立方米。其中，约有60%至80%是来自于上游的客水，真正靠本地降水而形成的水资源只占20%至40%。如果上游地区遇到干旱少雨，仅靠本地降雨产水并不能满足全市用水的需要。

水政与水资源管理

【概况】 2003年，全市水利部门认真组织宣传水法规，坚持开展巡查工作，严肃查处各类水事违法案件，积极开展水行政执法网络建设，清理有关地方规范性文件，进行立法工作，强化水资源管理，加强节约、计划用水工作，加大水质监测力度，取得了新的成绩。

【政策法规】 从防治水污染和洪涝灾害、改善水环境、促进经济和社会发展出发，苏州市制定了《苏州市城市排水管理条例》，经市十三届人大常委会五次会议通过，报省人大常委会批准，于2004年1月1日起正式施行。《条例》对城市的产业废水、生活污水和大气降水的接纳、输送、处理、排放的行为以及对公共排水设施和自建排水设施的建设、管理等通过法律形式进行了规定，对排水规划和建设、排水管理、排水设施养护维修也作了相应规定，明确了法律责任。根据水利水务工程特点，市水利部门建立了严格的项目法人负责制、招投标制、工程建设监理制和合同管理制等一系列的规章制度，加强工程建设质量管理和监督。修订、完善、公示了水行政审批制度和水行政执法规定，使涉水事务有章可循、有法可依。

【水法规宣传】 在2003年纪念"3.22"第11届世界水日和第16届"中国水周"的宣传活动中，市水利部门紧扣世界水日的宣传主题"水——人类的未来"和中国水周主题"依法治水，实现水资源的可持续利用"，结合实际，开展了内容丰富、形式多样的宣传活动。市四套班子的领导参加了现场活动。全市共悬挂各种宣传标语、横幅2000余条，黑板报200余块，张贴宣传画1500张，分发各类宣传品30万余件（只）。做到普及与深化相结合，内容与形式相统一，收到了良好的宣传效果。

【水政执法】 各地执法网络建设进一步健全，各级水政监察队伍巡查力度不断加强。2003年全市共出动执法巡查人员6000余人次，查处各类违章行为300余起，其中立案查处的水事违法案件有20起，水事秩序明显好转。各地还设立了有奖举报电话，加大对非法凿井案和无证取用地下水案的查处力度。市水政监察支队专门在城区设立了河道、排水、供水、节水4个执法大队，建立了水行政执法巡查登记、报告制度，重点对城市水资源保护、水污染防治和水环境治理加大执法力度，使水行政执法工作逐步由农村水利向城市水务延伸，使涉水事务的管理工作逐步走上法制化的轨道。为确保长江安全度汛，张家港、常熟、太仓3市防指根据省防指《关于集中严厉打击长江非法采砂的紧急通知》的要求，多次与公安、水利、交通等部门采取联合行动，共出动执法人员1000余人次，执法船只150多艘次，抓获非法采、运砂船150只，罚款40万余元。

【水资源管理】 2003年，市水务局全面开展了2002年度取水许可证年审工作，共年审许可证3597本，其中非农业用水单位1697家，农业用水单位1900家，因企业被兼并、破产、改变取水水源等因素注销许可证553本。2003年，全市总取水量52.71亿吨，其中工业用水30.32亿吨，农田灌溉用水16.04亿吨，生活用水4.22亿吨，林牧渔业用水2.13亿吨；其中地表水取水量52.16亿吨，地下水取水量0.55亿吨。全面开展地下水深井封填工作，全市共封填深井821眼。2003年全市共开采地下水5500万立方米，占省计划的86%，其中超采区2040万立方米，占计划的92%，非超采区3460万立米，占计划的82%，地下水开采得到了有效控制。对省政府划定的“保护区”、“保留区”、“缓冲区”和“饮用水源区”等重要水功能区进行确界立牌，明确名称、长度、规划水质目标和管理要求等内容，逐步实现对水功能区的规范管理。全市共有54个主要水功能区。

【计划节约用水】 为进一步推动和促进全市计划用水和节约用水工作，合理开发、利用和保护水资源，提高水的利用效率，根据《中华人民共和国水法》和国务院、省政府有关文件的要求，结合全市实际情况，市水务部门制定了《苏州市工业企业产品取水定额和城市生活用水定额（试行）》，共涉及137个行业、584个产品、627个取水定额值。其中工业116个行业、557个产品、583个定额值，城市生活用水21个行业、27个产品、44个定额值。同时，强化用水计划考核，对地下水用水单位下达用水计划，坚持每月抄表考核一次，若发现有超计划用水现象，即责令限期改正，维护用水计划的严肃性。

【水质监测】 在原有主要河湖水量水质同步监测断面的基础上，从7月份开始，市水务部门对重点水功能区的水质进行监测，并实行水功能区水质通报制度，在苏州水网上向社会公布，同时将《水资源监测简报》统一改为《水功能区监测通报》。至2003年11月，全市共监测了54个水功能区的71个监测断面。监测资料显示：综合评价水质为Ⅱ类的断面占7.0%，Ⅲ类占25.4%，Ⅳ类占19.7%，Ⅴ类及劣于Ⅴ类占47.9%。其中太湖流域47个水功能区的64个断面中，综合评价水质为Ⅱ类的断面占4.7%，Ⅲ类占25.0%，Ⅳ类占17.2%，Ⅴ类及劣于Ⅴ类占53.1%;长江流域7个功能区的7个断面中，综合评价水质为Ⅱ类的断面占28.6%，Ⅲ类占 28.6%，Ⅳ类占42.8%。全市监测的54个水功能区中有20个水功能区水质达到或优于2010年水质目标，达标率37.0%，其中保护区2个，保留区1个，缓冲区9个，饮用水源区8个。此外，还完成了2002年度《河湖水量水质同步监测成果汇总报告》、《地下水动态监测情况汇总报告》、《水资源公报》的编制工作。

（苗红波）

资 料

水环境质量分类标准

我国地面水环境质量标准共分五类：Ⅰ类适用于源头水和国家自然保护区；Ⅱ类适用于集中式生活饮用水水源地一级保护区、珍稀鱼类保护区和鱼虾产卵场；Ⅲ类适用于集中式生活饮用水水源地二级保护区、一般鱼类保护区及游泳区；Ⅳ类适用于一般工业用水区及人体非直接接触的娱乐用水区；Ⅴ类适用于农业用水区一般景观要求水域。

财政税收

财 政

【概况】 2003年，面对复杂多变的国际形势和突如其来的“非典”疫情，全市各级财政部门围绕年初提出的“坚持一个改革方向，健全三大管理体制，突出五项重点工作”总体要求，认真贯彻市政府关于进一步加强财政增收节支工作意见，全面落实各项工作措施，大力推进税收属地征管、农业税征收方式调整和市属国有集体企业改制等改革，进一步强化预算外资金管理，各项财政工作取得新进展。财政收入总量再创新高，管理工作日趋规范，保障能力明显增强。全年累计完成全口径财政收入409.9亿元（剔除土地有偿使用收入），比上年增收121.5亿元，增长42.1%，财政收入总量、增量、增幅继续位列全省第一。2003年财政收支当年实现平衡，略有节余。

【财政收入】 2003年上半年，受“非典”疫情和出口退税调库指标等政策性因素影响，财政收入形势一度不容乐观，加上全市相继出台了一些增支减收的政策措施，财政收支平衡形势相对较为严峻。为此，各级财政部门切实落实财政收入上台阶激励机制，努力形成各地各财税部门能快则快，能超则超的良好竞争机制，一方面及早细化收入计划，逐一分解落实到各级各征收部门；另一方面，通过分析会等形式，及时掌握和了解收入进度，特别是密切关注“非典”疫情对财政收入的影响，及时提出解决问题的办法和对策建议。针对“免抵退”税政策对地方财政收入的影响，制定和完善防范措施，减轻政策性因素的影响。坚持依法行政，加强税收征管，清理压缩欠税，提高征管质量，实现应收尽收，确保了主体税收的快速增长。

2003年全市完成全口径财政收入409.9亿元，比上年增收121.46亿元，增长42.11%。其中地方一般预

附表：苏州市财政收入预算执行情况（2003）

单位：万元

地 区	财政总收入				地方一般预算收入		
	2003年实 绩	比2002年同期		完成预算%	2003年实绩	比2002年同期	
		增减额	同口径增减%			增减额	增减%
全 市	4099267	1214595	34.85	105.11	1704974	517875	43.21
一、市区	1726913	406882	31.01	107.06	756335	214581	38.59
(一) 本级	754268	230965	35.14	110.24	323068	98299	41.78
1、市级	292224	100319	19.81	110.61	117661	24850	19.28
2、园区	462044	130646	40.13	110.01	205407	73448	55.76
(二) 区级	972643	229917	28.58	104.71	433267	116282	36.43
1、平江	73690	12364	19.90	105.27	31845	3940	13.51
2、沧浪	101941	21642	26.80	107.31	54211	11236	25.85
3、金阊	76583	21066	37.57	106.37	36957	11859	46.45
4、高新区	351083	59921	20.58	104.80	153399	37920	32.88
5、吴中	252749	73761	34.86	103.12	111384	34918	45.32
6、相城	116597	41163	48.14	104.31	45471	16408	56.20
二、市（县）	2372354	753713	37.77	112.66	948639	303294	47.04
1、张家港	627867	200022	39.19	114.16	246102	75920	45.70
2、昆山	642696	227508	38.33	131.16	241717	82613	51.59
3、吴江	328818	104930	48.08	102.50	148022	53505	58.53
4、太仓	216188	54360	29.83	102.95	88938	23416	32.93
5、常熟	556785	166893	33.12	104.07	223860	67841	42.94

算收入170.50亿元，增长43.21%；按出口退税机制改革后口径为149.75亿元，增长42.16%。

【财政支出】 2003年，全市各级财政部门加大对农业、教育、卫生、社会保障等领域的资金投入，财政支出更加符合公共财政的内在要求。针对全市公共卫生领域中的薄弱环节，增加对疾病预防控制系统建设的支出安排，较好地完成了"非典"期间各项保障任务，提高了财政应对突发事件的应急保障能力。按照"两个确保"的要求，加大对社保基金的补贴支出，保证困难职工基本生活费按时足额发放，制订《苏州市下岗失业人员小额贷款担保基金管理办法》等一系列配套文件，结合国企改制，做好下岗失业人员出中心的协调保障工作。坚持"两个高于"不动摇，确保各级财政支农支出预算安排和实际完成的增长幅度分别高于财政一般预算的增长幅度，2003年全市支农调整预算较上年增长36.9%，高于同期财政总预算增幅13个百分点。根据"一要吃饭，二要建设"的原则，通过预算内外多种渠道筹集资金，加大对基础设施和环境保护等公共领域方面的投入。通过改革和完善资金管理办法，合理分配、高效使用有限的资金，发挥财政资金"四两拨千斤"的导向作用，从而引导各类社会资金进入基础设施建设领域有了良好开端。继续增加对科学、教育、文化等方面的投入，推动社会事业的进步和协调发展；合理安排新产品和新增长点项目贴息资金，支持技术创新和高新技术产业化进程；积极落实个私民营经济发展的扶持政策，培育新的经济增长点。

2003年全市共完成财政支出231.58亿元，比上年增支75.63亿元，增长48.50%。其中一般预算支出183.08亿元，增长34.51%。本级财政支出68.01亿元（其中一般预算支出52.00亿元），比上年增支21.20亿元，增长35.36%（同口径，下同）。其中：市级财政支出47.95亿元，增长34.83%，园区财政支出20.06亿元，增长36.24%。

本级财政支出分项目执行情况（含上年结转和上级补助等）：

基本建设支出103309万元，完成年度预算99.38%，增长73.01%；

企业挖潜改造资金支出18106万元，完成年度预算100.00%，增长69.72%；

科技三项费用及科学支出17313万元，完成年度预算97.69%，增长5.86%；

支援农业支出13066万元，完成年度预算99.91%，增长69.53%；

工业交通等部门事业费支出3294万元，完成年度预算98.86%，增长168.37%；

文体广播事业费支出9491万元，完成年度预算97.40%，下降20.23%，主要是上年安排第十五届省运会经费；

教育支出43190万元，完成年度预算96.57%，增长53.16%；

医疗卫生支出34374万元，完成年度预算97.66%，增长91.39%；

其他部门事业费支出15104万元，完成年度预算98.07%，增长44.01%；

抚恤和社会福利救济支出9091万元，完成年度预算97.63%，增长59.91%；

行政事业单位离退休支出28098万元，完成年度预算92.88%，增长38.05%；

社会保障补助支出17425万元，完成年度预算100.00%，下降39.39%，主要是上年安排国有企业下岗职工再就业中心专项补助；

行政管理费支出43320万元，完成年度预算95.35%，增长42.61%；

公检法司支出66830万元，完成年度预算98.35%，增长88.22%；

城市维护费支出21847万元，完成年度预算99.18%，下降25.01%，主要是上年安排山塘保护区修复、东环路整治专项经费；

排污费及水资源费支出1573万元，完成年度预算43.91%，增长11.40%；

教育费附加支出8947万元，完成年度预算81.23%，增长21.65%；

其他支出65583万元，完成年度预算94.54%，增长15.70%；

基金支出160161万元（含社保基金151349万元），完成年度预算98.86%，增长24.04%。

附表：苏州市财政支出预算执行情况（2003）

单位：万元

项目	全口径支出			
	2003年支出数	比2002年同期		占预算%
		增减额	增减%	
全市	2315762	756900	35.17	94.87
一、市区	1065758	321665	34.55	96.49
（一）本级	680099	212559	35.45	97.20
1、市级	479495	160771	34.99	96.16
2、园区	200604	51788	36.21	99.78
（二）区级	385659	109106	33.28	95.27
1、平江	21655	–	–	88.11
2、沧浪	19882	–	–	83.95
3、金阊	26280	–	–	90.79
4、高新区	126400	–	–	98.10
5、吴中区	132128	–	–	96.88
6、相城区	59314	–	–	95.07
二、市（县）	1250004	435235	35.72	93.53
1、张家港	333952	113442	36.44	97.49
2、昆山	346696	151396	43.16	99.57
3、吴江	170532	52447	46.53	97.86
4、太仓	114886	31667	30.81	96.25
5、常熟	283938	86283	23.57	80.64

长三角地区主要城市财政收入情况（2003）

城市	地方财政	比上年增长(%)
苏州	170.50	43.2
上海	899.28	32.5
南京	136.48	21.9
杭州	150.39	31.3
宁波	139.41	32.4
无锡	104.34	36.9

【抗击“非典”】 2003年“非典”疫情发生后，全市各级财政部门按照市委市政府防治“非典”工作要求，密切配合，全力以赴做好“防非”“抗非”保障工作。在保障工作中，本着特事特办、急事急办的原则，确保防治“非典”工作优先考虑、优先安排和落实。及时拨付流动资金，确保医院业务的正常运转；协调好政府采购等工作，“防非”各种医疗设备、药品采购一律特事特办；各级财政积极筹集资金，确保“非典”防治经费需要。建立“非典”防治专项资金，2003年全市共安排“非典”防治专项资金1.2亿元，保障了“防非”工作的正常开展。

【财税改革】 2003年，全市财政部门首先在苏州市区全面实施税收属地征收管理改革，理顺税收征管关系，营造公平竞争的环境，形成各级相对满意的新的财政分配体制。经过一年的实践，新财政体制运行情况良好，税收属地管理的优势也正在逐步显现。其次，率先实施农业税征收方式改革，取消农业特产税，农业税附加，统一征收农业税，农业税不再向农民直接征收，实行镇村代缴、县级市、区政府补贴的新办法，全年市、区和乡镇两级政府共安排政府补贴资金1.5亿元，切实减轻了农民负担。原定3年的改革计划当年一年到位。全市市（县）区和乡镇两级政府共拿出政府补贴资金达1.5亿元，占农业税的94.3%。农业税征收办法改革后，各地及时安排调度好资金，保证农业税入库进度不低于序时进度。截至年底，全市累计入库农业税收19亿元，比上年增长76%。

【财政监督】 2003年各级财政监督工作突出“以查促管”，在规范监督检查程序上下功夫。根据年度检查计划，市财政局集中精力对部分行政事业单位预算外资金，在财务管理、政府采购、账户清理、国库集中支付等方面的执行情况实施综合检查；对个别单位将预算外资金游离于财政管理，违反使用规定的，及时作出严肃处理。发现问题的，实行延伸检查，一查到底，发现重大问题的，严格执行检查报告制度。全年共查出各类违纪金额22584万元，处理欠交财政性资金3445万元，已入库3079万元，其中：入地方库1030万元，另外还有978万元资金被纳入预算外资金管理。全年对77家单位发出《财政处理决定书》和《财政检查意见书》，为净化经济环境作出了贡献。同时，根据《会计法》和《江苏会计从业资格管理办法》的规定，在全市范围内开展会计从业资格专项检查工作，杜绝无证上岗现象。根据财政部《代理记帐管理暂行办法》要求，推行代理记帐制度，规范会计业务，提高会计质量和水平。（高 隽）

国税

【概况】 2003年，苏州市国税局牢固树立“发展、服务、创新”等意识，以发展经济为第一要务，紧紧围绕全市经济发展和税收收入中心，坚持依法治税，运用信息技术，强化税收管理，创新服务形式。通过完善和推广电子申报、防伪税控、税款征收无纸化和利用税收电子信息，建立税源分析控管体系，有效地控管了税源，保证收入的及时足额入库。全系统引进ISO国际管理体系理念，全面推行税收征管质量和执法管理体系，对税收工作实行全过程控制，取得了规范执法、监控有力、科学预防、提高效能等多赢局面。全年国税部门完成和超额完成了上级下达的各项税收任务，为苏州财政超400亿元，为全市经济的快速发展作出了重要贡献。11月4日，苏州工业园区国家税务局成立党组，与苏州市国家税务局正式脱钩，由江苏省国家税务局直接管辖。

【税收收入】 2003年，全市经济税源稳定发展，企业效益进一步提高。不仅内外资骨干企业保持持续增长，而且个私企业高速成长，为税收增长奠定了良好的基础。在经济平稳发展的同时，也出现了一些新的变化。如：两税收入结构强弱反差加大；两税收入对免抵调库指标的依赖越来越明显；受“非典”影响，部分行业下降，一些招商引资和再投资项目搁浅，后继税源有所减弱等等。针对收入工作

附表：苏州市国税税收收入情况（2003）

单位：万元

项 目	全 额		中央级		地方级	
	入库数	比上年增减%	入库数	比上年增减%	入库数	增减%
收入总计	2806577	34.18	0	0.00	0	0.00
一. 税收收入	3633773	38.81	3020729	43.35	613044	20.08
1.增值税	1917255	23.17	1437941	23.17	479314	23.17
2.消费税	30214	32.42	30214	32.42	0	0.00
3.营业税	8331	-24.67	2061	-74.51	6270	110.83
4.企业所得税	104149	29.95	63949	54.13	40200	4.00
5.涉外企业所	172112	49.60	103266	78.73	68846	20.22
6.海关代征	1359666	72.34	1359666	72.34	0	0.00
7.个人所得税	39386	-4.38	23632	14.74	15754	-23.50
8.资源税	0	0.00	0	0.00	0	0.00
9.土地使用税	0	0.00	0	0.00	0	0.00
10.固投税	0	0.00	0	0.00	0	0.00
11.城建税	2052	34.91	0	0.00	2052	34.91
12.印花税	608	60.42	0	0.00	608	60.42
13.其他各税	0	0.00	0	0.00	0	0.00
二.出口退税	-830050	57.06	0	0.00	0	0.00
三.教育费附加	0	-100.00	0	0.00	0	0.00
四.文化事业费	0	0.00	0	0.00	0	0.00
五.其他收入	2854	28.44	0	0.00	0	0.00

的不利因素，全市国税部门扬长避短、突出重点、狠抓关键，全力以赴组织收入。一方面加强“免抵退”税管理，积极做好免抵调库工作。另一方面，加强征管，强化稽查，为税收增收提供保障。特别是通过收入分析软件的开发应用，实现了税收管理的科学、高效、规范；征管执法责任制的推广实施，使依法治税深入人心，依法征收，应收尽收，不收过头税的组织收入原则，在税收工作中得到较好体现；征管改革的深化和完善，使“集中征收、划片管理、一级稽查”的效能得到进一步发挥，从而促进了税收收入的增长。2003年，全市国税部门共组织入库税收收入227.41亿元，比上年增收44.53亿元，增长24.35%，其中，国内两税入库194.75亿元，增收36.8亿元，增长23.3%。其他税收收入入库32.66亿元，增收7.73亿元，增长31%，其中，企业所得税入库10.41亿元，增收2.4亿元，增长30 %；涉外所得税入库17.21亿元，增收5.71亿元，增长49.6%。另外，组织海关代征收入135.97亿元，增长72.34%。

【税收优惠】 2003年，全市国税部门在经济税收情况变数较多和招商引资势头较好的形势下，主动参与，当好助手。各基层单位不仅积极协助政府招商引资，而且主动为当地经济的持续发展提建议、献良策，大力推进税源经济和效益经济。同时，针对出口退税指标严重不足，影响制约全市外贸加快发展的情况，做好出口退税工作。一方面积极向上争取指标，努力缓解需求与指标的矛盾；另一方面，加强出口退税管理，优化管理软件，改进审批方式，提高工作效率，加快退税审核。通过多方争取和努力，省国税局分配苏州市退税计划83亿元，比上年增加30多亿元，增长57%，占全省计划的32%，其中退税57亿元，免抵调库26亿元，并已全部办理退库、调库手续。不仅如此，各单位还努力做好其他税收优惠政策的争取和兑现工作。“非典”期间，及时为双定户兑现税收优惠。通过兑现政策，进一步促进了苏州经济的加快发展。

【税收信息化建设】 2003年，全市国税系统根据省局和市政府“十五”期间信息化建设的目标要求，结合国税工作实际，把具有苏州国税特色的信息化建设作为一项重大战略任务来抓。从年初开始，对全市国税系统的信息化建设提出了具体而又明确的目标。重点实施以电子申报为龙头的网上办税、网上认证、税票无纸化等项目的整合、开发和提升，进一步理顺新征管模式下各种管理关系，逐步形成一体化、系统化的税收信息管理系统，实现系统信息共享和管理效能的提高，实行大市范围的税收信息集中，取得初步成效，基本达到运转正常、平稳过渡的目标。随着信息化建设的深化，使纳税人的大多数办税事项都纳入计算机管理，大大减少了企业到税务机关往返办税的次数，方便了纳税人，同时也从根本上提高了税务机关的工作质量和效率，实现了管理和服务的双赢，达到了质量、效率的最大化。一些单位摆脱了大量事务的困扰，改变了干部忙乱、纳税人排队的被动局面，出现质和量共同提高，企业、政府和税务多方比较满意的新气象。

【税收征管改革】 2003年，全市国税部门探索适合苏州实际的征管模式。本着科学规范、简便实用、降本增效的原则，不断优化现有征管模式。全市国税系统对征管业务流程作了进一步的充实、调整、完善，在征、管、查相互制约的前提下，能并则并，能简则简，精简部门，减少周转环节和重复劳动，提高办事效率。全面推出“一窗式”办税服务，变纳税人多头排队等候为内部审核传递，加快运转速度，实现便捷办税。市区抓住启用综合业务楼的机会，调整管理职能，明晰征管范围，理顺职能职责，提高工作效能，充分体现出新征管模式的优越性。全市范围大力推行金税工程防伪税控系统，克服种种困难，深入宣传教育，耐心协调关系，努力培训辅导，及时解决问题和矛盾，保证防伪税控系统的推广到位。全市已有4万多户企业进入防伪税控系统，7月1日顺利取消手工开票。各地进一步强化稽查职能，积极实行一级稽查，大力开展打击型、办案型稽查工作，使新的征管模式发挥出良好的作用。

【依法治税】 2003年，全市国税部门以规范执法、防止及减少各类失职渎职和涉税违法行为的发生，作为衡量税收工作的重要标志。积极引进科学的管理理念和机制来管理干部，重点在全系统推广征管质量和税收执法管理体系，大力推进依法治税。为全面增强执法责任，切实提高依法治税水平。各单位在借鉴试点成功经验的基础上，根据自身的环境和要求，进一步充实内容，深化完善，不断拓展执法监控领域和范围。各单位开动脑筋、创新思路、研究对策，从制度上减少各种问题的产生。许多单位把所有工作都纳入执法管理体系加以管理，并做到信息共享、执法提示、同步考核、自动统计等，进一步规范了执法行为，提升了干部的执法水平。现在，这一体系不仅集管理、控制、预防为一体，以过程控制为手段，实现流转环节过程的有效监控，而且在规范执法，落实税收执法责任制上有了重大突破，干部的责任心和依法治税刚性得到明显增强，国税部门的依法治税水平又上了新的台阶。

【创新服务】 2003年，苏州市国税局为优化税收投资环境，先后推出了一系列高效、新颖的服务项目。首先，全系统大力推行网上电子申报。建立国税网上办税平台，以企业自愿为原则，引导纳税人加入电子申报等网络办税行列。采用电子申报的企业数以万计，通过电子申报，不仅税务部门工作量大大减轻，而且企业足不出户就能办税，工作质量和效率同步提高。其次，推广全程窗口办税。纳税人办税，原则上只要通过一个窗口，就可办理全部涉税事项，减少了排队次数，减少了内部周转，提高了办税效率。同时，开展网站服务。建立国税网站，将税收新政策，以最快速度通过网络告知纳税人，并及时向纳税人通报办税需知、涉税违章警示等情况，还通过网络征求纳税人对国税工作的意见和建议。另外，有些部门还开展提醒服务，对一些纳税人可能出现的办税苗头问题和一些误操作问题，及时进行提醒和告诫，使纳税人少走弯路，甚至避免损失。通过系列创新服务，全市国税系统的服务质量和办税效率显著提高。（谈建明）

地　税

【概况】　2003年全市地税系统面对国内外宏观环境的新变化、面对“非典”疫情的影响、面对改革中出现的新情况，牢固树立税收经济观、税收法制观、税收服务观和税收科技观，加强组织收入工作，深化征管改革，推进依法治税，加快信息化建设，提高干部队伍素质，各项工作都取得了显著成效。

【地税收入】　2003年全市地方税收收入在高基数的基础上实现了高增长，创下了税收收入首次超过百亿，收入进度历年最快的佳绩。全年共组织各类收入172.35亿元，其中，入库地方税收113.96亿元，比上年增收37.06亿元，增长48.2%，完成省局下达年度计划的131.29%，完成市府下达年度计划的126.32%，为地方经济的发展提供了强有力的财力支持。

【税收征管】　2003年，全市地税系统开展“征管措施落实年”活动，建立科学高效的征管运行机制。一是狠抓“七率”的落实和考核工作，执行全市“七率”按月通报制度，全市地税登记率、申报率和入库率均保持在95%以上；二是大力清缴欠税，严格贯彻执行省局《欠税管理办法》，实施欠税综合治理，全年共清欠入库税款7.97亿元，增长19.25%，其中入库陈欠1.88亿元；三是加强发票管理，继续扩大税控机的推广面，开发新的税控后台系统，强化以票控税。全市共推广使用税控机9100余台；四是把好税收政策关，对各类减免税主要情况的跟踪调查工作，增强执法刚性。全系统加大对基层单位的平时考核力度和明查暗访力度，完善了《苏州市地税系统规范化管理综合考核办法》，对税收计划、税源管理、征管质量、计算机应用、税务检查和队伍建设等方面统一考核标准，建立定期通报制度和奖惩制度，有效提高了管理水平。

【依法治税】　根据依法治税的总体要求，2003年全局围绕工作的中心目标，上半年就整顿个人所得税、建筑安装及房地产企业、建筑安装业普通发票，清理税收优惠、越权减免税、违规涉税文件等做了大量工作，下半年加强税收执法检查，重点检查了国家有关“非典”防治税收优惠政策的落实情况、个体户营业税起征点调整后的政策执行情况和个人所得税的代扣代缴落实情况，取得了较好的法律效果和社会效果。

【各项税收优惠政策】　2003年，全系统认真落实各项税收优惠政策。一是认真贯彻落实“非典”防治时期的各类优惠政策和下岗再就业税收优惠政策，全年共为2600余户企业落实有关减免税政策，减免金额10.58亿元。二是在全省首先确定营业税起征点的最高标准，由此全市有4.2万余户受益，为富民强市和扶持下岗失业人员再就业奠定了良好的政策基础。三是认真贯彻国家深化改革方面的一系列税收政策，做到快批、快审、快办，努力营造支持改革、促进发展的良好氛围。四是及时运用税收政策引导和扶持地方经济发展，认真研究对改组改制过程中派生的问题和积极参与政策决策，针对扶优扶强的各项措施，做好机构调整后的企业税收服务。五是积极扶持私营个体经济发展，主动上门进行政策辅导，对企业提出的问题做到件件有回音，事事有落实。六是根据省局和市局确定的调研课题，结合工作实际积极开展税收调研，

附表：苏州市地税收入情况（2003）

单位：万元

地区或税种	收　入	增 减％
全市地税收入	1139555	48.20
一、按地区分		
(一)市区	533125	47.03
(二)五市(县)	606430	49.26
1. 常熟	162356	45.74
2. 张家港	150610	46.13
3. 太仓	53624	41.16
4. 昆山	135518	61.03
5. 吴江	104322	49.69
(三)省级收入	57381	39.66
(四)市县级收入	1082174	48.69
二、按税种分		
(一)工商税收	1139555	48.20
1. 营业税	490964	65.07
其中:银行营业税	55941	41.49
2. 资源税	57	103.57
3. 土地使用税	5956	32.53
4. 企业所得税	260327	32.36
其中:省级	1440	-7.10
5. 个人所得税	207167	54.89
6. 城建税	82969	31.41
7. 印花税	20969	40.93
8. 土地增值税	5451	418.16
9. 车船使用税	3505	21.83
10. 房产税	62190	13.93
(二)教育费附加	32637	37.35

形成一批具有理论深度的科研论文和调查报告，为指导税收工作提供决策依据。

【政务公开】 根据推行政务公开的要求和苏州地税的实际情况，2003年全系统大力提高权力运行的透明度和办事效率。一是加强公开工作领导。全局上下层层建立政务公开工作领导小组网络，加强组织指导。二是统一公开内容，细化公开标准。遵照“能公开的都要公开”的原则，不断拓展公开内容，并将公开内容分解成30个大类63项内容，便于操作。三是完善公开形式，创新公开载体。印制4万本办税服务厅政务公开手册，10万份测评卡、联系卡、投诉卡；依托信息化手段，采用电子显示屏和触摸屏进行公开；在苏州地税网站开辟政务公开专栏；继续在电台开展“政务公开双通道”活动。四是加强工作监督，落实具体的考核办法，提升管理水平。

【税收服务】 2003年，全市地税系统牢固树立税收服务观，不断强化服务意识，大力实施文明办税、优质服务工程，加强“窗口”建设，努力以高质量的办税服务取信于民。一是建设12366纳税人服务系统，用科技手段服务纳税人。全年完成12366纳税人服务系统的试点工作，自8月1日系统试运行至12月底，共计接人电话1.05万个，其中人工接听4800余个，实时满足了纳税人的咨询要求，极大地方便了纳税人，得到纳税人的肯定与好评。地税网站也于9月1日开通，并实现了与12366系统的平台统一和互动，在地税机关与纳税人之间架起了税收信息桥梁。二是进一步加强办税服务厅软、硬件建设，64个办税服务厅统一设置电子触摸屏、旋转式公告栏、组合式光荣榜、曝光栏等，并统一规范办税程序与内容。三是开展各类培训，提高窗口及征管、稽查工作人员职业道德、业务素质和执法水平，以文明的态度、过硬的专业素质服务纳税人。四是抓好行风建设，组织特邀监察员先后对16个单位进行暗访，对纳税人反映的问题一抓到底，及时落实整改。全年共发放并回收测评表107份。纳税人对行风满意率达97%。2003年，苏州市地税局再次被评为江苏省文明行业。

【机构改革】 2003年，全市地税系统按照机构、人事、征管改革三位一体的总体要求，实施机构改革，全系统共有427名干部交流轮岗，占全市干部职工总数的25.3%，其中科级干部33名，占全系统科级领导干部总数的45.8%，3名市（县）局一把手局长实行异地交流。通过机构改革，岗位职责和操作规程进一步完善，机构设置和职责分工更为科学，形成一个分工合理、职责明确、运行高效、协调配合的组织体系，干部队伍实现优势互补，达到优化组合，显示出新的活力和生机。 （龚　征）

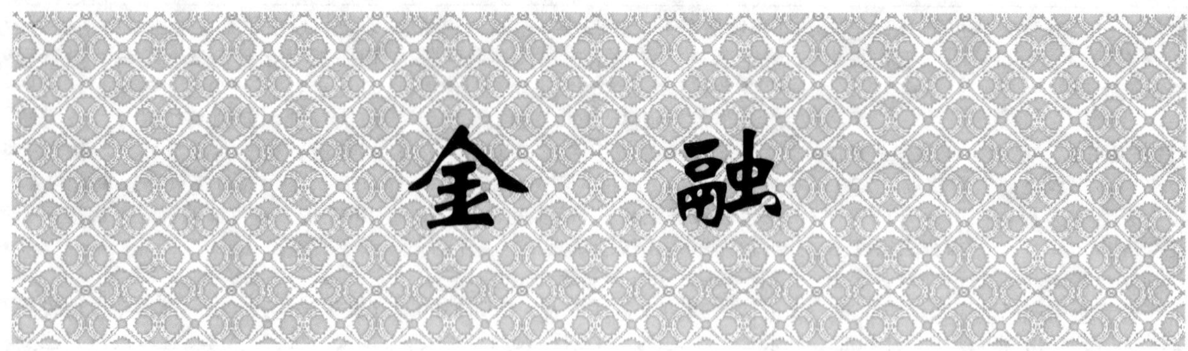

金　融

银　行

【苏州银监分局成立】　2003年4月28日，中国银行业监督管理委员会（简称银监会）正式挂牌。苏州银监分局作为银监会的地市级派出机构，于2003年12月2日成立，12月20日正式挂牌，各市（县）监管组也于2003年底完成组建工作，为加强苏州银行业监管奠定了组织基础。

苏州银监分局的基本职能是统一监督管理苏州辖区的政策性银行、商业银行、城乡信用社、信托投资公司、财务公司及其他存款类金融机构。其主要职责是:制定监管法规、制度方面的实施细则;审批辖区银行业金融机构及其分支机构的设立、变更、终止和业务活动;依法查处金融违法违规行为,取缔非法金融机构和非法金融业务活动;对辖区银行业金融机构及其分支机构实施现场和非现场监管;审查和批准银行业金融机构及其分支机构高级管理人员任职资格;负责统计、分析、上报辖区银行业金融机构有关数据、信息,并依据江苏银监局授权进行信息披露;负责对辖区金融风险进行分析研究,并会同有关部门及时提出辖区存款类金融机构紧急风险处置意见和建议;负责苏州银监分局党的建设、纪检和干部管理工作;承办江苏银监局交办的其他事项。

2003年，以风险控制为核心，开展各项检查。实行资格考核和行为监管并重，对金融高级管理人员进行考核。各监管部门还稳步推进金融改革，积极扩大对外开放。苏州市商业银行第二轮增资扩股完成，资本充足率有了提高；指导昆山、吴江市农村信用联社完善增资扩股计划，基本完成了市区农联社增资扩股工作；支持市区、昆山、吴江市农村信用联社筹建农村商业银行，3家的组建方案已经报银监会审批。全市共有新加坡银行股份有限公司苏州分行等4家外资商业银行分支机构（代表处）报银监会审批。另外，加强对不良贷款的分析、考核，促进不良贷款“双降”。　（施晓飞）

【人民银行】　2003年，人民银行苏州市中心支行坚持以“两个创建”即创建金融安全区和创建双文明单位为龙头，锐意机制改革，强化内部管理，截至年末，全市金融机构各项存款余额3149.79亿元，同比增加917.79亿元。各项贷款余额2359.28亿元，同比增加868.28亿元。各项外汇存款余额31.6亿美元，同比增加2.45亿美元。各项外汇贷款33.58亿美元，同比增加18.18亿美元。全市现金投放量仍大于回笼量，净投放242.64亿元。全市各银行家家赢利，至12月末各商业银行当年结益共达22.86亿元。

①货币信贷　2003年人民银行苏州市中心支行紧扣苏州市经济加快发展和经济结构调整的主题，注重发挥货币信贷政策作用，促进辖区经济持续快速协调健康发展。积极探索国家货币政策与地区经济有机结合的切入点，指导和支持苏州经济的快速持续协调健康发展。该行通过召开行长联席会议、组织银企信贷产品洽谈会等方式，加强窗口指导，引导信贷资金向新的经济增长点倾斜，加快经济结构和产业结构调整，加大对苏州解除瓶颈制约重大项目的支持力度，提高苏州统筹协调发展能力。同时，对过快增长的信贷投放和有过热倾向的产业信贷投放及时进行调研和政策性指导，适度控制和减缓增幅，防止简单重复建设，防范新的金融风险。及时采取有力措施，确保“非典”时期的辖区金融安全运行。该行面对“非典”疫情，首先着眼对经济金融的影响，实行一把手负责制，确保金融的安全稳定运行。开展“非典”对苏州经济金融影响的调查研究，提出经济发展的对策。及时了解和掌握“非典”时期社会各方面对金融服务的具体要求，支持优先满足防治“非典”所需的药品、医疗器材及相关物资的科研、生产、购销的资金需要。积极支持苏州下岗职工再就业、再创业工程。该行与苏州市劳动和社会保障局、市财政局、市经贸委联合出台《苏州市下岗失业人员小额担保贷款管理办法》，支持下岗职工下岗后再创业。会同苏州市财政局制定了基金管理办法，促成苏州市商业银行制定有关贷款管理办法和苏州市国发中小企业担保投资公司制定有关担保管理办法，使苏州市下岗失业人员小额担保贷款具有可操作性，对符合条件的下岗失业人员发放小额担保贷款，及时满足其创业和经营过程中合理资金的需求。

②金融监管　2003年，人民银行苏州市中心支行加大对金融高级管理人员监管的力度，突出法规政策、经营方略、内控制度建设等方面内容，采取资格认定、卷面考试、个别谈话、确定重点经营指标等方式方法，加强对金融高级管理人员的管理，努力提高监管人员素质，以应对加入世贸组织后银行日趋激烈的竞争。把握环节，加强对大额贷款的监控。为了防范新的信贷风险发生，该行制定《苏州市银行业大额贷款客户经理联系网络试行办法》，召开重点企业的银行客户经理会议，建立

客户经理联系网络。通过定期开会交流、即时动态信息反映、专题调查研究等方式，对大额贷款企业进行连续跟踪监测，分析大额贷款运行趋势，发现非正常现象，及时向商业银行发出预警，有效防范大额贷款风险。突出难点，加强对地方性金融机构的监管。根据地方性金融机构规模小、抗风险度低的特点，突出对城市商业银行、农村信用联社、农村商业银行的监管。制定下发苏州金融业《关于2003年度对苏州市商业银行监管工作的实施意见》，同时，参照“骆驼”评级标准体系，完成了对苏州市商业银行2002年度的风险评级工作（试评）。通过对常熟农村商业银行开展内控制度的检查，对常熟农村商业银行的情况有了全面了解，促进了常熟农村商业银行内控制度建设，有效防范了农村商业银行金融风险。

③金融安全　2003年，全市继续深入开展创建金融安全区活动，提高金融机构核心竞争力。人民银行苏州市中心支行积极推进创建信用村镇工作，进一步完善创建信用村镇的规划。在张家港市完成创建信用村镇的试点工作基础上，各市（县）把创建活动纳入到地方精神文明建设的轨道，推进“诚信苏州”活动的深入开展，实现了年初50%以上的镇创建为信用镇的预定目标。狠抓不良贷款“双降”工作。针对苏州银行业不良贷款“双降”达到国内先进和国际警戒水平的目标，人民银行苏州市中心支行年初与各家商业银行签订“双降”责任制和目标，实行监管员负责制，按季检查考核，及时对达不到进度的单位提出督导建议，年末逐家考核验收。加强金融债权管理。在认真甄别和打击企业逃废债行为，2002年底企业逃废债余额下降为零的基础上，严格执行《苏州市金融债权保全证明书实施办法》，确保苏州市企业转改制中的金融债权得到落实。

④外汇管理　2003年，国家外汇管理局苏州市中心支局继续实行国际收支大额交易跟踪检查制度，组织对外汇指定银行进行金融机构大额和可疑外汇资金交易报告管理办法的培训，提高贯彻实施金融机构大额和可疑外汇资金交易管理的意识和效率；加大清理逾期未核销力度，强化对风险较大企业的出口收汇的监管，进一步提高进出口收付汇核销率。截至年末，苏州市出口核销291.54亿美元，同比增长60.5%；进口核销223.74亿美元，同比增长87.2%。

⑤金融服务　2003年，人民银行苏州市中心支行努力提高银行信贷登记咨询系统的科技含量，进一步完善银行信贷登记咨询系统功能，在信贷咨询系统中启用语音传真回复子系统，形成银行、企业在信贷登记咨询系统中的相互制约机制。围绕“四抓一保”做好货币发行工作。制定《人民币质量管理考核内容和评分标准》，开足清分机，提高人民币清分数质量和整洁度；维护人民币信誉，加大反假人民币宣传力度；建立完整的大额现金支付管理制度和信息交流手段，有效控制违规现象的发生。（吴建国）

【工商银行】　2003年，工商银行苏州分行以发展为第一要务，各项业务继续呈现良好的快速、健康发展趋势。至年末，人民币各项存款余额494.97亿元，比年初增加112.99亿元；人民币各项贷款余额431.87亿元，增加133.27亿元；外汇存款余额46127万美元，增加7560万美元；外汇贷款余额40426万美元，增加22121万美元；五级分类后三类不良贷款余额28.43亿元，占比6.11%；全年实现中间业务收入10296万元，增长71.77%；实现国际结算量100.11亿美元，增长75.1%；实现电子银行交易额2614.32亿元，增长2.1倍；实现账面利润43559万元，增加3026万元；总资产达611.9亿元，增加133.20亿元。

（孙荣玉）

【农业银行】　2003年，中国农业银行苏州分行业务持续快速发展，实现新增存款、新增贷款、国际结算“三超两百亿”。年末本外币存款余额793.85亿元，市场占比达23.27%，比年初净增212.35亿元；贷款余额591.34亿元，市场占比达22.42%，比年初增加218.11亿元，全年实现国际结算额209亿美元，市场份额继续位居同业之首；实现利润10.16亿元，增加3亿元。

年内，全行重点支持一批国际知名跨国公司在苏投资企业，优质基础设施建设项目、房地产项目和技术改造项目，大型企业集团及绩优上市公司、院校、医院等事业法人以及民营和个人消费信贷业务，累放各类项目贷款115.37亿元，个人消费贷款余额63.22亿元，比年初增加37.96亿元。另外，向太仓市政府、苏州精细化工集团和苏州信托投资有限公司等注入大量信贷资金。

2003年，全行进一步完善新一代ABIS应用系统，提高网络运行效率。增强企业银行功能，年末企业银行用户数341家，年交易额317.24亿元。加快自助银行、自助设备和社区自助服务体系建设，拥有自助银行7家、自助缴费机 293台、ATM机334台和存取款机9台，银信通设备88台。推进精品网点建设，新增自助服务区18家。扩大95599电话银行功能，试行坐席员客户服务，客户服务中心功能日臻完善。

2003年，全行进一步加强与系统性、集团型客户的深度业务合作，扩大烟草、供电、社保、自来水等公司代理范围，深化银税、银医联网；与12家中外资保险公司建立合作关系，代理保险3.31亿元；与9家券商开通银证通业务，“银证通”开户达10805户；完成“债市通”8.2亿元；成功推出“苏州通”业务；代理信托产品2亿元；个人外汇买卖交易4.69亿美元；银行卡发卡量364万张，卡存款余额58.9亿元，累计卡消费5.48亿元；中间业务实现收入12147万元，占全行利润的12%。

此外，年内全行强化信贷管理，认真执行信贷新规则和贷后管理制度；加强制度建设和创建工作，强化基础管理，9个支行中7个支行达到会计工作一级标准，2个支行达到二级标准，111个基层分办处通过省行会计工作规范化一级单位验收。组织规章制度宣讲活动，开展内部控制综合评价工作，7个支行达到内控评价一类行，2个支行达到内控评价二类行标准。全年实现安全经营无事故。

一年中，9个支行中有6个被评为江苏省级文明单位和文明行业。市分行获“苏州市十佳学习型组织”称号和“江苏企业文化优秀奖”。

（杨梦辉）

【建设银行】 2003年，中国建设银行苏州分行以苏州经济发展态势为立足点，结合本行业务发展实际，争创优势，各项存贷款业务发展均创历史最高水平。截至年末，分行存、贷款全年新增双双突破100亿元；资产质量和经营效益大幅提高，不良资产攻坚战全线告捷，按“一逾两呆”和五级分类口径，不良贷款率分别较年初下降3.06和4.81个百分点；全年账面利润增长率达到63.45%；继续保持系统内资产负债规模较大，财务效益良好，资产质量优良的中心城市行地位。为配合重组改制，分行内部各项改革步伐进一步加快，人事和激励约束机制改革取得阶段性成果，内部控制体系建设全面启动。

根据苏州的经济特点，分行把外资、台资企业、民营企业、具有自主知识产权的规模型企业作为信贷投放重点，特别是抓住苏州快速发展的城市化、工业化进程，加大了对基础设施建设的信贷投入，全年对城建、电力、道路等基础设施项目累计投放贷款14亿元。2003年8月宁沪高速公路拓宽改造工程项目100亿元建设资金全部通过建行结算。分行积极与江苏省分行携手，共同为该项目建立资金结算网络。

年内，分行在全市首家推出ATM手机充值缴费服务。客户利用龙卡在建行ATM上对移动或联通预付话费手机进行转账充值，交易方便快捷，实时完成；“百易安”交易资金托管业务实现零的突破，成功试办9笔二手房交易资金托管业务，交易资金达50万元；为民营企业办理了第一笔保理业务；为台商企业提供法人账户透支服务；为个人客户推出个人组合循环贷款、个人购汇、个人委托贷款、个人住房转让贷款等业务；开办远期结售汇业务，交易量达3782万美元。 （林 红）

【交通银行】2003年，交通银行苏州分行以建设有品牌、有综合竞争实力的商业银行为目标，加大资产运作，取得了建行以来最好的经营业绩。截至年底，全行人民币各项存款比年初增长42%，人民币贷款余额增幅达64.8%，利润完成总行下达任务的108%，全行外汇存款完成年度计划的220.57%，国际结算完成年度计划的140.6%，同比增量在交通银行系统中排名第二，外汇宝累计交易量完成年度计划的133.6%。2003年，交通银行太仓支行和沧浪支行先后成立，并完成所有储蓄所升格任务。至此，交通银行苏州分行的网点已遍布苏州市区及所辖市(县)。

（吴 佶）

【中国银行】 2003年，中国银行苏州分行本外币存款、本外币贷款、国际结算和票据买入量当年增量分别突破100亿元，创历史纪录。本外币各项存款新增122亿元，年增幅达35.06%；本外币贷款新增194亿元，年增幅达83.98%，零售贷款新增49.08亿元，余额翻了一番，增量翻了两番；办理进出口结算177.30亿美元，增长109.84%，比市场增幅高出近30个百分点；票据买入量达到122.69亿元，同比增幅达到74.56%；实现营业利润8.33亿元，增长42.39%。在总行系统37个中心城市中排名第二，张家港支行在总行系统全国838个县支行排名第一；长城信用卡荣获“苏州市民心目中的十大品牌形象”称号；全辖“亿元精品网点”新增5个（总数达到17个）。

年内，该行以做“市场领先者”的要求，强化管理。制订完善《授信项目风险评审规则》、《风险评审委员准入与退出机制》等，风险控制在项目评审中提前介入和后评价，对项目风险点进行全方位的判断；改进业务和管理流程，实现“清算业务提速”，事后监督和事中复核流程再造，国际结算业务流程重组，公司业务前后台分离。出台《职位薪酬改革方案》等6项改革方案，完善分配制度和考核体系。继续支持外资企业、内资企业包括改制企业和民营企业的发展，增加了对地方市政建设的授信投入。分行先后与昆山市人民政府签订“100亿元人民币授信协议”、吴江盛泽镇政府签订“10亿元人民币授信协议”、常熟辛庄工业园区签订“1亿元人民币授信协议”。

年内，自行开发具有较大竞争优势的有独立知识产权的系统10项，开发完成了涵盖资金产品、结算产品、信贷产品、零售产品、清算产品和电子产品的产品库，并正式投入运行。推广总、省行统一开发的各项新产品14项，独立开发各项代收付业务16项，外围运行系统已达42项，在省级行系统内处于领先地位。依靠科技进步，带动了网上银行、报关即时通、保理业务、个人信托、黄金宝、短信通、银证银券通等新产品的发展，提升了业务竞争能力。

（秦伟华）

【农发银行】 中国农业发展银行苏州市分行是苏州市惟一一家政策性银行。主要从事粮棉油等农副产品收购、储备、调销资金的供应和管理工作。2003年，累计发放粮棉油购销储贷款91890万元，支持企业收购和调入粮食4.6亿公斤、油脂1118万公斤、棉花21万担。全市贷款收回率达101.27%，贷款利息收回率达100.4%，市分行和6个支行的各项经营指标都达到了省分行一级行标准。

2003年，全行各项制度得到健全，工作流程得到规范，服务水平得到提高，所辖7个支行规范化管理全部达到总行《县级支行规范化管理标准》要求，顺利通过省分行组织的验收考核。市分行被省精神文明建设委员会评为“省级文明单位”。

（孙寿华）

【中信实业银行】 2003年，中信实业银行苏州分行在市场定位和市场目标上以苏州城市化进程的推进和外向型经济的发展为突破口，以公司业务和零售业务为主线，连动其他中间业务，主要服务中、高端客户，争取盈利最大化。全行以机构客户、大中型中外企业，特别是国际国内知名企业、优质成长型企业为主要目标客户，实施重点行业、重点企业、重点产品的市场营销策略，已与世界500强在苏投资企业中的30多家建立了合作关系。在苏州销售百强企业中，已有40多家成为分行的客户。年末，全辖资产总额折计人民币119.27亿元，比年初增长70.48%；人民币一般性存款余额突破100亿元，达到101.73亿元，增加44.91亿元，增长79%。人民币贷款余额76.22亿元，增加32.45亿元，增长74%，取得了历史性的发展。其主要特点：

一是经营创新。根据苏州地区市场的特点，建立动态目标客户库，全辖按照目标客户库进行营销管理。在同城支行实施特色化和差别化经营，互不交叉、分别考核。同时将同城支行定位为经营终端，打破小而全模式，支行的功能仅是营业服务和营销服务。资源向市场拓展的重点地区倾斜。开始建立与证券、信托等同业机构的合作，成功代销苏州博物馆新馆建设项目1.5亿元资金信托计划。并开办了出口退税保理业务、同业信贷资产转让、国内保理业务、结构性存款、汽车金融服务等创新业务。

二是管理创新。根据商业银行经营管理的脉络、程序、风险点的形成，调整从风险审查、会计内控监督到稽核检查的一系列流程。实施“十个集中”，将全辖的事后监督、会计档案、同城交换、同城财务、同城信贷管理和信贷档案、清收、授信业务放款、授信业务账务、国际业务审单、会计经理委派等10项内容集中到分行。 （邱晓彤）

【商业银行】 2003年，苏州市商业银行全面超额完成全年各项经营指标。到年底，全行存款本外币合计为91.2亿元人民币，增长率为80%；各项贷款余额为55.52亿元人民币，增长率为71%；综合效益增长率达94%；不良贷款率为2.34%，比上年末下降5.26个百分点，资产质量全面优化，盈利能力大幅提升，综合业务指标列全国城市商业银行前列，实现历史性的飞跃。根据业务发展需要，2003年该行进行第2次增资扩股工作，注册资本由2.59亿元人民币增加到4亿元人民币。

（邓先婷）

【华夏银行】 2003年华夏银行苏州支行坚持“以市场为导向，以竞争为动力，以效益为目标”的经营方针，走高质量发展之路，不断提高综合竞争能力，全面完成上级行下达的各项目标和任务，年末一般性存款余额47.78亿元，比上年增长54.9%，全年利润3802万元，增长55.6%，实现了持续稳定、健康快速发展的新局面。

2003年，结合当地经济发展实际布局，该行积极支持和参与地方建设，调整信贷结构，不断寻找新的业务增长点。加强营销工作，把个金业务、网上交易与对公业务相配套，不断完善服务品种。

实行新的信贷管理审批流程，推行专职审批人制度，搞好综合授信工作，加大防范风险的力度，在银行内部加强制度建设，强化基础管理，抓好“三防一保”工作。积极参加人民银行创建金融安全区活动，形成运行规范化、管理科学化、监督制度化的内控体系。

2003年，苏州支行根据苏州市新的行政区划，经人民银行批准，该行已在市内各区先后成立了营业部、三香、新区、石路、园区、南门、相城7个营业网点，泰华商城、贵都大厦、人民商场等3处自助银行，吴中支行正在积极筹建之中。上述机构与客户服务中心“95577”及网上银行金融服务网络，为广大市民提供了更多的方便。 （华夏办）

【浦发银行】 2003年，上海浦东发展银行苏州分行围绕总行“求真、务实、创新”的工作主题，坚持“以效益为中心”的经营理念，实现规模、效益、质量的同步上升。截至年末，浦东发展银行苏州分行资产总额达64亿元，比上年增长51%；贷款余额58亿元；比上年增长72%，国际业务结算17亿美元，比上年增长54%；实现利润6060万元。

为了更好满足业务发展需要，2003年6月浦发银行苏州分行628项目顺利上线。新系统的总体特点：系统整合、全行数据集中，本外币一体化、统一的会计合算体系，灵活的参数化收费管理，集中的客户信息管理，简捷、快速、自动的清算模式。对“电话银行”进行升级，完善电话银行的自助功能，并推出了一系列的个金产品：“国际消费卡”为一种适用于短期出境并以外币进行消费结算的银行卡；“及时语”可通过手机短信、电子邮件等方式向客户提供东方卡账户资金变动信息和投资理财信息即时通知的服务；“网上银行”可以查询到客户的各类储蓄、个人贷款状况，还可进行储蓄存款的灵活调拨。此外，还推出“个人生产经营性贷款”和“个人外汇买卖”业务。 （浦 发）

【中国光大银行】 2003年，中国光大银行苏州分行各项业务保持了较快的发展，综合竞争实力大大提升。截至2003年底，该行资产总额达到60.39亿元，比年初增加28.22亿元，增幅为87.72%；本外币存款余额达到51.34亿元，增加22.44亿元，增幅为77.64%；贷款余额达到54.76亿元，增加31.03亿元，增幅为131%；不良贷款率仅为0.09%，新增贷款没有出现一笔不良，继续保持系统内资产质量最优的记录；实现利润5440万元，增幅为340%。

在公司业务方面，该行继续发挥对公业务优势，遵循“调整政策，创新产品，积极营销，建设队伍”的发展战略，以客户为中心，以综合营销为手段，加快市场和优质客户开发，资产负债业务取得较快发展，有效提升了光大银行在同业的市场份额和综合实力。在私人业务方面，按照“完善基础、培育特色、加快发展”的工作思路，有效促进了储蓄业务、阳光卡和个人资产业务的全面发展。在国际业务方面，加大了产品创新和市场营销力度，改进对国际结算业务的管理模式，严格控制潜在风险，单证、汇款、保函、保理等国际业务持续稳定增长。

为增强市场竞争力，该行积极推进新产品的开发。陆续推出了VIP服务、阳光短信通、阳光健身卡、银证通、储寿保、光大阳光理财室、工程机械按揭贷款、二手房按揭贷款等私人业务新品，并实施公私联动、总分联动、分支联动，全面推进公司业务和私人业务的发展。同时还大力拓展和开发与证券公司、政策性银行及其他商业银行的业务合作领域，年内成功参与了由荷兰银行牵头的和舰科技有限公司2.7亿美元的银团贷款，与国家进出口银行、国家开发银行签定了16.4亿元的贷款代理协议，有效提高了核心竞争力。

该行加强机构网点建设，提升机构管理层次，年内顺利实现了支行升格分行和5个同城分理处升格支行的工作。同时，进一步加强内部管理：一是整章建制，进一步完善内控机制。二是防范经营风险，突出做好授信业务的风险控制。三是防范操作风险，突出柜面业务和国际业务的操作检查和稽核。 （高尚洁）

【招商银行】 2003年，招商银行苏州分行实现了机构升格，各项业务

光大银行苏州支行升格为分行。 （光大银行提供）

都取得了长足的进步：资产规模大幅跃升，负债规模超常增长，国际业务发展迅速，资产质量保持优质，经营效益稳步提升。截至年末，全行本外币资产总额32亿元，比年初增长113%，本外币自营存款余额26.9亿元，增加14亿元，本外币自营贷款余额25.9亿元，增加13.5亿元。全年累计发放贷款60亿元，完成国际结算7亿美元。“一卡通”发卡量累计达到30余万张。当年实现利润1500万元。 （招行办）

【市区信用合作联社】 2003年，苏州市区信用合作联社各项工作在较高平台上取得良好业绩。一是存款增长创新纪录。至年底，全社本外币存款余额112.45亿元，比年初增加37.18亿元，增幅为49.4%；其中人民币储蓄存款69.81亿元，增加19.51亿元，增幅为38.9%；人民币对公存款42.22亿元，增加17.29亿元，增幅为69.4%。外汇存款余额503万美元，增加460万美元。存款增量和总量分别列全省信用社系统第1位和第3位，全社有浒墅关开发区等12家信用社，新增存款均超亿元。二是信贷市场有新拓展。至年底，全社本外币贷款余额92.00亿元，增加40.15亿元，增幅为77.4%，其中，各项贷款余额85.72亿元，增加38.35亿元，增幅为80.9%;外汇贷款余额366万美元，增加347万美元。全年国际业务结算量7321万美元，抵贷资产余额45176万元。加大信贷营销力度，重点支持区、镇两级的开发区建设，进行贷款授信，全年对吴中、相城、浒墅关等经济开发区共发放贷款16亿元；对46家骨干企业授信贷款61亿元，对2220家发展好的民营个私企业累放贷款63.1亿元，年末余额31.5亿元。同时，积极支持“三农”，全年累放农业贷款23.4亿元，占全市金融业90%以上。信贷市场得到有效拓展，为支持地方经济建设发挥了农村金融主力军作用。三是盘活贷款有新进展。至年底，全社不良贷款余额6.30亿元，占比7.35%，比年初下降7.68个百分点。全年不良贷款通过依法诉讼、寻找新项目、与政府合作开发等形式，货币资金收回7746万元，以物抵贷5734万元，落实到镇总公司2660万元，落实到其他单位1392万元等，清非盘活进程明显加快。四是经营效益有新提高。至年底，全社应收未收利息余额。3.69亿元，比年初下降3983万元，每百元贷款收益为6.25元，全年实现投资收益5935万元，收益率为6.17%。2003年实际实现效益11582万元（行业同口径），与上年相比多增加效益11814万元，社员股东分红水平税后为10%，各项经营指标从2002年的B级信用社一跃为AA级信用社。 （郑 卫）

保　险

【概况】 2003年，苏州市保险市场呈现以下特点：

①规模不断扩大。全行业实现保费收入64.16亿元，比上年同期增长36.47%，保费规模居全省第二，其业务发展速度居全省第一。其中，财产险保费收入14.56亿元，增长25.72%，财产险保费收入占总保费收入的22.69%；人身险保费收入49.60亿元，增长39.97%，人身险保费收入占总保费收入的77.31%。保险深度为2.29%，保险密度为1087.46元，增加270.48元。

②经营主体迅速增加。截至年末，苏州市共有商业性保险公司12家，其中财产险公司6家，寿险公司6家。专业保险中介机构9家，其中保险代理公司7家，保险公估公司1家，经纪人公司1家。各保险公司在县级市均设立分支机构。全市共有保险从业人员2.1万余人，其中个人代理人已超过全部从业人员总数的80%。一个中外保险公司相互竞争并存、保险中介、兼业代理相互促进、共同发展的保险市场经营主体格局初步形成。

③保险职能充分发挥。2003年，苏州各类财产保险赔款总金额7.06亿元，人身险给付6.8亿元，有力支撑了苏州的经济发展和社会的稳定。

④保险产品不断丰富。财产保险公司不断推出适合一般家庭消费的各类家庭财产保险，责任保险和信用保险的品种日趋丰富。2003年，机动车辆保险管理制度正式启动，并逐步和国际接轨，实施车险条款个性化和费率市场化，市保险行业协会及时组织各产险公司负责人组成统一的领导小组和执行小组，签订自律公约和实施细则，保证车险新条款在苏州积极稳妥地实施。人身险方面，投资连结、万能寿险、分红保险等新产品依次推出，其中分红保险类产品后来居上，逐渐占据了市场的主导地位。银行代理人寿保险业务迅速增长，成为苏州人寿保险业新的增长点，2003年其业务总量已占寿险业务的23%。

⑤服务水平不断提高。各家保

附：苏州市保险机构(2003)

	保险（中介）机构名称	总经理		保险（中介）机构名称	总经理
财产险	中国人民财产保险股份有限公司苏州分公司	徐林南	保险中介	苏州市希尔保险代理有限公司	刘　勇
	中国太平洋财产保险股份有限公司苏州中心支公司	张　渝		江苏华信保险代理有限公司	徐学斌
	中国平安财产保险股份有限公司苏州中心支公司	许　坚		江苏中联保险代理有限公司	华　魏
	天安保险股份有限公司苏州中心支公司	许小平		苏州铭诚保险代理有限公司	朱伯和
	大众保险股份有限公司苏州中心支公司	蒋　雷		江苏广汇保险代理有限公司	王　强
	华泰财产保险股份有限公司苏州中心支公司	毛伟清		江苏信益保险代理有限公司	柳解国
寿险	中国人寿保险股份有限公司苏州分公司	从临瓯		苏州诚和保险代理有限公司	陶宝华
	中国太平洋人寿保险股份有限公司苏州中心支公司	夏建阳		苏州众信公估有限公司	山石林
	中国平安人寿保险股份有限公司苏州中心支公司	罗向东		长城保险经纪有限公司苏州分公司	萧兴林
	新华人寿保险股份有限公司苏州中心支公司	闫　新			
	泰康人寿保险股份有限公司苏州中心支公司	杨绍炜			
	美国友邦保险有限公司苏州分公司	曹志祥			

附表：苏州市财产保险业务情况（2003）

单位：万元

公司名称	承保金额	保费收入	赔给付金额	赔付率%	市场份额%	上年同期保费	比上年增长%
中国人保	30158159.00	70121.00	38589.00	55.03	48.15	61747	13.56
太平洋产险	2126740.33	32503.30	16911.10	52.03	22.32	28671	13.37
平安产险	8028296.00	18518.00	8246.00	44.53	12.72	17098	8.31
天安保险	1561867.00	13706.00	3806.00	27.77	9.41	4957	176.50
大众保险	2601453.00	9343.00	2829.00	30.27	6.42	2954	216.25
华泰保险	524157.00	1420.00	272.00	19.17	0.98	395	259.82
合　计	45000672.33	145611.83	70653.00	48.52	100.00	115822	25.72

附表：苏州市人身保险业务情况（2003）

单位：万元

公司名称	保费收入	赔付金额	市场份额%	上年同期保费	比上年增长%
中国人寿	271989.87	63735.78	54.83	193940.00	40.24
太平洋寿险	130103.80	1889.47	26.23	91850.00	41.65
平安人寿	60695.00	2175.00	12.24	53926.00	12.55
新华人寿	16973.46	38.15	3.42	7800.28	117.60
泰康人寿	12671.12	53.75	2.55	6441.02	96.73
友邦保险	3611.03	125.57	0.73	405.21	791.15
合　计	496044.28	68017.72	100.00	354362.51	39.98

险公司普遍建立客户服务中心、理赔中心，开通全国统一的24小时热线电话服务，售后服务更加快捷、便利。推出多种银行、邮政等窗口行业代销的保险产品，开辟网上投保业务，产品销售渠道日趋宽广，客户投保更加方便。

⑥保险监管及行业自律全面加强。2003年苏州市保险行业协会在南京保监办的领导下，针对行业中涉及广大人民群众根本利益、影响行业健康发展的问题，有重点、有计划、有步骤地开展了整顿与规范工作，有力地震慑了违规经营者，维护了市场的公平和有序竞争，维护了广大被保险人的利益。各保险公司都能从强化内控的角度，按照规范、诚信．健康发展的要求进行较为认真的自查自纠。为全面加强行业自律，行业协会先后协调组织各产寿险公司共同签署了《苏州市机动车辆保险行业自律公约》、《寿险银行（邮政）保险业务行业自律公约》，有效地保障了苏州保险市场的健康发展。此外，为继续加强对保险代理从业人员的管理，市行业协会根据有关保险法规制定并实施了《保险个人代理从业人员管理规定》、《个人代理人正常流动规定》、《个人代理人“不良记录”通报制度实施细则》

等制度，有效地遏制了保险机构之间的相互诋毁，保险从业人员无序流动以及展业过程中的误导宣传等问题，使全行业保险从业人员依法经营意识和诚信展业水平得到提高。

（陆礼康）

【人保财险】 2003年，中国人民财产保险股份有限公司苏州市分公司抓住公司股改上市这一契机，推进体制改革和机制创新，进一步整合资源、调整业务结构、加强内部绩效管理、强化全员服务意识，业务得到了持续发展，全年实现保费收入比上年同期增长13.56%，市场份额保持在50%左右，在苏州同行业以及省内人保系统中继续保持领先。年内，撤销原吴县市支公司，成立吴中、相城2个区支公司。

是年，公司实施新的机动车辆险条款，通过落实管理制度、规范操作流程、强化业务培训、集中新车出单等手段，使车险改革后的业务得到稳步发展。公司还高度重视服务质量，全力打造PICC的服务品牌。为进一步提高服务质量、增强全员服务意识，在人员素质、工作规范、管理要求、考核标准等各方面，都制定详细的工作要求和目标。首先是加强3个中心建设，强化95518的服务功能，使报案更为便捷。其次，通过建立车险小额赔案的绿色通道和理赔中心“全球卫星定位系统”的运行，简化了理赔手续，提高了准确度。再次，进一步落实客户回访制度，加强服务质量跟踪制度和风险评估制度的管理，增加了服务的深度和广度。公司全面启动数据质量管理，实行了每月数据质量通报制度，并开展了数据管理月活动，为实现精细化管理打下了基础。

（是路华）

【人寿保险】 2003年，中国人寿苏州市分公司保费总量达27.2亿元，市场份额为54.83%。保费总量继续保持全省系统第一，占全省份额的15.81%，首年保费、营销新单保费、营销新单期交保费、代理业务新单保费和短险保费均名列全省系统首位。保费总量在全国系统80个大中城市中排名第4位，仅列上海、北京、广州之后，居地市级分公司之首。主要特点：一是锐意进取。借总公司股改重组、海外成功上市之机，以市场为导向，以效益为目标，以国际化上市公司的标准推进各项工作。推进“三项制度”改革，使员工收入全面市场化，形成“干部能上能下，员工能进能出，收入能高能低”的机制和氛围。二是加强管理。继2002年通过ISO9001：2000质量管理体系认证之后，公司不断完善各项内部管理机制，业务管理制度和实务操作规程日益科学，业务综合处理系统、财务管理系统和办公自动化水平不断提高，规范有效的员工培训体系逐步形成，信用体系建设等活动全面推进，各项内控制度不断完善，依法经营、从严治司、规范管理成为公司日常经营管理的内在理念。三是创新服务。公司不断强化“大服务”理念和“内外客户”观念。开展服务创新活动，大力推行“一站式”服务和快速理赔服务；开通对外网站，积极探索“网络营销”新模式；继续倡导并贯彻“信誉至高无上，责任重于泰山”的职业信念，不断提升95519客户服务专线的服务品质；以客户需求为导向，全面实行银行邮政代收续缴保费和代付保险金业务。2003年，公司继续定期开展“客户大拜访”活动；积极参与扶贫、助学、无偿献血等社会公益事业和活动，荣获“全国金融系统双文明单位”、“全国金融五一劳动奖状”、“江苏省文明单位”、中国人寿系统及全省系统“双文明”建设先进单位等称号。

（茅玲）

【太平洋产险】 2003年，中国太平洋财产保险股份有限公司苏州中心支公司坚持稳健经营的指导思想，积极推进业务结构的调整，强化内部管理，努力提升服务质量，完成了全年各项经营指标。全年完成保费3.25亿元，比上年增长13.37%，赔款支出1.69亿元。市场份额、市场占有率也有所提高。

2003年，经中国保监会批准公司在经营产险业务的同时，也可以经营人意险产品，并取得较好的业绩。此外，公司业务结构调整取得显著成效；“两核”集中管理和SOP流程的实施，使公司从粗放型管理向集约化管理过渡；直销、营销、中介代理三维销售模式形成，使业务更加贴近市场；“诚信天下，稳健一生”的企业文化核心价值观的确立，使公司充满活力和后劲，推进了精神文明建设。

（史蓥）

【平安产险】 2003年，中国平安财产保险公司苏州中心支公司全年实现保费收入1.85亿元。主要特点：一是推行执行文化，打造专业化经营平台。积极开展“诚信经营，遵纪守法”、“法规＋1”活动。推行“红、黄、蓝”牌制度，倡导执行文化，严格自律规范经营行为，加强内部监控，规范经营流程，实施分险种核算，分险种经营数据分析汇报体系已基本形成。年初起，推行首席两核制度，实施车险综合治理的经营战略。公司逐步实现“精细化专业化管理”。二是推动专业化销售，积极服务地方经济。进一步推进销售体制改革，推动专业化销售，实现有效销售。公司不断开拓电话销售、网上销售、银行代理等销售新渠道。11月在全国首推车险家庭网络版销售。公司还大力拓展财产险，财产险保费规模和市场占有率得到大幅度的提升，同比增长15.6%。年内还新增意外险和短期健康险。三是以客户需求为先导，实现全方位立体化服务。为了给客户提供差异化、专业化服务，公司在全体员工中大力倡导平安礼仪，有效提升了员工平安礼仪素质；在业务员中，开展规范的制式培训、导航计划培训，拓宽业务员的服务技能；成立95512电话中心，热线服务范围覆盖全国所有地区，提供车险报案、查勘调度、救援、财产险报案、产险各类咨询、投诉等服务项目；以平安集中式的业务数据平台和先进的网络服务手段为依托，以平安先进的两核管理制度为保障，在全国率先推出车险全国通赔服务，客户在投保地以外中国大陆任何地区出险，都将得到和投保地一样便捷、高效的理赔。还建立了客户服务跟踪、提醒、考核体系，进一步增强了公司市场竞争力。

（王旭）

【太平洋寿险】 2003年，太平洋寿险苏州中心支公司实现规模与效益的同步发展。全年实现保费收入13亿元，完成年初计划的108.42%，比上年增长41.65%。其中，个险传统年缴和意外险在全省太保寿险系统中名列第一。公司被评为“苏州市重合同守信用企业”，在南京分公司辖内苏州中心支公司被评为“经营管理先进单位”，常熟支公司被评为苏南督导区AAA级明星支公司，张家港、吴江支公司被评为AA级明星支公司，昆山支公司被评为A级明星支公司。主要特点：一是深化改革。坚持“市场竞争就是人才竞争”的理念，加强人才队伍建设。开展“双满意”评选活动，实行“全员考评、末位淘汰制”，增强广大干部员工的责任感和紧迫感。二是强化管理。加强风险管控，健全监控体系，确保关口前移。强化财务集中管理，实行核保核赔集中管理模式，通过构建业务、财务、资金、单证风险防范体系，增强公司的风险管控能力，保证业务的持续稳定发展。三是优质服务。以保险诚信体系建设为抓手，坚持柜面365天无休服务制以及“一站式”服务，开展“关爱客户”活动，不断提升客户服务品质。（张 颖）

【平安寿险】 2003年，中国平安人寿保险股份有限公司苏州中心支公司业务持续稳定发展，全年总保费规模6.07亿元，较上年增长12.55%。

全年个人营销业务收入46736万元，团险业务规模保费5023万元，银行代理业务在转向利润优先的前提下，保费规模达到了8936万元。全年共计各类给付达2175万元。在防治“非典”工作中，中国平安人寿保险股份有限公司苏州中心支公司在积极推出各类关于SARS险种的同时，组织员工为防治“非典”捐款人民币2.4万多元。（高敏科）

【天安保险】 天安保险股份有限公司是中国首家由企业出资组建的股份制商业保险公司。公司成立于1994年10月，总部设在上海浦东，现注册资金人民币5.015亿元，主要经营中国保险监督管理委员会核准的人民币、外币的各种财产保险、责任保险、信用保险、水险、意外伤害保险、健康保险、金融服务保险等业务，办理各种再保险和法定保险业务。2000年5月22日，天安保险股份有限公司苏州中心支公司正式成立。公司秉承“化险为夷，补天爱人”的天安企业精神和“以更及时、更全面、更专业、更道德的服务，建设中国财产保险第一品牌”的经营理念，竭诚为广大客户提供优质、专业化的全程服务。开业4年来，公司累计保费收入突破3亿元，累计赔款支出8200万元，先后为苏州地区10万余家企事业单位和个人提供了近500亿元的保险风险保障。2003年，公司全年实现保费收入1.3亿元，年度保费收入首次突破亿元大关，在天安全国57家中心支公司中名列第一。（天 安）

【大众保险】 大众保险股份有限公司由沪、浙、苏三地23家富有实力的大中型国有企业、上市公司等股东参股组成。公司本着“信誉为本，服务大众”的宗旨，以“敬业、守信、高效、创新”的精神，竭力为广大客户服务，在全国及世界保险市场占有一席之地。公司凭借自身的优秀业绩及资信度，先后与世界各大保险集团、保险公司和中国再保险公司建立了良好的共分保工作伙伴，使投保客户的利益得到了全面的保障。同时，公司已向国际保险市场购买了2000万元至无限额的超赔保险，使公司的承保能力与国际、国内任何一家保险公司相媲美，完全有能力承保任何一项保险项目，并为之提供完善的专业服务。公司已为社会各领域承保了许多著名的大型项目。如：上海浦东国际金融大厦建筑（安装）工程一切险；黄浦江上游引水工程建筑工程一切险；长江口深水航道治理一期建筑工程一切险等。

大众保险股份有限公司苏州中心支公司成立于2001年9月30日。公司成立以来业务成长迅速，机构网点覆盖5县市，2003年末保费收入近亿元。（大 众）

【华泰保险】 2003年，华泰财产保险股份有限公司苏州中心支公司坚持专业化经营，年内，控制车险业务的增长速度，向效益型险种进军是公司的主要方针政策。全年保费收入1420万元，较上年增长259.82%。（华 泰）

【新华人寿保险】 新华人寿保险股份有限公司苏州中心支公司于2001年12月28日成立。公司成立以来坚持“以人为本”广揽人才，建立了合理的组织架构，业务增长迅猛，2003年保费收入比上年增长117.60%，荣获2002年度总公司全系统金牌奖和南京分公司优秀团队奖，获2002年度总公司全系统铜牌奖。（新 华）

【泰康保险】 泰康人寿保险股份有限公司苏州中心支公司经中国保监会批准，于2002年4月28日开业。公司秉承“求实创新、稳健进取、专业规范、亲和诚信、铸造团队、成就自我、分享成功、奉献社会”的泰康司训，热心为机关、企业、事业单位度身订做员工福利计划，如：退休金计划、团体人寿保险计划和团体医疗保险计划等。同时也面向千万个家庭和个人，帮助个人和家庭投资理财，通过自愿购买合适的人寿保险，规避市场竞争和人生征途上的风险。为了更好地为客户服务，方便与客户沟通，公司除设立多部人工咨询服务电话以外，还开通了24小时全国客户服务自动语音系统95522。此外，公司还致力于缩短承保出单时限、及时理赔、完善售后服务等方面；并进一步向客户承诺多项延伸附加值服务；开通健康咨询热线，免费体检，免费寄送《客户服务专刊》等。2003年公司实现保费1.27亿元，比上年增长96.73%。（泰 康）

【友邦保险】 美国友邦保险有限公司是美国国际集团(AIG)的全资子公司，该集团为誉满全球的国际性保险及金融服务机构，起源于1919年的中国上海。2002年7月，友邦保险苏州分公司经中国保监会批准开业，成为友邦保险继上海、广州、深圳、佛山、北京之后在中国大陆开设的第6家寿险分（支）公司，也是进入苏州地区的首家外资保险公司。经营地区包含苏州市区及昆山、常熟、张家港、吴江、太仓等周边5县市。开业以来，苏州友邦平稳发展。2003年1月，昆山、吴江营销服务部相继设立；年中，太仓、常熟营销服务部也获准成立，这标志着公司已初步在周边县市建立起发展的架构，也使远离市区的客户能就近享受公司的专业服务。

2003年，苏州友邦根据市场需要，推出一系列新产品来满足市场需要，并使得公司产品结构进一步丰富、合理。4月，《友邦节节高分期给付两全保险》、《友邦常青树终身寿险》和《友邦附加常春藤养老两全保险》上市销售。6月，《友邦护身符综合保险计划》面市。11月，推出苏州市场上首个万能寿险产品——“友邦智尊宝终身寿险(万能型)”，获得良好反响。2003年8月，苏州友邦还和中国农业银行苏州分行合作开发银行保险，合作推出《理财宝两全保险(分红型)》。苏州友邦已在苏州市场分步推出了除投资连结类保险外所有类型的人身保险产品。

自成立伊始，公司就非常注意人才的培养，第一家在苏州设立了北美寿险管理学会（LOMA）考点，2003年，更是培养出苏州友邦的第一批寿险管理师。在注意业务拓展的同时，苏州友邦还不忘回馈社会，奉献爱心。除了在公司内部发起“爱心捐助大行动”，筹款资助罹患白血病的苏州大学学生之外，公司还积极响应江苏省政府的号召，踊跃捐款帮助遭受洪水袭击的灾区人民。

（友 保）

证 券

【概况】 截至2003年底，苏州市有综合类证券公司1家（东吴证券有限责任公司），证券营业部31家，其中市区23家，张家港、常熟各3家，昆山、太仓、吴江各1家，这些营业部分属全国16家证券公司。开户股民数近53万人，2003年全市证券、基金共成交818亿元。（上市办）

【东吴证券】 东吴证券有限责任公司前身为苏州证券公司，组建于1992年。经过十多年的发展，公司现注册资本金10亿元，下属证券营业部17家，服务部11家。市场范围覆盖了北京、上海、浙江、广东、福建和江苏苏州及下属各个市(县)，拥有广泛的客户资源和良好的品牌效应，业务涉及经纪、承销、自营、投资咨询、资产管理、企业重组、收购与兼并等。2002年公司业务总部迁址上海，依托浦东金融中心，以苏州为根据地，以上海为立足点，辐射长三角，面向全国。2003年公司完成总交易量为1640亿元，比上年增长48%，其中经纪业务成交额(A股+基金)为568亿元，同比增长24.5%。营业利润率、营业利润在上交所指标排名中列第7位和第12位。东吴证券经过增资扩股和逐步的发展，已经搭建起一个以苏州为重心的经纪业务服务体系，经纪业务在苏州地区总营业面积达6万多平方米，上万台的电脑终端、100多台的服务器、52个交易所席位、26个卫星站以及独家覆盖苏州全境的东吴证券客户服务中心（特服号96288），为苏州的30多万东吴证券客户提供方便快捷的证券交易网络服务。公司在苏州地区营业部数量只占苏州全部营业部的三分之一，但却占据了苏州市场的60%交易份额。是年，公司投行业务实现新突破，文山电力项目于2003年1月17正式上报中国证监会，7月4日顺利通过发审会；固定收益业务取得优异成绩，全年共承销国债6期，累积金额达到13.1亿

附：苏州市证券营业部一览表

名称	地址	邮编
东吴证券西北街营业部	西北街118号	215001
东吴证券狮山路营业部	高新区狮山路8号	215011
东吴证券胥江路营业部	胥江路	215000
东吴证券大儒巷营业部	大儒巷7-3号	215005
东吴证券石路营业部	爱河桥路48号	215000
东吴证券竹辉路营业部	竹辉路252号	215007
东吴证券三香路营业部	三香路120号	215004
东吴证券太仓城厢营业部	太仓市城厢镇上海路2号	215400
东吴证券昆山前进营业部	昆山市前进中路269号	215300
东吴证券常熟颜港营业部	常熟市虞山镇东门大街81号	215500
东吴证券吴江中山北路营业部	吴江市松陵镇东方丝绸服装市场三楼	215200
东吴证券张家港杨舍营业部	张家港市杨舍街2号	215600
南方证券苏州营业部	三香路6-6号	215004
华泰证券苏州营业部	人民路648号	215001
海通证券苏州营业部	竹辉路180号	215006
华夏证券苏州营业部	东环路129号	215021
中信证券中新路营业部	中新路58号	215000
申银万国苏州营业部	东吴北路158号	215007
北京证券苏州营业部	干将西路232号	215002
长城证券苏州营业部	吴中东路171号	215218
渤海证券苏州营业部	景德路110号	215005
中创公司苏州营业部	人民路67	215002
中创证券十全街营业部	十全街150号	215006
恒远经纪公司苏州营业部	干将西路1296号	215004
信泰证券苏州营业部	新市路48路	215007
信泰证券常熟营业部	常熟市枫林路77号	215500
南京证券常熟营业部	常熟市海虞南72-74号	215500
华泰证券张家港营业部	张家港市杨舍东街2号	215600
中关村证券苏州营业部	苏州市新市路438号	215007
上海证券苏州营业部	干将西路456号	215004
南京证券张家港营业部	张家港市步行街	215600
新时代证券苏州营业部	苏州市白塔西路102号	215001

（上市办）

元，在交易所国债承销团业绩排名35位；自营业务成绩斐然，2003年度自营净值增幅17.93%，超过同期上证综指（涨幅10.27%）7.66个百分点；经纪业务持续创新，在建立了省内第一个客服中心（Call Center）的基础上，引进了业内处于领先地位的集中交易系统，该系统在减少成本投入的同时，能更好地进行规范化的管理，已有10家营业部上线运行，综合效应正逐步显现；资产管理业务稳中求进，投资操作质量有了提高。（邓永清）

信　托

【概况】 苏州信托投资有限公司前身是苏州市信托投资公司，系苏州国际发展集团有限公司的全资子公司，1991年3月18日经中国人民银行批准设立。2002年9月18日获准重新工商登记，苏州信托投资有限公司正式挂牌，成为信托业清理整顿后，苏州市惟一一家获得保留的信托投资公司。

公司现有注册资本金3亿元。苏州国际发展集团有限公司作为苏州市证券、信托、银行、期货、担保、投资等金融产业的重要控股经营机构，构建了多元化的金融服务平台，授权代表苏州市政府作为苏州信托的第一大股东。

公司经营特色：本着“敬业、诚信、自律、创新”的经营原则，严格遵循“受人之托、代人理财”的宗旨，积极履行“诚实、信用、谨慎、有效管理”的义务，为社会各界和广大投资者打开一个全新的投资理财渠道——信托，让广大投资者有机会共同参与苏州地方基础设施建设、地方国企改制和政府投融资体制改革，有机会共同分享苏州经济高平台快速发展的成果。

苏州信托拥有项目咨询、尽职调查、信托产品策划研发、方案设计、投资管理、风险监控、财务核算、登记管理等实际运作方面的专业团队，实力雄厚，运作规范，并具有实施对常熟电厂委托投资、宁沪高速公路法人股东股权代管等案例的成功经验，在同行业中以稳健诚信著称，在国内外、行业内外均有一定的业务联系与市场基础，拥有一批战略合作伙伴与广泛的客户资源。

苏州信托致力于优化企业的股权结构，完善法人治理结构，提高企业运作效率与经营效益，以实现委托人利益最大化与促进企业持续发展为目标，公司充分发挥为地方经济发展和重大建设项目筹集资金的主要功能，近期以城市基础设施项目为发展重点，构建多元化与最优化的融资平台，充分发挥信托投资特许经营资质的优势，履行专家职责，控制过程风险，形成多赢格局，促进政府在基础设施建设项目等方面投融资体制的创新与改革。

【信托业务】 2003年是苏州信托投资有限公司取得信托市场准入资格的第一个完整的年度，是公司信托业务实现跨越式发展、具有里程碑

附表：信托项目发行情况（2003）

产品名称	发行规模(万元)	资金投向	成立时间	信托期限	预期收益率（%）	产品特色
苏嘉杭高速公路项目股权优先受益权信托计划	26,000.00	股权收益权投资	2003-1-31	3年	4.00	路权价值保障投资收益
银泰百货柜台经营收益权信托之优先收益权投资计划	20,000.00	柜台收益权投资	2003-2-21	2～3年	6.00	商铺经营，多重保障
苏州精细集团管理层收购融资项目集合资金信托计划	12,500.00	MBO企业收购贷款	2003-5-15	3年	5.00	优质企业，分享未来发展
苏州天然气管网有限公司股权投资项目信托计划	10,000.00	公用事业股权投资	2003-7-11	3年	4.50	公用事业，财政支持
西山古樟苑土地贷款项目信托计划	2,000.00	房地产贷款	2003-9-8	1年	4.00	项目优势明显，土地超额保障
苏州市殡仪馆新馆建设项目资金信托计划	5,000.00	社会公益工程投资	2003-10-27	3年	4.20	公益工程，财政支持
苏州博物馆新馆建设项目资金信托计划	15,000.00	社会公益工程贷款	2003-11-3	4年	4.50	公益工程，财政支持
苏州市疾病预防控制中心建设项目资金信托计划	5,000.00	社会公益工程投资	2003-11-17	2年	4.00	公益工程，财政支持
森隆置地组合投资项目资金信托计划	5,000.00	房地产贷款、股权投资	2003-11-25	1年3个月	4.50	组合投资，风险控制严密
桂花新村三期、姑香新苑之部分房产销售收入收益权信托计划	11,000.00	房产收入权投资	2003-12-25	1年6个月	4.30(优先受益权) 5.00(一般受益权)	利益分层，收益超额保障

意义的重要一年。公司共计完成信托业务项目22项，受托管理信托财产18.45亿元。“苏嘉杭高速公路股权信托项目”、“天然气管网公司股权投资资金信托计划”是公司介入基础设施建设领域的成功实例。尤其是“苏嘉杭高速公路股权信托项目”为江苏省首个较大规模的基础设施信托计划，它的顺利实施，在以信托制度平台促进苏州市投融资体制改革创新方面迈出了重要一步。“银泰百货经营收益权信托计划”是公司第一个跨出苏州区域的信托计划，扩大了公司在全国信托业界的知名度与影响力。“苏州精细集团管理层收购融资项目集合资金信托计划”是公司首个自主开发的信托产品，也是江苏省内推出的首个MBO资金信托计划。“西山古樟苑信托贷款信托计划”、“昆山森隆置地组合投资信托计划”等为代表的房地产信托项目，实现了房产信托业务零的突破。

为了推进苏州地区国有（集体）企业改制、政府项目的投融资体制改革，公司积极努力。2003年11月，市博物馆、疾控中心和殡仪馆3个政府项目的信托融资方案顺利实施并大获成功，共完成2.5亿元信托融资规模，取得了公司社会效应和经济效益的双赢格局。2003年，在苏州国际发展集团有限公司的大力支持下，公司分别与东吴证券有限责任公司、苏州市商业银行、农业银行苏州分行结成了战略合作联盟。与东吴证券积极寻求在资源共享、投资管理、投资银行、债券业务等方面的合作切入点。与苏州市商业银行、农行苏州分行积极寻求在信托项目专户开立、信托资金的代收代付、信托受益权的质押融资、信托产品的营销推介等方面的合作，都取得了良好的效果。 （梁秀芳）

上市工作

【概况】 2003年，苏州市企业上市工作根据市委、市政府关于全市经济发展战略及产业结构调整的总体思路，按照“上市公司再融资，辅导企业争上市，后备企业快改制”3个层次滚动推进的思路，充分利用苏州的优势资源，加大了资产战略重组的力度，加强对全市企业上市的组织、指导、协调、服务，上市工作取得阶段性的突破，并呈现出滚动发展的良好态势。截至2003年底，全市有A股上市公司11家，H股创业板上市公司1家。11家A股上市公司总股本273769万股，其中流通A股103712万股。上市公司累计从证券市场募集资金51亿元。

【上市申请与发行】 2003年是全市首发上市企业最多的一年，“华芳纺织”、“亨通光电”、“江南高纤”3家企业首发上市，共从证券市场募集资金9.923亿元。

2003年6月12日，“华芳纺织”在上海证券交易所以19.32倍市盈率发行9000万股A股，每股发行价4.83元，共募集资金4.347亿元。该公司主要从事针织纱、针织布和针织服装的生产、销售，此次募集资金主要用于扩建高档针织面料、液氨整理高档面料工程技术改造等项目。

2003年8月7日，“亨通光电”在上海证券交易所以20倍市盈率发行3500万股A股，每股发行价11.2元，共募集资金3.92亿元。该公司主营业务为光纤光缆的生产与销售，此次募集资金主要用于光纤拉丝、ADSS光缆、OPGW光缆等项目。

2003年11月12日，“江南高纤”在上海证券交易所以14.6倍市盈率发行3000万股A股，每股发行价5.52元，共募集资金1.656亿元。该公司主要生产销售“牛头牌”涤纶毛条、涤纶短纤维，是国内产销量最大、成条设备最先进的专业毛条生产商之一。此次募集资金主要用于多功能复合短纤维和纺丝技术改造项目。

【拟上市企业辅导】 2003年，全市有6家企业完成辅导，有2家企业上报上市申请材料，已完成辅导尚未报出上市申请材料的企业11家，正在进行上市辅导的企业9家，未上市股份有限公司78家。

【资产重组】 2003年，随着市属国有企业产权制度改革的逐步完成，国有资产及国有投资主体的重组工作被提上了议事日程。经重组，全市共保留国有资产投资主体8家。其中，苏州城市建设投资发展有限公司的注册资本从4亿元增加到30亿元，增强其资本实力和投融资能力。苏州国际发展集团有限公司将建成以金融投资为主业的国有控股公司。苏州园林的资产重组项目进展顺利，由苏州风景园林投资发展集团公司为主发起人发起设立的苏州园林发展股份有限公司完成工商登记，并于2003年3月进入上市辅导。

按照多元化投资、市场化运作的，并兼顾各方利益，整合市区供水资源，组建苏州太湖自来水有限公司的方案已组织实施。 （上市办）

科学技术

综述

【概况】 2003年，苏州市组织实施科技攻关、火炬计划、星火计划、成果推广、国际科技合作等科技项目437项，其中国家级项目75项，省级项目143项，市级项目219项。年内，国家重大专项苏州水环境质量改善和工程示范正式启动；吴江七都镇水环境生态建设工程示范、角直镇水生态环境重建工程示范研究分别被列入国家和省的小城镇科技示范项目；涉及环保、城市建设和管理、卫生等28项市级社会发展项目全面实施。各类科技项目的实施，推动了苏州市的科技进步，147项科技成果获市级以上科技进步奖，其中省级科技进步奖17项。全市科学技术对工业、农业经济增长贡献率分别达到49.69%和57.13%。苏州市和所辖的张家港市、昆山市、常熟市被国家科技部考核评定为2002～2003年度的"全国科技进步先进市"。

【知识产权】 2003年，苏州市被国家知识产权局批准为全国专利工作试点城市；相继成立了苏州市和张家港市、昆山市、常熟市、相城区知识产权局，建设了8个知识产权示范镇（累计9个），基本形成了市、县级市（区）、镇三级知识产权管理网络。全市专利申请量3780件，比上年增长21.6%，专利授权量2593件，增长11.6%，继续保持全省第一。

【高新技术产业】 2003年，苏州市新增国家火炬计划重点高新技术企业8家，累计31家；新增省级高新技术企业80家，累计555家，继续保持全省第一；新增省级以上双密（技术密集、知识密集）企业14家，高新技术产品224个（累计1221个），名列全省第一。高新技术产业产值达1860亿元，比上年增长65.5%，占规模以上工业比重达37.4%。其中通信设备、计算机及其电子设备制造业产值1566亿元，比上年增长77.5%，占全市高新技术产业比重达84.2%。

苏州市新认定省级民营科技企业217家，累计586家，居省内前列。

【科技兴农】 2003年，苏州市共引进、选育新品种百余种，翘嘴红鲌、花鳕、黄颡鱼等一批太湖名特水产品种的驯化、繁育及养殖技术取得重大突破；肉用湖羊新品种（系）的新组合已在常熟市、吴江市和吴中区等地区推广9万头；香青菜品系成功培育4个新品系，种植面积达3633公顷，收入1.5亿元，新增效益达1720万元。完成9个国家、省级星火计划项目，实现年增产值近6亿元。

【科技合作】 2003年，苏州市企业与84所高等院校、科研院所新签科技合作协议146项，其中与"两院两校"（中科院、工程院，清华、北大）合作62项，总投资32亿元。科技兴贸工作取得实效，苏州市高新技术产品出口额占全国的比重超过10%，在20个科技兴贸重点城市中仅次于深圳市、上海市，位居第三。有30多家著名跨国公司在苏州设立研发中心和研发机构。

【科技改革】 2003年，苏州市工业、农业、社会发展等方面的31个项目通过在全市范围内公开招标确定了承担单位，投入的科技经费占年度科技三项费的71.7%。同时，市科技局逐步尝试科技经费"拨改投"的方式，对政府引导的重大、重点项目进行投资。

【科普宣传】 2003年，苏州市科普工作突出重点、面向群众，围绕"依靠科技、战胜非典"这一主题，开展了科技活动周和科技下乡等活动，并发挥各类宣传载体的作用，广泛传播科学常识，取得了阶段性胜利。全市新增省级科普教育基地3家、市级科普教育基地12家，累计各级科普教育基地94家。 （李 莉）

【建设"科技工作者之家"活动】 ①举办首次全市科技人员春节团拜会，应邀的200多名全市各行各业科技工作者代表欢聚一堂，共话创新、发展和友情，市委副书记杜国玲在会上发表了热情洋溢的讲话，团拜会呈现出欢庆、温馨、祥和的"科技工作者之家"的浓郁氛围。②加强与市政协科协组委员的联系，通过提案等形式，反映科技人员的意见和呼声，积极参政议政。③开通"苏州科技人员服务网"（http://www.szst.cn）（试运行），为科技工作者提供科技信息、人才信息、学术交流、成果转让、献计献策、继续教育、科学普及、休闲联谊等服务，逐步把网站办成"网上科技人员之家"。④开展评优创先表彰活动，宣传优秀科技人员的先进事迹，组织优秀科技工作者短期休养和科技考察；开展科技工作者状况调查工作，了解他们的工作、学习、科研及参加社会活动的状况，调动科技人员积极性。⑤市科协压缩办公用房，开辟了200平方米的"科技沙龙"场地，向科技人员和团体开放。先后举办了"水的深度处理和膜分离技术及其应用"、"网络与现实的互动"等主

附：苏州专家咨询团名单

（共44名，排名不分先后）

姓名	单位职务	职称	备注
郑　茳	苏州国芯科技有限公司董事长、教授、博导	教授	省级专家
谢卫国	苏州市华芯微电子有限公司董事长	高级工程师	全国百名优秀科技人才
徐德清	世宏科技(苏州)有限公司董事长特助	研究员	拔尖人才
崔志明	苏州大学科研处处长	教授	享受特贴专家
朱荣跃	苏州混凝土水泥制品研究院院长	教授级高工	享受特贴专家
刘　群	苏州苏福马责任有限公司副总经理	教授级高工	
叶　军	苏州电加工研究所所长	教授级高工	享受特贴专家
束国刚	苏州热工研究院有限公司总经理	教授级高工	享受特贴专家
沈晓春	苏州市创捷工业控制技术有限公司董事长	工程师	省“333”培养对象
郭建伟	苏州市供电公司总工程师	高级工程师	
张伟明	苏州市水产研究所所长、市水产学会理事长	高级工程师	享受特贴专家
郁寅良	苏州市粮食作物技术指导站站长	研究员	省级专家
毕家栋	苏州市水利勘测设计研究院副院长	高级工程师	
方世南	苏州大学政治与公共管理学院教授、博导	教授	高校学者
任　平	苏州大学校长助理、教授、博导	教授	享受特贴专家
周海乐	苏州大学社会发展研究所教授	教授	享受特贴专家
周亚平	苏州广播电视总台新闻综合频道总监	编辑	省“333”培养对象
夏晓明	苏州市歌舞团团长	中教一级	
何若全	苏州科技学院院长	教授	享受特贴专家
杨新海	苏州科技学院建筑系主任	副教授	高校学者
时　匡	苏州工业园区总规划师、市土木建筑学会副理事长	教授级高级建筑师	国家级专家
冯正功	苏州工业园区设计研究院院长	高级建筑师	省级专家
居　易	苏州科技学院环境与教育中心研究员	研究员	高校学者
杨海坤	苏州大学法学院院长、博导	教授	
朱　伟	苏州竹辉律师事务所主任	一级律师	省“333”培养对象
陶子浩	苏州交通工程集团公司董事长	高级工程师	省“333”培养对象
俞印亮	苏州科技学院副教授	副教授	高校学者
匡振鸥	苏州园林设计院有限公司总工程师	高级建筑师	
贺凤春	苏州园林设计院院长	高级工程师	省“333”培养对象
陈来生	苏州大学社会学院(曾任旅游系主任)	副教授	
龚国钧	江苏亚细亚国贸集团董事长	高级经济师	
施维臻	苏州肯德基有限公司副总经理	一级烹调师	
万解秋	苏州大学财经学院院长、教授、博导	教授	享受特贴专家
王彦国	东吴证券有限责任公司总经理	副教授	拔尖人才
张雨歌	苏州仁合资产评估有限公司董事长	注册会计师、注册评估师	省注册咨询专家
单　强	苏州工业园区职业技术学院院长	教授	高校学者
陆一鹏	苏州蓝缨学校校长	中学高级教师	省级专家
徐天中	苏州市实验小学校长	中学高级教师	
朱　江	苏州大学生命科学学院副院长	教授	高校学者
任光荣	苏州市中医院专家委员会主任	主任医师	享受特贴专家
徐　勇	苏州大学卫生发展研究中心主任、预防医学系主任	教授	高校学者
夏家骠	苏州市预防医学会秘书长	主任医师	
李　鸣	苏州广济医院院长	主任医师	省“333”培养对象
薛小玲	苏州大学临床一系副主任、护理系主任	副主任护师	高校学者

咨询团诚聘顾问：

薛鸣球　中国工程院院士

潘君骅　中国工程院院士

阮长耿　中国工程院院士

题沙龙活动，受到科技人员的欢迎。⑥为充分调动专家的积极性和创造性，最大限度地发挥专家的技术特长和群体优势，市科协配合市委人才工作领导小组，组建了由44名全市各条战线的知名专家组成的“苏州专家咨询团”。专家咨询团组委会办公室设在市科协。咨询团成立后，将通过开展多种形式的活动，为市委、市政府提供决策咨询服务。

（常　华）

国际新兴科技城市建设

【概述】 为了进一步发挥科技对经济发展与社会进步的支撑作用，提升苏州的综合竞争能力，2003年11月6日，苏州市委、市政府组织召开了加快建设国际新兴科技城市动员大会，市委、市政府出台了《关于加快国际新兴科技城市建设的决定》，市政府制定下发了《关于实施苏州市建设国际新兴科技城市十大工程的通知》，明确提出把苏州建成科技含量较高、创新能力较强、产业优势明显的国际新兴科技城市的指导思想和奋斗目标。同时市政府出台了《关于加快区域科技创新体系建设意见》、《关于鼓励和吸引国（境）内外研发机构的意见》、《关于促进软件产业发展的若干意见》、《关于加快推进科技兴农工作的实施意见》等配套政策和措施。

【指导思想】 创建国际新兴科技城市的指导思想：全面贯彻党的十六大精神，紧紧围绕“两个率先”的目标，坚持以科技发展为动力，以增强科技综合实力为基础，以提高人民群众科学素养和生活水平为根本出发点，深化科技体制改革，培育科技创新能力，发展高新技术产业，提高全社会知识化水平，进一步加快产学研紧密结合的科技创新基地、以高新技术产业为主导的现代制造业基地、以都市农业和生态农业为主要内容的现代农业基地、以知识服务为主体的科技服务基地建设，努力把苏州建设成为科技综合竞争能力国内领先、经济与社会全面发展、国际影响力和竞争力较强的国际新兴科技城市。

【阶段性目标】 到2005年的主要目标：工业科技进步贡献率达50%，农业科技进步贡献率达60%；高新技术产业产值率达38%；每万人拥有专业技术人员超过1000人，本科以上学历和副高以上职称的高层次人才占全部科技人员的25%；全社会R＆D（研究与开发）投入占GDP（地区生产总值）的比重达1.5%，高新技术企业和重点骨干企业科技投入占销售收入的比例达6%以上；专利申请量和授权量年均增长15%；高等教育毛入学率达45%以上，从业人员平均受教育年限达12年，形成创新体系建设、产学研联合和软件产业发展三大突破。总之，将建设国际新兴科技城市由起步期推进到全面建设期。

到2010年的主要目标：①基本形成满足经济发展和社会进步需要的、促进与推动作用强劲的技术支撑体系，工业科技进步贡献率达55%，农业科技进步贡献率达65%；②基本形成融合技术创新与体制创新、创新活动广泛高效的区域创新体系，全社会R＆D投入占GDP的比重达2%以上，专利申请量和授权量分别达6.6万件和4.9万件，拥有自主知识产权的高新技术产品产值占全市高新技术产品产值的45%以上；③基本形成顺应知识经济发展要求、反映当代科技发展方向的产业结构，力争高新技术产品产值达4500亿元；④基本形成面向国际国内两个科技市场、与区域经济和社会发展格局相一致的科技资源配置体系，力争以信息技术产业为主导，高新技术产业带工业产值达7000亿元；⑤基本形成适应产业发展要求与方向、有利于提升全社会科技素质的社会知识体系，人才总量达到82万，占总人口的比例达12%。总之，将建设国际新兴科技城市由全面建设期推进到自我完善、持续发展的成型期。

【十大工程】 根据市委、市政府《关于加快国际新兴科技城市建设的决定》精神，自2003年起全面实施苏州市建设国际新兴科技城市的关键技术创新和产业化、绿色农业、科技园建设、软件产业园建设、知识产权培育与保护、科技基础设施建设、科技中介服务体系建设、高层次人才建设、公众科学素养、城市现代化等十大工程。

（李　莉）

创新载体建设

【高科技产业园区】 苏州市各级开发区已成为苏州高新技术产业的密集区，其中苏州工业园区、苏州高新区、昆山经济技术开发区的高新技术企业户数和高新技术产品产值占全市总量的比重分别达到70%和60%。国（境）外企业中有45家研发机构落户苏州。环保技术产业园、信息产业园等高科技产业园的功能载体加快构建。

【高科技特色产业基地】 2003年，新增国家火炬计划常熟高分子新材料产业基地、昆山模具产业基地，苏州市国家级火炬计划产业基地累计达6家。新建了省级吴江林业种苗花卉高新技术园区。

【科技企业孵化器】 2003年，苏州工业园区国际科技园二期、苏州高新区创业大厦建设竣工，苏州高新区毕业企业创业园已有20多家企业入驻；新建了平江科技创业园、金阊区科技产业园。全市已累计建立了苏州工业园区国际科技园、苏州留学人员创业园、苏州市沧浪科技创业园和各市区科技创业园等16个科技企业孵化器。

【技术创新平台】 2003年，新建了苏州（中科）集成电路设计中心、省级实验动物开放型服务中心和复杂三维模具逆向工程技术平台、市级光电测绘仪器检测中心等公共技术平台，全市累计各类公共技术平台达7个；新建了省级干细胞重点实验室，各级重点实验室累计达9个；新建了省级氟化工新材料和汽车关键零部件、市级特种水产等8个工程技术研究中心，各级工程技术研究中心累计达17个；同时建立了一大批企业技术中心。

【科技中介服务机构】 2003年，组建了苏州科技创业投资公司，苏州市生产力促进中心、APEC技术转移中心、苏州市技术市场服务中心整合为一，拓展了业务，壮大了骨干科技中介服务机构的规模。目前，苏州市拥有技术贸易机构近千家，江苏省A级信誉咨询企业50家；建立了苏州软件企业行业协会、民营企业促进协会、企业专利协会等一批行业协会。 （李 莉）

科学研究

【软科学课题研究】 2003年，市科协实施《苏州市科协软科学项目管理办法》，组织专家，围绕苏州社会经济发展的热点、难点问题进行软科学课题研究。全市有20个学会和高校科协申报了27个项目，经市科协学术委员会评审，其中10个项目获准立项。苏州市城市建设研究会《苏州古镇群保护研究》、苏州市老科技工作者协会《提高我市农业外向度的研究》、苏州市护理学会《建立社区健康学校的可行性研究》、苏州市职业大学科协《苏州市高等职业技术教育培养目标与模式的研究》等4项被评为优秀项目；苏州市生物学会、水产学会《苏州水产食品公害源头监控及防范体系的研究》、苏州市畜牧兽医学会《调整农业产业结构 大力发展种草养畜》等2项获得市科技局科技三项经费的支持。

【公众科学素养调查】 2003年6月，市科协牵头组建了2003苏州市区公众科学素养调查软课题组，由苏州大学、苏州科普促进协会、苏州市城市社会经济调查队的专家们联合开展调查，为时5个月。调查样本按照国际通用的公众科学素养统计抽样方法随机抽取苏州市区40个社区居委会和10个村委会的1000名18～69岁成年公民（不含现役军人），由调查员上门直接面对调查对象访问记录，当场收回问卷。问卷回收率为100%。调查结果显示，2003年苏州市区公众具备基本科学素养的比例为7.19%，其中以男性、年轻、高学历、从事职业与科学关系密切者偏高。公众科学素养工程被市委、市政府列为苏州市建设国际新兴科技城市十大工程之一。

【“双杯奖”竞赛活动】 各级科协、学会、企业科协动员组织科技人员，针对企业中的急、难、新、尖问题进行献技攻关、“双革四新”。全市共收到申报“双杯奖”竞赛参评项目185项。经过参赛单位互评和专家组审定，评出100个优秀项目（获攻关奖项目93项、献计奖项目7项）。其中，25个优秀项目脱颖而出，47名项目负责人荣记三等功，市人事局、经贸委、市科协、市科技局联合发文对获奖人员与项目进行了表彰；市政府给予参加活动成绩突出的苏州市畜牧兽医学会肖玉琪、苏州市野生动植物保护协会蒋小弟和朱洪莲记二等功，鼓舞了全市广大科技工作者献身科技的热情。

【“厂会协作”行动】 2003年市科协组织完成“厂会协作”项目33项，为企业新增利润10132万元，节支3800万元。其中市制冷学会和苏州江南春食品有限公司协作的老设备改造项目，在技术上属国内首创，为企业新增利润300万元；市水产学会和苏州水产研究所协作的露斯塔野鲮高产养殖推广项目，创造直接经济效益8420万元。市科协组织科技咨询服务，全年完成科技咨询合同1800个，实现合同金额1400万元。活动的开展使学会真正进入了社会经济建设主战场。 （常 华）

【胡德霖连获国家级奖励】 2月28日，苏州高新技术产业开发区电器检测所所长胡德霖光荣出席了在北京人民大会堂举行的颁奖大会，受到党和国家领导人的亲切接见。他所进行的“低压电器实验与检测技术研究”成果获得2002年度国家科学技术进步奖二等奖。此前，胡德霖的另一项成果曾获得2001年度国家科技进步二等奖，成为江苏省唯一连续两年获科技大奖的获奖者。

胡德霖在机械工业系统电工产品检测领域默默无闻耕耘了25年。作为苏州大学等高校的兼职教授，他所进行的“低压电器实验与检测技术研究”是光电子技术快速发展的一个新课题。他带领检测所及研究小组从1999年起投入大量人力物力开展专题研究，对检测的机理、数据采集和处理、图像生成和传输进行了深入研究，还研制成功了具有国际先进水平的数据采集系统、低压电器电弧图像高速拍摄装置和继电器可靠性实验装置。他所领导的高新区电器检测所同时获得了国家科学技术进步奖集体二等奖。其综合检测能力在国内处于领先地位。 （宓晓文）

【学术交流】 2003年，市科协积极开展多领域、多层次国内外学术交流活动，共举办各类学术活动135次，参与人员达13831人次，取得了丰硕的学术成果。2003年中国藻类学会第6届会员代表大会、省植物生理学会学术年会、中国电子学会学术年会、全国细纱专业委员会学术年会、中国儿童保健学会学术年会、中国畜牧兽医学会第10次代表大会、华东植物病理研讨会等国家级、省级学术会议相继在苏州召开，繁荣了苏州的学术活动，推动了学会的发展和学术水平的提高。

【全国暨国际无损检测技术大会在苏召开】 9月23日，市科协与苏州热工研究院联合承办的第8届全国无损检测大会暨国际无损检测技术研讨会在苏州召开。副市长赵俊生，省科协党组书记、常务副主席宋秀芳等领导到会祝贺，中国机械工程学会常务秘书长丁培璠，中国科学院院士陈达，来自俄罗斯、日本、英国、伊朗等国和全国各地从事质量安全控制技术的数百名专家、学者参加了这次学术盛会。专家学者围绕“无损检测过去的成功和未来的创造”主题，进行深入的学术研讨。同期举行了2003年国际检测设备（苏州）展览会。

【对外民间科技交流】 市科协加强与国内外科技团体的交流与合作，先后接待了俄罗斯俄中友协第一副主席库里科娃女士和以俄罗斯科学院院士、“新西伯利亚”技术园区主任尤·伊·绍金为团长、45名青年科学家组成的俄罗斯代表团。在苏期间，外宾们参观了苏州工业园区的建设、市科协的“科技沙龙”，进行了座谈。通过考察交流，增强了进一步加强合作、共同发展科技事业的愿望。

12月，市科协组团赴台湾参加了第4届海峡两岸天文推广教育研讨会，与台、港、澳天文同行切磋交流天文科普教育，探讨合作，并就今后加强海峡两岸天文学术和科普交流达成了共识。（常 华）

【苏州热工研究院有限公司】 2002年，国务院在批复的《电力体制改革方案》中明确苏州热工研究所（简称热工所）由国家电力公司整体划归中国广东核电集团有限公司（简称集团公司），国家财政部于2003年1月办理了热工所资产划转集团公司的手续。6月10日，集团公司董事长王禹民召开总经理办公会，确定热工所为集团的二级成员企业（具有独立法人资格），明确要求热工所的发展定位要纳入集团的总体发展规划，并提出了热工所要发展成为集团的科研基地和在长江三角洲的发展基地。7月7日，热工所以“苏州热工研究院有限公司”的名称完成工商注册登记。8月21日召开了第一次董事会。8月22日苏州热工研究院有限公司举行挂牌仪式。至此，苏州热工所顺利实现经营体制的转变，由事业单位转制为自主经营、自负盈亏的企业。

2003年度全院新增合同额5483万元，比上年增长64.38%。

院4项科技成果和4篇优秀论文向集团公司申报“2004年度中国广东核电集团科学技术奖”，其中“核电国产化设备制造质量监督的研究和实践”科研成果经集团公司科技委推荐，已申报国防科工委科技进步奖。院承担的“核电站重要金属部件寿命管理研究”、“火电机组技术经济评估预研”两项已获集团科技委立项。向集团公司申报的8项科技创新项目通过了初审。2003年在国内一、二类杂志及学术会议上共发表论文35篇。院评出科技成果奖8项，优秀论文11篇。

按照集团公司关于建设科研基地的要求，热工院编制了建设“电站金属材料寿命评估实验中心”可行性研究报告，该报告先后通过了由集团公司组织的技术评审和综合评审，集团公司已原则同意该建设项目。

同时，院以遴选学科带头人和拔尖人才为目标实施人才工程，先后引进一批金属材料、自动化等专业的骨干人才，招收反应堆工程、热能动力等专业的研究生、本科生，为技术领域的开拓与发展搭建人才平台。

根据长江三角洲地区电力市场的实际情况，热工院选择了为区域供热服务的环保型热电厂作为重点，对周边一批运行热电厂和待建热电厂展开了大量调研和沟通洽谈工作，南京新苏热电厂已作为重点收购对象进行了实质性磋商。（薛招娣）

科学普及

【概况】 2003年市科协以提高全民科学文化素质和思想道德素质为出发点，以社区科普资源为依托，以科普创建为抓手，将科普工作与三个文明建设有机地结合起来，充分发挥网络优势，求实创新，强化特色，科普工作取得了长足进步。①加大社区科普网络建设力度，把科普工作做到最基层，积极发展社区（居委会）科普协会，全市已建立社区（居委会）科协205个。②积极探索科普活动新模式、新方法，倾力打造科技讲座、科普游、百姓科普广场等科普品牌活动。③以科普创建工作为契机，全面提升苏州市科普工作层次与水平。2003年，昆山市、太仓市、平江区被命名为江苏省科普示范县（市、区），至此，全市5个县级市和3个城区实现了省级科普创建工作满堂红。11月，苏州市科协应邀出席全国城市科普工作暨理论研讨会并作典型发言。

【科普品牌】 ①百姓科普广场。自3月22日，在最热闹的商业区——玄妙广场举办首场“实现水资源可持续发展”百姓科普广场后，市科协坚持每月举办一次，2003年成功举办了10场。活动以群众喜闻乐见的科普宣传形式出现，根据每次不同的宣传主题，在活动中穿插科普知识问答、科普文艺演出、专家现场咨询、健康服务等，吸引了数以万计的市民，取得了较好的宣传效果。②科普画廊。2003年市科协又新建15座科普画廊，使直接管理的画廊达到了40座，并坚持每月更新一次内容，为社区建设增添一道亮丽的风景。③科技讲座。2003年市科协组织的公益科技讲座越来越受到广大人民群众的欢迎，讲座从科技大楼延伸至全市的社区、学校、军营，从原来的每月举办2～3场增至5～6场。全年共举办各类科技讲座近百场，受益听众逾万人。④市民科普游。市科协将普及科学知识与旅游观光相结合，组织了社区居民、机关干部、部队官兵参加市民科普一日游近40批次，参加人数达3000多人次。⑤科普网站。5月1日，“苏州科普之窗”（www.szkp.org.cn）网站第3次扩版，栏目增加到20个，网页超过1万张，初步形成了苏州地方特色科普、共享科普信息、网上科普擂台赛三大板块。⑥科普文艺汇演。市科协举办了社区科普文艺汇演比赛。全市19个街道围绕保护环境、卫生健康、科学生活、反对迷信等内容，自编自演19个科普文艺节目，以说唱、小品、独角戏、快板等形式，反映科教进社区、青年学科学用科学的新气象，向人们讲授改变陋习、防治非典、科学生活的道理。

【第15届科普宣传周】 根据省、市防治“非典”工作部署，第15届科普宣传周以“依靠科学，战胜非典”为宣传主题，在城乡全面展开。市科协组织医务专家每天4场讲座，走遍市区19个街道，并深入农村，共举办“防非”科普讲座、科普咨询活动50多场次。全市举办各类科普宣传活动200多项，制作科普图板300余块，印发各类防治“非典”宣传资料100万余份，受益群众达200万余人次，超过历届科普宣传周。期间，还举办了“百姓眼中新苏州”苏州市第2届科普摄影比赛、“我心中的家园”科普征文等形式多样的科普活动。

【科普创建工作】 2003年，全市科普创建工作蓬勃开展，成效显著。昆山、太仓两市和平江区通过了江苏省科普示范县（市、区）的验收后，全市5个县级市、3个古城区全部创建成江苏省科普示范市和城区，吴江盛泽镇等11个街道（乡镇）被命名为江苏省科普文明街道（乡镇）；张家港、常熟、吴江、昆山等已经积极投入创建全国科普示范县（市）的工作中。市科协会同市委宣传部、市文明办在全市开展创建农村科普示范镇活动，昆山花桥等19个乡镇创建成市级科普示范镇。为推动科普创建工作，市科协专门建立了创建工作领导小组，每月召开一次工作例会，检查交流创建工作情况。各市（县）科协以创建为契机，进一步完善社区科普网络和科普设施的建设，把全市农村科普工作推向了一个新高潮。

【青少年科技活动】 市科协与教育部门紧密合作，组织青少年科技教育活动，推进中小学素质教育。3月联合制发《青少年科技教育特色学校管理办法》，命名了16所科技教育特色学校。精心策划组织了第14届苏州市青少年科技创新大赛、机器人比赛、亿利达青少年发明奖等活动，全市近200所中小学校参加了各类比赛。在全省青少年科技创新大赛中，苏州参赛作品名列前茅，共获得省级发明创造项目奖65项，科学论文项目奖64项，信息技术应用成果及技术创新项目奖38项，科学幻想绘画奖94幅，优秀科技活动奖9项，科技创新大赛学校团体奖3项，市科协获省优秀组织奖。在省机器人大赛上，苏州共获得学校团体奖14项，单项奖15项，市科协获优秀组织奖。科技夏令营活动也受到青少年和家长的欢迎。

【农村党员、干部科技素质培训】 根据《2003年～2005年苏州市农村党员、基层干部科技素质培训规划要点》，2月，建立了由市委组织部、市科协牵头，市政府相关部门及有关团体组成的苏州市农村党员、基层干部科技素质培训工作协调小组，并制定了“协调小组分工意见”。各市（县）成立了由当地市委、市政府分管领导挂帅的协调小组。各地以党校、农技校、成教中心等为阵地，以农村党员干部、基层干部为主要对象，有计划、有步骤地组织学科技、用科技培训，有效地提高了他们的科技素质和带领群众致富的本领，推动了农村经济的发展和精神文明建设，增强了农村基层党组织的凝聚力、战斗力。2003年，全市共举办农村党员、基层干部培训班4000多期，培训农村党员、基层干部96.82万人次。

【首届苏州科普工作研讨会召开】 11月25日，市科协在苏州市图书馆举办2003苏州科普工作研讨会。来自全市各界的80多名科普工作者、学者参加了会议。大会从征集到的100多篇论文中，精心挑选出对科普工作的对象、内容、形式、资金、法规、理念等方面具有创新的16篇文章进行了交流。中国科协学会部副部长杨文志出席，并从科普工作的形势、理论以及科协在科普工作中的定位和责任作了精辟的分析报告。大会还邀请了泰州、常州、嘉兴等市的科普工作者参加。

【科普题库建设】 为了满足“苏州科普之窗”网站科普擂台赛、百姓科普广场、市民科普游以及各类科普知识竞答活动对科普知识题目日益增长的需求，市科协进行科普题库建设。科普题库项目分幼儿科学启蒙、小学生科学教育、中学生百科知识、市民身边科学、老年生活科学、现代科技和农业科技等7个部分，首期共5000道题目，截至年底，已完成3000多题，50多万字。

【科技拥军】 2003年市科协把科技拥军列入重要工作议程，进一步加大科技拥军力度。①投资万元，在军营内建造一座新型科普灯箱画廊，科普宣传阵地延伸到军营。②每月在军营组织一次科技讲座。市科协在部队官兵中组织问卷调查，详细了解他们对知识的需求，有针对性地选择讲座题目。③根据部队官兵的技能需要，组织所属学会对战士进行职业技术培训。（常 华）

天文气象

【天文观察】 2003年，市青少年天文观测站完成4项天文观测任务：①全年的流星雨项目观测；②5月7日市区观测点对“水星凌日”的观测；③“火星大冲”观测；④2003年太阳风暴——大黑子群的观测。其中“火星大冲”观测规模空前。这次由市青少年天文观测站、市天文学会、市科普促进协会和桂花公园管理处联合举办的“苏州2003年火星大冲‘万人看火星’大型公益性科普活动”共有36个单位、2万余人参加，还印发了介绍“火星大冲”科普宣传资料5000份，为市民和学生了解火星及其引起的天象提供了帮助。

（左彬森）

【气候概况】 2003年苏州平均气温比历年偏高，且月月偏高，年极端最高气温39.0℃，居历史第二。35℃以上高温天气比历年偏多18天。年降水量比历年偏少20%，全年雨日、暴雨日、大雨日分别比历年偏少9天、1天、3.5天。年日照时数比历年偏少9%，1月、3月和9月日照时数偏多，其余各月偏少。终霜日、初霜日分别提早16天和3天，全年无霜期248天。

【气候特点】 2003年苏州市区气温持续偏高，35℃以上高温天气异常偏多；年雨量偏少且分布不均，梅雨量北多南少差异明显，强对流天气较常年偏多并造成一定的灾害；日照时数明显偏少。

①冬雨偏多，日照偏少

冬季（2002年12月～2003年2月）平均气温比历年偏高1℃以上，极端最低气温-5.0℃（市区），出现在1月5日。冬季雨量比历年偏多78%，雨日比历年偏多6～7天，月降水量均比历年同期偏多，冬季日照时数比历年偏少15%。

②春暖多阴雨，终霜提前到

春季（3月～5月）平均气温比历年偏高1℃以上，其中3月下旬平均气温创历史最高记录。终霜日比历年提早16天。春季多阴雨天气，季雨量比历年偏少6%，季雨日偏多3～4天，季日照时数较历年偏少14%。

③盛夏高温日多，梅期迟量偏少

夏季（6月～8月）平均气温比历年偏高1℃以上，高温天气比历年同期多15天。夏季雨量比历年偏少33%。6月21日入梅，7月12日出梅，入出梅分别迟5天和3天。梅雨量北多南少，苏州市区梅雨量比历年偏少32%。夏季日照时数比历年偏少15%。

④入秋迟而初霜早，降水少光照正常

秋季（9月～11月）平均气温比

历年偏高1.5℃以上，高温日数比历年偏多近3天。初霜日比历年提早3天。秋季降水量比历年偏少36%，雨日偏少近7天，秋季日照时数比历年偏少1%。（黄冠乐）

【气象灾害】 2003年主要灾害性天气有：

一、冰雹和雷雨大风

①6月6日10时30分至11时30分出现局地性的雷雨大风并伴随较为罕见的白昼如夜奇景。苏州市平江区莫邪路、吴中区太湖东路两气象站点测到的瞬时风速分别为23.9米／秒和22.3米／秒。受其影响，市区有20多处居民区及10余条道路、街巷出现短时间的积水，发生交通事故63起，其中沪宁高速公路苏州东出口往无锡方向3公里处发生一起3车相撞事故。受灾最严重的相城区局部还出现冰雹，因灾共倒塌房屋4间、损坏房屋6间、倒塌工棚13间、倒塌围墙15处和一些户外广告牌，7条供电线路中断。全市因灾死亡2人、受伤9人。

②6月29日，太仓市城厢镇、岳王镇等地遭短时强降雨袭击，城厢镇雨量达100.9毫米，造成该市城区、新区部分街巷、居民区和工厂一度积水达30～40厘米。

③7月5日雷雨大风，苏州短时雨量达24.9毫米，最大风力15米／秒，并伴有冰雹。常熟出现暴雨，雨量56.1毫米，最大风力19米／秒。雨量最大的张家港为105.1毫米。由于降雨强度大，市区部分居民区及道路、街道出现短时积水，张家港有3家企业进水造成一定的损失，常熟也有一些房屋进水。

④7月10日15时起，苏州自北向南遭受雷雨大风袭击。市区、吴中区、相城区、昆山、太仓等地出现了7～9级雷雨大风，其中太仓的双凤、新毛遭受9～10级大风袭击，相城区的黄埭、东桥遭受龙卷风袭击，龙卷风持续时间15分钟左右，涉及7个自然村，主要有下堡、斜桥、永昌、由巷、万安、董巷等自然村。沿江地区日雨量达暴雨程度，其中浏河闸和望虞河闸站点日雨量分别达到63毫米和68毫米。全市共有8个乡镇、37个自然村、30余家企业、上千农户受灾，倒塌房屋138间计2750平方米，损坏房屋2437间计40610平方米，倒塌棚舍156间计6860平方米，损坏简易棚13间，倒塌围墙135米，吹毁蟹塘护围铝皮12500米，树木、苗木受损97.76公顷，吹倒三线电杆55根，线路中断3条，因灾死亡2人，受伤8人，其中重伤1人，轻伤7人，直接经济损失约740万元。

⑤7月17日18时左右，常熟、相城、太仓等地突遭雷雨大风袭击，最大风力达9～10级，并出现短时强降水。受其影响有4人死亡，44人受伤，108间房屋倒塌，5000多间房屋、棚舍受损。受灾最重的是常熟，涉及海虞、新巷、梅李等8个镇、172个行政村，有106间房屋和120米围墙倒塌，4700多间房屋棚舍受损。

⑥7月22日21时多，雷雨大风袭击昆山陆家镇，造成1名外来打工妇女因简易工棚倒塌死亡，全镇22人受伤，另有几家民房有不同程度受损，合丰开发区内荣成纸业有限公司在建综合大楼15万平方米框架钢结构被吹倒，直接经济损失300多万元。

⑦7月26日17时冰雹、雷雨大风袭击张家港锦丰镇、乐余镇，涉及锦丰14个村、乐余4个村。据受灾地区目击者反映，当时大风十分强劲，估计风力有11级左右，持续时间约10多分钟，并伴有短时强降水和局地冰雹，降雨量10～34毫米，冰雹直径一般约4～5毫米。受灾范围共涉及上述两镇的18个行政村、1919户，有163间房屋倒塌，4923间房屋不同程度损坏，12条供电、通讯线路受损中断，许多大树被风刮倒、折断或连根拔起，并致6人受伤，直接经济损失约380万元。

⑧8月28日14时起雷阵雨在市区东部强烈发展，苏州气象台测得14时至17时降水量56.5毫米，并出现9级（21.2米／秒）大风。突如其来的暴风雨使市区多处出险，古城区东部一些地段出现了短时积水，不少行道树被刮断，沪宁高速和苏嘉杭高速短时间拥堵严重，多处工地出现人员被倒塌的脚手架砸伤的险情，其中最严重的是苏州建鑫建筑有限公司在工业园区二三区F城工地的一处简易宿舍楼倒塌，当时有300余人在内躲避风雨，造成80余人受伤、7人死亡的事故。

二、大风

10月12日9时至13日22时，太湖水面刮起7～8级大风，苏州海事部门先后接到30多艘船报警，其中20艘船已经沉没。海事部门出动4艘巡逻艇，经40多小时全力搜救，68名船民脱险，2人失踪。

三、干旱引发山林火灾

2003年雨水偏少，特别是8月份以后，几乎每旬雨量均偏少。干旱少雨使全市出现高火险天气的几率大大提高。经统计，下半年全市大大小小山林火险火警24起，过火面积约5公顷，是1990年以来最多的年份。

①8月27日观山与凤凰山交界处发生山林火灾，历时2个多小时，过火面积约1.3公顷。

②12月23日尧峰山一场长达近4个小时的熊熊烈火将2.7公顷山林烧成一片灰烬，腾起的火焰高达7～8米，飞火又造成多处火点。

③12月25日凌晨3时吴中区穹窿山国家森林公园突发山林火灾，由于火势凶猛，加上夜里山陡沟深，直至早晨6时才被扑灭，火灾长达3小时，过火面积约1公顷，没有殃及生态林，也未造成人员伤亡。

（黄冠乐　苗红波）

【气候对农作物生长的影响】 ①小麦

播种期气温偏低，出苗时间延长。以后气温回升，降水和日照基本正常，生育进程逐渐接近上年。但12月上中旬多阴雨，地势低洼田块遭受轻度湿害，长势差于去年。拔节孕穗期气温偏高，生育进程加快。抽穗扬花期降雨过程对小麦扬花授粉有所影响，并有利于赤霉病子囊孢子侵染。灌浆结实期的中期多晴好天气，气温日较差较大，有利于籽粒增重。收获期多晴天，光照充足，有利于小麦收割、脱粒、晾晒、归仓。

②水稻

育秧期气温适宜、雨水偏少、光照充足，有利于培育壮秧。移栽期多阴雨天气，光照弱，日照时数不足常年一半，有利于返青活棵。幼穗发育期气温高但变化大，对花器发育及花粉活力有影响。抽穗扬花期出现高温，影响花粉破裂和花粉管伸长。灌浆结实期天气基本属于正常，有利生长。

【气候对市民生活的影响】 进入7月以后，苏州地区连日出现高温，用电负荷和用电量、用水量连创新高。

酷热使感冒、肠胃道、发热病人明显增多，特别是晚上，急诊病人比平时增加2~3倍。据各大医院统计，最多一天市区医院急诊病人总数达六七千人次。

【气象服务】 全市气象部门强化服务意识，尽心尽责把为党政领导的决策服务和有关部门指挥生产、重大活动的服务放在首位。全年向市政府、防汛指挥部、新区、园区及有关部门发出重要天气、夏收夏种、秋收秋种等专题预报68份，森林火险天气等级预报21份，农业气象信息36期，农作物评价2篇，产量预报1份（小麦、水稻产量预报准确率分别为96%和97%）。对2003年的春运、苏州丝绸旅游节、高考、电博会和农业生产及森林火险等都主动开展气象保障服务，收到了较好的效果。如：为保证城市汛期安全，5月下旬专门针对汛期情况进行了会商，28日向政府发布汛期（梅汛期）专题报告，特别指出今年入梅正常偏迟，梅雨量正常偏少。梅汛期的正确预报，为城市建设工程赢得了时间。又如，1月4~5日的严重冰冻天气（极端最低气温达-5.2℃），市台于1月2日作出准确预报后，即向市政府和有关部门通报，对全市做好防冻保暖工作发挥积极作用。再如，夏季苏州市持续高温且局地雷雨大风发生频繁，市气象台通过加强临近跟踪预报服务，都及时向政府和各气象站通报信息，还通过电视游动字幕和交通屏提醒市民特别注意预防。“121”信息服务运行正常，5月份增加逐日风向、风速和降水概率预报，并将预报时效延长到一周。

【气象业务现代化建设】 由28个多种类型自动气象站（包含雾、日照、能见度等要素观测）组成的苏州自动气象监测网于年底全部建成。

美国国家海洋大气局（NOAA）空气资源实验室（ARL）和伊里诺伊州水利厅（伊利诺伊大学）与苏州气象局在未来3~4年内进行美国新一代区域天气气候研究和预报模式系统CWRF的应用检验合作协议于2003年10月27日在苏州正式签署。

【气象依法行政工作】 按照《中华人民共和国气象法》、《江苏省气象管理办法》赋予的社会管理职能，市气象局开始了依法对社会企业申报防雷工程资质进行受理、初审、上报评审工作；开展了社会企业申请施放气球从业人员资格、施放气球单位资质的受理、初审、上报评审工作，组织施放气球从业人员的培训工作。 （黄冠乐）

防震减灾

【概况】 为了使防震减灾工作与全市飞速发展的社会经济相适应，为两个率先保驾护航，市和县级市地震局（办）均加强了地震前兆观测台点建设，对观测仪器实施数字化改造，新建苏州市数字地震台网。全市拥有数字地震台网中心1个、测震台4个、地下水位微动态观测点3个、电磁波观测点3个、断层溢出气观测点4个、水化学观测点2个、海平面观测点1个、大气压观测点1个、动物宏观点5个，共8种地震观测手段23个观测点，聘用兼职测报员27人。

2003年苏州市的防震减灾工作以全面贯彻《中华人民共和国防震减灾法》为纲，以建立健全地震监测预报、震害预防和地震应急三大工作体系为任务，以建设苏州数字地震台网为工作重点，努力做好防震减灾各项工作，较好地完成了年度目标管理任务。在2003年度江苏省防震减灾综合评比中苏州市地震局由上年度的第7名上升到第3名，获得明显的进步。2004年度地震趋势研究报告全省评比获第2名。2003年度地震监测资料质量评比，地下水位微动态观测苏州冶金厂苏20井获第一名，昆山苏21井获优秀。《中华人民共和国防震减灾法》施行五周年纪念宣传活动，苏州市地震局被省局评为先进单位。《苏州市遥测地震台网系统可行性研究》和《苏州市地震局年度地震趋势研究》两个科研项目获得2003年度江苏省地震局防震减灾优秀成果三等奖。

【地震监测与预报】 2003年市地震局加强了各地震测报点的管理，加强了对测报员的业务培训和技术指导，加强了各测报点仪器的维修保养和升级换代，实行了监测资料质量年度考评制度。全市各地震测报点都严格按照专业技术规范要求操作，坚持每天对地震观测数据进行采集、记录和传输。市地震局根据各测报点上报的资料和周边地区的异常前兆，对震情趋势进行分析研究，每月底向市委、市政府提交一期《震情》报告；每季度召开一次全市震情趋势会商会，将会商结果以《震情会商纪要》向市委、市政府汇报，年底提交《苏州市2004年度地震趋势研究报告》。

市地震局坚持每天震情值班，制定了《苏州市2003年度震情监视和短临跟踪工作措施》，对各类地震前兆异常的落实和跟踪都分别提出了具体的时间、技术要求和组织措施。无论何时何地出现动物行为异常和地下水宏观异常，都立即派人赴现场调查落实和分析，并及时上报调查结果。市地震局进一步健全了计算机信息网络系统，保证上下左右地震系统之间地震信息互递的快捷和通畅。

【数字地震台网建设】 为填补苏州市无测震台网的空白，加强对苏州市辖区内1.5级以上有感地震的监控，市地震局于2003年1月完成了苏州市数字地震台网一期工程的建设，建成一个台网中心和张家港、太仓、昆山、东山4个子台。台网中心通过DDN数据专线实时接收各个台站传输的地动信号，并对地震资料进行分析处理和综合管理。台站采用先进的24位数据采集器、三分向地震计和GPS数字钟。台网技术系统实现了数字化、信息传输自动化及计算机人机交互数据分析处理功能。

为提高台网工作人员的技术水平和管理水平，市地震局举办了3期“数字地震台网系统技术培训班”，并派人到上海、常州、无锡的地震台网进行学习考察，结合本市的实际情况制定了岗位职责、地震速报规程、速报地震操作方法、设备维护规程、值班守则和值班须知等6项规章制度。3~5月地震台网进行试运行，6~9月进入省地震局考核运行期，10月邀请省内外专家对台网系统进行测评，并提交了《苏州数字地震台网工作报告》、《苏州数字地震台网技术报告》、《苏州数字地震台网试运行报告》。10月

10日，省科技厅、省地震局、市政府在苏州联合召开了“苏州市数字地震台网系统技术鉴定暨验收会议”，与会专家认为台网各项指标都符合国家规范，达到国内先进水平，一致通过鉴定和验收。

【防震减灾宣传】 市地震局将防震减灾宣传工作作为贯彻预防为主的方针、提高全民防震抗震意识、减少地震灾害损失的重要环节，认真组织施行。全市建有市、县、镇（街道）三级防震减灾宣传网点138个。各级宣传点利用广电、报刊、板报、画廊、讲座、录像、宣传材料等多种形式，开展防震减灾宣传活动。2003年共举办科普讲座17场、放录像24场、举办防震减灾科普知识展36场、办宣传橱窗173期、市级以上刊物选登文章25篇、自办《苏州防震减灾》小报4期、发放宣传材料24050份。同时，抓住时机面向社会开展规模较大的宣传活动。如，2月，赴驻苏部队开展科技下兵营活动；3月1日《中华人民共和国防震减灾法》施行五周年纪念日时，市地震局在苏州公园内拉大型横幅、设咨询台、展出图版、散发材料，向市民宣传防震减灾法律、法规和地震科学知识；4月20日参与“第33个世界地球日”纪念活动，在观前街玄妙观广场展出28块《防震减灾知识》系列图版，散发“世界地球日专刊”；6月份组织5330人参加“江苏省《人寿杯》防震减灾法律法规知识竞赛”；7月份在吴江市盛泽一中举办的科艺夏令营活动中，市地震局李克偕高级工程师向营员作《神奇的地球》科普讲座，并开展地震科普知识竞赛。

【地震科学研究】 2003年市地震局的科技人员同时开展了《运用MDCB型电磁波仪监测预报地震》、《过量开采地下水引起地面沉降灾害》和《重现的太湖——阳澄湖——长江古河道及其灾害对策研究》3个市科技局社会发展项目的研究工作。7月，沈自励高级工程师在《地球科学》杂志28卷第4期上发表《火山喷爆与太湖成因》的科研论文，首次提出火山喷爆系太湖成因的观点。9月，殷世林高级工程师在《地方地震工作》杂志总48期上发表《苏州地区活动性断裂与小震群》的科研论文，10月，又在《防震减灾工程学报》23卷第3期上发表《断层溢出气CO_2的有感小震前兆异常及预报意义》的科研论文。11月，李克偕高级工程师在市科普工作研讨会上发表《防震减灾宣传工作的实践与思考》的工作研究论文，并获得市科协的优秀论文奖。 （李克偕）

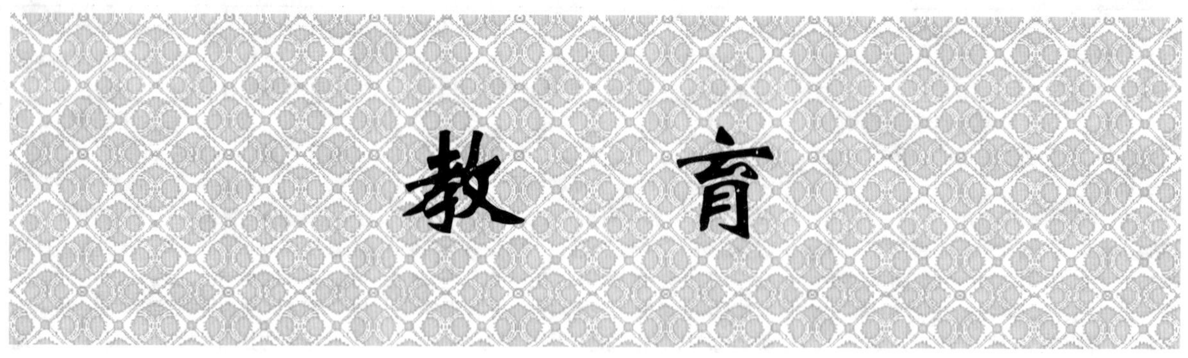

综 述

【概况】 2003年全市教育系统围绕打造一流教育，服务“两个率先”这一主题，突出“发展、创新、提质”三大重点，在加快国际教育园建设、实施基础教育布局调整、加快地方中职和高职资源整合、促进苏州教育的国际融合等方面，都取得了重大突破。全市学前三年幼儿入园率连续三年达到97%。全市小学入学率、巩固率、升学率均为100%，初中入学率、巩固率、毕业率分别为100%、99.97%、99.42%。初中毕业生升学率达到 96.26%。残疾儿童入学率为96%。高考录取率达到88.26%。高等教育毛入学率达到45%，提前两年完成“十五”计划指标。人均受教育年限达14年。职业教育和成人教育继续发展。普职比继续保持1:1左右。全年成人教育培训总量突破140万人次，其中农村100万人次，包括农村劳动力转移培训6.62万人次、农村致富带头人培训2.3万人次。职业类“南北合作”达3300人。全市100%的镇进入了省、市教育现代化工程示范(先进)镇行列，已基本形成以优质学校支撑苏州教育的格局，苏州教育综合实力全面提升。

【市政府与省教育厅签订人才培养协议书】 9月29日，市政府、省教育厅《关于人才培养与服务的合作协议书》签约仪式在市会议中心举行。省委常委、苏州市市委书记王珉出席，市长杨卫泽与省教育厅厅长王斌泰签署合作协议。协议书共有12条内容。主要有市政府负责提供当年度毕业生人才需求计划与人才培养培训信息，省教育厅依托江苏资源优势，根据苏州市的人才需求，负责对毕业生进行甄选、培训，提供所需的各类毕业生，同时对苏州市高等教育发展及各类人才培养，给予必要的政策支持等。

【教育教学改革】 全市课改实验顺利通过省教育厅中期验收。“以校为本”的教研制度加快建立。成立了市9门学科的教学研究中心、双语教育研究中心，成功举办了全国首届教育科学论坛、全国双语教学观摩研讨会、全国第2届中学生英语口语比赛和苏州市首届“双语节”。各级各类学校的德育基本建设得到加强，德育工作的主动性、针对性、实效性进一步凸显，青少年学生的法制教育、心理健康教育更有成效。全市中小学生身体素质、心理素质、艺术修养和实践能力有了新的提高。

【教育信息化建设】 市、区(县)二级教育信息中心建设达到了较高的水平。全市农村中心小学以上建制学校校园网建设达到95%，覆盖全市的宽带教育城域网基本建成，初步实现了“校校通、班班通”。创建了146所教育信息化先进学校。通过组织苏州市信息技术与课程整合优秀课暨十大网络教学能手评比活动、苏州市十大优秀校园网暨十大最具潜力校园网评比活动和优秀资源库评比活动，为教师的成才搭建了舞台，有力地促进了学校建网、建库以及信息技术与课程整合水平的提高。同时，市教育局机关电子政务进入应用阶段，全面实行网上办公和公文流转双轨制。

【教育基本建设】 2003年全市教育部门教育经费达52.83亿元，比上年增长30.1%。批准立项开工的项目有160个，投入达25亿元。新建校舍90余万平方米，修建改造校舍11万平方米。苏中、十中等重点改建工程进展顺利。投入近800万元的市老年大学改造工程全面竣工。规划用地17公顷的苏州中学园区校完成选址，进入规划设计。

【政风行风建设】 教育综合督导评估体系进一步完善。《苏州市职业学校督导评估方案(初稿)》起草工作初步完成。依法治校先进学校的创建评估工作全面推进。针对高中“三限”政策、义务教育“择校”、编班收费中的违规问题，通过全面落实政风行风建设责任制、教育收费审批制、招生编班审核制、收费管理证卡制等4项关键措施，使教育收费进一步规范，师德建设得以加强，全市教育系统政风行风建设水平有新的提升。

【《苏州市教师申诉办法》发布】 《苏州市教师申诉办法》于12月2日经市政府第18次常务会议讨论通过，于12月6日发布，2004年1月15日起正式施行。

【自学考试二十周年】 1981年1月，国务院批转了教育部《关于<高等教育自学考试试行办法>的报告》，当年首先在北京、上海等地试行。两年后的1983年11月，苏州市高等教育自学考试举行第一次考试。20年来，自考工作努力适应苏州经济社会发展需要，始终坚持正确的办考方向，不断深化改革，加快发展，取得了显著成绩。20年来自学考试报考人数逐年增加，考试职能不断拓展，服务领域逐步扩大，为发展苏州的教育事业作出了积极贡献。20年中，全市共组织了50多次大规模的自学考试，有120多万人次报名参加(不包括计算机、外语等证书考试人数)，在籍考生近20万人。报考人数由最初的每年6000人左右，发展到每年10余万人；开考课程从首次的2门，发展到现在的700多门；开考专业从开始时的5个，发展到目前的137个，覆盖了文、理、工、农、法、经济、教育、管理等10个学科门类；开考层次从单一的专科，发展到目前的本专科结合，层次结构相对合理；考试种类从最初单一的自学考试，发展到目前多种证书并举、学历和非学历兼顾的门类较多的考试。到2003年底，全市已有近4万人通过自学考试取得了专科或本科毕业证书。除了学历考试以外，苏州市自学考试还承担了全国计算机等级考试、全国英语等级考试、全国计算机应用技术证书考试等非学历证书考试和社会力量办学的认定性考试，以及从2001年底开始的苏州市民计算机应用能力培训考核与通用外语水平等级考核的“双考”任务，参加以上各种证书考试的人数每年达10万多人，自学考试已成为苏州市规模最大、人数最多、名符其实的没有围墙的大学。自学考试以其学习形式灵活、高度开放、工学矛盾少、学习费用低等独特优势，在各个历史时期为一大批机关和企事业单位干部、很多没有上大学的“老三届”、大量高考落榜生以及大中专毕业生、在校生、外来工等解决了升学和学历问题，为苏州市率先实现高等教育大众化作出了积极贡献。同时，也充分调动社会教育资源投入自学考试助学活动，如苏州大学、职业大学、电视大学、教育学院等高校或承担主考任务，或参与助学辅导，每年至少为2万自考生提供课程辅导和实践指导，从一定程度上弥补了苏州高等教育资源的不足。自学考试还以个人自学、社会助学和国家考试相结合的特点突破了传统学校教育的人才培养模式和框架，对促进学校教育教学改革作出了积极贡献。自学考试为苏州市民提供了一个广阔的学习平台，全民参与的学习风气，孜孜不倦的学习态度，实实在在地推动着苏州终身教育、全民教育和学习型社会的形成和发展。

（李继业）

基础教育

【中小学布局结构调整】 2003年全市调减普通高中8所，新增初中10所，调减小学128所。苏州市第三中学与苏州市第二十一中学、苏州市第一中学与苏州市第二中学先后实施合并办学。组建了苏州市实验小学教育集团。初步形成了精英教育、规模教育、特色教育，各具特色、错位发展的结构优势。

【省高考状元出于苏州】 2003年高考，全市考生成绩喜人，取得全面丰收。苏州中学考生洪浩以总分687的优异成绩名列全省第一，这是省进行高考改革、不分文理科、实行“3+2”综合性考试后的第一个省状元。另有两名考生跻身全省前15名。全省高考总分前100名和200名中，苏州市分别有11名和26名考生位居其中。全市共有151名考生总分在600分以上，占全省600分以上考生总数的10.2%。全市共有16.2%的考生总分过本一线，有30.2%的考生总分过本二线，均比全省平均水平高出3个百分点，也比本市上年本一、本二达线率高出了1.1和0.3个百分点。

【首届“双语节”】 为了推进苏州教育的国际融合，深化苏州市中小学双语教育实践探索，全面展示苏州双语教学成果，由市教育局主办的苏州市首届“双语节”活动于12月13～18日举行。市长杨卫泽为首届“双语节”题词“推动双语教育，促进国际融合”。首届“双语节”的主要活动有：全国双语教学观摩研讨会、苏州市小学生英语竞赛、双语公开教学课(共30节)、苏州市中学生英语运用能力邀请赛、苏州市双语实验学校校长论坛以及苏州市第二批双语实验学校挂牌仪式等。

（李继业）

【苏州市实验小学教育集团】 12月28日苏州市教育系统第一个教育集团——苏州市实验小学教育集团揭牌。苏州市实验小学教育集团以市实小为核心，以绿野素质教育基地、名城教育发展管理有限公司、虎丘实验小学等为骨干组建。市实小是百年老校、中国名校；校长徐天中是国家教育部骨干校长培训班带头人之一、全国科研型校长。当天，集团与相城区文教局签订了合作办学协议，将在相城区成立苏州市实验小学分校。集团组建目标是以国有资产为主，其他资产成分为辅，依托名校优势，努力探索基础教育规模化发展、集团化管理、多元化投资、市场化运作的办学模式；积极打造以苏州为基地，跨地区、跨国界，具有一流办学规模、一流办学质量、一流管理水平和一流综合效益的知名基础教育集团。 （李继业 倪晓英）

【市三中与市二十一中合并办学】 为了进一步推动苏州城区教育现代化建设，在更广的领域内整合提升优质教育资源，在更高的平台上促进苏州基础教育的优质化、均衡化发展，市教育局决定，对有百年历史的省重点中学苏州市第三中学与省首批示范初中苏州市第二十一中学实行合并办学。合并后校名为“苏州市第三中学校”，由“一个本部、两个分部”组成，实行统一领导、统一管理、统一待遇。原市三中为校本部，保留市三中初中部原有施教区，本部将逐步过渡为纯高中；原三十九中为三中东校区；继续保留二十一中施教区，挂牌为苏州市第三中学西校区，一年后迁入现市机械学校校址。重组后的平江中学(民办)也将易地办学，一年后全部迁入现市机械学校校址，原体制不变。新三中将构建统一框架下的优质初、高中教育并存，公办、民办教育协调发展的全新格局，为下一步苏州教育集团式发展积累经验。5月28日上午，市三中、二十一中合并办学主题升旗仪式在三中本部隆重举行。会上宣读了市长杨卫泽的贺信。市教育局副局长鲍寅初授新三中校旗，市人大副主任陈炳斯、市政协副主席孙中浩为新三中揭校牌。（李继业）

【市一中与市二中合并办学】 为了加快苏州高中教育事业发展，进一步扩大优质教育资源，市教育局研究决定，对苏州市第一中学和苏州市第二高级中学实行合并办学，校名为“苏州市第一中学校”，苏州市第二高级中学校建制对外保留。合并后成立新的领导班子，对所辖校区人、财、物实行统一领导、统一资源配置、统一管理、统一待遇。原苏州市第二高级中学整体迁入原苏州市第一中学校址内，市一中本部为纯高中，力争在一年内申报转评为省四星级普通高中，努力办成规模、效益、质量、品牌并举的强校名校；苏州市草桥实验中学和原市一中初中部整体迁入原苏州市第二高级中学校址内办学，继续深化学校的办学体制改革，大力推进教育教学创新，实现办学质量和效益的全面提升，办成市民心目中的品牌初中。8月21日，两校合并仪式正式举行。

新一中是由市一中本部（纯高中）、草桥实验中学、市一中分校（原三元中学）、新草桥中学（2003年6月由苏州市第一中学和上海中锐教育集团在苏州高新区合作创办）等多所学校、多种办学体制组成的办学联合体，学生总人数超过1万人，高中部达到二十轨（每一年级20个班），是苏州市超大规模的高中校，这为以产业化模式运作组建教育集团打下了基础。

（李继业 倪晓英）

【高考尖子获李政道奖学金】 8月11日，2003年度“李政道奖学金”颁奖会议在吴中区东山宾馆举行，江苏省苏州中学洪浩获一等奖；江苏省苏州实验中学张薛巍、江苏省苏州中学陈熙颖获二等奖；常熟市中学薛雨涵、江苏省木渎高级中学朱振荣、江苏省苏州中学俞润祥、江苏省苏州中学黄秉渊、江苏省苏州中学潘嘉玮获三等奖。

【18家幼儿园获准省示范性实验幼儿园】 5月20日，“江苏省示范性实验幼儿园”名单公布，苏州工业园区新馨花园幼儿园、苏州市平直中心小学幼儿园、苏州市彩香一村幼儿园、苏州市东山实验小学幼儿园、吴江市北库中心幼儿园、吴江市黎里中心幼儿园、吴江市梅堰中心幼儿园、常熟市福山中心小学幼儿园、常熟市花溪小学幼儿园、常熟市白茆中心小学幼儿园、昆山市石浦中心小学幼儿园、昆山市陆杨中心小学幼儿园、昆山市正仪中心小学幼儿园、太仓市艺术幼儿园、太仓市沙溪第二小学幼儿园、太仓市小太阳幼儿园、太仓市实验小学幼儿园、张家港市西张中心幼儿园等18家单位被批准为省示范性实验幼儿园。

【13所小学获准省实验小学】 4月16日，“江苏省实验小学”名单公布，苏州市吴中区吴中小学、苏州市吴中区碧波中心小学、昆山市陆家中心小学、张家港市兆丰中心小学、张家港市乘航小学、常熟市何市中心小学、常熟市练塘中心小学、常熟市徐市中心小学、常熟市梅李中心小学、常熟市藕渠中心小学、常熟市报慈小学、太仓市经贸小学、太仓市朱棣文小学等13所学校被批准为省实验小学。

【30所学校获准省教育现代化示范初中】 4月14日，“江苏省第四批教育现代化示范初中”名单公布，吴江实验初中等30所学校被批准为省示范初中，苏州市区的苏州新区第二中学、苏州市外国语学校、苏州市第五中学初中部、苏州市第十二中学、苏州市第二十四中学、苏州市第二十六中学、苏州市第三十中学、苏州市虎丘实验学校等8所学校名列其中。

【16所高中为省首批二星级高中】 12月22日，苏州市16所重点高中转为省首批二星级高中名单公布，他们是：苏州市第四中学、苏州市第五中学、苏州市田家炳实验中学、苏州市虎丘高级中学、吴中区长桥中学、吴中区东山中学、吴中区木渎二中、江苏省外国语学校、相城区湘城中学、常熟市实验中学、常熟市海虞中学、常熟市外国语学校、吴江市松陵一中、吴江市黎里中学、吴江市芦墟中学、吴江市第二高级中学。

（李继业）

师资队伍

【概况】 全市教师的学历结构、学科结构更趋合理，中高职称比例进一步扩大，教师队伍整体素质有了提高。截止2003年10月底，全市共有中小学幼儿园教师52327名。其中，小学教师20671名，学历合格率98.91%，大专及以上学历占64.73%；初中教师15624名，学历合格率96.33%，本科及以上学历占54.79%；高中教师7742名，本科及以上学历占93.37%；职业学校教师3750名，本科及以上学历占80.82%；幼儿园教师4291名，学历达标率98.83%，大专及以上学历占72.48%。截至2003年11月30日，市教育局直属单位教职工在职人数为6027人，其中干部5391人，工人636人。全市在职教师中已有省特级教师121名，省、市级名校长名教师160多名，市级教育科研、学科教改带头人400名，有300多名教师受过国家、省级表彰奖励。

【教师职务晋升】 2003年，全市共有3105名中小学教师晋升了中、高级职务，其中晋升中学高级教师658人、中学一级教师1259人、小学高级教师1188人。全市中专校教师中有20名晋升高级讲师、38名晋升讲师。

【第2批双语师资出国进修】 2月21日，市教育系统33名中学化学教师与小学数学教师赴新西兰奥克兰教育学院，进行为期3个月的英语教育学习，培训分中学化学和小学数学2个班。这是继2002年29名“双语”师资出国进修后的第2批“双语”师资，这些教师将成为推进“双语”教育的又一批骨干。

【首次面向社会认定教师资格】 6月底前，市教育局认真做好面向社会首次认定教师资格的各项工作，全市有1004名社会人员经申请认定了教师资格，其中本级有628名社会人员认定教师资格；3944名2003届师范类毕业生、3562名2002年在职教师也经申请认定了教师资格。

【庆祝2003年教师节暨先进表彰大会】 9月9日，庆祝2003年教师节暨先进表彰大会召开，市领导杜国玲、陈炳斯、朱永新、孙中浩等出席，大会命名了郭慧等22位苏州市名教师、孙伟宏等12位苏州市名校长；还命名了83位苏州市中青年学科带头人、12位苏州市教育科研学术带头人；并为30年教龄的教师代表授荣誉证书。同时，市教育局制定的《苏州市中小学学科带头人评选暂行办

法》，从9月1日起施行。　（李继业）

附：苏州市第5届“名教师”、“名校长”

一、名教师(22名)

郭　慧　（女）　张家港市外国语学校
任小文　（女）　江苏省梁丰高级中学
殷伟康　　　　常熟市实验中学
崔　燕　（女）　常熟市颜巷中心小学
苗长广　　　　江苏省太仓高级中学
陈　蕾　（女）　昆山市玉峰实验学校
吴锦芳　（女）　江苏省昆山第一职业高级中学
沈正元　　　　吴江市高级中学
李雪林　　　　吴江市平望中学
李建祁　　　　江苏省木渎高级中学
陆　军　　　　苏州市吴中区迎春中学
孟晓庆　　　　苏州市吴中区东山中心小学
吕　俊　　　　苏州市平江实验学校
朱文华　（女）　苏州市沧浪区实验小学校
陈　平　　　　江苏省苏州实验中学
朱开群　　　　苏州市苏州新区第一中学
尤　佳　（女）　苏州工业园区新城花园小学
胡铁军　　　　江苏省苏州中学
张　同　　　　江苏省苏州中学
蒋玉红　（女）　苏州市第十中学
衡炳锋　　　　苏州市第三中学
贾克钧　　　　苏州市教育局教研室

二、名校长(12名)

孙伟宏　　　　江苏省张家港职业教育中心校
杨炳奎　　　　太仓市沙溪高级中学
毛福源　　　　吴江市震泽中学
顾志红　　　　江苏省木渎高级中学
郭凤良　　　　苏州市相城区陆慕高级中学
陆建华　（女）　苏州市金阊区培智学校
尤文亮　　　　江苏省苏州实验中学
孔宝刚　　　　苏州市第二十六中学
徐中一　　　　苏州市高级工业学校
陶六一　（女）　江苏省新苏师范学校附属小学
陆一鹏　　　　苏州市蓝缨学校
姜渭强　　　　苏州卫生学校

教育活动

【苏州市幼儿教育工作会议】　9月11日，苏州市幼教工作会议召开，会议下发了《苏州市幼儿教育改革与发展的决定》。会上，常熟市、吴江市、沧浪区、新区、园区等5个市、区获“苏州市幼儿教育先进市(区)”荣誉称号，同时表彰了昆山市石浦镇等24个“苏州市幼儿教育先进乡镇”、昆山市妇联等36家“苏州市幼儿教育先进主办单位”、昆山市教育局倪素红等100位“苏州市幼儿教育先进工作者”。

【第3届21世纪教育论坛】　由市政府、中国教育学会和21世纪教育发展研究院联合主办的第3届21世纪教育论坛于11月11日开幕。论坛的主题是新课程与考试制度改革。800余名来自海内外的教育专家和一线校长、教师参加了论坛。与会者普遍认为，中国目前进行的新课程改革内容变了，但评价制度仍然采用全国统考、从高分到低分录取的形式，这种做法是低效率、保守的。讨论中，一些专家提出了把考核学生和录取学生的主动权交给大学、把综合评价列入招生评价体系等方案。全国政协副主席张怀西为本次论坛发来贺信。中央教育科学研究所所长朱小曼、苏州市委副书记杜国玲、副市长朱永新出席了开幕式。

【首届中国教育科学论坛在苏举行】　11月8～10日，由中央教育科学研究所主办、苏州市政府协办的首届中国教育科学论坛在市会议中心隆重举行，市长杨卫泽、副市长朱永新等出席开幕式。会上，来自全国各地以及澳大利亚、新西兰、英国、日本和美国等8个国家和地区的170名专家，围绕教育科学研究的发展现状和趋势以及教育科学研究的管理和创新这两大主题展开研讨，旨在推进教育科研的科学化、现代化和国际化。

【全国双语教学观摩会】　12月13～20日，由教育部课程教材研究所、人民教育出版社、市教育局主办的全国双语教学观摩会在苏举行。教育部课程教材研究所有关领导、副市长朱永新、市教育局领导、全国部分省市的双语教学专家学者及双语教学成绩突出的学校代表出席了会议。会议对双语教学的师资构建、课堂教学模式、教学评估、教材建设等进行了讨论。副市长朱永新与教育部课程教材研究所副主任、人民教育出版社副总编吕达，教育界泰斗吕型伟老先生共同为苏州市双语教学研究中心揭牌。

【华夏园丁大联欢——2003江苏之旅】　12月30日，为期一周的“华夏园丁大联欢——2003江苏之旅”在苏州闭幕，国家教育部副部长章新胜与来自香港、澳门、台湾地区以及内地各省、自治区、直辖市和新加坡汉语学校的近300名教师代表一起参加了闭幕式。在苏州期间，参加活动的教师代表参观了昆山开放成果展、昆山开发区、昆山震川高级中学、昆山玉峰实验学校、昆山爱心学校和苏州刺绣研究所、拙政园等。

（李继业）

国际交流与合作

【概况】　2003年苏州教育国际交流与合作取得丰硕成果。中加合作枫华高级中学建成并开学。澳大利亚昆士兰TAFE职教集团与苏州工职院合作项目、美国教育管理公司与国际教育园合作项目、英国德威学院与苏州中学园区校合作项目以及英国北方大学联盟IFY项目相继签署了合作协议或合作意向书，交流与合作的内容涉及课程设置、教学模式、师资培训等诸多领域。全市经省教育厅批准的中外合作办学教育机构及项目累计达15个。

【与加拿大教育交流合作签订备忘录】　1月18日，市教育局和加拿大渥太华卡尔顿学区就两地在教学、科研、信息、教材、教师和学生等多方面的合作与交流签订了谅解备忘录。备忘录的主要内容包括：①加强双方教育行政管理人员和学校负责人的联系和交流，开展教育行政管理人员和校长的互访；②合作开展中方校长和教师的培训；③促进双方友好学校的建立；④开展双方的合作办学或办班；⑤加强双方教师和学生的交流，互派教师和学生，合作开展夏(冬)令营活动。市教育局局长申建华和渥太华卡尔顿学区总监罗纳德·K·林奇(Ronald K. Lynch)先生代表各方在备忘录上签字。

【苏州工业职业技术学院国际合作项目签约】 3月30日，市教育局接待来自澳大利亚昆士兰州TAFE集团的开放大学国际部主管布莱恩·艾勒斯(Bryan Iles)先生，就苏州国际教育园、苏州工业职业技术学院与昆士兰州TAFE集团及所属学院的合作办学事宜进行了交流和探讨。7月9日，苏州工业职业技术学院和澳大利亚昆士兰TAFE开放大学合作办学备忘录在苏州签署，市教育局副局长高国华和昆士兰开放大学Mr. Rod Arthur代表双方签字。这是苏州国际教育园内学校签订的第一个中外合作办学项目。根据协议，澳方将向苏州工业职业技术学院提供3种不同类型的课程：澳大利亚认可的专科文凭学历课程、非学历课程和特制课程。11月8日，澳大利亚TAFE昆士兰开放大学国际部艾博恩先生与苏州工业职业技术学院院长钱东东在市会议中心签署《合作办学协议书》，确定2004年在工职院开设"机电一体化"中澳合作办学班。 (李继业 吴少华)

【苏州中学园区校与英国德威学院签约合作办学】 10月21日上午，苏州中学园区校与英国德威学院在市会议中心正式签订关于开办苏州德威国际学校和苏州德威联合高中的合作意向书。英国德威学院始建于1619年，是一所有着近400年历史的著名私立学校。根据协议，双方将在课程、师资、教育策划等方面开展全方位的合作，共同打造一所全新模式的、融合了东西方先进文化与中英优质教育资源的学校。苏州市副市长朱永新、英国德威学院院长格雷厄姆·艾贝尔出席签字仪式。 (李继业 倪晓英)

职业教育

【职业教育布局调整】 7月2日，省政府批准：①江苏省丝绸学校与苏州商业学校合并，组建苏州经贸职业技术学院，同时撤销江苏省丝绸学校、苏州商业学校建制；②苏州高级工业学校、苏州市机械学校与苏州市虎丘中等专业学校合并，组建苏州工业职业技术学院，同时撤销苏州高级工业学校、苏州市机械学校、苏州市虎丘中等专业学校建制；③建立民办性质的苏州托普信息职业技术学院。上述3所学校均为专科层次的高等学校。截至2003年底，苏州工业职业技术学院，圆满实现了当年申报、当年批准、当年入园(苏州国际教育园)、当年招生的目标。苏州旅游财经高等职业技术学校的组建工作已接受省专家组的评审；苏州市财经学校、园林技工学校、商业技工学校以及工艺美术技工学校等4所学校经市政府批准正式划归市教育局管理。苏州建设交通高等职业技术学校的组建工作已完成所有申报准备；建工职大、建筑中专(技校)、建材中专、苏州城建中专(城建技校)、交通技校等5所学校由各自主管局委托市教育局代管。全市中等职业学校从2002年的82所调整到54所。 (李继业)

【技工学校教育】 2003年，全市技工学校招收新生9585人，占全省招生总人数的近四分之一，在校生达23835人，均创历史最高。技校毕业生就业持续保持良好势头，就业率达到98%以上。 (蔡跃进 王利群)

高等教育

【概况】 2003年，常熟理工学院(筹)、南邮吴江职业技术学院、苏州经贸职业技术学院、苏州工业职业技术学院、苏州托普信息职业技术学院(位于昆山)、昆山登云科技职业学院等院校相继通过审批。由苏州市职业大学、苏州教育学院、苏州市广播电视大学(苏州市职工大学)、苏州市职工科技大学以及苏州文化影视艺术学校等院校组建市属本科院校"苏州学院(暂定名)"的组建方案已进入实施阶段。在苏高校总数已达16所，其中本科院校3所；本专科学生共达80523人(其中本科47499人)，比上年增加13713人；研究生达3755人，比上年增加951人。 (李继业)

【"东城西园"建设全面启动】 2002年，市委、市政府决定在苏州东部建设苏州研究生城、在西部建设苏州国际教育园的计划(简称"东城西园")在2003年顺利推进，市委、市政府提出的各项目标任务全面完成。"西园"：①建设总体规划基本确定，整体框架基本形成，体现了山水大学·可持续发展·苏州特色的中心设计思想以及多层推进、格网化、生态化、数字化的组团模式。②入园学校已经确定。10所新入驻院校的规划设计工作全面启动，相关拆迁工程正在有条不紊的开展。③园内阶段性建设目标首战告捷。首期6万平方米建筑顺利完工，近2000名学生如期进园学习，景观大道初具规模，主环道如期开工，后勤社会化工作进展迅速，招投标工作全面完成。④园内二期工程全面开工。20多万平方米的建筑正在加紧施工，计划于2004年8月三校（工职院、旅游财经、建设交通）全部建成开学。⑤第一所入园的苏州工业职业技术学院开局良好。⑥苏州学院（筹）规划用地已确定，且完成了概念性规划。北区总体规划已完成，主环道已开工。"东城"：①苏州研究生城建设取得实质性进展。城内首期主体工程的综合楼已经竣工，学生食堂建成开放，主要标志性绿化景观、道路工程、路灯系统都已竣工。②已有人民大学、西安交通大学等近10所高校和教育机构与研究生城签订了入城项目和办学协议。③首批数百名研究生已于下半年陆续报到入学。"欧元之父"、诺贝尔经济学奖获得者、美国哥伦比亚大学经济系教授罗勃特·蒙代尔先生为学生们上了第一堂课——关于货币政策的精彩讲课。 (李继业 燕 冰)

【苏州学院筹建进入实施阶段】 为了满足经济建设和广大市民接受高等教育的迫切需要，促进苏州地方高教事业的发展，9月16日市教育局向市政府提出组建"苏州学院"的请示，拟将苏州市职业大学、苏州教育学院、苏州市广播电视大学、苏州市职工科技大学合并，将苏州市文化影视艺术学校并入，组建一所由苏州市政府举办、以工科为主兼顾文理的市属普通本科院校。学校立足苏州、服务地方，以高等职业教育为特色，为经济建设和社会发展培养大批高等技术应用型人才。10月下旬，经九届市委第54次常委会和市政府第16次常务会议研究，同意“苏州学院”的筹建方案，并决定在国际教育园内征地66.67公顷作为学院的建设用地。同时，市委决定成立苏州学院筹建工作领导小组，由市长杨卫泽任组长，市委副书记杜国玲、副市长朱永新、市政府秘书长王少东任副组长，有关政府部门、高校15人为成员。领导小组下设办公室，朱永新兼任办公室主任。11月19日，市政府向省政府提出《关于筹建苏州学院的请示》。12月19日，朱永新主持召开第一次苏州学院筹建工作领导小组办公室会议，市教育局、文广局、苏州市职业大学、苏州教育学院、苏州市广播电视大学、苏州市职工科技大学等有关成员单位参加了会议，就苏州学院的筹建工作进行专题研究，并形成会议纪要下发有关部门和学校。按照会议纪要要求，苏州学院的筹建工作正有步骤地进行。

（李继业）

苏州大学

【苏州大学西校区成功转让】　苏州大学自4校合并以来，经专业调整、学科重组，各校区功能、专业布局有了较大变动。西校区(原蚕桑专科学校)原有专业已于两年前搬迁至校本部。为了盘活学校资产，促进学校的进一步发展，2002年初，学校决定出让西校区。经多方谈判，最后选择了苏州高新技术开发区浒关分区作为受让单位，西校区13.7公顷(206亩)土地于2003年3月12日成功出让。

【苏州大学中创软件工程学院成立】　4月7日，由苏州大学和中创软件股份有限公司联合创办的苏州大学中创软件工程学院宣告成立。该学院将凭借中创软件技术公司技术、人才、研发和软件项目管理的优势，依托苏州大学计算机科学与技术学院的教学科研资源，致力于高素质软件工程技术及管理人才的培养。苏州大学中创软件工程学院将从2003年开始招收软件工程硕士，以满足社会特别是苏州地区对软件工程人才的需求。

【校企联手开发“非典”防护服】　在全国上下万众一心抗击“非典”病魔的非常时刻，面对医院在抗SARS病毒中使用的一次性防护服抗拉强度不高，容易破损，病毒能够进入呼吸道以外的部位，许多医务工作者因此受到感染威胁的严峻形势，苏州大学材料学院与苏州工业园区天华超净科技有限公司于4月初共同拟定联合攻关方案，采用对防护要求非常高的IC行业使用的高强度防护服技术，开发“非典”防护服。该防护服各种性能按照国家标准实施，使用方便，安全系数高，具有防静电性能，使带有病菌的尘埃不会粘附在防护服上，从而大大提高防护能力。

【新增6个一级学科博士点】　在2003年上半年结束的全国第9批学位点增补工作中，苏州大学取得历史性突破。经国务院学位评定委员会评定，苏州大学新增6个一级学科博士点，具体是：中国语言文学、数学、化学、光学工程、纺织科学与工程、基础医学，实现了一级学科博士点的零突破；此外，还新增了33个二级学科博士点、34个硕士点。新增博士点数量在全国高校中名列第三，新增硕士点数量在全省高校中名列第一，并且取得工商管理(MBA)、公共管理(MPA)、教育硕士等专业学位点。

至2003年底，苏州大学共有博士后流动站6个，一级学科博士点6个，博士点63个，硕士点132个，成为省属高校中博士学位点和一级学科博士学位授权点最多的高校。

【增设3个本科专业】　经省教育厅批准，苏州大学新增3个本科专业，2个本科专业方向。3个专业为社会工作、中药学及法语(法英双语)，2个专业方向是生物科学专业的生物信息学、生物技术专业的生物制药。其中，法语(法英双语)为5年制，其余均为4年制。苏州大学自2000年以来先后新增本科专业32个，至2003年底共有本科专业88个。

【唐仲英先生捐资共建“炳麟图书馆”】　美国“钢铁大王”、苏州大学董事会名誉董事长唐仲英先生捐资1000万元资助新校区图书馆建设，并于10月13日举行签字协议。新校区图书馆将被命名为“炳麟图书馆”，以纪念唐仲英先生之父唐炳麟先生。根据新校区的规模和功能，预计“炳麟图书馆”建筑区面积为2万平方米，总造价约4000万元，除捐资外，余额由苏州大学自筹资金投入。

【王健法学院大楼落成启用】　11月8日，由王健、王嘉廉父子捐资建造的苏州大学王健法学院大楼落成典礼隆重举行。王健先生毕业于原东吴大学法学院，其次子王嘉廉先生是美国CA有限公司的创始人、荣誉董事长。2000年苏州大学百年校庆之际，王健先生携子以王氏基金会名义捐资助建苏州大学法学院，以报母校培育之恩。苏州大学王健法学楼坐落于苏州大学内原东吴大学校园旧址，建筑面积1.6万平方米。大楼功能齐全，分别按教学系统、科研系统、图书资料系统、办公系统设计功能区。建有可供召开大型学术会议的学术报告厅、中式和西式模拟法庭。王健法学楼是一座现代化、智能化的建筑，具有网络及有线电视传输系统，多媒体教学设施先进。

【本科教学工作被教育部评估为优秀】　2003年11月3日，教育部正式发文公布，在全部参评的全国32所高校中，苏州大学的本科教学工作评估成绩为优秀，且名列“优秀”等级第一名。2002年11月11～24日，教育部专家组对苏州大学本科教学工作进行实地考察，形成评估意见。《意见》指出，苏州大学党政领导班子高度重视本科教学工作，不断强化教学工作的中心地位，在探索4校合并后学校建设发展和本科教学工作的规律中，正确处理改革、发展、稳定之间的关系，贯彻以评促建、以评促改的原则，迎评工作和本科教学建设取得了明显成效。

【苏州大学应用技术学院新址落户周庄】　11月18日，苏州大学应用技术学院新址落成典礼暨“百年名校走进千年周庄——云海与你同行”大型文艺晚会在古镇周庄隆重举行。在新址落成典礼上，苏州大学职业技术学院正式更名为应用技术学院。经过6年的探索发展，学院已经成为同类院校中的佼佼者。学院落址周庄，使中国千年水乡有了第一所大学。

【研究生培养实力排名全国第41位】 在中国管理科学研究院公布的《2003年中国大学研究生院排名》中，苏州大学研究生培养综合实力列全国高校第41名，在江苏省高校中，排在南京大学、东南大学、南京理工大学之后位居第4位。苏州大学2002年被《科学引文索引扩展版》SCI(E)收录的论文达192篇，比2001年增加65篇，排名跃升到全国第27位，创苏大SCI(E)论文排名历史新记录。

【新校区建设启动】 2月21日，经省教育厅批准，苏州大学与苏州工业园区管委会签署了新校区建设协议。新校区位于苏州工业园区独墅湖东的研究生城中，占地面积约192公顷(2880亩)，新校区建设分两期进行，计划在2004年9月新校区一期投入使用。新校区的建设对于有着百年办学历史的苏州大学来说，具有重要的里程碑意义，它使学校各校区总面积扩大近2倍，极大地拓展了学校的办学空间，为学校的进一步发展奠定了基础。

【苏州大学与航天科技集团共建光学工程中心】 12月19日，苏州大学与航天科技集团公司五院508所签署协议，共建空间精密光学工程中心。该中心将致力于研究更新、更高水平的光学遥感器，为中国的航天空间事业多作贡献。

【成功培养世界第3株稀有细胞系】 2003年，苏州大学附属第一医院博士研究生陈苏宁在导师薛永权教授和副校长、医学院免疫研究所张学光教授的指导下，发现急性单核细胞白血病的细胞系，来源于染色体6和11相互异位用第17染色体部分丢失后导致抑癌基因缺损的特征。该特征致使此类白血病患者对多种化疗药物高度耐药预后很差。陈苏宁博士从300多例病人中提取急性单核细胞白血病的细胞进行繁殖，终获成功。目前在国际上已培养成功的1000余个细胞系中，绝大多数是淋巴细胞，而陈苏宁此次培育成功的急性单核细胞白血病细胞系在国际上仅为第3株，这为同种白血病的人体治疗提供了取之不尽的实验模型，也为对该类白血病人开展体外的发病机理、药物治疗等研究提供了研究对象。苏州已将该细胞命名为“SHI-1”细胞系，分别代表苏州、血液研究所、免疫研究所。

【苏大附一院举行一百二十周年院庆】 10月，苏州大学附属第一医院迎来建院一百二十周年华诞。它是江苏省历史最久的一家西医综合医院，现在已发展成为集医疗、教育、科研为一体的实力雄厚的大型综合性医院。

10月28日，在苏州市会议中心隆重举行建院一百二十周年庆典活动。中国工程院院士吴阶平，省委常委、市委书记王珉，著名口腔医学专家、上海市政协副主席石四箴，国防科工委副秘书长马鸿林，省卫生厅厅长周珉等领导及部分部、省、市医疗单位来宾，苏州大学各院系、部门、直属单位负责同志，附属第一医院全体领导和部分医务人员出席了庆典大会。

附属第一医院院庆是从10月21日120余名医务人员环苏州城区宣传活动拉开序幕的。随着吴阶平院士的到来，以科技为主打的一百二十周年院庆系列活动掀起高潮。10月25日、26日，分别举行了大型健康咨询和义诊活动，100多名临床科室行政主任、副主任、专家教授、博士生导师等参加了此次活动。

（王丽燕）

【殷姗姗获评中国十佳服装设计师】 2003年初苏州大学教师、苏大材料工程学院在读博士生殷姗姗在第8届中国国际时装周上以她的“激情芭芭拉”系列服装征服评委，获“最佳女装设计奖”，并当选为第8届“中国十佳服装设计师”。

（周寰麟　耿新芳）

苏州科技学院

【获批为"硕士授予权单位"】 2003年，学校各有关单位认真做好“申硕”的各项工作，经各方共同努力，“申硕”获得成功。6月顺利通过了全国第9次新增硕士学位授予权单位整体条件评估，城市规划与设计、结构工程、环境工程、世界史等4学科顺利通过省评审。9月，国务院学位委员会正式下文，批准学校为新增硕士学位授予权单位，城市规划与设计等4个学科为硕士学位授予权学科。“申硕”的成功，成为学校发展史上的一个重要里程碑。下半年，在全校范围内遴选出了10~12个学科作为第2批申硕学科，准备工作全面展开。

【迎接本科教学工作水平评估】 为迎接上级对学校本科教学工作水平的评估，学校进一步完善了教学质量监控体系与评价体系，坚持教学检查制度、学生评教制度、教学督导制度，逐步建立和健全各项教学管理制度，以加强对教学工作的组织和管理，切实保证教学质量。

【学生工作】 学生工作部门组织编写新生入学指引材料，对新生进行入学教育。在毕业生离校前又开展以“倡导学风、情系母校、行前寄语、众志成城、回报社会”为主题的毕业生文明离校活动。大力加强学风建设，加强心理健康教育，加强就业指导体系的建设，继续发挥网络在学生工作中的作用，深入细致的开展诸项学生工作。

【校园文化】 在2003年举行的第4届江苏省大学生艺术节上，学校取得了骄人的成绩，共获奖项26个。其中，特等奖4个，一等奖2个，二等奖4个，三等奖12个，优秀奖2个，单项组织奖1个、校团委获优秀组织奖。学校文联被苏州市文联评为优秀文联。学校大学生合唱团在苏州市新年音乐会上获得金奖。

【科研工作】 精心组织，提高项目立项率。2003年申报纵向项目种类由上年的13类增长到25类，增长近一倍；院外纵向项目申报数量达150多项，是上年的2.5倍多。全年共获得院外纵向项目立项48项，纳入科技管理的横向项目18项。主要有国家级项目2项，省部级项目2项，市厅级44项。全校科研成果获奖情况良好，本年度获江苏省第8次哲学社会科学优秀成果2项；苏州市科技进步奖2项(二等、三等各1项)；苏州市第7次哲学社会科学优秀成果16项(一等奖3项、二等奖4项、三等奖9项)；苏州市第2届新闻理论作品奖2项。

【分配制度改革】 学校的建设和发展对分配制度和劳资管理提出新的要求，学院制定了《分配制度改革方案》。在实施过程中，针对很多部门和教工提出的问题和困难，学校有关部门做了大量工作，帮助广大教职工和部门领导理解改革方案，配合系部做好教学单位津贴总额的测算工作，对存在的问题及时向上反映，保证了此次分配制度改革顺利推进。

【新校区建设启动】 2003年位于苏州国际教育园北区面积近133公顷的新校区建设进入了具体实施阶段。土地征用工作已经完成。新校区建设工程指挥部的基本工作人员都已到位，完成了新校区建设指挥部的机构设置、人员安排、办公地点等前期准备工作。新校区规划任务书已经拟定。用地规划许可证得到批复。同时，平门校区的拍卖工作业已完成，拆迁工作正紧张进行。

【民办教育】 根据9月1日开始实施的国家《民办教育促进法》和教育部《关于规范并加强普通学校以新的机制和模式试办独立学院管理的若干意见》的精神，学院党委召开了专门会议研究民办天平学院的发展思路，并作出了决定。拟充分利用民办机制搞好队伍建设，坚持以自己培养为主的方针，打破身份，天平学院中层干部将全部重新竞聘上岗，以建立起能上能下、能进能出的机制，提高天平学院每个职工的待遇，使每个职工都能爱岗敬业，干好本职工作。

【后勤社会化改革】 学校初步拟定了《后勤人事用工制度改革方案》、《后勤实体工资结构改革办法》等一系列后勤社会化改革方案(草案)。执行了《2003年度全校水电费包干管理办法》。饮服中心社会化改革方案于2003年3月起付诸实施，按照“按劳分配，效益优先、兼顾公平”的原则，配套出台了《饮服中心工资结构改革方案》(试行)。

【民主管理】 4月11～12日召开学院首届一次教职工代表大会，审议通过学院关于《2003～2005年规划与2010年发展目标》的决议，成立了教代会发展规划委员会、财务工作委员会、提案工作委员会、生活福利委员会。建立健全了学院民主管理、民主参与和民主监督制度。10月23～24日召开一届二次教职工代表大会，会议将学院《分配制度改革方案》提交教职工代表讨论审议。这一举措，推动了民主管理工作上新台阶，使党的全心全意依靠教职工办学和关系教职工切身利益的大事交给教职工自己讨论决定的思想真正得到落实。 （院 办）

苏州市职业大学

【概况】 成立于1981年5月的苏州市职业大学，已是一所理、工、文、管、艺兼备的综合性普通高等院校。学校占地近26.6公顷(400亩)，建筑面积近13万平方米。图书馆藏书32万册。全日制在校生4700余人，各类成人教育学生4500余人。教职工421人，其中专任教师261人，教授、副教授、高级工程师60余人，兼职教授、副教授40余人。设有管理系、机电工程系、计算机与电子工程系、实用外语系、艺术设计系、基础部、继续教育学院，开设了机械设计制造与自动化、机电一体化、数控技术、计算机应用技术、应用电子技术、中英文秘书、现代物流、电子商务、财会、旅游与宾馆管理、商务日语、商务英语、装潢艺术设计、环境艺术设计等40个专业(方向)。学校坚持为地方经济服务的办学方向，为第一线培养应用型的高级技术和管理人才；坚持校企结合培养人才的模式和多种办学形式，扩大学校的服务功能；坚持严格管理，促进良好校风的形成。建校至今，学校已向社会输送万余名毕业生，可谓桃李飘香姑苏城。2003年10月，苏州市委、市政府提出将苏州职业大学提升为本科教育层次，整合市属部分院校，组建“苏州学院”的方案。学校抓住这新一轮大发展的机遇，努力规范和完善教学、科研、管理体制，以学科建设和专业建设为突破口，加大教育教学改革，抓紧做好国际教育园新校区的规划和建设工作，以尽快实现升本建设目标。

【教学和科研改革】 2003年，学校分别围绕教学、科研工作召开了两次重要会议，并出台了一系列改革措施。

5月，学校召开第3次教学工作会议。会议明晰了学校高等职业教育教学改革的目标和手段，制定了《关于职业技能培训与职业技能鉴定工作的规定》、《教学改革工作考评与奖励暂行办法》、《教学事故认定与处理暂行办法》、《品牌专业、特色专业建设实施办法》、《校企合作工作条例》和《助教制实施办法》等文件，对进一步规范教学工作、促进教学改革具有积极而深远的意义。

2003年，通过省教育厅考核，电子专业评为省级品牌专业，秘书、计算机、机制、日语4个专业评为省级特色专业。下半年学校专门成立了学科建设工作领导小组，召开了学科建设研讨会，正式启动了学科建设工程。该工程暂定名为“1122工程”，即拟建设11个重点学科及重点实验室，培养和引进22名高层次学术带头人及名师，分3个层次和3个阶段进行。学科建设目标：以建设区域性品牌高职院校为基本目的，以建设一支素质好、学术水平高的师资队伍为根本任务，以重点专业建设和科研为工作抓手，以完善师资培养和重点实验室建设为基本保障，争取在2～6年内，建设一支学科结构合理、职称结构良好、年龄结构和学历结构有优势的师资队伍，全面提高教学质量和科研水平；重点学科(重点实验室)形成优势、多学科协调发展，为学校向本科的发展奠定坚实的基础。

11月，学校召开科研工作会议，会议认真总结了三年来科研工作的经验，对今后科研工作的改革发展提出了许多切实可行的意见。会后出台了《科技工作管理办法》，大大激发了广大教师从事科研工作的积极性。吴文化研究所和现代测试技术与仪器研究所作为两个科研亮点，都取得了可喜的成绩。上半年，吴文化研究所完成了《吴文化读本》的编写、出版工作。下半年，受市政府委托，邀请了国内史学界众多知名专家、学者，召开了《苏州通史》论证会，并将论证结果上报市政府，供领导决策参考。现代测试技术与仪器研究所，通过一年的努力，研制出智能化、高精度、多功能固体内耗仪，得到中科院固体物理研究所、上海交通大学、上海大学等单位的专家、教授的认可，并准备购买该产品。2003年，学校成功申报并获准了《高职高专双专科复合型人才培养模式研究》等4项省教育科学"十五"规划课题，《高温超导体涡旋相动力学及其传感器机理研究》等2个省级指导性项目，《苏州市高等职业技术教育培养目标与模式的研究》等4个市级项目。获得省、市科研项目为历年最多，这些学术论文、科研成果提高了学校的知名度。2003年，学校还成功举办了校首届科技活动月，市机械工程学会2003年年会亦在学校举行。这次活动在广大师生中传播了科技文化知识，繁荣了学术科研氛围。

【初建校系二级管理体制】 2003年，学校试行《校系二级管理办法》，在党建、学生管理和教学工作上逐步推行校系二级管理，从而，扩大了系的办学自主权，调动了校系两级的积极性，提高了整体工作效率，改革目标初步实现。

【后勤社会化改革】 2003年6月1日，苏州市职业大学后勤服务总公司正式成立。后勤社会化改革方案，力度大，影响面广，校党委非常慎重，事先经过了充分酝酿和研究，实施中又做了大量耐心细致的思想工作，从而保证了后勤服务总公司的顺利成立。（李弃诗）

苏州市广播电视大学（苏州市职工大学）

【转业军人学历教育】 为了适应改革开放和经济发展的需要，自2002年始，苏州电大根据省教育厅和省人事厅文件精神，在江苏电大的指导支持下，积极开展转业、复员、退伍军人，预备役官兵，人武骨干学历教育，帮助他们较系统地学习专业知识，全面提高政治理论素质和专业水平。该学历教育采取免试入学、宽进严出的开放式教育形式，以文字教材为基本依据，利用多媒体及网络教学手段，通过面授辅导、函授辅导、网络教学、BBS(网上论坛)、电子信箱、电话和双向视频系统、VOD点播系统、电视直播教学等多种形式，为学员提供良好的教学服务。学员学完专科教育计划规定的全部课程并经考试合格，发给成人高等教育专科毕业证书；具有专科学历的可报名注册参加电大专升本开放教育，学完专升本教学计划规定的全部课程并经考试合格，发给成人高等教育本科毕业证书，并由省教育厅在毕业证书上验印。2002年以来，苏州电大先后招收该学历教育本、专科学生790多名，开设了行政管理、经济管理、工商管理和计量、财会等专业。这是电大学历教育的一种新形式，也是人才培养模式改革的一项新尝试。

【办学规模有所扩大】 2003年，学校一方面，努力克服"非典"的影响，抓教学、抓管理，全面提高教育教学水平与质量；另一方面，自加压力，积极开拓，不断扩大办学规模，提高办学效益。2003年学校(包括各分校)共有学历教育在校生26175名，比上年增加1865名，其中校本部有7716名，比上年增加1107名。全年共为社会输送各类大专毕业生5392名，其中电大3417名、职工大1941名、普高远程教育(本科)34名。同时学校制定并试行了校行政岗竞聘上岗及校内岗位津贴实施方案，进一步完善内部管理体制。学校先后被省电大评为招生工作先进集体和学生思想政治工作先进集体，被市综治委评为校园综合治理先进集体。

【新校区建成使用】 学校沿干将西路占地约1公顷的新校区，于2002年12月开工建设，至2003年11月初全部竣工。共完成主要建设项目：现代教育技术大楼、学生篮球运动场、校大门、传达室和部分绿化景观等。现代教育技术大楼工程总投资641万元，设计建筑面积6426平方米，由江苏省纺织设计院设计，苏州市第一建筑工程集团公司承建。运动场占地1200多平方米，投资约30多万元，建有两个标准塑胶篮球运动场。新校区的建成使用，大大改善了学校的办学条件，提高了学校的整体形象。（电 大）

苏州工艺美术职业技术学院

【概况】 苏州工艺美术职业技术学院系国家教育部、省政府批准设立的高等艺术院校。地处苏州西北虎丘山南麓，占地9.3公顷，建筑面积近6万平方米，由院本部、南校区两大区域组成。

学院前身为1958年8月创办的"苏州工艺美术专科学校"，其历史渊源可上溯至著名油画家、美术教育家颜文樑先生创办的"苏州美术学校"(1922年)和"苏州美术专科学校"(1932年)。

学院设有视觉传达系、环境艺术系、装饰艺术系、服装工程系、工业设计系、数字艺术系和公共基础部、体育部等教学系部，以及现代技术教育中心、实训中心、图书馆等教学配套部门。6个系共设22个专业。此外学校还设有由省教育厅、法国国民教育部对外教育合作司牵头，学院和法国巴黎时装学院联合创办的"中法江苏时装培训中心"。2001年学院被教育部和省教育厅确定为全国职业教育师资培训重点建设基地和江苏省服装职教师资培训培养基地。

2002年5月苏州桃花坞木刻年画社正式划归学院。新的年画社以开发研究为主，适当开展经营活动，利用学院的专业优势和人才优势，整理编印桃花坞木刻年画刻印技法，列入相关专业的教学内容，培养后继人才，并努力争取将桃花坞木刻年画申报列入世界文化遗产目录。

学院从2000年开始与法国巴黎杜百利高等实用美术学院联合开设"服装设计"专业，以中、法文双语教学，学业优秀者选送法国巴黎杜百利高等实用美术学院修本科段课程。该专业于2003年10月通过省教育厅专家组评审，被列为省品牌专业，成为全省服装设计专业的示范专业。学院还先后与法国、德国、日本、香港等国家与地区的艺术设计院校建立了合作关系。

2003年学院省计划招生682名，还在6个外省进行了招生。现有在校学生近3000人，是目前国内规模最大的艺术设计类高职高专院校。近年来毕业生就业率保持在95%以上。

【教学改革】 2003年8月学院召开了第3次教育教学改革工作会议，总结教育教学改革工作的经验，制定今后三年学院教育事业的发展规划。10月江苏省室内装饰协会在学院召开职业技能鉴定会，把学院确定为“江苏省室内设计装饰培训基地”和“江苏省室内设计师”岗位证书考试点。视觉传达系成为江苏省职业技术学校教师“四新”培训班办班点。2003年学院与省内外7所学校联合培养五年制高职学生；先后与苏州刺绣研究所、台湾宏光(苏州)动画有限公司等5家单位签订实习基地协议，为相关专业的学生提供实践机会，开创了校企合作的新局面。2003年学校根据市场需求改组工程管理系，成立数字艺术设计系。停招工程管理系全部专业和装饰系“陶瓷艺术设计”专业。开设了“景观设计”专业，并在本年度顺利进行首次招生。成功申报了“娱乐软件设计”、“数字媒体技术”、“家具制作与陈设”、“玩具设计与制作”、“书画鉴定和修复”5个新专业，将于2004年开始招生。同时，雕塑、综合材料、传统绘画、现代绘画、陶艺、环境艺术和室内设计等专业教研室相继成立，加强了学科专业建设，年内共出版了7部教材。对02级学生首次按学分制管理办法，全面启动了学分制，并开设了28门选修课。

【师资队伍】 2003年全校有教职工264人，其中专职教师183人。专职教师中高级职称42人、中级68人、初级73人，双师型(双职称)占70%，硕士学位11人、本科学历147人、专科学历25人。

【科研工作】 2003年全院教职工积极参与科研工作，在省级以上刊物上发表论文85篇，其中人文社科类73篇、自然科学类12篇，发表美术作品和各类设计作品200多件。在社科类中获省级科研教学成果奖3项，评为省级优秀论文2篇，市级优秀论文2篇。

【学生管理】 2003年第4季度学院二届二次团、学代表大会胜利召开，院、系两级团、学代会的换届选举和增补工作圆满完成。2003年在全院学生中实行《大学生素质拓展资信证书》，成为学生思想政治工作中的一个新亮点。“五进公寓”工作进一步加强，成为宿舍校园文化建设的一个重要抓手。学院成立了扶贫工作领导小组，设立了学院助学贷款基金，扎实开展奖、勤、助、贷、减等各项工作，培养学生树立勤奋、诚信、自强、自立的精神。

【校园文化】 学院书画社团、话剧社团等24个学生社团组织，举办了“保护环境、美化景区”天平山环保大行动、现场效果图大赛、“摄友”作品展、数字艺术大赛等一系列学生活动，丰富了校园文化生活。“久久旅游品”设计小组获江苏省大学生创业计划大赛铜奖。服装工程系学生董晓燕获2003年全国“中华杯”童装设计金奖。学院在苏州市首届新年合唱音乐会比赛中获银奖。服装设计成果“丝绸与桃花坞”，在苏州丝绸旅游节上进行了重点展示。学院艺术社团被团市委评为优秀学生社团。

【新校区建设】 2003年学校在上方山石湖风景区苏州国际教育园内规划设计新校区。新校区占地37.5公顷，设计面积15万平方米，建成后可容纳5000名在校生。

【对外交流】 2003年3月，中法中心与学院服装系合作的试点班级历年教学成果在“2003东华时装周”国际教育教学交流展上展出。下半年法国杜百利高等实用美术学院选派由专家组成的教学指导小组来学院进行了一个月的示范教学。学院有5名应届毕业生赴法国巴黎时装学院深造。全院有6批19名老师出访欧洲和加拿大。12月6日召开了由学院主办的中法江苏时装培训中心理事会议，法方代表国民教育部对外合作司司长达尔莫、中方代表省教育厅厅长周稽裘、学院院长王建良等出席。学院法国教师德龙先生受省政府表彰，获“外国专家江苏友谊奖”。 (冯 瑾)

苏州农业职业技术学院

【概况】 苏州农业职业技术学院是一所经省政府批准、国家教育部备案的全日制普通高等学校，隶属于省农林厅。

学院始建于1907年，已有近百年的办学历史。现学院位于苏州市金阊区西园路11号，占地面积30公顷，建筑面积13.63万平方米，藏书31万册，学院总资产1.9亿元。学院设有园艺与园林、农业工程、食品、经贸、电子信息技术、人文科学等6个系和一个基础部，开设农学、园艺、加工、农经、农业外语、计算机应用、法律事务、生物技术、机电技术应用等20个专业。现有在校生7200多人(含校外班2000人)，教职工302人，专任教师中有硕士、博士等研究生70余名，具有中、高级职称的教师占70%。有90多名师生(其中11名学生)分赴美国、法国、日本等20个国家进修、考察和实习。学院先后与日本、荷兰、法国、美国、韩国等国家的10所农业院校建立了友好学校关系。学院是国家农业部的示范窗口学校之一，农业部苏州培训中心、《农业职业教育》编辑部、全国农业特有工种技能鉴定站均设在本院。

2003年，学院“现代园艺”专业被省教育厅确定为全省高等学校“品牌专业”；学院成功地与美国密西根州立大学签署草坪管理专业合作办学协议，与韩国骊洲农业经营专门学校缔结姊妹学校，学院因外事工作出色被国家外国专家局评为“全国聘请外国文教专家先进单位”；学院“苏州市园艺工程技术研究开发中心”获市科技局批准成立；学院首次举办国家大学生英语四、六级考试；学生宿舍、教学实训楼、图书阅览楼、学生食堂和学生浴室等3.5万平方米的建筑，均当年开工当年竣工投入使用。学院被评为江苏省“文明单位”。

【教学改革】 2003年学院积极探索和研究新形势下高等职业教育发展的新特点、新思路。在教学方面，共开设20个专业，391门课程，全年课时总量超过89.4万节。学院根据各专业特点，使用优质教材，制定教学计划，完善教学大纲，确定授课内容和教学方法。注重强化和巩固基础课和公共课建设，加强“两课”教学，使“两课”进教材、进教室、进宿舍、进学生头脑。加强英语、日语两个专业的口语教学，重新修订教学大纲，高薪聘请5名外教，教师大量运用口语和多媒体语音教学，培养学生语言运用能力。在学生中成立了3个外语社团，帮助学生练好口语。加强对选修课的开设与管理，注重开设新技术课程、边缘科学及交叉学科课程。全年开出选修课60多门，有近7000人次参加了选课。在教学管理方面，改过去的一级管理为教务处和各系(部)二级管理，制定并实施《教师任课排课规则》、《教师工作规范和教师教学工作考核方案》，重点抓教学质量监控和保障体系建设，成立了院、系(部)、学生3个层次的教学质量监控网络，建立了教学督导制、教学检查制、干部教师听课制、学生信息员制等4个教学督导体系，以提高教学质量。学院加大对外聘教师的选用、监督与管理力度，制定了《外聘教师管理办法》、由系(部)和学院共同实施监督和管理。学院还引进了先进的教务管理系统软件，实现学院教学管理的现代化。 (孙其勇)

【师资队伍】 2003年学院采取“外引”和“内培”相结合的方法，努力提高师资队伍的整体素质，着力构建一支学历层次高、业务素质强、专业结构合理、富有创新精神的稳定的教师队伍。学院相继出台了积极的人才引进战略和各项优惠政策，推行科学的用人机制和分配制度。年内引进专任教师55名，是历史上引进教师最多的一年。学院为之提供安家费、购房补贴，并妥善解决配偶工作、子女入学等问题。同时，鼓励教师在职攻读硕、博士学位，全院在职攻读博士、硕士研究生多达42人。学院选送80多名教师赴国外考察和进修。年内全院有9人晋升副教授(副高)及以上任职资格、15人晋升讲师任职资格，95%以上的教师通过了高校(中专校转高校)专业技术职务的重新认定。学院对教师实行按需设岗、择优聘任、严格考核，相继出台了《全员聘用制》和《院内岗位津贴实施办法》。院内岗位津贴向教学、科研一线倾斜，向优秀人才和骨干教师倾斜，教学人员比一般管理人员高近20%。为加强教职员工的自律意识，每位教职工拿出30%的岗位津贴参与年终考核，奖勤罚懒。

(刘延平 季 琴)

【设施建设】 2003年学院为扩大办学规模，提高办学质量，筹资5000多万元用于设施建设。其中，投资1700万元，新建1幢面积14446.8平方米的教学实训楼，建有果菜加工、粮油加工、发酵工艺、食品安全检测、食品理化分析、农村环境保护、农村能源、计算机网络、语音、财会、电工、钳工等40个教学(科研)实验室，为培养学生动手能力，提高教学效果，以及教职工开展科研提供了便利条件；投资450万元，建成了400米塑胶跑道的标准体育场和13片橡塑球场(其中9片篮球场，2片排球场和2片网球场)及配套设施，7月15日通过国家体育总局专家验收，投入使用，并成功举办了学院首届田径运动会；投资1200万元，新建总面积11.34万平方米的学生公寓3幢，新增床位1392张，安装电话306部，较好地满足了学生改善住宿条件的要求；投资700万元，扩建面积为6006平方米的图书阅览楼1幢，新建电子阅览区、图书阅览区和图书贮藏区3个功能区，完成了与原图书阅览楼的衔接及外围道路铺设工作，较好地满足了教职工和广大学生借书和查阅资料的需求；投资340万元，新建面积为3480平方米的学生第3食堂，新添餐位100个，改善了学生用餐环境，缓解了学生就餐排队拥挤的状况；投资70万元，新建700平方米学生浴室1座，采用自动控温环保油炉先进设备，改善了学生洗浴条件；投资250万元，改造扩建配电房，在原400千伏安的基础上增容至860千伏安。 (陈箭飞)

【合作办学】 3月25日，学院院长戴洪生和北京林业大学校长朱金龙、四川农业大学校长文心田、东北农业大学校长李庆章一起与美国密西根州立大学校长彼德·麦费森(Peter Mcpherson)先生在北京林业大学共同签署了合作办学协议。这是学院历史上首次与国外高校进行的学历教育合作，使学院国际交流与合作工作迈上了一个新的台阶。8月17～19日，学院和北京林业大学、四川农业大学、东北农业大学一起与美国密西根州立大学在学院培训中心(苏州)召开“草坪管理”专业合作办学联席会议，与会单位讨论、修改并签署了《中国4所大学与美国密西根州立大学高等教育合作办学协议执行计划书》。10月15日，中美合办的“草坪管理”专业学历教育开始招生。此外，学院还与南京农业大学、南京林业大学、苏州大学、扬州大学等高校基本达成合作办学意向。

【学生管理】 学院积极探索新形势下大学生工作的新思路、新方法，坚持“一手抓课堂，一手抓课外”，重点抓好班主任队伍、学生干部队伍、宿舍管理员队伍建设。对学生实行院系两级管理，把宿舍管理作为大学生管理工作的重中之重，将思想政治工作、辅导员及班主任、党团组织、学生社团、学生自我教育组织等5项工作进入学生公寓。同时实行党员干部联系学生宿舍制度，加强学生日常的“自我教育、自我服务、自我管理”。学院对学生实行“亲情服务”，心理咨询“温馨提醒”，设立“宿管意见箱”，倾听学生的意见。建立学生“宿舍巡逻队”，确保安全。2003年学院有6名在籍大学生应征入伍。

【校园文化】 学院连续四年与驻地留园街道联合举办“留园之韵”文艺汇演。在金阊区首届“建业杯”新市民才艺大赛上，学院舞蹈《水乡童谣》获歌舞组一等奖。学院举办“挑战自我、创造未来”新世纪大学生论坛赛，“新世纪、新形象、新挑战”大学生素质大赛，大学生校园书画大赛，纪念“毛泽东诞辰110周年”征文大赛，大学生辩论赛等活动，以培养锻炼大学生的进取心和适应社会的能力。学院积极鼓励各系根据自己的实际情况创办各具特色的学生社团，学院铜管乐队是学生社团中的一个精品社团，荣获苏州市“优秀社团”和“十佳社团”称号。学院还积极与商家、企业携手，联合打造校园文化的新篇章，如与“TCL”公司合作举办“校园十佳歌手大赛”、与苏州广电总台联合举办“炫力夺目2003音乐频率、苏州联通、苏州农学院大型校园文娱活动”。

【科研工作】 学院积极组织力量申报院外课题，促进科技成果的转化工作。向农业部、教育部、省农林厅、省教育厅、市科技局等部门申报课题12项，争取到经费106万元。承担了省“农业三项工程”项目“百合科花卉种质资源库建设与产业化开发”、省教育厅“生态绿化苗木的引进与产业化开发”、市科技局“苏州市社会保障制度的研究”、“苏州市园艺工程技术研究中心”等项目。院外科研课题项目的实施促进了学院科研活动的开展及科研产业基地建设，构建了学院科研的新平台。同时学院还启动了一大批院内课题，经院级课题专家组审定，拨出50万元科研专项经费，资助89个课题，94%以上的课题顺利结题。从而调动了广大教师的科研积极性，提升了学院整体科研水平。学院成功地举办了第3届科技节。科技报告、科技长廊展示、大学生论坛、技能竞赛、科技节主题板报、教师论文评比、大学生书画大赛、院首届大学生辩论赛等项活动开展得有声有色，师生参与率达到95%。学院还成立了科学技术协会，出台了《苏州农业职业技术学院科研奖励制度》。全年共举办科技讲座、学术报告30余场。教职员工在国内外各类刊物上发表论文117篇，其中核心期刊16篇(含国际期刊2篇)，出版专著4部。

【校办产业】 2003年学院一手抓科技，一手抓市场，取得了教科研和市场开拓的好成绩。园艺中心生产水培郁金香、风信子10万株，盆栽百合、朱顶红近万盆，仙客来1.2万盆，彩色马蹄莲、百合组培苗20万棵，国庆期间销售花草30余万盆；扩大绿化养护面积，加大校外协作基地建设，扩大生产规模，逐步向培养花卉的龙头企业迈进；全年实现销售营业额近1000万元。农业部苏州培训中心(仙客来宾馆)以“拓市场、创效益”为中心，加大营销力度，积极拓宽客源市场，接待全国农业系统各类大型会议、培训3000余人次，营业总额达520多万元。江苏省太湖常绿果树技术推广中心(东山校区)按照经济、社会和生态效益兼顾的原则，建成产学研基地，开发高效低毒低残留农药新品种20多个，承接各类药效试验28个。学院产学研基地，在抓科研、抓市场、求效益的同时，还充分利用资源，积极为教学服务，全年为学生提供了近2万人次的实践和实习机会。学院被全国农业院校校办产业协会授予“先进集体”。

（孙其勇）

苏州工业职业技术学院

【概况】 苏州工业职业技术学院是江苏省政府于2003年7月批准组建的国有公办普通高等院校，坐落在苏州城西上方山风景区石湖边的苏州国际教育园，占地35公顷，建筑面积16万平方米。2003年初作为市府重点工程启动建设，2004年将完成全部建设项目。

学院设机电工程系、电子工程系、信息工程系和管理工程系四大系和国际交流中心、高新科技人才培训中心、产教结合研发中心；开设机电一体化、数控技术、精密制造、自动控制、电气维修、应用电子、微电子、电子测试、现代通信、通信设备，计算机应用、网络技术、工程软件、物流管理、市场开发与管理、商贸英语、商贸日语等专业；现有教职工440名，在校学生8000多人。

学院借助苏州开发区外向型经济发展优势，开创性地进行了多层面的“校企合作”。学院在百余家世界知名企业建立了学生定向实习、毕业生就业和教师专业培训基地，企业也主动为学院的专业建设发展提供咨询、开展项目合作、设立专业实验室和师生奖励金。

学院坚持以建设先进的实践教学基地作为高职特色的突破口，构筑“产教结合”的平台。现已拥有现代化的机电技术、电子技术、信息技术三大实训中心，设有模具开发、自动控制、电子技术、IT技术等四个研发中心，以及近150个各类实习、实验、科研场所，可以同时容纳3000名学生进行实训。专业设备价值近6000万元，其中最具代表性的有：与现代企业先进技术同步的各类数控加工机床、柔性制造系统、精密模具研制装备、半导体集成电路研制装备和网络工程设计开发设施等。

学院已与澳大利亚昆士兰TAFE集团、美国教育管理集团公司签订了中外合作办学协议，还与荷兰、德国、加拿大、新加坡等国的教育机构进行了多方位合作洽谈，以引进海外优质职业教育课程内容及教学资源。

学院以“为学生服务、为企业服务、为社会服务”为办学理念，加快培养社会经济发展所急需的、具有较高知识层次和较强职业能力与国际接轨的生产、管理和服务第一线的高素质应用型人才，努力把学院建设成为“学历教育与职业培训相并重，教学科研生产相结合，中高职相衔接，海内外教育相合作，专业有市场、学生有特长、学院有特色、全省全国有影响的现代化高等职业技术学院”。

8月26日，国务委员陈至立视察苏州工业职业技术学院苏高工校区，察看了学校的友达光电液晶显示技术、苏胜科技SMT两个企业实验室和学校教师自行研发的气动实验室，并饶有兴趣地参观了研发中心研制的各类产品，肯定了学校所取得的成绩，并要求进一步办好做大职业教育，培养高素质的应用人才，多出高水平的科技成果。

【学院正式成立】 2月28日省高校设置评审委员会对苏州工职院的申报进行了现场评审，专家组非常肯定学校办学的理念和专业建设的成就。7月2日，省政府发文正式批准，同意苏州高级工业学校、苏州机械学校与苏州市虎丘中等专业学校合并，组建苏州工业职业技术学院。

【校企合作签约仪式】 8月21日，在工职院机械学校校区举行了苏州工业职业技术学院和百得(苏州)电动工具有限公司校企合作签约仪式。

百得公司与原苏州机械学校有着良好、广泛的校企合作关系，在学院进一步发展之际，百得(苏州)公司又扩建了电动工具实训基地，并将热爱苏州的公司前总经理的遗产捐献成立了“戴维胜基金”，专门用于奖励学院开展科研创新的老师和优秀的贫困学生。

【国际教育融合】 学院一成立，就致力于拓展教育和国际融合的多种渠道，朝着与国际职业教育接轨的方向发展。7月14日，美国教育管理集团公司亚太地区总裁包华富博士和中国驻美国休士敦总领馆领事徐家海来到苏州工职院，就开展中美合作办学进行了深入的交流。美方对学院的办学指导思想和发展前景非常满意，并表示将于2004年9月与工职院合作开设“电子商务”专业，面向全省招收70名应届高中毕业生，引进美国的优质教育资源和师资，培养社会急需的具有国际背景的应用型人才。11月8日，澳大利亚TAFE昆士兰开放大学的国际部经理艾博恩先生(Mr.Bryan Iles)与苏州工业职业技术学院院长钱东东在市会议中心签署了《合作办学协议书》，确定2004年在工职院开设“机电一体化中澳合作办学班”，面向全省招收40名高中毕业生，全盘引进澳方教学计划和教材，由中澳教师共同授课，毕业生将获得中澳两国政府认可的“双文凭”。

【名誉院长吴建国博士聘任仪式】 11月26日，苏州工业职业技术学院举行了“名誉院长吴建国博士聘任仪式”，副市长朱永新及吴建国博士台湾同仁等到会祝贺。吴建国博士，祖籍苏州，1950年生于台湾。1972年台湾大学毕业，1974年赴美深造，1978年获得美国柏克莱加州大学材料科学博士学位。随即在美国加州硅谷半导体集成电路制造公司担任工程师。1980年返台服务，参加高雄中山大学的建校工作，出任电机工程学系系主任、材料科学研究所所长。1984年12月聘为高雄应用科技大学(前身为高雄工业专科学校)校长，为台湾最年轻的公立大专院校校长。这次吴博士出任工职院名誉院长，将致力于加强与海外职业教育的联系，加快引进师资、教材与教法，开办高新科技人才(侧重于半导体IC技术)的培训，推进学院与企业(特别是台资企业)的进一步合作。

(晓平 少华)

苏州工业园区职业技术学院

【概况】 苏州工业园区职业技术学院是在新加坡总理吴作栋提议下，经省政府正式批准建立的一所新型高等职业技术学院。1997年12月经省教委批准成立苏州工业园区职业技术培训学院，主要承担苏州工业园区外商投资企业的非学历一年制高级技术技能人才培训。1999年9月，省政府批准筹建“苏州工业园区职业技术学院”，试办大专层次的高等职业教育。2001年3月，学院被教育部定为全国职业教育师资专业技能培训示范单位。同年5月，经省普通高校设置委员会评审通过，报请省政府批准，正式建立苏州工业园区职业技术学院。

学院位于苏州工业园区苏茜路68号，占地面积7.2公顷(108亩)，总建筑面积约8.7万平方米。拥有各类实验室22个，实验仪器设备6800台(件、套)，图书馆藏书66万册。设有网络信息中心、多媒体报告厅等现代化教学设施和体育馆、健身房等文体活动场所。

学院现有电子信息工程系等6个教学系(部)，设有工业电子等19个专科专业(方向)，覆盖工、理、文、管理、艺术等5大学科门类，现有在校生4000余人，专职教师及管理人员128人，其中硕士研究生以上学历21人，中高级职称比例近70%。

学院借鉴国外先进的职教管理模式，成立由苏州工业园区管委会、中新合作开发有限公司、苏州市教育局、苏州市劳动局和苏州光华教育投资有限公司等投资单位，清华大学、复旦大学、东南大学、悉尼科技大学等国内外知名高校，旭电、费斯托、诺基亚、飞索(SPANSION)、博士(BOSCH)、飞利浦、艾默生等著名跨国公司组成的学院董事会，实行董事会领导下的院长负责制。

【首届教职工代表大会】 5月9日，学院召开首届教职工代表大会，园区管委会副主任、学院董事长潘云官及学院全体教职工参加。院长单强作《学院工作报告》，工会主席潘卫东作了《工会工作回顾》。大会讨论并审议通过了“教代会工作条例”和“计划生育管理暂行办法”，会议选举产生了学院(IVT)首届工会委员会。

【工商管理系成立】 9月28日学院召开工商管理系成立大会。工商管理系是为了适应中国加入WTO对高职高专管理类人才的需求而设立的一个系科，主要为工商业培养理论扎实、外语和计算机运用能力强、具有良好职业道德素养的应用型经营管理人才。现设有商务管理、现代物流、涉外文秘3个专业，面向全省招生，学制3年，目前在读学生近500人。

【省技能大赛获奖】 10月，在2003年江苏省职业学校技能大赛中，学院施谦益同学获应用程序设计和编制高职组二等奖，张宏同学获计算机安装与维修项目高职组三等奖，周凌、陈志军、周淳晟和吴纪素同学获优秀奖。

【第2届IVT教师讲课比赛】 11月，学院组织了“第2届IVT(园区职业技术学院)教师讲课比赛”，经过教师们各具特色的教学演示及评委们客观、公正的评比，最终评出教学基本素质奖、新颖教学方法奖、教学新秀奖、优秀奖等共11名。

【首届动漫艺术节】 11月16～23日，学院举办首届动漫艺术节。邀请了法国著名画家、资深动画制片商——多米尼克教授和上海美术电影制片厂资深导演查侃老师就中外动画产业现状及前景做了专题讲座。艺术节期间安排了国外动画片汇展，有欧洲专场、美国专场和日韩专场3个板块，吸引了众多观众前来欣赏观摩。

【第6次董事大会】 12月6日，学院召开第6次董事大会。学院名誉董事长、副市长朱永新，董事长潘云官及中外董事参加了会议，学院领导列席会议。院长单强向董事会作了《学院2003年工作汇报和2004年工作计划》，各位董事就学院的发展提出有益的建议。朱永新讲话，建议学院将2004年定为“质量年”，并就如何确保学院的质量提出了建议。潘云官作总结发言，建议学院：①坚持立足园区、服务周边、走向世界的办学方向；②坚持两个贴近：贴近经济、贴近就业；③处理好规模扩张和质量保障、社会效益和经济效益两个关系。

【通过ISO9001国际质量认证】　12月，认证机构通过面谈、观察、检查记录、核查文件等方式对学院教育教学服务的提供和开发执行ISO9001国际质量认证体系情况进行了现场审核。最后审核组认为：学院基于ISO9001标准的质量管理体系是初步有效运作的，学院的教育能够满足学生、学生家长和用人单位的需要，现场审核予以通过。12月底，学院教学管理工作正式通过ISO9001国际质量认证体系认证。

【开学典礼暨奖学金、奖教金颁奖仪式】　10月，学院举行2003年开学典礼暨奖学金、奖教金颁奖仪式，来自安特优、旭电、天达、飞利浦、飞索(SPANSION)、PSB、法泰等董事单位的代表分别向5名教师、71名学生颁发了共计142500元的奖教金、奖学金。学院还首次设立了院长特别奖(1名，奖金5000元)、学有进步奖(1名)、IVT奖学金(11名)。获奖学生代表和新生代表先后发言，代表同学表达他们的理想和决心。

（王剑峰）

常熟高等专科学校　常熟理工学院(筹)

【概况】　2003年1月24日经教育部批准，“同意在常熟高等专科学校的基础上筹建常熟理工学院。正式建立俟条件具备后需提交今年底全国高等学校设置评议委员会讨论确定”。之后，学校按照本科院校的标准，制定了《2003～2007年学校发展规划纲要》，加大投入，做好校园、专业、师资队伍的规划与建设，经过一年的筹建，学校的办学条件等都上了一个档次。学校占地面积86公顷（含新校区），建筑面积17.22万平方米(不含在建新校区一期面积11.94万平方米)。设有本科专业18个，专科专业23个。全日制在校生6481名，其中本科生3453名；成人教育在籍生2471名。教职工总数822名，其中正高27名，副高148名，专任教师438名(占53.3%)，实验技术等教辅人员133名(占16.2%)。专任教师中正高21名，副高118名(高职占31.73%)，中级183名(占41.78%)。专任教师中研究生149名(占34.02%)，在读研究生111名(占25.34%)。有中心实验室11个，分实验室71个，实训中心6个，实验设备总值4024万元。有纸质图书56.7万册，电子读物32.9万种，期刊杂志1869种，电子阅览室4个，阅览座位1392个。学校于1997～1998年度、1999年～2000年度、2001～2002年度连续三轮被省教育厅评为省高校文明学校，校党校第4次被评为“苏州市红旗基层党校”(2001～2002年度)。

【常熟理工学院(筹)揭牌仪式】　3月6日，学校举行常熟理工学院(筹)揭牌仪式。省政府副秘书长朱步楼、省财政厅副厅长张美芳、省教育厅副厅长祭彦加、常熟市委书记杨升华等为常熟理工学院（筹）揭牌。常熟市委副书记戈炳根、校长许霆在揭牌仪式上讲话。校党委书记李椿主持揭牌仪式。参加仪式的还有苏州市政府秘书长王少东和常熟市有关领导与师生代表等。

【校区扩建工程奠基】　10月18日，适逢常熟市撤县建市二十周年纪念活动之际，学校举行校区扩建工程奠基仪式。省委副书记冯敏刚，中国纺织工业协会副会长许坤元，省委常委、苏州市委书记王珉，省教育厅副厅长祭彦加，苏州市市长杨卫泽等省、市和常熟市领导为校区扩建工程挥锹奠基。学校在东湖校区征地469257平方米，扩建工程20多万平方米分二期进行，开工的一期建筑面积11.94万平方米将于2004年完成。

【校二届四次教代会】　1月10～11日，常熟高等专科学校二届四次教职工代表大会召开，校长许霆作题为《学习贯彻十六大精神，与时俱进，开拓创新，全力推进学校事业发展》的工作报告，报告校“十五”前期工作、当前申本工作以及“十五”后期工作。副校长王宏作《东湖校区发展规划》报告。会议审议了校经费收支情况报告，并表决通过了《常熟高等专科学校二届四次教代会决议》。

【学生工作】　6月27日，1495名毕业生离校，毕业生中本科生693名，其中531名本科生获学士学位，3名毕业生获准赴西部志愿服务。9月8日，2003级新生开学，新生共2396

2003年10月18日常熟理工学院扩建工程奠基。　（常理工提供）

名，其中本科生1096名。12月11日，经常熟市征兵办公室批准13名大学生应征入伍，此为学校继2001、2002年33名大学生应征入伍之后的第3批学生新兵。经省教育厅批准，57位品学兼优的贫困大学生获得2003年度国家和省政府奖学金。其中，22位学生获国家奖学金，一等奖5名，奖金每人6000元，二等奖17名，奖金每人4000元。同时，学校减免获奖学生当年度的学费。另有35位学生获省政府奖学金，奖金每人2000元。外语系英语99级师范本科班89名学生在本年度全国高等学校英语专业八级统测中有63人通过，通过率为70.79%，超过全国平均通过率(51.82%)近19个百分点。

【科研工作】 2003年度各类科研立项项目共33项，其中包括教育部人文社会科学研究2003年度专项任务项目1项，省高校自然科学研究计划项目4项，省高校哲学社会科学研究计划项目1项，省教育科学“十五”规划2003年度滚动课题项目5项等。以校长许霆教授为主任的《虞山文库》编纂委员会组织编纂的学校历史上第一套大型系列丛书《虞山文库》，于9月~10月初由苏州大学出版社出版。《虞山文库》系列丛书包含《虞山学术丛书》、《虞山阅读丛书》、《虞山科技丛书》和《虞山教育丛书》等4套丛书、26部著作，分别由许霆校长、丁晓原、曹培根、凌瑞良、何东亮4位主编及24位教师编撰。《虞山文库》出版后，取得很好的社会影响，《虞山学术丛书》得到专家的普遍好评，《虞山阅读丛书》荣获中国阅读学会第8届优秀丛书一等奖，其他丛书也受到社会好评。9月25~26日，中国阅读学会第8次学术年会在学校召开。国际阅读协会代表、国际阅读协会亚洲发展委员会主席、香港阅读协会主席梁长城到会，来自全国各地的40多名专家围绕年会主题“创新时代的阅读学”进行了学术研讨。 (曹培根)

硅湖职业技术学院

【概况】 硅湖职业技术学院(民办硅湖大学)是1998年经省政府批准创办、国家教育部备案的全日制普通高校，由苏州良士文化发展有限公司投资兴建。学院坐落在昆山曹安开发区内，地处上海与江苏交界处，沪宁与同三高速公路的交汇点。1999年开始招生，2003年在校生2557人。学院设有法学系、工商管理系、外语系、信息工程系、机电工程系、艺术设计系、城市建设系等7个系和1个基础部，开设34个专业。

学院实行董事会领导下的院长负责制。董事长为梁顺才博士，执行董事为史宝凤女士。现任院长(2001年8月后)为南京大学原副校长徐世良教授。院长为学院的法定代表人，全面负责学院的日常管理，并统筹学院的人、财、物。

2003年学院贯彻“巩固、深化、改革、发展”的方针，许多工作取得显著成绩，有些工作已走在全省民办院校的前列，学院的知名度迅速提高。

【教学改革】 硅湖学院主动适应社会对高等职业技能人才的急需，于2002年3月正式确定了“立足昆山，面向苏州和江苏全省，为地方经济建设培养‘灰领’人才”的办学目标(2003年3月8日，《光明日报》曾作长篇报道)。

为了把培养“灰领”人才的办学目标落到实处，学院全面修订原有各专业教学计划。至2003年底，34个专业的教学计划全部修订完毕。新教学计划较之过去有3方面的改变。①改变了过去6个学期连续性的理论教学中渗透实践性环节的模式，采用了“2.5+0.5”的教学模式，即前5个学期在理论教学中渗透实习实训，第6个学期学生去企业集中开展毕业调研、毕业实习，并完成毕业作业，从而增强了学校教学与企业需求之间的衔接性。②改变了过去按照常规编制教学计划的传统做法，深入市场调研，根据企业需要的人才规格，确定专业教学计划中的能力结构与知识结构，使教学计划充分体现与企业需求的匹配性。③改变了过去“重理论、轻实践；重知识、轻技能”的倾向，调整了理论教学与实践教学的比例，统一规定理工科类专业理论教学与实践教学的比例必须达到5.5:4.5，最少不得低于6:4，文科则要求在7:3以上。学院在教学计划中增设了“周数环节表”和“教学模块示意图”，把实践教学的时间排进了专业教学的学历表中，以此确保实践教学时间的落实，这样的教学计划充分体现了学院培养“灰领”人才教学的实践性。

【师资队伍】 学院现有专任教师147名，其中教授13名，占教师总数的8.84%；副教授34名，占23.1%。教授数量在全省民办院校中名列前茅。各系系主任均为国内相关学科的专家或资深教授。

硅湖学院校园 (硅院提供)

学院采用竞争机制和激励机制，实现师资队伍的优胜劣汰，并通过高职低聘、低职高聘、拉大收入差距等办法，鼓励优秀教师特别是年轻教师脱颖而出，一批优秀年轻教师陆续走上系一级的领导岗位或学科带头人的岗位。

【设施建设】 学院占地55公顷，已建成各类用房近10万平方米。即将开工兴建的校区扩建工程还将增加教学楼、图书馆、学生餐厅等各类用房3.5万平方米。在开放的校园里，教学区、展示区、生活区、商贸区、服务区布局合理，功能齐全，各具特色。学院投资购置教育现代化所需的各类仪器和教学设备。现配有教学用计算机715台，建造了电工电子实验室、物理实验室、环境生物实验室、模拟股市实验室、汽车综合实验室、计算机拆装实验室、模拟法庭、微机原理与接口实验室、单片实验室等18个及10Mbit宽带网管理系统等。学院有标准的田径运动场、排球场、乒乓球房、健身房、羽毛球房等活动场所。学生公寓配有卫浴设备、电话、饮水机、多功能柜、计算机上网插口等，完善的设施给学生提供一个良好的学习、生活环境。学院图书馆藏书21.72万余册，订阅报纸、杂志130余种。

【合作办学】 学院根据高职教育的要求，积极推进校企合作办学，以求共同发展。特别是校企合作，采用“订单式”人才培养的创新举措，为毕业生就业铺就了一条绿色通道，并取得了较好的成绩。2002届和2003届两届毕业生一次性就业率分别达到94.8%和97.5%；2003级新生未入学已有500多名学生被企业“预订”。同时，学院又向社会公开承诺：实施毕业生“召回返读制”。即毕业生在工作中自感知识和技能需要充实和更新，可向母校申请返读；用人单位根据工作需要，要求毕业生进修提高的，也可直接与学校联系返读，返读结束后再回企业工作。这些创新举措受到了社会的欢迎。2003年11月16日，中央电视台记者来学院采访，并在央视一套《新闻联播》节目中播出了学院的这些做法。

学院积极组建实践教学体系，包括生源基地、实习基地和就业基地，已有40多家企业和单位与学院签订了校企合作办学协议。

【学生管理】 学院坚持“一切为了学生、为了一切学生、为了学生的一切”的原则，积极推进“赏识教育”，努力营造人性化的育人环境。精心组织开展“双文明”创建活动，涌现出21个文明班级和93个文明宿舍。建成一支以老带新、专兼结合的学生管理队伍，提高了学生管理工作水平。制定了《公寓部生活指导教师聘任及考核条例》等规范，进一步加强了学生日常行为的规范化管理。经综合测评，有348名学生获得学院颁发的各类奖学金，13名同学获得“江苏省政府奖学金”。

【校园文化】 学院广泛开展丰富多彩的校园文化活动。坚持举办周末舞会，放映周末电影，举办学生交谊舞培训班；组织篮球、足球、乒乓球比赛；举办迎新文艺演出和家长会文艺汇报演出；开展大学生网页、动画设计大赛和校园“吉尼斯”比赛；举办第5届“一二·九”文化艺术节，开展大合唱以及时事政治知识、校园十佳歌手、普通话、大学生热点问题辩论等竞赛活动，大大丰富了学生的课余文化生活。团委、学生处充分发挥现有学生社团的作用，开展了学生社团巡礼、活动展示，调动了大学生自我管理、自我服务的积极性。吸收新生加入青年志愿者队伍，开展志愿者校园环保行动和“保护环境、珍爱生命”签名活动，继续做好灌南县李集乡小学生助学帮困工作。

【对外交流】 学院与英国安吉利理工大学、新西兰奥克兰商学院合作办学，学生在硅湖修读2年，成绩合格，可办理留英、留新手续，在上述学校修读2年，成绩合格，可取得该院的本科文凭和学士学位。2003年底，中新班首批18名学生通过雅思考试，2004年初将全部进入新西兰奥克兰商学院本科阶段学习。 （严鸿珍）

沙洲职业工学院

【概况】 沙洲职业工学院坐落在张家港市市区。学院创建于1984年7月，是经省政府批准、国家教育部公布有招生资格的普通高等专科学校。中科院院士、上海大学校长钱伟长教授任名誉院长。

2003年，学院继续坚持为地方经济建设和社会发展服务的办学方向，不断深化教育教学改革，努力提高教育质量。积极推进素质教育，注重培养学生的创新思维能力、分析解决问题能力和动手操作能力。注重学生英语和计算机基础能力的培养，聘请外教从事口语和听力教学。2003年苏州大学沙工本科教学点毕业学生124名，有53人取得学士学位，学位授予率43.44%，其中一名学生考上苏州大学公费研究生；专科毕业991名，29人通过“专升本”考试，分别被苏州大学等本科院校录取；历年累计毕业学生7488人。年内，还为企业和和社会培训各类专业技术人员5000多人，历年累计3.2万人。

学院被评为2001～2002年江苏省文明单位。

【第4次教学工作会议】 2003年，学院以“进一步落实教改工程，深化教学改革，切实加强课程建设和特色专业建设，努力提高教学质量”为中心议题召开了第4次教学工作会议。会议总结了学院两年来在教育思想、教学管理、特色品牌专业建设、师资队伍建设等10个方面取得的成绩和进步，提出了今后两年教学工作的指导思想，进一步理清了办学思路，确立了“以人为本，教学为中心”的理念。

【师资队伍】 学院现有教职工360人，其中专任教师220人。教职工中，具有高级职称的61名，(其中教授2名)，在读博士3名。为提高师资队伍整体素质，学院出台了《师资队伍建设五年规划》、《教职工进修管理办法》和《师资队伍建设实施办法》。在引进优秀教师的同时，高度重视现有教师的培养工作，先后与江苏大学、苏州大学联合举办外语、计算机硕士班，尽快提高新教师的教学水平。2003年，学院有11名教师晋升高级职称，其中1人获得“教授”任职资格。

【学科建设】　学院设有建筑工程、纺织工程、机电工程、计算机、经济管理、基础科学、社会科学等7个系、31个专业，其中4个本科专业、27个专科专业。年内，“机械制造及自动化”专业被国家教育部批准为国家高等工程专科示范专业；“机电一体化”专业被省教育厅批准为省级品牌专业建设点。学院制定了《特色专业建设实施办法及标准》和《课程评估与课程建设实施办法及指标体系》两个文件，评出院级优秀课程10门，A级课程17门。学院建立了专业指导委员会，定期对专业教学计划制订工作进行指导，对专业设置提供咨询。

机械制造及自动化专业是学院的特色专业。学院通过20年的教学积累，不断加大教学软硬件投入，整合机械工程和电气工程的实力，把机械制造及自动化专业作为全院示范专业来建设。根据教育部关于高职高专人才培养的“应用性、实践性、先进性、整合性”要求，机械制造及自动化教改综合教研室对教学体系进行大胆调整，以“基础、设计、制造、控制和人文素质”五个模块来安排课程配置，提升专业的整体实力，体现了应用性和先进性结合的鲜明特色。该专业1999年通过中期评估，2002年底通过教育部考核评估，2003年初，被批准为国家高等工程专科示范专业。机制专业教改的成功带动了其他品牌专业的建设，之后，机电一体化专业又被省教育厅批准为省级品牌专业建设点。学院向品牌专业实行重点倾斜，投入建设经费708万元，建成了专用的CAD/CAM、数控机床线路设计等实验室17个，实验开出率达100%；投资113万元购买了生产型加工中心（现代化加工设备）、数控铣床各一台，数控车床两台；同时，与无锡柴油机厂、无锡机床厂、江苏牡丹集团、江苏沙钢集团等7家企业共建了稳定的校外实习基地。理论课程压缩传统教学中不适应现代技术需求的内容，增加现代企业必须的内容，先后整合课程16门。同时，重组了课程实验、课程设计、技能训练、毕业设计等实践环节，强化学生在基本素质、计算机能力、新技术等方面的素质和能力培养。

【设施建设】　学院拥有教学楼、科技楼、图书馆、实验楼、实训楼、学生宿舍等各项设施。图书馆藏书20余万册，每年订阅中外报刊1600多种，辟有电子读物阅览室、专业阅览室和资料室，建有CNKI知识网络服务二级站，购买了《中国期刊网》、《中文科技期刊数据库》和《超星数字图书馆》3个网络全文数据库的使用权。年内，引进“汇文文献信息服务系统”，完成了借阅系统的网络改造。学院建有40个实验室，1个金工实习工厂。教学仪器设备值达1886万元。

【产学结合与科研工作】　2003年，学校与企业建立了较为广泛的产学合作关系，建设了一批稳定的校外实践基地。如在中国华芳集团有限公司、江苏东渡服装集团公司、扬子纺纱有限公司等多家大型公司建立了教学实习基地。学院也高度重视科研工作。学院“面向本地区的高职学生能力培养的研究与实践”的课题被立项为全国高等教育科学“十五”规划的重点课题，1个课题获得张家港市科技进步三等奖。教师在省以上刊物发表论文67篇。

【学生管理】　2003年，学院学生思想政治工作实行“四个一”工程：①明确一个目标。以教学为中心，育人为根本，形成全员育人，全过程育人，全方位育人的格局，努力实现“一提双降”（提高成才率，降低违纪率，降低不及格率）的目标。②完善一个体制。学院成立学生工作委员会，形成全院的学生思想政治工作在党委领导下，由院学生工作委员会指导，以各系为主，各部门密切配合，学生处负责扎口的学生工作管理体制。③建立一个运行机制。院系两级管理，以系为主；各职能部门协调配合，齐抓共管，形成合力。④采取一整套措施。即加强学生的理想信念教育；系主任要对全系学生负责，系党政联席会议定期研究学生工作；以创建优良学风班为龙头，切实抓好教学班的学风建设，强调班主任在创建优良学风和班风中的决定作用；切实加强学生宿舍的管理工作；切实加强校园文化建设，努力营造良好的育人氛围。同时，突出几个重点。即，重点区域：教室和宿舍；重点人员：差生和好生；重点部门：系和学生处；重点工作：“三风”建设和班主任队伍建设。实行“两严”方针：即“从严治校，从严治教”。做到两个“结合”：即自律与他律相结合，制度与奖惩相结合。

【招生与就业】　2003年在校生4036人。当年招收新生1180人，其中普通专科940名，单独招生154名，“五年一贯制”录取86名。当年毕业学生1115名，其中本科124名，专科991名。面对普遍存在的就业压力，院学生处就业指导中心想方设法，首次在校内开设人才市场。将全市及周边地区专业对口的企事业单位邀请到学校，让企业和毕业生直接见面，双向交流，互动选择。此次洽谈会共有沙钢、华芳、海澜集团等105家企事业单位前来设摊，为毕业生提供700多个工作岗位。此外，还开辟就业网站，通过向用人单位发送应届毕业生资料等方式来拓宽毕业生就业之路。通过各方努力，2003年，毕业生一次就业率苏州大学沙工本科班达93.5%，普通专科91%，毕业生就业工作顺利通过省教育厅毕业生就业指导工作检查组的考核。历年毕业生就业率保持在95%以上，特别是纺织、市场营销等专业毕业生就业率达百分之百。

（周晓炜）

蘇州日報 报业集团
SUZHOU DAILY GROUP

大潮激荡 我心飞翔

得益于2500年深厚历史文化底蕴的滋润，凭借着苏州经济崛起的强劲动力，苏州日报报业集团现拥有《苏州日报》、《姑苏晚报》、《城市商报》、古吴轩出版社和《苏南科技开发》杂志。三报日发行量超过30万份，全年经营收入达1.65亿元，《苏州日报》已连续两年获4个“中国新闻奖”。面对新的传媒竞争态势，集团认定新时期发展宗旨——

以报立社 新闻兴业
广告为基 经营造势

苏州日报报业集团社长、党委书记 李天岐
苏州日报总编辑 刘文洪

地址：苏州市十梓街458号 总机：（0512）65227688 http://www.szrbs.net

苏州广播电视总台

2001年9月，苏州广播电视总台在原苏州人民广播电台、苏州电视台、苏州有线电视台、苏州广播电视报社等单位和原吴县市广电系统基础上，经过资源重新配置、资产重新组合、结构重新调整而组建，是以广播、电视、传输网络、网站和报刊宣传为主业，兼营其它相关产业的综合性传媒实体。

苏州广播电视总台拥有4个广播频率，即新闻综合频率、交通经济频率、都市音乐频率、调频生活网；5个电视频道，即新闻综合频道、社会经济频道、文化生活频道、电影娱乐频道、生活资讯频道，以及《苏州广播电视报》、《名城早报》、有线电视网络股份有限公司、《中国苏州》网站、《名城苏州》网站等单位。

蘇州大學

SUZHOUDAXUE

苏州大学是国家“211工程”重点建设高校和江苏省属重点综合性大学。学校前身为创建于1900年的东吴大学。经过一百多年的建设发展，到目前为止，苏州大学已发展成为一所拥有十一大学科门类，具有相当规模，基础较为雄厚，办学效益显著，在国内外具有一定知名度的地方综合性大学。

苏州大学现有6个博士后流动站、6个一级学科博士学位授权点、63个博士学位授权点、1个一级学科专业学位博士点、132个硕士点以及7个专业学位硕士点，88个本科专业，2个国家级重点学科，1个省级重中之重学科、19个省部级重点学科，7个省级重点实验室，1个省级工程中心，2个国家人才培养基地。目前，拥有各类在校生53000多人；教职工4029人，其中，中国工程院院士3人，教授、副教授1100余人，一支力量比较雄厚、结构比较合理的师资队伍已初步形成。

近年来，苏州大学坚持教学和科研两个中心，在加强基础、拓宽口径、强化应用、重视实践的思想指导下，不断提高人才培养质量，先后获得包括国家自然科学奖、国家科技进步奖和国家发明奖在内的省部级以上科研奖430多项。中国科学技术信息研究所最新公布的数据表明，苏州大学SCI索引名列全国高校第27位。

苏州大学现有7个校区，占地面积328.6万平方米，建筑面积115.6万平方米；学校图书资料丰富，图书馆馆藏图书312万多册，中外期刊5000余种。苏州大学积极扩大开放，与日本、法国、韩国、新加坡、德国、美国、加拿大、澳大利亚等国家以及香港、台湾等地区的80多所高校建立了校际交流关系。

目前，天堂学府－苏州大学正以前所未有的气魄与胆识，紧密围绕创建“国内一流，国际知名的综合性大学”这一既定目标奋勇前进。

以前所未有的气魄与胆识
创建“国内一流国际知名”

校长：钱培德　电话：(0512) 65112220　地址：苏州市干将东路333号

新校区效果图

SUZHOUSHIZHIYEDAXUE

苏州市职业大学

苏州市职业大学成立于1981年5月，是一所理、工、文、管、艺兼备的综合性普通高等院校。学校占地面积26.66公顷，建筑面积近13万平方米。图书馆藏书32万册，全日制在校生4700余人，各类成人教育学生4500余人。教职工421人，其中专任教师261人，教授、副教授、高级工程师等60余人，兼职教授、副教授40余人。设有管理系、机电工程系、计算机与电子工程系、实用外语系、艺术设计系、基础部、继续教育学院，开设机械设计制造与自动化、机电一体化、数控技术、计算机应用技术、应用电子技术、中英文秘书、现代物流、电子商务、财会、旅游与宾馆管理、商务日语、商务英语、装潢艺术设计、环境艺术设计等40个专业（方向）。23年来，学校坚持为地方经济服务的办学方向，坚持为第一线培养应用型的高级技术和管理人才，坚持校企结合培养人才的模式，坚持多种形式办学，扩大学校的服务功能，坚持严格管理，促进良好校风的形成。建校至今，学校已向社会输送万余名毕业生，可谓桃李飘香姑苏城。

党委书记、校长　王建华

2003年11月，苏州市委、市政府提出在国际教育园新征土地1100亩，建设40万平方米校舍，将苏州市职业大学提升为本科教育层次，整合市属部分院校，组建“苏州学院”的方案。面对新一轮大发展的机遇，学院以市属高等教育资源整合为契机，深化办学体制和管理体制改革，以学科建设和专业建设为突破口，加大教育改革力度，提升学校办学层次，为苏州实现“两个率先”培养更多的高层次技术应用型人才。

为第一线培养应用型的高级技术和管理人才

地址：苏州工业园区横一路
电话：86(512)87161188
传真：86(512)87161100
网址：http://suzhou.ustc.edu.cn

中国科学技术大学苏州研究院是中国科学技术大学与苏州市人民政府合作建设的高等科研教育机构，她坐落在苏州工业园区独墅湖高等教育区内。中科大苏州研究院占地15万平方米，建筑面积4.4万平方米，投资2.1亿元。采用牛津、剑桥大学式的开放型建筑风格。校园环境优雅，教学设备齐全，师资力量雄厚，科研实力突出。苏州研究院在中国科学技术大学和苏州市人民政府的正确领导下，实行理事会领导下的院长负责制，努力探索产学研相结合的多元化合作发展道路。中国科学技术大学现任校长朱清时院士兼任苏州研究院法人代表。

苏州研究院充分发挥区位、经济、人文优势，同时抓住苏州经济不断发展的机遇，加强与国内外著名高校、科研机构和企业的产学研合作，努力把研究院建设成为苏州工业园区一流的创新型人才培养和高水平科学研究基地。苏州研究院不断借鉴国际著名高校科研开发和人才培养的成功经验，同时借助中国科学技术大学广泛的国际交流合作条件，积极开展多层次、多形式国际交流与合作，使苏州研究院成为具备较高国际知名度的教育科研机构和国内外高层次人才交流中心。苏州研究院积极依托中国科学技术大学的品牌优势、办学经验、科研实力等优质资源，驻足苏州，不断加大科研开发力度，加快成果转化，努力在提高长江三角洲地区的科研开发质量、促使区域经济快速持续发展上作出重要贡献。

2003年9月，首批硕士研究生已进入苏州研究院深造，近年内苏州研究院在校生规模将超过1000人。目前设置的专业主要有：MBA（工商管理硕士）、MPA（公共管理硕士）、软件工程硕士等。针对苏州工业园区产业分布的特点，苏州研究院正积极创造条件设置信息科技、物流工程、环保工程、精密机械等与地方经济发展密切结合的应用性专业。

为了形成学术合作、联合培养的现代型教学科研模式，苏州研究院与包括中国联通有限公司苏州分公司、明基逐鹿软件（苏州）有限公司、安德鲁电信器材（中国）有限公司在内的数十家国内外知名企业确立了初步的合作计划。并就联合科研开发和人才培养等内容，与美国加州大学、华盛顿大学、香港城市大学等多所国际著名高校签署了合作意向书。中国科学技术大学苏州研究院在苏州市人民政府和苏州工业园区的支持和帮助下，大胆创新、锐意进取，为全面打造一流的科学研究基地和人才培养中心探索新思路，积累新经验，并必将结出丰硕的成果。

Suzhou Institute for Advanced Study, USTC

苏州经贸职业技术学院

Suzhou Institute of Trade & Commerce

校内人才市场

团中央书记处杨岳书记来学院视察

苏州经贸职业技术学院是一所隶属江苏省教育厅的全日制公办普通高等学校，至今已有40余年的办学历史。现任领导党委书记李唯青，院长、博士生导师陆建洪教授。

学院本部坐落于美丽富庶并具现代气息的中新苏州工业园区，西边毗邻苏州大学，交通极为便捷。学院依托苏州优越的区位优势，凭借醇厚的吴文化底蕴，奋发图强，开拓创新，已建设成为一所拥有现代化的教学设施和雄厚的办学实力，工文管艺科兼备、专业齐全，具备普通专科、五年制高职、成人本科等多种办学层次并举的高职院校。学院设有机电、商经、轻纺、工商、艺术、旅游和信息等7个系，现代化远程教育系统、外语教学电台、闭路电视系统、多媒体教学系统、语音教学系统、电子阅览室等一应俱全。

学院坚持围绕市场需求办学，坚持能力为本，培养学生的实践能力、创新能力，全面实施素质教育，毕业生以上岗适应快、技术能力强而深受用人单位的青睐。

服装实训中心

商贸实训中心

苏州市第十中学

苏州市第十中学是江南百年名校，浸润于两千五百年历史的姑苏水巷深处，坐落清朝苏州织造府旧址，与苏州大学毗邻，位于苏州古城区教育文化中心区域。名震遐迩的“振华”为其前身，李政道、费孝通、杨

绛、何泽慧、彭子冈等一批才俊从这里走向清华、北大，卓然成为大家。

五六十年代，十中为驰名大江南北的江苏师院附中，是全省最早的省级重点中学。现为国家级示范高中、江苏省四星级学校。1999年，学校在全省率先创办高中教改实验小班，如今已成知名品牌。2003年，率先成功开办高中双语实验班。2004年，新设的高中省招班，将积极应对新课程改革和高考模式的变化，实行三年全程小班化教学；强化数理化竞赛辅导，加强外语和信息教学；优先提供参加国际交流活动和免费留学加拿大、新加坡等国的机会，优先提供推荐保送国内一流大学机会。

融入国际教育的潮流，办成一所国际一流的品牌学校，是十中发展的定位。如今，十中已形成包括优质升学教育模式的高中部、高质量大众教育模式的初中部、高品位精品教育模式的振华双语实验学校、高起点中外合作办学模式中加合作枫华高中等多所学校组成的教育集团，规模盛极一时。十中集团的优势和特点是：中外合作办学、民办与公办并举的多元化；统一管理模式与发展学校特色并举的个性化；集团做强做大与班级做优做小并举的精品化。

有特色的学校培育有特色的学生

苏州市第六中学

苏州市第六中学是一所历史悠久、环境优美、设施先进的江苏省首批四星级学校。

学校占地面积29225.3平方米，学生宿舍建筑面积1076.3平方米，学校藏书总量40410册，学校现有31个班级，在校学生1400多人，教职工166人，教师本科学历占94.4%。学校现有苏州市名教师2人，市学科带头人3人，市教育科研学术带头人2人，市教坛新秀13人。

1992年，根据教育对象需求呈现差异性的特点，顺应苏州市教育改革和发展趋势，经苏州市教委批准，学校以创设艺术特色为突破口进行办学模式改革，依托苏州地区文化的独特优势，确定“以美立校，以美施教，以美育人”的办学思路，创办艺术特色教育学校。2003年，经江苏省教育厅批准，高一艺术班面向全省招生，艺术班从2个扩大至4个，整合艺术教育资源优势，使艺术教育进一步做大、做优、做强。

学校实行初中四轨制，高中七轨制，包括“初中艺术实验班”、“高中艺术省招班”、“高中艺术特色班”、“高中外语实验班”、“高中艺术实验班”以及部分普通班等，其中，高中艺术省招班为省内外具有艺术天赋的学子架起了一座通向著名艺术高校的金桥。艺术特色班的课程分文化课和艺术课两大类，其中文化课严格按教育部规定的全日制中学课程大纲要求实行；艺术课主要实行学校自编课程。学校以素质教育思想和审美教育理论为依据，学生全面发展和特长发展并行，夯实文化与提高艺术素质并举，实行文化与艺术综合考核的制度，严格细化考核体系，促使学生的整体素质、个性特长获得和谐发展。

学校通过培训、对外交流和课题研究等方法，建设一支以名教师为龙头，骨干教师为主体，青年教师为梯队的师资队伍。近三年，学校有3人出国培训，15人在职读研，并与英国艾塞克斯郡香菲尔德中学结成友好学校，互相交流。与乌克兰国立美术与建筑艺术学院合作办学，开设中乌合作美术特色班，进一步提升学校办学水平。

在“全面育人，办有特色”思想的指导下，经过10年努力，学校办学水平迅速提升，教学成果斐然。近五年，艺术特色班毕业生高考录取率均在95%以上，本科录取率达90%以上，不少优秀学生分别被清华大学、中央美院、中国美院、上海音乐学院、南京大学、上海交大、东南大学、同济大学等著名院校录取。

学校先后获得“全国艺术教育工作先进单位”、“江苏省教育科研先进集体”、“江苏省贯彻学校体育卫生工作两个条例先进学校”、苏州市文明单位等荣誉称号。

1. 多媒体教学
2. 省人大常委会副主任柏苏宁来校视察
3. 领导参观学校师生画展
4. 艺术形体课

校园园林化 办学特色化 管理人本化 设施现代化

宜读宜憩的育人环境 优美典雅的校园风光

- 江苏省德育先进学校
- 江苏省现代教育技术实验学校
- 江苏省义务教育阶段学校德育整体改革试点工作先进学校
- 江苏省心理教育实验学校
- 江苏省绿化标准达标单位
- 江苏省一级图书馆
- 江苏省教育工会事业发展三年规划先进集体
- 苏州市文明单位
- 苏州市德育整体改革试点工作先进学校

学校校训： 诚仁勤朴

办学理念： 为经济社会发展服务 为学生更好发展服务

办学目标： 开创学校面向二十一世纪改革发展新局面 实现 从传统名校到现代化名校的跨越

育人宗旨： 关爱每一个学生，让每一个学生都能接受优质教育，培养学生的创新意识和创新能力，让学生得到全面发展。

传承优良办学传统 造就淳正教风学风 铸就一流教育质量

苏州市第五中学

苏州市第五中学创立于1892年，学校前身为萃英中学。前身之一的圣光中学，创办于1943年。

百十余年来，为国家社会培育了无数优秀学子。在优秀学子中，先后走出中科院院士，荣获国家特殊津贴的学者、专家、科学家等，还有的成为著名导演、艺术家、国家干部、企业家、港澳实业家等。

进入新世纪后，学校确立了加快实现从传统名校到现代化名校跨越的发展目标，加快推进教育现代化进程。无论办学体制、办学条件、师资队伍、教育教学管理、教育科研、教育质量、校园环境、现代化建设等各方面都有了显著变化和进步。学生在创新实践、研究性学习、学科竞赛、体育、文艺比赛中频频获全国、省、市级奖。学校与苏州中学联合创办的高中实验班已连续六年创一流的教育教学业绩，毕业生高考本科上线率的水平接近并超过市区一些省重点中学。

学校于2002年成为苏州市重点中学。目前，学校办学条件、队伍建设、管理水平、素质教育、办学绩效等均达到江苏省三星级高中标准。

2003年9月9日，省委常委、市委书记王珉等市领导来校慰问教师、视察工作

苏州市第一初级中学

费孝通

苏州市第一初级中学，是一所久负盛名的历史文化名校，拥有500年历史的惠荫花园与之交相辉映，相得益彰。

学校位于平江绝对保护区，南显子巷18号，始建于1952年，是苏州解放以后城区第一所公办初中，经过52年办学实践磨练，学校以文史见长，质量优异，人才辈出，棋琴书画，特色鲜明，集古典美、环境美、人文美于一身。

学校现为江苏省示范初中，江苏省绿色学校，苏州市德育先进学校，苏州市文物保护先进集体。

学校以“诚信自强”为校训，近千名师生诚实做事、诚实做人，讲信用、讲信誉，求真务实、与时俱进，振雄风、树形象，在苏州教育形象之年又迈开新步。

学校以“培育校园精神，营造书香校园”为目标，努力挖掘校园文化资源，转为校园文化优势。敬业爱岗的师资队伍，勤奋好学的学生群体，努力发扬团队精神，拼博精神、争一流的精神，教学相长，师生互动，谋求发展，共创未来。年内修复惠荫八景，喜庆世遗盛会。

学校推行合作、自主、研讨式教改活动初见成效，针对地段生众多现状，探求“个个求发展，人人有进步”教学模式创佳绩。校园园林化，办学小班化，学生个性化。社会评价：一初中是一所政府放心、家长称心、学生开心的品牌学校。

吴 中 大 地 一 个 读 书 的 好 地 方

崇文崇雅

绿色学校

江苏省外国语学校

市长杨卫泽来校视察

外籍教师授课

江苏省外国语学校坐落在苏州国际教育园南区，占地面积14.13公顷，总建筑面积近9万平方米，绿化面积7.5万平方米，各种建筑设施齐全，教学设备先进，资源优化配置。教职工250人，中、高级职称教师达60%。学校设初中部、高中部、师范部，有77个教学班，学生3551人。

学校贯彻以人为本的教育理念，围绕“崇文崇雅”的校风，着力营造高品位的文化氛围，形成了环境育人的鲜明特色，被评为江苏省德育先进学校、江苏省绿色学校。

学校外语特色鲜明，注重开展丰富多彩的外语课外活动，积极稳妥地开展双语教学实验，2002年被确定为苏州市首批双语实验学校。

学校深化教育改革，完善教学管理机制，教学质量不断提高，2003年高考重点大学录取率达83%，沈娴敏同学以相同组合全省第一名的高分被清华大学录取；中考平均总分603分。江苏省外国语学校已成为吴中大地上一个读书的好地方。

地址：苏州市吴中区越湖路塔影路1号
邮编：215104
电话：（0512）66551954 66553066
网址：http：//www.jsfls.com

苏州市盲聋哑学校

市长杨卫泽来校视察

12月11日，在苏州市盲聋哑学校举行苏州佳能向市聋盲学校赠送IR3300复合机捐赠仪式。

美国CSD公司一行访问苏州市盲聋哑学校。

苏州市盲聋哑学校创建于1929年，是一所为盲、聋学生专设的特殊教育学校，现坐落在古城著名园林——柴园之内，是一所古色古香的“庭院式学校”。

为让残疾儿童与健全儿童享有同等的学习条件，拥有同等的发展机会，学校立足实际，开拓创新，努力寻求发展。目前，聋生部已形成学前康复教育－九年义务教育－职业高中教育的特殊教育体系，学生87人。盲生部也逐步形成小学－初中（含职业培训）的九年制义务教育体系，现有学生24人。

近几年来，学校自加压力，开拓创新，负重奋进，先后形成了信息化教育、艺术教育、劳技教育、聋儿康复教育、画信教育和双语教育六大特色。先后获得苏州市十届社会主义精神文明“十佳新人新事”集体、苏州市综合治理先进单位、苏州市扶残助残先进集体、苏州市“信息化实验学校”、苏州市“青少年维权岗”江苏省“英雄中队”、江苏省特殊教育现代化示范学校、中挪双语实验学校等荣誉。

一所古色古香的“庭院式学校”

该校是张家港市惟一的一所国家级重点职中。1980年办班，1984年建校，1988年创国标省重点职中，1994年建办张家港市中等专业学校，1996年成为首批国家级重点职业高中，1998年成为首批省职教中心校。2001年，在市委、市政府重视和关心下，学校易地新建，新校地处市区沙洲西路109号，总投资近亿元，占地10.6公顷，建筑面积5.22万平方米，在校师生达3800人。

随着港城经济的发展，产业结构的调整，学校先后开设了数控技术应用、机电一体化、机械、计算机应用、化工、服装、财会、营销、电气自动化、商务英语等专业。1996年，学校被省教委定为机电一体化专业现代化建设试点学校，2003年，机电技术应用专业被评为省示范专业。同年，学校图书馆被评为省一级图书馆。2004年学校被教育部等六部委确认为国家数控技术应用专业技能型紧缺人才培养培训基地，并与澳大利亚新南威尔士洲TAFE学院进行了合作办学。

学校师资力量雄厚，现有专任教师202名，其中苏州市名校长1名，高级教师36名，一级教师92名，研究生毕业、在读8名，苏州市学科带头人5名，张家港市学科学术带头人3名，教学能手16名，教坛新秀21名，“双师型”教师48名。

江苏省张家港 職業教育中心校 職業高級中學 市中等專業學校

國家級重點

建校以来，学校坚持以就业为导向，以能力为本位，为社会各界输送合格毕业生9000多名，成为港城经济建设的生力军。学校坚持“文化过关、理论够用、技能过硬”的原则，降低文化课的难度、拉大文化课的宽度、加大技能训练的力度，全力打造学生的文化底蕴、技能功底、创业底气、做人底线，初级工通过率为100%，中级工获证率均在98.3%以上。毕业生对口就业率在98%以上，是苏州新区人才输出基地；微机操作竞赛获江苏省二等奖；机械制图竞赛连续15次获苏州市一等奖；连续七届获市技能竞赛总分第一；连续6年获张家港市职业学校办学水平综合评估一等奖。先后被评为张家港市文明单位、苏州市文明单位、苏州市依法治校先进学校、苏州市教育信息化先进学校、苏州市职业技术教育先进集体、江苏省德育先进学校、江苏省教育科研先进集体、江苏省优秀青年创业实践基地、全国青年创业实践基地、全国教育网络系统示范单位。

学校以张家港精神为动力，以搬迁新校为契机，按照做大、做强、做优的要求，努力把学校办成牌子叫得响、专业过得硬、办学有特色、毕业生受欢迎、国内一流的示范性职业技术学校。

为学生一生幸福着想

张家港市护漕港中学

张家港市护漕港中学是全市规模较大的省级示范初中，创办于1952年，位于金港镇德积办事处，西临张家港市保税区，北靠长江，沿江公路从学校门口通过，交通十分便利。

学校占地7.2公顷，建筑面积2万多平方米，教学区、活动区、生活区布局合理，校园环境优美，一年四季，绿草茵茵，鸟语花香，是市绿色学校。

学校现有38个教学班，2300多名学生，150名教职员工，中高级职称教师40多名，学校基础教学设施齐全，拥有2000兆校园网，并做到了“班班通”，微机室、多媒体室、理化生实验室，各种专用教室一应俱全。

学校以“为学生一生幸福着想，为学生终生学习奠基”为办学理念，不断形成“文明、勤奋、求实、创新”优良校风，努力营造“爱满校园”的育人氛围。近几年中考质量得到了大幅度提升，连年在市质量评估中获奖，并被评为市委、市政府文明单位。

严谨、求实、创新的护中人，正沐浴着21世纪的朝阳，合着教育改革的节拍，向更高的目标迈进！

为学生终生学习奠基

江苏省常熟农副职业高级中学

江苏省常熟农副职业高级中学创建于1985年，1995年被国家教委认定为国家级重点职业高级中学，1997年，被省教委确定为省级合格职教中心。

学校占地15.73公顷，建筑面积34375平方米，拥有标准的生物、化学、物理实验室，微机室6间、微机250台，多媒体教室2间，语音室，数控机床室，财会、电子、电工实习室，2000平方米智能温控大棚等设施，被省教委评为江苏省电化教学实验学校。学校开设有高校预科类、高校单招类、五年制大专、中专等四种类型的班级46个，在校生2400人，教职工200多人。

学校师资力量雄厚，160名专任教师中，本科以上学历占90%，有苏州市学科带头人2名，常熟市级以上教学能手18名。高校单招录取率达100%，毕业生就业率达98%。学校重视教科研，目前有省级课题2个，苏州市级课题3个，常熟市级课题6个。

学校坚持面向农村经济建设和社会发展，利用人才优势、技术优势和基地优势，做好农科教结合，为当地农民服务。近年来，对园艺专业作了重点建设，引进骨干教师，建造现代化实习实验基地。2003年，该专业被省教委评为江苏省中等职业教育示范专业。此外，学校计算机专业被评为苏州市示范专业。

坚持面向农村经济建设 做好农科教结合

校园园林化　设施现代化　教师年轻化　管理民主化

省示范初中

吴中区郭巷中学

创建于1958年的郭巷中学，座落在姑苏城外，“宝带桥”畔。她钟灵毓秀，她包孕吴越，她是一所文化底蕴十分深厚、环境优美、充满生机的现代化农村初中。

学校占地面积3.36公顷，建筑面积10277平方米，绿化面积11322平方米。《郭巷中学章程》规范学校的工作。“党员示范岗”树立了“严于律己，校兴我荣”的思想。“修师德、练内功、当名师”系列活动造就了一批市、区级的“优秀德育工作者”、“教坛新秀”等。市级研究课题《中学生心理素质与道德教育》成绩斐然。校园园林化，设施现代化，教师年轻化，管理民主化。

学校加快推进教育现代化进程，注重素质教育，坚持“以人为本”，每一个学生都得到了自由和谐的发展。师生们明白“知识改变命运，教育点亮人生”。学校中考成绩连续三年获佳绩，受到上级政府嘉奖。2003年成功地创建了“省示范初中”。

今天的郭巷中学，现代化教育理念深入人心，素质教育深入实施，教育质量持续提高。郭巷中学奋进的人们正为郭巷经济建设不断输送人才。

校长：毛伟中
电话：（0512）65978310　　65961944
地址：吴中区郭巷镇　　邮编：215124

全国农村成人教育

先进学校

国家教育委员会

1994年11月

吴中区车坊职业中学 吴中区车坊成教中心校

吴中区车坊职业中学（车坊镇成人教育中心校）位于苏州市东郊，北与工业园区接壤，交通便捷，环境优雅，是一所独立编制的省级重点成人学校、全国农村成人教育先进学校。

学校创建于1983年秋，1999年建立车坊职业中学。目前，学校占地2.84公顷，建筑面积9600平方米，有教职员工66人，全日制班级22个，在校学生1148人，成为吴中区成人职教系统办学规模较大的一所学校，是苏州市教育现代化的“示范窗口”。

学校拥有育才楼、科教楼各2幢，实训楼1幢，学生公寓楼3幢，微机房、电子室、语音室、图书室、阶梯教室等教学设施一应俱全。校园绿化达省标，运动场地初具规模。学校注重师资队伍建设，现有教师36人，都具有大专以上学历，其中本科学历占90%，近三年来教师在省市级以上刊物发表教科研论文38篇。

学校致力于劳动者素质的提高和专业人才的培养。办学以来，逐步形成了以电子、计算机为主专业，培养创新精神和实用技能的教学特色，先后为车坊镇培养劳动力6.8万人次，同时开办国家承认学历的大专、中专、职高班30多个，为社会输送了一大批实用技术人才。近两年，经过全国成人高考，100多名学生以优异的成绩被苏州大学录取。在“就业难、难就业”的形势下，学校开辟就业渠道，一批“乐观向上、吃苦耐劳、一专多能”的新型人才相继被苏州新区、苏州工业园区的18家独资企业录用，且深受好评。近三年，学生就业率达98%，在社会上引起强烈反响。

学校具有科学化的管理和“严、细、实”的作风。随着教育改革的深入，学校管理制度日臻完善，室、处、组三级管理职责分明，班级管理目标到位，责任到人。为全面贯彻党的教育方针，学校努力营造育人氛围，实施“管理育人、教书育人、服务育人”的管理目标，教育水平日趋上升。2003年招生540人，名列吴中区职教系统前列。

为了贯彻落实第三次全教会精神，全面实施素质教育，积极推进教育产业化进程，培养学生创新能力，学校正努力实施“金牌行动”计划，加快步伐创建全国重点学校。

母子主楼内设有6间单人净化产房，配置世界一流的LDR产床，为普通产妇服务

苏州市第二人民医院母子主楼

苏州市第二人民医院的苏州市母子医疗保健中心主楼2004年6月1日正式启用。它采用以人为本的服务理念和现代化的医疗设施，遵循WHO的“儿童优先，母亲安全”和市领导的“孕育生命，培植未来”的精神。

母子主楼共6层，建筑面积18000平方米，整个主楼采用医院电脑信息、图像存储传输、气动管道物流传输、背景音乐、安全消防监控等系统及中心供氧、中心吸引、中央空调等。在设备、设施的配置上都考虑到妇女、儿童的方便和安全。一楼为儿童发展部，根据儿童特点开设运动区、音乐区、语言区、戏水区、小小社区等10个活动区，免费为儿童服务。二楼为新生儿病区和妇儿保健区。新生儿科设置病床80张，其中重症新生儿监护病床20张，病室空气净化，采用德尔格公司先进的监护系统。三楼为产科产前区，设置床位45张，净化产科手术室2间，单人产房6间，还有产前监测室。四楼为母婴同室区，设置床位86张。五楼有家庭产房22套（间），采用目前发达国家普遍采用的“家庭化产科监护（FCMC）”新模式，使用集待产、分娩、恢复、产后休养于一体的分娩床（LDR床）。

母子门诊楼已于2003年10月启用。整个母子中心又是苏州市生殖健康中心、苏州市计划生育指导中心、苏州市妇幼保健所。苏州市第二人民医院的编制床位数为860张，2003年门急诊量为72万多人次，住院病人为2.2万多人次。

心脏中心开展先心矫治、辨膜置换、冠脉架桥等手术

苏州市政府实事工程之一的市母子医疗保健中心主楼

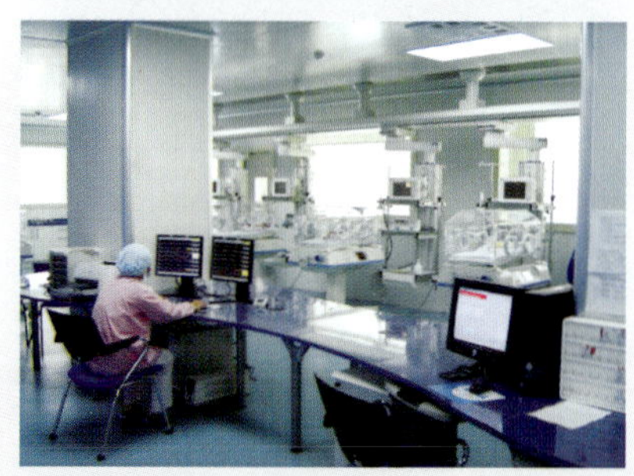

新生儿监护病房是德尔格医疗在华新生儿治疗区域第一个中心

参照美国“儿童发展学”的理论和儿童博物馆的实践经验设立的儿童发展部

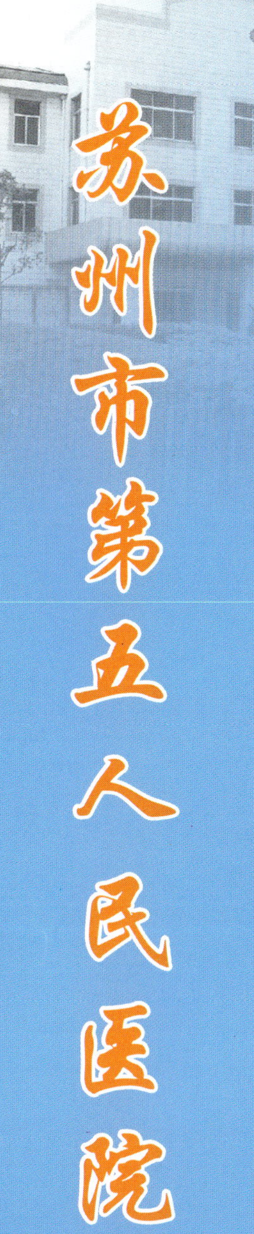

苏州市第五人民医院

苏州市第五人民医院始建于1959年1月，是苏州地区惟一的一所收治传染病、结核病、职业病、皮肤病与性病的市级专科医院，是苏州大学与扬州大学的教学医院。医院占地面积2.8公顷，绿化覆盖率达30%，建筑面积1.9万平方米，固定资产4000余万元，医院现有编制床位455张，职工390人，其中卫技人员306人，高级职称58人，中级职称145人，博士生3人，硕士生13人。

肝病科是市级重点专科，开展血浆置换、血液过滤和血浆吸附等技术，达到国内先进水平，提高了重症肝炎的抢救成功率。开展高血脂、脂肪肝的血液净化治疗；开展电子内镜下，食道静脉曲张的分级、栓塞和套扎等手术，深受患者的欢迎。

结核病科是市级重点专科，特别是在难治性肺结核、肺外结核、淋巴结核、肺癌、肺部疾病鉴别诊断方面积极探索研究，积累了丰富的临床经验。皮肤病性病专科属重点专科，拥有一流的专业设备和技术，医院已建成长三角一流的皮肤病性病治疗中心。皮肤病性病开展夜门诊，一对一的服务，绝对保护患者的隐私。职业病是市级重点专科，对各种职业病的急、慢性中毒抢救与治疗有独到之处，2004年3月启用的职业病病房大楼，设施配备齐全，设计上更具人性化，缓解了职业病患者住院难的矛盾，是患者安心疗养的理想场所。

院长孙颐在医院的建设与发展进程中，先后提出了科技兴院、人才兴院、以人为本、建设学习型医院等理念，带领全院职工励精图治，宁静致远，医院各项工作成绩显著，受到各级领导和社会各界的认可和好评，先后获得江苏省和苏州市文明单位、苏州市绿化标准单位、苏州市院务公开先进单位、江苏省抗击“非典”先进集体、“华夏医魂”全国百名优秀医院院长奖等荣誉称号。

励精图治　宁静致远

院长兼党总支书记　孙　颐

苏州市普济医院

院长：严文龙
地址：虎丘小普济桥下塘10号
邮编：215008
电话：（0512）67232201　67231450
传真：（0512）67232450

位于风景名胜虎丘山麓南侧，为苏州市民政局所属的社会福利事业单位，省民政系统“一级精神病院”，市城镇职工基本医疗保险定点医疗机构，市公惠医院协作机构，苏州大学教学医院。主要收容治疗社会上无法定抚养人或赡养人、无劳动能力、无经济来源的“三无”精神病患者和在解放战争中患有精神病的“康复军人”及社会特困精神病患者。该院创办于1959年2月，原为苏州专区精神病疗养院。1959年5月划归市社会福利院精神病疗养部。1968年划给卫生部门管理，改称苏州市精神病院虎丘分院。1979年4月恢复市社会福利院精神病疗养部。1980年4月从市社会福利院分离出来，建立苏州市精神病收容疗养院，1984年元月改现名。

该院占地1.1万平方米，核定编制职工数176人，床位数264张。现开设3个精神科病区，1个精神科康复病区，1个老年科病区。该院1985年被评为市文明单位，2001年被评为市级机关“先进基层党组织”、市“勤政廉政先进集体”和省级“巾帼示范岗”，2002年被评为市“文明单位”，2003年被授予“2001～2002年度江苏省文明单位”荣誉称号。

张家港市第一人民医院

院长 朱 贤

张家港市第一人民医院是张家港市集医疗、教学、科研为一体的综合性医院，是上海中山医院的技术合作中心，南京医科大学、苏州大学、江苏大学、南通医学院的临床教学医院。年门诊量45万人次，开放床位650张，年收治住院病人2万余人次，手术7000多人次。健康评估中心全年接待社会各界人士健康体检10000多人次。医院技术力量雄厚，拥有高、中级技术职称人才300余名，硕士毕业生8名，在读博士生3名。拥有核磁共振、高档CT、CR、DSA数字减影仪等多种先进医疗设备。骨科、心血管内科、消化内科、口腔科是张家港市的重点建设专科。建有血液病和肾病实验室。

医院开设集导诊导医、审批服务、方便门诊、咨询、便民服务为一体的门诊便民服务中心，实施门诊柜台式发药，开设特需门诊和输液室。建立了公示、医患沟通、一日清单、院内外行风监督等一系列制度，不断探索人性化的诚信服务新途径。医院先后获得省行风建设先进集体、省卫生系统先进集体、省、市文明单位等荣誉称号。

面对医疗市场竞争日趋激烈的新形势、新挑战，医院坚持实施以人为本的办院方针和科教兴院的发展战略，大胆改革，锐意创新，不断深化诚信医院的创建，为保障广大人民的身体健康作出不懈的努力。

婴儿游泳

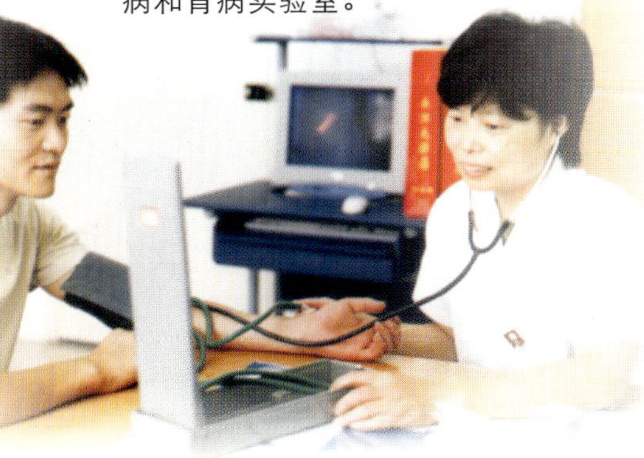

健康评估中心

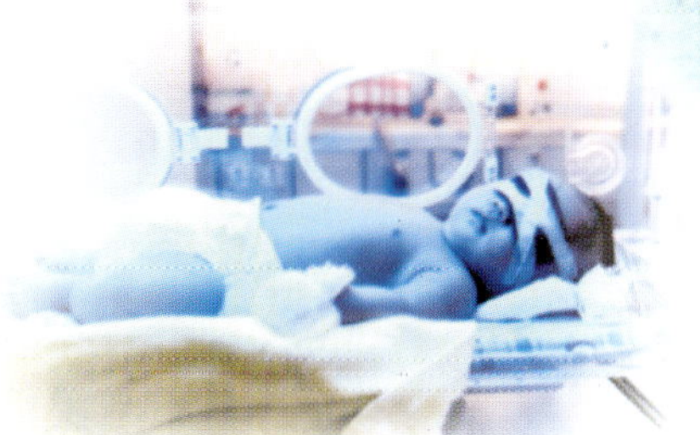

婴儿暖箱

张家港市锦丰红十字医院

锦丰红十字医院是全省首家乡镇级红十字医院，又是国家卫生部批准的白内障复明扶贫定点医院。医院位于锦丰镇的中心，占地面积2.5公顷，其中，医疗用地1.66公顷，医院工业用地0.55公顷，职工住宅用地0.29公顷，建筑面积1.3万平方米。医院环境幽雅，布局合理，充满现代化气息，是锦丰镇片区医疗服务中心。

医院拥有现代医学领域先进的医疗仪器设备。门诊大厅设置ALED型大屏幕显示屏，全院实行现代化的电脑信息管理系统。医院开设病床130张，年门、急诊量达10万以上人次，住院达6000以上人次，发挥、承担着中心医院的功能和任务。

医院十分重视专科建设和技术发展，狠抓医疗质量和技术水平的提高。眼科、普外科、骨科、心血管内科、口腔科、风湿科、肛肠科、耳鼻喉等科为医院重点科室。医院技术力量雄厚，并拥有一批高年资的医师队伍，卫技人员中有高级职称2人，中级职称18人。能正常开展急腹症、创伤、骨科常规的微创手术，以及内科疾病的诊断治疗和抢救。尤其对普外科中肝、胆、胃、甲状腺等方面疾病的诊治、手术抢救方面，积累了丰富的临床经验。

该院与北京、上海、南京、苏州等医学院校有着密切的合作关系，并聘请有关专家教授来院联合开展耳鼻喉科、创伤骨科、眼科、妇产科、泌尿外科等高科技微创手术和疑难杂症的诊断与治疗。常年开展断指再植、手指再造、脊柱及四肢骨折的复位固定、全髋置换及腰椎间盘突出的微创治疗等一系列高难度手术。

医院坚持以病人为中心的办院宗旨，从美化医院环境、简化就诊程序和提供方便入手，努力为病人提供良好的就医条件。

院长林步高偕全体员工愿竭诚为您提供优质服务！

苏州市相城人民医院

XIANGCHENGRENMINYIYUAN

苏州市相城人民医院是一所新建的综合性人民医院，医院按基本现代化医院规划设计，占地总面积6.4公顷，主楼建筑面积3.95万平方米，设计住院床位420张，主体为2幢9层大楼与裙房连为一体，建筑布局意识超前，流畅型服务厅、台开放宽敞，诊室、病房温馨雅观，功能科室与临床科室既分体设立，又相互贯通融为一体。医院主体建筑设置中央空调、中心吸氧、中心吸引、中心呼叫等，具有较为先进的物流系统、信息系统、污水处理系统。

目前医院开设急诊科、内科、儿科、普外科、脑外科、骨科、妇产科、职业病等病区；成立了120院前急救站，开通了120急救电话和急救绿色通道。医院技术力量雄厚，医疗设备先进，拥有日立全身螺旋CT、骨科C臂X光机、CR摄片机、数字化胃肠摄片机、免疫发光仪、全自动生化分析仪、彩超、中央监护等高档设备。

医院文化：团结、奋斗、求精、务实。

医院服务宗旨：以病人为中心、社会满意为目标。

▪省委常委、市委书记王珉视察道前社区科普苑

▪中国科协副主席、书记处书记徐善衍来苏调研社区科普工作

▪2003年苏州市科技人员春节团拜会隆重举行

▪副市长赵俊生会见国际科联秘书处执行主任罗斯沃尔教授

苏州市科学技术协会

2003年，苏州市科协在市委、市政府的正确领导下，以邓小平理论和“三个代表”重要思想为指导，认真贯彻落实“十六大”精神，解放思想，开拓创新，努力拼搏，围绕苏州实现“两个率先”目标，团结和依靠全市广大科技工作者，广泛深入地开展了大量内容丰富、形式多样的群众性科技活动，学术活动氛围浓厚，国际交流渠道拓宽；科普品牌精彩纷呈，科普创建全线告捷；组织建设逐步规范，建家工作初见成效，全面开创了工作新局面。2003年3月，中共江苏省委常委、苏州市委书记王珉亲临道前社区科普苑视察时指出：“科普工作渗透到社区最基层，是全面提高城市居民素质的需要，是新形势下做好科协工作的需要”，为科协工作指明了方向。苏州市制定建设国际新兴科技城市十大工程，公众科学素养工程被列为十大工程之一。

▪中国畜牧兽医学会在苏举办学术活动

▪陈维主席应邀出席全国城市科普工作会议并作典型发言

▪苏州市青少年科技创新大赛

精心打造科普品牌

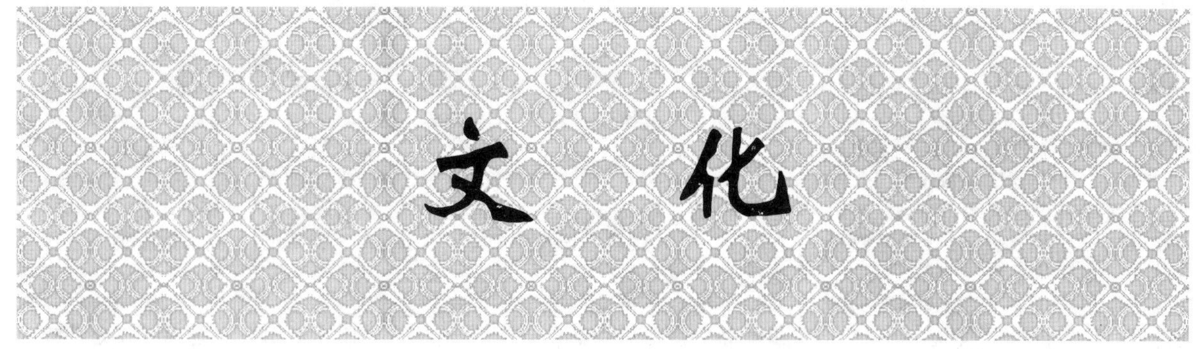

文化

综述

【概况】 2003年全市文化活动高潮迭起。一是中国古琴被联合国教科文组织列入第2批“人类口述和非物质遗产代表作”名录后，苏州、常熟分别举行了多项庆祝性的演出活动。二是11月15～22日，苏州市成功地承办了第2届中国昆剧艺术节、第2届中国苏州评弹艺术节。期间，举行了首届中国昆曲国际学术研讨会，与会的海内外高层次专家学者共商昆曲发展大计，开创了新世纪曲学研究之风。由民间集资创立的“贝晋眉昆剧传习奖”首次颁奖。三是由市政府主办，市文广局等有关部门积极配合的寒山寺听钟声、国际旅游节、电博会、国际丝绸节等重要节庆活动和政府招商出访活动的文艺演出，以及第6届常熟文化艺术节、首届太仓郑和航海节、第6届甪直水乡服饰文化旅游节、第4届盛泽丝绸文化节等，都展示了吴地文化的风采。（朱钧柱）

【古琴艺术被列为“人类口述和非物质遗产代表作”】 吴地古琴源远流长。早在汉代有蔡邕在吴会授琴十余年。唐赵耶利谓“吴声清婉，若长江广流，绵延徐逝，有国士之风，蜀声躁急，若激浪奔雷，亦一时之俊”。明末常熟严天池，太仓徐青山开创虞山派，倡“清微淡远”之旨，著有“二十四况”，一时琴人尽趋，奉为琴宗。廿世纪三十年代在苏州怡园成立《今虞琴社》，影响很大。多年来市文联、市文联艺指委和市音协为发掘、保护、继承和弘扬古琴艺术做了大量基础性工作，如每年举办古琴演奏交流会与学术研讨会，吴门琴社每月坚持活动，市音协成立了古琴分会。市文联还和苏州科技学院联合创办了苏州市古琴艺术研究所，主办学术刊物《琴道》，每年出版两期，以较高的学术价值赢得了国内外古琴家的好评。在中国古琴艺术2003年被联合国科教文组织列为“人类口述和非物质遗产代表作”后，市文联、市文联艺指委和市音协在年底联合举办了“太古遗音——苏州古琴音乐会”，来自吴门琴社、常熟虞山琴社、太仓娄江琴社的古琴家和古琴爱好者作了精彩的演奏。（陈秋生）

【首届中国昆曲国际学术研讨会】 首届中国昆曲国际学术研讨会暨《中国昆曲论坛2003》首发式于11月16~17日在昆山举行。作为第2届中国昆剧节的重要活动内容，这次研讨会汇集了60余位来自京、津、沪、苏、浙、港、澳、台以及韩国、日本的著名昆曲研究专家。文化部艺术司、文化部振兴昆曲指导委员会领导和专家，苏州市副市长朱永新出席了研讨会。专家们就昆曲的起源、传承、发展及其对音乐、其他戏曲的影响，展开了深入探讨。《中国昆曲论坛2003》正式出版后，受到了文化部等各级领导和各界人士的广泛好评。（朱钧柱）

【苏州市评弹艺术家赴京汇报演出】 11月底，应中央领导同志邀请，苏州市金丽生、邢晏芝、盛小云、袁小良、施斌等评弹艺术家与上海评弹团部分评弹艺术家赴京汇报演出，中央领导李岚清、丁关根、唐家旋、金人庆、陈至立等观看了两场演出并亲切接见了全体演员，对他们的精彩表演给予好评，并希望多出精品，多培养新人，为振兴评弹艺术再作努力。此外，市评弹学校组织学生排演的《苏州好风光》，年初赴京参加了在人民大会堂举办的元宵晚会。

【苏州新年合唱音乐会】 市委宣传部、市文广局、市文联、市广电总台于年底联合主办了苏州市新年合唱音乐会，这是本市参与人数最多、涉及面最广、艺术水准最高的一次合唱活动，来自各市（县）、区和在苏高校的22支合唱队、1400多名队员参加了这次合唱音乐会，其中年龄最大的已70多岁，最小的还不到10岁。作为奉献给苏州市民的新年贺礼，在元旦期间作了电视转播。（陈秋生）

【首届苏州话风情大赛】 极具浓郁地方韵味的“枫桥杯”首届苏州话风情大赛决赛暨颁奖晚会于8月29日举行。特色鲜明、柔美悦耳的吴侬软语成了当晚的“主旋律”。21名选手各展才艺，进行了和苏州话有关的表演。高新区选送的选手蔡永华获得一等奖。

本次比赛得到了广大市民朋友的热烈欢迎和积极参与，共有数千人报名参加。选手中年龄最大的81岁，最小的只有3岁。

本次比赛由市委宣传部、市广播电视总台、苏州日报社和苏州高新区工委宣传部共同主办，苏州高新区枫桥镇冠名承办，前后历时两个月。

【第2届“情系苏州”外国人才艺大赛】 第2届“情系苏州”外国人才艺大赛决赛于6月14日举行。这是抗击“非典”以来苏州市举行的第一个大型涉外活动。

本次比赛得到了在苏州的外国朋

友的热烈欢迎和积极参与，来自美国、日本、韩国、丹麦、法国、马来西亚、新西兰、澳大利亚、英国、伊朗、爱尔兰、瑞士等国家的100多位专家、教师、企业家、职员和学生报名参赛。选手们分别表演了快板、独唱、联唱、舞蹈、武术、朗诵、演讲等节目，赢得了现场观众阵阵热烈的掌声。虽然选手们的国籍不同，肤色不同，但在这里，来自世界各地的朋友们用不同的形式表达着一个共同的感受："我们爱苏州，我们都是苏州人"。

最后，丹麦的常安妮以《我的中国情结》获最佳创作奖；新西兰的修培勃凭借一套"中国功夫"获最佳创意奖；美国人马杰莉以独唱《半个月亮爬上来》和书法赢得了最佳风采奖；最具活力奖被演唱《美丽新世界》的一对韩国小姐妹徐贤贞、徐世贞获得；最佳表演奖被来自澳大利亚的杰勒德夫妇获得，他们自弹自唱了中国民歌《在那遥远的地方》；多才多艺的伊朗人爱哲罗表演了鼓、琴和绘画，最后，以一曲评弹《枫桥夜泊》赢得了热烈的掌声，获得了评委特别奖。 (陈晓蓝)

【开心辞典苏州地区决赛】 苏州旅游杯"开心辞典"苏州地区决赛于9月17日进行，中央电视台开心辞典栏目主持人之一李佳明到苏州主持了决赛。

作为本届苏州国际丝绸节活动之一，"苏州旅游杯"开心辞典活动得到了市民的热情参与，前后有400多位选手参加初赛、复赛，其中年龄最小的16岁，最大的65岁。当天，从中脱颖而出的10位选手参加了决赛。经过角逐，来自市档案局的夏冰获得一等奖，黄波获得二等奖，另有两位选手获得三等奖，其余选手为优胜奖。 (杨 帆)

【文化交流】 在市文广局和海外有识之士的支持下，苏州昆剧院积极引进台资编排昆曲名剧《长生殿》、青春版《牡丹亭》，这两台剧目将分别于2004年2月、4月亮相台湾舞台，《牡丹亭》还将参演在日本举行的"非物质遗产展演节"。由苏州市演员主演的昆曲电影《凤冠情事》应邀献映威尼斯电影节。这是昆曲遗产保护引进境外资金运作并进而推向国际演出市场的有益尝试。2003年，市文化部门先后接待了罗马尼亚、拉脱维亚、坦桑尼亚、韩国等9批文化访问团和友城团体，朝鲜万寿台艺术团、法国波乐多·夏朗交响乐团、荷兰皇家菲利浦交响管乐团等艺术表演、展览展示活动10余批(次)。市艺术团体、书画家和文化界人士共15批(次)先后出访欧美、俄罗斯等国和台港地区，市文广局积极承办并参与了中法文化年活动之一的法国"戛纳——苏州文化周"的有关活动。2月，苏州博物馆在台湾举办了"状元墨宝文物展"，各界人士对"苏州文盛出状元"的文化底蕴和人文环境有了更多的了解。频繁的文化交流扩大了苏州文化在海外及台港地区的知名度。

【文化下乡】 春节前后，苏州市文艺院团、美术院馆、艺校、评校和群艺馆分别赴市(县)、苏北、外省农村和驻苏部队开展各种形式的慰问活动。各市(县)文化部门把文化下乡作为经常性工作进行组织发动，形成了"城乡联动，千人送艺、万人参与"的格局。

【文化拥军】 在纪念延安双拥运动60周年暨庆祝"八一"建军节文艺晚会上，专业院团、群文工作者与解放军战士同台高歌，市歌舞团等专业院团还随市拥军慰问团赴浙江沿海看望慰问了部队，体现了军民鱼水深情。

【文化设施建设】 11月5日，市委、市政府隆重举行了由世界建筑大师贝聿铭先生亲自设计的博物馆新馆奠基典礼，这标志新馆工程进入了实质性启动。涉及开工前的各项准备工作正在有条不紊地抓紧进行。全部设计工作将按设计合同要求在2004年3月份完成，春节后正式破土动工。中国昆曲博物馆一期工程如期竣工，已于第2届昆剧节期间正式挂牌，与此同时，以社会化方式运作的苏州博物馆新馆、中国昆曲博物馆、筹划中的中国苏州评弹博物馆的文物捐赠、征集工作全面展开。位于苏州工业园区金鸡湖畔的"文化水廊"、建筑面积达28万平方米的苏州科技文化艺术中心项目、建筑面积达1.50万平方米的苏州演艺中心项目正在抓紧进行。建筑面积为1.20万平方米的常熟图书馆已进入装修阶段。建筑面积为1.86万平方米的昆山图书馆新馆完成桩基工程后，已进入基坑围护施工和土建工程招标阶段。吴江图书馆新馆正在抓紧规划之中。预计到"十五"期末，市(县)级公共图书馆新馆建设将全面完成。投入2000万元的张家港电影广场已竣工，文化馆的建设也已纳入了该市文化建设的规划。投入3000万元的沧浪区少年宫亦正式奠基开工。

【文化系统改革改制】 2003年，苏州市全面完成了市属文化系统17个生产经营性事业单位的改制任务，超额完成了改制目标责任书要求。为彻底解决改制成本支付和历史遗留的巨额债务问题，按照规定，市文广局把文化广场大楼等资产以拍卖的形式公开转让。改制单位的363名职工置换身份全部完毕，符合提前退休的182名职工全部进入社保，上述单位基本按照现代企业制度的要求进行运作。同时，建立健全了国有资产管理监督规章制度和轻型的国有资产管理公司。

文艺院团坚持"出人出戏多演出"，一切从实际出发，形成了"一团一策"的改革模式，市文广局在全国艺术创作会议上介绍时广受好评。同时，启动8个事业单位改革的试点工作，主要是深化劳动人事、收入分配和社会保障制度三项改革。

此外，市文广局进一步推进行政审批制度改革。在"苏州市行政服务中心"实施一个窗口对外的便民服务体制，全年办理承诺件900余件。积极推进行政行为法治化、电子政务建设和网上审批，并以机关搬迁新址为契机，努力实现"办公自动化、管理规范化、政务公开化、服务社会化、环境园林化"，面貌焕然一新，提升了政府机关的公众形象。

【队伍建设】 10月，市文广局首次跨地区公开招聘管理、策划、研究等方面人才。由此，文化系统培养、选拔双百名拔尖和高级人才，构筑文化强市建设的人才高地战略正式启动。来自省内外的78名应试者接受了严格考核，其中录取的12名已经走上各个岗位。一年来，在全系统开展了以为人民服务为核心，集体主义为原则，诚实守信为重点的社会公德、职业道德、家庭美德教育；开展了争当“最佳文明职工、最佳文明青年、最佳文明岗位（班组）”活动，提高了行业的文明程度，涌现出一批先进集体和先进个人。苏州市歌舞团被评为市级先进基层党组织；2位同志被评为市级优秀党员，1位同志被评为市级优秀党务工作者；1位同志被评为市优秀公务员。

（朱钧柱）

【艺术考级】 2003年是苏州市书画考级大突破、大跨越、大发展的一年。10月下旬，全市有3719名考生参加了由市文联组织的江苏省文联书画等级考核，参考人数比上年增加了101%，列全省之冠。在稍前举行的江苏省音乐考级中，全市有1000多名考生参加，参考人数有了较大突破。为此，省考委向全省转发了该市考办《艰难孕育生机　竞争焕发活力》的工作总结，对苏州市的艺术等级考核给予了充分肯定。

（陈秋生）

【文化行业管理】 市文广局加强了对文化社会团体、学会的管理，积极支持苏州市收藏家协会、沧浪书社、吴都学会、广电学会等团体开展形式多样的展览展示和研讨活动。苏州市广播电视学会完成了改选换届工作。在文化市场管理部门的推动下，网吧协会、音像协会、歌舞娱乐场所协会相继成立，各协会开展了行业自律活动，有效规范了市场经营行为。（朱钧柱）

文化强市建设

【概况】 自2001年11月，苏州市委、市政府提出了苏州建设社会主义文化强市的战略目标，制定出台了《2001～2010年苏州文化强市建设规划纲要》后，2003年全市宣传文化单位坚持以解放思想为先导，以改革创新为动力，以加快文化发展为主题，文化建设进入了蓬勃发展的新阶段。一座座文化设施拔地而起，一台台文艺节目屡获大奖，一批批文化人才脱颖而出，文化建设呈现出欣欣向荣的喜人景象。

【规划编制】 2001年11月召开的全市文化工作会议制定了《苏州市2001～2010年文化强市建设规划纲要》。

《规划纲要》提出，“通过5到10年的努力，把苏州建设成为与率先基本实现现代化相适应的社会主义文化强市”的战略目标。这是顺应经济社会发展规律所迈出的坚定步伐，也是力争在全国率先发展所发出的时代强音。其含义是“七个基本形成”：基本形成与社会主义市场经济体制相适应的，充分反映较好市民素质和社会文明程度的思想道德体系；基本形成以优秀传统文化与苏州地方特色文化为主体，融合世界先进文化成果的文化体系；基本形成与现代化中心城市相匹配、独具特色、布局合理、装备先进、功能完善的文化设施体系；基本形成优势明显、结构合理、技术先进、竞争力强、接轨国内外市场的文化产业体系；基本形成充满活力、配置高效、规范有序、辐射力强的文化市场体系；基本形成管办分离、调控适度、运转协调的文化体制和运行机制；基本形成以优秀文化拔尖人才支撑，高素质的文化经营管理人才、文化专业人才、文化科技人才为主体的文化人才队伍。简言之，就是要拥有先进的文化设施、发达的文化产业、一流的文化精神、拔尖的人才、充满活力的文化体制、繁荣有序的文化市场、各具特色的城市文化环境、丰富多彩的群众文化生活，文化综合实力居全国前列。实现这个《规划纲要》必将为创造安定详和充满活力和生机的社会环境，为实现苏州经济可持续发展、提高城市综合实力起到极大的推动作用。（朱钧柱）

【《苏州文艺史纲》编纂工作启动】 9月9日，市文联、市文艺评论家协会邀请市部分文艺理论工作者，召开了《苏州文艺史纲》编纂工作会议，商讨编纂事宜。与会者一致认为，编纂《苏州文艺史纲》是一项具有开拓性和总结性的工程，对建设苏州文化强市、引导当今文艺创作实践具有重要意义。预计《苏州文艺史纲》将在两年内定稿。

【文艺家参与城市建设】 为了提升城市文化品位，展示苏州历史文化名城的魅力，在市规划局、市建设局、市环古城风貌保护工程指挥部的邀请下，市文联积极参与了一些重点工程的咨询研讨活动，还组织部分文史、书画、楹联专家，为移建的原枣市桥另起桥名，易名为“蟠龙桥”，并撰写《蟠龙桥记》碑文；为拟建中的胥门伍子胥纪念园审定文字材料，提出修改意见及有创见的建议；为人民桥廊桥、蟠龙桥、新觅渡桥、新民桥、泰让桥撰写桥联。这些桥联不但格律严谨，对仗工整，且富有吴文化的神韵，历史、人文、景观糅合其间，余味无穷。（陈秋生）

【苏州博物馆新馆】 由世界著名建筑大师贝聿铭担纲设计的苏州博物馆新馆，选址位于苏州古城东北拙政园历史保护街区，毗邻世界文化遗产拙政园和全国重点文物保护单位太平天国忠王府。

新馆设计承袭了水乡古城粉墙黛瓦的基本风貌，遵循“中而新、苏而新”、“不高不大不突出”的设计原则。在整体布局上巧妙地借助水面、与紧邻的拙政园、忠王府融会贯通，成为其建筑风格的延伸和现代版的诠释。馆区内建筑以一层坡顶为主，局部辅以二层展厅，形成错落有致的特色，整个建筑群最高不超过17米，既与周围环境相融，又不乏创意与个性。新馆占地总面积10666平方米，建筑面积6170平方米，庭院设计以古典园林为鉴，取其神似而遗其形，与建筑互相依托，在有限的面积内营造了丰富多变的视觉空间。苏州博物馆新馆是一座与忠王府、拙政园融为一体，具有江南建筑特色与风格的传统建筑现代版。

苏州博物馆新馆项目总投资将达3.26亿元。2002年4月30日，市政府与贝氏建筑事务所就新馆建设正式签约，这标志为世人瞩目的博物馆新馆建设拉开了帷幕。2003年11月5日，苏州市委、市政府隆重举行了博物馆新馆奠基典礼，新馆工程进入了实质性启动。

附：苏州博物馆新馆大事记

1998年苏州市“两会”期间，部分人大代表和政协委员建议建设苏州博物馆新馆。市委、市政府领导认真听取了代表和委员的意见，支持建设苏州博物馆新馆。

1999年6月20日，苏州市文化局向市委市政府提交苏州博物馆新馆建设报告。之后，至2000年底，市规划、建设、文化等部门在对6个选址方案进行论证比选的基础上，提交3个选址方案，进行进一步研究论证。

2001年2月，苏州博物馆分别邀请上海、南京、浙江等地博物院、馆的专家来苏，就博物馆新馆选址听取意见。一致赞成平江医院西扩至齐门路的新馆选址方案，认为这个方案是最佳方案，具有经典性意义。

2001年2月，美国贝氏建筑事务所董事长贝礼中先生来苏，就苏州博物馆新馆设计进行首轮磋商。

2002年4月下旬，贝聿铭先生率贝氏建筑事务所董事长贝礼中等一行6人来苏商谈新馆设计事宜，并与国内著名专家和本市文化、文博、园林方面的专家会晤，听取新馆设计意见。

2002年4月30日，市政府与贝氏建筑事务所在苏州会议中心，签订新馆设计协议。

2002年5月30日，市计委批复苏州博物馆新馆项目建议书。

2002年5月31日，市规划局核发苏州博物馆新馆建设项目选址意见书。

2003年1月23日，成立苏州博物馆新馆暨拙政园历史街区保护性修复工程建设领导小组，下设苏州博物馆新馆筹建办公室（对外挂指挥部）。

2003年2月25日，国务院副总理李岚清来苏，在省、市领导陪同下视察苏州博物馆，听取新馆建设汇报。

2003年4月3日，市委常委会听取苏州博物馆新馆建设汇报。

2003年5月30日，按照市政府“新馆未建，保护先行”的要求，市文物、规划部门批准同意将博物馆新馆建设范围内涉及的两处控保建筑进行整体移建保护。

2003年6月18日，苏州博物馆新馆可行性报告论证会召开，专家组一致通过可行性研究报告。

2003年6月23日，国家文物局批复同意苏州博物馆新馆建设。

2003年6月25日，市计委主持召开苏州博物馆新馆初步设计审查会，同意初步设计文件。

2003年7月10日，市人大常委会主任会议听取苏州博物馆新馆工作汇报。

2003年7月29日，苏州博物馆新馆社会捐赠办法正式公布。

2003年8月6～12日，苏州博物馆新馆设计方案向市民公示，参加投票的市民有93%投赞成票。

2003年8月14日，市文广局举行新闻发布会，就苏州博物馆新馆公示、选址、设计等问题向新闻媒体介绍情况。

2003年8月14日，苏州博物馆新馆建设财务代理签约，市委书记王珉、市长杨卫泽出席签约仪式。

2003年8月25日，市计委批复苏州博物馆新馆项目初步设计。

2003年8月26日，国务委员陈至立来苏考察，在省、市领导陪同下参观苏州博物馆，听取新馆建设情况汇报。

2003年9月28日，苏州博物馆新馆选址高层专家论证会。来自北京、上海、南京等地城市规划、文物保护、建筑设计方面的高层专家参加会议。

2003年9月29日，苏州博物馆新馆建设相关历史与建筑高层专家论证会。北京、上海、南京、苏州等地太平天国史研究以及古建筑、文博方面的高层专家参加会议。

2003年11月5日，市委、市政府举行了苏州博物馆新馆奠基典礼，新馆工程进入实质性启动阶段。（苏 鉴）

【中国昆曲博物馆】 2001年，文化部、江苏省政府在苏州市隆重举行庆祝中国昆曲列为“人类口述和非物质遗产代表作”及纪念苏州昆剧传习所成立80周年活动，在这次活动中，文化部正式建议苏州市作为举办昆剧节的定点城市，并在苏州建立中国昆曲博物馆。此后，苏州市在江苏省委宣传部的大力支持下，按照“一次规划，分步实施”方案，有步骤地对苏州戏曲博物馆改造扩建，在一期工程中，共投入了600万元。同时，全面开展昆曲文物资料的捐赠、征集工作。2003年11月下旬，在第2届中国昆剧节期间，中国昆曲博物馆一期工程如期竣工并正式挂牌。

（朱钧柱）

文化产业

【概况】 2003年，苏州市积极推进文化领域改革，进一步放宽文化市场的准入条件，长期束缚文化生产力发展的体制性障碍被逐步打破，外资、民资开始进入文化领域，国办文化一统天下的局面有了明显改变。

【多元化文化投入】 一是民资、外资逐步进入文化艺术业。2003年，苏州走合资、合作之路保护和弘扬昆曲艺术取得重大突破。由美籍华裔作家白先勇牵头，台湾新象艺术传播公司董事长樊曼浓、香港昆曲专家古兆生先生等与苏州昆剧院联手打造新版《牡丹亭》，定于2004年4月推上台湾舞台。台湾石头出版股份有限公司投资500万元与苏州昆剧院、中国昆曲博物馆、苏州昆曲传习所联手重排昆曲名剧《长生殿》，该剧将采取市场化运作，推向世界演出市场。在文艺演出业走对外合作之路的同时，民营资本也进入了文化产业。如，苏州工业园区的民企佳华文化传播有限公司以61%的股份与电影公司组建苏州电影有限公司。二是民间资本快速进入文化旅游业和娱乐业。享有“民间博物馆之乡”美誉的昆山市锦溪镇的博物馆已达12家，全部为私人投资兴建；吴江一位民营企业主在同里古镇兴建了私家园林“静思园”；吴中区西山镇对部分景区经营权进行公开拍卖。三是民资、外资开始进入广播影视业。苏州广电总台采取项目合作等方式，吸引外资投入，先后制作了电视片《苏园六纪》、《苏州水》、《水天堂》等电视精品。为迎接世界遗产大会在苏州召开，又与香港凤凰卫视摄制了百集电视片《走进世界遗产》。常熟市在京门影城改建中，民间资本通过使用权拍租等形式投入近千万元，组建了京门影城股份有限公司。

【文化市场建设】 全市文化市场总体呈现依法管理、规范有序的态势。①网吧管理。在实现规模经营的基础上，苏州市在全省率先建立网吧监控平台，利用上网会员证和限时经营等手段，有效地控制了未成年人进入网吧和网吧包夜经营等违法违规经营活动，网吧经营秩序明显好转。②音像管理。择优扶强，扶持发展音像超市、连锁经营，确保正版音像制品的市场占有率稳步上升。坚持堵疏结合，在建设沪宁沿线正版音像制品经营示范区的同时，开展收缴盗版光盘和政治类非法音像制品，打好“扫黄打非”主动仗。2003年，全市文化市场管理部门收缴非法音像制品43万余张，其中市文化市场稽查支队收缴盗版音像制品12万张、淫秽音像制品8000余张，并集中销毁。③娱乐市场管理。以调整结构、规范发展为目标，提高审批条件，走规模化、多功能、大众化的发展之路，全市歌舞娱乐场所进一步健康发展。全市文化市场管理实现了网络化，加大了对歌舞娱乐场所、乡镇庙会、大棚演出的管理力度，全年查处各类色情淫秽、格调低下的表演活动40余次。 (朱钧柱)

文学艺术

【概况】 2003年，苏州经济持续、快速、稳步发展，社会生活的各个方面空前活跃，苏州人的自信心、自豪感以及创造力都得到了充分激发，这为文艺家们提供了丰富的素材，加之，市委、市政府极其重视文化建设，广大文艺工作者有一个宽松和展示才华的良好环境，使苏州文化艺术事业呈现一派繁荣景象。在文化艺术各个门类中，都涌现出了一大批优秀作品，多出优秀作品的整体优势开始形成。文化作品、表演类的艺术作品屡获全国、省、市级奖项，显示了苏州文化艺术的实力和后劲。

【文艺节庆活动】 第2届中国昆剧艺术节暨优秀剧目展演、第2届中国苏州评弹艺术节于11月15~22日在苏州同时隆重举行。全国政协原副主席万国权、中国文联主席周巍峙、文化部党组成员常克仁和江苏省副省长张桃林、苏州市市长杨卫泽等领导，以及希腊、意大利使馆文化参赞与来自全国昆剧院团和各评弹代表队的艺术家们、来自海内外的昆曲专家学者、曲友、书迷欢聚一堂，出席了开幕式。

本届艺术节的特色有：(1) 参演(赛)的节目和人数均超过了往届。除全国六大昆曲院团外，中国戏曲学院、浙江永嘉昆曲传习所也带来了精心创作排练的昆曲大戏加盟盛会。参演(赛)的剧(书)目都是全国各剧院团经过反复磨励，并经过市场考验的精品，具有很高的艺术水准。各昆曲院团演出的8台大戏和3台折子戏使苏州舞台美不胜收。在评弹节上，共有江苏、上海、浙江和苏州4个代表队(15个评弹团)的11台书目参赛，近百位知名评弹艺术家和青年新秀以反复加工磨练的书目展开了角逐。25名演员获优秀表演奖，9个节目获优秀节目奖，3个节目获优秀创作奖。(2)活动项目之丰富是前所未有的。期间，举行了中国昆曲博物馆授牌暨一期工程竣工仪式、虎丘曲会、"贝晋眉昆剧传习奖"首次颁奖式、《昆曲研究系列丛书》和《中国昆曲论坛》首发式、全国昆曲曲社负责人会议等活动。还邀请了海内外高层次的昆曲专家、学者来苏参加昆曲国际学术研讨会，共商新世纪昆曲发展大计，开创新世纪曲学研究之风。(3)充分发掘文化资源，按照艺术规律、市场规律探索出一条政府支持与社会化运作相结合的办节路子。为打造"昆曲之乡"，昆山市委、市政府以"昆山曲韵"冠名，积极协办昆剧节，上海世贸汽车有限公司以"VOLVO世贸汽车杯"冠名形式支持评弹节。 (朱钧柱)

【市文艺创作中心成立】 2003年5月，苏州市根据事业单位机构改革精神，将市文广局剧目工作室和市文艺创作室合并，正式成立苏州市文艺创作中心。苏州市文艺创作中心为全民所有制事业单位，含戏剧、曲艺(评弹)、影视、音乐等多个创作门类，现有专业人员中，除一部分具有多年创作经验，在全国和省市艺术活动中获得佳绩的老同志外，还从中国戏曲学院等专业院校吸收了若干新人，形成了老、中、青结合的创作队伍。 (文 创)

【市音乐家协会钢琴分会成立】 苏州市音乐家协会钢琴分会3月28日在市文联成立。这是继去年成立的古琴分会之后，该市音乐家协会成立的第2个分会。近年来苏州市钢琴迅速普及，全市已有近两万名钢琴爱好者和习琴者。钢琴分会现有60余名会员，由本市有一定演奏水平和影响的钢琴演奏员、具有丰富经验并已作出一定成绩的钢琴教师组成。 (高 琪)

【众专家研讨苏州小说创作】 12月9~10日，江苏省作协小说创作委员会、苏州市文联、苏州市作协联合举办了"苏州小说创作研讨会"。著名作家陆文夫、省作协党组副书记唐金月、副主席赵本夫、范小青、黄蓓佳，著名作家、评论家苏童、储福金、毕飞宇、黄毓璜和杜国玲、周向群、朱永新等市领导，与60多位小说家、评论家会聚一堂，共商繁荣苏州小说大计。

据悉，苏州市拥有老中青小说家60多人，每年发表作品数以百计，年出版长篇和专集达几十部。研讨会围绕"吴文化背景和多元化创作"、"地域特色的优势和局限"、"作家的定位和读者的期望"等问题，展开了深入的讨论，陆文夫在会上作了精彩的讲话。11日的《文学报》头版刊登了陆文夫讲话的主要内容，并以"保持特色、寻求开拓"为题，对这次研讨会作了综述报道。

【音乐创作】 市文联、市音协于8月7~9日举办了苏州市歌曲创作研讨会，20位词曲作者精心制作出版了《2003年苏州新歌》创作专辑光盘，为参加"五个一工程"奖评选做了基础工作。市音协副主席周友良出版了《江南雪》创作歌曲专集，市音协为之举办了首发式。市音协还邀请著名作曲家、中央音乐学院博士生导师徐振元教授对该市的音乐创作进行了指导，受到了音乐创作骨干的欢迎。 (陈秋生)

【艺术作品获奖】 舞剧《干将与莫邪》、青春喜剧《青春跑道》分别荣获全国第9届精神文明建设"五个一工程"优秀作品奖和入选作品奖。市滑稽剧团的《一二三，起步走》列入"国家舞台艺术精品提名剧目"。中篇评弹《大脚皇后》在第2届中国苏州评弹节中获书目、创作、表演一等奖。滑稽戏《钱笃笤求雨》在第4届省戏剧节中名列总分第一。小品《面试》、《小泥人》分别获全国"人口奖"金奖之首、全国小品比赛创作金奖、优秀表演奖。

苏州市影视家创作的电视艺术片《苏州水》和《江南》分获第16届、17届全国电视文艺星光奖一等奖，电视艺术片《水天堂》、《水磨昆曲》分获第17届全国电视文艺星光奖二、三等奖。由杨瑞庆创作的歌曲《如今的菜篮子》、金曾豪创作的儿童文学《鹤唳》和滑稽戏《姑苏一家》

获省第5届“五个一工程”奖。

（朱钧柱　陈秋生）

【《干将与莫邪》、《青春跑道》双获“五个一工程”奖】 中宣部第9届精神文明建设“五个一工程”奖评选结果12月8日揭晓，苏州市歌舞团创作演出的大型民族舞剧《干将与莫邪》、苏州市滑稽剧团和市教育局联合创作演出的校园喜剧《青春跑道》分别荣获“五个一工程”优秀作品奖和入选作品奖。两台作品能同时获奖，显示了市文艺创作的整体实力，这在全国同级城市中尚属首次。

（周　晓）

【顾芗喜获“白玉兰”艺术奖】 苏州市滑稽剧团著名演员顾芗因在苏式滑稽戏《钱笃笤求雨》一剧中成功饰演许四娘一角，于2003年11月荣获第14届白玉兰戏剧艺术表演奖。顾芗是继《快活的黄帽子》、《一二三，起步走》中成功饰演黄毛、安小花等角色荣获二度“梅花奖”、“文华奖”之后又一次荣获全国高层次奖励，是该市荣获“白玉兰”奖的第一人。

（文　广）

【顾卫英获“红梅”奖】 由中国戏剧家协会举办的全国首届“红梅”戏曲大赛中，苏州昆剧院优秀青年演员顾卫英携昆剧《牡丹亭·寻梦》一曲《叨叨令》获大奖。首届“红梅”戏曲大赛经层层选拔，全国共有130人参加在郑州举行的决赛。顾卫英在江苏省选拔赛中脱颖而出，于12月12日晚在郑州登台亮相，她以声情并茂的唱腔和表演，深深打动了评委，在33名得大奖的选手中名列第5名。

（尹建民）

【首届“六六杯”报告文学奖揭晓】 由市作协报告文学分会和市六六视觉科技股份有限公司联办的首届“六六杯”（2001～2002）报告文学奖评选活动于3月下旬展开，经初、复两轮评选，共有26位作家的21篇作品获奖，其中平燕曦等的《生命20小时》获特别奖，吴志峰、高宗的《黄金大道》、俞明的《评弹人家》和叶正亭的《茶人吴严》获一等奖，房余龙、饮志新的《一个“反扒”神探的故事》等6篇获二等奖，谭亚新的《美的连锁、美的传奇》等11篇获佳作奖。6月27日，举行颁奖仪式。

【文学作品获奖】 9月2日，江苏省作协优秀文学作品嘉奖大会在南京隆重举行。苏州市作家金曾豪的长篇小说《苍狼》获中国作协第4届全国优秀儿童文学奖，王一梅的童话《书本里的蚂蚁》、《有爱心的小蓝鸟》分别获中国作协第5届全国优秀儿童文学奖和国家新闻出版总署第5届国家图书奖，以数量超半的获奖优势为苏州文坛增了光。同时受到嘉奖的，还有朱文颖的长篇小说《水姻缘》（获《中国作家》2002年度“大红鹰”文学奖）。

【书法作品获奖】 在国庆前夕举办的《庆祝中华人民共和国成立54周年·江苏省美术书法摄影展》上，苏州市书法家喜获丰收：政定荣获金奖，王国安、杨志和获银奖，谢利峰、吴继宏、费之雄、徐世平、高智海、李少鹏、高卫平、奚训达等获铜奖，获奖总数名列全省前茅。在同时开幕的《江苏省第4届新人书法篆刻作品展》上，苏州市作者胡明康、李亦鸣、王雷源等62人的作品入选，显示了该市书法后继有人的可喜态势。

【苏州市书法家在全国书学论文评比中获奖】 在全国第6届书学论文评比中，苏州市书法家成绩显著，华人德的《中国书法史·两汉卷》在第6届“中国图书奖”评选中获艺术类国家图书奖，王伟林的书学论文《诗意回归：当代书法可持续发展的必由之路》获一等奖，潘振元、石琪、钱惠芬等6人的论文入选。

（陈秋生）

【费之雄长联获特等奖】 由国际美术家联合会、国际美联中国执行委员会等10多家单位联袂举办的“第4届《祖国颂》国际书画大赛”，评选结果2003年1月在西安市揭晓，苏州市费之雄创作和书写的一副长联，在国内外上万件参赛作品中脱颖而出，获得特等奖。费之雄为中国书法家协会会员、中国楹联学会会员和苏州市楹联分会名誉会长，对书法和楹联的创作和研究均有一定的造诣。他这次应征的长联共134字，横写东西南北数万里神州锦绣河山，纵观古今上下五千年祖国灿烂文化，气势磅礴，对偶工稳，感情激越，书联俱佳，被评委一致看好。此联问世后，曾被《中国对联艺术》一书刊登在首页，同时还被四川等地勒石刻碑。

（阿　坤）

【苏州画家全国画展获奖】 从辽宁大连举办的“第2届全国中国画展”上传来喜讯，苏州大学刘佳的《祝福》和常熟姚新峰的《乍暖还寒》两幅国画作品入选本次由中国美术家协会主办的全国大展。其中，姚新峰的《乍暖还寒》还被评为优秀奖。

“第3届中国油画展”2003年8月在北京中国美术馆举办，苏州市张新权、吴晓洵、卢卫星和姚莨等4位画家的作品入选，同时获得“2003年江苏省油画展优秀作品奖”。

（姚永强）

【中国首届粉画展在苏举行】 4月19日，由中国美术家协会艺术委员会和苏州市政府联合主办的中国首届粉画展在市图书馆隆重开幕，同时举行了《中国首届粉画展作品集》的首发式和全国粉画创作研究中心在苏州成立的揭牌仪式。省委常委、市委书记王珉，市委副书记、市长杨卫泽，中国美协副主席肖峰，中国美协副秘书长王春立，省政协副主席、南京艺术学院院长冯健亲，省文联党组副书记高以俭，中国美协水彩画艺术委员会主任黄铁山，市文联主席张澄国，著名粉画家杭鸣时教授及中外粉画家共300多人出席了开幕式。

苏州是中国粉画艺术的引进和发祥之地，早在上世纪二、三十年代，颜文梁先生就倡导引进西方粉画艺术，并创作了脍炙人口的《厨房》等力作，该市当代著名画家杭鸣时长期从事粉画创作和教育工作，近年来又涌现出卢卫星等一批中青年粉画家，为苏州逐步成为全国粉画创作和研究中心奠定了坚实的基础。本次粉画展共评出银奖6件、铜奖9件和优秀奖31件，入选作品154件。苏州市获得2银2铜、4个优秀奖（苏州大学艺术学院戴家峰的《瓜和莲蓬》、张新权的《世纪的回眸》获银奖，金炜的《童年》、张健钧的《闲庭信步》获铜奖，徐海鸥的《故居夕照》、王嫩的《明镜》、张骅骝的《北方》、张明的《流金岁月》获优胜奖）和15件作品入选的优异成绩，显示了苏州市粉画创作队伍的实力。

【粉画：从苏州到北京】 9月19日，作为《2003首届中国北京国际双年展序列展》之一的《全国粉画作品展》，在北京中国国家博物馆隆重开幕。本次展览由中国美术家协会主办，苏州市人民政府和中国美协水彩·粉画艺委会联合协办，是在《中国首届粉画展》的基础上，由市文联、市美协选送100幅优秀粉画作品而组成的。在6天的展期中，观者如云，赞誉有加。《全国粉画作品展》在北京的成功展出，昭示着中国粉画艺术进入了一个崭新的阶段；也昭示着苏州作为全国的粉画创作和研究中心，粉画将是该市的又一个文化品牌和对外交流的名片。

【市曲艺家在“中国苏州评弹艺术节”上创佳绩】 在11月15～22日举办的“中国苏州评弹艺术节”上，苏州市曲艺家盛小云、袁小良、施斌、吴静、张丽华、王池良、陆建华、查兰兰、许芸芸、张建珍、陈琰等11人获优秀表演奖（优秀表演奖共25个），殷麒麟、胡磊蕾等12位青年演员获表演奖；由傅菊蓉等改编的中篇弹词《大脚皇后》、陆建华等创作的短篇弹词《千里寻宝》获优秀创作奖，由王池良等改编的短篇评话《民族魂》、吴中区评弹团创作的中篇弹词《香山侍郎》获创作奖；《大脚皇后》、《民族魂》、《千里寻宝》、《香山侍郎》还获得优秀节目奖。

【创作歌曲获奖】 周友良作曲的《有一片大陆使我难忘》，在江苏省首届中小型声乐、器乐创作比赛中获创作奖；彭淑贞作词作曲的《笑口常开》，获全国“百首银歌大奖赛”银奖及中国民歌演创贡献奖，此歌与其另一首创作歌曲《咱们赶上好时代》，被中国音协编入大型歌集选粹《中国之春·中国民间歌曲第四辑》；徐新园作曲的《渔歌号子》与吴利民作曲的《我是人民公仆》，均获苏州市2003年创作作品一等奖。

【苏州市小演员荣获中国少儿戏曲小梅花金奖】 在郑州举行的由中国戏剧家协会主办的第7届中国少儿戏曲小梅花奖的决赛中，苏州市昆山石牌小学的尤磊、李沁和钱瑜婷的参赛剧目锡剧《珍珠塔》、昆剧《牡丹亭·游园》获金奖，尤磊更是以在《珍珠塔》中的出色表演获得高分，进入了10名“状元花”的行列。这次尤磊等3名小演员是在全国数百个剧目中，经过层层遴选脱颖而出的，也是江苏省进入业余组决赛的惟一代表。赛前，著名昆剧演员、梅花奖得主王芳曾专程赴石牌，对小演员进行辅导。

【《群星灿烂——苏州当代文化名人》问世】 苏州市文联编撰的《群星灿烂——苏州当代文化名人》一书，10月，由古吴轩出版社出版。此书汇集了100多位在苏州出生，或在苏州生活工作的当代著名作家、艺术家的生平和业绩，展示了他们的艺术人生和高尚品德，为广大文艺工作者树立了典范，为苏州文坛艺苑增光添彩。

【摄影比赛和摄影展览】 2003年，市摄影家协会举办了7个影赛和9个影展。摄影比赛：《第8届虎丘风光风情》摄影赛、《花季少年在虎丘》摄影赛、《香山帮环太湖地区古建筑》摄影赛、《简庆福杯太湖风光国际摄影大奖赛》、《阅读园区》摄影赛、《梦苏州》舞台剧照摄影赛、《中国苏州甪直水乡古镇风光》摄影赛。摄影展览：《“两地情”苏州·乌鲁木齐风光风情摄影展》、《新疆采风》摄影展、《东方水城》摄影展、《第8届“秋红”摄影展》、《苏州水乡》4人联展、《皖南行》摄影交流展、《阅读园区》摄影展、《苏州古塔·古迹》摄影展、《西部激情——瞿金根摄影展》。

【汤生被评为全国十佳广告摄影师】 苏州市近年来涌现出了不少优秀的摄影人才，汤生便是其中的佼佼者。其作品在《大众摄影》、《中国摄影报》、《包装与设计》、《现代广告》等报刊发表，有11幅作品入选《2003年中国广告摄影年鉴》，其作品《轴承》、《水乡码头》分别获第4、第5届全国广告摄影优秀作品展银奖，《跳跃》获2003年第10届国际摄影艺术展铜奖，《构成》亦入选，并被中国广告协会评为2003年度“全国十佳广告摄影师”之一。为此，市摄协举办了汤生作品讨论会，及时总结了他的创作思维和创作经验。 （陈秋生）

【世界影人为昆曲鼓掌】 意大利当地时间9月2日11时（北京时间2日17时），昆曲艺术片《凤冠情事》（曾名《凤冠情试》）在第60届威尼斯电影节上作特别放映，来自世界各国的电影人观看了影片。这是昆曲艺术影片首次亮相世界一流的电影节，也是中国戏曲艺术首次走上世界电影舞台。当天东方古老的昆剧艺术在西方的电影节上赢得了世界影人的热烈掌声。

当地时间9月2日19时30分（北京时间3日凌晨），受本届威尼斯电影节组委会的邀请，昆曲演员赵文林、陶红珍在电影节主展厅丽都岛电影宫前的露天展台上唱做并重，表演了昆曲典型的程式动作，向来自世界各国的观众推介中国昆曲艺术。当天的昆曲推介会虽然只有半个小时，但受到了中外新闻媒体的关注。会前约一个小时，央视电影频道、东方电视台及欧美国家的媒体就在展台最佳拍摄位置架起了一排摄像机。这次推介会意在通过昆曲最基本的程式表演，让更多的人接触昆曲，进而走近昆曲，走入昆曲。 （吴晓红）

【虎丘曲会再现盛况】 在苏州市举办的第2届中国昆剧艺术节期间，由市文联、市文联艺指委和市剧协联合主办的“2003中国昆曲虎丘曲会”在虎丘西溪环翠举行，来自全国28家曲社的近300名曲友冒雨欢聚一堂。曲会期间，文化部艺术司还专门召开了全国业余曲社负责人座谈会，听取了来自民间的意见和建议，肯定了业余曲社对推动中国昆曲艺术发展所起的作用。

【第3届民间艺术节】 国庆期间，由市委宣传部、市文联主办，市民间文艺家协会承办的苏州市第3届民间艺术节格外引人注目。在新开园的江枫洲内，共有40多位艺人的近400件作品参展，有些品种如砖雕、麦秸画、漆画等还是首次展出。展品琳琅满目，场面热烈火爆，艺人们精彩的现场展示使参观者大饱眼福。在这届艺术节上，王嘉良的缂丝作品《五色蝴蝶牡丹》获一等奖，卢军的红木景雕作品《寒山寺全景》、姚惠琴的刺绣作品《水乡》及顾青双、袁中平等人的作品获二等奖，周士

德、钟锦德等人的作品获三等奖。（陈秋生）

社会文化

【概况】 2003年4月，市委、市政府召开全市基层文化工作会议，并在会上下发了《关于进一步加强基层文化建设的意见》。这次会议，一是进一步明确了基层文化建设的主要责任在市(县)、区级人民政府，使基层文化建设从部门的行为上升为政府行为。二是逐步形成政府投入和社会多渠道投入相结合的基层公益性文化事业投入机制。三是明确了必须深化改革，努力实现基层文化工作的创新。会上，市委副书记、市长杨卫泽指出，打造"文化苏州"，其深厚的根源在基层，发展活力在基层，工作的重心也在基层。这项工作水平的高低、质量的好坏，是衡量群众文化素质的重要标志，事关现代化建设的全局。要将苏州的文化建设作为提高全民素质的一项硬任务，真正纳入到率先建成高水平小康社会、率先基本实现现代化的发展轨道。结合贯彻全国、省、市农村工作会议精神，按照市委、市政府确定的"农村工作十项实事"的分工要求，市文广局在广泛调研和征求各市（县）、区及文化部门意见的基础上，形成了《关于加快农村文化广播电视事业建设的实施意见》，已由市政府办公室正式下发。2003年，全市有19个单位被评为市级群文先进集体，45人被评为市级先进个人。常熟市文化馆还被评为全国服务农民基层文化工作先进集体。（朱钧柱）

【"阳光与爱"大型公益演唱会】 9月20日晚7时40分，苏州体育中心体育场3万观众欢聚，五彩荧光棒闪烁，"阳光与爱"2003大型公益演唱会如期开唱。谢霆锋、古巨基、张柏芝、容祖儿、朱孝天、黄凯芹、陈冠希、关心妍、BOYS、TWINS等12位港台歌星登台献艺，30首歌曲激起阵阵如潮掌声，这是苏州演出史上港台歌星最多、演艺阵容最强的一次演唱会。（吴晓红）

【举办广场文艺庆祝建党八十二周年】 6月30日晚的市民广场锣鼓喧天，一片欢腾，来自市区优秀文艺社团、群艺馆文艺团队、市专业文艺工作者300余人载歌载舞庆祝建党八十二周年。来自不同社区的文艺社团进行了女子乐队、剑舞表演、扇舞表演、健身秧歌表演。歌舞团方剑、仇苏健等欢快舒畅的舞蹈，跳出了在党领导下改革开放不断深化，百姓生活《越来越好》的深切感受。滑稽剧团的"小滑稽"张胜、俞施琴演出的小品《夫妻之间》展示了白衣战士为抗"非典"，舍小家保大家的高尚情怀。沧浪区艺术团、葑门爱之声合唱团的大合唱《四渡赤水出奇兵》让人们重温了中国共产党成长壮大的艰难历程，那"四渡赤水出奇兵"的大无畏革命精神和光荣传统，将伴随我们在党的领导下，从一个胜利走向又一个胜利。（徐宁）

【《笑着和明天握手》在宁演出】 12月23日晚，由苏州市滑稽剧团带来的一台反映江苏"两个文明"建设成果，热情讴歌以苏州"张家港精神"、"昆山之路"为代表的勤政廉政、艰苦创业先进典型的大型现代喜剧《笑着和明天握手》在南京紫金大剧院演出。省委副书记、省纪委书记王寿亭等观看了演出。

《笑着和明天握手》是以党风廉政建设为主题，以反映普通老百姓日常生活为内容，突出市民拆迁、养老等社会问题的热点、难点，准确把握社会巨变中各种人物复杂而矛盾的心理，表现共产党人在改革发展大潮中的蓬勃朝气、昂扬锐气和浩然正气，展示"阳光政府"、"权为民用、情为民系、利为民谋"的精神风貌和公仆情怀的一部好作品。全剧气势宏大、主题鲜明、极具感染力，在苏州市连续公演25场，观众反响很大。（苏已轩 郁芬）

【公共文化设施建设】 2003年，全市文化馆、图书馆、城乡文化（文广）站总面积近52.40万平方米，比"九五"初期增长122%。各区、街道近年来投入1020多万元，15个基层建设项目，已建成9个，2003年有5个公益性文化设施正在建设之中，预计将于2004年投入使用。位于胥门古城河畔的沧浪区少年宫项目已经启动。全市公共藏书总量达616.30万册，人均拥有公共藏书1.05册。（朱钧柱）

【苏州图书馆加入国际图联】 2003年，苏州图书馆正式被国际图联接纳为机构会员，会员代号为CN－1050。苏州图书馆注册了公共图书馆组和采访与馆藏发展组。8月，苏州图书馆派员参加了在德国柏林召开的第69届国际图联大会。

国际图联成立于1927年，是独立的、非官方的国际图书馆组织，具有联合国教科文组织A级顾问资格。该组织现有155个国家和地区的1700多位成员。其中中国共有42个国际图联机构会员。

11月1日，曾被评为"上海十大藏书家"之一的曹正文回到故乡苏州，将他收藏的2300多册图书捐赠给苏州图书馆，其中大多数是名家、作家签名本。这是曹正文捐赠的首批图书，他还将陆续整理藏书，预计捐赠总数约3600册。随着这些图书的到位，第一个签名本陈列室将在苏州图书馆诞生。曹正文笔名米舒，现任《新民晚报》"读书乐"专刊主编兼专栏作家，主持"读书乐"18年，出版书129部，其中自己撰写41部，主编丛书88部，收藏作家签名本3000多册，其中名家签名本500余册，这次捐赠的包括巴金、冰心、廖沫沙、唐圭璋、钱仲联、张中行、季羡林等众多名家的签名本。曹正文经过斟酌，决定将这些书捐赠给故乡苏州。苏州图书馆接受个人这样大规模的捐书，而且是具有特殊价值的签名本，还是第一次。（许晓霞 高琪）

【特色文化建设】 2003年，特色文化建设在全市广泛展开。昆山市获国家级"民间艺术之乡"（昆曲）。常熟市（古琴）、太仓（江南丝竹）、昆山锦溪（民间博物馆）等获省级"特色文化之乡"称号。一批特色文化项目正在培植之中，如张家港市乐余镇以"风筝之乡"，打造文化品牌。至年底，苏州市有国家级民间艺术之乡6个；省级特色文化之乡13个，市级特色文化之乡17个。（朱钧柱）

【特色文化和民间艺术资源普查】 按照《江苏省特色文化和民间艺术资源普查实施方案》和市宣传文化工作领导小组的工作部署，苏州市特色文化和民间艺术资源普查工作于6月间正式启动。11日，成立了由市委宣传部、市文广局、市文联和市工艺美术集团联合组成的苏州市特色文化和民间艺术资源普查工作领导小组，并设立普查工作办公室。嗣后，各市（县）、区的工作班子也相继建立。至年底，面上的普查工作基本完成，已在登记造册的1000多名艺人的基础上确定重点品种30个，重点艺人170名，拟进行深入的专访，以确保普查工作保质保量地完成。

（陈秋生）

【基层文化馆站建设】 全市基层文化馆站建设步伐加快。张家港市正在建设及计划建设的基层镇文化馆站总面积超过1万平方米，投资超过1亿元。吴江市近五分之一的镇开始建设综合性的文化活动中心。吴中区木渎镇、郭巷镇、苏苑社区、龙西社区文化馆站已在规划建设中。张家港市乐余、港口和吴江市平望、铜罗等镇，从当地经济和社会发展的要求来总体规划文化设施建设，文化广电站、农民公园、文化广场等融为一体，规模大、档次高，一改以往农村文化设施水平落后、功能单一狭窄的局面。在老城区，金阊区石路街道新建1000平方米的文化站已于10月份对外开放；平江区城北街道也将新建文化站。

【群众文艺社团建设】 2003年全市城乡各类文艺社团达4000余支，其中130支受到了苏州市文化广播电视管理局的表彰。这些文艺社团，如：吴侬女子合唱团、市群艺馆业余评弹团、沧浪区南门街道艺术团、太仓市新湖狮龙队等配合城乡文化节庆活动，以丰富多彩的形式吸引广大群众参与，直接促进了精神文明建设。（朱钧柱）

【万家社区图书室援建仪式在苏举行】 12月28日，“万家社区图书室援建仪式”暨“全国社区文明建设知识竞赛”工作会议在苏州举行。

“万家社区图书室援建和万家社区读书活动”是由中央文明办、民政部、国家新闻出版总署、国家广播电影电视总局共同主办的活动。全国10000个社区参加，以此丰富和活跃社区居民的文化生活，促进学习型社区建设，提高社区建设水平。苏州市自上年成功创建苏州市及沧浪区、平江区、金阊区全国社区建设示范城（区）后，2003年常熟、太仓、张家港、吴江、昆山又成功摘取全省社区建设示范区（市）的称号。这次万家社区图书室援建活动，该市第一批将建设218家社区图书室，每个图书室将有价值5000余元的260种书目与广大社区居民见面。（小 木）

【获奖情况】 苏州市群文作品在各类比赛中取得好成绩，获得了“群星奖”金奖、银奖和铜奖各一枚。舞蹈《井》等3个节目在中国民间艺术节“江苏民歌民舞民乐大赛”中获金奖，3个节目获银奖，3个节目获铜奖。在第2届全国农民歌手电视比赛江苏、安徽赛区比赛的6个奖项中苏州市歌手均获奖。在2003年度群文创作作品展示中，苏州各地推荐上报的节目总数为69个，其中有16个节目申报省“五个一工程”奖。

（朱钧柱）

地方志编纂

【概况】 2003年苏州市区的修志除了继续编印《苏州史志资料选辑》（2003年刊）外，出版了《苏州体育志》和《苏州地方历史文化读物》丛书之一《再读苏州》；继续编纂和完善《老苏州》系列画册之三《千年街巷》的图解文字。方志馆全年新增各类志书、地情书600多册，年接待查阅4800多人次。苏州的城市区志编修工作取得了实质性进展，《苏州郊区志》正式出版，《金阊区志》通过了省市联合评审，沧浪、平江两区区志开始陆续送审。金阊区的虎丘、长青和高新区的横塘3部乡镇志先后通过评审。各市（县）（含吴中区）年内都完成了年鉴的编辑出版，还出版了10部乡镇志、1部专业志和7部地情书。

【地方志审读】 2003年苏州的城市化进程明显加快，大量乡镇被撤并，为了更多地保存历史文化信息，苏州市志办将修志工作的重点放在区划调整的前沿。突击评审和指导了《苏州郊区志》，着力推动高新区（虎丘区）、相城区的乡镇志工作。全年共审读了《苏州郊区志》、《金阊区志》各130多万字，《虎丘乡志》、《长青乡志》合计120多万字，《横塘镇志》40多万字，参与终审、验收并反馈了书面修改意见书。另外还审读了《沧浪区志》、《平江区志》和《浒墅关镇志》、《枫桥镇志》的部分送审稿，《阳澄湖镇志》、《通安镇志》的初稿，或上门或书面提出修改和调整建议，为志书的早日问世奠定基础。

【编辑出版】 2003年苏州出版了第一部城市区志《苏州郊区志》，还出版了《苏州体育志》、《吴县工商行政管理志》（内部出版）两部专业志。苏州所属市（县）、区也硕果累累：昆山市出版了《玉山、城北镇合志》（续志）和《石浦镇志》、《张浦镇志》（南港卷）、《张浦镇志》（大义卷），常熟市出版了《辛庄镇志》和《张桥镇志》，吴江市出版了《北厍镇志》，吴中区出版了《渡村镇志》、《长桥镇志》和《越溪镇志》。各市（县）（含吴中区）地方综合年鉴，除《昆山年鉴》为2002年版外，都如期出版了2003年版的年鉴。此外，还根据各地的实际，出版了一些地情书，如苏州市志办的《苏州史志资料选辑》（2003年刊）、《苏州地方历史文化读物》丛书之一《再读苏州》，常熟市的《常熟手册》，昆山市的《百家民营企业》、《外向昆山》（内部版）、《中国民间博物馆之乡——锦溪》，太仓市的《金太仓——献给中国太仓首届郑和航海节》（画册）和《穿山小集》（内部版），吴江市《菀坪缝纫机工业发展史》等。

【方志馆工作】 苏州方志馆不断收集各类资料，全年共新增书籍600多册，其中《中国佛寺志丛刊续编》、《中国道观志丛刊》、《中国风土志丛刊》等均十分珍贵。全部馆藏已达1.60万多种，占全省方志系统收藏资料的70%以上。方志馆还完成了《苏州市志人名索引》，进一步细化了大部头丛书的目录，陆续录入了全国政协文史资料的主题词和《苏州日报》有关历史文化栏目的篇目索引，以便于读者使用。全年接待查阅达4800余人次。

【续修工作】 3月27~28日，省地方志研究室召集有关专家在苏州召开续修志书业务研讨会，会上苏州市志办提出了在第二轮修志中要不拘一格、解放思想、百花齐放、注重特色的观点，得到了与会者的普遍赞同。为了更好地应对续修，从2003年下半年开始，苏州市志办指定专人着手收集汇总续志编纂类目中的素材，探索续修之路。

【《再读苏州》出版】 2003年6月，《再读苏州》由广陵书社出版。这是苏州市志办继《老苏州》系列画册之后，推出的《苏州地方历史文化读物》丛书之一。全书36万字，收录徐刚毅近年来撰写的一百多篇有关苏州古城的感叹和呼吁文章，通过一些独特的视角和形式，来挖掘苏州深厚的历史，反思苏州在保护历史文化遗产方面存在的问题，以期为当代苏州人提供一些文化建设上的借鉴与思考。《苏州地方历史文化读物》丛书将逐年不间断推出，内容涵盖优秀的地方志乘、历史人物资料、名门望族史料等。

【《苏州郊区志》出版】 2003年6月，《苏州郊区志》由上海社会科学院出版社出版。全志分30卷、132章、410节、133.20万字，全面记述苏州市郊区自然、社会的历史和现状。该志由费孝通题写书名；每卷卷名下选用《姑苏繁华图》局部黑白图；农业卷使用了许多已经消亡的各类农机具示意图，颇有特色。 （陈其弟）

吴文化研究

【概况】 博大精深的吴文化是中华民族文化的有机组成部分。近年来，在市委、市政府的推动和有关部门的组织下，形成了以苏州大学、苏州科技学院、苏州职业大学等为主体的高等院校吴文化研究网络和以各类学术协会为群体的吴文化研究网络，广泛开展了吴文化研究。这种研究大致有以下几个层次：一是学术界对物化的文化遗产苏州古城保护和文物保护的研究；二是学术界、戏剧界对非物化的文化遗产昆曲等艺术门类的研究；三是文化学术界对苏州民族民间文化的研究。这些研究成果体现了吴文化在当今实施科教兴国和可持续发展战略中的内在价值。

【调研活动】 苏州市从2003年6月开始了民族民间传统文化普查工作，重点调查传统工艺美术的现状，现已基本摸清传统工艺美术的“家底”。原有的民间工艺美术传统产品共22类79种，其样式达3000多种，其中，苏州刺绣、桃花坞年画、缂丝等至今享誉海内外。 （朱钧柱）

【苏州民间艺术青春勃发】 钟灵毓秀的苏州，民间艺术积淀深厚，近年来，苏州民间艺术发展迅速，艺术新秀脱颖而出，濒临灭绝的古老艺种焕发青春，新型的艺术品类相继产生，民间艺术的展示基地不断扩展。苏州民间艺术凭借着独特的魅力，逐渐跳出苏城，走向全国，登上了世界民间艺术展现的舞台，在将吴文化的灵秀传至五湖四海的同时，也为自身赢得了市场。

苏州素重民间艺术，2002年，苏州市专门设立了民间艺术“五个一工程”奖，并在当年嘉奖了两位民间艺人。苏州的商界纷纷将民间艺术引进商区，苏州城内的黄金地段几乎都辟有民间艺术展演场所，观前文化商城、石路南浩街是2个固定点，还有泰华商城、工业品商场、第一百货商店、邻里中心、苏州乐园、百润发等机动点，逢年过节这些地方的民间艺术活动常常吸引上万市民。

苏州民间艺术门类丰富，但随岁月流逝，艺人的弃艺和谢世，有的门类濒临灭绝。对此，市文化部门下大力气做好抢救保护工作，从而挽救了塑真、九连环、金属镂刻、芦墟山歌等多种民间艺术。2003年3月，传承了数百年、现存唯一传人的木偶昆曲又被列入保护名录。在注重传承的同时，苏州的民间艺人不断向同行借鉴，在苏州的民间艺术中创设一系列新形象，如树叶画、富有油画质感的人像刺绣、仿真船模、布艺画等。

据民间艺术分会统计，近年来，在苏举办的较大型民间艺术展演约年均15次，每年在全国各大艺术节表演的苏州艺人约上百人次，近2年出国演艺的则超过了20人次。苏州民间艺人的足迹不仅遍布国内，而且远至澳大利亚、日本、德国和东南亚各国。

作为民间艺术之乡的苏州，艺人众多，名家辈出，一批技艺高的民间艺人纷纷加入市民间艺术分会，该会会员已从几年前的30多人增至76人，而在此中，有8名新秀荣获联合国教科文组织确定的“中国民间艺术家”称号。 （吴晓红）

【吴文化伴着苏州学子成长】 苏州是吴文化的发源地，是历史形成的吴文化中心。多年来，苏州市教育部门在全面推进素质教育的过程中，坚持用各种方式普及和弘扬吴文化，让吴文化与教育紧紧相随，与广大青少年的健康成长紧紧相随。现在的中小学教科书中，有不少关于苏州文化历史的课文，像《苏州园林》、《五人墓碑记》等，在教学中，教师们都能结合吴文化教育，让学生更好地了解自己的家乡文化。各校还主动和有关馆、园、院、所联系，有针对性地组织学生进行参观和实地考察，使学校教育得到有效延伸和升华。

为全面实施素质教育，市教育局在初高中阶段普遍开了研究性学习课程，组织学生调查吴文化，了解吴文化，研究吴文化，以自主的行为弘扬吴文化的优秀传统，形成了具有学校特色的校本课程。景范中学建于北宋名相范仲淹创办的义庄旧址，他们将“先忧后乐”确立为校训，并建立了范仲淹史迹陈列室。开展了“创设先忧后乐校园精神，培养学生现代人文素质”的课题研究，对学生起到了很好的教育作用。 （陈晓蓝）

【《苏州评弹史稿》出版】 2003年4月，中国第一部系统论述苏州评弹历史的专著《苏州评弹史稿》由古吴轩出版社出版。全书约25万字，由苏州市文联组织编纂，周良主笔，较为全面地介绍了苏州评弹的历史渊源、发展嬗变、艺术特色、代表书目及流派和传人。

早在明末清初，苏州评弹已在吴语地区日渐流行。书中溯古论今，从现知最早在清咸丰、同治年间说唱《珍珠塔》的艺人马春帆、马如飞父子，讲到上世纪下半叶的名家沈俭安、魏含英、朱雪琴、郭彬卿，以书系人，以人系事，历述有影响的响档近20人，清楚地勾勒出《珍珠塔》及相关艺人说唱艺术的演变脉络，典型地展示了苏州评弹百余年间薪火相传的发展轨迹。（洪 芳）

【苏州刺绣艺术赴欧巡展】 为加强国际文化交流，由国家文化部和国务院新闻办公室组织、苏州市政府主办的赴欧洲5国巡展的“中国苏州刺绣艺术展”，选定的86件精品，4月16日启运第一展地乌克兰，然后在俄罗斯、匈牙利、保加利亚、波兰展出。

这次出国巡展的主要绣品有：苏州刺绣研究所的表现俄罗斯风光的《金色秋天》，苏州刺绣厂的屏风《芦苇白鹭》，工艺美术大师任嘒闲的八骏图系列，顾文霞的双面异样绣《三猫图》，蒋雪英的《白鹭》地屏。镇湖的刺绣艺人有朱寿珍的泼金绣《吻》，姚建萍的《青铜》系列，蔡美英的人物肖像和姚惠芬的中国画大写意系列。（阿 坤）

资料

苏州刺绣

苏州刺绣是中国四大名绣之一，已有两千多年历史，它以图案秀丽、色彩雅洁、绣工精细、形象毕真的特点而闻名中外。早在清末名初，苏绣艺术家沈寿制作的仿真绣《意大利皇后丽娜》和《雅苏像》，先后在1911年的意大利都灵万国博览会和1951年的巴拿马博览会上获一等奖。中华人民共和国成立之后，双面绣《小猫》等精品先后几十次作为具有民族特色和地方风格的礼品，赠送给友邦元首和政府首脑。外国友人把苏绣的艺术精品和苏绣艺人的精湛技艺誉为“东方的艺术明珠”、“亚洲的骄傲”。

苏州桃花坞木刻年画

苏州桃花坞木刻年画起源于明代，盛行于清代雍正、乾隆年间，已有300多年历史。它与天津杨柳青年画、山东潍坊年画并称，有“南桃北柳”之美誉。清代，桃花坞年画的取材偏重城市社会风尚，风格倾向雅丽细秀，不少画幅有题诗与印章，显然是借鉴于传统国画。也有一些年画注重光线的明暗和透视，则是受西洋铜版画的影响。至晚清作品出现了风格淳朴简练、题材广泛、形式多样、色彩明快的趋势，受到劳动人民尤其是农民的欢迎。建国后，桃花坞年画继承传统，力图将民族风格、地方特色和时代气息融为一体。上世纪80年代以来，苏州桃花坞木刻年画曾应邀赴意大利、日本等国展出。近年来，市委、市政府采取了许多扶持桃花坞年画的措施，把它列为苏州工艺美院的一个常设专业，以形成固定的教学基地。同时，它开始与服装设计、邮票设计等行业相结合，逐步进入了人们的视野。

缂 丝

缂丝是一种以“通经断纬”的手法来编织丝织品的传统工艺，早在南宋时期，便在苏州一带流传，并得到了发展。到了明代，逐渐形成了风格。延至清代，缂丝作品成为向皇家进贡的贡品。缂丝原为苏州一带乡村农闲时的副业，技艺父子世代相传，在继承宋以来名家优秀传统的基础上，发展了枪（镶）色技巧，创作了一批富有时代气息、姿态万千的屏风、中堂、山水、人物等新作。利用苏州缂丝技艺仿制的明代万历帝龙袍，1984年获国家金杯奖。（朱钧柱）

【镇湖绣娘西博会抱回金奖】 2003年10月，民间艺术家镇湖绣娘邹英姿创作的以人体形象为主题画面的刺绣作品《生命系列》，在杭州西湖博览会上受到了专家和参观者的一致好评，荣获第4届中国工艺美术大师作品暨国际艺术精品博览会的金奖。（小 令）

【民间巧手刻出网师园全景图】 由市民间艺术家协会会员、民间刻纸艺人吴永林历经4个月的精刻，苏州尺幅最大的刻纸作品网师园全景图5月23日完工。网师园全景图长2.2米，宽1.3米，整体布局等同实景，东宅西园，结合有序，池水居中，区域清晰；采用了阳刻与阴刻紧相结合的刻法，其中亭台楼阁全用阳刻，古木花草阴刻为主，万卷堂、撷秀楼、殿春簃形象逼真，黄石假山、花草古木姿容各具，最细处的线条不过一二毫米，整幅作品刀法圆熟，细腻流畅，富有层次感。

该作品的作者吴永林出生在刻纸世家，幼时即喜刻纸，近年来，他对苏州园林情有独钟，设计、制作的园林刻纸作品已有20多种。（吴晓红）

文博考古

【概况】 2003年12月，市委、市政府召开了全市文物工作会议。会议明确，当前和今后一个时期文物工作的总体指导思想是：把文物工作作为文化工作的重中之重，坚持“保护为主、抢救第一、合理利用、加强管理”的方针，切实加强物质文化遗产和非物质文化遗产的抢救、保护和利用、管理，使之传之后世，永续利用，为打造“文化苏州”、建设文化强市奠定基础。文物工作的目标是：在继续保持国内先进的基础上，力争到2007年达到国内领先水平，到2010年达到国际先进水平。继苏州市人大、市政府相继颁布和实施了《苏州市古建筑保护条例》、《苏州市文物保护管理办法》、《苏州市历史文化名城名镇保护办法》等3个法规性文件之后，在这次会议上，各市（县）、区政府和49处控保建筑的维修责任单位分别向市政府递交了责任书，全面落实了文物保护责任，24个文物保护先进集体和36个先进个人受到表彰，吴中区被评为全国文物保护先进县（区）。同时，市政府出台了《苏州市城市紫线管理办法（试行）》、《苏州市古建筑抢修保护实施细则》、市府办印发了《关于进一步加强历史文化名城名镇和文物保护工作的意见》。出台《城市紫线管理办法》，这在全国尚属首例，广获各界赞赏。

【文物保护管理】 2003年经市政府和省有关部门批准，苏州市成立了文物局，加强了依法管理的力度。由市文广局拟定的49处古建筑维修工程有序推进。继2002年潮州会馆等10处第一批古建筑维修竣工之后，第二批10处古建筑维修工程进入实施阶段。2003年夏季，市文广局对古城区和历史街区的1029个（处）古建筑物进行了全面普查，基本摸清了家底，已公布的790处，做好了测绘和记录档案工作，落实保护措施。首批282处不同级别古建筑、名人故居标志牌与古街巷的60个中英文双语说明牌相互呼应，向世人展示了苏州深厚的历史人文底蕴，成为展示古城的一张张名片，营造了苏州古城浓郁的历史文化氛围。年内，重点抓了宝带桥、觅渡桥、全晋会馆大殿、嘉应会馆、卫道观前潘宅、胥门古城墙、吴江师俭堂等维修项目，完成了汀洲会馆、外齐王庙戏台、彭定求故居等一批移建保护工程，配合苏州博物馆新馆建设的控制保护古建筑张氏义庄和亲仁堂张宅移建工作正在组织实施。苏州文庙庙前广场的环境得到了全面综合整治。张家港市以恬庄为重点，做好了古村落申报市级文保单位的准备工作，吴中区对东、西山古名居展开了调查。在江苏省首届文物节的展览中，苏州市近年来古城保护和文物保护的突出成绩，受到了国家文物局、省领导的高度评价。

【重大考古成果】 2003年，苏州市完成了太仓双凤维新遗址抢救性考古发掘、澄湖遗址抢救性发掘以及相城区古墓群发掘等田野考古工作。在太仓首次发现的良渚文化遗迹，将太仓历史推前至4500年左右。澄湖遗址发掘清理出良渚至宋代文化遗存800多处，出土文物数百件。昆山绰墩遗址经过第4、第5次科学发掘后，于10月举行了绰墩遗址考古工作汇报会。在做好抢救性考古发掘工作的同时，进一步做好西部山区吴文化考古调查，完成了西部山区春秋古城址群分布范围、土墩石室墓分布情况的调查，并与规划部门一起划定了苏州西部山区春秋古城址群及其保护范围和建设控制地带，制定相应的保护措施。（朱钧柱）

【绰墩遗址再次发现6000岁粳稻】 挖开地表土150厘米深处，呈现在我们面前的是一段凝固的历史：一粒粒粳稻碳化石静静地诉说着6000年前的远古往事，一块块细碎的稻田遗址默默地讲述着岁月的沧桑。大面积马家浜文化时期的稻田，而且带有自己的灌溉系统，这就是苏州博物馆考古队2003年4月在绰墩山遗址进行考古挖掘时的最新发现，对于进一步研究史前文化时期江南地区的人类聚落、社会生产和居住形态有着极为重要的历史意义和学术价值。

位于昆山正仪镇的绰墩山是江南地区一处重要的原始文化遗址。1998年，苏州博物馆考古队首次进入绰墩山遗址进行考古挖掘，随后发现，绰墩遗址聚集了从马家浜文化（距今6000年前）到崧泽文化（距今5000年前）到良渚文化（距今4000年前）再到马桥文化（距今3000年前）4个文化层面的堆积，堪称江南原始文化的标尺。2000年，绰墩考古的前3次挖掘发现曾被评为全国重大考古发现之一。考古队确认以绰墩山为核心的良渚文化遗址中心区面积为29万平方米，并将其划分为6个考古挖掘区。前几次考古挖掘重点是追踪良渚文化聚落，这次，考古队将目光瞄准了第6个区块，没想到一下子就发现了马家浜时期的大面积人类栽培的稻田遗址和灌溉系统。（高 坡）

【5500年前苏州东部是太湖流域最大人群聚落地】 9月26日起，苏州博物馆考古队进入吴中区澄湖清淤工程现场，进行抢救性考古发掘。首批考古发掘分3个区域进行，至10月15日，一区二区的5500平方米现场已基本清理完毕，共清理古井、灰坑180余处。古井大的直径达1.6～1.7米，最小的不到0.5米。古井年代从崧泽晚期到良渚、商周，呈不均匀状密布湖底。发掘的灰坑有多种用途，有作垃圾坑，有作窖藏，也有的用于圈养牲畜。在古井、灰坑中发现双耳壶、四系执壶、罐、钵、盘、碗、豆、簪、杯、鬲等器物近80件。

在发掘区域内有排水沟和进水沟，考古人员认为，如此规模的水系工程，加上密布的古井以及珍贵器物的发现，这一带不应是一家一户的零星散户，结合一年前独墅湖考古发现初步推测，说明崧泽晚期至良渚文化早期苏州东部应为太湖流域最大的聚落中心，是吴文化前太湖流域的都城。（徐 宁）

【崧泽文化大型墓葬群现世】 一只只大小不一的盂、钵、罐造型各异，纹饰生动；还有瓷灯、泥质灰陶壶、龟形水盂……更是精致细腻，创意丰富，让人浮想联翩，虽然它们已在地下深埋了5500多年，但当今天重见天日之际依然色彩绚丽。经过了近一个月的挖掘，12月中旬在吴江市同里中学发现的崧泽文化遗址考古工作暂告段落。据介绍，此次考古共有两大收获：一是探明了早在春秋战国时期，同里就是当时人群集居之地，同时在该遗址下面，可能有一个崧泽文化时期大型的墓葬群。二是出土了一批珍贵的文物共100多件，其中3件可能将被定为国家一级文物。

据资料显示，崧泽文化在考古学上是新石器时代文化发展延伸的一重要时期，它上承马家浜文化下接良渚文化，处中层环节。这次考古挖掘共涉及10个墓葬。从墓葬呈南北方朝向以及墓葬中出土的物品中有玉镯、玉管等8件精细玉器等特征来看，这批墓葬在崧泽文化中期等级较高，其中一号和二号墓的墓主身份较为高贵。

此次墓葬还有一个重大的发现，那就是大量分布规则的红烧土。据史料记载，一般红烧土大量集聚之地，是古人用来举行宗教仪式的场所，即祭台。而墓葬大都就以祭台为中心分布在四周。

但令人意外的是，他们没有找到红烧土的边缘，却发现了这个墓葬，是覆盖在这个祭台上的，考古学上称之为“破位”。据此推断，原来正在发掘的墓葬与这个祭台不属于同一个时期，它另有一个祭台，与这批墓葬同一时期的墓葬还有很多，现在发掘的只是其中很小部分。从这个祭台如此大的规模来看，在发掘的墓葬下面与之平行的应该还有一个庞大的墓葬。为了得到证实，考古队将南京博物院考古研究所所长张敏及省里的崧泽文化专家请到了同里。经过考证，专家们一致同意了苏博考古队的推测。（苏 菁 吴云赞）

【太仓发现海宁寺遗迹】 2003年2月，太仓人民公园扩建改建过程中，在千年古寺海宁寺的旧址，工作人员发现了该寺的基石、台基、亭基等文物。经江苏省文物专家考察鉴定，文物出土处是极有价值的古遗址。

据史料记载，太仓海宁寺旧址原为尼妙莲故址，初步推算始建于宋建炎四年（公元1130年），距今已有873年历史。如按元代书画家赵孟頫所撰碑文内容，该寺应建于梁天监年，距今历史更长。元代朱清督海运，奏请当朝皇帝改名为海宁禅寺，距今也有700年历史了。当时该寺“僧侣成千，占地三百亩，盛极一时”，但后在清咸丰年间毁于大火。

这批出土文物对研究太仓极具历史价值。（太讯　芬兰）

【明“仰苏楼界”碑在虎丘“露面”】 一明代石碑2003年1月在虎丘山风景区“露面”。据了解，刻有“仰苏楼界”字样的石碑是在虎丘孙武练兵场通往花雨亭的台阶上被发现的，质地为花岗石的石碑经历多年风雨，已经明显磨损，但字迹仍依稀可辨。过去人们大多数只知道苏东坡曾经说过“到苏州，不到虎丘乃憾事”。但对苏东坡与虎丘的更深的联系却知之甚少。事实上，虎丘曾经有过不少专门纪念苏东坡的建筑。根据《虎丘志》记载，宋代虎丘就曾建东坡楼。明代天启年间，苏州知府胡缵宗发起文人在小吴轩西、大佛殿东重建，改名仰苏楼，表达吴地百姓对苏东坡的敬仰。到了清代康熙年间，在仰苏楼后建起了来贤阁，同样用来纪念苏东坡。乾隆下江南时曾在仰苏楼留下了“波光先得月，山秀自生云”的句子。仰苏楼和来贤阁都在太平天国年间毁于战火，相关石碑也因此消失。此次“仰苏楼界”石碑的重见天日对于虎丘山景区进一步深入挖掘历史文化内涵有着重大意义，相应的保护开发措施已经在计划实施中。（杨　帆）

【博物馆管理】 2003年10月，苏州在国内率先成立了苏州市博物馆协会，苏州博物馆馆长张欣出任首届博物馆协会会长。该组织将承担起有关博物馆、纪念馆行业规范制订、业务培训、交流、咨询等工作。全市共有21家博物馆成为该协会的首批会员单位，初步形成一个以苏州博物馆为核心，市、县两级国有博物馆为主体，其他所有制博物馆并存的博物馆网络体系。各博物馆在充分发挥爱国主义教育基地作用的同时，不断探索与旅游相结合的路子，全年各开放单位共接待游客10余万人次，取得了良好的经济效益和社会效益。（朱钧柱）

【市区3座博物馆出台社会捐赠办法】 为吸引社会力量为苏州博物馆建设出钱出力，苏州博物馆、中国昆曲博物馆、中国苏州评弹博物馆社会捐赠办法6月11日正式出台。社会捐赠办法欢迎中外企业、团体、个人的捐赠，捐赠可以是货币、实物，也可以是劳动和服务，其形式包括捐款、捐物、义演、义卖、义赛、义诊、义展、义务劳动和义务服务等。社会捐赠的货币和实物将全部用于3座博物馆的建设和展出，并向社会公布资金使用情况，接受审计和社会监督。（徐　宁）

新闻出版

综　述

【在全省率先建立新闻发布会制度】8月18日，市政府举行首场新闻发布会，标志着经过一段时间的酝酿，本市正式建立了新闻发布会制度。这一制度主要包含3个层面：一是市政府新闻发布会，由市政府秘书长、副秘书长或政府有关部门负责人就政府阶段性重要政务信息对外进行新闻发布。二是专题发布制度，遇有全市性重大活动或突发事件，由市政府指定专人代表市政府对外进行新闻发布。三是市领导与新闻媒体见面会制度。这一制度建立以来，先后围绕"市政府下半年工作"、"电子信息博览会"、"日韩招商"、"丝绸节"、"城市道路交通建设"等群众关心、关注的热点问题举行发布会。

【新闻宣传的总体策划和指导协调】为了提高新闻宣传的总体水平，保证正确的舆论导向，市委宣传部进一步加强了新闻宣传的制度建设，对于事关全局性、敏感性的重大宣传，都要通过举行新闻通气会的形式进行统一部署，并根据各类媒体的特点，具体明确宣传的侧重点、角度、版面和时段等。全年新闻宣传以学习宣传贯彻"三个代表"重要思想和十六大、十六届三中全会精神为主线，以"两个率先"为主题，全面准确及时地宣传市委的重要决策和部署，充分反映各行各业、各条战线工作中的新思路、新举措和新局面。重大战役性宣传如"两会"召开、"两个率先"目标的确立、国有企事业单位改革、推进城市化、城市道路交通建设、重大项目的引进、实施民营经济腾飞计划、创建国际新兴科技城市、国家园林城市以及丝绸节、旅游节、电子信息博览会等重大活动报道都做到有声势、有力度、有影响。市委宣传部还进一步改进新闻宣传方式、方法，研究和制定了《关于进一步改进会议和领导同志活动新闻报道的意见》和《关于我市进一步加强和改进突发事件新闻报道工作的实施办法》。对于突发事件的新闻报道，要求在有利于苏州发展大局、有利于维护人民切身利益、有利于社会稳定和人心安定、有利于事件妥善处理的前提下，要主动报、及时报、准确报、按程序报，开前门、堵后门，防止谣言流传，维护全市改革发展稳定大局。与此同时，还建立了新闻发布、新闻阅评、违规通报等一系列管理制度。

【境内外媒体来访和接待工作】　在加强市属媒体宣传的同时，全市宣传部门注重通过接待来苏记者、主动邀请主流媒体来访、利用互联网络和"走出去"等形式，加大苏州境外媒体对苏州的宣传报道力度。比如，与央视《让世界了解你》合作开展了苏州与美国硅谷市长的联线对话活动，央视国际频道《走遍中国》拍摄了"历史苏州"、"魅力苏州"、"今日苏州"等21集专题片。本市还接待了"点击扬子江"——著名网络媒体联合采访团来苏采访，联合组织"古韵今风——外国记者苏州行"采访活动，接待美国帕塞姆公司拍摄《全球化革命与中国》大型电视纪录片，协助世界银行拍摄中国扶贫开发成就纪录片。苏州广电总台与凤凰卫视合作制作了《走进世界遗产》百集电视专题片，会同广电、旅游、园林等部门一起策划组织央视品牌节目《开心辞典》到西山现场举办"开心辞典苏州之旅特别节目"，进一步打响苏州旅游的"太湖牌"。2003年，全国主要媒体播发苏州信息的有：中央电视台170余条（其中新闻联播8条），人民日报186条，经济日报629条，新华网1776条，新华日报3274条，解放日报和文汇报分别为686条和421条。

【报刊治理整顿】　根据中央和省委关于报刊治理的有关文件精神，2003年本市专门成立了报刊治理整顿领导机构，并对全市报刊进行清理整顿。全市共停办市级党政部门内部刊物26种，其余13种连续性内部资料出版物实行管办分离。结合报刊治理整顿，经市委批准，由《苏州日报》有偿兼并张家港、常熟、太仓和吴江4家县级市报，组建了苏州日报报业集团，县级市党委今后将不再主管主办机关报。

【第5届苏州新闻奖评选】　第5届苏州新闻奖于2003年6月17日揭晓。本次评选共收到市区及各市（县）新闻单位选送的2002年度各类体裁新闻作品171件。根据评选的标准和要求，苏州新闻奖评选委员会的评委们对送评作品进行了认真的评议，坚持"质量第一、好中选优"，在反复审议基础上经无记名投票评选产生了第5届"苏州新闻奖"一等奖11件，二等奖19件，三等奖34件，报纸好版面奖2件，报纸好标题奖4件，同时还产生特别奖1件。这些获奖作品紧扣时代脉搏，反映重大题材，主题鲜明，导向正确，时效性强；文字生动，形式新颖，标题醒目，产生了较好的社会效果，对全市的改革开放和两个文明的协调发展起到了良好的促进作用。

附：第5届苏州新闻奖获奖作品

特别奖（1件）

1.贯彻"三个代表"，提升苏州城市综合竞争力的思考（1～5）（系列报道）（苏州日报）

一等奖（11件）

1.昆山：全球化催生"金蛋"
每天合同外资1000万美元
出口1000万美元
财政收入1000万元（消息）（苏州日报）

2.600万元打赢国际官司（消息）（姑苏晚报）

3.盛泽开出世界丝织机械交易"第一买单"（消息）（吴江日报）

4.解码"农转股"（通讯）（苏州日报）

5.苏州向西：新城市战略（通讯）（苏州日报）

6."张书记挖河　王书记填河"之现象（言论）（苏州日报）

7.首家台资银行今日落户苏州（电视短消息）（苏州广播电视总台）

8.昆山农民养老走向社会化（广播长消息）（昆山广播电视台）

9.苏州创出高速公路建设新模式（广播长消息）（苏州广播电视总台）

10.较量（电视新闻评论）（张家港广播电视台）

11."绿色革命"——冲破出口红灯的必然选择（广播新闻评论）（常熟广播电视总台）

二等奖（19件）

1.绿色山坡平添白色污染　上方山有人毁林造坟（消息）（苏州日报）

2."香雪海"三项商标远走安徽　百万元被拍让苏州人扼腕（消息）（城市商报）

3.博士竞标买医院（消息）（姑苏晚报）

4.洋财神的"欧元礼包"（通讯）（苏州日报）

5.基辛格重游水乡（通讯）（姑苏晚报）

6.魅力昆山（通讯）（城市商报）

7.我们的遗体往哪里捐？（通讯）（吴江日报）

8.从"浙江现象"说起（言论）（苏州日报）

9.与民同水（副刊）（苏州日报）

10.关爱（电视社教短片）（太仓广播电视总台）

11.张家港市在全省率先实施企业欠薪预警制（广播长消息）（张家港广播电视台）

12.残疾人突击"上岗"（电视长消息）（苏州广播电视总台）

13.直播苏嘉杭（广播综合性节目）（苏州广播电视总台）

14.网络进村，宽带到户——金家坝镇杨文头村建成全省第一个宽带信息化村（广播短消息）（吴江广播电视台）

15.桃花水母惊现胜天水库（电视短消息）（苏州广播电视总台）

16.苏州"叫卖"古建筑引起世人关注（广播新闻专题）（苏州广播电视总台）

17.绸都盛泽私企联合采购，丝织机械"世界第一订单"顺利交货（广播长消息）（吴江广播电视台）

18.我国首例异地排污权买卖成功（电视长消息）（太仓广播电视总台）

19.常熟农民打造"中国最佳人居"（电视长消息）（常熟广播电视台）

三等奖（34件，略）

报纸好版面奖（2件）

1.苏州日报　2002年12月9日A1版

2.姑苏晚报　2002年9月26日一版

报纸好标题奖（4件）

1.枪炮战　口水战　外交战　战线延长
反战声　呼吁声　斡旋声　声势渐涨（苏州日报）

2.以动治静　以清释污　以丰补枯
长江水冲走太湖腥（姑苏晚报）

3.把"黑心药"赶出门　给"放心药"开大门　"正源行动"开始行动（吴江日报）

4.昆曲"嫁"旅游：一对"天仙配"？（苏州日报）

（汪　军）

苏州日报报业集团

【概况】　2003年，报社进一步做强做大，成立了报业集团，并抢占先机，加大创新力度，完善了民主决策机制，整合了报业资源，各项事业走向良性发展轨道。2003年集团实现经营收入1.70亿元，比上年增长34.92%，利润1021万元，增长40%，上缴各项税费1362万元。

【苏州日报报业集团成立】　2003年，报社抓住市委宣传部提供的政策倾斜和全国性报刊整治两大机遇，进行了报业资源的整合。上半年，古吴轩书画艺术公司以及古吴轩出版社相继划转报社管理，给报社增加了新的文化品牌并提供了发展平台，也进一步完善了报社发展的经营结构。古吴轩书画艺术公司划转后进行了企业改制。古吴轩出版社通过整治，理顺了"选题—组稿—编校审—印刷—发行"的一条龙工作机制，进一步建立健全了各项规章，取得了明显的工作业绩。下半年，报社成功兼并了张家港日报、常熟日报、太仓日报、吴江日报，并于9月28日正式组建了拥有七报一刊一个出版社，固定资产达2.30亿元的地方性报业集团。集团的成立，标志着苏州报业产业化发展跨入新的阶段，也标志着苏州市新闻出版业发展迈出了新的步伐。省委常委、市委书记王珉为集团成立揭牌，市四套班子领导出席了集团成立仪式。

【经营大楼暨新文宾馆落成】　苏州日报报业集团经营大楼和新文宾馆9月18日同时落成。总投资2200万元的经营大楼和新文宾馆是在苏州日报社原址翻建而成。大楼分为营业大厅、新文宾馆和商务办公三大功能区域，设施齐全，保持了粉墙黛瓦、亭榭阁台的鲜明苏州建筑风格。其中营业大厅承接报业集团各报刊部分广告、报刊征订和报刊零售等服务项目。新文宾馆共有客房71间，总床位118张，并有会议室、娱乐健身等配套设施。（徐　莹）

【相城、常熟办事处（记者站）相继挂牌】 8月18日，苏州日报社相城办事处（记者站）在新近落成的相城区行政中心举行挂牌仪式，它是苏州日报社在苏州市范围内首个正式挂牌的派出机构。

9月17日，苏州日报社常熟办事处（记者站）在常熟饭店举行挂牌仪式，成为苏州5县市中率先挂牌的办事处。 （周澜源 商中尧）

【新闻改革】 2003年，报业集团新闻改革的力度加大，一是围绕市委、市政府中心工作和各项重大决策、重大活动重兵投入，组织了多次战役性报道，做足主流新闻，为苏州市经济社会的发展提供了强劲的舆论支持。二是着力强化新闻性、时效性和可读性，积极改革创新新闻宣传的内容和形式，有效增强了报纸贴近实际、贴近生活、贴近群众的特性。三是在强化舆论监督，架起政府与百姓沟通的桥梁中提高影响力，努力在为读者服务中扩大新闻报道的领域。四是在调整版面中满足读者新的需求，增强新闻的亲和力。在此过程中，日报确立了“让新闻站到前面来”的报道理念，改进领导活动和会议报道，淡化程式，凸现新闻，深度加工，拓展外延，从而保证有一批题材新颖、内容充实、思想性可读性强的新闻精品提供给读者。苏州日报继2002年两件作品获全国优秀新闻作品最高奖——中国新闻奖后，2003年又有两件作品再获中国新闻奖，这在地市级媒体中是惟一的一家。此外，2003年评出的省级以上获奖作品中，《苏州日报》、《姑苏晚报》、《城市商城》得奖总数达到41件，受到了兄弟新闻单位的肯定和读者的欢迎。

附：《苏州日报》、《姑苏晚报》、《城市商报》获奖情况（2002）

中国记协主办的全国优秀新闻作品年度最高奖——第13届中国新闻奖揭晓。《苏州日报》有2件作品获奖。2002年12月9日一版版面获二等奖（编辑：弓玺 震欧），消息《昆山：全球化催生“金蛋”》获三等奖（作者：高 坡 吴春鸣 编辑：孟海龙）。

第17届中国地市报新闻奖在湖北宜昌揭晓。《苏州日报》有7件作品获得奖项。一等奖：消息《江西国企改制 相城奶农“卖单”》（作者：朱玉根 编辑：李嘉球），二等奖：通讯《古宅，如何走通“上市”路》（作者：徐蕴海 编辑：王晓宏）和《爱心车队驶向苏州》（作者：梅蕾 编辑：常新），三等奖：消息《故宫大修用苏州“金砖”》（作者：陆家奋 高岩）和通讯《苏州好人千里送“光明”》（作者：高岩），好标题奖《退与进共存 沙龙假撤军 说与做并举 布什真施压 鲍威尔将在拉姆安拉会晤阿拉法特》（作者：金勇 陈震欧），好版面奖：2002年8月10日A1版（作者：姚喜新 凌燕冰）。《姑苏晚报》有5件作品获奖。二等奖：消息《600万元打赢国际官司》（作者：陆玉方 沈玲）和通讯《木偶昆曲独一人》（作者：凌逢治 王志萍，编辑：毛栋良），三等奖：消息《博士竞标买医院》（作者：吕宇蓝，编辑：毛栋良），好标题奖：《以动治静 以清释污 以丰补枯 长江水冲走太湖腥》（作者：邵群，编辑：徐步高），好版面奖：2002年4月16日一版（作者：毛栋良）。《城市商报》有4件作品获奖。二等奖：《邮品怎么进了收购站？》（作者：顾晓芸 编辑：许雪根 李勇），三等奖：《处处“螃蟹节”让人眼花缭乱》（作者：袁雪洪 编辑：黄漪沦）和《医药代表天天赖在医院》（作者：邹强 编辑：黄漪沦 李勇），好版面奖：2002年10月7日一版（编辑：胡其生）。

2002年度中国晚报新闻奖揭晓。《姑苏晚报》有4件作品获奖。一等奖《跨越海峡名画团圆》（作者：吕宇蓝 编辑：毛栋良），二等奖《苏州发现最早昆曲手法》（作者：凌逢治 编辑：毛栋良），三等奖《东瀛老人醉心苏州园林》（作者：陈雪春 编辑：陆玉方），好版面奖：2002年12月17日（作者：徐步高 陆玉方）。

第14届（2002年）全国商报好新闻揭晓。《城市商报》有3件作品获奖。二等奖：消息《香雪海三项商标远走安徽 百万元被拍让苏州人扼腕》（作者：宋洁婷 王政宇 编辑：胡其生），三等奖：消息《苏州市鼓励个人购买古建筑》（作者：施晓平 编辑：胡其生）和照片《千名学子绣中华》（作者：戚振林）。

2002年度江苏省报纸优秀作品评选在南京揭晓。《苏州日报》有14件作品获奖。一等奖3件：消息《昆山：全球化催生“金蛋”》（作者：高坡 吴春鸣），通讯《谁给我们“金土地”》（作者：蒋晓波 崔广全 袁雪洪 高坡 吴秋华）和版面12月9日A1版（作者：弓玺 陈震欧）；二等奖4件：消息《上方山有人毁林造坟》（作者：饶旻），通讯《蓄得浓彩绘故乡》（作者：徐宁），言论《“张书记挖河 王书记填河”之现象》（作者：文洪）和系列报道《走进特困家庭》（集体采写）；三等奖5件：消息《美国木偶在苏州的奇遇》（作者：高岩）和《常熟20万农户有了“明白本”》（作者：徐允上 沈建康），通讯《岛上，39个怕过“六一”的孩子》（作者：吴军），言论《华尔街在给我们上课》（作者：舒盈），来信《小游园何时全天开放》（作者：张帅 高岩 孙凝）；好标题奖2件，《枪炮战口水战外交战 战线延长／反战声呼吁声斡旋声 声势渐涨》（作者：金勇）和《生化技术“点豆成锦” 豆渣“化身”蛋白纤维／大豆“变脸”做衣裳》（作者：孟海龙 李嘉球）。《姑苏晚报》有5件作品获奖。二等奖：消息《博士竞标买医院》（作者：吕宇蓝），三等奖：消息《600万元打赢国际官司》（作者：陆玉方 沈玲），通讯《基辛格重游水乡》（作者：姚萍）和《打工仔倾情襄救孤老》（作者：陈闻 范群）及漫画《吸吧，孩子》（作者：陶开俭）。《城市商报》有4件作品获奖。二等奖：消息《医药代表天天赖在医院》（作者：邹强），三等奖：通讯《魅力昆山》（作者：尹剑峰 王政宇）和言论《用市场的眼光经营“经典”》（作者：胡其生）及版面2002年10月20日一版（作者：陆嵘）。

【做强做大市场】 年初，报社确立了市场化为导向的经营思路，在广告经营、报刊发行和印刷经营方面均有不俗表现。在广告经营方面，推出中层干部竞争上岗，推行广告部下属部门承包，对商报尝试广告委托代理等。这些举措激发了从业人员的市场意识和竞争意识，变被动等靠为主动出击，广告经营跨上了新的台阶，取得了年广告额1.20亿元，比上年增长40%的好成绩。苏州报业广告公司也获得了“全国广告行业文明单位”称号。在发行工作方面，改全员发行为依靠专业队伍发行，建立了采编工作与发行工作紧密联动，自办发行与邮政发行双管齐下，发行、投递、零售三位一体的管理模式，经过努力，报纸发行不仅总量接近30万份，而且在市场的发行份额明显提高。集团获得了全国自办发行协会颁发的“全国先进单位”称号。在印刷经营方面，面对轮转机印刷在苏形成的三足鼎立之势，投资引进了新海德堡印刷设备，并加强内部管理，提高印刷质量，《苏州日报》连续8年保持了全省印刷质量第一的优异成绩。

【机制创新】 2003年，通过对用人、考核、分配等方面的改革，集团内部管理开始走向企业化。用人机制：上半年推行了全员聘用制，出台了职工内部待岗规定，先后对广告部、驻各市（县）办事处（记者站）以及《苏南科技开发》杂志等部门负责人进行了上岗竞聘。下半年，实施了离岗退养和提前退休政策。分配机制：采取普惠和倾斜相结合，重点向贡献突出、业绩显著的职工倾斜，还推出总编评报、及时奖罚的办法进行奖惩。监管机制：设立了内部举报箱，公布了接受社会监督的公告和监督电话，建立健全了处罚机制和谈话制度，规范了资金管理，加强了对出版流程的监管。对重大工程项目以及物资采购等实行竞标制和会办制；在干部任免和吸收预备党员、转正党员关系前通过公示予以监督。此外，还加强和完善了规范性工作，建立健全了规章，保证了各项工作的正常运转。（徐 莹）

【全国城市报纸群工会议在苏召开】由全国城市党报群众工作记者协会主办、苏州日报报业集团承办的第19届全国城市报纸群众工作会议10月16日在苏召开。包括《人民日报》在内的全国40家报纸的总编辑和群工部门负责人参加了会议。会议就如何服务改革开放大局、做好新闻舆论监督进行了深入研讨。

（高 岩）

【传媒第一车展排出2000米长龙】 10月1日适逢国庆长假首日，金鸡湖畔除了休闲度假的人群还新增了一道靓丽的风景——由苏州日报主办，苏州报业广告公司、苏州城市报业广告有限公司承办的“中国石化2003传媒第一车展”盛大开幕，这一全市规模最大、参展汽车品牌最多的汽车盛会为节日度假的人们带来了车市最新快报。

这次车展的参与车商近30家，参展汽车从奔驰、宝马、沃尔沃等高级轿车到羚羊、夏利、派力奥等紧凑型轿车，从MPV到SUV等不同车型应有尽有，103辆汽车在金鸡湖畔排出了近2公里的汽车长龙。在新车展示之外，汽车装饰、汽车贷款等相关门类也有专业参展者。从现场咨询、预定的情况看，经济型车辆仍是市民主要的选择对象，奇瑞展位就出现了一位市民看中了现场展出的一款新车，执意当即付款、当即把车开走的新鲜事。而展出VOLVO的世贸汽车展位就相对冷落些，由于展出的车辆的价位在46万到99万，参观市民除了觉得车子很是养眼外，鲜有购买意愿。（杨 帆）

新闻出版管理

【概况】 2003年，苏州新闻出版业持续健康向前发展，新增报刊1家，改版报纸1家，报纸版面扩大16个，出版图书419种，发行码洋1.11亿元，有10种图书获国家级和省级图书奖；新增印刷经营单位303家，其中新增外商投资印刷企业52家，新增外商投资4.20亿美元，规划建设了两个国际包装印刷产业园；新增出版物发行网点100家，全市发行业发行码洋达4.60亿元。继2002年昆山市新闻出版局在全省县级市中率先挂牌成立后，苏州市其他4个县级市新闻出版局也在2003年相继挂牌成立。

【出版物市场管理】 2003年，苏州市严把出版物市场准入关，依据《出版物市场管理规定》，调整完善准提准运和有关送审制度，加强对市区主要市场销售图书的审读和各类出版物的鉴定工作，建立了日常巡查和集中整治相结合的长效管理机制，一手加强对出版物集中经营场所的管理，发挥主要市场的示范效应；一手开展端窝点、清游商行动，不间断地打击各类非法出版物经营活动，出版物市场保持了健康有序的发展态势。

【版权管理】 2003年4月，市委、市政府邀请全国著名版权专家、国家版权局副局长沈仁干来苏为市级机关处级以上领导干部讲授著作权法。市新闻出版局在市图书馆举办了有关著作权保护的公益讲座，接受多位权利人的投诉，对影片、玩具和图书的盗版行为依法进行了处理。开展了打击盗版软件专项行动，查缴盗版软件2万余盒；对100家重点软件企业进行重点服务，并争取中国版权保护中心的支持，正式设立计算机软件著作权登记苏州代办处。继续推进政府部门软件使用正版化，继上年市级机关、昆山、张家港、吴江、工业园区实现政府部门软件使用正版化后，常熟、太仓、虎丘、高新区年内也完成了此项工作。支持苏州市版权协会和中国音著协苏州代表处的成立，并协助音著协展开营业性场所使用音乐作品的许可和收费工作。全年共办理各类版权登记75件，接受有关版权咨询170余人次。苏州市被评为全省版权管理先进单位。

【印刷业管理】 苏州市着力巩固整顿和规范印刷市场秩序所取得的阶段性成果，全面加强对印刷市场的监督管理，全年查处各类违法违规印刷案10起。对印刷业的基本情况展开全面调查，着手调整苏州的印刷业结构。与市印刷行业协会共同组织开展出版物印刷质量和文明印刷经营单位评比，表彰了55家文明印刷经营单位。依法对全市3800多名印刷经营单位负责人进行法规业务知识培训，推进了印刷业的综合治理。

【出版业管理】 2003年，苏州市根据中央和省委的统一部署，认真组织治理党政部门报刊散滥和利用职权发行，完成了县市党报的撤并划转，停办了市级党政机关所办的22种连续性内部资料性出版物，对党报的发行提出了明确要求。同时，还严肃处理了图书出版中出现的政治性错误、有关学报违规出版、编校质量低劣以及个别报纸违规的问题，对不符合年检条件的两家报刊作出了暂缓年检的处罚。组织全市报刊社新闻采编人员进行职业资格培训和考核，有300余人取得合格证书。对报刊社驻苏记者站及其他派出机构进行了清理整顿和重新登记。全年完成审读报告42期。

【“扫黄”“打非”斗争】 苏州市在开展“扫黄”“打非”斗争中，把打击政治性非法出版物列为工作的重中之重，标本兼治，营造良好的出版市场环境。2003年，收缴政治性非法出版物近300册，对严重违反党的民族宗教政策和宣传纪律的《××》杂志、有严重政治问题的美国WESTWOOD公司最新发布的电脑游戏光盘《命令与征服—将军》，进行了集中查缴。开展了秋季盗版教材教辅读物集中整治行动和校园周边地区出版物市场专项行动，收缴危害青少年身心健康的非法卡通类和言情类出版物7536册，各类非法教材教辅读物近9000册。开展对无证摊点的专项整治，组织了48次清查行动，取缔无证出版物经营摊点1420个，抓获贩卖淫秽出版物的游商31人。开展"端窝点、堵源头"专项行动，端掉各类非法出版物窝点30余个，其中一名涉案人员因犯贩卖淫秽色情出版物罪受到刑事处罚。在全市的"扫黄""打非"斗争中，全年共出动执法检查人员3.20万余人次，检查出版物经营单位1万多家次，查缴非法音像制品80.30万余盘、非法电子出版物近8.90万盘、非法书刊12.40万册，销毁各类非法出版物25吨。苏州市被评为全省"扫黄""打非"工作优秀单位。

附：外地报（刊）社驻苏州记者站

光明日报江苏（苏南）记者站
江苏工人报苏州记者站
江苏法制报苏州记者站
中国旅游报江苏记者站
新华日报苏州记者站
扬子晚报苏州记者站
《火警》杂志苏州记者站
经济日报苏锡常记者站
人民日报华东分社苏州记者站
江苏科技报苏州记者站

（刘智勇）

【苏州市新华书店】 2003年，苏州市新华书店实现图书销售8393万元，实现利润217万元，人均劳动生产率32万元。尽管经营活动受到"非典"的严重影响，但全店员工团结拼搏，开拓市场，各项经济指标较上年仍有不同幅度的增长。一年来，该店大力加强政治理论读物的宣传发行工作，共征订发行胡锦涛总书记"七一"讲话近10万册，《三个代表重要思想理论研讨会讲话》近6万册，还发行了《非典型肺炎预防手册》1.20万册。同时开展了一系列丰富多彩的营销活动，如举办"暑期学生助学读物大联展"，春节期间与中信实业银行联手举办"存压岁钱，读天下书"促销活动，国庆黄金周前后隆重举办2003年苏州书市，展示了丰硕的出版成果。邀请了著名男模胡兵、凤凰卫视陈鲁豫、央视"开心辞典"制片人郑蔚、上海东方电视台卜凡等名星和节目主持人来苏签名售书，受到了苏州广大读者的欢迎。

2003年，苏州市店被省委宣传部、省新闻出版局等部门评为"十六大文件和辅导读本发行"先进集体，获得省委宣传部等部门颁发的"第2届江苏读书节"先进单位奖，被苏州市委组织部等7家部委评为2003年度"扶贫帮困"先进单位。苏州书城被省集团公司授予"三星级门店"称号。

（景　高）

【古吴轩出版社】 2003年，古吴轩出版社两个效益都取得了良好成效。全年出版新书87种，其中图书75种，挂历12种，重版图书9种；实现销售码洋、利税、净资产（所有者权益）等较上年均有明显增长。

从2003年5月份起，古吴轩全建制划归苏州日报社，7月正式搬迁至苏州日报社内办公，随之，加入新组建的苏州日报报业集团。加盟苏州日报社，对古吴轩出版社朝着小而精、小而优、小而特的方向发展，带来了新的机遇，注入了新的活力，奠定了坚实基础。

2003年，古吴轩出版社围绕选题规划实现了两个调整。发挥古吴轩专业美术出版社已有的特长，根据市场变化，优化、调整好图书结构，基本确立了3个板块：即美术类，文化、旅游类，少儿美术（少儿美术教辅）类。选题方面从单一欣赏向欣赏、欣赏与实用相结合、实用3类同步发展。如美术类图书从拓宽范围、上升品位入手，年内出版了《中国首届粉画展作品集》、《古城苏州》、《金坛刻纸艺术》等；文化、旅游类加大对吴文化和旅游资源的研究开发力度，抓住原定世界遗产会议在苏召开的机遇，推出一批宣传苏州文化的图书，如《世界文化遗产——网师园》、《古韵今风》、《东山揽胜》、《苏州天平山》、《苏州历史名人》等；旅游类图书则跳出苏州园林围墙，向无锡、常州、镇江、绍兴、宁波等周边城市延伸，拓展新的出版空间；少儿类在数量、质量（不仅是画面，而是实用功能）上加大力度，如绘画本《四大名著》、《怪怪王国历险记》等。

2003年古吴轩出版社有5种图书分获了不同奖项，《中国首届粉画展作品集》和《金坛刻纸艺术》两本被列为省级重点规划项目的图书已提前出版，并获得了有关专家和读者的好评。

（吴　瑄）

【苏州大学出版社】 2003年，苏州大学出版社坚持"三贴近"原则，不断深化改革，强化管理，提速强社，加快发展步伐，深入持久地开展文明单位创建活动，努力为学校的教学科研和重点学科建设服务，取得较好的社会效益和经济效益。

全年共出版各类图书323种，其中新书172种，重印书151种；全年图书发行码洋9268万元，比上年增长8%；图书印制质量获全国出版物印制优质产品铜奖，在全国560余家出版社中排名第17位，在全国大学出版社中排名第4位。有多种图书获国家级、省级优秀图书奖：全社各有关部门及编辑人员昼夜奋战15天、以最快的出书速度赶制出的《中华民族的脊梁——记战斗在抗击"非典"第一线的人们》是中国抗击"非典"的第一部全景式纪实图书，荣获第6届国家图书奖特别奖；由国学大师钱仲联教授主编的《明清八大家文选丛书》填补了中国古代散文研究的空白，具有极高的文化积累价值，荣获第4届全国优秀古籍整理图书奖二等奖；《扬州文化丛书》获江苏省"五个一工程"奖。

苏大出版社在连续两届获得苏州市文明单位的基础上，又被评为2001~2002年度江苏省文明单位。

（张凤阳）

广播电视

【重点报道】 2003年，苏州广播电视工作认真贯彻全省广电工作会议精神，深入开展了"三个代表"重要思想和党的十六大精神的学习宣传；

全面深入报道了市人大和政协“两会”、国企改制、外向型经济发展、城市化建设、旅游节、丝绸节、抗击“非典”、环古城风貌保护工程、电博会、交通文明工程等重大活动。

【网络建设】 2003年，全市5市（县）全部进入首批江苏省有线电视示范市（县）的行列，苏州市成为全省第一个所属市（县）全部跨入“江苏省有线电视示范市（县）”行列的地级市。至年底，全市有线电视用户达127.50万户，城市门樘入户率106.90%，农村门樘入户率85%，分别比上年增加28万户、21.90个百分点和33个百分点，提前两年实现市委、市政府提出的“‘十五’期间城区入户率达到95%、农村入户率达到85%”的工作目标。苏州市文广局大力推进广电网络整合，积极协调市区与各市（县）之间数据网建设和多功能开发，在继续做好市区有线数字电视发展推广工作的同时，向5市（县）拓展，使苏州市数字有线电视发展继续走在全国前列。

【执法监督】 2003年，市文广局对广电节目、广告播出、境外卫星电视整治和管理工作常抓不懈，取得明显成效。在加大宣传和查处力度的基础上，市文广局与市城管局合作，利用城管电话追踪呼叫系统，对散发非法安装卫星电视传单的电话号码进行追踪呼叫，并按照省局的统一部署，结合苏州实际，开展国家卫星平台设备置换工作，在7月底前完成了250套境外卫星设施的置换。加强了网络视听节目管理，对系统内符合条件的单位，进行视听节目申请许可的审核及申报，拟定了网络监听、监看方案，并付之实施。昆山、常熟、吴江等市（县）与网络通讯部门建立了联系，对违规播放的单位进行了通报。这一系列措施确保了社会广播电视的正常运行和播出安全。（朱钧柱）

附：苏州有线电视网络建设情况

苏州有线电视网的建设经历4个发展阶段：

第一阶段：高标准、高起点制定苏州有线电视网建设规划。

从1992～1995年建立以光缆为干线，电览为分配网，实现一市一网的目标。

第二阶段：建设高速的苏州到下属的6个县级市、苏州到南京、苏州到上海的SDH互联互通骨干传输网络。

苏州市区及覆盖乡镇的SDH传输网络于2003年建成，主要向政府机关等单位提供电路专线出租业务。

第三阶段：对分配网进行双向改造。

从1999年开始对苏州市区有线分配网进行了双向改造，带宽为860MHz，频道分割为：上行通道为5～6MHz，下行通道为87～860MHz。经努力，工业园区、高新区的两区住宅小区和古城区住宅小区双向网改造在2003年底前均已完成，即时苏州市区有线电视网实现100%双向网。

现在，苏州市区架设光缆干线720条，其中预埋入地光缆为320公里，光纤为17410芯公里，光接点为320多个。

第四阶段：建设有线电视综合信息网。在2002年建成ATM+IP数据网络平台（B平台）和完成有线电视ATM网络一期、二期工程后，就开始建设有线电视IP网络。该网络采用美国JUNIPER和EXTREME等公司设备，覆盖苏州市区和常熟、张家港、昆山、太仓、吴江5个市（县）。主要向苏州范围内的单位用户和市区个人用户提供单位专线上网和个人宽带上网业务、以及提供MPLS VPN专网业务。

苏州有线电视在开展数据业务的过程中，逐步建立了一张光纤接入网络。该网络作为SDH、ATM、IP骨干网络的接入网络，已经延伸到苏州的党政机关、苏州政务网、各大金融机构、企事业单位，在完成现有数据业务接入的同时，为开展更多的增值业务打下了基础。该网络在原来的基础上再逐步改造，将成为一张能够中心统一配置、统一监控和管理的智能接入网络。（朱钧柱　广电网）

苏州有线数字电视的发展

根据国家广电总局确定的中国数字电视发展从有线切入，先试验后推广的发展计划及统一领导、统一管理、统一规划、统一标准，积极推进、分步实施的24字总体方针精神，经过几年的工作努力，苏州有线数字电视系统已初步形成规模，走向市场化的运作。

1999年4～12月确立项目总体方案和技术方案，完成CA关键技术模块研制、调试及DVB机顶盒技术方案。

2000年1～7月，完成构建具有运营功能的数字电视前端系统，及用户管理系统收费系统的银行联接，在苏州示范小区网里开通500户用户进行试运行和测试。

2000年8月，有线数字电视系统用户终端接收机（机顶盒）通过国家广播电影电视总局技术性能测试，获得广播电视入网设备器材认定证书。

2000年8～12月，对机顶盒、前端系统、CA系统、用户管理系统和银行收费系统在试运行过程中出现的几十个问题进行调试、修改、完善后，开通了1000多用户投入试运营。

2001年1～3月，对有线数字电视开发应用的资费标准进行市场调查。

2001年5月，正式投入市场运营。

2001年7～8月，国家863计划通信技术专题课题验收专家组，在苏州有线电视台对“HFC多功能运营示范网”有线数字电视和宽带数据广播进行认真的现场验收，顺利通过。

2001年11月，完成苏州有线电视的全面数字化扩容改造，成为当时在亚洲最大的DVB-C系统。

2002年10月完成CA系统平稳升级，SMS系统与银行系统完全对接。

2003年，苏州有线网络用13个模拟频道传送72套有线数字电视节目，用2个模拟频道开通了电子节目指南、股票证券分析行情和电视网站等功能，有线数字电视用户只用一个遥控器就可自如方便地选看电视节目及享受其他功能。该系统设计容量可达50万户，有条件接收系统（CA）可控50个电视频道。至年底收费用户近2万户。苏州有线数字电视的发展前景将会是无限美好的，会为苏州市信息化建设和城市建设作出贡献，更为国家广电事业的前进和发展作出应有的贡献。（广电网）

【苏州市广播电视总台】 苏州市广播电视总台为一级法人单位，实行频道中心制的管理运作模式。总台拥有4个广播频率、5个电视频道、以及《苏州广播电视报》、《名城早报》、苏州广播电视有线网络公司、《中国苏州》、《名城苏州》网站等单位，总资产达7亿元，员工达1500名，是一个以广播、电视、传输、网络和报刊宣传为主业，兼营其他相关产业的综合性传媒实体。

广电总台的运行机制是：全面推行“四定、四竞”机制，即定编、定岗、定责、定酬和干部竞聘、员工竞岗、节目竞优、创收竞标。双向选择、竞争上岗，实行全员聘任制。节目栏目，则实行频道频率的专业化、对象化、特色化，错位竞争，优势互补，以收视率为标准实现优胜劣汰。在经营管理上，逐步建立以收视收听率为核心的节目质量评估考核体系，以成本核算和利润最大化为核心的经济效益评估考核体系，以岗位工作量为核心的员工绩效评估考核体系，努力使广电从“准行政机关”的运行轨道走向企业化运作的轨道。

附：主要广电节目

①新闻综合频道：苏州新闻、新闻夜班车、新闻谈话、第七日调查、城市旅游报道、苏州电视书场、昆曲电视专场

②社会经济频道：社会传真、城市前沿、谈天说地、法眼天下、发现苏州

③文化生活频道：苏阿姨当家

④电视娱乐频道：幼幼乐园、看电影

⑤生活资讯频道：民生在线、真实的故事、吴中报道、生活20分

⑥新闻综合频率：1080早新闻、苏阿姨谈家常、市民热线、广播书场

⑦交通经济频率：交广新闻、与你同行、欢乐都市夜

⑧音乐频率：阳光时间、生活在线、就在今夜

⑨调频生活广播网：阳光早班车、都市早新闻、吴中之声

⑩苏州广电报：新闻联动、百姓热线、荧屏聚集、影视画廊、情感方舟、旅游地图

⑪名城早报：策划、观察、财富

（广总办）

主要广播电视频道频率

名　　称	频　道	频　率
苏州广播电视新闻综合频道	18	514MHG
苏州广播电视社会经济频道	48	794MHG
苏州广播电视文化生活频道	CH6	173MHG
苏州广播电视生活资讯频道	15	490MHG
转播中央电视台第一套节目	11	213MHG
转播省电视台第一套节目	42	746MHG
苏州广播新闻综合频率		1080KHZ
苏州广播交通经济频率		104、8KHZ
苏州调频生活广播网		96、5KHZ
转播中央人民广播电台第一套节目		756KHZ
转播江苏人民广播电台第一套节目		1314KHZ

（广总办）

苏州市广电总台获奖情况（2002）

国家级政府奖5件

《苏州水》获第16届全国电视文艺《星光奖》专题节目一等奖。

《江南》获第17届全国电视文艺《星光奖》专题节目一等奖。

《水天堂》获第17届全国电视文艺《星光奖》文学节目二等奖。

《水磨昆曲》获第16届全国电视文艺《星光奖》专题节目三等奖。

《苏州小巷咏唱》获中国广播文艺奖三等奖

省级政府奖37件

《丝绸之府“丝”路何在》获江苏电视新闻奖一等奖。

《兄弟姐妹》获江苏电视新闻奖一等奖。

《江南》获江苏电视文艺奖一等奖。

《1080早新闻》获江苏播音与主持作品奖一等奖。

《苏州新闻》获江苏播音与主持作品奖一等奖。

《民生在线》获江苏播音与主持作品奖一等奖。

《白先勇余秋雨苏州相逢为遗产》获江苏广播电视报刊新闻与专稿奖一等奖。

《姑苏八月情满天》获江苏广播电视报刊新闻与专稿奖一等奖。

《苏州创出高速公路建设新模式》获江苏广播新闻奖二等奖。

《苏州“叫卖”古建筑引起世人关注》获江苏广播新闻奖二等奖。

《首家台资银行今日落户苏州》获江苏电视新闻奖二等奖。

《半个世纪的眷恋》获江苏电视社教节目奖二等奖。

《民生在线》获江苏电视新闻节目编排奖二等奖。

《友谊架起音乐桥》获江苏广播文艺奖二等奖。

《苏州小巷咏唱》获江苏广播文艺奖二等奖。

《长篇小说连播〈苏州美人〉》获江苏广播文艺奖二等奖。

《苏州电视书场》获江苏电视文艺奖二等奖。

《水天堂》获江苏电视文艺奖二等奖。

《这方水土——江苏省第十五届运动会开幕式》获江苏电视文艺奖二等奖。

《〈谈天说地〉栏目片头》获江苏电视文艺奖二等奖。

《古韵新唱〈钗头凤〉》获江苏播音与主持作品奖二等奖。

《〈谈天说地〉全国折桂》获江苏广播电视报刊新闻与专稿奖二等奖。

《演而优则“评”的忧患》获江苏广播电视报刊新闻与专稿奖二等奖。

《苏州影市：寻找失落的人气》获江苏广播电视报刊新闻与专稿奖二等奖。

《母亲眼中的张艺谋》获江苏广播电视报刊新闻与专稿奖二等奖。

《错位发展——撬动苏州经济的新杠杆》获江苏广播社教节目奖三等奖。

《永远的乡愁》获江苏广播文艺奖三等奖。

《向左走，向右走》获江苏广播剧奖三等奖。

《铁血》获江苏广播剧奖三等奖。

《活力苏州——2003春节电视晚会》获江苏电视文艺奖三等奖。

《茶人吴严》获江苏播音与主持作品奖三等奖。

《城市前沿》获江苏播音与主持作品奖三等奖。

《跨着电波走月亮》获江苏广播彩虹奖三等奖。

《立体苏州》获江苏电视彩虹奖三等奖。

《请到人间天堂来》获江苏电视彩虹奖三等奖。

《〈英雄〉是怎样练成的》获江苏广播电视报刊新闻与专稿奖三等奖。

《家有福纳》获江苏广播电视报刊新闻与专稿奖三等奖。

江苏广播电视“十大优秀专栏”2个

新闻综合频道的《新闻夜班车》和新闻综合频率的《苏阿姨谈家常》在第3届江苏广播电视“十大名优专栏”评选中获得“十大优秀专栏”称号。

（总编室）

医药卫生

综述

【概况】 2003年是卫生系统极不平常的一年，面对突如其来的“非典”疫情，全市卫生系统团结一致，顽强战斗，众志成城，经受住了严峻考验，为保护人民健康，促进经济建设和社会发展作出了重要贡献，卫生事业也取得了重大进步。①深化卫生改革，加快形成多元化办医格局。大力发展民营医疗机构，首家中外合资九龙医院在工业园区奠基开工，民营医疗机构（门诊部）累计达66个，总资产额逾10亿元；积极探索公立医院产权制度改革，城区7家区级医院全部转制，常熟市在全省率先建立医疗卫生事业公有资产经营有限公司，吴中区所有乡镇卫生院实行资产委托经营。②加快构建公共卫生体系，新建市疾控中心大楼，建立突发公共卫生事件应急机制。③全面推进健康城市建设，扩大健康医院、健康社区试点，按照国际标准原则，结合国情、市情，贴近社情、民情，在国内率先制定了健康城市的11个行业标准和初步的指标体系框架。④加快政务信息化建设，全面推广医院信息管理系统2.2升级版，苏大附一院实现了临床检验系统与管理信息系统对接，市二院应用PACS系统影象全部联网。⑤巩固基本献血队伍，积极发展农民、私营单位等新的献血人群，无偿献血占临床用血量的96%、成份输血超过90%。市中心血站中华骨髓分库骨髓登记报告人数首次突破5000人，成功配型2例。

【爱国卫生】 市卫生系统突出公共卫生“以人为本、健康第一”的理念，狠抓与城乡居民健康密切相关的公共卫生问题，积极倡导科学、文明、健康的生活方式，发放各类宣传资料10多种、40多万份；广泛发动和组织群众参加环境整治，清除各类垃圾43.44万吨，清理河道（塘）19426条，取缔露天粪坑7.20万只，有效地改善了农村环境面貌；投入2.40亿元，加快农村卫生基础设施建设，新建固定垃圾箱12451只，新建公共厕所3067所；狠抓长效管理运行机制，建立农村保洁员队伍和卫生管理制度，保证农村“三清”（清洁村庄、清洁河道、清洁家园）工作惯性运作；实施区域、规模化改水发展战略，镇、村级水厂分别减少到61个、140个。全市农村自来水饮用人口覆盖率达96%，饮用水卫生监测合格率为96.15%。改厕工作稳步推进，新增无害化户厕11万户，水冲式无害化户厕覆盖率达76%，部分县城所在镇、条件较好的中心镇统一预设了城市污水无害化集中处理管网系统。卫生镇、村建设又上新台阶，建成国家卫生镇6个、省级卫生村80个。继续实施“亿万农民健康促进行动”，张家港市通过了“全国无烟草广告城市”的年度复查，常熟市、昆山市被评为全国无烟草广告城市。开展查处急性剧毒鼠药专项整治，按照规定全部处理收缴剧毒鼠药。

【科教兴卫】 按照实现科教兴卫新突破的要求，全市积极构建卫生人才高地，先后赴武汉、南京、北京等高校集中的地区组织3次大型人才招聘活动，改善不合理的卫生人才结构。抓好省“333”工程培养对象、市优秀拔尖人才和市新世纪高级青年专业技术人才等重点人才的培养考核，新增副高以上卫生人才123名，新增省“333”工程培养对象1名。继续推行全员聘用、干部公开竞聘等制度，39名副高以上高级知识分子走上了基层中层以上领导岗位。着力加强学科建设、专科建设，获得各级科技进步奖73项，附一院《脊柱后路经椎根内固定的基础和临床研究》获得省政府科技进步一等奖；附二院《神精内窥镜治疗脑积水、颅内动脉》获得省卫生厅新技术引进一等奖。

【行风建设】 全市开展以“依法执业、诚信服务”为主题的第13届白求恩杯竞赛活动，制定了《苏州市医疗机构依法执业诚信服务指导手册》，市区40多家医疗机构建立记分卡，实行定期记分考核和划分信誉等级。以“全员参与、过程管理”为核心，实施“形象工程、提优工程、诚信工程、温暖工程”，重塑“天使”形象。全市医疗机构确立“以人为本”的服务理念，改进服务流程，设立“180”病人服务中心、网上挂号、私密诊室、24小时热线咨询电话、免费接送病人、导医导诊、公示收费等多种便民利民服务措施，服务质量进一步提高。各医院还普遍实行了出院患者随访，深受患者的欢迎。深入开展药品“回扣”、收授“红包”以及乱收费等专项治理，进一步扩大药品集中招标采购的范围和品种，所有二级以上非营利性医疗机构使用参保药物全部实行集中招标采购。全年集中采购总金额达10亿元，让利群众8千万元，社会综合满意度上升到93.90%，上升幅度在全市47个被评部门中位居第8名 （吴建明）

【获奖情况】 2003年，卫生系统重点加强学科建设、专科建设和高层次人才培养，在骨外科、中医科骨科、消化内科及疾病预防控制等领域取得了较为显著的成效。2003年度，全市卫生行业科研成果72项，其中，国家“十五”攻关项目1项，国家“863”计划项目1项，国家自然科学基金项目3项，卫生部等部省级项目4项，共获得各类科技进步奖73项。其中，苏大附一院杨惠林主持的《脊柱后路经椎根内固定的基础和临床研究》获省政府科技进步一等奖；另获省政府三等奖3项，中华医学科技三等奖2项，苏州市政府二等奖4项、三等奖24项，江苏省卫生厅医学新技术引进一等奖5项、二等奖11项，苏州市医学新技术项目一等奖1项、二等奖5项、三等奖16项。

（平幼娣）

【对口支援】 继续实施赴陕西扶贫支医接力计划，年内，又有5名优秀中青年医师组成赴陕扶贫支医医疗队，奔赴陕西省榆林市开展为期1年的医疗志愿服务。志愿者们通过自身高超的医疗技术和高尚的医德医风，赢得了受援地医院职工及就医干群的高度赞扬，被亲切的称为“苏榆两地的卫生使者”、“苏州来的白求恩”。苏州陕西扶贫支医医疗队被省委宣传部、团省委等部门授予2003年“江苏省十大杰出志愿服务集体”称号。2003年，卫生系统还向榆林市捐赠胎心监护仪等8种共计20余万元的医疗设备，向西藏林周县捐赠4万余元电脑和药品。“非典”期间，选派了3名呼吸科专家，支援内蒙古“非典”防治工作，出色地完成了任务。

（吴建明）

抗击“非典”

【概况】 在抗击“非典”期间，市委、市政府始终把保护人民群众的身体健康和生命安全放在首要位置，按照“沉着应对，措施果断；依靠科学，有效防治；加强合作，完善机制”的总体要求，统一思想，统一领导，统一指挥，紧紧围绕组织指挥体系、医疗救治体系、预防控制体系、技术支撑体系、信息宣传体系、后勤保障体系等六大体系的构筑，狠抓各项防控措施的落实，实现了没有让非典型肺炎在苏州城乡发生流行、没有一名医护人员感染的工作目标，取得了非典型肺炎防治的阶段性重大胜利。①做到见势早、反应快。2月初，自获悉广东发生非典型肺炎疫情后，市卫生防疫、教育、交通、外经、旅游等部门及时制定非典型肺炎防治预案，开展了相应的预防控制工作。4月初，市政府建立了公共卫生突发事件应急处理联席会议制度，实施了信息报告制度、工作督查制度、责任追究制度，牢牢掌握了“抗非”斗争的主动权。②做到网络全、准备足。全市城乡建立起4级防治非典型肺炎指挥网络，强化属地负责制、一把手负责制、单位负责制，政令畅通、令行禁止，合理调整卫生资源，紧急调配防治物资，在组织上、思想上、人员上、物质上做好充分应战准备。③做到措施严、防控紧。实施了以城市为中心、以农村为腹地的防治战略，构筑了横向到边、纵向到底的“防、控、治”3条防线，采取了一系列非常措施，严格限制人员流动，严防疫情在苏州的发生和蔓延。④做到两手抓、双促进。根据疫情形势的变化，及时调整非典型肺炎防治限制性措施，积极采取政策扶持、投资推动、服务促进3项重点措施，推动经济持续、快速、健康发展。全市“非典”防治工作积极有效，得到了国务院督查组和省政府督查组的充分肯定。

【组织建设】 4月24日，市委、市政府建立“非典”防治工作联系制度，市四套班子领导分工联系各市（县）、区防治工作。4月27日，市委、市政府发出《关于成立苏州市传染性非典型肺炎防治工作指挥部的通知》。《通知》说，为切实加强对传染性非典型肺炎防治工作的组织领导，市委、市政府决定，苏州市的传染性非典型肺炎防治工作由省委常委、市委书记王珉，市委副书记、市长杨卫泽负总责，将原市传染性非典型肺炎防治工作领导小组改为市传染性非典型肺炎防治工作指挥部，市委常委、副市长汪国兴担任总指挥，副市长谭颖担任副总指挥，30多个成员全部由各部门的一把手担任，指挥部下设办公室。董宙宙同志任办公室主任，府采芹同志任办公室副主任。同时，还成立了苏州市传染性非典型肺炎防治工作指挥部应急指挥组，谭颖担任组长。指挥部的日常办事机构分设疾病控制组、医疗救治组、重点行业组、后勤保障组、宣传信息组、督查秘书组、农村工作组等7个工作组。工作组以卫生局为主，抽调相关部门人员全部到位，集中办公。全市迅速建立起市—市（县）、区—乡镇（街道）—村（居委会）4级防非指挥体系，强化了一把手负责制、单位负责制、属地负责制，全市上下政令畅通、步调一致地开展了各项工作。

【重大会议】 4月21日，市委召开常委会专题研究加强“非典”预防工作，明确指出，防治“非典”是当前工作的重中之重，保护人民群众健康安全是第一位的。4月22日，市政府召开全市非典型肺炎预防工作紧急会议，市委副书记、市长杨卫泽在会上提出，由于“非典”的防治形势比较严峻，因此各级各部门必须从最坏处准备，向最好方向努力，努力加强防治工作，确保疫情不在苏州市流行，确保全市人民的健康和生命安全，确保人心安定和社会稳定，确保经济发展的良好势头，确保完成中央和省交办的各项任务。5月6日，市各有关方面负责同志，集中收看了全国农村非典型肺炎防治工作电视电话会议，听取了国务院总理温家宝、省长梁保华对当前农村“非典”防治工作的专题部署。市委副书记、市长杨卫泽结合苏州市农村“非典”防治工作实际，就如何迅速贯彻中央、省的决策进行了具体部署。5月上中旬，市政府召开2次常务会议专题研究农村“防非”和改水改厕工作，出台了《关于切实加强苏州市农村非典型肺炎防治工作的紧急通知》，严防疫情在农村的发生和蔓延。5月16日，市政府在昆山召开全市农村“非典”防治暨“三清”工作现场会，进一步推动农村“防非”工作的深入开展，做到“全覆盖”。5月19日，市委常委会专题研究一手抓“非典”防治、一手抓经济建设。提出采取政策扶持、投资推动、服务促进3项重点措施，要求各地各有关部门按照“属地管理、分级负责、条线扎口”的原则，正确处理好防治“非典”与推动经济发展的关系，积极主动地帮助解决港澳台、外商投资企业和省市重点工程建设中的用工问题。5月22日，市长杨卫泽召开市长办公会议，专题研究全市疾病预防控制体系建设和市疾病预防控制中心建设方案，促进公共卫生事业建设。7月11日，市委、市政府召开全市防治非典型肺炎工作总结表彰大会，表彰了全市26个先进集体、32名先进个人。9月17日，市委、市政府召开苏州市非典防治工作暨建设健康城市动员大会，推进经济社会协调发展、可持续发展。

【预防措施】 4月24日，市政府向全市发布“非典”防治二号通告，强调属地管理，统筹社会资源，采取10条断然措施，严防“非典”疫情的发生和蔓延。5月5日，市政府又发布了《关于公共娱乐场所暂停营业的通告》，暂时关闭了全市3423家文化娱乐场所。针对“非典”防治工作业务性强、要求高、难度大等特点，卫生部门举办了280期“非典”防治知识培训班，全市3万多名医务人员接受了专业知识培训，覆盖城乡各个医疗机构。根据省卫生厅的要求，确定附一院等7家医院为收治“非典”病人定点医院，各大医院从4月5日起实行日报制度，每天将监测结果上报至卫生局疾控处。将市五院改建为“非典”病例集中收治医院，按照要求添置基本设备，加强了医务人员的防护。将市二院西区（原妇幼保健院）改建为发热病人集中观察收治医院。“非典”期间，全市各级医疗机构共开设发热专科门诊175个，平均每天监测近1300人次。

构筑科学规范的技术指导体系。市防非指挥部制订了详细的《苏州市“非典”预防控制方案》，成立了由公共卫生、卫生管理、传染病、临床医学等知名专家组成的7个咨询专家组，为全市的“非典”防治工作出谋划策。制定医疗救治方案，指定了1辆专用救护车和3辆发热病人的运输车。各级医疗卫生和疾病预防控制机构充分发挥专业部门的作用，分别制订了详尽的传染源、“非典”疑似病人、病人运送、医疗救治和医务人员防护措施流程图，组织制订了应对治疗多种方案，并派出专业人员深入基层，开展指导与服务。开通“95120、95123”、英语、日语等语种的24小时热线电话，平均每天接到800多个咨询电话。疾病预防控制机构及卫生行政部门接受、处理的技术咨询和政策咨询电话3000多个。

构筑导向正确的信息宣传体系。按照“高度重视、整体思考、精心策划、讲究艺术、注重实效”的总体要求，全市及时传达中央领导及卫生部和省委、省政府、市委、市政府关于防治“非典”工作的重要指示和指导意见，加大科普宣传，增强群众的防病意识和能力。市委宣传部和市卫生局建立新闻发言人制度，共举行了30多次新闻发布和捐赠仪式。报纸、电视台、电台每天都有防治“非典”科普节目和防病情况，使市民及时了解“非典”动态。发放防非自我防护、消毒消杀、医疗救治等各类宣传材料900多万份。印发了市政府通告5万份，张贴到各行各业各单位，使防非工作得到了全社会的广泛理解、支持和参与。

【物资保障】 全市各级财政紧急建立总数达1.2亿元的“非典”防治专项基金，其中，市级财政安排3000万元，各市（县）、区安排9000万元，有力地保障“非典”防治物资供应以及相关后勤保障需要。经贸部门、贸易部门一方面积极打通物资供应环节，组织过氧乙酸消毒药10吨、口罩20多万只，投放市场；另一方面，组织全市有关物资生产供应单位做好紧缺物资的生产、储备，尽可能满足社会和市民需求。各市（县）、区以及相关部门也准备一批房屋资源以备急需，用于隔离和医学观察。在防治基金的支持下，苏州在全省率先在各交通卡口使用200多台手提式测温仪，新增专用运输车3辆、X光机、呼吸机、祛痰机等防病监测和应急抢救的相关医疗设备等。全社会各界同舟共济，慷慨捐款捐物，共计人民币355万元，其中捐款198万元，物资折款157万元，有力支持了“防非”工作。工商、药监、物价部门积极加强市场管理和执法检查，严厉打击哄抬物价、私自涨价，维持市场秩序和社会稳定。

【群防群控】 自2003年2月接到卫生部有关“非典”的情况报告以来，全市上下紧急行动，多管齐下，打响了一场群防群控的阻击战。

①把好出入关。全市在各交通要道（收费站、火车站、汽车站、轮船码头等）设立44个监测点，对所有来苏的乘客、旅客全部实行测量体温和健康登记制度。平均每天在交通卡口检查车辆3.5万辆、测量体温15万多人次，填健康表6万人次，每天检查疫区和途经疫区的火车14车次、1000多人次。全市各大宾馆、旅店、园林建立旅客入住和进园健康登记和测量体温制度。旅行社停止组团、接团。24家外地在苏疗养院（培训中心）暂停对外服务。公交行业严格对公共交通工具实行消毒，平均每天消毒公交车1000多辆、三轮车500多辆，在市区设立8处出租车集中消毒点，每天消毒2400多辆。教育部门对各类中小学校和幼托机构实行封闭式管理，建立晨检制度，杜绝有发热症状的学生和儿童进入。高校对外地返苏学生实行留置观察、“五一”期间学生不得离校的措施。经贸部门停止各类大型活动、节庆活动，取消了150多项促消活动。同时加强对商场、餐饮等服务业的管理，对各类公共场所开展了有针对性的消毒。严格控制大型聚餐，劝退预订宴席2500多桌。文广等部门暂停了全市3423家网吧、影剧院、歌舞厅等公共娱乐场的营业。建筑业检查各级各类工地5200多个，加强了对30万建筑施工人员的管理，加强重点环节防控。各医药商店做好顾客购买发热咳嗽药品的登记工作，并劝说发热病人及时到医院就诊。

②严防死守。建立、健全市、市（县）、区、街道（乡镇）、社区（村组）4级网络组织，不漏一户地排查来苏、返苏人员。4月20日后，全市共登记20323名重点地区来苏人员，均责令其在家中医学观察，并报当地卫生部门。全市公布了举报电话并24小时值班，建立了群众监督机制。各级卫生监督机构加强执法检查，从4月23日～5月25日，共出动1649辆执法车次、8061人次，检查从业人员4万多人次，责令2384家单位作出整改。全市设立31家定点宾馆（点），对与“非典”病人或疑似病人有密切接触的人员进行集中医学观察，对从重点地区来苏、返苏人员进行居家观察。至5月25日，全市累计医学观察10733人，其中居家观察 9011人、集中观察 1722人。

③强化农村“非典”防治工作。5月9日，市政府发出《关于切实加

强苏州市农村非典型肺炎防治工作的紧急通知》。农村各级组织按照通知提出的10项要求，狠抓各项措施落实，实行“五包一联”制度，即市(县)包镇、镇包村、村包组、组包户、党员干部包群众和农户联合防疫，构建严密的防范网络，形成“非典”防治的坚固屏障。全市培训镇、村医务人员2.70万多人次、基层干部6万多人次，发放宣传资料400多万份。以防治“非典”为契机，全市农村广泛开展了“让环境更清洁、让市民更健康、让城乡更美好”为主题的爱国卫生运动，和以“清洁村庄、清洁河道、清洁家园”为主题的农村“三清”活动，积极推进农村改水改厕工作的步伐，确保农村经济发展和社会稳定。

【疑似案例】 4月20日，苏大附一院收治了一位67岁名叫陈书才的男性北京游客，经省、市两级专家会诊，确认为省内首例“非典”疑似病例。苏州市立即启动“非典”医疗救治应急预案，采取果断措施，对旅游团其他人员进行隔离，封闭住地并全面消毒，对接送车辆彻底消毒。同时，有关情况在第一时间及时上报省“非典”办公室，要求途经地做好有关防范工作。经医院传染科专家、医务人员18天的精心治疗，老人体温恢复正常，于5月8日治愈出院。5月14日，苏州金龙客车厂建筑工地发现第二例疑似病例，男，38岁，病人立即送入市定点医院(五院)诊治，并立即对该病人的密切接触者隔离观察，对相关场所进行了严格消毒。病人经过专家多次会诊，积极救治，康复出院。省专家组根据病原学原理，最终将他排除疑似病例。 （吴建明）

【国务院督查组检查苏州市防非工作】 由劳动和社会保障部副部长刘永富率领的国务院赴江苏督查组5月1日来苏州检查“非典”防治工作，省委常委、市委书记王珉介绍情况，市委副书记、市长杨卫泽陪同检查。

督查组到苏州大学学生食堂、苏大校医院、沧浪宾馆医学观察点和第一人民医院，实地了解情况，要求大家严格防护措施，以实战的姿态积极做好各项应急准备工作。在市“非典”防治工作指挥部，刘永富等通过可视电话，向奋战在抗击“非典”一线、坚守在隔离病区的第一人民医院传染科副主任赵卫峰等医护人员表示慰问。在沧浪区府前社区，督查组深入了解了社区“非典”防治情况，并提出，要广泛宣传、全面发动，筑牢夯实基层社区抗击“非典”的第一道防线。督查组还认真检查该市“非典”防治工作台账，对苏州在“非典”防治中措施扎实、反应迅速，全市上下齐心协力、共同构筑抗击“非典”坚强防线的做法给予了肯定。

（张俊启）

【梁保华检查苏州防治“非典”和经济工作】 5月9～10日，省长梁保华专程到苏州考察防治“非典”和经济工作，先后考察了苏州明基电通、飞利浦、和舰科技等外商、台商投资企业，详细了解企业防治“非典”及生产经营情况。在明基电通公司，看到企业防治“非典”工作周密细致，生产经营紧张有序，梁保华十分高兴，并对他们提出的“防非典、保经济”的成功做法给予充分肯定。在调研期间，梁保华一行还听取了苏州市委、市政府“非典”防治和经济工作的情况汇报，考察了苏州城市建设工程。他指出，苏州市“非典”防治工作抓得早、措施实、效果好；经济发展高开高走、高位运行，各项经济指标增长幅度保持了全省领先。他强调，各级党委、政府要坚持以“三个代表”重要思想为指导，正确把握和处理防治“非典”与经济发展的关系，一手抓“非典”防治这件大事，确保”非典”不流行；一手抓经济建设这个中心不动摇，确保实现全年经济社会发展各项目标。他要求苏州各级领导要增强信心，积极应对，调整思路，迎难而上谋发展，为全省经济社会发展大局做出更大的贡献。 （吴建明）

【省督查组检查苏州市防非工作】 4月27日上午，省委、省政府“非典”防治督查组来苏督查。在听取苏州市防治“非典”工作指挥部总指挥、市委常委、副市长汪国兴，副总指挥、副市长谭颖的工作汇报后，督查组负责人、省发展计划委员会主任钱志新认为，苏州市的城市性质、地位决定了苏州市的防治工作量很大，任务艰巨。苏州市委、市政府认真落实国务院和省委、省政府的要求，真正做到领导重视，体系健全，方案完整，手段科学，狠抓落实，报导适度，市民稳定，有预见，行动快，防治工作是卓有成效的。

5月11日，由省计生委主任张肖敏带队的省政府“非典”防治工作督查组在听取了市防非指挥部的情况汇报，并赴市五院、人民商场、苏州大学、汽车北站、三元四村社区等实地查看后指出，苏州市委、市政府高度重视防非工作，责任明确，组织指挥体系高效有力。群防群控的四级防护工作网络和“堵、控、治”三条防线很有特色，对全市“三外”人员的排查工作做得很细致，能够落实到每一户、每一个人十分不容易。建立的医疗救治应急体系和技术指导体系比较完善，对医院、发热门诊、留观人员、隔离人员等的培训很到位，隔离的地方、隔离的人群，隔离的住所都有条不紊。媒体和群众直接对话的形式，保证了社会的稳定，使政府的各项工作得到了群众的充分信任。 （王 英）

【苏州白衣勇士赴内蒙古抗非】 由苏州市卫生部门紧急抽调的苏大附一院、市三院、市四院的朱晔涵、黄纯、陈燕明3位呼吸科专家于5月12日飞往内蒙古，支援那里的医疗部门，投身抗击“非典”的第一线。11日下午，省委常委、市委书记王珉，市委副书记、市长杨卫泽，副市长、市防非指挥部总指挥汪国兴，副市长、市防非指挥部副总指挥谭颖等会见了3位专家，并为他们壮行。

在内蒙古的20多天里，3位苏州专家分别在锡林郭勒盟、呼和浩特市开展工作，日夜奔走在茫茫大草原上。他们辗转于28所医院，共诊治“非典”病人247人次(其中重症病人30多人次)、疑似病例48人次，为当地医护人员开展讲座、培训共29次。专家组离开内蒙古时，陈燕明、朱晔涵工作所在的锡林郭勒盟所有的住院“非典”病人已全部出院。

3位专家不顾个人安危救死扶伤的无畏精神、忘我的工作态度受到了内蒙古领导及人民群众、江苏省省委、省政府、同行专家的高度评价。内蒙古自治区派出由自治区政府副秘书长、卫生厅副厅长等组成的4人答谢组千里相送，把专家组专程送回了南京。

6月19日下午，圆满完成支援内蒙古抗非使命的3位苏州专家陈燕明、朱晔涵、黄纯从南京回到苏州，3位专家凯旋受到了市医护界及亲人们英雄般的欢迎。市领导还向3位抗非勇士颁发了荣誉证书和纪念品，以示表彰。 （王英 施艳燕）

健康城市建设

【概况】 2003年各地认真贯彻实施市委、市政府《关于加快建设健康城市工作的决定》及《苏州市建设健康城市行动计划》，建立健全了建设健康城市的组织网络，根据实际情况制定了相应的指标体系和实施计划。开展健康医院、健康宾馆、健康社区、健康单位等11个健康项目试点。沧浪、平江、金阊等区深入开展“相约健康社区行”活动，平江区在观前街举办了声势较大的百姓科普广场活动，宣传健康城市生态家园；沧浪区社区中心积极开展健康社区试点工作，取得显著成效。 （吴建明）

【苏州被推荐为健康城市联盟的理事】 2003年10月15～17日，世界卫生组织（WHO）在马尼拉举行“健康城市地区网络咨询会议”。苏州作为中国第一个由全国爱卫办向WHO申报健康城市项目的试点市，出席了这一国际性会议，并作了《苏州健康城市进展及行业标准》的交流。会议决定建立“WHO健康城市联盟”，推举中国苏州、菲律宾马里基纳、马来西亚古晋、日本平良、蒙古乌兰巴托5个城市为健康城市联盟首批理事城市，秘书处设在日本。苏州成为“世界卫生组织健康城市联盟”中第一个中国成员城市和理事单位，这将对苏州建设健康城市走向世界，起到极大的推动和促进作用。 （邢育健）

【全国首家健康教育园在苏建成开放】 2003年1月，全国首家健康教育园—苏州市健康教育园在“朴园”开放，与之配套开展预防医学诊疗服务的健康促进门诊也同时开诊。

健康教育园是苏州市在开展健康教育工作中，依托社会力量建立的向社会大众传播系统健康科普知识的首个固定场所，也标志着该市卫生工作的重点从以疾病防治为主开始转移到对健康的维护和改善上。 （陈莉）

公共卫生体系建设

【概况】 2003年，苏州市及各市（县）完成了疾病预防控制和卫生监督体制改革。现有市级预防控制机构1个、市（县）、区级12个，乡镇卫生院预防保健科137个，社区卫生服务站743个，疾病预防控制专业人员888人，基本形成了以市疾病预防控制中心为核心，市（县）、区疾病预防控制机构为纽带，社区卫生服务站为基础，医疗机构为消点的城乡疾病预防控制网络。高度重视危害人民健康和影响经济发展与社会稳定的重大疾病、食物中毒、职业中毒事件，建立了突发公共卫生事件领导小组和技术处理小组，制定相关预案。市及各市（县）相继组建卫生监督机构，张家港市、昆山市、常熟市等市（县）在部分乡镇建立卫生监督分所。实施农村合作医疗保险制度以及农村特困人群医疗救助管理办法，基本解决了农村医疗保障问题。

【政策出台】 12月8日，市委、市政府出台了《关于进一步加强全市农村卫生工作的意见》。《意见》要求，一是进一步健全以公有制为主，多种所有制形式共同发展的农村卫生服务网络。二是深化农村医疗机构改革，合理配置农村卫生资源，大力发展农村社区卫生服务。三是建立和完善覆盖所有农村人群的合作医疗保险和医疗救助制度。四是加强农村专业队伍建设，按实际人口的1.7～2/万配备疾病预防人员，按辖区人口3.5～4.5/万配备专职公共卫生人员。五是进一步加大政府对农村卫生的投入，增长幅度不低于同期政府经常性财政支出的增长幅度，建立起比较完善的农村公共卫生体系和突发公共卫生事件应急处理机制。

【疾控中心建设】 根据市政府《关于进一步加强疾病预防控制体系建设规划纲要》的要求。9月17日，市疾病预防控制中心整体迁建工程在原市妇保医院院址奠基。按照“省内一流、国内领先、国际接轨”的建设要求，新建的市疾控中心占地近万平方米，建筑面积达1.7万平方米，预计总投资9000万元。该工程项目的实施将使全市的疾病预防控制和公共卫生应急救治体系达到新的高度，将进一步提高处置突发公共卫生事件的能力，构筑保障人民群众身体健康和生命安全的防护屏障。该工程被列为市委、市政府的实事工程、形象工程。 （周永兰）

【社区卫生服务】 以质量管理、完善功能为重点，加强社区卫生服务机构内涵建设，市出台了《苏州市加快社区卫生发展的若干意见》，统一社区卫生服务标识，规范了市区社区卫生服务预防保健收费，全部采用计算机管理信息系统，建立电子健康档案5万份。加大社区卫生服务站建设，累计建成社区卫生服务中心90个，社区卫生服务站743个，城乡社区卫生服务覆盖率达71.60%。

【农村卫生服务】 导入了保险机制，在全省率先建立合作医疗保险制度，市级财政投入350万元合作医疗引导资金，全市合作医疗农民人均医疗保险基金50元，农村合作医疗覆盖率稳定在95%以上，被评为2003年十大民心工程。各市（县）将农村卫生工作作为经济社会协调发展的重要举措，加快农村卫生管理体制改革步伐，着力建设新的农村卫生体系，夯实农村预防保健基础网络，推行农村卫生镇、村一体化管理。

（吴建明）

医政管理

【概况】 2003年，全市继续加大对医疗机构的投入，加快了重点工程、实事工程建设，市母子中医疗保建中心主体楼，附一院外科及医学影像楼、昆山市中医院大楼、吴江市一院门急诊大楼，常熟市一院门急诊大楼、张家港市二院门诊大楼等重点工程均已竣工。各级医疗机构还添置了一批医疗设备，努力提高医疗技术装备水平，医疗服务环境不断改善，医疗技术水平稳步提高，突发事件的救治能力显著提高。完善医疗急救体系，昆山市在县级市中实现了急救工作110/120并网，常熟市建成全省首家县级医疗急救站，全年组织群众性急救训练2万多人次。市中医院建成南京中医药大学附属医院，投资2200万元兴建中药制剂大楼，通过了国家GPP药品质量管理认证。

【医院工作】 市卫生局举办《病历书写规范》培训班，开展麻醉、精神类药品使用执法检查，组建苏州市医院感染管理监控网，制定《苏州市专业陪护管理暂行规定》，规范专业陪护队伍，首批156名考试合格护理人员在苏大附一院、市三院、市四院，中医院持证上岗，成为苏州住院病人信得过的“照料人”。开展全市“医疗质量安全月”主题活动，着重对手术科室、病史内容质量、单病种指标、专科平均门诊处方价以及医疗安全等内容进行检查，对456家医疗机构进行校验，并公示校验结果。

【医疗救助】 全市认真实施《苏州市区特困人群医疗救助管理办法》，为3026户发放特困人群医疗救助IC卡6000张，全年累计门诊10992人次，血液透析1929人次，住院450人次，共发生医疗费用610.80万元，其中由医疗救助金支付163.50万元。为切实保障农村特困人群的基本医疗，12月22日，市政府出台《苏州市农村特困人群医疗救助管理办法》，农村特困人群就医就减免挂号费、门诊或住院诊疗费、手术费。

（陈兴保、刘广德）

【医师资格认定】 2003年，卫生系统先后组织执业医师实践技能考试和理论考试以及护士执业理论考试。全市执业医师共注册发证11080人，其中市区5641人。审核2002年医师资格考试合格人员，办理医师资格证书人数705人，注册人数208人。为287名符合条件的非苏州市籍护士、漏注册护士办理了《护士执业证书》和注册。

5月1日起，苏州市所有在职医师(包括助理医师)必须“医师资格证书”和“医师执业证书”两证齐全方可执业，这标志着该市医师队伍建设步入法制化轨道。

【纠纷处置】 深入贯彻《医疗事故处理条例》，各地均建立了医疗纠纷协调处理机构。2003年，市卫生局接待来访589人次，来电401个，来访95起，现场调解处理重大纠纷15起，移送医学会鉴定5起，受理再次鉴定申请3起，有效化解了医患矛盾。医学会全年共接受委托鉴定108起，受理84例，完成鉴定65例，鉴定为医疗事故数10起，维护了医患双方权益。完成了12家医疗机构医疗责任保险续签工作。（吴建明）

【9家医疗机构被暂停定点资格】 年初，市劳动和社会保障局会同市卫生局、药品监督局、物价局以及老干部局对市区196家定点医疗机构、定点零售药店进行了2002年度医疗保险工作考核检查。对年度考核综合得分在70分以下的市区9家定点医疗机构(主要是区级医院和少数街道卫生所)予以严重警告，并自3月20日起暂停定点医疗机构资格。

（陆天荣 顾万勇）

【省内最大合资医院落户园区】 8月26日，省内最大的合资医院——苏州九龙医院在园区举行了奠基典礼。国家社保基金理事会理事长项怀诚，省委常委、市委书记王珉，九龙集团董事长、总经理孙福林等出席了奠基仪式。

苏州九龙医院是经国家卫生部、商务部批准，由香港恒生贸易出入口公司投资兴建的大型合资综合医院。医院位于园区主干道现代大道北侧。占地面积13.80万平方米，建筑面积11万平方米，首期投资约5亿元，将设病床600张。医院将广纳海内外优秀的医学人才，积极引进国际一流的医疗技术，借鉴国外先进的经营管理和服务模式，努力把医院创建成为一所专业门类齐全、综合实力强劲、医疗仪器先进，集医教研于一体的现代化、国际化医院。

（燕冰 徐建东）

【市区首家民营医院开诊】 苏州市首家由民间资本全资注入的综合性医院——苏州圣爱医院，12月18日在苏州高新区正式对外开业，从而结束了苏州高新区无综合性医院的历史。这也是市区获准开办的7家民营医疗机构中首家开业的民营医院。

（陈莉 刘华彬）

卫生监督

【概况】 2003年，全市卫生系统坚持经常性的检查与重点整治相结合，加强执法监督力度和执法监督频率，全年行政处罚3556户，罚款金额489.58万元，没收违法所得11.60万元，有效地维护了市场秩序。积极探索卫生监督长效管理机制，在全市大力推行量化分级管理。及时处理吴中区东山镇发生的毒鼠强投毒事件等多起突发性公共卫生事件，维护了社会稳定。

【食品365安全行】 全市加快推进“365”放心肉、放心早餐，放心豆腐等工程的实施。以市民餐具、食品为重点，继续开展每周市场检验质量公示，全年抽检食品样品1267件、食品用产品25件、餐具426件，合格率分别为82.40%、88%、88.30%；受理委托检验食品1016件，食品用产品69件，合格率分别为75.80%、84.10%；发出质量检测报告1219份，签订“放心肉”和“红钻石”等委托检验协议12份，对150户食品生产经营单位作出卫生学评价，对84件市售食品作卫生质量评价。

（周永兰）

【执法检查】 全面开展食品、公共场所、饮用水、化妆品、职业卫生、医疗机构、传染病等综合执法，重点开展“非典”等传染病防治执法检查。针对食品、化妆品、一次性使用输液器等制售假冒伪劣的突出问题，依法查办了一批大案，端掉了一批制假售假窝点，曝光了大量违法行为和不合格产品。市卫生部门积极协同公安、工商、质检、药监、农业、盐务等有关部门做好食品、生猪、消毒产品、化妆品、碘盐等专项打假工作，发挥了卫生监督部门的优势。

央视《每周质量报告》10月26日曝光“太仓肉松”问题，引起了苏州市委、市政府领导的高度重视，太仓市委、市政府表示将严查到底，揪出害群之马，正本清源，还太仓肉松以本来面目。26日下午，太仓质监部门的执法人员就赶到了央视曝光的“顶峰”肉松厂和“统一”肉松厂，封存了上述两家厂的肉松成品和半成品，抽取样品进行检验，并责令其立即停产整顿。27日苏州质监局稽查支队的执法人员也赶往太仓对肉松生产厂家进行了专项检查。此外，市、县两级质监执法人员对太仓市其他18家肉松厂的成品和半成品也进行了抽查质量检验，结果在媒体上公布。 （吴建明）

【5种食品获市场准入标志】 从2003年8月11日起，对没有“QS”标志的大米、小麦粉、食用植物油、酱油、食醋等5种产品不准进入市场销售。苏州有4家企业的5种食品已列入国家质检总局首批获准使用“QS”市场准入标志名单。他们是：东海粮油工业(张家港)有限公司的专用、通用小麦粉和全精炼、半精炼食用植物油，苏州姑苏酿造食品有限公司的酿造酱油，苏州市吴中区角直酱品厂的酿造酱油，苏州市海王调味品食品有限公司的酿造酱油。 （马剑萍）

【生猪屠宰立下新规】 为了让市民吃上放心肉，进一步规范生猪屠宰管理，10月，苏州市出台一系列新规定，核心内容包括：拒绝外地红白条肉，今后只有活猪才能进入苏州市场；强化生猪检疫，必须出示瘦肉精检疫报告；所有屠宰场对当日屠宰生猪提前6小时进场；对外地生猪调运基地进行严格筛选并进行资格考察后确定名单，以确保安全。 （吴秋华）

妇幼保健

【概况】 全市规范和完善婚育医学检查以及各类疾病转诊制度，认真开展婚前医学检查艾滋病筛查工作；积极指导农村基层新生儿疾病筛查工作；制定苏州市助产技术服务评审细则和计划生育技术服务评审细则；加强了出生证的管理，做到专人负责、统一管理、统一收费；积极推进计划生育技术服务与妇幼保健工作一体化管理模式，市计划生育指导中心与母子医疗保建中心实行紧密型合作；加强托幼机构卫生保健管理，托幼机构单位合格率达85%以上；加强出生人口素质、出生缺陷和残疾监测，开展先天性心脏病的监测以及早期发现和防治，开展智力低下儿童筛查及病因研究，完成了8万人的初筛和8000人的重点筛查工作；加大宣传和执法力度，共查处非法接生8例，取缔了3家私托机构。2003年，全市婴儿死亡率8.04‰，孕产妇死亡率16.29/10万。

【母子医疗保健中心建设】 苏州市母子医疗保健中心组建进程加快，门诊新增孕妇营养门诊、产前运动、产后康复门诊、更年期保健门诊、婴儿抚触、游泳、沐浴、儿童口腔保健门诊、儿童心理咨询专科门诊、儿童心理测评门诊等特色门诊。提升中心建设的内涵，将儿童潜能开发与儿童健康发展的全新理念引入中心建设，同时还选派人员去日本进修学习产科一体化服务模式，为苏州市的妇幼保健工作可持续发展注入了新的活力。

【信息系统建设】 市区积极筹建生育健康电子监测系统，构建妇幼卫生信息网络。采用计算机管理围产保健、儿童保健、出生缺陷的监测工作，实现以妇幼保健专业机构为中心的数据传输。进一步规范和完善了“三网监测”(围产保健、出生缺陷、儿童保健)工作，加强各级相关人员系统培训，按时收集、整理、统计和传送监测数据。完成了国家级、省级监测点“三网监测”管理工作，并进行了质量控制。 （陶静）

疾病防治

【概况】 全市卫生系统认真实施市政府《苏州市疾病预防控制体系建设规划纲要》和《关于全市加强疾病预防体系建设实施意见》，从机构性质、网络体系、人员配备、仪器装备、经费投入等多方面建设、完善以城市为中心、农村为腹地的4级疾病预防控制体系。市政府投资近亿元易地迁建疾控中心。以控制感染性腹泻、霍乱、肝炎等危害人民健康的传染病为重点，加强对霍乱、肝炎、流感、痢疾、伤寒等急性传染病的防治和监测。传染病总发病率为169.75/10万，较上年有所下降。加强艾滋病防治，建成艾滋病初筛实验室43家，初步健全了艾滋病监测网络体系。实施“苏州市慢性非传染性疾病社区综合防治方案”和“苏州市社区卫生服务站慢性病防治工作指南”，发展慢性病预防医学诊疗服务“连锁经营”，在常熟、太仓、沧浪、金阊开展示范试点。7月1日，乙肝疫苗纳入计免项目。全市使用统一的接种证，IC卡计算机管理系统使用率达95%以上，规范化门诊乡镇、街道达98%。做好公共卫生和检测工作，开展新项目15项，引进新技术7项，研制检测新方法3项，并增添一批先进的检测设备和检测手段，检测能力进一步拓展。

【艾滋病防治】 全面加强艾滋病监测工作，在婚检和有关公共场所从业人员健康体检中增设HIV抗体检测，全市全年检出HIV阳性者25人。广泛开展宣传教育，通过街头宣传、科普讲座、新闻通报、版面巡展、宣传资料等形式，进一步提高全民防治意识。针对公共服务业从业人员等高危人群，市卫生局与公安局、社保局联手进行艾滋病预防知识教育。全市在“十二·一”世界艾滋病日组织声势浩大的宣传咨询活动，在市民广场、主要街道分发宣传材料2万份、安全套2万余只。苏州市城区被卫生部办公室列入全国第2批艾滋病防治示范区。

【结核病防治】 规范结核病防治专项经费使用和管理。“三·二四”世界防治结核病日，苏州市召开免费治疗传染性肺结核病人信息通报会，推广先进经验。全市组织结核病防治工作阶段性评估检查，加强菌阳病人的短程督导管理，对菌阳病人实行药费减免。完善结核病患者报告、登记管理，对998例传染性肺结核病人免费治疗，部分病人还亨受了有关项目的免费检查。 （周永兰）

【寄生虫病防治】 坚持综合治理、科学防治的血防方针，全市组织春秋两季大面积查螺，查出有螺镇5个，有螺村12个，面积达47.85万平方米，为上年的5.3倍。为此，全市对内陆环境钉螺实施了两次药物灭螺。对镇湖太湖滩、东山镇屯湾村重点地区的灭螺，实施药物灭螺与改造环境综合治理相结合的办法。全市血防达标乡镇达87个。及时正确处理一例安徽籍感染急性血吸虫病，防止了输入性病例的扩散。疟疾血检“三热”病人15209人，阳性29人；丝虫病血检9659人；弓形虫检查1000人，阳性64人。（朱振球）

【职业病防治】 继续做好《职业病防治法》及其配套法规的宣传、贯彻，市卫生局会同市总工会、市疾控中心，对罗马瓷砖有限公司、苏州钢铁厂、维德木业有限公司等7家重点高温企业进行了防暑降温工作督查。有重点地开展职业病防治工作，现场调处职业危害25起，对95家企业进行职业病危害因素的检测，完成8000多人次职业健康监护。加强放射源管理，对工业X线探伤使用单位、医用X线使用单位、放射性同位素使用单位进行现场防护监测。加强新、改、扩建放射工作场的“三同时”审查，保障放射岗位从业人员健康安全，年内有1200余人次接受个人剂量监测和健康检查。苏州市疾控中心和张家港市疾控中心取得了职业病危害因素，建设项目职业病危害预评价(乙级)、职业健康监护、放射防护检测资质。（周永兰）

红十字会

【概况】 年内全市开展红十字会组织清理整顿和重新登记工作，有注册会员14万人，其中成人会员5.40万人，青少年会员8.60万人。2003年新发展会员3972人。全市城乡红十字会基层组织692个，红十字志愿者1.20万人。

【组织建设】 虎丘区、高新区行政区划合并后提前2年召开了第3次会员代表大会，及时建立高新区(虎丘区)红十字会组织。12月底，相城区建立了红十字会组织。至此，全市各行政建制区域全部建立了地方红十字会组织。恢复周庄镇红十字分会(该镇早在1925年由柳亚子、陈去病等进步人士建会)，发展同济康复医院、东方口腔门诊部多个民营医疗机构红十字会组织。全市团体会费收缴率100%，个人会费60%以上，全部达到红十字会组织标准。

【无偿献血】 市红十字会认真宣传《献血法》和《献血条例》，巩固基本献血队伍，积极发展农民、私营单位等新的献血人群，全市无偿献血总量连续4年保持全省第一，达11万人次。市区捐血4.75万人次，占临床用血总量的95%、成份输血超过90%，其中街头自愿无偿献血占26%。昆山市无偿献血近2万人次，其中，街头自愿献血高达87%。“非典”期间，苏州大学师生带头献血，及时缓解由于“非典”造成的用血紧张。市中心血站中华骨髓分库骨髓登记报告人数首次突破5000人，服务华东地区开展骨髓配型检测，成功配型2例。

【爱心工程】 “抗非”期间，苏州市各级红十字会共接收捐赠款595万元，物资折合人民币113万元，合计708万元，根据捐赠人要求，及时分发到有关医院、疾控中心和街道。新疆伽师发生地震和淮河地区遭受洪灾后，市红十字会及时组织开展募捐活动，并从市红十字会基金中拨出专款，共计17万余元送到两地灾区，帮助灾区人民战胜困难。市红十字会认真贯彻国家和省民政部门有关社区红十字志愿服务文件精神，以张家港市作为试点，实行“五个一”创建活动，即一支志愿队伍、一个活动基地、一面红十字旗帜、一套管理制度、一本台账资料，进一步深化社区红十字创建工作。（郝如一）

药品监督

【整顿和规范药品市场秩序】 2003年，全市两级药监部门共出动执法稽查人员突破1万人次，对5000余家涉药单位依法进行了检查，查处各类药品、医疗器械违法案件561起，没收假劣药品26439盒、中药饮片、中药材528.20公斤、各类医疗器械(用品)10.80万件(套)；取缔制假窝点2个，移交司法部门案件1起，整顿和规范了苏州药品市场秩序，保证了人民群众用上安全有效的放心药。

【正源行动在农村】 按照江苏省药品监督管理局统一部署，苏州市两级药监部门精心组织开展“正源行动在农村”活动，共检查各类零售药店2500多个(次)、批发企业56个(次)、乡镇卫生院72个、社区医疗服务站78个、村卫生所(室)及个体诊所1500多个；共查处各类违法违规案件200多起；查封、没收、销毁假劣药品1386种次、伪劣医疗器械35种次、发出整改通知书22份；发放各种药品法规宣传资料1万余册(张)；对存在问题较多的基层医疗机构和药店进行重点帮促，落实改进措施。

【药品安全监管工作】 ①积极做好新开办、异地改造或新增生产剂型的药品生产企业的初审工作。全市共有89张《药品生产许可证》，其中6家为2003年内新取得的；此外，还有2家已获准开办，3家正在办理之中。②加强对医疗机构制剂监管，全市共有25家医疗机构取得了《医疗机构制剂许可证》。组织开展医疗机构制剂品种清理整顿工作，按照审批条件，对制剂处方、工艺、标准、包材、说明书、是否有上市同品种等逐一审查，全市原有制剂品种2102个，到年底，已通过初审品种资料600多个，上报品种207个。③加强医疗机构药品监管，规范药品使用行为。④加强特殊药品监管。全市共组织了对332家单位的抽查，其中市局对97家单位进行了现场检查，共发出整改通知书21份，立案调查2起。同时还配合市有关部门参与禁毒工作。

【药品不良反应监测】 全市加强对药品不良反应(ADR)和医疗器械不良事件的监测，进一步明确各医疗机构和生产经营企业的报告责任，规范报告行为，逐步提高了ADR报告的数量和质量，2003年，共收集上报药品ADR报告288分、医疗器械不良事件41例。

【GMP认证工作】 2003年，有14家企业18个车间26个剂型通过了药品GMP认证，累计全市共有36家企业71个车间103个剂型通过了药品GMP认证，位居全省前列。本市1家空心胶囊生产企业和1家医用氧气生产企业作为省局GMP试点单位，正在实施中。

【医疗器械日常监管】 一是继续完善准入审批机制，从严从实把好准入关。2003年，共办理一类产品注册标准复核 580个，一类产品注册审批310个，二类产品标准初审198个，二类产品注册报批127个，医疗器械生产企业许可初审上报45家，质量体系考核30家，继续保持全省领先。二是坚持以分类监管为主，对列入重点监控产品目录的33家生产企业全部进行了现场检查；对实行生产实施细则的外科植入物生产企业和一次性使用麻醉包生产企业开展了重点检查，对部分企业工艺管理、现场管理、产品标准执行和检验方面存在的问题及时进行帮促指导，对于一般产品主要针对不同类别或特点开展监管，把日常监管工作落到实处。

【市场监督管理】 2003年，全市有药品批发经营企业22家，药品零售连锁经营企业7家，药品零售企业1171家，医疗器械批发经营企业170家，医疗器械零售企业1019家。市场流通监管工作面广量大，着重抓了三个方面工作。一是严格药店准入要求，进一步强调了零售药店设置的条件、标准和审批程序、时限，更加方便相对人的申报。二是积极推进GSP认证，保证药品流通环节的药品质量。至年底，共有20家药品批发企业、5家药品零售连锁企业通过了GSP认证验收。三是加强药品流通领域的日常监管，对经营企业的药品购进渠道、效期管理、仓储管理、特殊药品管理进行了重点帮促；参与药品集中招投标工作，履行准入审批职能，监督抽验招标药品质量；针对药品广告违法、违规情况突出的现象，加强了对药品广告的监督管理。

【药品检验】 2003年苏州药品检验所共完成检品2390批，其中送检638批，不合格36批，合格率94.36%；抽检1752批，合格1606批，不合格146批，合格率91.67%；抽检检品全检1511批，全检率86.24%以上，抽检检品周期12天。抽检药品从部门中看出药品生产单位的药品质量合格率较高，医院自制制剂合格率比往年有所提高；从品种中看出中药饮片不合格率占的比例较高。

（王光亚）

【昆山双鹤接到药监"改正令"】 昆山双鹤药业有限公司违法生产"清朗"感冒药的事件见报后，苏州、昆山药监部门迅速赶赴药厂进行突击检查，并于11月11日根据已查实的证据材料向昆山双鹤发出了责令改正通知书，责令该企业立即停止违规行为；对已经实现销售的违法违规生产的"清郎"药品采取有效措施，以消除或减轻社会危害；对退回或收回的药品实行定点存放；对照药品管理法规制定整改方案，落实整改措施。

（马剑萍）

中 医 药

【概况】 全市认真贯彻落实市中医药"十五"发展规划，加强中医人才队伍建设，构建吴门医派发展新高地。投资2200万元，兴建中药制剂大楼，并通过国家GPP药品质量管理认证。建成南京中医药大学附属医院，进一步提高科研能力。发挥中医康复保健优势，成立中医康复科，满足社会需求。各地围绕《中医药条例》，组织学习宣传，开展大型义诊、讲座活动，积极弘扬和传播传统医学。争创全国农村中医先进市，大力加强农村中医工作，把中医纳入乡镇社区卫生服务体系，积极推广和鼓励适宜中医技术进入农村社区卫生服务机构。苏州市中医院龚正丰、俞大祥、黄礼等10位中医师获江苏省名中医称号。

附：获"江苏省名中医"称号的苏州中医师

第二批

李葆华	常熟市中医院
周本善	常熟市中医院
郑绍先	昆山市中医院
尤怀玉	苏州市第四人民医院
金士璋	苏州市第四人民医院
薛济群	苏州市第四人民医院
徐文华	苏州市第二人民医院
费国瑾	苏州市中医院
何焕荣	苏州市中医院
汪达成	苏州市中医院
顾大钧	苏州市中医院
杨大祥	苏州娄葑中心卫生院

第三批

龚正丰	苏州市中医院
俞大祥	苏州市中医院
黄　礼	苏州市中医院
吴葆德	苏大附儿院
熊佩华	苏大附一院
沈炳章	太仓市中医院
翟惟凯	张家港市中医院
徐进康	昆山市中医院
邵亨元	常熟市中医院
贝敏敏	吴江市中医院

（吴建明）

体　育

综　述

【概况】　2003年，全市体育工作遵照市委、市政府《关于进一步加强和改进体育工作，率先基本实现体育现代化的决定》的精神，坚持“工作上水平，全省争一流”的总要求，克服种种困难，创新工作思路，团结开拓进取，促进体育发展。“环太湖体育圈”建设框架初现，已建成水星游艇俱乐部等7个户外健身项目，苏州太湖体育休闲公园奠基。改革体育中心经营管理体制，推动体育产业发展。承办了八一女篮主场季后赛、全国城运会女子举重比赛、全国女排锦标赛、全国轮滑锦标赛、全国花样游泳锦标赛等重大活动。八一男排、青岛澳柯玛足球俱乐部主场落户苏州。常熟籍国际运动健将苏懿萍夺得亚洲田径锦标赛女子百米跨栏冠军，5支运动队夺得2个全国锦标赛冠军、2个全国冠军赛冠军。在全国首创“三中心一卡通”系统，构建全民健身新平台，开展主题为“全民参与，积极健身，科学锻炼，抗击非典”的全民健身周活动。全年销售电脑体育彩票2.44亿元，销售即开型体育彩票5196万元，体育彩票公益金斥资412万元建成全民健身工程6个、健身点215个，从而使全市的全民健身工程总数达到58个、健身点达509个。　（朱小龙）

【苏州体育发展五十年纪念大会】　10月28日，苏州体育发展五十年纪念大会在市会议中心隆重召开。省委常委、市委书记王珉，市委副书记杜国玲，市政协主席冯瑞渡，市人大常委会副主任陈炳斯，市政协副主席孙中浩等领导出席。省体育总会主席孔庆鹏、省体育局副局长周旭等到会祝贺。国家体育总局局长、中国奥委会主席袁伟民，国家体育总局体育彩票管理中心主任孙晋芳分别发来贺电。杜国玲发表了讲话。副市长朱永新主持大会。

会上，市体育局局长王根伟回顾了自1953年10月28日苏州市政府批准成立苏州市体育运动委员会以来，苏州体育发展的主要成果。50年来，苏州体育在群众体育、竞技体育、体育设施等方面取得了辉煌成绩。在全省第一个建成现代化的体育中心，颁布实施了江苏省第一部地方性体育健身法规，开通全省第一家体育信息网站，还是全国第一个所辖市（县）全部获得“全国体育先进县”称号的省辖市。据统计，苏州共向国家、省和解放军运动队输送了565名运动员，其中68人入选国家队；有14人、44人次被国家体育总局授予国家体育运动荣誉奖章；17人荣获国际运动健将称号，110人获运动健将称号；有9人在羽毛球、排球、女子举重、技巧等4个项目上获世界冠军45人次。

与会领导向从事体育工作30年的同志颁发荣誉证书，并为在苏州体育领导岗位上工作过的老同志赠送《苏州体育志》。会后，在市人民大会堂举行《梦苏州》专场演出，参加纪念大会的同志和市体育局新老职工一同观看了演出。

（朱小龙　宓晓文　张俊启）

【《苏州体育志》出版】　2003年12月，《苏州体育志》由哈尔滨地图出版社出版发行。该书由市体育局组织人员，搜集史料，集中力量，历时两年多编写而成。

《苏州体育志》详尽记载了苏州体育的历史沿革和发展过程，包括概述、体育组织、群众体育、竞技体育、体育产业、全市运动会、参加和承办国际（全国、省）运动竞赛、荣誉称号获得者、国际体育交往、经费与设施、宣传教育与科研、各市（县）区体育、附录。全书66.4万字。

【苏州体育现代化奋斗目标】　2月14日，市委、市政府作出《关于进一步加强和改进体育工作，率先基本实现体育现代化的决定》（以下简称《决定》）。《决定》提出，用5年左右的时间，把苏州建成市民体质普遍增强、竞技水平省内一流、场地设施日趋完善、体育产业日益壮大、体育科技比较先进、人才梯队结构合理、体育法制逐步健全的城市，不断加快全市体育事业的改革和发展，率先基本实现体育现代化。《决定》要求，实施全民健身计划，构建全民健身体系；贯彻奥运争光计划，大力培养体育后备人才；深化体育体制改革，努力促进运行机制创新；落实体育经济政策，壮大体育事业发展基础；切实加强组织领导，营造体育发展良好环境。

【软科学课题研究】　12月24日，国家体育总局软科学课题《经济发达地区农村体育的研究——苏州乡镇“特色体育”》评审鉴定会在苏州召开。苏州乡镇“特色体育”是苏州农村体育现代化实践的重要组成部分，在全国起率先示范作用。该课题是苏州市体育局首次独立承担的国家体育总局软科学研究课题。市体育局局长、课题组组长王根伟向评审组专家作了课题的研究报告。省体育局、苏州大学和市体育科学学会的6位专家对该课题进行了认真评审，国家体育总局政策法规司助理巡视员张天白对此给予高度评价。

【"华夏银行杯"十大体育新闻评选】 苏州市第6届"华夏银行杯"十大体育新闻评选结果于12月26日揭晓。该评选活动受到市民的广泛关注，共收到有效选票11122张，创选票数历届之最。按得票数高低十大体育新闻依次为：

①9月21日，常熟籍国际健将苏懿萍在亚洲田径锦标赛女子百米跨栏中夺冠。②3月30日，省办市管的省女子中长跑队选手周春秀获全国马拉松锦标赛冠军。③"相城杯"全国花样游泳锦标赛于9月在市体育中心举行。④7月8日，"环太湖体育圈"已建成水星游艇俱乐部等7个户外健身项目。⑤元旦长跑活动在市体育中心隆重举行。⑥第18届全国速度和花样轮滑锦标赛于8月8~15日在运河公园举行。⑦第5届世界华人业余足球大赛于11月18日在市体育中心举行。⑧体育彩票公益金斥资412万元新建成全民健身工程6个、健身点215个。⑨苏州体育发展五十年纪念大会于10月28日在市会议中心隆重举行。⑩2003年中国羽毛球协会年会于11月20~21日在苏州举行，重点商讨2008年奥运会备战战略。 （朱小龙）

体育机构

【市体育专业运动队管理中心】 经3月25日市委常委会研究决定，同意新建副处级事业单位——苏州市体育专业运动队管理中心。

【市体育竞赛管理中心】 7月9日，市编委批复同意建立"苏州市体育竞赛管理中心"，同时挂"苏州市社会体育管理中心"牌子，为全民所有制事业单位，正科级建制，隶属市体育局领导。该中心的主要职责是：拟定全市体育比赛及社会体育活动年度计划并组织实施；参与省以上有关体育竞赛的投标活动，承办省级以上体育比赛；筹集和管理体育比赛经费及全民健身专项基金；负责市级以上体育竞赛的报批及备案工作；负责社会体育指导员的日常管理；协同有关部门组织实施综合性运动会及全市全民健身重大活动。

【运河公园划归市体育局管理】 4月初，经市长办公会议研究，为加快体育事业的发展，决定将市园林和绿化局所属的运河公园整建制无偿划归市体育局管理，其单位和人员性质暂时不变，下一步再由市体育局划拨给市体育实业投资发展公司管理。

为达到"顺利接收、平稳过渡、正常运行"的目标。市体育局在创造公园优美环境、优质服务、优良秩序的同时，按照建设开放式户外体育健身休闲公园的要求，重新对公园进行了规划。当年按国际标准新建了轮滑场，进一步拓展公园的运动健身功能。

【省体科所苏州分所】 5月，省体育局同意在苏州市体科所原有的基础上建立江苏省体科所苏州分所，苏州分所隶属苏州市体育局，同时接受省体育局有关部门和省体科所的考查。 （朱小龙）

群众体育

【市全民健身工作指导委员会会议】 6月5日，市全民健身工作指导委员会会议召开。这是从1998年6月全民健身指导委员会成立以来召开的第3次全体委员会议。会议总结了近年来全市全民健身工作，检查落实全市体育工作的各项目标，按照市委、市政府率先基本实现体育现代化的要求，部署今后一个时期的全民健身工作任务，进一步推动全市全民健身工作的蓬勃开展。

【全民健身活动中心】 以市体育中心健身馆为依托的国家级苏州市全民健身活动中心于6月全面对外开放，青岛英派斯健身俱乐部、好家庭羽毛球馆、新世界游泳俱乐部等先后在此开张营业。该中心首创全国"三中心一卡通"系统工程，即市全民健身活动中心、国民体质监测中心、社会体育指导中心联合互动，统一开放，与光大银行苏州分行合作开发的"阳光——健身卡"，在"三中心"内通用。

【市区体育场馆联成健身网】 为了充分利用苏州市区公共体育场馆设施资源，更好地为苏州率先实现体育现代化服务，市体育局以市体育中心健身馆为主体，以工业园区星海游泳馆、高新区长方园康乐有限公司为两翼，以五卅路体育场（含锦帆路游泳池）、体育馆、市儿童体校游泳训练中心为补充，构成首批苏州市全民健身活动中心定点健身场馆网络，并与人寿保险苏州分公司签订了定点健身场馆意外伤害保险协议书，解决健身者的后顾之忧。3月25日，市体育局分别与上述6家场馆签订定点健身开放协议书。此后，运河公园和佳福保龄球馆亦相继加入定点健身场馆网络。

【全民健身工程（点）建设和管理】 2003年由国家、省、市、县4级共同出资建成6个全民健身工程、215个健身点，全市全民健身工程、健身点累计分别达58个、509个。市体育局下发了《苏州市体育彩票全民健身工程（点）建设和管理实施办法》，推行管理员、指导员、维护员和健身人群意外人身伤害保险为内容的"三员一保"制度，进一步加强健身工程的管理。生产厂家对健身器材进行投保，青岛英派斯集团在苏州城区设立器材保修站。65个新建市级健身点由工业园区高瑞广告公司设置广告，以筹集器材维护资金，保证全民健身设施的正常运转。

【健身服务网络构建】 2003年，国民体质监测中心迁址市体育中心健身馆。该中心全年测试监测样本14450个；完成《2002年苏州市国民体质监测公报》和《2002年苏州市国民体质监测结果报告》；培训社会体育指导员二级127名、三级715名，送训国家级3名、一级30名。全市社会体育等级指导员达到2966名，为市民经常性的健身提供有效的指导服务。

【体育社团发展】 2003年，市有关部门批准成立了纵横越野车友、过客家园户外运动、野营旅户外运动、南山围棋、新世纪武术健身、杰杰骑马、佳成服饰少儿拉丁舞等7个民间体育俱乐部和市全民健身活动中心及市航模协会等体育社团（民办非企业单位），市体育中心健身馆被确定为国家级青少年体育俱乐部。各类体育社团组织活动140余项（次），近1.5万人参加，自筹活动经费120余万元。

【全民健身周活动】 2003年是《江苏省全民健身条例》颁布实施的头一年、《苏州市市民体育健身条例》颁布实施的第2年，全市以开展健身活动为抓手，宣传贯彻两个《条例》。上半年，开展了主题为“全民参与，积极健身，科学锻炼，抗击非典”的全民健身周活动，健身项目以趣味性、室外运动为主。健身周期间，举办体育健身科普知识宣传，增强市民健身意识，推广科学健身方法。苏州市及常熟市被省体育局推荐为国家体育总局“全民健身周活动优秀组织奖”表彰单位。

【“姑苏晚报·可口可乐杯”中小学生足球赛】 7月20日，苏州市第7届“姑苏晚报·可口可乐杯”暑期中小学生足球赛在市体育场开幕。比赛由市体育局、教育局、劳动和社会保障局、姑苏晚报、上海申美饮料食品有限公司联合举办。本次比赛是抗击“非典”取得阶段性胜利后在全市范围内举行的首次规模大、参赛人数多的体育赛事。有38所学校106支队伍1100多名运动员参加高中、初中、小学生男、女组比赛，立达中学、苏州中学、市一中等学校各有5支以上队伍参赛，远离市区的木渎中学、木渎二中、光福中学、黄埭中学也积极组队参加。比赛历时1个多月，近300场。比赛组委会为全体运动员投了人身意外伤害保险和人身意外伤害医疗费保险，让运动员全身心投入比赛。

【“姑苏晚报·商业银行杯”中学生篮球赛】 由市教育局、体育局、劳动和社会保障局、姑苏晚报、商业银行联合举办的2003年市区中学生“姑苏晚报·商业银行杯”篮球比赛于7月举行。本次赛事首次把计划内中学生运动会的比赛项目推向社会，尝试商业化操作，并得到苏州市商业银行的3年赞助；首次将五人制篮球赛列为苏州市中学生运动会项目，于7月10～19日举行；首次在中学生中推广“三人制”篮球赛事，并于7月22～28日举行。它是苏州市历届中学生篮球赛中规模最大、人数最多、历时最长的一次比赛。全市共有39所中学、技校、职校的50余支队伍参赛，体现了广大中学生对篮球运动的热情。

【特色体育项目学校】 1月，经市体育局、教育局联合检查评估，全市命名了14所特色体育项目学校（第三批）。具体是：苏州市第三中学（无线电测向）、马医科中心小学（篮球）、平江实验学校（排球）、东中市实验小学（排球）、沧浪区实验小学（乒乓球）、吴中区东山实验小学（国际象棋）、吴中区木渎第三小学（排球）、苏州工业园区唯亭中学（航模）、苏州工业园区斜塘小学（无线电测向）、相城区渭塘中心小学（篮球）、吴江市横扇中学（篮球）、太仓市浏家港中心小学（中国象棋）、常熟市谢桥中心小学（软式排球）、张家港市杨舍镇塘市小学（篮球）。

【国际象棋传统学校】 4月15日，全国百校国际象棋进课堂研讨会在苏州召开，在苏州市敬文实验小学举行了“中国国际象棋高水平后备人才培训基地”揭牌仪式，苏州市成为全国第6个国际象棋高水平人才培训基地。研讨会于4月17日闭幕。苏州市立达中学、市第十六中学、沧浪区实验小学、吴中区东山实验小学、市敬文实验小学被授予全国首批“国际象棋进课堂传统学校”。 （朱小龙）

竞技体育

【备战16届省运会】 2003年是备战16届省运会的第一年。市体育局在全面总结15届省运会训练参赛工作的基础上，制定了16届省运会参赛备战方案，7月份经市政府办公室批转各地执行。根据省体育局制定的16届省运会规程总则计分计牌的新要求，苏州市在开设22个项目的基础上，补充了女子摔跤、划艇、公路自行车、田径撑竿跳项目。全市向省队和省体校分别输送了34名、36名运动员。在2003年的省赛上，苏州市有560名运动员参加了22个大项比赛，获金牌113.5枚、总分3003分，其中390名16届适龄队员获金牌73枚、总分1965分，全面完成了省赛任务。

【教练员队伍建设】 2003年，通过“三个挂钩”，引入“三个机制”，搞好教练员聘任工作。即教练员认领任务与岗位挂钩，引入竞争机制；指标任务与投入挂钩，引入激励机制；参赛成绩与分配挂钩，交纳风险抵押金，引入风险机制。81名教练员与市有关部门签订了16届省运会任务协议书，增强了教练员的工作责任心。

【市队校办】 6月6日，市第三中学（平江中学）与市体育运动学校（振吴中学）签约，市女子篮球队由市三中承办。这是苏州市第一个市队校办的项目。

苏州市是国家体育总局篮球运动管理中心授牌的全国青少年篮球训练基地，市女篮是苏州市的一支优秀运动队。市队校办后，女篮队员成为市三中的在籍学生，市三中承担运动员的文化课教学与思想品德教育任务，负责运动员吃住生活管理，提供训练场地条件；市体校负责女篮的招生组队，承担运动员的专业训练任务。

【专业运动队建设】 2003年新成立的市专业运动队管理中心以“队伍管理上水平，运动成绩争优异”为目标，建章立制，规范管理，共有5支专业运动队夺得2枚金牌、3枚银牌、5枚铜牌，总分174.5分，超额完成省体育局下达的总分任务。26名运动员考取苏州大学，边读书边训练。从6月份起，运动员试行营养配餐，以保证训练的营养需要。

【周春秀夺得全国马拉松冠军】 3月30日，省办市管的省田径中长跑队选手周春秀以2小时34分16秒获首届厦门国际马拉松暨2003年全国马拉松锦标赛女子组冠军。这是江苏马拉松选手在历届全国锦标赛中取得的最好成绩。

【苏州田径中长跑俱乐部创佳绩】

4月13日，省办市管的苏州（奥星）田径中长跑俱乐部参加一年一度的在国际上较有影响力的北京国际公路接力赛，6名队员在主教练梁松利的带领下，完成6个区段的接力，最终夺得女子友好组冠军。

【周燕夺得全国女子举重冠军】 4月19日，省办市管的省女子举重队选手周燕在河南平顶山举行的全国女子举重锦标赛上获得58公斤级抓举和总成绩冠军。

【苏懿萍获亚洲跨栏冠军】 9月21日，常熟籍国际健将苏懿萍在菲律宾马尼拉举行的亚洲田径锦标赛女子百米跨栏比赛中，以13秒09的好成绩夺得冠军。这是苏懿萍继9月14日在上海夺得全国田径锦标赛女子百米跨栏冠军之后的又一次飞跃。

【市足球队在全国联赛中取得历史性突破】 11月22日，苏州市足球队在郑州落幕的2003年全国足球丙级联赛中，以华中赛区第一、八大赛区总决赛第三的成绩晋级全国足球乙级联赛，为苏州足球争了光，也为苏州足球向职业化进军迈出了坚实的一步。

【苏州少年自行车选手在全国锦标赛中获好成绩】 9月，在全国少年自行车锦标赛上，苏州市代表队获3金2银1铜的好成绩，受到全国同行的好评。本次比赛共有来自全国各地及香港特别行政区22支代表队的400多名运动员参赛。苏州市有8名男选手、6名女选手参加了甲乙组的比赛。蒋有为获得男子甲组200米计时赛第一名、1公里个人计时赛第二名，蔡益获得女子乙组200米计时赛第一名、500米个人计时赛第一名。

（朱小龙）

体育比赛

【第5届世界华人业余足球大赛】 第5届世界华人业余足球大赛于11月18～21日在苏州市体育中心举行。来自中、美、英、法等8个国家和地区的17支球队424名华人球员参赛。

世界华人业余足球大赛自1994年创办以来，已在美国纽约、英国伦敦、澳大利亚悉尼以及加拿大温哥华举办过4届。第5届赛事在苏州举行，是该项赛事首次归国，是全球华人业余足球界的盛事。

本次国际赛事受到了全国侨联、国家体育总局、江苏省体育局和苏州市领导的高度重视。中华全国归国华侨联合会、中华全国体育总会和国家体育总局局长、中国足球协会主席袁伟民为大赛发来贺电。苏州市市长杨卫泽作书面致辞。省体育局、省体育总会和苏州市领导以及世界华人业余足球协会主席林道明等先后出席了大赛的开幕式、闭幕式。

本次大赛分设公开组和长青组（35岁以上）。经过激烈角逐，长青组前3名为中国台北队、澳大利亚A队、美国纽约华协队；公开组前3名为上海中纺机时代俱乐部队、加拿大温哥华队、苏州金枫队。

【全国5省市少年围棋对抗赛】 1月23日，2003年“光大杯”京津晋鄂苏5省市少年围棋对抗赛在吴中区落下帷幕。比赛由中国光大银行苏州支行主办，吴中区棋协、吴中职业围棋俱乐部承办。30多名18岁以下少年围棋高手（其中有5名为职业段位选手、15名为业余高段选手）参加了为期5天的激烈角逐。当年新成立的苏州吴中职业围棋俱乐部队与湖北队并列团体冠军，第3名由北京队夺得。

苏州吴中职业围棋俱乐部是全国第一家县区级职业围棋俱乐部，是该区体育社团实体化改革的一次初步尝试。该俱乐部贯彻普及与提高相结合的方针，拟通过申办全国和省级围棋比赛、引进高水平教练等方式进一步提升少年围棋选手的整体水平。

【国际足球友谊赛】 2月21日晚，上海申花足球队对丹麦布克贝利足球队的国际足球友谊赛在市体育中心体育场举行。这是市体育中心建成以来举行的首次国际足球A级赛事。最后上海申花队以2:0战胜来访的丹麦布克贝利队。

【全国城运会女子举重预赛】 全国第5届城市运动会女子举重预选赛于3月21～23日在苏州市体育馆举行。比赛共设48公斤级、53公斤级、58公斤级、63公斤级、69公斤级、75公斤级及75公斤以上级7个级别的比赛，参赛运动员178人，参赛城市43个。本次比赛创造了一批优异成绩，涌现了一批优秀选手，为各省市备战十届全运会及中国参加2004年雅典奥运会储备了一批优秀的女子举重后备人才。

【第17届中国围棋天元战】 3月16日，第17届中国围棋天元战在吴江古镇同里落下帷幕。挑战者古力七段在第3盘的决战中击败上届天元黄奕中六段，成为中国围棋史上的第6位天元，也是最年轻的天元。

【全国山地自行车冠军赛】 4月9～10日，全国山地自行车冠军赛第3站“太湖之星杯”比赛在苏州太湖国家旅游度假区举行。来自香港、北京、江苏等运动队的80多名自行车专业选手参加角逐。整个赛事分越野、个人计时、速降3个项目进行。比赛赛道选定在度假区的渔洋山。速降赛线路基本呈直线形，约0.9公里；个人计时赛和越野赛线路呈“S”形，每圈5.1公里，为多次绕圈赛。比赛由国家体育总局自剑中心主办，共分4站进行。

【全国女排锦标赛】 2003年全国女排锦标赛于7月20～30日在苏州市体育中心体育馆举行，这是“非典”后苏州市举办的第一个全国性高水平比赛。参赛的16支劲旅分别是2003年度全国女排联赛中前12名的队伍和2003年度全国女排优胜赛中前4名的队伍。16支球队分成A、B两组进行单循环比赛。经过角逐，天津、辽宁、山东队分别夺得前3名。

【全国轮滑锦标赛】 由国家体育总局社会体育指导中心、中国轮滑协会主办，苏州市体育局承办的2003年“EGO”杯第18届全国速度轮滑锦标赛和第18届全国花样轮滑锦标赛，分别于8月8～10日和8月13～15日在苏州市运河公园轮滑赛场举行。广东东莞乌本体育用品有限公司出资冠名赞助本次锦标赛。比赛吸引了全国各省(直辖市、自治区)、香港特别行政区和中国前卫体协的47支代表队的450名运动员前来参加角逐。这是全国轮滑锦标赛历史上规模最大的一次，也是苏州市首次举办全国性轮滑比赛。苏州投资200多万元，按照国际轮滑联合会标准新建了轮滑场，场地为沥青地面，无坡度，带有活动看台，可满足承办国际比赛要求。

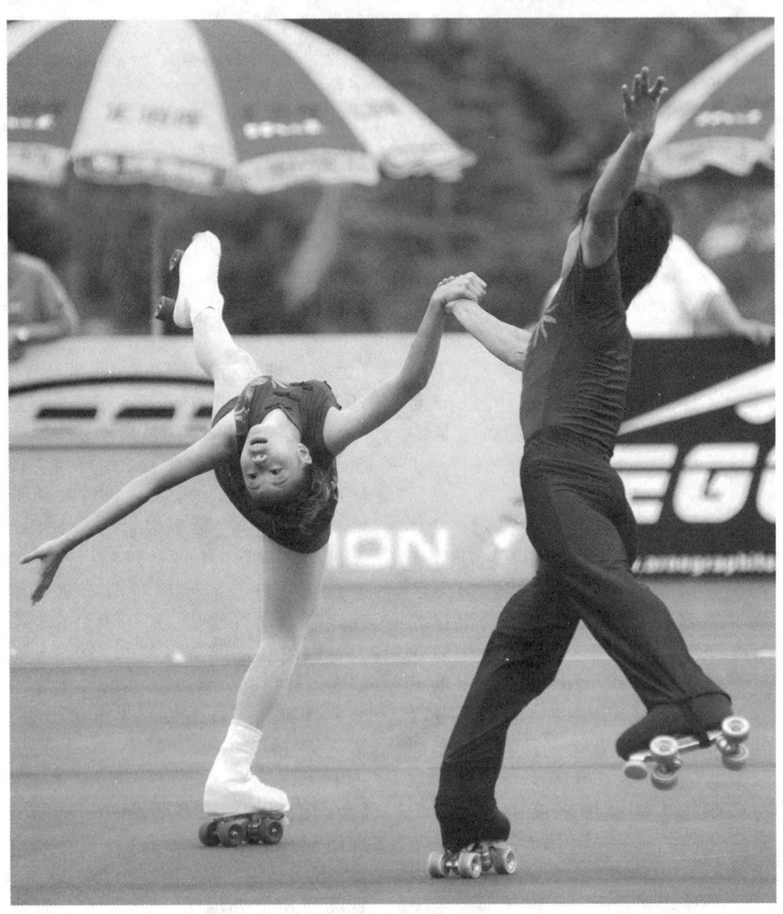
2003年8月，全国花样轮滑锦标赛在苏州举行。（体育局提供）

【全国跆拳道冠军赛】 11月5～8日，2003年全国跆拳道冠军赛在苏州市体育馆举行。来自全国各省、自治区、直辖市、行业体协、体育院校、解放军、新疆建设兵团和香港特别行政区的52个代表队363名队员报名参赛。比赛采用单败淘汰制，并采取最新的国际跆拳道规则，现场对抗紧张激烈。苏州市承办的省跆拳道队队员在比赛中夺得3银2铜，同时获得大会体育道德风尚奖。山东泰山队以2金1铜名列奖牌榜首。

【中国高尔夫公开赛】 2003VOLVO中国高尔夫公开赛11月16日在位于昆山市淀山湖镇的上海旭宝高尔夫球俱乐部落下帷幕。本次比赛由中国高尔夫球协会、亚洲职业高尔夫球协会主办，来自世界各地的108名选手参赛。第9次参赛的中国头号选手张连伟夺得本次冠军，这是他的首个中国公开赛头衔。

【中铁二十局集团冠名落户苏州的八一男排】 9月19日，中铁二十局集团冠名八一男排签约仪式在市体育中心举行。中铁二十局集团出资100万元获得2003～2004年八一男排的球队冠名、全国男子排球联赛(2003～2004)八一男排苏州赛区的冠名以及该球队队员服装的胸前、背后广告权。八一男排以“八一中铁二十局男排”的名称参加本赛季联赛，苏州赛区以“全国男子排球联赛中铁二十局苏州赛区”的名称组织比赛。全国男子排球联赛（2003～2004）于2003年10月11日～2004年3月14日分两个阶段在全国举行，共有12支球队参赛，八一男排坐镇苏州市体育中心体育馆参加联赛。

【全国花样游泳锦标赛】 2003年“相城杯”全国花样游泳锦标赛于9月12～14日在苏州市体育中心综合健身馆举行。全国10个代表队的113名运动员参赛，澳门特别行政区首次派队参加。比赛中，国家队主力队员纷纷亮相，后备力量也频露头角。经过3天紧张激烈、美丽动人的比赛，最终决出了团体总分及9个项目的名次。江苏队凭借比赛中的出色发挥，获得团体总分第一名，取得了1金5银的好成绩。

【全国游泳锦标赛】 9月16～19日，2003年“国泰杯”全国游泳锦标赛在新落成的张家港市体育中心游泳馆举行。这是张家港市有史以来举办的最高规格、最高水平和最大规模的游泳

2003年9月，全国花样游泳锦标赛在苏州举行。（体育局提供）

赛事。来自全国泳坛的34支代表队近600名运动员进行了32个单项的角逐。获得金牌前3名的是北京队、广东队、浙江队，获得团体总分前3名的是上海队、浙江队、广东队。江苏苏宁队夺得3枚金牌。

【全国体操锦标赛】 2003年“东渡杯”全国体操锦标赛于9月25～27日在张家港市体育中心体育馆进行。比赛设男女团体、男女个人全能4枚金牌。江苏天地队和广东队分获男女团体冠军，世界冠军邢傲伟、北京队张楠分获男、女个人全能冠军。

【青岛澳柯玛足球俱乐部落户苏州】 2003全国男子足球甲级联赛(B)组比赛于3月22日全面打响，青岛澳柯玛足球俱乐部以苏州市体育中心体育场为主场参加新一轮角逐。苏州工业园区新海宜电信发展股份有限公司斥巨资将全国足球甲B联赛苏州赛区冠名为“苏州新海宜赛区”。 （朱小龙）

体育交流

【国际奥委会委员吴经国考察苏州体育】 3月6日，国际奥委会委员吴经国实地考察苏州太湖洞庭东西山“环太湖体育圈”建设，参观了苏州市体育中心。吴经国先生，祖籍苏州，台湾著名建筑师、国际奥委会委员，2001年他和国际奥委会执委、中国奥委会名誉主席何振梁先生一道为北京成功申奥作出了历史性贡献。

【国际棋联官员伊莉沙贝塔来苏演讲】 全国百校国际象棋进课堂研讨会4月15～17日在苏州举行，国际棋联官员、罗马尼亚专家伊莉沙贝塔来苏，作了精彩的报告。15日，伊莉沙贝塔代表罗马尼亚开局国际象棋基金会授予国际象棋世界冠军谢军金色证书，感谢谢军为中国和世界国际象棋事业作出的杰出贡献。闭幕式上，伊莉沙贝塔代表罗马尼亚开局国际象棋基金会向苏州市副市长朱永新、苏州市体育局局长王根伟等5人授予了该基金会金色证书。

【韩国大川高中手球队来苏访问】 8月13～20日，韩国大川高中手球队10名队员在两名教练的带领下，应邀来苏州访问。在苏期间，与江苏省男子手球队进行了基本技术、战术配合等的共同训练，并进行了4场教学比赛。

【国际举联主席阿让先生访问苏州】 9月13日，国际奥委会委员、国际举联主席阿让先生访问苏州，先后参观了吴江市双喜杠铃厂、同里镇退思园、苏州市体育中心。

【市政府体育代表团出国考察】 9月24日～10月11日，副市长朱永新率苏州市政府体育代表团考察巴西、阿根廷、秘鲁体育事业。 （朱小龙）

体育产业

【体育中心场馆经营改革】 2003年是市体育中心由建设全面转向经营的第一年。按照2002年12月31日市长办公会议纪要精神，市体育中心实行所有权、经营权两权分离，引入民营机制。市体育局与市体育中心、市体育实业投资发展公司签订了《苏州市体育中心（公司）经济效益和社会效益承包责任书》，市体育中心、市体育实业投资发展公司与市健力体育场馆管理有限公司签订了《授权租赁经营合同》，推进管办分离，在公益性事业单位中尝试机制改革。市健力公司开拓进取，积极开展经营活动，加强内部管理，迈出了探索性的步伐。体育中心加强了资产所有者的管理职能，加强健身馆分公司的经营考核，推进国有资产保值增值。

【市体育中心英派斯健身俱乐部有限公司开业】 6月10日，市体育中心英派斯健身俱乐部有限公司在市体育中心综合健身馆隆重开业。

该公司是由苏州市体育实业投资发展公司、青岛英派斯健康发展有限公司联合组建的大型专业健身俱乐部，营业面积2000多平方米，内部配置了全套的有氧、无氧器械，拥有目前国际最为流行的数量繁多的电单车、跑步机、动感单车等设施。配备了专业体适能检测中心，通过体适能的全面检测，为个人制定有针对性的运动处方。

【体育彩票销售】 2003年，全市各地共销售即开型体育彩票5196万元，销售电脑体育彩票2.44亿元，总额列全省第一。

【体育市场管理】 按照市委、市政府防治“非典”的统一部署，先后对体育经营场所发出暂停营业、恢复营业通知，并重点对棋牌场所进行执法检查，确保“非典”疫情不在体育经营场所蔓延和传播。组织学习《江苏省体育经营活动监督管理规定》，以“适应市场、引导市场、管理市场、服务市场”为指导思想，验审、发放体育经营许可证60张。举办了游泳教练员、救生员培训班，对游泳场所进行执法检查，保证游泳池夏季安全、卫生开放。体育经营创收单位因“非典”而受到较大影响，营业收入与上年同期相比明显下降。五卅路体育馆、体育场全年承办企业、机关、街道等单位运动会和大型活动75次。

【环太湖体育圈构建】 年内，苏州太湖体育休闲公园隆重奠基，并于4月向国家体育总局申报建设苏州“环太湖体育圈”基地。新成立太湖度假区体育总会，统一管理和协调体育俱乐部和体育社团的环太湖体育活动，以活动凝聚人气，以活动扩大影响。 （朱小龙）

社会生活

人口与计划生育

【概况】 2003年是苏州市人口与计划生育事业取得突破性进展的一年。全市各地实施科学的人口发展战略，以争先创优为龙头，优质服务为主线，信息化建设为抓手，加强依法行政和宣传教育，全面推进人口与计划生育综合改革，保持了低生育水平的持续稳定，推进了人口与计划生育事业的良好发展。2003年，全市人口出生率7.28‰，自然增长率0.08‰，计划生育率99%以上，避孕节育和生殖保健服务率73.99%，市、县财政户籍人均经费投入达8.59元，全面完成了省下达的各项指标任务。全市各地还发挥基层计生网络的作用，主动地做好防控“非典”工作。苏州市计生委和相城区计生局被评为全省计生系统防治非典型肺炎工作先进集体；市计生委党组理论学习中心组被市委宣传部、组织部评为理论学习先进集体，党总支被市级机关党工委评为苏州市十佳先进基层党组织。

【人口“十五”中期评估】 9月26日，省“十五”人口与计划生育中期评估组对苏州市进行检查评估。通过听汇报、召开座谈会、查看工作台帐、实地考察、抽样调查等方式，对全市各级政府人口与计划生育目标责任制、领导责任、措施、投入的到位情况，计划生育部门自身能力建设、群众合法权益的保障、育龄群众避孕节育和生殖健康服务的获得情况，相关部门履行职责、协调配合、加强综合治理情况等进行调研评估。结果显示，苏州大多数指标达到了省示范要求，部分指标提前实现了“十五”期末要求，省评估组给予了高度评价。张家港市经过国家人口计生委专家组的评估验收，被授予首批“全国计划生育优质服务先进县”。

此前，全市各市（县）、区进行了自查评估和书面上报，在此基础上，市政府组织相关部门人员对各地中期评估工作进行了全面调研。

【人口与计划生育综合改革】 2003年4月15日，国家人口计生委决定将全国人口与计划生育综合改革试点单位从16个扩大到19个，苏州市为新增的试点单位。对此，市委市政府高度重视。8月28日，成立了以市长杨卫泽为组长、副市长谭颖为常务副组长的苏州市综合改革领导小组；9月11日，出台了《关于全面推进人口与计划生育综合改革的意见》。《意见》明确改革目标：建立人口宏观调控机制，建立与市场经济相适应的计生管理体制，建立利益导向与社会保障相结合的统筹机制，构建苏州特色的健康促进模式，构筑现代化信息管理平台。同时，提出了5项保障措施：①切实加强领导。建立苏州市各级人口与计划生育综合改革机构，定期研究解决综合改革中的突出问题，加强对综合改革进度的调查、评估、指导等。②转变政府职能。以加强人口发展战略研究、推动人口与计划生育工作的综合协调为重点，切实承担起人口研究、规划管理、法制保障和公共宣传服务等方面的职能。③加大财政扶持力度。把人口与计划生育事业经费纳入公共财政，建立以财政投入为主的投入体制。④加强人口计生人才队伍建设。切实加强城市计生管理力量，健全村（居）社区计生网络队伍。⑤开展争先创优活动。深入开展争创国家计划生育优质服务先进县（市、区）、省“十五”计划生育示范县（市、区）活动。市设立创新奖，形成“三级联创”的浓厚氛围。

11月25～29日，国家人口计生委在苏州举办全国人口和计划生育综合改革试点工作培训班。省计生委主任张肖敏和市委副书记、市长杨卫泽分别在开幕式上致辞。国家人口计生委主任张维庆到会并讲话，副主任王国强、赵白鸽及多位知名专家学者授课，市计生委主任徐玲介绍了苏州人口计生工作和综合改革的情况。

【人口发展战略研究】 根据市委再建“两个新苏州”的目标，7月28日，市计生委与华师大人口所再度合作，确立了《苏州市经济适度人口容量的研究》课题，从苏州市经济发展与人口就业相互关系的角度，测算今后一个时期内苏州市能够容载的适度常住人口数量，为制定苏州“十一五”规划和中长期人口发展规划提供科学依据。并就如何促使人口与经济、社会、环境、资源的协调发展和可持续发展提出具体的对策建议，供市政府及有关部门决策参考。常熟、太仓、昆山等市分别聘请专家，开展了《人口年龄结构变动对社会职业发展的影响》、《实际生育水平与政策生育水平比较研究》、《未来20年人口结构、分布与社会经济发展关系》以及《流动人口计生管理》等课题研究，将人口发展战略研究又向前推进了一步。

【人口出生预测预报制度】 2003年11月5日，苏州市首次向社会发布2004～2008年全市人口出生预测预报信息，在国内率先建立起人口出生预测预报制度，为群众参与人口与计划生育作出了有益的探索。这次人口出生预测，以2000年苏州市第5次人口普查的常住人口数和统计局提供的2002年户籍人口数为基点，充分考虑本地的育龄妇女梯队变化和生育政策，采用封闭人口组合预测法。预测数据显示，苏州市的户籍人口和常住人口出生分别为：2004年，4.04万和5.05万；2005年，4.02万和5.14万；2006年，3.97万和5.05万；2007年，3.75万和4.63万；2008年，3.59万和4.22万。2005年将是“高峰年”。以后每年10月，市计生委将通过新闻发布会、网络公告等形式向社会发布人口出生预测预报。

【人口与计生创新奖】 苏州市在2003年度目标管理考核中首次设立创新奖。各市（县）、区计生部门在争创工作中，共上报创新奖项35个，涉及流动人口、社区体制、救助机制、优质服务、宣传教育、信息化建设等多个领域，集中反映了全市计生创新发展的重点和成效。经市人口与计划生育领导小组审核，获得苏州市首届人口与计生工作创新奖的7个项目是：常熟市的《积极构建计划生育社会救助机制》，吴中区的《创新理念、走科研服务相结合之路》，昆山市的《创新婚育新风进万家活动主题和内涵、建设新型生育文化》，张家港市的《充分运用现代信息技术、率先建设计生宽带专网》，太仓市的《系统地改革和建立社区计生管理新体制》，吴江市的《努力创建省际流动人口计生管理协作机制》和金阊区的《创建社区计生特色大楼》等。

【法制宣传】 2003年全市开展了国家“一法三规”和省《条例》的培训宣传，1月份市计生委举办了乡镇、街道计生助理和各市（县）、区计生干部法律知识培训班，各地相应组织了各类学习班，完成了计生系统全员培训任务。8月下旬起，全市各地纷纷举办宣传月、宣传周，采用报纸、广播、电视、集会、培训班、街头咨询、知识竞赛、文艺节目、板报展览等形式，宣传《人口与计划生育法》及其实施一周年的显著成效，宣传学法用法的重要性。8月31日，市计生委分管领导接受媒体采访，就《人口与计划生育法》的实施情况、存在问题、努力方向等作了介绍。市计生委、计生协和金阊区计生局联合在家乐福广场举行纪念《人口与计划生育法》实施一周年宣教服务活动。吴江市、高新区把9月作为计划生育法制宣传月。常熟市召开了学法讲法座谈会。太仓市推出了市领导电视讲话、知识竞赛、街头咨询、走访独生子女贫困家庭、男性生殖保健讲座、青春期教育观摩课等宣传活动。相城区和苏州人民广播电台联合开设宣传专栏。昆山市举办了为期4天的学法用法培训班。

注：国家“一法三规”：《人口与计划生育法》、《流动人口计划生育工作管理办法》、《计划生育技术服务管理条例》、《社会抚养费征收管理办法》

省条例：《江苏省人口与计划生育条例》

【信息化建设】 2003年，苏州市计生系统的信息化建设步入快车道。一批软件得到开发应用，城市已婚育龄妇女信息系统和社区计生电子档案由点到面应用推广，三大技术服务工程和随访服务等信息管理软件被广泛使用，在常熟试点开发了苏州市流动人口育龄妇女信息系统，已录入个案信息近5000条。实施了网络的升级改造，完成了市计生委与市政府信息中心的连通，部分市（县）实现了与政府的宽带联网。电子政务加快推进，建立了市计生委办公自动化系统，与大部分市（县）、区实现了计生电子邮件、公文通知、信息简报和统计资料的网上流转。人口与计划生育公众信息网得到改善，增加了群众需求调查、防“非典”小知识、计生政策在线问答等内容，加快了人口计生信息的刷新频率。在抗击“非典”斗争中，较好地完成了跨省农村流动人口信息统计上报任务。

【优质服务】 ①服务网络得到加强。全市共有28家乡镇计划生育中心服务站列入规划设置，已建成17家高标准的乡镇计划生育中心服务站。张家港市港口青少年健康教育休闲活动中心、常熟市虞山镇计生生殖保健中心、工业园区湖西社区卫生计生服务站，以其理念新、功能全、布局合理、服务优质的特色，赢得了国家、省领导的好评。2003年，市计生委出台了《城市人口与计划生育生殖保健综合服务实施方案》，和市卫生局联合下发了《社区卫生（计生）服务站建设标准》，有效地推动了城区计生技术服务工程的开展，全市有11家社区卫生计生服务站通过了验收。②避孕节育知情选择与技术服务等六大系列工程深入推进。全年为一百多万人次提供了服务。避孕节育知情选择进入全过程、多层次、宽领域的实施阶段，随访服务进入不良反应监测与健康促进相结合的阶段，生殖道感染综合防治覆盖了60%以上已婚育龄妇女。吴江市对1450名孕妇进行了出生缺陷二级干预，为全市提高出生人口素质作了有益探索。③科技含量进一步提高。各地开始关注吸收国际上的先进理念、技术标准和管理方法，坚持工程推进与项目研究相结合。吴中区坚持科研与服务结合，外聘专家加强对计生科研指导，有5篇论文在国家级杂志上发表，有效地提升了技术服务的科技水平。

【婚育新风进万家活动】 为了纪念中共中央《关于控制我国人口增长问题致全体共产党员共青团员的公开信》发表23周年，9月25日，市计生委和文广局联合举办全市“婚育新风进万家”文艺调演。市及有关部门领导与市人口与计划生育领导小组成员及计生干部、育龄群众代表一千余人观看了演出。各地精心选送的10个优秀节目与市评弹学校创作编排的《面试》、《特殊会议》、《生养曲》等同台演出，生动地展示了全市婚育新风进万家活动的成果。其中小品《面试》获中国人口文化奖金奖。

【外来人口计划生育管理】 2003年是苏州市流动人口计划生育规范化管理起步之年。①加强基础信息建设。坚持计生与公安、卫生等部门定期交换人口信息的制度，初步实现了流动人口信息资源共享；建立了自下而上的省际流动人口定期统计上报制度，为全国流动人口计划生育信息平台提供了及时更新的信息数据。②加强制度建设。首次将流动人口计划生育率、随访服务率、婚育证明持证率纳入系统目标管理，从制度上加大了监测力度。吴江等市拓展了流动人口计生管理横向协作机制，高新区·虎丘区将计划生育融入三资企业目标管理，为流动人口计生管理提供了新经验。③加强组织建设。在流动人口比较集中的单位、场所，组建和发展了计划生育协会。平江区观前街道小公园社区建立行业计生协会，加强了辖区内流动人口的计生工作，得到国家计生协领导的充分肯定。

4月1日开始，市、区计卫联动，实行流动人口出生信息通报制度。出生信息通报制度的对象为苏州大市以外的流入人口分娩者。分娩时必须出示并登记身份证（或印有身份证号码的有效证件或丈夫身份证）、婚育证明或苏州市外来人员计划生育管理服务卡（以下简称证卡）。无证（卡）者，医院须在产妇出院前通报辖区计生局。辖区计生局按证（卡）登记表，做好信息统计和随访服务工作。通报制度执行后，苏州市区至年底通报外来人口出生2616人，通报人数逐月上升，持证（卡）人数比例从 11.6%上升到80%以上，为进一步加强流动人口计生管理服务提供了数据。

【计划生育村（居）民自治】 11月21日，市计生委与民政局、计生协联合制定下发了《关于进一步推进村（居）民自治做好计划生育工作的指导意见》。《意见》明确了计划生育村（居）民自治的主要内容：①健全组织机构。各地要按照《村民委员会组织法》和《城市居民委员会组织法》，指导村（居）委会从当地实际出发，建立计划生育自治组织。②完善自治公约。依据《人口与计划生育法》等法律法规，指导村（居）民委员会将计划生育自治内容列入《村（居）民自治章程》和《村（居）民公约》。③创新工作机制。按照计划生育“一法三规”的规定和“事前参与、事中介入、事后评议”的原则，指导村（居）委会对涉及计划生育的有关问题提交村（居）民会议讨论决定；依托计划生育协会等群众组织，建好计划生育志愿者队伍；制定村（居）民委员会开展计划生育自治的各项工作制度。

【全市人口与计划生育工作暨先进表彰大会】 4月18日，市委、市政府召开全市人口与计划生育工作暨先进表彰大会，省委常委、市委书记王珉到会作重要讲话，市长杨卫泽作工作报告。会议对2000～2002年度150个先进集体和202名先进个人进行了表彰。张家港市政府、金阊区政府和苏州创元（集团）有限公司在会上进行了交流发言。会议提出，要全面推行以现居住地为主的管理体制，建立以社区为单位的城市已婚育龄妇女基础信息网络；改善属地管理体制，健全各街道办事处与驻区单位目标管理制度；进一步确立社区在人口与计划生育工作中的主体地位；在人口与计划生育工作领域引进市场竞争机制；推进人口与计划生育财政投入体制改革；全面推进人口与计划生育工作的村（居）民自治，坚持不懈地把人口与计划生育工作做好。（袁 静）

【市计生协会第4次代表大会】 6月26日，市计划生育协会第4次会员代表大会在市图书馆学术报告厅举行。市委副书记杜国玲，副市长朱永新、谭颖出席会议。

自1998年6月召开第3次会员代表大会以来，市计生协会着眼巩固提高，进一步加强基层协会建设，全市已建协会组织4785个，会员51.5万人；市计生协会还借助多种媒体平台、采用多种形式不断深入开展计划生育宣传教育工作；同时，坚持“以人为本”的原则，扎实开展服务工作。

大会审议通过了第3届理事会的工作报告，通过了《苏州市计划生育协会章程》（草案）；选举产生了市计生协会第4届理事会：杜国玲为名誉会长、朱永新为理事会顾问、谭颖为会长。

社会保障

【概况】 2003年，全市社会保障工作再上新台阶，养老、医疗、失业、工伤、生育保险参保人数均已突破百万大关，企业养老保险扩面、征缴、清欠、稽核等7项指标在全省考评中连续第5年位居首位，市区企业养老保险基金7年来首次实现收支平衡，农村养老保险工作取得历史性突破，医疗保险扩面工作再创新高，下岗职工基本生活保障与失业保障实现并轨，企业退休人员社会化管理服务工作全面启动。

【城镇职工基本养老保险】 2003年，养老保险各项工作继续巩固完善。①养老保险基金支撑能力有效提升。1～12月全市基金增收8.2亿元，有效缓解了财政支付压力。尤其是市区，在人口趋于老龄化、企业改制大幅减员的情况下，1～12月增收基金3.1亿元，收支相抵结余1100万元，一举扭转1996年以来连年巨额赤字的局面。参保人数增势良好，截至年底，全市参保职工达124.24万人，比上年净增22.39万人。全市月人均缴费基数达到884元，其中市区为1070元，有效增加了基金收入总量。市区企业养老保险累计收缴率达99.3%，累计清收历年欠费2712万元，清欠率达72%。②启动企业退休人员社会化管理体制服务工作。市委、市政府制定出台了《关于苏州市企业退休人员社会化管理服务工作实施意见》，在规定时间内完成市区15.50万名企业退休人员基本信息的采集工作以及其他实施准备工作。③开展参保职工1995年底前缴费年限的核准工作。到年底，已完成8.20万名职工缴费年限的核准。④进一步完善基本养老保险制度。调整了本市农村户口自谋职业人员参保办法，使本市农村户口有缴费能力的自谋职业人员同样也能参加城镇企业职工的养老保险。完善了机关新进后勤人员和事业单位新进人员的参保办法。截至年底，全市参加机关事业单位养老保险人员达80378人，离退休人员25712人，其中市区分别为10487人、2993人。

【城镇职工失业保险】 2003年，全市共筹集失业保险基金4.14亿元，其中市区2.22亿元，分别完成省下达目标的147.88%和151.53%，是上年的130%和133%；全市参保职工人数113.46万人，其中市区47.12万人，分别完成省下达目标的114.61%和104.11%。全市失业保险金共支出3.40亿元（市区2.20亿元）。其中，为全市5.32万名（市区3.26万名）失业人员发放失业保险金2.4亿元（市区1.5亿元），保障了他们在失业期间的基本生活；划拨再就业基金5853万元（市区5000万元），为再就业工作提供强有力的基金支撑。

【城镇职工基本医疗保险】 2003年，医疗保险扩面工作再创新高。全市参加基本医疗保险人数达174.70万人，参保总量继续居全省第一。其中市区59.99万人，覆盖面达到并巩固在95%以上。与上年末相比，全市及市区分别净增29.95万人、3.19万人。实施了“一降低、二增加、三提高”的医疗保险政策措施。“一降低”，即降低参保职工当年二次住院后起付线标准，医保年度内参保职工在定点医院二次住院起付标准调整为原标准的50%，三次住院起付标准统一为200元。“二增加”，即继续增加退休人员和公务员医疗保险个人帐户金额。“三提高”，一是提高重症尿毒症门诊透析、恶性肿瘤化放疗、器官移植后抗排异治疗病人的医疗补助水平；二是提高床位费结付标准；三是提高大额医疗费用封顶线标准。进一步搞好医疗保险管理服务，制定实施医疗保险家庭病床管理暂行办法和基本医疗保险违规行为举报奖励办法；实施经修订的定点医疗机构、定点零售药店管理办法和考核办法。加强和规范对定点单位的资格审查和认定，新批定点单位52家，使市区定点单位达到261家，其中医院33家，门诊部23家，社区卫生服务站36家，卫生所112家，零售药店57家。绘制并上网医保定点单位便民地图，打破常规把市区首家“平价药房”纳入定点医保零售药店。做好预防非典型肺炎中的医疗保险工作，把苏州雷允上药业紧急配制的“防非”中药汤剂，作为非处方临时制剂列入市基本医疗保险药品目录。市区定点单位中有17家医疗机构承担了发热门诊的任务。

【城镇职工工伤、生育保险】 至2003年底，全市工伤保险参保人数达111.84万人。其中市区38.29万人，实际支付工伤保险金2945万元，其中市区994万元。组织学习国务院《工伤保险条例》（2004年1月1日起施行），结合实际修订苏州市的实施细则和工伤认定办法；总结的工伤保险工作经验受到有关部门重视，中国劳动保障报医疗保险专刊在重要位置对苏州市工伤保险覆盖城镇所有用人单位及其职工的做法进行了报道。全市生育保险参保人数113.73万人，其中市区38.29万人，实际支付生育保险金2339万元。

【农村养老保险】 2003年，全市农村养老保险工作飞跃发展，制度改革取得了历史性突破，拉开了建立城乡一体化社会保障体系的序幕。到年底，全市有91.52万名农村居民参加了养老保险，覆盖面达43%；有42.62万名老年农民享受基本养老待遇，其中36.48万名老年农民享受社会养老补贴。全市初步建立了以纯农人员为参保主体的农村基本养老保障制度，突破了原来主要以乡镇企业及其从业人员为“农保”对象的界限；确立了财政补助、集体补贴和个人缴费相结合的筹资机制，突破了原来农村养老保险主要以个人缴费为主的方式，保持了参保对象的连续性，稳定了基金来源。全市各地对农村老年农民实行社会养老补贴，创建了社会保险与社会福利相结合的新型的农村社会养老保险制度，突破了原来意义的社会保险，逐步向社会保障过渡。

【城镇职工生活“三条保障线”】 ①制定实施企业职工最低工资保障线。2003年7月1日起，全市再次调整最低工资标准，由原来的460元／月调整为540元／月；同时调整小时工最低工资标准，由原来3.9元／小时调整为4.6元／小时。市有关部门还对调整后的最低工资标准执行提出了具体要求。②完善失业人员基本生活保障线。失业保险金发放标准按失业人员失业前12个月月平均缴费工资的40%确定，但最高不得超过当地最低工资标准，最低不得低于当地城市居民最低生活费标准。凡2003年9月1日之后办理退工手续，进行失业登记的失业人员按新的失业保险金发放标准核定发放。失业保险经办机构对企业失业人员根据企业提供的《职工养老保险手册》所记载的个人缴费基数审核，对事业单位失业人员按事业单位职工档案中工资凭证审核，确定应享受的失业保险金。③提高城镇居民最低生活保障线。苏州市区城镇居民最低生活保障标准从2003年9月1日起，由原来的月人均220元调整为月人均260元。

（蔡跃进　王利群）

双拥优抚安置

【概况】 2003年，以纪念延安双拥运动六十周年和学习雷锋活动四十周年为契机，围绕支持部队做好军事斗争准备和提高部队战斗力，全市继续大力开展科技拥军、文化拥军和法律拥军等实事拥军活动，总结推广了双拥工作进社区、外资企业和民营企业开展拥军优属活动的典型经验，全市拥军优抚安置政策全面落实。全面争创全国双拥模范城“三连冠”卓有成效，并获得成功。2004年1月，苏州市及张家港市、常熟市被国家民政部和解放军总政治部表彰命名为全国双拥模范城（县）。苏州市和张家港市实现了争创全国双拥模范城“三连冠”目标，常熟市迈进了全国双拥模范城行列。按照苏州市优抚对象抚恤补助标准自然增长机制的规定，调整了各类优抚对象抚恤补助标准，平均增幅达17%。重点部署了进一步完善全市优抚对象医疗保障体系等方面的工作，加大了对优抚对象医疗问题的调研力度，研究制定政策措施，避免发生重点优抚对象“因病致贫、因病返贫”现象。

【走访慰问活动】 ①双拥迎春座谈会。1月28日，市四套班子领导及有关部门的负责同志与驻苏各部队首长、军队离退休老同志欢聚一堂，在市会议中心举行双拥迎春座谈会。同叙军民鱼水深情，共商双拥工作大计。参加双拥迎春座谈会的市党政领导有：王珉、杨卫泽、周福元、杜国玲、黄炳福、包国新、沈荣法、冯瑞渡、周向群、汪国兴、徐国强、朱永新、江浩、孙中浩等；驻苏某部和军分区领导有：王海涛、朱争平、程云清、肖汉涛等。

②市春节慰问团走访慰问驻苏

部队。1月28日，王珉、杨卫泽等市四套班子领导率领市党政拥军慰问团先后来到驻苏某部和苏州军分区，亲切慰问子弟兵，向全体官兵致以新春祝福。1月24日，黄炳福、江浩等市领导走访慰问了武警苏州市支队、消防支队、预备役高炮团官兵。

③市领导走访慰问重点优抚对象。1月28日和1月30日，王珉、杨卫泽等市领导率领市民政、财政、卫生、劳动和社会保障及市工、青、妇部门负责人分头走访慰问了部分重点优抚对象家庭和部分老英模、困难军转干部及下岗失业人员家庭。

【优抚对象补助】 市民政局、财政局联合发出通知，从2003年7月1日起调整全市革命烈士家属、因公牺牲军人家属、病故军人家属定期抚恤金和革命伤残人员伤残抚恤金、在乡复员军人定期定量补助标准，同时调整了特、一等革命伤残人员的护理费标准。

附表：苏州市革命伤残人员伤残抚恤金标准(2003)

单位：元/年

等级	特等		一等			二等甲级			二等乙级			三等甲级		三等乙级	
性质	战	公	战	公	病	战	公	病	战	公	病	战	公	战	公
比例%	100	95	85	80	75	55	50	45	40	35	30	25	20	15	15
金额	14466	13743	12296	11573	10850	7956	7233	6510	5786	5063	4340	3617	2893	2170	2170
护理费	7233	7233	5786	5786	4340	–	–	–	–	–	–	–	–	–	–

苏州市定期抚恤、定期补助标准(2003)

单位：元/年

类别	"三属"抚恤标准（参照全市职工平均工资）				在乡复员军人定期定量补助标准（参照农民人均纯收入）					
	烈属（含因公牺牲军人家属）		病故军人家属		抗日战争时期入伍		解放战争时期入伍		建国后入伍	
户口性质	城镇	农村	城镇	农村	城镇	农村	城镇	农村	城镇	农村
参照比例%	40	35	35	30	60	50	55	45	50	40
一般对象	5786	5063	5063	4340	3680	3067	3374	2760	3067	2454
孤老	6943	6076	6076	5208	4416	3680	4049	3312	3680	2945

【退役士兵安置】 全市退役士兵安置任务于8月底在全省率先完成。2003年度共接收退役士兵2880人(含转业士官81人、复员士官1人)，其中城镇退役士兵1192人，农村退役士兵1688人。城镇退役士兵中，在职入伍回原单位（系统）复工复职245人，自谋职业721人，发放自谋职业补助金2527万元，自谋职业率达77%。城镇退役士兵安置率继续保持100%，农村退役士兵也得到妥善安置。（苏伦军）

社会救济

【城乡低保"应保尽保"】 2003年全市认真贯彻落实《苏州市城镇居民最低生活保障制度实施办法》和《苏州市农村居民最低生活保障制度实施办法》，制定出台了《苏州市农村居民最低生活保障制度实施办法》的《实施细则》，城乡低保工作进一步规范。9月，根据全市经济发展和人民生活水平，提高城镇低保指导标准，由原来的月人均220元提高到260元。建立农村低保家庭备案制度，下达了2003年度农村低保月人均120元的指导标准。

据统计，2003年1~12月，全市城乡低保对象共有23181户、50092人，全年投入保障资金4789.78万元，其中城镇7889户、16098人，投入保障资金2118.80万元；农村15292户、33994人，投入保障资金2670.98万元。（苏伦军）

【各项扶持措施到位】 为帮助特困对象，房管、供电、卫生、教育、工商等部门都采取了优惠扶持措施。8月11日市政府出台市区居民低保家庭住房保障政策，明确凡市区领取最低生活保障救济（补助）金的家庭，政府将以发给租房补贴金、原租公有住房执行廉租租金、配置廉租住房和发给购房补贴等4种形式提供住房保障。同时还修定完善了《苏州市区特困人群医疗救助管理办法（试行）》，出台了《苏州市农村特困人群医疗救助管理办法》，建立健全了特困人群医疗救助制度。市教育部门对特困对象的子女在九年制义务教育期间学杂费全免，觅渡中学和33中还建立了免费班。在农村，除了全力推行《苏州市农村居民最低生活保障制度实施办法》外，各地都出台了一系列的扶持政策，对低保对象的医疗救助、子女助学、水电补助、危房翻建等方面加大扶持力度。（苏伦军 梅蕾 张俊启）

【市领导访贫问苦】 贫困家庭、劳模英模、困难企业职工的生活如何？在春节来临之际，市委书记王珉、市长杨卫泽等市四套班子领导以及市总工会、经贸委、民政局等有关部门负责同志分成6路，走街串巷，访贫问苦。他们来到特困户家中，问一声冷暖，道一声祝福，送上一份慰问品和慰问金；他们深入困难企业的基层，和干部职工交谈，鼓励他们树立信心，战胜困难，抓好经营生产，明天会更好。市领导一共看望了20多户特困家庭和走访了6个困难企业，把党和政府的温暖送到他们心中。

（宓晓文　高　岩　张俊启）

【扶贫帮困】 2003年，全市加大扶贫帮困工作力度，建立健全扶贫济困联系制度，落实各项帮扶措施。元旦、春节期间，市区投入资金851.44万元，对7623户特困家庭普遍开展了走访慰问活动，对3个古城区大病重病家庭一次性补助3000元，对残疾、单身、70岁以上的低保家庭一次性补助1000元，对一般低保家庭一次性补助800元。全市各级各部门、单位和个人都纷纷行动起来，加入为特困人群开展节前送温暖大行动。据不完全统计，全市春节期间约有近2000万元的爱心款项用于帮扶特困人群欢度春节。平时扶贫帮困献爱心已深入人心，全市已建立经常性捐助站（点）近200家，随时接收群众的捐款捐物，及时送给特困家庭。

（苏伦军　梅　蕾　凌燕冰）

【五保供养】 2003年，全市改扩建乡镇敬老院69所，总投资5882.9万元。全市五保对象集中供养率达81%，年人均供养水平为3419元。

（苏伦军）

【苏州市慈善基金会更名为苏州市慈善总会】 5月28日，苏州市慈善基金会第2届理事会议召开，会议顺利完成了更名和换届。苏州市慈善基金会更名为苏州市慈善总会，市委书记王珉被聘为名誉会长，副市长江浩当选为会长，并确定了50名理事会换届组成人员。会议总结了上届慈善基金会的工作成绩，为本届慈善总会提出了工作意见和设想。

苏州市慈善基金会自1995年12月18日成立后，先后组织开展了6次较大规模的集中募捐活动，累计募集基金2282.63万元，其中捐赠收入1859.08万元，利息收入423.55万元。基金会利用基金增值部分积极开展各种慈善救助活动，每年元旦、春节向特困户送温暖、为低保对象提供医疗（上学）救助、对天灾人祸造成的困难家庭给予人道主义援助、对口支援贫困落后地区、支持扶持社会福利（公益）事业单位等等，8年来共计资助支出630万元，本市受惠家庭近4000户。

（梅　蕾　苏伦军）

【慈善捐款】 为了让贫困群体感受到社会主义大家庭的温暖，1月上旬，市委组织部、宣传部、市级机关党工委、市民政局、市慈善基金会等10个部门联合开展了“同在蓝天下——2003慈善募捐献爱心”活动，市委书记王珉、市长杨卫泽等市四套班子领导和军分区领导都带头捐款，各机关企事业单位干群以及社会各界人士纷纷解囊，共收到爱心捐款331.4万元。市区30户特困家庭的代表在活动现场领到了每户3000元的慰问金，他们都感谢党和政府时刻把老百姓放在心上。上半年，各有关部门认真做好“防非”捐赠接收工作，全市共接收“防非”捐赠款物1483.76万元，其中捐款1214.63万元，物资折款269.13万元。8月，市政府组织开展了支援苏北灾区捐赠工作，全市共募集资金1252.5万元，并按省政府下达的指标及时将救灾捐赠款划拨到对口支援的有关灾区。

（苏伦军　梅　蕾）

社会福利和生产

【社会福利设施】 全市实施了113项“星光计划”（以销售福利彩票筹集的福利金为主，资助社区老年福利服务设施建设的计划）工程项目，总投资4460万元。全市新建、改建城区老年活动室66个，改建、扩建街道（乡镇）养老机构15个，新建、改造区、街道老年人之家和活动中心6个。全市各地积极鼓励社会力量兴办老年公寓、老年病医院等养老服务机构。至2003年底，全市建有各类养老服务机构近200家，总床位近万张，约占全市老年人总数的10‰。

【市福利院老年人护理康复指导中心基本完工】 预算投资2950万元，列入2002年市政府实事工程，于2002年7月破土动工的市福利院老年人护理康复指导中心于2003年底全部完成内部装饰工程，将于2004年4月投入使用。该指导中心拥有床位164张，图书阅览室、报告厅等各类场室5间，具有老年人康复、休养、娱乐、护理以及养老护理人员培训等诸多功能。

【福利生产】 2003年，全市947家福利企业共有残疾职工3.5万人，占福利企业职工总数的52%以上，上岗率保持在80%以上。民政部门加强福利企业宏观管理，切实维护残疾职工的合法权益，保持了福利生产的稳定发展。全年全市福利企业完成产值175亿元、销售165亿元，创利税11.58亿元，超额完成全年工作指标。

【福利彩票销售】 2003年，全市进一步加大福利彩票发行工作管理力度，完成了热线销售系统的升级，推出了“双色球”新玩法，全面整治了福彩销售投注站点。全市各地努力克服“非典”疫情对福彩发行工作带来的不利影响，苏州市、常熟市、吴江市、张家港市和太仓市各举办了一个“大奖组”销售，共销售即开票5500万元。2003年全市共销售福利彩票1.08亿元，其中电脑票5300万元，超额完成了省下达的年度销售任务。

（苏伦军）

社区建设

【社区建设整体推进】 继2002年苏州市和金阊、沧浪、平江三城区分别被民政部命名为全国社区建设示范市和示范区后，市委、市政府制定了全市城乡联动、整体推进的社区建设新思路和工作目标，以与时俱进、开拓创新的精神和工作举措，努力开创社区建设新局面。2月14日市委、市政府在昆山召开全市创建江苏省社区建设示范市（区）现场会，要求各市（县）、区结合本地实际、高标准、高起点推进社区建设，对照标准，排查问题，形成合力，推进创建工作。6月，市委、市政府又在吴江召开创建省级社区建设示范市迎检动员大会，听取各市（县）情况汇报，研究部署迎检工作。牵头的民政部门与相关部门密切配合，争分夺秒加强社区硬件建设，社区基础设施、社区居委会办公用房、经费保障等基础性工作得到较好的解决；全面推进社区软件建设，大力拓展社区服务领域，打造良好的社区服务品牌，社区党建、社区自治、社区卫生、社区文化、社区体育、社区警务等各方面工作得到整体推进。

6月17～19日，省社区建设检查考核组先后对吴江、昆山、太仓、常熟、张家港进行考核验收，对苏州市整体推进社区建设的工作成绩充分肯定。11月18日，省民政厅发文表彰，常熟市、张家港市、昆山市、吴江市和太仓市被省民政厅命名为“江苏省社区建设示范市（县）”，实现“满堂红”；苏州市金阊区彩香街道等7个街道被评为“江苏省社区建设示范街道”，留园街道观景社区居委会等14个居委会被评为“江苏省社区建设示范社区居委会”，刘文保等14人被评为省社区建设工作先进个人。同年，张家港市被共青团中央、民政部、建设部、国家工商行政管理总局联合授予“全国青年文明社区示范城（区）创建单位”称号；沧浪区、平江区被民政部、中残联表彰为“全国社区残疾人工作示范区”；金阊区、吴中区被省民政厅、省残联表彰为“省社区残疾人工作示范区”。

7月6日，国家民政部部长李学举来苏考察调研社区建设、社会事业发展情况，对苏州市注重社区建设基础设施投入、不断拓展社区服务新领域的做法和取得的成绩给予了充分肯定。希望苏州结合实际，突出重点，把有苏州特色的社区建设提高到一个新的水平。

（苏伦军　梅　蕾　张俊启）

【社区居委会办公经费和人员待遇】 为了加强社区建设，较好地解决社区居委会办公经费和人员待遇保障问题，根据市政府专题会议精神，市财政、体改、民政、劳动和社保等4个部门联合下发通知，从2003年7月1日起，提高城区社区居委会办公经费和人员经费标准。社区居委会主任和副主任工作补贴每月增加200元，并在2004、2005两年中，每人每年月工作补贴递增100元；社区居委会办公经费标准提高到每年1.2万元，并在2004、2005两年中，每年递增1000元；为社区居委会专职人员提供相应的社会保险，经依法选举担任社区居委会专职人员（不含协保人员）的大、中专毕业生和失业人员，由所在街道按有关规定为他们交纳城镇职工基本社会保险费。

【社区基础设施建设】 针对城区部分社区居委会用房“历史欠帐”问题，市、区两级财政投入800多万元，通过新建、改建、房屋置换等渠道，为28个社区居委会扩大用房面积5000多平方米，使社区居委会的平均面积达到了250平方米。与此同时，市政府出台了《关于城区新建住宅小区社区居委会用房建设和管理的意见》，为今后社区居委会用房不再出现“新的欠帐”问题提供保证。（苏伦军）

基层民主建设

【村民自治】 2003年全市贯彻执行《村民委员会组织法》，开展以“四民主两公开”（民主选举、民主决策、民主管理、民主监督，政务公开、村务公开）为主要内容的村民自治示范活动，进一步加强村民自治的动态管理。开展村民自治模范镇考核验收工作，共有18个镇获得了市级命名。11月，国家民政部表彰了全国村民自治模范市（县），昆山市、太仓市、常熟市和张家港市榜上有名，其中昆山市和太仓市实现了“三连冠”。

【社区居民自治】 2003年全市贯彻执行《居民委员会组织法》，加强社区居委会自身建设，开展社区居委会直接选举的试点工作，清理不应由社区居委会承担的行政性事务，推进社区居委会信息化管理，推行社区居民民主评议社区居委会制度。金阊区、太仓市顺利完成了社区居委会换届选举工作。常熟市陆仁华、昆山市朱建珍、金阊区袁建萍、沧浪区陈建兰、平江区姚红英等5名社区居委会主任被中组部、民政部授予“全国优秀社区工作者”称号。

（苏伦军）

社会事务管理

【流浪乞讨人员救助管理】 2003年遵照国务院《城市生活无着的流浪乞讨人员救助管理办法》的精神，苏州市及时废止了《苏州市收容遣送管理办法》。结合苏州实际，市民政、公安、城管等部门联合出台了《关于加强对城市生活无着的流浪乞讨人员救助管理的通告》。同时按照“布局统筹合理，功能科学完善”的要求，对原遣送站进行改建，使之与全市经济和社会发展现状相协调，与落实《城市生活无着的流浪乞讨人员救助管理办法》相适应。8月1日《城市生活无着的流浪乞讨人员救助管理办法》正式实施，“苏州市救助管理站”也正式挂牌，标志着老的管理模式彻底改变。新的救助管理站整洁明亮，各类生活必需品齐全，为了卫生，有些都用一次性的物品，毛巾都经过严格消毒处理，还有专供受助者洗澡的洗澡间。据统计，2003年1～7月共收容遣送流浪乞讨人员8842人次；8～12月，共救助1658人次。（苏伦军　梅　蕾）

【社会团体登记管理】 依据国务院《社会团体登记管理条例》，市民政部门做好社会团体的登记管理工作。开展社会团体年检工作，2003年全市共注销社会团体205家，其中市区103家；变更157家，其中市区69家。截至2003年底，全市共有社会团体1557家，其中市区542家；社会团体分支机构、代表机构534家，其中市区128家。

【民办非企业单位登记管理】 依据国务院《民办非企业单位登记管理暂行条例》，市民政部门做好民办非企业单位登记管理工作。开展民办非企业单位年检工作，2003年全市共注销民办非企业单位7家，其中市区2家；变更49家，其中市区34家。截至年底，全市共有民办非企业单位554家，其中市区280家。

（苏伦军）

【殡葬管理】 6月6日《苏州市公墓管理办法》以政府令的形式正式出台。《办法》明确，全市范围内的耕地、林地；风景名胜区、文物保护区；水库、河流、堤坝等水利工程管理区域；铁路和公路两侧、居民住宅区周围300米内；以及市政府规定的其他区域等五类地区全面禁止建设坟墓。为保护土地资源和生态环境，规范引导公民丧葬活动，《办法》还对公益性公墓、经营性公墓作了明确界定，并强调，今后本市禁止新建经营性公墓和公益性墓地，禁止公益性公墓对外经营。《办法》还规定，公墓墓区应实行园林化管理，绿化覆盖率不得低于墓区总面积的80%，墓地墓碑一律采用卧式，墓碑最高点离地不得超过0.5米。提倡不立墓碑。墓穴、穴位使用期限为20年。依据市政府《关于公墓整治工作的通告》，各有关部门对各地整治非法公墓情况进行了督查。按照“属地管理、因塔制宜、一塔一策”的原则，积极做好塔陵遗留问题的处理工作和有关墓区问题的查处工作。吴中区上方山殡仪馆于2003年底并入市殡仪馆。按照市统一规划，坐落于苏福路80号的苏州市殡仪馆将让位于城市绿地的建设，选址于横泾尧峰山的新馆征地、筹建等准备工作，由市建设、规划、国土、民政、绿化等相关部门通力合作全面展开。新馆于10月份破土动工。

（苏伦军　张俊启）

老龄工作

【老龄工作有效开展】 2003年，市老龄委贯彻执行《老年人权益保障法》，全面落实《苏州市老年人优待办法》，重点解决了老年人乘坐公交车等6个方面的实际问题；修订印发了《苏州市老龄事业发展“十五”规划实施单位任务分解表》，指导督促全市各地各单位组织实施；组织开展了创建敬老先进乡镇（街道）活动的考评和复查工作，经对全市26个申报乡镇（街道）的考评，张家港凤凰镇等19个乡镇被评为2001～2002年度“市敬老先进乡镇”，经对往届（1997～1998、1999～2000年度）先进乡镇的复查，有36个乡镇获再次确认，有9个乡镇因区划调整等原因不予确认；此外，还开展了在平江、沧浪、金阊三城区建立社区老年协会的试点工作。

（苏伦军）

【全市老年人文化体育活动丰富多采】 从6月开始的全市第2届老年书法大赛吸引了800多位老年书法爱好者参加，经专家评选，获奖作品于老年节期间在市图书馆展出；市老龄委办与市文联联合举办的第8届秋红老年摄影展览亦于老年节同时开展，均吸引不少市民前往参观。由市老龄委办、市体育局、市级机关党工委和市老年体协联合举办的市级机关首届老年人体育运动会，历时5个月，共有58个单位的3600多位老年人参加了16个项目的比赛，受到广大老年人的欢迎。此外，市教育局、市老龄委办和城市商报联合组织开展了中小学生给爷爷奶奶写封信的活动，以此弘扬中华民族尊老爱老的优良传统，在一个月中共收到各地推荐来信一百多封，经筛选，评出一等奖2封、二等奖4封、三等奖10封，获奖作品于《城市商报》上刊登。

（俞解民）

【《苏州市老年人优待办法》实施】 自2003年1月1日起《苏州市老年人优待办法》在全市实施。按照规定，凡有本市常住户口的老年人，60周岁以上的可申领《老年人优待证》，70周岁以上的可申领《高龄老年人优待证》。老年人持证，到景区游览、进入公共文化场所、乘坐公共交通工具等，都会享受到优待。外地外籍在苏州居住一年以上老人亦可享受同等优待。当年市区发放《老年人优待证》和《高龄老年人优待证》24万余张，约占市区老年人总数的75%。老人们纷纷表示《办法》的实施，弘扬了敬老助老传统美德，保障了老年人合法权益。《办法》执行总体情况良好。

（梅　蕾）

【市领导与老寿星共贺重阳节】 10月4日（农历九月初九）是中国传统的重阳节，也是苏州市第16个老年节。市委副书记黄炳福、副市长江浩带着鲜花和重阳糕，分别走访慰问了横塘敬老院和市社会福利院的寿星们，给老人们送去了节日的礼物和健康长寿的美好祝愿。在横塘敬老院黄炳福将重阳糕和慰问金送到全市寿星冠军115岁的李阿大手上时，老人满是皱纹的脸笑成了一朵花。黄炳福等详细了解了李阿大的生活起居和饮食习惯，并关照有关部门要像照顾自家的老人一样呵护好这位全国第二健康老人。

苏州快速发展的经济给老龄事业奠定了良好的物质基础，市委、市政府对老龄事业的投入也在逐年加大力度。黄炳福希望各地各部门继续努力，使苏州的老年人生活质量更高，出现更多的百岁老人。

【“老苏州喜看新苏州”活动】 随着苏州社会经济的快速发展，市民的生活、医疗保健水平不断提高，健康长寿的人越来越多。据统计，全市60周岁以上的老年人已经超过95万，约占总人口的16.4%。10月4日第16个老年节时，苏州市组织“老苏州看新苏州”活动，市区邀请的500多位老苏州以及50名退休老劳模同看园区、高新区以及环古城风貌带。市委副书记黄炳福、副市长江浩为参加活动的老人们送行。黄炳福代表市委、市政府及市老龄委向全市的离退休老同志、老年人致以节日的问候，并希望老年人与年轻人一样在参与创建学习型城市、健康城市的各项活动中，继续为社会发展作贡献。同时要求全市各级党政领导、各个方面继续为老年人多做好事、多办实事，积极推进老龄工作和老龄事业的发展。

（蒋新华）

【市老年大学改扩建竣工】 9月25日，庆祝第16个老年节暨苏州老年大学实事工程竣工仪式举行，省委常委、市委书记王珉与黄炳福、汪国兴、宋胜龙、孙中浩等市领导出席，王珉为苏州老年大学揭牌。

位于万寿宫内的苏州老年大学创办于1985年，是全国老年大学协会首批会员。2002年，改扩建老年大学被列入苏州市实事工程。市教育

庆祝苏州市第16个老年节，老苏州喜看新苏州活动。（老龄委提供）

局投入近800万元，翻建大殿、改造旧房、规划绿化、增添设施设备等，使教学软硬件设施达到一流。改建后的苏州老年大学占地0.67公顷，教学用房达5000平方米。学校开设书法绘画、中西医保健、文史、综艺、计算机与外语等5个系、23个专业，有102个班级约3000名学员。

为庆祝老年节，老年大学的学员们还举行了时装表演、书画展览等。市领导饶有兴致地观看了表演和展览。（李继业　倪晓英）

残疾人事业

【概况】 2003年全市各级残联紧密围绕实现“两个率先”目标，紧密结合残疾人的特殊需求，突出重点，狠抓落实，完成了建成市残疾人活动中心、向下肢残疾人捐赠轮椅、全面建造和改造无障碍设施这一市政府实事项目；健全了具有苏州特色的残疾人康复社会化体系，全市有3357名残疾人通过康复训练和治疗改善了肌体功能；依法推行残疾人按比例就业，通过集中、分散和个体从业相结合的形式，安置1413名残疾人就业；残疾人法制建设和社会保障工作得到加强；社区残疾人工作全面推进，平江、沧浪和金阊、吴中4个区分别被命名为全国和省社区残疾人工作示范区，营造了全社会扶残助残的良好氛围，推动了残疾人事业与当地社会经济协调发展。

【轮椅捐赠工作顺利完成】 由苏州市与世界轮椅基金会各出资400万元，为全市残疾人捐赠轮椅2万辆，市残联精心组织了该项捐赠工作。4月20日，世界轮椅基金会、苏州市残联在市体育中心举行共同捐赠轮椅仪式，市长杨卫泽、副市长江浩和省残联领导出席捐赠仪式，杨卫泽在会上发表了热情洋溢的讲话，对世界轮椅基金会贝林主席表示感谢，同时寄语苏州的残疾人发扬“四自”精神，争取更美好的明天。省委常委、市委书记王珉专程会见贝林先生，授予贝林先生苏州市荣誉市民。各级残联切实做好轮椅发放工作，5个县级市均分别举行了轮椅捐赠和发放仪式。各地将轮椅送到重残人家里。城区还为居住在一楼需用轮椅代步的残疾人家门口铺设了无障碍通道。至年底全市共发放了19500辆轮椅，还有500辆供备用，所有下肢残疾需用代步工具的残疾人都拥有了一辆轮椅，解决了下肢残疾人出行难问题，这在全省乃至全国都属首创。

【市残疾人活动中心落成】 苏州市残疾人活动中心是市政府为全市残疾人建造的集培训、康复、文化娱乐为一体的综合服务设施，建筑面积达6000平方米。12月26日，市残疾人活动中心正式对全市残疾人开放，市委副书记杜国玲、市人大副主任陆云泉、市政府副市长江浩、市政协副主席吴砚池和省残联党组书记徐庆祥，各市（县）、区残联理事长以及残疾人代表约200人参加了市残疾人活动中心落成庆典活动。活动中心分为娱乐、康复、培训、文化休闲四大区，并全程设有无障碍电梯、盲道和坡道。设立的盲人阅览室、盲人乒乓室、陶艺室、书画室、戏曲沙龙等28个项目都融入了人性化理念，使各类残疾人均能参与活动。特别是三球馆，改进后的残疾人保龄球，有固定支架，有语音提示，各类残疾人都能享受保龄球运动的乐趣。残疾人活动中心的建成受到了各级

2003年4月20日，世界轮椅基金会、苏州市残疾人联合会举行共同捐赠轮椅仪式。（残联提供）

领导的关心和社会各界的大力支持，机构、编制、经费都得到妥善解决。

【争创无障碍设施建设示范城】 为了创建全国无障碍设施建设示范城，市政府下发了《苏州市区创建全国无障碍建设示范城实施意见》，推动创建工作有序开展。2003年，市区建造了1.22万平方米拥有100多种植物的盲人植物园；市区主要街道路口安装了盲人过街提示音响；市区新建和改建的主要道路、公共建筑物均按照建设部颁发的《城市道路和建筑物无障碍设计规范》执行。目前，苏州市区三分之二以上城市主干道建成了无障碍道路，无障碍坡道6000余处，无障碍厕所68座，90个现代化公园广场中五分之四有方便残疾人、老年人的出入口和坡道，五分之一的大型商场、超市、购物中心建造了无障碍设施，一批文化、体育、购物、旅游、休闲、政务等大中型公众建筑均有了方便残疾人的出入口和相应的无障碍设施。市区无障碍设施建设正在进一步深入到基层，与居民生活息息相关的社区服务中心、街道办事处、卫生服务站等也有了无障碍建设，城区为居住在一楼需用轮椅的200多名残疾人家门前铺设了坡道。市政府办公室牵头组织检查团对市区各系统、各区的无障碍设施建设工作进行了检查，城市道路无障碍设施管理已纳入苏州市城市容貌标准（试行）管理内容。各县级市无障碍设施建设全面开展，昆山、常熟、张家港市已初具规模，共同推进了苏州创建全国无障碍设施建设示范城的进程。

【残疾人事业宣传工作】 2003年9月，由市政府主办，市文广局、市残疾人联合会等单位共同承办的中国残疾人艺术团《爱心托起我的梦》公演在市体育中心举行。市四套班子领导与广大市民约4500人观看了演出，市委副书记杜国玲会见了中国残疾人艺术团演员。全市开展了第3届残疾人事业好新闻评选活动，23件作品送省参评，荣获一等奖1个，二等奖3个，三等奖4个，《为残疾人打官司》一文获省报刊类一等奖。各级残联通过多种形式宣传残疾人事业，增强了全社会扶残助残意识。文体活动都吸纳残疾人参加。在“苏州人游苏州”的大型旅游活动中，60名残疾人在助残志愿者的陪同下，免费游览了太湖美景。市残联会同教育局组织了全市特殊学校文艺汇演，并在青少年中开展各类助残活动，全市红领巾手拉手助残活动受到省级表彰，8所小学的少先队和2名身残志坚少年被评为江苏省“红领巾手拉手助残”先进集体和自强不息好少年。平江区邹小良获全省“十大金鹰自强不息残疾人”称号。

【残疾人体育运动】 残疾人体育运动得到了各级党委、政府和社会各界的大力支持，苏州市体校、苏州市残联分别被评为1998～2002年度全国、省残疾人体育先进集体。2003年9月参加第6届全国残疾人运动会的4名苏州籍残疾人运动员取得4枚金牌、2枚银牌、1枚铜牌的好成绩。张家港市的残疾人运动员戴正峰打破F43铅球一项世界纪录，受到省政府的表彰。吴中区残疾人运动员陆琪在轮椅击剑项目中战胜香港队世界冠军许赞红，夺得男子佩剑B级冠军。在加拿大魁北克市举行的第2届世界盲人运动会上，沧浪区盲人运动员钟馨获得B3级跳远铜牌。

【残疾人康复工作】 2003年，全市健全了社会化的残疾人康复体系。依托两家市级医院，分别建立了苏州市肢体残疾康复训练服务技术指导中心和苏州市脑瘫儿童康复训练与服务技术指导中心；目前全市已有了肢体、脑瘫、智残、精神残疾4个市级康复训练与服务技术指导中心，74个市、县级市、区级残疾人康复机构和632个乡镇（街道）、村（社区居委会）社区康复站（室），形成了具有苏州特色的社会化的残疾人康复体系。全市“十五”精神病防治康复工作已全面开展。2003年制定了《苏州市精神病防治康复工作方案》和《苏州市精防管理工作考核标准和精神卫生工疗站规章制度（修订）》，市财政下拨了精神病防治康复经费，全市开展了精神病人普查工作，进一步完善精神病防治康复的三级管理网络。2003年全市完成白内障复明手术2220例，低视力康复220例，聋儿语训康复62名，肢体残疾康复训练430名，安装假肢85例，弱智儿童能力康复训练140名，脑瘫儿童康复训练80名，全年向残疾人提供用品用具1.98万件，为120名贫困白内障患者减免康复治疗费，全面完成了省下达的各项残疾人康复任务。

【市区实行残疾学生助学补助制度】 经市财政局同意，苏州市残联于2003年下半年起对沧浪、平江、金阊三城区残疾学生从小学至大学毕业实行助学补助。该助学经费由苏州市残疾人就业保障金职业培训经费中列支。凡参加九年义务制教育的残疾学生助学费用实行分期补助，每人每学期200元，按学期发放（含接受聋儿语训的残疾儿童）；残疾学生接受中等教育实行一次性补助1500元／人（包括全日制职高、普高、中专、技校）；残疾学生参加高等教育（包括成人教育、自学考试）一次性补助2000～5000元／人。市残联自1998年起对市区接受高等教育的残疾人给予助学补助，迄今已有56人受益。实行助学补助制度后，至年底有164名接受九年义务制教育的残疾学生和35名接受中等以上教育的残疾学生得到帮助。各市（县）、区也分别出台了优惠扶持措施，为残疾学生接受教育构筑了绿色通道。

【残疾人就业工作】 2003年，全市各地继续贯彻落实《关于进一步做好我市残疾人劳动就业工作意见》，以加强职业培训、提高就业安置率为重点，切实做好残疾人职业指导、职业介绍等服务工作。全市残疾人按比例就业工作开展顺利，2003年，市区有543个单位达到或超过1.7%的规定安置比例。全市举办残疾人职业培训班25期，培训残疾人1060名。2003年，全市通过多渠道、多形式、多层次安置1413名残疾人就业；各地加强了劳动监察工作，完善了残疾人就业工作年检制度，维护残疾职工的合法权益。

【残疾人社会保障工作】 2003年，市政府出台了《苏州市农村基本养老保险管理暂行办法》和《苏州市农村合作医疗保险管理办法》，各地在具体实施中，对残疾人给予特别扶持。昆山市在全市率先实施对持《残疾人证》的人员降低农村基本养老保险费年缴费标准，人均减免315元。

常熟市、吴中区规定由民政部门认定的低保对象和无工作的残疾人参保不缴费，由市（区）、镇、村补贴。相城区规定居家无职业的残疾人员应缴的养老保险费，由区、镇两级按5:5的比例负担。太仓市也对贫困残疾人参保给予补贴。凡已实施农村养老保险的市（县）、区，均对残疾人实行优先投保，并确定纳入低保的和无业残疾人应百分之百参加农保。全市农村贫困残疾人基本上都参加了合作医疗保险，保险费用均由当地镇、村承担。10月，全市城镇居民最低生活保障标准由原来月人均220元调整为260元，持有《残疾人证》的低保对象其本人的低保标准在原有基础上提高20%，调整为312元；农村残疾人低保对象均在当地农村最低生活保障标准的基础上增加20%。全市有19322名残疾人纳入了城镇、农村最低生活保障范围。全市减免了残疾人农业税，17267名贫困残疾人享受到各类减免政策的照顾。各地有1011个单位8424名个人与残疾人结对帮困，共投入物资及资金298.9万元。

【残疾人法制工作】 2003年，全市贯彻实施《残疾人保障法》，落实各项扶助残疾人的优惠规定。11月12日，市政协部分常委、委员视察了市区残疾人权益保障情况。市残疾人法律援助中心与司法局等部门举办了残疾人法律咨询活动，开展《法律援助条例》宣传。沧浪区、常熟市举办了法律知识培训班，指导广大残疾人和残疾人工作者学法、知法、用法，维护合法权益。残疾人法律援助网络进一步完善。平江区、吴江市出台了加强残疾人法律援助工作实施意见。全市有44家受残联委托的法律事务所为残疾人提供方便及时、优质高效的法律服务，全年为残疾人提供咨询服务1000多人次，受理法律援助313人次。沧浪区府前街道司法所、平江区平江路街道司法所、常熟市新港镇司法所、吴中区兴吴法律服务所、张家港市杨舍镇法律服务所等5家基层司法单位被国家司法部、中国残联命名为“残疾人维权示范岗”，为残疾人撑起了维权保护伞。

【参加国际、全国残疾人技能赛】 8月，全市有7名残疾人选手参加了在北京、广州举办的第2届全国残疾人职业技能比赛，陈秋英、皋建芬分别荣获刺绣组冠、亚军；钱娟娟获得服装裁剪组第2名。陈秋英还于11月赴印度新德里参加第6届国际残疾人技能比赛，荣获刺绣组冠军和结型花边制作第3名两枚奖牌。

（李亚萍）

婚姻家庭

【婚姻登记】 为认真贯彻落实新的《婚姻登记条例》，市民政局结合国务院、国家民政部和省民政厅对婚姻登记工作的有关要求，加大了对各市（县）、区民政局长、社会事务科长和婚姻登记人员的培训力度，提出了贯彻落实的具体意见，保证《婚姻登记条例》于10月1日顺利施行。2003年，全市婚姻登记47257对，较上年上升11.5%；离婚登记5192对，离婚率为10.9%。

【涉外婚姻】 2003年，全市涉外、涉港澳台、华侨结婚登记257对，比上年有所下降。其中配偶为外国人的118对，为港澳台的120对，为华侨的16对，为留学生的3对。离婚登记17对。

【收养登记】 2003年，全市共办理收养登记776件，其中社会弃婴640名。

（苏伦军）

消费者权益保护

【概况】 2003年，苏州市消费者协会围绕“营造放心消费环境年”主题，进一步加强《消法》宣传、消费指导和投诉受理工作，突出抓好消协基层组织网络建设，在开创消费维权工作新局面上取得了新的突破。全年共受理投诉4166件，结案4159件，结案率为99.83%；为消费者挽回经济损失533.11万元，接待消费者来信、来访、咨询34672人次，收到消费者表扬信45封。

【“3·15”宣传服务活动】 2003年，市消协在全市组织开展了以“诚实信用”为主题的“3·15”国际消费者权益日纪念活动。通过开展走进“3·15”直播室、开展放心消费直击活动、设立宣传咨询服务区、现场为消费者排忧解难、树立诚信企业形象、倡导放心消费环境等多项活动，全面打造“3·15”品牌。活动期间，共接受消费者咨询22789人次，现场发放宣传资料42.62万份，受理消费者投诉1659件，现场开展《消法》及年主题相关消费知识竞猜、竞答11场次，举行维权小品文艺演出8场次。同时，在各新闻媒体，苏州工商局公示了2002年度十大制售假冒伪劣商品案件，苏州市消费者协会公示了2002年度侵害消费者权益十个典型案例。

附：十大制售假冒伪劣商品案件（2002）

1、沈兴荣制造假冒名酒案
2、太仓“安吉尔”公司销售假冒纯净水案
3、金利明制造假冒“夏士莲”香皂案
4、苏州某燃料公司销售不合格90#汽油案
5、张家港某石油公司销售不合格柴油案
6、吴县“三友”公司销售掺杂使假煤炭案
7、姜明制售假冒洗涤剂案
8、邵连出非法加工劣质棉案
9、安徽“三利达”在苏制售假菜籽粕案
10、东渚振新油漆店再次销售过期油漆案

十个侵害消费者权益典型案例（2002）

1、八百饮户“断”奶案
2、家具甲醛超标案
3、“欧尚”殴打顾客案
4、“大润发”欺诈顾客案
5、太仓华联购物丢包案
6、“兰桂坊”宰客案
7、柳州五菱挡风玻璃自爆案
8、假冒“品牌酱油”案
9、湘城违禁农药案
10、“九代”乱采血样案

【维权工作】 2003年，市消协着重加强消费者投诉热点、难点问题的研究，从治本上提出了维护消费者权益的措施。①开展格式合同条款点评活动，对不平等的格式条款、显失公平的行业惯例进行披露。有针对性地对“最终解释权”、手机“三

包”附加条件等消费者投诉较为集中的问题展开调查、点评，并在新闻媒体上公开揭露。②支持受损害的消费者提起诉讼，鼓励广大消费者拿起法律武器保护自己的合法权益。③设立法律援助基金。市消协和《消费者热线》周刊共同设立全省首笔“消费者权益法律援助基金”5万元，对部分重大、疑难投诉以及情况特殊的小额赔偿款的投诉进行先行垫付，切实为那些权益受损而家庭确实贫困的消费者提供维权帮助。④签订“消费者权益保护基金”管理使用协议。市消协与本市一些资质较好、信誉较高的大型企业签订“消费者权益保护基金”使用管理协议。一旦消费者权益受损，经有关部门认定后，消协即可从该基金中先行提取赔偿金支付给消费者，真正实现消费“零风险”。⑤联合有关行业协会制定行业规则和规定。先后重新修改和制定了《苏州市洗涤行业服务质量纠纷调解办法》、《苏州市家具行业产品标识标注规则》（试行）等。

【消费维权宣讲团】 1月，市消协“维权宣讲团”正式成立。“维权宣讲团”由市委宣传部、苏州工商局、市消协、《消费者热线》编辑部共同组织，聘请富有宣讲经验、热爱消协维权工作、曾担任过市、区消协正、副秘书长，现已退休或退居二线的5位同志担任宣讲员。3月15日当天“维权宣讲团”接受了市领导颁发的“苏州市保护消费者权益宣讲团”队旗。并深入到社区、学校、农村行政村、商业企业、驻军连队进行培训教育。全年共作宣讲61场次，听众多达近万人次。

【消费维权“绿色通道”】 9月3日，市消协与上海、杭州消协经过积极酝酿和协商，在杭州举办的“旅游经济发展和消费维权”高峰论坛会议上，三地消协负责人共同签署了“沪苏杭三地旅游消费维权框架合作协议”和合作宣言。9月27日，三地消协又共同制定了《沪杭苏异地受理旅游消费投诉暂行办法》，并于10月1日正式启动。凡是在三地进行旅游的消费者，一旦遇到消费纠纷，无论向哪一个地方的消协投诉，都能得到快捷、有效的处理。这是三地消协联手建立的国内第一条跨区域的消费维权“绿色通道”，对促进三地消费者权益保护事业的发展，具有重要的意义。

【重大维权案例介绍】

①破解商品房“缩水”疑难案。2002年4月，市消协受理了由《消费者热线》周刊转来的这起商品房集体投诉案。早在1994年，东方公司开发建造东方苑2、3、4幢共193套商品房，130套售给个人，63套售给单位（再由单位分配给职工）。业主入住后，发现房屋面积短缺，193户业主派代表跑了4年一直未得到解决。市消协受理后，先由房地产测绘队逐户测量，测得实缺面积267.87平方米；然后请业主代表与东方公司多次协调、沟通，于2002年8月达成协议：东方公司同意按实缺面积将多收房款（每平方米1600元）退回业主，支付多收款的逐年利息、契税，并支付各户精神补偿费（按退房款的30%计算），及住户代表辛苦费1.3万元。

在具体执行协议过程中，市消协发现193户业主有4种情况：一是个人购房，二是动迁安置房，三是单位购买的福利分房（即房改房），四是二手房。市消协又与东方公司协调，决定兑现赔偿款分两步执行，先私人后单位，单位如何支付给个人，由单位自定。绝大部分消费者感谢市消协支持公道，领回了退款。但市属外贸公司福利分房的18户业主，是按每平方米300～550元不等价购买单位的房改房，当时他们要求东方公司将18户的短缺面积45.66平方米，按1600元／平方米、计73056元和利息54792元及其他赔偿金合计164551元直接支付给业主，由此与东方公司发生了分歧。市消协多次调解未成，支持消费者通过法律途径解决，于是18户业主向沧浪区法院提起诉讼。经法院审理，于2003年6月18日作出判决：东方公司返还给18户居民房屋面积款20252.19元，（按300～550元／平方米计算），利息10546.02元，赔偿精神损失费6075.66元，为18户居民办理房屋产权证建筑面积变更手续，并承担相应手续费用。至此，这起历时15个月的商品房集体投诉案，经过市消协的大量工作，终于获得解决，为消费者挽回经济损失近80万元。

②攻克“鸿鑫”诈售旧斩车案。太仓璜泾镇的黄先生于2002年10月上旬经朋友介绍到该市鸿鑫公司购车。销售人员向黄先生推荐一辆颜色为印第安红色桑塔纳2000型时代超人斩车，并介绍这辆车在出厂移库时前保险杠碰了一下，现已修复，一般看不出来，故做特价处理，售价14.2万元，黄先生认为该车便宜又实惠，便买了下来。谁知该车使用到第4个月时，黄先生发现表面红色金属漆剥落，露出了银灰色的金属底漆。黄先生怀疑是买了经过改装重新喷漆的旧车，遂到太仓市消协投诉。

太仓市消协受理后，立即将该车送至上海大众（太仓）特约维修站请技术人员验看。经技术人员检测，认为该车是红白相间镶拼色的出租车配置车，被改装更换了5只铝合金钢圈，加装了中控门锁、中央通道和点烟器。为证实该车是否由出租车改装而成，太仓市消协又分别于2003年5月6日和22日向上海大众公司和上汽大众公司进行函调，两公司复函，均肯定该车是2002年5月6日出厂的出租车配置车，保险杠以下处统一喷银灰色，大众公司在车辆出厂前未对该车进行改装。根据上述调查取证结果，太仓市消协认为鸿鑫公司在该车的销售中存在欺诈行为，于5月14日、5月28日进行了两次调解。但由于鸿鑫公司坚决不同意退车，致使调解失败。

为了帮助黄先生讨回公道，6月6日，消协协助黄先生向太仓市人民法院提起诉讼。此后，法院作出一审判决：认定在汽车销售过程中，鸿鑫公司的行为符合民事法律行为形式中欺诈行为的特征。依照《消法》规定：①黄先生退还鸿鑫公司上海桑塔纳2000型斩车（时代超人）1辆；②鸿鑫公司退还黄先生购车款14.2万元，加倍赔偿14.2万元，并赔偿其办理车辆上牌照等费用2.7万元，合计31.1万元；③案件受理费0.924万元由鸿鑫公司承担。

这起“改装”斩车诈售案的处理，创下江苏省首例汽车加倍赔偿案的记录。 （黄东远）

市(县)区概况

张家港市

【概况】 位于长江下游南岸、苏州西北部，土地面积772.40平方公里。辖8个镇、313个行政村、10个街道办事处、85个居委会。总人口86.02万人，市政府驻杨舍镇。2003年，全市实现生产总值475.06亿元，按可比价比上年增长19.9%；财政收入62.79亿元，其中地方一般预算收入24.61亿元，分别增长45.75%和36.65%；完成全社会固定资产投资180.11亿元，增长56.52%。全市经济和各项社会事业在高平台上继续保持了快速、协调、健康发展的良好态势。

中共张家港市委员会

书　记　曹福龙

副书记　王　翔　彭建平　顾栋才　刘费加

其他常委　宋伯祥　单玉珍　高建刚　沈　宁　庞伟中　李汉忠

市人大常委会

主　任　陈永丰

副主任　唐德生　韦建庄　包永康　顾树柏　左永兵

市人民政府

市　长　王　翔　（代）

副市长　庞伟中　蒋来清　秦景安　周群信　杨　芳　徐仲高

市人民政协

主　席　钱学仁

副主席　陆勤华　徐新培　蒋祖德　倪根来　朱全发

法　院

院　长　赵建明

检察院

检察长　陈兆祥

【工业】 2003年，全市工业产品销售收入突破千亿元，达到1021.98亿元，比上年增长36.2%。实现工商入库税收50.03亿元，工业用电77.23亿千瓦时，分别增长33.1%和34.7%。完成工业利税总额72.79亿元，利润41.75亿元，分别增长38.2%和39%。十大企业集团销售收入和利税总额分别占全市的48.8%和47.2%，沙钢集团产品销售达到203亿元，成为苏锡常地区首家年销售超200亿元的企业。全市完成工业投入142.02亿元，增长67.1%。总投资30.7亿元的十大竣工项目按期建成投产，总投资35.4亿元的十大开工项目全部开工。企业技术创新能力进一步增强。列入国家863计划项目1个，新增博士后工作站2家、省级企业技术中心1家、省级高新技术企业3家、省级高新技术产品35个。品牌战略深入实施。4个产品被认定为“国家免检产品”，6个产品获“江苏省名牌产品”称号。资本经营扎实推进。“华芳纺织”成为全市首家在国内A股市场直接上市的企业。个私经济发展迅猛。新办私营企业2531家，注册资本30.17亿元；新办个体工商户7041户，注册资本3.22亿元；利用外地民资25.43亿元，完成投入26.46亿元；个私经济入库税收14.07亿元，占全市工商税收总额的28.1%。

【农业】 2003年，全市实现粮食总产21.63万吨，水稻单产和皮棉亩产分别达573.8公斤和74.9公斤，多种经营总收入50.38亿元。农业结构进一步优化。新增花木、果树、蔬菜种植面积1466.67公顷。农产品质量建设步伐加快。新认定无公害农产品基地15个、无公害农产品19个，完成各类蔬菜农药残留和生猪“瘦肉精”检测23.3万批次。农业招商引资和产业化经营取得进展。利用各类资本7.1亿元，新增农业龙头企业9家，累计95家，订单农业面积超过1400公顷，转移农村劳动力超过1万人。农业基础设施建设不断加强。投入1.18亿元建成一干河枢纽、十字港节制闸等一批长江防洪工程，开挖疏浚四级河道1907条计798公里，完成水利总土方583.7,万立方米。新增各类中型农机具47台（套），整理土地700公顷。

【服务业】 2003年，全市完成服务业增加值164.05亿元，比上年增长16.5%。物流业发展加快，实现业务总收入26亿元。张家港口岸完成货物吞吐量4512.6万吨，集装箱运量24.74万标箱，分别比上年增长41.2%和22%。市场建设取得突破，总数达到106家，完成交易额235.54亿元。保税区化工品市场交易额达到103亿元，液体化工品交易额位居华东地区首位。商贸服务业日益繁荣。实现社会消费品零售总额63.57亿元，增长15.4%。住房、汽车、通信成为新的消费热点，共销售各类商品房100.43万平方米计18.21亿元，新增私家车7848辆，实现通信业务总收入9.09亿元。旅游开发力度加大，建成全国首家江岛型水上高尔夫球场。金融业快速发展，全市存、贷款余额分别达440.12亿元和397.57亿元，比年初增长105.38亿元和138.6亿元。金港投资担保公司共为各类中小企业和农村种养殖大户提供贷款担保2.75亿元。

【对外开放】 2003年，全市批办三资企业231家，实现注册外资11.87亿美元，比上年增长135%，到帐外资6.02亿美元，增长24.9%。保税区、省级开发区、沿江开发区注册外资和到帐外资分别占全市的40.9%和54.9%，杨舍、凤凰等2个镇注册外资超1亿美元。全市共批办投资超千万美元项目73个，比上年翻一番。完成进出口总额 51.25亿美元，其中出口19.80亿美元，分别增长74.2%和37.9%。国泰国际集团出口9.28亿美元，连续3年位居江苏省级外贸集团首位，并成为全市第2家年营业收入突破100亿元的企业。外经合作继续拓展，劳务输出总量在苏州保持领先。以港兴市战略深入实施。港口管理体制进一步理顺，口岸大通关工程顺利启动。各涉外单位紧密配合，通力合作，完成海关关税和代征税77.02亿元、出入境检验检疫货值43.6亿美元，查验到港国际航行船舶2668艘次。载体建设力度加大，各类资源进一步整合集聚，初步构筑了“三区”和各专业园区互补合作、联动开发的新格局，形成对外招商的整体优势。积极推进沿江开发，沿江临港的辐射效应日益显现，临港经济占全市经济总量的份额越来越高。

【城镇建设】 2003年，全市行政区划调整平稳实施，全市建制镇由19个调减为8个，初步形成“一城四区”的城市发展新格局。引进国际先进理念，按照城市未来发展要求，修编城市总体规划和多项专业规划。市域交通路网建设进展顺利。金港大道、江海中路建成通车，沿江高速公路、苏虞张一级公路、港丰公路、东南二环路等一批重点交通工程加快推进。新城区建设步伐加快。暨阳湖生态园区开发稳步推进，城西新区建设开始启动。城市功能日趋完善。第二污水处理厂、东西区污水管网配套工程如期完成，东区供水复线工程贯通投运。新建改造11条市政道路，完成了世纪广场、文化广场、街心公园等重点区域的夜景灯光工程。园林绿化工作取得突破。新增各类绿地1266.67公顷，市区绿地率36.5%，绿化覆盖率40.2%，人均公共绿地面积10.6平方米，被命名为“国家园林城市”。城乡大环境整治向纵深推进，城市管理不断加强，荣获“中国人居环境范例奖”。城市经营有序推进。共拍卖土地85宗计158.24公顷，实现土地收益5.46亿元。制定出台了《张家港市农村房屋拆迁补偿安置暂行办法》，统一规范了农村房屋的拆迁。全市共报建工程项目720项，新开工面积625万平方米，完成建筑施工面积410万平方米。

【人民生活】 2003年，全市城镇居民人均可支配收入12960元，比上年增长20.2%；农民人均纯收入6944元，增长11.7%；城乡居民人均储蓄存款2.41万元，增长13.7%。就业再就业工作稳步推进，新增就业岗位3.7万个，3989名失业人员实现了再就业。社会保障体系不断完善，为74023名农民办理了养老保险，为48459名企业职工办理了农保转城保手续，市财政拨款500万元，对最低生活保障对象基本做到了应保尽保。农村税费改革不断深化。农业税实行市镇代缴，全年实现农民减负总额达到3177万元。扶贫济困工作成效明显。市财政拨款5020万元，用于贫困户住房帮建、农村危桥改造、受灾群众安置、贫困子女助学、大病医疗补助等，低收入和特困群众的生活得到了基本保障。

张家港北二环道路景观绿带工程。 （张档提供）

【社会事业】 2003年，面对突如其来的“非典”疫情，全市上下群策群力，群防群控，取得了“抗非”斗争的阶段性重大胜利。年初确定的实事工程进展顺利。再就业援助、法律援助、纯农民养老保险、市区成片林、村组河道疏浚、危桥整治、金港大道改造、小灵通无线市话、经济适用房等工程顺利竣工，其它工程正按计划抓紧实施。事业单位改革取得突破，32家生产经营型事业单位完成了转企改制。健康城市建设全面启动。公共卫生体系建设步伐加快，编制实施了《张家港市区域卫生规划》。全民健身运动广泛开展，群众性文体活动丰富多彩，成功举办多项体育大赛。基础教育、职业教育、成人教育、高等教育协调发展。高考录取率和高等教育毛入学率分别达到91.8%和51.6%，继续在苏州市保持领先。文明城市、生态城市、诚信城市等系列创建活动深入推进，顺利通过了全国文明城市中试测评和“全国生态示范区”考核验收，首批荣获省级“社区建设示范市”称号，塘桥镇成为苏州市第一个“信用镇”。7个镇建成国家卫生镇，全市90%以上的村成为省级卫生村。文化、广电事业加快发展，被评为省“文化示范市”和“有线电视示范市”。人口与计划生育工作不断巩固，被授予“全国计划生育优质服务先进市”称号。国防动员、兵员征集、人民防空得到加强，顺利实现“全国双拥模范城”三连冠。民族、宗教、侨务、外事、对台、 地方志、档案、关心下一代工作和妇女、老龄、残疾人事业也取得新成绩。

【民主法制建设】 2003年，全市深入开展政风行风评议，定期举办“政务广场”，加快“电子政府”建设，53个市级机关部门就服务事项向社会公开承诺，畅通社情民意反馈渠道，提高行政效能。行政审批制度改革继续深化，削减审批事项96项。全面落实党风廉政建设责任制，严格执行领导干部述职述廉规定和任期经济责任审计制度，实施了镇级机关公务用车改革。基层政权建设进一步加强，荣获“全国村民自治模范市”称号。继续贯彻“严打”方针，加强社会治安综合治理，首批获得“省社会治安安全县（市）”称号。高度重视人民来信来访，进一步加大安全生产监察管理力度，有力维护了社会稳定。主动接受人大的法律监督、工作监督和政协的民主监督，办理人大议案1件、代表建议185件，承办政协委员提案226件。

附表：各镇简况（2003）

镇名	面积（平方公里）	行政村（个）	居委会（个）	年末人口（万人）	地区生产总值（亿元）	其中			粮食产量（吨）	财政收入（亿元）	农民年人均纯收入（元）	书记	镇长
						第一产业（亿元）	第二产业（亿元）	第三产业（亿元）					
杨舍	153.83	55	47	24.96	60.92	2.22	38.55	20.15	34426	13.48	7286	陆昕	徐建新
塘桥	94.42	43	9	8.70	34.39	0.96	22.88	10.55	33438	3.86	7258	黄尧	王树秋
金港	125.98	55	18	16.73	40.19	1.76	20.90	17.53	30364	2.79	7098	徐根法	朱建才
锦丰	113.98	50	3	11.24	28.82	1.38	17.72	9.72	26138	4.73	6528	许剑波	余亚雄
乐余	90.24	36	3	8.13	14.01	1.26	7.38	5.37	21171	1.51	6480	童扣林	袁雪祥
凤凰	78.77	35	3	6.41	17.09	1.14	10.84	5.11	22372	1.26	7287	王惠忠	赵桐兴
南丰	42.14	18	1	4.20	10.73	0.62	7.49	2.62	11933	1.91	6829	刘国强	支坤兴
大新	40.24	21	1	3.55	6.80	0.39	4.16	2.25	14108	1.25	6608	赵志凯	季洪良

（王汉泉）

常熟市

【概况】 地处长江下游南岸、苏州市北部。年末实有耕地面积61744公顷，辖有12个建置镇，3个农林牧渔场，322个行政村，15个街道办事处，1个招商城，128个社区和居民委员会。全市总人口103.8万人，市人民政府驻虞山镇。

2003年，全市完成国内生产总值474.99亿元，比上年（下同）增长29.78%。实现财政收入55.67亿元，净增近25亿元，其中地方财政一般预算收入22.39亿元，增长37%。人均国内生产总值首次超过5000美元。在全国县域经济基本竞争力百强县（市）和江苏省县（市）综合竞争力排名中，常熟市都位居第二。

中共常熟市委员会

书　记　杨升华

副书记　王建康　戈炳根　张永泉

其他常委　潘　虹　秦卫星　徐永达　杨　伟　王剑锋　杨崇华　游　膺　崔恒富

市人大常委会

主　任　唐伟萱

副主任　徐月琴　陈永良　姚永兴　言穆胜　邵文虎

市人民政府

市　长　王建康

副市长　张永泉　游　膺　胡　韬　俞惠良　桑五官　钱向宏　吴卫国

市人民政协

主　席　王伟民

副主席　赵洪生　霍慰铭　俞　正　钱仁德　凌瑞良

法　院

院　长　李建新

检察院

检察长　薛盘霖

【工业】 2003年，全市实现全部工业总产值1038.4亿元，工业产品销售收入770.7亿元，工业利税70.9亿元，分别增长29.8%、28.1%和28.6%。完成全社会固定资产投资182.11亿元，其中工业性投资150亿元，分别增长73.7%和74.1%。规模经济优势初步显现，有3家企业销售超过20亿元，9家企业利税超过亿元。城市工业布局调整取得明显进展，累计已有11家企业完成整体搬迁并交付土地。品牌战略成果扩大，新增3个中国名牌产品，总数继续列全国同类城市之首。特色产业不断发展，获得全国食品工业强县（市）称号。

【农业】 2003年，全市实现农业增加值15.27亿元，农产品出口创汇9000万美元。粮经作物比例调整到4∶6，养殖业产值占到农业总产值的一半以上。建成蔬菜大棚1333.33公顷、农业标准化生产基地10000公顷，农民经纪人发展到2000多人；新创有机食品1个，新增无公害农产品11个、绿色食品5个，绿色食品销售收入超5亿元。市绿色产业示范区建设通过联合国专家委员会的考核验收。荣获全省农业产业化经营先进单位称号。农业利用外资和工商、民间资本有了新的进展，新办农业三资项目49个，利用三资4.59亿元。土地资源合理开发利用和复垦复耕工作成效显著。

【服务业】 2003年，全市实现服务业增加值171亿元，增长16.6%。市场建设力度不断加大，汽车、建材、钢材等一批有影响的大型专业市场相继崛起；常熟招商城、食品城提升性改造顺利推进。全市各类商品市场实现成交额253亿元，其中招商城180亿元，分别增长24.7%和30.1%。华联商厦被评为中国商业名牌企业。旅游资源有效整合，宣传力度进一步加大，接待游客387万人，实现旅游收入25.7亿元，同比分别增长26.8%和12.5%。信息、中介、公益、社区等新兴服务业发展迅速，金融、交通、运输、邮政、通讯等产业继续保持较快增长势头。

【私营个体经济】 2003年，全市新办私营企业3262家，累计达11527家，新增注册资本59亿元，累计达141亿元；新办私营企业户均注册资本达181万元，新增注册资本超3000万元的企业7家。新增省级民营科技企业35家，累计达111家。新增个体工商户13206户，累计达55928户；新增注册资本6.96亿元，累计达27.45亿元。私营个体经济完成工业总产值539亿元，上缴税收15亿元，分别占到全市总额的52%和35%。民营经济发展继续保持全省领先。

【开放型经济】 2003年，全市新增合同利用外资36.2亿美元，净增3.8亿美元，其中注册外资14.64亿美元；实际利用外资9.51亿美元，是2002年的近两倍。完成自营进出口总额27.1亿美元，其中出口18.1亿美元，分别增长36.6%和34%。兴华码头二期正式开放，常熟海关直通式监管点和常熟口岸报关报检中心建成投运。港口货物吞吐量1510万吨，增长22.4%。海关关税收入34.5亿元，增长近一倍。

【开发区建设】 2003年，常熟经济开发区全年投入基础设施建设资金12亿元，“东区西园”形态进一步显现；新增注册外资8.6亿美元，实际利用外资6亿美元，临江产业快速集聚。东南经济开发区投入基础设施建设资金16亿元，完成八大基础工程，载体框架全面拉开，跨入省级开发区行列。继续实施园区资源整合，全市六大工业板块基本形成，资本承载能力明显增强。

【重点工程建设】 2003年，全市农村自来水管网改造步伐加快，初步实现城乡供水一体化，长江自来水入户率达到91%。白茆闸改建、农村危桥改造、入江河道整治和新开环城河等一批水利工程基本完成，长江河道一级目标管理通过省级验收；城市片区防洪工程全面实施。220千伏董浜变扩建等电力设施工程竣工投运。城北污水处理厂二期工程、“西气东输”天然气管网配套工程顺利实施。苏嘉杭高速公路常熟段提前通车，实现了高速公路“零”的突破；完成227省道复线、南三环立交和南三环改造工程；全市公路总里程超过1600公里。

【各项改革】 2003年，全市事业单位改革有序推进，市属生产经营型事业单位转企改制基本完成；国有（集体）企业产权制度改革不断深化，资本经营根基得到夯实，3家企业进入上市辅导期。行政审批制度改革继续推进，削减审批项目577件，减幅达57.9%；政府职能进一步转变，市行政审批服务中心建成运行，政府行政效率不断提高。全市镇级机关公务用车改革全面完成。镇村区划调整力度明显加大，减少建制镇12个、行政村85个，各类资源得到有效整合。

【城镇建设】 2003年，全市完成老城改造面积30公顷，市图书馆、荷香馆、文化广场、方塔东街、石梅广场二期等工程基本竣工，大步道巷、阁老坊地块改造工程全面启动。新世纪大道建成通车，拉开东部新城建设框架；珠江路东延、华山路贯通工程如期竣工，城市路网更加完善；海虞南路、枫林路、青墩塘路景观改造全面完成，尚湖风景区环境综合整治取得明显成效。集镇规划建设有了新的进展，全市集镇建成区面积达40平方公里，“定位科学、布局合理、优势互补、错位发展”的小城镇发展格局初步形成。生态环境更加优美，全市新增绿化面积659公顷，其中城镇新增绿化面积135公顷；市区人均公共绿地面积17.4平方米，绿化覆盖率达53.5%。环保工作扎实推进，空气质量优于国家二级标准，地面水水域功能区达标率、饮用水源水质达标率均为100%，污染源远程监控中心建成投运。通过创建全国生态示范区国家级验收，生态市发展规划在全国县（市）中首家通过国家环保总局组织的专家评审；海虞、大义建成全国环境优美乡镇。全市城乡环境综合整治成效明显，新增国家级卫生镇5个、省级生态村7个，省级卫生村覆盖率达83%。荣获中国人居环境范例奖。

【社区建设】 2003年，全市城区8个街道办事处合并成方塔、虹桥、兴福、琴湖4个管理区，132个居委调整为46个社区居委。并按省有关标准，各社区居委实现了领导工作力度、社区体制、社区机构、社区功能、社区卫生、社区文化、社区治安、社区环境、社区共建和社区设施“十个到位”。实现了“一社区一支部”和居委干部职业化、年轻化、知识化。同时，市镇两级一次性投入了600万元，用于社区居委硬件建设，使每个居委用房达到200平方米以上，办公设施达到了“八个一”标准，功能上实现了“六位一体”。各社区居委无论从硬件设施到软件管理，从环境面貌到工作效率，都实现了制度化、规范化。6月，顺利跨入了江苏省社区建设示范市行列。

【社会保障】 2003年，全市城镇职工养老、医疗、失业、工伤、生育保险制度不断完善，企业退休人员社会化管理服务工作全面启动。农村养老保险制度深入推进，覆盖率达68%；建立老年农民社会养老补贴制度；农村合作医疗保险参入率达87%；失地农民“土地换社保”机制取得初步成效。最低生活保障制度得到强化，低保对象实现应保尽保。积极实施城乡统筹就业，全年新增就业岗位4.5万个，年末城镇登记失业率为3.73%。

【科学技术】 2003年，全市科技创新力度加大，全市新立各级各类科研计划152项（次），其中，国家级13项，省级47项，苏州市级16项，本市级76项，立项档次和数量均有较大幅度提高，取得了一批科技成果，其中，获得省科技进步三等奖1项、苏州市级科技进步奖11项，评出常熟市级科技进步奖39项，市长特别奖1人。新建企业研究所（科技公司）30家，完成技术合同交易额3600万元。完成各类科技培训56期4180人次。年内全市省级以上高新技术企业实现工业总产值85亿元，高新产业总产值突破100亿元，占全市规模以上工业产值的18%。常熟市被省知识产权局列入省知识产权工作试点单位，并被评为“省知识产权工作先进集体”。

【社会事业】 2003年，全市在加快经济建设的同时，始终坚持各项社会事业的协调发展，切实为百姓办实事、办好事。年初确定的十大为民办实事工程全面完成或达到时序进度，农村十项实事加快实施，人民群众的生活质量进一步提高。荣获全国档案工作先进集体、全国人口与计划生育法制建设先进集体称号。全市义务教育入学率达100%，初升高比例达96%，高等教育毛入学率达42%。被国家教育部批准筹建常熟理工学院；完成实验小学整体搬迁。通过江苏省首批文化示范县（市）考核验收，全市城乡文化设施建筑总面积超过14万平方米。“非典”防治工作取得阶段性成果；卫生事业改革有序推进，实行医疗卫生事业公有资产授权经营；市医疗急救站建成启用，市一院门急诊大楼和新区医院工程基本竣工。全民健身运动蓬勃开展，体育中心启动建设。

【人民生活】 2003年，全市城镇居民人均可支配收入13527元，农村居民人均纯收入6626元，分别增长20.5%和8.81%。实现社会消费品零售总额112亿元，增长14.8%，继续保持全省领先地位。金融机构本外币存款余额达到533.7亿元，其中城乡居民储蓄293.8亿元，分别净增113亿元和46亿元，在全省县（市）中列居首位。

【精神文明建设】 2003年，全市通过深入学习“三个代表”重要思想，广泛开展常熟城市精神大讨论和常熟人形象大讨论等活动，努力塑造文明、健康、向上的人文精神，倡导人人争当“文明市民”，群众的整体道德素养有了较大提高。军民共建成果显著，荣获全国双拥模范城市称号。依法治市深入开展，切实重视民主法制建设，编发《市民法律法规必读》50万份，在全社会掀起了学法守法用法的新高潮，市民法律意识明显增强。积极推行政务公开，大力实施依法行政，认真接受市人大、市政协的法律监督与民主监督，及时报告和通报工作情况；主动加强与各民主党派、工商联以及各人民团体的联系，广泛听取社会各界人士的意见，促进了决策的科学化和民主化。基层群众自治组织不断巩固，进入全国村民自治模范市（县）行列。社会治安得到加强，认真落实社会治安综合治理的各项措施，大力开展“飓风行动”等整肃社会治安的专项斗争和专项行动，进一步加大了对恶势力违法犯罪的打击力度，重特大刑事案件高发势头和“黄赌毒”等社会丑恶现象的蔓延得到有效遏制。社会治安防控体系建设不断加强，外来人员管理逐步走向规范化。“平安常熟”创建工作扎实推进并初见成效，全市社会治安状况总体平稳。

附表：各镇简况（2003）

镇名	面积（平方公里）	行政村（个）	年末人口（人）	地区生产总值（亿元）	其中			粮食产量（万吨）	财政收入（万元）	农民年人均纯收入（元）	书记	镇长
					第一产业（亿元）	第二产业（亿元）	第三产业（亿元）					
虞山	170.00	62	340005	72.06	2.18	37.88	32.00	3.26	121700	7142	闻永昌	沈晓东
梅李	78.60	27	78509	18.18	1.29	12.50	4.39	2.15	24244	6218	张建志	袁志刚
海虞	108.66	28	89000	26.60	3.11	16.03	7.46	3.03	35000	7017	陈惠良	苏建东
新港	113.79	33	103768	21.85	2.33	13.92	5.60	1.10	25633	5680	王建国	江振球
支塘	128.96	30	71733	20.52	2.92	11.17	6.41	3.74	22029	6224	陆建达	陈波
沙家浜	79.98	18	40263	17.16	3.33	9.19	4.64	1.16	15096	7138	俞根元	朱亚辉
王庄	68.00	20	47345	17.49	0.81	11.61	4.22	1.66	9162	7157	史建刚	王建国
练塘	79.42	19	59365	15.53	0.87	9.82	4.11	2.54	18753	6720	陈卫京	陈飞
董浜	62.50	20	54100	14.41	1.61	9.44	1.39	1.10	12999	6188	徐建国	陆继军
古里	116.66	29	74097	26.28	1.41	19.04	4.73	3.30	3.28	6421	时映光	顾国强
大义	46.00	16	33677	12.36	0.69	8.00	3.11	1.59	10406	7080	杨金龙	邓国华
辛庄	70.06	17	49200	18.52	11.41	11.71	4.21	1.50	22252	6308	范建国	朱正刚

（思懿）

太仓市

【概况】 位于长江口区、苏州市东北部，土地面积620.00平方公里，总人口45.11万人，辖1区7镇，218个行政村，49个居委会。市政府驻城厢镇。

2003年全市国民经济提速增效。完成国内生产产值210亿元，增长16.62%；实现财政收入21.62亿元，增长33.6%。完成全社会固定资产投资111.18亿元，增长85.21%。城镇在岗职工年平均工资16084元，农民年人均纯收入6678元，分别增长20.62%和8.04%。城乡居民年末储蓄存款余额97.44亿元，人均储蓄21643万元，分别增长20.76%和20.5%。

中共太仓市委员会

书　记　程惠明

副书记　浦荣皋　孙耀明　高志强　陈启元　宋建中　李　斌(挂职)

其他常委　张志明　孙锦泉　秦建明　夏林祥　赵德兴

市人大常委会

主　任　朱亦芳

副主任　张永林　吴佐成　吴炯明　高小华　蔡生荣　王文其

市人民政府

市　长　浦荣皋

副市长　陈启元　郑银林　高　阳　盛　蕾　周文彬　王永林　徐鸣强

市人民政协

主　席　金世明

副主席　骆传洲　陈绪川　杨丽娟　吕　寅　嵇永宁

法　院

院　长　张　愁

检察院

检察长　王建华

【工业】 2003年全市实施新型工业化发展战略，加强产业布局和结构的规划导向，积极扶持规模企业发展，努力帮助企业解决建办和生产经营中的各类问题，克服“非典”、高温、电力供应紧张和原材料涨价等诸多不利影响，各项经济指标实现较快增长，运行质量继续提升。全年完成工业总产值434.79亿元、销售收入393.06亿元，分别比上年增长19.1%、21.3%，其中规模以上工业企业完成产值254.45亿元、销售收入249.38亿元，分别增长26.5%、26.1%。

【农业】 2003年全市农业结构继续调整优化，围绕农业增效、农民增收、农村稳定，不断推进农业结构调整，高效经济作物种植、设施栽培和水产养殖面积进一步扩大，效益进一步提升。农产品质量建设步伐加快，市场准入制度逐步建立，新增无公害、绿色农产品种植面积1533.33公顷。农业产业化经营加快推进，现代农业示范园133.33公顷核心区形态和项目开发全面启动，龙头企业和各类经济合作组织带动农民增收8000多万元，新增农业“三资”项目总投资3.57亿元。抓好粮食生产、储备和供应，完成市粮油批发市场建设的准备工作。复耕整治土地741.2公顷。

【服务业】 2003年全市现代服务业加速发展。积极促进现代物流业的发展，港口接靠外轮732艘，增长36.8%，完成货物吞吐量808.6万吨，增长76.9%，其中集装箱运量5万标箱，增长4.2%。开工建设商住房67.4万平方米，增长72.4%。消费市场繁荣活跃，五洋商城一期工程进展顺利，居民教育、住房、旅游、保健等消费支出明显增加，新增私家车3880辆。完成社会消费品零售总额36.12亿元，增长12.6%。金融机构增放各项贷款71.84亿元，增长94.1%；消化历年不良贷款1.59亿元，比上年下降5.1个百分点。

【私营个体经济】 2003年全市私营个体经济增势明显。以加快“接轨上海”和对浙江温州等地民资的招商为重点，不断扩大对内开放，并努力激活本地民间投资。新增私营企业963家、个体工商户5200户、注册总资本19.85亿元，分别增长15%、36%和102%。引进外来资本总量与规模均取得明显跃升，总投资达100.64亿元，实际到帐63.31亿元，超千万元项目有85个，超亿元项目有26个。其中，引进浙江温州项目47个，投资总额35.6亿元；引进沪上企业59家，投资总额34.8亿元。

【开放型经济】 2003年全市开放型经济保持良好增势。在受“非典”影响和竞争激烈的形势下，以日韩、欧美和港台地区为重点，不断加大招商力度，推动利用外资再创新高。新批外资项目248家，完成注册外资12.18亿美元、实际利用外资6.02亿美元，分别增长52.1%和55.4%。其中，服务业实现注册外资3.24亿美元，增长61.3%。完成进出口总额22.64亿美元，其中出口11.69亿美元，分别增长35.7%和25.2%。玖龙纸业、中化国际、申久化纤、桐昆化纤等一批重大项目建设顺利推进。

【重点工程建设】 2003年全市重点工程建设取得新进展。蓄淡避咸水库工程总投入5600万元，已完成总工程量的64%。长江引水完成了“镇镇通”工程。市实验高级中学二期已完成建筑面积2400平方米，近70%的工程量。城南桥已完成水下基础建设。新区污水处理一期工程整体管网工程已完工。通港公路西段工程竣工通车，沿江高速、苏昆太高速建设按期推进，339省道改线、太蓬公路、锡太一级公路太仓段、沪浮璜公路向北延伸段等工程启动实施。切实加强了电力、水利建设，新建与扩建220、110千伏输变电和变电站5座，其中4座已竣工投运；农村“三清工程”取得阶段性成效，完成河道整治2000余条。

【各项改革】 2003年全市企业改革向纵深推进。按照“规范、彻底”的要求，完成市属工业企业和商贸流通企业改革；首批26家生产经营型事业单位转企改制工作正在抓紧进行。农村改革取得较大成果。实行农业税征缴办法改革，新增土地流转面积628.93公顷、各类合作经济组织35家；调整完善户籍、农村宅基地管理制度和用地政策。完成第3轮镇行政区划调整工作，实行乡镇机关用车改革，对全市146个行政事业单位实施了国库集中支付制度。完成第2轮行政审批制度改革，减少审批事项92项。政府职能转变和城市投融资、教育卫生体制等其他各项改革顺利推进。

【城镇建设】 2003年全市城镇建设大力度推进。以地生财，多元化投资，市场化运作，加紧实施“美化东大门、改造西大门、建设南大门、拓展北大门”系列工程，完成城区主干道亮化美化、郑和路整治、新浏河生态林带东段建设、人民公园扩建和南园提档等一批重点工程，实现县府街、长春路与弇山路等城市路网贯通，城市面貌发生显著变化。实施“道路畅通工程”，通过国家“二等管理水平”的考核验收。加快推进城乡绿化建设，新增林地、绿地805公顷。加强新一轮环境保护工作，清洁生产、防污控污治污和环境综合整治等工作都取得明显成效，通过了创建“全国生态建设示范区”的省级调研。

【社区建设】 2003年扎实搞好社区配套设施建设，新增卫生服务站5个，努力提高管理水平，全市95%以上的社区都能提供治安、环境、计生、医疗、家政、文体、阅览等功能服务，成为“省社区建设示范市”。

【社会保障】 2003年努力提高社会保障的覆盖率和水平，净增职工养老保险13017人、医疗保险34000人，新增失业保险26210人，农村大病风险保障参保率提高到91.3%；全面实施农村基本养老保险制度，参保人数达93300人，其中48400人享受养老待遇。认真落实对社会弱势群体基本生活的保障措施，顺利完成为期3年的对低收入农户的开发式扶贫工作。

【科学技术】 2003年科技事业迈出新步。创建“省科普示范市”通过考核验收；高新技术产业持续发展，新材料创业园、中科国际科技园等技术创新平台正在抓紧筹建；新认定省高新技术企业8家、产品13个，新增市级以上企业技术中心4家，申请专利92件，新通过国际质量认证企业65家。

【社会事业】 2003年教育现代化建设不断推进，一批重点学校得到扩容、提档和升级，30所学校基本完成数字化设施建设，沪太外国语小学投入运行。全市人民众志成城抗击“非典”，实现“零病例发生、零医护人员感染”目标，公共卫生体系和突发事件应急机制建设全面启动。创建健康城市工作扎实开展，爱国卫生运动不断深入，卫生监督执法工作进一步加强。继续推进“文化强市”建设，成功举办“首届郑和航海节”，群众性文化活动频繁开展，有8件作品获省级奖项；创建特色文化乡镇和“全国丝竹之乡”取得新进展，通过创建“省民间艺术之乡”的考核验收；完成“维新遗址”的发掘、考古工作，将太仓文明史增加至4500年。广播电视节目制播水平继续提高，通过省有线电视先进市的考核验收。人口与计划生育工作得到加强，全市计划生育率99.7%，人口自然增长率-2.56‰。全民健身活动广泛开展，成功举办“鲁能杯”全国乒乓球超级联赛、华东女排四强争霸赛等重大赛事。

【人民生活】 2003年全市人民生活水平持续改善。切实加强就业再就业工作，新增就业17378人，其中帮助3466名下岗失业职工实现了再就业，分别完成年计划的116%和115%。加快推进富民工程，支持民间自主创业，城乡居民的资产性和经营性收入有所增长。

【精神文明建设】 2003年全市创建全国文明城市工作深入推进。文明社区、文明行业、文明村镇、文明示范户“四创”联动的群众性精神文明创建活动广泛开展，“致力于事业、服务于人民”主题教育活动不断深化，公民的思想道德建设不断加强。努力加强基层民主建设，荣膺“全国村民自治模范市”称号“三连冠”。扎实推进机关效能建设，加强勤政廉政建设，广泛开展纳税人评议政风行风等活动，政府各被评部门和行业综合满意率达到97.8%，比上年提高6.5个百分点。认真抓好社会治安综合治理，严厉打击各种犯罪活动，开展创建“平安太仓”活动，进入首批“社会治安安全市”行列。

附表：各镇简况（2003）

镇名	面积（平方公里）	行政村（个）	居委会（个）	年末人口（人）	地区生产总值（万元）	其中			粮食产量（吨）	财政收入（万元）	农民年人均纯收入（元）	书记	镇长
						第一产业（万元）	第二产业（万元）	第三产业（万元）					
陆渡	25.03	10	1	12741	115527	3120	86205	26202	6447	10195	6917.44	朱大丰	焦亚飞
浮桥	150.12	54	9	73979	204438	24757	104643	75038	42054	12002	6206.06	华中兴	黄友良
璜泾	83.84	26	3	49979	241039	11743	149957	79339	27109	10963	7848.10	周健慧	王红星
双凤	62.51	23	2	31985	74707	12792	29587	32328	15204	3306	6220.43	邱震德	韩飚
城厢	126.51	42	22	98000	296630	19200	115233	162197	26679	23482	6452.56	陆卫其	高扬
沙溪	132.44	41	7	89835	303945	20222	165978	117745	41659	16650	6743.34	高强东	杨建中
浏河	68.57	22	5	50463	187135	12306	83411	91418	23291	9119	6942.96	张连兴	凌晓波

（李平）

昆山市

【概况】 位于苏州市东部，是江苏的“东大门”，辖国家级开发区、出口加工区和10个镇，市域总面积927.7平方公里，年末全市总人口61.95万人。2003年，全市完成国内生产总值430.37亿元，比上年增长31.5%；财政收入64.27亿元，增长59.6%；全社会固定资产投资176.64亿元，增长51.8%；城镇登记失业率2.44%。成功创建国家园林城市、国家生态示范区。在全国县（市）社会经济发展指数综合测评中位居第三。

中共昆山市委员会

书　记　曹新平

副书记　张国华　孙优强　许庆龙　钱解德

其他常委　沈根弟　高雪坤　沈黎明　张雪纯　朱凤泉　毛纯漪

市人大常委会

主　任　张　雷（4月免）

副主任　余增荣　俞寿金　赵松坤　郑章楠　顾美玲　沈保明

市人民政府

市　长　张国华

副市长　高雪坤　周雪荣　汪国桢　任雪元　顾剑玉　金乃冰

市人民政协

主　席　沈卫群

副主席　陆泉兴　陆安平　顾美玲　汪国秀　须建明　李修昌

法　院

院　长　周健生

检察院

检察长　张　斌

【工业】 2003年，全市完成现价工业总产值1067.2亿元，比上年增长43.1%；工业增加值267.1亿元，增长39.8%；国有工业总产值16.5亿元，增长4.2%；集体工业总产值14.9亿元，增长9.1%；外商及港澳台工业企业总产值866.8亿元，增长44.0%；私营企业总产值169.0亿元，增长40.3%；电子信息、精密机械、精细化工三大主导产业完成产值占全市总量的67.9%，比上年提高5.7个百分点。经济效益综合指数148.6。全年实现工业产品销售收入1045.8亿元、利税66.1亿元，分别增长44.5%和31.8%。全市工业用电增长32.1%。完成工业项目投入110.6亿元，增长38.5%。新增ISO9000质量体系认证企业40家，ISO14000环境质量管理体系认证企业10家。

【农业】 2003年，全市完成农林牧渔业总产值20.07亿元，比上年下降1.2个百分点。水稻亩产561公斤，三麦亩产209公斤。水稻优质品种种植率68.4%，小麦优质品种种植率86%，油菜籽优质品种种植率98%。引进种养业新品106个，建成省级无公害农产品生产基地13个，新增省级无公害农产品19个，注册品牌的农产品18个。实施水利工程127项，清淤河道222公里，加高加固防洪圩堤108公里。完成农村道路绿化140公里。全面落实农村征（使）用土地补偿政策，兑付补偿金1.5亿元。全面启动“三有工程”(注:)，全年转移农村劳动力1万多人。

【服务业】 2003年，全市实现服务业增加值129.4亿元，增长29.0%。完成建筑业增加值22亿元，增长41.2%；运输业增加值10亿元，增长12.0%；邮电业增加值7亿元，增长27.6%。全社会消费品零售总额60.2亿元，增长19.8%。新增有形市场5个，总成交额125.5亿元。全年接待游客460万人次，实现全社会旅游收入34.5亿元。住宅商品房销售31亿元，增长67.6%。新增各类贷款140.9亿元，贷款余额326.1亿元；各类存款余额440.6亿元，其中居民储蓄154.9亿元。苏州商业银行、友邦保险在昆山市设立分支机构。

【私营个体经济】 2003年，全市新增民营企业3323家、个体工商户6415家，新增注册资本36亿元，民营企业户均注册资本超100万元，比上年增长1倍，其中5000万元项目2个。年末个体私营经济注册资金达100.7亿元。3家企业销售收入超10亿元，“好孩子”、三牛、AB、震雄、翔峰等5家企业进入中国民营企业500强，“好孩子”被列为全国第二批“向世界名牌进军、具有国际竞争力的中国企业”。

【开放型经济】 2003年，全年新批外资项目554个，注册外资22.5亿美元，到帐外资12亿美元。在新批注册外资中，台资项目占55%，日韩项目占11%，欧美项目占12%。新增超亿美元项目4个，累计达到27个。全年新签订对外承包工程和劳务合作合同5527万美元，比上年增长3.8倍。昆山开发区在46个国家级开发区投资环境综合评价中名列第三。出口加工区初步实现全天候通关，进出口总额突破50亿美元。新增投产外资企业205家，累计达到1493家。外资企业实现销售849.3亿元，上缴税收30.2亿元，分别占全市的81.2%和74.4%。完成进出口总额139.2亿美元，增长64.3%，其中出口72.1亿美元，增长66.9%。外向配套企业超1000家，配套销售额超100亿元。

【实事工程】 2003年，全市确定的8项实事工程完成情况良好。即:农村基本养老保险制度全面推行；区域供水工程全面完成；继续实施医疗救助工程，发放贫困户医疗救助卡4135张；美华西村小区完成改造，游方弄小区动迁工作有序展开；47个示范社区通过省级验收；柏庐实验小学艺体馆投入使用，机关幼儿园改造工程竣工；滨江公园、琅环公园建成开放，侯北人美术馆基建完工；市体育馆、图书馆按计划启动建设。

【各项改革】 2003年，全市认真实施第2轮行政审批事项清理，市行政审批服务中心有效运行。《昆山市关于市属生产经营型事业单位转企改制工作的实施意见》出台，完成45家改制单位。严格规范土地管理，开展土地市场秩序治理整顿，实行经营性用地招标拍卖挂牌出让制度。采取“拆一补一”和货币补偿安置方式，做好农户房屋动迁。新组建富民合作社56家、社区股份合作社2家、土地股份合作社4家。农业特产税和农业税附加实行村镇代缴，减轻农民负担2303万元。

【城镇建设】 2003年，全市建成区面积达到75平方公里，城市化率超过55%。完成《昆山城市总体规划》和6个特色镇、临沪产业带、北部片区概念规划。细化绿地系统、生态城市、水系等一系列专业规划。建成新312国道-黄浦江路-339省道-萧林西路-古城路城市环线45公里。拓宽改造了前进东路、马鞍山路、长江南路。锦淀公路、角直至锦溪公路建成通车。完成黄浦江路太仓塘大桥、同丰路青阳港大桥、古城路公铁立交等工程。建成陆家、张浦、北部污水处理厂，完善了老城区污水管网。启用5个、启动建设3个输变电站。市人防指挥所投入使用。完成8项绿化景观工程和22项生态示范项目，建成区绿地率37.8%，绿化覆盖率40.5%，人均公共绿地面积12.07平方米。城市综合执法管理向镇区延伸，城市绿化、河道保洁、路灯养护、路面清扫、垃圾收运等管理上新台阶。

【社区建设】 2003年，全市累计投入社区硬件和软件基础设施建设资金2000多万元，建成示范社区56个，其中城区46个，乡镇9个，成为江苏省社区建设示范市。

【社会保障】 2003年，全市投入财政资金8400万元，全面推行农村基本养老保险制度，参保人数28.7万人，参保率达99.1%，养老金按时发放率100%。玉山、周庄镇的农村基本医疗保险制度改革试点，参保率均超98%。财政投入农村大病风险补偿资金560万元。新增城镇职工养老保险6万人、医疗保险10万人。机关养老保险与社会养老保险机构实行归并。落实农村最低生活保障对象4595人，发放补差资金237万元；城镇低保对象1784人，发放补差资金227万元。

【科学技术】 2003年，全市组织实施各级各类科技计划334项，恩斯克中国技术中心、正新研发中心等一批企业科技研发机构相继成立。共申请专利1020件，授权专利807件。周庄传感器产业基地、江苏模具工业实验区被认定为国家级产业基地。新增省级高新技术企业11家，省级高新技术产品36个。留学人员创业园荣获“全国留学人员先进工作单位”称号。成立知识产权局和技术市场，被列为省知识产权工作试点市和科普示范市。新增各类专业人才2.3万名，每万人拥有人才量达1357人。

【社会事业】 2003年，全市中小学入学率、巩固率、毕业率均保持100%；初中毕业生升学率99%，高考录取率90.4%，其中本科录取率58.9%。被评为全国幼儿教育先进县（市）。苏州大学应用技术学院、苏州托普信息技术学院建成并招生开学。公共卫生体系加快形成，制定并有效实施《昆山市突发性公共卫生应急处理预案》，无发生一例“非典”及疑似病例。新增民营医疗机构5所，新建、调整社区卫生服务站21所，服务人群覆盖面超过98%。花桥、陆家镇建成国家卫生镇，22个村达到省级卫生村标准，通过全国无烟草广告城市验收。年末，全市文化馆16个、公共图书馆1个、档案馆1个，市镇两级图书馆藏书量61.2万册；各地文艺团队来昆演出604场，观众11.89万人；电台平均每天播音16小时、电视台平均每周播放96.58小时，《昆山日报》改为对开大报，共出版527.6万份；建成国家级健身工程1个、省级7个、苏州市级7个，成功举办昆山市足球、篮球联赛。

【人民生活】 2003年，全市城镇居民人均可支配收入13034元，增长17.1%；农村居民人均纯收入7000元，增长11.8%；年末人均储蓄存款2.52万元；居民消费价格总水平比上年增长1.2%，恩格尔系数农村37.2%、城镇31.8%；年末人均住房面积农村62平方米、城镇29.2平方米，市区居民住宅成套率100%。新增各类汽车1.1万辆，其中私人购车8100辆。

【精神文明建设】 2003年，市区亭林街道被评为“全国青年文明社区”。慈善基金募捐总额2931万元。配合承办第二届中国昆剧艺术节，昆山市命名为“中国民间艺术（昆曲）之乡”。周庄镇成为国家首批“历史文化名镇”；绰墩山考古再次取得重大收获，出土6000年前的马家浜文化水稻田遗址。新增有线电视用户2.5万户，建成省有线电视示范市。

【民主法制】 2003年，全市民主法制建设继续加强，共办理人大代表议案、建议154件，办理政协委员提案157件。重视政府法制工作，大力推进政务公开。规划方案实行公示制。成立“市民法律顾问团”，积极推进“法律进社区”工作，市民法律意识进一步增强。

【社会稳定】 2003年，全市社会综合治理工作继续保持稳定。创建“平安昆山”活动。加强社会治安综合治理，严厉打击各种犯罪活动，坚决查禁各种社会丑恶现象。加强外来流动人员的服务和管理，建成外来流动人员集居点50处。落实安全生产责任制，深入开展专项整治活动，保障了人民生命财产安全。

注：中共昆山市委十届五次全体（扩大）会议提出实施“人人有技能、个个有工作、家家有物业”的三有工程，加快群众富裕进程。力争用三年时间，基本达到“七、八、九”目标，即全市70%的家庭有物业，80%的劳动者有初级以上技能，90%以上的劳动力有稳定的就业岗位。

附表：各镇简况（2003）

镇名	面积（平方公里）	行政村（个）	居委会（个）	年末人口（人）	地区生产总值（万元）	其中			粮食产量（吨）	财政收入（万元）	农民年人均纯收入（元）	书记	镇长
						第一产业（万元）	第二产业（万元）	第三产业（万元）					
正仪	75.12	14	5	31454	86303	7256	39805	39242	8352	10080	6635	朱元英	纪明
巴城	59.21	10	1	27771	77531	5924	34707	36900	3809	5673	7050	张伟刚	何翠英
石牌	52.68	11	1	19554	53873	6870	29406	17597	5429	8136	6520	戴华方	高峰
陆杨	29.69	9	1	13107	73389	8068	46440	18881	3812	7264	7178	徐惠芳	连建新
周市	58.73	11	5	28600	175336	3705	128778	42853	6089	26240	6813	沈保明	姚惠云
蓬朗	35.33	10	1	21220	107298	4342	84606	18350	5974	15693	6835	褚志愿	徐志良
陆家	49.16	8	5	29437	250021	3188	190907	55926	8162	38980	7362	夏小良	浦建宏
花桥	50.11	12	4	33243	148474	8876	90335	49263	16601	15537	7117	沈华飞	程文荣
石浦	29.12	10	1	16991	105228	3314	78617	23297	5640	8585	6592	叶海元	徐卫球
淀山湖	63.11	11	4	24851	101246	8646	52260	40338	10364	8693	7035	冯仁新	徐清平
张浦	116.27	29	5	64057	266895	18638	175409	72648	22004	33240	6940	沈晓明	朱立凡
周庄	38.96	10	2	21571	102104	3637	34958	63509	3685	8714	7055	屈玲妮	沈跃新
玉山	136.92	27	59	224508	634499	7599	377925	248975	2390	138781	7802	沈黎明	石敏
千灯	42.58	12	4	25836	70700	4041	41134	25528	9388	8940	6951	王金兴	王文明
锦溪	90.69	21	4	43334	84505	9404	36862	38239	12429	6006	6454	沈立新	陶林生

（朱维元）

吴江市

【**概况**】 位于江苏、浙江和上海两省一市交汇区、苏州市南部。土地总面积1092.90平方公里，现有耕地4.7万公顷、水面2.7万公顷、桑地5333.3公顷。辖10个镇、8个场圃、243个行政村、66个居委会。年末总人口77.2万人。市人民政府驻松陵镇。2003年，全市完成国内生产总值281.05亿元，比上年增长19.8%，一、二、三次产业比例为5.5:60.2:34.3；实现全口径财政收入32.88亿元，比上年增长46.8%，增幅高居苏州五县市首位，财政收入占国内生产总值的比重首超10%，达11.7%；在全国第3届县域经济基本竞争力和中国最发达百强县（市）评比中分列第6位和第10位。

中共吴江市委员会

书　记　朱建胜

副书记　马明龙　范建坤　吴菊忠　鲍玉荣　周留生　濮建庭

其他常委　沈荣泉　陈林荣　姚林荣　吴　炜　钱　能

市人大常委会

主　任　吴菊忠

副主任　吴海标　秦星坡　徐玉明　周炳奎　平健荣　周学林

市人民政府

市　长　马明龙

副市长　沈荣泉　沈建微（女）　张锦宏　王永健　沈金明　张克明

市人民政协

主　席　沈恩得

副主席　姚海兴　戚冠华　舒亚丁　姚进培　汤卫明　钱鹤林

法　院

院　长　殷小荣

检察院

检察长　俞军民

【**固定资产投资**】 2003年，全市完成全社会固定资产172.12亿元，同比增长62.3%，总量和增幅均创历史新高。施工项目累计1470个（不含房地产），计划总投资292.1亿元，其中新开工项目1266个，已竣工投产项目974个。全市50个重点项目中，已开工建设49个，累计完成投资额22.7亿元，其中新开工33个，累计完成投资额11.1亿元。在投资结构中，国有经济完成投资33.9亿元，增长66.9%。以工业投入为主的外资、私营个体经济投资额分别完成29.6亿元和108.6亿元，增长138%和48.2%，三次产业齐头并进，共同形成拉动投资快速增长的良好局面。新增房地产投资12.1亿元，增长125.9%，累计施工面积154.3万平方米，增长80.8%，实现商品房销售金额7.8亿元，增长98.5%。

【**农业**】 2003年，全市农林牧副渔业总收入29.2亿元，比上年增长

3.8%。全市建立并通过省级无公害农产品产地认定30个，新增无公害农产品41个，列全省县级第一；绿色农产品6个，被列入省无公害水产品产地认定整体推进试点县（市），且建成省生态农业示范市。全市农业利用“三资”项目45个，总引进资本6.7亿元，其中合同外资5850万美元。农村十件实事开始实施，农民生产生活环境得到改善。同年，该市全面实施农业部“科教兴农与可持续发展综合示范县”和江苏省农机综合示范园建设计划。年内，水利工程总投资1.1亿元，防洪抗灾能力进一步增强，历时11年、投资超亿元的吴江环太湖大堤主体工程完工，建成防洪屏障；疏浚农村河道1459条、长1155公里；继续禁止开采和封填地下深井，境内地下水位由降变升，达到水情安全区范围；为实施水资源合理开发和有效保护，给已确定的水功能区进行统一确界立牌建档案，开全国先河。

【工业建筑业】 2003年，全市经济总量猛增。完成现价工业总产值901.2亿元，实现销售收入840亿元，分别比上年增长40.7%、46.6%，工业增加值152.8亿元，占国内生产总值的53.7%，比上年提高3个百分点。丝绸纺织、电缆光缆、电子信息三大支柱产业优势得到发展，“一镇一业”和产业集群板块经济活力旺盛，已有6个产业集群列入省重点扶持的20个产业集群之列。吴江被评为全国新六大绸都之一，横扇镇被评为江苏羊毛衫名镇。在政府鼓励企业做大做强做优政策的推动下，规模型企业继续增加，年销售额超亿元企业110家，比上年增加25家。主动要求质量认证、环保认证、安全认证的企业明显增多，分别有5件、13件商标被认定为省著名商标、苏州市知名商标，永鼎通信光电缆被国家质检总局授予“国家免检产品”称号，使企业的市场竞争力大步提升。全市实现工业利税34.7亿元，比上年增长23.7%。发展后劲更强，新批工业投资161亿元，在上年高基数基础上又增长38.8%，其中投资额超千万元的项目429项。完成工业投入工作量125亿元，再创历史新纪录。竣工亿元以上项目4个，鹰翔集团40万吨熔体直接纺项目一期工程投产。

同年，全市新开工建筑项目1930个，建筑面积684万平方米，比上年增长108%；其中外资项目126个，建筑面积115万平方米；民资项目1349个，建筑面积340万平方米。在苏州大市内第一家开始把市政基础设施工程纳入施工安全监督的范围。有12个工程被评为苏州市“姑苏杯”优质工程；总投资1亿美元，定位为“世界建筑文化标志性工程”的世界建筑博览园也落户同里镇。

【供电供水】 2003年，全市供电部门为了确保经济和居民正常用电，一手抓好电网安全稳定运行，一手加速各电力增容扩容项目的建设，规模超历史，总投资8亿元，共投运新建输变电工程4个，新增主变容量76.2万千瓦，顺利实施迎峰度夏供电方案，全社会用电量54.3亿千瓦时，其中工业用电49.4亿千瓦时，分别比上年增长37.8%和38.3%；华东电网500千伏网架规划工程之一、国家三峡工程送出电项目的二期配套工程、总投资6亿元的吴江首座500千伏变电所定址松陵镇农创村正式开建；城乡用电完全同价。同年，总投资9.6亿元的区域供水工程高标准推进，七大镇供水4663.6万吨。

【金融保险】 至2003年底，全市实现各项存款增长超历史。本外币存款余额322.5亿元，同比增长41.8%，其中农信联社人民币存款突破95亿元，居所辖金融机构之首，名列省内县级农信社前茅。信贷有效投入超历史，信贷总量341亿元，本外币贷款余额263.3亿元，分别比上年增长72%、74.3%。呆坏帐核销超历史。核销呆坏帐超4亿元，为上年的3.2倍。金融运行质量好，本外币不良贷款额和不良率比年初分别下降1.1亿元和4.7个百分点。金融利润完成好，银行系统实现利润2.4亿元，同比增长88%，证券交易额41亿元，完成利润498万元，保险费收入5.4亿元，同比增长39%。信用村镇创建好，七都获得首批苏州市“信用镇”称号，8个镇、146个村、434家企业和593个客户建成该市讲信誉、守信用单位。同年，中国农业银行、中国银行相继在盛泽设立支行，中国银行苏州分行与盛泽签订授信10亿元协议，共建世界级丝绸基地；临沪经济区开张首家中国银行吴江支行。吴江农业银行获中国农业银行授予经营利润和存款增量“双百强支行”称号；年初成立的天安保险股份有限公司吴江支公司，以卓越的保费规模、当地市场占有率排名全国县级第一。

【旅游】 2003年，全市在整顿规范旅游市场秩序的基础上，先后实现承诺服务、规范服务、优质服务的三大跨越，出台2003~2020年全市旅游发展总体规划，并加大旅游资源和设施开发建设力度。作为旅游重点的同里古镇环境综合整治明显见效，入选第一批中国历史文化古镇，并被联合国教科文组织授予2003年亚太地区文化遗产保护杰出成就奖。全市接待中外游客250万人次，旅游总收入18亿元。

【交通信息化】 2003年，全市新一轮公路网规划（2003~2010年）通过有关专家组的评审，完成交通建设总投资10.5亿元，新建、改建包括同里至周庄在内的市镇级以上公路106.1公里。苏州绕城高速公路吴江段、长湖申线航道整治工程进展顺利，苏震桃一级公路北段开工建设。芦墟镇开通公交车；苏州至北厍班车在苏州城乡客运历史上第一个实现公交化。227省道吴江段改建通过省验收，被评为优良等级。同年，顺利启动信息化建设。吴江通信分公司成立；新增电话交换机容量超1万门；率先在苏州市实现“小灵通”镇镇通，用户突破6万户；电信宽带用户突破1万；吴江党政信息网、“中国吴江”政府门户网站接连建成开通。

【开放型经济】 2003年，全市利用外资量质并进：新批外资项目259个，新增注册外资12.3亿美元，实际到帐外资5.4亿美元，分别比上年增长65.9%、29.5%。世界500强企业已有10家来吴江投资，新批和增资注册外资超千万美元的项目30个，比上年增长76.5%，其中PTA项目及配套总投资6亿美元，注册外资1.5亿美元。外资项目主要投向除IT产业外，纺织服装业比重显著上升。外资来源在保持台资优势的同时，日韩资本增加较多。有4家企业进入中国最大的500家外商投资企业行列。对外贸易连年翻番：在上年进出口额增速翻番且居全省县级首位的基础上，完成进出口总额73.5亿美元，增长103.7%，增幅实现了近两年连续翻番，又居苏州5市(县)之首，其中出口32.8亿美元，进口40.7亿美元，分别增长98.5%和108.1%。对外贸易中，外企的进出口总额和出口额分别占全市的91.5%和89.7%，已有4家企业进入全国进出口企业500强，2家企业进入全国出口企业200强；市外贸集团进出口总额2.5亿美元，其中出口额1.5亿美元，进口额1亿美元，均创历史之最，第八年进入全国进出口企业500强，并获省政府表彰的29家先进单位之一；机电产品已占出口总量的84.6%，比上年提高7.6个百分点；向欧美地区的出口，已占全市的70.6%，比上年增长73.9个百分点。外经合作有新发展：在日本设立办事处；新签外经合同4604万美元，完成营业额4641万美元，分别增长75.1%和97.2%，新派劳务272人，增长19.3%。年内，海关办事处升格为吴江海关，审批权限扩大，为吴江开放型经济的发展创造了更加有利的体制环境。

【城镇建设】 2003年，市区中心区控制性详细规划通过专家组论证，小城镇建设也规划先行，共投入规划设计经费1000多万元。松陵、盛泽市政建设总投入14.2亿元，创历史最高水平，其中松陵城区实施5大部分、43个工程建设项目；盛泽城区城市框架逐步拉开，盛泽广场和市内第一高楼——32层的国际大厦等次第开建。七都在省内第一个、全国15个之一被列入国家建设部和科技部“十五”科技攻关计划“小城镇建设科技示范”项目镇。向工业小区集中、向住宅小区集中、农村人口向城市集中的城镇建设步伐加快，基础设施投入超12亿元。新农村建设（水乡风貌、田园风光、现代风格）在七都镇群幸村试点。全市新增公共绿地33.9公顷，总投资6400万元，绿化覆盖率达39.6%，绿化率达35.4%，人均公共绿地达12平方米。年末通过省城管创优先进市验收，并被国家环保总局授予国家环保模范城市称号。

【各项改革】 2003年，全市开展新一轮行政审批制度改革，又压缩行政审批事项24.6%，并将80%以上保留的行政审批事项纳入市行政审批服务中心，成为全省审批事项最少、审批过程最短、审批速度最快的县（市）之一；顺利实施镇村行政区划优化调整，行政镇由18个调整为10个，行政村由397个调整为243个；干部人事制度改革步伐加快，开展公开选拔镇长助理和机关中层干部职位竞争上岗工作；按照“四到位一基本”的要求，全面推进市属企事业单位改革，220多家参与改制的单位基本完成改制任务；全面改革农业税征收方式，农民负担明显减轻，比上年下降3510元，降幅为76.5%；呈现企业上市工作新亮点，江苏亨通股份有限公司成功上市，募集资金3.9亿元，使全市A股上市企业增加到3家，数量居苏州各市之首；实施经营性用地招标拍卖挂牌出让225宗，面积289.08公顷，成交额21.5亿元，同比增长241.9%；稳步推进户籍制度改革，城乡居民统称为“吴江市居民”。

【科技教育】 2003年，全市科技进步对工业和农业经济增长的贡献率分别达48.8%和56.6%。实施各类科技计划项目132个，完成国家、省级星火、火炬项目5个，总投资1.1亿元，新增产值5.6亿元、利税1.2亿元，其中丝绸集团与中科院的合作取得新成果，“国家火炬计划吴江光电缆产业基地”的建设获得新效益，“江苏省省级林业种苗花卉高新技术园区”的开发取得新进展。新认定省级高新技术企业2家，新建苏州市级以上企业技术中心2个，新增省高新技术产品18个。共申请专利60件，获国家专利权48个。该市成为江苏省科技进步先进市。

同年，该市大力实施素质教育，成为全省第一批教育现代化建设先进市，有效推进了教育教学质量的提高：全市青壮年非文盲率达99.5%，每万人口中拥有大专以上文化程度人数达410人；残疾儿童、青少年入学率98.6%，小学入学率、年巩固率100%，初中入学率100%、年巩固率99.8%，从业人员年全员培训率42.3%，成人教育年培训17.9万人次，初步建起终身教育体系。震中升格为江苏省震泽中学。外商投资的加拿大枫华高级中学开学。流动少年儿童就学难问题得到初步解决。中小学布局调整成果显著，各项指标已达省级标准。吴江历史上第一所高等院校——南邮吴江高等职业技术学院一期工程如期建成投用。

【文化卫生体育】 2003年，全市进一步繁荣文化事业：师俭堂、运河古纤道三里桥等文物得到维修；江南名刹松陵圆通寺恢复工程启动，总投资300万元的大雄宝殿奠基；苏嘉铁路75号炮楼经修复开放，成为市爱国主义教育基地；由罗星洲观音寺投资兴建的市内首个佛教安养院在同里镇开工；国内创办时间最早、藏品最丰富的性博物馆——中国古代性文化展览馆从上海市迁入同里镇；盛泽第4届丝绸文化节开幕；市水乡文化传播有限公司揭牌，民间艺术开始普查，图书馆和档案馆新馆开建；小品《敲门》荣获省“五星工程奖”金奖；专项整治无证网吧等娱乐场所，进一步规范了文化市场的建设和管理；《吴江日报》在全国报业整治中，保留出版，加盟苏州日报报业集团；电视台开播10周年，吴江建成省首批有线电视示范市。大力推进卫生工作：“非典”期间，全市万众一心，严防死守，确保了吴江安全无“非典”；同里镇被命名为“国家卫生镇”；震泽中心卫生院新院落成，市中医院正式兴建；吴江成为中国计生协会在江苏省设立的6个预防艾滋病宣传试点区之一；全市计划生育率99.66%，人口出生率5.69‰，人口自然增长率-1.13‰。同年，全民健身周开展，全市群众体育史上规模最大、项目最多、参赛人数最广的第9届运动会隆重举办。档案、地震、人防、气象等事业取得新成绩。建成省社区建设示范市；创建全国生态建设示范区通过省级验收。

【劳动和社会保障】 2003年，全市成为全省第2个获得境外人员就业证办证资格的县级市，共办证756张；城镇登记失业率控制在4%以内，转移农村富余劳动力近1万人。城镇五大社会保险覆盖面继续扩大，参加养老保险新增1.4万人，医疗保险新增1.8万人，失业保险新增4.2万人，共计各类参保人员16万人；农村养老保险制度启动，农村合作医疗保险村覆盖率99.8%，核报标准显著提高。年内大力帮扶弱势群体：低保落实一批。687个城镇户、2749个农村户纳入最低生活保障制度，年发放低保金575.5万元；政府补助一批。收养“五保”老人720名，对60年代精减下放老职工提高生活补助，更新各镇敬老院设施；部门帮扶一批。开展“千人帮万人”活动，确定3000多个扶持户和6000多个联系户作为市镇两级机关和班子领导的扶持联系对象，还组织47个机关部门与47个经济薄弱村挂钩，近3年无偿支援物资和资金2214万元；救济资助一批。实施“春蕾助学”和“爱心助学”工程，开展贫困家庭子女就学帮扶工作，共募集助学资金350多万元，近4000名贫困学生受惠，慈善基金会出资13.1万元资助71名大病、重病人。

【人民生活】 2003年，全市农民人均纯收入6650元，同比增长12.6%，增幅高于历年。在岗职工平均工资为16919元，同比增长24.4%，其中国有单位职工26936元，增长43.7%；集体单位职工19208元，增长45.6%；其他单位职工9725元，增长2.7%。城镇居民可支配收入11830元，接近小康水平指标。城乡居民人均储蓄1.9万元，增长29%。农村、城镇新建住房52万平方米和85万平方米，居民居住质量继续提高。出行旅游人数增多，新增私家车5009辆。全市居民消费价格总指数比上年同期微升1.4个百分点。全社会消费品零售总额49.6亿元，同比增长12.8%。

【精神文明和政治文明建设】 2003年，获得全国创建文明城市工作先进城市荣誉称号；深化“心系事业，志在富民”主题教育，扎实开展公民道德教育；国税局“文明建设管理体系”成果得到国家、省和苏州市文明委的充分肯定，并在全苏州市推广；在全省率先制订民营企业、外资企业文明单位管理暂行规定，迈出探索非公经济组织精神文明建设的坚实步伐；组织进行“十佳文明社区”等“十佳”系列评比，较好地发挥了典型示范作用。民主法制建设不断推进，成为全省两个县级市党代表大会常任制试点单位之一；行政区划调整后的村和居委会，直接选举产生了新的村委会和社区居委会；开展“民主法治示范村”建设工作，不断完善局务、村务等“六务”公开制度，基层民主进一步扩大；依法治市，开展“四五”普法，干部群众的法制意识不断增强；以创建“平安吴江”为目标，继续深入贯彻“严打”方针，开展一系列专项整治，快侦快破一批大案要案；社会治安综合治理工作继续深化，治安防控体系建设进一步加强。

【私营个体经济】 2003年，全市民营经济主要指标在连续几年高位增长的基础上，仍保持35%以上的增幅，呈现大投入、大提升、大发展态势：①经济总量跃上新台阶。全市完成民资投入工作量109亿元，比上年增长63.4%；新注册私营企业2682家，注册资本31.8亿元，分别比上年增长18.9%和43.9%，累计注册私营企业10011家，注册资本120.6亿元。民营工业企业总资产达390亿元，占工业总量的70.9%；完成产值550亿元，实现销售收入478亿元，分别比上年增长36.3%和38.2%，分别占全市工业经济的61%和57%。②产业特色呈现新面貌。“一镇一业”集群经济经过市场竞争，体量更大，竞争力更强。全省重点扶持的20个产业集群，吴江市占6个，其中丝绸纺织、电缆光缆等5个产业集群都是以民资为主发展而成的。③规模企业实现新发展。全市投资额1000万元以上的民资项目429个，计划总投资137.3亿元，其中超亿元的7个。年内有鹰翔集团40万吨熔体直接纺一期工程等4个超亿元项目竣工投产。到年底注册资本超1000万元的私营企业157家，比上年增加47家，其中东方集团注册资本6亿元，为全省民营企业之最；总资产超5000万元的民营企业54家，其中超亿元的27家。年销售额超亿元的民营企业80家，其中永鼎集团超过50亿元。亨通集团进入中国企业500强，恒力集团党组织由支部升格为党委。④技术创新迈出新步伐。全市实施各类科技计划项目132个，其中90%以上由民营企业承担。新增省级民营科技企业43家，累计105家；省高新技术产品18个，累计79个。光电缆产业正式列入国家火炬计划产业基地，先后组建彩钢板等3个行业技术服务中心和亨通、永鼎集团的2家博士后科研工作站。年内民营工业企业实现利润13.8亿元，增长37%。⑤对富民强市作出新贡献。民营经济入库税收18.3亿元，占全市财政收入的56.2%。民营工业企业完成增加值106亿元，占全市工业增加值的70.3%、国内生产总值的37.7%；就业人数21万人，占全市工业企业职工总数的72.4%，其中吸纳城镇下岗失业人员5000多人。全市农民人均纯收入6650元，其中来自民营企业务工收入3440元，占51.7%，提高了生活水平。2003年，吴江市被评为苏州市2003年私营经济发展先进市。

附表：各镇简况（2003）

镇名	面积（平方公里）	行政村（个）	居委会（个）	年末人口（人）	地区生产总值（万元）	财政收入（万元）	粮食产量（吨）	农民年人均纯收入（元）	书记	镇长
松陵	148.58	22	10	133953	125052	19273	9695	6200	夏晓阳	桑小剑
盛泽	149.48	27	20	128720	530000	75126	25674	7380	姚林荣	张国强
芦墟	149.15	26	5	78518	299731	36041	15816	6539	李建炯	顾国文
震泽	94.36	23	4	42934	214000	14587	15390	6533	盛红明	庚国华
同里	131.54	12	6	71808	140150	7445	12115	5380	严品华	柳新忠
平望	133.50	21	7	82564	228080	15937	20823	6876	倪海江	吕伟峰
黎里	108.68	22	4	63701	165013	21747	15362	6721	秦云方	徐晓枫
七都	102.90	22	3	67245	239000	20026	17357	6828	周学林	景乐平
桃源	90.61	28	3	42267	173300	14220	9602	7214	顾龙彬	徐建芳
横扇	82.19	17	4	60476	96948	7465	11750	6473	黄万章	李卫珍

（叶　飞）

吴中区

【概况】　位于苏州城区西南部，辖13个建制镇，拥有国家级太湖旅游度假区、国家级西山现代农业示范园区以及省级吴中经济开发区，125个行政村。所辖区域陆地面积770平方公里，太湖水域面积1459平方公里。总人口54.9万人。区政府驻太湖东路288号。2003年，全区实现国内生产总值180.48亿元，比上年增长22.4%；完成全口径财政收入25.27亿元，增长41.2%；城乡居民生活继续改善，完成社会消费品零售总额32.5亿元，增长15.1%，城镇居民人均可支配收入12509元，农民人均收入6686元，分别增长23.96%和8.5%。

中共吴中区委员会

书　记　秦兴元

副书记　薛　峰　俞杏楠　黄　戟
　　　　张阿梅　孙　卓

其他常委　张阿土　魏　强　顾鉴英

区人大常委会

主　任　俞小华

副主任　陆观根　徐德郁　陆培康
　　　　吾怀萱

区人民政府

区　长　薛　峰

副区长　俞杏楠　张学仁　薛明仁
　　　　沈国芳　周晓敏　沈　觅

区人民政协

主　席　陈忠南

副主席　陆凤良　朱天晓　孙大烺
　　　　崔珠珈

法　院

院　长　曹　萍

检察院

检察长　姜宗浒

【区域经济】　2003年，全区农业经济向生态功能区和特色基地调整集聚。农业利用外资和民资取得新突破，农业注册外资增长49.3%，引入民资1.32亿元。工业经济的支撑作用进一步增强，完成工业总产值424.58亿元，增长31%；工业用电量16.5亿千瓦时，增长40.3%；电子资讯、新型建材、精密机械、生物医药、现代家电等五大新兴主导产业总产值突破150亿元。服务业克服“非典”影响保持较好增长，木渎、甪直、东山、西山、光福等古镇、古村旅游和环太湖旅游人气兴旺，接待中外游客345.1万人次。

【外向型经济】　2003年全区新增注册外资、实际利用外资分别为12.73亿美元和7亿美元，分别增长57.5%和6%。新增千万美元以上项目47个。外贸进出口总额20亿美元，增长62.6%，其中出口11.1亿美元，增长52.1%；新签外经合同额1059万美元，完成营业额1263万美元。

【民营经济】　2003年全区民营经济蓬勃兴起，引进内资、民资规模空前，新增内资、民资企业2031家，注册资本34.68亿元，其中3000万元以上企业65家。全区私营企业、个体工商户分别发展到6152家和16431户，注册总资本84亿元。

【载体建设】　2003年，围绕工业化、城市化目标，城乡建设力度空前，全区固定资产投入106亿元。城南工业带启动快、力度大、效果好，100平方公里中心开发区大开发架势全面拉开。“十大工程”全面实施，40多项重点建设项目完成投资60亿元，木渎大道、环太湖大道、景观工程、城区改造等项目相继完成，东方大道、东山大道、生态建设项目加快建设，越溪城市副中心建设等工程陆续开工。太湖国家旅游度假区规划进一步完善，一批重点项目相继开工建设。古镇、古村、古宅、古迹保护成效显著，甪直镇入选全国首批“十大历史文化名镇”，被联合国教科文组织授予“2003年亚太地区文化遗产保护杰出成就奖”。吴中区被评为“全国文物工作先进区”。电力、供水、污水处理等重大项目全面动工。灵岩山整治完成二期工程、木渎中学移址扩建抓紧实施。城区改造初见成效，吴中市民广场、苏苑社区服务中心等工程成为城区新的亮点。

【环境建设】　2003年，全区环境保护得到加强，水环境治理力度加大，对环太湖733.33公顷水面全面开展清淤，节约耕地近733公顷，增加蓄水50万立方米，实现了环境、耕地、防洪、抗旱综合效应。完成河道疏浚274条、256公里、243万立方米。农村环境治理力度加大，“三清”活动成效显著，新增无害化改厕1.4万户，新增改水受益人口2.6万人。长桥镇翻身村、庄桥村、龙桥村，渡村镇前秧村、西陆村，角直镇凌港村，木渎镇孙庄村、马庄村、沈巷村等9个村建成省卫生村，角直镇凌港村、木渎镇孙庄村、东山镇光荣村、长桥镇龙桥村等4个村建成“亿万农民健康促进运动”苏州市先进村。绿化力度进一步加大，创建生态示范区工作通过国家级验收。全区新增绿地873.33公顷，绿化覆盖率达到22.4%，比上年提高1个百分点。

【改革改制】　按照“两年时间，三个阶段”和“四到位一基本”的改制要求，2003年，全区加快推进区属企业和区级机关下属企业改革，52家区属企业和110家区级机关下属企业全部完成整体改制，共置换职工身份3.65万人。加快事业单位改革，年初确定的35家生产经营型事业单位转企改制基本结束。稳步推进农业税征收方式改革和农村“三大合作”改革，已建立农村社区股份合作社20个、土地股份合作社6个、专业合作经济组织30个。长桥镇成为省内第一家村村建立股份合作社的乡镇。

【社会保障】　2003年，全区加快完善劳动和社会保障制度，新增养老、医疗、失业参保职工分别增长16.5%、76.5%和5.2%，新增工伤、生育保险4.35万人。实施农村养老保障和失地农民保障制度，从2003年10月1日起，对全区8.2万男60周岁、女55周岁以上的农民实行零门槛进入发放基本养老金，对其他失地农民全部纳入基本养老保障。坚持先安置后拆迁，新建安置用房近80万平方米，安置拆迁农民7200多户。加强上岗培训和就业再就业服务，全年提供就业岗位近5万个，达成就业意向2.6万人，开展各类职业培训，共培训5000人次。

【社会事业】　2003年，全区科技创新扎实推进，组织实施各类科技项目60个，10项科技成果获省、市科技进步奖，新增国家重点高新技术企业2家，省高新企业5家，申请专利340件。教育事业欣欣向荣，教育设施不断完善，教育质量继续提升，教育优质资源不断扩大。文化体育事业进一步发展，木渎镇建成“全国全民健身样板工程”。公共卫生体系建设加快推进，经过“非典”的考验，全区公共卫生应急能力明显增强。计划生育工作取得新进展，创省“十五”人口与计划生育示范区通过市中期评估调研。

【精神文明和民主法制建设】　2003年，全区以创建“全国文明城市”和学习型城区为目标，深入开展精神文明建设，组织开展了“传承千年文明、开创吴中伟业”主题教育和建设“诚信吴中”等系列教育活动。民主法制建设继续推进，人大、政协的职能作用进一步发挥，工会、共青团、妇联工作积极开展，民族宗教、侨务和对台工作，双拥、人防和地方军事工作，老干部和老年人工作等都取得了新的成果。维护稳定工作力度加大，信访工作进一步加强，各类人民内部矛盾得到妥善处理，“平安吴中”建设成效显著，全区治安状况总体良好。

附表：各镇（区）简况（2003）

镇（区、办）名	面积（平方公里）	行政村（个）	居委会（个）	年末人口（人）	地区生产总值（万元）	其中			粮食产量（吨）	财政收入（万元）	农民年人均纯收入（元）	书记	镇长（主任）
						第一产业（万元）	第二产业（万元）	第三产业（万元）					
合计	770.1	125	90	549137	1805441	86250	1066938	652253	51481	252749	–	–	–
长桥	16.4	7	0	20798	122123	–	71676	50447	–	20019	8000	张炳华	陆增林
角直	64.0	5	10	41323	192259	6241	112139	73879	6775	21873	7373	周培根	周培根
车坊	77.1	1	16	46827	86335	20013	34104	32218	10596	5222	6200	殷忠明	欧阳庆
藏书	44.0	1	5	26771	84310	14135	36258	33917	2217	5447	6998	岳林方	顾火泉
木渎	38.2	7	6	55117	215372	1044	127957	86371	320	28360	8502	蒋根源	周云祥
胥口	25.9	2	4	18839	120400	4050	82830	33520	1481	10331	7370	许振华	叶建中
浦庄	28.7	1	6	20811	56512	5912	32385	18215	5293	5058	6815	杨伟根	徐国雄
渡村	29.8	1	7	23605	82500	4473	47967	30060	5383	5204	6524	翁建明	莫玉林
东山	96.9	4	12	51350	120169	26486	45638	48045	717	5639	6711	姚长发	陆月根
开发区	181.6	23	35	112773	500988	28050	369908	103030	12952	37827	7026	张学仁	李永泉
郭巷	62.8	2	21	36285	63058	5900	30958	26200	7509	9173	6700	张建祥	司马健英
横泾	53.4	3	12	29142	71600	11450	30350	29800	4523	4723	6909	黄孜明	吕崇才
度假区	167.5	9	24	103913	262550	23446	125342	113762	4848	14595	6148	秦兴元	黄戟
光福	69.1	3	8	47924	152536	9936	82500	60100	2143	4496	7480	潘向荣	沈坤生
西山	83.4	2	12	42720	82918	12551	33593	36774	2705	3580	4878	褚小平	骆兴男

（华利民）

相城区

【概况】 位于苏州城区北大门，土地面积496平方公里，辖10个镇，1个省级经济开发区，109个行政村，24个居委会，总人口33.95万人，区人民政府驻元和镇。2003年，全区实现国内生产总值95亿元，比上年增长25.3%；完成财政收入11.66亿元，增长55.2%；完成全社会固定资产投资100.8亿元，增长113.1%；城镇居民人均可支配收入9448元，农民人均纯收入6544元，分别增长14%和7%。

中共相城区委员会

书　记　顾子然
副书记　顾仙根　邵雪耕　曹后灵
　　　　许学良　王勤林
其他常委　杨建农　石钟琪　杨　新
　　　　方建荣　薛泉金

区人大常委会

主　任　邵雪耕
副主任　钱志华　吉小元

区人民政府

区　长　顾仙根
副区长　王勤林　薛泉金　戴兴根
　　　　蒋炜鼎　侯耀光　张金虎

区人民政协

主　席　顾梅生
副主席　沈森观　徐昕莉　金林生
　　　　徐　巍

法　院

院　长　周岳保

检察院

检察长　薛国骏

【工业】 2003年，全区完成工业总产值239.4亿元，完成工业销售收入215.4亿元，完成利税总额18.8亿元，分别比上年增长19.5%、19.7%、26.8%。完成工业性投入57.6亿元，增长98.6%。

【农业】 2003年，全区新增各类经济作物1000公顷，其中花卉苗木733.33公顷，瓜果蔬菜266.67公顷。“阳澄湖”牌大闸蟹、“姑苏城”牌大米、“阳澄之王”牌大闸蟹等5个农产品被评为国家绿色食品，新认定省无公害农产品4个、市无公害标准化示范基地5个。市级以上龙头企业实现销售收入8.8亿元，利税4700万元。新批农业外资项目8个，合同利用外资2162万美元，实际到帐外资1728万美元。投入水利工程资金3200万元，完成水利工程总土方131.9万立方米；疏浚河道89.6公里；加高加固圩堤35.5公里；新建、改建“三闸”26座，排涝站21处，挡墙护坡13.2公里。

【服务业】 全年实现第三产业增加值37亿元，增长25.7%，占国内生产总值的比重达39%。新落户房地产企业7家，房地产投资达13.3亿元，商品房预售面积达19万平方米。相城商业街一期工程，唐家农贸市场已建成；国际服装城、采莲商业广场、相城花卉展示中心等一批重点项目进入建设阶段。蠡口国际家具城、中翔家电及装饰市场、阳澄湖蟹王市场不断发展。全区拥有专业特色市场44个，交易额达74亿元，增长37%。年末金融机构人民币存款余额106.5亿元，其中储蓄存款64.3亿元，分别增长46.3%和35.8%；贷款余额70.9亿元，增长95.5%。人保、人寿、太保等保险公司业务得到拓展。

【私营个体经济】 全年新增私营企业1232家，注册资金23.5亿元，新增个体工商户7356户，注册资本1.97亿元，新增从业人员3.5万人。私营个体经济在全区工业经济的比重不断提高。全区私营企业实现销售160.4亿元，增长23.8%，入库国、地税4.5亿元，增长46%。

【开放型经济】 全年新批外商投资企业191家，注册外资8.4亿美元，增长46.5%；到账外资4亿美元，增长85.2%。外资项目规模显著扩大，新批项目平均注册外资达440万美元，总投资超千万美元的项目71个。完成进出口总额3.7亿美元，增长45.8%。

【开发区建设】 2003年，有效整合了相城经济开发区和太平工业园，实行统一规划，统一开发、统一招商、统一管理，开发区的发展空间得到拓展。太平工业园、渭塘创新工业园、湘城阳澄工业园、北桥希望工业园等园内道路框架建设全面拉开。全区各级、各类开发区开发建设面积已达80多平方公里，投入基础设施资金达20多亿元。新建区内道路50公里，开工建设标准厂房120万平方米，竣工80万平方米。

【重点工程建设】 年初确定的12项政府实事工程累计完成投资6.7亿元。完成自来水工程、城区防洪一期工程、唐家住宅小区、区行政中心、区体艺馆、区教育信息中心等工程建设，城区污水处理厂一期工程、太湖——阳澄湖连接线等工程进展顺利。

【各项改革】 2003年，全区全面完成经贸、农发系统13家区属工业企业和粮食系统11家粮管所、交通系统3家装卸站以及2家区属房产公司的改制任务；基层供销社、水产站、食品站初步完成改制。江南高纤股份有限公司在上海证券交易所挂牌上市。农村改革有了新进展。东桥镇胡桥村社区股份合作社正式成立。实施农业税征收办法改革，对直接由农民承担的农业税金额采取“镇(区)、村代缴，政府补贴”的方式。积极开展行政村区划调整工作，撤并行政村119个，基本完成行政村撤并工作。第二批行政审批制度改革基本完成。户籍制度改革进一步深化。

【城镇建设】 2003年，全区基础设施投入28亿元。新开工建筑面积506万平方米，竣工290万平方米。建筑业总产值超20亿元。“五纵五横两联”的骨干交通体系基本建成，重点实施了太阳路、凤阳路、春申湖路等道路工程建设，新建改建道路80公里，新建改建桥梁62座，完成投资7亿元。做好苏虞张一级公路、绕城高速公路、227省道复线、312国道拓宽等工程的协调工作，完成三线迁移1700余道。110千伏徐庄变、110千伏黄桥变增容和110千伏渭北变增容、220千伏渭塘变增容等电力工程顺利建成，完成投资超亿元。望亭港50万吨一期工程顺利竣工。铺设中压天然气管道20公里，完成投资1200万元。全年累计投入拆迁资金15亿元，拆迁房屋193万平方米。加快小商品市场、垃圾中转站、公厕等公共配套设施建设。启动古巷、湖浜、唐家、御窑等拆迁安置小区和南亚花园、嘉和丽园等91.2万平方米房地产项目。开展公交城市化、一体化工作，开通34路、81路等4条公交线路，初步解决了群众出行难问题。全区共投入绿化资金2亿元，新增绿地面积1467公顷，区行政中心绿化广场、虎啸百果园、元和公园、黄桥公园等“公园绿化”，以及苏嘉杭高速公路、凤阳路、太阳路等“道路绿化”相继开工或建成。全区绿化覆盖率达到13.7%。实施区镇主干道和重点区域的亮化工程，共安装路灯、景观灯6017盏，完成投资2461万元。启动春申湖、盛泽湖生态保护等水环境综合整治工程，完成227省道元和镇、开发区、渭塘镇段道路景观整治，开展齐门北大街、阳澄湖西路和苏嘉杭高速公路沿线等专项环境整治；加强违章建筑清理工作；完善市容环境、道路清扫保洁和“门前三包”管理，创建阳澄湖路、金元路等一批市容环境示范路。

【社区建设】 2003年，全区社区建设初步形成党委、政府领导，社区建设工作机构协调，各部门齐抓共管，社会力量和居民群众广泛参与的良好局面。建成社区居委会8个，社区服务中心1个。元和镇下塘社区被列为苏州市示范社区。

【社会保障】 2003年，全区积极开展帮扶弱势群体“八大工程”及“四百工程”，制订《关于加强全区弱势人群帮扶工作的补充意见》。城乡居民最低生活保障增长机制得到巩固，城镇低保对象保障标准提高到260元，全年共发放农村、城镇低保金166.9万元。残疾人就业人数增至3147名，投入资金662万元，改扩建敬老院5家、福利院1家；投入资金1200万元，改建改造危房312间、危桥58座；减免贫困学生学杂费27.4万元、补助18万元；开展对特殊困难家庭、重病户社会救助、募集慈善基金461.8万元，支出近100万元。积极实施再就业援助工程，使371名下岗失业人员实现了再就业。

【人民生活】 2003年，全区城镇居民人均可支配收入9448元，农民人均纯收入6544元，分别比上年增长14%和7%。全区改水工作圆满完成，基本实现了村村通水。养老、失业、医疗、工伤、生育等社会保障制度改革不断深化，净增养老保险参保单位237家，净增参保职工6150人；农保覆盖总人数达13.8万人，覆盖率为50.8%；农村大病风险医疗行政村覆盖率达100%，农村人口覆盖率达95.9%。

【科学技术】 2003年，全区有7个项目被列入国家级产业化科技计划，10个项目被列入省级产业化科技计划，新增国家级高新技术企业1家、省级高新技术企业4家，省级高新技术产品25个，组建并成立苏州汽车关键零部件技术研究中心，有6家企业被批准为首批苏州市知识产权重点企业，新增授权专利311件，增长26%。相城区成为江苏省知识产权工作试点示范区。

【社会事业】 2003年全区共投入建设资金近2亿元，新增校舍面积12.6万平方米。新建望亭中学和太平中心幼儿园，改建、扩建黄埭中学、陆慕高级中学等5所学校，完成村校撤并8所。建成区教育信息中心，全区中小学生机比达到9.9：1。黄埭二中通过省级示范初中验收。群众文化活动全面开展，成功举办“迎国庆、展成果”大型文艺暨焰火晚会和’2003金秋相城大型文艺晚会。黄桥镇建成国家级全民健身工程，望亭、黄埭两镇分别建成1个全民健身点。面对突发性的“非典”疫情，迅速构筑“防非”防线，区内未发现“非典”病例，“非典”防治工作取得阶段性胜利。医疗服务工作水平和卫生防病工作进一步得到提高，三级卫生网络基本形成，新建社区卫生服务站15个。开展了以农村“三清”为重点的爱国卫生运动，投入资金1603万元，出动3.8万多人次，农村面貌得到改观。湘城镇圣堂村、阳澄湖镇洋沟溇村、东桥镇新巷村成为省级卫生村。依法开展对农村宗教突出问题的专项治理活动。全面贯彻落实《人口与计划生育法》，顺利通过争创省“十五”计生示范区中期评估，全区人口自然增长率为-1.5‰，出生率为6.09‰，计划生育率为99.95%。继续加大地下水禁采力度，年内共封闭深井89眼，全区地下水超采区深井已全部封闭。加强环境保护工作，完成相城经济开发区环境规划和环境影响评价。完善环保基础设施，新增污水日处理能力1.2万吨。完成黄桥电镀、线路板行业整治，共关闭各类小化工、小电镀企业61家。对阳澄湖5公里范围内的畜禽养殖场实施了迁移和关闭。开展城区化工企业的搬迁工作。

【精神文明建设】 2003年，全区围绕“创建文明新相城，争做文明相城人”主题，广泛开展“告别农民，做好市民”道德实践活动和广场文化活动。推进文明村镇、文明行业、文明单位和文明社区等群众性精神文明创建活动。元和镇、望亭镇迎湖村、相城地税局和黄埭中学等20个单位被推荐为2001～2002年度省级文明村镇、文明行业和文明单位。开展“文明进私企”活动，非公有经济领域精神文明建设得到加强，深入开展争创“诚信企业”和“诚信市场”。汇海隆家具世博广场C幢被命名为苏州市“百城万店无假货”活动示范市场。开展“十佳新人新事”、“十佳文明服务示范窗口”和“十佳文明示范户”等评选活动，培育和树立一批先进典型。

全区认真办理区一届人大三次会议确定的改水议案，按期办结75件人民代表建议和64件政协委员提案。全面开展服务“两个率先”、建设“平安相城”活动。以普法依法治理为龙头，积极推进依法治区进程。强化社会治安综合治理，依法打击各种违法犯罪活动，全年共侦破各类刑事案件1091起。严厉打击“法轮功”等邪教组织的串联活动和“黄赌毒”等社会丑恶现象。全面开展整顿和规范市场经济秩序专项治理，强化市场监管，查处经济案件20起。进一步落实安全生产和消防安全责任制，重点开展危险化学品、道路交通、锅容管特安全监督和公众聚集场所、家具生产经营企业消防安全等专项治理活动。开展水上船舶清理整治和“毒鼠强”专项整治等工作。切实加强对信访工作领导，及时掌握动态，积极化解矛盾。全年共受理人民群众来信来访3137件（次），年内办结率达95%以上。着力抓好基层调解组织的整合和规范化建设，进一步健全区、镇、村三级人民调解网络。注重全民国防教育，依法开展兵役工作，全面完成征兵任务。认真贯彻落实党风廉政建设责任制，深入贯彻执行廉洁自律各项规定，狠抓违法违纪案件的查处工作。按照上级的统一部署，清房工作和乡镇机关公务用车制度改革全面完成。积极开展行风评议，加强机关作风和行政效能建设。加强财务监督管理，区、镇、村三级财务集中核算进一步完善。加强审计监督，进一步强化工程项目招投标制度和政府采购制度。加快电子政务系统和政府门户网站建设。

附表：各镇（区）简况（2003）

镇(区)名	面积（平方公里）	行政村（个）	居委会（个）	年末人口（人）	地区生产总值（万元）	其中			粮食产量（吨）	财政收入（万元）	农民年人均纯收入（元）	书记	镇长（主任）
						第一产业（万元）	第二产业（万元）	第三产业（万元）					
望亭	44.06	9	2	34350	98500	2774	56726	39000	8644	8853	6150	惠建荣	吴根虎
东桥	30.33	8	1	26410	55727	3567	30426	21734	6518	3922	6538	杨荣林	陈兴南
黄埭	51.38	15	4	44506	140000	5410	78953	55637	11054	10237	6405	吉小元	陈伟生
黄桥	23.08	9	1	23728	93801	3255	54546	36000	1271	11587	6967	顾天德	吕平
元和	66.99	13	8	58953	233988	9194	126419	98375	2668	19919	8001	方建荣	高玉宇
渭塘	39.37	9	2	30389	111903	6752	60891	44260	5334	13267	6942	叶根元	茅冬文
北桥	47.51	17	1	36622	51000	4622	32142	14236	8663	6241	6410	周天平	周立宏
太平	46.13	9	1	26223	56500	7300	28200	21000	5038	4071	6092	邓健	徐兴昌
湘城	44.27	7	2	25465	62957	8272	34900	19785	4183	5560	6553	胡建国	顾根生
阳澄湖	85.07	8	2	19845	49800	10829	20471	18500	3067	1796	6516	瞿文龙	查全福
开发区		5	–	13028	11288	100	9688	1500	–	2749	–	顾梅生	薛泉金

（王金方）

虎丘区

（参见“苏州工业园区及各开发区”之“苏州高新区·虎丘区”）

附表：各镇、街道简况（2003）

镇、街道名	面积（平方公里）	行政村（个）	居委会（个）	年末人口（人）	地区生产总值（万元）	其中			财政收入（万元）	农民年人均纯收入（元）	书记	镇长（主任）
						第一产业（万元）	第二产业（万元）	第三产业（万元）				
枫桥镇	34	24	2	46000	168906	1014	139794	28098	30600	8586	徐建良	林金根
横塘镇	13	4	1	19114	34028	1430	9867	22731	4410	6757	任建国	杨海祥
浒墅关镇	45	13	9	43797	12200	1992	40396	26852	12200	6485	府惠根	周金荣
通安镇	53.9	25	1	40474	5222	7960	20400	13478	5222	6221	王国良	朱金根
东渚镇	37.72	23	1	31562	23169	3705	10563	8902	3035	5868	周瑞华	管建华
狮山街道	18.6	14	5	22366	99181	–	84304	14877	41200	8226	李金兴	杨志平
镇湖街道	20.1	10	1	19721	30900	10500	5900	14500	1270.3	6237	周根良	邢文龙

平江区

【概况】 位于苏州城区东北部，下辖6个街道办事处、8个村、42个社区居委会。区域面积25.22平方公里，人口23.85万人。2003年8月，金门街道与桃坞街道合并，成立桃花坞街道。区人民政府驻临顿路176号。2003年，全区实现国内生产总值26亿元，实现全口径收入7.37亿元，完成税收基数指标的120.2%，区级可用财力达1.83亿元；观前、平江路、桃花坞、城北4个街道全年税收超亿元。

中共平江区委员会

书　记　周人言

副书记　惠建林　张晋德　金建立

其他常委　薛春泉　陈长林　单剑华
　　　　　徐　刚　顾超雄

区人大常委会

主　任　王恩官
副主任　王国萍　钱　怡　刘建平
　　　　曹慰新

区人民政府

区　长　惠建林
副区长　徐　刚　顾超雄　陈祖兴
　　　　张　娟　郭明祥　陈　清

区人民政协

主　席　袁以新
副主席　侯启斌　杨振槐　叶　健
　　　　沈志伟　惠礽华

法　院

院　长　张　玮

检察院

检察长　范　群

【经济工作】　2003年，全区经济保持健康发展的良好势头，综合实力继续增强。招商引资成绩突出。全年引进各类企业1234家，其中有限责任公司1049家，外地驻苏企业59家，外资企业17家。净增注册资本15亿元，比上年增长89%。引进48家注册资本500万元以上的规模企业。民营经济迅速扩张。全年新增私营企业109家，个体工商户812家。私营企业注册资本2465万元，平均注册资本23万元，分别增长25%和44%。全区个私企业实现入库税收3亿元，占全口径财政收入41%，企业数量、规模和经营质量明显提升。服务业加快发展。传统服务业巩固提高，新兴服务业蓬勃发展，消费需求进一步扩大。全区实现商业营业额130亿元，社会消费品零售总额66亿元，分别增长14%和17%左右。观前地区传统商贸、旅游、文化中心的集聚辐射作用进一步发挥。景德路、临顿路等商业街发展势头良好，碧凤坊餐饮美食，大成坊、皮市街花鸟古玩等特色商业街逐步成型。汽车、房地产等新型消费大幅增长，信息、中介、电子商务等现代服务业迅猛发展。第三产业全年实现增加值14.6亿元，占GDP比重为56%，保持了在区域经济中的主导地位。投资环境进一步改善。鼓励辖区内企事业单位开发建设商务楼，积极发展都市型“楼宇经济”，开发了观前、协和等商务楼，创建平江科技创业园、敬业分园和孔雀创业园，引进世纪辰光等一批高新技术企业。

【改革改制】　2003年，全区改革继续深化，体制机制不断创新，企业改制工作基本完成。全年完成41家区街企业改制和185家挂靠企业清理工作，除一些因特殊情况需暂时保留的区街企业外，企业产权制度改革任务基本完成。对改制不彻底的企业积极稳妥地推进二次改革，进一步明晰了产权。指导帮助改制后的企业加快建立现代企业制度，增强市场竞争能力。加强国有（集体）资产管理，规范国有（集体）资产租赁、处置等行为，重点加强对企事业单位改制中国有（集体）资产的监督管理。提高资产经营水平，全年置换资金9167万元，增收节支939万元，实现了国有（集体）资产保值增值的目标。事业单位改革全面推进。观前房管所等4家房管局所属事业单位、城建开发公司等7家区属房地产企事业单位和区市政公司、绿化队全部改制成民营性质的公司。区人民医院和口腔医院整体改制为非政府办、非营利性医疗机构。通过招标形式，完成苏锦等3个社区卫生服务站的改制工作。教育、文化等系统事业单位通过推行内部用人和分配制度改革，形成充满活力的内部运行机制。继续实行机关、事业单位人事代理制和岗位年薪制，探索新型的人事管理方式，为实现能进能出、能上能下的用人机制创造条件。

【社区建设】　2003年，全区精神文明建设不断深入，各项社会事业协调发展。社区精神文明建设方面取得新成绩。开展以提高城市文明程度为主要内容的精神文明活动，创建了一批文明社区和文明行业，评选了“百佳文明企业”和“百佳明星员工”，涌现了王慈萍等先进人物。“平江‘一家人’慈善互助超市”被列入“全省社会主义精神文明建设十佳新人新事”。以“金乡邻”为品牌的群众文化活动蓬勃开展，探索社会力量参与群众文化活动的新路子，顺利通过“省群众文化先进区”的复查。文艺创作又出精品，长篇小说《绿太阳》、舞蹈《欢天喜地》、说唱《喜看天堂新变化》等艺术作品受到群众的欢迎和社会的好评。坚持“扫黄打非”工作方针，对娱乐业、网吧业、音像制品、出版物市场进行专项整顿，繁荣和净化文化市场。社区建设向纵深推进。顺利完成街道的撤并工作，新成立观前、平江路、桃花坞街道，原苏锦街道、北寺塔街道分别更名为城北街道和苏锦街道，调整优化社区居委会设置。先后投资360余万元，基本完成社区居委会办公和活动用房改造任务。观前老年活动中心和桃花坞、平江路街道老年公寓改造项目顺利竣工。提高社区居委会干部的工资待遇和办公经费，稳定社区工作者队伍。深入开展“一社一品”、“一居一特”等特色社区创建活动，涌现出观前街道“阳光社区天天行”、娄门街道“温馨社区我的家”、桃花坞街道“桃坞家政”、苏锦街道“苏锦新家园”等社区特色品牌。社区自治功能和居民参与意识进一步增强。在观前街道小公园社区推行社区“四会”制度（民情恳谈会、事务协调会、工作听证会和成效评议会）试点工作，探索了社区居民自下而上的社会评议机制。先后在苏大北社区等13个社区居委会成功进行直选，居民参选率平均达到92%。加强农村村委会建设，完善老年活动室等基础设施，开展农村“一村一品”活动，健全农村医疗和最低生活保障制度，提高农民的生活质量。

【社会事业】　2003年，全区社会事业繁荣发展。加快推进教育现代化工程，优化教育资源配置，对砂皮巷、菉葭巷等小学进行调整。投入教育建设、设备经费800余万元，对培智小学等学校进行局部改造。全力打造“计算机信息技术和双语教育”特色区，12所学校完成校园网建设，7所学校的双语教学取得明显成效。积极开展课程改革，有效实施新课程标准，师资队伍素质、教育教学质量进一步得到提升。成立平江区继续教育中心，为教师和社区居民培训提供服务。贯彻落实《苏州市建设健康城市行动计划》，在平江路街道等42家创建健康城市试点单位的基础上，广泛发动社区居民积极参与。

加强公共卫生监督管理，完善“六位一体”的社区卫生服务功能。较好地完成无偿献血任务。残疾人工作成绩显著，获得中残联“全国社区残疾人工作示范区”称号。双拥、人民武装工作扎实有效，妥善安置军队转业干部、复员军人和军嫂，完成征兵工作。人口和计划生育工作通过省、市“十五”规划中期评估验收，积极探索以行业划分成立社区计生协会的管理新模式。此外，人防、侨台、民族、宗教、老龄、档案等工作都取得新成绩。

【城市建设与管理】 2003年，全区城市化进程加快推进，城区环境面貌明显改善，组建城市化指挥部，对城北地区10平方公里区域进行了详细调查研究，提出了建设平江新城的规划构想。由中国城市规划设计院编制的《平江新城控制性详细规划》已通过专家论证，《平江新城建设实施意见》已上报市政府。划定启动区建设范围，完成动迁房基地的规划、定点和设计工作，初步拟订城市化进程中的一系列政策。实施平江路风貌保护与环境整治工程。在同济大学编制的《苏州平江路风貌保护与环境整治规划》指导下，完成十大类管线改造、道路翻建铺装和公建项目建设，新建改建部分桥梁、码头、驳岸和栏杆，实施公共环境整治和水环境治理，董氏义庄古建筑的修缮试点工作正在抓紧进行。拙政园历史街区保护性修复工程各项准备工作已基本就绪。观前地区景观文化工程全面推开，实施八大类342个公共设施改造更新。积极配合市重点工程项目建设，实施雨污水管网到户和齐门外定销房基地建设工程，完成环古城风貌保护、苏虞张一级公路和西塘河引水等工程拆迁安置工作，博物馆新馆建设和东环路等道路改造中涉及本区的拆迁工作也已完成，沪宁高速公路扩建工程拆迁正按计划顺利推进。环境综合整治力度加大。集中开展市容街景治理，对人民路等重要路段的建筑立面、灯光、广告设施进行了全面整治，完成了辖区道路上的摩托车、助动车修理店和铝合金、木器加工店的集中清理工作。加强城市环境综合执法，先后对南新路、娄门路、日规路、长康里等重点地区的违章搭建、乱设摊点、占道经营、环境脏乱现象进行了综合整治。全年查处各类违章1.3万件，拆除违章广告牌1.25万平方米，拆除违章建筑3万平方米。积极巩固“示范路”创建成果，对临顿路、齐门路、北环路委托专业服务公司承包市容环境管理作业任务，探索市场化运作方式。加强街巷新村环境卫生管理，重新组建了城管协管员和社区保洁员队伍。开展创建“全国生态示范区”活动，加大环境保护执法力度，进行油烟、噪声污染等专项整治，提高城区环境质量。

【社会稳定工作】 2003年，全区人民生活继续改善，社会稳定局面进一步得到巩固。抗击“非典”取得胜利。加强市场监管，稳定物价，保障了“非典”期间群众的正常生活秩序。高度重视就业再就业工作，坚持多种途径拓展就业岗位，举办了7期大型招聘专场活动，全年新增就业岗位8393个，其中1754名“4048”人员实现了再就业。认真落实再就业扶持政策，发放《再就业优惠证》3929份，发放自主创业小额贷款70万元，对34名自谋职业者发放18万元生产补助费。积极做好下岗特困职工、民政救济对象扶贫帮困和烈、军属的优抚工作，累计发放慰问金137.6万元，受益家庭近1700户。全面落实社会保障制度。全区现有859户、1707名困难群众获得最低生活保障，全年发放低保金255.9万元。积极稳妥地做好区街企业下岗保障与失业保险并轨工作，发放失业金3257.9万元。认真做好社保扩面征缴工作，全年净增参保人数2029名，超额完成市政府下达的扩面任务。社会秩序保持稳定。开展“平安平江”创建活动，加强社会治安综合治理，严厉打击违法犯罪活动，刑事案件发案率下降了2.2%。为民办实事工程扎实开展。区十四届人大一次会议明确的9项实事项目，基本得到落实。平江路风貌保护与环境整治工程按既定目标推进；改善旧民居9300平方米，翻建整修危旧房34000平方米；建成小游园16座，完成挹秀新村绿化及环境综合整治；新建改建泵、闸5座，翻修街巷路面22000平方米，铺设雨污水管道20000米；建成2座压缩式垃圾中转站和5座公厕；完成扩建平江实验学校运动场地工程的土地报批等前期准备工作；区街两级文化活动中心建设完成了前期规划设计等工作，将与平江路风貌保护与环境整治工程一并实施；完成19个社区居委会办公用房建设；区社区卫生服务中心和城北街道社区卫生服务中心建设因市政府调整规划原因暂缓实施。

【依法行政】 2003年，全面开展“四五”普法和“二五”依法治区工作。坚持依法行政，在全区行政执法机关范围内继续推行行政执法责任制和评议考核制。主动接受区人大及其常委会的法律监督、工作监督和区政协及社会各界的民主监督，加强了政府部门与人大、政协各(工)委的对口联系。全年办理市、区人大代表建议、政协委员提案103件，解决了一批社会热点、难点问题。服务型政府建设深入开展。在公务员队伍中开展法律知识、电脑技能等培训工作，提高了公务员综合素质和工作能力。政务公开力度加大，工作机制日趋完善。加快电子政府建设步伐，机关局域网建设工作全面完成，平江门户网站正式对外开放。深化财政管理体制改革，加强预算外资金管理工作，落实收支两条线管理的各项规定，全区88个单位和部门纳入区会计核算中心统一结算。充分发挥审计、监察等职能部门的作用，加强了区属企事业单位改制和工程建设项目的检查监督。认真落实各项廉政规定，落实党风廉政建设责任制，树立了廉洁奉公的政府形象。

附表：各街道简况（2003）

街道名	面积（平方公里）	社区居（村）委会（个）	年末（人）	地区生产总值（万元）	入库税收（万元）	书记	主任
观前	1.84	10	37021	102914	22665	胡岚	曹原
平江路	2.43	7	49324	35952	11390	梁振华	王建民
娄门	6.50	9（1个村）	54732	30306	4322	蒋满新	朱建庚
桃花坞	2.65	12	70315	41352	11217	张高楼	陈隆
苏锦	2.80	3	37285	19264	835	朱耀忠	姚家兴
城北	9.00	7个村，1个居委会	13027	48078	10324	吴佩民	张晓春

（曹玉达）

沧浪区

【概况】 位于苏州市城区中南部，辖区内有被列入《世界文化遗产》的网狮园、沧浪亭，江南最大的文庙、清代织造府和全国仅存的水陆城门盘门三景。全区面积25.62平方公里，辖8个街道、8个行政村、71个社区居委会，总人口32.59万人。2003年全区实现财政收入10.19亿元。区政府驻十梓街388号。

中共沧浪区委员会

书　记　宋文辉

副书记　路　军　李纪福　陈曙光

其他常委　王树民　周建华　朱奚红　朱建春　解金泉

区人大常委会

主　任　陈忆善

副主任　毛铁强　徐济川（兼）　贺怡明　曹培元

区人民政府

区　长　路　军

副区长　王树民　卜　秋　顾建平　郑利江　吴有良

区人民政协

主　席　潘　霖

副主席　许云珍　尹小宁　胡　迪（兼）张　昕（兼）　章念翔（兼）

法　院

院　长　王泳生

检察院

检察长　顾烈驹

【区域经济】 2003年，全区抓住区划调整和税收属地征管的发展机遇，坚持一手抓"非典"防治不放松，一手抓经济发展不动摇，加强服务，强化招商，推进经济结构调整，优化资源配置，综合经济实力显著增强。全区纳税企业近1.2万家，比上年增加2100多家，百强企业纳税5.28亿元，占纳税总额的53.02%。全区纳税完成入库税金10.10亿元，其中按行业分：第二产业完成37478.3万元，第三产业63516.8万元；按税务局分：完成国税45414.3万元，地税55580.3万元。实现财政收入10.19亿元，完成调整预算107.3%，同比增长26.9%。财政收入的主要特点：一是税收属地征管的调整，扩大了税收范围。二是受"非典"影响，财政收入呈"v"字型走势，10月份摆脱其影响，进入快速增长期，其中12月份达1.17亿元；三是中央与地方一般预算结构为47:53；四是地税部门组织收入上升。国税和地税比例为45:55；五是增值税、营业税、所得税，三大税收比重达97.5%，直接左右区财政收入。

【私营个体经济】 2003年全区面对"非典"给全区经济带来的严重影响，加大对全区私营、个体工商户服务、扶持力度。以5条特色街区为骨干引导企业诚实守信、有序竞争，创建"诚信沧浪"；树立"处处都是投资环境，事事关系投资环境，人人维护投资环境"的观念。发挥沧浪区个体、私营协会的作用，举办93期开业前培训班，参加人员1115人；3期私营业主培训班，参加人数450人。开展争当"光彩之星"、帮助下岗工人"手拉手"等各类公益活动。年内非公有制经济发展取得了新发展，总户数超过1万家，比上年增加1700多家，税收占全区纳税总额的74.1%。其中私营企业1010家，注册资金1.9亿元，分别比上年增长27.8%、20.8%；个体工商户5633户，注册资金1.14亿元，增长42.3%、51.2%。12家私营企业为下岗职工提供261个再就业岗位，达成意向63人。5家私营业主与6名学生结成帮困对子。100多人次义务献血20000毫升。共捐款捐物1万多元帮贫扶困、慰问教师、老人。

【开放型经济】 2003年全区利用税收属地管理带来的经济发展机遇，努力拓宽渠道，探索招商引资新形式。除进一步做好"政府网站"在线招商工作外，在国内外颇具知名度的中国国情网上开通"沧浪招商馆"建立招商专用网站。开展招商承诺式服务。对企业资料完整的投资项目，采取特事特办。全年新办有限责任公司1090家，同比增长46.1%，注册资金20亿，增加150%。其中投资超过1000万元的企业48家，超过

500万元的企业65家。与往年相比其特点一是新增注册资金和引进企业数量大幅增加；二是企业投资规模整体水平提高快；三是成熟型企业增量大，产业结构合理，企业质量进一步提高。

【服务业】 2003年全区服务业保持较快的发展势头。①商贸流通和餐饮业稳步增长，年内入库税金2.64亿元，占全区入库税金的26.2%。其中跻身于区纳税百强的新业态大型超市“百润发”（苏福店）、“好又多”入库税金分别为658.1万元、318.69万元；餐饮、电脑、装潢等特色街服务业全年纳税9288.63万元，占全区纳税总额的9.2%。②房地产和相关中介服务业发展迅速，全年纳税12837.4万元，占全区纳税总额的12.7%。有19家房地产公司跻身区纳税百强之列。③加大社区服务基础设施建设投入，在社区形成一批医疗、家政、养老、物业管理等便民利民的特色服务业。④加大吸收高科技产业的招商服务工作的基础设施建设。在永霖大厦创建可容纳18家企业的“创业园”二期工程，年内有11家企业入驻；筹备创建占地4.91平方公里的高科技人员创业社区（沧浪新城）。⑤提升特色街区品牌形象，增强经济竞争力，实施了对凤凰餐饮一条街、十全旅游购物一条街和官太尉河（“二街一河”）亮化、美化改造工程。

【重点工程】 2003年经区人大确定的实事、重点工程项目有11个方面35项。其中区政府为民办实事项目有7个方面，区重点工程项目4个方面已全部启动。至年底实际投入资金2.7亿元，完成项目22个，竣工面积193845平方米，占年计划的66%。其中投资865万元新建、扩建友新、双桥、联青村等4个社区服务中心，友新、郭村等3个社区医疗卫生服务站，1个老年康复中心，3个养老机构和6个社区居委会设施建设项目。投资7624万元，完成环古城风貌保护工程觅渡桥至相门桥段480户居民动迁工程。投资800万元建成银杏、陶园等18个绿化小游园，在建2个，总面积21303.8平方米。投资391.15万元，整治10座公厕。投资320.94万元移建1座泵闸，修复、改造何家塔、高家村、通星路等22处道路、下水道；清理104只化粪池。投资340万元进行危房解危达1万平方米。投资200万元，建成开通区政府机关计算机局域网。投资20万元建成公园街道政务中心。投资85万元，完成草桥小学教学楼、涓长等3所幼儿园教育设施改造工程。开工实施凤凰街、十全街和官太尉河、西二路北侧、枣市街低洼地、42号、44号等街景、绿化、管线的综合整治工程。

【各项改革】 2003年全区各项改革进一步深化，重点加大生产型事业单位改制、改革力度。区建设局下属的绿化工程建设处、绿化工程队、市政养护工程公司；经贸局下属的市场建设管理处、胥门市场管理处、外商投资服务中心；卫生局下属的苏州市眼耳鼻喉科医院；区政府接待处等单位完成转企改制。全区小学校副校长及中层领导全部实行新一轮竞聘上岗，一批年轻有活力的教师走上领导岗位。小学课程改革，作为省级实验区进入全国第8次课改行列，课改工作受到省课改评估组领导的高度评价。机关人事制度改革尝试新路子，出台《关于加强机构编制管理、试行人事代理的通知》。区检察院以内设机构重组改革为重点，强化检察官独立地位和办案责任，确保法律严格实施；探索普通程序简化审、庭前证据交换等改革。区法院深化审判管理体制改革，全面推广由2名法官、2名法官助理、1名书记员为一个单元的“二二一”审判机制，制定《“二二一”审判机制操作规范》有效地提高审判质量，减少了上诉率；探索有1名执行长、2名执行员、1名书记员组成的“一二一”执行机制，全年执行结案率达95.9%，执行周期缩短10天左右，省高级人民法院向全省发出简报推广此项改革。

【城市建设】 2003年全区以创建国家园林城市为契机，大力推进城市基础设施的整治与改造，不断完善城市环境长效管理机制，城市面貌有较大的改观。年内计划于当年完成的建设项目，如：绿化小游园、道路修复、公厕改建等已全部完成。跨年度项目已全面启动。开展绿化达标工作，有101个单位和70个居住区，绿化率达25%，有91个单位和居住区分别获得省、市“园林式绿化标准”、“江苏省绿化标准”、“苏州市绿化标准”称号。计划在区西南面新建的“沧浪新城”（高科技创业社区），9月份正式被列为提升城市现代化水平苏州市十大工程之一，于年底已完成利用国际网站境外规划项目招投标。项目规划费为250万元。

城市管理改革进一步深化，率先在全市实施行政执法人员派驻街道；建立街道协管员和保洁员队伍。执法人员、协保人员和保洁员3支队伍齐抓共管，重点解决友联新村等地乱涂乱贴、乱搭建、非法占用道路的店外店等老大难问题，群众投诉率下降。探索保洁市场化新路子，首先在吴门桥街道内马路社区居委会，采用资金包干、协议承包的方式进行试点，有效控制垃圾出箱脏乱等问题。

【社区建设】 2003年全区巩固全国社区建设示范区创建成果，进一步提升社区整体工作水平。全年投入500万元，新建友新街道和双桥社区服务中心；改造葑门街道社区服务中心三期“玉兰园”和联青村社区服务站；建成友新、新郭村医疗服务站；建成葑门、吴门桥街道养老机构。共有69个居委会办公、居民活动用房达标，其中建成300平方米以上的有11个。全区所有社区都建成集学习、健身、娱乐、休闲于一体的活动场所。开展创建“居民在心中，满意在社区”星级社区活动。全面施行“居民上班我值班，居民下班我上班”的工作制度。社区工作者人手一册《民情日记》，200户需要帮助的家庭及时得到帮助。探索社区服务社会化、产业化新路子，打造社区服务品牌，率先向国家商标局申报注册“邻里情”社区服务商标。进一步推进社区民主政治建设，建立以民情恳谈会、民意协调会、民意听证会、民主评议会为内容的“四会”制度，使居民享有知情权、决策权、管理权和民主监督权。在全市率先进行“一人一票”和“户代表”，直接选举建立社区居委会的试点工作。年内有葑门街道长岛社区、友新街道福星社区等5个居委会实施了直选，居民登记率达90%以上，依法产生市区历史上首届通过直选组成的社区居委会。

【社会保障】 2003年全区健全劳动社会保障机制。成立由区政府、有关部门、街道等领导组成的劳动社会保障工作平台建设领导小组。街道社保工作人员也由1名增加到3名左右。聘用70多名社区劳动保障协管员，均经过培训持证上岗。各街道都开辟了劳动保障对外工作窗口。70个居委会实施宽带接入。重点开展失业登记和帮助再就业工作。全区登记失业职工17724人，有14774人领取失业金，累计发放失业救济金4014万元。针对家庭中双下岗、特困户、年龄女满40男满48以上（简称4048人员）等人员，发放再就业优惠证4296张，提供就业岗位3273个，重点解决了2423名“4048”就业问题，其中有240人被安排到社区公益性岗位工作。免费举办招聘专场会10场，登记求职1182名，通过中介成功介绍1007人实现再就业。为自主从业人员发放小额贷款31家，61万元。依法监督用工制度，共签劳动合同3000份，其中查处各类企业补签劳动合同1500份。立案仲裁，为职工追回拖欠工资、医疗费300多万元。

【科学技术】 2003年全区继续实施“科技兴区”的发展战略。着重打造高新技术特色产业基地，一方面完善沧浪创业园公司化管理模式，实行自负盈亏、自主经营、滚动发展的企业运行方式，经济效益、社会效益、环境效益得到同步发展。年内共有71家企业入驻创业园，主要从事软件开发，网络系统，通用技术、生物的研究开发和科技咨询服务业。注册资金人民币3500万元，美元71万元；从业科技人员480余人，其中，博士研究生9人、硕士研究生20人、归国留学生13人、大专生以上350人。年内实现销售1亿元，上缴税收300万元。另一方面进一步全面规划增加和扩大发展高新技术产业载体。在人民路永霖大厦北楼创办可入驻18家企业的沧浪科技创业园永霖分园，年内已有11家企业入驻创业；区政府与市私营企业协会、市科技局共同投资创建苏州市民营企业科技创业园，已完成可行性方案论证和产权转让协调工作；在区西南面，筹备创建大型占地40.19平方公里，吸引清洁型高科技产业入驻的沧浪新城（科技创业社区），已完成规划境外招标、专家论证等程序，计划用5年时间完成。年内完成开通政府机关计算机局域网，实现与市信息中心互联互通，公文在网上流传的现代化办公程序。

【社会事业】 2003年以建设教育强区为目标，全区教育现代化建设工作取得明显成效。①整合资源，实施均衡化策略，区各个小学校间差距缩小。全年投资300万，完成因区划调整划入的3所村小的撤并改造任务；完成2所小学教学楼的改造和6所小学操场人工草坪的铺设。实施培智、胥江小学的动迁、扩建工程。全区37所小学全部成为区常规管理先进学校；17所幼儿园优质率达75.7%，优质幼教资源占88.2%。②师资队伍整体提高。全区幼、小教师合格学历分别达99%、98.8%；大专以上学历分别达57.9%、78.28%。③加大教育信息化建设。投资100万元建成区教育信息中心。各小学校园网建成率100%，新建、改建计算机教室24个，人机比率为7.1: 1。全区各小学校信息开课率100%。共有教育信息化先进学校、信息化实验学校各7所。④加快推进社区教育，成立沧浪区社区教育工作委员会和街道、社区三级社区教育网络。在区教育信息网上建立“社区教育”专题网页。开展各类社会工作技能培训，年内新增劳动力受教育年限达12.67年，常住人口识字率达98.53%。年底在全省第一家通过省教育现代化区的评估，通过省社区教育实验区的验收。

全区卫生工作以防治“非典”为重点，加强疫情监测，健全完善区级疾病预防控制体系建设，制定《沧浪区防治传染性非典型肺炎应急预案》《沧浪区农村合作医疗管理暂行办法》和《苏州市沧浪区建设健康城市行动计划》。对北京“夕阳红”旅行团中1名疑似“非典”病人下榻的胥江路房苑宾馆，及时采取一系列有效措施，未造成疫情扩散。年内葑门、胥江街道被命名为省级爱国卫生先进单位。完成计划生育率99.2%，人口自然增长率5‰；出生缺陷一级干预率89.6%；流动人口计划生育率75%。

【人民生活】 2003年全区进一步落实国家低保政策，完善“资金救助、政策救助、食物救助、服务救助和结对救助”五位一体的救助体系。创造性地实行ABC低保工作动态化管理方法，把全区低保家庭按老弱病残、和年龄较大的下岗人员分成A、B、C三类，建立红、黄、绿三种台账，分别采用帮困、再就业等方式提高和改善他们的生活水平。年内对全区1394户特困户、1000多户贫困家庭，发放扶贫资金549万元，其中低保金340万元，节日慰问150万元，暑期走访10万元，帮困助学10万元。吴门桥盘溪第二社区居委会创办了城区第一个“邻里情互动超市”，贫困户可申领居民捐出的物品。开展帮困扶贫捐款捐物活动，苏州凯达房地产发展有限公司先后捐款10万元。老龄事业不断深化，投资140万元，建成吴门桥、葑门等街道3个养老机构。全区共建立11个老年学校、193支老年文艺队和各类拳操和兴趣小组。开设了评弹书场、沙龙、京剧研究会。年内组织240名老人参加“老苏州喜看新苏州”活动。公园、府前、双塔、等街道分别建立老医务人员医疗巡回队、老党员公德巡查队、老学者科普演讲团等。敬老、爱老、助老在全区蔚然成风。重视残疾人事业，共建成10个助残基地，年内荣获“全国社区残疾人工作示范区”称号。

【精神文明建设】 2003年全区围绕建设现代化文明城市的总体要求，以“打造文化沧浪”为创新目标，积极挖掘区域内丰富独特的历史文化资源，把弘扬优秀传统文化与塑造时代精神紧密结合起来，开展创建学习型城区活动，着力推进文化阵地建设。成立社区教育工作委员会，建立“社区教育”专题网页，在苏州日报、姑苏晚报、广播电台上分别开辟“邻里情”、“繁荣沧浪特色街”、“聚焦文化沧浪”等专栏。开辟各具特色的文化阵地，使各类文化艺术活动均有展示舞台。年内举办了第三届社区文化艺术节、电脑文化节、凤凰美食节、装潢文化节和汽车装潢节等。组织各街道编写《胥门》、《盘门》、《葑门》、《子城》等10册一套“文化沧浪系列丛书”。胥虹、竹辉社区被市文明委员会命名为苏州市首批文明社区。

附表：各街道简况（2003）

街道名	面积（平方公里）	居委会（个）	行政村（个）	年末人口（人）	入库税金（万元）	书 记	主 任
公 园	1.41	5	–	29854	19601.2	薛 宏	高根宝
府 前	0.91	5	–	25005	6202.2	虞 伟	李 盛
胥 江	2.93	10	–	42633	14893.7	陈建斌	葛宇红
南 门	1.83	9	–	31152	9650.8	李 洁	徐 皓
吴门桥	5.18	18	–	46902	14993.3	曹培元	王家平
葑 门	3.52	10	2	45500	7755.3	范志强	徐明意
双 塔	2.44	8	–	42330	11154.1	陈庆伟	陈庆伟
友 新	7.40	6	6	62264	10706.9	邹海明	夏 俊
合 计	25.62	71	8	325940	94957.5	–	–

（薛爱玲）

金阊区

【概况】 位于苏州城区西北部，总面积约36.7平方公里。辖5个街道，39个社区居委会和15个村民委员会。总人口21.00万人。区人民政府驻金门路94号。2003年全区完成生产总值32.637亿元，比上年增长15%；财政收入7.658亿，增长37.9%；税收结构进一步优化，地税比重达52%，比上年上升8个百分点。

中共金阊区委员会

书 记　王跃山
副书记　徐惠民　赵国安　王震寰
其他常委　平龙根　周锡骏　朱 正　徐建国　陆春云

区人大常委会

主 任　胡荣福
副主任　钱晓霞　周华民　李少鹏　林小育

区人民政府

代区长　徐惠民
副区长　平龙根　陆春云　张 曙　刘文保　张 齐　王 俊

区人民政协

主 席　施美祥
副主席　于南征　夏双惠　龚国钧　刘 菁　王大平

法 院

院 长　姜 玲

检察院

检察长　蔡来荣

【区域经济】 2003年，全区加大对街道（镇）发展区域经济的考核激励力度，健全完善区级领导与重点区域经济企业挂钩联系制度、机关部门发展区域经济定向挂钩制度、区域经济例会等工作制度，加强行业协会（商会）和社会中介组织建设。全区全年新增企业213家（不含个体工商户），比上年增长56.7%；新增注册资本16.6亿元，增长192%。其中，注册资本500万元以上企业59个，比上年增长157%，注册资本100万元以上企业253家，外资企业15家。

2003年，全区商贸经济快速发展。亚细亚集团、石路国际商城等骨干企业继续发挥龙头作用，同时引进一批规模大、效益高、竞争力强的商贸服务企业，如东凌旅游商场、友通数码科技、锦江之星、永乐家电等，为全区商贸服务业的发展注入了新的生机和活力。同时，引进房地产企业59家和各类中介服务企业150家，成为区域经济发展的新特色。

2003年，全区工业经济持续发展。税收属地征管后，对2063家市下划工业企业加强服务，鼓励发展，下划企业税收同比增长18%，在老城区中增幅最大。对原区属改制企业和新划入的乡镇企业，积极为企业创造发展的良好环境，取得了较好的成效。吸引近50家科技研发企业驻区科技产业园。依托科技创新，申报省、市科技成果奖2个项目、市科技攻关计划2个项目，赛特数控等3家企业被列为市级自主知识产权企业。

2003年，全区民营经济蓬勃发展。截至年底，全区个体工商户累计达4347户，注册资本9210万元，民营企业累计达888家，注册资本2.16亿元，广济南路建材街中街、电子市场等特色街市在区各部门的合力推动下初具规模，为民营经济提供了良好的平台。同时，为解决中小企业融资困难，成立金诚担保有限责任公司，并提供担保30多批，累计3400多万元。

【社会事业】 2003年，全区社区建设取得良好业绩。全区所有社区居委会办公用房全部达到130平方米标准，其中16个超过200平方米。列入民政部“星光计划”的3个社区硬件建设项目全部完成。与此同时，社区管理水平跃上新台阶。在老城区率先开展社区居委会换届直选。“信息社区”建设得到深入推进，石路街道开发研制的社区信息化管理系统在全市城区予以推广，建立了一批无毒社区、绿色社区和学习型社区示范点。社区服务“一指通”系统实现了整体市场化运作。养老事业逐步发展，强化政府资助、民政管理、社会参与的工作机制，已累计建成养老机构11所，入住老年达500余人。

2003年全区科教文化事业发展蓬勃。义务教育工作得到巩固，适龄儿童入学率、巩固率、毕业率继续保持100%；投入教育资金1400多万元，完成基建项目28个；建立区教育信息资源中心，开通了教育文体信息网，全区学生、计算机比例已达8.7: 1；完成区文化艺术综合楼和舞蹈培训中心改建工作；举办2003年区文化艺术节、广场钢琴音乐会等影响较大的群众文化活动；组建了"手拉手"群众艺术团；累计建成全民健身工程38个；文化市场管理得到加强，取缔和关闭非法店（摊）40多家并收缴一批非法出版物。

公共卫生工作得到重点加强。认真做好"非典"防治工作，取得抗击"非典"的阶段性胜利；建立实施公共卫生服务产品的政府购买机制；在医疗机构广泛开展"依法执业、诚信服务"活动；完成1864人无偿献血任务；继续稳定低生育水平；以建设健康城市为契机，推进爱国卫生运动；深入开展农村"三清"工作，投入经费254万，新建水冲式公厕18座、洗刷站4座、垃圾箱85只、硬化道路2.029平方米、新建绿地1.14公顷。

2003年全区就业与社保工作取得成效。完成区职业介绍大厅、职业交流大厅和社保结算大厅改建；公开招聘劳动保障协管员70名；发放《再就业优惠证》3200多份；政府购买公益性岗位使百余名大龄下岗人员实现再就业；成立劳动监察大队，加强对劳务用工的规范管理；养老保险扩面达4000多人；"互助献真情，携手奔小康"和"手拉手"爱心工程拉开序幕；区工业系统职工医药费和退养职工参保问题得到妥善解决；制定实施了农村合作医疗保险方案；落实农民增收减负措施，近46万元农业税及其附加税改由镇村代缴，市（区）政府补贴。

【城市建设与管理】 2003年全区加强对在建工程项目的重点管理和服务。区人代会通过的9项实事工程基本完成，其中：石路步行街一期工程如期竣工，完成5000多万元货币工作量；山塘历史文化保护区保护性修复取得阶段性成果。共动迁311户，修缮房屋1.67万平方米，试验段于2003年9月竣工，二期规划通过论证；新建小游园20座3.53万平方米，彩香一村绿化综合改造圆满完成。全区共计新增绿地5.6公顷，基本实现了"300米见绿"的量化指标；茶花村煤丝路改造、区行政服务中心和离退休老干部活动中心顺利竣工并投入使用；社区居委会办公用房等设施基本完成。

2003年全区动迁工作稳步推进。共计实施动迁867户，面积12万多平方米，主要包括山塘街改造、小游园建设、高速公路西出口高架路建设、高速公路拓宽建设工程、西塘河引水工程、淮阳河水系统改造、金门至胥门段环古城风貌保护等多个项目用地拆迁。还完成农村城市化动迁调查和测量测算等任务。

2003年，全区城市管理和环境治理水平整体提升。通过向街道派驻城管执法队员、街道重组城管协管员和社区保洁员队伍等措施，促使城市管理效能得到了明显提升。重点对环虎丘山、石路商贸区、彩香新村等区域开展集中环境整治；对主要道路、窗口地区的摩托车助动车修理、铝合金塑钢和木器加工业开展了"三店"专项清理；制定了无主垃圾清运办法，确保垃圾清运率达100%；加强了对重大节庆日、重点项目的城管保障工作；配合市有关部门完成污水集流支管到户2.6万户；巩固烟尘和噪声双控区达标成果；完成茅山堂、方家浜等泵房泵站检修、确保全区安全渡汛。

【各项改革】 2003年，区委、区政府继续加强对各项改革工作的组织领导和分类指导，坚持整体推进和重点突破相结合，精心设计，规范操作，全面打好改革攻坚战，增强体制的活力。

企业改制工作。至2003年底，完成中虹集团、留园实业总公司等40家企业的产权制度改革，将镇（街道）有资本全部转让给企业，集体土地、房屋等资产采取有偿转让或租赁方式，支持企业的发展。按照"劳动力市场化"的要求，实行职工身份置换，重新确立劳动关系。从而，全区的区、镇（街道）属集体企业的产权制度改革工作和各类挂靠企业的清理脱钩工作基本完成。

改制"回头看"工作。对照改制工作"四到位一基本"的要求，对近年来已改制企业进行"回头看"的专项调研工作，及时发现问题，及时研究解决；到年底已基本全面解决拖欠职工医药费及退养职工进医保问题；集资款已全部兑现结束，解决了遗留问题。对原区属重点企业进行彻底产权制度改革，组建有限责任公司；对原实施股份合作制改造的一批企业，实施"二次转制"，组建有限责任公司。对部分资不抵债企业实施破产。

事业单位改企转制工作。在2002年对生产经营型事业单位转企改制的基础上，2003年完成对蔬菜种子公司、市政公司、虎丘环卫站、虎丘卫生院等7家生产经营性事业单位的改企转制工作，使其成为"四自经营"的主体。至此，基本完成经营型事业单位的转企任务。

行政管理体制改革工作。在大力推进电子政务建设的同时，在老城区率先建成区行政服务中心，集中办理有关审批和服务事项，提高了效率，方便了企业和市民。与此同时，加大行政型、公益型事业单位用人、分配制度改革力度，积极探索社会公共服务运作机制市场化的新途径。进一步强化公务员队伍的考评、选拔任用、末位淘汰和双向选择机制。

【精神文明建设】 2003年，全区切实加强精神文明建设，为实现"两个率先"提供精神动力，按照贴近群众、贴近生活和贴近实际的要求，有针对性地加强典型宣传、舆论引导和思想政治工作。群众性精神文明创建活动继续深入。

开展文明示范区域创建工作。一是在石路商贸区广泛开展"诚信建设看石路，放心消费在石路"主题活动，参与商家30多家。进一步营造了放心购物、满意消费环境，其中瑞富祥丝绸公司获省级"百城万店无假货示范店"称号。二是在山塘虎丘区域开展以优美环境、优良秩序、优质服务、优秀传统文化为重点的创建活动，通过"保护古山塘志愿服务"、"省级文明小区现场会"等活动，着力构建旅游文化示范区域。

开展群众性精神文明宣传教育和主题活动。组织在全区广泛开展"苏州城市精神"研讨活动、"倡导文明新风，合力抗击非典"主题系列活动、"弘扬雷锋精神，参与志愿服务"主题系列活动、制定《金阊区"两新"组织文明单位评比管理办法》；在农村开展以着力提高农村干部和群众素质为目的的农村城市化进程中的教育培训、安全文明创建、社区文化发展等系列工作；开展省、市、区级文明单位的评选、考核公示、推荐工作；抓好文明行业优质服务形象工程建设；全力打造创建学习型城区新平台，扩大各类学习型组织的试点面。通过上述系列活动，有力地提高了市民的道德水平，促进了全区精神文明建设，一大批单位被上报推荐为省级文明单位（村），石路国际商城、亚细亚商厦、建业实业总公司、区检察院、区实验小学、新庄农贸市场、彩香二村幼儿园被命名为新一轮省级文明单位、彩香一村南社区被命名为“市首批文明社区”。东宝公司、东凌集团分别捐赠10万元、30万元“抗非”慰问金和物品，一大批单位和个人为爱心工程捐款。群众文化树立起新品牌。建立“手拉手”群众文化艺术团，该艺术团采取行政化推动，设立20万元文化专项资金并制定《区文化活动专项资金管理办法》，社会化发动，“手拉手”群众文化艺术团下设17支团队活跃在基层，结合与企业协办、合作，通过市场化运作，成功举办“2003金阊文化艺术节”；组织开展科技文艺卫生“三下乡”暨民政、工商、司法、计生、环保、规划、绿化等部门政务进（虎丘镇）村现场办公活动，取得实效；举办苏州市第2届社区艺术节金阊区活动，参加演出5600人次，观众达6.5万人次；组织参加苏州话风情大赛、“新年合唱音乐会”比赛；举办金阊区青年新市民才艺展示、金阊区法制文艺创作节目调演、“手拉手”与健康同行文体展示活动；为纪念消防法颁布15周年和庆祝第15个教师节，分别组织文艺宣传演出。在市群众文化四“十佳”评选中，获6个奖项和优秀组织奖。

附表：各街道简况(2003年)(街道管理区域调整后)

街道名	行政村(个)	居委会(个)	书记	主任(镇长)
石路	-	8	俞瑞棒	汪香元
彩香	2	13	林小育	张年琴
留园	1	10	张浩清	张浩清
虎丘	4	6	李水泉	杨伟良
白洋湾	8	2	赵胜荣	刘平文
合计	15	39	-	-

附表：各街道、镇简况(2003年)(街道管理区域调整前)

街道(镇)名	面积(平方公里)	行政村(个)	居委会(个)	年末人口(人)	生产总值(万元)	入库税金(万元)	书记	主任(镇长)
虎丘镇	18.02	10	1	18951	70538.1	13585	李水泉	沈伟康
白洋湾街道	4.20	3	1	4458	18627.0	3219	赵胜荣	杨伟良
石路街道	1.20	-	4	21635	30623.3	6965	周锡骏	陆海良
留园街道	5.50	1	12	50591	34681.1	8042	张浩清	张浩清
山塘街道	2.70	-	6	31208	57762.5	3581	尤培东	尤培东
彩香街道	2.44	-	11	52125	26912.4	6549	俞瑞棒	陈燕颜
三元街道	2.63	1	8	31055	44685.5	8486	林小育	张年琴
合计	36.69	15	43	210023	283829.9	50427	-	-

（孙建中）

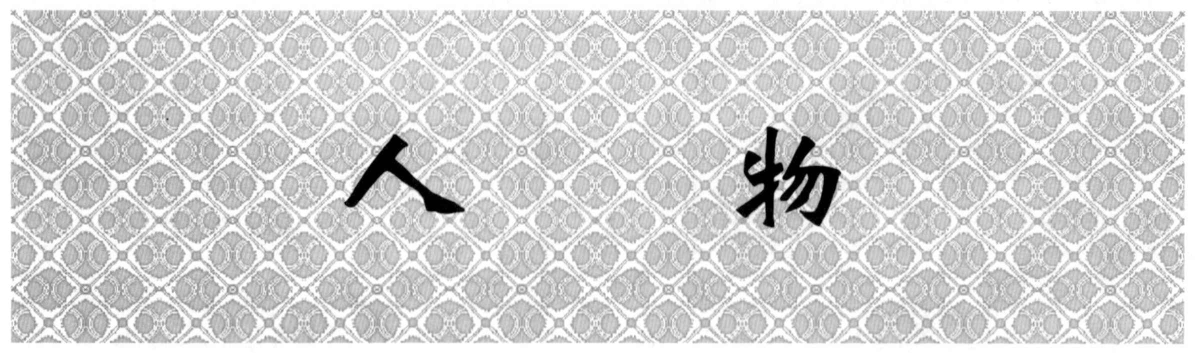

人物

市十三届人大常委会主任、副主任、秘书长

周福元 1946年2月生，江苏常熟人，1966年5月入党，1965年9月参加工作，党校函授大学学历。1965年后为常熟县董浜公社12大队民办教师、大队团支部副书记。1966年后任常熟县董浜公社12大队、13大队党支部书记，公社党委委员、团委副书记。1971年任常熟县革委会宣传组干事。1975年任常熟县白茆公社党委书记、革委会主任。1982年任常熟县(市)委副书记(其间：1983年9月至1985年7月中央农业管理干部学院浙江农业大学分院农业管理专业学习)。1987年4月任常熟市委副书记、副市长，同年8月任常熟市委书记。1988年任常熟市委书记、市人大常委会主任。1990年任盐城市委副书记。1995年任盐城市委副书记、市政协主席（其间：1995年8月至1997年12月中央党校函授学院党政管理专业学习)。1996年任省委农工部部长兼省农村发展研究中心主任、省政府农村集体资产管理办公室主任。1997年任南通市委书记。1998年任南通市委书记、市人大常委会主任。2002年任苏州市委副书记（正市级）。2003年1月在苏州市第十三届人民代表大会第一次会议上当选为市人大常委会主任。周福元同志是党的十五大、十六大代表，中共江苏省六次、八次、九次、十次党代会代表，中共江苏省委十届委员，中共苏州市七次党代会代表；江苏省九届人大代表。

陆云泉 1943年9月生，江苏苏州人，1962年7月入党，1962年12月参加工作，大专学历。1958年入苏州水利专科学校水利工程系学习，1962年毕业后任苏州市手工业局经理部办事员，郊区社教工作队队员。1964年任苏州团市委干事、办公室副主任。1965年任西藏自治区公安厅政治部办公室秘书。1969年为西藏自治区公检法学习班学员、工作人员。1972年任西藏自治区革委会学习队副指导员。1973年任西藏自治区公安厅政治部宣传科科长。1978年任西藏自治区公安干校副校长。1981年后任苏州市司法局副局长、局长。1983年入中国政法大学进修学院法律专修科学习。1985年任省司法厅副厅长、党组成员。1989年任省司法厅副厅长、党组副书记。1990年任省司法厅厅长、党组（党委）书记。2000年任江苏省政府副秘书长兼省政府法制办公室主任、党组书记。2003年1月在苏州市第十三届人民代表大会第一次会议上当选为市人大常委会副主任。陆云泉同志是中共江苏省九次、十次党代会代表，在中共江苏省八次、九次党代会上当选为省纪委委员；江苏省八届人大代表；江苏省八届政协常委、法制委员会副主任。

宋胜龙 1944年10月生，江苏张家港人，1965年2月入党，1964年1月参加工作，大专学历。1964年入伍后任济南军区炮兵第24团战士、副班长、班长，营书记员、连副政治指导员，炮兵第12师政治部组织科干事。1978年后任苏州地委组织部审干办、干部科工作人员、组织员。1983年后任苏州市委组织部干部二科副科长、科长。1988年任苏州市委组织部副部长（其间：1990年9月至1991年12月苏州大学行政管理专业证书班学习)。1994年2月任苏州市委组织部副部长（正处级)，同年10月任苏州市委常委，同年12月任苏州市委常委、组织部部长。2001年2月任苏州市委常委、组织部部长，市政协副主席、党组副书记，同年5月任苏州市政协副主席、党组副书记。2003年1月在苏州市第十三届人民代表大会第一次会议上当选为市人大常委会副主任。宋胜龙同志是中共苏州市七次党代会代表、市纪委委员，中共苏州市八次、九次党代会代表；苏州市十一届人大常委会委员，苏州市十二届人大代表；苏州市八届政协常委。

谢慧新 女，1946年1月生，江苏常州人，1976年6月入党，1968年12月参加工作，党校研究生学历，高级经济师。1963年入南京大学化学系学习，1968年毕业后任苏州造漆厂技术员、车间负责人。1978年任苏州造漆厂副厂长。1982年任苏州市化工局副局长。1983年3月任苏州市副市长，同年9月入中央党校研究生培训班学习，1985年毕业后任吴县县委副书记、副县长。1991年任苏州市政协副主席。1996年任苏州市人大常委会副主任。2003年1月在苏州市第十三届人民代表大会第一次会议上当选为市人大常委会副主任。谢慧新同志是中共苏州市八次、九次党代会代表；苏州市九届人大代表。

陈炳斯 1945年8月生，福建福州人，1983年4月参加民革，1968年12月参加工作，大学学历，高级讲师。1963年入清华大学电机系学习，1968年毕业后任东北电力二公司技术员。1978年后任00624部队技术员、工程师。1981年任苏州电力技工学校教师。1986年任苏州电力技工学校副校长。1988年任苏州电力技工学校副校长、民革苏州市委副主委。1994年任苏州市政府副秘书长、民革苏州市委副主委。1995年任苏州市副市长、民革苏州市委副主委。1996年任苏州市副市长、民革苏州市委主委。1998年任苏州市人大常委会副主任、民革苏州市委主委。2003年1月在苏州市第十三届人民代表大会第一次会议上当选为市人大常委会副主任。陈炳斯同志是民革九届中央委员，民革五届、六届江苏省委委员，民革七届江苏省委副主委，民革五届、六届苏州市委副主委；江苏省七届、八届、九届人大代表；苏州市八届、九届政协委员。

周性光 1945年3月生，江苏苏州人，1980年5月入党，1965年12月参加工作，大专学历，经济师。1965年后为苏州起重机械厂（苏州化机厂）工人、班长、工段长、车间副主任。1980年入扬州工学院机械工程专业干部专修科学习，1983年毕业后任苏州起重机械厂副厂长。1984年任苏州市平江区副区长。1990年后任苏州市平江区委常委、副区长，区委副书记。1992年任苏州市平江区委副书记、区长。1996年任苏州市金阊区委书记。1997年任苏州市建委党组书记。1998年1月任苏州市建委主任、党组书记，同年11月任苏州市政府秘书长、党组成员、市政府办公室党组书记。2001年任苏州市政府秘书长、党组成员、市政府办公室党组书记、苏州新区党工委书记。2002年11月任苏州市政府秘书长、党组成员、市政府办公室党组书记（副厅级），同年12月任苏州市政府秘书长（副厅级）。2003年1月在苏州市第十三届人民代表大会第一次会议上当选为市人大常委会副主任。周性光同志是江苏省八届人大代表，苏州市十二届人大代表；中共苏州市八次、九次党代会代表，中共苏州市委九届委员。

孟焕民 1947年1月生，江苏张家港人，1972年12月入党，1970年11月参加工作，大专学历。1966年苏州中学高中毕业后在沙洲县乐余公社22大队务农。1970年后任沙洲县革委会政工组工作人员，县委宣传部报道组组长，县委办公室报道组组长、调研组组长。1984年任沙洲县委办公室副主任。1986年任沙洲县委（张家港市委）研究室主任。1988年任苏州市委副秘书长（其间：1988年11月至1990年12月解放军南京政治学院政治理论专业函授学习）。1991年任苏州市委副秘书长兼市委政策研究室主任。1996年任苏州市委副秘书长（正处级）。2001年任苏州市委秘书长。2002年1月任苏州市政协副主席、市委秘书长，同年12月任苏州市政协副主席。2003年1月在苏州市第十三届人民代表大会第一次会议上当选为市人大常委会副主任。孟焕民同志是中共苏州市八次、九次党代会代表，中共苏州市委九届委员；苏州市十一届、十二届人大代表。

秦兴元 1948年10月生，江苏苏州人，1972年11月入党，1970年3月参加工作，大专学历，农业经济师。1969年后任吴县东渚公社“920”微生物组、公社落实政策小组工作人员。1972年任吴县东渚公社长新大队党支部书记。1976年后任吴县东渚公社党委委员、革委会副主任，党委副书记。1979年任吴县东渚公社管委会主任。1982年任吴县东渚公社党委书记。1985年任吴县副县长。1990年任吴县县委常委、副县长（其间：1989年7月至1991年7月中国逻辑与语言函授大学行政管理专业学习）。1992年任吴县县委副书记、县长。1995年任吴县市委副书记、市长。2001年任苏州市吴中区委书记。2002年任苏州市吴中区委书记、苏州太湖国家旅游度假区党工委书记。2003年1月在苏州市第十三届人民代表大会第一次会议上当选为市人大常委会副主任。秦兴元同志是中共江苏省七次、十次党代会代表，中共苏州市八次、九次党代会代表，中共苏州市委九届委员；江苏省八届、九届人大代表，苏州市十届、十二届人大代表。

吴文元 1946年1月生，江苏苏州人，1973年9月入党，1964年4月参加工作，大专学历，经济师。1964年后为苏州手工干训班学员、二轻局技研室工作人员。1969年后任苏州向阳机修厂班长、厂团支部书记、车间负责人、生产科长。1980年后任苏州化工设备二厂生产科长、副厂长、厂长。1985年任苏州市化工局生产科长（其间：1983年9月至1986年12月全国经济管理刊授联合大学苏州分校工业企业管理专业学习）。1988年后任苏州市沧浪区副区长，区委常委、副区长。1990年任太仓县委常委、副县长。1992年任苏州市电子工业局局长、党委书记。1996年后任苏州市经委副主任、党组副书记、政治处主任（正处级）兼派驻纪检组组长、市工业发展有限公司执行董事。1998年后任苏州市经委主任、党组书记兼市工业发展有限公司执行董事、市工业联合发展（集团）有限公司董事长。2001年5月任苏州市发展计划委员会主任、党组书记，同年6月任苏州市发展计划委员会主任、党组书记兼市信息化办公室主任。2002年任苏州市发展计划委员会主任。2003年1月在苏州市第十三届人民代表大会第一次会议上当选为市人大常委会副主任。吴文元同志是中共苏州市七次、八次、九次党代会代表，中共苏州市委九届委员；苏州市十二届人大代表。

章立荣 1946年11月生，江苏沭阳人，1967年2月入党，1965年9月参加工作，党校大专学历。1965年入伍后任空军航校学员班长，军械员，军械师，团、师训练科参谋，军训练处参谋。1978年后任苏州市交通局人武部干事，局团委副书记。1980年任苏州市汽车运输公司党委副书记。1982年任苏州市委政研室调研员。1983年任苏州市交通局副局长、党组成员（其间：1983年9月至1985年7月江苏省委党校学习）。1987年后任苏州市沧浪区副区长，区委常委、副区长。1992年1月任苏州市沧浪区委副书记、区长，同年12月任苏州市沧浪区委书记。1998年任苏州市人大常委会秘书长。2003年1月在苏州市第十三届人民代表大会第一次会议上当选为市人大常委会秘书长。章立荣同志是中共江苏省九次党代会代表，中共苏州市八次党代会代表，中共苏州市委八届委员。

新一届市人民政府市长、副市长

杨卫泽 1962年9月生，江苏武进人，1988年5月入党，1981年7月参加工作，大专学历，硕士学位。1978年入南京航务工程专科学校（现东南大学交通学院）港口水工建筑专业学习，1981年毕业后任江苏省交通厅规划计划处办事员、科员、副科长、科长（其间：1986年5月至1988年5月下派挂职邳州市加口乡任乡长助理）。1990年任江苏省交通厅规划计划处副处长。1993年任江苏扬子大桥股份有限公司综合部经理。1994年任江苏省交通厅规划计划处处长。1996年任江苏省交通厅副厅长、党组成员兼长江口航道开发有限公司副总经理。1998年任江苏省交通厅厅长、党组副书记兼省高速公路建设指挥部副总指挥、省长江公路大桥建设指挥部总指挥、江苏高速公路集团公司董事长、江苏润扬大桥发展有限公司董事长、总经理，江苏淮江、沂淮、连徐、汾灌、宁宿徐、宁靖盐高速公路有限公司监事会主席（其间：1997年9月至2000年12月在南京理工大学攻读工业工程硕士，2000年12月获工程硕士学位）。2000年1月任江苏省交通厅厅长、党组书记，同年12月任苏州市委副书记。2001年1月任苏州市委副书记、代市长，同年2月任苏州市委副书记、市长（其间：2002年9月起兼任中新工业园区开发有限公司董事长，中国·苏州工业园区股份有限公司监事会副主席）。2003年1月在苏州市第十三届人民代表大会第一次会议上当选为市人民政府市长。杨卫泽同志是十届全国人大代表，苏州市十二届人大代表；中共江苏省十次党代会代表，中共江苏省委十届委员，中共苏州市九次党代会代表。

包国新 1951年5月生，江苏张家港人，1975年8月入党，1970年10月参加工作，大普学历，高级工程师。1968年在沙洲县杨舍公社8大队务农。1970年为沙洲县油厂工人。1972年入无锡轻工学院化工系油脂化工专业学习，1975年毕业后任沙洲县油厂生技组技术员、科长、副厂长（主持工作）。1984年后任沙洲县粮食局副局长、党总支副书记，杨舍乡党委副书记、经联会主任，党委书记。1986年任张家港市经委主任、党组书记。1987年任张家港市副市长兼市经委主任、党组书记。1988年后任张家港市副市长，市委常委、副市长。1992年任苏州市经委副主任、党组副书记。1994年任苏州市经委主任、党组书记。1996年任苏州市副市长兼市经委主任、党组书记。1997年任苏州市委常委、副市长（其间：1996年9月至1998年6月苏州大学行政管理专业研究生课程进修班学习）。2001年任苏州市委副书记、副市长。2003年1月在苏州市第十三届人民代表大会第一次会议上当选为市人民政府副市长。2003年5月调离苏州。包国新同志是中共江苏省九次党代会代表，中共苏州市八次、九次党代会代表，中共苏州市委八届委员；江苏省九届人大代表，苏州市十届、十一届、十二届人大代表。

汪国兴 1946年8月生，江苏昆山人，1975年7月入党，1963年10月参加工作，大专学历，工程师。1960年入昆山卫生学校学习，1962年毕业后在昆山县玉山供销社当临时工。1963年为昆山酒厂工人，后任车间主任、生产技术科科长。1980年后任昆山生物化学厂副厂长、厂长、助理工程师。1984年任昆山县委副书记、副县长。1987年江苏省委党校干部培训班结业后任苏州市化工局副局长、党委委员，局长、党委书记。1990年任苏州市副市长（1995年参加中组部第14期领导干部理论培训班结业）。2001年任苏州市委常委、副市长。2003年1月在苏州市第十三届人民代表大会第一次会议上当选为市人民政府副市长。汪国兴同志是中共苏州市六次、七次、八次、九次党代会代表，中共苏州市委八届委员；苏州市十一届、十二届人大代表。

周伟强 1959年4月出生，浙江湖洲人，1986年12月入党，1982年2月参加工作，大学学历，工程师。1978年2月起在南京工学院苏州电子班计算机硬件专业读书。1982年起任苏州红旗电表厂动力科见习电器设计员、助理工程师、五车间负责人、新品开发部副主任、厂长助理、副厂长。1991年起任苏州仪表总厂副厂长、厂长。1994年起任苏州市机械局副局长、党委委员，苏州机械控股（集团）有限公司董事、副总经理。1997年任苏州市轻工局局长、苏州轻工控股（集团）有限公司董事长、党委书记。1999年任苏州市经委副主任、党组副书记（正处级）。2000年任苏州市计委主任、党组书记。2001年起任张家港市委副书记、代市长，市长，市委书记，张家港保税区党工委副书记。2002年任张家港市委书记、张家港保税区党工委书记。2003年5月任苏州市委常委、副市长。周伟强同志是江苏省十届人大代表；中共苏州市九次党代会代表，苏州市十二届、十三届人大代表。

朱永新 1958年8月生，江苏大丰人，1988年4月参加民进，1976年5月参加工作，研究生学历，博士学位，教授、博士生导师。1976年江苏省大丰县南阳供销社棉检员。1978年入江苏师范学院政教系学习。1980年入上海师范大学教育心理师资班学习。1982年后任苏州大学教育心理教研室助教、副教授。1987年任苏州大学教育科学研究室主任（正处级）（其间：1990年10月至1991年10月为日本上智大学研究员）。1991年后任苏州大学教育科学部主任、教务处长、教授。1993年后任苏州大学教务处长、教授，民进苏州市委副主委（其间：1994年9月至1996年11月同济大学经济管理学院管理工程专业学习，获博士学位）。1997年任苏州市副市长、民进苏州市委副主委（其间：1998年至2000年入复旦大学经济管理学院做博士后研究）。2003年1月在苏州市第十三届人民代表大会第一次会议上当选为市人民政府副市长。朱永新同志是民进十一届中央委员会常委，民进六届、七届苏州市委副主委；全国青联委员，苏州市青联副主席；江苏省七届、八届政协委员；苏州市十二届人大代表。

江　浩 1946年1月生，江苏张家港人，1977年11月入党，1966年

8月参加工作，大专学历。1964年任沙洲县南丰公社19大队小学耕读教师，后在家务农。1966年为沙洲县南丰供销社职工。1977年后任沙洲县商业局办事员，供销社秘书股秘书、副股长。1979年后任沙洲县委、县革委会办公室秘书，县政府办公室秘书组副组长。1982年后任沙洲县第二工业局副局长，县棉纺织厂党委书记。1984年后任沙洲县委常委、县委办公室主任，县委常委、副县长兼县经委主任，张家港市委常委、副市长。1990年后任常熟市委副书记、代市长、市长（1991年苏州大学行政管理专业证书班毕业）。1992年任常熟市委书记。1996年任常熟市委书记、市人大常委会主任。1998年任苏州市副市长。2003年1月在苏州市第十三届人民代表大会第一次会议上当选为市人民政府副市长。江浩同志是中共江苏省九次党代会代表，中共苏州市八次、九次党代会代表，中共苏州市委八届、九届委员；苏州市十一届、十二届人大代表。

姜人杰　1948年12月生，湖北大冶人，1974年6月入党，1964年10月参加工作，大专学历。1964年在吴江县庙港公社红心大队插队务农。1969年后任吴江县庙港公社红卫中学教师，文化站干部，公社党委宣传干事、委员。1982年入南京大学经济管理干部专修班学习，1985年毕业后任上海缝纫机三厂吴江分厂党委书记。1987年任吴江县副县长。1990年任苏州市外经委副主任、党组成员。1992年任苏州市外事办公室主任、党组书记。1998年任苏州市政府副秘书长、市外经委主任、党委书记、市外资委办主任、市贸促支会会长、苏州进出口（集团）有限公司董事长。2001年2月任苏州市政府副市长、市政府副秘书长、市外经委主任、党委书记、市外资委办主任、市贸促支会会长、苏州进出口（集团）有限公司董事长，同年5月任苏州市副市长。2003年1月在苏州市第十三届人民代表大会第一次会议上当选为市人民政府副市长。姜人杰同志是中共苏州市八次、九次党代会代表，中共苏州市委九届委员；苏州市十二届人大代表。

赵俊生　1947年11月生，江苏常熟人，1975年12月入党，1970年8月参加工作，大学学历，高级工程师。1965年入南京航空学院无线电系学习，1970年毕业后任南京772厂技术员。1977年赴朝鲜参加超高频电子管厂援建技术工作。1978年在南京772厂设计所工作。1980年后任常熟无线电厂技术员、科长、副厂长。1984年后任常熟市委组织部青干组组长，市委组织员、组织部副部长。1986年任常熟市王庄乡党委书记。1988年后任常熟市副市长，市委常委、副市长。1992年任苏州市轻工局副局长、党组（党委）副书记。1993年任苏州市政府副秘书长、市政府办公室党组成员。1996年任苏州市计划委员会主任、党组书记。2000年任苏州新区管委会主任、党工委副书记。2002年8月任苏州高新区管委会主任、虎丘区委书记，同年11月任苏州高新区党工委书记、管委会主任、虎丘区委书记，同年12月任苏州高新区党工委书记、虎丘区委书记。2003年1月在苏州市第十三届人民代表大会第一次会议上当选为市人民政府副市长。赵俊生同志是中共江苏省十次党代会代表，中共苏州市九次党代会代表，中共苏州市委九届委员；江苏省九届人大代表，苏州市十一届、十二届人大代表。

谭　颖　女，1969年9月生，江苏苏州人，1987年8月入党，1991年8月参加工作，研究生学历。1987年入东南大学建筑系学习，1991年毕业后任苏州市建委规划设计管理科科员，市東玮规划设计事务所副所长，市建委规划设计管理处副处长。1996年任苏州市建委主任助理兼规划设计管理处处长（其间：1995年至1998年东南大学建筑研究所建筑设计及理论专业在职硕士研究生学习）。1997年任苏州市建委副主任、党组成员。1998年任苏州市政府副秘书长、市政府办公室党组成员。2000年7月任苏州市政府副秘书长、市政府办公室党组成员、市规划局局长，同年8月任苏州市政府副秘书长、市政府办公室党组成员、市规划局局长、党组书记。2002年任苏州市政府副秘书长、市规划局局长、党组书记。2003年1月在苏州市第十三届人民代表大会第一次会议上当选为市人民政府副市长。谭颖同志是中共苏州市九次党代会代表，中共苏州市委九届委员。

政协苏州市第十一届委员会主席、副主席、秘书长

冯瑞渡　1943年3月生，江苏江阴人，1966年8月入党，1961年8月参加工作，大学学历。1961年入伍后为解放军总参测绘学院一系、综合系学员，1965年毕业后任北海舰队航保处、海测大队机动队学员、技术员。1973年后任苏州开关厂工人、干部，苏州市机械局、市人事局工作人员、科员。1981年任苏州市委组织部干部科、青干科副科长。1983年任苏州市委组织部副部长。1984年任苏州市委常委、组织部部长。1994年10月任苏州市委副书记、组织部部长，同年12月任苏州市委副书记。2001年2月任苏州市委副书记、市人大常委会副主任、党组副书记，同年5月任苏州市人大常委会副主任、党组副书记，同年7月任苏州市人大常委会副主任、党组副书记（正市级）。2003年1月任苏州市十一届政协主席。冯瑞渡同志是中共江苏省八次、九次党代会代表，中共苏州市六次、七次、八次、九次党代会代表；苏州市十届、十一届人大代表。

孙中浩　1943年12月生，山东孙庄人，1966年8月入党，1963年8月参加工作，大专学历。1963年参军为南京军区、北京军区空军战士，后任班长。1969年后任吴江县生活资料公司批发部、办事组负责人，吴江县蔬菜果品公司革委会主任。1976年后任吴江县商业局副局长，县供销社副主任，芦墟镇副镇长，盛泽镇党委副书记。1982年入苏州地委党校学习，1983年毕业后任吴江县委组织部部长，常委、组织部部长，县委副书记兼组织部部长。1985年任吴江县委书记兼县政协主席。1987年任吴江县委书记。1990年任苏州市副市长。1998年1月任苏州市政协副主席，同年3月任苏州市政协副主席、党组副书记。2003年1月任

苏州市十一届政协副主席。孙中浩同志是中共江苏省八次党代会代表，中共苏州市六次、七次、八次、九次党代会代表，中共苏州市委七届、八届委员；苏州市十届、十一届人大代表。

刘振夏 1941年7月生，江苏涟水人，1981年4月参加民进，1962年8月参加工作，大专学历，副教授。1958年入苏州工艺美术专科学校学习，1962年毕业后任苏州工艺美术研究所、桃花坞木刻年画厂创作员，工艺美术师。1979年后任苏州工艺职大教师，兼民进苏州市委副主委，兼苏州市文联副主席。1986年后任苏州工艺职大校长、副教授，1988年兼任苏州市文联主席。1991年任民进苏州市委主委、市文联主席，苏州工艺职大名誉校长。1993年任苏州市政协副主席、民进苏州市委主委、市文联主席。2001年任苏州市政协副主席、民进苏州市委主委。2003年1月任苏州市十一届政协副主席、民进苏州市委主委。刘振夏同志是九届全国政协委员，江苏省六届政协常委，苏州市八届政协常委；民进九届、十届、十一届中央委员，民进六届、七届江苏省委副主委；苏州市九届人大代表。

盛家振 1944年12月生，江苏苏州人，1979年6月入党，1967年9月参加工作，大学学历，中学高级教师。1962年入南京师范学院数学系学习，1966年毕业后留校待分配。1967年在苏州人民化工厂劳动锻炼，后到市四中参加教材编写工作。1969年后任苏州市十四初中、三十七中教师。1975年后任苏州市十五中教师、教导处副主任。1982年后任苏州市十五中副校长、校长。1984年任苏州市平江区委书记。1987年任苏州市平江区委书记兼平江区政协主席。1990年任苏州市平江区委书记。1992年任苏州市委统战部部长、市政协党组成员。1996年任苏州市政协副主席、党组成员，苏州市委统战部部长。2002年任苏州市政协副主席、党组成员。2003年1月任苏州市十一届政协副主席。盛家振同志是中共江苏省七次、八次党代会代表，江苏省七届、八届政协委员；中共苏州市六次、七次、八次、九次党代会代表，中共苏州市委七届、八届、九届委员。

吴砚池 1944年3月生，江苏吴江人，1966年12月入党，1966年5月参加工作，大专学历，农艺师。1962年于吴江师范学校毕业后在吴江县平望联合大队务农，后任民办教师，小队会计，苏州地区社教工作队队员。1969年后任吴江县平望公社联合大队革委会副主任，公社革委会常委、大队党支部书记，公社党委副书记、革委会副主任。1974年任吴江县贫协主任。1975年任吴江县委副书记、革委会副主任。1979年援藏，任西藏错那县委副书记。1981年后任苏州地区水产局副局长，苏州市农业局副局长。1983年入中央农业管理干部学院南京农业大学分院农业管理干部专修科学习，1985年毕业后任苏州市粮食局局长、党组书记。1992年任苏州市郊区区委书记。1998年任苏州市政协副主席、党组成员。2003年1月任苏州市十一届政协副主席。吴砚池同志是中共江苏省九次党代会代表，江苏省五届人大代表；中共苏州市七次、八次、九次党代会代表，中共苏州市委八届委员；苏州市九届、十一届人大代表。

苏慧心 女，1942年10月生，江苏苏州人，1985年8月参加民建，1961年9月参加工作，高中学历，会计师。1961年任胥江区食品公司职工、教师、统计。1963年后任苏州大有福、万康南酱商店会计、沧浪南酱区店会计。1966年后任苏州酱品厂成本会计、主办会计。1978年后任苏州蔬菜公司计财科会计，财务科副科长。1989年任苏州市郊区财政局副局长。1990年任苏州市郊区政协副主席。1991年任苏州市郊区副区长、民建苏州市委副主委。1996年任苏州市郊区副区长、民建苏州市委主委。1998年任苏州市政协副主席、民建苏州市委主委。2003年1月任苏州市十一届政协副主席、民建苏州市委主委。苏慧心同志是民建七届中央委员，民建四届江苏省委常委，民建五届、六届江苏省委副主委；江苏省八届政协常委，苏州市九届政协常委。

程耀寰 1947年8月生，山西平遥人，1995年4月参加农工党，1968年10月参加工作，大学学历，工程师。1968年在昆山县张浦公社插队务农。1976年借昆山县上山下乡办公室工作，后任昆山县药用辅料厂领导小组副组长。1978年入南京化工学院学习，1982年毕业后任苏州硫酸厂车间技术员，技术科助理工程师、副科长，厂长助理。1989年任苏州硫酸厂副厂长、工程师。1991年后任苏州市环保局副局长，市环保局副局长兼市政协城建委副主任。1996年任农工党苏州市委主委、苏州市环保局副局长。1998年任苏州市政协副主席、农工党苏州市委主委。2003年1月任苏州市十一届政协副主席、农工党苏州市委主委。程耀寰同志是农工党十二届、十三届中央委员，农工党八届、九届江苏省委常委；江苏省九届人大代表；苏州市九届政协常委。

赵文娟 女，1947年4月生，浙江绍兴人，1985年12月入党，1969年8月参加工作，大学学历。1965年入中央财政金融学院金融专业学习，1969年毕业后在河南信阳淮滨“五七”干校、苏州西山煤矿劳动锻炼。1971年为苏州市财经革委会生产综合组工作人员。1977年后任苏州市财政局办公室、预算管理科科员，预算计划科副科长，预算管理科副科长。1984年3月任苏州市财政局预算外资金管理科科长，同年12月任苏州市财政局副局长。1987年任苏州市财政局副局长、党组成员。1990年任苏州市财政局局长、党组书记。1994年任苏州市财政局局长、党组书记兼市地税局局长。1999年任苏州市财政局局长、党组书记。2001年任苏州市财政局局长、党组书记兼市国有（集体）资产管理委员会办公室主任。2002年11月任苏州市财政局局长兼市国有（集体）资产管理委员会办公室主任，同年12月任苏州市财政局局长。2003年1月任苏州市十一届政协副主席。赵文娟同志是中共苏州市七次、八次、九次党代会代表；苏州市十届、十一届、十二届人大代表。

钱海鑫 1955年1月生，江苏无锡人，1996年4月参加九三学社，1971年4月参加工作，研究生学历，硕士学位，主任医师、教授、博士生导师。1971年在无锡市第三人民医院工作。1973年入苏州医学院医学系学习，1977年毕业后任无锡市第三人民医院医师。1979年入苏州医学院外科学专业攻读硕士研究生，1982年毕业后任苏州医学院附属第一医院医师。1983年赴日本名古屋保健卫生大学病院进修。1985年后任苏州医学院附一院普外科讲师、主治医师，副主任医师、副教授，主任医师。1995年任苏州医学院附一院副院长、教授、博士生导师。1996年后任苏州医学院附一院（苏州大学附一院）副院长、博士生导师、九三学社苏州市委副主委。2001年任苏州大学附一院副院长、博士生导师，九三学社苏州市委主委。2003年1月任苏州市十一届政协副主席，苏州大学附一院副院长、博士生导师，九三学社苏州市委主委。钱海鑫同志是九届、十届全国人大代表；九三学社十一届中央委员，九三学社五届省委副主委；苏州市十二届人大常委；江苏省三届、四届外科学会副主委。

蔡镜浩 1945年9月生，江苏无锡人，1993年12月参加民盟，1966年8月参加工作，研究生学历，硕士学位，教授、博士生导师。1962年入南京师范学院中文系学习，1966年毕业后留校待分配。1968年在江苏海门县中兴大队劳动锻炼。1970年在江苏省海门中学任教。1974年任海门县文化馆创作员。1975年为海门县革委会接待站工作人员。1977年在江苏省海门中学任教。1979年入徐州师范学院中文系攻读硕士研究生，1982年毕业后任苏州大学中文系教师。1996年任苏州大学研究生部主任。1999年任苏州大学文学院院长兼中文系主任。2001年3月任民盟苏州市委副主委，同年12月任苏州大学文学院教授、博士生导师，民盟苏州市委主委。2003年1月任苏州市十一届政协副主席，苏州大学文学院教授、博士生导师，民盟苏州市委主委。 蔡镜浩同志是民盟十届江苏省委常委；苏州市十二届人大代表；教育部中文学科教学指导委员会委员。

姚东明 1955年12月生，浙江绍兴人，1999年4月参加民盟，1972年8月参加工作，党校函授大学学历，工程师。1972年为苏州玻璃厂工人。1974年入南京化工学院有机系高分子专业学习，1978年毕业后任无锡市化工设计研究所技术员。1981年后为吴县环保局管理股工作人员、股长（其间：1990年在吴县镇湖乡挂职任经管办副主任一年）。1992年任吴县环保局副局长。1995年任吴县市环保局局长(其间：1997年9月至1999年12月中央党校函授学院经济管理专业学习)。1998年任吴县市副市长。2001年2月任苏州市吴中区政府筹备组成员，同年6月任吴中区副区长，同年12月兼民盟苏州市委副主委。2002年任苏州市工商联会长兼民盟苏州市委副主委。2003年1月任苏州市十一届政协副主席、市工商联会长。

郑太白 1949年7月生，江苏苏州人，1976年1月入党，1969年4月参加工作，研究生学历。1969年起在吴县东桥公社桑浜村插队务农。1976年后任苏州地委驻申港工作队秘书，苏州地委(市委)办公室秘书、副科级秘书、正科级秘书（其间：1982年9月至1985年7月江苏广播电视大学苏州分校语文专业半脱产学习)。1988年任苏州市委办公室副主任。1991年任江苏省政府办公厅秘书二处副处级秘书。1992年任江苏省政府办公厅秘书二处正处级秘书（其间：1995年在荷兰马斯特里赫特管理学院与南京大学商学院联合办学工商管理专业学习两年半)。1997年任苏州市政协副秘书长、办公室主任。2001年任苏州市政协秘书长、办公室主任。2003年1月任苏州市十一届政协秘书长。郑太白同志是中共苏州市九次党代会代表。

市中级人民法院院长

鲁国强 1951年1月生，山东招远人，1972年7月入党，1968年12月参加工作，党校大专学历。1968年在吴江县莘塔公社插队务农。1969年为江苏生产建设兵团农工。1970年入伍后任文书、技师、团司令部参谋、军区空军司令部作战处参谋。1979年后任苏州市人民检察院助理检察员、检察员。1983年任苏州市人民检察院刑事检察科副科长（其间：1984年9月至1986年7月苏州市委党校党政专业大专班学习)。1986年任苏州市平江区人民检察院副检察长、党组副书记。1987年任苏州市平江区人民检察院检察长、党组书记。1992年任苏州市人民检察院副检察长、党组成员(正处级)。1999年任苏州市人民检察院副检察长、党组副书记（正处级)。2001年12月任苏州市中级人民法院副院长、党组副书记（正处级)。2002年1月任苏州市中级人民法院副院长、代理院长、党组副书记（正处级)，同年2月任苏州市中级人民法院院长、党组书记(其间：2002年9月起华中科技大学法律专业函授本科学习)。2003年1月在苏州市第十三届人民代表大会第一次会议上当选为市中级人民法院院长。鲁国强同志在中共苏州市九次党代会上当选为市纪委委员；苏州市十二届人大代表；苏州市十届政协委员。

市人民检察院检察长

范 佐 1946年2月生，江苏苏州人，1975年1月入党，1964年12月参加工作，大普学历。1964年在苏州硫酸厂当工人，后为厂办公室打字员。1972年入南京化工学院无机化工专业学习，1975年毕业后任苏州硫酸厂党总支办公室办事员、厂技术科副科长、副厂长。1981年后任苏州市委组织部工作人员、青干科工作人员、组织员。1985年任苏州市委组织部青干科科长。1988年任苏州市监察局副局长。1993年任苏州市纪委副书记、市监察局局长。2001年任苏州市纪委副书记、市人民检察院副检察长、党组副书记(正处级)。2002年1月任苏州市人民检察院副检察长、代理检察长、党组副书记（正处级)，同年2月任苏州市人民检察院检察长、党组书记。2003年1月在苏州市第十三届人民代表大会第一次会议上当选为市人民检察院检察长。范佐同志是中共苏州市八次、九次党代会代表；苏州市十一届、十二届人大代表。

（包 梓）

新闻人物

谢孝思 著名的书画大师和社会活动家谢孝思，长期担任市政协副主席和民主促进会苏州市领导。2003年9月16日受省委常委、市委书记王珉和市长杨卫泽委托，市政协主席冯瑞渡及市领导朱永新、盛家振等前往市第二人民医院，看望正在住院接受康复治疗的百岁老人谢孝思，向他祝寿，希望他早日恢复健康。

王云琴 在市社会福利院，老人们把她当成亲闺女，孤儿们见了她叫妈妈，职工们认为她是贴心人。她，就是2003年全国五一劳动奖章获得者、江苏省优秀党员、苏州市社会福利院院长——王云琴。王云琴在苏州市社会福利院干了20多个年头，从最早的护理员、洗衣工到总务科长、院长，福利院的许多工作岗位她都呆过。在每一个岗位上，王云琴都兢兢业业、勤勤恳恳地工作着，几十年如一日。1997年，王云琴成为了苏州市社会福利院的院长。王云琴提出，要“把母爱留给儿童，把孝心献给老人，把放心送给社会”。在王云琴这个好管家的身体力行下，苏州市福利院各方面的建设年年变新样，岁岁上台阶。2002年7月福利院一次性通过了ISO9001质量管理体系认证，先后被评为市卫生、综合、助残先进单位，市、省级文明单位和全国巾帼文明示范岗。

郑　茳 江苏省第九届十大杰出青年10月中旬揭晓。37岁的苏州国芯科技有限公司董事长郑茳博士喜获殊荣。郑茳博士现任苏州国芯科技和江苏意源科技有限公司董事长，省信息化带动工业化专家组成员，省政协委员。曾获得信息产业部与江苏省科技进步奖7项，先后主持和承担“863”计划、国家科技公关、国家自然科学基金重点项目20余项。先后获得国防科工委光华科技奖、联合国ＴＩＰＳ中国国家分部发明创新奖、江苏省有突出贡献的中青年专家、第3届江苏省青年科技奖、江苏省青年科技标兵、吴健雄奖、中国电子学会电子信息技术奖励和青年基金贡献奖等荣誉称号。

洪　浩 苏州中学洪浩同学以687分荣登2003年省高考“状元”宝座。他喜欢学习，学习起来很投人；学习的同时，还喜欢思考。摇滚乐让他在紧张的学习的同时有了一种释放，一种调节，使他安静的外表有了一种豪放的寄托。

苏懿萍 被誉为“女飞人”的常熟籍国际健将苏懿萍，2003年9月在菲律宾首都马尼拉以13秒09的好成绩荣获第15届亚洲田径锦标赛女子百米栏决赛冠军。这也是苏懿萍继9月12日在上海参加的全国田径锦标赛女子百米跨栏比赛获得冠军（成绩为13秒21）之后的又一次新的飞跃。1979年8月出生在常熟市东张镇的苏懿萍，能吃苦，有股拼劲，而且有目标，有追求，还有良好的心理素质。在获得亚洲田径锦标赛百米栏冠军之后，苏懿萍又有了新的追求目标：争取拿到2004年奥运会人场券。

李阿大 隆冬岁末，“人瑞”李阿大搬入横塘敬老院新家。这位115岁的老寿星喜欢与人拉家常，从不与人呕气，乐观开朗是她长寿的主要秘诀。跟人交流有问必答，反应奇快，看到记者拿照相机对她拍照，还伸出小蒲扇似的大手摆出挥手姿势，颇为精神。（苏　鉴）

逝世人物

唐　克 中国共产党党员、原苏州第二轻工业局顾问，因病医治无效，于2003年1月8日逝世，享年81岁。唐克，江苏泰兴县人，1922年11月出生，1938年10月参加革命，1940年10月加入中国共产党，1983年5月离休，享受地市级政治生活待遇。

高　适 中国共产党党员、原苏州专员公署副专员、苏州地委常委，因病医治无效，于2003年1月25日逝世，享年86岁。高适原名刘经秀，1917年生于山东乳山县，1939年3月加入中国共产党，在山东海阳县、牟海县、乳山县从事革命工作，曾担任过乡宣传委员、区宣传委员、区委书记、县宣传科长、副县长等职务，1949年4月后，曾在常熟县、苏州地区、苏州地委担任领导职务，1982年12月离休，享受正厅级政治生活待遇。

隋志恒 中国共产党党员、原苏州地区计划委员会顾问，因病医治无效，于2003年2月3日逝世，享年85岁。隋志恒，山东荣城人，1918年出生，1940年7月参加革命，同月加入中国共产党，1983年12月离休，享受地市级政治生活待遇。

戴文忠 中国共产党党员、中国农业银行苏州支行原党组书记、行长，因病医治无效，于2003年3月27日逝世，享年75岁。戴文忠，江苏泰兴县人，1928年2月出生，1943年8月参加革命，同年加入中国共产党，1989年12月离休，享受地市级政治生活待遇，

吕亚声 中国共产党党员、原苏州地区行政公署副专员，因病医治无效，于2003年6月24日逝世，享年88岁。吕亚声，江苏沭阳县人，1915年出生，1940年9月参加革命，1945年10月入党，在沭阳县、淮海区从事革命工作。1949年4月先后在吴江、常熟和苏州地区行政公署、苏州地委担任领导工作，1983年2月离休，享受正厅级政治生活待遇。

潘家晋 中国共产党党员、原徐州市电子仪表工业局副局长、红军老干部，因病医治无效，于2003年6月29日逝世，享年84岁。潘家晋，江苏苏州人，1919年2月出生，1937年2月参加革命，1938年5月加入中国共产党，1982年12月离休后易地安置苏州市，享受地市级政治生活待遇。

张以华 中国共产党党员、苏州市人民防空办公室原顾问，因病医治无效，于2003年6月30日逝世，享年78岁。张以华，山东高青人，1925年8月出生，1944年1月参加革命，同年10月加入中国共产党，1985年4月离休，享受地市级政治生活待遇。

范寿龄　中国共产党党员、原苏州丝绸工学院校办兼党办主任，因病医治无效，于2003年7月21日逝世，享年75岁。范寿龄，江苏武进人，1928出生，1948年1月参加革命，同月加入中国共产党，1989年3月离休，享受地市级政治生活待遇。

陈殷文　中国共产党党员、原苏州第一轻工业局党委副书记、纪委书记、轻工业局督导员，因病医治无效，于2003年8月27日逝世，享年76岁。陈殷文，山东莱芜人，1927年出生，1945年3月参加革命，同年10月加入中国共产党，离休后享受地市级政治生活待遇。

袁桂芳　中国共产党党员、原苏州动力机器厂党委书记，因病医治无效，于2003年9月2日逝世，享年87岁。袁桂芳，江苏淮阴人，1916年5月出生，1940年10月加入中国共产党，1983年4月离休，享受地市级政治生活待遇。

刘　泉　中国共产党党员、苏州市卫生局原顾问、红军老干部，因病医治无效，于2003年8月26日逝世，享年85岁。刘泉，四川达县人，1918年11月出生，1933年1月参加革命，1934年5月加入中国共产党，1982年9月离休，享受地市级政治生活待遇。

陈少青　中国共产党党员、原苏州医学院副院长，因病医治无效，于2003年9月2日逝世，享年82岁。陈少青，江苏金湖人，1921年2月出生，1941年7月参加革命，同年加入中国共产党，1983年12月离休，享受正厅级政治生活待遇。

王守常　中国共产党党员、苏州市委组织部原副部长、老干部局原局长，因病医治无效，于2003年9月9日逝世，享年76岁。王守常，江苏阜宁人，1927年2月出生，1943年10月参加革命，1946年1月加入中国共产党，1987年12月离休，享受地市级政治生活待遇。

朱　林　中国共产党党员、原苏州地区工会办事处主任，因病医治无效，于2003年9月13日逝世，享年81岁。朱林，江苏涟水人，1922年出生，1941年4月参加革命，同年10月加入中国共产党，1983年2月离休，享受地市级政治生活待遇。

孔令宗　中国共产党党员、苏州市总工会原顾问，因病医治无效，于2003年9月24日逝世，享年86岁。孔令宗，1917年9月生于江苏吴县，1938年7月参加革命，同月加入中国共产党，领导苏州地下党开展抗日解放运动。苏州解放后，任苏州市劳动局局长、市总工会主席、市委常委、市总工会顾问等职务。1982年12月离休，享受地市级政治生活待遇，1995年3月享受正厅级政治生活待遇。

于寿康　中国共产党党员、吴江市经委原副主任，因病医治无效，于2003年10月21日逝世，享年92岁。于寿康，山东文登人，1911年8月出生，1941年1月加入中国共产党并参加革命，1982年12月离休，享受地市级政治生活待遇。

恽宏烈　中国共产党党员、原苏州医学院马列主义教研室副主任，因病医治无效，于2003年10月26日逝世，享年83岁。恽宏烈，江苏武进人，1920年3月出生，1939年4月参加革命，1941年1月加入中国共产党，1983年5月离休，享受地市级政治生活待遇。

李庚泉　中国共产党党员、原苏州市委郊工委委员、原市农业局副局长、原郊区办事处副主任，因病医治无效，于2003年12月3日逝世，享年79岁。李庚泉，江苏常熟人，1924年4月出生，1944年7月参加革命，1945年10月加入中国共产党，1984年3月离休，享受地市级政治生活待遇。

蒋继汉　中国共产党党员、原苏州医学院副院长，因病医治无效，于2003年12月8日逝世，享年82岁。蒋继汉，安徽临泉人，1921年12月出生，1939年10月参加革命，1940年3月加入中国共产党，1983年7月离休，享受正厅级政治生活待遇。

杨林炎　中国共产党党员、苏州市红十字会原副会长、红军老干部，因病医治无效，于2003年12月29日逝世，享年88岁。杨林炎，福建连城人，1915年9月出生，1931年2月参加革命，1934年3月加入中国共产党，1983年3月离休，享受地市级政治生活待遇。　（陈德昌）

钱仲联　当代著名国学大师钱仲联教授于2003年12月4日逝世，享年96岁。钱仲联1908年生，原名萼孙，号梦苕，江苏常熟人，苏州大学终身教授、博士生导师。建国后，历任江苏师范学院、苏州大学教授，国务院古籍整理出版规划小组成员，《中国大百科全书·中国文学卷》编委会副主任，《中国大典·文学典》编纂委员会顾问，《全清词》编纂研究室顾问，《续修四库全书》学术顾问，《全宋诗》编委会顾问，中国古代文学理论学会、中华诗词学会、中国近代文学学会顾问，中国韵文学会名誉会长，中国诗学研究会理事长、中国近代文哲研究所所长等职，享受国务院颁发的政府特殊津贴。钱仲联先生长期致力于中国古典文学的教学与研究，主要著作有《鲍参军集注》、《韩昌黎诗系年集释》、《剑南诗稿校注》、《后村词笺注》、《吴梅村诗补笺》、《人境庐诗草笺注》、《沈曾植集校注》等。主编有《清诗纪事》、《中国文学家大辞典·清代卷》、《中国文学大辞典》、《中国文学家大辞典》、《近代诗钞》、《广清碑传集》、《历代别集序跋综录》等。

纪念人物

费新我　12月21日是著名书法家费新我先生百年诞辰纪念日，由省委宣传部，省文化厅，省文联，苏州市政府、市政协主办，市委宣传部、省书法家协会、省国画院、市文联、市书协承办的费新我先生诞辰100周年纪念日活动在苏州图书馆隆重举行。同时，市文联、市书协还出版了《费新我纪念文集》和《费新我书画作品选》，举办了费新我艺术人生研讨会和费新我书画展。通过纪念活动，激励广大文艺工作者学习费老艺术精湛、艺德高尚、锐意创新、勇攀高峰的优秀品质，为弘扬民族文化，发展书画艺术作出贡献。

地方法规

地方条例

苏州市危险废物污染环境防治条例

（2003年5月16日苏州市第十三届人民代表大会常务委员会第四次会议制定，2003年6月24日江苏省第十届人民代表大会常务委员会第三次会议批准，2003年6月26日苏州市第十三届人民代表大会常务委员会公布）

第一章　总　则

第1条　为了加强危险废物管理，防治危险废物污染，保护和改善环境，保障人体健康，根据《中华人民共和国环境保护法》、《中华人民共和国固体废物污染环境防治法》等法律、法规的有关规定，结合本市实际情况，制定本条例。

第2条　本市行政区域内危险废物的产生、收集、运输、贮存、利用、处置和监督管理等活动，应当遵守本条例。

第3条　本条例所称危险废物，是指列入《国家危险废物名录》或者根据国家规定的危险废物鉴别标准和鉴别方法认定的具有危险特性的废物，以及国家和地方标准规定按照危险废物处理的废物。

第4条　防治危险废物污染环境，实行预防为主、集中控制、全过程监管和污染者承担治理责任的原则，促进危险废物的减量化、资源化和无害化。

支持与鼓励危险废物污染环境防治的科学研究、技术开发和危险废物资源的综合利用。

第5条　各级人民政府应当加强对危险废物污染环境防治工作的领导，将危险废物污染环境防治工作纳入环境保护规划。

市人民政府应当对危险废物集中贮存、处置场所进行统一规划、合理布局和选址。市和县级市、区人民政府应当根据统一规划要求，将危险废物集中贮存和处置设施、场所的建设纳入城市基础设施建设规划，并组织实施。

第6条　市环境保护行政主管部门负责全市危险废物污染环境防治工作的统一监督管理；县级市、区环境保护行政主管部门负责本行政区域内危险废物污染环境防治工作的统一监督管理。

市环境保护行政主管部门可以委托危险废物管理机构开展危险废物管理工作。

对危险废物污染环境防治工作实施监督管理的其他有关部门依照法律、法规的规定履行下列职责：

（1）经济贸易行政主管部门负责组织协调清洁生产促进工作和危险废物的综合利用，减少危险废物产生量；

（2）卫生行政主管部门负责医疗危险废物处置的卫生监督管理；

（3）海关负责走私危险废物的稽查工作，负责保税区、出口加工区等海关监管区域内危险废物核销、出区的监督管理；

（4）公安、交通、质量技术监督、劳动保障等行政主管部门根据各自的职责，做好危险废物污染环境防治的有关监督管理工作。

第7条　任何单位和个人都有保护环境的义务，并有权对造成危险废物污染环境的单位和个人进行检举和控告。

第二章　危险废物污染环境预防

第8条　建设产生危险废物的项目和建设贮存、利用、处置危险废物的项目，必须执行环境影响评价制度和防治污染的设施与主体工程同时设计、同时施工、同时投产使用的制度。

不得批准产生危险废物无法处置的建设项目。

第9条　饮用水源保护区、居民区、科研文教区和省级以上自然保护区、风景名胜区，以及其他需要特别保护的区域范围内，禁止建设危险废物集中收集、贮存、利用和处置的设施、场所。

本条例施行前在前款规定区域内已建的危险废物集中收集、贮存、利用和处置的设施、场所，由市或者县级市、区人民政府责令限期停用或者搬迁。

第10条　产生危险废物的单位和个体工商户，应当按照规定到环境保护行政主管部门进行申报登记。原申报登记内容需要变更的，应当事先向原申报登记的环境保护行政主管部门办理变更手续。

县级市、区环境保护行政主管部门应当将受理的申报登记、变更登记报市环境保护行政主管部门备案。

第11条 收集、贮存、运输、处置危险废物的设施、场所，必须设置危险废物识别标志。

收集、贮存危险废物，应当根据危险废物的特性，选择安全的包装材料和包装方式分类包装，包装物和容器的外表层应当标明危险废物的形态、性质和安全保护要求。

第12条 直接从事收集、贮存、利用和处置危险废物的人员应当接受职业技能培训，取得相应的职业资格证书。

第13条 环境保护行政主管部门和其他危险废物污染环境防治的监督管理部门，有权依据各自的职责对与危险废物污染环境防治有关的单位和个体工商户依法进行现场检查，发现问题及时处理。被检查者应当如实反映情况，提供必要的资料。

第三章 危险废物处置

第14条 产生危险废物的单位和个体工商户，必须按照国家和省有关规定处置危险废物。无处置能力的，应当委托持有危险废物经营许可证的单位进行处置。不处置危险废物的，由环境保护行政主管部门责令限期改正。逾期不处置或者处置不符合国家和省有关规定的，由环境保护行政主管部门指定单位按照有关规定代为处置，所需费用由产生危险废物的单位或者个体工商户承担。

禁止随意抛弃、倾倒、堆放、焚烧、填埋、排放危险废物。禁止利用渗坑、裂隙、溶洞或者稀释等方法处置危险废物。

第15条 收集、贮存、运输危险废物，必须采取防渗漏、防扬散、防雨淋、防挥发等防止污染环境的有效措施。

不得将危险废物混入生活垃圾等非危险废物中收集、贮存、运输。

第16条 运输危险废物，必须使用危险货物运输专用工具，并遵守公安和交通部门的有关规定。

第17条 鼓励回收利用危险废物。利用危险废物的，可以按照国家有关规定申请减征或者免征增值税。

利用危险废物，不得使用国家规定禁止采用的生产工艺和被淘汰的设备。

利用危险废物的单位，不得将回收后未经利用的危险废物转让或者委托给他人利用。

废铅酸电池、废矿物油和废含汞灯管等危险废物应当回收利用。具体办法由市人民政府另行制定。

第18条 对危险废物应当按照其特性分类处置。

以焚烧方式处置危险废物的，必须达到国家危险废物焚烧污染控制标准，焚烧产生的残渣、飞灰，必须进行安全填埋。以填埋方式处置危险废物的，必须达到国家危险废物填埋污染控制标准。

对焚烧、填埋危险废物不符合国家污染控制标准的，由环境保护行政主管部门责令限期改正，并分别征收排污费或者危险废物排污费。

第19条 在医疗临床和医学、医药试验过程中产生的人及动物的肢体、脏器及其残物和动物的尸体，必须交由殡葬等专门单位集中处置；其他医疗废物必须按照有关法律、法规规定，由产生单位(含个体医疗机构)进行毁形、消毒预处理，由持有危险废物经营许可证的单位进行集中处置。

禁止回收利用国家和省规定一次性使用的医疗用品。

第20条 保税区、出口加工区等海关监管区域内的企业产生的危险废物，应当依照有关法律、法规的规定进行处置。

禁止进口危险废物或者过境转移危险废物。

第21条 在产生、收集、运输、贮存、利用和处置危险废物过程中，发生污染事故或者其他突发性污染事件时，有关单位和个体工商户必须立即采取措施，消除或者减轻污染危害，及时告知可能受到污染危害的单位和居民，并在十二小时内报告环境保护行政主管部门和其他有关部门，接受调查处理。

第22条 收集、贮存、运输、利用、处置危险废物的场所、设施、设备和容器、包装物及其他物品转作他用时，必须经过消除污染的处理，方可使用。但填埋危险废物的场地不得转作他用。

贮存、利用、处置危险废物的设施和场所停止使用或者关闭时，必须按照有关技术规范采取防止污染环境的措施，报市环境保护行政主管部门批准后，方可停止使用或者关闭。停止使用或者运行期满的危险废物填埋场地，应当采取植被覆盖等封闭措施，并报市环境保护行政主管部门验收。

第四章 危险废物经营和转移管理

第23条 从事收集、贮存、利用、处置危险废物经营活动的单位，必须按照国家和省有关规定向环境保护行政主管部门申请危险废物经营许可证。

申请危险废物经营许可证，应当提交下列材料：

(1)危险废物经营许可证申请表；

(2)建设项目污染防治设施竣工验收材料或者试生产批准文件；

(3)危险废物经营能力评估报告书；

(4)法律、法规规定的其他材料。

第24条 危险废物经营单位因经营种类和数量等发生变化的，应当按照申领危险废物经营许可证的要求办理变更手续或者重新申请经营许可证。

危险废物经营许可证有效期满前停业或者期满后不再从事该项经营活动的，应当办理注销手续；有效期满后继续从事该项经营活动的，应当按照有关规定提前办理延续申请。

第25条 危险废物经营单位必须按照危险废物经营许可证核准的经营方式、废物类别、经营地域范围和有效期等内容从事经营活动。

禁止无经营许可证或者不按照经营许可证核准的内容从事危险废物经营活动。

禁止伪造、变造、出借、转让或者使用作废的危险废物经营许可证。

第26条 危险废物经营单位，应当做好每日经营情况记录，载明危险废物的类别、来源、数量、去向、有无事故或者其他异常情况等事项。危险废物经营情况记录应当保存十年，以填埋方式处置危险废物的经营情况记录应当永久保存。

危险废物经营单位终止经营活动的，应当将经营情况记录交当地城市档案管理部门。

第27条 产生危险废物的单位和个体工商户应当向环境保护行政主管部门报批危险废物年度转移计

划，申请领取危险废物转移联单。

第28条 在本市范围内转移危险废物的，危险废物年度转移计划由移出地、接受地县级市、区环境保护行政主管部门初审后，报市环境保护行政主管部门审批。初审部门应当在收到申请材料之日起十日内提出初审意见；审批部门在收到报批材料之日起二十日内提出审批意见。

跨省和省内跨市转移危险废物的，按照国家和省有关审批程序办理。

第29条 每次转移危险废物时，必须按照国家有关规定填写、报送、保存危险废物转移联单。

危险废物的移出单位必须按照转移联单填写的内容转移危险废物；接受单位必须对危险废物进行验收，发现危险废物的名称、数量、特性、形态、包装方式与转移联单填写的内容不符的，应当拒绝接受，并及时向接受地的环境保护行政主管部门报告。

禁止擅自改变危险废物转移地点。

第五章 法律责任

第30条 违反本条例规定，法律、法规已有处罚规定的，依照有关法律、法规的规定执行。

违反本条例规定，造成环境污染危害的，应当承担排除危害和赔偿损失的责任。

第31条 违反本条例第14条第2款、第15条第2款、第29条第3款规定的，由环境保护行政主管部门责令停止违法行为，限期改正，并可以处一千元以上一万元以下罚款；情节严重的，可以处一万元以上五万元以下罚款。

第32条 违反本条例第17条第3款规定的，由环境保护行政主管部门责令停止违法行为，限期收回危险废物，没收违法所得，并可以处一万元以上五万元以下罚款。

第33条 违反本条例第19条第1款规定，不将医疗废物交由殡葬等专门单位或者持有危险废物经营许可证的单位集中处置的，由环境保护行政主管部门责令限期改正，并可以处一千元以上一万元以下罚款；情节严重的，可以处一万元以上五万元以下罚款。

第34条 违反本条例第25条第3款规定的，由环境保护行政主管部门责令限期改正，没收违法所得，并处一万元以上五万元以下罚款。

第35条 违反本条例第26条第1款规定，不做经营情况记录或者不按照规定保存经营情况记录的，由环境保护行政主管部门责令限期改正，并可以处一千元以上一万元以下罚款；情节严重的，可以处一万元以上三万元以下罚款。

第36条 对危险废物污染环境防治工作实施监督管理的主管部门和其他有关监督管理部门及其工作人员有下列行为之一的，由其所在单位或者上级主管机关对直接负责的主管人员和其他直接责任人员给予行政处分；构成犯罪的，依法追究刑事责任：

（1）对不符合条件的产生、贮存、利用、处置危险废物的建设项目，或者经营、转移危险废物的事项，予以批准或者许可的；

（2）对无危险废物经营许可证擅自从事危险废物经营活动的行为，不依法予以查处的；

（3）对危险废物经营单位违法经营的行为，不予查处的；

（4）滥用职权、玩忽职守、徇私舞弊的其他行为。

第六章 附 则

第37条 本条例自2003年9月1日起施行。

苏州市城市排水管理条例

（2003年7月23日苏州市第十三届人民代表大会常务委员会第五次会议制定，2003年8月15日江苏省第十届人民代表大会常务委员会第四次会议批准，2003年8月18日苏州市第十三届人民代表大会常务委员会公布）

第一章 总 则

第1条 为了加强城市排水管理，保障城市排水设施完好和正常运行，防治水污染和洪涝灾害，改善城市水环境，促进经济和社会发展，根据有关法律、法规，结合本市实际，制定本条例。

第2条 本条例所称城市排水，是指对城市的产业废水、生活污水（以下统称污水）和大气降水（以下简称雨水）的接纳、输送、处理、排放的行为。

本条例所称城市排水设施包括公共排水设施和自建排水设施。公共排水设施是指接纳、输送、处理、排放城市污水和雨水的公共管网、沟渠、泵站和污水处理厂及其附属设施；自建排水设施是指产权人自行投资建设用于本区域排水的管道、沟渠、泵站和污水处理设施。

第3条 本条例适用于本市建成区和县级市人民政府所在地城镇以及国家级、省级开发区范围内的排水及其相关的管理活动。

第4条 各级人民政府应当将排水设施建设纳入城市总体规划以及经济和社会发展计划。

第5条 市水行政主管部门是本市城市排水行政主管部门，负责城市排水的监督管理。

市排水管理机构受市排水行政主管部门委托，具体负责城市排水的日常管理工作。

县级市、区人民政府确定的排水行政主管部门按照各自职责权限，负责本行政区域内城市排水的监督管理，业务上接受市排水行政主管部门指导。

规划、建设、环保、市政、房管、城管等有关部门按照各自职责，做好有关城市排水的管理工作。

第6条 公共排水设施的建设采取政府投资、市场融资等多种方式筹集建设资金。

公共排水设施的管理逐步实行政企分开、厂网分开、管养分开的运作方式和市场化运作机制。

第7条 任何单位和个人都有保

护公共排水设施的义务，有权对违反本条例的行为进行制止和举报。对制止和举报有功者，政府和排水行政主管部门应当给予表彰、奖励。

第二章 排水规划和建设

第8条 本市建成区城市排水规划由市排水行政主管部门会同有关的区和部门，根据城市总体规划以及经济和社会发展计划组织编制，经市规划行政部门综合平衡和省排水行政主管部门审查后，报市人民政府批准并组织实施。

县级市（含所辖的国家级、省级开发区）城市排水规划由当地排水行政主管部门会同有关部门，根据城市总体规划以及经济和社会发展计划组织编制，经当地规划行政部门综合平衡和苏州市排水行政主管部门审查后，报当地人民政府批准实施。

第9条 排水设施的建设计划应当符合城市排水规划。

新建、改建、扩建排水设施，必须按照雨水、污水分流的要求建设。原有的排水设施未实行雨水、污水分流的，应当有计划地进行改造，实行雨水、污水分流。

在要求实行雨水、污水分流的地区，禁止雨水管道和污水管道混接。

第10条 建设项目涉及公共排水设施的，建设单位应当征得排水行政主管部门同意后，按照工程建设管理的有关规定办理审批手续。

第11条 城市污水处理厂的建设，应当根据受纳水体功能区要求、水环境容量以及经济和社会发展等因素，合理确定污水处理程度和设施规模。

第12条 开发区排水设施的建设，应当纳入开发区综合开发计划。

住宅小区排水设施的建设，应当纳入住宅配套建设计划，与住宅小区建设项目同时设计、同时施工、同时投入使用。

第13条 现有的和经规划确定的公共排水设施用地，未经法定程序不得改变用途。

第14条 排水设施建设应当符合国家和地方规定的技术标准。

排水设施建设项目的勘察、设计、施工、监理，应当委托持有相应资质证书的单位承担。在建设工程招标投标范围内的排水设施建设项目，必须按照国家规定实行招标投标。

第15条 排水设施建设项目竣工后，建设单位应当按照国家规定组织验收。未经验收或者验收不合格的，不得交付使用。

建设单位应当建立完整的排水设施建设项目竣工档案，并在竣工验收通过后三个月内分别送交城市建设档案管理机构和排水行政主管部门。

第16条 因建设需要拆除、改建、移建公共排水设施的，应当事先报经排水行政主管部门审核同意，所需经费由建设单位承担。

建设施工影响公共排水设施安全的，建设或者施工单位应当事先征得排水行政主管部门同意并采取保护措施后方可施工。

建设单位因施工确需临时封堵公共排水管道的，必须向排水行政主管部门提出申请，制定临时排水方案，经批准后方可实施。施工结束后，应当按照要求予以恢复。

第三章 排水管理

第17条 城市污水应当进行集中处理。

在城市污水集中处理设施服务区域内，应当将污水排入城市污水集中处理设施进行集中处理。未经许可，不得擅自排放污水。

自建排水设施的，应当在与公共排水设施连接处设置符合规定的检测井。

第18条 单位和个体经营者（以下统称排水户）排入城市污水集中处理设施的污水水质，应当符合国家和地方规定的污水接纳标准。不符合污水接纳标准的，必须进行预处理。

经污水处理厂处理后的排水水质，应当符合国家和地方规定的排放标准。

第19条 排水户向公共排水设施排放污水的，必须向排水行政主管部门提出排水申请，取得排水许可证后方可排水。

排水户提出排水申请，应当提交下列资料：

（1）排水管网平面布置图；

（2）排放污水的水质、水量；

（3）污水处理工艺；

（4）按照规定应当提供的其他资料。

第20条 本条例施行前，向公共排水设施排放污水、未办理申请手续的，应当在本条例施行之日起六个月内补办排水申请手续。

新建、改建、扩建的建设项目需要向公共排水设施排放污水的，应当按照有关规定办理报批手续后，方可进行排水接管工程的设计和施工。排水工程竣工验收合格，经排水行政主管部门同意后方可排水。

第21条 排水行政主管部门应当自受理排水申请之日起二十日内，进行审查并作出书面答复。对符合污水接纳标准的，核发《排水许可证》；暂不符合污水接纳标准，但对公共排水设施安全运行不构成严重影响，经治理可以达到污水接纳标准的，一次性核发《临时排水许可证》，并督促其限期治理。

第22条 因建设工程施工需要向公共排水设施临时排水的，建设单位应当向排水行政主管部门申请领取《临时排水许可证（施工）》。《临时排水许可证（施工）》的有效期不得超过施工期限。

临时排水中有沉淀物，影响公共排水设施安全运行的，必须经预处理达到接纳标准后方可排放。

第23条 《排水许可证》有效期为五年。期满后需要继续排水的，排水户应当提前三个月提出换证申请。

《临时排水许可证》有效期最长为两年。排水户应当在有效期限内治理达到污水接纳标准，逾期仍达不到污水接纳标准的，停止排水。

需要延长《临时排水许可证（施工）》期限的，应当提前一个月提出换证申请。

第24条 排水户应当按照排水许可证规定的条件排水。

排水户有下列情形之一需要变更排水条件的，必须提前十五日向排水行政主管部门申请办理变更登记手续：

（1）日排水量增加百分之二十以上；

（2）排水方向、方式，排水口位置、高程发生变化；

（3）主要污染物种类发生变化或者浓度增高，排水水质发生变化。

因紧急情况需要临时变更排水条件的，排水户应当及时采取应对措施，并同时向排水行政主管部门报告。

第25条 城市污水集中处理设

施实行有偿使用制度。

向城市污水集中处理设施排放污水应当缴纳污水处理费。污水处理费的征收、管理和使用按照国家有关规定执行。

向城市污水集中处理设施排放污水、缴纳污水处理费的，不再缴纳排污费。

第26条 排水行政主管部门应当对排入污水集中处理设施的污水进行监测，排水户应当予以配合。

有污水预处理设施的排水户，应当将污水处理设施运转情况和排水水质化验资料定期报送排水行政主管部门。

第四章 排水设施养护维修

第27条 公共排水设施的养护和维修，按照职责权限，分别由市和县级市、区排水管理机构负责，或者由排水行政主管部门通过招标投标等方式确定的有资质的单位负责。

自建排水设施的养护和维修（以与公共排水设施相连接的窨井为界）由产权人负责。

住宅小区内排水设施的养护和维修管理办法由市人民政府另行制定。

第28条 养护维修责任单位应当按照国家和地方有关技术标准对排水设施进行养护维修，保证排水设施完好和正常运行，并接受排水行政主管部门的监督检查。

每年汛期之前，养护维修责任单位应当对排水设施进行全面检查维修，保障设施的安全运行。

第29条 排水设施缺损或者发生污水冒溢、雨水排泄不畅等情况，养护维修责任单位应当在发现或者接到报告后及时采取有效措施，并组织维修、疏通。

排水设施发生事故，养护维修责任单位应当立即组织抢修，采取有效措施，并且及时向排水行政主管部门报告。

第30条 对公共排水设施进行抢修或者特殊养护维修作业出现影响正常排水情况的，养护维修责任单位应当采取临时排水措施。确需排水户暂停排水的，应当提前向沿线排水户告知暂停排水的时间，并尽快恢复正常排水。

对生产、生活可能造成严重影响的大范围暂停排水，应当报经市或者县级市、区人民政府批准，并发布通告。

第31条 对重要的公共排水设施应当设置安全保护区。安全保护区的范围、识别标志和管理办法，由市人民政府规定。

第32条 禁止下列损害公共排水设施的行为：

（1）堵塞排水管道；

（2）擅自占压、拆卸、移动排水设施及其标志；

（3）向排水管道倾倒垃圾、粪便、渣土、施工泥浆、污泥、油污等废弃物；

（4）向排水管道倾倒或者排放有毒有害、易燃易爆等危险物品；

（5）擅自在安全保护区范围内爆破、打桩，修建建筑物、构筑物；

（6）损害排水设施的其他行为。

第五章 法律责任

第33条 违反本条例规定，造成排水设施损害或者堵塞的，责任单位和个人应当及时维修、疏通，造成损失的，并承担相应的赔偿责任。

因排水管理机构或者其他养护维修责任单位过错造成他人损失的，应当依法承担相应的赔偿责任。

依照有关法律、法规和本条例规定，被予以行政处罚的单位和个人，不免除其排除危害和赔偿损失的责任。

第34条 有下列情形之一的，由排水行政主管部门责令改正，采取补救措施，对单位处五千元以上五万元以下罚款，并可以对直接责任人处五百元以上五千元以下罚款：

（1）违反本条例第9条第3款规定，在要求实行雨水、污水分流的地区，将雨水管道和污水管道混接的；

（2）违反本条例第16条第1款规定，未经排水行政主管部门同意，擅自拆除、改建、移建公共排水设施的；

（3）违反本条例第16条第2款规定，未经排水行政主管部门同意或者未采取保护措施进行施工的；

（4）违反本条例第16条第3款规定，未经批准擅自封堵公共排水管道，或者施工结束后未按照要求予以恢复的；

（5）违反本条例第17条第3款规定，不在与公共排水设施的连接处设置检测井，或者设置的检测井不符合规定的。

第35条 排水户有下列情形之一的，由排水行政主管部门责令限期改正，对符合条件的补办有关手续，并可以处一千元以上一万元以下罚款：

（1）违反本条例第17条第2款规定，在城市污水集中处理设施服务区域内拒不将其污水排入城市污水集中处理设施，擅自排放污水的；

（2）违反本条例第19条第1款、第22条第1款规定，未取得排水许可证，擅自向公共排水设施排水的；

（3）违反本条例第20条第1款规定，不在规定时间内补办排水申请手续的；

（4）违反本条例第20条第2款规定，不办理报批手续进行排水接管工程设计、施工的；

（5）违反本条例第23条第1款、第3款规定，排水许可证有效期满后未按照规定办理换证手续继续排水的；

（6）违反本条例第24条第2款规定，不办理变更登记手续擅自变更排水条件的。

第36条 违反本条例第18条第1款规定，取得排水许可证的排水户排入城市污水集中处理设施的污水水质超过污水接纳标准的，由排水行政主管部门责令限期改正，并可以按照下列规定处罚：

（1）日排水量在二十立方米以下的，处警告或者一千元以上五千元以下罚款；

（2）日排水量超过二十立方米的，处五千元以上五万元以下罚款。

排水户排水水质严重超标，损坏公共排水设施或者对公共排水设施安全运行构成严重影响的，由排水行政主管部门责令停止违法行为，对排水户处五万元以上十万元以下罚款，并可以对直接责任人处五百元以上五千元以下罚款。

第37条 排水户有下列情形之一的，由排水行政主管部门责令限期改正，并可以处五千元以上五万元以下罚款；情节严重并且拒不改正的，可以并处吊销其排水许可证：

（1）违反本条例第22条第2款规定，建设工程施工临时排水中的沉淀物未经预处理直接向公共排水设施排放的；

（2）违反本条例第24条第1款规定，不按照排水许可证规定的条件排水的；

（3）违反本条例第24条第3款规

定，临时变更排水条件不采取应对措施，又不及时报告的。

第38条　养护维修责任单位有下列行为之一的，由排水行政主管部门责令限期改正，并按照下列规定处罚：

（1）违反本条例第28条规定，未按照规定养护维修排水设施的，处一千元以上一万元以下罚款；

（2）违反本条例第29条规定，未及时组织维修、疏通的，处一千元以上五千元以下罚款；

（3）违反本条例第30条第1款规定，未采取临时排水措施或者未提前向沿线排水户告知暂停排水时间的，处一千元以上五千元以下罚款；

（4）违反本条例第30条第2款规定，未经批准擅自大范围暂停排水的，处五千元以上五万元以下罚款。

情节严重的，除给予以上处罚外，由排水行政主管部门提请有权部门取消或者降低养护维修责任单位资质。

第39条　有本条例第32条规定的禁止行为的，由排水行政主管部门责令停止违法行为，限期采取补救措施，并可以按照下列规定处罚：

（1）造成损失在五千元以下的，处警告或者对单位处五百元以上五千元以下罚款，对个人处一百元以上一千元以下罚款；

（2）造成损失在五千元以上一万元以下的，对单位处五千元以上一万元以下罚款，对个人处一千元以上二千元以下罚款；

（3）造成损失在一万元以上的，对单位处一万元以上五万元以下罚款，对个人处二千元以上五千元以下罚款。

违反治安管理处罚的法律规定的，由公安机关依法给予处罚；构成犯罪的，依法追究刑事责任。

第40条　违反本条例规定，依法应当由规划、建设、环保、市政、房管、城管等部门处罚的，从其规定。

第41条　排水行政主管部门、排水管理机构及其工作人员有下列行为之一的，由其所在单位或者上级主管机关对负有责任的主管人员和其他直接责任人员给予行政处分；构成犯罪的，依法追究刑事责任：

（1）对不符合法定条件的单位或者个人核发排水许可证、签署同意意见的；

（2）不按照规定收取污水处理费，或者截留、挤占、挪用污水处理费的；

（3）不履行监督职责，发现违法行为不依法予以查处，造成严重后果的；

（4）玩忽职守、滥用职权、徇私舞弊的其他行为。

第六章　附　则

第42条　其他建制镇镇区范围内的排水管理，参照本条例的规定执行。

第43条　本条例自2004年1月1日起施行。

苏州市公共汽车客运管理条例

（2003年9月19日苏州市第十三届人民代表大会常务委员会第六次会议制定，2003年10月25日江苏省第十届人民代表大会常务委员会第六次会议批准，2003年10月31日苏州市第十三届人民代表大会常务委员会公布）

第一章　总　则

第1条　为了加强公共汽车客运管理，培育和规范公共汽车客运市场，促进公共汽车客运事业的发展，适应城市建设、社会发展和人民生活的需要，维护乘客、经营者和从业人员的合法权益，根据有关法律、法规的规定，结合本市实际，制定本条例。

第2条　在本市行政区域内与公共汽车客运活动有关的单位和个人，应当遵守本条例。

本条例所称公共汽车，是指按照核定的番号、线路、站点、时间、票价营运，供公众乘用的城市客运汽车。

本条例所称公共汽车场站，包括停车场、保养场、首末站、途经站、枢纽站以及其他相关设施。

第3条　市、县级市交通行政主管部门（以下简称交通部门）负责对本行政区域内公共汽车客运行业实施监督管理，所属运输管理机构受其委托具体负责日常管理工作。

公安、规划、建设、国土、城管、财政、物价、工商等部门应当按照各自职责，协同做好公共汽车客运的有关监督管理工作。

第4条　各级人民政府应当对公共汽车客运事业的发展给予扶持，在城市规划、建设、管理和资金投入等方面体现公交优先。

鼓励多种投资主体参与公共汽车客运行业的建设、经营。

鼓励在公共汽车客运行业中应用先进的科学技术和管理方法。

第5条　公共汽车客运应当遵循统筹规划、规模经营、有序竞争、协调发展、规范服务、便利乘客的原则。

第二章　发展规划

第6条　交通部门应当会同规划、建设、公安等部门编制公共汽车客运发展规划，报经同级人民政府批准，纳入城市总体规划。

公共汽车客运发展规划应当包括公共汽车线网规划、场站规划和车辆发展规划。

第7条　公共汽车线网规划应当明确线路功能、优化等级结构，与城市化进程和道路建设相适应。城市旅游专线以及其他客运专线应当纳入公共汽车线网规划。

交通部门应当按照公共汽车线网规划新辟和调整公共汽车客运线路。

第8条　公共汽车场站规划应当适度超前，有利于提高公交服务覆盖面和运行效率。

城市主要出入口、商业中心等应当科学规划公共汽车枢纽站。

新建、改建、扩建公共汽车场站设施，应当符合公共汽车场站规划，方便乘客出行和换乘。

第9条　城市规划中确定的公共汽车客运用地和空间，未经法定程序批准，任何单位和个人不得占用或者改变其用途。

第10条 公共汽车车辆发展规划应当与城市发展和乘客流量相适应，逐步提高公共汽车拥有率。

投放、更新营运车辆应当符合公共汽车车辆发展规划，发展方便舒适、环保型车辆。

第11条 交通部门应当根据公共汽车客运发展规划制定相应的年度发展计划并组织实施。

第三章 场站建设与管理

第12条 市、县级市人民政府应当安排场站建设和管理的财政专项资金。城市公共客运交通经营权有偿出让费应当主要用于场站建设和管理。

各级人民政府应当通过划拨土地、减免相关费用、落实税收优惠政策等方式，鼓励、支持公共汽车场站的建设和经营。

第13条 新建、改建、扩建火车站、客运码头、长途汽车站、轨道交通车站等客流集散的公共场所，文化、教育、卫生、体育、娱乐、商业等大型公共设施，具有一定规模的住宅小区，城市主次干道，建设单位必须按照规划的要求建设公共汽车场站设施。

规划部门在核发前款规定的和其他涉及公共汽车场站的建设项目的建设工程规划许可证时，应当征求交通、公安部门的意见。

第14条 建设城市道路时，建设单位应当优先改造影响公共汽车通行的路段和道路交叉口。

城市主次干道应当逐步设置、完善港湾式停靠站，在道路条件许可的情况下开设公共汽车专用车道，设置公共汽车优先通行标志、信号装置。经公安部门同意，单向行驶的道路，可以允许公共汽车双向通行。

道路绿化建设应当有利于公共汽车的安全通行。

第15条 公共汽车站点应当根据道路条件和便于集散、换乘的要求合理设置。同一线路站点的间距，一般在五百米至八百米；同一站名的上、下行站点间距一般在一百米左右；适量安排同一站点的不同线路。在沿线的住宅小区、医院、学校、大型商场、村镇附近要优先、合理设置站点。

古城（镇）区内新建、改建的公共汽车站台应当体现古城（镇）特色，与古城（镇）风貌相协调。

第16条 任何单位和个人不得擅自迁移、拆除、占用或者关闭公共汽车场站设施。因城市建设确需迁移、拆除、占用或者关闭公共汽车场站设施的，应当经交通部门同意，并按照规定补建或者补偿。

禁止毁坏、污损、遮盖公共汽车场站设施。

第17条 公共汽车场站由运输管理机构实施统一监督管理。场站投入使用前，场站的所有权人应当与运输管理机构签订公共汽车场站管理协议，明确使用性质和收益权。

已纳入统一监督管理的公共汽车场站，不得擅自改变使用性质；未纳入统一监督管理的场站，不得作为公共汽车场站使用。

公共汽车场站，由运输管理机构采用招标或者委托方式确定日常管理单位。日常管理单位具体负责场站设施的维护和管理，保持场站设施完好、环境整洁、营运秩序良好。

第18条 公共汽车首末站、途经站、枢纽站等实行站运分离、资源共享、有偿使用，具体办法由市人民政府另行制定。

第19条 公共汽车站台及其前后三十米，专供公共汽车、纳入公共汽车线网的专线车辆停靠使用，其他车辆不得停靠使用，正在执行任务的特种车辆除外。

第20条 公共汽车站点由运输管理机构遵循同站同名原则统一命名，一般以标准地名、旅游景点、标志性建筑物或者与人民生活密切相关的其他公共设施名称命名。

公共汽车站点的冠名权可以有偿出让。

第四章 经营管理

第21条 申请从事公共汽车客运的单位和个人，应当具备下列条件：

（1）有与经营规模相适应的客运车辆或者相应的车辆购置资金；

（2）有符合营运要求的停车场地和配套设施；

（3）有与经营业务相适应并经培训合格、取得服务资格证的从业人员；

（4）有合理、可行的经营方案；

（5）国家和省规定的其他客运开业技术经济条件。

第22条 申请从事公共汽车客运的单位和个人，应当向交通部门提出书面申请，并提供本条例第21条规定条件的材料。县级市交通部门应当在受理申请后十日内提出初审意见。

市交通部门应当在受理申请之日起三十日内或者收到县级市交通部门的初审意见后二十日内作出决定。对符合条件的，核发《道路运输经营许可证》；对不符合条件的，应当书面告知理由。

申请从事公共汽车客运的单位和个人取得《道路运输经营许可证》后，应当办理工商登记手续。

第23条 经营者从事公共汽车线路营运，必须取得线路经营权。线路经营权由交通部门采用招标、拍卖等方式出让或者市、县级市人民政府确定的其他方式授予。

本条例施行前已营运的线路，经营者应当在本条例施行后的六个月内向交通部门办理取得线路经营权的手续。

经营者不得将线路经营权发包给其他单位或者个人经营，不得擅自转让线路经营权。

第24条 交通部门应当与取得线路经营权的经营者订立合同，发放《线路经营权证》。线路经营权期限为三至五年。

交通部门应当在线路经营权期满前三个月，重新组织下一期线路经营权的出让或者授予。在同等条件下，原经营者优先取得线路经营权。

经营者取得线路经营权的，市交通部门对核准的公共汽车发放《道路运输证》。

第25条 《道路运输经营许可证》、《道路运输证》实行年度审验制度。审验不合格并在规定期限内仍不符合经营条件的，交通部门应当注销其《道路运输经营许可证》、《道路运输证》。

第26条 经营者停（歇）业、分立、合并或者变更登记内容的，应当提前三个月向市交通部门申请办理相关手续。

第五章 营运服务

第27条 经营者应当按照核定的番号、线路、站点、班次、时间、票价、车型、车辆载客数组织营运。

经营者确需调整线路、站点、班次、时间的，应当提前十日向运输管理机构提出书面申请，经批准后实施。运输管理机构应当于实施之日的五日前向社会公告。调整线路、站点的，经营者还必须事先征得公安部门的同意。

第28条 因城市建设、重大活动等特殊情况确需作营运调整的，由运输管理机构于实施之日的五日前向社会公告，突发事件除外。

第29条 场站管理单位应当按照运输管理机构的规定，统一设置、撤换公共汽车站牌（包括临时站牌，下同）。

公共汽车站牌应当标明线路番号、首末班时间、高峰平峰段行车间隔时间、所在站点和沿途停靠站点的名称、开往方向、票价等内容，并保持清晰、完好。营运班次间隔在三十分钟以上的线路，还应当标明每一班次车辆途经所在站点的时间。

场站管理单位应当在线路首末站、枢纽站张贴《公共汽车乘坐规则》、换乘指南以及投诉电话号码。

第30条 有下列情形之一的，经营者应当按照交通部门的统一调度，及时组织车辆、人员进行疏运：

（1）主要客运集散点供车严重不足的；

（2）举行重大社会活动的；

（3）其他需要应急疏运的。

第31条 经营者应当定期对营运车辆进行检查、保养和消毒，保证营运车辆符合下列要求：

（1）技术性能、尾气排放符合国家和地方的规定和标准；

（2）车容整洁，服务设施良好；

（3）按照规定标明线路番号、经营者名称、票价；

（4）在规定的位置张贴《公共汽车乘坐规则》、《线路走向示意图》、禁烟标志和投诉电话号码；

（5）设置老、幼、病、残、孕妇专座；

（6）无人售票车辆应当按照规定设置投币箱和电子报站设备。实行电子售票方式的车辆，应当按照规定设置电子读卡机；

（7）空调车应当开启通风设备，保持车厢内空气清新。空调车应当在车厢内显著位置设置温度计，当车厢内温度高于二十八摄氏度或者低于十二摄氏度时应当开启车辆空调设施。

第32条 经营者应当加强对从业人员的管理。驾驶员、乘务员从事营运服务时，应当遵守下列规定：

（1）着装整洁，文明、安全行车，规范作业；

（2）服从管理，携带、佩带相关证件；

（3）按照规定报清线路名称、车辆开往方向和停靠站点名称；设置电子报站设备的，应当正确使用电子报站设备；

（4）依次进站，在规定的区域停靠；

（5）按照营运班次、时间准时发车，不得滞站、甩站、拒载、中途逐客、强行拉客；

（6）维护乘车秩序，为老年人、儿童、病人、残疾人、孕妇及怀抱婴儿的乘客提供必要的帮助，在服务中逐步推广使用英语；

（7）向乘客提供合法有效的等额车票。

第33条 乘客享有获得安全、便捷客运服务的权利。

经营者及其从业人员有下列情形之一的，乘客可以拒绝支付或者要求退回车费：

（1）未明码标价或者未按照核定票价收费的；

（2）不提供合法有效的车票的；

（3）空调车辆未按照规定开启空调或者换气设施的；

（4）装有电子读卡机的车辆因电子读卡机未开启或者发生故障，无法使用电子乘车卡的。

车辆营运中发生故障不能正常行驶时，乘客有权要求驾驶员、乘务员及时安排换乘同线路同方向的车辆，无法安排的，乘客有权要求按照原价退还车费。

第34条 乘客应当遵守下列规定：

（1）在站点区域内候车，有序上下车；

（2）不携带超大、超重、超长或者可能污损车辆、其他乘客的物品；

（3）不携带管制刀具或者易燃、易爆、有毒等危险物品；

（4）足额购票、投币、刷卡或者主动出示乘车票证，不使用过期、伪造或者他人专用的乘车票证；

（5）不损坏车内设备，不妨碍车辆行驶、停靠等营运秩序，不实施危及他人安全的行为；

（6）不携带宠物乘车；

（7）精神病患者、学龄前儿童乘车应当有人陪护；

（8）《公共汽车乘坐规则》的其他规定。

乘客违反前款规定，经劝阻拒不改正的，驾驶员、乘务员可以拒绝为其提供营运服务。

第35条 公安部门应当指导、监督公共汽车客运经营者及其从业人员落实治安防范措施，及时查处发生在公共汽车上和场站内的各类案件，保障客运从业人员和乘客的人身及财产安全。

第36条 经营者、从业人员和乘客应当协助公安部门做好公共汽车客运治安管理工作。对协助公安部门破获案件，处置突发性事件，见义勇为成绩突出的，由公安部门给予表彰、奖励。

第37条 利用公共汽车和场站设施设置广告，除应当遵守广告管理、城市市容管理的有关规定外，还应当征得交通部门的同意。

第38条 交通部门应当每年对公共汽车营运服务状况组织评议。评议结果应当作为保留或者取消经营者线路经营权的依据之一。

组织营运服务状况评议时，应当邀请乘客代表参加，听取社会各方面的意见。

第39条 交通部门及其运输管理机构应当加强对公共汽车客运的监督检查，及时查处违法行为。监督检查人员应当持有效的执法证件。

第40条 交通部门和经营者应当建立投诉受理制度，接受乘客的投诉，并在二十日内调查处理完毕，将结果告知投诉人。交通部门应当定期核查投诉处理情况。

第六章　法律责任

第41条 违反本条例第16条第1款规定，擅自迁移、拆除、占用或者关闭公共汽车场站设施的，由交通部门责令限期改正，处以一万元以上三万元以下的罚款；情节严重的，处以三万元以上五万元以下的罚款。

第42条 违反本条例第16条第2款规定，毁坏、遮盖场站设施的，由交通部门责令限期改正、恢复原状，处以一百元以上一千元以下的罚款。

第43条 违反本条例第17条第2款规定，场站的所有权人擅自改变公共汽车场站使用性质或者将未纳入统一监督管理的场站作为公共汽车场站使用的，由交通部门责令限期改正；逾期不改正的，处以一万元以上三万元以下的罚款。

第44条 违反本条例第23条规定，经营者未取得线路经营权从事公共汽车线路营运，或者将线路经营权发包、擅自转让的，由交通部门责令限期改正、没收违法所得，并处以五千元以上二万元以下的罚款；情节严重的，交通部门可以吊销其《道路运输经营许可证》或者《线路经营权证》。

第45条 违反本条例第27条规定，经营者不按照核定的番号、线路、站点、班次、时间、车型组织营运的，由交通部门责令限期改正，处以五百元以上一千元以下的罚款。

第46条 有下列行为之一的，由交通部门责令限期改正；逾期不改正的，处以五百元以上五千元以下的罚款：

(1)违反本条例第29条规定，场站管理单位不按照规定设置、撤换公共汽车站牌或者标明、张贴有关服务信息资料的；

(2)违反本条例第30条规定，经营者不服从统一调度、组织疏运的；

(3)违反本条例第31条规定，经营者的营运车辆不符合技术规范或者服务设施设置要求的。

第47条 违反本条例第32条第(2)项、第(3)项、第(4)项、第(5)项、第(7)项规定的，由交通部门对经营者处以五百元以上二千元以下的罚款；造成严重后果的，由交通部门吊销负有直接责任的驾驶员、乘务员的服务资格证。

第48条 违反本条例有关规定，依法应当由公安、规划、建设、国土、城管、物价、工商等部门处罚的，从其规定。

第49条 交通部门、运输管理机构及其工作人员有下列行为之一的，由其所在单位或者上级主管部门对直接负责的主管人员和其他直接责任人员给予行政处分；构成犯罪的，依法追究刑事责任：

(1)对不符合法定条件的单位或者个人核发《道路运输经营许可证》、《道路运输证》、《线路经营权证》，或者签署同意意见的；

(2)对受理的申请不在规定的时间内作出决定，或者对不符合条件的申请者不书面告知理由的；

(3)对应当实行招标或者拍卖的事项，不实行招标或者拍卖的；

(4)不按照本条例规定发布公告的；

(5)不依法查处违法行为的；

(6)对投诉超过规定期限未作出处理答复的；

(7)玩忽职守、滥用职权、徇私舞弊的其他行为。

第七章 附 则

第50条 本条例自2004年1月1日起施行。

政府规章

苏州市人民政府行政规章目录(2003)

规章名称	发布日期	发布形式	施行时期
市级机关第二批取消和保留的行政审批事项	2003年3月28日	苏州市人民政府令第32号	
苏州市历史文化名城名镇保护办法	2003年4月10日	苏州市人民政府令第33号	2003年6月1日
苏州市农村合作医疗保险管理办法	2003年5月10日	苏州市人民政府令第34号	2003年7月1日
苏州市客运出租汽车管理办法	2003年6月4日	苏州市人民政府令第35号	2003年7月1日
苏州市货运出租汽车管理办法	2003年6月4日	苏州市人民政府令第36号	2003年7月1日
苏州市公墓管理办法	2003年6月6日	苏州市人民政府令第37号	2003年6月6日
苏州市人民政府关于修改《苏州市城市管理相对集中行政处罚权试行办法》的决定	2003年6月21日	苏州市人民政府令第38号	2003年6月21日
苏州市人民政府关于废止《苏州市收容遣送管理办法》的决定	2003年7月28日	苏州市人民政府令第39号	2003年7月28日
苏州市人民政府规章制定规定	2003年7月24日	苏州市人民政府令第40号	2003年9月1日
苏州市房地产中介管理办法	2003年9月10日	苏州市人民政府令第41号	2003年11月1日
苏州市生猪屠宰销售管理办法	2003年9月16日	苏州市人民政府令第42号	2003年10月15日
苏州市燃气管理办法	2003年11月22日	苏州市人民政府令第43号	2004年1月1日
苏州市建筑施工安全监督管理办法	2003年11月23日	苏州市人民政府令第44号	2004年1月1日
苏州市环古城河水上游管理办法	2003年12月10日	苏州市人民政府令第45号	2004年1月15日
苏州市教师申诉办法	2003年12月6日	苏州市人民政府令第46号	2004年1月15日
苏州市档案管理办法	2003年12月18日	苏州市人民政府令第47号	2004年2月1日

大事记

苏州大事记(2003)

1月

2日

△浙江省宁波市党政代表团来苏州考察（4日结束）。

△省委常委、副省长、市委书记王珉赴吴中区、相城区调研，强调要做优城市大环境，拓展发展新空间。

4日

△市规划委员会召开会议，通过苏州工业园区二三区控制性详细规划，明确该区域将突出建设高科技产业、公共设施和景观绿化特点。

6日

△西安交通大学党委书记、校务委主任王文生一行6人来苏考察（8日结束）。

7日

△“同在蓝天下——2003慈善募捐献爱心”活动举行，市领导王珉、杨卫泽等参加了募捐。

△王码发明人王永民来苏推介新产品五笔数码，市委副书记、市长杨卫泽出席推介会并介绍了全市IT产业发展情况。

8日

△省委常委、副省长、市委书记王珉会见瑞士罗技股份有限公司董事长包丹宁一行。

△中央电视台《让世界了解你》栏目来苏演播。市长杨卫泽与远在大洋彼岸的美国圣塔克拉拉市市长莫寒女士进行对话。

9日

△由华润集团华润电力控股有限公司投资建设的常熟第二发电厂举行开工典礼。

△省委常委、副省长、市委书记王珉会见新加坡软件办主任何鸣杰一行。

10日

△中央督查组来苏对苏州市学习贯彻党的十六大精神和解决好困难群众生产生活问题情况进行督查和调研（11日结束）。

11日

△市委九届四次全体(扩大)会议召开，全会通过省委常委、副省长、市委书记王珉代表市委常委会作题为《聚精会神搞建设，一心一意谋发展，为率先基本实现现代化而努力奋斗》的报告及会议决议。

12日

△全市工业经济工作会议暨市属工业布局调整动员大会召开。会议表彰了22家先进工业企业和55名优秀厂长(经理)。

13日

△苏州城区创建国家园林城市工作会议召开。会上，省政府授予苏州市省级园林城市铜牌。

15日

△中国科技大学校长朱清时一行10人来苏考察该校苏州研究生院筹建工作（17日结束）。

△国务院农产品质量安全检验检测调研组一行10人来苏州调研（17日结束）。

△苏州工业园区博士后工作站正式挂牌。

16日

△苏州工艺美术博物馆开馆。

△市规划展示馆和伍子胥纪念园举行开工典礼，12月28日同日竣工。

17日

△市政协十一届一次会议开幕，会议选举产生新一届政协领导。

△2002年苏州十大新闻评选揭晓。

18日

△市十三届人大一次会议举行，会议产主新一届市人大常委会领导、国家机关领导以及“两院”院长（23日结束）。

20日

△市政协举行十一届一次常委会会议。

△全市开展“卫监一号”行动，取缔无证食品生产经营活动，查处地下“黑窝点”。

22日

△乌拉圭众议长阿尔瓦雷斯一行访问苏州。

△《苏州太湖国家旅游度假区概念性规划》和《太湖国家旅游度假区中心区总体规划》通过专家组评审。

23日

△市十三届人大常委会第一次会议举行。

24日

△苏州军分区党委召开八届十一次全体(扩大)会议。

25日

△苏州市政府在太仓市召开沿江开发工作会议。

29日

△苏州精细化工园土地使用权转让暨银企合作签约仪式举行。苏州精细化工集团有限公司分别与张家港保税区管委会、交通银行苏州分行，签订土地使用权转让协议以及授信额度10亿元的银企合作协议。

2月

8日

△市委召开常委扩大会议，学习

胡锦涛总书记在西柏坡考察时的重要讲话。会议要求广大党员干部必须牢记“两个务必”，贯彻“两个务必”，把党的艰苦奋斗、谦虚谨慎的作风进一步发扬光大。

9日

△市政府举办公务员“两个务必”教育和法制讲座，市委副书记、市长杨卫泽主持讲座。

10日

△全市开放型经济工作会议召开，会议明确全市发展开放型经济的主要思路和目标任务，努力实现由外经贸大市向外经贸强市的跨跃。

△全市加快发展私营个体经济工作会议暨表彰大会召开，提出要在个私经济发展上做到“四有、四不限、五平等”。

△苏州市中小企业局成立。

12日

△美、日共同投资的铁姆肯——恩斯克轴承(苏州)有限公司在高新区举行奠基典礼。

△苏州大学和苏州工业园区管委会签署协议，苏州大学在研究生城获得192公顷土地建设新校区。

13日

△苏州市党政代表团赴浙江省宁波市考察。

△中央党史研究室主任孙英一行9人来苏州考察（14日结束）。

14日

△全市重点项目建设工作会议召开，确定2003年122个重点项目。

△市十三届人大常委会第二次会议举行。

△市文明委召开第26次全体会议，提出要塑造苏州城市精神，创建全国文明城市。

△全市创建省级示范市(区)现场会在昆山市召开，要求借鉴昆山市成功经验，整体推进全市的社区建设。

15日

△中国医学科学院党委书记、中国协和医科大学党委书记刘谦教授一行6人来苏州考察（16日结束）

16日

△市委副书记、市长杨卫泽赴上海市考察旧城改造工作。

△第7届苏州太湖梅花节开幕，苏州太湖国家旅游度假区新一轮开发创业由此开始。

△广西壮族自治区南宁市党政代表团来苏州考察（19日结束）。

△广东省河源市党政代表团来苏州考察（17日结束）。

17日

△市委副书记、市长杨卫泽赴相城区调研农业农村工作，指出解决“三农”问题重在创新。

19日

△第15次全国“扫黄”“打非”工作电视电话会议和省“扫黄”“打非”工作电视电话会议召开，市委常委、宣传部长、市“扫黄”“打非”工作领导小组副组长周向群在苏州分会场就全市下一步工作作了部署。

22日

△市委副书记、市长杨卫泽就苏州市古城保护开展专题调研，要求及时抢救并全面保护古城。

24日

△国务院副总理李岚清一行15人来苏州视察（26日结束）。

27日

△全市财税工作表彰大会在张家港市举行，百家纳税大户受到表彰。

△第27届世界遗产大会的两项主题活动——亚太地区世界遗产展和世界遗产·中国论坛组委会筹备会议举行（28日结束）。

△苏州工业园区管委会与全球教育管理有限公司举行合作办学签字仪式。

28日

△市区文庙公园和妇女儿童公园竣工开园。

3月

1日

△市纪委举行第四次全体会议，学习贯彻中纪委二次全会和省纪委三次全会精神。省委常委、市委书记王珉要求全市党政领导干部以清正廉洁取信于民，以勤政务实造福于民。

△香港现代货箱码头公司董事局主席、九龙仓董事局主席李唯仁一行10人来苏州考察投资环境。

3日

△市政府和西安交通大学举行联合建设西安交大苏州分校签字仪式。

4日

△苏州城市信息化公司成立。

5日

△高新区和世界著名的光学玻璃制造商——日本霍亚公司签订土地预定协议。霍亚苏州公司总投资6600万美元，注册资本2200万美元，第一期用地约20万平方米。

△来自13个国家和地区的中国侨联海外顾问团一行61人来苏州参观。

6日

△中外暨海峡两岸妇女庆“三八”联欢会举行。会议表彰了首批“爱心使者”、十佳巾帼创新标兵、巾帼志愿者(队伍)、妇女文体团队、学习型家庭和文明家庭标兵户。

△中央文明办调研组来苏州调研，了解苏州市在精神文明创建过程中的经验和思路。

△美国电子商会代表团来苏州访问。

7日

△省委常委、市委书记王珉赴平江、金阊、沧浪3城区进行实地调研，强调指出要全面整合古城资源，提升中心城区的集聚辐射和带动功能，加快城区发展。

10日

△省检查组来苏就市、县两级党委中心组学习开展情况进行检查（11日结束）。

13日

△苏南4市工业经济发展座谈会在苏州举行。

△西藏林周县党政代表团来苏州考察，市政府向林周县捐赠了300万元资金。

14日

△省委常委、市委书记王珉赴苏州工业园区、高新区，就加快推进城市化进程中东园西区如何进一步发挥优势，提升城市整体形象作实地调研。

15日

△全市举行“3·15”大型宣传、咨询、服务活动，房地产和手机成为投诉焦点。

16日

△省严打整治斗争检查组一行9人来苏州检查（18日结束）。

17日

△湖北省十堰市党政代表团来苏州考察。

△台湾东元电机集团董事长黄茂雄一行37人来苏州考察投资环境。

18日

△省委常委、市委书记王珉会见美国西湖集团董事长张惠中和墨西哥加德公司董事长加萨一行。

△联合国教科文组织(UNESC)世界遗产委员会第六次特别会议在巴黎召开，副市长姜人杰率苏州市政府代表团向会议作苏州筹备第27届世界遗产大会工作情况报告。

20日

△2003年全市教育目标责任书签订仪式举行。

△市行政服务中心聘任12名特邀监督员。

21日

△微软亚洲研究院院长张亚勤一行6人来苏州考察投资环境。

△省委书记李源潮就牢记“两个务必”、实现“两个率先”到昆山市作专题调研。李源潮要求昆山市应继续发扬创业精神，争当“两个率先”排头兵（23日结束）。

22日

△苏州市政府代表团在巴黎近郊圣·雷米奥诺雷市政府举行新闻介绍会。中法文化年中国园林盆景展及怡黎园建设新闻发布会同时举行。

△市水利(水务)局、科协举行“世界水日”宣传活动。

23日

△浙江省党政代表团来苏州考察(24日结束)。

24日

△苏州高新区“二次创业情况说明会”在北京召开，提出2010年人均GDP翻两番，率先基本实现现代化的奋斗目标。

△苏州国际教育园首期工程动工。

25日

△苏州市全民健身活动中心定点健身场馆签约暨揭牌仪式在苏州工业园区举行。

26日

△全市经济体制改革工作会议召开，确定全市改革下阶段总体要求。

△市十三届人大常委会第三次会议举行。

27日

△全市行政机关效能建设工作会议召开。市委副书记、市长杨卫泽到会讲话，要求塑造亲商为民的服务型政府。

△苏沪经贸合作恳谈会暨项目签约仪式在苏州举行。

29日

△省长梁保华在张家港市会见韩国前总理、浦项制铁株式会社名誉会长朴泰俊一行。

△《中国古桥——拱桥》特种邮票首发仪式在苏举行。

30日

△副省长张卫国在苏州会见美国大西雅图地区国际考察团一行。市委副书记、市长杨卫泽与代表团签署了双方加强在经贸、教育、科技、文化等方面交流与合作的谅解备忘录。

△市人大常委会主任周福元会见俄罗斯莫斯科杜马代表团。

31日

△苏州市“党建带工建、工建促党建”工作会议召开，全市非公企业党组织的应建已建率达到了96%以上。

△江苏省与美国华盛顿州经贸合作交流会在苏州举行。

4月

1日

△市政协举行十一届二次常委会会议。

2日

△苏州工业园区金鸡湖大桥等4座大桥开工建设，苏州首个“销品茂”园区商业街F城同日奠基。

△省检查团来苏州考核省政府第三轮环境保护目标责任状完成情况(3日结束)。

△全省创建园林城市工作现场会在苏召开，苏州市、吴江市和镇江市被授予“省级园林城市”称号。

5日

△苏州高新区在上海举行招商说明会。

6日

△四川省党政暨经贸合作代表团来苏州考察。

7日

△省委常委、市委书记王珉赴吴江市调研，强调要倡导开短会、写短文、说短话，全力构建“阳光型政府”、“服务型政府”。

8日

△招商银行苏州支行升格为分行。

9日

△全国工商联副主席、上海市工商联会长任文艳一行16人来苏州考察工商联同业公会工作（10日结束）。

10日

△苏州松下半导体有限公司举行开业典礼。

△国家863计划“高性能宽带信息网”长江三角地区示范应用重大专项课题研讨会在苏州召开（11日结束）。

12日

△浙江省绍兴市党政代表团来苏州考察。

△市委副书记、市长杨卫泽会见日本爱知县知事神田真秋一行。

△常州市党政代表团来苏州考察。

13日

△国家文物局局长单霁翔来苏州考察文物工作。

14日

△市政府廉政工作会议召开。

15日

△山东省党政代表团来苏州考察(16日结束)。

16日

△兰州军区考察团来苏州考察（16日结束)。

△省政协沿江开发视察团来苏州视察。

△河南省开封市党政代表团来苏州考察（17日结束)。

△辽宁省辽阳市党政代表团来苏州考察（17日结束)。

17日

△全市非典型肺炎防治工作会议召开。市委副书记、市长杨卫泽到会部署工作。

△省政府在苏召开治理整顿土地市场秩序工作座谈会，对全省治理整顿工作进行督查和指导。

△市委副书记、市长杨卫泽会见澳大利亚维多利亚州制造出口金融服务业部长蒂姆·霍尔丁一行。

△中化国际贸易公司董事长、总经理施国梁一行来苏州考察（18日结束)。

18日

△2003年中国苏州国际旅游节开幕式暨江苏吴中杯“江南丽人”评选总决赛颁奖晚会在市体育中心举行。

19日

△由中国美术家协会艺术委员会

和市政府共同主办的中国首届粉画展在苏开幕，同时举行《中国首届粉画展作品集》首发式。开幕式上，中国美术家协会水彩画艺术委员会、市文联和苏州大学艺术学院联合成立苏州粉画学术研究中心。

△第7届“同里之春”旅游文化节开幕。

△解放军总后勤部政委张文台中将一行36人来苏州参观。

20日

△省委常委、市委书记王珉，市委副书记、市长杨卫泽会见来自美国的世界轮椅基金会主席肯尼斯·贝林一行，并授予贝林先生苏州市荣誉市民称号。该基金会与市残联向残疾人捐赠6000辆轮椅仪式同日举行。

△第8届周庄国际旅游节开幕。

21日

△市委召开常委会，专题研究加强“非典”预防工作。省委常委、市委书记王珉要求切实增强“非典”防治工作的责任感和紧迫感，全面落实防治措施。

△省委常委、市委书记王珉，市委副书记、市长杨卫泽到市疾病预防控制中心检查预防非典型肺炎工作落实情况。

△市人大常委会、市政府联合召开纪念苏州市被批准为“较大的市”、享有地方立法权10周年新闻发布会。

△市委副书记、市长杨卫泽会见伊朗驻华大使维第扎德一行。

22日

△全市非典型肺炎预防工作紧急会议召开。市委副书记、市长杨卫泽要求全力构筑“非典”防治防线。

△市委举行双月座谈会，通报全市经济体制改革工作有关情况。

24日

△市发布“非典”防治2号通告。

25日

△省委常委、市委书记王珉，市委副书记、市长杨卫泽分头来到苏州大学、苏州火车站等重点单位，就“非典”防治工作进行督促检查。

△10家市属企业分别与苏州创元(集团)有限公司、苏州市工业投资发展有限公司签约，确定“退城进区”时间表，标志着市属工业布局调整全面启动。

27日

△省“非典”防治督查组来苏州督查“防非”工作。

28日

△苏州市庆“五一”劳动模范座谈会召开，291名劳动者获表彰。

△全市信息化暨电子政务工作会议召开，加快启动城市“一卡通”工程。

△市委常委、副市长、市“非典”防治工作指挥部总指挥汪国兴，副市长、市非典防治工作指挥部副总指挥谭颖及有关人员来到沪宁高速公路苏州出入口和火车站等地检查“非典”防治工作。

29日

△省委常委、市委书记王珉赴太仓、昆山两市检查“非典”防治工作。

△市政府就《苏州市长江岸线资源开发利用规划》征求专家意见和建议。

30日

△全市有关部门收看全省防治“非典”电视电话会议，听取省委书记李源潮、省长梁保华对当前全省“防非”形势的分析和下一阶段的工作部署。省委常委、市委书记王珉对全市下一阶段防治“非典”工作作了部署，要求严格控制人员大范围流动，打赢“防非”硬仗。市委副书记、市长杨卫泽在会上要求构筑全市动员、全城部署、全民联防的“防非”防线。

5月

1日

△国务院赴江苏督查组来苏州检查“非典”防治工作。

△《苏州市农村基本养老保险管理暂行办法》、《苏州市宅基地管理暂行办法》、《苏州市户籍准入登记暂行办法》发布。

4日

△市委、市政府发出《转发省委省政府关于全力抗击“非典”疫情的紧急通知》，提出全市“防非”7项规定。市“非典”防治工作指挥部为此召开全体成员紧急会议，传达省市紧急通知精神，并部署全市“防非”工作。

△市创建全国生态示范区暨发展循环经济领导小组召开第一次会议。市委副书记、市长杨卫泽到会强调全市要走生产发展、生活富裕、生态良好之路。

△由澳大利亚阿凯地亚房地产公司董事长华大有捐赠给苏州市的1000套医用呼吸器运抵苏州。

6日

△市各有关方面负责人集中收看全国农村“非典”防治工作电视电话会议。

7日

△省委常委、市委书记王珉，市委副书记、市长杨卫泽等来到市传染性非典型肺炎防治工作指挥部，检查“非典”防治工作，强调要全力以赴，沉着应对，以临战姿态构筑防控网。

△市人大常委会开展《苏州市城市绿化条例》和《苏州园林保护和管理条例》执法检查(8日结束)。

8日

△全市卫生系统15个单位的200余名医护人员进行“众志成城、抗击非典”誓师大会。

9日

△省委副书记、省长梁保华来苏州检查防治“非典”和当前经济工作，考察外资、合资企业，强调要齐心协力抗“非典”，迎难而上谋发展(10日结束)。

11日

△市卫生部门抽调3位呼吸科专家(朱晔涵、黄纯、陈燕明)支援内蒙古“抗非”工作。

14日

△省政府“非典”防治工作督查组来苏州检查“非典”防治工作(15日结束)。

15日

△市十三届人大常委会第四次会议举行(16日结束)。

18日

△总投资为1.8亿元的盛泽5万吨综合污水处理工程竣工并投入使用。

21日

△市政府出台《关于克服非典型肺炎影响促进经济发展的若干政策》、《关于克服非典型肺炎影响加大固定资产投资力度的若干意见》和《关于在防治非典型肺炎期间进一步改进对外商和港澳台投资企业服务的若干措施》。

23日

△苏州市申报国家园林城市和国际花园城市动员会议召开。

△全市采石山体资源保护工作会议召开。

26日

△市政府召开高速公路绿色通道建设现场会。

△市政府召开市区污水支管到户工程动员会。市委副书记、市长杨卫泽到会与平江、沧浪、金阊3区签订了污水支管到户工程建设责任状。

27日

△市政协召开十一届五次主席会议，听取全市防治“非典”情况通报和农村税费改革情况通报。

28日

△平江路街道“一家人”互助超市开张，“按需捐助”成为该街道全新的帮困方式。

△省委常委、政法委书记孙安华一行7人来苏州调研（29日结束）。

29日

△市国资委、市工业投资发展有限公司与北大方正集团签署资产重组协议。

△苏州日报社与古吴轩出版社实行资产重组，古吴轩出版社正式加盟苏州日报社。

△省委副书记冯敏刚来苏州就全市经济社会发展情况进行调研考察（31日结束）。

30日

△苏化农药、精细化工集团全面完成改制，同时市属工业企业中有12家集体签订了在年内“退城进区”的搬迁合同。

△全市一批凝聚着对台湾同胞关爱之情的“抗非”物资运抵台湾。这批价值50万元人民币的“抗非”物资包括2万只多功能防护口罩和1万件一次性手术衣等物品，是委托苏州台湾同胞投资企业协会捐赠给台湾“抗非”部门的。

31日

△市委常委、政法委书记陈振一，副市长江浩慰问牺牲的联防队员王慈萍的家属。王慈萍生前是平江公安分局的一名优秀的反扒联防队员，5月30日凌晨在执行巡逻任务时，被歹徒捅伤，壮烈牺牲。6月20日，省委常委、市委书记王珉会见了王慈萍烈士的家属。

△市工商联房地产业商会宣告成立，48家房地产企业成为首批会员。

6月

3日

△全市防治“非典”工作会议召开。

△中化国际贸易股份公司董事长施国梁一行3人来苏州商谈投资事宜。

△国务院安全生产检查组一行17人来苏州检查工作（6日结束）。

4日

△全市“非典”防治电视电话会议召开，要求“防非”重点要落实到基层，强化巩固群防群治工作。

5日

△无锡市党政代表团来苏州考察。

△香港现代货箱码头公司董事长祁天顺一行5人来苏州考察投资事宜。

7日

△“太湖景苏州情”主题旅游活动举行。

△省委书记李源潮来苏州考察调研。他强调指出苏州市在全省的地位举足轻重，要争当全省“两个率先”的先行军和排头兵（8日结束）。

11日

△湖南省益阳市党政代表团来苏州考察。

12日

△江苏苏化集团有限公司新厂在张家港市沿江东沙化学工业区开工打桩，苏州合成化工有限公司、苏州特种化学品厂新厂在该区奠基暨张家港东福河六级航道开工，同时举行仪式。

△中国对外贸易运输集团总公司总裁、中国外运股份公司董事长张斌一行10人来苏州考察。

13日

△市政府在常熟市召开全市农机化工作现场会，确定全市“十五”期末农机化发展的目标和任务，即主要农作物生产实现机械化，综合机械化水平达到80%以上。

14日

△中科纳米技术工程中心有限公司和苏州工业园区管委会举行签约仪式。

△第2届“情系苏州”外国人才艺大赛决赛举行，这是“抗非”以来全市举行的第一个大型涉外活动。

15日

△市领导杨卫泽、汪国兴、周伟强率旅游企业和景点、景区代表赴杭州市考察（16日结束）。

16日

△苏州市加快城市发展工作会议召开。

△《苏州市轨道交通一号线工程预可行性研究报告》通过专家评审。一号线是苏州沿城市东西向主要交通走廊布设的重要骨干线路，对解决东西向客流，促进全市轨道交通线网规划的构筑与发展十分必要。

△由省政协教育文化委员会组织的保护和扶持地方戏曲情况调研组一行来苏州调研（17日结束）。

17日

△《苏州市公墓管理办法》出台。

△省社区建设检查考核组对吴江、昆山、太仓、常熟和张家港市创建省社区建设示范市进行考核验收（19日结束）。

18日

△全市16家改制企业举行联合挂牌暨股权转让签约仪式。

△吴中区以全面提升城市功能为主要内容的十大工程开工建设，这是该区有史以来规模最大、范围最广、投资额最多的城市化建设工程。工程共涉及44个项目，总投资50亿元，分3年实施。

20日

△省委常委、市委书记王珉会见从内蒙古“抗非”一线凯旋的朱晔涵、陈燕明、黄纯3位医生及其家属。

△市贸易局举行改制企业国有股权转让签约仪式。

△南京市政府代表团来苏州就民营经济发展、招商引资等情况进行考察（21日结束）。

21日

△财政部部长金人庆一行4人来苏州考察（22日结束）。

24日

△盐城市党政代表团来苏州考察。

26日

△市计划生育协会第四次会员代表大会召开。选举产生市计生协会第四届理事会：杜国玲为名誉会长，朱永新为理事会顾问，谭颖为会长。

△市政协十一届三次常委会议举行(27日结束)。

△雅新科技(苏州)有限公司、俐马(苏州)织染有限公司等5个台资、外资项目同时签约落户吴中区城南工业带，注册资本1.27亿美元，总投资3.7亿美元。

△陕西省西安市党政代表团来苏州考察（27日结束）。

27日

△世界第一斜拉桥苏通长江公路大桥开工仪式在长江主航道中心举行。苏通大桥全长32.4公里，建设工期6年，总投资额64.5亿元，将于2009年5月底建成通车。

28日

△三香路改造暨三香桐泾立交工程、人民路改造暨街景整治工程等6处工程建成竣工。

△22家市属改制企业举行联合挂牌仪式。

29日

△中国移动通信集团公司总经理张立贵一行11人来苏州调研（30日结束）。

30日

△市推进城市化进程工作领导小组第一次会议召开，会议明确以试点带动和中心城市辐射带动为抓手，加快推进城市化。

△市委举行双月座谈会，向市各民主党派、工商联负责人通报全市“非典”防治工作情况，听取对下一阶段“防非”和经济发展工作的意见和建议。

△在法国巴黎召开的第27届世界遗产大会全体会议决定：第28届世界遗产大会在中国苏州举行。这是因“非典”原因第27届世界遗产大会移师巴黎后，苏州再次获得世界遗产大会申办权。

7月

1日

△苏州工业园区海关获中央文明委“全国精神文明建设工作先进单位”称号，这是全国海关系统惟一获此称号的单位。

△国家商务部加工贸易电子化审批试点项目在苏州工业园区正式启动。

△江苏省政协主席许仲林一行40人到常熟市视察民营经济发展情况(2日结束)。

2日

△市委举行九届五次全体（扩大）会议，省委常委、市委书记王珉作题为《努力夺取全年工作更大胜利，争当全省“两个”率先的先行军》的报告，会议通过了有关决议（3日结束）。

△台湾华新丽华集团荣誉董事长焦廷标一行9人来苏州考察投资环境(5日结束)。

4日

△市纪委召开第五次全体会议，要求与时俱进开展反腐倡廉工作，为“两个率先”提供坚强保证。

△省“党旗在抗非一线飘扬”先进事迹报告团来苏州作专场报告会。

5日

△市推进国有（集体）企业产权制度改革工作领导小组第五次全体会议召开。会议明确，全市国企改革已进入第二阶段。

△“同游江浙沪，阳光新感受”主题活动在苏州乐园举行启动仪式。

6日

△民政部部长李学举来苏州就社区建设、社会事业发展情况进行考察调研。

7日

△中信集团董事长王军一行13人来苏州考察投资环境（9日结束）。

8日

△苏州市举行见义勇为表彰和“服务‘两个率先’、建设‘平安苏州’”动员活动。省委常委、市委书记王珉就开展该项活动作出批示，省见义勇为基金会会长俞兴德宣读了省政府关于追授王慈萍烈士省见义勇为英雄荣誉称号的批复，张天明、邢协新、高文新、黄金元、倪敏康等5人被授予苏州市见义勇为先进分子荣誉称号，会议还对市出租车行业110志愿者十大标兵进行表彰。

9日

△国内IT业强势企业——神州数码在苏举行新闻发布会，宣布原国信技术（苏州）有限公司归入神州数码，重组后的神州数码国信将成为他们在苏州发展的基点。

△省人大常委会“主任接待日”活动在苏举行。这次“主任接待日”是第一次在省会外的城市举行。

△全市医疗机构依法执业、诚信服务暨第十三届“白求恩杯”竞赛活动推进大会召开。

△澳大利亚昆士兰开放大学与刚成立的苏州工业职业技术学院签订办学合作协议，这是苏州国际教育园签订的首个国际教育合作项目。

10日

△省长梁保华在张家港市会见前来考察的韩国浦项综合制铁株式会社会长李龟泽一行。

11日

△全市防治非典型肺炎工作表彰大会召开。

△市委、市政府召开全市农村实事工作会议，决定用3～7年时间，做好10项惠及农民和农村的实事，内容包括保护城市化进程中农民利益，增加农民收入，改善农民生活质量，提高农村社会保障水平，优化农村生活、生产、生态和投资环境等。

△由省台办和省海峡两岸新闻文化交流协会组织的两岸媒体“长三角黄金沿线行”联合采访活动在张家港、常熟、太仓3市展开。

△东瑞制药(控股)有限公司在香港联合交易所主板上市，这是苏州市首个在香港主板上市的企业，也是全省首个在香港主板上市的医药企业。

12日

△河南省郑州市党政代表团来苏州考察。

14日

△壳牌集团东区总裁林浩光一行7人来苏州考察投资环境。

17日

△全市开发区工作会议召开。会议明确开发区发展目标：到2010年，国内生产总值达到4000亿元，年均增长21.5%；财政收入460亿元，年均增长18.9%；出口额和实际利用外资分别占到全市总额的80%和75%。

△北大方正参与苏钢集团资产重组签约仪式举行，这是迄今为止全市最大规模的资产重组项目，也是全市最大规模的对内开放项目。杨卫泽市长和魏新分别代表苏州市国资委与北大方正集团公司签署了《江苏苏钢集团有限公司国有股权转让协议书》。北大方正承诺将在5年内投入技术改造资金27亿元，实现年产300万吨钢生产能力。

18日

△苏州工业园区地产经营管理公司10亿元企业债券开始发行。本期债券募集资金将用于园区二三区基

础设施建设项目。

△市属国企公开转让首场拍卖会举行，艺石斋、友谊宾馆和民政招待所3家企业以6060万元总价成交。

△新西兰国际教育有限公司与高博教育（苏州）管理有限公司签署了合作办学协议。

19日

△香港恒隆集团主席陈启宗一行40人来苏州参观考察。

△镇江市党政代表团来苏州考察（20日结束）。

21日

△香港世茂集团董事局主席许荣茂一行10人来苏州考察投资环境。

△市十三届人大常委会第五次会议召开。

23日

△原隶属于市营财集团公司的所有企事业单位完成改制，寒山房产、市会计专业服务公司等8家改制企业举行揭牌仪式。

△市政府发布《关于进一步扩大对内开放若干政策的意见》，对外地来苏投资企业的优惠措施作了明确规定，表示欢迎各大企业总部搬到苏州。

△省人大执法检查组来苏检查实施《中华人民共和国未成年人保护法》、《中华人民共和国预防未成年人犯罪法》及《江苏省实施<中华人民共和国未成年人保护法>办法》情况（24日结束）。

24日

△泰州市党政代表团来苏州考察。

△全市治理宗教突出问题会议召开。全市从7月底到8月底，开展假僧假道乱做佛事道场和基督教私设聚会点治理工作。

25日

△加拿大驻华大使柯杰来苏州访问。

△全球十大笔记本电脑制造厂商之一——志合电脑在苏州工业园区的新厂正式投产，生产能力达到每年240万台。

△全市重点流域区域污染防治工作会议在昆山市召开。

△全国政协经济委考察团一行22人来苏州考察“现代物流”工作（27日结束）。

26日

△金龙联合汽车工业（苏州）有限公司占地40万平方米、设计年生产能力1.5万辆的新厂区一期工程建成投产，这是迄今国内建成的最大的新型客车生产线。

△中国农业银行与太仓市政府签订全面合作协议：未来3年内，农行将为太仓港经济开发区提供总额为212亿元的意向性综合信用额度，并提供相关的金融服务。

△中国联合国教科文组织全国委员会秘书长田小刚来苏州考察第28届世界遗产大会主会场候选地点。

28日

△环古城风貌保护工程一期竣工暨环城河水上游开通仪式在觅渡桥畔举行。省委常委、市委书记王珉为苏州市古运河旅游有限公司揭牌，市委副书记、市长杨卫泽宣布了环古城风貌一期工程竣工、二期工程开工和水上游的正式开通。

△苏州工业园区与德国英飞凌科技公司正式签约，新成立的英飞凌科技（苏州）有限公司在未来10年内总投资将达10亿美元。

△云南省红河哈尼族彝族自治州党政代表团来苏州考察。

29日

△全市人才工作会议召开。省委常委、市委书记王珉到会要求苏州要成为一流人才的集聚地。会上，市委、市政府下发《关于进一步加强人才工作意见》、《苏州市人才培养工程实施意见》及《苏州市人才开发资金管理使用暂行办法》等3个配套文件。

30日

△全市沿江地区综合开发工作会议召开。省委常委、市委书记王珉到会讲话，提出用5年时间再造一个新苏州；用10年时间使苏州的GDP达到10000亿元，财政收入达1400亿元，再造一个新“江苏”。市委副书记、市长杨卫泽就沿江开发战略作了具体部署，指出苏州沿江要建成上海国际航运中心的重要组合港、长江三角洲地区集装箱干线港和江苏第一大外贸港，要建成国际先进制造业集聚带，现代化、国际化滨江城镇带和沿江风光带。

31日

△市委、市政府举行纪念延安双拥运动60周年暨庆祝建军76周年广场文艺晚会。

△张家港市塘桥镇成为全市首个信用镇。

△全国无党派人士考察团一行26人到昆山市考察农村社会保障工作（8月1日结束）。

8月

1日

△全市服务“两个率先”、建设平安苏州动员部署电视电话会议召开，提出要通过3年努力，争取全市90%以上的村（社区）、镇（街道）和县（市、区）达到“社会治安安全村（社区）、镇（街道）和县（市、区）”的创建标准，实现“社会治安安全市”的奋斗目标。

△河北省衡水市党政代表团来苏州考察。

△市委副书记、市长杨卫泽会见狮王啤酒集团董事会主席杰夫·里基茨一行。

△根据《苏州城市公厕管理办法》规定，今日起全市近500所公厕全面实行24小时免费开放。

5日

△苏州工业园区首届企业产品配套鹊桥会开幕，100多家外企、2000多家内企代表参加洽谈。

△教育部副部长、中国联合国教科文组织全委会主任、第28届世界遗产委员会主席章新胜率第28届世界遗产委员会会议中国国家领导小组来苏考察大会筹备工作，要求大会要瞄准国际一流水准，凸现中国苏州特色。

△省委常委、市委书记王珉来到部分搬迁改造企业建设工地，察看工程进度，了解企业发展情况，提出要把企业搬迁改造与企业的机制创新、技术创新结合起来，为企业新一轮发展打下坚实基础，为改善城市环境面貌，全力构建“三足鼎立”经济发展格局创造良好条件。

6日

△市委副书记、市长杨卫泽为石路步行街开工仪式揭牌，步行街一期工程随后启动。

△2003年太湖流域水域蓝藻大暴发，为改善太湖水质，水利部太湖流域管理局和省、市水利部门于今日起实施“引江济太”调水措施，将长江水引入太湖。

7日

△省委常委、市委书记王珉，市委副书记、市长杨卫泽会见中国驻

新加坡大使张九桓和夫人。

△中纪委、中组部赴江苏巡视组一行16人来苏州巡视、考察（10日结束）。

8日

△苏州中科IC设计中心举行开业典礼。

△全省100多所高校和13个大市教育局的负责人在苏州学习研讨，省委常委、市委书记王珉到会作关于苏州市经济发展与教育的主题报告，力邀各地高校与苏州合作，共筑人才高平台。

△市版权协会成立大会召开，苏州市成为中国版权保护中心首批在全国设立的4个代办处之一，其他3个是北京、上海、广东。

△北京大唐发电公司总经理张毅一行5人来苏州考察投资环境（9日结束）。

10日

△全市道路交通安全整治紧急电视电话会议召开。

11日

△市政府公布政策，对平江区、沧浪区、金阊区领取苏州市市区居民最低生活保障救济（补助）金的家庭以发给租房补贴金、原租公有住房执行廉租租金、配置廉租住房和发给购房补贴等4种形式提供住房保障。

12日

△苏州高新区燃气发展管理公司与香港华润石化（集团）有限公司正式签约，合资设立苏州华润燃气有限公司。

△新苏国际大酒店挂牌出让，浙商莱茵达置业投资集团有限公司以6.3999亿元将其所在地和紧邻的一地块买走。

13日

△香港现代货箱码头公司总经理祈天顺一行7人来苏州协商投资事宜。

△第7届"同里杯"中韩天元对抗赛落幕，中国第六位天元古力以2:0战胜韩国天元宋泰坤。

△中共中央政治局常委、中纪委书记吴官正一行14人来苏州视察（14日结束）。

14日

△苏州市投融资体制改革首批6个项目签约仪式举行，今后政府将逐步退出高速公路、供水供气等非经营性投资项目领域。

△市领导王珉、杨卫泽会见新加坡驻华大使陈燮荣一行。

△飞索半导体（苏州）有限公司举行开业庆典及品牌发布仪式。

△全市救灾捐赠工作电视电话会议召开，要求全市上下进一步做好救灾捐赠工作，为苏北灾区献份爱心。

16日

△全市推进国有（集体）企业产权制度改革工作领导小组第六次全体会议召开，15个部门和单位向市国企改革领导小组递交了国企公开转让、破产关闭工作责任状，确保国企改革第二阶段的进度。

△广东省佛山市党政代表团来苏州考察（18日结束）。

18日

△苏州市友好代表团赴新加坡访问（23日结束）。

△市政府举行新闻发布会，就2003年上半年经济运行情况和下半年工作打算向新闻媒体作了通报。这是全市举行的首场新闻发布会，标志着苏州市政府新闻发布会制度的正式建立。

△市区信用联社与高新区浒墅关分区签署首期18亿元人民币授信协议书。

22日

△江苏亨通光电股份有限公司A股上市发行。

△苏州市清房通过省检查组验收。全市共排查出有住房问题干部职工979人，已纠正973人，共有58人退出住房58套，计3551.3平方米；496人补交超标面积款1801.74万元。

23日

△2003园林和住宅小区水景设计和治理国际研讨会召开，来自建设部、浙江大学、澳洲HLCA、美国THE DND设计公司等以及本地的专家学者就如何保护水源、加强园林和住宅小区内的水环境治理进行探讨。

24日

△陕西省榆林市党政代表团来苏州考察（28日结束）。

25日

△广东省韶关市党政代表团来苏州考察。

△国务委员陈至立一行12人来苏州视察（28日结束）。

26日

△省内最大的合资医院——苏州九龙医院在苏州工业园区举行奠基典礼。

△国家联合督查组一行16人来苏督查土地市场秩序清理整顿工作（29日结束）。

28日

△苏州有色金属加工研究院落户苏州工业园区。

△全市突降暴雨，位于苏州工业园区星湖街的建鑫集团建筑工地上一排二层楼的工人简易住宿楼倒塌，当场造成6人死亡，80余人受伤。

29日

△巴西共产党代表团来苏州访问。

△"枫桥杯"首届苏州话风情大赛决赛暨颁奖晚会举行，蔡永华获得一等奖。

30日

△厄瓜多尔共和国总统卢西奥·古铁雷斯·博武阿来苏州访问。

△中共中央政治局常委、全国政协主席贾庆林来苏考察（31日结束）。

31日

△张家港市行政区划调整，原17个建制镇调减到8个。

9月

1日

△代表新苏州形象的十大工程颁奖典礼举行。十大工程是：水上天堂（环古城风貌保护工程黄金水道）、卧龙新韵（人民路改造）、西门龙腾（沪宁高速苏州西出入口高架）、城市交响（三香桐泾立交）、姑苏春晓（环古城风貌保护绿化景观工程）、觅渡揽月（觅渡桥景点）、百园争春（小游园"百园工程"）、官渎蝶舞（官渎里立交景观绿化工程）、运河长虹（寒山、索山大桥）、江枫渔火（江枫洲公园）。

2日

△昆曲艺术片《凤冠情事》在第60届威尼斯电影节上作特别放映，来自世界各国的电影界人士观看了影片。这是昆曲艺术片首次亮相世界一流的电影节，也是中国戏曲艺术首次走上世界电影舞台。同日，受电影节组委会邀请，举行了昆曲推介会。

5日

△苏州市举办领导干部廉政谈话

会，市委副书记、市纪委书记沈荣法与与会人员进行了集体廉政谈话。这是全市举行的首次新任“一把手”廉政谈话会，标志着2003年7月建立的市纪委负责人同下级主要领导干部廉政谈话制度正式启动。

△中国首次战时医疗救护保障大队核救护演练在苏州市消防支队训练场举行。

6日

△全国人大常委会副委员长成思危一行14人来苏州视察。

9日

△为确保全市实现“两个率先”的奋斗目标，市委制定并颁发《关于学习贯彻“三个代表”重要思想　争当全省“两个率先”先行军的决定》。

10日

△苏州市打击走私工作会议召开，提出从2003年9月至2004年1月，海关、公安、工商等部门将联合行动，打击走私行为，打私工作与“大通关”相结合，在全市构建起便捷顺畅的国际物流环境。

△苏州广播电视总台与韩国全州放送株式会社友好交流关系协议签约仪式举行。

11日

△国家清理整顿不法排污企业、保障群众健康环保行动联合检查组来苏州检查。

△市委召开动员会，全市将面向社会公开选拔14名县处级领导干部。

△“古韵今风——外国记者苏州行”活动举行，20多家媒体的30多位记者参加了活动（13日结束）。

12日

△“相城杯”2003年全国花样游泳锦标赛在市体育中心游泳馆举行。

△中国残疾人艺术团“爱心托起我的梦”江苏省大型公益巡演开幕式在苏州举行。

△中国农业银行与苏州信托投资有限公司签署50亿元人民币的合作项目。

13日

△全市城市建设立新功表彰暨动员大会召开。

16日

△2003年“国泰”杯全国游泳锦标赛在张家港市举行。

△省人大调研组来苏调研《江苏省宗教事务条例》贯彻落实情况。

△吉林省松原市党政代表团来苏州考察。

△苏州市反不正当竞争协会成立。

17日

△全市再就业工作座谈会召开。省委常委、市委书记王珉到会强调要真正把就业、再就业工作做好。

△全市“非典”防治工作暨建设健康城市动员大会召开。

△市十三届人大常委会第六次会议举行（19日结束）。

18日

△苏州海关、苏州工业园区海关举行关衔授衔仪式，322名二级关务督察以下的关员被授予海关关衔。

△市委副书记、市长杨卫泽会见以色列驻沪总领事马弈良一行2人。

△中国半导体行业协会集成电路分会第6届年会在苏召开，来自海内外的集成电路专家、学者和业内人士600多人就中国IC产业发展战略进行了研讨。

△中国第一个认证测试合资企业——UL美华认证有限公司在高新区新技术产业园开业。

△苏州市物流协会召开成立大会。

△库力索法半导体（苏州）有限公司在苏州工业园区开业。

△中外运高新物流（苏州）有限公司二期扩建工程正式投入使用，高新区海关监管点扩建工程同时竣工并封关运作。

19日

△市委副书记、市长杨卫泽会见著名美籍华裔物理学家、诺贝尔物理学奖获得者李政道博士。

△日本三井物产株式会社参股5%加盟苏化集团设立合资公司签约仪式举行，这是外资首次参与苏州市国企资产重组。

△中铁二十局集团出资100万元冠名八一男排落户苏州主场签约仪式举行。

20日

△由中国纺织工业协会、中国丝绸工业总公司和市政府联合主办的2003年中国国际丝绸节暨黄金旅游月在市体育中心开幕。

△苏州东方水城摄影展开幕。

21日

△苏州历史上迄今为止最大的内资合作项目：一期投资就达30亿元的市政府与中化国际贸易股份有限公司战略合作原则协议在苏举行签字仪式。

△2003年海外江苏之友及美国杰出华裔企业家代表团考察苏州市区和高新区。

22日

△中核苏阀成为全国机械行业第一家获得国家质检总局的出口免验资格证书的企业。

△日本旭化成电子材料（苏州）有限公司举行开业典礼。

△安徽省（苏州）投资环境说明会在苏州举行（23日结束）。

23日

△市委副书记、市长杨卫泽会见美国德尔福德科全球首席执行官欧文斯一行。

25日

△市委、市政府举行纪念《国家公务员暂行条例》颁布十周年暨苏州市“人民满意的公仆”表彰大会。

△高新区与南京大学、苏州大学、苏州科技学院、苏州职业大学举行全面合作签约仪式。

26日

△安徽省党政代表团来苏州考察访问。

△安徽省亳州市党政代表团来苏州考察。

△张家港日报、常熟日报、太仓日报、吴江日报与苏州日报报业集团举行签约仪式，加盟苏州日报报业集团。28日，苏州日报报业集团正式成立。该集团经营大楼和新文宾馆同日落成，报业集团所属、改制后的古吴轩书画艺术有限公司同时正式挂牌。

27日

△苏州港太仓港区一期工程竣工和二期工程开工典礼举行。

△长江科技园区项目正式签约。

△苏州国际博览中心开工。

△重庆市党政代表团来苏州考察。

28日

△豪雅光电科技（苏州）有限公司落户高新区。

△第6届中国苏州·角直水乡服饰文化旅游节开幕。

29日

△苏州市第3个出口加工区——高新区出口加工区正式封关运作。

△市政府与省教育厅《关于人才培养与服务的合作协议书》签约仪式举行。

△超大型半导体封装测试企业——快捷半导体（苏州）有限公司举

行开业庆典。

△市委副书记、市长杨卫泽与宿迁市委副书记、市长张新实分别代表两市政府签订合作建设苏州——宿迁工业园原则协议。

△市政协举行十一届四次常委会会议。

30日

△“中国苏州”(http://www.suzhou.gov.cn)政府门户网站正式开通。新组建的苏州市信息中心和苏州信息化投资有限公司也同时揭牌。

10月

1日

△国家人口计生委主任张维庆一行7人来苏州考察(5日结束)。

3日

△国家开发银行行长陈元一行6人来苏州参观(6日结束)。

5日

△苏州市政府赴日韩代表团抵达东京,在为期两周的活动中,代表团与日韩企业共签订投资项目88个,注册外资达到11.3亿美元(17日结束)。

△全国人大常委会副委员长盛华仁一行24人来苏州考察(6日结束)。

10日

△省委常委、市委书记王珉会见新加坡陆路交通管理局局长何鸣杰一行。

11日

△全国人大常委会《农村土地承包法》执法检查组来苏州进行执法检查。

12日

△西藏自治区政协副主席、全国文联副主席、中国音乐家协会副主席、国家一级演员才旦卓玛等40多人来苏举办《唱支山歌给党听》专题音乐会演出。

△2003世界最佳模特大赛中国总决赛在常熟市海虞镇开幕,海虞镇成为中国首次举办中国模特总决赛的乡镇。

13日

△省委常委、市委书记王珉会见新加坡巡回大使郑东发一行。

14日

△市人才工作领导小组第一次会议召开。会议通过《关于对在职参加研究生学历(学位)学习进行资助的通知》、《关于加快电子信息制造业人才队伍建设的意见》和《关于加快推进我市紧缺专业人才培养若干问题的意见》。

16日

△全国治理教育乱收费专题检查组一行10人来苏州检查(17日结束)。

17日

△苏州市成为世界卫生组织健康城市联盟理事城市。

18日

△常熟市撤县建市20周年庆祝大会暨江苏(常熟)第四届服装博览会举行。

△’2003苏州吴中经贸合作洽谈会在太湖之滨举行。

20日

△昆山金秋经贸招商活动举行。

21日

△2003中国苏州电子信息博览会开幕。总计参展企业302家,使用展位817个;共有4.5万人次参观,其中专业人士3.1万人次(24日结束)。

22日

△2003年中国吴江金秋经贸洽谈会暨长三角区域经济发展论坛举行。

△湖南邵阳市党政代表团来苏考察。

△2003年海峡两岸产业合作与发展论坛在昆山市举行。

23日

△2003年相城经贸洽谈会开幕。

△省委书记李源潮到常熟市调研民营经济发展情况(24日结束)。

△扬州市党政代表团来苏州考察(24日结束)。

24日

△中共中央台湾工作办公室主任、国务院台湾事务办公室主任陈云林来苏州视察。

△罗马尼亚图尔恰县代表团一行来苏州访问。

26日

△拉脱维亚里加市市长达思·勃加斯率里加市代表团来苏州访问。

△省人大督查组在太仓、吴江就《江苏省人大常委会在苏锡常地区限期禁止开采地下水的决定》实施情况进行调研(28日结束)。

△盐城市委常委、江苏悦达集团董事局主席胡友林一行7人来苏州考察(28日结束)。

28日

△苏州体育发展50年大会举行。

△苏州大学附属第一医院举行120周年院庆活动。

△省政府消防安全专项整治督查组一行6人来苏州检查(30日结束)。

29日

△韩国万都株式会社和苏州高新区签订投资意向。

△孙武苑被中国人民解放军国防大学外讯系列为教学基地。

△芬兰南芬兰省政府代表团一行访问苏州。

△日本鸟羽市友好访中团一行访问苏州。

△世界500强投资企业——住友电工(苏州)电子线制品有限公司开业。

△省委调研组来苏州就贯彻党的十六届三中全会精神,建立运行惩治和预防腐败体系进行专题调研(31日结束)。

△苏州军分区第九次党代表大会举行(30日结束)。

30日

△全球第六大半导体制造商英飞凌科技公司在苏州工业园区的生产基地动工,未来10年内总投资将达10亿美元。

△市委举行双月座谈会,商讨全市民营经济发展大计。

31日

△省委常委、市委书记王珉,市委副书记、市长杨卫泽会见新加坡旅游局局长林梁长一行。

△市政府和省交通厅召开苏嘉杭高速公路常熟至苏州段一期工程项目交工验收会议,经评审,评定该工程为优良等级。

△上海实业集团公司总裁王荣峰一行5人来苏州考察投资环境。

11月

1日

△市长杨卫泽会见新加坡海皇集团总裁林得恩一行7人。

△苏州市考察团赴浙江省温州市和台州市考察民营经济(3日结束)。

△市青年联合会第十二届第一次

全体会议和市学生联合会第九次代表大会召开（2日结束）。

△新疆自治区党委副书记、政协主席艾斯海提·克里木拜一行18人考察苏州工业园区（2日结束）。

2日

△省人大代表视察组一行10人来苏州视察旅游经济工作。

3日

△全国少数民族考察团一行60人来苏州考察（5日结束）。

△云南省委副书记、纪委书记陈培忠一行8人来苏州考察（4日结束）。

4日

△2003年全市纳税人政风行风评议大会举行。

△河南省信阳市党政代表团来苏州考察（5日结束）。

5日

△由世界著名建筑大师贝聿铭担纲设计的苏州博物馆新馆奠基仪式举行，省委副书记、省长梁保华与贝聿铭共同为新馆奠基揭牌。新馆占地总面积10666平方米，预计到2005年底建成。

△雅马哈电子（苏州）有限公司举行开业庆典。

△全国政协高等教育调查组一行18人来苏州调研（6日结束）。

6日

△市委、市政府召开加快建设国际新兴科技城市动员大会。

△省委常委、市委书记王珉会见日本积水化学工业株式会社社长大久保尚武一行。

△日本新潟县经济代表团来苏访问。

△省政府毒鼠强暗访督查组一行3人来苏检查工作（7日结束）。

7日

△全市推进国有（集体）企业产权制度改革工作领导小组第七次全体（扩大）会议召开，提出要确保国企改制工作在年内基本完成，同时积极做好第3阶段改革准备工作。

8日

△省长梁保华在苏州会见美国卡特彼勒公司董事长兼总裁格兰·巴登。

△苏嘉杭高速公路常熟至苏州段（北段一期）通车典礼在沙家浜互通处举行。

△首届中国太仓郑和航海节暨经贸洽谈会开幕，同日，撤县建市10周年庆祝大会举行。

△中国首届教育科学论坛在苏州开幕。

△陕西省咸阳市政府代表团来苏州考察。

△市区桐泾公园、广济公园、东汇公园和石湖景区滨湖区举行竣工仪式。

9日

△2003中国经济增长论坛在苏州举行。

△湖南省常德市党政代表团来苏州考察。

10日

△苏州市服务行业招商团赴香港招商。在港招商期间，共16个苏港合资、合作项目签约，协议资金达56.6亿元人民币和9500万美元。

11日

△天弘（苏州）科技有限公司在苏州工业园区举行开业典礼。

13日

△香港特别行政区政府“熟悉内地事务”探访团一行30人来苏州访问。

15日

△2003中国企业发展高峰论坛在苏举行，围绕“新型工业化进程中的中国企业”这一主题，各界精英人士共同探索中国企业的新型工业化之路，以提升中国企业的竞争力，迎接经济全球化的挑战。

△苏州对内经贸合作洽谈会举行，共与外地企业签订18个投资项目，总额达132.4亿元。

△全国政协副主席、全国工商联主席黄孟复一行来苏参加中国民营企业发展峰会(16日结束)。

17日

△全国政协调研组来苏州调研湿地保护情况。

△全市农业和粮食工作会议召开，要求实行最严格的耕地保护制度。

△法国施耐德电气与台湾士林电机合资的新厂落户园区。

△全国人大常委会副委员长、全国妇联主席顾秀莲来苏州考察（18日结束）。

18日

△苏州大学应用技术学院在周庄镇举行落成典礼和揭牌仪式，学校由苏州大学、上海云海实业有限公司和周庄镇政府联合投资，是省内第一所股份制民办二级学院。

△韩国全州市市长代表团来苏州访问。

△落户高新区的NGK（苏州）精细陶瓷器具有限公司和NGK（苏州）环保陶瓷有限公司举行开业典礼。

△全市首次非公有制经济组织党员业主培训班开班。

△第5届世界华人业余足球大赛在苏州举行（21日结束）。

19日

△方正集团苏州制造有限公司和方正集团研发有限公司举行开工典礼，北大方正研发中心落户苏州工业园区。

△市长杨卫泽会见香港美国商会主席詹康信一行。

△中国羽毛球协会首届年会在苏州召开（21日结束）。

20日

△中国人民大学和市政府就合作办学进行签约，双方将在苏州研究生城共建“人大”苏州研究院。

△石湖大桥正式合龙。

△市十三届人大常委会第七次会议举行（21日结束）。

21日

△陕西省党政代表团来苏州考察。

△全国政协副主席郝建秀一行11人来苏州视察（12月5日结束）。

22日

△香港工商房地产建筑金融业2003长三角访问团来苏州考察。

△中国昆曲博物馆举行揭牌仪式。

26日

△市委、市政府召开“绿色苏州”建设动员大会。会议提出了奋斗目标：即到2010年，全市新增森林覆盖面积86.7千公顷，森林覆盖率达到23.5%以上，超过全省和全国平均水平，并构建起城乡一体的现代森林生态系统，居民出行300～500米就能步入一个游园。

△省委常委、市委书记王珉赴高新区调研，强调要坚持工业化与城市化互动、开发区建设与新城区建设同步、高新技术产业发展与生态环境保护并重，进一步完善全区域总体规划，统筹城乡协调发展，按照“一体两翼”城市发展格局，把高新区建成山川秀美、最适宜人居和创业的新城区，建成设施齐全、功能完善的现代化城市副中心。

△市人大常委会对市政府实事项目和重点项目进行视察，对路桥重

点工程方面政府工作开展评议（27日结束）。

27日

△江苏江南高纤股份有限公司公开发行3000万股A股，这是苏州市2003年上市的第3只股票，也是相城区上市的首只股票。

△浙江省衢州市党政代表团来苏州考察。

△国家“食品放心工程”联合督查组一行12人来苏州检查工作（28日结束）。

28日

△苏州（宿迁）工业园揭牌仪式在宿迁市经济开发区举行。

△爱尔兰政府官员代表团一行访问苏州。

29日

△全省首届“2003人力资源开发与企业发展论坛”在太仓市举行。

12月

2日

△澳大利亚维多利亚州议会代表团访问苏州。

4日

△长三角（太湖）发展论坛首届年会开幕。本次论坛由市政协与国家发改委投资研究所、北京决策咨询中心共同举办，主题是“相约太湖，共谋发展”。

△安徽省芜湖市党政代表团来苏州考察。

5日

△苏州专家咨询团成立。首批成员44名，由苏州市国家级、省部级专家，享受国务院特殊津贴专家和经济、科技、文教、卫生等各个行业的学者、专家代表组成。

△2003年苏州工业园区地产经营管理公司企业债券在上海证券交易所挂牌上市。

6日

△中国光大银行苏州支行升格为分行及成立5周年庆典举行。

△台湾威京集团主席沈庆京一行8人来苏州考察。

△联合国教科文组织世界遗产中心官员景峰、大卫·马尔代勒，中国联合国教科文组织全委会副秘书长杜越等一行4人来苏州考察世遗会筹备工作（12日结束）。

△虎丘区举行第八次党代会，这是该区区划调整后的首次党代会（7日结束）。

8日

△高新区管委会和韩国万都株式会社举行投资项目签约仪式。

9日

△上海市党政代表团来张家港市考察。

△市政府与（台北）理律法律事务所联合主办“现代服务业发展高层论坛”，探讨苏州服务业发展之路。

△“苏州小说创作研讨会”举行。

△周庄、同里、角直3镇被联合国教科文组织授予2003年亚太地区文化遗产保护杰出成就奖。

11日

△联合国教科文组织和世遗中心官员宣布：苏州规划展示馆被定为“世遗会”会场。

13日

△山西省临汾市党政代表团来苏州考察。

△泰国副总理乍都隆来苏州访问。

△全省2003年社会综合治理工作和创建平安江苏检查考核组一行10人来苏州考核（14日结束）。

15日

△苏州市发布《关于加强对城市生活无着的流浪乞讨人员救助管理的通告》，民政、公安、城管3部门将共同承担对流浪乞讨人员的管理工作。

△日立工程建设（苏州）有限公司开业，成为苏州工业园区第一家外资工程建设公司。

△沧浪区政务信息内网正式开通，标志着该区在苏州城区率先建成并开通电子政务网。

16日

△第28届世界遗产委员会会议筹备工作会议召开。

17日

△国家园林城市专家考核组来苏检查（18日结束）。

△《毛泽东同志诞辰110周年纪念展》在市革命博物馆开幕。

18日

△中宣部第九届精神文明建设“五个一工程”奖揭晓，苏州市歌舞团创作演出的大型民族舞剧《干将与莫邪》、市滑稽剧团和市教育局联合创作演出的校园喜剧《青春跑道》分别荣获“五个一工程”优秀作品奖和入选作品奖。

△市委九届六次全体会议召开。全会提出2004年全市发展目标：紧紧围绕率先发展、富民强市的目标，坚持改革开放、加快发展不动摇，坚持科教兴市和人才强市战略不放松，积极推进经济结构调整和新型工业化、城市化进程，继续打造“三个平台”，全面构建“三足鼎立”发展格局，优化“四沿”生产力布局，着力提升“六大板块”整体实力，保持经济持续快速健康发展，坚持物质文明、政治文明和精神文明建设协调发展，维护改革发展稳定大局，为“两个率先”奠定坚实基础（19日结束）。

19日

△苏州（张家港）精细化工园二期银企合作签字仪式举行。

△落户苏州工业园区的三星电子（苏州）半导体有限公司第三条生产线举行竣工典礼，三星半导体中国研究所也在园区科技园内举行开业典礼。

△上海证券苏州营业部开业。

20日

△费新我百年诞辰纪念活动举行。

△苏州市举行第2届优质农产品交易暨农业招商洽谈会（22日结束）。

21日

△新加坡康福德高集团投资的苏州康福丰田汽车销售有限公司开业。

△经济日报总编辑冯并一行2人来苏州考察（22日结束）。

22日

△落户高新区的世界500强投资企业——苏州三洋半导体有限公司举行落成典礼。

△外交部新闻发言人章启月来苏州主讲国际形势报告会。

23日

△新华日报社总编辑周正荣一行7人来苏州采访。

△《苏州市城市紫线管理办法》、《古建筑抢修保护实施细则》出台。

△市各民主党派、工商联召开为三个文明建设服务经验交流暨表彰大会。

24日

△加快环古城风貌保护二期工程建设动员会召开。

△市政协十一届五次常委会议召开（25日结束）。

25日

△苏州南通“沿江开发互动合作协商第一次会议”在南通市召开。会议结束时，张家港、常熟、太仓和市外经贸局，分别与如皋市、通州市、海门市和南通市外经贸局签订了“沿江开发互动合作协议书（备忘录）”。

△市委、市政府召开会议，首次评选出的百名农民专家获得证书。

△市纪委召开2003年政风行风评议工作座谈会，对当年纳税人评议政风行风社会测评综合满意率前5名的部门（市计委、侨办、经贸委、科技局、民政局）进行表彰和奖励。

26日

△全市沿江地区综合开发工作会议召开。市委副书记、市长杨卫泽到会，要求把沿江地区建成国际先进的制造业基地、长江流域国际化的先导区、江苏沿江地区开发的领衔区和可持续的绿色人居区域。

△市委举行双月座谈会，通报市委九届六次全会精神。

△市年鉴编纂委员会召开第一次会议暨庆祝《苏州年鉴》编辑出版20周年座谈会。市委副书记、苏州年鉴编纂委员会主任委员黄炳福到会指出，要把年鉴办成精品，使年鉴工作与全市经济地位相适应，为全市经济发展作出更大的贡献。

△市残疾人活动中心开放。

28日

△苏州轨道交通一号线金鸡湖试验段工程正式开工，标志苏州轨道交通进入建设施工阶段。工程轨道全长4.2公里，计划2007年竣工通车，这是苏州市历史上第一个轨道交通工程，也是中国地级市中第一条城市轻轨线。

△友新高架快速路和南环高架快速路竣工通车。

△苏州市也是全省第一座日处理垃圾达到1000吨、年上网发电量可达8000万千瓦时的垃圾发电厂正式开工建设。

△“万家社区图书室援建仪式”暨“全国社区文明建设知识竞赛”工作会议在苏举行。

△苏州市首个教育集团——苏州市实验小学教育集团揭牌。

30日

△中国联合国教科文组织全委会、国家文物局、建设部、外交部等有关代表来苏对世遗会主会场设施进行考察（31日结束）。

31日

△市长杨卫泽会见日本池田市市长仓田薰率领的友好代表团一行。

△市委副书记、市长杨卫泽对人大议案——社区居委会办公和活动用房面积不足问题落实情况进行实地察看。

统计资料

综　　合

苏州市国民经济主要指标在全省的地位（2003）

指　　标	苏　州	江　苏	苏州占江苏的比重（%）	指　　标	苏　州	江　苏	苏州占江苏的比重（%）
年末总人口（万人）	590.97	7405.82	8.0	电冰箱（万台）	138.34	243.66	56.8
年末从业人员	346.19	4468.67	7.7	社会消费品零售总额（亿元）	526.05	3566.48	14.7
#职工人数	81.09	579.10	14.0	进出口总额（亿美元）	656.63	1136.70	57.8
#国有经济	25.53	304.98	8.4	进口总额	330.29	545.31	60.6
苏州市生产总值（亿元）	2801.56	12451.75	22.5	出口总额	326.34	591.40	55.2
第一产业	75.75	1106.78	6.8	外商投资企业合同外资金额	124.96	308.07	40.6
第二产业	1771.86	6782.25	26.1	外商投资企业实际利用外资	68.05	158.02	43.1
第三产业	953.95	4562.72	20.9	全社会固定资产投资总额（亿元）	1408.93	5335.80	26.4
农林牧渔业总产值	68.58	1843.16	3.7	财政收入	409.93	1968.85	20.8
主要农产品产量				财政支出	232.10	1377.52	16.8
粮　食（万吨）	112.77	2471.85	4.6	金融机构年末存款余额	3149.79	15378.49	20.5
棉　花	0.68	29.10	2.3	金融机构年末贷款余额	2359.28	11299.55	20.9
油　料	6.24	199.45	3.1	高等学校在校学生（万人）	8.05	85.97	9.4
水产品	33.87	342.93	9.9	中等专业学校在校学生	6.36	46.13	13.8
猪出栏数（万头）	178.49	3009.06	5.9	普通中学在校学生	36.75	494.35	7.4
主要工业产品产量				小学在校学生	38.15	579.39	6.6
发电量（亿千瓦时）	170.96	1277.88	13.4	卫生机构（所）	1450	12773	11.4
钢　材（万吨）	926.24	2876.80	32.2	#医院、卫生院	199	2522	7.9
钢	612.40	1721.96	35.6	医院、卫生院床位数（万张）	1.91	17.17	11.1
水　泥	904.00	7225.14	12.5	卫生技术人员（万人）	2.78	24.37	11.4
化　肥	37.26	190.90	19.5	#医生	1.17	10.39	11.3
纱	50.05	198.77	25.2	市区居民人均可支配收入（元）	12361	9292	-
布（亿米）	3.39	37.61	9.0	在岗职工平均工资	19790	15712	-
丝织品	11.92	14.38	82.9	农民人均纯收入	6750	4239	-
彩色电视机（万部）	163.59	466.95	35.0				

苏州人均

指标	数值	单位
苏州市生产总值	47693	元
社会消费品零售总额	8955	元
财政收入	6979	元
在岗职工工资	19790	元
市区居民可支配收入	12361	元
农民纯收入	6750	元
城乡居民储蓄存款余额	24883	元
市区每万人拥有公共交通车辆	5.93	标台
每百人拥有电话机数	143.95	部
每万人拥有医生数	19.90	人

苏州一日

指标	数值	单位
苏州市生产总值	77821	万元
#第三产业	26499	万元
农林牧渔业总产值	1905	万元
工业总产值	190421	万元
社会消费品零售总额	14613	万元
进出口总额	18240	万美元
实际利用外资	1890	万美元
全社会固定资产投资额	39137	万元
财政收入	11387	万元
邮寄函件	31.69	万件

分地区生产总值（2003）

指　　标	全　市	市　区	常　熟	张家港	昆　山	吴　江	太　仓
苏州市生产总值　（亿元）	**2801.56**	**1010.50**	**474.99**	**475.06**	**430.37**	**281.05**	**210.00**
第一产业	**75.75**	**17.69**	**13.83**	**11.10**	**10.03**	**13.55**	**12.63**
第二产业	**1771.86**	**644.59**	**285.72**	**299.91**	**290.97**	**171.15**	**122.83**
工　业	1586.61	584.09	260.89	274.96	267.08	152.75	106.03
建筑业	185.25	60.50	24.83	24.95	23.89	18.40	16.80
第三产业	**953.95**	**348.22**	**175.44**	**164.05**	**129.37**	**96.35**	**74.54**
农林牧渔服务业	9.74	2.14	1.59	3.27	1.10	1.50	1.31
地质勘查业、水利管理业	3.95	0.65	1.11	0.55	0.46	0.65	0.42
交通运输、仓储及邮电通信业	131.24	47.53	21.18	26.32	17.32	16.03	14.19
交通运输业和仓储业	79.29	25.23	13.31	18.64	10.08	10.49	12.08
邮电通信业	51.95	22.30	7.87	7.68	7.24	5.54	2.11
批发和零售贸易业、餐饮业	308.94	88.88	73.45	63.39	46.78	45.72	32.00
批发和零售贸易业	257.53	68.22	64.89	53.15	34.61	41.16	24.43
餐饮业	51.41	20.66	8.56	10.24	12.17	4.56	7.57
金融保险业	106.08	47.31	22.70	19.92	14.21	5.81	5.55
金融业	62.59	27.90	8.50	6.65	6.95	3.02	3.66
保险业	11.05	5.25	0.95	1.11	2.20	0.20	0.35
其　他	32.44	14.16	13.25	12.16	5.06	2.59	1.54
房地产业	129.12	47.70	20.58	16.68	13.70	12.36	9.33
#房地产管理业	8.12	4.63	2.36	0.50	0.18	0.19	0.10
房地产开发业与经营业	52.18	28.11	4.19	5.40	6.44	5.06	3.54
社会服务业	103.62	58.85	13.43	18.31	23.15	3.88	3.90
卫生、体育和社会福利业	27.78	9.75	5.07	4.30	2.63	2.58	1.38
教育、文化艺术和广播影视业	53.39	20.16	6.42	6.41	4.36	3.14	2.62
科学研究和综合技术服务业	7.20	4.29	0.73	0.46	0.65	0.65	0.26
国家、政党机关和社会团体	55.60	20.21	4.27	3.82	4.36	3.37	3.58
其他行业	17.29	0.75	4.91	0.62	0.65	0.66	-
人均国内生产总值　（元）	**47693**	**47081**	**45799**	**55465**	**70184**	**36462**	**46646**

农　　业

农村基本情况（2003）

指　　标	全　市	市　区	常　熟	张家港	昆　山	吴　江	太　仓
农村组织　（个）							
镇政府	88	33	12	8	10	18	7
村民委员会	1725	411	319	313	205	257	220
村民小组	34261	8837	6588	5251	4199	5590	3796
乡村户数、人口							
乡村总户数　（万户）	116.66	31.65	27.29	20.25	12.31	16.40	8.76
乡村总人口　（万人）	364.78	106.01	83.19	58.08	37.48	53.87	26.15
乡村劳动力							
合　计	209.42	61.62	49.96	30.35	21.33	30.88	15.28
1. 按性别分							
男劳动力	106.28	32.11	24.89	15.53	10.88	15.63	7.24
女劳动力	103.14	29.51	25.07	14.82	10.45	15.25	8.04
2. 按行业分							
农林牧渔业	53.49	14.63	13.05	6.64	4.57	9.01	5.59
农　业	39.50	7.76	11.70	6.09	2.70	6.10	5.15
林牧渔业	13.99	6.87	1.35	0.55	1.87	2.91	0.44
工　业	96.10	24.57	25.22	14.77	10.60	14.11	6.83
建筑业	12.91	4.54	2.65	2.31	1.02	1.70	0.69
交通运输、邮电业	6.63	2.16	1.37	0.91	0.73	1.10	0.36
贸易、餐饮业	10.58	3.29	2.29	1.70	1.08	1.74	0.48
金融保险业	0.41	0.16	0.12	0.07	0.02	0.02	0.02
房地产、社会服务业	2.37	0.22	0.52	0.68	0.72	0.16	0.07
卫生、体育、社会福利业	0.73	0.19	0.26	0.09	0.07	0.09	0.03
文、教、艺术和广播影视业	0.64	0.14	0.34	0.06	0.03	0.05	0.02
科研和综合技术服务业	0.18	0.05	0.06	0.03	–	0.03	0.01
乡镇经济组织管理	1.58	0.49	0.39	0.17	0.24	0.24	0.05
其　他	23.80	11.18	3.69	2.92	2.25	2.63	1.13
#外出合同工、临时工	6.72	2.34	1.35	0.69	1.19	0.69	0.46

农产品总产量（2003）

单位：吨

指标	全市	市区	常熟	张家港	昆山	吴江	太仓
一、粮食作物	**1127665**	**150911**	**279235**	**216287**	**134819**	**155014**	**191399**
（一）夏收粮食	178947	16432	48772	50416	25126	3229	34972
1. 夏收谷物	170009	16266	47034	48177	23770	3229	31533
（1）小　麦	168372	16266	46878	47925	23064	2706	31533
（2）元　麦	333	–	66	252	15	–	–
（3）大　麦	1304	–	90	–	691	523	–
2. 夏收豆类	8938	166	1738	2239	1356	–	3439
（二）秋收粮食	948718	134479	230463	165871	109693	151785	156427
1. 秋收谷物	916072	134376	222992	156593	101511	151785	148815
（1）稻谷	896546	132902	216077	153587	98355	151785	143840
#单季晚稻	895834	132902	216077	153587	98355	151073	143840
双季后作稻	712	–	–	–	–	712	–
（2）玉　米	19499	1474	6915	3006	3156	–	4948
（3）其他谷物	27	–	–	–	–	–	27
2. 秋收豆类	26624	28	5311	8453	6931	–	5901
大　豆	23493	28	4081	8363	5546	–	5475
杂　豆	3131	–	1230	90	1385	–	426
3. 秋收薯类	6022	75	2160	825	1251	–	1711
二、油　料	**62418**	**7786**	**12592**	**11893**	**7624**	**15629**	**6894**
#油菜籽	60347	7786	12440	10841	7474	15599	6207
三、棉　花	**6816**	**–**	**2778**	**2950**	**18**	**–**	**1070**
四、麻　类	**16**	**16**	**–**	**–**	**–**	**–**	**–**
五、糖　料	**12591**	**458**	**2848**	**4466**	**480**	**35**	**4304**

工 业

全市工业企业数与总产值（2003）

单位：万元

地 区	全部工业	#农村工业	规模以上工业	#农村工业	按经济类型分：国 有	集 体	其 他	规模以下工业
工业企业单位数（个）	103517	97605	4553	3411	45	198	4310	98964
市 区	19262	14861	1366	810	22	52	1292	17896
#吴中区	3920	3848	390	322	3	22	365	3530
相城区	4217	4201	274	266	3	1	270	3943
常 熟	43346	43264	899	826	2	85	812	42447
张家港	8910	8751	531	444	4	8	519	8379
昆 山	6721	6354	687	451	12	30	645	6034
吴 江	20184	19902	450	349	1	5	444	19734
太 仓	5094	4473	620	531	4	18	598	4474
工业总产值	70107652	36153405	49765080	19134302	1287411	594392	47883277	20342572
市 区	24682329	7674693	19147239	3043899	619106	127201	18400932	5535090
#吴中区	4245811	3238556	2070690	1418795	27439	61925	1981326	2175121
相城区	2393668	2155591	1117264	1087720	18846	1208	1097210	1276404
常 熟	10384361	7930314	5571061	3903387	27347	272506	5271208	4813300
张家港	11009185	6668431	8610559	4661681	50038	58337	8502184	2398626
昆 山	10672258	4587524	9389353	3514214	165014	97334	9127005	1282905
吴 江	9011620	6312735	4502385	2540196	301412	5123	4195850	4509235
太 仓	4347899	2979708	2544483	1470925	124494	33891	2386098	1803416
工业总产值（1990年不变价）	68551453	35350898	48660431	18709573	1258834	581198	46820399	19891022

全市工业利税总额百强企业（2003）

序号	企业名称	所在地区	序号	企业名称	所在地区
1	江苏沙钢集团有限公司	张家港	26	亨通集团公司	吴江
2	旭电（苏州）科技有限公司	市区	27	苏州罗技电子有限公司	市区
3	江苏省电力公司苏州供电公司	市区	28	东海粮油（张家港）工业有限公司	张家港
4	江苏常熟发电有限公司	常熟	29	通力电梯有限公司	昆山
5	苏州工业园区华能（太仓）发电有限责任公司	太仓	30	苏州惠氏—百宫制药有限公司	市区
6	华芳集团有限公司	张家港	31	特灵空调器有限公司	太仓
7	江苏永钢集团	张家港	32	阿迪达斯（苏州）有限公司	市区
8	正新橡胶（中国）有限公司	昆山	33	华映视讯（吴江）有限公司	吴江
9	美孚（太仓）石油有限公司	太仓	34	永鼎集团公司	吴江
10	江苏隆力奇集团有限公司	常熟	35	友达光电（苏州）有限公司	市区
11	芬欧汇川（苏州）纸业有限公司	常熟	36	江苏旋力集团股份有限公司	常熟
12	常熟开关厂	常熟	37	联建（中国）科技有限公司	市区
13	江苏华润集团公司	张家港	38	耐克（苏州）体育用品有限公司	太仓
14	夏普办公设备（常熟）有限公司	常熟	39	苏州东瑞制药有限公司	市区
15	德科电子（苏州）有限公司	市区	40	索尼凯美高电子（苏州）有限公司	市区
16	葛兰素史克制药（苏州）有限公司	市区	41	江苏波司登股份有限公司	常熟
17	飞创（苏州）电讯产品有限公司	市区	42	富士康（昆山）电脑接插件有限公司	昆山
18	江苏苏钢集团有限公司	市区	43	江苏骏马集团有限责任公司	张家港
19	苏州爱普生有限公司	市区	44	常熟市汽车内饰件材料厂	常熟
20	江苏通润机电集团有限公司	常熟	45	昆山六丰机械工业有限公司	昆山
21	名硕电脑（苏州）有限公司	市区	46	明基电通信息技术有限公司	市区
22	百得（苏州）电动工具有限公司	市区	47	苏州爱普电器有限公司	市区
23	江苏华昌集团有限公司	张家港	48	安德鲁电信器材（苏州）有限公司	市区
24	江苏吴江丝绸集团有限公司	吴江	49	苏州尚美国际化妆品有限公司	市区
25	天弘（苏州）科技有限公司	市区	50	华新金猫水泥（苏州）有限公司	市区

序号	企业名称	所在地区	序号	企业名称	所在地区
51	国巨电子（中国）有限公司	市区	76	张家港市无线电厂	张家港
52	昆山统一企业食品有限公司	昆山	77	北京三吉利能源张家港华宇电力分公司	张家港
53	苏州三星电子有限公司	市区	78	江苏张铜集团有限公司	张家港
54	禧玛诺（昆山）自行车零件有限公司	昆山	79	江苏梦兰集团公司	常熟
55	江苏澳洋实业（集团）有限公司	张家港	80	苏州精细化工有限公司	市区
56	可成科技（苏州）有限公司	市区	81	苏州阿尔斯通开关有限公司	市区
57	苏州松下通信科技有限公司	市区	82	信益陶益（中国）有限公司	昆山
58	江苏苏化集团有限公司	市区	83	苏州柳新实业有限公司	市区
59	苏州飞利浦消费电子有限公司	市区	84	华渊电机（江苏）有限公司	吴江
60	苏州长甲保健品有限公司	市区	85	江苏阪神电器股份有限公司	常熟
61	捷安特（中国）有限公司	昆山	86	苏州迅达电梯有限公司	市区
62	卫材（苏州）制药有限公司	市区	87	楼氏电子（苏州）有限公司	市区
63	江苏牡丹汽车集团有限公司	张家港	88	三星电子（苏州）半导体有限公司	市区
64	大旭电脑配件（苏州）有限公司	吴江	89	昆山钞票纸厂	昆山
65	牧田（中国）有限公司	昆山	90	艾佩斯（苏州）不间断电源公司	市区
66	沪士电子（昆山）有限公司	昆山	91	富士和机械工业（昆山）有限公司	昆山
67	依纳轴承（中国）有限公司	太仓	92	苏州市郎力福保健品有限公司	市区
68	江苏江南化纤集团有限公司	市区	93	久保田农业机械（苏州）有限公司	市区
69	艾默生电气（苏州）有限公司	市区	94	常熟三爱富氟化工有限责任公司	常熟
70	好孩子集团有限公司	昆山	95	海虹老人牌涂料（昆山）有限公司	昆山
71	诺基亚（苏州）电信有限公司	市区	96	盖茨霓塔传送带（苏州）有限公司	市区
72	苏州紫兴纸业有限公司	市区	97	江苏宏宝集团有限公司	张家港
73	四海电子（昆山）有限公司	昆山	98	艾利（中国）有限公司	昆山
74	江苏吴中实业股份有限公司	市区	99	东风汽车传动轴有限公司	市区
75	华达利家具（中国）有限公司	昆山	100	苏州西门子电器有限公司	市区

全市工业产品销售收入百强企业（2003）

序号	企业名称	所在地区	序号	企业名称	所在地区
1	江苏沙钢集团有限公司	张家港	26	富士康（昆山）电脑接插件有限公司	昆山
2	明基电通信息技术有限公司	市区	27	诺基亚（苏州）电信有限公司	市区
3	友达光电（苏州）有限公司	市区	28	江苏波司登股份有限公司	常熟
4	仁宝电子科技（昆山）有限公司	昆山	29	芬欧汇川（苏州）纸业有限公司	常熟
5	苏州爱普生有限公司	市区	30	江苏苏化集团有限公司	市区
6	苏州飞利浦消费电子有限公司	市区	31	江苏张铜集团有限公司	张家港
7	旭电（苏州）科技有限公司	市区	32	江苏澳洋实业（集团）有限公司	张家港
8	华芳集团有限公司	张家港	33	联建（中国）科技有限公司	市区
9	东海粮油（张家港）工业有限公司	张家港	34	金华盛纸业（苏州工业园区）有限公司	市区
10	日立显示器件（苏州）有限公司	市区	35	江苏常熟发电有限公司	常熟
11	江苏永钢集团	张家港	36	百得（苏州）电动工具有限公司	市区
12	仁宝电脑工业（中国）有限公司	昆山	37	江苏牡丹汽车集团有限公司	张家港
13	三星电子（苏州）半导体有限公司	市区	38	天弘（苏州）科技有限公司	市区
14	苏州三星电子有限公司	市区	39	昆山翊腾平面显像有限公司	昆山
15	华宇电脑（江苏）有限公司	吴江	40	彩晶电脑科技（昆山）有限公司	昆山
16	仁宝资讯工业（昆山）有限公司	昆山	41	亨通集团公司	吴江
17	夏普办公设备（常熟）有限公司	常熟	42	张家港联合铜业有限公司	张家港
18	纬创资通（昆山）有限公司	昆山	43	江苏江南化纤集团有限公司	市区
19	江苏吴江丝绸集团有限公司	吴江	44	金龙联合工业汽车（苏州）有限公司	市区
20	苏州罗技电子有限公司	市区	45	四海电子（昆山）有限公司	昆山
21	华映视讯（吴江）有限公司	吴江	46	好孩子集团有限公司	昆山
22	高创（苏州）电子有限公司	吴江	47	正新橡胶（中国）有限公司	昆山
23	江苏隆力奇集团有限公司	常熟	48	苏州明基电子技术有限公司	市区
24	江苏苏钢集团有限公司	市区	49	吴江万宝集团公司	吴江
25	志合电脑（苏州工业园区）有限公司	市区	50	昆山统一企业食品有限公司	昆山

序号	企 业 名 称	所在地区	序号	企 业 名 称	所在地区
51	江苏华润集团公司	张家港	76	苏州爱普电器有限公司	市 区
52	捷安特（中国）有限公司	昆 山	77	苏州紫兴纸业有限公司	市 区
53	苏州富士胶片映像元器件有限公司	市 区	78	安德鲁电信器材（苏州）有限公司	市 区
54	名硕电脑（苏州）有限公司	市 区	79	通力电梯有限公司	昆 山
55	江苏旋力集团股份有限公司	常 熟	80	苏州华苏化工塑料有限公司	太 仓
56	江苏通润机电集团有限公司	常 熟	81	苏州讯达电梯有限公司	市 区
57	索尼凯美高电子（苏州）有限公司	市 区	82	飞腾集团股份有限公司	张家港
58	江苏骏马集团有限责任公司	张家港	83	苏州市吴中硅钢有限公司	市 区
59	天瀚科技（吴江）有限公司	吴 江	84	昆山大庚不锈钢有限公司	昆 山
60	伦飞电脑（昆山）有限公司	昆 山	85	亚龙纸制品（昆山）有限公司	昆 山
61	江苏华昌集团有限公司	张家港	86	苏州达方电子有限公司	市 区
62	微盟电子（昆山）有限公司	昆 山	87	张家港东华优尼科能源有限公司	张家港
63	美孚（太仓）石油有限公司	太 仓	88	利乐包装（昆山）有限公司	昆 山
64	江苏梦兰集团公司	常 熟	89	华达利家具（中国）有限公司	昆 山
65	苏州工业园华能（太仓）发电有限责任公司	太 仓	90	雪佛龙化工（张家港）有限公司	张家港
66	中达电子（江苏）有限公司	吴 江	91	江苏菊花味精集团公司	张家港
67	金红叶纸业（苏州工业园区）有限公司	市 区	92	葛兰素史克制药（苏州）有限公司	市 区
68	牧田（中国）有限公司	昆 山	93	大将科技（苏州）有限公司	市 区
69	吴江宏都线缆厂	吴 江	94	昆山市震雄电线电源有限公司	昆 山
70	永鼎集团公司	吴 江	95	圣美树脂制品（昆山）有限公司	昆 山
71	昆山沪铼光电科技有限公司	昆 山	96	华达利皮革（中国）有限公司	昆 山
72	罗礼科技（苏州）有限公司	市 区	97	大同电子科技（江苏）有限公司	吴 江
73	昆达电脑科技（昆山）有限公司	昆 山	98	江苏宏宝集团有限公司	张家港
74	江苏吴中实业股份有限公司	市 区	99	阿迪达斯（苏州）有限公司	市 区
75	沪士电子（昆山）有限公司	昆 山	100	德科电子（苏州）有限公司	市 区

运输、邮电业

全社会交通运输量、公路和航道通航里程（2003）

指　　标	2003年	指　　标	2003年
铁　路		（2）一　级	496.6
旅客发送量（万人次）	1211.27	（3）二　级	1600.0
市　区	858.97	（4）三　级	967.0
昆　山	352.30	（5）四　级	1680.7
货物发送量（万吨）	165.94	（6）等外公路	821.5
市　区	123.24	2. 按行政等级分	
昆　山	42.70	（1）国　道	306.5
货物到达量	838.26	（2）省　道	568.3
市　区	686.16	（3）市　道	1326.4
昆　山	152.10	（4）镇　道	3403.1
公　路		（5）专用公路	122.0
客运量（万人次）	22835	3. 按路面标准分	
货运量（万吨）	5389	（1）高　级	4116.2
旅客周转量（万人公里）	1515701	（2）次高级	1006.1
货物周转量（万吨公里）	334060	（3）中　级	563.5
水　运		（4）低　级	40.5
客运量（万人次）	86	**二、公路桥梁（座/米）**	**4024/148482**
货运量（万吨）	1965	**三、内河航道通航里程（公里）**	**2828.8**
旅客周转量（万人公里）	2425	#水深1米以上里程	2707.7
货物周转量（万吨公里）	120829	**四、通航河流上建筑物（座）**	**111**
地方港口吞吐量（万吨）	10329	1. 永久性闸坝	45
#张家港港口吞吐量	3963	2. 船　闸	6
一、公路总里程（公里）	**5726.3**	3. 套　闸	60
1. 按等级分		**五、内河航道上设立的航标**	**199**
（1）高　速	160.5	#发光的	140

部分年份全社会车辆、船舶数

指　　标		1990年	1995年	2000年	2002年	2003年
机动车总计	**(辆)**	**94026**	**280737**	**887513**	**1014062**	**1136938**
#汽车小计		37871	69260	125918	209941	285989
(1) 大型汽车		16859	21723	27963	36303	39033
#客　车		2345	2182	3275	4516	5410
货　车		14317	19344	24688	31787	33623
(2) 小型汽车		20526	46335	94894	173638	246956
#客　车		13464	33155	67160	132317	192556
货　车		6105	12172	27734	41321	54400
摩托车		37879	190231	725523	789696	846391
客　船	**(艘)**	**40**	**35**	**110**	**77**	**115**
	(客位)	4634	5313	4994	3539	4640
	(千瓦)	-	-	11569	3986	11693
货　船	**(艘)**	**53**	**178**	**11114**	**4131**	**2688**
	(吨位)	3206	17894	245737	121826	114533
	(千瓦)	-	-	152565	70236	63870
拖　船	**(艘)**	453	417	255	61	110
	(千瓦)	-	-	21033	5943	10837
驳　船	**(艘)**	**3685**	**2228**	**1291**	**343**	**405**
	(吨位)	173719	127104	79522	22514	35481
	(客位)	5470	3155	3646	682	214

邮政电信基本情况（2003）

项　　目		全　市	市　区	常　熟	张家港	昆　山	吴　江	太　仓
一、邮电局	（所）	403	101	84	73	45	55	45
#邮政局		312	87	72	47	38	29	39
二、邮路总长度（单程）	（公里）	14127	8204	1883	1078	1501	974	487
农村投递线路		20969	4268	5221	4000	1850	3660	1970
三、城乡电话交换机总容量	（门）	2994746	1162486	494146	400694	357990	371933	207497
1. 市话交换机总容量		1459486	810925	190155	126490	177037	71290	83589
2. 农话交换机总容量		1535260	351561	303991	274204	180953	300643	123908
四、年末电话机数	（部）	4670496	1729926	779781	615288	587056	658663	299782
1. 市话话机数		2471374	1251437	355459	224802	352273	172020	115383
2. 农话话机数		2199122	478489	424322	390486	234783	486643	184399
五、邮电业务总收入	（万元）	717348	295210	99033	92402	102783	80922	46998
1. 函　件	（万件）	11410	5701	1628	1317	1164	845	755
2. 汇　票	（万张）	326.43	120.64	35.40	47.36	57.67	40.01	25.32
3. 包　件	（万件）	112.92	55.54	10.13	13.54	16.29	10.10	7.32
4. 发送报刊	（万份）	24918	9060	5167	4486	2112	2455	1638
5. 邮政储蓄余额	（万元）	870285	260101	209278	126431	64634	119578	90263
6. 集　邮	（万枚）	1404	441	277	375	63	173	75
7. 电　报	（份）	5450	2151	429	1024	470	1025	351
8. 长　话	（万张）	50630	20357	6795	6648	7898	5804	3128
六、期末市话用户	（户）	1593108	766909	229624	156288	221343	120564	98380
#住　宅		1240032	584296	183051	125456	172104	97215	77910
公用电话		92972	46335	13349	9366	8171	9186	6565
期末农话用户		1207511	281230	237919	209716	144928	229672	104046
#住　宅		930922	224286	186357	163500	103569	175079	78131
公用电话		102978	21563	21766	17898	10516	19456	11779
七、国际互联网用户		461934	259114	52384	38244	60629	33398	18165
八、数字数据用户		7588	3748	1060	758	812	554	656
九、移动电话用户	（万户）	383.65	144.80	57.86	55.10	53.48	44.95	27.46
每百人拥有电话机数	（部）	143.95	146.54	130.87	135.58	181.09	143.51	127.32

对外经济、开发区建设

分地区进出口总额（2003）

单位：万美元

类别和地区	进出口总额	出口	进口	类别和地区	进出口总额	出口	进口
全　市	**6566313**	**3263377**	**3302936**	**三、自营企业**	**337809**	**185570**	**152239**
市　区	3429379	1717777	1711602	市　区	67386	53648	13738
#吴中区	207775	111317	96458	#吴中区	18109	16581	1528
相城区	36986	19299	17687	相城区	5759	4950	809
高新区·虎丘区	1593691	875774	717917	高新区·虎丘区	995	451	544
工业园区	1445941	598276	847665	工业园区	18432	14237	4195
常　熟	270835	180764	90071	常　熟	54744	45984	8760
张家港	512469	198026	314443	张家港	148998	45069	103929
昆　山	1392465	721535	670930	昆　山	12825	9379	3446
吴　江	734764	328337	406427	吴　江	37022	19544	17478
太　仓	226401	116938	109463	太　仓	16834	11946	4888
一、外贸公司	**334193**	**261191**	**73002**	**#私营企业**	**114625**	**68854**	**45771**
市　区	114071	93077	20994	市　区	28055	23570	4485
#吴中区	5440	4836	604	#吴中区	5365	4643	722
相城区	630	623	7	相城区	3892	3373	519
高新区·虎丘区	5225	3297	1928	高新区·虎丘区	206	15	191
工业园区	15012	5408	9604	工业园区	14116	12651	1465
常　熟	47467	42319	5148	常　熟	21530	20743	787
张家港	107242	90162	17080	张家港	41763	6148	35615
昆　山	4446	2742	1704	昆　山	9204	7424	1780
吴　江	29316	15197	14120	吴　江	13193	10218	2975
太　仓	31651	17695	13956	太　仓	880	751	129
二、外商及港澳台投资企业	**5876994**	**2816324**	**3060670**	**四、其　他**	**17316**	**291**	**17025**
市　区	3242088	1570994	1671094	市　区	5834	57	5777
#吴中区	184227	89901	94326	#吴中区	-	-	-
相城区	30598	13726	16872	相城区	-	-	-
高新区·虎丘区	1587471	872026	715445	高新区·虎丘区	-	-	-
工业园区	1412497	531082	833865	工业园区	-	-	-
常　熟	163507	92227	71280	常　熟	5117	234	4883
张家港	255615	62795	192820	张家港	614	-	614
昆　山	1375194	709414	665780	昆　山	-	-	-
吴　江	668425	293597	374828	吴　江	-	-	-
太　仓	172165	87297	84868	太　仓	5751	-	5751

国家、省级开发区建设发展情况（至2003年累计）

开发区名称	开发面积（平方公里）	投入基础设施建设资金（亿元）	批准进区企业数（个）		批准进区外商及港澳台投资企业（万美元）		业务总收入（万元）	企业自营出口（万美元）	税收收入（万元）
				#外商及港澳台投资企业	合同外资	实际到账外资			
总　　计	**366.16**	**594.16**	**27219**	**5438**	**4440828**	**2287134**	**50005932**	**2436299**	**1573372**
一、国家级开发区	**175.10**	**396.73**	**22270**	**3708**	**3100006**	**1622173**	**37110487**	**2083873**	**1173843**
苏州工业园区	70.00	193.60	7805	1309	1434125	664420	11298000	560000	449931
苏州高新技术开发区	35.00	83.63	5821	822	634179	407670	9405555	872000	351083
昆山经济技术开发区	36.00	83.97	4268	1062	814290	388309	9800000	630000	259428
张家港保税区	4.10	30	3312	373	187573	144601	6097765	20209	98806
苏州太湖旅游度假区	30.00	5.53	1064	82	29839	17173	509167	1664	14595
二、省级开发区	**194.06**	**206.9**	**5239**	**1777**	**1385419**	**685885**	**13171965**	**355346**	**407023**
常熟经济开发区	35.10	38.88	512	252	364385	186914	4181034	82014	156700
太仓经济开发区	12.00	17	686	219	132598	56361	825000	36197	60650
吴中经济开发区	25.00	37.15	1315	338	214188	102244	1506908	28437	51723
相城经济开发区	11.70	18.71	188	122	61793	19420	46553	2111	1995
吴江经济开发区	25.00	20	478	416	289952	146413	4044000	172346	28160
张家港经济开发区	20.00	23.42	617	89	77672	42265	1167360	13215	27496
浒墅关经济开发区	3.00	9.47	290	47	44597	20924	276520	2920	7494
太仓港港口开发区	8.50	9.72	130	85	94816	64896	432068	2931	35329
昆山旅游度假区	20.16	5.10	40	34	42599	19964	72953	–	3916
吴江汾湖旅游度假区	9.60	5.81	719	135	40668	16156	302698	13500	23987
常熟东南开发区	24.00	21.64	264	40	22151	10328	316871	1675	9573

注：苏州高新技术开发区中包含浒墅关经济开发区数据

财政、金融、保险

财政收入（2003）

单位：万元

指　　标	全　市	市　区	常　熟	张家港	昆　山	吴　江	太　仓
财政收入	**4099267**	**1726913**	**556785**	**627867**	**642696**	**328818**	**216188**
一、中央收入	**1896188**	**777506**	**246836**	**300585**	**293411**	**163240**	**114610**
增值税（75%）	1435655	582511	181863	220343	236530	122900	91508
消费税	30214	12638	3937	3583	6665	2907	484
企业所得税（60%）	305144	121159	45186	60046	33500	27713	17540
个人所得税（60%）	125175	61198	15850	16613	16716	9720	5078
二、地方财政收入	**2203 079**	**949407**	**309949**	**327282**	**349285**	**165578**	**101578**
（一）一般预算收入	**1704 977**	**756338**	**223860**	**246102**	**241717**	**148022**	**88938**
1. 增值税（25%）	478552	194171	60621	73447	78843	40967	30503
2. 营业税	441295	234995	46013	47731	65148	26190	21218
3. 企业所得税（40%）	203429	80772	30124	40031	22334	18475	11693
4. 个人所得税（40%）	83449	40799	10566	11075	11144	6480	3385
5. 资源税	57	57	–	–	–	–	–
6. 城市维护建设税	85021	33483	13023	15785	8550	9531	4649
7. 房产税	62191	30908	7822	6991	8903	4395	3172
8. 印花税	21577	10291	2511	3245	2282	2112	1136
9. 城镇土地使用税	5955	2259	1050	1066	434	800	346
10. 土地增值税	5450	3690	522	354	652	214	18
11. 车船使用税	3508	1599	856	366	314	208	165
12. 农业税	16122	3222	3147	2149	2328	3184	2092
13. 耕地占用税	39027	12426	7273	6055	7776	4943	554
14. 契　税	134532	44453	26924	16372	23159	19353	4271
15. 国有资产经营收益	220	–	220	–	–	–	–
16. 行政性收费收入	34901	22581	3421	1838	1929	2494	2638
17. 罚没收入	41301	18672	3358	10072	3701	4885	613
18. 海域场地矿区使用费	34	34	–	–	–	–	–
19. 专项收入	45311	20975	5151	9330	3794	3686	2375
20. 其他收入	3045	951	1258	195	426	105	110
（二）基金收入	**498102**	**193069**	**86089**	**81180**	**107568**	**17556**	**12640**
1. 工业交通部门基金收入	329	–	314	15	–	–	–
2. 文教部门基金收入	40486	5267	20708	10848	2226	677	760
3. 社会保险基金收入	439195	182219	61473	68445	102000	14558	10500
4. 农业部门基金收入	2096	–	2096	–	–	–	–
5. 其他部门基金收入	623	–	623	–	–	–	–
6. 地方财政税费附加收入	15373	5583	875	1872	3342	2321	1380

财政支出（2003）

单位：万元

指　　标	全　市	市　区	常　熟	张家港	昆　山	吴　江	太　仓
财政支出	**2321003**	**1065780**	**284839**	**342600**	**342366**	**170532**	**114886**
一、一般预算支出	**1835976**	**873252**	**204747**	**264175**	**235768**	**154202**	**103832**
1. 基本建设支出	212256	135926	16342	42394	1085	9577	6932
2. 企业挖潜改造支出	81425	34120	6576	26418	1678	7251	5382
3. 科技三项费用	34185	20554	2902	4606	3750	1968	405
4. 农业支出	65863	21278	15290	9407	9250	7223	3415
5. 林业支出	7538	1092	2206	–	236	2619	1385
6. 水利和气象支出	34087	8454	7104	5223	6813	3376	3117
7. 工业交通等部门的事业费	9977	3220	4410	805	1170	351	21
8. 流通部门事业费	666	666	–	–	–	–	–
9. 文体广播事业费	34561	13207	7028	3904	6084	2495	1843
10. 教育事业费	218155	88259	38815	36806	21254	20100	12921
11. 科学事业费	3976	2438	556	249	142	286	305
12. 医疗卫生支出	89849	47130	13199	8786	8308	8065	4361
13. 其他部门的事业费	75268	36849	14974	6429	3303	8412	5301
14. 抚恤和社会福利救济费	29182	15792	3568	2578	2999	2182	063
15. 行政事业单位离退休经费	80628	47287	–	12566	5584	8089	7102
16. 社会保障补助支出	60750	42321	1544	2643	9785	1524	2933
17. 国防支出	2654	2127	115	–	412	–	–
18. 行政管理费	202352	94753	28299	21540	24945	16672	16143
19. 外交外事支出	906	420	416	–	70	–	–
20. 武装警察部队支出	3518	2855	397	–	–	–	266
21. 公检法司支出	141799	77290	16117	16794	14534	9682	7382
22. 城市维护费	236984	81420	16742	39448	60695	24934	13745
23. 政策性补贴支出	173	146	27	–	–	–	–
24. 支援不发达地区支出	5	5	–	–	–	–	–
25. 债务利息支出	15100	15100	–	–	–	–	–
26. 专项支出	42034	18854	4141	9516	3933	4016	1574
27. 其他支出	152085	61689	3979	14063	49738	15380	7236
二、基金支出	**485027**	**192528**	**80092**	**78425**	**106598**	**16330**	**11054**

金融机构信贷收支状况（2003）

单位：万元

指　标	全 市	市 区	常 熟	张家港	昆 山	吴 江	太 仓
金融机构综合存款余额	**31497894**	**13469462**	**5082079**	**4139625**	**3939978**	**3001079**	**1865671**
#企业存款	12201777	5617122	1611356	1440226	1909152	973802	650119
城乡居民储蓄存款	14705045	5963699	2791462	1989168	1488977	1497336	974403
#定　期	9752419	3887585	1870426	1508751	865481	936388	683788
活　期	4952626	2076114	921036	480417	623496	560948	290615
农业存款	1791566	343934	339974	334809	357378	296825	118646
金融机构综合贷款余额	**23592819**	**10824804**	**3097589**	**3437325**	**2515802**	**2235026**	**1482273**
#短期贷款	13182488	5228334	1995488	2370484	1405303	1501476	681403
#工业贷款	2719685	1027284	280222	687133	179557	424860	120629
商业贷款	1046136	406961	168555	238314	68819	83751	79736
建筑业贷款	567488	362040	88373	8690	74961	18702	14722
农业贷款	441853	133341	89053	65735	21770	104659	27295
乡镇企业贷款	2756892	572552	669783	955601	313500	119151	126305
三资企业贷款	1298719	591313	78392	117291	310479	65362	135882
其他短期贷款	4091324	2061460	562856	246844	420012	632243	167909
中长期贷款	7852521	4481090	664221	524508	995357	549106	638239
#技改贷款	108901	54587	9650	18340	12244	2560	11520
基建贷款	3586736	2195725	364682	220157	226611	190971	388590
银行现金收入	**79303877**	**28325816**	**15651719**	**12004739**	**7206460**	**10867456**	**5247687**
银行现金支出	**81730239**	**28655400**	**15375339**	**12495986**	**7884913**	**11861629**	**5456972**
货币投放(+)或回笼(-)	**2426362**	**329584**	**-276380**	**491247**	**678453**	**994173**	**209285**

保险业务情况（2003）

单位：万元

指标	全市	市区	常熟	张家港	昆山	吴江	太仓
一、承保额（财产险）	**64141572**	**31743850**	**7934854**	**7678338**	**6929085**	**5764079**	**4091366**
#企业财产险	31866962	16169125	3341836	3376504	4806619	2515416	1657462
机动车辆险	10227639	4281283	1669567	1317824	1126234	1078513	754218
货物运输险	8804961	4486883	532418	1518743	1154894	766626	345397
家庭财产险	3126674	1408315	324591	267772	391191	483653	251152
二、保费收入	**641607**	**292500**	**78760**	**91669**	**62504**	**63446**	**52728**
1. 财产险	145611	63721	21243	20166	17351	13343	9787
#企业财产险	25659	9993	4834	3380	2269	1827	3356
机动车辆险	90523	38913	12517	12637	9264	8583	8609
货物运输险	6523	3102	521	1371	615	460	454
家庭财产险	5124	2276	605	227	971	496	549
2. 人寿保险	495996	228779	57517	71503	45153	50103	42941
三、当年赔款	**138670**	**46676**	**27728**	**18404**	**15061**	**18738**	**12063**
1. 财产险	70653	27841	11135	9765	9563	6832	5517
#企业财产险	9537	2827	2639	1695	865	656	855
机动车辆险	53525	21530	7625	7501	7079	5702	4088
货物运输险	1702	946	207	186	173	107	83
家庭财产险	943	353	277	36	38	116	123
2. 人寿保险	68017	18835	16593	8639	5498	11906	6546

人民生活

部分年份市区居民家庭基本情况

指　　标	1990年	2000年	2002年	2003年
一、调查户数　（户）	120	200	200	300
二、户均家庭人口　（人）	3.05	2.87	2.72	2.84
三、户均就业人口数	2.00	1.43	1.38	1.17
四、就业人口人均负担人数	1.53	2.02	1.97	2.42
五、人均住房使用面积　（平方米）	12.40	16.29	17.24	20.15
六、人均住房居住面积	7.79	9.68	10.34	12.08
七、家庭总收入　（元／人）	2160.87	9336.12	11510.61	13445.34
#可支配收入	2150.00	9274.24	10617.14	12361.45
工薪收入	1713.94	5780.87	6960.09	7729.02
财产性收入	56.49	99.62	125.59	146.80
转移性收入	272.63	3347.89	4320.84	5301.57
八、出售财物收入	4.93	185.21	148.92	5.62
九、借贷收入	403.01	2722.57	2999.99	3319.45
#提取储蓄存款	319.63	2282.12	2284.75	2135.00
十、家庭总支出	1903.49	9392.76	11057.77	12989.09
（一）消费支出	1804.80	7027.49	7682.32	9272.49
#服务性消费支出	–	–	1936.85	2211.27
（二）购房与建房支出	–	1456.97	1521.09	1423.64
（三）转移性支出	24.24	898.77	1025.77	1328.62
（四）财产性支出	–	–	10.12	–
（五）社保支出	–	–	818.47	964.33
十一、借贷支出	600.41	2169.87	2998.90	3161.04
十二、年末手存现金	177.83	700.43	1076.23	1073.85

部分年份农民家庭基本情况

指　　标	1990年	2000年	2002年	2003年
一、调查户数（户）	**540**	**600**	**600**	**750**
二、调查人口				
常住人口（人）	2097	2185	2221	2792
户均常住人口	3.88	3.64	3.70	3.72
户均整、半劳动力	2.91	2.67	2.72	2.71
平均每一劳动力负担人数	1.34	1.36	1.36	1.37
三、人均年收入				
总收入（元）	2065.01	6456.09	7202.24	7635.74
纯收入	1663.94	5462.45	6140.41	6680.81
现金收入	1744.02	5790.98	6679.64	7595.64
四、各组纯收入的比重				
7000元以上（%）	–	24.5	36.2	41.6
6000～7000元	–	11.7	9.5	12.3
5000～6000元	–	16.8	13.5	12.5
4000～5000元	–	19.0	10.2	11.6
3000～4000元	–	13.5	13.7	8.4
2000～3000元	24.6	9.2	9.8	6.5
2000元以下	75.4	5.3	7.1	7.1
五、农民家庭住房情况				
户均使用住房（平方米）	168.34	217.52	232.99	233.99
户均住房价值（元）	17570	63373	76285	90078
人均使用住房面积（平方米）	43.35	59.73	62.46	62.86
户均年内新建（购）房屋面积	13.74	3.34	0.98	7.51
新建（购）房屋每平方米造价（元）	160.70	837.00	937.90	952.22

教育、文化、卫生

分地区各类学校基本情况（2003）

指　标	全　市	市　区	常　熟	张家港	昆　山	吴　江	太　仓
学校数（所）	**902**	**361**	**170**	**118**	**87**	**112**	**54**
高等学校	12	8	1	1	2	–	–
中等专业学校	17	12	1	1	–	1	2
技工学校	17	15	1	1	–	–	–
职业中学	24	10	2	6	3	2	1
普通中学	270	96	43	40	33	33	25
＃高中	97	40	23	10	8	9	7
小学	550	212	121	68	48	75	26
特殊教育学校	11	7	1	1	1	1	–
工读学校	1	1	–	–	–	–	–
招生数(人)	**240233**	**115673**	**34385**	**30794**	**22062**	**24743**	**12576**
高等学校	25449	20577	2179	1190	1503	–	–
中等专业学校	26095	21232	1586	1111	801	477	888
技工学校	9365	8413	505	447	–	–	–
职业中学	8255	2387	1695	1528	1151	1494	
普通中学	119295	45002	18185	19515	12961	16254	7378
＃高中	41721	16700	5800	6993	4296	5396	2536
小学	51383	17890	10157	6985	5562	6494	4295
特殊教育学校	366	147	78	18	84	24	15
工读学校	25	25	–	–	–	–	–
在校学生数(人)	**939800**	**418976**	**142874**	**127807**	**90793**	**105496**	**53854**
高等学校	80523	67813	6142	3647	2921	–	–
中等专业学校	63647	50554	4544	3020	1782	881	2866
技工学校	22118	19796	1325	997	–	–	–
职业中学	21084	5988	4318	4744	3141	2873	20
普通中学	367460	138320	57072	61744	38746	48230	23348
＃高中	115776	45975	15853	18692	12288	14991	7977
小学	381542	135117	68845	53411	43565	53188	27416
特殊教育学校	3361	1323	628	244	638	324	204
工读学校	65	65	–	–	–	–	–

（续表）

指　标	全 市	市 区	常 熟	张家港	昆 山	吴 江	太 仓
毕业生数（人）	**217663**	**90596**	**33796**	**34438**	**21289**	**24930**	**12614**
高等学校	15187	12456	1167	982	582	–	–
中等专业学校	8585	6063	954	813	336	192	227
技工学校	3014	2587	217	210	–	–	–
职业中学	3849	1321	809	1063	118	304	234
普通中学	109347	39905	18065	18726	11539	13854	7258
#高中	22653	8831	3715	3943	2271	2789	1104
小学	76964	27972	12494	12536	8569	10551	4842
特殊教育学校	645	220	90	108	145	29	53
工读学校	72	72	–	–	–	–	–
教职工数（人）	**66769**	**30589**	**10412**	**8055**	**6733**	**7040**	**3940**
高等学校	8520	7075	822	340	283	–	–
中等、职业学校	5154	2462	835	600	527	394	336
技工学校	1134	972	109	53	–	–	–
普通中学	28318	11185	4503	4078	3317	3362	1873
小学	23292	8709	4094	2949	2564	3249	1727
特殊教育学校	321	156	49	35	42	35	4
工读学校	30	30	–	–	–	–	–
专任教师数（人）	**53125**	**22805**	**8467**	**6989**	**5415**	**6142**	**3307**
高等学校	4408	3605	438	198	167	–	–
中等、职业学校	3750	1682	650	493	403	302	220
技工学校	655	526	77	52	–	–	–
普通中学	23366	9063	3673	3587	2564	2914	1565
#高中	7742	3151	1054	1184	847	1012	494
小学	20671	7774	3595	2633	2251	2900	1518
特殊教育学校	249	129	34	26	30	26	4
工读学校	26	26	–	–	–	–	–

艺术表演团体基本情况（2003）

地 区	剧团数(个)	演职员工数(人)	本年新排上演剧目(个)	演出场次（场次）	观众人数(千人次)
全 市	18	560	20	18406	5184
市 区	7	359	8	11730	3995
常 熟	2	63	5	2220	310
张家港	2	64	3	1655	440
昆 山	2	–	–	–	–
吴 江	3	47	4	593	244
太 仓	2	27	–	2208	195

艺术表演场所、书场基本情况（2003）

地 区	艺术表演场所		书 场	
	机构数（个）	职工人数（人）	机构数（个）	职工人数（人）
全 市	12	208	3	59
市 区	4	59	2	20
常 熟	1	29	–	–
张家港	2	51	–	–
昆 山	2	69	1	39
吴 江	–	–	–	–
太 仓	3	–	–	–

分地区卫生机构、人员及床位数（2003年末）

指　　标	全　市	市　区	常　熟	张家港	昆　山	吴　江	太　仓
卫生机构数　（个）	**1450**	**554**	**247**	**333**	**110**	**123**	**83**
一、医　院	62	34	9	5	4	6	4
二、社区卫生服务中心	3	–	–	3	–	–	–
三、卫生院	137	35	27	24	14	19	18
四、门诊部	41	29	8	–	–	4	–
五、急救中心（站）	2	1	1	–	–	–	–
六、采供血机构	6	1	2	1	1	–	1
七、妇幼保健院（所、站）	8	3	1	1	1	1	1
八、专科疾病防治院	5	1	–	–	–	4	–
九、疾病预防控制中心	15	9	2	1	1	1	1
十、卫生监督所	7	3	1	1	1	1	–
十一、卫生监督检验所（站）	1	–	–	–	–	–	1
十二、医学科学研究机构	–	–	–	–	–	–	–
十三、医学在职培训机构	2	1	–	–	–	–	1
十四、健康教育所（站、中心）	1	–	–	–	1	–	–
十五、其他卫生机构	8	7	1	–	–	–	–
十六、诊所、卫生所、医务室、社区卫生服务站	1152	430	195	297	87	87	56
卫生机构人员数　（人）	**33958**	**15413**	**5658**	**4331**	**3213**	**2961**	**2382**
# 卫生技术人员	27805	12363	4665	3731	2587	2503	1956
# 医　生	11747	5299	2052	1486	1182	921	807
# 执业医师	10187	4624	1782	1217	1066	780	718
执业助理医师	1560	675	270	269	116	141	89
注册护士	8629	4321	1267	1009	826	617	589
药剂人员	2257	979	365	311	189	245	168
检验人员	1368	561	253	175	115	137	127
其　他	3804	1203	728	750	275	583	265
私营卫生机构人员数	1288	497	305	171	1	189	125
# 医　生	540	239	129	63	1	68	40
卫生机构床位数　（张）	**20631**	**9907**	**3296**	**2521**	**1598**	**1825**	**1484**
医　院	12454	6937	1720	1096	928	976	797
# 综合医院	8713	4886	1251	726	595	796	459
中医医院	1556	342	351	250	333	80	200
专科医院	2185	1709	118	120	–	100	138
卫生院	6670	1608	1456	1400	670	849	687
妇幼保健院（所、站）	110	–	110	–	–	–	–
专科疾院防治院	40	40	–	–	–	–	–
其　他	1357	1322	10	25	–	–	–

中国人民财产保险股份有限公司
PICC Property and Casualty Company Limited

www.e-picc.com.cn

中国人民财产保险股份有限公司
PICC Property and Casualty Company Limited

人保财险全国服务专线 24小时开通

利用庞大的机构网络和专业人才优势，2000年，人保公司率先在324个城市开通了365天*24小时的全天候95518专线服务电话，总计线数超过2000条，服务人员达数千人，服务范围覆盖了全国广大的城市、乡村地区。该专线融合了先进的呼叫中心技术和规范的国际质量管理经验，无论何时何地，只要你拨打95518，即可与当地人保公司的分支机构取得联系，并得到热情周到、优质高效的保险服务。

目前，95518主要向客户提供6项基本服务内容：即受理报案、客户咨询、预约投保、投诉举报、救援、客户回访。

电子商务平台

人保财险电子商务（www.e-picc.com.cn）是中国人民财产保险股份有限公司顺应时代发展潮流、创新保险业务营销渠道、提升服务水平搭建的一个商务平台。

网上销售产品：机动车辆保险、金锁家庭财产综合保险、金牛投资保障型家庭财产保险、航空意外年度保险、交通意外保险、任我游（自助式）保险和两个专门的网上保险产品“e-都市白领”、“e-时代骄子”，近期还将推出预约货运险和保险卡业务。

主要服务功能：网上投保、咨询投诉、保单验真、保费试算等，近期还将开通网上支付功能。

网上投保优势：方便快捷、价格优惠、免费送单。

两个网上专用产品介绍：“e-都市白领”人身意外伤害保险是专为政府公务人员和企事业单位办公室工作人员设计的自助式定额保险产品，分为“顺心保”和“舒心保”两种。其中“顺心保”承保意外伤害造成的人身伤亡和残疾，“舒心保”不仅承保意外伤害造成的人身伤亡和残疾，还提供意外医疗保障。“e-时代骄子”住宿学生综合保险是为在校住宿的大、中学生量身定制的组合式年度保险产品，保障范围广泛，不仅包括学生的宿舍内财产损失、第三者责任和休学费用，还包括意外伤害、意外医疗和住院医疗，几乎涵盖了莘莘学子所面临的各种风险。

今后，人民财险公司还将陆续推出其它e系列保险产品，以满足客户日益增长的多样化保险需求，为客户带来更多的方便与实惠。

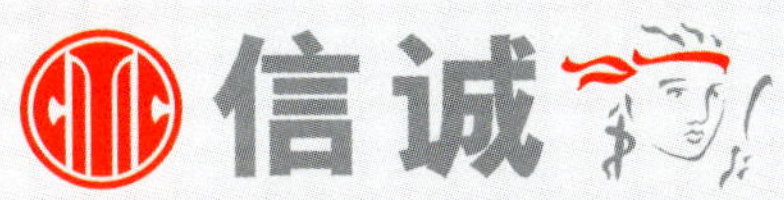

信诚人寿保险有限公司

信诚人寿保险有限公司（以下简称“信诚人寿”）于2000年10月13日在广州成立，由中国中信集团公司和英国保诚集团共同组建，是中国第一家中英合资人寿保险公司。初始注册资本金为2亿元人民币，2002年6月4日，经中国保监会批准，注册资本金增加至5亿元人民币，中信集团公司和英国保诚集团各占50%的股份。

信诚人寿秉承“聆听所至，信诚所在”的经营理念，制定准确的市场定位，大力开拓市场，在产品开发、业务发展、销售渠道、内部管理、代理人培训方面开展了一系列行之有效的工作，迅速完善了高效的管理架构和管理机制。开业至今，信诚人寿的业务发展迅猛，2003年3月，获得中国保险监督管理委员会颁发的北京行政地区营业执照，同年8月，信诚人寿北京分公司正式开业，成为京城第一家中英合资寿险公司。2004年3月，信诚人寿获得中国保险监督管理委员会颁发的苏州行政地区营业执照。这是信诚人寿自开业以来所取得的第三个地区性营业执照，标致着信诚人寿在中国保险市场的发展过程中进入了另一个新的里程。苏州分公司于2004年9月正式开业。

聆听所至　信诚所在

信诚人寿保险有限公司苏州分公司

电话：（0512）68411666

地址：江苏省苏州市新区狮山路35号苏州金河国际大厦8楼

邮编：215011

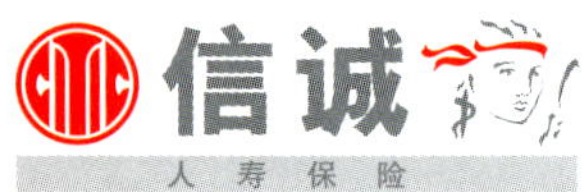

信诚人寿保险有限公司

CITIC—Prudential

信诚人寿透过不断的"聆听"了解客户的不同需求，产品涉及保障、储蓄、投资、养老及医疗等方面，共开发十多个保险产品和二十多个附加险产品。经营传统寿险产品的同时，注重开发意外险、分红险及投资连结险等多种新型保险产品，并得到了市场的普遍认可。开业至今，公司累计实收保费为7.17亿元人民币，2003年全年实收保费收入为3.82亿元。2003年在广州地区实现保费收入3.70亿元，占广州市个人寿险新单标准化保费收入的13.8%，市场份额保持广州地区第四位。

信诚人寿积极与银行等机构合作，开发了银行、保险、证券三方功能联名卡，利用多种渠道开展多元化销售；建立起业务信息平台，引进完善了LIFEASIA保单系统，形成业务查询和免体检核保系统，目前收款、保单处理、客户资料管理、代理人查询、帐务处理等业务都由计算机处理。

代理人队伍是为客户提供第一线服务的，为了不断提升代理人队伍的素质和专业水平，信诚人寿为不同级别的代理人从见习业务员到业务总监制定了培训大蓝图。每一级别的代理人每年均需参加超过100学时的培训课程，培训方向跳出传统寿险公司专注产品及销售技巧方向的框框，更着重代理人的心态建设以及团队建设，务求使公司成为中国最好的保险及理财方案的提供者。此外，信诚人寿率

先开设经理人班，聘请海外资深顾问专业训练，大力培养高素质的优秀人才。

信诚人寿还通过客户服务中心加大售后服务的力度，开展了全球支持紧急支援、免费电话、快速理赔等多项服务，并于2003年1月1日，全面实现缴付款银行自动转帐服务，为客户提供更方便快捷的优质服务。

作为社会大家庭的一员，信诚人寿一直以高度的社会责任感为己任，热心支持社会公益事业，特别是关注幼儿成长的活动和青少年教育事业。信诚人寿的不懈努力和高速发展使其成为集实力、活力和魅力于一身的新型保险公司。

信诚人寿保险有限公司苏州分公司干将营销服务部

地址：江苏省苏州市干将西路456号苏州邮政局7楼

邮编：215004

苏州市规划设计研究院有限责任公司

苏州市规划设计研究院有限责任公司前身是苏州市规划设计研究院，是由建设部核准的具有甲级城市规划设计、乙级建筑设计、丙级市政设计的设计单位。主要承担城市总体、市域、小城镇、分区、古城保护更新、风景园林、市政工程和街景的规划，控制性和修建性详细规划，各类工业与民用建筑设计以及有关城市科研和技术咨询等业务。2003年，完成转企改制工作。

全院在职职工55人，各类专业技术人员51人，其中高级技术职称9人，中级技术职称21人，初级职称21人。有国家注册规划师7人，一级注册建筑师1人，二级注册建筑师3人，一级注册结构工程师3人，二级注册结构工程师2人。

该院始终坚持“质量第一，信誉第一”的宗旨，发扬“团结、奋进、求新、创新”的创业精神。追求社会效益、环境效益和经济效益的统一，为社会、建筑单位和客户提供满意的优质服务。共获得市级以上优秀设计项目40多项，为苏州城市建设和古城保护作出了贡献。

中国建设银行苏州分行

中国建设银行苏州分行成立于1954年10月1日，40多年来，全行干部员工坚持履行国家赋予建设银行的职能，顺应历史发展的潮流，开拓进取，在为地方经济建设提供全方位金融支持的同时，自身不断发展壮大。1997年1月建行苏州分行被总行列入38个一级分行管理，2001年又被总行列为重点发展的60个中心城市分行之一。2003年，苏州分行坚持“稳健经营，理性决策，发挥优势，率先发展”的工作思路，抢抓市场机遇，调整优化结构，严格风险防范，努力实现银行价值最大化，各项业务稳定健康快速发展，实现了经营效益、资产质量、管理水平的同步提高，朝着符合现代企业制度的商业银行目标迈出了坚实的一步。

在苏州第二届房交会上宣传建行“乐得家”个人住房贷款。

建行苏州分行在吴宫喜来登隆重举行龙卡国际卡发行仪式。

苏州供电公司

SUZHOU GONGDIAN GONGSI

苏州供电公司是江苏省电力公司所属特大型供电企业，负责苏州市行政区域内电网建设和电力市场运营。2003年，苏州市全社会用电量357.61亿千瓦时，同比增长30.71%。公司企业供电量326.90亿千瓦时，售电量306.12亿千瓦时，分别同比增长32.33%、32.54%，总量及增幅均居全省首位。网供最高负荷为509.10万千瓦，日最高供电量为10665万千瓦时。

2003年，公司实现经营总收入137.08亿元，同比增长30.43%，完成目标利润6.485亿元，超额完成省公司下达指标。公司全员主业劳动生产率为175.26万元/人·年。年实现多种产业总收入28亿元，增加值5.8亿元，利润1.9亿元。

公司拥有35千伏及以上变电站239座，变电总容量2152.94万千伏安。35千伏及以上输电线路5768公里（含电缆）。配电总容量504.51万千伏安，10（20）千伏配电线路1678条，总长16838公里（含农村配电网）。全市220千伏、110千伏电网基本满足“N-1”准则。市区10千伏配电网全部实现“手拉手”供电。农村电网实现“小容量、多布点、短半径、低线损”的目标。

公司以发展战略统揽全局，以建设国际一流供电企业为主线，强化管理、深化改革，实施标杆管理，开展“国际比较”，企业综合素质进一步提高。公司制定并实施《2003~2005年建设国际一流供电企业规划》。聘请埃森哲国际咨询公司开展流程优化咨询诊断，以国际先进电力企业为标杆，优化业务流程，科学合理整合现有组织架构，提高企业管理水平。

近年来，公司先后获得“全国五一劳动奖状”、“江苏省五一劳动奖状”、“国电公司国际一流供电企业”、“国电公司文明单位”、“全国创建文明行业工作先进单位”、“全国电力行业质量效益型先进企业”、“江苏省优秀思想政治工作企业”等荣誉称号，并荣获江苏省服务质量奖。

CHANGSHU FADIAN

江苏常熟发电有限公司（原常熟发电厂）位于江南历史文化名城常熟市东北24公里的扬子江畔，东距上海91公里，南距苏州68公里，西距无锡77公里，北与南通隔江相望，水陆交通十分便利。

该公司为国家“八五”计划重点能源基础项目，国家特大型火力发电企业，占地46.316公顷，安装4台300MW上海三大动力厂生产的改进型机组，总装机容量为1200MW。该公司始建于1990年，第一台机组于1993年7月投产，以后每半年投产1台，至1994年11月，4台机组全部投运，总工期50个月零5天，总投资290454.75万元。1995年11月通过国家验收。1997年7月，由常熟发电厂改制为江苏常熟发电有限公司。1999年9月，江苏常熟发电有限公司再次完成了中港合资的改制。该公司实行董事会领导下的总经理负责制，董事长：胡建东，总经理：罗德勇；党委书记：张云贵。

该公司从第一台机组投产至2003年底，累计完成发电量612.2亿千瓦时，实现利润21.9亿元。投产以来，由于较好地坚持了物质文明和精神文明建设协调发展的方针，该公司先后多次荣获江苏省、苏州市和省电力系统“文明单位”称号；1997年被原电力工业部授予“安全文明生产达标单位”；2000年被国家电力公司授予“文明单位”和“一流企业”；2002年度被江苏省精神文明建设委员会授予“江苏省思想政治优秀企业”称号。

国家“八五”计划重点能源基础项目

苏州恒丰进出口有限公司

苏州恒丰进出口有限公司原名苏州轻工业品进出口公司，公司成立于1980年，为全国出口企业200强——苏州进出口（集团）有限公司的主要成员。

公司坚持以“工贸结合、规模经营”为宗旨，积极开拓海外市场，扩大对外贸易，将苏州及周边地区的各类产品推向世界市场。公司凭藉多年的进出口业务经验和良好的资信，已建立起一整套行之有效的管理机制及销售渠道。公司与100多个国家和地区建立了长期的贸易合作，出口商品有150种以上，年出口创汇1.2亿美元以上，历年来获得“重合同，守信用”企业称号。

公司主营：各类轻工业品、各种小型车辆和文化用品、日用百货、日用五金、家用电器及医疗用品、丝绸纺织服装等各类制品。

苏州市十大杰出青年、市新长征突击手标兵、公司董事长、总经理徐钊带领全体员工热忱欢迎海内外贸易界的朋友前来洽谈业务、共图发展。

苏州市市长杨卫泽（左）与徐钊董事长合影

苏州恒丰进出口公司全体董事会成员

地址：苏州市西环路1638号国际经贸大厦17楼
电话：（0512）68294449
传真：（0512）68298560
网址：www.szeverich.com
E-mail:sliec@public1.sz.js.cn

苏州风景园林投资发展集团有限公司

苏州风景园林投资发展集团有限公司作为国有独资有限责任公司，具有独立的法人资格。主要经营和管理国资委授权范围内的集团公司资产、全资子公司和控股、参股企业的国有资产或国有股权。经营风景名胜区和园林开发、设计、营造，风景园林的增值服务、园林绿化建设以及投资苏州园林风格的房地产开发建设和经营等。

集团公司现有腔股企业：苏州园林发展股份有限公司、苏州园林设计院有限公司、苏州绿化建设发展有限公司、苏州石湖景区开发有限公司、苏州江枫园林投资有限公司、苏州苏园物业管理有限公司、苏州园林大酒店有限公司等7家公司。

Fengjing yuanlin

2003年，集团公司在苏州城市化建设和创建国家园林城市进程中，为市政府实事工程、城市形象工程、窗口工程作出了重大贡献。先后完成环古城风貌保护绿化景观工程一期、官渎里立交桥绿化景观工程、江枫洲景区建设工程、桐泾公园、广济公园、相门公共绿地绿化景观工程、虎丘山前广场等大型建设工程的设计、营造；承接和完成了广州、南京、上海、宁夏、北京、常州等外地工程项目的规划设计及工程施工；承接和进行了美国洛杉矶亨廷顿植物园中的中国园规划设计项目，完成了向美国纽约和华盛顿两个中国园提供古建筑构件及造园材料2批次。集团公司全年主营业务收入达2.9亿余元，投资收益计3360余万元，利润总额达3470余万元，创历史新高。

根据市政府对风景区开发建设的要求，集团公司积极执行和探索对石湖风景区及虎丘风景区西扩工程实行代理制的建设模式，进行了深入的前期准备和运作，为加快苏州市投、融资体制的改革步伐，促进全市公益事业及准公益事业的健康发展进行了有益的探索。

苏州物流中心有限公司

SUZHOU LOGISTICS CENTER CO., LTD.

苏州物流中心成立于1997年6月，注册资本近4亿元，是中新合作苏州工业园区开发建设重要的配套基础设施。自1999年获准设立陆路口岸以来，苏州物流中心充分发挥口岸“延伸”功能，已成为沪苏之间货物进出口的“绿色通道”。“SZV”空陆联程进出口通关业务为在园区投资的外企和周边地区的企业提供了高效、快捷的服务。

2002年4月，根据园区新三年发展规划，苏州物流中心有限公司在现有规模基础上，开始建设一个占地面积为3平方公里的苏州现代物流园。该园区将以超前的规划、一流的设施、良好的服务来构造一个现代化国际物流公共平台，着重发展快速通关、现代仓储和跨国公司区域配送等业务。日前，经海关总署批准设立全国首家苏州工业园区海关保税物流中心试点，启动区面积0.5平方公里。

该海关保税物流中心内建有保税、出口监管、化学品和空调恒温等各种功能仓库，总面积达16万平方米。先后与日本三井物产、美国普洛斯等组建了合资公司。建成后的苏州工业园区海关保税物流中心将成为物流信息中心、货物集散中心和物流人才培训中心，并对进一步改善园区投资软环境，发展现代物流业产生深远的影响。

苏州市苏创集团有限公司

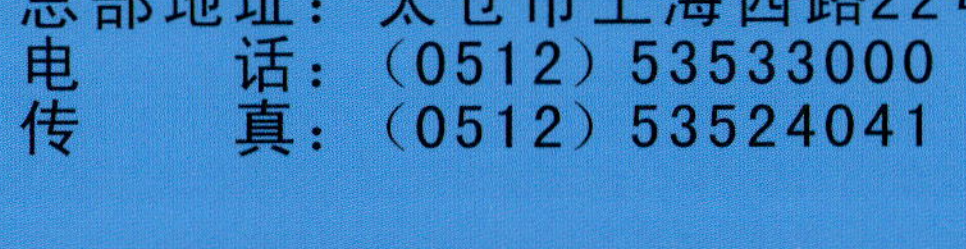

总部地址：太仓市上海西路22号
电　　话：（0512）53533000
传　　真：（0512）53524041

苏州市苏创集团有限公司设立于1992年，公司所在地为太仓市，注册资金1亿元，是一家在苏州、太仓和上海等市拥有约20个全资子公司的大型集团企业。苏创集团的经营范围涉及天然气、液化气、油品、房地产、国际国内贸易、运输、宾馆服务等诸多领域。集团公司的董事长、总经理为苏创的创始人苏阿平先生。

八十年代初，苏创集团靠10只液化气钢瓶白手起家，经过20年的奋斗，发展成为一家拥有数亿元资产的大型集团公司。目前，苏创集团为苏州、太仓、上海三市100余万居民提供优质的液化气。随着“西气东输”工程的快速进展，苏创集团已将重点转入城市天然气管网领域，以多种供气方式为城乡的燃气事业及现代化建设作出自己的贡献。

苏州诚信基建造价咨询事务所有限公司

公司宗旨：恪守“诚信为本”，信守“服务第一、质量第一、信誉第一”

服务理念：诚信、务实、求是、公正。

苏州诚信基建造价咨询事务所有限公司是基本建设工程造价咨询专业单位，由原苏州市基本建设审计咨询中心改制建立，江苏省苏州工商行政管理局注册登记，具有法人资格的企业单位。2003年，经建设部审查批准为甲级工程造价咨询单位。公司内部管理制度健全，技术力量雄厚，有较高的管理水平。1998年、2001年两度被江苏省科委、江苏省工商行政管理局、江苏省科协批准为“AAA”级江苏省信誉咨询单位，1998年被江苏省建设委员会批准为“江苏省工程造价咨询信得过单位”。1998～2002年连续5年被苏州市建设局评为“工程造价咨询先进单位”。

业务范围：公司主要从事基建工程预决算审核，编审基建工程标底，承办工程招标代理业务，代编基建工程预决算，办理基建工程纠纷案件鉴定，建设项目经济评价及工程造价业务有关的其他事项。

部门设置：公司设有总经理室、总复核室、办公室、综合管理室、建筑工程审核一、二部、市政工程部、装饰工程审核部、安装工程审核部、工程招标代理部和综合验证部。

人员素质：公司现有从业人员34人，大专以上学历24人，具有高、中级职称的技术人员25人，造价工程师12人，有工程造价编审资格证书28人，其中，有高、中级造价编审资格证书18人，建筑、装饰、安装、市政人员配备齐全，并有2名注册咨询专家。

设备配置：公司现有办公用房800平方米，共配有台式电脑20台，笔记本电脑13台，办公、工程审核工作实现了自动化、电算化。

一九九八年度
江　苏　省
工程造价咨询信得过单位
江苏省建设委员会

AAA 级
江苏省信誉咨询企业(机构)
江苏省科学技术委员会
江苏省工商行政管理局 颁发
江苏省科技咨询协会

主要业绩：10多年来（含改制前），公司累计审核工程造价64亿元，核减金额8.43亿元，编制工程标底16.5亿元，社会信誉良好。经公司审核的较大型项目有：苏州中化药品有限公司厂房（中美合资）、苏州热工研究所大楼、上海轻工国际（集团）有限公司常熟尚湖职工培训中心、苏州市外经委经贸大厦、苏州国际贸易中心、苏州市公安局机动车驾驶员培训考验基地、苏州购物中心、苏州泰华商城、苏州华亭大厦、苏州协和大厦。

SUZHOU FEN YUAN

东南大学建筑设计研究院苏州分院

地址：苏州市新区狮山路5号
电话：（0512）68274608　68281803　68282003
传真：（0512）68274608
法人代表：缪世达

苏州市干部医疗体检保健中心

苏州大学附属第二医院门急诊楼

苏州市红十字中心血站

苏州大学凌云楼

东南大学建筑设计研究院始建于1965年，属国家教育部领导，是国家批准的具有独立法人资格的建筑、交通（路、桥、隧）和建筑智能化系统工程设计甲级资质单位。

该院拥有一支理论水平高，又有丰富实践经验和较强科研能力的专业设计队伍，全院381人，技术人员341人，高级工程师160人，国家一级注册建筑师51人，国家一级注册结构师47人。该院工作场所优雅、设计手段和技术装备先进，是国内一流的著名设计研究院。全院专业配置齐全，下设：两个分院（苏州分院、深圳分院）。

东南大学建筑设计研究院苏州分院成立于1995年，现有在职人员30人，技术指导及管理由总院各专业总工程师负责，确保了设计质量。

苏州分院自成立以来，设计过不少有一定影响的工程项目。如：苏州大学东区凌云楼（2万平方米），苏州市中心血站业务楼，昆山市中医医院门急诊病房楼（3.2万平方米），徐州师范大学体育馆、游泳馆（2.2万平方米）、太仓市公安局办公楼（2万平方米），苏州大学附属第一医院外科病房楼（二期2.0万平方米），苏州市干部医疗体检保健中心（2.6万平方米），苏州大学附属第二医院门急诊楼（3.8万平方米），中国虎园综合科研楼，如皋大剧院（1万平方米），太仓市新区中学新校区（8.0万平方米），常州纺织服装职业技术学院新校区，（20万平方米），苏州嘉业阳光城住宅小区（25万平方米），苏州金都名苑高层住宅小区（12万平方米），苏州新区工业厂房（13万平方米）等，

东南大学建筑设计研究院暨苏州分院对承接的每一项工程都本着“用户第一，质量第一”的原则精心设计，取得了很好的信誉和社会效益。在历届国家、部委、省、市的优秀设计评选中，均取得了优异的成绩，先后荣获各级优秀设计奖196项。

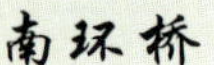

苏州市南环桥市场发展有限公司

全国菜篮子放心工程

优秀企业

苏州市南环桥农副产品批发市场改制后为苏州市南环桥市场发展有限公司，是苏州市最大的农副产品集散中心，是市政府“菜篮子”重点工程。市场先后被授予国家农业部定点市场、中国蔬菜流通协会定点市场、争创全国绿色批发市场示范单位、全国诚信示范单位、全国菜篮子放心工程优秀企业、省级重点农产品批发市场、省安全无公害农副产品准入试点市场、江苏市场农产品质量信得过单位、江苏省文明市场、江苏省农业产业化经营重点农产品批发市场和苏州市农业产业化经营龙头企业等荣誉称号。

南环桥农副产品批发市场毗邻苏嘉杭高速公路入口处，地理位置优越，交通便利。目前市场占地面积近13.33公顷，营业面积10万多平方米，市场主营：蔬菜、干鲜果品、肉、禽、蛋、水产品、南北货、冷冻食品、豆制品及茶叶等10个门类，经营品种达2000种以上，年经营交易总量达60万吨，年销售额达30亿元。

作为苏州市的窗口单位，市场始终坚持“外塑形象、内强素质”，全方位地为客户服务。强有力的公安、保安队伍24小时保障客商们安全；市场举办的民工子弟学校专门配备了优秀师资队伍，悉心教育客户们的子女，解决了客商们的后顾之忧。市场还设置了400多平方

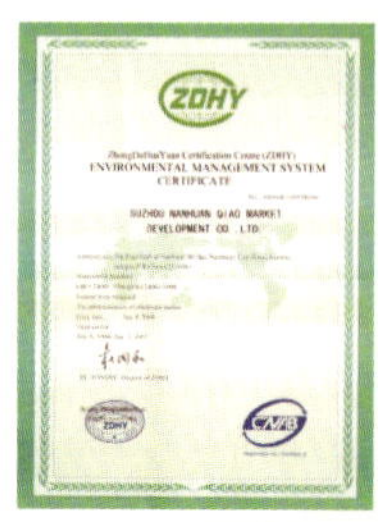

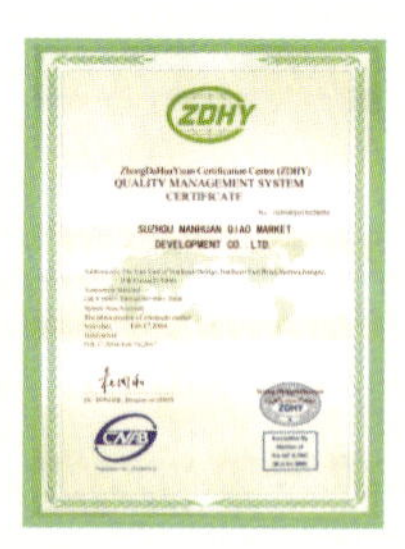

苏州市南环桥农副产品批发市场

米的医务站，及时为客商提供了医疗服务。

南环桥市场重视信息化建设。建有信息发布中心、电视监控中心、蔬菜农药残留检测中心、菜价行情咨询中心等等。应用现代化技术，利用信息化资源，为经营者、消费者和生产基地提供信息服务，建立了长期、紧密和平稳的供求调节体系，保证了供求双方在公平、公正、公开的经营环境中进行交易。为农产品市场准入严把卫生安全质量关。公司配送中心集基地无公害蔬菜，经检测、整理、加工、包装，以“南环桥”放心菜品牌进行营销和配送超市、企业和团伙单位，节日期内以箱装礼品蔬菜形式上市供应。

南环桥市场始终本着强烈的率先发展意识，为真正做到蔬菜、农副产品前伸后延安全质量全程控制，不断提升产品质量档次，使农产品批发市场向配送物流方向发展，市场已组建了生鲜超市有限公司，通过连锁直供的经营方式，使经营服务做到消费终端。为了强化质量管理，提高企业效益，增强客户信心，扩大市场份额，市场已在同行业中率先通过了ISO9001质量管理体系认证和ISO14001环境管理体系认证，为争创江苏一流、全国领先批发市场打下坚实的基础。

董事长、总经理：孟新鹤

地址：苏州市南环东路南环桥东堍

电话：（0512）67262038　67414509

传真：（0512）67417501

邮编：215006

网址：www.nhqnm.com

E-mail:nhqnm@nhq.sina.net

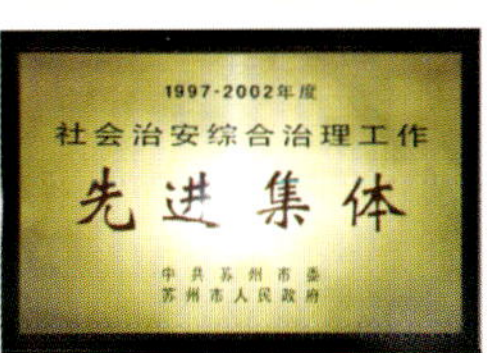

苏州市粮食批发交易市场

苏州市粮食批发交易市场成立于1993年，位于苏州市太湖东路7号，由苏州市国粮贸易有限公司和吴中区粮食储运公司合作经营。2003年度全年成交粮油23万吨，成交金额6亿元，占市区居民口粮的85%以上，已成为苏州市粮食的交易中心、价格中心、信息中心。2003年被授予省集贸市场专项整治工作“先进市场”称号、被苏州工商行政管理局评为“文明市场”“样板市场”“诚信市场”。被评为市级龙头企业。

市场共有经营户166家，经营户来自全国各地，品牌众多。市场检测力量强，设备齐全，市场中心化验室配备3名检测人员，持有国家级检验证书。累计投资100多万元，购置了能检测出大米中含有砷、汞、镉等有害物质的双道原子荧光光度计，检测面粉增白剂的气相色谱仪等检测设备。已具备对粮食油脂及其制品的检测能力，确保市民吃上放心粮。

总经理、党总支书记　邱建林

粮食批发交易区

市长杨卫泽一行在市场检查指导工作

粮食批发市场是引导农民走向市场的纽带和桥梁，也是带动基地建设、增加农民收入、推动农业化发展的关键。苏州市粮食批发交易市场将再接再励，不断增强龙头企业的作用，带动更多的农户增收致富。

安全用心 服务贴心

——品牌主张

金龙联合汽车工业（苏州）有限公司

苏州金龙是厦门金龙与苏州创元集团于1998年底合资组建的新型客车制造企业。现有总资产6亿元，员工1300多人(其中专业技术人员近500名)。2003年销量8236台，销售额18.8亿元。苏州金龙率先通过国际ISO/TS16949、国家3C强制认证，设立博士后流动站，成为中国客车行业成长最快的领先企业，位居行业三甲，进入中国机械工业百强序列。5年多来，苏州金龙率先推出罗莎、小行星、快乐星、海之星系列客车，畅销全国各地，被誉为“中客王”。2003年苏州金龙斥资3亿元，在苏州工业园区建成占地40万平方米、年产量1.5万辆客车及底盘的新生产基地，全面推出海格高速豪华大客车系列产品，苏州金龙产品已覆盖客运、旅游、公交、团体用车等客车领域，深受用户青睐。

2004年，苏州金龙提出“安全用心、服务贴心”的全新品牌主张，从产品开发至生产工艺、生产管理，再到销售、售后服务，全面保障客车产品的技术稳定性和整车安全性。同时倡导“全程服务”、“主动服务”，建立13大件中心库、开通24小时服务热线、建立35家大型服务中心站和286家售后服务站，为用户提供安全贴心的服务。

历年创新不断的苏州金龙，必将在新一轮竞争中谱写新的篇章。

苏州万事得汽车有限公司

总经理：邢善明

公司展示厅

苏州万事得汽车有限公司成立于2002年8月8日，这是个喜庆的日子，公司以代理海南马自达品牌为主，此品牌90%全进口，在苏州市场上具有一定的竞争能力。苏州万事得汽车有限公司现已发展成为规模整齐，以整车销售、配件供应、维修服务、信息反馈的海南马自达4S店，更完善海南马自达的品牌形象，为苏州市民提供更好的选择。

苏州万事得汽车有限公司位于苏州汽车品牌经营一条街——东环南路，紧邻沪宁高速公路、苏嘉杭高速公路。占地面积1.2万平方米，公司投资1500万元兴建海南马自达销售服务店，占地面积5600平方米，完全按照海南马自达“4S”服务标准建设，拥有1400平方米的现代化展厅及办公区域；1500平方米的维修车间，标志鲜明的新车展示区，销售服务业务区，维修服务业务区，客户休息区等功能区域，合理设置在大厅内，人性化设计充分满足客户购车、修车、咨询等各种服务。

公司维修区配有成套的先进维修、检测设备及马自达汽车专用诊断仪器、工具等。以客户需求为导向，设立24小时热线救援，随时派工作人员为用户提供抢修服务。

在组织架构上，公司设有整车销售部、备件部、售后服务部、人事行政部、财务部和培训部6个部门，共有职工60人，平均年龄不到30岁，是一支年轻而充满活力的团队。

地址：苏州市东环南路286号
电话：(0512)65978590 65979888
传真：(0512)65978661
邮编：215124

苏州一光仪器有限公司

SUZHOU FOIF CO.,LTD.

产品用途

DT200系列电子经纬仪可广泛应用于国家和城市的三、四等三角控制测量，用于铁路、公路、桥梁、水利、矿山等方面的工程测量，也可用于建筑、大型设备的安装，应用于地籍测量、地形测量和多种工程测量。

DT200系列电子经纬仪

产品用途

RTS/OTS630数字键全站仪是该公司最新推出的带有数字键盘的全中文全站仪，并内置了大容量内存和添加了专业测量应用程序，使得该系列全站仪功能更强大、性能更稳定、使用更方便。

RTS/OTS630数字键全站仪

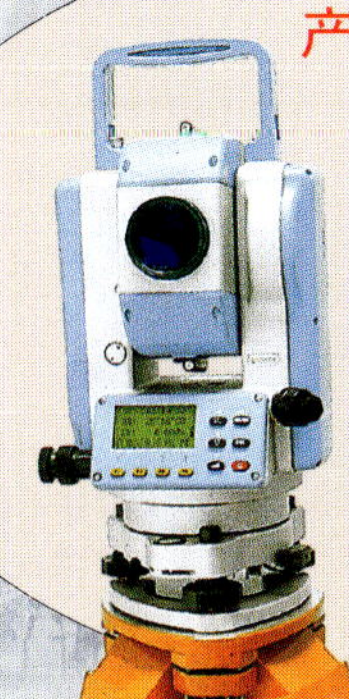

产品用途

RTS系列全站型电子速测仪可广泛应用于国家和城市的三、四等三角控制测量，用于铁路、公路、桥梁、水利、矿山等方面的工程测量，也可用于建筑、大型设备的安装，应用于地籍测量、地形测量和多种工程测量。

RTS系列全站型电子测速仪

苏州一光仪器有限公司（原苏州第一光学仪器厂）是以开发、生产、销售大地测量仪器为主的中型企业，江苏省高新技术企业。

企业拥有进口加工中心、车削中心、电火花成型机、三坐标测量机等先进的加工设备和检测设备。企业开发手段先进，采用美国EDS公司UGⅡ CAD/CAM计算机辅助设计制造系统。“一光”牌产品在全国测绘仪器行业有较高知名度并以其卓越品质深受客户推崇。质量管理体系分别于1996年和2002年获DNV（挪威船级社）ISO9001：1994和ISO9001：2000认证。产品质量一直保持优良等级，曾多次被国家质量监督部门评为一等奖，荣获中国机械工业名牌产品称号。该公司在全国各地均设有经销网点。产品不但在国内市场占有率较高，而且远销欧美、澳洲、非洲和东南亚等国。

近几年，企业依靠科技进步，以市场为导向，持续改进、加快机电一体化的高新技术产品的研发，新产品产值率达40%以上，企业规模迅速扩大，综合经济效益名列全国同行业前茅，多次被评为部、省、市先进企业。

公司的主要产品为GPS接收机、全站仪、电子经纬仪、光学经纬仪、水准仪、垂准仪、扫平仪和建筑装潢仪器等8大系列近百个型号。

地　　址：苏州市凤凰街孔付司巷4号
电　　话：（0512）65225568（总机）
（0512）65224937　65238874（营销部）
传　　真：（0512）65234356　65230619
邮　　编：215006
电子信箱：foif@public1.sz.js.cn
网　　址：http://www.syg.com.cn
www.foif.com.cn

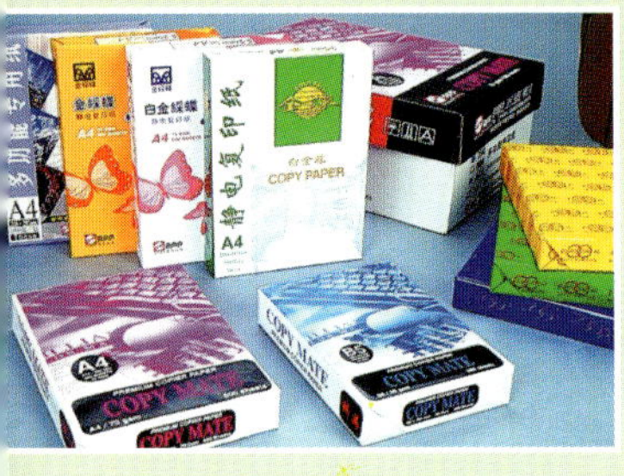

APP 金华盛纸业(苏州工业园区)有限公司

无碳复写纸

静电复印纸

电脑打印纸

印刷表单

金华盛纸业（苏州工业园区）有限公司是新加坡亚洲浆纸业股份有限公司于1996年3月在苏州工业园区胜浦分区设立的外商独资企业，投资13.8652亿美元，全厂面积273.8公顷，建筑面积33万平方米。公司配备专用的100兆火力发电机组，专业生产无碳复写纸、双胶纸、静电复印纸、铜版卡。是目前中国具有自原纸生产、NCR涂布到成品加工全套设备的无碳复写纸及信息纸品制造商。公司于2000年通过ISO9001 国际质量体系认证，于2002年通过ISO14001国际环境体系认证。

公司现在产品品种有：无碳复写纸、双胶纸、铜版纸、铜板卡、复印纸、收银纸、电脑打印纸、压感打印纸、商业传票、信用签帐卡纸等。

地址：江苏省苏州工业园区胜浦分区金胜路2号　邮编：215126
Tel:(0512)62826666　FAX:(0512)62815491　网址：www.goldhs.com.cn.

APP 金红叶纸业(苏州工业园区)有限公司

公司位于江苏苏州，占地114公顷，总投资5.5亿美元，第一期投资额为3.6亿美元。

公司于1998年8月投产，年产生活用纸原纸12万吨，加工成品纸14万吨，是亚洲最大的生活用纸产销公司。

- 原纸经450°C超高温处理，确保产品卫生、洁净
- 100%原生木浆制造，确保产品纸质纯净，柔软细腻，强韧耐破
- 不添加荧光剂，确保产品绝对安全，对人体无伤害

金红叶旗下三品牌分别为：

产品主要包括：抽取式卫生纸、卷筒卫生纸、无芯卷纸、平板纸、珍宝卷纸、盒装面纸、袖珍面纸、纸手帕、厨房纸巾、餐巾纸、擦手纸、湿纸巾和纸杯等。

公司于2002年2月即通过了ISO9002：1994版标准的质量管理体系认证。同时又成为国内率先通过了ISO14001环境管理体系认证的生活用纸公司，并于2003年1月通过ISO9001：2000版标准的质量管理体系认证，2003年12月“唯洁雅”被国家批准为“产品质量免检”品牌。

地址:江苏省苏州工业园区胜浦分区金胜路1号　免费服务热线：8008282272
E-MAIL:CUSTOMER_SERVICE@GHY.COM.CN　HTTP://WWW.GHY.COM.CN

友达光电（苏州）有限公司

"友缘居"

友达光电（苏州）有限公司成立于2001年6月，公司成立三年来，以每年翻一倍的速度成长。2003年荣获"苏州市外商投资企业出口大户第三名"以及"2003年苏州市外商投资企业纳税大户"称号，2004年入列"海关公布首批红名单进出口企业"，同年5月名列"中国大陆出口额前十强台资企业"。

其所属的友达光电集团（台湾）是世界第三大TFT-LCD制造公司，产品覆盖1.5吋~46吋的TFT-LCD面板，为客户提供一次性购足的服务。2002年5月，友达光电集团于纽约证交所挂牌上市，成为全球第一家在NYSE上市的TFT-LCD公司。友达的客户群几乎涵盖了全世界的知名品牌。

友达光电还致力于苏州当地文化的保存。在苏州工业园区批地建厂时，公司在拆建的过程中，保留了跨塘镇粮管所的2座谷仓，改建为文化会馆—"友缘居"。"友缘居"集合了跨塘地区农村生活的文物，重现了跨塘当地的民情风俗。

友达光电怀着"创新光电技术，美化资讯生活"的愿景，努力使TFT-LCD成为显示器的主流。

创新光电技术　美化资讯生活

努力使TFT-LCD成为显示器的主流

地址：苏州市吴中经济开发区天灵路10-12号
电话：（0512）65639067　65639068
传真：（0512）65653989
网址：www.cn-siim.com
邮箱：siim@public1.sz.js.cn

siim 苏州石川制铁有限公司

苏州石川制铁有限公司是中国苏州市与日本金泽市技术交流的成果，它诞生于1994年9月，原址位于苏州市盘门路235号。2001年6月为扩大生产规模，置地于苏州吴中区经济开发区重建新厂，2002年1月新工厂竣工开业。

新工厂瞄准21世纪现代铸造企业的新目标，装备了当今世界上造型速度最快的丹麦DISA造型机，辅以日本富士电炉、英国FTL混砂机、日本新东抛丸机、德国SPECTRO发光分光分析仪、台中精机加工中心等设备，形成了从熔炼、砂处理、造型、清理、机械加工到检测一整套设备的生产流水线，努力为客户做出质量最好、价格最便宜的产品。

坚持品质第一，强化成本管理，全员同心协力，公司将以一流的生产设备，严谨的工作态度，科学的管理方法，优良的售后服务，在客户心目中树立起最信得过的企业形象。

董事长：盐谷外司

DISA230生产流水线

机械加工中心

苏州东瑞制药有限公司

DAWNRAYS

东瑞制药（DAWNRAYS）始创于1995年12月8日，为外商独资现代化制药企业，首期投资总额1660万美元，东瑞制药于1998年通过中国药品GMP认证；2001年12月被中国科技部认定为“国家火炬计划吴中医药产业基地—骨干企业”；2002年被授予“江苏省高新技术企业”及江苏省外商投资“双密型”（技术密集与知识密集）企业称号，并进入化学制药企业百强行列；2003年4月被科技部认定为国家火炬计划重点高新技术企业。2003年7月11日在香港联交所主板成功上市，成为苏州市首家在香港主板上市的企业，也是江苏省首家在香港主板上市的医药企业。

东瑞制药主要从事头孢类抗生素以及系统专科药物的开发、制造及销售工作，产品剂型有原料药、粉针剂、片剂、胶囊剂、颗粒剂及药物中间体等，形成了从药物中间体、原料药到制剂的综合性生产特色，尤其在第三代孢菌素合成方面拥有先进的技术平台，产品质量达到国际先进水平，是国内又一新兴的抗生素生产基地。

东瑞制药始终以大众健康为己任，凭借高度的社会责任感与前瞻性的思维，通过持续的技术创新，不断为社会提供能够节省治疗成本的药物，为人类健康事业作贡献，创中国一流制药企业。

出　口　创　汇　超　亿　元　企　业

江苏国泰针棉公司

JIANGSU GUOTAI ZHENMIAN GONGSI

江苏国泰国际集团针棉织品进出口有限公司是江苏省重点企业集团江苏国泰集团的核心成员企业，拥有独立自营进出口经营权。公司下设办公室和财务部两个职能部门和5个分公司。注册资本1680万元。

公司主要经营各类棉针织、毛针织服装及梭织服装，各种规格的胚纱、色纺纱、特种纱线以及印花布、色织布、精纺、粗纺呢绒等产品的进出口业务和代理进出口业务，贸易客户遍及世界50多个国家和地区。

2003年，公司进出口总额达1.3亿美元，其中出口超1亿美元，在全国纺织品出口额最大的200家企业中列第49位。公司先后与香港、澳大利亚、日本等国内外客商创办了张家港锦兴制衣有限公司、张家港保税区协友毛纺工业有限公司及张家港市国泰华丰纺织有限公司等一批生产企业和服装打样中心、纱线打样中心，并在上海设立办事处，拓展外贸业务。

公司积极实施以ERP为现代管理手段的全面的质量体系管理，提高客户的满意率，2000年，通过ISO9002：1994质量体系认证，2003年，通过ISO9001：2000转版认证。公司历年来荣获张家港市文明单位；AAA级资信企业；重合同、守信用企业；出口创汇超亿元企业等荣誉称号。

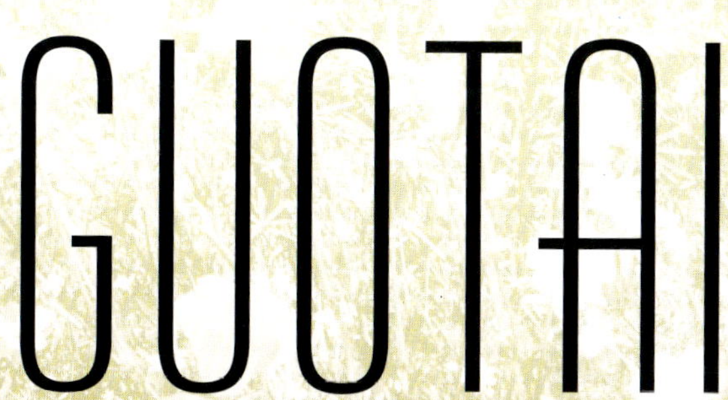

董事长、总经理：吴　静
地址：张家港市人民中路43号国泰大厦24/26楼
邮编：215600
电话：(0512) 58679195
传真：(0512) 58686837
E-MALL：gtig07@publicl.sz.js.cn

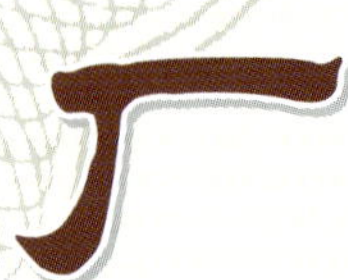

该厂位于江苏省昆山市国家级经济技术开发区，系国家批准迁建的大型钞票纸生产企业。具有30多年研制、生产钞票纸等防伪技术纸张的历史，现有职工近千人，专业技术人员占企业职工总数的25%。该厂拥有4条具有90年代国际先进水平的钞票纸生产线，主营钞票纸系列产品的研制、开发、生产以及质量检测和真伪鉴别，兼营防伪证券纸、艺术水印纸、高级印刷纸、防伪印制产品等的研制、开发、生产销售和咨询服务。

昆山钞票纸厂从第二套人民币开始，历来承担大面额证券用纸的生产，并为国家有关部委生产过高级证券防伪纸，同时还为其他一些国家和地区研制和生产水印纸等防伪纸张。

为提升管理水平，昆山钞票纸厂注重引进先进的管理手段和管理方法，ISO9001、ISO14001、OHSAS18000三大体系通过了BSI（英国标准协会）的认证，ERP管理平台已经成功地运用生产、物料、财务管理，OA系统已经实现了企业内部的公文运转。该厂曾荣获全国金融系统先进单位、江苏省文明单位、印制行业“特安级”企业和文明单位称号。昆山钞票纸厂愿以优良的装备、雄厚的技术、良好的信誉和优质的产品竭诚为国内外新老客户服务。

法人代表：赵增华
地址：江苏省昆山市经济技术开发区震川东路1188号
邮编：215335
电话：（0512）57703333　57702027
传真：（0512）57702033

1999 2000
江苏省文明单位
Civilized Unit in Jiangsu Province
江苏省精神文明建设指导委员会
JIANGSU PROVINCIAL STEERING COMMITTEE FOR IDEOLOGICAL AND ETHICAL ADVANCEMENT

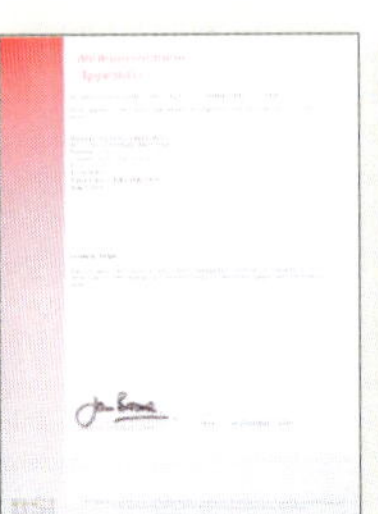

科林集团 吴江宝带除尘有限公司

科林集团·吴江宝带除尘有限公司是专业从事袋式除尘器设计和制造的大型企业集团，为中国环保产业骨干企业、国家级高新技术企业。公司被授予自营进出口权和ISO9001国际质量认证证书，拥有世界先进的制造装备，生产各类反吹、脉冲式布袋除尘器30多个系列近400个品种规格，产品销售遍布全国，并远销国外，深得用户信赖。产品应用的主要领域是冶金行业（钢铁厂等）、建材行业（水泥厂回转窑等）、粮食行业、轻工化学行业、制药厂和焚烧炉烟气除尘等，并且已在电力行业逐步得到推广使用。

江阴兴澄特钢厂布袋除尘器使用现场

反吹风布袋除尘器应用在宝钢

宝带牌袋式除尘器产品先后被评为中国机械名牌产品、江苏省名牌产品。2002年，公司科林商标被评为江苏省著名商标。2004年，公司被国家工商行政管理局评定为第三批全国守合同重信用企业。

布袋除尘器的应用和推广，将对减少烟尘、保护地球起到不可估量的作用。

公司地址：江苏省吴江市松陵镇八坼社区
邮　　编：215222
销售热线：（0512）63365888
传　　真：（0512）63365176
E-mail:kelin@public1.sz.js.cn 或 Baodai@kelin-china.com
http://www.kelin-china.com

朗力福

以“科技创新、团结开拓”为企业精神的苏州朗力福保健品有限公司，自1996年以来，经过数年营造，已发展成为集保健品、化妆品和酒品三大类营养及身体护理品为基础的现代化企业。

执着于生物科技的产品研发，从率先获得国家专利保护的［朗力福龟蛇粉］（专利号ZL97106310.9）到蓬勃发展于市场的蛇油、蛇胆、羊胎素和中草药系列化妆品以及倡导健康饮酒的朗力福系列酒品，朗力福品牌已拓展成为真正的新锐大家族。注重科技、管理、质量和信誉，先后通过ISO9001质量管理体系和ISO14001环境管理体系两大认证，使朗力福在品牌及企业的提升过程中不断获得殊荣。

1996、1997年连续两年［龟蛇粉］被评为“全国消费者信得过产品”；

1998年获“中国名牌”上榜品牌；

1999年获“江苏省明星企业”称号；

2000年［朗力福龟蛇粉］配方专利被评为“江苏省优秀专利”；

2001年1月［朗力福］获“江苏省著名商标”称号；

2000、2001年跻身“中国保健行业50强”；

目前，［朗力福］已拥有一座科研中心、两大生产基地、六大定点养殖场，并在全国众多大中城市设立了分公司、经营部和办事处，销售网点3600多个，年销售额突破2亿元，已建立起新品开发、基地养殖、加工生产、销售网络一体化管理模式，销售逐年稳步增长，势头劲猛。

2004年4月朗力福通过江苏省首批GMP认证。

2004年6月17日香港创业板股票上市。

［朗力福］是属于新世纪的，高远的目标、雄厚的企业实力同高科技的有机结合，充满了现代精神和勃勃生机！

朗力福集团控股有限公司
董事会主席　杨洪根先生

苏州朗力福保健品有限公司
总经理　杨顺峰先生

2004年6月17日，朗力福集团控股有限公司香港股票上市仪式在香港交易所举行

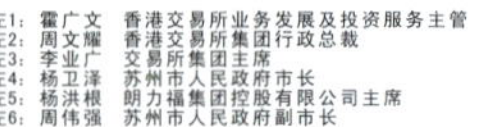

左1：霍广文　香港交易所业务发展及投资服务主管
左2：周文耀　香港交易所集团行政总裁
左3：李业广　交易所集团主席
左4：杨卫泽　苏州市人民政府市长
左5：杨洪根　朗力福集团控股有限公司主席
左6：周伟强　苏州市人民政府副市长

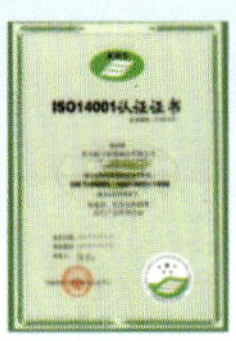

GMP车间工作场景

新厂区规划

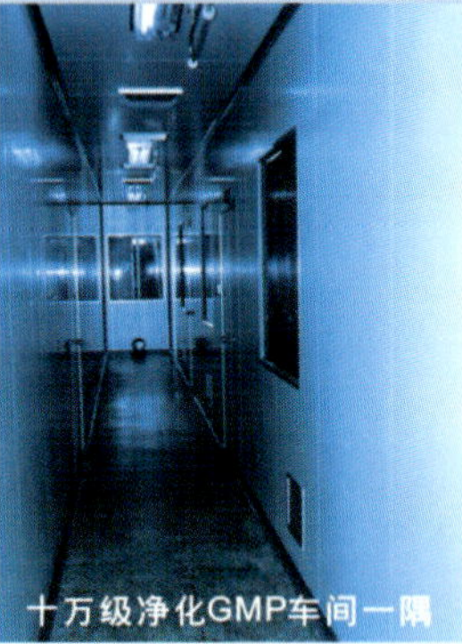

十万级净化GMP车间一隅

苏州朗力福保健品有限公司
SUZHOU LANGLIFU HEALTH FOOD CO., LTD

地址：中国江苏省苏州市相城区渭塘　邮编：215134　电话：（0512）65409988　网址：www.china-longlife.com

苏州太湖国家旅游度假区
电话：(0512) 65643669　65659333

太湖夏威夷群岛

太湖夏威夷水上游乐场　夏威夷水上游乐场位于太湖国家旅游度假区的核心圈，处在太湖湖滨大道的黄金水域，这里阳光、湖水、沙滩、绿岛、港湾、芦苇、大树、野鸭、渔舟，构成了一幅幅诗情画意的天然风景画。

娱乐场内有2万余平方米的太湖天然游泳场，万余平方米的沙滩，绿岛点缀其间，芦苇荡一望无边。同时引进风靡欧美的水上公园游乐项目，包括水上冰山、水上蹦蹦床、水上排球场、小跳圈、水上攀岩、滑梯、皮划艇、沙滩排球、沙滩象棋等15项游乐项目和风情蒙古包、露营烧烤等配套项目。用国际休闲度假的理念开发锦绣太湖，将水上运动与休闲度假完美组合。为上海、苏州的市民构筑一个亲水休闲、避暑、健身的后花园。

天堂岛生态农庄　天堂岛位于太湖之中，是新近开发、投资逾千万余元的湖中绿色生态农庄。距东山咫尺之遥。它分为禽鸟观赏区、生态游览区、农林展示区、太湖特色船餐、芦苇木屋等区域，是一个集游、娱、吃、住为一体的绿色休闲小岛。曾因拍摄巩俐主演、张艺谋导演的电影《摇啊摇，摇到外婆桥》而享誉周边。

水上品太湖　“吴苑号”游轮：超豪华标准，江泽民总书记两度乘该船游太湖。

“太湖画舫号”游轮：古色古香、玲珑剔透、宁静致远。

“渔洋号”游轮：洁净简单、天然氧吧。

七桅帆船：太湖渔家生活的历史见证，影视拍摄的文化遗产道具。

苏州

旅行社有限公司

太湖夏威夷群岛休闲线路：

“水城苏州新名片”亲水太湖

一日游：天堂岛生态农庄、画舫水上品太湖、陆巷古村、夏威夷水上游乐场

二日游：天堂岛生态农庄、画舫水上品太湖、陆巷古村、夏威夷水上游乐场、木渎古镇或天池山风景区（线路可根据具体要求另行调节）

中国园林古镇

乾隆六次到过的地方

木渎古镇 位于苏州西郊灵岩山麓，依山而筑，傍水而居，其独特格局为江南诸多古镇少有。木渎更是江南唯一的园林古镇，明清时有私家园林30余处，现已修复严家花园、虹饮山房、灵岩山馆、古松园、榜眼府第等，其深厚的文化蕴积、幽雅的园林环境、脍炙人口的历史传说，为现代都市人提供了一个放松身心、陶冶情操的旅游休闲好去处。让我们走进木渎，走进数百年前的私家庭园，品味那份失落的古典和悠闲……

嚴家花園

江南名园、台湾政要严家淦先生故居

灵岩山景区

内有吴王姑苏台、清代状元毕沅的灵岩山馆、清代著名诗人张永夫纪念馆

古松園

木渎豪富蔡少渔旧宅

榜眼府第

近代政论家冯桂芬故居

明月寺

千年古刹

虹飲山房

乾隆民间行宫

乾隆御码头

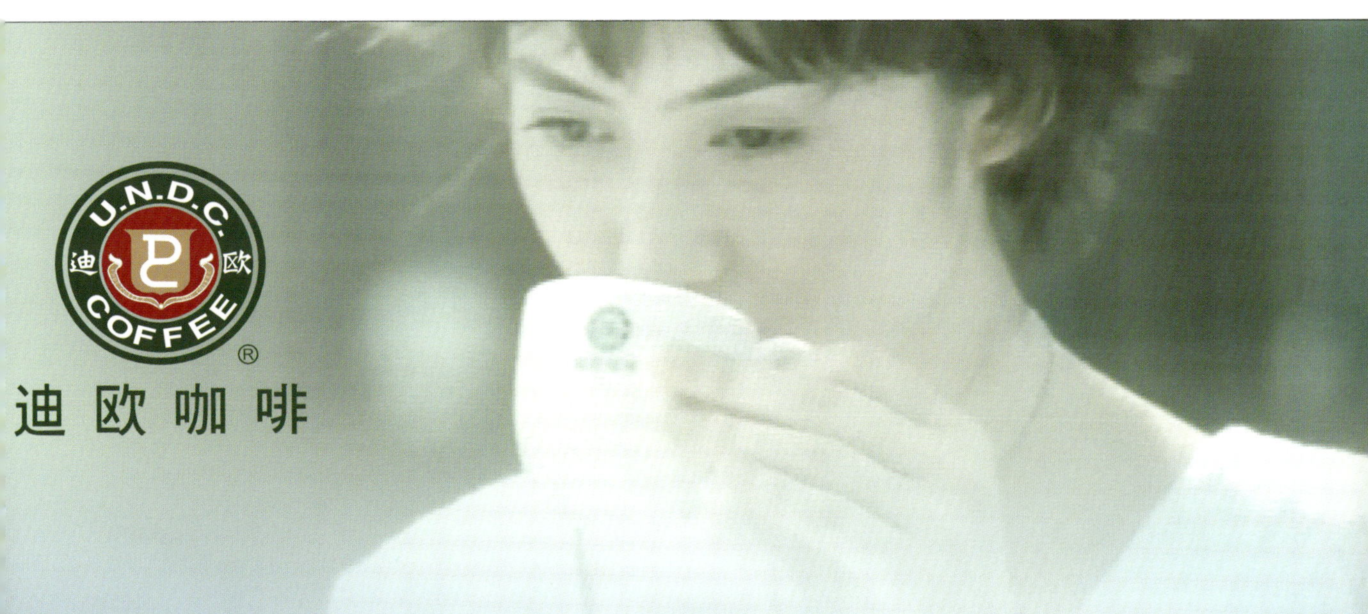
U.N.D.C.
迪 欧
COFFEE
迪欧咖啡

江苏苏州梁丰律师事务所

JIANGSU SUZHOU LIANGFENG LÜSHI SHIWUSUO

通　古　今　之　法　辩　百　代　之　言

江苏苏州梁丰律师事务所成立于1995年6月，系江苏省首批、张家港市首家合伙制律师事务所。现有合伙人7名，执业律师13名；执业律师均具本科以上学历。

该所拥有650平方米的自置办公用房，全套现代化办公设施。系江苏省级文明所，荣获集体二等功。2003年度被评为三星级诚信律师事务所；一名律师获江苏省首批知名律师称号。

该所自创办以来，注重团队协作；勤勉高效的工作作风、严谨精准的专业服务，已在江苏省范围内树立起良好的品牌事务所形象。

为向社会各界提供专业化法律服务，该所分设金融、房地产、公司、涉外、民商等5个专业法律部门，在五大领域内，已形成自身的专业服务特色。

梁丰所宗旨：“纠天人之际，通古今之法，辩百代之言，成一家之长。”

地址：江苏省张家港市人民中路12号国际大厦8楼
电话：（0512）58680033　58673686　58689706
传真：（0512）58689705
网址：http://www.liangfeng.lawfirm.com

江苏公证会计师事务所苏州分所

江苏公证会计师事务所目前系江苏省除南京地区以外唯一拥有执行证券、期货、金融相关业务审计及资产评估资格的会计师事务所。江苏公证会计师事务所苏州分所经江苏省财政厅批准设立，其前身为苏州会计师事务所，成立于1984年，1993年经财政部和证监会批准，成为全国较早成立的并具有证券、期货相关业务审计资格的会计事务所之一。

该所从事会计报表审计、专项审计、基建审计、各类资产评估、资本验证、资本运作策划、财税代理及咨询等业务。十几年来，该所以良好的专业知识和职业道德竭诚为社会各界提供高效率、高水平、符合国际惯例的专业服务。承办了本地区多家上市公司、证券、期货、金融公司、股份有限公司以及大型外资企业等审计、评估及财务咨询业务。

地 址: 苏州市新市路130号宏基大厦

总 机: (0512)65260880

传 真: (0512)65186030

Add: 5F 130 Xinshi Road Suzhou, China

Tel: (0512)65260880

Fax: (0512)65186030

苏州市兴瑞税务师事务所（有限公司）

地址:苏州市景德路110号　电话:(0512)65240257

易通地产引领完美生活

www.eastown.cn

【独墅苑】实景照

苏州易通房地产开发有限公司成立于1995年3月，注册资金1亿元，是一家具有江苏省二级开发资质的房地产开发企业。自公司成立以来，易通人始终以“易通地产，引领完美生活”为己任，在房地产市场上坚持走自己的路，至今已累积开发项目达30余万平方米，并逐渐形成了以开发低层低密度、高尚生态社区见长的独特风格，赢得了市场广泛的认可和赞誉，在苏州地区树立起了“易通地产”优秀的品牌形象。

深厚的企业文化、优越的管理机制、精湛的专业知识、诚恳的服务态度，是易通地产在这些年超常规发展的根本原因。易通的团队由一批年轻精干的专业人才构成，他们思想活跃、业务精良，对建筑潮流、市场趋势有着独到的观点与见解。完整合理的组织架构、知人善任的用人机制，很好地将整个团队的智慧发挥到极致，使易通地产精品迭出、好戏连台。独墅苑、北美之恋、美墅·缘、韵动汇、吴宫·丽都、天使湾……无一不引起市场的轰动。

【北美之恋】实景照

【美墅·缘】实景照

【韵动汇】效果图

【吴宫·丽都】效果图

【天使湾】效果图

十年的辉煌锦华苑 享誉国际的品牌 在苏外商的首选

作为苏州市政府批准的第一个新区房地产项目锦华苑，开发于1992年，是建成较早的涉外豪华综合小区。总占地面积13万平方米，其设计由苏州古建园林局和国际久负盛名的日籍设计师木下一先生共同主持，国际著名建筑师贝聿明先生参与规划。汲取苏州本土风格又具现代特色，既保留了传统的建筑风格，又满足了现代生活的需求。

《锦华苑》商业中心设施齐备，并聘请国际资深物业管理公司负责管理，建立了一个规范而完善的国际管理体系，提供了一个安全舒适的家居环境，深受在苏外

名牌家园

商的喜爱，吸引了来自荷兰的飞利浦、日本的索尼、日立半导体、富士胶片、住友集团、精工爱普生、佳能集团、美国的旭电、英国的葛兰素威康等二十多个国家和地区的世界知名跨国企业，十年来入住率始终保持在95%以上。

锦华苑建筑多次在国际上获奖，也多次在国内被评为优秀住宅小区，治安安全单位，多年来已真正成为来苏外商心目中的名牌家园，众多海外投资者的投资首选。

苏州锦华苑建设发展管理有限公司

苏州市新沧浪房地产开发有限公司

该公司系国家二级房地产开发企业。是以旧城古镇改造建设为专业特长的，以营造“苏州园林民居”为特色品牌的综合开发公司。

公司是苏州古城街坊改造建设最早的参与者。十年来，相继对7个街坊实施改造建设，改造面积100多公顷。不仅提高了住宅水平、改善了居住环境、梳理了交通道路；拓宽了的凤凰街、十梓街、平桥直街、乌鹊桥路等街道，还形成有各种特色经营的商业街，繁荣了区域经济；恢复了千年古刹一定慧寺；明清古宅一袁学澜故居的修复，重现了苏州粉墙黛瓦马头墙、厅堂楼廊庭院园的历史风貌。

在古城改造建设中，公司培养出一支具有旧城古镇改造专业技术的队伍，逐步形成了从策划、设计到施工、装修的一系列工序流程规范。营建的十多个住宅小区和百多套园林庭院民居，具有苏州传统风貌、健康人居环境，逐步形成了“苏州园林民居”特色品牌。

公司目前正在营建的留园路、盛家带、木渎等地块的“苏州园林民居”和吴江同里古镇改造建设等开发项目。公司不以盈利为唯一目的，而将保护与建设旧城古镇、弘扬传统建筑历史文化作为自己的神圣使命，愿为更多的旧城古镇的保护与发展做出贡献。

法人代表：张金涛

琴枫苑小区实景

红枫苑小高层

常熟市经济实用房开发中心成立于1993年，历年来，成功开发了花溪苑、琴枫苑等4个住宅小区计35万平方米。特别是2000年竣工的具有一定超前性的现代居住小区一琴枫苑，建筑面积近20万平方米，是常熟最大的住宅小区，推出后深受百姓欢迎，先后获市、省级“百姓理想住宅”奖，“姑苏杯”、“扬子杯”质量奖及建设部、科技部授予的“国家2000年小康型城乡住宅科技产业工程示范小区”奖牌。目前在建的荣获“2002年江苏房地产明星楼盘”称号的红枫苑是常熟市第一个小高层公寓区，打破了常熟目前公寓住宅以多层为主的局面，小区首先采用小高层住宅建筑形式并配备优质住宅电梯；采用6米面宽的下沉式客厅；采用复合保温墙体材料和彩铝双层中空玻璃窗等建筑节能技术；采用智能化安保系统并通过部级专家论证；在住宅小区内大面积建设平战结合人防工程；在住宅小区内建设大型集中式半地下汽车库；第一个引入注册商标“金乡邻”，并尝试将社区文化服务模式用于物业管理；推出常熟住宅样板房展示，充分展示红枫苑的迷人风采；率先在新住宅中实施个性“家装”方面的活动，推行“720点睛计划”家装顾问等等。

当前常熟正处于经济转型、城市转型、社会转型的关键时期，随着市委、市府提出并实施的富民强市，率先发展目标的逐步展开，常熟市城市化建设进程的步伐还会加大。任务艰巨而光荣，常熟经济高速发展，带来了大开发、大建设、大发展的格局，这为城建行业大显身手创造了良好的基础。为此，公司将一如既往地坚持“真诚、善意、精致、完美”的企业理念，始终以创造城市的美丽为己任，努力把每一个楼盘建设成为每一个城市的风景，成为今人后人喜爱和珍藏的家园，为历史和人类居住的城市留下最优秀的作品。

红枫苑空中别墅

红枫苑小高层公寓

红枫苑鸟瞰图

TEL:(0512) 52717988　FAX:(0512) 52704918

公司地址：江苏省常熟市环城东路52号　邮编：215500

城市建设、环境保护

部分年份市区城市市政设施情况

指　　标	1990年	1995年	2000年	2002年	2003年
实有道路长度　(公里)	228	469	736	1247	1554
# 系统内	154	387	654	1247	1528
实有道路面积　(万平方米)	193	543	972	3045	2816
# 系统内	158	513	939	1895	2734
路灯盏数　(盏)	14135	20443	35820	59931	94886
# 系统内	14130	18833	34210	59931	94886
桥梁数　(座)	340	663	727	1148	1319
# 系统内	339	543	607	1148	1303
人行道面积　(万平方米)	38	84	198	380	344
排水管道长度　(公里)	417	795	1034	2014	1767
污水日处理能力　(万立方米)	5.80	13.10	25.00	37.75	43.75
防洪堤长度　(公里)	–	–	115.9	558.8	692.4

部分年份市区城市园林绿化

指　　标	1990年	1995年	2000年	2002年	2003年
绿化覆盖面积（公顷）	–	1915	2897	4847	5738
# 系统内	–	637	1175	2475	3069
园林绿地面积	473	1790	2529	4126	4917
# 系统内	162	512	817	1881	2409
公共绿地面积	114	506	488	1147	1603
# 系统内	86	333	292	732	1036
公园个数　(个)	27	40	38	61	106
# 系统内	16	18	18	19	74
公园面积　(公顷)	123	472	315	475	988
# 系统内	89	313	160	165	734
全年园林游客（万人次）	1729	1098	1079	1665	1224

部分年份市区城市公共交通和出租汽车

指标	1990年	1995年	2000年	2002年	2003年
公共交通					
营运线路条数（条）	21	24	42	68	76
营运线路网长度（公里）	297	448	464	1381	1294
营运车辆（辆）	316	814	1050	1231	1198
客运总量（万人次）	12263	8829	17650	20427	23570
出租汽车					
营运车辆（辆）	569	2134	2005	2403	2403

部分年份市区城市供水情况

指标	1990年	1995年	2000年	2002年	2003年
水厂综合生产能力（万立方米／日）	42.5	66.9	106.3	105	126
# 系统内	42.5	60.0	92.0	105	126
全年供水总量（万立方米）	14559	20537	24382	52528	45959
# 生产运营用水量	–	–	–	34726	29013
居民家庭用水量	–	–	–	9059	8669
用水人口（万人）	–	–	96.34	168.65	207.69
供水管道长度（公里）	452	697	1052	1998	5286

部分年份市区城市供气情况

指　　标	1990年	1995年	2000年	2002年	2003年
煤　气					
全社会供气总量（万立方米）	2142	4323	6827	7531	8136
# 家庭用量	1438	3543	4901	5218	5527
全社会用气户数（户）	30474	93082	143585	159562	176061
# 家庭用户	30327	92728	143167	159080	175541
全社会供气管道长度（公里）	151	290	720	814	850
液化石油气					
全社会供气总量（吨）	19653	31208	67671	206500	247550
# 家庭用量	17329	30557	17027	43970	52764
用气户数（户）	23644	37596	158741	336480	466206
# 家庭用户	23264	37173	158234	323618	445317
全社会用气人口（万人）	–	–	46.05	94.98	135.20

部分年份市区城市清洁卫生情况

指　　标	1990年	1995年	2000年	2002年	2003年
生活垃圾清运量　（万吨）	22.0	25.0	39.9	65.1	61.0
粪便清运量	24.2	37.0	30.2	37.3	59.0
垃圾无害化处理量	–	60.3	39.9	65.1	60.8
粪便无害化处理量	–	–	30.2	37.3	56.2
公厕数量（座）	498	397	382	949	1390
民办保洁队伍人数（人）	545	689	1638	3688	3069

分地区环境保护情况（2003）

指　　标	全 市	市 区	常 熟	张家港	昆 山	吴 江	太 仓
一、工业废水排水量（万吨）	59909	27828	8259	9098	5014	6739	2971
#排放达标量	59705	27657	8259	9098	5014	6706	2971
二、工业废气排放总量（万标立方米）	34715671	8569466	4040092	16587660	1620041	1468213	2430199
#燃料燃烧过程中排放的	17237340	5095329	3990904	3601090	888356	1339702	2321959
生产工艺过程中排放的	17478331	3474137	49188	12986570	731685	128511	108240
工业二氧化硫排放量（吨）	216870	90854	44698	30993	11613	21417	17295
工业二氧化硫去除量	39608	12171	1984	5132	2364	17407	550
烟尘排放量	46335	16323	6479	11706	2165	6251	3411
烟尘去除量	1490672	548000	552060	69983	3378	54519	262732
三、工业粉尘排放量	38498	20670	1700	8144	1657	5995	332
工业粉尘回收量	100837	60755	480	21065	2012	14490	2035
四、工业固体废物产生量（万吨）	623.49	187.97	155.32	164.81	18.95	56.72	39.73
工业固体废物处置量	17.95	5.17	4.11	6.87	0.82	0.01	0.98
工业固体废物综合利用量	608.29	185.84	151.21	157.94	18.14	56.43	38.74
五、工业锅炉　（台）	969	229	196	171	131	131	111
（蒸吨）	20353	6358	5703	2302	933	1021	4036
六、工业炉窑（台）	470	94	42	64	84	158	28
七、“三废”综合利用产品产值（万元）	64057	10603	1214	43873	4215	3330	822
八、环境噪声达标面积（平方公里）	168.9	86.8	22.5	19.1	15.6	18.3	6.6
九、生活污水排放量（万吨）	21286	9387	3711	2708	2382	1691	1407
十、生活污水处理量（万吨）	10401	5575	1265	843	1526	632	560

注：“－”项表示该项未统计。

（苏　统）

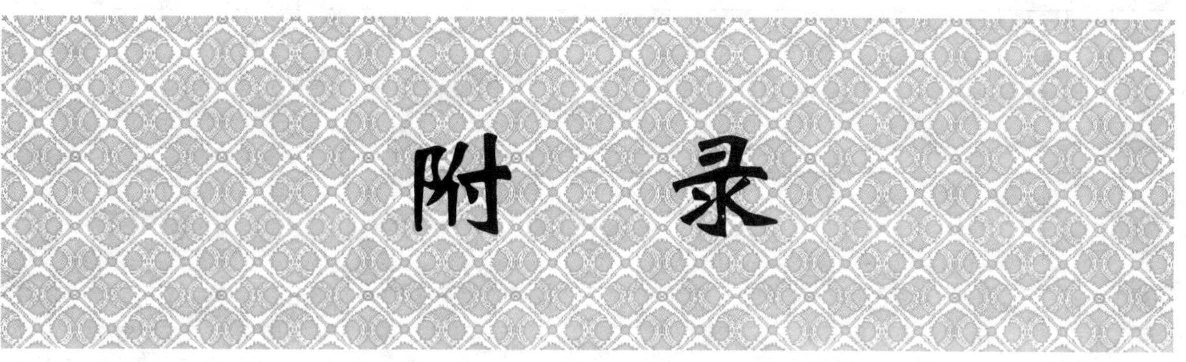

附 录

重要内宾接待情况（2003）

日　期	来宾单位或名称	人数	带队人姓名及职务	参加接待的市主要领导
1.2～1.4	浙江省宁波市党政考察团	81	市长金德水	王　珉、杨卫泽、周福元 杜国玲、汪国兴、王金华 荀直中、孙中浩
1.2～1.3	王码集团	7	总裁王永民	杨卫泽
1.4～1.5	专家	20	南大副校长洪银兴	杨卫泽
1.6～1.8	西安交大	6	党委书记、校务委主任王文生	王　珉、杨卫泽、王金华
1.9～1.10	江苏省政府、华润集团	45	代省长梁保华、华润集团总经理宁高宁	王　珉、杨卫泽、徐国强
1.10～1.11	中央督查组	8	中宣部副部长高俊良	王　珉、杨卫泽、黄炳福、 周向群、徐国强、江　浩
1.10	江西省上饶地委	3	地委书记余欣荣	徐国强
1.14～1.16	国家开发银行	10	副行长姚中民	王金华、姜人杰
1.15～1.17	中国科技大学	10	校长朱清时	王　珉、杨卫泽、王金华 朱永新
1.26～1.27	交通部	15	副部长翁孟勇	杨卫泽、姜人杰
1.31～2.7	江苏省人大常委会	9	主任陈焕友	王　珉、杨卫泽、周福元、 宋胜龙、谢慧新、秦兴元
2.2～2.4	国家计委	4	副主任于广洲	王　珉、杨卫泽、包国新
2.4～2.6	江苏省人大常委会	8	副主任俞兴德	王　珉、杨卫泽
2.6～2.7	财政部	18	部长项怀诚	包国新、沈荣法
2.13～2.14	中央党史研究室	9	主任孙英	王　珉、黄炳福
2.15～2.16	中国医学科学院、中国协和医科大学	6	党委书记刘谦教授	杨卫泽
2.16～2.19	广西壮族自治区南宁市党政考察团	97	自治区党委常委、市委书记、市人大常委会主任李纪恒，市长林国强	杨卫泽、黄炳福、陆云泉 江　浩、赵俊生、孙中浩
2.16～2.17	广东省河源市党政考察团	48	市长黄煜祯	杨卫泽
2.19	中化国际	8	独立董事王巍、原化工部副部长杨义邦	杨卫泽
2.19～2.20	全国打击走私综合治理办公室	46	主任章国胜	汪国兴
2.21～2.22	中央统战部	6	副部长田鹤年	朱永新、盛家振

2.24～2.26	国务院	15	副总理李岚清、国家计委副主任姜伟新、国家经贸委副主任张志刚、财政部副部长楼继伟、外经贸部副部长马秀红、海关总署副署长赵光华	王　珉、杨卫泽、包国新、汪国兴、王金华、徐国强
2.24～2.27	江苏省军区	8	政委吴齐少将	黄炳福、江　浩
2.25～2.27	湖北省政府	20	副省长韩忠学	姜人杰
3.1	香港现代货箱码头公司	10	董事局主席李唯仁	王　珉、杨卫泽
3.7～3.8	南京军区	12	副司令员林炳尧中将	王　珉、徐国强、江　浩
3.7～3.8	南京军区	16	政治部副主任王长贵少将	黄炳福、程云清、江　浩
3.7～3.8	山东省人大常委会	14	副主任董凤基	谢慧新
3.7	甘肃省嘉峪关市	10	市长马光明	邱岭梅
3.10～3.11	广东省政府	17	副省长许德立	王　珉、包国新
3.10～3.12	宁夏回族自治区人大常委会	7	副主任李国芳	宋胜龙
3.12～3.13	山东省人大常委会	16	副主任王道玉	孟焕民
3.12～3.14	江苏省政府	12	副省长李全林	王　珉、王金华、赵俊生
3.12～3.14	山东省滨州市	8	市委书记王宗廉	黄炳福、谢慧新
3.14～3.16	河北省政府	20	副省长柳宝全	王　珉、汪国兴、徐国强、姜人杰
3.15～3.16	南京军区	20	副政委熊自仁中将	黄炳福、程云清
3.15～3.16	宁夏回族自治区石嘴山市	13	市委书记杨春光	黄炳福
3.17	湖北省十堰市	22	市委书记赵斌	王　珉、徐国强
3.21～3.23	江苏省委	26	省委书记李源潮	王　珉、杨卫泽、包国新、徐国强
3.21～3.23	中纪委	6	原副书记刘丽英	王　珉、杨卫泽、沈荣法
3.23～2.24	浙江省党政考察团	90	省委书记、省人大常委会主任习近平，省长吕祖善，省政协主席李金明	王　珉、杨卫泽、黄炳福、周福元、汪国兴、王金华、徐国强、赵俊生、孙中浩
3.28～3.30	文化部	7	副部长周和平	王　珉、朱永新
3.29～3.30	国家新闻出版总署	16	副署长于永湛	谭　颖
4.1～4.2	上海市虹口区	41	区委书记孙卫国	王　珉、包国新、宋胜龙
4.1～4.3	江苏省政府环保检查组	12	省人大常委会副主任洪锦炘	谭　颖
4.2～4.3	浙江省政府	17	副省长陈加元	江　浩
4.2～4.4	江苏省政府	170	副省长黄卫	王　珉、包国新、姜人杰
4.4～4.15	全国人大常委会	13	原副委员长费孝通	王　珉、周福元、徐国强、陈炳斯
4.5～4.9	文化部	6	副部长陈晓光	王　珉、冯瑞渡、周向群、朱永新、盛家振
4.6～4.7	四川省党政考察团	111	省委副书记、常务副省长蒋巨峰	王　珉、包国新、冯瑞渡、汪国兴、徐国强、宋胜龙
4.7～4.8	国家环保总局	12	副局长王心芳	谭　颖
4.9～4.10	全国工商联	16	副主席任文艳	盛家振、姚东明
4.10～4.11	国家863计划研讨会	100	科技部副部长马颂德、中国工程院副院长贺铨、江苏省副省长张桃林	王　珉、赵俊生
4.11～4.13	国家版权局	13	副局长沈仁干	朱永新

4.12～4.13	国家文物局	7	局长单霁翔	杨卫泽
4.12～4.14	浙江省绍兴市党政考察团	56	市委书记冯顺桥、市长王永昌	王　珉、杨卫泽、黄炳福、冯瑞渡、王金华、孟焕民、赵俊生
4.13～4.14	江苏省常州市党政考察团	48	市委书记范燕青、代市长徐建明	王　珉、杨卫泽、冯瑞渡、王金华、赵俊生
4.13～4.15	兰州军区师以上干部读书班	210	副政委陶方桂中将	王　珉、杨卫泽、黄炳福、程云清、王金华、徐国强、江　浩
4.15～4.16	山东省党政代表团	95	省委书记、省人大常委会主任张高丽、省长韩寓群	王　珉、杨卫泽、周福元、汪国兴、王金华、徐国强、赵俊生
4.16～4.17	江苏省委	7	副书记王寿亭	王　珉、杨卫泽、沈荣法
4.16～4.17	辽宁省辽阳市	24	市委书记陈世南	王　珉、徐国强、姜人杰
4.16～4.17	河南省开封市	37	市委书记孙泉砀	王　珉、宋胜龙、谢慧新、赵俊生、苏慧心
4.17	全国人大常委会	10	原副委员长倪志福	周福元
4.17～4.20	内蒙古自治区阿拉善盟	21	盟委书记、人大工委主任陶克	王　珉、徐国强
4.17	重庆市渝北区	12	区委书记刘光全	徐国强
4.18	中国作家协会	5	党组书记金炳华	王　珉、周向群
4.19	解放军总后勤部	36	政委张文台中将	程云清、邱岭梅
4.21～4.23	国家档案局	50	副局长杨公之	徐国强
4.23	辽宁省政府	5	副省长刘国强	赵俊生
5.1～5.2	国务院防治“非典”工作督查组	10	劳动与社会保障部副部长刘永富	王　珉、杨卫泽、汪国兴、谭　颖
5.9～5.10	江苏省政府	27	省长梁保华、副省长张卫国	王　珉、杨卫泽、汪国兴、王金华、徐国强、姜人杰、赵俊生
5.19～5.25	南京海关	5	关长孙毅彪	王　珉、杨卫泽、汪国兴、周伟强
5.20～5.21	江苏省政府	10	副省长黄莉新	杨卫泽、黄炳福、江　浩
5.28～5.29	省委政法委	7	省委常委、政法委书记孙安华	王　珉、杨卫泽、徐国强、陈振一
5.29～6.1	江苏省委	5	副书记冯敏刚	王　珉、杨卫泽、黄炳福、沈荣法、王金华、徐国强、邱岭梅
5.30～6.17	中央军委	48	原中共中央政治局委员、中央军委副主席、国务委员兼国防部长迟浩田上将	王　珉、杨卫泽、沈荣法、周福元、冯瑞渡、王金华、徐国强、秦兴元、江　浩
6.3～6.6	国务院安全生产检查组	17	国家质检总局副局长王秦平	杨卫泽、赵俊生
6.3	中化国际贸易股份公司	3	董事长施国梁	杨卫泽
6.4～6.7	江苏省政府	5	副省长李全林	汪国兴、赵俊生
6.5	江苏省无锡市党政考察团	75	市委书记王荣、代市长毛小平	王　珉、杨卫泽、沈荣法、汪国兴、徐国强

6.6～6.8	江苏省委	18	省委书记李源潮	王　珉、杨卫泽、王金华、徐国强、姜人杰
6.11～6.12	湖南省益阳市党政代表团	27	市委书记李江	杨卫泽、黄炳福、冯瑞渡
6.12	中国对外贸易运输集团总公司	10	总裁张斌	杨卫泽、姜人杰
6.20～6.21	江苏省南京市	63	代市长蒋宏坤	杨卫泽、王金华、汪国兴、周伟强
6.21～6.22	财政部	4	部长金人庆	王　珉、杨卫泽、王金华、汪国兴、徐国强、赵文娟
6.24～6.26	中国农业银行	5	副行长杨明生	王　珉、杨卫泽、汪国兴、徐国强
6.24～6.25	江苏省盐城市党政代表团	90	市委书记、市人大常委会主任张九汉、市长赵鹏	王　珉、杨卫泽、黄炳福、王金华、周福元、冯瑞渡、汪国兴、徐国强
6.26～6.28	陕西省西安市党政考察团	54	省委副书记、市委书记、市人大常委会主任栗战书	王　珉、杨卫泽、沈荣法、王金华、汪国兴、吴文元
6.29～6.30	中国移动通信集团公司	11	总经理张立贵	王　珉、杨卫泽、姜人杰
7.1～7.2	江苏省政协考察团	48	主席许仲林，副主席吴冬华、陆军	冯瑞渡、赵俊生、赵文娟
7.2～7.3	浙江省人大常委会	13	副主任孙优贤	吴文元
7.5	江苏省政府	10	副省长张卫国	杨卫泽、周伟强、谢慧新、吴砚池
7.5～7.7	山东省青岛市人大常委会	10	主任徐长聚	周福元、陆云泉
7.6	民政部	22	部长李学举、副部长陈杰昌	王　珉、杨卫泽、杜国玲沈荣法、江　浩
7.6	北京市政协	9	副主席王长连	盛家振
7.7～7.8	江苏省工业经济形势分析座谈会	36	副省长李全林	王　珉、杨卫泽、赵俊生
7.7～7.9	中信集团	13	董事长王军	王　珉、徐国强
7.7～7.8	江苏省人大常委会	12	副主任叶坚	周福元、周性光、姜人杰
7.8～7.9	江苏省人大考察团	25	副主任王武龙	王　珉、杨卫泽、周福元、吴文元、姜人杰
7.8	云南省曲靖市党政考察团	18	市委书记米东生	王　珉、杨卫泽、徐国强、孟焕民、吴砚池
7.8	江苏省南通市党政考察团	78	市长丁大卫	杨卫泽、周福元
7.11～7.12	湖北省恩施州	17	州委书记汤涛	王　珉、徐国强、陈振一
7.11～7.12	北京市海淀区	6	区长周良洛	杨卫泽
7.12～7.13	河南省郑州市党政考察团	70	省委常委、市委书记李克	王　珉、杨卫泽、杜国玲、徐国强、谢慧新、苏慧心
7.12～7.13	河南省许昌市	5	市委书记刘春良	沈荣法
7.15～7.16	辽宁省政协	14	副主席张成伦	盛家振
7.16～7.18	京杭运河船型标准化座谈会和第二次领导小组会议	60	交通部副部长翁孟勇、江苏省副省长李全林	杨卫泽、姜人杰
7.17～7.19	商务部	17	副部长于广洲	王　珉、杨卫泽、王金华、周伟强
7.18～7.19	江苏省委	10	副书记张连珍	王　珉、杨卫泽、黄炳福、江　浩

7.18	中化国际	6	顾问、原化工部副部长杨义邦	王　珉、杨卫泽
7.18～7.20	江苏省镇江市党政考察团	89	市委书记史和平、代市长许津荣	王　珉、杨卫泽、黄炳福、沈荣法、冯瑞渡、周向群、徐国强、宋胜龙、盛家振
7.22～7.24	江苏省人大常委会	10	副主任赵龙	周福元、陆云泉、谭　颖
7.24	江苏省泰州市党政考察团	76	市委书记朱龙生、代市长毛伟明	王　珉、杨卫泽、徐国强、赵俊生、孙中浩
7.25～7.27	全国政协经济委考察团	22	副主任、原国家经贸委副主任石万鹏	姜人杰、孙中浩、赵文娟
7.25～7.26	江苏省政府	5	副省长李全林	杨卫泽、赵俊生
7.25～7.26	湖北省黄石市	27	市长肖旭明	杨卫泽、汪国兴、周伟强
7.26～7.28	河北省邯郸市	18	市长聂辰席	杨卫泽、周伟强
7.27～7.29	国务院	7	副秘书长、国家科教领导小组办公室主任陈进玉	王　珉、杨卫泽、赵俊生
7.27～7.30	云南省红河州党政考察团	40	州委书记罗崇敏	王　珉、黄炳福、徐国强、谢慧新、盛家振
7.27～7.28	中央统战部	9	副部长梁金泉	杜国玲
7.29～7.31	中央宣讲团	9	团长、中国人民大学校长纪宝成	王　珉、杜国玲、周向群、徐国强
7.29～7.31	江苏省政协	15	副主席吴冬华	盛家振
7.30～7.31	民政部	9	副部长、全国老龄工作委员会办公室常务副主任李宝库	黄炳福、江　浩
7.31～8.1	全国无党派人士考察团	26	中央统战部副部长陈喜庆、国家科技部原副部长惠永正、中国网通公司董事长严义埙、国家环保总局副局长汪纪戎	杜国玲、赵俊生
8.1～8.2	河北省衡水市党政考察团	35	市委书记李俊渠	王　珉、杜国玲、谢慧新、朱永新
8.5～8.7	教育部	21	副部长、中国联合国教科文全委会主任章新胜	王　珉、杨卫泽、徐国强、朱永新、姜人杰
8.6～8.8	江苏省政府	16	副省长张卫国	杨卫泽、周伟强
8.7～8.9	国家知识产权局	55	副局长邢胜才、中科院副院长杨柏龄	王　珉、杨卫泽、王金华、冯瑞渡、赵俊生
8.7～8.10	中纪委、中组部赴江苏巡视组	16	中央国家机关工委原副书记贾军	王　珉、杨卫泽、黄炳福、沈荣法、王金华、徐国强
8.11～8.12	安徽省政协	8	副主席秦德明	盛家振
8.12	北京市海淀区	22	区委书记谭维克	徐国强
8.13～8.14	中央纪委	14	中共中央政治局常委、中纪委书记吴官正	工　珉、杨卫泽、沈荣法、王金华等
8.14～8.16	河南省政协	9	副主席张洪华	冯瑞渡
8.14～8.15	广西壮族自治区政协	6	副主席章崇任	孙中浩
8.7～8.12	全省教育系统领导干部研讨会	217	省委副书记任彦申、副省长黄卫	王　珉、杨卫泽、沈荣法、周向群、徐国强、朱永新
8.16～8.18	广东省佛山市	23	省委常委、市委书记黄龙云	王　珉、杨卫泽、沈荣法、周伟强、陆云泉、江　浩、孙中浩

8.17~8.18	重庆市北碚区	14	区委书记姜平	黄炳福、谢慧新、蔡镜浩
8.19~8.20	广东省政协	57	副主席朱小丹	杜国玲、盛家振
8.20~8.21	四川省政协	7	副主席吴正德	盛家振
8.20~8.22	国家工商总局市场专项整治工作会议	10	国家工商总局副局长刘凡	杜国玲、周伟强
8.22~8.23	海关总署	10	副署长龚正	周伟强
8.24	安徽省池州市	25	市委书记何闽旭	杜国玲、周向群、周性光、盛家振
8.24~8.28	陕西省榆林市党政考察团	56	市委书记周一波	王　珉、杨卫泽、杜国玲、黄炳福、王金华、周向群、汪国兴、徐国强、周伟强、谢慧新、朱永新、江　浩、谭　颖、孙中浩、盛家振
8.25~8.26	国务院	12	国务委员陈至立	王　珉、杨卫泽、杜国玲、王金华、徐国强、朱永新、赵俊生
8.25~8.26	广东省韶关市党政考察团	40	市委书记覃卫东、市长徐建华	王　珉、黄炳福、宋胜龙
8.25~8.26	全国社保基金会	6	理事长项怀诚	王　珉、杨卫泽、沈荣法、赵文娟
8.25~8.27	公安部	8	副部长赵永吉	王　珉、杨卫泽、陈振一、秦兴元、江　浩
8.26~8.29	国家联合督查组	16	原国家土地管理局局长邹玉川	杨卫泽、王金华、江　浩
8.26~8.27	江苏省政协	16	副主席黄因慧	赵文娟
8.27~8.28	江苏省人大常委会	14	副主任李佩佑	周福元、陆云泉
8.28~8.31	政协章程修改工作座谈会	217	中共中央政治局常委、全国政协主席贾庆林，全国政协常务副主席王忠禹	杨卫泽、杜国玲、王金华、秦兴元、孙中浩、吴砚池
8.28~8.30	山东省人大常委会	8	副主任时立军	周性光
8.29~8.31	国务院机关事务管理局	6	副局长唐树杰	周性光
9.1~9.3	全国人大常委会	16	原副委员长周光召	杨卫泽、周福元、陈炳斯
9.1~9.3	河北省政府	33	副省长龙庄伟	赵俊生
9.3~9.4	浙江省人才工作考察团	35	省委副书记乔传秀	杨卫泽、杜国玲
9.4	江苏省泰州市	11	代市长毛伟明	杨卫泽、杜国玲、陈振一
9.6	全国人大常委会	14	副委员长成思危	周福元、周性光
9.8~9.9	黑龙江省人大常委会	5	副主任李希明	宋胜龙
9.9~9.10	吉林省长春市	12	省委常委、市委书记杜学芳	王　珉、徐国强
9.10~9.11	“环保清理整顿行动”联合检查组	23	国家环保总局党组成员、纪检组长曾晓东	王　珉、朱永新
9.12~9.14	青海省人大常委会	6	副主任宋彭生	陈炳斯
9.14	省区市领导班子思想政治建设座谈会	70	中组部副部长赵洪祝、部务委员李建华、彭清华	王　珉、杨卫泽、黄炳福、邱岭梅
9.14~9.15	浙江省政协	10	副主席王玉娣	赵文娟
9.15~9.18	华东地区纪检监察工作座谈会	80	中纪委副书记夏赞忠	王　珉、杨卫泽、沈荣法
9.15~9.16	民政部	6	副部长罗平飞	黄炳福、江　浩
9.16~9.17	江苏省人大常委会	11	副主任方之烽	王　珉、吴文元

9.16～9.17	吉林省松源市党政考察团	32	市委书记杨绍明、代市长蓝军	黄炳福、汪国兴、徐国强
9.17	天津市南开区	10	区长佘清文	周伟强
9.19	全国政协	22	原中共中央政治局常委、全国政协主席李瑞环	王 珉、杨卫泽、徐国强、孙中浩
9.20～9.21	中化总公司	15	总裁刘德树	王 珉、杨卫泽、汪国兴、谢慧新、赵文娟
9.21～9.24	青海省部分全国人大代表考察团	23	江苏省人大常委会副主任柏苏宁	杨卫泽、黄炳福、周福元、宋胜龙
9.21～9.22	山西省长治市	6	市长杜善学	杨卫泽、姜人杰
9.22～9.23	安徽省（苏州）投资环境说明会	80	副省长文海英	周伟强
9.25～9.26	江苏省第三期依法治理工作联络员培训会议	12	省人大常委会副主任李佩佑	吴文元
9.25～9.27	贵州省政协	6	副主席王录生	冯瑞渡、苏慧心
9.26～9.27	安徽省党政代表团	100	省委书记、省人大常委会主任王太华，省长王金山	王 珉、杨卫泽、黄炳福、沈荣法、王金华、周福元、冯瑞渡、汪国兴、徐国强、谢慧新、赵俊生
9.26～9.27	江苏省政府	3	副省长张卫国	王 珉、杨卫泽、姜人杰
9.26～9.27	安徽省亳州市党政考察团	56	市委书记邵国荷、市长刘健	王 珉、杨卫泽、杜国玲、周性光、钱海鑫
9.27～9.28	重庆市党政代表团	29	市委书记、市人大常委会主任黄镇东	王 珉、杨卫泽、王金华、徐国强、宋胜龙
9.29	江苏省宿迁市	5	市长张新实	杨卫泽、汪国兴
10.1～10.5	国家人口计生委	7	主任张维庆	王 珉、杨卫泽、杜国玲、谭 颖
10.2	国务院	11	国务委员、国务院秘书长华建敏	王 珉、杨卫泽、徐国强、秦兴元
10.3～10.6	国家开发银行	6	行长陈元	王 珉、杨卫泽、王金华
10.4～10.6	江苏省人大常委会	6	副主任方之焯	
10.5～10.6	全国人大常委会	24	副委员长盛华仁	王 珉、周福元
10.5～10.6	江苏省委	11	副书记任彦申	杜国玲、徐国强
10.6～10.7	江苏省委	3	副书记张连珍	黄炳福、沈荣法
10.9～10.11	全国政协	5	常委、副秘书长、台盟中央副主席李敏宽	
10.10～10.11	山西省临汾市	8	市长王国正	汪国兴、孟焕民
10.11～10.14	全国政协	7	原副主席钱伟长	冯瑞渡、江 浩、孙中浩
10.11～10.13	全国人大常委会《农村土地承包法》执法检查组	24	全国人大常委会农业与农村委员会副主任李春亭	王 珉、徐国强、孟焕民、江 浩
10.12～10.13	全国政协	11	原副主席杨汝岱	王 珉、冯瑞渡、吴砚池
10.12	《唱支山歌给党听》专题音乐会	40	西藏自治区政协副主席、全国文联副主席才旦卓玛	周向群、朱永新
10.13～10.16	全国政协	8	原副主席吕正操	冯瑞渡、苏慧心
10.13～10.14	江苏省人大常委会	12	副主任赵龙	陈炳斯
10.18～10.19	江苏省委	21	书记李源潮	王 珉、杨卫泽、徐国强

10.19	重庆市人大常委会	7	副主任金烈	宋胜龙
10.19～10.22	江苏省政协	12	副主席陆军	盛家振
10.21～10.24	参加2003中国苏州电子信息博览会的来宾	500	商务部副部长魏建国、国务院台办副主任王在希、国家质检总局副局长蒲长城、江苏省人大常委会副主任叶坚、副省长李全林、省政协副主席陆军	王　珉、杨卫泽、徐国强、周伟强等
10.21～10.23	湖南省邵阳市党政考察团	37	市委书记蒋建国	王　珉、沈荣法、谢慧新、姚东明
10.21～10.23	全省民兵“双带双扶”汇报交流会	90	南京军区副政委熊自仁中将、省委副书记张连珍	王　珉、杨卫泽
10.21～10.22	内蒙古自治区人大常委会	9	副主任宋志民	宋胜龙
10.23～10.24	国务院台办	7	主任陈云林	杨卫泽、杜国玲、周伟强
10.23～10.24	江苏省扬州市党政考察团	75	市委书记、市人大常委会主任孙志军，市长季建业	王　珉、杨卫泽、沈荣法、王金华、冯瑞渡、徐国强、陆云泉、赵俊生
10.23～10.24	北京市朝阳区	65	区委书记李士祥	邱岭梅、朱永新、姚东明
10.27～10.30	全国人大常委会	9	原副委员长吴阶平	王　珉、周福元、陈炳斯
10.27～10.30	江苏省人大工作理论研究会第二次常务理事会议	55	原省人大常委会主任陈焕友、省人大常委会副主任洪锦炘	王　珉、杨卫泽
10.27～10.30	江苏省政府	10	副省长何权	杨卫泽、朱永新
10.29～11.1	江苏省委	9	副书记、纪委书记王寿亭	王　珉、沈荣法、汪国兴
10.30～10.31	云南省政协	12	副主席李先猷	孙中浩
11.1～11.7	江苏省人大常委会	8	原主任陈焕友	王　珉、杨卫泽、杜国玲、黄炳福、徐国强、周伟强、陆云泉、孟焕民、秦兴元
11.1～11.2	新疆自治区政协	18	区党委副书记、政协主席艾斯海提·克里木拜	杜国玲、孙中浩
11.1～11.2	陕西省人大常委会	5	副主任陈再生	周性光
11.2～11.3	全国政协社会和法制委员会	6	副主任朱治宏	苏慧心
11.3～11.5	全国少数民族考察团	60	国家民委副主任吴仕民	王　珉、杜国玲、汪国兴
11.3～11.4	云南省委	8	副书记、纪委书记陈培忠	沈荣法
11.4～11.5	河南省信阳市党政考察团	59	市委书记刘怀廉	黄炳福、赵俊生、盛家振
11.5	苏州博物馆新馆奠基仪式来宾	40	世界著名建筑大师贝聿铭、江苏省省长梁保华、教育部副部长章新胜、文化部副部长郑欣淼、国家博物馆馆长潘震宙等	王　珉、杨卫泽、徐国强、陆云泉、陈炳斯、姜人杰
11.5～11.6	江苏省政府	14	副省长张桃林	杨卫泽、朱永新
11.5～11.6	全国政协高等教育调查组	18	全国政协教科文卫体委委员、北京大学原党委书记王德炳	王　珉、冯瑞渡、朱永新、孙中浩
11.6	云南省政府	7	副省长李新华	周伟强
11.7～11.8	首届中国教育科学论坛	100	江苏省副省长吴瑞林	杨卫泽、朱永新
11.7～11.8	四川省人大常委会	11	副主任刘永顺	周性光
11.8～11.9	新疆自治区伊犁哈萨克州	6	州人大常委会主任（副省级）木哈提别克·阿德勒别克	陈炳斯

11.8～11.9	江苏省政府	22	副省长吴瑞林	赵俊生
11.8～11.10	2003中国经济增长论坛	400	全国人大常委会副委员长蒋正华、国家统计局局长李德水、江苏省省长梁保华	王 珉、杨卫泽、汪国兴等
11.8～11.10	陕西省咸阳市	28	市长张立勇	杨卫泽、汪国兴、周伟强、赵俊生
11.9～11.11	湖南省常德市党政考察团	32	市委书记程海波、市长陈文波	王 珉、杨卫泽、徐国强
11.9	中央统战部	10	副部长王跃金	杨卫泽
11.9～11.11	山东省人大常委会	15	副主任墨文川	谢慧新
11.10～11.11	江苏省政府	11	副省长张卫国	姜人杰
11.13～11.15	全国政协"城市民族工作"考察组	25	全国政协民族和宗教委副主任、宁夏回族自治区党委原书记黄璜	王 珉、冯瑞渡、盛家振、程耀寰
11.13～11.15	北京市房山区	24	区长张效廉	赵俊生
11.13～11.16	全国政协	22	原副主席万国权	王 珉、冯瑞渡、孙中浩
11.14～11.16	2003中国企业发展高峰论坛	380	全国政协副主席、全国工商联主席黄孟复	王 珉、杨卫泽、杜国玲、沈荣法、周福元、冯瑞渡、汪国兴、徐国强、谢慧新、赵俊生、姚东明
11.14～11.15	福建省人大常委会	7	副主任黄贤模	陈炳斯
11.15～11.17	国家旅游局	2	副局长顾朝曦	杨卫泽
11.16～11.18	全国政协调研组	31	全国政协人资环委副主任、中国林科院院长江泽慧	杨卫泽、秦兴元、吴砚池
11.17～11.18	全国人大常委会	20	副委员长、全国妇联主席顾秀莲	杨卫泽、黄炳福、周福元、谢慧新
11.18	陕西省铜川市	18	市度吴前进	赵俊生
11.19～11.21	中国羽毛球协会首届年会	27	国家体育总局副局长李富荣	杨卫泽、朱永新
11.19～11.20	中国人民大学	13	校长纪宝成	杨卫泽
11.20～11.21	陕西省党政代表团	52	省委副书记、省长贾治邦	杨卫泽、王金华、汪国兴、徐国强、谢慧新、赵俊生
11.20～11.23	文化部	8	副部长常克仁	杜国玲、朱永新
11.21～11.22	在京中直和省直单位全国人大代表视察团	28	全国人大内务司法委主任何春霖	杨卫泽、周福元、汪国兴、宋胜龙
11.24～11.29	全国人口与计生综合改革试点工作培训班	78	国家人口计生委主任张维庆	王 珉、杨卫泽
11.27～11.28	浙江省衢州市党政考察团	34	市委书记、市人大常委会主任蔡奇，市长厉志海	王 珉、杨卫泽、徐国强陆云泉、赵文娟
12.1～12.3	总参系统十届全国人大代表考察团	30	全国人大常委、全国人大民族委员会副主任、原副总参谋长隗福临上将	王 珉、杨卫泽、黄炳福、徐国强、周伟强、宋胜龙
12.1～12.3	新疆维吾尔自治区政府	13	副主席刘怡	王 珉、杨卫泽、冯瑞渡、赵俊生
12.3～12.5	长三角（太湖）发展论坛	500	全国政协副主席郝建秀	王 珉、杨卫泽、杜国玲、冯瑞渡、秦兴元、赵俊生、孙中浩、盛家振、吴砚池、苏慧心、程耀寰、赵文娟、蔡镜浩、姚东明

12.4～12.5	安徽省芜湖市党政考察团	85	市委书记、市人大常委会主任詹夏来，市长沈卫国	王　珉、杜国玲、黄炳福、汪国兴、徐国强、周性光盛家振
12.9～12.10	上海市党政代表团	53	中共中央政治局委员、上海市委书记陈良宇	王　珉、杨卫泽、冯瑞渡、徐国强、陆云泉
12.12～12.14	中国农业银行总行	10	副行长郑晖	王　珉、汪国兴、徐国强
12.12～12.13	江苏省南京市	50	代市长蒋宏坤	杨卫泽
12.13～12.14	山西省临汾市	36	市委书记张茂才	王　珉、徐国强、谢慧新、赵文娟
12.14～12.15	教育部	10	副部长张保庆	杨卫泽
12.19	上海国际集团公司	12	董事长兼上海证券公司董事长周有道	王　珉、徐国强、周伟强
12.19～12.20	海南省人大常委会	3	副主任王法仁	周性光
12.23	信息产业部	19	副部长娄勤俭	杨卫泽、赵俊生
12.25～12.26	江苏省人大常委会	11	副主任张艳	陆云泉

苏州市创建江苏省园林城市先进集体、先进个人

（苏州市人民政府2003年1月8日表彰）

一、先进集体

市委宣传部
市计委
市经贸委
市教育局
市公安局
市财政局
市国土局
市建设局
市规划局
市市政公用局
市房管局
市城管局
市交通局
市水利局
市农业局
市文广局
市卫生局
市环保局
市民族宗教局
市园林和绿化局
市广电总台
市土地储备中心
市体育中心
市城投公司
市风景园林投资公司
吴中区政府
相城区政府
平江区政府
沧浪区政府
金阊区政府
苏州工业园区
苏州高新区·虎丘区
苏州军分区
73041部队
苏州大学
苏州日报社
市公安局交巡警支队
石湖(上方山)开发建设办公室
市房屋拆迁办公室
市绿化管理站
市园林和绿化监察所
市环卫处
苏州园林设计院
吴中区城管局
相城区农业发展局
平江区建设局
沧浪区建设局
金阊区建设局
工业园区规划建设局
高新区建设局
虎丘区农业局
市政建设管理处
市房地产监理处
市房屋置换中心
市房管局拆迁办
虎丘区拆迁办
金阊区拆迁办
平江区拆迁办
沧浪区拆迁办
苏房拆迁有限公司
市城市建设拆建公司
金阊区房管局拆迁事务所
苏州古典园林建筑公司
苏州绿化建设发展有限公司
苏州图书馆
市经济实用住房发展有限公司
华新国际城市发展有限公司
平江区绿化工程队
沧浪区绿化工程队
苏州公园管理处

二、先进个人

徐敢峰　于晓彬　徐业洲
徐自建　谢　飞　徐建华
徐　骏　张中兴　蔡鑫生
陆龙生　赵盛华　陈雄伟
邹剑华　沈　璐　赵法宝
顾玉根　周建中　周建斌
王华龙　朱建明　邵　庆
许　维　曾　勇　曹南平
于旭辉　丁言懋　周菊芳
董仲林　华建良　冯育青
王承武　谭雪赓　曹光树
刘兆吉　邵　雷　王丽君
沈学明　黄建林　许　磊
吴文祥　陈　伟　王兆坤

邵雪耕	矫国兴	徐 刚	吴阿根	黄更生	王 平	李智明	徐福民	戈荣华
吴玉玲	张义新	邓根发	陈 凯	瞿 娴	李 飞	金根全	钱坚铭	陈志岚
王 飚	王晓萍	陆锦华	史 铭	姚 萍	杨 帆	项卫东	谢爱华	范泉兴
霍尔森	王跃山	马长荣	许耀华	程根男	蒋为大	沈玉麟	倪 健	王之力
施玉初	范以林	周明保	郑嘉敏	严奋华	李 鹰	丁庆祝	俞 勤	张国荣

2002年度苏州市先进工业企业和优秀厂长(经理)

（苏州市人民政府2003年1月9日表彰）

一、先进工业企业

张家港市

江苏沙钢集团有限公司

华芳集团有限公司

常熟市

江苏隆力奇集团有限公司

常熟开关厂

昆山市

好孩子集团有限公司

昆山锦港实业集团公司

太仓市

太仓利泰纺织厂有限公司

江苏香塘集团有限公司

吴江市

亨通集团有限公司

吴江化纤织造厂

吴中区

苏州华东镀膜玻璃有限公司

相城区

江苏江南高纤股份有限公司

金阊区

苏州胜柏(中宝)纸品有限公司

工业园区

苏州工业园区新海宜电信发展股份有限公司

苏州江南电梯(集团)有限公司

高新区 · 虎丘区

苏州爱普生有限公司

明基电通信息技术有限公司

工投公司

苏州精细化工集团有限公司

苏州纺织机械有限公司

创元集团

苏州创元数码映像设备有限公司

金龙联合汽车工业(苏州)有限公司

校办公司

苏州电器元件一厂

二、优秀厂长(经理)

张家港市

沈文荣 江苏沙钢集团有限公司董事长

朱郁健 江苏华昌(集团)有限公司董事长

张东风 东海粮油工业(张家港)有限公司总经理

郭照相 江苏张铜集团有限公司董事长

吴耀芳 江苏永钢集团有限公司总经理

常熟市

王哲翔 江苏阪神电器股份有限公司董事长

戈益明 江苏旋力集团股份有限公司董事长

顾雄斌 江苏通润机电集团有限公司董事长

钱月宝 江苏梦兰集团董事长

高德康 波司登股份有限公司总裁

昆山市

林昭明 昆山锦港实业集团公司董事长

夏嘉良 江苏彩华包装集团总经理

金政华 昆山市震雄电线电缆有限公司总经理

周惠明 江苏AB集团有限责任公司董事长

王学良 江苏翔峰人革集团总经理

太仓市

韦日明 特灵空调器有限公司总经理

王丽亚 苏州太仓高级时装有限公司董事长

周建明 江苏德威新材料股份有限公司董事长

陆云娥 太仓春竹企业董事长

顾振华 江苏新雅鹿集团有限公司董事长

吴江市

徐关祥 鹰祥集团公司总经理

宋七棣 吴江科林集团有限公司董事长

莫林第 江苏永鼎股份有限公司董事长

谢佰明 吴江慈云香料香精有限公司董事长

柳维特 江苏新民纺织科技股份有限公司董事长

吴中区

葛坤兴 苏州华源农用生物化学品有限公司总经理

马德寅 苏州市吴中钢铁厂厂长

顾来兴 苏州市燃气设备阀门制造有限公司总经理

尹永奇 苏州市宏奇纺织机械有限责任公司董事长

相城区

朱途南 苏州南亚集团董事长

施炳根 苏州市吴中硅钢有限公司董事长

杨洪根　苏州市朗力福保健品有限公司董事长

平江区
朱　卫　苏州凯孚阀门有限公司总经理

沧浪区
陈维加　苏州泰格动力机器有限公司总经理

工业园区
李惠芳　锦丰工艺玩具有限公司总经理
陈普进·安固电器有限公司董事长
胡　岗　和鑫电器有限公司董事长
顾三官　金月金属制品有限公司总经理

高新区·虎丘区
李祖尧　名硕电脑(苏州)有限公司总经理
小林敏夫　苏州日本电波工业有限公司董事长
邢培旺　苏州长甲保健品有限公司总经理
魏国英　苏州罗技电子有限公司厂长

工投公司
时明生　苏州第二制药厂厂长
曹国良　苏州工业园区苏扬制皂有限公司总经理
张晓寰　苏州工业园区江枫丝绸有限公司总经理
钱建兴　苏州宝化碳黑有限公司董事长
葛辰一　江苏苏钢集团有限公司轧钢厂厂长
程　铿　苏州胜利科技有限公司董事长
席建元　苏州市恒孚首饰集团有限公司董事长

创元集团
钱宝荣　江苏苏净集团有限公司董事长
吴文文　金龙联合汽车工业(苏州)有限公司总经理
朱　巍　苏州胥城大厦总经理
夏建伟　东风汽车传动轴有限公司苏州汽车配件分公司总经理
陈锦魁　苏州铸件厂厂长

校办工业
顾明逸　苏州轴承厂十二分厂厂长

2002年度苏州市城市环境长效管理工作先进单位

(苏州市人民政府2003年1月15日表彰)

张家港市
常熟市
太仓市
昆山市
吴江市
吴中区
相城区
平江区
沧浪区
金阊区
苏州工业园区
苏州高新区·虎丘区
市教育局
市公安局
市民政局
市财政局
市人事局
市国土局
市建设局
市规划局
市市政公用局
市城管局
市房管局
市交通局
市文广局
市卫生局
市园林和绿化局
市环保局
市体育局
市旅游局
市宗教局
市人防办
市级机关事务管理局
苏州日报社
苏州工商局
苏州邮政局
苏州电信局
中国联通苏州分公司
苏州火车站
建设集团公司
蔬菜集团公司
国际发展集团公司

2002年度苏州市先进私营企业、个体工商户、集体和个人

(中共苏州市委、苏州市人民政府2003年1月27日表彰)

一、先进私营企业

张家港市(12)
1、张家港华达涂层有限公司
2、张家港市天霸氨纶纱线纺织厂
3、江苏华福针织化纤厂
4、张家港市华夏交通设施材料有限公司
5、张家港市中原制管有限公司
6、张家港市天时利包装制品有限公司
7、张家港市华程钢铁制品有限公司
8、张家港市盛天实业有限公司
9、张家港天达特种刀具有限公司
10、张家港市久盛化学纤维有限公司
11、江苏瑞群服饰有限公司
12、张家港市四通电子设备厂

常熟市(12)
13、江苏中利光电集团有限公司
14、常熟市紫荆花纺织科技有限公司
15、江苏雪中飞制衣有限公司
16、常熟市锦绣经纬编有限公司
17、江苏萃隆铜业有限公司
18、江苏常顺化工有限公司
19、江苏金辰针纺织有限公司
20、常熟市永新印染有限公司
21、常熟市凯达印染有限公司
22、江苏华实广告有限公司
23、常熟市金龙机械有限公司
24、常熟市恒发通用机械制造有限公司

太仓市(8)

25、太仓顺风针织有限公司
26、太仓申飞电子有限公司
27、江苏泰昌电子有限公司
28、太仓市第三棉纺厂
29、太仓富豪铜业有限公司
30、太仓金兴铜业有限公司
31、太仓金辉化纤实业有限公司
32、太仓申泰羊毛衫有限公司

昆山市(9)

33、昆山三牛实业集团有限公司
34、昆山市震雄电线电缆有限公司
35、江苏昆宝集团有限公司
36、昆山市同心电镀厂
37、昆山市中联第一造纸机械厂
38、昆山耐火材料有限公司
39、昆山华恒焊接设备技术有限公司
40、昆山月盛房产有限公司
41、昆山开发区一醉大酒店有限公司

吴江市(10)

42、永鼎集团有限公司
43、亨通集团有限公司
44、吴江鹰翔化纤有限公司
45、吴江化纤织造厂
46、江苏利康集团公司
47、江苏盛虹印染有限公司
48、吴江德伊时装面料有限公司
49、吴江科林集团有限公司
50、吴江祥盛纺织染整有限公司
51、江苏华佳缫丝厂(集团)

吴中区(8)

52、苏州市宏利来服饰有限公司
53、苏州市吉成针织服饰有限公司
54、苏州少士电子科技有限责任公司
55、苏州东山钣金有限责任公司
56、苏州福莱特针织服饰有限公司
57、苏州吴中区雅新服装有限公司
58、苏州市东吴铁塔有限公司
59、苏州天马化工有限公司

相城区(5)

60、苏州市东吴染料有限公司
61、苏州市春菊电器有限公司
62、苏州市北桥开关附件有限公司
63、苏州市万达汽车内饰件厂
64、苏州华盛纺织装饰品有限公司

平江区(1)

65、苏州市川福楼大酒店

沧浪区(1)

66、苏州市恒通纺织染整有限公司

金阊区(1)

67、苏州市开元金属材料有限公司

工业园区(4)

68、苏州工业园区金月电器材料有限公司
69、苏州江南电梯(集团)有限公司
70、苏州工业园区新海宜电信发展股份有限公司
71、苏州华成汽车贸易集团有限公司

高新区·虎丘区(4)

72、苏州天虹电子科技有限公司
73、苏州新协力企业发展有限公司
74、苏州市新世纪彩印有限公司
75、苏州市红钻石食品有限公司

市直属(5)

76、苏州市光华实业(集团)有限公司
77、苏州市中环纺机集团有限公司
78、苏州市龙凤金店有限责任公司
79、苏州雅式汽车零部件有限公司
80、江苏法泰电器有限公司

二、先进个体工商户

张家港市(2)

1、张家港市锦丰蔬菜经营户　卢保才
2、张家港市杨舍大港东美容城　王胜东

常熟市(5)

3、常熟招商城万利小商品市场三区　陈正达
4、常熟招商城纺交市场　洪少伟
5、常熟市钢模刻字服务部　钱敖保
6、常熟市支塘嘉佳食品销售部　吴志则
7、常熟淼泉镇市场　殷世根

太仓市(2)

8、太仓市荣英制衣厂　陆钱英
9、太仓市时思飞龙服装厂　顾友良

昆山市(2)

10、昆山市开发区华新书店　刘　黎
11、昆山市周庄邹氏食品厂　邹　炎

吴江市(2)

12、吴江市舜洁超纯水有限公司　施德芳
13、吴江市静思园　陈金根

吴中区(1)

14、吴县市太湖镇湖鲜酒楼水上酒楼　张福珍

相城区(1)

15、相城区渭塘镇隆奇大饭店　宁学林

平江区(1)

16、苏州市平江区群英百货店 周国忠

沧浪区(1)
17、苏州市沧浪区润记餐馆 褚海波

金阊区(1)
18、苏州市金阊区八仙楼菜馆 邓小妹

工业园区(1)
19、苏州工业园区斜塘飞达电器维修部 陆金歌

高新区·虎丘区(1)
20、苏州新区枫桥银河酒家 徐进元

三、私营经济工作先进集体

张家港市(2)
1、张家港市工商业联合会
2、张家港市行政审批服务中心

常熟市(2)
3、苏州市常熟工商行政管理局
4、常熟市乡镇企业管理办公室

太仓市(2)
5、太仓市璜泾镇人民政府
6、太仓市乡镇企业管理局

昆山市(2)
7、昆山市玉山镇经济服务中心
8、昆山市正仪镇民营经济区管理委员会

吴江市(2)
9、苏州市吴江工商行政管理局
10、吴江市安全生产管理监督局

吴中区(1)
11、苏州市吴中工商行政管理局

相城区(1)
12、苏州市相城区经济贸易局

平江区(1)
13、苏州市平江区教育文体局

沧浪区(1)
14、苏州工商行政管理局沧浪分局

金阊区(1)
15、苏州市金阊区经济贸易局

工业园区(1)
16、苏州工业园区工商行政管理局

高新区·虎丘区(1)
17、苏州工商行政管理局高新区、虎丘分局

市直属(3)
18、苏州工商行政管理局
19、苏州市工商业联合会
20、苏州市地方税务局

四、私营经济工作先进个人

张家港市(2)
1、林忠贤 张家港市工商行政管理局
2、顾惠聪 张家港市工商业联合会

常熟市(2)
3、王建新 常熟市工商行政管理局
4、顾正华 常熟招商城个私协会(商会)

太仓市(2)
5、王永其 太仓市金浪镇企管站
6、李友泉 太仓市沙溪镇生产经营管理站

昆山市(2)
7、顾林根 昆山市蓬朗镇经济服务中心
8、矫胜建 昆山市经济贸易委员会

吴江市(2)
9、张国强 吴江市盛泽镇人民政府
10、顾浩宇 吴江市桃源镇党委

吴中区(2)
11、朱利荣 苏州市吴中工商行政管理局
12、顾建整 苏州市吴中区乡镇企业管理局

相城区(2)
13、程建华 苏州市相城工商行政管理局
14、江伟男 苏州市国家税务局直属局

平江区(2)
15、韦爱民 苏州市平江区招商局
16、冯 凌 苏州市平江区观前皮市街道办事处

沧浪区(2)
17、黄建华 苏州市地税局沧浪分局
18、王昌达 苏州市国税局三分局

金阊区(2)
19、郭鸿根 苏州市彩香街道经济发展总公司
20、陆雪观 苏州市金阊区工商业联合会

工业园区(2)
21、余正方 苏州工业园区工商行政管理局
22、李洪秋 苏州工业园区财政税务局

高新区·虎丘区(2)
23、邹金芳 苏州工商行政管理局新区分局
24、梁 海 苏州高新技术创业服务中心

市直属(6)

25、范敬中 苏州市发展计划委员会
26、徐卫康 苏州市经济贸易委员会
27、沈惠龙 苏州市科学技术局
28、戴志晔 苏州市公安局
29、文 心 苏州市劳动和社会保障局
30、倪 民 中国人民银行苏州市中心支行

1997～2002年度苏州市社会治安综合治理先进集体、先进工作者

（中共苏州市委、苏州市人民政府2003年1月27日表彰）

一、先进集体

常熟市（19个）

常熟市练塘镇
常熟市董浜镇
常熟市虞山镇城东街道
常熟市虞山镇梦兰村
常熟市任阳镇蒋巷村
常熟市虞山镇城南街道迎春社区居委会
江苏常熟招商城管理委员会
常熟市教育局
常熟市建设局
常熟外国语学校
常熟开关厂
江苏隆力奇集团
波司登股份有限公司
芬欧汇川(常熟)纸业有限公司
江苏中利光电集团有限公司
常熟市棉纺织有限公司
常熟市中江进出口有限公司
常熟市住房物业管理服务有限责任公司
江苏常熟招商城物业管理有限责任公司

张家港市（15个）

张家港市杨舍镇
张家港市港区镇
张家港市西张镇
张家港市杨舍镇城西街道
张家港市杨舍镇闸上村
张家港市港口镇程墩村
张家港市南丰镇永联村
张家港市港区镇长江村
张家港市社会治安综合治理办公室
张家港市信访局
张家港市民政局
苏州市张家港工商行政管理局
张家港市教育局
张家港市文化市场管理办公室
张家港市农村商业银行

太仓市（14个）

太仓市沙溪镇
太仓市陆渡镇社会治安综合治理领导小组
太仓市归庄镇社会治安综合治理领导小组
江苏省太仓港港口开发区管理委员会
太仓市社会治安综合治理办公室
太仓市关心下一代工作委员会
太仓市人事局
太仓市民政局
太仓市教育局
太仓市信访局
太仓市文化广播电视管理局
太仓市劳动和社会保障局
中国人民保险公司太仓市支公司
江苏太仓集团有限公司

昆山市（16个）

昆山市玉山镇
昆山市石牌镇
昆山市淀山湖镇
昆山市亭林街道
昆山市兵希街道
昆山市花桥镇新东村
昆山市张浦镇周巷村
昆山市长江路街道西湾社区居委会
昆山市城北街道花园社区居委会
昆山市社会治安综合治理办公室
昆山市卫生局
昆山市文化广播电视管理局
昆山市葛江中学
昆山市陆家自来水厂
昆山市汽车客运公司
昆山锦港实业集团公司

吴江市（17个）

吴江市盛泽镇
吴江市震泽镇
吴江市平望镇
吴江市黎里镇
吴江市松陵镇南厍村
吴江市桃源镇瑾下浜村
吴江市梅堰镇双桥村
吴江市七都镇群幸村
吴江市北厍镇汾湖村
吴江市芦墟镇社会治安综合治理办公室
吴江市文化广播电视管理局
吴江日报社
吴江市梅堰中学
吴江市实验小学
苏州市吴赣化工有限责任公司
吴江慈云香料香精有限公司
吴江丝绸股份有限公司辽吴纺丝分厂

吴中区（9个）

吴中区甪直镇
吴中区胥口镇
吴中区木渎镇
吴中区藏书镇社光村
吴中区光福镇湖荣村
吴中区长桥镇龙西村
吴中区东山镇社会治安综合治理办公室
吴中区苏苑街道嘉宝花园居委会
吴中区龙西街道新景苑居委会

相城区（9个）

相城区黄埭镇
相城区太平镇
相城区渭塘镇骑河村
相城区黄桥镇黄桥村
相城区元和镇社会治安综合治理办公室
相城区社会治安综合治理办公室
相城区文教局
相城区劳动和社会保障局
相城区黄埭中学

沧浪区（7个）

沧浪区南门街道
沧浪区公园街道
沧浪区双塔街道
沧浪区吴门桥街道
沧浪区府前街道西美社区居委会
沧浪区葑门街道觅渡社区居委会
沧浪区社会治安综合治理办公室

平江区（7个）

平江区观前街道
平江区娄门街道
平江区金门街道
平江区平江路街道平江历史街区社区居委会
平江区教育文体局
平江区环境卫生管理所
平江区卫生防疫站

金阊区（7个）

金阊区石路街道
金阊区留园街道
金阊区三元四区社区居委会
金阊区彩香一村四区社区居委会
金阊区桐星社区居委会
金阊区建设局
金阊区教育文体局

高新区·虎丘区（4个）

高新区·虎丘区通安镇
高新区·虎丘区浒墅关镇
高新区·虎丘区枫桥镇社会治安综合治理办公室
苏州市浒墅关装卸服务公司

工业园区（2个）

苏州工业园区娄葑镇社会治安综合治理办公室
苏州工业园区跨塘镇社会治安综合治理办公室

政法（51个）

常熟市公安局城东派出所
常熟市公安局辛庄派出所
张家港市公安局
张家港市公安局南沙派出所
张家港市公安局港区派出所
太仓市公安局璜泾派出所
太仓市公安局陆渡派出所
昆山市公安局朝阳派出所
昆山市公安局周市派出所
吴江市公安局治安大队
吴江市公安局震泽分局
苏州市公安局吴中分局木渎派出所
苏州市公安局相城分局黄埭派出所
苏州市公安局沧浪分局户政科
苏州市公安局沧浪分局双塔派出所
苏州市公安局平江分局观前派出所
苏州市公安局金阊分局三元派出所
苏州市公安局虎丘分局浒墅关派出所
苏州市公安局工业园区分局湖西派出所
苏州市公安局治安支队防暴大队
苏州市公安局交巡警支队尹山值班室
苏州市公安局水上分局治安大队
常熟市人民检察院公诉科
张家港市人民检察院
昆山市人民检察院
吴江市人民检察院
沧浪区人民检察院公诉科
金阊区人民检察院公诉科
虎丘区人民检察院公诉科
苏州市人民检察院公诉处
苏州市人民检察院侦查监督处
常熟市人民法院
张家港市人民法院
吴江市盛泽人民法庭
苏州市沧浪区人民法院
苏州市平江区人民法院
苏州市金阊区人民法院
苏州市虎丘区人民法院
苏州市中级人民法院刑事审判第一庭
常熟市司法局
张家港市司法局
张家港市杨舍镇司法所
昆山市玉山镇司法所
太仓市浏河镇司法所
吴江市盛泽镇司法所
吴中区司法局
沧浪区司法局
苏州市刑释解教人员安置帮教工作领导小组办公室
苏州市国家安全局对外联络处

张家港市委610办公室
苏州市相城区公安消防大队

群团(9个)
江苏化工农药集团有限公司工会
苏州飞利浦消费电子有限公司工会
苏州福田金属有限公司工会
共青团太仓市委员会
共青团吴江市委员会
吴中区苏苑中学团委
张家港市东莱镇妇女联合会
太仓市归庄镇妇女联合会
金阊区留园街道妇女联合会

机关(11个)
中共苏州市纪律检查委员会信访室
中共苏州市委组织部办公室
中共苏州市委宣传部宣传处
中共苏州市委市级机关工作委员会办公室
苏州市人事局办公室
苏州市经济贸易委员会办公室
苏州市新闻出版局办公室
苏州市财政局行政政法处
苏州市信访局接访处
苏州市城市管理局综合管理处
苏州市劳动监察支队

市主管局(公司)、大专院校、直属单位(53个)
苏州工商行政管理局沧浪分局
苏州市粮食储运总公司
苏州汽车客运有限公司
中化江苏苏州进出口公司
苏州纺织品总公司
苏州人民商场股份有限公司
苏州市果品食杂有限公司
苏州市南环桥市场发展有限公司
苏州燃料总公司
江苏苏州第一建筑工程集团公司
江苏苏州第二建筑工程集团公司
苏州迅达电梯有限公司
苏州东吴丝织厂有限责任公司
苏州工业园区思索包装材料有限公司
苏州民族乐器一厂有限公司
苏州汇凯纺织印染有限公司
苏州医疗用品厂有限公司
苏州特种化学品有限公司
苏州市房地产监理处
苏州市路灯管理处
苏州市建筑安装管理处
苏州日报社行政处
苏州市运输管理处
苏州市留园管理处
苏州市拙政园管理处
苏州市第一百货商店
苏州饭店
苏州市胥城大厦
苏州博物馆
苏州市广播电视总台行政事务管理中心
苏州大学附属第二医院
苏州市普济医院
苏州市寒山寺
苏州工艺美术职业技术学院
苏州市广播电视大学(苏州市职工大学)
苏州大学保卫处
江苏省苏州中学
苏州市第十六中学
苏州市旅游学校
苏州市招生工作委员会办公室
苏州市儿童业余体校
中国人民银行苏州市中心支行
中国银行苏州分行
苏州市郊虎丘农村信用合作社
东吴证券有限责任公司
中国人民保险公司苏州分公司
苏州市自来水公司
苏州市国家税务局发票管理处
苏州市地方税务局征收管理二分局
江苏省烟草公司苏州分公司
江苏省电力公司苏州供电公司
中国华东电力集团公司望亭发电厂
江苏苏钢集团有限公司

二、先进工作者

常熟市(8名)
邬乾元　常熟市练塘镇副镇长
杜阿苟　常熟市董浜镇副镇长
袁小弟　常熟市王庄镇副镇长
陈增忠　常熟市教育局党委副书记
胡尔保　常熟市建设局副主任科员
魏雪坤　常熟市练塘镇综治办副主任
陆雪荣　常熟市支塘镇综治办副主任
王锡平　常熟市辛庄镇综治办副主任

张家港市(5名)
陈　跃　中共张家港市委政法委副书记
徐建新　张家港市杨舍镇党委副书记
戴卫清　张家港市塘桥镇党委副书记
何永香(女)　张家港市三兴镇综治办副主任
刘卫东　张家港市大新镇综治办副主任

太仓市(5名)
余晓伟　中共太仓市市级机关委员会人武部长
周宝德　江苏省太仓经济开发区管理委员会副主任
杨志宏　太仓市浏河镇党委副书记
王雪源　太仓市城厢镇副镇长
吴宪法　太仓市双凤镇综治办副主任

昆山市(6名)

王宁华 中共昆山市委政法委副书记
朱 淳 昆山市玉山镇党委副书记
严建荣 昆山市巴城镇党委副书记
朱贵明 昆山市外来人口管理领导小组办公室副主任
朱建中 昆山市淀山湖镇综治办副主任
施晓鸣 昆山市卫生局党委副书记

吴江市（4名）

朱建忠 中共吴江市委政法委办公室主任
张忠良 吴江市松陵镇综治办副主任
仓福明 吴江市恒立水泥有限公司董事长
叶仁阳 吴江市盛泽镇治安联防大队组长

吴中区（4名）

戚建明 吴中区长桥镇党委副书记
喻振林 吴中区综治办副主任
徐德仁 吴中区城区综合治理联合会会长
周道南 吴中区横泾镇综治办工作人员

相城区（4名）

何家福 相城区望亭镇副镇长
刘 钟 相城区阳澄湖镇综治办主任
许 东 相城区元和镇蠡口村调解主任
胡林元 相城区交通局副局长

沧浪区（3名）

周卫清 沧浪区胥江街道综治办主任
杨克明 沧浪区教育文体局局长
赵晓源 沧浪区卫生防疫站站长

平江区（3名）

徐立志 平江区苏锦街道党工委副书记
钱继华 平江区娄门街道党工委副书记
戴荣富 平江区房产管理局主任科员

金阊区（3名）

王国珍 金阊区三元街道综治办主任
王金生 金阊区彩香街道综治办工作人员
徐龙关 金阊区房产管理局办公室主任

高新区·虎丘区（2名）

周振海 高新区·虎丘区狮山街道党工委副书记
周凤康 高新区·虎丘区镇湖街道综治办副主任

苏州工业园区（1名）

沈雪根 苏州工业园区胜浦镇综合办副主任

政法（23名）

池耀兴 常熟市公安局户政科科长
汤建平 张家港市公安局副局长
唐冬青 张家港市公安局法制办公室主任
郁春元 昆山市公安局淀山湖派出所副所长
王剑莨 吴江市公安局经侦大队副教导员
卢建跃 苏州市公安局平江分局苏锦派出所所长
程晓毅 苏州市公安局金阊分局刑警大队民警
刘 斌 苏州市公安局虎丘分局浒墅关派出所民警
陈学珍 太仓市人民检察院副检察长
徐惠元 吴中区人民检察院副检察长
史轶晴 相城区人民检察院侦查监督科检察员
赵 栋 平江区人民检察院公诉科副科长
张红烈 太仓市人民法院民事审判第一庭庭长
张雪良 昆山市人民法院立案庭副庭长
陆雪昌 吴中区人民法院立案庭庭长
顾振明 相城区人民法院立案庭庭长
钱林方 相城区东桥镇司法所所长
顾振华 平江区司法局宣教科科长
沈兰生 金阊区留园街道司法所所长
胡 清 虎丘区司法局基层科科长
何小弟 苏州市委610办公室副处长
陆永良 吴江市委610办公室副主任科员
江 鹰 中国人民武装警察部队苏州市支队副支队长

群团（4名）

王建华 苏州市职工科技大学副校长
潘国强 共青团沧浪区委员会副书记
崔丽萍 常熟市支塘镇妇女联合会主席
钱荷英 吴江市妇女联合会副主席

机关（2名）

刘依群 苏州市劳动就业管理服务中心副主任
章荣妹 苏州市城市管理局综合管理处处长

市主管局（公司）、大专院校、直属单位（21名）

顾永泉 苏州市贸易局安保处处长
邱卫明 苏州工商局办公室科员
王力行 苏州市交通局安保处科员
刘士祥 苏州市机电设备总公司办公室副主任
吴伟林 苏州建筑控股(集团)有限公司人武部副部长
傅稼东 江苏苏净集团有限公司项目管理部副部长
朱俊康 苏州仪元科技有限公司总务科安全主管
邹国伟 苏州新风织造有限公司保卫科科长
王耀华 苏州轻工控股(集团)有限公司政治处副处长
马明亮 苏州刺绣研究所行政科科长
张 毅 新苏纶纺织有限公司安保科科长
许荣明 苏州医疗集团公司综合办科员
张跃进 苏州特种化学品有限公司人武保卫科科长
吴晓炯 江苏省电信公司苏州分公司内部综合办科员
金宗怀 苏州图书馆副馆长
阙震家 苏州市教育局保卫处处长
梁全德 苏州职业大学保卫处处长
朱火金 苏州铁路机械学校保卫科科长
陆 云 交通银行苏州分行保卫处副处长
杨 建 苏州市商业银行保卫处副处长
陈德伟 中国光大银行苏州支行监察保卫部总经理

2002年度苏州市开放型经济工作先进单位和先进个人

（苏州市人民政府2003年1月28日表彰）

一、2002年度出口创汇先进单位

江苏国泰国际集团有限公司
苏州进出口(集团)有限公司
常熟对外贸易集团公司
苏州国信集团有限公司
江苏海外集团苏州有限公司
吴江市外贸集团公司
苏州太湖企业有限公司
江苏吴中进出口有限公司
江苏澄达集团有限公司
张家港市易华塑料有限公司
江苏香塘集团进出口有限公司
江苏通润机电集团进出口有限公司
苏州精细化工集团有限公司
波司登股份有限公司
江苏金辰针纺织有限公司
常熟市永新印染有限公司
吴江英诺时装有限公司
常熟市凯达印染有限公司
常熟市紫荆花进出口有限公司
苏州工业园区和昌电器有限公司

二、2002年度利用外资先进单位

(一)国家级和省级开发区:
苏州工业园区管委会
昆山经济技术开发区管委会
苏州高新技术产业开发区管委会
常熟经济开发区管委会
吴江经济开发区管委会
苏州吴中经济开发区管委会
张家港保税区管委会
太仓港港口开发区管委会
(二)乡镇政府:
昆山市玉山镇人民政府
苏州工业园区娄葑镇人民政府
昆山市张浦镇人民政府
昆山市周市镇人民政府
吴中区角直镇人民政府
相城区黄埭镇人民政府
吴江市松陵镇人民政府
昆山市陆家镇人民政府
相城区元和镇人民政府
吴江市芦墟镇人民政府
吴中区木渎镇人民政府
吴中区胥口镇人民政府

三、2002年度对外经济技术合作先进单位

江苏苏州第二建筑工程集团公司
江苏金土木建设集团有限公司
江苏苏州第一建筑工程集团公司
张家港国际经济技术合作公司
昆山好孩子儿童用品有限公司
吴江利康医疗用品有限公司
江苏通润机电有限公司
常熟市标准件厂

四、外商投资企业出口大户

名硕电脑（苏州）有限公司
明基电通信息技术有限公司
仁宝电脑工业(中国)有限公司
苏州爱普生有限公司
昆山广志电子有限公司
苏州飞利浦消费电子有限公司
高创(苏州)电子有限公司
华宇电脑(江苏)有限公司
四海电子(昆山)有限公司
夏普办公设备(常熟)有限公司
超微半导体(苏州)有限公司
苏州罗技电子有限公司
旭电(苏州)科技有限公司
富士康(昆山)电脑接插件有限公司
日立显示器件(苏州)有限公司
苏州明基电子技术有限公司
诺基亚(苏州)电信有限公司
百得(苏州)电动工具有限公司
苏州三星电子有限公司
大同电子科技(江苏)有限公司
三星电子(苏州)半导体有限公司
牧田(中国)有限公司
捷安特(中国)有限公司
友达光电(苏州)有限公司
力捷电脑(中国)有限公司

五、外商投资企业纳税大户

江苏常熟发电有限公司
旭电(苏州)科技有限公司
耐克(苏州)体育用品有限公司
正新橡胶(中国)有限公司
张家港浦项不锈钢有限公司
美孚(太仓)石油有限公司
金华盛纸业(苏州工业园区)有限公司
惠氏—百宫制药有限公司
昆山统一企业食品有限公司
美宝莲(苏州)化妆品有限公司
苏州飞利浦消费电子有限公司
夏普办公设备(常熟)有限公司
苏州罗技电子有限公司
张家港润忠钢铁有限公司
苏州爱普生有限公司
德尔福德科电子系统(苏州)有限公司
张家港沙景钢铁有限公司
通力电梯(苏州)有限公司
阿迪达斯(苏州)有限公司
苏州长甲保健品有限公司
葛兰素史克制药(苏州)有限公司
建大橡胶(中国)有限公司
利乐包装(昆山)有限公司
三得利啤酒(昆山)有限公司
金红叶纸业(苏州工业园区)有限公司

六、先进个人

张家港市

王永成 李跃进 沈学如
张 伟 施洪清 黄金兰
章建新 谢 明

常熟市

许晓波 张生元 张建强
陈永进 胡惠文 顾雄斌
殷金华 唐晓东

昆山市

刘 郦(女) 李 文 汪国英(女)
沈 虹(女) 张伟宏 奚国峰
廖太林 潘建康

太仓市

邢高前 时利林 时建明
陆卫其 陈国锋 顾建平
高强东 笪文敏(女)

吴江市

石中曙 朱雪忠 吴仲健
吴新祥 金爱泳 钱允新
戚振宇 谢 庆

工业园区

包建发 朱 平(女) 吴 烈
沈 臻 沈伟强 张 萍(女)
陈 迪 薄建国

高新区

王 军 王国荣 王鸣军
孔 丽(女) 吴卫峰 周 驿
徐六庆 韩 荣

吴中区

王苏春 戈福林 孙龙英(女)
陈 燕(女) 莫玉林 钱 江
徐金泉 唐龙生

相城区
王 欣 邓 健 李 坚
府国华 顾泉荣 徐金男
潘春华 稽拥勇

平江区
杨雪周 张台龙

沧浪区
王继澄 单国蓉(女)

金阊区
金彩凤(女) 高 勇

市级机关及企业
尤鹿林 朱春霞(女) 华润龄
刘国梁 江苏军 杨 伟
李 跃 李惠林 严 骏
严怀林 吴 青(女) 吴友堂
吴永宪 吴念博 吴森明
张 焱(女) 张天虹(女) 张丽萍(女)
张铣铮 陆文刚 陆伟民
陈 强 陈国强 陈金荣
金福江 周永森 屈文敏
胡伟宏 施卫兵 施金元
顾正明 徐 钊 徐立新
徐晶晶(女) 郭新建 陶 宏
黄 苏 盛宝良 程维勇
褚春华(女) 潘小忠 薛绍龄

1998~2002年度苏州市环境保护工作先进集体、先进个人

(苏州市人民政府2003年2月12日表彰)

一、先进集体
张家港市人民政府
张家港市环境保护局
张家港市给排水总公司
张家港市格锐环境工程有限公司
江苏金柳江南热电有限公司
张家港市南丰镇永联村委员会
张家港日报社
张家港电视台
张家港市塘桥镇人民政府
张家港市杨舍镇人民政府
张家港市港区镇人民政府
张家港市经济贸易委员会
江苏天鹏化工集团有限公司
张家港市普坤纺织实业有限公司
江苏欧桥精纺有限公司
东海粮油工业(张家港)有限公司
张家港统清食品有限公司
江苏沙钢集团有限公司
常熟市人民政府
常熟经济开发区
常熟市委办公室
常熟市环境保护局
常熟市经济贸易委员会
常熟市水利局
常熟市建设局
常熟市海虞镇人民政府
常熟市公安局交巡警大队
常熟市畜禽良种场
常熟市尚湖风景区开发总公司
常熟市华泰化学厂
夏普办公设备(常熟)有限公司
常熟市第四热电厂
永新电子(常熟)有限公司
常熟市城北污水处理厂
常熟市任阳镇蒋巷村委员会
常熟市虞山镇颜港办事处枫泾居委会
太仓市人民政府
太仓港港口开发区管理委员会
太仓经济开发区管理委员会
太仓市发展计划委员会
太仓市环境保护局
太仓市规划建设局
太仓市水利局
太仓市公安局
太仓市城市管理局
太仓市城厢镇人民政府
太仓市沙溪镇人民政府
太仓市陆渡镇人民政府
苏州宏达制酶有限公司
太仓宏达热电有限公司
苏州工业园区华能发电有限责任公司
美孚(太仓)石油有限公司
耐克(苏州)体育用品有限公司
苏州登创环境工程技术有限公司
昆山市人民政府
昆山市监察局
昆山市发展计划委员会
昆山市环境保护局
昆山市经济贸易委员会
昆山市交通局
昆山市农林局
昆山市规划局
昆山市水利局
昆山市玉山镇人民政府
昆山市蓬朗镇人民政府
昆山市周庄镇人民政府
昆山市陆家镇人民政府
昆山日报社
昆山电视台
昆山市石浦镇联合污水处理厂
昆山市傀儡湖生态保护有限公司
昆山市城市污水处理公司
吴江市人民政府
吴江市环境保护局
吴江市农林局
吴江市建设局
吴江市盛泽镇人民政府
吴江市黎里镇人民政府
吴江市芦墟镇人民政府
吴江市七都镇人民政府
吴江市菀坪镇人民政府
吴江市芦墟镇中心小学
沪江日化厂
吴江市东风化工有限公司
吴江东方毛纺织染厂
吴江桃源染料厂
吴江市铜罗助剂厂
江苏利康集团公司
苏州科德软体电路板有限公司
江苏新民纺织科技股份有限公司印染厂
苏州市吴中区人民政府
苏州市吴中区环境保护局
苏州市吴中区国土资源局
苏州市吴中区农林局
苏州市吴中区甪直镇人民政府
苏州市吴中区木渎镇人民政府
苏州市吴中区胥口镇人民政府
苏州林通染料化工有限公司
苏州金猫水泥有限公司
苏州市相城区人民政府
苏州市蠡口热电厂
苏州市相城区环境保护局
苏州市相城区农业发展局
苏州市相城区渭塘镇人民政府
苏州市相城区元和镇人民政府
苏州市相城区阳澄湖镇人民政府
苏州市相城区黄桥镇张庄村委员会
苏州市相城区黄埭中学
苏州市平江区人民政府
苏州市平江区环境保护局
苏州市平江区城市管理局
苏州市平江区人民政府观前街道办事处
苏州市平江区妇女联合会
苏州市沧浪区人民政府
苏州市沧浪区环境保护局
苏州市沧浪区环境监察大队

苏州市沧浪区人民政府吴门桥街道办事处
苏州市沧浪区人民政府双塔街道办事处
苏州市金阊区人民政府
苏州市金阊区环境保护局
苏州市金阊区人民政府留园街道办事处
苏州市金阊区虎丘镇人民政府
苏州市金阊区城市管理局
苏州工业园区管理委员会
苏州工业园区胜浦镇人民政府
苏州工业园区湖西社区工作委员会
金华盛纸业(苏州工业园区)有限公司
江苏省新苏师范学校附属小学
苏州高新区管委会·苏州市虎丘区人民政府
苏州高新区·虎丘区环境保护局
苏州高新区·虎丘区建设局
苏州高新区·虎丘区枫桥镇人民政府
苏州高新技术创业服务中心
苏州市苏州新区第一中学
苏州新区污水处理厂
苏州华能热电有限责任公司
苏州飞利浦消费电子有限公司
苏州市公安局交巡警支队
苏州市环境卫生管理处
苏州市河道管理处
苏州市阳澄湖渔政管理站
苏州市中医医院
苏州市环境保护局
苏州迅达电梯有限公司
苏州铸件厂
东风汽车传动轴有限公司苏州汽车配件分公司
苏州精细化工集团有限公司
苏州床单厂
苏州化工建材控股(集团)有限公司
江苏苏钢集团有限公司

二、先进个人

张家港市

曹福龙 庞伟中 周群信 张明国
徐锡荣 顾雷祥 陶 平 沈 琳
周春秀 徐建龙 许卫平 马正秋
钟 桐 黄卫琼 张力峰 程维钧
潘小毅 周保堂 李忠祥 陈晓初
章晓东 陆建钢 朱丽华 刘 平
臧向前 张秋亚 顾云祥 杜永飞
张 颖 钱永法

常熟市

游 膺 姚丽英 陈惠良 金惠生
胡剑栋 吴兴华 王建昌 李 中
唐晓东 仲 立 顾雷明 常德盛
刘家鹏 陈 红 顾永昌 居炳元
袁祖成 蒋建忠 汤坤民 金建华
叶建华 周中良 钱建国 朱勤保
薄俊生 俞克勤 张雨沛 范 琴
毛建华 钱剑明

太仓市

辛进生 吴金林 陆 奇 王 丰
胡长根 张月兰 程惠贤 冯建良
高桂元 王上游 黄纪纲 汪家民
沈建民 杨敬熙 陈俊良 张永林
严乃超 刘一民 陈建芬 周 辉
孙佩玉 石惠良 奚惠林 陆惠忠
徐雪兴 沈玉其 宋 健

昆山市

冯祥元 马 健 郑之奇 陈健达
姚振飞 沈大鸣 陈东升 钱惠忠
孙 蓓 李生元 盛咏梅 滕士安
徐惠芳 朱建荣 曹雪英 张建华
范兴荣 查传正 吴建良 汪奕敏
吴建明 茅斯明 朱秋良 唐国清
盛鸿新 郁永明 王惠弟 沈利忠

吴江市

王永健 吴少荣 姚明华 薛建国
钱争旗 凌汝虞 池国仁 姚雪球
戴茂章 黄伟林 费福根 徐马兴
钟永江 陈菊生 周山南 俞泉南
朱根其 陈根生 沈永健 李建新
姚荣根 徐小佩 邱劲松 金琴珍
盛友泉 陈玉观 潘镜铭 钱 晨

吴中区

薛 峰 蒋根源 周培根 罗智兴
严小虹 殷祥福 杨飞镛 赵红伟
范永齐 王介才 陆建明 朱 洪
陆建荣 沈涛龙 许 军 许秧男
苏 幸 王小云

相城区

蒋炜鼎 徐 巍 周建平 吕 平
项永明 周秋英 朱成东 翁祥云
沈长生 余 放 蒋 征 陆炳良
邓 健 罗金兴 高凤弟 周惠明
朱家俭 王学兵

平江区

李太平 朱 坚 李皓勋 陈泳黎
王建国 杨雪周 姜 俭 陈金男
徐 刚 管勇前

沧浪区

张桂兰 丁剑月 王 坚 徐德良
章菊英 王 飚 周永昌 吴勤明
李世华 孙 超

金阊区

王跃山 吴炜炜 黄竹辉 浦爱珍
曹云珍 谢觉兴 张 广 陈寿根
徐福林 林小育

苏州工业园区

侯书华 吴 明 金永雷 周建根
沈向平 顾 鸿 张明华 叶晓文
顾致坤

高新区·虎丘区

郭翔南 时学勤 徐炳兴 蔡泽宇
苏慧已 陈荣生 徐苏强 鱼 军
顾 军 吴海军 王永刚 顾林男
董铁中 钱坤南 丁亚芬 陈经纶
徐瑞芳 潘振兴

市级机关、企业

褚新宇 徐自建 王伟民 张云霞
严浩翔 葛 光 徐建国 陈建红
李 林 顾月华 褚天生 刘巽基
孙 莉 沈筱扬 林 毅 强娅贞
顾正明 朱巧森 罗世强 徐克明
邓红卫 戴铁荪 秦永清 费 逵
吴 红 华建良 杨子初 肖玉琪
孙永泉 叶 萍 宋苏霞 吴胜天
陈铁民 丁树忠 袁士明 张成福
许 皓 张 超 顾 钧 彭盛和
吴 蔚 周健生 陈 骅 俞传源
平 煜 范浩江 殷 隽 王苏晔
顾 茜 陈 嵘 洪小妹 卢国安
陈 健 吴竟成 郑 牧 谢荣泉
陈 斌 赵红梅 许晋贤 陆 专
申爱军 施丹平

2002年苏州市重点项目建设与服务先进单位

（苏州市人民政府2003年2月13日表彰）

一、重点项目建设先进单位

苏州工业园区管委会
苏州高新区管委会
太仓市人民政府
市交通局
市水利(水务)局
苏州供电公司
苏州城投公司

二、重点项目建设表扬单位

常熟市人民政府
昆山市人民政府
张家港市人民政府
吴江市人民政府
吴中区人民政府(含度假区管委会)
平江区人民政府
市体育局
市人事局
市经贸委
市外经贸局

三、支持重点项目建设优秀单位

市委办公室
市人大办公室
市政府办公室
市政协办公室
市计委
市建设局
市科技局
市国土局(含土地储备中心)
市财政局
市规划局
市环保局
市监察局
人行苏州市中心支行
市审计局
市统计局
市公安局

2002年度苏州市100家纳税大户

（苏州市人民政府2003年2月24日授予）

江苏沙钢集团
江苏常熟发电有限公司
苏州工业园区华能发电有限责任公司
旭电(苏州)科技有限公司
耐克(苏州)体育用品有限公司
江苏省电力公司苏州供电公司
江苏省电力公司张家港市供电公司
常熟开关厂
美孚(太仓)石油有限公司
骏马化纤股份有限公司
正新橡胶中国有限公司
张家港浦项不锈钢有限公司
金华盛纸业(苏州工业园区)有限公司
昆山钞票纸厂
惠氏—百宫制药有限公司
金龙联合汽车工业(苏州)有限公司
昆山统一企业食品有限公司
苏州长甲保健品有限公司
苏州飞利浦消费电子有限公司
苏州爱普生有限公司
江苏省电力公司昆山市供电公司
苏州钢铁股份有限公司
江苏省电力公司吴江市供电公司
江苏省电力公司常熟市供电公司
夏普办公设备(常熟)有限公司
苏州罗技电子有限公司
美宝莲(苏州)化妆品有限公司
通力电梯有限公司
牡丹汽车股份有限公司
德尔福德科电子系统(苏州)有限公司
江苏亨通光电股份有限公司
江苏永鼎股份有限公司
阿迪达斯(苏州)有限公司
利乐包装昆山有限公司
常熟纺织机械厂有限公司
葛兰素史克制药(苏州)有限公司
建大橡胶(中国)有限公司
江苏省电力公司苏州市吴城供电公司
苏州新区高新技术产业股份有限公司
三吉利张家港华宇电力分公司
江苏省烟草公司苏州分公司吴城经营部
特灵空调器有限公司
苏州紫兴纸业有限公司
江苏富士通通信技术有限公司
三得利啤酒(昆山)有限公司
江苏省电信公司苏州分公司
苏州国家高新技术产业开发区望亭发电有限责任公司
江苏省烟草公司苏州分公司
牧田(中国)有限公司
华芳纺织股份有限公司
金红叶纸业(苏州工业园区)有限公司
吴江丝绸股份有限公司
江苏烟草东渡有限公司
苏州金猫水泥有限公司
苏州尚美国际化妆品有限公司
江苏永钢集团有限公司
飞利浦电子(上海)有限公司苏州分公司
江苏省电力公司太仓市供电公司
苏州新港建设集团有限公司
诺基亚(苏州)电信有限公司
艾默生电气(苏州)有限公司
狮王啤酒饮料(苏州)有限公司
江苏省烟草公司张家港市公司
江苏移动通信有限责任公司苏州分公司
阿尔卡特苏州通讯有限公司
樱花卫厨(中国)有限公司
江苏省烟草公司吴江市公司
江苏省烟草公司昆山市公司
江苏国泰国际集团有限公司
昆山华成织染有限公司
苏州东方蛇园有限公司
常熟通润机电有限公司
江苏华尔润集团有限公司
禧玛诺(昆山)自行车零件有限公司
卫材(中国)药业有限公司
信益陶瓷(中国)有限公司
苏州港龙光缆有限公司
苏州迅达电梯有限公司
江苏省烟草公司太仓市公司
天弘(苏州)科技有限公司
安德鲁电信器材(中国)有限公司
苏州松下电工有限公司
常熟松下阪神电器有限公司
东风汽车传动轴有限公司
沪士电子昆山有限公司
苏州东瑞制药有限公司
维益食品(苏州)有限公司
华芳集团棉纺有限公司
苏州苏信铸钢有限公司
苏州松下通信工业有限公司
江苏省烟草公司常熟市公司
昂帝欧纳尔科化学(苏州)有限公司
纳贝斯克食品(苏州)有限公司
江苏方塔烟草有限公司
苏州阿尔斯通开关有限公司
波司登股份有限公司
华丰橡胶(中国)有限公司
好孩子儿童用品有限公司
腾飞新苏置业(苏州)有限公司
苏州胶囊有限公司

2002年度财政收入超收(增长)先进市、区、镇(街道)

(中共苏州市委、苏州市人民政府2003年2月25日表彰)

一、财政收入超收先进市、区

1、财政收入超40亿元

张家港市 昆山市 常熟市

2、财政收入超30亿元

苏州工业园区

3、财政收入超20亿元

苏州高新区·虎丘区 吴江市

4、财政收入超15亿元

吴中区 太仓市

二、财政收入增长先进区

相城区 沧浪区 平江区 金阊区

三、财政收入超亿元镇(街道)

1、财政收入超5亿元镇:

昆山市: 玉山镇

苏州工业园区: 娄葑镇

常熟市: 虞山镇

张家港市: 杨舍镇

2、财政收入超3亿元镇(街道):

昆山市: 陆家镇

苏州高新区·虎丘区: 狮山街道

3、财政收入超亿元镇:

张家港市: 塘桥镇 港区镇 锦丰镇

常熟市: 海虞镇 新港镇 梅李镇 辛庄镇

太仓市: 城厢镇

昆山市: 周市镇 张浦镇 蓬朗镇 花桥镇

吴江市: 七都镇 松陵镇 盛泽镇 芦墟镇

吴中区: 木渎镇 甪直镇 长桥镇

相城区: 元和镇

苏州高新区·虎丘区: 枫桥镇

2002年度苏州市财税工作先进单位

(中共苏州市委、苏州市人民政府2003年2月25日表彰)

苏州市财政局 苏州市国税局 苏州市地税局

2002年度苏州市党政信息工作先进单位、先进个人

(中共苏州市委办公室、苏州市人民政府办公室2003年3月25日表彰)

一、先进单位

特等奖(5个)

常熟市委、市政府办公室
市公安局办公室
张家港市委、市政府办公室
苏州高新区工委、管委会办公室
市交通局办公室

一等奖(15个)

吴江市委、市政府办公室
太仓市委、市政府办公室
昆山市委、市政府办公室
吴中区委、区政府办公室
苏州工业园区工委、管委会办公室
相城区委、区政府办公室
市外经贸局办公室
市信访局办公室
苏州工商局办公室
沧浪区委、区政府办公室
市农林局办公室
金阊区委、区政府办公室
市经贸委办公室
平江区委、区政府办公室
市委宣传部研究室

二等奖(13个)

市财政局办公室
市水利局办公室
市安全局办公室
市劳动和社保局办公室
市委农村工作办公室综合处
市贸易局办公室
市旅游局办公室
市政府驻上海联络处
市人事局办公室
市统计局综合处
市委组织部办公室
市纪委办公室
市政府驻深圳办事处

三等奖(15个)

市总工会办公室
市园林绿化局办公室
市环保局办公室
市审计局办公室
市教育局办公室
市建设局办公室
市政府驻南京办事处
市民政局办公室
市地税局办公室
市国税局办公室
市卫生局办公室
市发展计划委办公室
市委政法委办公室
苏州海关办公室
苏州供电公司办公室

二、先进个人

张 雷 常熟市委办公室
廖亚萍(女) 市公安局办公室
陈 刚 张家港市委办公室
郭翔南 苏州高新区工委、管委会办公室
姜 伟 市交通局办公室
吴伟斌 吴江市委办公室
徐卫强 太仓市委办公室
朱建亮 昆山市委办公室
周钰坪(女) 吴中区委办公室
沈卫奇 苏州工业园区工委、管委会办公室
程 钢 相城区委办公室
吴志伟 市外经贸局办公室
李建平 市信访局办公室
郭璟怡 苏州工商局办公室
朱建春 沧浪区委办公室
陆文明 市农林局办公室
吴为公 金阊区委办公室
郁建东 市经贸委办公室
王 伟 平江区委办公室
韦国岭 市委宣传部研究室
高 隽(女) 市财政局办公室
苗红波 市水利局办公室
袁培德 市安全局办公室
顾万勇 市劳动和社保局办公室
王 纯(女) 市委农村工作办公室综合处
冯国民 市贸易局办公室
徐伟荣 市旅游局办公室
王 俊 市政府驻上海联络处
顾正明 市人事局办公室
卢 宁 市统计局综合处
翁 浩 市委组织部办公室
金晓虎 市纪委办公室
宋志深 市政府驻深圳办事处

苏州市市属国有(集体)企事业单位第一阶段改制先进单位、表扬单位

(中共苏州市委办公室、苏州市人民政府办公室2003年3月26日表彰)

一、先进单位

苏州市粮食局
苏州市建设局
苏州市交通局
苏州市房产管理局
苏州市贸易局
苏州市供销社
苏州建设(集团)有限公司
苏州国际发展集团有限公司
苏州蔬菜集团有限公司
苏州校办工业公司

二、表扬单位

苏州市民政局
苏州市财政局
苏州市市政公用局
苏州市园林和绿化管理局
苏州市市级机关事务管理局
苏州市工业投资发展有限公司
苏州创元(集团)有限公司
苏州恒和投资开发管理有限公司
苏州进出口(集团)有限公司
苏州建筑控股(集团)有限公司
苏州中国国际旅行社(集团)有限公司
苏州风景园林投资发展集团有限公司

2002年苏州市外向型农业工作先进单位和优秀企业

(苏州市人民政府2003年3月28日表彰)

一、外向型农业工作先进市、区

一等奖:昆山市　吴中区
二等奖:太仓市　相城区　吴江市
　　　　张家港市　常熟市
三等奖:苏州工业园区
　　　　苏州高新区·虎丘区

二、农业利用外资先进乡镇、开发区

昆山市玉山镇
昆山市国家农业综合开发现代化示范区
吴中区角直镇
相城区经济开发区
昆山市淀山湖镇
太仓市璜泾镇
吴中区胥口镇
昆山市正仪镇
张家港市沿江经济开发区
吴中区西山国家现代农业示范园区

三、农产品出口优秀企业

张家港市东海粮油工业有限公司
昆山天银香料有限公司
吴江中国华佳集团
吴中区苏州美嘉食品有限公司
太仓梅林食品有限公司
昆山永丰余生物科技有限公司
相城区苏州联合珍珠有限公司
常熟市台太兴业有限公司
相城区祯祥食品有限公司
吴中区苏州蔺安草制品有限公司

苏州市计划生育工作先进集体和先进个人

(中共苏州市委、苏州市人民政府2003年4月14日表彰)

一、先进集体

苏州市区

中共苏州市委宣传部
苏州市财政局
苏州市民政局
苏州市公安局户政处
苏州市母子医疗保健中心(市计划生育指导中心)
苏州市工艺美术集团有限责任公司
苏州市汽车客运有限公司
苏州市合成化工有限公司
苏州市新苏纶纺织有限公司
苏州市东吴丝织厂有限责任公司
苏州市劳动就业服务中心
苏州市迅达电梯有限公司
苏州市苏净集团有限公司
苏州市塑料九厂有限公司
苏州市食品商场

张家港市

杨舍镇
锦丰镇
塘桥镇
凤凰镇
港口镇
三兴镇
南丰镇
港区镇
后塍镇
西张镇
东莱镇
妙桥镇顾家村
鹿苑镇花园村
兆丰镇红明村
大新镇长青村
晨阳镇晨南村
杨舍镇城西街道办事处
张家港市经济贸易委员会
中共张家港市委市级机关工作委员会
张家港市沙洲纺织印染进出口有限公司
张家港市欣欣化纤有限公司

常熟市

王庄镇
东张镇
沙家浜镇
古里镇
虞山镇
莫城镇
海虞镇小圩里村
大义镇中泾村
谢桥镇毛桥村
新港镇留下村
董浜镇永安村
徐市镇智林村

何市镇舍浜村
支塘镇三联村
唐市镇南桥村
梅李镇寨角村
虞山林场三峰管理区
练塘镇居委会
常熟市建设局
常熟市卫生局
常熟市交通局招商城分局
常熟工商行政管理局虞山分局
常熟市公安局虞山分局
常熟华联商厦有限责任公司

太仓市
沙溪镇
陆渡镇
归庄镇
浏家港镇协心村
岳王镇塘桥村
金浪镇新亚村
双凤镇缪泾村
璜泾镇新华村
太仓市计划生育指导站
太仓市妇幼保健所
浮桥镇家庭保健服务所
江苏仓环铜业股份有限公司
太仓苏旺你手套有限公司
太仓市康鹿精毛纺总厂
耐克(苏州)体育用品有限公司
苏州华苏塑料有限公司

昆山市
陆家镇
蓬朗镇
周市镇
周庄镇
陆杨镇
锦溪镇周家浜村
石牌镇环湖村
张浦镇金华村
开发区长江路街道办事处
玉山镇亭林街道办事处
昆山市卫生局
昆山市教育局
昆山市外来人口管理办公室
昆山市计划生育指导站
千灯镇计划生育服务站
捷安特(中国)有限公司
上海汽车齿轮四厂

吴江市
黎里镇
芦墟镇
桃源镇
梅堰镇
铜罗镇
金家坝镇
横扇镇
七都镇
庙港镇
松陵镇清树湾村
盛泽镇前庄村
震泽镇金星村
平望镇联丰村
北厍镇东方村
菀坪镇渔业村
南麻镇下庄村
八都镇建丰村
吴江市卫生局
美欣医用材料(苏州)有限公司

吴中区
角直镇
郭巷镇
长桥镇
木渎镇
东山镇
车坊镇马塔村
渡村镇前秧村
光福镇福利村
西山镇秉常村
龙西街道办事处
蒋墩办事处中心居委会
苏州市公安局吴中分局
吴中区财政局
吴中区农业银行

相城区
望亭镇
北桥镇灵峰村
阳澄湖镇东港村
东桥镇董巷村
黄埭镇春申街道方桥居委会
湘城镇计划生育办公室
苏州市公安局相城分局
相城区陆慕初级中学
苏州市新燕金属材料厂

平江区
观前街道办事处
上海铁路分局苏州站
苏州市口腔医院

沧浪区
双塔街道办事处
江苏省苏州中学校
苏州市第二人民医院

金阊区
虎丘镇新城村
石路街道三乐湾社区居委会
中国高岭土公司

工业园区
跨塘镇
唯亭镇
超微半导体(苏州)有限公司

高新区·虎丘区
通安镇通安村
爱普生有限公司
苏州安泰变压器有限公司

二、先进个人

苏州市区
万为民　毛伟创　王群芳
叶兴蓉　吕　侣　朱建国
许　曦　吴莉莉　陆雯媛
陈家菁　周和建　府采芹
林　英　姚翠娣　洪建康
殷惠红　陶伟民　顾建东
顾海鹏　曹　莹　傅伟勤
焦黎娜　褚天生

张家港市
马仁高　王世明　王泉梅
宋达华　张汉琴　张荣祖
张翠英　杨露言　沈国祥
陆金龙　陈秀英　陈彩娥
周晓宏　季梅宝　姜志红
施芬琴　赵建芬　夏翠凤
徐根法　钱玉红　钱秀玉
顾翠英　黄逸红　葛敏卫
蔡兴华　潘建新

常熟市
丁雪章　边习琴　吕学工
朱忠英　许惠娥　严卫清
何　芬　何玲珍　吴凤华
吴德元　宋建中　张生元
张佩芬　张惠芬　李　中
李阿宝　肖　洁　陈元生
陈正达　陈丽芬　陈惠良
季建炯　殷金华　陶瑞忠
曹国良　蒋国华　蒋金林
蔡美月

太仓市
刘　云　朱建芬　朱勤昌
张俊华　时丽华　李凤英
杨玉芳　沈美华　邵建萍
陆　俊　陆丽梅　陈凤秋

陈文娥 周瑛 金丽萍
倪月芳 徐凤娟 顾文明
顾平建 顾惠珠 曹菊明
黄锦球

昆山市

卞静霞 王金兴 石敏
朱彩英 吴进华 李修昌
李美玲 邵庆华 陆小红
陆雪英 陈玉芳 陈金娣
陈留兴 陈颂新 周三宝
赵松坤 唐小娥 夏小良
夏秧根 徐胡兰 诸敏玉
黄月芬 黄彩英

吴江市

王建平 孙菊萍 吴春芳
张明 张月英 李卫珍
李雪琴 杨金泉 杨黛娣
沈小红 邱美莉 陆爱英
庚国华 范巧林 金银凤
姚惠萍 查佩仙 夏桂根
徐宏 徐兴梅 徐根林
钱文美 屠美华 潘志英

吴中区

朱宏良 朱美华 吴雪珍
张筱梅 杨思吉 陆玉妹
陆振鑫 罗雅芳 金卫国
袁彩娥 袁雪梅 郭祥妹
钱凤珍 高庆凤 黄丽华
龚水玲 蒋翠英

相城区

邢彩珍 严红玲 陈伟生
季吉青 钟春平 唐建珍
夏赵云 徐芬 傅菊珍
葛彩育 韩勤

平江区

王瑾 张高楼 李芸
李骏 袁以新

沧浪区

于玉珍 王玉仙 周家胜
赵晓源 梁枫 潘兰娣

金阊区

匡龙美 宋克俭 张雪萍
周征 葛莹

工业园区

王菁萍 边英 居雪娟
殷明珍 梁兴

高新区·虎丘区

许福荣 杨依群 沈琪
陈鸣 周福男 惠汶
惠建玲

2000~2002年度苏州市劳动模范

（苏州市人民政府2003年4月22日表彰）

张家港市

黄金兰 江苏国泰国际集团有限公司
孙敏彪 江苏牡丹汽车集团有限公司牡丹汽车股份有限公司
蔡小桃 张家港市国际购物中心有限责任公司
潘培根 张家港市益棉纺织有限公司
蒋建平 江苏沙钢集团有限公司焦化厂
徐荣兴 江苏金厦建设集团有限公司第一分公司
吕荣峰 张家港市无线电厂合众汽车部件有限公司
蔡纯锋 张家港市公安局西张派出所
查敏智 张家港市人民检察院
翟晓东 江苏省电力公司张家港市供电公司
周铭 江苏华昌(集团)有限公司张家港市华源化工有限公司
李星 江苏港通路桥集团有限公司
刘晓青 中国工商银行张家港市支行城西路储蓄所
李汉忠 张家港市经济贸易委员会
张玉英 张家港市妇幼保健所
张林高 苏州市张家港工商行政管理局
徐仁华 张家港市国家税务局直属分局
李福高 张家港市第二中学
徐学渊 张家港电视台专题文艺部
吴耀芳 江苏永钢集团有限公司
马仁高 江苏港洋实业股份有限公司
徐仲高 中共张家港市港区镇党委
郁全和 张家港市港区镇长江村
朱罴保 张家港市杨舍镇田垛里村
陈洪法 张家港市天霸氨纶纱线纺织厂
陆文龙 张家港市凤凰镇珠村林艺场
张毅 张家港市塘桥镇经济服务中心

常熟市

汪建明 常熟纺织机械厂有限公司
顾雄斌 江苏通润机电集团有限公司
王佩华 常熟长城轴承有限公司
范恒青 常熟东南塑料有限公司
陶国良 常熟市供水管理处给排水工程安装服务公司
王林保 常熟市江南畜禽食品有限公司
刘俊 江苏常运交通运输集团有限公司
李友余 常熟市东方人造板总厂
周建民 江苏省常熟市生产资料有限责任公司
钱学军 常熟市农村商业银行
赵志新 常熟市纺织品进出口有限责任公司
孙华 江苏省常熟经济开发区管理委员会规划建设局
程翔 常熟市社会福利院
邓一先 常熟市中学
陈波 常熟市第二人民医院
孙英 常熟出入境检验检疫局
张俊良 江苏省电力公司常熟市供电公司古里供电营业所
邵卫东 常熟市电信局
邵力洲 常熟市国家税务局第一管理分局
钱仲华 常熟市公安局新港分局
曹惠良 常熟市粮食局器材库
端木银熙 常熟市农业科学研究所
瞿进达 常熟日报社
王建明 常熟市劳动和社会保障局职业技术培训中心
程卫国 常熟市电力机械厂
陈必亮 江苏银羊电子有限公司
罗小春 常熟市汽车内饰件材料厂
叶永发 常熟市海虞镇汪桥村

黄宗保 常熟市沙家浜镇辛滃村
顾林元 常熟市大义镇小山村
陈美珍 常熟市新港镇太平桥村
缪雪明 常熟市练塘镇练北村
顾根大 常熟市莫城镇言里村
胡木兰 常熟市虞山镇颐养院

太仓市

黄雪贤 太仓市司法局
金 骁 太仓市地方税务局直属分局
华中兴 中共太仓市浏家港镇党委
陈小芳 太仓二棉实业有限公司
朱建平 太仓市公路管理处
徐雪元 太仓市邮政局浏河支局
卢平源 太仓利泰纺织厂有限公司
顾俊明 太仓市第一人民医院
苗长广 江苏省太仓高级中学
季喜平 太仓市水利勘测设计研究所
沈艳萍 太仓市公安局沙溪派出所
陈桂平 太仓市浮桥镇光明村
周兴元 太仓市双凤镇兴隆肉鸭制品厂（养殖合作社）
张金元 太仓市鹿河镇农业技术推广站
朱云娥 太仓市城厢镇电站村
李 勃 太仓市岳王镇生产经营管理站

昆山市

陈玉英 昆山统一企业食品有限公司
沈 超 江苏省昆山市航道管理处
朱正熙 昆山锦港实业集团公司
张帼英 昆山震川高级中学
徐进康 昆山市中医医院
张敏勇 昆山市煤气公司
高 敏 昆山市广播电视台网络中心
谢正荣 昆山市农业技术推广中心作栽站
陈 瑾 昆山商厦股份有限公司
凌 龙 江苏省电信公司昆山市电信局
叶小巧 昆山市玉山镇大同村
沈建珍 正新橡胶(中国)有限公司
陆建新 昆山市张浦镇南姚村
徐惠芬 星光树脂制品(昆山)有限公司
王建华 昆山市曼氏香精有限公司
夏扣林 昆山市创新五金电机厂
顾振华 昆山市新月富服饰有限公司
廖政景 富士和机械工业(昆山)有限公司
孙 静 昆山市中大模架有限公司
王志龙 昆山市建设工程质量检测中心
汤海林 昆山市中华园街道群益社区
朱永明 昆山市公安局城中派出所
赵学林 昆山海关
张燕超 昆山市交通局
张伟刚 中共昆山市巴城镇党委
吴万韬 昆山市水利建筑安装工程公司

吴江市

盛建明 吴江丝绸股份有限公司辽吴纺丝分厂
戎江麟 吴江丝绸股份有限公司盛泽热电厂
王志强 标准缝纫机苑坪机械有限公司
王步奎 苏州九龙电缆有限公司
查火根 吴江电热电器厂
孙根荣 吴江市殡仪馆
凌海兴 上海凹凸彩印厂吴江分厂
杨红娟 吴江市环球绣服有限公司
顾雷鸣 吴江市地方税务局
何文干 吴江市第一人民医院
徐 黎 苏州海关驻吴江办事处
邱 悦 吴江市人民检察院反贪污贿赂局
杨勇诚 吴江市梅堰中学
莫林弟 江苏永鼎股份有限公司
仓福明 吴江市恒立水泥有限公司
徐天平 吴江科林集团有限公司
蒋丽娟 吴江市房地产管理处
陈玉官 吴江市创新纺织有限公司
李森林 吴江市新申绢纺织造制衣有限公司
朱毛根 吴江市松陵镇西联村(朱毛根联合体)
颜建芳 吴江市桃花源绿化工程公司
崔金根 吴江市七都镇群幸村
陈瑞荣 吴江市芦墟镇莘南村
李福安 吴江市苑坪镇新湖村

吴中区

周维男 苏州市吴中区公路管理处木渎养护工区
顾美春 苏州福斯迈纺织有限公司
黄伟达 江苏鑫达机械有限公司
苏 幸 苏州林通染料化工有限公司
张家栋 江苏华新建设工程集团公司横泾分公司
李建邡 江苏省木渎高级中学
杨素珍 苏州市吴中区社会福利院
张建元 苏州市顺天行电器有限公司
姚建林 江苏吴中实业股份有限公司
范永齐 江苏省吴中经济技术发展总公司
邱福来 苏州福莱特针织服饰有限公司
蔡育琴 苏州市吴中区东山镇晨光村
林福元 苏州市吴中区长桥镇新北村
彭 勇 苏州市吴中区车坊镇朝前村
沈秧生 苏州市吴中区角直镇大库村

相城区

方国强 苏州市相城区桥梁管理处
施炳根 苏州市吴中硅钢有限公司
王金生 苏州市相城区林业站
王根法 苏州市相城区元和给排水安装工程队
杨洪根 苏州朗力福保健品有限公司
陆宜楠 苏州市相城区黄桥镇方浜村
潘如松 苏州市相城区东桥镇汤中村
黄海云 苏州市蠡口热电厂
顾秋根 苏州市相城区黄埭中学

平江区

马金林　苏州市平江清洁服务有限公司
刘建军　苏州市平江区桃坞街道办事处
费小林　苏州市口腔医院
赵建华　苏州市平江区人民检察院
嵇　麟　苏州市平江实验学校

沧浪区

卫金明　苏州市沧浪区绿化工程队
陈建斌　中共苏州市沧浪区胥江街道工作委员会
陈建兰　苏州市沧浪区二郎巷社区居民委员会
王　晔　苏州市平直中心小学校
徐园芳　苏州长恒服饰有限公司

金阊区

江露漪　苏州胜柏纸品有限公司
戴丽华　苏州市金阊区留园街道新庄农贸市场
陈竹青　苏州市金阊区彩香一村第二幼儿园
包国山　江苏苏州包国山律师事务所
张琴琴　苏州市金阊区民政局
吴宇明　苏州市石路国际商城有限责任公司

工业园区

张　援　苏州大学附属中学
李成春　三星电子(苏州)半导体有限公司
金大妹　苏州工业园区唯亭镇阳澄湖村
包建明　苏州工业园区娄葑镇团结村
冯正功　苏州工业园区设计研究院
孙静霞　苏州工业园区经济贸易发展局
王俏骊　苏州工业园区海关
周金泉　苏州工业园区工商行政管理局三分局
陶霞萍　苏州工业园区国家税务局
王小林　苏州工业园区地方税务局

高新区·虎丘区

陈屏华　苏州福田金属有限公司
陈继无　苏州日本电波工业有限公司
夏剑华　苏州高新区机关事务管理处
罗　峻　苏州高新区新世纪建设监理有限公司
何永男　苏州市东凯园林绿化有限公司
卞齐根　苏州高新区浒墅关镇下山村
缪义根　苏州高新区狮山街道金庄村
王勋辉　苏州中化药品工业有限公司
纪向群　苏州高新区经济发展集团总公司
时学勤　苏州市虎丘区人大城建环保工委
蔡　明　江苏省苏州实验中学

中小企业局

王亚芳　苏州市凯达房地产发展有限公司
龚建新　苏州市中环纺机集团有限公司
朱　云　苏州市莱德纺化有限公司
汪利明　苏州市洞庭山天然矿泉水有限公司
钟小妹　苏州市蓝天美洁服务有限公司

创元集团

陈锦魁　苏州铸件厂
巫　蓉　苏州仪元科技有限公司开关分厂
钱　敏　苏州迅达电梯有限公司
周鑫强　江苏苏净集团有限公司苏州净化空调系统设备安装有限公司
沈晨雁　苏州一光仪器有限公司电子分公司
张明龙　东风汽车传动轴有限公司苏州汽车配件分公司

工投公司

徐蓓华　苏州工业园区新苏纶纺织有限公司“汪兰英”小组
陈光明　苏州东吴丝织厂有限责任公司
言鑫伟　苏州三和纺织机电(集团)公司第三纺织机械厂
钱建兴　苏州宝化炭黑有限公司
任孝通　苏州塑料九厂有限公司
杨学召　苏州南新水泥有限公司
陈玉兴　苏州工业园区苏扬制皂有限公司
袁建新　苏州医药集团有限公司苏州第一制药厂
陈关达　苏州民族乐器一厂有限公司
吴响群　江苏苏钢集团有限公司炼铁厂
钱霖涵　江苏化工农药集团有限公司苏州苏化进出口有限公司
潘文渊　苏州精细化工集团有限公司
吴晓松　苏州飞利浦消费电子有限公司

部省属企业

潘兆廷　江苏省地矿局第四地质大队
陈海斌　望亭发电厂
沈国荣　苏州长风有限责任公司军品研究所
王剑鸣　张家港港务局港埠作业区
孟继跃　宝钢集团苏州冶金机械厂总装分厂
李　卫　昆山钞票纸厂
许　强　苏福马股份有限公司

交　通

钱金龙　江苏省苏州市公路管理处(苏州市公路路政支队)
刘　强　苏州市路达交通工程咨询监理有限公司
周建光　苏州交通工程集团公司
陈月妹　苏州汽车客运有限公司汽车客运总站汽车北站
丁志农　苏州市航道管理处
宋少华　苏州市高速公路建设指挥部
张　兵　苏州市沿江高速公路建设指挥部

建　设

王殿宽　苏州市市政建设管理处
肖　锋　苏州市城市管理行政执法局
李长生　苏州建设集团建筑安装分公司
董建军　苏州建设集团一成建设分公司
张元春　江苏苏州第一建筑工程集团公司
祝　虹　江苏苏州第二建筑工程集团公司
莫庆源　苏州市环境监测中心站
孟少文　苏州市建筑构配件工程公司

市政公用

沈小弟　苏州市市政设施管理处

顾玉琴　苏州市公共交通公司
尹协繁　苏州市路灯管理处

园林和绿化

谢一中　苏州古典园林建筑公司

旅　游

刘　剑　苏州中国国际旅行社

外经贸

邵子燕　江苏中外运有限公司苏州分公司
刘国梁　苏州恒生进出口有限公司

贸　易

储敏慧　苏州采芝斋食品有限公司
李　忠　苏州人民商场股份有限公司进出口分公司
邹丽华　苏州工业品商场购物中心
曹　健　苏州市商业技工学校

物资控股

陈利民　苏州物资控股(集团)有限责任公司

国发控股

冯鹤春　苏州信托投资有限公司

卫　生

姜　忠　苏州大学附属第二医院
朱传武　苏州市第五人民医院
王孝芳　苏州市母子医疗保健中心
滕臣刚　苏州市疾病预防控制中心
吴鉴功　苏州市中医医院
邵正才　苏州市第四人民医院

政　法

何绪文　苏州市公安局刑警支队
徐亦文　苏州市司法局
严文龙　苏州市普济医院

科　研

蔡　建　苏州非金属矿工业设计研究院

教　育

陈林森　苏州大学信息光学工程研究所
吴健荣　苏州科技学院
沈中城　苏州市职业大学
郑思源　苏州市第四中学校
陈　琳　苏州市第三十中学校
李小和　江苏省苏州幼儿师范学校
陈焕生　江苏省新苏师范学校附属小学
段建伟　苏州市招生工作委员会办公室

金　融

魏　军　中国人民银行苏州市中心支行
孙小波　中国工商银行苏州市吴中支行
魏振芳　中国农业银行苏州市吴中支行
刘佳珍　中国银行苏州市金阊支行营业部
张建新　东吴证券有限责任公司常熟颜港证券营业部

农　口

杨维龙　苏州市阳澄湖渔政管理站
许才康　苏州市农业科学研究所
叶公健　苏州市排水管理处
张文在　苏州市食用油脂有限公司

宣　传

曲雄伟　苏州文化国际旅行社
王　芳　江苏省苏州昆剧院
王卫萍　苏州市广播电视总台东吴广电中心生活资讯频道
余宽强　苏州日报社苏州报业广告公司

市级机关

郭文俊　苏州市体育运动学校
周　燕　江苏省女子举重队
王金福　中共苏州市委市级机关工作委员会
王秋英　苏州市市级机关民治路幼儿园
吴森明　苏州出入境检验检疫局吴县办事处
孙家元　苏州市发展计划委员会
朱建强　苏州市财政局

工　商

严文球　江苏省苏州工商行政管理局

国　税

翁和松　苏州市国家税务局二分局

地　税

樊木根　苏州市地方税务局

供　电

陆　晓　江苏省电力公司苏州供电公司

邮　政

王林伟　苏州邮政局储汇分局

电　信

俞　桦　江苏省电信公司苏州分公司

2002年度苏州市农业龙头企业工作先进单位和优秀农业龙头企业

（苏州市人民政府2003年5月9日表彰）

一、先进单位

一等奖

常熟市　太仓市　相城区　张家港市

二等奖

昆山市　吴江市　吴中区　苏州高新区·虎丘区

二、优秀企业

1. 综合优秀奖

苏州市牛奶公司
吴江太湖农业发展有限公司
苏州市江南春食品有限公司

2. 规模发展奖

江苏隆力奇集团有限公司
江苏梁丰食品集团公司

3. 最佳效益奖

苏州朗力福保健品有限公司
相城区阳澄湖奶业有限公司

4. 外向开拓奖

上海梅林太仓食品有限公司

5. 辐射带动奖

太仓广东温氏家禽有限公司
张家港市果品副食品交易市场

苏州市先进基层党组织、优秀共产党员、优秀党务工作者

（中共苏州市委2003年6月16日表彰）

一、先进基层党组织

张家港市

江苏沙钢集团公司党委
江苏国泰国际集团有限公司党委
张家港市杨舍镇党委
张家港市锦丰镇党委
东海粮油工业(张家港)有限公司党支部
张家港市江苏牡丹汽车股份有限公司党总支
张家港市无线电厂党总支
张家港市南丰镇永联村党委
张家港市港区镇长江村党委
张家港市卫监所、疾控中心联合党支部

常熟市

常熟市虞山镇党委
常熟市建设局党委
常熟市供电公司党委
常熟市市委办公室党支部
江苏常熟经济开发区党工委机关党支部
常熟市白茆镇康博村党支部
常熟市辛庄镇常南村党总支
常熟市练塘镇常兴村党总支
江苏旋力集团党委
常熟纺织机械厂有限公司党委
常熟市疾病预防控制中心党支部

太仓市

太仓市城厢镇党委
太仓市璜泾镇党委
太仓市陆渡镇横沥村党总支
太仓二棉实业有限公司党委
江苏香塘集团党总支
太仓市市级机关党委
江苏省太仓高级中学党总支
太仓市卫生局党委

昆山市

昆山市玉山镇党委
昆山市陆家镇党委
昆山市交通局党委
昆山锦港集团党委
昆山经济技术开发区外商投资企业党委
昆山市石浦镇石浦村党支部
昆山市淀山湖镇安上村党支部
捷安特(中国)有限公司党支部
昆山市疾病预防控制中心党支部

吴江市

吴江市松陵镇街道党工委
吴江市公安局盛泽镇分局党总支
吴江市震泽中学党支部
吴江市桃源镇供电所党支部
吴江市七都镇群幸村党支部
吴江市黎里镇黎锋村党支部
吴江市创新公司党支部
苏州市同信彩色金属板有限公司党支部
吴江市第一人民医院党总支

吴中区

苏州吴中经济开发区党工委
苏州市吴中区长桥镇党委
苏州市吴中区横泾镇尧南村党支部
三洋家电(苏州)有限公司党支部
江苏吴中集团公司党委
江苏省木渎高级中学党总支
苏州市吴中区卫生局机关党支部

相城区
苏州市相城区元和镇党委
苏州市相城区渭塘镇渭西村党总支
苏州市相城区北桥镇庄基村党支部
江苏江南高纤股份有限公司党委
苏州市相城区卫生防疫站党支部

平江区
苏州市平江区金门街道通和社区党总支
苏州市公安局平江分局苏锦派出所党支部
苏州市平江区卫生防疫站联合党支部

沧浪区
苏州市沧浪区公园街道党工委
苏州市沧浪区人民检察院党支部
苏州市沧浪区卫生局党总支

金阊区
苏州市金阊区石路街道党工委
苏州市金阊区虎丘镇虎丘村党委
苏州市石路国际商城有限责任公司党总支
苏州市金阊区卫生防疫站党支部

工业园区
诺基亚(苏州)电信有限公司党支部
苏州工业园区招商局党支部
苏州工业园区地产经营管理公司党支部
苏州工业园区疾病防治中心党支部

苏州高新区·虎丘区
苏州新港建设有限公司党总支
王子制纸妮飘(苏州)有限公司党支部
苏州松下电工有限公司党支部
苏州高新区·虎丘区枫桥镇毛家村党支部
苏州高新区·虎丘区卫生防疫站党支部

市级机关党工委
苏州海关机关党委
苏州工商行政管理局机关党委
苏州市人民政府外事办公室机关党支部
苏州市公安局刑警支队第四党支部
苏州市房地产监理处党支部
苏州市职业技术培训中心党支部
苏州市公安局文化保卫处党支部
苏州市旅游局机关党支部

市直属机关及事业单位
苏州市歌舞团党支部
苏州市第二十四中学校党支部
苏州市实验小学校党支部
苏州市中医医院党委
苏州市卫生学校党委
苏州市第二人民医院党委
苏州日报社第十党支部
苏州市广播电视总台电台党总支
苏州市拙政园管理处党支部
苏州市公共交通公司党委
苏州市路灯管理处党支部
苏州汽车客运有限公司党委
苏州市交通局机关党委
苏州市运输管理处党总支
苏州市水产养殖总场党总支
苏州人民商场股份有限公司党委
苏州得月楼菜馆党支部
苏州市食用油脂有限公司党支部
中化江苏苏州进出口公司党支部
苏州市水利局排水管理处党总支

工投公司
江苏化工农药集团有限公司党委
苏州精细化工集团有限公司党委
苏州飞利浦消费电子有限公司党委
江苏苏钢集团有限公司炼钢厂党总支

其他企业集团公司
江苏苏净集团有限公司党委
苏州市胥城大厦党支部
苏州松下系统科技有限公司党支部
江苏苏州第一建筑工程集团公司党委
苏州市外事旅游车船公司党总支
苏州燃料总公司党委
苏州市果品食杂有限公司党委
苏州信托投资有限公司党支部
苏州恒祥进出口有限公司党支部

高等院校
苏州大学附属第一医院第一党支部
苏州大学化学化工学院党委
苏州大学附属儿童医院第二党支部
苏州科技学院历史与社会学系党总支
常熟高等专科学校机关党总支
苏州市职业大学实用外语系党支部
苏州工艺美术职业技术学院视觉传达系党支部
苏州农业职业技术学院第九党支部

部省属单位
苏州邮政局园区分局党支部
江苏省电信公司苏州分公司线路维护安装中心党支部
苏州供电公司输变电检修部党总支
苏州长风有限责任公司军品研究所党支部
宝钢集团苏州冶金机械厂辊类分厂党支部
望亭发电厂检修公司电气党支部
江苏常熟发电有限公司发电部党支部
张家港港务局港埠作业区机械队党支部

二、优秀共产党员
张家港市
沈文荣 陆 昕 郑国祥 童扣林 黄 尧
秦大乾 吴勤良 曹国才 董 华 戚 亭
郭喜良 于广群 陈 健 吴栋材 陈兰清

陆建新 朱建良 袁伟民 施正良 郭照相
孙永华 徐志贤 吴建明 黄 杨 王永志
蒋健民 李玲娟 黄建明 谢宝元 许掌法

常熟市

常德盛 钱月宝 罗小春 艾良保 濮根法
朱兴根 杨建凡 王建明 范建刚 夏一鹏
张保岐 王柏兴 唐春潮 姚士清 薄俊生
金曾豪 钱永明 刘保华 奚 坚 姚 震
袁虎保 程东标 朱振家 朱周凯 殷东宝
宗有威 黄延飞 何永华 陆文良 瞿召龙
沈瑞良 赵 超

太仓市

张连兴 高强东 张耀明 邱震德 周健慧
龚士高 张忠平 周伟忠 胡敏全 王志康
丁明权 王德林 邱桂生 朱大宝 徐贻民
金 骁 沈艳萍 张金元 戴 干 潘湘涛

昆山市

沈晓明 王金兴 沈华飞 屈玲妮 沈立新
戴华方 姚惠元 张雪桥 张月林 王文元
沈世生 潘连兴 周廷扣 王成龙 林昭明
陈长根 朱 敏 秦 峻 周惠明 陆菊方
王道伟 夏友良

吴江市

潘国明 茆通明 谭逢林 孟建根 朱学强
曹金根 徐大建 顾小弟 姚敏珠 俞瑞雪
庄永祥 唐觉民 简新波 潘四弟 沈春兴
屠文焕 陈鸣其 徐志才 张建华 戴学良
吴宝昌 惠永乐 何文干 钮 舲 施铁明

吴中区

邱云根 沈秧生 陈建根 居火男 沈海林
杨会男 许德铭 黄伟良 钱正明 王 龙
方荣生 陆为民 沈建新 陈 健 沈忠祥
周忠贤 徐彦同 沈庆华

相城区

曹龙海 周文平 高兴元 李肖白 王学兵
殷林根 朱金德 吴金根 徐菊根 胡巧根
陆建平 李志强 张春明

平江区

周忆忆 吴经邦 张晓春 陈国雄 沈 滇
安 钢

沧浪区

虞 伟 黄国荣 顾仲良 仇菊香 梁 红
黄 清 王 曦

金阊区

王晓文 陈 威 马永达 叶 峰 华克家
王依群

工业园区

郁才根 郑 玉 侍 杰 张 萍 沈 臻
刘和元 顾全龙 谢易涵

高新区·虎丘区

谷 光 李 铭 倪觉明 张文娟 董小英
瞿建华 邵伯仙 郁建芳 仇伟忠 张福康

市级机关党工委

罗沈福 朱文瑞 徐雪坤 高国石 李 东
顾惠娟 陆福观 王一凡 王巧林 吴绳武
陈永福 陈建荣 须陈导 李 锋 陈剑平
邹清和 仇文忠 王荣华 吴 昊 叶 菲
邵祖良

市直属机关及事业单位

周庆祥 徐永发 李 杰 王 红 张曾明
蒋凤娟 杜伟金 崔冬霞 任伯良 陈淑兰
徐利浩 张 宏 倪川明 朱传武 蒋晓波
陈 莉 夏欣才 郑伟成 彭若男 王丽君
沈思娴 曹南平 汤爱华 胡 鸿 夏孝华
周建华 陶关生 周敬宇 王子林 陆雪荣
顾慧钰 罗宁凡 季志伟 沈 佶 姚建雄
陈 红 郭根林 曹小石

工投公司

顾 宏 石 磊 陈伯生 吴敏民 曹建元
居绍建 刘永兰 薛建荣 周 杰 赵坤荣
范德芳 曹 炀 陈培珍

其他企业集团公司

于 逸 戚德威 顾丽萍 蔡文俊 江伯恩
李建华 赵伟英 薛 勤 史建华 叶声静
朱文俊 闵文军 韦 忠 汪玲玲 周家胜
徐卫华 任少华

高等院校

顾明高 沈 琪 朱巧明 黄建安 洪小苏
张建华 陆琦华 何 清 谢道政 胡志巍
丁晓原 陈 雁 马 华 华景清

部省属单位

陈冬生 贲湘慧 夏 峰 俞燕兵 府 蓉
邢新强 陈志标 孙东生 宋伟明 陈振云
吕国强 徐振宇 徐进国 孙纪伟 张伟忠
徐 平 刘建军 陈俊华 李建华 陈晓青

三、优秀党务工作者

张家港市

张学军 顾兴达 季梅宝 王永良 卢惠兴
刘一平 陈 飞 黄 斌 庞 曦 詹亚军

常熟市

张生元　张　汀　董　萍　徐宝芬　叶永发
袁祖成　杨春祥　赵钧玉　陆仁华　丁雪章

太仓市

陆　俊　朱永刚　朱伟农　曹　平　李品福
仇士良　陈宝球

昆山市

杜立新　徐文华　顾阿雨　张勤芳　许明生
顾春明　季兆祥　吕祖阳

吴江市

吴佩英　吴惠鑫　李森林　吴娟英　沈志诚
沈　宇　庞志明　范新巍

吴中区

华　康　黄　敏　陆育新　顾文龙　刘克明
崔金水

相城区

潘春华　黄凤根　杨根福　张祥元

平江区

朱耀忠　吴政伟

沧浪区

虞掌玖　梅建平

金阊区

张浩清　陆燕萍

工业园区

计伟先　周大中

苏州高新区·虎丘区

杨全葶　周振海

市级机关党工委

周吕呈　宗序明　马银康　程　勇　唐小枫
陈国桢　赵　琳　张晓莲　诸晓春

市直属机关及事业单位

陈学锋　倪振民　华　丽　陆丽萍　沈先荣
陈嘉民　陆　菁　张伟法　周才广　徐承祥
许国良　倪兴铭　蒋宗鸿　沈　怡　黄致和
徐子钧　俞之熹

工投公司

沈伟民　翁以礼　刘　欣　华吉毅

其他企业集团公司

冯关福　郎　坚　魏根福　吴建伟　蔡中源
俞逢仁　杨　莉　肖　虹

高等院校

王　尧　程积春　何水大　曹毓民　孟蓓琪
戚建良　梁全德　陈　敏　朱伟方

部省属单位

周一德　邢碧苇　张　音　沈幼佩　陈凤兰
金本荣　严庆棠　张家平　吴国庆　薛广良

2000～2002年度苏州市信访系统先进集体和先进个人

(中共苏州市委、苏州市人民政府2003年6月24日表彰)

一、先进集体

中共苏州市纪律检查委员会、苏州市监察局
中共苏州市委组织部
苏州市人事局
苏州市劳动和社会保障局
苏州市建设局
苏州市城市管理局
苏州市中级人民法院立案庭
苏州市人民检察院控告申诉检察处
中共苏州市委宣传部办公室
苏州市经济贸易委员会办公室
苏州市教育局办公室
苏州市公安局信访处
苏州市民政局办公室
苏州市国土资源局法规监察处
苏州市市政公用局路灯管理处
苏州市房产管理局办公室
苏州市交通局办公室
苏州市水利局办公室
苏州市文化广播电视管理局办公室
苏州市卫生局医疗事故争议调解办公室
苏州市环境保护局环境监察支队
苏州市物价局检查分局
苏州市园林和绿化管理局办公室
苏州日报社通联处
苏州创元(集团)有限公司综合部
苏州市总工会法律工作部
苏州市残疾人联合会群宣维权处
江苏省苏州工商行政管理局办公室
江苏省电信有限公司苏州分公司综合管理部
江苏省电力公司苏州供电公司总经理工作部
中国华电集团公司望亭发电厂办公室
张家港市人民检察院
张家港市国土资源局
张家港市交通局
张家港市后塍镇人民政府
张家港市杨舍镇人民政府
常熟市信访局
常熟市农林局
常熟市劳动和社会保障局
常熟市王庄镇人民政府
常熟市练塘镇人民政府
常熟市虞山林场
太仓市信访局
太仓市经济贸易委员会
太仓市公安局
太仓市劳动和社会保障局
太仓市沙溪镇人民政府
昆山市信访局
昆山市国土资源局
昆山市周庄镇人民政府
昆山市玉山镇人民政府
吴江市人民法院
吴江市环境保护局

吴江市北库镇党委
吴江市桃源镇人民政府
吴中区信访局
吴中区胥口镇人民政府
相城区劳动和社会保障局
相城区元和镇人民政府
平江区信访局
平江区观前街道办事处
平江区娄门街道办事处
沧浪区信访局
沧浪区建设局
金阊区信访局
金阊区石路街道办事处
苏州工业园区娄葑镇人民政府
苏州工业园区胜浦镇人民政府
苏州高新区·虎丘区枫桥镇人民政府
苏州高新区·虎丘区横塘镇人民政府

二、先进工作者
市级机关、直属单位、企业
陈德昌　闫鸿泰　倪丽娟　李福新
高定霞　陈　臻　薛其衍　罗小青
潘凤新　顾菊英　朱建英　华丽萍
龚　征

张家港市
戚　亭　高忠民　陆继良　顾洪玉

常熟市
任爱萍　徐婷婷　高剑龙　杨建明

太仓市
张永涛　曹宏杰　龚佩芬　王雪源

昆山市
徐炳根　宋林兴　邹惠龙　马建良

吴江市
陈凤兰　孙根林　沈水林　陈文华

吴中区
顾火泉

相城区
万年春

平江区
吴佳康

沧浪区
赵　忠

金阊区
王根寿

苏州工业园区
徐建东

苏州高新区·虎丘区
夏成明

苏州市见义勇为先进分子

（苏州市人民政府2003年6月30日授予）

倪敏康　黄金元　高文新　邢协新　张天明

苏州市阳澄湖网围整治工作先进集体和先进个人

（苏州市人民政府2003年7月1日表彰）

一、先进集体
常熟市沙家浜镇人民政府
昆山市巴城镇人民政府
昆山市正仪镇渔业村
相城区农业发展局
相城区阳澄湖镇人民政府
相城区湘城镇人民政府
相城区渭塘镇人民政府
相城区太平镇渔业村
工业园区地方发展局
工业园区跨塘镇人民政府
苏州市阳澄湖渔政管理站
苏州市公安局水上分局娄江派出所

二、先进个人
常熟市：（3人）
谢阿生　沙家浜镇党委副书记
徐澍中　（原）唐市镇副镇长
唐寿良　（原）唐市镇渔业村书记

昆山市：（3人）
王炳良　巴城镇党委副书记
王建芳　正仪镇副镇长
刘雪龙　正仪镇渔业村书记

相城区：（7人）
施东生　阳澄湖镇人大主任
项菊根　太平镇党委副书记
徐志江　湘城镇副镇长
金瑞良　渭塘镇副镇长
庞金弟　元和镇党委副书记
陆福元　太平镇渔业村书记
高荣根　湘城镇渔业村主任

工业园区：（4人）
陈荣泉　娄葑镇副镇长
顾福康　跨塘镇纪委书记
沈巧凤　唯亭镇副镇长
钱少华　唯亭镇渔业村书记

苏州市级机关：（13人）
姜忠坚　市农林局法规处处长
杨维龙　市阳澄湖渔政管理站站长
钟卫东　市阳澄湖渔政管理站
许全官　市阳澄湖渔政管理站
孙建根　市阳澄湖渔政管理站
陆雪荣　市阳澄湖渔政管理站
严金虎　市阳澄湖渔政管理站
徐开南　市阳澄湖渔政管理站
张林根　市阳澄湖渔政管理站
蒋海东　市阳澄湖渔政管理站
徐　浩　市公安局水上分局娄江派出所所长
刘　尧　市阳澄湖公安警务站
王先平　市阳澄湖公安警务站

苏州市防治非典型肺炎工作先进集体和先进个人

（中共苏州市委、苏州市人民政府2003年7月10日表彰）

一、先进集体

张家港市卫生局
张家港市交通局
常熟市疾病预防控制中心
常熟市公安局
太仓市疾病预防控制中心
太仓市沙溪镇人民政府
昆山市非典型肺炎防治工作指挥部
昆山市卫生局
昆山市公安局
吴江市卫生局
吴江市公安局交巡警大队芦墟中队
吴中区疾病预防控制中心
相城区黄埭镇非典防治工作领导小组
平江区卫生局
沧浪区卫生防疫站
金阊区白洋湾街道办事处
苏州工业园区胜浦卫生院
苏州高新区社会事业局
苏州市卫生局
苏州市财政局
苏州市教育局
苏州日报社
苏州市疾病预防控制中心
苏州市行业卫生促进会
苏州市广播电视总台行政事务中心
苏州大学校医院
江苏宁沪高速公路苏州管理处

二、先进个人

徐凤琪　赵克平　钱月宝　王祖明
徐　韬　浦永兰　朱士新　陆益民
王　巍　杨其根　方泰康　卫炳生
李枫德　葛宇红　汪雪生　郎菊明
时雪龙　王荣华　黄志学　郭新建
许晓文　魏宝林　胡承伟　蒋　勇
严则文　缪　源　甘建和　傅绍良
赵秀萍　黄志强　张　恒　丁乔华

“8.02”专案奖励名单

（苏州市人民政府2003年7月25日奖励）

一、记集体二等功

“8.02”专案组

二、记个人二等功人员

吴其敏　吴江市公安局副局长
陈清华　吴江市公安局经侦大队大队长
施其荣　吴江市公安局经侦大队副大队长
于旭刚　吴江市公安局驻地税办主任
岳伟忠　吴江市公安局经侦大队一中队副中队长
曹建国　苏州市公安局经侦支队副支队长
黄永金　苏州市公安局经侦支队五大队副大队长

记二等功人员名单

（苏州市人民政府2003年8月29日奖励）

王伟华　吴江市盛泽镇财政所
沈杉楠　吴中区甪直镇财政所
王剑明　昆山市玉山镇财政所
徐根林　苏州市吴中工商局木渎分局
邵福根　苏州市常熟工商局
施广建　苏州市张家港工商局塘桥分局
邱家根　苏州市昆山工商局城北分局
肖玉琪　苏州市畜牧兽医站
朱洪莲　苏州市林业站
蒋小弟　苏州市农林局
黄雪球　苏州市水利(水务)局

“为苏州城市建设立新功”先进集体和先进个人

（苏州市人民政府2003年9月4日表彰）

一、先进集体

苏州市平江区建设局
苏州市平江动迁服务部
苏州市沧浪区友新街道办事处
苏州市沧浪区建设局
苏州市山塘历史文化保护区发展有限责任公司
苏州市金阊区建设局
苏州市纪委、监察局执法监察室
苏州市公安局
苏州市国土资源局土地利用处
苏州市财政局
铁道部第一工程局桥梁工程处
中铁十八局集团二公司
上海耿耿市政工程有限公司
苏州市市政工程设计院有限责任公司
苏州市人民政府城市房屋拆迁管理办公室
苏州市建设工程招标投标办公室
苏州市测绘院有限责任公司
苏州市市政公用局
苏州市环境卫生管理处
苏州市路灯管理处
苏州市房地产监理处

苏州市城市管理局(城市管理行政执法局)
苏州市交通局
苏州市高速公路建设指挥部
苏州市公路管理处
苏州市一级公路建设指挥部
苏州市交通工程质量监督站
苏州市排水管理处
苏州城市建设投资发展有限公司
中铁二十局集团第一工程有限公司
上海铁路建设(集团)有限公司
江苏华宁交通工程咨询监理公司
苏州第二建筑工程集团公司
苏州燃气集团有限责任公司
苏州市绿化管理站
苏州园林设计院有限公司
苏州园林发展股份有限公司
苏州市环境保护局开发建设环境管理处
中铁一局集团三公司觅渡桥项目经理部
苏州市市政设施管理处
苏州市人防办公室工程技术处
苏州市土地储备中心安置补偿科
江苏省电力公司苏州供电公司
江苏省电信有限公司苏州分公司资源调配建设部
苏州邮政局后勤保障部
苏州日报社

二、先进个人

张义新　苏州市平江区建设局
范宝根　苏州市平江区城市管理局
程于民　苏州市平江动迁服务部
柴束铭　苏州市观前建设开发有限公司
虞　伟　中共苏州市沧浪区府前街道工作委员会
戴　飞　苏州市沧浪区人民政府公园街道办事处
徐福民　苏州市沧浪区人民政府房屋动迁办公室
颜维强　苏州市沧浪区建设局
董洪贵　苏州市金阊商业房地产开发有限公司
赵胜荣　中共苏州市金阊区白洋湾街道工作委员会
徐荣良　苏州市新星房地产开发有限公司
朱　迪　苏州市金阊区城市管理局
李桂荣　苏州市纪委、监察局执法监察室
朱连根　苏州市公安局沧浪分局巡逻大队
周红硕　苏州市公安局交通巡逻警察支队
徐向东　苏州市公安局金阊分局白洋湾派出所
王根龙　武警苏州市消防支队
戴孟初　苏州市公安局平江分局巡逻大队
陈志龙　苏州市国土资源局土地交易中心
严新东　苏州市国土资源局
沈　璐　苏州市财政局
夏传金　苏州市财政局
浦　江　苏州市建设局
朱征平　江苏华宁交通工程咨询监理公司
朱明辉　上海铁路建设集团有限公司
张　俭　苏州市建设工程质量监督站
盛剑文　苏州市建设工程交易中心
郭晓方　苏州市城市监察支队
李长江　中铁十九局集团苏州南环高架快速路项目部
陆鑫宝　苏州市市政设施管理处
许　维　苏州市建设局
杨菊明　苏州市市政建设管理处
魏　惠　苏州市市政建设管理处
侯智慧　苏州建筑业安全监督站
施　旭　苏州市规划局
姜　伟　苏州市规划局
沈德兴　苏州新发市政公用发展有限公司
陈　斌　苏州姑苏市政工程有限公司
周炳发　苏州市路灯管理处
刘关明　苏州市市政工程有限公司
沈小弟　苏州市市政设施管理处
张　涛　苏州市市政公用局
彭涌湖　苏州市房地产管理局
邬梅珍　苏州市白蚁防治管理处
陈金荣　苏州市城市管理局机动督查大队
张　洪　苏州市城市管理局直属执法大队
徐巧元　苏州市交通局
崔仰之　苏州市高速公路建设指挥部
顾卫东　苏州市高速公路建设指挥部
熊国萍　苏州市高速公路建设指挥部
叱干春旺　苏州市高速公路建设指挥部
姚建明　苏州市一级公路建设指挥部
顾永明　苏州市公路管理处
丁志农　苏州市航道管理处
谢桂华　苏州市交通工程质量监督站
吴荣伟　苏州市路达工程监理咨询有限公司
范文忠　苏州市交通工程集团有限公司(沿江高速2~3标项目经理部)
程国富　苏州市城区地方海事处
沈　东　苏州清源建设有限公司
张金龙　苏州市河道管理处
许　磊　苏州城市建设投资发展有限公司
张士刚　苏州城市建设投资发展有限公司(西出入口指挥部综合组)
施林男　苏州城市建设投资发展有限公司
洪师亮　苏州城市建设投资发展有限公司
潘　勇　苏州城市建设投资发展有限公司
许　诚　苏州城市建设投资发展有限公司(西出入口指挥部工程组)
沈学明　苏州市园林和绿化管理局
曹光树　苏州市园林和绿化管理局
项卫东　苏州市绿化管理站
王丽君　苏州市园林和绿化管理局
张伟龙　苏州园林发展股份有限公司营造分公司
谢爱华　苏州园林设计院有限公司
陆卫亚　苏州市贸易局
张慕军　苏州函数集团有限责任公司
张宜权　苏州市环境监测中心站
张顺泉　苏州市环境监察支队
沈永林　苏州博物馆
盛良明　苏州市林业站
王　栋　苏州市广播电视总台
黄　诚　江苏省苏州军分区
王荣江　中国人民解放军驻苏73041部队后勤部

褚兴祥　南京军区苏州房地产管理分局
许启富　中国人民解放军73011部队苏州房地产管理办公室
瞿　娴　苏州市人民政府拆迁办公室(环古城建设指挥部拆迁组)
吴　昊　苏州市园林和绿化管理局(环古城建设指挥部绿化组)
陆龙生　苏州市公安局交巡警支队(环古城建设指挥部公安交通组)
赵盛华　苏州市公安局交巡警支队(环古城建设指挥部公安交通组)
陈建华　苏州市市政设施管理处(环古城建设指挥部工程组)
曹南平　苏州市市政公用局(环古城建设指挥部工程组)
李建平　苏州市政工程设计院有限责任公司
陈　炜　苏州市规划局
陆炜文　苏州市人防工程管理处(市人防监察大队)
张卫东　苏州市天地民防建筑设计研究院
李　飞　苏州市土地储备中心
华纪忠　苏州市土地储备中心
沈培峰　江苏省电力公司苏州供电公司苏源电建公司
俞越中　江苏省电力公司苏州供电公司配电运行部
金　羿　江苏省电信有限公司苏州分公司
唐向阳　江苏省电信有限公司苏州分公司
冯　华　苏州邮政局
费建栋　苏州邮政局

2001~2002年度苏州市农业科技工作先进集体、先进工作者和科技致富带头人

（苏州市人民政府2003年9月18日表彰）

一、先进集体

张家港市永联特种水产养殖场
常熟市畜禽良种场
太仓广东温氏家禽有限公司
昆山市现代化农业科技示范园区
吴江市科技局
吴中区西山国家现代化农业示范园区
相城区水产养殖总场
苏州市农林局林业站
苏州市油菜育种协作组
苏州大学农业科学技术学院水产系

二、先进工作者

杨兴国　张家港市农业局
吴希陵　常熟市农林局
朱谱健　太仓市丝绸总公司
凌福明　昆山市科技局
徐建春　吴江市水产局
杨忠星　吴中区东山多服公司
肖　苏　相城区科技局
陈文怡　苏州市农林局水产技术推广站
尤伟忠　苏州农业职业技术学院
汤金希　苏州市科技局农村处

三、科技致富带头人

钱正兴　张家港市杨舍镇农业服务中心
坎锦标　张家港市凤凰镇农业服务中心
陈芳艺　张家港市兆丰中药材收购站
朱振康　常熟市海虞农业服务中心
季保兴　常熟市新港镇李袁村
唐洪生　常熟市白茆顺隆鱼虾育苗场
蒋学焦　太仓市岳王镇星月村
陈桂平　太仓市浮桥镇光明村
席月英　太仓市金浪镇绿化村
朱和生　昆山市张浦镇林庄村
徐国栋　昆山市昆山开发区陆家泾村
顾坤元　昆山市正仪镇正仪村
张剑明　吴江市八都镇农业服务中心
金洪兴　吴江市桃源镇宅里桥村
胡雪明　吴江市松陵镇农创村
顾云根　吴中区横泾镇水产开发公司
董瑞官　吴中区苏越农业新技术开发应用公司
蒋小弟　相城区东桥镇胡桥村
浦　育　相城区浦氏蟹王水产有限公司
冯素根　高新区蒋墩奶牛场

苏州市“人民满意的公仆”

（中共苏州市委、苏州市人民政府2003年9月22日表彰）

徐伟才　张家港市经贸委
童扣林　张家港市乐余镇机关
李月琴　常熟市人事局
赵伟元　常熟市政府办公室
陆卫其　太仓市城厢镇机关
周伟忠　太仓市水利局
王金兴　昆山市千灯镇机关
朱丽钰　昆山市审计局
孙红珍　吴江市芦墟镇机关
王　平　吴江市劳动和社会保障局
周根泉　吴中区横泾镇机关
顾根元　相城区交通局
俞瑞榛　金阊区彩香街道
梅建平　沧浪区区委办公室
陆树德　平江区娄门街道
丁　殷　苏州工业园区工商行政管理局
吴明法　苏州高新区·虎丘区东渚镇机关
周永兰　苏州市卫生局
朱洪清　苏州市劳动和社会保障局
朱钧柱　苏州市文化广播电视管理局

2002年度苏州市征兵工作先进单位和个人

（苏州市人民政府、苏州军分区2003年9月26日表彰）

一、先进单位

常熟市　太仓市　吴江市　吴中区
相城区　平江区　沧浪区　金阊区
苏州工业园区

二、先进业务组

(一) 优秀政审组
相城区　平江区　沧浪区
(二) 优秀体检组
太仓市　金阊区　苏州工业园区
(三) 优秀运输组
市客运处　市客运总公司

三、先进个人

卢　进　解关兴　钱金相　吴凯元

赵　瑛 顾金彪 强　咏 冯传芳
陆春林 李　平 钱建平 沈以承
吴世根 陆林根 邢兴发 汪　涛
戴建军 孙秀珍 廖柏胜 陈雪南
黄　曙 陆宏明 朱绍淙 魏天宏
秦建康 朱伟明 朱东余 陆洽元
于　海 苏成观 王　辉 莫家仁
郎菊明

苏嘉杭高速公路常熟至苏州段工程建设先进集体、先进个人

（苏州市人民政府2003年11月4日表彰）

一、先进集体

常熟市人民政府
相城区人民政府
苏州市公安局
苏州市总工会
苏州市监察局
苏州市交通局
苏州市高速公路建设指挥部
苏州市国土局
苏嘉杭高速公路有限公司
苏州市公安局交警支队
苏州市交通局质监站
中交二公院第三勘察设计院
中铁二十局苏嘉杭高速公路B3标项目经理部
苏州市交通工程集团有限公司苏嘉杭高速公路B5标项目经理部
江苏镇江路桥工程总公司苏嘉杭高速公路B7标项目经理部
江苏恒基路桥总公司苏嘉杭高速公路B8标项目经理部
无锡路桥工程总公司
路桥集团第二公路工程局东盟公司
江苏交通工程咨询监理有限公司苏嘉杭高速公路监理组
苏州市路达交通工程监理公司苏嘉杭高速公路第五监理组
江苏中咨兆信交通系统工程有限公司苏嘉杭高速公路总监办

二、先进个人

苏州市政府办公室:
徐业洲
苏州市计委:
葛　光
苏州市总工会:
汪明颢
苏州市公安局:
陆龙生
苏州市交通局:
周迅由　朱伟康　许国良
苏州市高速公路建设指挥部:
奚康洪　顾伟峰　方耀祖　高玉华
夏振明　岑　涛　吴小明　黄泉山
严　兵　陶东军　王晓东　熊国萍
葛继民　周泉苏　张兴文　周胜莉
蒋恩惠　宋少华
苏州市国土局:
卢秀华
苏州市监察局:
康肖骏
苏州市电信局:
聂　晶
苏州市供电局:
沈仲华
苏州市公安局交警支队:
郁建明
苏州市农业银行:
蒋　健
苏嘉杭高速公路有限公司:
王金明　彭建忠　石熙徵
苏州市交通局质监站:
居苏渝
常熟市高速公路建设指挥部:
朱顺龙　王金华
苏州市相城区高速公路建设指挥部:
沈贵生　陈三五
江苏省高速公路纪检监察驻苏州高速公路纪检组:
杨宗毅　黄国标
中国交通第二公路勘察设计院:
段　平
中铁第二十局集团:
吉　波
路桥集团第一公路工程局:
李晓宏
苏州市交通集团工程有限公司:
周建光
南京市交通工程总公司:
唐晓中
江苏交通建设集团有限公司:
李春喜
江苏恒基路桥总公司:
蒋训忠
镇江路桥工程总公司:
周锦森
无锡路桥工程总公司:
李俊伟
路桥集团公路二局:
贾　江　贾利民
苏州市路达交通工程监理咨询有限公司:
郁炳生
镇江润通交通工程监理咨询有限公司:
孙长胜
上海同济公路工程监理咨询有限公司:
赵　桥
江苏交通工程咨询监理有限公司:
曹开明　张兆林
江苏中咨兆信交通系统工程有限公司:
任海春
苏州建设监理有限公司:
李　锋

苏州市文物保护先进集体

（苏州市人民政府2003年12月18日表彰）

苏州市规划局
苏州市房产管理局
苏州市文化广播电视管理局
苏州城市建设投资发展有限公司
苏州博物馆
苏州市第一初级中学
苏州市玄妙观管理委员会
苏州文物商店
苏州市拙政园管理处
苏州图书馆
金阊区教育文体局
苏州市平江实验学校
沧浪区教育文体局
角直镇人民政府
相城区文教局
工业园区教育发展投资公司
常熟市城乡规划局
吴江博物馆
同里镇人民政府
张家港博物馆
太仓博物馆
太仓市浏河郑和纪念馆
昆山市文物管理所
周庄镇人民政府

2003年苏州市科技进步奖获奖项目

（苏州市人民政府2003年12月30日颁发）

特等奖2项

序号	项 目 名 称	主要完成单位
1	1860MPa级PC钢绞线用小方坯连铸连轧盘条产业化研究	江苏沙钢集团有限公司、东南大学
2	脊柱后路经椎弓根内固定的基础和临床研究	苏州大学附属第一医院、南京医科大学第一附属医院、南京大学附属鼓楼医院

一等奖2项

序号	项 目 名 称	主要完成单位
3	提高生丝强力抱合，适应高速织机织造的研究与应用	吴江丝绸股份有限公司、中国科学院成都有机化学研究所
4	量子自旋系统的临界行为和磁学性质	苏州大学

二等奖32项

序号	项 目 名 称	主要完成单位
5	DC-5000-45型电动振动试验系统	苏州试验仪器总厂、苏州金阳光机电新科技发展有限公司
6	SRZ-7-15石油热采注气装置	太仓市新阳光机械制造厂
7	KGPS6000-8000KW中频电源装置及中频感应电炉	苏州振吴电炉有限公司
8	数字盲扫调谐器	江苏银河电子股份有限公司
9	0.1微米10级洁净室净化空调系统工程	江苏苏净集团有限公司
10	高精度可互换NTC温度传感器	苏州创佳电子科技有限公司
11	环保型高效精炼剂	诺瓦化学（苏州）有限公司
12	锂离子电池电角液	张家港市国泰华荣化工新材料有限公司
13	扁平可降解长束纤维及其制备方法	江苏澳洋科技股份有限公司
14	利用竹材及竹制品下脚开发生产天然丝竹纱	太仓二棉实业有限公司
15	ASGT323型电子储纬器	苏州市三和电气有限公司
16	罗布麻、彩色棉混纺纱	苏州工业园区新苏纶纺织有限公司
17	高收缩涤纶毛条	江苏江南高纤股份有限公司
18	海岛型涤纶超细FDY长丝	吴江丝绸股份有限公司新生纺丝分厂
19	复合型活菌生物净水剂	昆山科新环境生物工程有限公司、中科院上海生物化学细胞研究所
20	髌股关节紊乱症的诊断和治疗研究	苏州大学附属第二医院
21	以WT1基因为分子标记监测急性白血病的研究	苏州大学附属第一医院、江苏省血液研究所
22	SZ-21基因工程抗体的制备和抗血栓作用研究	苏州大学附属第一医院、江苏省血液研究所
23	CT、MR成像新技术在星形胶质细胞瘤诊治中的临床应用系列研究	苏州大学第一附属医院
24	心电生理-从临床到细胞	苏州大学附属第一医院
25	不同病因脾切除后并发症机制的系列研究	苏州大学附属第一医院
26	中间型人工肝支持系统治疗重型肝炎的临床研究	苏州大学附属第一医院
27	苏州市地面沉降与环境保护研究	苏州科技学院、苏州市勘察测绘院
28	高效低成本脱氮除磷技术处理生活污水系统	苏州市环境工程有限责任公司苏州市粮食作物
29	水稻科学高效安全施氮技术	江苏太湖地区农业科学研究所、苏州市粮食作物技术指导站
30	银荆育苗技术与示范推广研究	苏州市林业站、吴江市苗圃
31	高效经济作物品种引进示范及推广	苏州市种子站、苏州市农作物良种引繁中心、常熟市种子站、张家港市种子公司、张家港市锦丰镇农技站
32	杂交粳稻优质高产高效栽培技术研究	苏州市粮食作物技术指导站、常熟市粮食作手技术指导站、吴中区农技推广站、昆山市农业局作栽站
33	桑蚕新品种苏菊明虎的育成和推广	浒关蚕种场

34	油菜轻型简化高效栽培技术	江苏太湖地区农科所、苏州市作物栽培技术指导站、昆山市作物栽培技术指导站
35	湖羊肉用配套系开发利用	苏州市种羊场、苏州市畜牧兽医站、吴中区畜牧兽医站、吴江市畜牧兽医站、常熟市畜牧兽医站
36	苏州市供水监控与数据采集系统	苏州市自来水公司、上海运动科技有限公司

三等奖 94 项

37	JSFA286 型精梳机	昆山市凯宫机械有限公司
38	汽车用新型离合器面片	捷通磨擦材料（昆山）有限公司
39	BY135*12/42（15）型 4200T 防火板热压机组	苏州新协力企业发展有限公司
40	BY602*2/2 型 150T 万能试验压机	苏州新协力企业发展有限公司
41	汽车启动电机齿轮及输入轴等关键零部件的精密锻造	江苏长江润发集团世通锻造有限公司
42	汽车同步器齿环材料	高新张铜股份有限公司、中南大学材料科学与工程学院
43	JXMZN-3600 矿用井下移动式膜制氮机	苏州市宏运净化设备有限公司
44	FDQ2 系列双电源切换装置	苏州市北桥开关附件有限公司
45	JB/T10040-2001 金钢石修整滚轮	苏州远东砂轮有限公司
46	YFJ501 型高速硬币检伪清分计数机	苏州少士电子科技有限责任公司
47	EMQ 级低噪音高精度深沟球轴承	常熟长城轴承有限公司
48	CH2 塑壳断路器抽出式装置	吴县市北桥开关附件有限公司
49	水闸工程自动化控制系统的研制应用	吴江市水利局、江苏省长江水利水电设计研究院
50	海塘工程计算机辅助设计系统	太仓市水利勘测设计研究院
51	液压试验机智能数显仪表	苏州科技学院
52	铁路信号电缆（高屏蔽、耐老化型等）	吴江市通号线缆有限公司
53	光纤光缆二次被覆松套管专用料	吴江市生达通讯材料有限公司
54	语音识别的互信息匹配模型及其应用	苏州大学
55	一水肌酸（高纯度肌酸－水化合物）	常熟市金城化工厂
56	非硅类双氧水稳定剂	诺瓦化学（苏州）有限公司
57	新工艺高纯度氯磺酸产业化项目	苏州精细化工集团有限公司
58	ABS/PC 相容剂及其共混合金制备技术研究	苏州大学、苏州市塑料一厂
59	彩色 STN-LCD 用高分率正性光刻胶	苏州瑞红电子化学品有限公司
60	省塔节能高收率的气体分馏工艺及装置	格力奇（苏州）石化工程有限公司
61	水泥配伍型丙烯酸酯弹性乳液	太仓陆公特种涂料厂
62	1168 型隔音推拉气密窗之门窗内框型材接角辊轮座与 3300 型多功能平开气密窗框型材连接件	苏州罗普斯金铝业有限公司
63	水煮自粘贴体型聚乙烯热封基材	苏州塑料四厂
64	熔纺氨纶弹性纤维	常熟市凯达印染有限公司
65	HN43-02 型微电脑双牵伸双空心锭双卷绕花式捻线机	苏州市华飞纺织科技有限公司
66	智能型 UV 隐形复合长丝	苏州丝绸科学研究所有限责任公司
67	晋代十六国《璇玑图》织锦的开发研究	苏州丝绸博物馆、中国丝绸织绣文物复制中心、苏州大学
68	莱昂 T/V6010W 涤粘高档里料	江枫丝绸有限公司
69	空气导丝器	苏州化纤纺织瓷件厂
70	特阔印花涂层遮光防紫外装饰布	苏州汇凯纺织印染有限公司
71	GA737S 型领带绸织机	苏州纺织机械有限公司
72	可呼吸及防紫外线多功能涂层织物	吴江坛丘彩涂厂
73	永久性抗静电面料	江苏新民纺织科技股份有限公司
74	重彩弹力牛仔布	吴江丝绸印花厂
75	网纱雕孔珠片刺绣品的开发	吴江丝绸股份有限公司新达电绣分厂
76	色织纹理提花绸	吴江丝绸股份有限公司新华丝织分厂
77	5-甲基-异噁唑-3-甲酰胺锅法合成工艺	昆山双鹤药业有限责任公司
78	天然苦瓜素降糖药及其制备方法	苏州新区黄山生物制品厂
79	常熟市 1973～2000 年居民全死因调查研究	常熟市疾病预防控制中心

80	心房颤动致心房重构及诱发心动过速心房心肌病的临床研究	吴江市第一人民医院
81	弓形虫急性感染小鼠睾丸的病理学及发病机理的研究	昆山市第一人民医院
82	补肾降脂丸治疗高脂血症的临床研究	太仓市中医院
83	公共场所卫生监测综合质量指数评价系统研究	苏州市平江区卫生防疫站
84	早期放射性脑损伤发病机理的实验研究	苏州大学附属第二医院
85	2 型糖尿病治疗前后免疫功能变化研究	苏州大学附属第二医院
86	桡骨远端动力型外固定器研制、生物力学实验及临床应用	苏州大学附属第二医院
87	胸腰椎椎弓根钻钉技术的再研究及 ZH 钉的设计、生物力学研究与临床应用	苏州市第二人民医院
88	结核病患者血清中免疫抑制酸性蛋白变化及其临床意义研究	苏州市第五人民医院
89	复杂骨结构螺旋 CT 三维重建	苏州市第二人民医院
90	砷剂及锑剂诱导恶性肿瘤细胞株凋亡的实验研究	苏州市第二人民医院
91	叶酸缺乏临床重要性的综合研究	苏州市第三人民医院
92	危重病患者炎症介质释放与心肌损伤的关系研究	苏州市第四人民医院
93	阻断血吸虫病传播后远期监测方法的研究	苏州市疾病预防控制中心
94	MxA 蛋白表达、抗病毒作用及其在病毒细菌感染鉴别中的系列研究	苏州大学附属儿童医院、苏州大学
95	小儿心肌炎诊治的实验和临床研究	苏州大学附属儿童医院
96	时间分辨荧光免疫分析法的建立及临床	苏州大学附属第一医院、江苏省原子医学研究所
97	消瘀片消退动脉粥样硬化斑块作用机制研究	苏州大学
98	护士人文素养的培孕及其对整体护理内涵质量影响的研究	苏州大学附属第一医院
99	肿瘤放疗照射野外剂量研究	苏州大学附属第一医院
100	瘦素临床及实验室研究	苏州大学附属第一医院
101	结肠微栓塞化疗的临床前研究	苏州大学附属第一医院
102	Fas/FasL 系统诱导肺癌细胞凋亡的实验和临床研究	苏州大学附属第一医院
103	OGA 餐饮业含油污水处理器	苏州克莱尔环保科技有限公司
104	猎人捕捉器与 JN2000-38mm 宣传弹	苏州市轻舟科技有限公司、武警苏州支队
105	内河挂桨机船舶（小型游艇）污染控制与防治研究	苏州市地方海事局
106	分形与材料物理中的复杂性研究	苏州市职业大学
107	城市燃气供应系统泄漏爆炸事故不确定性分析方法研究	苏州科技学院
108	烟草行业物流与业务管理信息系统	苏州泰利特信息新技术有限公司、江苏烟草公司无锡分公司
109	季风活动演示模型与世界立体地形模型	苏州育龙科教设备有限公司
110	LCMD-15800 型长袋除尘器电控系统装置	吴江双电程控有限公司
111	碱减量废水回收对苯二甲酸技术	江苏盛虹印染有限公司
112	水和废水中国家新增特定有机污染物的监测技术研究	苏州市环境科学研究所
113	青虾繁育推广高产高效配套技术开发项目	常熟市辛庄镇多种经营综合服务站
114	新丹系长白种猪的引种选育与开发利用研究	常熟市畜禽良种场
115	水稻栽植机械化及节本增效技术示范	常熟市农业机械技术推广站
116	优质高产抗逆豆类新品种的引进试验示范推广	常熟市经济作物技术指导站
117	棉区主栽特色蔬菜主要害虫发生规律及无（少）公害防治技术研究	常熟市植保植检站
118	特殊蚕品种饲养与烘缫技术的应用试验	吴江市蚕桑指导站、吴江市震泽镇农业服务中心
119	枇杷塑料大棚栽培技术研究	江苏省太湖常绿果树技术推广中心
120	优质高产杂交粳稻新组合 -86 优 242	江苏太湖地区农科所
121	全价配合饲料养鱼技术开发	苏州市相城区水产养殖总场
122	史氏鲟的养殖技术开发	苏州市相城区水产养殖总场
123	外荡网围仿生态养殖甲鱼研究	吴江市水产养殖场
124	珍珠贝类壳角蛋白生化特性及应用研究	苏州大学
125	鳜鱼提早繁育苗种技术开发	苏州市水产研究所
126	南美白对虾高产养殖技术的研究	苏州市水产研究所
127	海水淡养品种高效养殖技术开发	苏州市水产研究所
128	6B-30 型芡实剥壳机	苏州市农业机械技术推广站
129	淡水石斑鱼人工繁殖及养殖技术开发	苏州市吴中区水产技术推广站
130	东山保护区湖羊的保种与选良	苏州市吴中区畜牧兽医站

苏州市第七次哲学社会科学优秀成果获奖项目

（苏州市人民政府2003年12月31日颁发）

一等奖（共10项）

1. 训诂问学丛稿（著作／江苏古籍出版社2001年12月版／王继如）
2. 企业融资结构研究(著作/复旦大学出版社2001年3月 版/万解秋)
3. 苏州经济发展论纲（著作／江苏人民出版社2002年11月版／周向群、苏简亚主编）
4. 新教育之梦(著作／人民教育出版社2002年7月版／朱永新)
5. 经济运行如何趋向均衡（著作／中国经济出版社2001年1月版／王仲君）
6. 元稹集编年笺注（诗歌卷）（著作／三秦出版社2002年6月版／杨军）
7. 中共苏州地方史（第一卷）（著作／中共党史出版社2001年6月版／中共苏州市委党史工作办公室编）
8. 关注“环太湖城市圈”的崛起（决策咨询成果／《苏州经济》2002年第1期／徐伟荣）
9. 新夷夏东西说(论文／《中国史研究》2002年第3期／叶文宪)
10. 加入世界贸易组织与中国政府改革(论文／《苏州大学学报》2002年东吴法学专辑／杨海坤)

二等奖（共40项）

11. 环境哲学视域内的生态价值与人类的价值取向(论文/《自然辩证法研究》2002年第8期／方世南)
12. 从伦理生活到生活伦理——展望21世纪的公民伦理教育(论文/《苏州铁道师范学院学报(社科版)》2001年第1期/窦炎国)
13. 周易现代版(著作／上海古籍出版社2001年7月版／王宝琳)
14. 第二次突破(著作／人民出版社2002年8月版／孟焕民、陈楚九)
15. 用新视角探求农民增收富民问题(论文／《上海农村经济》2002年第12期／居德里)
16. 社会主义市场经济理论(著作／高等教育出版社2002年3月版／夏永祥主编、顾建平等副主编)
17. 可支配收入、劳动力流动与劳动力市场分割(论文／《管理世界》2002年第9期／顾建平)
18. 区域经济国际化进程的目标模式转换(论文／《江海学刊》2001年第6期／朱仲羽)
19. 对城市化流行观点的质疑（论文／《经济学动态》2001年第12期／孙永正）
20. 刺激股市对经济增长的影响（论文／《世界经济》2001年第9期／徐涛）
21. 法学方法论导论（著作／山东人民出版社2002年4月版／胡玉鸿）
22. 国家公务员制度研究（著作／中国人事出版社2001年12月版／黄学贤）
23. 江泽民战略思想研究（著作／苏州大学出版社2002年6月版／夏东民、陆树程）
24. 邓小平国家安全战略思想概论（著作／时事出版社2002年2月版／汪育骏、张毓诗等）
25. 网络发展对我国政治安全机制的冲击及对策（论文／《学习与探索》2002年第5期／周国平）
26. 政府创新与政府自觉（论文／《学术界》2002年第4期／乔耀章、芮国强）
27. 苏州走向学习型城市（著作／江苏人民出版社2002年10月版／周向群主编、高志罡等副主编）
28. 信息资源宏观配置管理研究（著作／中国档案出版社2002年12月版／周毅）
29. 关于桃花坞木刻年画古艺新生重放异彩的设想(论文/江苏古籍出版社《吴文化与现代化论坛》2002年5月版／朱年)
30. 走向全球化的中国社会保障制度改革(著作／中国商业出版社2001年12月版／林闽钢等)
31. 新闻学概论(著作／苏州大学出版社2002年9月版／陈霖)
32. 教育发展论:理论评介与个案分析(著作／福建教育出版社2001年8月版／许庆豫)
33. “教育革命”的历史考察:1966～1976(著作／福建教育出版社2001年8月版／程晋宽)
34. 班级工作与心理辅导(著作／华东理工大学出版社2001年9月版／韦洪涛)
35. 中国传统情感心理学中“儒道互补”的情感模式(论文／《心理学报》2002年第5期／彭彦琴)
36. 中国新诗的现代品格(著作／延边大学出版社2001年9月版／许霆)
37. 中外女性服饰文化(著作／中国纺织出版社2001年11月版／许星)
38. 苏州昆曲(著作／国家出版社2002年12月版／周秦)
39. 瓷绘霓裳——民国早期时装人物瓷器(著作／文物出版社2002年1月版／张朋川、张晶)
40. 在神圣与凡俗之间——江南庙会论考(著作／人民出版社2002年8月版／朱小田)
41. 星条旗下的阴影——美国百年经济发展中的社会问题探析(著作／苏州大学出版社2001年12月版／高芳英)
42. 发现苏州:城市文化与旅游的应用研究(著作／中国林业出版社2002年12月版／魏向东)
43. 苏州策论(决策咨询成果／古吴轩出版社2001年8月版／汪长根)
44. 农民期盼提高农业组织化程度(决策咨询成果/《上海农村经济》2002年第2期／林一群)
45. 南社人物传(著作／社会科学文献出版社2002年6月版／柳无忌、殷安如主编)
46. 吴越古镇名胜对联赏析(著作/远方出版社2002年9月版/陈志强)
47. 试论制度及其创新机制的完善(论文／《常熟高专学报》2001年第1期／周俊)
48. 补拙集(著作／西北大学出版社2002年12月版／秦豪)

49. 苏南二次改制的融资体制障碍(论文/《中国改革》2001年第5期/林建生)
50. 孙子兵法通俗读本(著作/古吴轩出版社2002年12月版/苏州市孙武子研究会、吴中区委宣传部编)

三等奖（共133项）

51. 断裂整合超越——有中国特色可持续发展问题研究(著作/安徽大学出版社2002年9月版/姜建成)
52. 现代新儒家的理想、困境与迷失(论文/《江海学刊》2001年第2期/蒋国保)
53. 前苏联逻辑学发展对新中国逻辑学发展的影响和启示(论文/《江海学刊》2001年第7期/沈荣兴)
54. 商代审美意识研究(著作/人民出版社2002年12月版/朱志荣)
55. “理性生态人”：人性假设理论的新发展(论文/《道德与文明》2001年第2期/吴继霞)
56. 发展理论全球化转向的分析范示及启示(论文/《江海学刊》2002年第6期/高峰)
57. “三个代表”的人格向度(论文/《苏州大学学报》2002年第4期/李兰芬)
58. “三讲”和领导干部的价值观教育(论文/《江南社会学院学报》2001年第1期/王丁元)
59. 人类困境的根源探析——环境哲学视野(论文/《苏州铁道师范学院学报(社科版)》2002年第4期/王建明)
60. 中国“入世”与苏州经济(著作/人民出版社2001年10月版/何光耀、钱洪明等)
61. 论虚拟资本与实质经济的关系(论文/《投资研究》2001年第11期/戴明)
62. 苏州现代化建设战略研究(著作/中国国际广播出版社2001年5月版/孙艺兵、邬才生)
63. 苏州工业结构研究(著作/苏州大学出版社2001年12月版/花家毅)
64. 改革现行出口退税管理模式的几点思考(论文/《现代经济探讨》2002年第10期/吴远征、陈国强等)
65. 财政管理与教育研究（著作/经济科学出版社2001年8月版/徐仲民）
66. 新世纪财务专论（著作/苏州大学出版社2002年3月版/黄鹏）
67. 资本市场发展中的投资主体与投资行为(论文/《经济研究》2002年第7期/常巍、贝政新)
68. 财政资金的地区分配格局及效应(著作/苏州大学出版社2001年12月版/黄肖广)
69. 运用模糊数学方法综合测评公关人员素质(论文/《公共关系》2002年第2期/刘进才、方世南等)
70. 中国加入WTO与苏州经济发展（著作/苏州大学出版社2002年4月版/汪国兴主编、王光伟副主编）
71. 审计理论探索(著作/中国矿业大学出版社2001年12月版/陈志强)
72. 保险营销理论与案例(著作/复旦大学出版社2002年11月版/姚海明)
73. 微观政治学与企业领导管理体系建设（论文/《中国软科学》2001年第3期/王志明、陈小愚）
74. 创新行为与创新障碍(著作/上海三联书店2002年12月(版/袁勇志)
75. 开放经济下我国财政货币政策有效性研究(著作/经济科学出版社2002年12月版/孙文基)
76. 贫国脱困之路——出口导向战略实施条件研究(著作/苏州大学出版社2001年12月版/袁建新)
77. 公司化运作：动因、模式、思考(论文/《交通财会》2002年第7期/王竹鸣、俞雪华)
78. 电子商务管理(著作/苏州大学出版社2001年12月版/杨天翔、蔡剑萍)
79. 现代国际贸易法(著作/中国商业出版社2002年1月版/陈立虎)
80. 刑法学(上、下)(著作/法律出版社2001年4月版/李晓明)
81. 法言与法相(著作/远方出版社2001年10月版/谭金土)
82. 相对集中行政处罚权实务问题探讨(论文/《法制建设》2001年第6期/钱新中)
83. 司法如何介入政治(论文/《法学》2002年第11期/庞凌)
84. “王子犯法与庶民同罪”的法文化分析(论文/《苏州铁道师范学院学报(社科版)》2002年第2期/陆敏菊)
85. 认识美国反华势力——蓝队(论文/《江南社会学院学报》2002年第1期/张卫)
86. 始终保持党的工人阶级先锋队性质(论文/《社会主义研究》2001年第1期/王炎炯)
87. 论领导者素质取向的制度性约束(论文/《江南社会学院学报》2002年第2期/韩云)
88. 公共政策评估的模糊数学方法(论文/《中共中央党校学报》2001年第2期/刘进才)
89. 执政党的作风建设与当代中国国家控制的优化(论文/《政治学研究》2002年第4期/钱振明)
90. 全球化:普遍制度文明与主体实践选择(论文/《广东社会科学》2002年第5期/陈忠)
91. 艰难的起步:中国共产党对新中国农业发展道路的探索(著作/河南人民出版社2002年10月版/席富群)
92. 变财政投入为政府购买——公共卫生服务体制的新改革论文/《中国行政管理》2002年12期/王俊华)
93. 推进政治现代化的战略选择(论文/《苏州大学学报》2002年第1期/徐国保)
94. 后冷战时代的新型恐怖主义及其根源(论文/《江南社会学院学报》2001年第4期/夏宁)
95. 中国古代用人的“格”与“不格”(论文/《领导理论与实践》2002年第2期/沈道弘)
96. 列维——斯特劳斯人类学思想的形成(论文/《吉林大学社会科学学报》2002年第3期/顾胜)
97. 高校图书馆信息资源网络化后的困惑与思考(论文/《图书情报工作》2002年第4期/陆刚)
98. 开发区档案管理研究(论文/《档案与建设》2001年第12期/卜鉴民)
99. 论第三部门在社区建设中的功能(论文/《江海学刊》2001年第6期/张明)
100. 名城旅游与名城保护(著作/人民出版社2002年11月版/

陈来生)
101.理论广播新论(著作/中国广播电视出版社2002年5月版/沈建洪)
102.从状元之乡到院士之乡(论文/江苏古籍出版社2002年5月版/张橙华、朱奚红)
103.现在于历史中上演(论文/《中国电视》2001年第12期/邵雯艳、倪祥保)
104.档案信息网络化建设研究(著作/中国档案出版社2001年12月版/张照余)
105.苏州跨越式发展的文化战略(论文/《中国文化报》2001年12月5日/缪智)
106.大学生心理素质教育读本(著作/苏州大学出版社2002年12月版/韩承敏)
107.对教育评价本质有关问题的思考(论文/《教育评论》2002年第6期/尹艳秋)
108.广告心理新论——现代广告动作中的攻心战略(著作/暨南大学出版社2002年9月版/江波)
109.中学作文写法借鉴辞典(著作/语文出版社2001年2月版/秦兆基、王家伦主编)
110.体力活动与公共健康——来自国家公务员的调查(著作/苏州大学出版社2001年11月版/王家宏、杨卫东等)
111.城市中农民工子女受教育不公平现状透视(论文/《学海》2001年第5期/郭彩琴)
112.传统语文教育与创新精神培养(论文/《苏州铁道师范学院学报》2002年第3期/任苏民)
113.小学生素质发展评价研究(著作/未来出版社2001年11月版/徐天中主编)
114.学习因素诊断测验在苏南地区的试用报告(研究报告/《心理科学》2002年第5期/何东亮、董宣如)
115.反思性教学:在职外语教师自我发展的可行性途径(论文/《四川外语学院学报》2002年第5期/祝平)
116.历史教育中的艺术特色(论文/《历史教学问题》2001年第3期/汪建红)
117.论服装设计教学应遵循的原则(论文/《装饰》2002年第10期/李正)
118.在媒介与大众之间——电视文化论(著作/学林出版社2001年12月版/陈龙)
119.唐诗演进论(著作/江苏古籍出版社2001年9月版/罗时进)
120.影视艺术概论(著作/苏州大学出版社2002年9月版/倪祥保)
121.工笔花鸟画的特技与肌理(著作/安徽美术出版社2002年1月版/袁牧)
122.论九十年代中国通俗小说(论文/《文学评论》2002年第1期/汤哲声)
123.坊刻本(著作/江苏古籍出版社2002年12月版/黄镇伟)
124.现代汉语词义学(著作/学林出版社2001年6月版/曹炜)
125.话本叙录(著作/珠海出版社2001年12月版/陈桂声)
126.上古汉语词汇派生研究(著作/百家出版社2001年12月版/王卫峰)
127.趣味语文(著作/上海古籍出版社2001年10月版/师为公)
128.文化生态与报告文学(著作/上海三联书店2001年8月版/丁晓原)
129.铁道知识在日本的传播与京滨铁路的诞生(论文/《世界历史》2001年第3期/祝曙光)
130.六朝钱币疑题考(论文/《中国历代货币大系》第2卷/上海辞书出版社2002年12月版/邹志谅)
131.走向卢沟桥事变之路——1927~1937年中日关系(著作/吉林文史出版社2001年12月版/袁成亮)
132.苏州古城墙的营造(论文/文物出版社2001年12月版/陈瑞近、钱公麟)
133.夏代礼玉制度探源(论文/《东南文化》2001年第5期/闻惠芬)
134.从"门户开放"到世界贸易组织——20世纪美国全球扩张战略的历史轨迹(著作/苏州大学出版社2001年11月版/金卫星)
135.评严译《社会通诠》引起的一场风波(论文/《史学月刊》2001年第6期/俞政)
136.清代江南人口与住房的关系探略(论文/《中国人口科学》2002年第2期/吴建华)
137.苏州对外经济50年(1949~1999)(著作/人民出版社2001年10月版/陆允昌、高志斌)
138.三菱财阀史(著作/中国社会科学出版社2002年12月版/王文英)
139.百年家族顾维钧(著作/台湾立绪书局2001年5月版/沈潜)
140.试析1999年澳大利亚共和表决失败之原因(论文/《世界历史》2001年第3期/汪诗明)
141.宋代科技碑刻研究(论文/《故宫博物馆院刊》2002年第1期/张晓旭)
142.中华姓氏谱·陆(著作/现代出版社、华艺出版社2002年1月版/黄锡之)
143.苏州市生产力布局思路研究(决策咨询成果/2002年11月版/吴文元、石建农等)
144.关于做强做大苏州文化产业若干问题的调研与思考(决策咨询成果/《调研与参考》2002年4月版/汪长根、陈楚九)
145.珍惜宝贵资源提高开发区土地利用率(决策咨询成果/《苏州经济》2002年第1期/王旭章)
146.入世背景下的苏州文化产业(决策咨询成果/《调研通报》2002年第19期/高福民)
147.倡导两大转变 实现"公交优先"(决策咨询成果/《调研通报》2002年第5期/张小鹰、朱黎)
148.苏州市积极探索城市规划区内土地经营权流转制度改革(决策咨询成果/《江苏通讯》2002年第2期/田长春、朱云飞等)
149.从外贸大县走向外贸强市(论文/《进出口贸易》2001年9月版/叶飞)
150.投资健康教育 增强市民保健意识(论文/《中国农村卫生事业管理》2001年第7期/毛纯漪、杨卉明)
151.确立富民为先观念,全面实施富民工程(论文/《上海农村经济》2001年第1期/张树成)
152.不断推进干部人事制度改革 为优秀人才脱颖而出创造良好环境(论文/《中国卫生人才》2002年第7期/张玮)

153. 发展民营担保公司势属必然(论文/《宏观经济研究》2002年第11~12期/孔维虎)
154. 乡镇统计工作如何适应入世需要(论文/《江苏统计》2002年第8期/江雪龙、王国宝)
155. 对小股东权益保护的法律理论依据的探讨(论文/《江苏市场经济》2001年第2期/丁建明)
156. "昆山之路"更辉煌(论文/《世纪风采》2002年第4期/宣炳龙、顾厚德)
157. 外企党建更要创新(论文/《群众》2002年第4期/徐红生)
158. 旅游业:苏州未来的支柱产业(论文/《江苏经济》2001年第7期/胡明)
159. 浅谈政协机关的文化建设(论文/《领导理论与实践》2002年第5期/朱薇圆)
160. 建设学习型城市,提高综合竞争力(调研报告/《江苏宣传》2002年第19期/张志明)
161. 先富带后富的一项实践(调研报告/《现代乡镇》2002年第7期/马兰)
162. 苏南模式在发展中(论文/《江南论坛》2001年第4期/朱汝鹏)
163. 重修常昭合志(著作/上海社会科学院出版社2002年5月版/常熟市地方志办公室标校)
164. 经济结构调整与政府职能改革(论文/《经济管理》2001年第11期/殷泰)
165. 青少年家庭教育若干矛盾探析(论文/《常熟高专学报》2001年第3期/丁瑜)
166. 中学信息技术教学论(著作/清华大学出版社2002年11月版/薛维明)
167. 常熟博物馆藏唐宋墓志研究举要(论文/《东南文化》2001年第7期/周公太)
168. 从"三入户"到"四个市"(论文/《思想政治工作研究》2002年第7期/王连生)
169. 中小企业信贷进入的几个缺位及其补空(论文/《现代管理科学》2001年第6期/顾耀欣)
170. 张家港市农民增收问题的调查与思考(调研报告/《江苏宏观经济观察》2002年第9、10期/陆瑞兴)
171. 在案例的开发和运用中训练教师的反思能力(论文/《上海教育科研》2002年第12期/徐纯赤、孙红莲)
172. 浅论战略成本管理(论文/《建材财会》2002年第4期/于北方、杨保宁)
173. 文明社区,农村与城市的对接(论文/《法学天地》2002年第1期/郑国清)
174. 漫谈社会主义道德(著作/四川人民出版社2002年12月版/顾秉钧)
175. 思维定势与新闻创新(论文/《中国广播》2001年第11期/陈永泽)
176. 新世纪政工干部必须具备六大素质(论文/江苏人民出版社2001年9月版/俞慧军)
177. 名牌广告的语言艺术(论文/《修辞学习》2001年第6期/魏欣)
178. 课程改革面临的困惑及思考(论文/《教育发展研究》2002年第9期/黄大龙、丁学东)
179. 依托区位优势,提升发展水平,加快推进新金阊的城市化进程(内部成果/2002年12月/王跃山)
180. 信息技术在小学英语教学中的应用和思考(论文/《课程·教材·教法》2002年第12期/吕俊)
181. 苏州新区魅力何在?(论文/《中国外资》2002年第1~2期/樊宁)
182. 东山镇志(著作/东南大学出版社2002年12月出版/沈炳荣)
183. 学校实施ISO9001认证的探索(著作/教育科学出版社2001年5月版/陆建荣)

苏州市工会系统获奖情况(2003)

全国模范职工之家

华渊电机(江苏)有限公司工会委员会
苏州汽车客运有限公司工会委员会
苏州供电公司工会委员会
常熟纺织机械厂有限公司工会委员会

全国模范职工小家

苏州市相城区黄埭中心小学幼儿园工会分会
苏州市地方税务局新区分局工会分会
苏福马股份有限公司装配车间工会分会
太仓市汽车运输服务总公司太仓车站工会小组
张家港市益棉纺织有限公司三纺车间工会分会

全国优秀工会工作者

殷惠红　苏州市文化广播电视管理局工会联合会主席
孙　明　苏州市金阊区工会联合会主席
许宏生　江苏化工农药集团有限公司工会主席
陈汉平　苏州市总工会民主管理部部长

全国优秀工会积极分子

王信梅　苏州第一建筑工程集团公司纪委副书记、工会主席
陈惠芬　沪士电子股份有限公司党支部书记、工会主席
顾振瑞　苏州市吴城地方税务局直属分局局长、工会委员

全国优秀荣誉工会积极分子

黄炳福　中共苏州市委副书记

全国推行厂务公开先进单位

苏州市望亭发电厂

全国新建企业工会组建工作先进单位

常熟市总工会
昆山市总工会

全国新建企业工会组建工作先进个人

蔡裕如　苏州市总工会主席
朱瑞祥　张家港市总工会主席
吴学明　吴江市总工会主席

全国“安康杯”竞赛优胜企业

苏州建设集团有限公司

江苏省模范职工之家

江苏华昌集团有限公司工会委员会
张家港博泽汽车部件有限公司工会委员会
江苏永钢集团公司工会委员会
常熟纺织机械厂有限公司工会委员会
常熟市房地产管理处工会委员会
常熟市董浜镇永安村企业联合工会委员会
太仓市邮政局工会委员会
国营太仓铜材厂工会委员会
中国农业银行太仓市支行工会委员会
昆山市供电公司工会委员会
星光树脂制品(昆山)有限公司工会委员会
禧玛诺(昆山)自行车零件有限公司工会委员会
华渊电机(江苏)有限公司工会委员会
亨通集团有限公司工会委员会
吴江市邮政局工会委员会
苏州市吴中区财政局工会委员会
苏州市蠡口热电厂工会委员会
苏州福田金属有限公司工会委员会
苏州迅达电梯有限公司工会委员会
江苏苏净集团有限公司工会委员会
苏州铸件厂工会委员会
苏州纺织机械有限公司工会委员会
苏州新光丝绸有限责任公司工会委员会
苏州塑料四厂工会委员会
苏州特种化学品有限公司工会委员会
苏州民族乐器一厂有限公司工会委员会
苏州汽车客运有限公司工会委员会
苏州五金交电集团公司工会委员会
江苏苏州第一建筑工程集团公司工会委员会
苏州市市政设施管理处工会委员会
苏州市第二高级中学工会委员会
苏州市评弹团工会委员会
苏州市第四人民医院工会委员会
苏州市审计局工会委员会
江苏省电力公司苏州供电公司工会委员会
张家港港务局工会委员会
苏州阀门厂工会委员会
昆山钞票纸厂工会委员会
宝钢集团苏州冶金机械厂工会委员会
中国邮电工会苏州邮政局委员会

江苏省模范职工小家

江苏省梁丰高级中学数学组工会小组
中国农业银行张家港市德积分理处工会小组
张家港市益棉纺织有限公司二纺车间分工会
常熟开关厂五车间CWI工会小组
常熟市饮食服务总公司新雅酒楼有限责任公司分工会
江苏常运交通运输集团有限公司常熟市公共交通公司分工会
常熟市国家税务局第四管理分局分工会
太仓市汽车运输服务总公司太仓汽车站工会小组
太仓利泰纺织厂有限公司前纺分工会
中国人民解放军六九〇九工厂二车间分工会
捷安特(中国)有限公司生产部经理室工会小组
昆山双鹤药业有限责任公司新诺明车间酰胺工会小组
吴江市供电公司电力营销部分工会
中良热电有限公司运行分工会
吴江市私营企业工会联合会盛泽分工会
苏州市吴中钢铁厂烧结车间分工会
苏州市相城区黄埭中心小学分工会
苏州市南门街道幼儿园分工会
苏州市口腔医院口腔修复科工会小组
苏州市山塘房产管理所徐建明房屋维修中心工会小组
苏州牛奶公司牧场技术股工会小组
苏州新港建设集团有限公司工程营销分工会
富士通多媒体部(苏州)有限公司总务部工会小组
江苏苏钢集团有限公司焦化厂66-4型工段工会小组
苏州公路管理处苏州交通工程集团公司三分公司工会
苏州六六视觉科技股份有限公司制造分工会
苏州市食用油脂有限公司油脂车间工会小组
苏州市金属材料总公司科室分工会
苏州市城市建设开发总公司城北建设办公室工会小组(属国发集团)
中化江苏苏州进出口公司分工会
苏州市动物医院工会小组
苏州市建设工程交易中心分工会
苏州巴士公共交通有限公司一车队分工会
苏州竹辉饭店管家部——布草房工会小组
苏州市拙政园管理处售票组工会小组
苏州市妇幼保健院保健部工会小组
苏州市人民影剧院分工会
苏州市地方税务局新区分局分工会
长风有限责任公司职工医院分工会
江苏移动通信集团有限责任公司苏州分公司工维部门分工会
中国农业银行常熟市练塘办事处工会小组
苏福马股份有限公司装配车间分工会

江苏省优秀工会工作者

浦泉元　苏州市相城区渭塘镇工会主席
徐国良　苏州市沧浪区房管局工会联合会主席
姚菊珍　苏州刻字厂工会主席
孙　明　苏州市金阊区工会联合会主席
陆齐欢　苏州工业园区股份有限公司工会主席
俞寿根　苏州福田金属有限公司工会主席
刘伟东　江苏苏净集团有限公司工会主席
朱先进　苏州松下通信工业有限公司工会主席
郑洪连　苏州新风织造有限公司工会主席
许洪生　江苏化工农药集团有限公司工会主席
糜建平　苏州塑料四厂工会主席
刘建夏　苏州人民商场股份有限公司工会副主席

丰　帆　苏州市果品食杂有限公司工会副主席
薛　雄　苏州市金阊粮油有限公司工会主席
沈一平　苏州燃料总公司工会主席
肖建法　苏州市园林和绿化管理局工会联合会主席
陈　平　苏州市对外贸易经济合作局工会联合会
张建中　苏州大学工会副主席
殷惠红　苏州市文化广播电视管理局工会联合会主席
徐　铃　苏州市财政局工会主席
陈汉平　上海浦东发展银行苏州分行工会副主席
樊　斌　江苏省电信公司苏州分公司工会干事
王洪元　望亭发电厂发电部工会主席
高慧芹　苏州市总工会办公室主任

江苏省优秀工会积极分子

杨桂兴　张家港市供电局人武部部长、工会主席
谢秋萍　江苏宏宝集团有限公司党支部副书记、行政管理处处长、工会主席
曹品法　张家港市第一人民医院工会副主席
陆惠忠　张家港市后塍镇协理员、工会主席
冯小虹　常熟市环境卫生管理处副主任、工会主席
屈建国　常熟市东张中心小学副校长、工会主席
洪　苹　甲乙(常熟)纺染有限公司党支部书记、总务人事次长、工会主席
王志民　常熟华新特殊钢有限公司装备部经理、工会主席
齐保平　苏州市宏达集团有限公司热电厂兼职分工会主席
薛　松　太仓市经贸小学兼职工会主席
陆惠英　太仓市沙溪人民医院药剂科主任、工会主席
毛晓红　苏州亿利集针时装有限公司党支部书记、工会主席
李兴元　昆山市蓬朗镇纪委委员、纪检干事、镇工会主席
沈建珍　正新橡胶(中国)有限公司人事课课长、工会主席
李亚达　昆山市周庄镇关工委主任、体委副主任、镇工会主席
朱康源　昆山昆化集团(实业)公司关工委副主任、信访办主任、工会主席
顾定荣　吴江经济开发区管委会劳动人事部部长、工会工作委员会主任
梁晓丹　苏州信越聚合有限公司总务G副经理、公司工会主席
赵建春　吴江丝绸股份有限公司盛泽热电厂党总支副书记、工会主席
陆俊明　江苏恒通电缆集团公司副总经理、工会主席
时卫根　相城区望亭镇投资服务中心主任、镇外商投资企业工会联合会主席
李嘉峪　苏州市江远热电有限公司党支部副书记、工会主席
张国华　苏州市沧浪区饮食服务公司副总经理、工会主席
徐海英　苏州市平江市政养护工程公司政保科长、劳资科长、工会主席
卢育勤　苏州市石路国际商城党支部副书记、工会主席
周林男　虎丘区浒关镇文教中心副主任、镇工会联合会主席
秦惠敏　苏州群鑫电子有限公司人事总务部经理、工会主席
殷林梅　东风汽车传动有限公司苏州汽车配件分公司党工部长、工会主席
龚学润　雷允上(苏州)药业有限公司党委副书记、工会主席
邹建发　苏州精细化工集团有限公司电力车间兼职分工会主席
于　华　苏州工艺美术集团有限公司女职工委员会主任
张　正　苏州南新水泥有限公司党总支副书记、工会主席
朱玲玲　新苏纶纺织有限公司织造车间党总支书记、分工会主席
刘雯玲　苏州飞利浦消费电子有限公司PCMS生产部组长、分工会主席
唐　涛　苏州碧迪医疗器械有限公司生产部经理、工会主席
陈　涛　苏州市航道管理处政工科科长、工会副主席
刘　剑　苏州中国国际旅行社(集团)有限责任公司工会女职工委员
黄荣根　苏州苏太(集团)公司办公室主任、工会主席
王建华　江苏苏州第一建筑工程集团公司三分公司办公室主任、工会副主席
陈焕金　苏州国际发展集团有限公司党委、行政办公室主任、工会副主席
高　耸　苏州市路灯管理处工会主席、政工科副科长
张兰生　苏州市第三十三中学兼职工会主席
陈祖宁　苏州市群众艺术馆社会文化部主任、工会主席
张钰英　苏州市第二人民医院产科助产士长
徐仁源　苏州盐业有限公司办公室主任、工会副主席

江苏省荣誉工会积极分子名单

曹福龙　中共张家港市委副书记、市长
戈炳根　中共常熟市委副书记
周月芬　太仓市城厢镇党委副书记
周建华　昆山市陆家镇党委书记
吴菊忠　中共吴江市委副书记
俞小华　中共苏州市吴中区委副书记、政法委书记
王自德　苏州创元(集团)有限公司总经理、副董事长、党委副书记
孙廉洁　江苏苏钢集团有限公司董事长、总经理、党委副书记
李兴福　江苏苏州工业设备安装集团公司董事长、党委书记
孙孜平　望亭发电厂厂长、党委书记

江苏省工会促进再就业先进集体

苏州市总工会生活保障部
常熟市总工会
昆山市总工会
吴江市总工会
苏州市工艺美术集团公司工会

江苏省工会促进再就业先进个人

张炳元　吴中区总工会维保部
周小萍　沧浪区葑门街道工联会
邵蒙倩　苏州丝绸集团公司工会
苏　雷　张家港杨舍镇工会
陶纪言　苏州市困难职工援助中心

江苏省工会再就业创业带头人

刘建军　苏州市平江区桃坞街道
徐佩华　苏州华翔针织时装公司
徐丽华　昆山一名实业公司

江苏省女职工先进集体

吴江市总工会女职工委员会
中国工商银行苏州分行工会女职工委员会
江苏东渡服装有限公司工会女职工委员会

苏州精细化工集团有限公司工会女职工委员会
苏州市宏达集团有限公司工会女职工委员会

江苏省先进女职工工作者

孙苏梅　苏州市市政公用局工会
宗亦文　常熟市总工会女工部
桑文珍　苏州民族乐器一厂工会
柏光梅　苏州上声电子有限公司工会
许立英　苏州供电公司工会

江苏省巾帼创新带头人

刘　黎　昆山市开发区华新书店经理

全省基层依法治理工作先进个人

王松坤　吴江市总工会法工部副部长

江苏省文明职工

钟　绍　昆山市第一人民医院
霍永芳　太仓利泰纺织厂有限公司
邹益民　张家港市邮政局鹿苑支局
方国强　苏州市相城区桥梁管理处
沈明华　苏州新区新宁自来水发展有限公司
赵惠琴　苏州市公园清洁服务有限公司
张　兵　苏州市沿江高速公路建设指挥部
丁国清　望亭发电厂
刘挂珍　中国银行苏州金阊支行营业部

江苏省五一文明示范岗

苏州长江钟表眼镜有限公司世界名表维修服务中心
苏州市地方税务局第一税务分局征收所
江苏移动通信有限责任公司苏州分公司主营业厅
东吴证券有限责任公司苏州西北街证券营业部
苏州图书馆图书外借部
工商银行苏州分行营业部个人金融理财中心

江苏省五一文明班组

常熟市第二人民医院急救中心护理组
苏州邮政局报刊发行投递局南门投递班
江苏地矿局第四地质大队苏州地质工程勘测院钻探公司302钻机
苏州电加工机床研究所特种设备事业部
宝钢集团苏州冶金机械厂齿轮分厂滚磨齿班组
苏福马股份有限公司机加工车间铣刨组

江苏省群众性经济技术创新工程先进单位

苏州市市政公用局
常熟市纺织机械厂有限公司
昆山市总工会
苏州胜利科技有限公司

江苏省群众性经济技术创新工程示范岗

张家港市建筑水泥有限公司烧成车间
江苏海事局太仓海事处浮桥办事处
吴江丝绸股份有限公司辽吴纺丝分厂FDY车间工段
苏州市木渎人民医院骨脑科
苏州朗力福保健品有限公司酒厂科技开发部
苏州市石路国际商城有限责任公司家用电器部
苏州长发商厦有限责任公司西点部
江苏省电力公司苏州供电公司配电运行部
江苏省电力公司苏州分公司信息网络集成中心
中国农业银行苏州分行软件开发中心

江苏省群众性经济技术创新能手

王　兴　江苏沙钢集团
尹　江　常熟市邮政局
江红星　太仓出入境检验检疫局
俞赛明　亚龙纸制品(昆山)有限公司
董学良　吴江丝绸股份有限公司盛泽热电厂
胡嘉良　江苏苏钢集团有限公司炼钢厂
郭志新　苏州迅达电梯有限公司
孟继跃　宝钢集团苏州冶金机械厂
邵正才　苏州市第四人民医院
孙京平　江苏省地矿厅第四地质大队

江苏省重点工程劳动竞赛功臣集体

苏嘉杭高速公路建设指挥部

江苏省重点工程劳动竞赛功臣个人

许耀华　苏州市市政建设管理处
陶绪栋　苏州市市政设施管理处
周泉荪　苏嘉杭高速公路建设指挥部

江苏省“安康杯”竞赛优胜企业

常熟市建设局
高新张铜股份有限公司
江苏省电力公司昆山市供电公司
苏州市宏达集团有限公司
苏州天马化工有限公司
苏州精细化工集团有限公司
苏州市市政建设管理处
苏州工业品商场购物中心
苏州长风有限责任公司
国营五二六厂

（吴旭东）

苏州市共青团系统获奖情况（2003）

全国农村青年中心先进县（市）创建单位
常熟市
张家港市

全国保护母亲河行动先进个人
刘云鹊(女) 苏州尚美国际化妆品有限公司厂长

全国乡村青年文化活动先进县
常熟市

全国农村青年创业致富带头人(青年科技兴农带头人)
肖 飞 张家港市兆丰镇红星村二元母猪场

全国农村青年创业致富带头人(优秀青年经纪人)
王伟东 常熟市新港镇农业服务中心主任

全国农村青年创业致富带头人(青年工商创业带头人)
朱丽芳 太仓市璜泾镇王秀管理区利怡纺织有限公司

全国农村青年创业致富带头人(科教兴农)
姜旭红 苏州未来农林大世界有限公司农技部经理

全国农村青年创业致富带头人(青年经纪人)
朱建新 常熟市新港镇龙桥村农民

全国农村青年创业致富带头人(农业产业化)
周伟峰 吴江市太湖肉鸽养殖有限责任公司

全国农村青年创业致富带头人(回乡创业)
胡 向 昆山市石牌镇波尔山羊改良繁育基地

全国红旗大队
常熟市支塘中心小学少先队大队
苏州市南环中心小学少先队大队
吴江实验小学少先队大队

全国优秀中队辅导员
李玉华 苏州市常熟石梅小学
朱 莉 苏州市苏锦第一小学

全国大中专学生志愿者暑期“三下乡”社会实践活动先进单位
苏州大学

全国社区志原者服务先进集体
苏州团市委

全国队报宣传工作先进单位
苏州团市委

江苏省保护母亲河行动先进集体
张家港市港区镇团委
吴江市桃源镇团委

江苏省服务农村青年增收成才奖(先进集体)
江苏省吴江市鱼病防治中心

江苏省第8届十大杰出青年
缪汉根 江苏盛虹印染有限公司董事长

江苏省新长征突击手
张建平 苏州市第五人民医院住院医师

第5届江苏省十大杰出青年农民
颜建芳 吴江桃源绿化工程公司总经理

江苏省优秀青年职业介绍所
昆山市年轻人职业介绍所

江苏省大学生“十佳社团”
苏州科技学院追梦草自行车协会

江苏省大学生“优秀社团”
苏州大学东吴剧社
苏州工艺美术职业技术学院环保行动社

江苏省创新教育成果一等奖
《少先队综合实践活动》苏州团市委

江苏省优秀共青团干部
陈卫安 共青团苏州市委员会城工部部长
周 伟 共青团张家港市委员会书记
曹雪娟 共青团吴江市委员会书记
乐 江 共青团吴中区委员会书记
顾银福 共青团相城区委员会书记
陈雪嵘 共青团平江区委员会书记
陆雪良 常熟理工学院团委书记
王 琼 苏州市职业大学团委书记

江苏省优秀少先队辅导员标兵
严莉萍 苏州市沧浪区实验小学大队辅导员

江苏省优秀少先队辅导员
顾惠芳 常熟市石梅小学
徐 玲 张家港市金港中心小学
谢 芳 张家港市暨阳实验小学
沈秋瑾 太仓市经贸小学
吴伟红 吴江市实验小学
徐依能 昆山市实验小学
戴庆华 苏州新区狮山中心小学
曹 玲 苏州市三元实验小学
杜 玲 苏州工业园区星海学校
孙霞芳 苏州市敬文实验小学
董越红 苏州市实验小学
邵 群 苏州市吴中区碧波实验小学
陶明芳 苏州市相城区陆慕中心小学

第五届江苏省十佳少先队员
钱哲煜 苏州市高新区狮山中心小学

江苏省优秀少先队员
黄颖恒　常熟市实验小学
李子昂　张家港市暨阳实验小学
陈戈竹菲　太仓市明德小学
钮梦阳　吴江市实验小学
朱力泓　昆山经济技术开发区国际学校
沈　悦　苏州市沧浪区实验小学
纪　祥　苏州市带城中心小学
李贝西　苏州市东中市实验小学
方慧君　苏州市实验小学
冯小旦　苏州市吴中区宝带实验小学
顾正阳　苏州市金阊区实验小学
许佳晔　苏州市黄埭中心小学
张逸尘　苏州工业园区星海学校

2002～2003 江苏省农村青年创业致富带头人（科教兴农）
陆　伟　昆山市科学技术局
蒋连红　昆山市周庄镇农业技术推广站站长
朱建明　苏州市金阊区虎丘镇新渔村团支部书记
陆火林　苏州市云兰奶业公司董事长

2002～2003 江苏省农村青年创业致富带头人（青年经纪人）
薛　平　张家港市鑫龙农副产品经纪有限公司
朱建新　常熟市新港镇龙桥村农民
范文进　苏州市吴中区花木公司
周惠清　太仓市双凤镇兴隆肉鸭生产合作社

2002～2003 江苏省农村青年创业致富带头人（农业产业化）
周伟峰　吴江市太湖肉鸽养殖有限责任公司
蒋建华　苏州市相城区益友园艺绿化有限公司总经理
温卫东　常熟市古里镇温卫东养鸡场
孙建明　吴江市金家坝镇星谊村

2002～2003 江苏省农村青年创业致富带头人（回乡创业）
李　刚　张家港市港美园艺公司董事长
胡　向　昆山市石牌镇波尔山羊改良繁育基地
陆小丽　太仓市城厢镇南天大酒店

首届“江苏青年创业奖”获得者
周云花(女)　常熟市虞城嫂餐饮有限公司总经理
盛志勤(女)　吴江市联华服饰有限公司总经理

“江苏省扶持青年创业”先进个人
黄乃宏　昆山市团校校长、昆山市职业介绍培训服务中心主任

江苏省出国青年归国创业典型
袁建栋　博瑞生物医药技术(苏州)有限公司董事长

江苏省杰出青年卫士
杜　敏　吴江市人民检察院公诉科科长

江苏省优秀青年卫士
金晓红(女)　苏州市地税局涉外税务分局审核评税所所长
唐伟忠　苏州市公安局相城分局陆慕派出所所长

江苏省预防青少年违法犯罪工作先进集体
苏州市平江区人民法院
苏州市人民检察院

江苏省预防青少年违法犯罪工作先进个人
孙琳阳　苏州市中级人民法院刑一庭副庭长
李　忠　吴江市黎里公安分局局长

（孙国林）

苏州市妇联系统获奖情况（2003）

全国妇联系统先进集体
苏州市妇联

全国“三八”红旗集体
苏州市妇联

全国“巾帼建功”先进集体
苏州市妇联

全国“巾帼建功”标兵
戚秋兰　“瑞富祥”纺织品有限公司总经理

全国“巾帼文明示范岗”
苏州市留园街道新庄农贸市场
昆山市好阿姨服务中心
常熟市公安局 110 报警服务台

全国亿万妇女健身活动巾帼文明健身队
常熟市木兰拳协会
苏州市相城区城镇蟹乡女子舞龙队
苏州市沧浪区公园霓裳健身团

江苏省首届优秀创业女性
政国芬　太仓市顺风针织有限公司总经理
李惠芳　苏州工业园区锦丰工艺玩具有限公司总经理

江苏省“三八”红旗手标兵
王筱梅　苏州大学材料科学与工程学院教授
庄路鸣　苏州中国国际旅行社(集团)有限责任公司德语翻译导游

江苏省“三八”红旗手
戴云琴　常熟市谢桥镇妇联主席
黄　灿　江苏华实广告有限公司总经理
赵漱波　张家港市妇女联合会主席
虞月梅　张家港市人民政府办公室副主任兼市房改办主任
窦丹若　昆山市建设局总工室副主任
胡美芬　太仓市浏河镇墙里村妇代会主任
王春花　江苏华佳缫丝厂(集团)董事长兼总经理
赵琴华　吴中区妇女联合会主席
邱玉芬　相城区元和镇妇联主席

孙爱敏 工业园区海关副关长、党总支书记
梁 红 市博爱医药公司董事长
倪 玮 苏州美美工贸有限公司法人代表、总经理
陆建华 金阊区培智学校校长
胡青薇 立达中学教务处主任
吴玉芳 苏州大学附属第一医院感染病科护师
陆 晴 中国工商银行苏州分行银行卡业务处参数维护
李 黎 市地方税务局第一税务分局局长
姚 红 市政设施管理处修建公司经理
周皓洁 苏州邮政局计算机网络中心副主任
彭若男 苏州广播电视总台新闻综合频道记者
张晓玲 苏州市少年体育教学训练基地射击教练员
吴 静 市评弹团演员
王建英 人民商场股份有限公司服装部经理
王燕仓 市中级人民法院民事审判第三庭庭长、审判委员会委员
徐霞琴 刺绣研究所有限公司室主任、工艺师

江苏省“三八”红旗集体

常熟市妇联
张家港市环境保护局监察女子中队
昆山市西湾幼儿园
太仓市妇联
吴江市青云中学韩老师工作室(韩妈妈工作室)
苏州大学外国语学院大学外语部
苏州大学附属第一医院急诊护理组
苏州邮政局客户服务中心
苏州市公共交通公司第一营运分公司一路线
苏州东吴丝织厂有限责任公司准备二车间丙班小组

江苏省“不让毒品进我家”活动先进集体

苏州市妇联
苏州市禁毒办
常熟市妇联
吴江市妇联
昆山市公安局刑大四中队
金阊区三元街道妇联
平江区观前街道办事处
苏州市东山镇政府
昆山市石浦镇综治办

江苏省“不让毒品进我家”活动先进工作者

周 静 苏州市相城区妇联
王 蕾 张家港市扬金镇城西街道阳光社区
金永清 苏州市沧浪区双塔派出所
黄晓瑜 常熟市公安局刑警大队
张忆芸 吴江市公安局指挥中心
王小铭 昆山市公安局
张金芳 苏州市公安局吴中分局东山派出所
李 斌 苏州市虎丘区公安分局枫桥派出所

江苏省“不让毒品进我家”活动禁毒好家庭

徐向东 苏州市相城区
陆彩霞 苏州市吴中区县前街
樊金云 吴江市同里镇屯村社区
姚梅玉 张家港市杨舍镇云盘一村
顾育明 太仓市城厢镇梅园新村
朱解平 苏州工业园区唯亭镇中北街
江益民 苏州市葑门路
王革琴 苏州市平江区桐芳苑
易红财 昆山市一中
宫苏弟 苏州市金阊区三元街道
金凤根 苏州市虎丘祥华苑西

(徐红霞)

苏州市区地名命名、调整(2003)

一、居民区命名、更名和明确地名归属

1、命名

马浜花园——位于苏州高新区塔园路以东、马运路以南、滨河路以西、华山路以北范围内。
盘景苑——位于小河以东、轻微型汽车贸易中心以南、盘门路以西、巴桥头道路以北范围内。
映象花苑——位于苏州工业园区星海学校以东、河道以南、星海街以西、苏茜路以北范围内。
青青家园——位于跨塘镇河道以东、思达电器公司以南、珠泾路以西、河道以北范围内。
东亭家园——位于唯亭镇唯亭村委会以东、沪宁铁路以南、泾巷村旺祥浜河以西、312国道以北范围内。
金色家园——位于苏州高新区金枫路以东、长甲集团等企业以南、珠江路以西、玉山路以北范围内。
东湖大郡花园——位于苏州工业园区星湖街以东、钟园路以南、南施街以西、苏胜路以北范围内。
天翔花园——位于苏州工业园区星都街以东、苏绣路以南、星桂街以西、苏雅路以北范围内。
阳光假日新苑——位于苏州高新区金枫路以东、玉山路以南、珠江路以西、自来水厂及河道以北范围内。
白马涧花园——位于苏州高新区枫桥镇朝红路两侧,建林路以东、马运河以南、华山路以北范围内。
梅花三村——位于平江区官渎路以东、312国道辅道及东虎泾自然村以南、小河以西、梅花新村以北范围内。
金水湾花园——位于苏州工业园区金鸡湖以东、斜塘河以南、徐家角桥河以西、机场路以北范围内。
春晓别墅——位于苏州工业园区芙蓉街以东、金鸡湖湖滨景观大道以西范围内。
宜家公寓——位于苏州工业园区苏嘉杭高速公路以东、新馨花园以南、星明街以西、苏茜路以北范围内。
金澄明珠别墅——位于吴中区甪直镇澄湖以东、湖滨路以南、河道以西、澄湖以北范围内。
华韵花园——位于吴中区河道以东、京杭大运河以南、迎春路连接段以西、白云街以北范围内。

苏香名园——位于吴中区木渎镇创业路以东、枫江路以南、长江路以西、生产路(暂名)以北范围内。
和乔丽晶公寓——位于苏州工业园区独墅湖路以东、机场路以南、独墅湖以西、以北范围内。
寒舍别墅——位于寒山寺以东、枫桥路以南、西环路西侧凤凰泾以西、新元新村以北范围内。
张泾新村——位于跨塘镇蠡塘河支流以东、娄江路以南、蠡塘河以西、至和西路以北范围内。
梅亭苑——位于横塘晋源桥东北堍,苏州啤酒厂道路以南、红光造纸厂以东、解放西路以西、南环西路以北范围内。
玲珑湾花园——位于苏州工业园区凤凰泾以东、槟榔路以南、玲珑街以西、现代大道以北范围内。
名馨花园——位于苏州高新区落星河(馨泰花园)以东、玉山路以南、塔园路以西、竹园路以北范围内。
梅林新苑——位于齐门外大街以东、梅林路以南、梅林路29号小区和梅巷二村及王家桥浜15号等住宅区以西、王家桥浜以北范围内。
翠峰山庄——位于吴中区西山镇林屋村洞山港河以东、林屋山风景区新规划道路以南、前堡港河以西、太湖以北范围内。
星海人家——位于苏州工业园区星海街以东、中国电信苏州公司以南、小河以西、现代大道以北范围内。
锦绣江南花园——位于相城区齐门北大街以东、春申湖中路以南、河道以西、在建的商业步行街以北范围内。
惠丰花园——位于浒墅关镇大运河以东、镇政府大院及保卫路以南、浒墅关南路以西、紫兴纸业公司以北范围内。
园林里——位于园林路以东、潘儒巷以南、平江河以西、狮林寺巷以北范围内。
绿洲别墅——位于苏州工业园区待开发空地以东、苏沪机场路以南、机场路东港桥小河以西、莲花新村北侧小河以北范围。
官渎花园——位于相城区梅巷河以东、贞祥食品厂以南、上高路华盛纺织厂以西、官渎路以北范围内。
天域花园——苏州工业园区星海街以东、现代大道以南、星港街以西、苏绣路以北范围内。
南亚花园——位于相城区澄阳路以东、众泾河以南、205省道以西、农田以北范围内。
荣盛阳光名邸——位于相城区陆慕小学及铁西路(暂名)以东、阳澄湖中路以南、河道以西、农田以北范围内。
金益新村——位于娄葑镇政府东侧河道、娄葑医院及莱茵花园以东,黄天荡路以南、独墅湖路以西、规划机场路以北范围内。
龙景花苑——位于苏州高新区东渚镇大桥港河以东、大桥港河以南、209省道以西、前进河以北范围内。

2、更名

东浜新苑——原名银宾新苑,因扩建而更名。位于苏州高新区枫桥镇生产河以东、景山路以南、塔园路以西、枫津大街以北范围内。
典雅花园——原名雅典花园,2001年由吴县市政府批复命名,因不符合有关规定而更名。位于吴中区无名小河以东、美之国花园以南、盘蠡路以西、太湖西路以北范围内。

3、新建居民区明确地名归属

高浜新村——将位于东至高浜街、西临跨阳公路、南接高浜新村、北至蠡塘路范围内新建的住宅楼纳入高浜新村地名范围。高浜新村范围扩展为:北至蠡塘路,东至高浜街,西至跨阳公路,南至娄江路。
高浜二村——将位于高浜二村以南、高浜街以东、娄江路以北、汇隆街以西范围内新建的住宅楼,纳入高浜二村地名范围。高浜二村范围扩大为:北至蠡塘路、西至高浜街、南至娄江路、东至汇隆街。
古娄一村——将位于古娄一村原规划区域内新增建的住宅楼,纳入古娄一村地名范围。古娄一村范围扩大为:东至渔泾河、南至渔泾河西支流、西至鱼泾路、北至沪宁高速公路。
古娄二村——将位于古娄二村向东至渔泾河新建的住宅楼,纳入古娄二村地名范围。古娄二村范围扩大为: 东至渔泾河、西至蠡塘河、南临至和西路、北靠娄江路。
新盛花园——将位于胜浦镇新盛花园以西位置上建设的41幢住宅楼纳入新盛花园范围。新盛花园范围调整为:东至新江路、西至沽浦路、北至新胜路、南至吴胜路。
园东新村——将胜浦镇新盛花园位于新江路以东部分(1-40幢)划入园东新村范围。园东新村范围调整为:东至新浦河、西至新江路、北至振胜路、南至吴胜路。

二、道路命名、调整起止、撤并、更名

1、道路命名

金塔路——位于东湖大郡花园同心圆广场(暂名)东北侧,西起广场大环路、东至南施街。
胜天路——位于东湖大郡花园同心圆广场(暂名)东南侧,西起广场大环路、东至南施街。
西洲路——位于东湖大郡花园同心圆广场(暂名)西侧,西起星湖街、东至广场大环路。
天宝街——位于东湖大郡花园同心圆广场(暂名)西北侧,北起钟园路接万盛街、南至广场大环路。
长乐街——位于东湖大郡花园同心圆广场(暂名)西南侧,北起广场大环路、南至苏胜路接琼姬路。
平北路——位于平门以北,南起车站路,北至城北东路。
清塘路——位于清塘新村东北侧,西北起虎阜路、东南至惠济桥。
城北东路——原城北公路东段,西起新塘桥、东至洋泾塘桥。
城北西路——原城北公路西段,西起城北公路十一号桥北转盘、东至新塘桥。
官渎路——原312国道洋泾塘桥以东段,西起洋泾塘桥,向东折南,再折向东至上高路。

银泰路——位于干将西路北侧、银泰花园东侧,南起干将西路、北至金门路。
馨泓路——位于市政府和馨泓花园西侧,南起三香路、北至金门路。
观枫街——位于苏州工业园区红枫园以东,南起文化水廊、北至现代大道。
凤鸣街——位于苏州工业园区凤凰泾以东,南起现代大道、北至苏虹西路。
双成巷——位于玄妙休闲广场北部、富仁坊巷以南,西起阔巷,向东过诗巷、再折向南接调丰巷。
登平巷——位于玄妙休闲广场南部,西起阔巷、东至诗巷。
兴旺路——位于相城区黄桥镇工业园,西起永方路、东至武荡河。
兴盛路——位于相城区黄桥镇工业园,西起永方路、东至旺方路。
兴方路——位于相城区黄桥镇工业园,西起永方路、东至旺方路。
旺方路——位于相城区黄桥镇工业园,南起兴旺路,北至网船浜。
至和西路——位于跨塘镇沪宁铁路北侧,西起跨阳公路、东至珠泾路。
至和东路——位于跨塘镇沪宁铁路北侧,西起珠泾路、东至宋庄路。
宋庄路——位于跨塘镇,南起至和东路、北至沪宁高速公路。
方泾路——位于跨塘镇,西起东风传动轴厂、东至方泾河。
春辉路——位于跨塘镇,西起宋庄路、东至陆径港。
丰和路——位于跨塘镇,西起变电站、东至嘉宝实业。
双灯路——位于跨塘镇,南起跨春路、北至娄江路。
港浪路——位于跨塘镇,北起沪宁高速公路,向南纵贯开发区至沪宁铁路。
金达路——位于跨塘镇娄江东路以北,西起港浪路、东至陆径港。
宝达路——位于跨塘镇娄江东路以北,西起港浪路、东至陆径港。
利达路——位于跨塘镇娄江东路以南,西起港浪路、东至陆径港。
富达路——位于跨塘镇娄江东路以南,西起港浪路、东至陆径港。
胜浦路——位于胜浦镇新江路东,南起吴浦路、北至现代大道。
九江路——位于胜浦镇胜浦路东,北接同胜路、南过银胜路。
金江路——位于胜浦镇九江路东,北接强胜路、南至金胜路。
尖浦路——位于胜浦镇金江路东,北接强胜路、南至金胜路。
界浦路——位于胜浦镇尖浦路东,北接强胜路、南至吴淞江畔。
江浦路——位于胜浦镇苏胜路(暂名)南,东起界浦路,向西折向南、再向东回接界浦路。
同胜路——位于胜浦镇银胜路北,东接界浦路、西过兴浦路。
强胜路——位于胜浦镇同胜路北,西接唯胜路、东过界浦路。
吴浦路——位于胜浦镇吴胜路南,西起胜浦路,向东折向南,再向西回接胜浦路。
常胜路——位于胜浦镇金胜路北,介于胜浦路、金江路间。
佳胜路——位于胜浦镇金胜路北,西接金江路、东至尖浦路。
星红路——位于娄葑镇区通园路以东,东起独墅湖路、西至通园路接东兴路。
扬富路——位于娄葑镇北区工业区内,东起扬明路、西至娄东污水厂。
扬鸿路——位于娄葑镇北区工业区内,南起扬富路、北至扬清路。
学海路——位于苏州国际教育园北区内胥江南,东起吴越路、西至马七路(暂名)。
学府路——位于苏州国际教育园北区内学海路以南,东起学海路、西至学海路的半环形道路。
学新路——位于苏州国际教育园北区核心区南侧,东起科都路、西至科锐路。
科华路——位于苏州国际教育园北区卫生学校南侧,东起吴越路、西至学府路。
科源路——位于苏州国际教育园北区科技大学东侧,南起学府路、北至宝带西路延伸段。
科都路——位于苏州国际教育园北区核心区东侧、南起学新路、北至学海路。
科技路——位于苏州国际教育园北区图书馆东侧,南起学府路、北至学新路接科都路。
科慧路——位于苏州国际教育园北区经贸学院东侧,南起环山路(暂名)、北至学府路。
科锐路——位于苏州国际教育园北区中部,南起环山路(暂名)、北至晋源路。
凌港路——位于甪直镇区西部,北起苏沪机场路、南至秀篁村。
清港路——位于甪直镇合兴东路南,西起清砂路、东至清小港。
甫龙路——位于甪直镇南桥村委会南,西起甫澄北路、东至环卫站。
光辉路——位于甪直镇光辉村,北起张家厍自然村、南至汤字宇自然村。
东庄路——位于甪直镇甪直塘南侧,西起甫澄中路、向东折南再折向西接甫澄中路。
沙浜路——位于娄葑镇斜塘苏沪机场路北侧、星塘街南延伸段东侧,北起淞江路、南接敦煌路。
东浜路——位于娄葑镇斜塘苏沪机场路北侧、沙浜路东侧,北起淞江路,南接东宏路。
民生路——位于娄葑镇斜塘苏沪机场路南侧、星塘街南延伸段东侧,南起东延路,向北接原民生路,向东再折向南接东旺路。

金浦路——位于娄葑镇斜塘苏沪机场路南侧、民生路西南侧，南起东富路、北至东旺路。
金堰路——位于娄葑镇斜塘苏沪机场路南侧、金浦路东侧，北起机场路接淞江路、南至东富路。
金田路——位于娄葑镇斜塘苏沪机场路南侧、金堰路东侧，南起东富路、北至东旺路。
东宏路——位于娄葑镇斜塘苏沪机场路北侧，西起东浜路、向东过淞江路折南接机场路。
东旺路——位于娄葑镇斜塘苏沪机场路南侧，西起金浦路、东至金田路。
东延路——位于娄葑镇斜塘东旺路南侧，西起星塘街南延伸段、东至金田路。
东富路——位于娄葑镇斜塘东延路南侧，西起金浦路、东至金田路。
浦阳路——位于浦庄镇环太湖公路东侧，北起天宫坊、南至西查村。
浦金路——位于浦庄镇浦庄路(暂名)东侧，北起仙桥公墓，南至锦福路。
浦沙路——位于浦庄镇浦金路东侧，北起横泾大道(规划暂用名)、南至平安路。
浦兴路——位于浦庄镇浦沙路东侧，北起平安路、南至木东公路。
前青街——位于浦庄镇浦庄路南段东侧，北起和安路、南至育才路。
和青街——位于浦庄镇前青街东侧，北起和安路、南至联东路。
浦镇街——位于浦庄镇浦金路南端东侧，北起中安路、南至木东公路。
庆丰街——位于浦庄镇浦镇街东侧，北起和安路、南至浦镇东街。
浦南路——位于浦庄镇木东公路南侧，北起木东公路，南至新南渔场。
长安路——位于浦庄镇越湖路南侧，西起浦阳路、东至浦金路。
石庄路——位于浦庄镇横泾大道(规划暂用名)南侧，西起石庄村、东至浦金路。
平安路——位于浦庄镇石庄路南侧，西起浦阳路、东至东山大道(规划暂用名)。
和安路——位于浦庄镇平安路南侧，西起浦阳路、东至东山大道(规划暂用名)。
中安路——位于浦庄镇和安路南侧，西起浦庄路、东至浦兴路。
联东路——位于浦庄镇中安路南侧，西起环太湖公路、东至浦金路。
锦福路——位于浦庄镇联东路东端南侧，西起浦庄路、东至浦镇街。
浦镇西街——位于浦庄镇锦福路南侧，西起前青街、东至浦镇街。
浦镇东街——位于浦庄镇联盟街北侧，西起浦镇街、东至木东公路。
庄先湾路——位于相门外干将东路南，西起莫邪路、东至东环路接金鸡湖路。
聚元街——位于相城区春申湖路以南、西起齐门北大街、东至相城大道。
太湖大道——位于苏州高新区，西起镇湖、东至建林路。
浅水湾街——位于唯亭镇阳澄湖大堤西侧、西临阳澄湖内湖湖湾、南起阳澄路北端与通往蟹市场的道路交叉口、沿阳澄湖大堤平行向北至大堤中部。

2、道路延伸、调整起止

方洲路——由原西起星湖街、东至青丘街，调整为西起南施街、东至青丘街。
万盛街——由原北起沈浒路、南至苏胜路，调整为北起沈浒路、南至钟园路。
吴东路——由原南起尹山桥、北至东兴路，调整为北至南环东路，南至原尹山公路。
西环路——由原南起解放西路、北至西园路，调整为南起解放西路，北至北环西路接白洋湾大街。
白洋湾大街——由原南起新庄农贸市场、北至长春桥南堍，调整为南起北环西路、北至长春桥南堍。
劳动路——由原东起胥路、西至冶金厂，调整为东起胥路、西至索山桥。
盘门路——由原盘门路解放桥以东至裕堂桥段，向东延伸至人民桥，仍命名为盘门路。调整后的盘门路起止为西起解放桥南堍、东至人民桥。
南门路——由原西起裕堂桥、东至觅渡桥，调整为西起人民桥、东至觅渡桥。
盘胥路——由原盘门路解放桥以北至泰让桥段与盘南路合并更名为盘胥路，起止为南起南环西路、北至泰让桥。
东吴北路——由原北起团结桥、南至长桥，向北延伸调整为北起南环路，南至长桥。
玲珑街——由原为北起苏虹中路、南至金鸡湖畔，调整为北起苏虹中路、南至现代大道。
翠园路——由原东起津梁街、西至金鸡湖畔，调整为东起津梁街、西至金鸡湖畔，折向北至现代大道接玲珑街。
槟榔路——位于苏虹西路与现代大道之间，由原西接星港街，向东延伸调整为东起玲珑街、西至星港街。
淞江路——位于娄葑镇斜塘东宏路北侧，由原西起苏沪机场路、东至星塘街南延伸段，向东延伸调整为西起苏沪机场路、向东延伸1100米、再向南430米穿过东宏路接机场路。
中街路——由原南起景德路、北至东中市，向北延伸调整为南起景德路、北至桃花坞大街。
清塘路——由原西起虎阜路、东至广济路，向东延伸调整为西起虎阜路、东至平四路。

3、道路撤并、更名

莫邪路——撤销侉庄、葑门西街、北栅头、庄先湾、后庄、气象路、网船湾、糖坊湾8条地名，合并更名为莫邪路。莫邪路起止为南起觅渡桥，北至糖坊湾桥。

人民路——撤销人民南路地名，并入人民路，并将人民路起止由南起团结桥、北至平门桥调整为南起南环路、北至平门桥。
书院巷——撤销三多巷地名，并入书院巷。书院巷起止调整为东起人民路、西至东大街。
惠丰街——因惠丰花园建设两条道路的起止发生变化，撤销浒苑路、永昌路2条地名，将浒苑路的东段和永昌路的北段合并更名。惠丰街的起止调整为东起浒墅关南路、向西再转北至保卫路。
双元路——原劳动路西段，因劳动路改道而更名，起止为东起劳动路、西至西环路。
吴胜路——原名吴淞路，因重名而更名，位于胜浦镇新胜路南，西接唯胜路、东至胜浦路。
桃花桥路——原名桃花桥弄，因中街路延伸工程更名，起止为南起桃花坞大街、北至平四路。

三、桥梁命名、更名
清洁河桥——位于清塘路南段，跨清洁河。
志高桥——位于东湖大郡花园天宝街中段。
金塔桥——位于东湖大郡花园金塔路西段。
芳翠桥——位于东湖大郡花园同心圆广场大环路东段。
仙居桥——位于东湖大郡花园同心圆广场大环路西段。
鸿禧桥——位于东湖大郡花园同心圆广场北部东段支路上。
思源桥——位于东湖大郡花园同心圆广场北部西段支路上。
寒山桥——位于北环西路延伸段西端、跨京杭大运河西接马运路。
索山桥——位于劳动路西延伸段西端、跨京杭大运河西接竹园路。
相门人行天桥——位于相门桥东堍、苏大北校区大门西侧、跨干将东路的行人过街天桥。
胜天桥——原名方洲桥，因规划变化而更名，位于东湖大郡花园胜天路西端路上。
扬富桥——位于娄葑镇北区工业区内扬富路上，跨洋泾河。
中市桥——位于中街路延伸段、跨东中市北侧河道。
桃坞桥——位于中街路延伸段北端、跨桃花坞大街南侧河道接桃花坞大街。
惠济桥——位于清塘路东南端、跨广济路、护城河接平四路。
庄先湾桥——位于庄先湾路西段。
伯乐桥——位于宝带西路延伸工程中的西起第1号桥。
圣贤桥——位于宝带西路延伸工程中的西起第2号桥。
行知桥——位于宝带西路延伸工程中的西起第3号桥。
博学桥——位于宝带西路延伸工程中的西起第4号桥。
石湖桥——位于宝带西路西端、横跨京杭大运河及吴越路。
澹台湖大桥——位于迎春路南端、纵跨澹台湖。

四、建筑物命名
敬业商务大厦——位于宫巷南端东侧，原名长谷金融商业大厦，因业主更迭而更名。
苏州阳山工业园——位于浒墅关镇观山东南侧、南至建设中世纪大道(暂名)、北至兴贤路、东至建林路、西至阳山范围内。
闽福楼——位于干将东路北侧、观巷东侧位置上。
远东大厦——位于阊胥路与爱河桥路交叉口西北角。
玄妙休闲广场——位于干将东路以北、宫巷以西、富仁坊巷以南、阔巷以东范围内的大型综合建筑区。
师惠大厦——位于苏州工业园区星海街西、北临师惠花苑位置上。
湖东大厦——位于苏州工业园区金鸡湖东岸、东湖大郡花园中心环路内。
华通大楼——位于北环东路北侧、华东电器城西侧位置。
狮山峰汇大厦——位于苏州高新区狮山路南侧、苏州农行西侧、小河东侧位置上。

五、撤销地名
撤销原命名的位于苏州工业园区凤凰泾西侧、因规划调整已不再建设的石竹街地名。
撤销胜浦镇已命名但因规划调整而未予实施的北洲路地名。
撤销位于甪直镇苏沪机场路北侧、东起甪胜公路、西至立成公司的原凌港路地名。
撤销园林里建设区内已拆除的白弄堂、徐菜园弄、西弄堂、吴绣弄、利民巷共5条巷弄地名，不再使用。

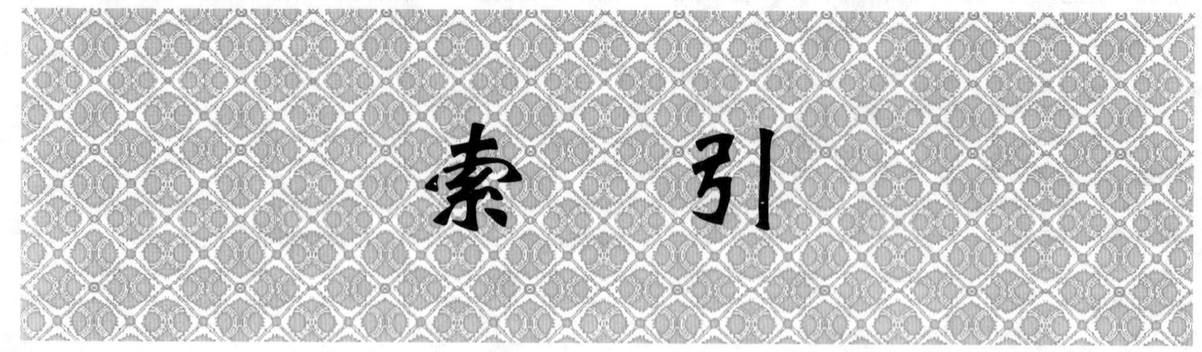

索引

说　明

一、本索引采用内容分析法编制。按标引词第一字的汉语拼音字母（同音字按声调）顺序排列；同音同调，按第二个字母的音序排列，依次类推。

二、标引词后的阿拉伯数字表示内容所在页码，数字后的a、b、c分别表示该页的左、中、右栏，表格用“表”注明。

三、本索引编有参见系统。款目所示第二个页码起，表示参见内容所在位置；附见缩后两格置相关款目下行。

四、特辑、大事记、文献法规、统计资料、附录等未作索引。

五、为便于读者检索，在苏州的企事业单位和在苏州发生的事件名称前的“苏州”两字，除非易产生歧义者外，均予省略。

D

E

F

G

H

I

J

K

L

M

N

O

P

Q

R

S

Z

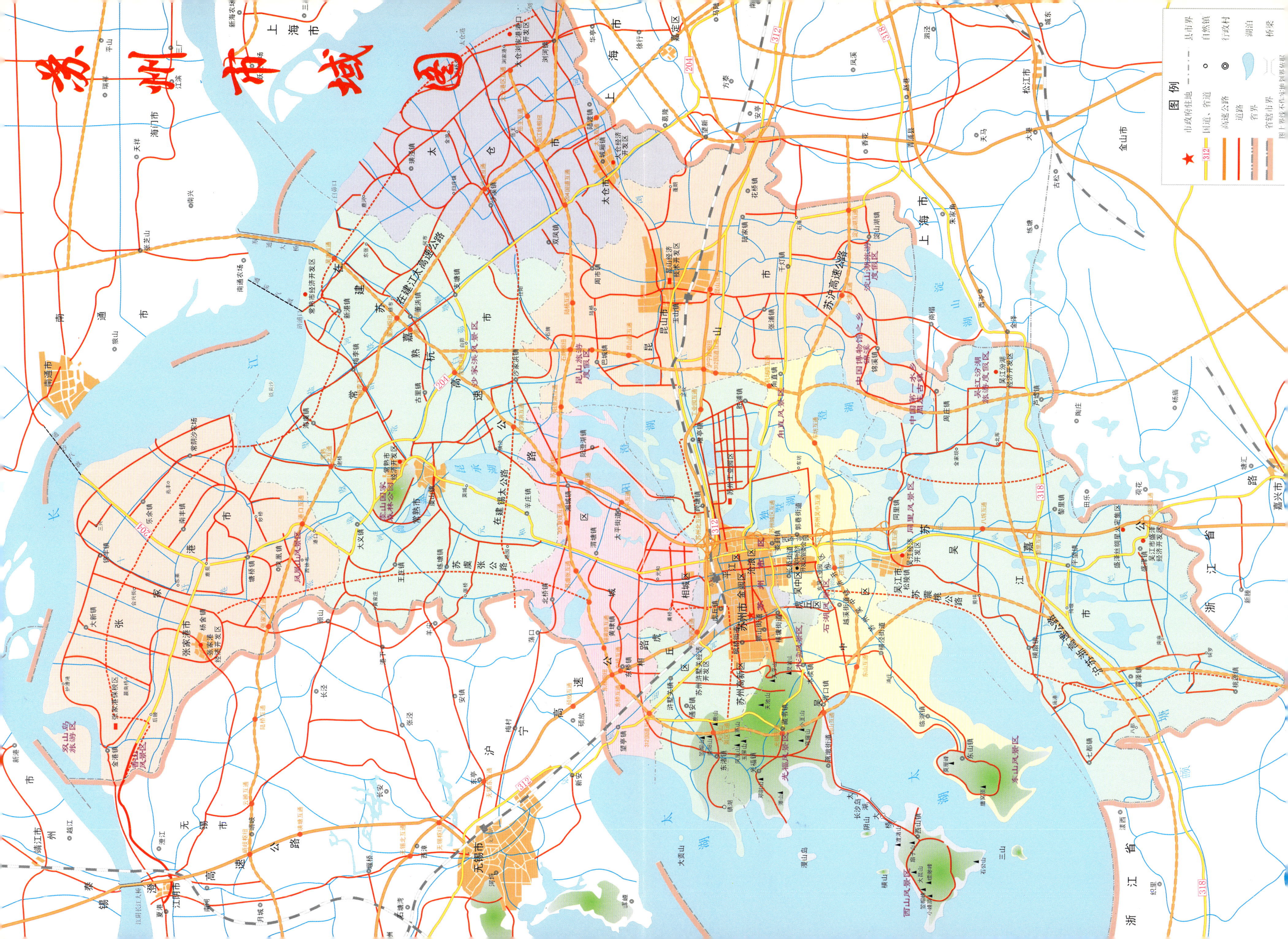

苏州市域图
图例
太仓市
昆山市
常熟市
张家港市
吴江市
苏州市
无锡市
江阴市
上海市
南通市
海门市
嘉兴市
浙江省
太湖
阳澄湖
淀山湖
沪宁高速公路
苏嘉杭高速公路
沿江高速公路
苏沪高速公路
西山风景区
东山风景区
光福风景区
虞山国家森林公园

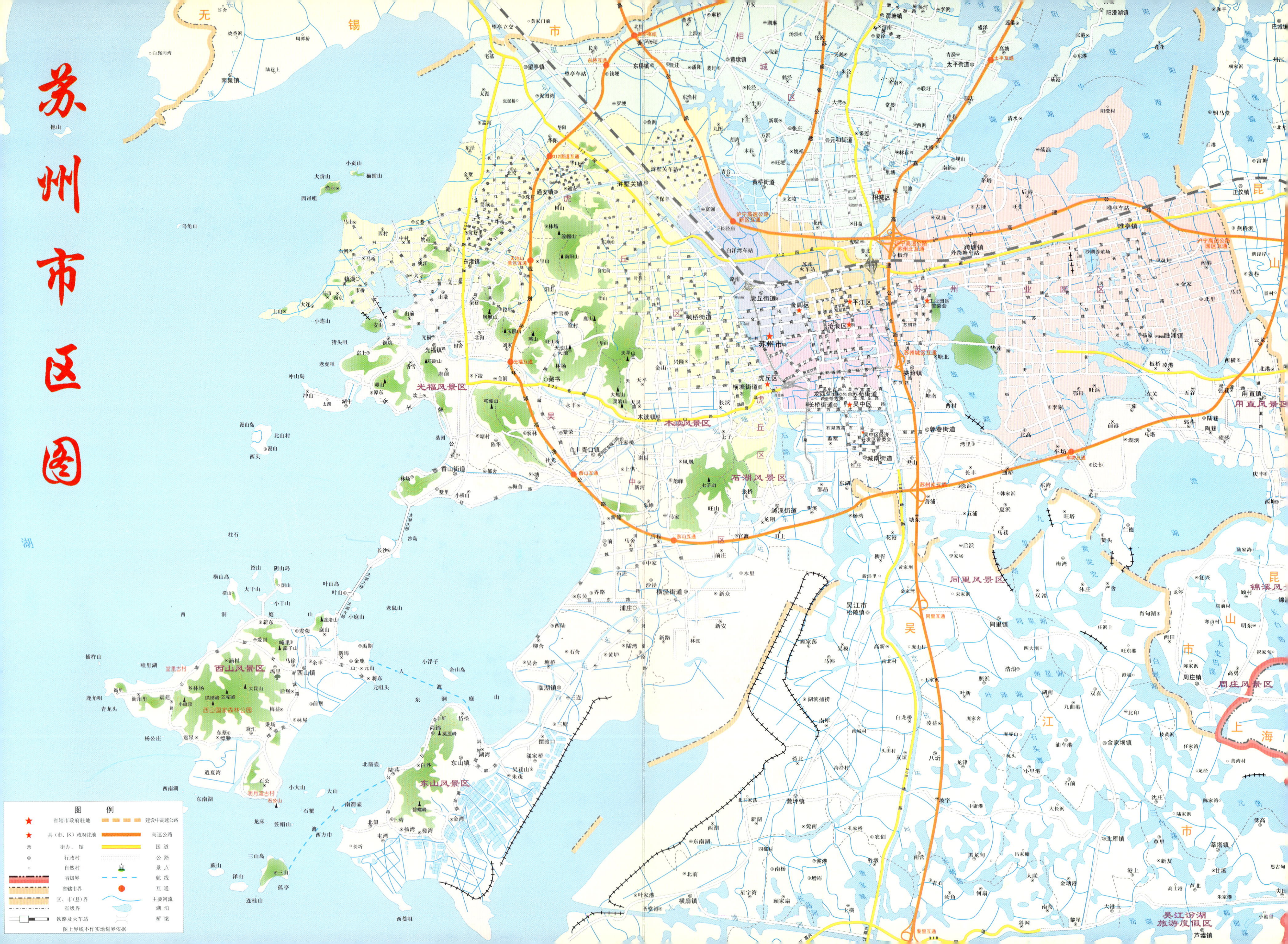
苏州市区图
图 例
省辖市政府驻地
县（市、区）政府驻地
街办、镇
行政村
自然村
省级界
省辖市界
区、市(县)界
省级界
铁路及火车站
建设中高速公路
高速公路
国道
公路
景点
航线
互通
主要河流
湖泊
桥梁
图上界线不作实地划界依据
苏州市
相城区
平江区
金阊区
沧浪区
虎丘区
吴中区
苏州工业园区
吴江市
光福风景区
木渎风景区
石湖风景区
西山风景区
东山风景区
同里风景区
周庄风景区
甪直风景区
吴江汾湖旅游度假区
西山国家森林公园
无锡市
昆山市
上海
太湖